龙游年鉴

（2018）

龙游县地方志编纂委员会　编

方志出版社
Publishing House of Local Records

图书在版编目（CIP）数据

龙游年鉴. 2018 / 龙游县地方志编纂委员会编. --
北京 : 方志出版社，2019.1
ISBN 978-7-5144-3492-7

Ⅰ. ①龙… Ⅱ. ①龙… Ⅲ. ①龙游县-2018-年鉴
Ⅳ. ①Z525.54

中国版本图书馆CIP数据核字（2019）第012318号

龙游年鉴（2018）

编　　者： 龙游县地方志编纂委员会
责任编辑： 罗　滔

出 版 人： 冀祥德
出 版 者： 方志出版社
地址　北京市朝阳区潘家园东里9号（国家方志馆4层）
邮编　100021
网址　http://www.fzph.org
发　　行： 方志出版社图书经销中心
电话（010）67110500
经　　销： 各地新华书店
印　　刷： 浙江江山鑫华印刷有限公司

开　　本： 889×1194　　1/16
印　　张： 42
字　　数： 1064千字
版　　次： 2019年1月第1版　2019年1月第1次印刷
印　　数： 0001～1300册

ISBN 978-7-5144-3492-7　　**定价：** 220.00元

龙游县地方志编纂委员会

《龙游年鉴》编辑部

单位审稿人名单

（按编稿顺序排列）

郑献丰	周　坤	张永祥	吴伟红	徐智慧	欧阳锡龙
葛树印	王国军	倪小平	黄国平	金敏军	黄丽芬
钟宏亮	叶　茂	王凉花	胡仁建	方土新	姜爱芳
江向东	郑玉香	王国清	李华琴	吴幼平	蓝芝苇
周巧萍	洪霞琴	赖　云	吴安春	陈　岗	傅俊杰
余浏娟	周巧萍	季　君	祝文波	郑松林	孙　强
徐根华	吴幼平	吕元进	方守漂	鲍胜桥	唐永红
李金城	方　星	徐　晓	方爱芸	袁水平	李红英
方建林	钟金柱	吴惠忠	陈雪峰	祝立宏	徐光海
胡炳银	王　璟	黄　琼	钱淼艳	吕菊岚	汪耀南
汪幸智	吴卫清	王　凌	刘竞超	王小波	方凌冰
刘国红	江　震	楼　伟	陈伟俊	赵　昱	贾仲银
董永生	封光耀	傅国汉	周金海	周叶青	琚柏华
沈奕子	廖有勤	孙　斌	苏　城	徐建兵	朱峻峰
王晋阳	宋洪斌	丁建红	柴孝宏	陈财良	喻建华
吴颖辉	金　硕	应庆峰	王　超	李灵辉	叶芳明
黄建昌	姜俊毅	周红强	陈建军	王文龙	汪正楠
徐红斌	项小苗	袁鲁峰	黄　超	杨根炎	丁　峰
邓晓桢	吕益鸿	罗良军	李　娟	何　军	杨江红
黄志林	郑金荣	杨渐升	周小平	徐永恒	余益文
兰水英	胡建良	余春林	周　华	管陆云	汪存伟
郑连根	蒋黎阳	徐华喜	张永华	杨　瑾	陈　湛
黄更青	杨志平	吴建军	余利民	方利民	张曙华
佘律星	王　丽	金添艳	李建清	杨　艳	董群燕
王惊宇	李　鑫	金　拯	张小花		

龙游县政区图

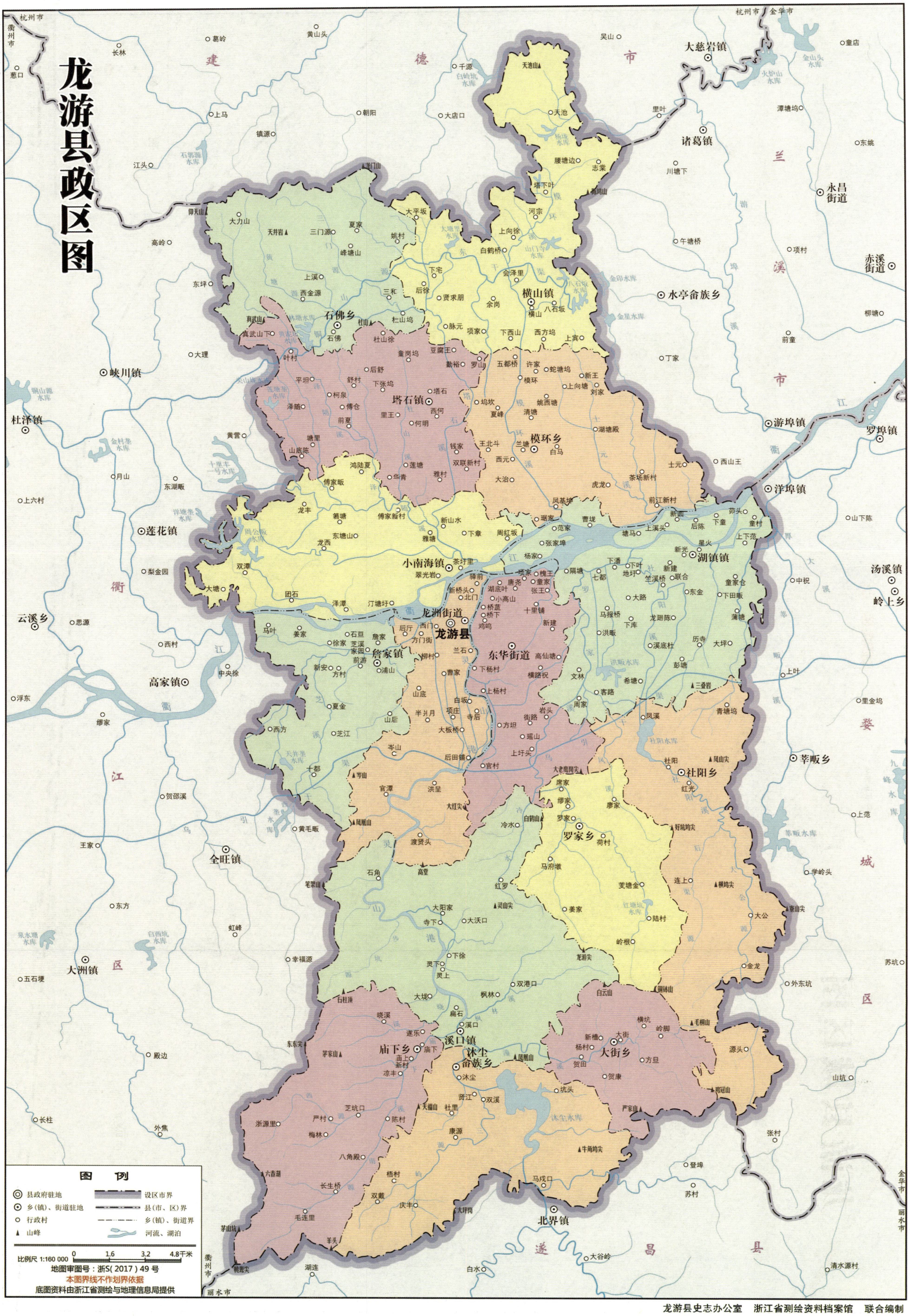

龙游县史志办公室　浙江省测绘资料档案馆　联合编制

龙游县史志办公室　浙江省测绘资料档案馆　联合编制

2017年2月8日，中共浙江省委副书记、省长车俊（前排中）到龙游视察治水工作。中共衢州市委书记陈新（前排左一）陪同

（县发改局提供）

2017年8月10日，浙江省人大常委会副主任毛光烈（中）到龙游县社里村调研民族乡村经济和社会发展情况

（县发改局提供）

2017年12月13日，中共浙江省委常委、常务副省长冯飞（前排左二）到龙游调研“一路一桥一港一枢纽”及沿江公路项目

2017年8月19日，中共衢州市委书记陈新（右二）到龙游县调研生猪养殖整治提升工作

（县环保局提供）

2017年2月21日，中共衢州市委副书记、市长徐文光（右二）到龙游县红木小镇调研特色小镇和旅游工作

（王凌霞 摄）

2017年2月4日，中共龙游县委书记刘根宏（右一）、县长张晓峰（右二）莅临县春季人力资源交流大会会场

（吴森邦 摄）

2017年2月13日—17日，中国人民政治协商会议第十届龙游县委员会第一次会议在龙游国际电影城举行

（吴森邦 摄）

2017年2月14日—18日，龙游县第十三届人民代表大会第一次会议在龙游国际电影城举行

（吴森邦 摄）

2017年6月9日，龙游县召开工业发展大会

（吴森邦 摄）

2017年12月27日，龙游县举办全县领导干部贯彻学习党的十九大精神集中轮训班

（吴森邦 摄）

2017年5月18日，浙江龙游李子园食品有限公司项目开工庆典在龙游经济开发区举行

（翁航宇　摄）

2017年7月12日，龙游县举行高坪桥水库工程PPP项目框架协议签约仪式

（饶峰　摄）

2017年9月15日，中德合资项目“华邦古楼”落户龙游

（翁航宇　摄）

2017年10月8日，高坪桥水库大坝导流洞顺利贯通

（余倩倩 摄）

建设中的龙游县高坪桥水库移民安置小区

（吴敏 摄）

即将竣工的晨北异地搬迁安置小区

（吴敏 摄）

即将投入使用的龙游县阳光小学

（吴敏 摄）

建成并投入使用的龙游县樾园小学

（吴敏 摄）

2017年7月2日，龙游县举行“护航十九大”平安巡逻志愿服务队授旗仪式

（县政法委提供）

2017年10月28日，县委新闻宣传中心党员志愿者服务队志愿者来到模环乡敬老院开展重阳敬老活动

（县委宣传部提供）

2017年4月19日，模环乡“河小二”护水服务队开展主题实践活动

（吴森邦　摄）

县委书记刘根宏、县长张晓峰为2017年“最美龙游人”年度人物颁奖。图中左起：县委书记刘根宏；最美龙游人年度人物盛锡清、劳拾遗、刘佳文、吴国军、徐国祥、王爱花、吴念平、卢龠豪、钱富春、朱庆、吴岳军、蓝宗振、邓尉光；县长张晓峰

（县委宣传部提供）

2017年7月8日，龙游大峡谷首届国际漂流节暨“全国百家旅行社走进龙游”开幕

（吴森邦 摄）

“龙抬头·争上游”全国工报走进龙游活动

（县工会提供）

心系龙游——2017香港青少年龙游寻根逐梦之旅

（外侨办提供）

2017年11月19日，龙游县第二届大学生微拍节在龙天红木小镇举行

（吴森邦 摄）

2017年10月20日，龙游县举办CAA国家级四类积分赛“一叶舟杯”龙和国际垂钓中心钓鱼精英赛

（县体育局提供）

2017年4月24日，全国象棋男子甲级联赛预选赛在龙游举行

（县体育局提供）

2017年12月2日，浙江自行车公开赛在龙游举行

（吴森邦 摄）

2017年3月30日，龙游县沐尘畲族乡举办“三月三”畲族文化节暨社里国家AAA级旅游景区授牌仪式

（吴森邦 摄）

2017年4月5日，龙游黄茶文化旅游节在罗家乡举行

（吴森邦 摄）

2017年4月23日，“芍药花开，养生社阳”芍药文化节在龙游县社阳乡举行

（吴森邦 摄）

2017年1月29日，龙游县举办首届姑蔑民俗文化节

（县旅委提供）

2017年4月21日—25日，龙游县举办“龙游石窟音乐节”

（县旅委提供）

2017年1月9日，龙游县首届“龙游美食”大赛决赛在龙游美食城举行

（团县委提供）

2017年7月28日，龙游县举办首届“乡村好声音”选拔赛

（吴森邦 摄）

2017年7月28日，龙游县老年大学组织学员参加衢州市老干部纪念建军90周年合唱比赛

（兰土兴 摄）

2017年8月31日，龙游县举办第三届魅力青年才艺大赛

（吴森邦 摄）

2017年9月22日，龙游县举办第三届“社保杯”创业创新大赛

（吴森邦 摄）

2017年3月26日，龙游县博物馆建设项目举行开工典礼

（季建安 摄）

2017年4月27日，龙游县举办庆五一职工文化展演

（吴森邦 摄）

2017年10月11日，龙游县召开全县乡镇（街道）综合文化站、文化礼堂建设现场会。图为县领导与获奖者合影留念

（吴森邦 摄）

2017年10月25日，龙游县住建局举行浙江省第二十一届环卫工人节暨龙游县首届环卫工人节

（县住建局提供）

2017年6月2日，龙游县24小时自助图书馆开馆

（吴森邦 摄）

2017年龙游县经济数据

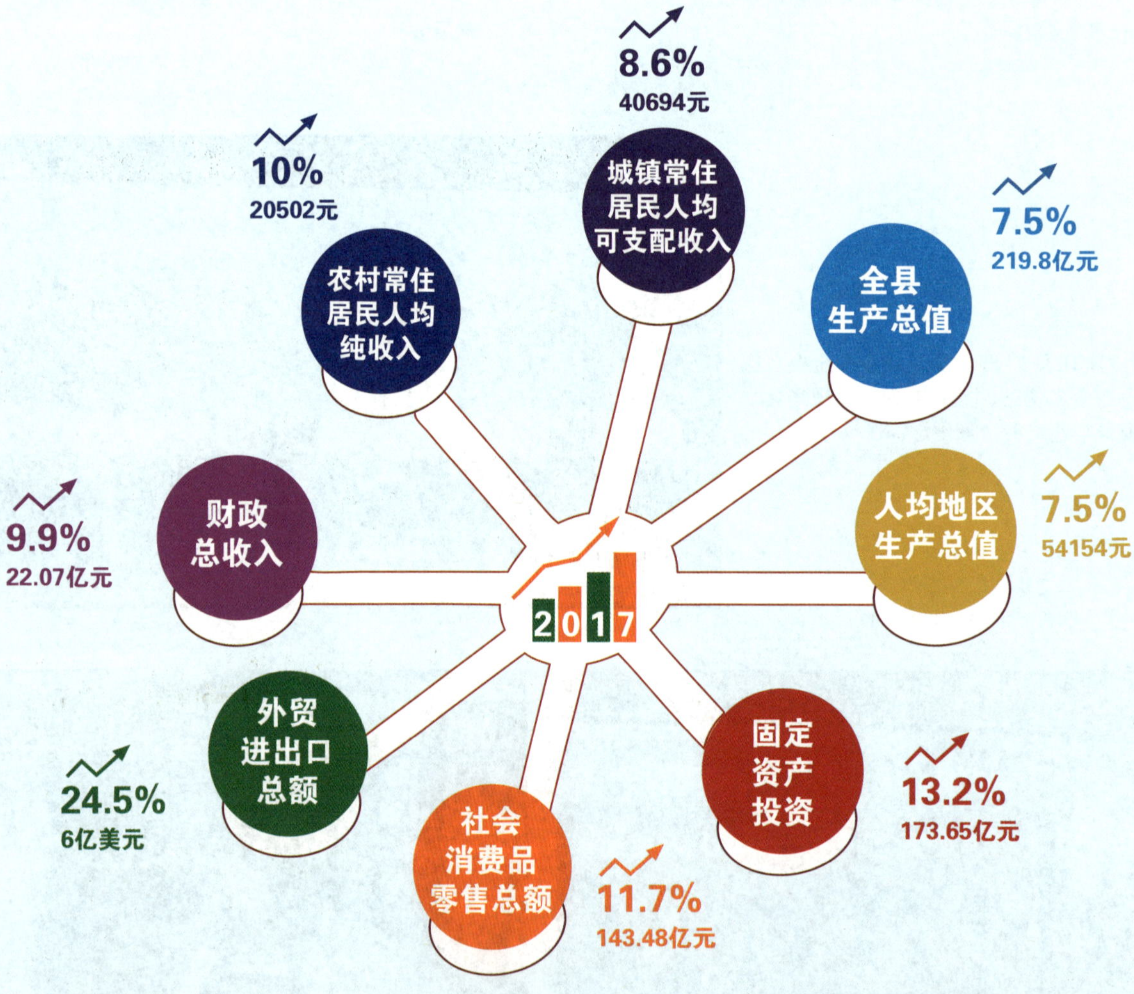

编辑说明

一、《龙游年鉴》全面、系统、翔实地汇辑龙游县年度自然、政治、经济、文化、社会等方面的基本面貌和发展状况。旨在为各级领导资政决策提供依据，为社会各界和中外投资者了解龙游提供丰富翔实的地情资料和信息，并为今后续修《龙游县志》积累资料，是宣传龙游、介绍龙游的名片。

二、《龙游年鉴（2018）》编纂工作遵循国务院《地方志工作条例》《地方综合年鉴编纂出版规定》和上级修志部门的有关规定，认真贯彻落实中共十九大精神，坚持以马列主义、毛泽东思想、邓小平理论、“三个代表”重要思想、科学发展观、习近平新时代中国特色社会主义思想为指导，坚持辩证唯物主义和历史唯物主义的立场、观点和方法，着力体现时代特征和年度特点，为龙游县经济、社会发展服务。

三、《龙游年鉴（2018）》以文字记述为主，辅以图表照片；记事时间从2017年1月1日至2017年12月31日；以县机关部门、乡镇（街道）和驻龙游单位为记述主体，记述内容按事物性质分类。

四、《龙游年鉴（2018）》体例采用条目体，分为类目、分目、条目三个层次，分别以不同的字号和字体表示。分目一般设概况、综合记事和专题条目，简要记述一个行业、事业、单位的总体情况、单项工作及大事、要事、新事、特事。条目是年鉴汇集资料信息的基本单元，以黑体字加【】号表示，以便查阅。

五、《龙游年鉴（2018）》共设有特载、大事记、县情概要、中国共产党龙游县委员会、龙游县人民代表大会常务委员会、龙游县人民政府、政协龙游县委员会、民主党派、工商联和社会团体、法治、武装、社会事务、农业·林业·水利、工业经济、基础设施、商贸服务业、财政·税务、金融业、经济管理与监督、国有资产经营与管理、城乡规划建设与管理、环境·资源·气象、教育·科技、文化·旅游、卫生·体育、乡镇（街道）、艺文、新事拾遗、先进集体与先进个人、机构与负责人名录30个类目。另设附录，包括重要文件选目、国民经济若干统计资料、龙游县第三次农业普查主要数据公报。篇末设有索引。类目、分目、条目的编排力求科学合理。

六、《龙游年鉴（2018）》的稿件、资料由龙游县各部门、乡镇（街道）和驻龙游的省、市直属单位确定专人负责撰写或提供，经编辑部编辑而成，再经各部门、乡镇（街道）、驻龙游单位负责人审定。单位撰稿人姓名、卷首彩页照片的摄影者统一署名于条目或照片后。

七、龙游县统计局提供了全县综合性统计数据，各单位提供的数据与龙游县统计局的数据不一致的以龙游县统计局的数据为准。统计局未作统计的，以各专业部门和乡镇（街道）提供的数据为准。

八、《龙游年鉴（2018）》中“先进集体与先进个人”类目收录2017年度各单位由国家、省相关部门及市县党委、政府授予的荣誉称号。

九、《龙游年鉴（2018）》卷首设有详细目录和英文要目，卷末编有表索引、图索引和主题索引，书眉标示类目名称。全书资料信息可由目录、书眉、索引等检索渠道获得。

目　录

龙游县行政区划图
龙游县城区图
卷首彩页
编辑说明
英文目录

特　载

坚定不移沿着“八八战略”指引的路子走下去
加快建设区域明珠型城市 …………………… 刘根宏 (1)
人大常务委员会工作报告 …………………… 周中民 (7)
政府工作报告 …………………………………… 张晓峰 (13)
政协常务委员会工作报告 …………………… 黄利荣 (24)

大事记

1月 …………………………………………………… (32)
2月 …………………………………………………… (33)
3月 …………………………………………………… (35)
4月 …………………………………………………… (37)
5月 …………………………………………………… (39)
6月 …………………………………………………… (40)
7月 …………………………………………………… (41)
8月 …………………………………………………… (43)
9月 …………………………………………………… (44)
10月 ………………………………………………… (45)
11月 ………………………………………………… (47)
12月 ………………………………………………… (48)

县情概要

概　述 ……………………………………………… (50)
建置沿革 …………………………………………… (50)
概况 ………………………………………………… (50)
姑蔑国 ……………………………………………… (50)
大末县 ……………………………………………… (51)
末治 ………………………………………………… (51)
太末县 ……………………………………………… (51)
白石县 ……………………………………………… (51)
龙丘县 ……………………………………………… (52)
盈川县（唐）……………………………………… (52)
武安县 ……………………………………………… (52)
龙游县 ……………………………………………… (52)
盈川县（宋）……………………………………… (52)
境域变迁 …………………………………………… (54)
概况 ………………………………………………… (54)
析置新安县 ………………………………………… (54)
析置平昌县 ………………………………………… (54)
省盈川入信安 ……………………………………… (54)
析置汤溪县 ………………………………………… (54)
局部调整 …………………………………………… (55)
山　川 ……………………………………………… (56)
概况 ………………………………………………… (56)
仙霞岭山脉 ………………………………………… (56)
千里岗山脉 ………………………………………… (56)
衢江 ………………………………………………… (57)

芝溪 …… (57)
灵山江 …… (57)
罗家溪 …… (58)
社阳港 …… (58)
塔石溪 …… (58)
模环溪 …… (58)
士元溪 …… (58)
上畈溪 …… (59)
矿　产 …… (59)
概况 …… (59)
黄铁矿 …… (59)
水泥灰岩 …… (59)
建筑用凝灰岩 …… (59)
砖瓦黏土 …… (59)
黄沙 …… (59)
蛇纹岩 …… (59)
石煤 …… (59)

中共龙游县委员会

概　述 …… (60)
主要工作 …… (60)
强化思想武装谋发展 …… (60)
建实力之城迈新步伐 …… (60)
建魅力之城展新形象 …… (61)
建活力之城创新业绩 …… (61)
建幸福之城显新作为 …… (61)
打造龙游铁军谱新篇 …… (62)
在龙游召开的省级重要会议 …… (62)
浙江省百万家庭屋顶光伏工程建设现场会 …… (62)
浙江省新建水库移民安置工作交流培训会 …… (63)
县委召开的重要会议 …… (63)
龙游县干部大会暨“拆治归”工作推进会 …… (63)
县委十一届二次全体（扩大）会议 …… (63)
县委常委会（1） …… (63)
县委常委会（2） …… (64)
县委常委会（3） …… (64)
县委常委会（4） …… (64)
县委常委会（5） …… (64)
县委常委会（6） …… (65)
县委常委会（7） …… (65)
县委常委会（8） …… (65)
县委常委会（9） …… (65)
县委常委会（10） …… (65)
县委常委会（11） …… (66)
县委常委（扩大）会议（1） …… (66)
县委常委（扩大）会议（2） …… (66)
县委常委（扩大）会议（3） …… (66)
全县农村工作会议暨省级美丽乡村示范县创建动员会 …… (66)
一季度社情民情分析会暨护航十九大、建设平安龙游工作会议 …… (67)
一季度经济形势分析会 …… (67)
“大拆大整、大改大建，建设平安美丽幸福新龙游”动员大会 …… (67)
全县领导干部会议（1） …… (67)
全县领导干部会议（2） …… (67)
县委理论学习中心组学习会暨四套班子务虚会（1） …… (68)
县委理论学习中心组学哲学用哲学专题学习会 …… (68)
县委理论学习中心组学习会暨四套班子务虚会（2） …… (68)
县委办公室工作 …… (68)
概况 …… (68)
谋篇布局参之有道 …… (68)
信息服务更有效 …… (69)
统筹协调抓落实 …… (69)
法治平安显成效 …… (69)
督查督办扎实有力 …… (70)
履职尽责优服务 …… (70)
多措并举强队伍 …… (70)
纪检监察工作 …… (71)
概况 …… (71)
充分发挥巡察作用 …… (71)
精心谋划立项监督 …… (71)

夯实主体责任 …… (71)
推进监察体制改革 …… (72)
深化纪检体制改革 …… (72)
常抓作风建设 …… (72)
坚持惩防并举 …… (72)
村级组织换届工作督查 …… (72)
从严从实打造纪检监察铁军 …… (72)
组织工作 …… (73)
概况 …… (73)
深化“两学一做”教育 …… (73)
干部队伍建设 …… (73)
村社组织换届 …… (73)
全域党建示范提升工程 …… (74)
村情通+全民网格 …… (74)
新领域新业态党建 …… (74)
消除集体经济薄弱村 …… (75)
人才引进与培养 …… (75)
机构编制工作 …… (75)
概况 …… (75)
推进“最多跑一次”改革 …… (75)
推进基层治理体系建设 …… (76)
理顺体制机制 …… (76)
健全金融服务保障体系 …… (76)
提供“城市东进”体制保障 …… (76)
完善全域旅游管理体制 …… (76)
推进出入境机构建设 …… (76)
推进盐业监管改革 …… (77)
深化监察体制改革 …… (77)
打造县域治理“金字塔” …… (77)
创新机构编制管理 …… (77)
事业单位法人登记管理 …… (77)
宣传思想工作 …… (77)
概况 …… (77)
宣传十九大精神 …… (78)
主题宣传 …… (78)
理论宣讲 …… (78)
对外宣传 …… (78)
网上宣传 …… (78)
落实意识形态工作责任制 …… (78)
加强网上舆论引导 …… (79)
社科普及工作 …… (79)
志愿服务工作 …… (79)
“最美”评选活动 …… (79)
群众性精神文明创建 …… (79)
农村文化礼堂建设 …… (80)
公共文化服务建设 …… (80)
文化产业发展 …… (80)
文艺精品创作 …… (80)
新闻报道 …… (82)
概况 …… (82)
主题报道 …… (82)
热点评论 …… (82)
典型报道 …… (83)
民生报道 …… (83)
舆论监督 …… (83)
新媒体发展 …… (83)
打造新媒体品牌 …… (83)
志愿服务 …… (83)
业务建设 …… (84)
队伍建设 …… (84)
统战工作 …… (84)
概况 …… (84)
助推龙商回归 …… (84)
强化党派建设 …… (85)
发展民族经济 …… (85)
促进宗教和谐 …… (85)
加强海外联谊 …… (85)
服务中心大局 …… (85)
老干部工作 …… (86)
概况 …… (86)
向老干部通报工作 …… (86)
老干部思想政治建设 …… (86)
老干部学习阵地建设 …… (86)
落实老干部生活待遇 …… (86)
鼓励老干部献智慧 …… (87)
开展“走、看、促”活动 …… (87)

开展文体和公益活动 …… (87)
机关党建工作 …… (88)
概况 …… (88)
紧扣县委中心工作 …… (88)
抓实党建理论研究 …… (88)
创新机关党建工作 …… (88)
全面开展从严治党 …… (88)
党史和地方志工作 …… (89)
概况 …… (89)
党史资料征集工作 …… (89)
“傅氏故居”提升工作 …… (89)
《龙游县志》等编纂出版工作 …… (89)
专业志编修工作 …… (89)
《龙游文库》文化工程 …… (89)
《龙游年鉴（2017）》编纂工作 …… (90)
发挥方志学会作用 …… (90)
服务中心工作 …… (90)
党校工作 …… (90)
概况 …… (90)
教学工作 …… (91)
干部教育培训 …… (91)
社会培训 …… (91)
科研工作 …… (91)
后勤保障工作 …… (92)
师资队伍建设 …… (92)
党的建设 …… (92)
服务县委中心工作 …… (92)

龙游县人民代表大会常务委员会

概　述 …… (93)
主要工作 …… (93)
落实县委决策部署 …… (93)
助力经济社会发展 …… (93)
推动民生事业改善 …… (94)
推动法制社会建设 …… (94)
发挥代表作用 …… (94)
加强自身建设 …… (95)
重要会议 …… (95)
十三届人大一次会议 …… (95)
十三届人大常委会第一次会议 …… (95)
十三届人大常委会第二次会议 …… (95)
十三届人大常委会第三次会议 …… (96)
十三届人大常委会第四次会议 …… (96)
十三届人大常委会第五次会议 …… (96)
十三届人大常委会第六次会议 …… (96)
十三届人大常委会第七次会议 …… (96)
附：县人大优秀议案 …… (96)
关于要求建设庙下乡八角殿村农民饮用水工程的议案 …… (96)

龙游县人民政府

概　述 …… (98)
主要工作 …… (98)
工业提升量质并举 …… (98)
旅游开发点线并进 …… (98)
农业农村加快发展 …… (99)
大抓招商出成效 …… (99)
加快项目建设 …… (99)
要素保障有力度 …… (99)
加强城镇建设与管理 …… (99)
攻坚“543”专项 …… (100)
优化工作效能 …… (100)
确立政府“十大铁律军魂” …… (100)
打好“十场攻坚战” …… (100)
守好三条“生命线” …… (101)
办好民生实事 …… (102)
社会事业全面进步 …… (102)
维护社会和谐稳定 …… (102)
重要会议 …… (103)
十二届政府第八十五次常务会议 …… (103)
十二届政府第八十六次常务会议 …… (103)
十三届政府第一次常务会议 …… (103)
十三届政府第二次常务会议 …… (103)
十三届政府第三次常务会议 …… (103)

十三届政府第四次常务会议 …………………… (103)
十三届政府第五次常务会议 …………………… (103)
十三届政府第六次常务会议 …………………… (103)
十三届政府第七次常务会议 …………………… (103)
十三届政府第八次常务会议 …………………… (104)
十三届政府第九次常务会议 …………………… (104)
十三届政府第十次常务会议 …………………… (104)
十三届政府第十一次常务会议 ………………… (104)
十三届政府第一次全体会议 …………………… (104)
十三届政府第十二次常务会议 ………………… (104)
十三届政府第十三次常务会议 ………………… (104)
十三届政府第十四次常务会议 ………………… (104)
十三届政府第十五次常务会议 ………………… (104)
十三届政府第十六次常务会议 ………………… (104)
十三届政府第十七次常务会议 ………………… (105)
十三届政府第十八次常务会议 ………………… (105)
十三届政府第十九次常务会议 ………………… (105)
十三届政府第二十次常务会议 ………………… (105)
十三届政府第二十一次常务会议 ……………… (105)
十三届政府第二十二次常务会议 ……………… (105)
十三届政府第二十三次常务会议 ……………… (105)
十三届政府第二十四次常务会议 ……………… (105)
十三届政府第二十五次常务会议 ……………… (105)
十三届政府第二十六次常务会议 ……………… (105)
十三届政府第二十七次常务（扩大）会议 ……………… (105)
十三届政府第二次全体（扩大）会议 ……… (105)
十三届政府第二十八次常务会议 ……………… (106)
十三届政府第二十九次常务会议 ……………… (106)
十三届政府第三十次常务会议 ………………… (106)
十三届政府第三十一次常务会议 ……………… (106)
十三届政府第三十二次常务会议 ……………… (106)
十三届政府第三十三次常务会议 ……………… (106)
十三届政府第三十四次常务会议 ……………… (106)
十三届政府第三十五次常务会议 ……………… (107)
十三届政府第三十六次常务会议 ……………… (107)
县政府办公室工作 …………………………… (107)
概况 ……………………………………………… (107)
确保县府机关高效运转 ………………………… (107)
保证中心工作全面推进 ………………………… (107)
加强机关自身建设 ……………………………… (108)
民情沟通 ……………………………………… (108)
概况 ……………………………………………… (108)
信访责任落实 …………………………………… (108)
信访专项治理 …………………………………… (109)
信访机制建设 …………………………………… (109)
信访法治宣传 …………………………………… (109)
信访热点与难点 ………………………………… (110)
领导干部下访约访 ……………………………… (110)
信访队伍建设 …………………………………… (110)
信访信息工作 …………………………………… (110)
机关事务管理 ………………………………… (111)
概况 ……………………………………………… (111)
推进大院维修改造 ……………………………… (111)
打造后勤高地 …………………………………… (111)
办好机关食堂 …………………………………… (111)
公务用车改革显成效 …………………………… (111)
提高接待活力 …………………………………… (112)
打造干部铁军 …………………………………… (112)
档案工作 ……………………………………… (112)
概况 ……………………………………………… (112)
档案服务 ………………………………………… (112)
档案资源建设 …………………………………… (112)
档案利用体系建设 ……………………………… (113)
档案安全体系建设 ……………………………… (113)
档案干部队伍建设 ……………………………… (113)
其他中心工作 …………………………………… (113)
民族宗教事务管理 …………………………… (114)
概况 ……………………………………………… (114)
民族经济建设 …………………………………… (114)
民族文化建设 …………………………………… (114)
宗教界人士思想建设 …………………………… (114)
宗教场所安全生产 ……………………………… (114)
宗教领域维稳工作 ……………………………… (115)
宗教场所视联网建设 …………………………… (115)
宗教事务规范化管理 …………………………… (115)

服务县中心工作 ……………………………… (116)
各类社会公共服务 …………………………… (116)
加强机关自身建设 …………………………… (116)
会议活动承办和接待工作 …………………… (116)
外事侨务和港澳同胞工作 ………………… (116)
概况 ………………………………………… (116)
出国（境）管理 ……………………………… (116)
涉外涉侨服务 ……………………………… (117)
海外人士联系 ……………………………… (117)
联谊活动 …………………………………… (117)
开展侨企调研 ……………………………… (117)
深入开展关爱工程 ………………………… (118)
重视外宣工作 ……………………………… (118)
开展“互学互看”活动 ……………………… (118)
对台工作 ………………………………… (118)
概况 ………………………………………… (118)
涉台项目 …………………………………… (118)
服务台胞 …………………………………… (118)
交流联谊 …………………………………… (119)
涉台宣传 …………………………………… (119)
帮扶慰问 …………………………………… (119)
行政服务工作 …………………………… (119)
概况 ………………………………………… (119)
推进“最多跑一次”改革 …………………… (119)
深化“一窗受理”集成服务 ………………… (119)
“便民服务”平台建设 ……………………… (120)
创新审批服务方式 ………………………… (120)
日常管理和督查协调 ……………………… (120)
党风廉政建设 ……………………………… (120)
公共资源交易工作 ……………………… (121)
概况 ………………………………………… (121)
探索全流程电子化招投标 ………………… (121)
强化招投标质量管理 ……………………… (121)
推进乡镇（街道）交易平台建设 …………… (121)
推进市县一体化建设 ……………………… (122)
基层党建和党风廉政建设 ………………… (122)

政协龙游县委员会

概　述 …………………………………… (123)
主要工作 ………………………………… (123)
协商议政 …………………………………… (123)
民主监督 …………………………………… (124)
履职为民 …………………………………… (124)
团结联谊 …………………………………… (124)
自身建设 …………………………………… (124)
重要会议 ………………………………… (125)
政协第九届龙游县委员会第二十二次
常委会议 …………………………………… (125)
政协第十届龙游县委员会第一次会议 ……… (125)
政协第十届龙游县委员会第一次常委会议 …… (125)
政协第十届龙游县委员会第二次常委会议 …… (126)
政协第十届龙游县委员会第三次常委会议 …… (126)
政协第十届龙游县委员会第四次常委会议
暨常委读书会 ……………………………… (126)
政协第十届龙游县委员会第五次常委会议 …… (126)
政协第十届龙游县委员会第六次常委会议 …… (126)
附：县政协十届一次会议优秀提案
聚合寓外乡贤资源　助推龙游“三件大事”
发展 ………………………………………… (126)

民主党派

概　述 …………………………………… (130)
中国国民党革命委员会龙游县支部委员会 …… (130)
概况 ………………………………………… (130)
“民革党员之家”建设 ……………………… (130)
参政议政 …………………………………… (131)
服务社会 …………………………………… (131)
建功立业 …………………………………… (131)
中国民主同盟龙游县总支部委员会 ……… (131)
概况 ………………………………………… (131)
组织建设 …………………………………… (132)
参政议政 …………………………………… (132)

履职履责 …………………………………………… (132)
"民盟同心·名医服务站"建设 ………………… (132)
中国民主建国会龙游县基层委员会 ……………… (133)
概况 …………………………………………………… (133)
组织建设 ……………………………………………… (133)
参政议政 ……………………………………………… (134)
服务社会 ……………………………………………… (134)
建功立业 ……………………………………………… (134)
中国民主促进会龙游县总支部委员会 …………… (135)
概况 …………………………………………………… (135)
思想建设 ……………………………………………… (135)
组织建设 ……………………………………………… (135)
参政议政 ……………………………………………… (135)
服务社会 ……………………………………………… (136)
会员风采 ……………………………………………… (136)
中国农工民主党龙游县总支部委员会 …………… (137)
概况 …………………………………………………… (137)
参政议政 ……………………………………………… (137)
服务社会 ……………………………………………… (137)
党员风采 ……………………………………………… (137)
九三学社龙游县基层委员会 ……………………… (138)
概况 …………………………………………………… (138)
思想建设 ……………………………………………… (138)
组织建设 ……………………………………………… (138)
参政议政 ……………………………………………… (138)
打造科技服务品牌 …………………………………… (139)
开展科技活动 ………………………………………… (139)
服务社员 ……………………………………………… (139)
社员风采 ……………………………………………… (139)

工商联和社会团体

概 述 ……………………………………………… (140)
龙游县工商业联合会（总商会） ………………… (140)
概况 …………………………………………………… (140)
龙商品牌宣传 ………………………………………… (140)
招商推介 ……………………………………………… (141)
组织建设 ……………………………………………… (141)
理想信念教育 ………………………………………… (141)
参政议政 ……………………………………………… (142)
会员管理服务 ………………………………………… (142)
弘扬光彩事业 ………………………………………… (142)
龙游县总工会 ……………………………………… (142)
概况 …………………………………………………… (142)
基层组织建设 ………………………………………… (143)
群团改革试点工作 …………………………………… (143)
"543"专项工作 ……………………………………… (143)
职工疗休养 …………………………………………… (143)
弘扬工匠精神 ………………………………………… (144)
服务职工 ……………………………………………… (144)
强化维权服务建设 …………………………………… (144)
"万名职工学技能"活动 …………………………… (144)
"万名职工安康行"活动 …………………………… (144)
"万名职工学救护"活动 …………………………… (145)
"万名职工齐修身"活动 …………………………… (145)
强化自身建设 ………………………………………… (145)
共青团龙游县委员会 ……………………………… (145)
概况 …………………………………………………… (145)
基层团组织建设 ……………………………………… (145)
青少年思想道德教育 ………………………………… (146)
少年儿童能力培养 …………………………………… (146)
青少年维权工作 ……………………………………… (146)
青年创业就业体系建设 ……………………………… (147)
青年公益志愿行动 …………………………………… (147)
"龙游美食"项目推广 ……………………………… (147)
"农村淘宝"项目建设 ……………………………… (147)
"电商城"建设 ……………………………………… (147)
龙游县妇女联合会 ………………………………… (148)
概况 …………………………………………………… (148)
"贺田模式"复制 …………………………………… (148)
"村情通"推广 ……………………………………… (148)
"乡韵庭院"创建 …………………………………… (148)
发展来料加工业 ……………………………………… (148)
推动岗位建功 ………………………………………… (149)
"最美家庭"评选 …………………………………… (149)
基层妇联改革 ………………………………………… (149)

龙游县文学艺术界联合会 …… (149)
概况 …… (149)
组织建设 …… (149)
乡韵庭院设计建设 …… (150)
百名文艺工作者采风 …… (150)
创办“文艺龙游”公众号 …… (150)
扶贫工作 …… (150)
文艺活动丰富多彩 …… (150)
书法创作成绩显著 …… (151)
龙游县科学技术协会 …… (154)
概况 …… (154)
科技人才支撑工程 …… (154)
农民科技致富工程 …… (155)
全民科学素质提升工程 …… (155)
学会能力提升工程 …… (156)
科技工作者献智工程 …… (156)
科普宣传 …… (156)
科普基础工程建设 …… (156)
青少年科技教育活动 …… (157)
科协自身建设 …… (157)

法　治

概述 …… (158)
法治政府建设 …… (158)
概况 …… (158)
当好参谋助手和法律顾问 …… (158)
推进科学民主决策 …… (159)
推进规范文明行政执法 …… (159)
提高预防化解矛盾纠纷的能力 …… (159)
加大法治宣传力度 …… (160)
政法委及综治工作 …… (160)
概况 …… (160)
服务保障全县中心工作 …… (160)
提升社会治安防控水平 …… (160)
推动基层治理现代化 …… (160)
健全“大调解”机制 …… (161)
平安宣传 …… (161)
提升政法队伍素质能力 …… (161)
公　安 …… (161)
概况 …… (161)
完成中共十九大维稳安保任务 …… (162)
护航县重点项目推进 …… (162)
“最多跑一次”改革 …… (162)
开展“打侵财、除黑恶、查积案”百日攻坚专项行动 …… (163)
创新“大警种”改革 …… (163)
探索警务社会化道路 …… (163)
“所队合一”警务模式改革试点 …… (163)
执法规范化建设 …… (163)
电动自行车免费集中上牌 …… (164)
推进非警务警情分流 …… (164)
打击新型犯罪 …… (164)
破获“7·19”抢劫案 …… (164)
破获“9·17”聚众斗殴案 …… (164)
检　察 …… (165)
概况 …… (165)
做好十九大安保维稳工作 …… (165)
营造非公有制经济法治化营商环境 …… (165)
“最多跑一次”改革 …… (165)
司法体制改革 …… (165)
监察体制改革 …… (165)
诉讼制度改革 …… (165)
构建生态环境资源体系监督格局 …… (166)
未成年人司法保护 …… (166)
助推公益诉讼 …… (166)
保障律师执业权利 …… (167)
化解“案多人少”矛盾 …… (167)
促进类案犯罪源头控制 …… (167)
检察人才培养 …… (167)
法　院 …… (168)
概况 …… (168)
刑事审判 …… (168)
民商事审判 …… (168)
执行工作 …… (168)
服务大局 …… (169)

司法便民 …… (169)
阳光司法 …… (169)
深化改革 …… (169)
司法行政 …… (170)
概况 …… (170)
进行普法宣传 …… (170)
更新普法平台 …… (170)
开展法律服务 …… (171)
推进法律援助和公证服务 …… (171)
健全“大调解”体系 …… (171)
完善人民调解工作 …… (171)
规范社区矫正管理 …… (172)
加强律师队伍建设 …… (172)
打造司法行政铁军 …… (172)
道路交通安全管理 …… (173)
概况 …… (173)
春运安全管理 …… (173)
“最多跑一次”改革 …… (174)
交通源头管理 …… (174)
交通隐患排查 …… (174)
交通秩序整治 …… (174)
交通安全宣传 …… (175)
交通执法建设 …… (175)
队伍建设 …… (175)
浙江省十里坪监狱 …… (176)
概况 …… (176)
牢固安全根基 …… (176)
提升教育质量 …… (176)
提高执法水平 …… (176)
增强保障能力 …… (177)
生产经营 …… (177)
队伍建设 …… (177)
浙江省十里坪强制隔离戒毒所 …… (178)
概况 …… (178)
夯实安全稳定基础 …… (178)
提高戒毒矫治质量 …… (178)
推进科学戒毒工作 …… (179)
增强基础保障能力 …… (179)
民警队伍建设 …… (179)

武 装

概 述 …… (181)
人民武装 …… (181)
概况 …… (181)
开展“维护核心、听从指挥”主题教育活动 …… (181)
专武干部业务培训 …… (181)
民兵整组工作 …… (182)
组织县属应急连训练 …… (182)
参与非战争军事行动 …… (182)
国防动员体制建设 …… (182)
完成征兵任务 …… (182)
县委常委议军会 …… (182)
基层武装规范化建设 …… (182)
组织开展返乡退役士兵“六个一”系列活动 …… (183)
开展国防教育系列活动 …… (183)
营造“双拥”大氛围 …… (183)
人民防空 …… (183)
概况 …… (183)
推动人防工程建设 …… (183)
深化人防“最多跑一次”改革 …… (183)
开展人防宣传教育 …… (183)
人防组织规范化建设试点工作 …… (184)
人防工程产权制度改革试点工作 …… (184)
提升应急应战核心能力 …… (184)
推动人防规划与城市规划融合 …… (184)
龙游县消防大队 …… (185)
概况 …… (185)
明晰消防安全主体责任 …… (185)
打造平安和谐消防环境 …… (185)
解决辖区内“老大难”问题 …… (185)
推进“创人民满意”活动 …… (186)
聚焦十九大消防安保 …… (186)

开展多种形式消防宣传 …… (186)
武警龙游县中队 …… (187)
概况 …… (187)
组织建设 …… (187)
政治工作 …… (187)
军事训练 …… (187)
职责使命 …… (188)
拥政爱民 …… (188)
开展“维护核心，听从指挥”主题教育活动 …… (188)

社会事务

概 述 …… (189)
就业创业 …… (189)
概况 …… (189)
公共就业服务 …… (189)
劳务协作交流 …… (190)
就业创业举措 …… (190)
“最多跑一次”改革 …… (190)
社会保险 …… (190)
概况 …… (190)
社保精准扩面 …… (190)
被征地农民参保转保 …… (190)
医保改革政策 …… (191)
工伤认定和劳动能力鉴定 …… (191)
社保基金运行监管 …… (191)
人事人才工作 …… (191)
概况 …… (191)
人事招录 …… (191)
人事管理 …… (191)
实施引才工程 …… (191)
技能人才培养 …… (191)
劳动保障 …… (192)
概况 …… (192)
“无欠薪县”创建 …… (192)
劳动保障日常执法 …… (192)
仲裁机构实体化建设 …… (192)
民政工作 …… (193)
概况 …… (193)
社会救助 …… (193)
防灾减灾 …… (193)
流浪乞讨人员救助 …… (193)
“双拥”优抚和安置工作 …… (194)
退役士兵职业技能教育培训 …… (194)
退役士兵社会化服务工作 …… (194)
涉军群体维稳工作 …… (194)
婚姻登记 …… (195)
收养登记 …… (195)
民政执法 …… (195)
殡葬改革 …… (195)
区划地名工作 …… (195)
村（社）组织换届 …… (195)
“村情通”推广 …… (195)
社区建设 …… (196)
社工队伍素质提升 …… (196)
社会组织健康发展 …… (196)
移民扶持精准化 …… (196)
老龄工作 …… (196)
概况 …… (196)
社会养老体系建设 …… (197)
探索“医养结合”养老服务模式 …… (197)
养老服务项目建设 …… (197)
农村敬老院安全整治 …… (197)
“银龄互助”活动 …… (197)
开展“敬老月”系列活动 …… (198)
发放高龄补贴 …… (198)
老年大学 …… (199)
概况 …… (199)
合理设置课程 …… (199)
开展教学创新 …… (200)
坚持开门办学 …… (200)
优化校园环境 …… (200)
校园文化建设 …… (200)
开展对外交流 …… (201)
慈善和社会福利事业 …… (201)

概况 …… (201)
慈善项目实施 …… (201)
“邮善邮乐”网上慈善超市建设 …… (201)
创新义工活动方式 …… (202)
宣传《中华人民共和国慈善法》 …… (202)
福利企业管理服务 …… (202)
关心下一代工作 …… (202)
概况 …… (202)
青少年思想道德教育 …… (202)
青少年助学帮困活动 …… (202)
青少年法治安全教育 …… (203)
“五老”作用发挥 …… (203)
残疾人事业 …… (203)
概况 …… (203)
完善残联组织机构 …… (203)
政策兜底保障 …… (204)
实施精准康复 …… (204)
推动就业创业 …… (204)
助学解危扶贫 …… (205)
丰富业余生活 …… (205)
维护合法权益 …… (205)
加强队伍建设 …… (205)
红十字会工作 …… (206)
概况 …… (206)
组织建设 …… (206)
现场应急救护知识培训 …… (206)
救灾救助 …… (207)
开展各项纪念活动 …… (207)
生命关爱工作 …… (207)

农业·林业·水利

概　述 …… (208)
农　业 …… (208)
概况 …… (208)
夯实农业基础 …… (208)
深化农业结构调整 …… (209)
特色产业转型提升 …… (209)
发展生态循环农业 …… (209)
土地承包经营权确权登记 …… (209)
农业项目建设 …… (210)
保障农业生产安全 …… (210)
培育新型农业主体 …… (210)
“最多跑一次”改革 …… (210)
消除集体经济薄弱村 …… (210)
农业综合开发 …… (211)
概况 …… (211)
完成石佛高标准农田建设项目 …… (211)
完成沐尘小流域农业生态工程建设项目 …… (211)
完成灵山高标准农田建设项目 …… (211)
实施枫林高标准农田建设项目 …… (211)
实施罗家高标准农田建设项目 …… (211)
实施梧村小流域农业生态工程项目 …… (211)
实施詹家优质水稻种植加工特色园项目 …… (212)
完成总投资810万元的产业化项目 …… (212)
开展招商和落地项目服务推进工作 …… (212)
2018年项目申报工作 …… (212)
助力县委县政府中心工作 …… (212)
林　业 …… (213)
概况 …… (213)
项目工作 …… (213)
森林龙游建设 …… (213)
平原绿化 …… (213)
“一村万树”行动 …… (213)
彩色树种良种基地建设 …… (214)
公益林管理 …… (214)
彩色健康森林建设 …… (214)
食用林产品管理 …… (214)
林木种苗管理 …… (214)
林区道路建设 …… (214)
推广“一亩山万元钱”模式 …… (214)
木本油料产业发展 …… (214)
发展森林休闲养生旅游 …… (215)
“绿葱湖高山杜鹃花海”入选浙江省最美赏花胜地 …… (215)
林业产业发展 …… (215)

竹产业转型升级 …… (215)
竹木加工行业专项整治 …… (215)
林地管理 …… (215)
林木采伐和运输管理 …… (216)
古树名木保护 …… (216)
森林案件查处 …… (216)
野生动物保护管理 …… (216)
森林消防工作 …… (216)
林业监测预警 …… (216)
林业检疫规范 …… (217)
森林病虫害防控 …… (217)
林权制度改革 …… (217)
林地变更调查 …… (217)
林业“最多跑一次”改革 …… (217)
森林生态文化宣传 …… (217)
森林资源二类调查 …… (217)
畜牧业 …… (218)
概况 …… (218)
成功创建农业部畜牧业绿色发展示范县 …… (218)
推进畜禽整治提升 …… (218)
美丽生态牧场建设 …… (218)
发挥县养猪行业协会作用 …… (218)
重大动物疫病综合防控 …… (219)
畜产品质量安全监管 …… (219)
加强畜牧兽医队伍建设 …… (219)
渔 业 …… (219)
概况 …… (219)
科学谋划渔业发展 …… (219)
渔业重点项目建设 …… (220)
生态洁水渔业发展 …… (220)
渔业安全专项整治 …… (220)
渔业技术推广服务 …… (220)
水利建设 …… (220)
概况 …… (220)
防灾减灾工作 …… (220)
重点项目建设 …… (221)
水政渔政执法 …… (221)
河道综合整治及长效管护 …… (221)
水土保持与水资源管理 …… (221)
乌引工程管理 …… (221)
概况 …… (221)
干渠维护 …… (221)
水利灌溉标准化管理创建 …… (221)
抓好供水安全 …… (222)
加强队伍建设 …… (222)
高坪桥水库工程建设与管理 …… (222)
概况 …… (222)
政策处理 …… (222)
省内首个水库工程类PPP项目落地 …… (223)
大坝工程建设 …… (223)
移民安置小区建设 …… (223)
专业项目 …… (223)
年度投资任务足额完成 …… (223)

工业经济

概 述 …… (224)
工业和信息化管理 …… (224)
概况 …… (224)
创新体制机制 …… (224)
服务项目建设 …… (225)
推进企业战略合作 …… (225)
优质企业培育 …… (225)
企业上市重组 …… (225)
企业创新驱动 …… (226)
加强“两化”融合 …… (226)
发展生态工业 …… (226)
企业家综合素质培训 …… (226)
经济开发区建设 …… (226)
概况 …… (226)
区块整合 …… (227)
招商引资 …… (227)
项目建设 …… (227)
基础配套 …… (227)
平安综治 …… (227)
就业保障 …… (227)

科技创新 ……(227)
企业服务中心启用 ……(227)
衢州出入境检验检疫局龙游现场办开检 ……(228)
设立开发区党群服务中心 ……(228)
华邦古楼项目签约 ……(228)
浙建投项目签约 ……(228)
招商协作工作 ……(230)
概况 ……(230)
招商工作实绩 ……(230)
山海协作工作实绩 ……(230)
做实项目招商 ……(230)
完善招商工作机制 ……(230)
拓展招商工作方式 ……(231)
深化“山海协作”工程 ……(231)
“招商铁军”队伍建设 ……(231)
基层党建 ……(232)

基础设施

概 述 ……(233)
公路交通 ……(233)
概况 ……(233)
交通项目建设 ……(233)
全面完成为民办实事项目 ……(234)
交通项目前期 ……(234)
公路养护 ……(234)
“四边三化”工作 ……(234)
路政管理 ……(234)
道路运输管理 ……(235)
日常监管 ……(235)
规范出租车经营行为 ……(235)
维修驾培管理 ……(235)
行业安全生产 ……(235)
基层党建 ……(235)
铁路建设 ……(237)
概况 ……(237)
衢宁铁路征迁及安置点建设 ……(237)
龙游南站站前区块配套工程项目前期 ……(237)
龙游火车站站房改扩建工程 ……(237)
杭衢高铁（龙游段）项目 ……(237)
杭长高铁沿线整治提升工程 ……(238)
铁路客运管理 ……(238)
概况 ……(238)
全力以赴抓好春运工作 ……(238)
确保重点时段的安全 ……(238)
做实做细思想政治工作 ……(239)
积极推进班组文化建设 ……(239)
确保间段性目标的顺利实现 ……(239)
实现增运增收 ……(239)
加强新入职人员培养 ……(240)
铁路货运管理 ……(241)
概况 ……(241)
铁路龙游东货运站 ……(241)
组织运输 ……(241)
安全风险管控 ……(241)
调车作业 ……(241)
接发列车作业 ……(241)
后勤保障 ……(242)
水上运输管理 ……(242)
概况 ……(242)
水上安全监管 ……(242)
水上安全演练 ……(242)
水上抢险 ……(242)
协助收回石窟江心洲 ……(243)
抓创建提形象 ……(243)
服务年年红水上旅游 ……(243)
红船豆枢纽船闸工程 ……(243)
小溪滩船闸工程 ……(243)
龙游港区桥头江码头开工建设 ……(243)
电力建设与电能供应 ……(244)
概况 ……(244)
电网建设 ……(244)
优质服务 ……(244)
完善经营管理 ……(244)
安全生产 ……(245)
集体企业提质增效 ……(245)

基层党建 ……(245)
队伍建设 ……(246)
文化建设 ……(246)
邮政管理 ……(247)
概况 ……(247)
加快金融业务发展 ……(247)
做好做实培育型业务 ……(247)
确保寄递渠道安全 ……(247)
做优做精传统业务 ……(247)
营造和谐企业氛围 ……(247)
企业党建工作 ……(248)
中国电信龙游分公司 ……(248)
概况 ……(248)
通信服务能力与水平 ……(248)
助力智慧龙游建设 ……(248)
提升优质服务 ……(249)
党建引领 ……(249)
党风廉政建设 ……(249)
中国移动龙游分公司 ……(250)
概况 ……(250)
加强网络建设 ……(250)
优化服务 ……(250)
落实“提速降费”措施 ……(250)
重视信息化应用 ……(251)
企业管理 ……(251)
党建工作 ……(251)
履行社会责任 ……(251)
中国联通龙游分公司 ……(252)
概况 ……(252)
联通混改 ……(252)
业务发展 ……(252)
党风廉政和企业文化建设 ……(252)
回报社会 ……(252)
中国石化龙游支公司 ……(253)
概况 ……(253)
直面严峻的市场形势 ……(253)
加油站防渗池改造 ……(253)
样板站建设 ……(253)
安全管理 ……(254)
护航十九大 ……(254)

商贸服务业

概 述 ……(255)
商贸经济 ……(255)
概况 ……(255)
对外贸易 ……(255)
省首个县域融资租赁对接大会 ……(256)
批发零售业改造提升试点 ……(256)
项目建设 ……(256)
行业监管 ……(256)
散装水泥、预拌混凝土、预拌砂浆管理 ……(256)
粮食安全责任制落实 ……(256)
仓储管理 ……(256)
电子商务 ……(262)
概况 ……(262)
优化电商环境 ……(262)
电商城运营 ……(262)
农村淘宝 ……(262)
“电子商务进万村”工程 ……(262)
工业企业电商应用 ……(262)
“特色中国·龙游馆”改造 ……(262)
申通电子商务产业园建成 ……(263)
服务业建设与管理 ……(263)
概况 ……(263)
完善政策体系 ……(263)
项目管理 ……(263)
特色小镇建设 ……(263)
城东新区建设 ……(264)
医疗卫生 ……(264)
教育业 ……(264)
旅游业 ……(264)
金融业 ……(264)
房地产业 ……(264)
“龙游美食”推广 ……(264)
概况 ……(264)

出台扶持政策 …… (265)
编纂培训教材 …… (265)
成立行业协会 …… (265)
美食购物活动 …… (265)
供销合作经济 …… (266)
概况 …… (266)
深化综合改革 …… (266)
推进“农合联”体系建设 …… (266)
构建农业社会化服务体系 …… (267)
强化销售服务功能 …… (267)
谋划信用平台建设 …… (267)
烟草专卖 …… (267)
概况 …… (267)
品牌培育 …… (267)
管理创新 …… (267)
提质增效 …… (268)
队伍建设 …… (268)
盐务管理 …… (268)
概况 …… (268)
食盐批发专营 …… (268)
食盐市场监管 …… (268)
“防治碘缺乏病日”宣传 …… (269)
市场流通服务 …… (269)
品牌宣传提升 …… (269)

财政·税收

概 述 …… (270)
财 政 …… (270)
概况 …… (270)
组织财政收入 …… (270)
服务经济发展 …… (270)
推进“最多跑一次” …… (271)
保障民生支出 …… (271)
深化财政改革 …… (271)
强化财政监管 …… (271)
加强队伍建设 …… (272)
附：龙游县2017年财政预算执行情况报告（节选） …… (272)
地方税收 …… (274)
概况 …… (274)
抓好收入征管 …… (274)
支持企业发展 …… (274)
深化国地税协作 …… (275)
推进税收改革 …… (275)
落实“最多跑一次”改革 …… (275)
国家税务 …… (275)
概况 …… (275)
以税资政影响力持续提升 …… (275)
纳税服务亲和力持续提升 …… (276)
依法治税执行力持续提升 …… (276)
税收管理应对力持续提升 …… (276)
党员干部担当力持续提升 …… (276)
干部队伍执行力持续提升 …… (277)

金融业

概 述 …… (281)
金融管理 …… (281)
概况 …… (281)
贯彻稳健中性的货币政策 …… (281)
推进普惠金融品牌建设 …… (282)
建设绿色金融品牌 …… (282)
创建信用龙游品牌 …… (283)
维护区域金融稳定 …… (283)
完善支付环境建设 …… (283)
深化外汇服务 …… (284)
加强反洗钱监管 …… (284)
创建现金服务示范网点 …… (284)
普及金融消费知识 …… (284)
银行业监管 …… (284)
概况 …… (284)
严守区域风险底线 …… (284)
加强法人机构监管 …… (285)
推动实体经济发展 …… (285)

维护金融行业秩序 …… (285)
中国工商银行股份有限公司龙游支行 …… (286)
概况 …… (286)
服务实体经济 …… (286)
维护金融稳定 …… (286)
提升党建职能 …… (286)
中国农业银行股份有限公司龙游支行 …… (286)
概况 …… (286)
支持地方经济 …… (287)
创新服务“三农” …… (287)
推进金融创新 …… (287)
提升服务品质 …… (287)
提升金融服务水平 …… (287)
重视风险管控 …… (287)
中国银行股份有限公司龙游支行 …… (288)
概况 …… (288)
助推企业发展 …… (288)
践行社会责任 …… (288)
企业文化建设 …… (288)
员工队伍建设 …… (288)
中国建设银行股份有限公司龙游支行 …… (289)
概况 …… (289)
实施普惠金融战略 …… (289)
绿色金融转型发展 …… (289)
创新产品服务平台 …… (289)
抓创建塑企业形象 …… (290)
浙江龙游农村商业银行股份有限公司 …… (290)
概况 …… (290)
普及小额贷款 …… (290)
服务实体经济 …… (290)
拓宽普惠渠道 …… (291)
升级丰收驿站 …… (291)
创新智慧项目 …… (291)
筑牢风险防线 …… (291)
加强队伍建设 …… (291)
注重品牌建设 …… (292)
中国农业发展银行龙游支行 …… (292)
概况 …… (292)
保障地方粮食安全 …… (292)
维护金融资产安全稳定 …… (292)
支持农村基础设施建设 …… (292)
规范财会管理制度 …… (292)
安全保卫工作 …… (293)
加强党风廉政建设 …… (293)
加大形象宣传力度 …… (293)
加强企业文化建设 …… (293)
中国邮政储蓄银行股份有限公司龙游支行 …… (293)
概况 …… (293)
助力“三农”金融服务 …… (293)
提升新型业务贡献度 …… (294)
提升基层调研效能 …… (294)
践行社会责任 …… (294)
提升党建工作执行力 …… (294)
构建和谐企业文化 …… (294)
浙江龙游义商村镇银行股份有限公司 …… (295)
概况 …… (295)
坚持支农支小 …… (295)
强化文化兴行 …… (295)
履行社会责任 …… (295)
温州银行衢州龙游支行 …… (295)
概况 …… (295)
服务地方经济 …… (296)
强化金融服务 …… (296)
践行社会责任 …… (296)
建设企业文化 …… (296)
金华银行股份有限公司衢州龙游支行 …… (296)
概况 …… (296)
打造金华银行品牌形象 …… (296)
加大贷款营销力度 …… (296)
完善管理制度 …… (297)
构建高素质队伍 …… (297)
浙商银行股份有限公司衢州龙游支行 …… (297)
概况 …… (297)
服务地方经济 …… (297)
提升服务质量 …… (298)
调整信贷结构 …… (298)

企业文化建设 …… (298)
浙江泰隆商业银行股份有限公司衢州龙游支行 …… (298)
概况 …… (298)
坚持做小做微 …… (298)
凸显泰隆优势 …… (299)
特色产品 …… (299)
打造泰隆“家”理念 …… (299)
浙江民泰商业银行股份有限公司衢州龙游支行 …… (300)
概况 …… (300)
拓展客户群体 …… (300)
创新金融产品 …… (300)
推广智慧支付 …… (300)
履行社会责任 …… (300)
台州银行衢州龙游小微企业专营支行 …… (300)
概况 …… (300)
持续服务小微企业 …… (301)
回馈社会 …… (301)
企业文化建设 …… (301)
招商银行龙游支行 …… (301)
概况 …… (301)
各项存款稳步增长 …… (301)
优化贷款结构 …… (301)
创新财富管理 …… (302)
践行社会责任 …… (302)
中国人民财产保险股份有限公司龙游支公司 …… (302)
概况 …… (302)
政企合作 …… (302)
合规经营 …… (303)
回馈社会 …… (303)
中国人寿保险股份有限公司龙游县支公司 …… (303)
概况 …… (303)
政保合作 …… (304)
服务大局 …… (304)
合规经营 …… (304)
队伍建设 …… (304)

经济管理与监督

概 述 …… (306)
发展和改革管理 …… (306)
概况 …… (306)
综合谋划 …… (306)
项目谋划 …… (306)
项目推进 …… (307)
项目对接 …… (307)
规划编制 …… (307)
新能源发展 …… (307)
循环经济推进 …… (308)
城镇发展战略 …… (308)
综合改革 …… (308)
特色小镇建设 …… (308)
价格检查 …… (308)
价格认证 …… (308)
价格收费管理 …… (309)
市场监督与管理 …… (312)
概况 …… (312)
服务市场主体 …… (312)
推动企业转型升级 …… (313)
助力城市管理 …… (313)
推进品牌战略 …… (313)
废止地方性著名商标认定 …… (313)
标准化工作 …… (313)
市场提升发展 …… (314)
食品安全网络建设 …… (314)
食品安全监管 …… (314)
药品医疗器械监管 …… (314)
特种设备安全监管 …… (315)
市场秩序整治 …… (315)
消费维权 …… (315)
统计工作 …… (315)
概况 …… (315)
农业普查 …… (315)
统计服务 …… (315)

统计调查监测 …… (315)
数据质量提升 …… (316)
基层基础建设 …… (316)
统计调查执法 …… (316)
概况 …… (316)
统计调查 …… (316)
样本轮换 …… (317)
出入境商品检验检疫 …… (317)
概况 …… (317)
筹建开检 …… (317)
业务情况 …… (317)
服务管理 …… (317)
审计工作 …… (318)
概况 …… (318)
财政审计 …… (318)
政府投资审计 …… (318)
经济责任审计 …… (318)
政策执行审计 …… (318)
加强审计管理 …… (318)
协助案件查办 …… (319)
推动审计改革 …… (319)
安全生产监督 …… (319)
概况 …… (319)
完善安全生产责任体系 …… (319)
健全隐患排查整治体系 …… (319)
推进“最多跑一次”改革 …… (319)
建设企业应急救援队伍 …… (319)
职业病防治专项治理 …… (320)
危险化学品专项整治 …… (320)
烟花爆竹经营布点规划 …… (320)
开展社会化服务工作 …… (320)
安全知识教育宣传 …… (320)
公共资源市场化配置监督 …… (320)
概况 …… (320)
招标文件审核 …… (321)
完善评标办法 …… (321)
招标代理机构考核 …… (321)
严格标后监管 …… (321)
承包商入围预选 …… (321)
小额工程招投标 …… (321)
项目监管 …… (321)

国有资产经营与管理

概 述 …… (322)
国有资产管理 …… (322)
概况 …… (322)
深化国资改革 …… (322)
应对融资难题 …… (322)
聚力大干项目 …… (323)
强化双“资”监管 …… (323)
重党建促工作 …… (323)
龙游县奔康投资有限公司 …… (323)
概况 …… (323)
项目建设 …… (323)
房屋销售 …… (324)
教育投资 …… (324)
经营拓展 …… (324)
物业管理 …… (324)
万基检测 …… (324)
党建工作 …… (324)
龙游县城市发展投资有限公司 …… (325)
概况 …… (325)
项目管理 …… (325)
市政项目 …… (325)
房建项目 …… (325)
EPC项目工程 …… (325)
市场开发 …… (326)
重大项目前期 …… (326)
标准化管理 …… (326)
龙游县交通投资集团有限公司 …… (326)
概况 …… (326)
工程项目 …… (326)
市场化合资合作 …… (327)

经营管理 ……………………………………… (327)
安全生产 ……………………………………… (327)
创新管理 ……………………………………… (327)
龙游县商贸物流发展有限公司 ………… (327)
概况 …………………………………………… (327)
新建华安驾考中心及考训场 ……………… (328)
改造河西街农贸市场 ……………………… (328)
收购溪口农贸市场 ………………………… (328)
桥头山安置小区 …………………………… (328)
零星工程改造 ……………………………… (328)
园区管理 ……………………………………… (328)
队伍建设 ……………………………………… (328)
龙游县文化旅游发展有限公司 ………… (329)
概况 …………………………………………… (329)
制度创新 ……………………………………… (329)
市场营销 ……………………………………… (329)
营销布网 ……………………………………… (329)
营销策划 ……………………………………… (329)
“周一免费游” …………………………… (329)
石角开漂 ……………………………………… (330)
六春湖索道 …………………………………… (330)
二门源开园 …………………………………… (330)
“聚宝古街”招商 ………………………… (330)
石窟景区提升 ……………………………… (330)
谋划全域旅游 ……………………………… (330)
队伍建设 ……………………………………… (331)
龙游县水务集团有限公司 ……………… (331)
概况 …………………………………………… (331)
构建治理体系 ……………………………… (331)
拓展合作渠道 ……………………………… (331)
建设智慧水务系统 ………………………… (331)
重大项目建设 ……………………………… (332)
巩固“五水共治”成果 …………………… (332)
保障供水安全 ……………………………… (332)
队伍建设 ……………………………………… (332)

城乡规划建设与管理

概 述 ……………………………………… (333)
城乡规划 …………………………………… (333)
概况 …………………………………………… (333)
城市规划编制 ……………………………… (333)
老城区控制性详细规划及重点区块城市设计 ……………………………………… (334)
大南门历史文化街区业态策划及修建性详细规划 ……………………………………… (334)
城东中央生态廊道修建性详细规划及城市设计 ……………………………………… (334)
城东安置区修建性详细规划 ……………… (335)
村镇规划建设 ……………………………… (335)
美丽宜居示范村建设 ……………………… (335)
小城镇环境综合整治 ……………………… (335)
推进“最多跑一次”改革 ………………… (336)
完善规划管理机制 ………………………… (336)
服务重点项目 ……………………………… (336)
服务中心工作 ……………………………… (337)
测绘和地理信息数据平台建设 …………… (337)
测绘服务工作 ……………………………… (337)
队伍建设 ……………………………………… (337)
新农村建设 ………………………………… (338)
概况 …………………………………………… (338)
“贺田模式”提升 ………………………… (338)
深化美丽乡村建设 ………………………… (338)
精准扶贫促农增收 ………………………… (339)
低收入农户健康保险 ……………………… (339)
县、乡二级农合联改革 …………………… (339)
农村产权交易平台建设 …………………… (340)
污水治理提标改造 ………………………… (340)
城市建设与管理 …………………………… (340)
概况 …………………………………………… (340)
危旧房治理 …………………………………… (340)
旧城改造 ……………………………………… (340)
基础设施建设 ……………………………… (341)

市政园林管理 …… (341)
“一把扫帚”环卫一体化保洁模式 …… (341)
公用城管 …… (342)
队伍建设 …… (342)
建筑业 …… (342)
概况 …… (342)
建筑企业资质申报 …… (342)
安全质量监管 …… (342)
建筑节能工作 …… (343)
房地产业 …… (344)
概况 …… (344)
安居工程建设 …… (344)
公租房管理 …… (344)
物业管理 …… (344)
城市管理和综合行政执法 …… (345)
概况 …… (345)
深化执法体制改革 …… (345)
开展“一月一路”整治 …… (346)
推进拆违控违工作 …… (346)
优化城区交通环境 …… (346)
规范户外广告设置 …… (346)
小城镇环境综合整治 …… (346)
加强城区犬类管理 …… (347)
强化宣传 …… (347)
队伍建设 …… (347)
创建国家卫生县城 …… (347)
概况 …… (347)
建立管理责任机制 …… (347)
抓好督查交办 …… (348)
抓好协调整治 …… (348)
“一月一路一督查”工作机制 …… (348)
“一把扫帚”保洁机制 …… (348)
创新宣传发动方式 …… (348)
城东征迁和住房改革工作 …… (349)
概况 …… (349)
推进城东征迁 …… (349)
推进房改工作 …… (349)
房改档案数字化管理 …… (349)
队伍建设 …… (350)
党风廉政建设 …… (350)
住房公积金工作 …… (350)
概况 …… (350)
机构改革 …… (350)
推进“最多跑一次”改革 …… (351)
设立银行办事窗口 …… (351)
公积金扩面与缴存 …… (351)
统一公积金业务管理 …… (352)
加强信息化建设 …… (352)
公积金新业务系统上线运行 …… (352)
附：龙游县2017年度住房公积金制度实施情况公告 …… (352)

环境·资源·气象

概 述 …… (354)
环境监测与保护 …… (354)
概况 …… (354)
强化环境管理 …… (355)
水污染治理 …… (355)
大气污染综合防治 …… (355)
环境执法监管 …… (355)
环保能力建设 …… (356)
环境质量监测 …… (356)
环境宣传教育 …… (356)
环境信访维稳 …… (356)
推进“最多跑一次”改革 …… (356)
提案议案答复 …… (356)
党风廉政建设 …… (356)
2017年度龙游县环境质量状况 …… (357)
概况 …… (357)
单项指标统计结果 …… (357)
酸雨污染 …… (357)
江河地表水质 …… (357)
饮用水源地水质 …… (357)
交通环境噪声 …… (357)
区域环境噪声 …… (357)

五水共治 …… (357)
概况 …… (357)
全面落实河长制 …… (358)
全域剿灭劣V类水 …… (358)
攻坚源头治理 …… (358)
巩固项目建设 …… (359)
企业持久治污 …… (359)
推进全民治水 …… (359)
深化治水美景 …… (359)
转型涉水产业 …… (359)
国土资源利用和保护 …… (360)
概况 …… (360)
土地规划与利用 …… (360)
耕地保护 …… (360)
土地整治 …… (360)
土地执法监察 …… (360)
矿产整治 …… (361)
地质灾害防治 …… (361)
不动产登记 …… (361)
队伍建设 …… (361)
气象服务 …… (361)
概况 …… (361)
气象公共服务 …… (361)
气象为农服务 …… (362)
气象服务全域旅游 …… (362)
开展人工增雨作业 …… (362)
防雷安全监管 …… (363)
气象科普宣传 …… (363)
“最多跑一次”改革 …… (363)
队伍建设 …… (363)
2017年度龙游县气候状况 …… (364)
概况 …… (364)
气温 …… (364)
降水 …… (364)
日照 …… (364)
2017年度龙游县主要气候事件及影响 …… (364)
连阴雨 …… (364)
暴雨 …… (364)
高温 …… (364)
台风 …… (364)

教育·科技

概 述 …… (365)
基础教育 …… (366)
概况 …… (366)
特殊教育 …… (366)
学前教育 …… (366)
启明小学陶艺课堂结硕果 …… (366)
选课走班教学向初中延伸 …… (366)
凯马学生走出国门做公益 …… (367)
集团化办学尝试 …… (367)
灵山小学校歌获全国奖 …… (367)
龙二高成立全县首个心育教研组 …… (367)
人教社教学研究活动在龙游举行 …… (367)
中小学生手工创作比赛 …… (367)
塔石小学展示拓展性课程成果 …… (368)
泽随实验学校承办市直名师教研活动 …… (368)
全县青少年科技运动会 …… (368)
高中段招生 …… (368)
高考和高校招生 …… (368)
夯实教育信息化基础 …… (368)
五举措推进教育信息化 …… (369)
下库小学打造智慧校园 …… (369)
职业教育和成人教育 …… (371)
职业教育概况 …… (371)
成人教育概况 …… (371)
职成教六个项目入围省名单 …… (371)
求实职业中专与吉利牵手 …… (371)
培育中职学生核心素养 …… (371)
成人培训学分银行 …… (372)
建立职校教学诊断制度 …… (372)
选修课资源开发 …… (372)
推进现代学徒制试点 …… (372)
电大龙游分校 …… (373)
教育党政管理和教师队伍管理 …… (375)

调整全县学校党组织关系 …… (375)
稳步推进教师“县管校聘”工作 …… (375)
教育内部审计 …… (375)
运用“互联网+”模式建设平安校园 …… (375)
教师全员读书报告会 …… (376)
教师文化专业知识考试 …… (376)
教科研和师训工作 …… (376)
教研工作概况 …… (376)
师训工作概况 …… (376)
瞄准主题蹲点调研 …… (376)
《选课指导手册》评比 …… (377)
“龙游科研空间”再发力 …… (377)
县第二届精品课程评选 …… (377)
教育质量专题分析 …… (377)
县域课程改革成果 …… (377)
名师下乡送教 …… (377)
依托微信平台共享科研资源 …… (377)
教科管理更接地气 …… (378)
发挥监测的导向作用 …… (378)
课改共同体建设 …… (378)
“五·五”模式新教师培训 …… (378)
运用“两学习·两实践”模式培训校长 …… (378)
教研活动项目化 …… (379)
首届“课堂观察”评比 …… (379)
第二届“教坛锐将”评比 …… (379)
科研课题结硕果 …… (379)
科学技术 …… (379)
概况 …… (379)
科技型企业培育 …… (380)
高新技术产业投入 …… (380)
企业研发投入 …… (380)
构建企业创新载体 …… (380)
打造产业创新平台 …… (380)
构筑大众创新空间 …… (380)
创建省领军型创新创业团队 …… (381)
建设产学研合作平台 …… (381)
科技项目实施 …… (381)
科技特派员工作 …… (381)
科技金融 …… (381)
科技民生 …… (381)

文化·旅游

概 述 …… (382)
文化建设 …… (382)
概况 …… (382)
创建浙江省公共文化服务重点县 …… (382)
乡镇（街道）综合文化站效能建设 …… (382)
农村电影放映改革 …… (383)
群众文化活动开展 …… (383)
文艺创作 …… (383)
文化市场管理 …… (383)
文化产业建设 …… (383)
公共文化阵地建设 …… (384)
人才队伍建设 …… (384)
图书发行 …… (384)
概况 …… (384)
开展全民读书节暨龙游书展活动 …… (384)
拓展新业务 …… (384)
举办“七彩童话屋”活动 …… (384)
举办“水墨书香”龙游县青少年书法现场大赛 …… (384)
政治读物销售发行 …… (385)
和谐企业建设 …… (385)
社会公益活动 …… (385)
文物和文化遗产保护 …… (385)
概况 …… (385)
大南门历史文化街区保护 …… (385)
省保单位申报 …… (385)
文物保护修缮 …… (385)
文物平安工程 …… (385)
文物考古征集 …… (386)
非物质文化遗产保护传承 …… (386)
非物质文化遗产项目申报 …… (386)
广播电视事业 …… (386)
概况 …… (386)

舆论引导与监督 …… (386)
外宣工作 …… (386)
栏目建设 …… (386)
媒体融合 …… (387)
事业建设 …… (387)
活动兴台 …… (387)
安全播出 …… (387)
服务群众 …… (387)
队伍建设 …… (387)
旅游管理与旅游发展 …… (388)
概况 …… (388)
全域旅游构建 …… (388)
乡村旅游培育 …… (388)
旅游项目建设 …… (388)
旅游市场营销 …… (389)
旅游行业管理 …… (389)
旅游市场监管 …… (389)
石窟保护 …… (389)

卫生・体育

概　述 …… (390)
医药、卫生、计生体制改革 …… (390)
概况 …… (390)
医疗资源“双下沉、两提升” …… (390)
综合医药卫生体制改革先行先试 …… (391)
分级诊疗 …… (391)
医药采购机制改革 …… (391)
医养结合试点 …… (391)
责任医生签约 …… (392)
社会办医 …… (392)
卫生与健康服务 …… (392)
概况 …… (392)
医疗服务能力提升 …… (392)
疾病预防与控制 …… (392)
公共卫生管理与服务 …… (393)
行政执法 …… (393)
爱国卫生工作 …… (393)
无偿献血工作 …… (393)
人口控制 …… (393)
概况 …… (393)
落实惠民利民政策 …… (394)
完善流动人口服务管理体系 …… (394)
卫生计生事业保障 …… (394)
概况 …… (394)
人才保障 …… (394)
安全保障 …… (394)
信息化保障 …… (395)
项目保障 …… (395)
卫生应急保障 …… (395)
卫生计生行风建设 …… (395)
龙游县人民医院 …… (395)
概况 …… (395)
规范诊疗行为 …… (395)
配备先进齐全的医疗设备 …… (395)
加强学科建设 …… (396)
坚持人才兴院战略 …… (396)
深化薪酬制度改革 …… (396)
构建和谐医疗关系 …… (396)
加大信息化建设力度 …… (396)
医联体平台建设 …… (397)
体检中心改造 …… (397)
抗菌药物管理 …… (397)
临床用血管理 …… (397)
实施药品二次议价 …… (397)
智能停车收费管理 …… (397)
龙游县中医医院 …… (397)
概况 …… (397)
配备先进的医疗仪器设备 …… (397)
深入推进基层党建工作 …… (398)
强化健康体检项目建设 …… (398)
推动医疗质量持续改进 …… (398)
加强学科建设和科研创新 …… (398)
发挥中医药特色优势 …… (398)
持续优化人才队伍建设 …… (398)
加快信息化建设步伐 …… (399)

加强合理用药管理 …… (399)
实施药品二次议价 …… (399)
缓解停车难问题 …… (399)
构建和谐医院文化 …… (399)
体　育 …… (399)
概况 …… (399)
“国家体育公园”完成课题研究 …… (399)
参加省、市体育大会 …… (399)
全民健身活动中心实验小学分中心全面开放 …… (399)
项目谋划 …… (400)
项目推进 …… (400)
体育惠民 …… (400)
体育社团组织建设 …… (400)
培育品牌赛事 …… (400)
梳理权力事项清单 …… (401)
群众体育活动 …… (401)
龙舟运动 …… (401)
少体校成立 …… (401)
学校竞技体育 …… (401)
体育市场监管 …… (401)

乡镇（街道）

龙洲街道 …… (404)
概况 …… (404)
服务业经济 …… (404)
工业经济 …… (404)
农业经济 …… (404)
生态龙洲 …… (405)
“四边三化” …… (405)
“三改一拆” …… (405)
美丽乡村建设 …… (405)
危旧房治理 …… (405)
重点项目推进 …… (405)
平安龙洲 …… (405)
和谐社区建设 …… (405)
社会民生 …… (406)
基层党建 …… (406)
“最多跑一次”改革 …… (406)
“四个平台”建设 …… (406)
村（社）组织换届 …… (407)
东华街道 …… (407)
概况 …… (407)
助推城市东进 …… (407)
“拔钉清障”攻坚行动 …… (407)
“四个平台”建设 …… (408)
工业经济 …… (408)
“一区两块”整合 …… (408)
危旧房治理 …… (408)
“五四三”专项工作 …… (408)
土地垦造 …… (408)
乡村旅游 …… (408)
美丽乡村建设 …… (409)
综治维稳 …… (409)
“创国卫”行动 …… (409)
民生保障 …… (409)
组织建设 …… (409)
村（社）组织换届 …… (409)
湖镇镇 …… (410)
概况 …… (410)
农业经济 …… (410)
工业经济 …… (410)
集镇建设与管理 …… (411)
招商引资 …… (411)
重点项目推进 …… (411)
“五水共治”工作 …… (411)
“两违”整治 …… (412)
文化旅游 …… (412)
民生事业 …… (412)
平安创建 …… (412)
党的建设 …… (412)
村社组织换届 …… (413)
湖镇镇第十四届人民代表大会第一次会议 …… (413)
溪口镇 …… (413)
概况 …… (413)

工业经济 …………………………………………… (413)
农业经济 …………………………………………… (413)
美丽乡村创建 ……………………………………… (414)
“五水共治”工作 ………………………………… (414)
“四边三化”工作 ………………………………… (414)
小城镇环境综合整治 ……………………………… (415)
社会事业发展 ……………………………………… (415)
村级组织换届 ……………………………………… (415)
溪口镇第十八届人民代表大会第一次会议 …… (416)
詹家镇 ………………………………………………… (416)
概况 ………………………………………………… (416)
农业经济有效提升 ………………………………… (416)
工业经济平稳发展 ………………………………… (416)
拓宽服务业空间 …………………………………… (416)
深化“五水共治” ………………………………… (416)
打造形象窗口 ……………………………………… (417)
常态开展防违控违工作 …………………………… (417)
全面提升镇域环境 ………………………………… (417)
落实惠民政策 ……………………………………… (417)
社会事业不断发展 ………………………………… (417)
平安建设有序推进 ………………………………… (417)
“四个平台”建设初具成效 ……………………… (418)
党建+基层治理 …………………………………… (418)
村级组织换届 ……………………………………… (418)
小南海镇 ……………………………………………… (418)
概况 ………………………………………………… (418)
工业经济 …………………………………………… (418)
“三农”发展 ……………………………………… (419)
项目征地 …………………………………………… (419)
土地开发 …………………………………………… (419)
集镇改造 …………………………………………… (419)
剿灭劣V类水 ……………………………………… (419)
“四边三化”“三改一拆”工作 ………………… (420)
村级集体经济发展 ………………………………… (420)
乡村文化建设 ……………………………………… (420)
民生保障 …………………………………………… (420)
工青妇工作 ………………………………………… (420)
“四个平台”建设 ………………………………… (420)
社会治理 …………………………………………… (421)
基层组织建设 ……………………………………… (421)
村级组织换届 ……………………………………… (421)
塔石镇 ………………………………………………… (421)
概况 ………………………………………………… (421)
工业经济 …………………………………………… (421)
农业经济 …………………………………………… (422)
农业基础设施建设 ………………………………… (422)
耕地垦造 …………………………………………… (422)
土地确权 …………………………………………… (422)
项目征迁 …………………………………………… (422)
民生工程 …………………………………………… (422)
剿灭劣Ⅴ类水体 …………………………………… (422)
“四边三化”专项整治 …………………………… (423)
“治危拆违”行动 ………………………………… (423)
乡村旅游 …………………………………………… (423)
集镇建设 …………………………………………… (423)
“美丽乡村”建设 ………………………………… (423)
平安创建 …………………………………………… (424)
“乡贤治村”模式 ………………………………… (424)
做实“党建+”文章 ……………………………… (424)
建立健全执纪监督制度 …………………………… (424)
村级组织换届选举 ………………………………… (424)
塔石镇第十七届人民代表大会第一次会议 …… (425)
横山镇 ………………………………………………… (425)
概况 ………………………………………………… (425)
工业经济 …………………………………………… (425)
农业经济 …………………………………………… (425)
旅游业发展 ………………………………………… (426)
“五水共治”工作 ………………………………… (426)
“四边三化”工作 ………………………………… (426)
小城镇建设 ………………………………………… (426)
351国道（龙游段）征迁 ………………………… (426)
社会事业 …………………………………………… (427)
基层党建 …………………………………………… (427)
村级组织换届 ……………………………………… (427)
社阳乡 ………………………………………………… (427)
概况 ………………………………………………… (427)

工农业经济 …… (428)
生态旅游业 …… (428)
高坪桥水库建设 …… (428)
“五四三”专项攻坚 …… (428)
小城镇综合整治 …… (429)
民生事业 …… (429)
文化事业 …… (429)
平安创建 …… (429)
村级组织换届 …… (429)
罗家乡 …… (429)
概况 …… (429)
工农业经济 …… (430)
乡村旅游建设 …… (430)
小城镇综合治理 …… (430)
社会事业发展 …… (430)
打造乡韵庭院 …… (431)
文教卫生事业 …… (431)
创优美人居环境 …… (431)
便民服务 …… (431)
平安创建 …… (431)
队伍建设 …… (432)
村社组织换届 …… (432)
罗家乡第十五届人民代表大会第一次会议 …… (432)
大街乡 …… (432)
概况 …… (432)
发展特色农业 …… (432)
推进休闲旅游业 …… (432)
美丽乡村建设 …… (433)
“五四三”行动 …… (433)
小城镇环境综合整治 …… (433)
民生保障 …… (433)
文化事业 …… (433)
社会治理体系建设 …… (434)
狠抓安全生产 …… (434)
政府效能建设 …… (434)
廉政建设 …… (434)
村级组织换届选举 …… (434)
沐尘畲族乡 …… (435)
概况 …… (435)
农业经济发展 …… (435)
“五四三”专项工作 …… (435)
危房拆除与改造 …… (435)
重点项目建设 …… (435)
乡村旅游 …… (435)
城镇建设 …… (435)
社会事业 …… (436)
社会管理 …… (436)
党建工作 …… (436)
村级组织换届 …… (436)
庙下乡 …… (436)
概况 …… (436)
发展精品特色农业 …… (436)
重点项目建设 …… (437)
全域旅游格局渐成 …… (437)
推进“五四三”专项工作 …… (437)
小城镇环境综合整治 …… (437)
美丽乡村建设 …… (438)
红色教育阵地建设 …… (438)
综治工作 …… (438)
民生文化建设 …… (438)
乡贤吴丰昌当选中国工程院院士 …… (439)
基层组织建设 …… (439)
村级组织换届 …… (439)
石佛乡 …… (439)
概况 …… (439)
乡村旅游 …… (440)
农业经济 …… (440)
工业经济 …… (440)
项目建设 …… (440)
“五水共治”行动 …… (440)
“四边三化”工作 …… (441)
小城镇综合整治 …… (441)
民生事业 …… (441)
文化建设 …… (441)
平安创建 …… (441)
依法行政 …… (441)

党员精细化管理 …… (441)
村务运转便民化 …… (442)
村级组织换届 …… (442)
模环乡 …… (442)
概况 …… (442)
农业经济 …… (442)
工业经济 …… (443)
重点工程建设 …… (443)
社会事业 …… (443)
社会稳定 …… (443)
“五水共治”工作 …… (444)
“三改一拆”工作 …… (444)
“四边三化”工作 …… (444)
推进“双整”行动 …… (444)
乡综合文化站建设 …… (444)
小城镇环境综合整治 …… (445)
村级组织换届 …… (445)
模环乡第十六届人民代表大会第一次会议 …… (445)

艺 文

2017年诗词楹联新作 …… (446)
夏希虔16联 …… (446)
余燕君3首 …… (447)
周执中1首 …… (447)
张建民6首 …… (448)
2017年度新书榜 …… (449)
龙游文库•龙游历史文献集成（影印本系列）
经部 …… (449)
史部 …… (449)
子部 …… (449)
《新龙商风云录》 …… (450)
《原上草》 …… (450)
《纵游两江》 …… (450)
《龙游商帮》 …… (450)
《陌上清歌》 …… (451)
《湖镇民间艺术》 …… (451)
《模拟快乐》 …… (451)
《痕迹》 …… (451)
《龙游年鉴（2017）》 …… (451)
《共产党宣言》（华岗译本） …… (452)

新事拾遗

让龙游土货插上腾飞的“翅膀” …… (453)
“乡韵庭院”创意大赛 …… (453)
番薯面摇身一变“黄金丝” …… (453)
为娱而渔——放流 …… (453)
龙游县表彰2016年度“最美龙游人” …… (454)
龙游三勇士合力伸出援手 …… (454)
电瓶车肇事逃逸，交警智解疑团 …… (454)
五旬夫妻砸重金打造精品民宿 …… (455)
龙游籍军官温国良获“东海强军先锋”荣誉 …… (455)
一剂治疗退休综合症的良药 …… (455)
足不出户，证书到家 …… (455)
龙游出了个“武林英雄” …… (456)
母子路上捡到7万现金的背包 …… (456)
乡村小学建起“高大上”的科技馆 …… (456)
打造黄茶文化，游享山水龙游 …… (457)
溪流中的生命营救 …… (457)
整治“赤膊墙”，旧房换新颜 …… (457)
大山深处“孝声”扬 …… (457)
网格群“全能小工”能量大 …… (458)
《大力山的姑娘》开机拍摄 …… (458)
“验水亭”助力剿灭劣V类水 …… (458)
百场消防电影进农村 …… (458)
打造教育“航空母舰” …… (458)
仓库管理员监守自盗获刑又赔款 …… (459)
18岁少年发明“盆栽保姆” …… (459)
龙游县再添一张“金名片” …… (459)
严查、严扣封闭式三（四）轮电动车 …… (459)
龙游发糕端上联合国总部 …… (460)
足不出户乐享智慧居家养老 …… (460)
“本单位车辆不得入内” …… (460)
龙游车手登上漂移之巅 …… (460)

“四个平台”与“村情通”助力抗洪抢险 …… (460)
龙游首个社区少年宫成立 …… (461)
贾柏生获“全国模范调解员”称号 …… (461)
山村“跑腿书记”卓彦庆 …… (461)
儿子盗窃，父亲报案 …… (461)
小小身影温暖雨中的整条街 …… (462)
一针玻尿酸毁了两个女人 …… (462)
村警多服务，百姓少跑腿 …… (462)
万名“红马甲”守护一座城 …… (462)
“7888555”我记住了 …… (463)
教师有偿家教将受严惩 …… (463)
发扬尊老爱老的传统美德 …… (463)
中国钓王齐聚“龙和” …… (463)
“下套”套现食恶果 …… (464)
龙游甘薯引全省专家青睐 …… (464)
微博上辱骂交警被行拘 …… (464)
徐根娣情暖高校，感动《人民日报》 …… (464)
买游戏装备掉入陷阱 …… (465)
着力打造美丽乡村升级版 …… (465)

先进集体与先进个人

先进集体 …… (466)
国家级集体荣誉（含部门） …… (466)
省级集体荣誉（含部门） …… (467)
市级集体荣誉（不含部门） …… (471)
中共龙游县委、县人民府颁发的集体荣誉（不含部门） …… (471)
先进个人 …… (476)
国家级个人荣誉（含部门） …… (476)
省级个人荣誉（含部门） …… (476)
市级个人荣誉（含部门） …… (480)
县委、县政府颁发的个人荣誉（不含部门） …… (481)
最美龙游人·2017年度人物 …… (483)
一、最美龙游人·2017年度人物特别荣誉奖 …… (483)
二、2017年度龙游县“年度人物” …… (483)
三、2017年度龙游县“年度人物”提名奖 …… (485)

机构与负责人名录

县级机构 …… (487)
中共龙游县委员会 …… (487)
龙游县人大常委会 …… (487)
龙游县人民政府 …… (487)
龙游县政协常务委员会 …… (487)
中共龙游县纪律检查委员会、县监察委员会 …… (488)
龙游县人民法院 …… (488)
龙游县人民检察院 …… (488)
县委工作部门 …… (488)
中共龙游县委办公室 …… (488)
龙游县督查考绩委员会办公室 …… (489)
中共龙游县委台湾工作办公室（龙游县台湾事务办公室） …… (489)
龙游县综合信息指挥中心 …… (489)
龙游县综合信息指挥保障中心 …… (489)
龙游县信访局 …… (489)
龙游县农业和农村工作办公室 …… (489)
龙游县档案局(馆) …… (489)
龙游县史志办公室 …… (489)
中共龙游县委组织部 …… (489)
中共龙游县委人才工作领导小组办公室 …… (489)
中共龙游县委两新工委 …… (489)
龙游县机构编制委员会办公室 …… (489)
中共龙游县委老干部局 …… (490)
龙游县机关党工委 …… (490)
中共龙游县委宣传部 …… (490)
龙游县创建国家卫生县城工作领导小组办公室 …… (490)
中共龙游县委党校（龙游县社会主义学院、龙游县行政学校） …… (490)
中共龙游县委新闻宣传中心 …… (490)
中共龙游县委统战部 …… (490)

中共龙游县委政法委 …… (490)
龙游县纪委、监察委机关 …… (491)
人民团体 …… (491)
龙游县总工会 …… (491)
共青团龙游县委员会 …… (491)
龙游县妇女联合会 …… (491)
龙游县文学艺术界联合会 …… (491)
龙游县工商业联合会 …… (491)
龙游县残疾人联合会 …… (491)
龙游县科学技术协会 …… (492)
龙游县红十字会 …… (492)
民主党派·无党派人士 …… (492)
中国国民党革命委员会龙游县支部委员会 …… (492)
中国民主同盟龙游县总支部委员会 …… (492)
中国民主建国会龙游县总支部委员会 …… (492)
中国民主促进会龙游县支部委员会 …… (492)
中国农工民主党龙游县总支部委员会 …… (492)
九三学社龙游县基层委员会 …… (492)
龙游县无党派知识分子联谊会 …… (492)
县人大工作部门 …… (492)
县政协工作部门 …… (493)
县政府工作部门 …… (493)
龙游县政府办公室 …… (493)
龙游县政府法制办公室 …… (493)
龙游县政府咨询委员会办公室 …… (493)
龙游县金融工作办公室 …… (494)
龙游县行政服务中心 …… (494)
龙游县行政服务中心管理办公室 …… (494)
龙游县机关事务管理局 …… (494)
龙游县人力资源和社会保障局 …… (494)
龙游县公安局 …… (494)
龙游县司法局 …… (495)
龙游县农业局 …… (495)
龙游县林业局 …… (495)
龙游县水利局 …… (495)
龙游县高坪桥水库工程建设管理处 …… (495)
龙游县乌引工程管理处 …… (495)
龙游县民政局 …… (495)
龙游县发展和改革局 …… (496)
龙游县物价局 …… (496)
龙游县统计局 …… (496)
龙游县经济和信息化局 …… (496)
龙游县商务局 …… (496)
龙游县粮食局 …… (496)
龙游县商务和粮食局 …… (496)
龙游县安全生产监督管理局 …… (497)
龙游县招商局 …… (497)
龙游县交通运输局 …… (497)
龙游县住房和城乡建设局 …… (497)
龙游县规划局 …… (497)
龙游县人民防空办公室 …… (497)
龙游县城乡规划管理中心 …… (497)
龙游县环境保护局 …… (497)
龙游县住房改革委员会办公室（龙游县住房基金管理中心、龙游县征迁事务管理办公室） …… (498)
龙游县教育局 …… (498)
龙游县文化广电新闻出版局 …… (498)
龙游县旅游委员会（龙游石窟旅游度假区管委会） …… (498)
龙游县卫生和计划生育局 …… (499)
龙游县综合行政执法局 …… (499)
龙游县市场监督管理局 …… (499)
龙游县广播电视总台 …… (499)
龙游县体育局 …… (499)
龙游县科技局 …… (499)
龙游县财政地税局 …… (499)
龙游县国有资产监督管理委员会 …… (500)
龙游县水务集团有限公司 …… (500)
龙游县交通集团有限公司 …… (500)
龙游县城市发展投资有限公司 …… (500)
龙游县文化旅游发展有限公司 …… (500)
龙游县商贸物流发展有限公司 …… (500)
龙游县奔康投资有限公司 …… (500)
龙游县农业综合开发办公室 …… (500)

龙游县审计局 ……………………………………… (500)
龙游县供销社 ……………………………………… (500)
龙游县公共资源市场化配置监督管理办公室 ……………………………………… (500)
龙游县公共资源交易中心 …………………………… (500)
龙游工业园区 ……………………………………… (501)
龙游-镇海山海协作产业园 ………………………… (501)
龙游经济开发区 …………………………………… (501)
龙游县铁路建设指挥部办公室 ……………………… (501)
龙游县“三改一拆”领导小组办公室 ……… (501)
龙游县推进“五水共治 共建生态家园”工作领导小组办公室 ……………………… (501)
龙游县“四边三化”工作领导小组办公室 …… (501)
龙游县土地整治连片开发工作领导小组办公室 ……………………………………… (501)
龙游县电子商务工作领导小组办公室 ……… (501)
军事机构 ……………………………………… (502)
龙游县人民武装部 ………………………………… (502)
龙游县公安消防大队 ……………………………… (502)
省、市属单位 ………………………………… (502)
龙游县国家税务局 ………………………………… (502)
龙游县烟草专卖局(公司) ……………………… (502)
龙游县国土资源局 ………………………………… (502)
衢州市住房公积金管理中心龙游县分中心 …… (502)
衢州市住房公积金管理中心龙游分中心 ……… (502)
中国邮政龙游县分公司 …………………………… (502)
中国电信龙游县分公司 …………………………… (502)
中国移动龙游县分公司 …………………………… (502)
中国联通龙游县分公司 …………………………… (502)
龙游县气象局 ……………………………………… (502)
国网龙游县供电公司 ……………………………… (503)
国家统计局龙游调查队 …………………………… (503)
衢州检验检疫局龙游办 …………………………… (503)
龙游县港航管理所 ………………………………… (503)
龙游县盐务管理局(公司) ……………………… (503)
中国石化龙游支公司 ……………………………… (503)
浙江省十里坪强制隔离戒毒所 …………………… (503)
浙江省十里坪监狱 ………………………………… (503)
浙江省十里丰监狱 ………………………………… (503)
龙游县新华书店有限公司 ………………………… (503)
金华车务段龙游站 ………………………………… (503)
金华车务段龙游东站 ……………………………… (503)
金融单位 ……………………………………… (503)
中国人民银行龙游县支行 ………………………… (503)
衢州银监分局龙游办事处 ………………………… (503)
中国工商银行龙游支行 …………………………… (503)
中国农业银行龙游县支行 ………………………… (504)
中国建设银行龙游支行 …………………………… (504)
中国银行龙游县支行 ……………………………… (504)
龙游县信用合作联社 ……………………………… (504)
龙游农村商业银行 ………………………………… (504)
中国农业发展银行龙游县支行 …………………… (504)
邮储银行龙游县支行 ……………………………… (504)
龙游义商村镇银行 ………………………………… (504)
温州银行衢州龙游支行 …………………………… (504)
浙商银行衢州龙游支行 …………………………… (504)
金华银行衢州龙游支行 …………………………… (504)
泰隆银行衢州龙游支行 …………………………… (504)
台州银行衢州龙游支行 …………………………… (504)
民泰银行衢州龙游支行 …………………………… (504)
招商银行衢州龙游支行 …………………………… (504)
中国人民财产保险公司龙游支公司 ……………… (504)
中国人寿保险公司龙游支公司 …………………… (504)
乡镇(街道) ………………………………… (505)
龙洲街道 …………………………………………… (505)
东华街道 …………………………………………… (505)
湖镇镇 ……………………………………………… (505)
小南海镇 …………………………………………… (505)
溪口镇 ……………………………………………… (506)
横山镇 ……………………………………………… (506)
塔石镇 ……………………………………………… (506)
詹家镇 ……………………………………………… (506)
罗家乡 ……………………………………………… (507)
庙下乡 ……………………………………………… (507)
沐尘畲族乡 ………………………………………… (507)
模环乡 ……………………………………………… (507)

石佛乡 …………………………………………… (507)
社阳乡 …………………………………………… (507)
大街乡 …………………………………………… (508)

附 录

2017年度龙游县重要文件选目

中共龙游县委员会文件 ……………………………… (509)
中共龙游县委办公室文件 …………………………… (511)
龙游县人大常委会文件 ……………………………… (513)
龙游县人大常委会办公室文件 ……………………… (514)
龙游县人民政府文件 ………………………………… (515)
龙游县人民政府办公室文件 ………………………… (517)
政协龙游县委员会文件 ……………………………… (522)
政协龙游县委员会办公室文件 ……………………… (522)

2017年度龙游县国民经济若干统计资料

2017年度龙游县社会经济基本指标汇总表 …… (523)
2017年度龙游县分镇乡（街道）资料 ………… (532)
2017年度龙游县地区生产总值构成 …………… (532)
2017年度龙游县农林牧渔业总产值 …………… (533)
2017年度龙游县社会消费品零售总额 ………… (534)
2017年度龙游县固定资产投资完成情况 ……… (535)
2017年度衢州市各县（市、区）基本情况 …… (535)

龙游县第三次农业普查主要数据公报

龙游县第三次农业普查主要数据公报 …………… (538)
附 表 ……………………………………………… (540)

索 引

表索引 ……………………………………………… (545)
图索引 ……………………………………………… (546)
中心词索引 ………………………………………… (551)

Contents

Administrative Zoning Map of Longyou County
Map of Longyou Urban Area
Colored Frontispiece
Prefatory Notes
English Contents

Special Documents

Steadfastly follow the road guided by the "Eighth-Eighth Strategy" to speed up the construction of regional pearl cities ······ Genhong Liu (1)
Work Report of the Standing Committee of NPC ······ Zhongmin Zhou (7)
Government Work Report ······ Xiaofeng Zhang (13)
Work Report of the CPPCC Standing Committee ······ Lirong Huang (24)

Chronicle of Events

Chronicle of Events ······ (32)

General Information of Longyou

Overview ······ (50)
History of the Establishment of Longyou ······ (50)
History for the Boundary Changes of Longyou ······ (54)
Mountains and Rivers ······ (56)
Minerals ······ (59)

Longyou Committee of the CPC

Overview ······ (60)
Main work ······ (60)
Important Meetings Held in Longyou ······ (62)
Important Meetings Held by the County Party Committee ······ (63)
Office Work of the County Party Committee ······ (68)
The work of Disciplinary Inspection and Supervision ······ (71)
Organization Work ······ (73)
Agency Compile Work ······ (75)
Propaganda Work ······ (77)
Newspaper ······ (82)
United Front Work ······ (84)
Veteran Cadres Work ······ (86)
Party Construction Work ······ (88)
Party and local History Work ······ (89)
Party School Work ······ (90)

Standing Committee for Longyou NPC

Overview ······ (93)
Main work ······ (93)
Important Meetings ······ (95)
Attached：Exellent proposals of the County People's Congress ······ (96)

Longyou People’s Government

Overview ······ (98)
Main work ······ (98)
Important Meetings ······ (103)
Prefectural Office Work ······ (107)
Public Communication ······ (108)
Government Offices Administration ······ (111)
Archives Work ······ (112)
Management of Religious Affairs ······ (114)
Work related to Oversea Chinese, Hong Kong and Macao ······ (116)
Management of Affairs in relation to Taiwan ······ (118)
Administrative Services ······ (119)
Trading of the Public Resources ······ (121)

Longyou CPPCC Committee

Overview ······ (123)
Main Work ······ (123)
Important Meetings ······ (125)
Attached：Excellent Proposals for the Ten Session of CPPCC ······ (126)

Democratic Parties

Overview (120) ······ (130)
Longyou Branch Committee of the Revolutionary Committee of the Chinese Kuomintang ······ (130)
Longyou General Branch Committee of China Democratic League ······ (131)
Longyou Primary Party Committee of China Democratic National Construction Association ······ (133)
Longyou General Branch Committee of China Association Promoting Democracy ······ (135)
Longyou General Branch Committee of Chinese Peasants' and Workers' Democratic Party ······ (137)
Longyou Primary Party Committee of Jiu San Society ······ (138)

Federation of Industry and Commerce and Social Organizations

Overview ······ (140)
Longyou Association of Commerce and Industry (General Chamber of Commerce) ······ (140)
Longyou Federation of Trade Unions ······ (142)
Longyou Committee of Communist Union of Youth ······ (145)
Longyou Women's Federations ······ (148)
Longyou Art and Literary Association ······ (149)
Longyou Science and Technology Association ······ (154)

Rule of Law

Overview ······ (158)
Construction of Legal Government ······ (158)
The work of Politics and Law Committee and Comprehensive Administration ······ (160)
Public Security ······ (161)
Procuratorial work ······ (165)
Court of Justice ······ (168)
Judicial Administration ······ (170)
Management of the Safety of Road Traffic ······ (173)
Zhejiang Shiliping Prison ······ (176)
Zhejiang Shiliping Labor Camp (Drug Rehabilitation Center) ······ (178)

Armed Forces

Overview ······ (181)
People's Armed Forces ······ (181)
People's Air Defense ······ (183)
Longyou Fire Department ······ (185)
Longyou Squadron of Armed Police ······ (187)

Social Affairs

Overview .... (189)
Employment and Self- employment .... (189)
Social Security .... (190)
The Work of Personnel and Talents .... (191)
Labor security .... (192)
Civil Affairs .... (193)
Work Concerning the Aging Population .... (196)
University for the Elderly .... (199)
Charitable and Social Welfare Projects .... (201)
Work Concerning about the Next Generation .... (202)
Programs for the Disabled .... (203)
Work of the Red Cross .... (206)

Agriculture, Forestry and Water Conservancy

Overview .... (208)
Agriculture .... (208)
Agriculture Comprehensive Development .... (211)
Animal Husbandry .... (213)
Forestry .... (218)
Fishery .... (219)
Water Conservancy Projects .... (220)
Management of the Water Transferring Project from Yuxi Rive .... (221)
Construction and Management of the Project of Gaopin Bridge Reservoir .... (222)

Industrial Economy

Overview .... (224)
Industry and information Management .... (224)
Construction of Economic Development Zone .... (226)
Investment Attraction and Cooperation Work .... (230)

Infrastructure

Overview .... (233)
Road Traffic .... (233)
Railroad Traffic .... (237)
Management of Passenger Rail .... (238)
Management of Freight Rail .... (241)
Management of Water Transportation .... (242)
Electric Power Construction and Electricity Supply .... (244)
Post Bureau .... (247)
China Telecom Longyou Branch .... (248)
China Mobile Longyou Branch .... (250)
China Unicom Longyou Branch .... (252)
China Petroleum & Chemical Longyou Branch .... (253)

Business Service

Overview .... (255)
Trade Economy .... (255)
Electronic Commerce .... (262)
Construction and Management of Service Industry .... (263)
Promotion of "Longyou Gourmet Food" .... (264)
Supply and Marketing Cooperative Economy .... (266)
Tobacco Monopoly .... (267)
Salt Administration .... (268)

Finance and Tax

Overview .... (270)
Finance .... (270)
Attached: Report of Longyou Finance Budget Iimplementation in 2017 (Excerpt) .... (272)
Local Taxation .... (274)
State Taxation .... (275)

Banking Business

Overview ………… (281)
Management of Financial Industry ………… (281)
Banking Regulation and Supervision ………… (284)
Longyou Branch of Industrial and Commercial Bank of China Ltd. ………… (286)
Longyou Branch of Agricultural Bank of China Ltd. ………… (286)
Longyou Branch of Bank of China Ltd. ………… (288)
Longyou Branch of China Construction Bank Ltd. ………… (289)
Zhejiang Longyou Rural Commercial Bank Company Ltd. ………… (290)
Longyou Branch of Agricultural Development Bank of China ………… (292)
Longyou Branch of Postal Savings Bank of China Ltd. ………… (293)
Longyou Yishang Town Bank of Zhejiang Ltd. ………… (295)
Quzhou Longyou Branch of Wenzhou Bank ………… (295)
Quzhou Longyou Branch of Jinhua Bank ………… (296)
Quzhou Longyou Branch of Zheshang Bank ………… (297)
Quzhou Longyou Branch of Zhejiang Tailong Commercial Bank Ltd. ………… (298)
Quzhou Longyou Special branch for small and micro businesses of Zhejiang Mintai Commercial Bank ………… (300)
Quzhou Longyou Special branch for small and micro businesses of Bank of Taizhou ………… (300)
Longyou Branch of China Merchants Bank ………… (301)
Longyou Branch of Chinese People and Insurance Company Ltd. ………… (302)
Longyou Branch of China Life Insurance Company Ltd. ………… (303)

Supervision and Administration of Economy

Overview ………… (306)
Administration of Reform and Development ………… (306)
Market Supervision and Management ………… (312)
Statistical Work ………… (315)
Statistical, Investigation and Law Enforcement ………… (316)
Inspection and Quarantine of Immigration Goods ………… (317)
Audit Work ………… (318)
Supervision of Safe Production ………… (319)
Supervision and administration of Project Bidding ………… (320)

Operating Management of State-owned property

Overview ………… (322)
Management of State-owned property ………… (322)
Longyou Ben Kang Investment Ltd. ………… (323)
Longyou Development Investment Ltd. ………… (325)
Longyou County Traffic Investment Group Ltd. ………… (326)
Longyou County Trade Logistics Development Ltd. ………… (327)
Longyou County Cultural Tourism Development Ltd. ………… (329)
Longyou Water Group Ltd. ………… (331)

Construction and Administration of Urban and Rural Area

Overview ………… (333)
Urban and Rural planning ………… (333)
Construction of New Socialist Countryside ………… (338)
Construction and Administration of Urban and Rural Area ………… (340)

Construction Industry .... (342)
Realty Industry .... (344)
Urban Management and Comprehensive Enforcement of the Administrative Law .... (345)
Establishment of National Health County .... (347)
Move Work for Eastern Part of the City and Housing Reform .... (349)
Housing Provident Fund Work .... (350)
Attached: Announcement of Implementation Situation for the Housing Accumulation Fund System of Longyou in 2017 .... (352)

Environment, Resource and Meteorology

Overview .... (354)
Environment Monitoring and Protection .... (354)
Longyou Environmental Quality Conditions in 2017 .... (357)
A total of five water treatment .... (357)
Utilization and Protection of Land and Resources .... (360)
Meteorological Services .... (361)
Climatic Situation in 2017 .... (364)
Main Climatic Events and Influence in 2017 .... (364)

Education and Technology

Overview .... (365)
Elementary Education .... (366)
Education and administrative of party and Teaching Staff .... (371)
Management .... (375)
Science and Technology Work .... (379)

Culture and Tourism

Overview .... (382)
Culture Construction .... (382)
Delivery of Books .... (384)
Conservation of Historical Relic and Cultural Heritage .... (385)
Broadcast and Television Business .... (386)
Tourism Management and Development .... (388)

Health and Sport

Overview .... (390)
Medical System Reform .... (390)
Sanitation and Health Service .... (392)
Population Control .... (393)
Guarantee of Health Service and Family Planning Work .... (394)
People's Hospital of Longyou .... (395)
Hospital of Traditional Chinese Medicine of Longyou .... (397)
Sports .... (399)

Villages and Towns (Streets)

Longzhou Street .... (404)
Donghua Street .... (407)
Huzhen Town .... (410)
Xikou Town .... (413)
Zhanjia Town .... (416)
Xiaonanhai Town .... (418)
Tashi Town .... (421)
Hengshan Town .... (425)
Sheyang Village .... (427)
Luojia Village .... (429)
Dajie Village .... (432)
Muchen Village for She nationality .... (435)

Miaoxia Village .... (436)
Shifo Village .... (439)
Mohuan Village .... (442)

Art and Culture

New Poetries and Couplets in 2017 .... (446)
New Books in 2017 .... (449)

News

News .... (453)

Advanced Collectives and Advanced Characters

Advanced Collectives .... (466)
Advanced Characters .... (476)
The Best citizen of Longyou and the TOP 10 in 2017 .... (483)

Organization and the name of Person in charge

County Institutions .... (487)
County Departments .... (488)
People's Organization .... (491)
Democratic Parties and Nonparty Personage .... (492)
Department of Longyou NPC .... (492)
Department of Longyou CPPCC .... (493)
Department of County Government .... (493)
Military Agency .... (502)
Provincial or City institutes .... (502)
Financial Units .... (503)
villages and towns (Streets) .... (505)

Attached File

Collection of Important Files in 2017

Documents of Longyou CPC Committee .... (509)
Documents of Longyou County Office .... (511)
Documents of Standing Committee for Longyou NPC .... (513)
Documents of Standing Committee Office for Longyou NPC .... (514)
Documents of Longyou People's Government .... (515)
Documents of Longyou People's Government Office .... (517)
Documents of Longyou Committee for CPPCC .... (522)
Documents of Longyou Committee Office for CPPCC .... (522)

Statistic Data of Longyou National Economy in 2017

Major Social Economic Indicators of Longyou in 2017 .... (523)
Data about County, Town, Village and Street of Longyou in 2017 .... (532)
Gross Product Composition of Longyou in 2017 .... (532)
Gross Output Value of Farming Forestry Animal Husbandry and Fishery for Longyou in 2017 .... (533)
Total Amount of Consumable Retail of Longyou in 2017 .... (534)
The Completeness of Fixed Asset Investment of Longyou in 2017 .... (535)
Basic Information of Each county in Quzhou in 2017 .... (535)

Main Data Bulletin of the Third Agricultural Census for Longyou

Main Data Bulletin of the Third Agricultural Census for Longyou ······ (538)
Attached Tables ······ (540)

Index

Index for Tables ······ (545)
Index for Figures ······ (546)
Index for Keywords ······ (551)

特　载

坚定不移沿着“八八战略”指引的路子走下去 加快建设区域明珠型城市

——在县委十一届二次全体（扩大）会议上的报告

中共龙游县委书记　刘根宏

（2017年8月26日）

这次县委全会的主要任务是，认真学习贯彻习近平总书记“7·26”重要讲话精神，落实好省第十四次党代会和市委七届二次全会的决策部署，动员全县各级党组织和广大党员干部群众，坚定不移沿着“八八战略”指引的路子走下去，解放思想、开拓创新、苦干实干，加快建设区域明珠型城市。

一、突出重点、狠抓落实，上半年各项工作取得新业绩

今年以来，我们认真学习贯彻习近平总书记系列重要讲话精神，全面贯彻落实中央和省委、市委各项决策部署，围绕“五年打基础、五年求突破、五年争崛起”的“三步走”战略目标，统筹推进经济社会发展，实现了“半年红”。上半年，全县地区生产总值同比增长8%，财政总收入和一般公共预算收入分别增长11.9%和15.3%，固定资产投资增长10.9%，社会消费品零售总额增长9.8%，外贸进出口总额增长41.4%，城乡居民人均可支配收入分别增长9.1%和9.9%；主要经济指标综合排序位居全市前列。

（一）坚定不移推动产业转型升级。扎实开展创新驱动、开放合作、股改上市等各项工作，“五大百亿”产业培育、传统产业改造提升、工业平台建设等取得新成效。总投资50亿元的中浙高铁轴承产业园成功落地，维达纸业、李子园饮料、吉恒家具等一批重大产业项目加快推进，30多家企业完成

股改，“新三板”挂牌企业增至9家，4家企业启动主板上市。全域旅游向纵深推进，红木小镇累计完成投资30亿元，龙南生态观光休闲和龙北历史文化体验两条精品旅游线路逐步成型，上半年全县乡村休闲旅游接待游客数、直接营业收入同比分别增长25.7%和41.9%。农业社会化服务体系进一步健全，新注册登记家庭农场88家、合作社10家，创成全省首个国家农业部畜牧业绿色发展示范县。

（二）着力突破城镇建设管理瓶颈。围绕优化产业、人口空间布局，有序推进“一路一桥一港一枢纽”重大交通基础设施工程，加快构建“一城两江四区”城市发展新格局。启动城东新区3.24平方公里征迁工作，举全县之力、连续奋战百日平稳征收近3000亩集体土地，首轮签约已达530余户。全力推进旧城改造，累计拆违190.2万平方米、“三改”510.2万平方米，1910户D级城乡危房全部解危，成功创建省级基本无违建县。实施“一把扫帚”“路长制”“一月一路”“智慧停车”等长效机制，打通莲湖、翠竹两条断头路，建成17个港湾式停靠站，城市管理更加规范，跻身国家级卫生县城。将环境综合整治引向深入，全县298处劣V类水体全部整治销号，农村生活垃圾集中收集处理率达97.3%，出境水和空气质量持续改善。

（三）深入推进重点领域和关键环节的改革创新。牢牢抓住“最多跑一次”改革这个“牛鼻子”，创新“一窗受理、集成服务”模式，试行容缺预审机制，在全市率先完成“最多跑一次”事项两批次1680项清单公布，变帮办为代办、变群众往上跑为干部往下跑、变多窗受理为一窗办理。所有乡镇（街道）实现“四个平台”全覆盖，推广应用“村情通+网格化”新模式，注册用户超11万户，群众反映问题90%以上解决在村内。以法治思维和法治理念加强和创新基层治理，高度重视初信初访，有效化解社会矛盾，圆满完成各项安保维稳工作，基层统筹协调和治理能力显著提升。农村“三权”、农业“三位一体”、山区集聚发展和教育医疗等重点领域改革进展顺利，人民群众获得感不断提高。

（四）切实肩负起全面从严治党的主体责任。以队伍建设年、规范管理年“两年”活动为载体，深入推进“两学一做”学习教育常态化制度化。打好“上下管育爱”干部工作组合拳，一线导向激发各年龄段干部积极性，一批“狮子型”“老黄牛型”优秀干部得到提拔重用，进一步规范改任非领导职务干部的日常管理。新建400名优秀县管后备干部库，队伍结构得到优化。扎实推进基层党建“整乡推进、整县提升”三年行动计划，圆满完成村社组织换届，16个软弱落后基层党组织晋位提升。深化监察体制改革，成立县监察委员会，对9家单位开展政治巡察、63个行政村开展作风巡查，常态化正风肃纪，“零容忍”惩治腐败，党风政风持续好转。

这些工作的推进和成绩的取得，是上级党委正确领导的结果，是全县各级党组织和广大干部群众团结奋斗的结果。

二、拉高标杆、补齐短板，加快建设区域明珠型城市

7月26日，习近平总书记在省部级主要领导干部专题研讨班上发表重要讲话，提出了一系列新的重要思想、重要观点、重大判断、重大举措。我们要坚持“学思践悟”相结合，深入学习贯彻习近平总书记“7·26”重要讲话精神，结合贯彻落实省第十四次党代会和市委七届二次全会精神，切实把思想和行动统一到中央和省委、市委的决策部署上来。

省第十四次党代会报告提出，确保到2020年高水平全面建成小康社会，并在此基础上，高水平推进社会主义现代化建设，具体目标就是要建设富强浙江、法治浙江、文化浙江、平安浙江、美丽浙江、清廉浙江，工作导向就是突出改革强省、创新强省、开放强省、人才强省。这“两个高水平”“六个浙江”和“四个强省”，开启了习近平总书记对浙江提出的“干在实处、走在前列、勇立潮头”的生动实践。报告中还提出，要谋划实施“大花园”建设行动纲要，支持衢州等生态功能区加快实现绿色崛起，把生态经济培育成为发展的新引擎。我们必须深刻领会，牢牢把握省党代会确立的目标任务和工作导向，以实际行动推动省委决策

部署在龙游落地生根。

省党代会期间，省委书记车俊同志参加了衢州代表团审议，对衢州提出了在绿色发展上更有作为、在深化改革扩大开放上更有作为、在转型升级上更有作为、在共建共享上更有作为的新要求。在市委七届二次全会上，市委书记陈新同志强调要围绕建设浙江生态屏障、现代田园城市、美丽幸福家园，聚焦生态、转型、改革、开放、民生五大重点，照着规矩好好干，勇挑重担带头干，以快打慢抓紧干、锻造铁军合力干。对照新目标、新要求，我们必须拉高标杆、自我加压，深入践行“八八战略”，走好“三步走”，加快建设区域明珠型城市，不断增强龙游的吸引力、创造力、竞争力，让改革发展成果更多更公平地惠及全县人民。

（一）在做大经济总量、提升经济质量上展现新作为，建设实力之城。城市因市而聚，因产而兴，一个没有产业支撑的城市，就没有经济实力，就没有城市竞争力。因此，建设区域明珠型城市，产业是王道。纵观各地产业发展历程，大体可分为四个阶段。第一阶段是发展自觉。放手发动、放宽政策、放胆发展来引进资金、引进项目，只要有人来就欢迎，“捡到篮子里的都是菜”。第二阶段是产业自觉。综合考虑产业基础、发展趋势、市场潜力、资源禀赋、环境容量等因素，有方向有重点地选产业、育产业，配套要素资源，形成产业链条。第三阶段是转型自觉。主动适应主导产业的发展需要和业态演变，做好资金、技术、人才等方面的政策服务。第四阶段是综合竞争自觉。放大提升区域经济、政治、文化、社会、环境等优势，形成综合竞争优势，最大限度地吸纳、承接和利用各类高端要素资源，实现产城一体、融合发展。经过多年努力，龙游已经迈过了前两个阶段，正从转型自觉迈向综合竞争自觉。比如，我们通过鼓励企业上市、提供贷款担保、设立产业基金、建设人才基地等政策服务，内挖潜力、外引强援，“五大百亿”产业拥有了一批龙头骨干，还有许多科技型、成长型企业正在茁壮成长。我们坚守环保底线、生态底线，严把项目入口，关停70多家污染型企业，亩均税收五年内从1.4万元增加到4.8万元。我们通过实施“一路一桥一港一枢纽”项目、与镇海合作建立科技大市场、积极争取杭衢高铁龙游站等，综合能级不断提升。基础正逐步夯实，发展已步入正轨，在转型关键期，我们要始终保持战略定力和战略自信，对照规模工业产值超过500亿元、建成国家全域旅游示范区和省级美丽乡村示范县等既定目标，牢牢抓住产业转型升级这一主攻方向、市场主体升级这一根本、经济开发区平台升级这一基础，通过一个个落地项目、一个个具体举措，逐步缩小与先进地区的差距，以产业崛起推动龙游崛起。

（二）在精致精美、宜居宜游上狠下苦功夫，建设魅力之城。城市的魅力重在亮点、贵在品质、美在内涵。“东游西游不如龙游”这句老话说明龙游自古是个宜居宜游之地，万年文明、神秘石窟、百年龙商、秀丽两江等宝贵资源是建设区域明珠型城市的底蕴所在、底气所在。要坚持按照“围绕组团拉框架、聚焦城东建核心、改造老城提品质、打造两江出亮点”的思路，运用现代理念建设现代城市。把生态人文的元素融入城市建设。延续传承好大南门、姜席堰、鸡鸣山这些城市历史文脉，加快打造龙游专属地标，并赋予红木小镇、龙游石窟、两江夜游等景区新的文化内涵，使地方文化和现代文明兼容并蓄，给每位来龙游的人留下深刻的历史文化印象。把精致精美的理念贯穿城市设计。坚持网格化改造、区片化开发，加快入城口、高铁站、老旧社区和小区改造提升，推进城市景观节点建设，对每一寸土地都精心雕刻、细细打磨，把每一个社区、每一条街巷都当作景区来设计、建设和管理，使建筑成为可以阅读的文化、街区成为适合漫步的公园。以宜居宜游的标准完善城市功能。高品质、快节奏推进城东新区建设，加快人口集聚、设施配套，疏解老城区的部分功能，谋划布局一批运动休闲、金融服务、文化创意项目，营造良好的创业和生活环境，打造集聚高端要素和新兴业态的核心区域。用抓细抓小的耐心规范城市管理。深入推进综合执法体制改革，通过管理机制的完善、智慧科技的应用和公序良俗的引导，使每一位生活在龙游的人都能以城市为家、以文明为荣，从自我做起，共建美丽家园。

（三）在开放包容、敢为人先上谱写新篇章，建设活力之城。龙游商帮凭着“开放包容、敢为人先”的精神，创造了“遍地龙游”的商界奇迹，成为明清全国十大商帮中唯一以县域命名的商帮。建设区域明珠型城市，要传承弘扬龙商精神，牢牢把握时代赋予的新内涵。要传承好“开放包容”，再创“四省通衢汇龙游”的新优势。G20杭州峰会向世界全方位展示了浙江，并把浙江带到了国际化新高度。我们要抢抓浙江建设开放强省的历史机遇，跳出龙游看龙游，以更高的站位、更高的标准对接“一带一路”、长江经济带等国家战略，支持企业拓宽视野、扩大对外合作，千方百计引进人才、培育人才、用好人才。主动顺应都市区经济成为区域发展与竞争主要形态的趋势，抢抓杭衢战略合作机遇，加快在建、新建重大交通基础设施建设，融入大都市、大通道、大湾区、大花园的区域战略格局中，全力推进产业、科技、旅游等方面的资源互补、互利共赢。要传承好“敢为人先”，让一切改革创新的活力竞相迸发。没有改革创新，就没有龙游的未来。要高举改革大旗，以“最多跑一次”改革为突破口，着力破解一批体制机制障碍，做到围墙内的事政府帮着干、围墙外的事政府抓紧干，营造暖心、称心、舒心的服务环境。要强化创新驱动引领，以产业创新为主战场，推进理念创新、方法创新、工作创新、模式创新，综合运用“互联网+”“智能化+”和“文化+”，加快传统产业改造提升、战略性新兴产业集聚发展、创新型小微企业培育成长。

千里之行始于足下。对照区域明珠型城市建设目标，我们在出发之前，必须做好思想上的远征准备，治好作风上的顽疾。主要是：工作标准不高，部分单位和少数干部还存在“只求过得去、不求过得硬”思想；压力传导不够，有的工作要求不够明确、考核不够细致，导致责任没有一层层传导下去；改革创新不足，特别在个人、企业办事等方面要解决的问题还很多；规范管理不严，既有长期积累的问题，也有管理上的漏洞；部门合力不强，相互推诿、扯皮现象还一定程度存在，部分项目、工作推进不快；工作前瞻性不够，一些该解决的问题没有解决，该重点突破的问题没有突破。上述问题，要引起我们的高度重视并着力解决。干部要有情怀。每个人都应该有“龙游是我家，建设家园我先有责”的情怀，多想想“我为龙游干了什么”“我能为龙游干什么”，真正把使命和责任扛在肩上、抓在手上，有任务拼命干，没有任务帮着干，营造更加积极主动的干事创业氛围。干活要有规矩。每项工作的责任分工要明确，时间节点要清晰，标准要求要严格。每个环节都必须有章可循、有据可查、有人负责，特别是项目前期谋划、现场管理、造价控制等方面短板要尽快补齐，坚决防止项目因为论证不足、把关不严、标准不高，造成时间的拖延和资金的浪费损失。干事要有担当。从龙游的发展阶段看，赛场已经从市内转向市外，竞争的对手已经转变为理念更先进、经济更发达的市外地区，更需要我们的干部有能力、有担当去破解难题，谋求新发展。对既定的工作目标、上级交办的任务必须全力以赴去做，不懂就问、不会就学，多为干事想办法，别为不干找理由。

三、真抓实干、善作善成，确保各项工作任务落到实处

今年是新一届县委、县政府的开局之年，我们要把学习贯彻习近平总书记“7·26”重要讲话精神转化成干好工作的强大动力，结合龙游实际，乘势而上、奋力拼搏，加快建设区域明珠型城市，确保实现经济社会发展“全年红”。

（一）深化改革要统一思想再动员。坚决将以“最多跑一次”改革为牵引的各项改革进行到底，精准发力、集中攻坚，力争年底前取得更大成效。深化行政审批体制改革，简化办事流程，打通信息孤岛，完善涉批中介网上平台，推进行政审批服务减时、减负、下沉、提效。攻破投资项目审批改革难点，深化“零土地”技改审批改革试点，加快实施投资项目代办制、“区域能评+区块能耗标

准”“区域环评+环境标准”等改革措施，打造区域最优投资环境。深化乡镇（街道）“四个平台”建设，以“村情通+网格化”治理为重点，构建党建、平安、管理、服务、信用“五大体系”，打造龙游特色的基层治理改革品牌。力推农村“三权”确权、赋权和活权改革，加快建立城乡统一的土地和房屋产权登记制度，深化村经济合作社股份合作制改革，完善县乡村三级农村产权交易体系，建设县乡两级农合联服务平台，充分激发农村创业活力。

（二）招商引资要提质增量再突破。围绕“五大百亿”产业培育方向，按照“建链、补链、强链”思路，深化中介招商、以商招商、协作招商，全力引进一批规模扩张型、产品丰富型、技术创新型项目。建立健全招商标准化流程，完善分析预判、政策研究、项目洽谈、招商接待、跟踪服务等机制，强化全县招商力量的统筹、整合和培育。落实县领导跟踪联系重大项目制度，按照“一个产业、一名领导、一个团队、一套政策”的方式主动出击、精准服务，对招商引资中遇到的问题要快协调、快决策、快服务，推动金龙纸业年产100万吨再生纸项目、浙建集团装配式建房、禾川科技机器人项目、汽车运动小镇等在谈项目早落地，华邦古楼特种纸、双熊猫生活用纸等签约项目早开工，李子园、百富纸业等开工项目早入库，在完成省市招商考核目标的基础上实现新突破。

（三）重点项目要克难攻坚再冲刺。坚持问题导向和统筹思维，切实解决大项目储备少、推进进度慢、管理薄弱环节多、入库出数低等“四大硬伤”。千方百计谋项目，深挖政策、资源、业态、产业、项目等潜在价值，做细做实项目创意、项目建议书、方案设计、要素协调、项目报批、项目实施各个流程，确保每个环节抓到点、抓到位、抓出成效。全力以赴推项目，开展重点项目推进“百日攻坚”活动，强化统筹协调，倒排时间节点，尽量把工期往前排、把进度往前赶，特别是对延期项目要深入细致分析问题原因，细化责任落实、限期督查解决。优化环境促项目，综合运用财政贴息、股权投资、产业基金等方式加大对重点项目的支持力度，大力推进科技孵化园、飞地研发中心、镇海科技大市场龙游分市场等创新载体建设，积极推动与高等院校、科研机构的合作，积蓄发展新动能。加快建成高端装备、高档家具、特种纸等一批“区中园”，推进员工超级社区建设，强化专业市场、人才公寓、技术支持、金融服务等公共服务设施供给，完善餐饮酒店、学校医院等生活服务载体功能。

（四）城市管理要落细落实再提升。以“绣花”功夫建设品质城市，推动城市管理精细化智能化品质化。巩固提升创“国卫”长效机制，落实城区主要道路“路长制”、社区“区长制”和网格化管理责任制，完善“一把扫帚”保洁模式，坚持开展“全民卫生清洁日”活动，集中整治占道经营、乱停车、乱搭乱建、线路乱拉乱接、违规做户外广告、乱排污水、毁绿种菜、乱扔垃圾、流动摊贩、违规装修等城市“十乱”，抓好荣昌路、太平路、人民路等样板路整治提升。加快智慧城市建设，深入开展物业小区管理提升试点工作。持续推进城市面貌整体提升，对可视线范围内有碍观瞻、影响市容、侵占绿地、占压城市道路红线、妨碍行人通行的构筑物和广告牌等一律拆除，谋划实施一批道路改造、绿化美化、景观美化、市政设施等提升工程，在道路设计、树种选择、功能服务等方面更加注重细节和人性化，让群众看到新面貌、感到新气象。

（五）“两创”建设要对准目标再发力。以国家全域旅游示范区和省级美丽乡村示范县创建为抓手，坚持全域景区化、田园景观化，率先把龙游建设成为浙江“大花园”中的精品园、“诗画江南”的鲜活样板和长三角地区重要休闲旅游目的地。高标准加快建设红木小镇、龙游石窟、江心洲湿地、龙游花海、绿春湖高山运动小镇等一批核心景区，尽快完成衢江景观走廊、休闲运动长廊等4条旅游精品线路建设。以南北两条美丽乡村精品线为重点，坚持规划为基、管控为先、品质为要、乡土为本、文化为魂、业态为继，全力打造美丽乡村升级版。注重与历史文化村落保护、异地搬迁集聚点建设等工作相结合，因地制宜探索多元化投入渠道；深入推进“五四三”重点专项工作，全面推进小城镇环境综合整治和省市级精品道路创建，形成一乡一风格、一村一特色。

人民对美好生活的向往，就是我们的奋斗目标。要始终关注民生、服务群众，用心用情办好事关群众切身利益的“关键小事”，在社会事业发展、公共服务供给、扶持创业就业等方面持续发力。围绕“护航十九大、平安夺金鼎”，深入开展信访和涉稳突出问题破难攻坚专项行动，牢牢把握意识形态领域主动权，全面深化法治龙游建设，营造和谐稳定、平安有序的良好社会氛围。

干事创业、关键在人。要坚持全面从严治党，树立实干鲜明导向，深化队伍建设年、规范管理年“两年”活动，努力锻造实干担当的龙游铁军。要严守规矩踏实干。扎实推进“两学一做”常态化制度化，深入学习贯彻习近平总书记系列重要讲话精神和治国理政新理念新思想新战略，保持正确政治方向。坚持依法行政与依规治党相结合，用制度规范和约束权力运行，营造全县上下按规矩办事的良好氛围。全面落实党风廉政建设两大责任，始终把纪律和规矩挺在前面，从严整治不作为、慢作为、懒作为现象。要敢于担当用心干。各级领导干部要以上率下，带头深入一线发现问题、沉在一线突破难题、干在一线推动落实，不回避矛盾，不推诿扯皮，确保各项工作任务落到实处。推进干部“能上能下”常态化，加大调整不适宜担任现职领导干部力度，给想干事者机会、能干事者舞台，旗帜鲜明地为敢担当者担当。坚持边学边干、以学促干，大力实施干部能力素质提升工程，强化干部队伍专业化建设。要争分夺秒抓紧干。凡是可以通过机制解决的要抓紧建立机制，凡是因为决策问题影响工作推进的要抓紧决策，凡是工作落实性的问题要抓紧找出根源。下步，各乡镇（街道）、部门要进一步明确责任分工、层层传导压力，无法按时保质完成任务的倒查原因，该补救的补救，该追责的追责。

龙游县人民代表大会常务委员会工作报告

——在龙游县第十三届人民代表大会第一次会议上

龙游县人大常委会主任 周中民

（2017年2月15日）

五年工作的回顾

县十二届人大常委会任期的五年，是龙游县经济社会转型发展的五年，也是龙游县民主法治建设和人大工作全面推进的五年。五年来，在县委的正确领导和省、市人大常委会的精心指导下，在县“一府两院”的大力支持和各位代表的参与监督下，县十二届人大常委会坚持以邓小平理论、“三个代表”重要思想、科学发展观为指导，全面贯彻党的十八大和十八届三中、四中、五中、六中全会精神，深入学习贯彻习近平总书记系列重要讲话精神，围绕中心、依法履职，聚焦民生、务实创新，顺利完成了县十二届人大各次会议确定的目标任务。共召开常委会会议43次，听取和审议工作报告142个，作出决议、决定和审议、评议意见126项，召开主任会议113次，组织人大代表专题视察21次，执法检查7次，专题调研16次，对法官、检察官开展履职评议，对4个部门开展工作评议，依法任免国家机关工作人员443人次，补选市县人大代表59名，为推进全县经济、政治、文化、社会和生态文明建设作出了积极贡献。

一、勇于创新，切实增强人大工作的生机活力。五年来，县人大常委会把创新作为开创人大工作新局面的重要手段，不断增强创新意识，提升创新能力，以创新推进人大及其常委会的工作。一是创新机制增强监督实效。在衢州市最早建立县人大常委会询问制度，不仅在县人大常委会会议上开展专题询问和一般询问，而且在人代会期间开展专题询问，人大意识、代表意识得到增强。为提升政府部门工作水平，本届内对公安、法院、林业、质监等部门开展工作评议，通过自查、评议、整改等环节，促进被评议单位查找工作短板，提高工作实效。出台乡镇人大规范化建设实施办法，全面实施乡镇政府实事工程代表票决制，实施街道居民议政会制度，提高了乡镇（街道）人大规范化建设的水平。二是创新手段改进监督流程。针对常委会会议审议政府专题工作不深不透等问题，及时调整常委会会议的操作流程，做足审前调研功课，分小组开展实地调研、座谈交流和审议发言，切实提高常委会会议的审议质量。为提高议案建议办理实效，每年召开代表和承办单位“面对面”或“背靠背”评议会，直面议案和重点建议办理中的问题，并对办理情况开展满意度测评。在代表向选民述职活动中，注重述职策划、选民提问等创新手段的运用，切实提高代表述职活动的实效。建立专题工作“回头看”、审议意见落实情况督查等一系列考评制度，结果列入县委县政府年终综合考核。五年来，对畜禽养殖污染整治等23个审议意见落实情况开展了督查和满意度测评。三是创新载体凝聚监督合力。把发动广大代表、增强监督合力作为人大工作的重要抓手，创新代表工作载体，组织省、市、县、乡四级人大代表，开展交叉视察、分片视察、属地暗访等上下联动监督活动，加强对重点工作、重大民生问题的监督落实。同时，邀请县人大代表列席县人大常委会会议、参加执法检查、参与专题调研等，保证每位县人大代表每年至少一次参加县人大常委会组织的活动，在全县营造浓厚的监督氛围，推动五水共治、四边三化、三改一拆和饮用水安全、食品安全等全县重点工作和民生问题的落实。

二、围绕中心，积极推动经济社会科学发展。秉持围绕中心服务大局的工作理念，县人大常委会依法开展监督，着力推动全县经济社会科学发展。一是围绕战略实施开展监督。针对“两化”引领等战略实施行动开展监督，相关内容纳入县人大常委会的监督议题，相继听取和审议了龙游工业园区发展及工业项目推进实施情况、城东新城规划布局及城市东进推进实施情况等报告，提出了一系列针对性较强的意见建议，推动县委各次全会精神的贯彻落实。二是围绕长远发展开展监督。将五年规划纲要实施工作纳入县人大常委会的监督重点，加强对“十二五”规划纲要实施中期情况的监督，推动五年规划执行到位；组织力量提前介入“十三五”规划编制工作，加强事前引导，专题听取15个专项规划编制工作汇报，并提出相应的意见建议，切实提高规划的科学性、前瞻性和操作性。认真履行重大事项决定权，对事关龙游长远发展的土地利用总体规划、环境功能区划等作出决议。三是围绕经济社会发展开展监督。每年两次听取和审议县政府关于我县经济社会发展情况的工作报告，重点监督国民经济和社会发展计划及财政预算执行、财政预算调整、固定资产投资年度目标完成等情况，直陈问题根源，提出意见建议，推进全县经济社会科学发展。着眼于重大难点问题的解决，深入开展专题调研，创新国资经营管理、构筑电子商务产业平台、加快笋竹产业转型升级、加强公共资源交易及监管、建设法院执行联动机制、扩权强镇改革、深化行政审批制度改革、组建水务集团等10多个专题调研报告供县委决策参考。

三、持续监督，大力推进社会民生事业改善。坚持服务民生维护民利的导向，县人大常委会把人民意愿群众呼声作为人大工作的出发点和落脚点抓紧抓实。一是持续监督农民饮用水工程建设。连续几年把农民饮用水工程作为人代会议案工程予以监督落实，相继推进解决横山塔石片、溪口片、城郊片等12.6万多农民饮用水问题，连续两年开展饮用水水源保护执法检查，推进水源建设管理，推进水务体制改革，城乡居民饮用水状况明显改善。二是持续监督水环境治理。密切关注龙游母亲河灵山江生态环境遭受破坏、污染的情况，在全面深入调研的基础上，向县政府提出了全面整治的建议，并及时作出《关于加强灵山江生态环境保护的决定》，提出了严禁倾倒垃圾，严禁采砂制砂，严格规范畜禽养殖，加强污染物排放治理等措施，经过持续的治理监督，灵山江水质常年保持在二类水质以上；后又以代表建议、代表视察等形式持续跟踪监督灵山江生态修复和景观建设情况，通过几年的努力，使灵山江生态环境得到根本好转。根据省委、省政府在全省开展“五水共治”的部署要求，县人大常委会及时作出关于推进“五水共治”共建生态家园的决定，听取和审议县政府关于推进“五水共治”

共建生态家园情况的报告，并针对存在的突出问题开展专题询问；跟踪监督问题的解决落实，着力推进生猪养殖污染、炭化篾污染整治和农村生活污水治理等工作；建立一个主任一条河、一个工委一个片、一个代表一河段的监督机制，加强巡查督查，有力促进我县“五水共治”共建生态家园工作取得明显实效。三是持续监督学校教育、医疗卫生、食品安全等工作。多形式监督学前教育发展情况；专题听取职业教育发展情况汇报，提出加快我县职教中心建设、重视发展职业教育的意见建议；连续两年关注城区学校规划布局，听取和审议政府相关工作的报告，组织代表对学校规划布局情况开展视察，推动我县教育布局科学化合理化。高度重视群众看病难看病贵问题，听取和审议我县医疗卫生体制改革情况的报告，组织代表视察医疗卫生建设情况，推动我县医疗卫生事业更好地服务广大人民群众。针对群众关切的食品安全问题，连续三年采取执法检查、代表视察、常委会会议审议等方式，跟踪监督食品安全监管工作，推动政府更好地维护人民群众舌尖上的安全。采取主任会议听取汇报、代表视察等督查手段，着重监督我县旅游重点项目建设情况，大力推进我县旅游产业发展。多形式监督农村环境综合整治工作，推进我县“美丽乡村”创建；加强对公安交通管理、城乡公交一体化建设、小区物业管理、住房公积金管理的监督，连续监督企业粉尘污染治理、城市空气质量、垃圾集中处理和防洪排涝等工作，着力推进社会民生事业发展。

四、强化监督，努力推进依法行政公正司法。 县人大常委会以学习贯彻中央全会精神为抓手，加强法律法规执行情况的监督，切实维护社会公平正义。一是护航法律法规正确施行。两次听取“六五”普法实施情况的报告，并就“七五”普法工作作出决议。听取和审议县政府关于大气污染防治、科技进步等法律法规实施情况的报告，有效推动法律法规在我县的正确实施；听取和审议修改后的刑诉法贯彻实施情况的报告，推进司法机关转变司法理念，抓好各项制度和保障措施的落实。积极配合省、市人大开展立法调研，制定出台《监督司法工作实施办法》，实现司法工作的常态化监督。二是推进司法队伍优化提升。按照制定方案、动员部署、自查自纠、整改落实等环节，扎实开展深化司法监督工作，对全县公检法司机关工作人员依法履职、公正司法情况深入开展监督；连续多年开展“两官”履职评议，通过自查自评、调查走访、集中评议、整改落实、测评反馈等阶段，表彰履职优秀的法官、检察官，督促法官、检察官履职问题的整改落实；组织开展“两院”工作人员任前考察和法律知识考试，提前介入把关任命人民陪审员，推动司法队伍整体素质的提高。三是力促经济社会和谐稳定。听取“大调解”工作情况汇报，着力推进“大调解”体系建设，推动各类矛盾纠纷控制在萌芽、化解在基层、调处在一线。聚焦法院执行难问题，推动法院执行联动机制建设。高度重视来信来访督办，健全督办机制，提高督办实效，解决了一批事关群众切身利益的信访问题。五年来，共接收人民来信300多件，接待来访200多人次，督办重要信访60多件，其中涉法涉诉信访36件。加强规范性文件备案审查工作，健全规范性文件备案审查制度，共备案审查规范性文件82件。

五、丰富载体，充分发挥人大代表主体作用。 县人大常委会积极搭建代表活动平台，创新活动方式，增强代表履职积极性，使各级人大代表积极服务全县发展大局。一是组织代表积极参与中心工作。多次组织省、市、县、乡四级人大代表集中交叉视察督查“五水共治”等工作，各级代表就生猪养殖污染整治、炭化篾污染整治、“三河”治理等情况，提出意见建议，推动政府不断改进工作。组织全县各级人大代表开展“争做表率多作贡献，积极推进五水共治”等履职主题活动，鼓励代表争做模范守法、实干履职的表率。组织各级人大代表开展“查找不适应全面深化改革要求的法律法规条文”主题活动，共提出法律条文修改意见70多条。组织全县千名人大代表走村入户，视察核查年收入4600元以下贫困人口脱贫情况，按照“不少一村、不漏一户”的要求，圆满完成9277户14980人的核查任务。组织人大代表开展查找“基层群众办事审批难事项”主题监督活动，收集整理“审批难”事项300多件。组织县人大代表参加县人大常委会会议、执法检查、民主评价乡镇部门等活动，人大代表多形式多途径参与中心工作的广度和频度不断提高。二是高度重视议案和代表建议意见督办。以县内集中主题培训和参加上级人大轮训等形式，组织人大代表参加各类培训，切实提高人大代表的素质。各次人代会前，组织代表视察和代表小组研讨，并做好代表议案、建议、批评和意见的撰写辅导；会后，实施县人大领导督办及县政府领导领办议案和重点建议机制，开展优秀议案、建议评选，制定加强议案和建议、批评、意见督办工作的办法。每年两次集中听取和审议县政府关于议案和代表建议、意见办理情况的报告，听取议案和重点建议办理情况的汇报，并加强日常跟踪督办。五年来，关于加快实施溪口镇自来水厂及配套管网工程、加快推进城区供水管网延伸城郊村工程、解决沐尘村和双溪村农民安全饮水问题、解决志棠农民饮用水问题、解决庙下乡集镇饮用水问题、实施詹家镇马叶与姜家自来水工程、建设湖镇污水处理厂、修复灵山江生态环境、病死猪集中处理、农村生活污水治理、规划建设城区菜市场、城区小学幼儿园布局调整、旧住宅小区“六合一”改造、加快城区绿道建设、规范120急救中心建设、设立教育教学质量奖等一批议案和重点建议得到办理落实。三是健全代表联系制度。在全市率先开展县乡基层代表向选民述职活动，130多名基层一线的县人大代表在届内完成了向选区选民述职一次的目标任务，代表联系服务选民的意识得到增强。积极开展人大代表联络站建设工作，15个乡镇（街道）实现全覆盖，制定出台《关于进一步密切人大代表与人民群众联系工作的意见》和《关于加强人大代表联络站建设的实施意见》，有序组织并积极参与省、市、县人大代表驻站接待群众，湖镇镇人大“一徽一图一本一体系”的创新做法，得到上级人大的充分肯定。高度重视县乡人大代表换届选举工作，提前谋划紧密配合，有序组织积极作为，着力营造风清气正的换届环境，县乡两级人大代表换届工作圆满完成。

六、提升素质，着力提高人大自身建设水平。以开展党的群众路线教育、“三严三实”教育等活动为契机，抓学习、改作风、提素质，切实提升县人大常委会的履职效能和服务水平。一是抓制度建设。建立健全县人大常委会议事规则、主任会议议事规则、任免国家机关工作人员办法、向宪法宣誓等一系列制度，县人大常委会的履职行为进一步规范。每年结合县人大常委会理论中心组学习会、乡镇人大负责人季度例会，围绕人大工作中的重点问题开展研讨学习，以点带面推进人大干部业务素质提升。二是抓思想建设。结合人大工作特点，扎实有效开展党的群众路线教育实践活动，着力解决联系服务群众“最后一公里”等问题。充分利用“两学一做”等活动载体，切实加强县人大机关干部的党性教育。多次组织召开县人大常委会党组扩大会议，深入贯彻各次中央、省、市、县委全会和省、市委人大工作会议等重要会议精神；深入学习习近平总书记的系列讲话精神，领会并践行上级人大关于“一线”的论述，切实提升人大干部的思想修养。三是抓组织建设。坚持民主集中制，按照常委会会议、主任会议等议事规则要求，集体行使职权，规范履职程序。认真贯彻落实中发〔2015〕18号文件和省委〔2015〕21号文件精神，切实加强县人大和乡镇（街道）人大建设，在县委的大力支持下，县人大机关形成了“七委两室”的格局，各乡镇（街道）专职人大主席（主任）全部配备到位。重视人大制度和县乡人大工作的宣传，届内三次获得省人大信息宣传工作先进单位称号。

各位代表，县十二届人大常委会工作所取得的成绩，是县委正确领导、常委会组成人员和全体人大代表共同努力的结果，是县人民政府、县人民法院、县人民检察院积极配合的结果，也是全县人民和社会各界大力支持的结果。在此，我谨代表县十二届人大常委会，向大家表示衷心的感谢！

五年工作的主要体会

各位代表，五年来的工作实践，使我们深切体会到，要认真履行好宪法和法律赋予的职责，充分发挥好地方国家权力机关的职能作用，不辜负党和人民的期望，必须坚持以下几点：

一是必须自觉坚持党的领导，坚定履职方向。坚持党的领导是我们做好各项工作的根本保证，也是必须严格遵循的一项重大政治原则，任何时候都决不能有丝毫的含糊和动摇。县委高度重视人大工作，作出了进一步加强人大工作和建设充分发挥人大作用的意见，召开人大工作会议，部署新形势下的人大工作；全力支持人大依法履职，强化人大工作保障，为人大工作开展营造了良好的氛围。实践证明，只有在政治上、思想上、行动上同党委保持高度一致，在依法履职过程中，全面贯彻党的路线方针政策，人大工作才能乘势而上，有所作为。

二是必须围绕中心力促发展，把握履职主线。人大与“一府两院”尽管职责有别，但目标同向，都是为了发展。人大工作要准确把握大势，突出工作重点，通过依法履职和开创性的工作，促进经济持续健康发展和社会和谐稳定。我们始终自觉把人大工作放在全县改革发展稳定大局中来谋划，找准工作结合点，选准选精议题，强化督促检查，持续跟踪问效，全力助推发展。实践证明，只有紧扣主题主线，服务发展大局，人大工作才能取得新成效，开创新局面。

三是必须发挥代表主体作用，抓住履职根本。衡量人大工作的成效，关键要看群众的意愿是否得到充分反映，群众的权益是否得到较好保障，群众的困难是否得到有效解决。人大代表是群众的“代言人”，是人大工作的主体，充分发挥代表作用，是人大常委会依法履职的根本。常委会坚持以人为本，充分发挥代表了解民情、反映民意、贴近民生的优势，不断丰富代表活动形式，拓宽代表参政议政渠道，努力为代表履职创造条件、提供服务，从而较好地发挥了代表的主体作用。实践证明，只有牢固树立民本理念，切实加强和改进代表工作，发挥代表主体作用，人大工作才能凝聚力量、集聚智慧、促进发展。

四是必须坚持民主集中制，规范履职程序。民主集中制是人民代表大会制度的组织原则，也是人大及其常委会依法行使职权必须遵循的原则。我们牢固树立宪法意识和法制观念，按照民主集中制的原则，最大限度地集中常委会组成人员的意志，最大限度地听取和采纳人大代表、人民群众的意见，依照法定程序，集体行使职权，集体决定问题，使人大通过的决议决定具有坚实的民意基础、产生积极的推动作用。实践证明，只有遵循原则、规范程序，履行好宪法和法律赋予的各项职权，人大工作才能得到广泛尊重和社会认可。

五是必须解放思想勇于创新，善谋履职举措。人大工作既要严格依法按程序办事，也要与时俱进、勇于创新，顺应新形势的发展要求和人民的期望，充分体现时代精神和时代特征。我们坚持用新理念谋划人大工作、用新方法强化工作的落实，努力找准各个时期人大工作与经济建设、政治建设、文化建设、社会建设和生态文明建设的最佳结合点和切入点，按照监督法的要求，勇于探索、大胆创新监督的机制、手段和方法，取得了人大工作的新成效。实践证明，只有牢固树立创新的理念，始终保持与时俱进、积极向上的精神状态，人大工作才能充满生机，富有实效。

同时，我们也深刻体会到，常委会工作中还存在一些问题和不足，主要是：监督的精度需进一步提升，力度需进一步加大，实效需进一步增强，特别是民生领域的监督要更加深入；代表工作需要进一步改进，特别是督办代表议案建议办理方面需要加大力度；常委会组成人员结构需进一步优化，自身建设和履职能力还有待进一步提高等等。对这些问题，在今后工作中必须努力改进提高。

今后工作的建议

各位代表，县第十一次党代会对今后五年我县经济社会发展作出了决策部署，提出了宏伟目标及各项战略举措。

新的征程、新的目标、新的任务，对人大工作提出了新的更高要求，人大肩负的责任重大。今后五年，我们要全面贯彻落实县第十一次党代会精神，坚持正确政治方向，围绕中心服务大局，认真履行宪法和法律赋予的职责，按照加快转型升级、着力攻坚突破的要求，动员和团结全县人民，积极投身新的发展实践；我们要坚持发展和服务民生，聚焦社会关心群众关切的热点难点问题，努力使全县人民有更多的获得感和幸福感；我们要聚焦依法行政公正司法，保证宪法和法律法规的正确实施，切实维护社会公平正义；我们要创新监督工作机制，既重视工作性监督，更注重制度性监督；既重视专项性监督，更注重联动性监督，切实提高监督实效；我们要创新代表工作方法，丰富活动载体，使各级人大代表形成服务中心、促进发展的强大合力。

今年是新一届人大常委会依法履职的第一年，也是“十三五”规划实施的关键之年。建议抓好以下几方面工作：

一是要围绕经济转型产业发展开展监督。密切关注我县经济社会发展和计划执行情况，听取和审议财政预算执行、决算和审计等工作报告，跟踪监督审计查出问题整改情况，增强审查监督的刚性。加强新型工业化建设情况的监督，关注工业平台建设和环境优化提升情况，听取和审议安全生产工作情况的报告，组织人大代表视察重点基础设施项目建设情况。关注旅游重点项目推进情况，继续监督笋竹产业转型发展工作，关心竹农增收问题。持续监督生猪养殖与治理工作，听取和审议全县生态牧场建设情况的报告。关注农业综合开发工作，组织人大代表视察土地治理项目建设情况。

二是要围绕重点热点民生问题开展监督。按照环保法的要求，依法落实环境报告制度，听取和审议我县年度环境状况和环境保护目标完成情况的报告，组织代表视察大气污染综合治理工作，着力促进我县环境质量明显提升。关注美丽县城建设，听取旧住宅小区“六合一”改造情况的汇报，关注住房公积金管理使用情况，加强城市公园、绿道建设与管理情况的监督，推动城区居民生活环境改善。听取和审议县域医疗卫生资源配置规划和重点卫生项目实施情况的报告，组织人大代表视察我县民族乡村经济发展情况，关注全县公共体育设施对外开放情况，继续跟踪监督食品安全管理工作，不断推动社会民生问题的解决，提升人民群众的获得感和幸福感。

三是要围绕依法行政公正司法开展监督。发挥人大在推进依法行政和公正司法的监督作用，听取和审议县公检法司机关关于修改后的行政诉讼法执行情况的报告，关注我县司法体制改革工作情况，就我市首次立法的《衢州市市区电动自行车管理规定》和《衢州市城市市容和环境卫生管理条例》贯彻实施情况做好配合联动，促进我县城区市容市貌和环境卫生的根本好转。贯彻落实中央关于国家监察体制改革试点工作方案和全国人大常委会相关决定精神，监督和支持县监察委员会依法履职、开展工作。

四要围绕丰富载体强化服务开展代表工作。重视代表的学习和有针对性的培训，不断提高代表综合素质和履职水平；密切代表与人民群众的联系，深化代表联络站建设，有重点地开展代表主题活动。密切县人大常委会与代表的联系，继续邀请代表列席常委会会议，参与执法检查、调研、视察等各项活动；不断创新监督手段，拓宽履职渠道，在乡镇人代会政府实事工程代表票决制的基础上，实施县政府为民办实事项目代表票决制，进一步调动代表履职的积极性。以规范办理程序、解决实际问题为重点，认真做好议案和代表建议、批评、意见的交办督办工作。

五是要围绕优化队伍提升水平强化自身建设。要扎实推进县人大常委会思想、组织、制度、作风等各项建设，主动适应常委会组成人员人数增加的新情况，加强宪法法律和人大制度的学习研究，创新工作机制，增强监督合力，着力提升县人大常委会依法履职的能力和水平。

政府工作报告

——在龙游县第十三届人民代表大会第一次会议上

龙游县代县长　张晓峰

（2017年2月14日）

一、过去五年工作回顾

过去五年，面对新常态下的新挑战，在上级党委、政府和县委的正确领导下，在县人大、县政协的监督支持下，龙游先坚持主攻“两化”不动摇，全力以赴抓发展、促转型、惠民生，较好地完成了十二届人大历次会议确定的目标任务，为龙游转型跨越发展打下了坚实基础。2016年，全县生产总值达到209.9亿元，是2011年的1.5倍，年均增长8.7%。实现财政总收入20.1亿元，其中一般公共预算收入14亿元，年均分别增长12.5%和14.6%。完成固定资产投资161.4亿元、社会消费品零售总额128.5亿元、外贸进出口总额4.8亿美元，年均分别增长11.7%、12.3%和13.1%。城镇居民人均可支配收入37334元，农村居民人均可支配收入18621元，年均分别增长10.9%和10.6%。

五年来，我们主要做了以下工作：

（一）坚持量质并举，产业转型持续推进。拓展工业园区平台，完善基础设施配套，出台工业转型跨越发展、“五大百亿”产业培育等政策，推动做大总量、提质增效。全县规模企业达到203家，年产值已达309亿元。亿元以上企业增至75家，其中十亿元以上企业4家，8家企业在“新三板”挂牌上市。工业亩均税收较2011年实现翻番，对财政的贡献率提高到38.4%。新增国家高新技术企业17家，新建省级企业研究院、研发中心23个，高新技术产业增加值年均增长21.3%。全县域生态循环农业省级试点扎实推进，建成粮食生产功能区13.6万亩、省级以上无公害农产品基地2.5万亩，发展规范化合作社140家、家庭农场1205家，全产业链服务体系初步形成。成功举办省第二届运动休闲旅游节、亚太汽车拉力锦标赛等活动。红木小镇一期主体基本完工，入选省级优秀小镇、十大示范小镇，新创建国家AAAA级旅游景区1个、AAA级旅游景区4个。引进阿里巴巴、申通等电商主体，全县网络销售额突破22亿元，跻身全国首批农村淘宝试点县、全省电商示范县。服务业增加值91.5亿元，年均增长11.2%，占经济总量的比例较2011年提高9个百分点，三次产业结构优化为6.9∶49.5∶43.6。

（二）坚持城乡统筹，人居环境持续改善。完善城乡规划体系，加大城乡统筹力度，城乡面貌不断改善，先后获得国家园林城市、省森林城市、省生态县、省美丽乡村先进县等荣誉，通过国家卫生县城省级考核，跻身省首批美丽县城试点县。启动城东新区一期路网框架建设，完成小高山村整体搬迁。改造提升城市干道9条、老旧小区4个，完成“三改”568.7万平方米，大南门历史文化街区保护项目房屋收购基本完成。家居建材市场、东方商厦、美食城开业运营，龙游世贸城、嘉溢鑫城、人民广场地下空间开发主体完工，城市业态培育得到加强。组建综合行政执法局，加强市容市貌常态化管理。建成一批综合交通项目和公共停车设施，新能源公交汽车和城市公共自行车投入使用。杭长客专、平山桥至团石公路、夏金变等重点工程相继竣工，衢江航道、“一路一桥一堤一港”、衢宁铁路等重大项目进展有序，城乡基础设施不断完善。强势推进“五四三”专项攻坚，关停拆除1.3万户生猪养殖场和69家炭化篾企业，建成240个行政村生活污水处理设施，完成衢江一期、灵山江等河道治理，除险加固水库38座，新建堤防60.7公里，首创开启、集美、贺田、洁水养殖等治水治污模式，出境水质保持Ⅲ类以上，夺得全省“五水共治”大禹鼎；“四边”区域赤膊墙基本消灭，320国道龙游段创成省级精品示范线；城乡累计拆违508.3万平方米，205个村通过县无违建预验收，获评省无违建创建先进县，创建省级以上生态乡镇（村）2个、美丽乡村示范乡镇（村）17个。

（三）坚持改革创新，发展动能持续增强。完善项目招商和对接争取机制，创新项目工作载体，增强招商引资和项目推进实效。五年到位招商资金215.2亿元，实际利用外资7810万美元，引进亿元以上项目72个，维达纸业、伊利乳业、道明光学、吉恒家具、高铁轴承产业园等优质项目相继落户。累计38个项目列入省重点建设计划，获得省级以上各类项目补助资金9亿元。加强PPP项目运作，与浙建投集团签订PPP基金框架协议。创新国资管理体系，开展6家国资公司市场化改革，成功取得AA信用等级。有序推进农村确权赋权改革，组建县乡农合联，260个村完成经济合作社股份制改革。深化省级山区集聚发展体制改革，阳湖小区、翠竹小区交付使用，开工建设晨北农整小区，新增异地搬迁集聚7702人，获评全国国土资源节约集约利用模范县。加强要素保障，建立企业贷款会商帮扶、“转贷通”等机制，及时化解企业“两链”风险。引进商业银行分支机构6家。兑现企业奖补资金4.4亿元，减负让利7.2亿元。筹集用地指标1.3万亩，完成土地开发1.3万亩、综合整治1618亩，“腾笼换鸟”盘活低效闲置土地3500亩。落实柔性引才机制，建成院士专家和博士后工作站6家，引进国家和省“千人计划”人才5名。

（四）坚持民生导向，百姓福祉持续增进。加大民生投入，民生支出占地方新增财力和总支出的比例保持75%以上。城镇新增就业3万人，城镇登记失业率控制在4%以内。实施全民参保登记，城乡居民基本养老、基本医疗保险参保人数分别达到18万和28.6万，城乡低保实现动态调整下应保尽保，与全省同步消除“4600以下”贫困现象。新竣工保障性住房1600套，改造农村危旧房5746户。建成社会福利中心，成功创建全国残疾人社区康复示范县。高坪桥水库征迁完成签约，横山、塔石水厂和城市二水厂扩建竣工投用，新改善10.3万人饮用水条件。新建县职教中心、溪口小学、北辰小学等学校，推行中小学校长组阁全员聘任试点，成功创建省义务教育均衡县、省教育基本现代化县。在全省率先实施县级公立医院综合改革，城乡医疗服务体系逐步健全，创成省慢性非传染性疾病综合防控示范区和国家计生优质服务先进县。完成全县农村广电网络双向智能化改造，城乡数字电视全面开通。农村文化礼堂建设稳步推进，乡镇综合文化站全部建成，文化遗产保护卓有成效。省体育强乡（镇）实现全覆盖，通过省体育现代化县评估。推进“三治”融合，构建完善“大调解”体系，健全突发事件预测预警和联动处置机制，强化社会治安防控，着力抓好G20杭州峰会等重要时期安保工作，安全生产形势总体稳定，实现平安建设十一连冠。国防动员、统计审计、供销物价、人防气象、妇女儿童、民族宗教、台湾事务、外事侨务、红十字会等工作取得新的进展。

（五）坚持效能提升，自身建设持续深化。扎实开展党的群众路线教育实践活动、“三严三实”专题教育和“两学一做”学习教育，严格执行中央“八项规定”精神和各项准则、条例，切实整改“四风”问题。加强“四单一网”建设应用，政务服务网乡村代办点实现全覆盖。推进简政放权，减少行政许可事项129项，全面取消497项非行政许可事项，行政审批总时限提速44.8%。在全市率先建成网上涉批中介服务大厅，“一窗受理”、商事登记“一照一码”、不动产登记等制度改革有序推进。自觉接受人大、政协监督，办理人大代表议案、建议和政协委员提案2197件。畅通政民互动渠道，政府服务热线受理咨询50多万件，“县长信箱”年均办理来信千件以上。深化行政管理体制改革，规范重大行政决策程序，建立完善法律顾问制度。完成公车改革，严控公务支出，“三公”经费年均下降19.6%。

各位代表，五年的发展步履坚实。我们既承受了宏观经济下行、增速放缓的压力，也收获了龙游整体向好、稳步迈进的喜悦；既经历了转型任务加重、难中求进的艰辛，也增强了龙游追赶跨越、加速崛起的信心；既经受了行政环境变化、干事不易的考验，也得到了干部队伍精气神和能力素养的锤炼。五年的成绩来之不易，这是上级党委、政府和县委正确领导的结果，是县人大、县政协和社会各界监督支持的结果，是全县干部群众凝心聚力、顽强拼搏的结果。在此，我谨代表县人民政府，向辛勤付出的全县广大干部群众，向各位人大代表、政协委员，向各民主党派、工商联、人民团体、驻龙部队、无党派人士和离退休老同志，向所有关心支持龙游发展的各界朋友，表示衷心的感谢并致以崇高的敬意！

回顾过去五年，我们深刻体会到：唯有始终自觉践行“四种意识”和五大发展理念，坚定不移地贯彻落实上级各项决策部署，把握大局和方向，才能更好地指导开展工作；唯有始终保持战略定力，坚定不移地把“两化”引领作为龙游追赶跨越的基本方略，一年接着一年干，才能积蓄发展能量，获得加快发展；唯有始终突出真抓实干，坚定不移地把强化执行落实作为自身建设的关键环节，对认准的事一抓到底，才能攻坚破难，取得实实在在的业绩；唯有始终做到一心为民，坚定不移地把改善民生福祉作为政府工作的最大责任，抓经济与惠民生有机统一，才能在共享发展的红利中赢得民心。

总结经验是为了更好地指导实践，正视差距才能奋起直追。在前进的道路上，仍面临着不少短板问题：经济综合实力不强，“两化”发展水平总体不高，有效投入仍然不足。县域主导产业尚处于培育阶段，新兴产业和高新技术产业比重偏低，新旧动能转换仍需努力。城市化进程偏慢，城镇化率较低，城中村、城郊村、园中村改造任务艰巨，县城首位度亟待提升。公共服务配套不够均衡，优质教育、医疗等资源供给不足，与广大群众的需求还有差距。民生诉求更趋复杂多元，社会治理困难增多。少数政府工作人员进取精神、担当意识不强，办事效率、创新能力、服务水平还有待提高。对于这些问题，我们将高度重视，以严和实的作风认真加以解决，努力赢得人民群众点赞。

二、今后五年的目标任务

今后五年，是龙游加速奔跑、追赶跨越的黄金机遇期，是与全省同步高水平全面建成小康社会的攻坚决战期。当前，国际形势依然错综复杂，国内经济下行压力犹存，但机遇与挑战并存，机遇大于挑战。中央和省市陆续出台推动转型发展的重大改革举措，有利于我们加快发展新经济，培育形成新动能；我县经过长期积累，区位优势、产业基础、环境承载、要素条件都达到了新的历史水平。特别是县第十一次党代会提出了“五年打基础、五年求突破、五年争崛起”的“三步走”战略思路，描绘了今后一个时期龙游发展的宏伟蓝图，形成了全县上下同心同德、合力共进的大好局面。我们必须坚定发展信心，保持清醒认识，准确把握龙游所处的历史方位，牢牢抓住新一轮发展的关键时间窗口，率先发力、奋勇争先，努力谱写龙游经济转型跨越发展的美好篇章！

今后五年政府工作的指导思想是：高举中国特色社会主义伟大旗帜，以马克思列宁主义、毛泽东思想、邓小平理论、“三个代表”重要思想、科学发展观为指导，深入贯彻习近平总书记系列重要讲话精神，落实中央“四个全面”战略布局和省市决策部署，牢固树立五大发展理念，坚持“两化”引领，大力推进工业提升、城市建设和旅游开发，统筹推进各项事业发展，奋力奔跑跨越，努力达到全省县（市）平均发展水平，与全省同步高水平全面建成小康社会。

按照“奔跑跨越”这一总要求和“达到全省县（市）平均发展水平、高水平全面建成小康社会”两大总目标，结合“十三五”计划安排，建议今后五年全县经济社会发展的具体目标是：

主要指标显著增长，综合实力实现新跨越。全县生产总值超过300亿元，人均生产总值8万元以上；一般公共预算收入突破20亿元，力争25亿元；社会消费品零售总额突破200亿元；外贸进出口总额超过6.5亿美元；固定资产投资五年累计突破1000亿元；综合实力和发展水平明显提高，在26个加快发展县中排名前移。

经济结构显著优化，发展质量实现新跨越。二三产业增加值占全县生产总值比重达到95%左右，服务业占比超过50%。“五大百亿”产业占规模工业产值比重达到80%以上；高新技术产业占工业总产值比重、研发经费占生产总值比重逐步提升，万元生产总值能耗、水耗逐年下降；文化旅游、金融服务、市场集群、航运经济成为县域经济新热点，城市与工业成为推动龙游经济转型的中坚力量。

人居环境显著改善，城乡建设实现新跨越。治水治气、治危拆违等工作持续深化，江河水质全面达标，空气优良率85%以上；县城首位度明显提高，城东新区一期4平方公里建设基本成型，建成区面积超过20平方公里，城镇化率50%以上；旧城区、城中村、城郊村、园中村改造有序推进，功能品位得到提升，建成国家卫生城市、浙江美丽县城和省历史文化名城；美丽乡村建设提档升级，成为省美丽乡村示范县。

民生福祉显著提高，人民生活实现新跨越。城乡居民创业就业更加充分，人均可支配收入增幅高于省、市平均水平；覆盖城乡的社保体系更加健全，社会事业资源配置持续优化，20分钟城乡医疗、健身、养老服务圈构建形成，基本公共服务均等化水平进一步提高，建成省教育现代化县、省卫生强县、省文化强县；平安龙游建设深入推进，人民群众获得感、幸福感得到加强。

实现上述目标，我们必须牢牢抓住主要矛盾，统筹整合优势资源，集中全县主要力量，更加精准聚焦发力，着力干好“三件大事”：

第一件大事：大力推进工业提升。工业是龙游的潜力和希望所在，是推动奔跑跨越的关键支撑和引擎。今后五年，我们将继续强化工业首位意识，举全县之力主攻工业，力争五年新引进“大好高”项目资金200亿元以上，“四优”企业完成投入300亿元以上，规模工业产值突破500亿元，确保工业发展走在全市前列，跻身全省工业强县。一要强化“产城融合”平台。坚持园区和城镇互动，以城市化理念指导园区规划、建设和经营。推进“一区两块”整合提升，提高园区资源利用和涉企服务效率。围绕园区转型，紧扣企业关切，完善基础设施和公共服务配套，加快发展仓储物流、工业设计、报关代理等生产性服务业，着力提升园区发展的品位、档次和水平，为工业强县夯实平台基础。二要聚焦“五大百亿”产业。按照产业集群、产业生态理念，推动主导产业延链补链、强链壮链，更好地从生产基地向创新、研发、交易中心迈进，从单兵挺进向整体协同作战演变，形成新的集聚效应和增长动力，加快形成“五大百亿”产业体系。分产业组建服务团队，潜心研究产业发展规律和趋势，及时掌握目标企业投资动向，千方百计引进实施一批“大好高”项目，为工业强县提供有力支撑。三要重抓“百家四优”企业。加大企业扶持力度，深入推进“四换三名”，引导鼓励企业对外合作、兼并重组、股改上市，“一企一策”助推“四优”企业转型升级、做大做强，力争年产值50亿元以上领军型企业超过3家，挂牌上市企业30家以上，其中主板上市2家。实施创新驱动战略，强化科技创新、制度创新，培养一支具有战略思维和国际视野的优秀企业家队伍，重视引进培育创新型团队、企业高管和蓝领，提高企业核心竞争力，为工业强县注入源头活水。四要注重“众创空间”拓展。坚持抓大不放小，营造有利于小微企业创业创新的平台、政策和制度环境，为工业强县培植本土力量。

第二件大事：大力推进城市建设。城市是经济社会发展的重要平台和载体，城市化是现代化的重要标志。今后五年，我们将顺应百姓期待和发展规律，以产业和人口集聚为先导，遵循“围绕组团拉框架、聚焦城东建新城、改造旧城提品质、繁荣商贸兴业态”的总体思路，筹措百亿政府资金，撬动百亿社会资本，大力度、高强度、快速度推进城市建设。一要突出规划科学引领。完善城乡规划体系，注重城乡统筹互动和多规融合，突出县城主平台地位，重点处理好旧城区、城东新区、旅游度假区、产业功能区、湖镇小城市的功能定位布局关系，更好发挥规划的战略引领和刚性控制作用。按照以人为本、超前规划和紧凑发展、精明增长的要求，科学布局用地空间，强化重点区块城市设计，推动落实交通等专项规划，提升规划设计水平和执行力。二要聚焦城东新区开发。按照“一年打基础、三年出形象、五年成规模”要求，高起点、高标准、高品位推进城东新区建设，打造龙游发展的新平台、新亮点。科学把握开发时序和重点，有序实施道路、景观、地下空间等基础设施配套，以中央生态廊道为轴心展开建设大幕。创新开发建设模式，探索实行组团式、立体化整体开发，做到一次开发一次定型。以激活城市经济为引领，谋划建设购物、休闲、汽车、康体、旅游等综合体项目，构筑城市经济新业态、新模式。三要加速旧城改造提升。依托城市大联建载体，从完善功能设施和治理环境入手，做好“拆、改、建、管”四篇文章，推动旧城区“两增两减”。有序推进旧厂区、城中村、城郊村、园中村搬迁整治，加快入县口入城口、老旧小区、电力杆线、地下管线、城区道路、房屋立面等综合改造，增建停车场、公厕、健身场所等配套设施，突出抓好卫生保洁、交通拥堵、物业管理等工作，提升城市管理水平，改善城市面貌和市民生活质量。四要加强区块组团互动。实施百亿交通建设工程，强化各区块空间联系，推进衢江航道、“一路一桥一堤一港”、国省道改扩建和高铁站前区改造等项目建设，积极谋划对接城际快速通道、城际轻轨等项目，建立“内通外联”的综合交通网络。加强小城镇环境综合整治，打造乡村“客厅和门面”，进一步优化“中心城区、中心镇、中心村”梯度布局。

第三件大事：大力推进旅游开发。旅游业是朝阳产业、富民产业，也是龙游重点培育的战略性支柱产业。今后五年，我们将把旅游业摆在更加突出的位置，加大力度推升龙游旅游蓬勃发展的大好势头，力争旅游投入、接待游客数、旅游总收入、景区门票收入较前五年实现“四个倍增”，建成长三角乃至全国休闲旅游目的地。一要加快核心旅游开发。依托县城，围绕“两江、两山、两滩”，整合投入百亿资金，全面实施以龙游石窟旅游度假区为重点的旅游振兴工程。大力支持红木小镇建设，开发建成江心洲湿地公园、大南门历史文化街区、区域游客集散中心等项目，拓展深化龙游石窟、民居苑等景区内涵，做活做特三江口，打造夜游龙游特色产品，力争省级旅游度假区主体基本成型，建成国家AAAAA级旅游景区。二要科学发展全域旅游。按照“一心两翼”格局，加快六春湖、灵山江健康运动休闲区和龙游花海、龙和国际垂钓园等项目开发，推进三门源古村落、天池荷花景区等项目建设，打造龙南生态观光休闲旅游线和龙北历史文化体验旅游线。引进开发精品民宿、户外运动等新业态，完善通景公路、智慧旅游等服务设施配套，创建一批国家AAAA级、AAA级旅游景区。发挥“旅游+”功能，促进旅游与文化、农业、工业、体育等融合发展，创建全域旅游示范区。三要再造旅游品牌优势。高度重视地方历史文化研究，重点做好以荷花山遗址、龙游石窟、龙游商帮为代表的“万年文明、千年古迹、百年商帮”文化遗存研究保护和发掘，启动龙游石窟申遗。加强与国内外顶级策划营销团队合作，谋划实施好红木小镇、夜游龙游、龙游美食等系列品牌营销活动，让龙游再度成为省内外关注新热点。

各位代表，这“三件大事”，在现阶段龙游经济社会发展中具有全局性、带动性、决定性的地位作用，是推动奔跑跨越、实现两大目标的关键之举。我们必须大力发扬在大南门、高坪桥征迁等重点工作中锤炼出来的“铁军精神”，集中精力、财力、资源，全力以赴抓好各项目标任务的落实。无论什么时候，都要紧盯不放、锲而不舍、常抓不懈；不管遇到什么困难，都要迎难而上、排难而进、过关夺隘，确保取得突破。

在重点干好“三件大事”的同时，要贯穿科学发展理念，对照全面小康社会的“高质量、均衡性”要求，进一步拉高标杆，统筹抓好农业农村、生态环境、重点改革、民生事业、社会稳定等五个方面工作：

（一）致力于增效增收，争创农业农村发展的“龙游样板”。“三农”工作是高水平全面建成小康社会的重要基础。今后五年要持续加大投入，推动农业绿化、农村美化、农民转化。把农业供给侧结构性改革放在突出位置，大力发展高效生态循环农业，推进农业“两区”建设，推动粮食、笋竹、柑桔、茶叶、水产等传统产业向绿色发展转型。积极实施农业“+互联网、+旅游业、+精深加工”，促进农村一二三产融合发展，争创国家农业公园。围绕打造美丽乡村建设升级版，实施“四美一改”行动计划，确保“一县一带”建设取得重大成果，如期建成美丽乡村示范县。针对农民持续增收压力加大的实际，加大宅基地空间置换和农民创业就业扶持力度，让愿意进城镇定居就业的农民转化为市民，让继续留在农村的农民转化为新型职业农民。强化“三农”政策的执行落实，扩大乡镇自主调控权，加强农村干部队伍建设和“三资”管理，培植村集体经济造血功能，确保到2021年所有行政村集体经济收入达到20万元以上，并在政策和条件许可前提下加大村干部待遇保障力度。

（二）致力于宜居宜游，争创生态环境治理的“龙游模式”。绿水青山就是金山银山。要推进城乡环境综合治理，持续深化“五四三”专项行动，推广提升治水治污“四大模式”。开展防洪排涝和河湖库塘生态修复，实施灵山江流域综合治理、衢江航道疏浚综合利用等工程，构建城区50年一遇、重要集镇20年一遇防洪闭合圈。建成高坪桥水库，实现双水源优质安全供水，有序推进城乡供水一体化。抓好“四边”区域洁化、绿化、美化，确保城乡违法建设得到根本遏制，创成省无违建县。科学划定生态红线，做好平原绿化、森林抚育等工作，打造生态屏障。加强大气复合污染专项整治，提升大气环境质量。强化资源节约集约利用，加快形成低碳高效增长方式。

（三）致力于开拓开放，争创重点领域改革的“龙游经验”。推进改革、扩大开放是加快奔跑跨越的强大动力。重点要深化项目建设体制改革，完善招投标机制，创新业主管理方式，强化中介机构监管，健全质量安全管控体系，联动保障要素供给。深化投融资体制改革，推广政府和社会资本合作模式，发挥政府性投资基金作用，推进国资公司资本运作，试行债券、区域性股权市场等直接融资方式，逐步实现资产证券化。深化城乡体制改革，加快农村确权赋权进程，完善农村土地所有权、承包权、经营权分置办法。深化供给侧结构性改革、行政审批制度改革、要素市场化配置改革和社会事业改革等。加强区域开放合作，结合衢江航道开发和龙游港区建设，主动融入江海联运合作。积极对接融入杭州、金义都市圈和杭州城西科创大走廊、义甬舟开放大通道等平台载体，促进重大基础设施网络互联互通，发展更高层次的开放型经济。

（四）致力于民生保障，争创社会事业进步的“龙游方案”。改善民生是政府一切工作的出发点和落脚点。要持续提高民生支出比例，加大就业、养老、医保、扶贫、住房、饮用水等保障力度，确保实现教文卫体省级强县大满贯、全覆盖，并争取有更多社会事业跻身强县行列。推进教育改革发展，优化教育布局，补齐教育资源紧缺短板，促进教育优质均衡发展，龙游中学创成省一级特色示范高中。推进基本公共文化服务标准化均等化建设，健全公共文化服务网络，加大文化遗产保护力度。深化医药卫生体制改革，激活医疗单位运行机制，全面实施分级诊疗制度，优化医疗卫生资源配置，完成县人民医院、妇保院、中医院等医疗单位联动搬迁。发展体育产业，开展精品赛事，争创国家体育公园。

（五）致力于平安法治，争创社会和谐稳定的“龙游典范”。平安法治是促进社会和谐稳定的重要保障。要围绕“平安连创、金鼎再夺”，推进平安龙游建设，持续创新社会治理模式，提高突发事件和自然灾害防范应对能力，加强生产、交通、食品、药品、消防等重点领域安全监管。加强社会风险管控，及时有效调处化解各类矛盾纠纷，切实保障社会安全。深化法治龙游建设，法治政府基本建成，形成全社会学法、守法、用法良好氛围。健全基层社会管理服务网络，发挥村规民约、市民公约作用，开展城乡社区协商民主试点，提升基层自治水平。

各位代表，强县惠民是政府最大的愿景。今后五年是通往强县惠民道路中的重要五年，面临的任务十分艰巨繁重。我们一定遵循县第十一次党代会精神，苦干几年，大干几年，干成事业，向全县人民交上一份满意的答卷！

三、2017年主要工作安排

2017年是新一届政府的开局之年。开好局、起好步，有着非常重要而现实的意义。综合考虑当前宏观形势和自身实际，建议今年全县经济社会发展主要预期目标为：全县生产总值比上年增长8%左右；固定资产投资增长10%以上；一般公共预算收入增长8%；社会消费品零售总额增长10%；城镇和农村居民人均可支配收入分别增长8%和9%以上，节能减排工作确保完成省、市下达目标任务。

围绕上述目标，我们将重点抓好以下六方面工作：

（一）以更加积极的姿态，把握稳中求进主基调，确保经济中高速发展。注重在稳的基础上更加求进，加快培育转型发展新动能，构建现代产业体系，努力成为全省、全市经济发展新的增长点。

抓住发展先进制造业这个核心，做强做优工业支撑。以产城融合规划为引领，完善园区生产生活功能配套，谋划建设龙北超级社区。推进开发区整合，优化产业布局和生态链条，建成涉企服务中心，设立商检代办处。以抓投入促发展为核心，加快高铁轴承产业园、李子园饮料等项目建设，建成投产吉恒家具一期、维达纸业三期、吉成新材料等一批新项目，加快道明光学、禾川科技等企业发展，确保“五大百亿”产业产值突破220亿元。以优化企业帮扶服务为保障，一手抓扶优扶强，进一步完善“四优”企业激励机制，并支持更多企业进入资本市场，新增“新三板”挂牌企业3家，争取1家企业主板排队；一手抓困难企业帮扶，及时依法稳妥处置企业“两链”风险，加快企业并购重组、“腾笼换鸟”和破产清算，整合重组“僵尸企业”20家以上，盘活存量用地超过500亩。

抓住增加农民收入这个根本，提升发展现代农业。发展高效生态循环农业是促进农民增收的重要渠道。要加快畜牧业转型，新增30家美丽牧场，国家畜牧业绿色发展示范县、省级整县域推进生态循环农业发展试点县通过验收。规范提升笋竹产业，大力发展林下经济，新建庙下竹加工集聚区，开展省级竹产业提升发展示范县试点。深入实施柑桔产业转型升级工程，打造15个柑橘精品园。发展茶业、渔业等特色产业，打响龙游品牌。完善基础设施配套，提升现代农业园区等平台，全面完成粮食生产功能区建设任务。加快土地流转，引导适度规模经营。有效发挥农合联作用，培育发展专业大户、家庭农场等新型经营主体。加强农产品质量监管，深化全产业服务试点县建设，创建省级农业“机器换人”示范县和农产品质量安全放心示范县。积极打造农业“第六产业”，加快发展特色加工农业、体验观光农业和互联网农业。

抓住推进旅游开发这个重点，融合发展现代

服务业。围绕核心景区打造，加快推进红木小镇建设，务求中国红木家居文化园一期开园运营，建成民居苑拓展一期、石窟度假中心等项目。实施“两江两山”亮化工程，整合特色演艺资源，加快打造夜游龙游产品。开工建设六春湖索道等工程，建成溪毛线。推进古村名景开发，扶持发展精品民宿，创建国家AAA级旅游景区2个。优化商贸服务业态规划，建成运营龙游世贸城、人民广场地下空间开发等项目，谋划建设汽车服务中心、公路港、农产品批发冷链物流等项目，培育繁荣一批专业市场、特色街区。大力发展电商新业态，完善电商服务平台，建成申通电商产业园。推动房地产市场平稳健康发展。加速发展金融保险、节能环保、文化创意等新兴服务业，形成业态共生、产业相融的现代服务业体系。

（二）以坚定不移的信念，打好城市建设大会战，加快提升城乡统筹发展水平。按照“主攻县城、狠抓集镇、提升农村”思路，统筹资源、整合要素、凝聚力量，掀起新一轮城镇化建设高潮。

打响城市建设大战役。城东新区建设当务之急是征迁，要把这项工作作为今年政府工作最重大、最关键的战役，以坚定的决心、周密的部署、明确的责任、有力的保障，确保圆满完成。同步抓好规划设计、项目谋划、基础配套等工作。启动实施城市“双修”，谋划新一轮旧城拆迁改造，全面推进大南门历史文化街区保护项目建设，实施排水排污、杆线入地、立面改造、电力优化等一批市政工程，启动城区绿道二期建设，建成兰亭路、人民南路延伸等路网。

推进城市精细化管理。加强城市综合执法管理，实施“智慧城管”，建立完善长效管控机制。深化国家卫生县城创建，完善“门前三包一化”制度，推行“一把扫帚”保洁模式，及时消除脏乱差现象。按照提速提质要求，强化交通组织，优化出行路线，发展公共交通，加大乱停乱放、占道经营等现象整治力度。加强城市社区建设，开展“村改居”试点，下功夫规范小区物业管理。

狠抓小城镇环境综合整治。落实小城镇环境综合整治行动方案，根据集镇定位，抓好规划设计，沿着“整治、规范、提升”路径，着力解决设施滞后、特色缺失、管理薄弱等问题。高质量推进“六个一”项目，完成一批景观、路网、老街区改造建设。深入开展环境卫生、交通秩序等综合整治行动，增创省级卫生乡镇5个，市级卫生乡镇实现全覆盖。注重面上达标与重点打造相结合，以风情小镇、特色小镇理念，创建湖镇、溪口、横山等示范小城镇。

争创美丽乡村示范县。围绕“全域整洁、沿线美丽、村点出彩”，深入推进“一县一带”建设，深化“县乡村户”四级联创，打造美丽乡村精品线，建成一批示范乡镇和精品村。完成20个历史文化村落保护利用工程，建成虎龙生态牧场，推进灵山江健康运动休闲区建设，建成姑蔑生态园、龙和国际垂钓园、婺剧文化园等特色主题公园，龙游花海一期开园，力争美丽乡村示范县创建硬件指标达标。实施集体经济薄弱村消除行动计划，多渠道发展村集体经济。完善农村公交等公共服务，强化公共设施维护管理，增加公共文化产品供给，提升农民生活品质。

（三）以务实创新的态度，聚焦重点关键领域，务求改革开放取得实效。按照“改革政策要实”的要求，抓住重点领域关键环节，持续改革创新，扩大开放合作，争创体制机制新优势。

完善招商引资机制。坚持招商引资“一号工程”，抢抓国企混改、军民融合等机遇，用足用活国家扩大开放新政策，主攻工业招商、大项目招商和资本市场招商，力争全年招商实到资金40亿元，其中外资600万美元以上，新引进亿元以上项目10个。创新招商引资保障激励机制，配强专业招商力量，赋予平台招商自主权，深化以商招商、商会招商、中介委托招商等方式，提高招商实效。坚持“走出去、引进来”双向互动，通过助推企业境外投资、公共海外仓建设、跨境电子商务等举措，力争完成外贸进出口总额5.1亿美元。

创新项目建设机制。推行政府工作项目化理念，健全组织指挥体系，建立“项目链条化、链条清单化、清单责任化、责任考核化、考核激励化”推进机制，持续开展挂联竞赛和专项攻坚，确保138个实施类、99个前期类重点项目顺利推进，完成投资150亿元以上。开展“项目管理规范年”活动，深化项目招投标和建设机制改革，从严择优、公开透明选择项目参与单位，依法依规落实相关方主体责任，强化工程全过程各环节监管，提高项目建设绩效。开展项目环境专项整治，依法查处影响工程建设的人和事。健全项目谋划转化、评估决策机制，储备更多重点项目，争取更多项目挤进国家和省市计划盘子。

强化要素保障机制。重点围绕“资金、土地、人才”三要素，创新保障机制。推进财政资金、国有资产、国土资源“三资”联动，适度扩大政府负债空间，挖掘国资公司运作潜力，落实土地指标跨区域调剂计划，为实施积极的财政政策提供保障。发挥产业基金作用，撬动金融信贷及社会资本投入实体经济。推进互助担保融资，努力解决小微企业、“三农”主体融资难题。积极争取用地指标，推进农村土地综合整治和土地开发，完成建设用地复垦2000亩、耕地垦造1万亩。创新项目建设模式和服务供给机制，形成本地人投身项目建设与借智借力发展相得益彰的局面。稳妥把握水、电、汽等要素成本和供给能力。

同时，要抓好中央和省市重点改革项目落地工作，确保按要求、按进度推进，确保取得实效。

（四）以驰而不息的毅力，强力推进专项攻坚，切实加强环境保护和综合治理。生态是龙游最宝贵的资源。要强势抓好治水治气、治危拆违等环境整治提升工作，营造天蓝地绿水清的优美环境。

打好治危拆违攻坚战。加快城乡危旧房治理改造，力争全年完成400幢（处）以上，确保城乡D级危旧房100%得到治理，切实消除各类房屋安全隐患。加强违建排查拆除工作，强化网格管理，健全防控体系，建立“有违必拆”工作机制，逐一销号存量违建，有效遏制新增违建，抓好拆后土地利用，确保完成省市下达的拆违任务。

深化水环境及大气治理。巩固“五水共治”成果，制定生态环境保护规划，完善河长制，全面提升县域江河水环境质量，尽快剿灭劣Ⅴ类水体。健全治水治污长效机制，完善线上线下监管体系，开展农业废弃物资源化利用试点，推行污水治理、河道保洁市场化运维。加快衢江、灵山江综合治理工程，推进雨污分流和滞涝区整治，提升防洪排涝能力。推进高坪桥水库建设，加强水资源开发利用。深化贺田模式，推进城乡生活垃圾分类处理，启动城市垃圾热解气化项目建设，创建生活垃圾分类达标村、示范村158个。推进燃煤锅炉改造、餐饮油烟整治、机动车尾气治理提标等工作，加快污水处理湿地、固废处理厂等项目建设，加强企业废气治理，稳步改善环境质量。

巩固提升“四边三化”成果。加大高速公路、国省道、铁路和河道突出问题整治力度，着力解决乱搭乱建、大型乱堆放等重点难点问题，确保整治问题无反弹、新增问题即整治。按照“四高两全”要求，推进222省道、315省道、湖源线、溪大线等沿线改造，并结合全域旅游、美丽乡村建设，选择一批条件适宜的道路、村庄开展整线谋划、整体提升，建成精品，形成亮点。

（五）以共建共享的理念，推进公共服务均等化，全面协调发展各项社会事业。加大投入力度，激活运行机制，补齐发展短板，使社会事业发展与“两化”水平提升更加协调，与人的全面发展更加适应。

切实加强科技人才工作。实施创新驱动发展战略，建立科技投入稳步增长机制，打造科技中小微企业孵化平台。鼓励企业主动对接知名院校、科研院所，深化产学研合作，共建各类创新载体，提升企业创新发展能力。发挥人才新政效应，完善配套机制，拓展引才渠道，尽可能多地引进高精尖紧缺人才、高层次人才和实用型人才。围绕重点行业和关键领域，坚持工学结合、校企合作，加快本地创新型人才培养，打造一支技艺精湛、富有“工匠精神”的技术人才队伍。

加快发展教育文化等事业。坚持教育优先发展，围绕教育现代化县创建目标，实施校舍改造提升和学校扩容工程，建成阳光小学，推进柳村小学、十里铺小学续建和西门小学改建，启动新建华岗中学，完成1～2所省标准化学校创建。加大学前教育民办公助扶持力度，分步实施幼儿园达标改造扩容。推进中小学教师“县管校聘”改革试点，持续提升教育教学质量。统筹抓好公共文化服务体系建设、文化遗产保护、文化产业发展等工作，完成14处县级以上文物修缮，建成县博物馆主体工程，谋划建设徐偃王文化园等项目。推进文化惠民工程，新建农村文化礼堂15个，确保基本公共文化服务标准化重点县建设通过省级验收。完成广电播出系统高清化改造。进一步发展民族、宗教、侨台、外事、统计、档案、史志等事业。

扎实推进“健康龙游”建设。认真贯彻“健康浙江”行动纲要，制订实施“健康龙游”行动计划。完成县疾控中心迁建，启动城区医疗单位联动搬迁项目前期。开展综合医改、医养结合省级试点，落实分级诊疗制度，完善“双下沉、两提升”长效机制，加强卫生应急防控能力建设，改善医疗服务质量。优化计生管理服务，加强健康教育、爱国卫生等工作。认真实施全民健身行动计划，编制国家体育公园总体规划，推进汽车运动小镇建设，全民健身户外运动拓展基地投入运营。加快发展妇女、未成年人、老年人、残疾人等事业。

（六）以民生优先的导向，多办惠民利民好事，不断提高人民群众幸福指数。把群众对美好生活的向往作为施政所向，突出社会保障，办好民生实事，维护社会和谐稳定。

加大社会保障力度。完善创业就业扶持政策，大力推动农民进城定居就业，加强低收入农户、高校毕业生等重点人群帮扶就业，新增城镇就业3500人，实现再就业1600人。依托全民参保登记，建立动态管理机制，持续扩大社保覆盖面。落实社保政策，统一提高退休人员和城乡居民养老金水平。加快企业人才集合年金试点，稳步推进城乡居民养老保险制度并轨。深化医保总额预算管理，完善大病保险制度，加强医保智能监管系统建设应用。着力补齐低收入农户增收致富短板，确保低收入农户人均可支配收入增长10%以上。完善社会救助机制，建立适度普惠型儿童福利体系，依法保障困难群众的生存权和发展权。

切实办好民生实事。落实以人民为中心的发展思想，从民生“关键小事”入手，采取针对性更强、覆盖面更大、效果更明显的举措，实实在在帮助群众解难题、增福祉，让人民群众在共建共享中有更多的获得感。今年，我们将按照“群众提、大家定、政府办”的理念，抓好十个方面的为民办实事工程。

深化平安龙游建设。完善社会治安防控体系，重视网络舆情导控，严厉打击各类犯罪行为，维护人民群众生命财产安全。加强矛盾纠纷排查预警，从源头上预防和化解矛盾。创新基层群众自治制度，激发社会组织活力，构建多元参与的社会治理格局。健全防灾减灾体系，提升山体滑坡、泥石流等突发事件应急处置能力，加快县级避灾安置场所规范化建设。重视国防教育、优抚安置和民兵预备役等工作。深化安全生产责任体系建设，持续抓好企业生产、食品药品、道路交通、消防等安全领域工作。通过强化平安法治建设，使龙游的社会生活环境更加宽松和谐。

四、切实加强政府自身建设

新形势、新目标、新任务对政府工作提出了更高的要求。我们要坚定政治方向，强化“四个意识”，不断提升服务发展和改善民生的能力水平，努力打造有抱负、有激情、有作为、有担当、有规矩的铁军团队和亲民亲商、良政法治、实干高效、创新有为、干净清廉的人民政府。

坚持为民施政、为企服务，打造亲民亲商的政府。始终不忘初心、牢记使命，自觉践行为民服务宗旨，把群众利益摆在最高位置，把群众主体作为最大力量，把群众满意作为最佳标准，确保政府各项工作依民而定、为民而出，更加顺民意、暖民心，努力让广大群众在发扬主人翁精神中感受幸福、获得满足。企业是引领改革、推动发展最重要力量，企业家是龙游最宝贵财富。必须强化为企服务意识，落实扶工惠企各项举措，积极构建“亲”“清”政商关系，做到有需必应、无事不扰，营造亲商安商富商的浓厚氛围。

坚持科学决策、依法行政，打造良政法治的政府。坚持民主集中制，完善重大事项公众参与、专家论证、合法性审查等机制，做到依法决策、科学决策、民主决策，确保重大决策经得起群众、历史和实践的检验。坚持法定职责必须为、法无授权不可为，严格依照法定权限和程序行使权力、履行职责。健全行政权力监督制约机制，自觉接受人大法律监督、政协民主监督以及监察监督、司法监督，加强政府内部层级监督和审计监督，主动接受社会监督、舆论监督。加强政府信用建设，提升政府公信力。

坚持干在实处、跑出速度，打造实干高效的政府。“世界上的事情都是干出来的”。要牢固树立清醒、理性、务实工作导向，建立狠抓落实的责任体系和激励机制，促使广大行政人员干字当头，将更多时间、精力集中到谋事创业、狠抓落实上。更加注重办事效率，大力弘扬“说干就干、马上就干”作风，对每项重点工作，都要定出目标、排出进度、拿出力度、跑出速度，让只争朝夕、夙兴夜寐成为机关工作的新风尚、新常态，用干部的辛苦指数换取百姓的幸福指数，以政府的高速运转带来发展的奔跑跨越。

坚持革新为先、克难为重，打造创新有为的政府。政府创新是现代治理的永恒主题，要着力推进观念创新，注重研究加快发展的新经济、新动能，探索奔跑跨越的新路径、新机制。加快政府职能转变，推进“最多跑一次”和行政审批制度改革，倒逼管理创新，提高服务效能。把克难攻坚摆到政府创新最突出位置，明确重点攻坚任务，搭建征迁会战、项目攻坚和“拔钉清障”“清扫积案”等平台载体，在创新中寻求破难闯关的路径办法，在实践中锤炼敢打必胜的铁军干将。大力倡导能担当、敢担当、善担当，建立容错免责机制，为担当者撑腰鼓劲，让干事者创新有为。

坚持规范办事、阳光操作，打造干净清廉的政府。认真学习贯彻党章党规党纪，践行“三严三实”，严守中央“八项规定”精神，坚决把纪律挺在前面。强化“一岗双责”，严格落实党风廉政建设主体责任，执行好各项规章制度，加强工程建设、项目招标、资金使用、国资运作、资源配置等重点领域和关键环节监督，坚决惩处各类腐败行为。厉行勤俭节约，严控一般性支出，把有限财力用在最需要的地方。深入推进政务公开，加强效能监察，让政府权力在阳光下运行。

中国人民政治协商会议第九届龙游县委员会常务委员会工作报告

——在政协第十届龙游县委员会第一次会议上

龙游县政协主席 黄利荣

（2017年2月13日）

五年工作回顾

政协第九届龙游县委员会常务委员会任期的五年，是龙游加快转型跨越、经济社会各项事业取得长足进步的五年，也是我县人民政协事业继承创新、不断发展的五年。五年来，县九届政协常委会在中共龙游县委的正确领导和省市政协的有力指导下，深入学习贯彻习近平总书记系列重要讲话精神，高举爱国主义和社会主义两面旗帜，突出团结和民主两大主题，团结动员广大政协委员和社会各界人士，紧紧围绕县委、县政府的中心工作，积极履行政治协商、民主监督、参政议政职能，为全面推进龙游转型跨越发展作出了积极贡献。

一、服务全县大局，履行职能成效更加彰显

常委会始终把服务大局、推动发展作为履职第一要务，围绕改革发展大局和县委决策部署，广泛协商议政，积极建言献策。

围绕全县发展大局集中建言。依托全体会议平台，运用提案、委员大会发言、分组讨论等形式，围绕“十二五”规划实施和“十三五”规划纲要制定等战略性问题，以及事关全县经济社会发展的热点、难点、焦点问题，在深入调研的基础上，进行集中协商议政。五年来，政协各参加单位和广大委员共提交以提案形式的意见建议1178件，经审查立案1137件；提交大会发言材料212篇，其中口头大会发言57篇。委员们就新型工业化、新型城镇化、“五四三”专项工作、文化旅游、教育布局调整、社会保障等重大问题坦诚建言，倾情献策，为县委、县政府科学决策提供了智力支持。县委、县政

府领导参加委员分组讨论，广泛听取委员意见，鼓舞了委员士气，激发了参政议政热情，推进协商民主向深度发展。

聚焦县委决策部署专题献策。常委会坚持把调查研究作为协商议政的基础性工作来抓，充分发挥政协各专委会、研究室的组织、联络、协调等职能作用，着力以高质量的调研成果建诤言、献良策、促发展。五年来，紧紧围绕县委重大决策部署的贯彻落实，先后就加强城市管理、编制“两江”规划、城市社区建设、教育现代化背景下的龙游教育布局和结构优化、城中村改造、推进“大众创业、万众创新”、创建国家农业公园、美丽县城建设等10个重点协商课题，组织委员深入基层调研，外出考察取经，开展分析研究和常委会专题协商，形成并报送调研报告10篇，提出建议意见150余条。县委、县政府在建立城市综合行政执法机制、治理城市拥堵、城东新区规划建设、城区中小学扩容、社区调整、制订城中村改造收购安置政策、推进创业创新等工作中，积极吸纳政协调研协商成果，充分发挥了政协协商民主重要渠道和专门协商机构作用。

紧扣难点问题协商议政。坚持完善主席会议听取部门工作通报协商制度，先后就招商引资、山海协作、产业培育发展、财政预算执行、职业教育发展、国资公司市场化改革及运行、安全生产监管、老旧小区改造提升、重大交通项目实施等45项重点工作，听取政府相关部门专题汇报，开展协商议政，提出建议意见200多条，推动政府部门拓宽思路、深化研究、改进工作。同时针对政府关注、群众关心的难点问题开展专题调研和协商，形成《着力体制机制创新，加快山区集聚发展》《加强金融诚信体系建设，打造良好金融生态环境》《加强小作坊小餐饮市场监管的调研报告》等一批协商成果，许多建议转化为县委县政府推动科学发展、增进群众福祉的实际举措。

关切热点问题重点监督。按照省政协的统一部署要求，坚持问题导向，自2014年起连续三年开展“五水共治”专项集体民主监督，出台系列实施意见，各专委会、界别组广泛参与、积极行动，每年组织6个监督小组、40多批小分队、200余人（次）政协委员，实地查看江河300多公里，共发现和反馈问题78个，努力推动“五水共治” 长效机制建设。3名政协领导担任河道长，定期深入河道现场检查督导，部分委员积极参与农村生活污水集中处理、生猪污染两化整治验收和企业排污检查的民主监督。其中《龙游县政协助推“四大网络”建设，构筑水源地长效管护新机制》的做法得到省政协领导的批示肯定。常委会充分运用委员视察监督形式，对全县“十二五”时期工业、城建、交通、旅游重点工程项目建设情况进行了5次视察，通过听取汇报、实地察看、协商讨论等方式，了解工程进展情况，针对视察发现的问题，提出监督意见，做到了理性有度、合法依章。坚持与党政职能部门协商选聘民主监督员，加强沟通联系，指导支持民主监督员履行监督职责，积极建言献策，促进部门改进工作作风，优化发展环境。坚持听取全县党风廉政建设、反腐败工作和综治维稳工作情况通报，就建立作风建设常态化长效化机制、打造廉洁高效政府、深化“平安龙游”建设等群众关注的热点问题提出建议意见。

二、广泛凝心聚力，团结民主氛围更加浓厚

常委会始终坚持团结和民主两大主题，充分发挥团结各界、联系群众的桥梁纽带作用，集众智，聚合力，致力促进社会和谐。

凝聚各界共识。始终把加强思想理论建设作为推动政协事业发展的基础性工作来抓，通过常委读书会专题学习、机关集中学习、举办委员培训班等载体，鼓励和推动各民主党派、工商联、无党派人士和广大政协委员深入学习中共十八大、历次中央全会精神和习近平总书记系列重要讲话精神，进一步深化对“五位一体”总体布局和“四个全面”战略布局的政治共识，增强贯彻落实的思想自觉和行动自觉，致力服务我县经济社会转型跨越发展的具体实践，凝聚起团结奋斗、克难攻坚的正能量。

促进合作共事。注重加强同各民主党派、工商联、无党派人士和社会各界人士的联系合作，邀

请他们积极参加政协组织的调研、视察、考察等活动，积极搭建知情议政平台，认真听取和反映他们的意见建议。五年来，各民主党派、工商联、无党派人士在政协履职实践中逐步形成了比学赶超、共谋发展、共建和谐的良好氛围，提交的大会发言、集体提案和社情民意信息分别占总量的68.2%、20.5%和78.8%。认真落实党的民族宗教政策，切实加强与民族宗教界代表人士的团结联谊，组织民族界别委员开展畲族民俗文化保护研讨。加强界别委员联系交流，开展走访委员单位、委员企业活动，互通情况、交流工作、增进感情、凝聚共识。组织举办“融资与企业稳健发展”专题沙龙活动，为经济界别委员搭建政企和银企合作交流平台。

开展联络联谊。借助省政协来我县开展“进村入企”大走访、送科技下乡活动和全省政协主席读书会在龙游首次承办的有利平台，协助相关职能部门深化与省科技厅的对接联系，推动“龙游天然富硒莲子产业转型升级与产业链创新研究项目”列入2012年省重大科技项目，富硒产业集聚区列入省级现代农业综合区创建点，为争取上级政策扶持、加快富硒产业发展创造了良好条件。加强与兄弟县（市、区）政协的联系，开展了跨区域视察、课题考察、工作交流等活动，促进了友好交往。举办县政协成立30周年“中国梦•政协情”演讲比赛，弘扬政协文化。组织政协诗书画联谊会开展为群众写春联、为文化礼堂送书画等文化下乡活动。支持政协之友社开展考察视察活动，充分发挥政协老同志建言献策作用。支持县茶文化研究会发挥自身作用，鼓励农户发展无性系良种茶园，推动政府制订“以奖代补”政策，促进我县茶产业转型升级。

参与中心工作。坚持领导班子带头，以上率下，敢于担当，增强机关干部政治意识、大局意识、核心意识、看齐意识，组织引导政协机关干部主动“一线”作为，积极参与城市东进、大南门历史文化街区保护项目房屋收购、“四重双百”项目推进、高坪桥水库移民搬迁安置、“创国卫”等各项中心工作，发挥了重要作用，赢得各界赞誉。其中，6名政协领导共联系“四重双百”项目30余个，注重深入项目一线督促指导，协调解决项目建设难题，加快项目建设进度；4名政协机关干部参与大南门项目房屋收购工作，3名机关干部参与高坪桥水库移民搬迁安置工作，会同工作组其他成员一道，合力克难攻坚，按时完成县委交办的任务，彰显了政协机关干部与党委政府同心同向的履职自觉和责任担当。

三、践行为民宗旨，服务民生举措更加有力

常委会把关注民生、履职为民作为工作的出发点和落脚点，倾情回应群众关切，倾力服务民生改善，积极协助党委、政府做好顺民心、解民忧、惠民生的各项工作。

听民声、诉民求，反映社情民意。坚持把反映社情民意工作作为关注民生改善、服务科学发展的重要抓手，畅通信息渠道，引导委员在履职过程中深入体察民情、认真倾听民声、广泛收集民意。修订《龙游县政协反映社情民意信息工作考核办法（试行）》，重新聘请26名特邀信息员，完善激励机制，加强社情民意信息的日常征集、编报工作。五年来，共整理编报《社情民意信息专报》123期，被省市政协录用48篇，得到省市领导批示5篇。《建设一支专家型干部队伍　推动我市电子商务产业发展》《食品药品监管体制改革后存在的问题与建议》等一批信息，为党委政府掌握舆情、了解民意提供了有益参考。

建机制、促落实，推动提案办理。坚持遴选重要民生提案报送党政主要领导阅批制度和政府领导领办、政协领导督办重点提案制度，完善协商督办、对口督办、联合督办、跟踪督办等督办机制，探索实施民主评议提案办理工作，把提案办理列入部门年度工作目标综合考核体系，推动承办单位“开门办案”、与委员“面对面”协商办案常态化、制度化，切实提高提案办理质量和提案落实率。五年来，得到县委、县政府主要领导批示的提案有72件，已解决或列入计划解决的提案有1056件，占提案总数的92.9%。其中《以五证一体改革为突破，深入推进并联审批制度改革》《以治水为目

标 持续推进生猪养殖整治》《关于治理主城区交通拥堵的几点建议》《关于炭化篾整治后笋竹产业转型提升的建议》《关于加快推进灵山江沿线休闲步道建设的建议》等一批涉及民生问题的重点提案得到有效落实，切实发挥了提案协商办理在关注民生、体现民意、维护民利方面的重要作用。

察民情、办实事，倾力服务民生。坚持“履职为民”的宗旨，主动谋事、积极干事、努力成事。县政协党员领导干部认真履行“第一书记”职责，深入联系乡镇（街道）、村，积极开展蹲点调研，指导抓好村级组织建设和“五水共治” “三改一拆”“消除4600”等重点工作，帮助联系村理思路、想办法、筹资金、上项目、促发展。组织委员中的专家、学者、技术人员深入农村、社区开展医疗、文化、科技、教育、法律等下基层活动，不断拓展为民服务的领域。五年来，共组织开展义诊30余场次，走访困难群众100余人次，为群众办实事200多件，促进了民生改善。组织和引导广大委员参与“五水共治”共建生态家园行动，到农村认领清洁塘25个，并为“五水共治”捐款120余万元。组织委员就乡村卫生服务一体化管理改革、食品安全、电子商务、农用电网改造、数字新农村、社会养老服务体系、残疾人工作、乡村休闲旅游景点开发等10多个民生议题进行视察活动，委员们积极资政建言，提出建议意见300多条，促进相关部门民生工作落实。

四、坚持固本强基，政协履职基础更加扎实

常委会始终坚持固本强基，从严从实，从健全机制、提升能力和改进作风入手，着力加强和改进自身建设。

健全履职制度，推进协商民主建设。协助县委顺利召开政协工作会议，制订出台《政协龙游县委员会关于政治协商、民主监督、参政议政的实施意见》，由县委文件转发,切实加强政协履职制度化、规范化、程序化建设，推进政协协商民主在龙游的具体实践。健全全体会议、常委会议、主席会议等工作规则，完善委员约谈、政协视察、界别作用、评议提案办理等工作意见，进一步健全政协履职制度体系。五年来，常委会综合运用情况通报、会议发言、互动交流等方法，多种协商形式联动配合，进一步形成宽领域、多层次、常态化的协商议政格局。届内召开了全体会议5次、常委会议22次、主席协商会38次。加强视察调研与协商议政衔接，开展各类视察调研协商座谈活动100余次，每年委员参与率达90%以上，以调研促进协商质量提高，以协商促进调研成果转化，共有11篇调研协商成果得到县委主要领导的批示。

提升履职能力，发挥委员主体作用。本着“启迪心智、增长知识、提高素质”的目的，充分利用政协网站、委员培训班、赠阅《联谊报》、编印《从提案到办理》业务资料等途径，积极搭建学习平台，促进委员业务学习常态化。其中邀请有关专家、学者就《省委十届五次全会精神解读》、国学和素养、基层社会治理、“互联网+县域经济新机会” “加快推广运用PPP模式，改善基础设施供给”等专题作辅导讲座6场，进一步提升委员的整体素养和履职能力。坚持以队伍建设为根本，认真贯彻县委批转的《委员管理办法》，落实委员激励机制，注重委员履职实绩考评，进一步增强了委员履职的使命感和责任感。制订《关于组织委员开展“五个一”活动的实施意见》，组织引导广大委员开展“五个一”履职活动，充分发挥委员主体作用。五年来，共评出优秀委员74名。

强化宣传研讨，扩大政协工作影响。坚持办好每月一期的《龙游政协》会刊和政协网站，主动加强与有关媒体的联系沟通，多渠道、全方位宣传政协重要活动、亮点工作和委员创业履职事迹。五年来，共有60多篇宣传稿件被《人民政协报》《联谊报》《浙江省政协网》等省级以上媒体采用。衢州电视台《政协视线》栏目聚焦我县政协委员助推产业转型升级和“五水共治”的典型做法，摄制播出2期专题片，扩大了龙游政协工作影响力。重视政协理论研究和实践创新，征集报送的《推进县级政协履职能力现代化建设的实践和思考》等8篇论文在省市获奖，《深化政协协商民主 提升政协工作科学

化水平》等4篇工作创新案例被《衢州政协》刊物采用，展示了九届县政协履职创新实践的主要成果。完成《人文村庄》《百名新乡贤》等文史资料和《美丽龙游我的家》生态读本的征集和编撰工作，发挥了文史资料“存史、资政、团结、育人”的作用。

加强机关建设，提升机关服务能力。认真贯彻中央八项规定和全面从严治党、落实“两个责任”的部署要求，突出教育在先、挺纪在前，通过开展党的群众路线教育实践活动、“三严三实”专题教育活动、“两学一做”学习教育等载体，加强廉洁从政和法律法规教育，认真学习党章党规党纪，建立健全各项规章制度，坚决纠正“四风”，努力营造风清气正的政协机关。争取县委的重视支持，增设委员工委和人资环委2个工作机构，加强机关干部配备，提高机关服务保障能力和统筹协调能力，着力推动政协工作创新发展。

各位委员，过去的五年，九届县政协常委会工作取得的成绩，是中共龙游县委正确领导和省市政协精心指导的结果，是县人大常委会、县政府大力支持和社会各界协助配合的结果，是各位老领导、老同志热情关心的结果，也是县政协各参加单位和广大委员共同努力的结果。在此，我代表九届县政协常委会，一并表示衷心的感谢！

五年工作体会

五年来，常委会坚持传承创新，在实践中积累了一些经验和体会。主要有以下几点：

一、必须坚持党对政协工作的领导，站稳履行职能的立足点

坚持中国共产党的领导，是人民政协履行职能、发挥作用的根本保证。五年来，中共龙游县委把发挥政协作用作为总揽全局、协调各方的重要内容，政治上加强领导，制度上不断完善，工作上大力支持，条件上充分保障，为政协工作提供了有力的保证。九届政协牢固树立“四个意识”，自觉接受县委的领导，认真完成县委交办的任务，积极协助县委推进各项决策部署，使党的主张成为各党派、各团体和各族各界人士的广泛共识，保证了党的路线、方针、政策和县委的重大决策在政协工作中得到正确的贯彻执行。实践证明：人民政协只有坚持党委领导，才能保持履职的正确方向，为有效履行职能提供组织保证。

二、必须紧紧围绕发展大局，找准履行职能的着力点

围绕中心、服务大局，是政协工作必须遵循的重要原则。九届政协按照“党委想什么、政协议什么，政府干什么、政协帮什么”的工作思路，始终围绕涉及全县改革、发展、稳定的重大事项开展调研协商，始终围绕党政重视、群众关心的重要问题开展视察监督，始终围绕民生热点难点问题引导委员撰写提案、反映社情民意，始终围绕项目一线、信访一线、工作一线抓好全县中心工作的督促与落实。实践证明：只有把促进科学发展作为履行职能的第一要务，做到与县委、县政府的中心工作同频共振，形成整体合力，政协工作才能有为有位，发挥应有的作用。

三、必须牢固树立履职为民理念，夯实履行职能的落脚点

人民政协来自人民，一切工作为了人民。九届政协牢记为民宗旨，坚持把服务民生作为履职之本，针对群众关注的难点、热点问题，利用调研视察、提案、社情民意等形式，深入体察民情、准确反映民意、倾心化解民忧，为促进民生改善献计出力。实践证明：人民政协只有坚持把群众利益放在第一位，做到政为民所议、策为民所献、言为民所建、力为民所尽，政协工作才能取得实实在在的效果。

四、必须发挥委员主体作用，把握履行职能的切入点

政协委员是政协工作的主体，政协是“舞台”，委员是“主角”。九届政协充分发挥委员主体作用，激发委员履职的积极性、主动性和创造

性。通过建立健全委员管理服务制度，对委员参加政协会议、调研视察、撰写提案和社情民意等情况进行动态考评管理，用制度管队伍、管作风、管事情。通过委员讲座培训会、专题报告会、政情通报会等形式，加强委员业务学习，搭建知情参政平台，帮助委员认清形势，熟悉政策，知晓内情，拓宽思路，使广大委员真正成为传递上情的宣传员、反映下情的联络员、服务发展的参谋员、促进和谐的调解员和改进工作的监督员。实践证明：政协作用发挥在委员，活力展现看委员，事业发展靠委员。

回顾五年的履职实践，我们也清醒地认识到，面对新形势、新任务、新要求，政协工作还存在诸多不足：改革创新意识需要进一步增强，协商民主的广度和深度需要不断拓展，民主监督组织化程度有待提高，深入基层服务群众的方法不够多样，调动委员履职积极性、主动性的办法措施不够有力等等。这些都需要我们认真研究，并在今后工作中切实加以解决。

今后工作建议

今后五年是实现我县经济社会奔跑跨越的关键五年，也是我县政协事业继往开来、大有作为的五年。建议十届政协要高举中国特色社会主义伟大旗帜，深入贯彻中共十八大、历次中央全会精神和习近平总书记系列重要讲话精神，坚持团结和民主两大主题，践行五大发展理念，围绕县第十一次党代会确定的“五年打基础、五年求突破、五年争崛起”的“三步走”战略思路，按照“抢抓机遇、实干担当、奔跑跨越”的要求，认真履行职能，为与全省同步高水平全面建成小康社会作出新贡献。

一、坚定履职方向，在巩固共同思想基础上再求新提升

加强思想理论建设，夯实共同思想政治基础，是人民政协事业创新发展的重要保证。要坚持抓好政协机关和常委会、专委会、委员界别小组等不同层次的学习活动，组织引导政协各参加单位和广大政协委员深入学习贯彻中共十八大和历次中央全会精神，全面领会习近平总书记系列重要讲话精髓，坚定中国特色社会主义道路自信、理论自信、制度自信和文化自信，不断夯实共同思想政治基础。要认真学习贯彻县第十一次党代会作出的决策部署，按照“懂政协、会协商、善议政”的要求，牢牢把握政协工作正确的履职方向，自觉把政协工作融入全县工作大局，做到县委、县政府的工作重心推进到哪里，政协履职的重点就跟进到哪里；人民群众的期盼和呼声关注到哪里，政协工作的触角就伸向哪里，始终与县委县政府在思想和行动上保持合心、合力、合拍，为全县改革发展凝聚更多的力量。

二、围绕中心工作，在服务发展大局上再求新举措

发挥人民政协智力密集、人才荟萃的优势，围绕“党政所需、民众所盼、政协所能”的议题，坚持求精求实，努力为深化改革、加快发展建诤言、谋良策。一要关注工业强县建设，着重围绕五大百亿产业培育、平台型企业招商、企业股改上市、产城融合等问题，组织调查研究，开展协商建言，努力促进经济运行质量的提升。二要关注新型城镇化发展，按照生态型文化旅游城市定位，就加快美丽县城建设、城东新区开发、智慧城市建设、小城镇环境综合整治等专题听取部门专项工作汇报，进行跟踪监督，提出有针对性的建议意见，促进城乡环境优化。三要关注全域旅游开发，立足龙游深厚的历史文化底蕴和丰富的旅游资源，围绕特色小镇、花海项目等重点旅游项目建设和大南门历史文化街区保护项目等，组织委员开展视察活动，为推动文旅融合、城旅融合献计出力。

三、坚持履职为民，在改善民生福祉上再求新成效

牢固树立履职为民的理念，聚焦县委、县政府重大民生决策、重点工程、惠民政策实施情况和人民群众普遍关注的热点问题，综合运用调研、视察、提案、信息等协商监督形式，积极为民代言，

服务民生。一要广泛开展调研视察。围绕食品安全监管、文化事业发展、老旧小区改造、养老服务、市民文明素质提升、健康龙游建设等民生热点问题，组织开展调研视察活动，为促进相关民生问题的解决建言献策。二要切实加强提案办理。以智慧政协建设为抓手，打造提案信息化平台，进一步健全完善提案征集、审查、立案、交办、督办、反馈、评议工作机制，推动提案办理由“答复型”向“落实型”转变，充分发挥提案在解决民生问题、改进政府工作中的重要作用。三要积极反映社情民意。不断完善社情民意信息收集、报送和反馈机制，围绕就业创业、教育医疗、生态建设、城乡环境、农民增收等民生问题，倾听群众呼声，反映群众意愿，为改革发展添助力、增合力，为县委、县政府科学民主决策提供有价值的资政参考。四要倾心尽力帮扶济困。坚持开展送科技、文化、卫生等下乡活动，组织相关界别委员和专家学者发挥自身优势，深入田间地头，开展科技扶贫、智力扶贫、产业扶贫、文化扶贫，以实际行动惠民生、暖民心、促和谐。

四、把握两大主题，在增进团结和谐上再求新业绩

牢牢把握团结和民主两大主题，以团结促民主，以民主增团结。一要进一步壮大爱国统一战线。认真贯彻落实“长期共存、互相监督、肝胆相照、荣辱与共”的方针，加强各民主党派、工商联和无党派人士的合作共事；全面贯彻党的民族宗教政策，进一步促进民族团结、宗教和顺、社会和谐。发挥政协界别优势，完善界别活动机制，让政协成为各种意见交流、交融的平台，引导各族各界代表人士同心促发展，共筑“中国梦”。二要加强政协组织间的团结协作。全力配合省市政协来我县指导开展工作，为省市政协深入基层调研视察做好服务保障。加强与兄弟县（市、区）政协的联络交流，学习借鉴好的经验做法，促进政协工作创新发展。三要密切与社会各界的联络联系。县政协各专委（室）要进一步加强与县直有关部门的经常性联系，及时沟通信息，增进了解，加深感情，促进工作。不断加强与各新闻媒体的联系，加大对政协工作和委员履职活动的宣传力度，让更多的人了解政协、关心政协、支持政协。办好《龙游政协》会刊和县政协网站，坚持正确的舆论导向，突出政协和地方特色，反映工作动态，加强学习交流，不断提升政协的对外影响力。

五、加强自身建设，在提升履职能力上再求新进步

始终把提升素质作为履行职能的重要保障，主动适应新形势新任务新要求，不断加强政协自身建设，努力提升人民政协履职的能力和水平。一要加强协商民主制度建设。认真贯彻落实中共中央和省、市、县委有关加强人民政协工作的方针政策，深化政协履职创新研究，广泛开展专题协商、对口协商、界别协商、提案办理协商。积极探索向政府重点部门委派民主监督小组，增强民主监督的组织化程度。切实发挥乡镇（街道）联络组在基层民主协商中的重要作用，推动我县协商民主广泛多层制度化发展。二要加强政协领导班子建设。政协党组成员要深刻认识新形势下全面从严治党的新要求，自觉加强党性锻炼，提高党性修养，全面落实党风廉政建设主体责任，重大事项及时向县委请示汇报，把党对政协工作的各项要求贯彻好、落实好、体现好。政协常委会组成人员要争当勤学善思的表率、团结民主的表率、履职尽责的表率、转变作风的表率、开拓进取的表率、廉洁自律的表率，发挥带头引领作用。三要加强委员队伍建设。尊重和保障委员的民主权利，加强委员的学习培训，健全委员履职考评制度，探索建立委员退出机制，提高政治把握、调查研究、联系群众和合作共事四大能力，发挥委员主体作用。各位委员要进一步增强委员意识、履职意识、使命意识，珍惜自身荣誉，恪守宪法法律，遵守政协章程，锤炼道德品行，切实发挥在政协履职中的主体作用、本职工作中的带头作用、界别群众中的代表作用，传递正能量，发出“好声音”，展示新一届政协委员的新风采。四

要加强政协机关建设。认真贯彻执行中央八项规定和省、市、县委有关规定要求，进一步增强“四个意识”，严格制度落实，改进工作作风，提高能力素质，努力造就一支政治坚定、作风优良、忠于职守、业务熟练的高素质政协干部队伍，为政协有效履行职能、顺利开展工作提供有力保障。

各位委员、同志们！新常态、新阶段，再启新征程；新目标、新蓝图，再创新辉煌。让我们紧密团结在以习近平同志为核心的中共中央周围，在中共龙游县委的坚强领导下，不忘初心、继续前进，同心同德、主动作为，不断开创我县政协事业新局面，为与全省同步高水平全面建成小康社会而努力奋斗！

石角景区（林家伟 摄）

大 事 记

1月

1月1日，龙游县城乡居民基本养老保险基础养老金标准从每人每月120元调整为每人每月135元。本次调整基础养老金共惠及66519人，将于6月20日前发放到位。自城乡居民养老保险实施以来，基础养老金从60元调整到135元，七年来已增长一倍多。

1月3日，衢州市副市长陈锦标到龙游县调研水库移民工作，实地走访詹家镇芝溪家园移民小区、高坪桥水库坝址、湖镇移民安置用地。9日，浙江省、衢州市移民办一行到龙游县调研高坪桥水库移民工作，实地考察高坪桥水库坝址、库区及移民安置点，并召开座谈会。

1月4日，浙江省公路管理局美丽公路创建检查组到龙游县检查美丽公路创建工作，重点查看222省道路况、桥梁及公路两边绿化状况及沐尘乡农村公路工作站。

1月5日，龙游县台胞台属联谊会第八次代表大会召开。

同日，浙江省交通运输厅总工程师李志胜率省综合交通建设“十百千”督查组到龙游县督查衢江航运开发工程项目进展情况。

1月6日，衢州市委考核组到龙游县开展落实全面从严治党主体责任和意识形态责任制检查考核。

1月8日，龙游县社会福利中心暨广和长青养老服务中心、龙州医院开业。

1月9日，浙江省委政法委副书记、省综治办主任刘树枝一行到龙游县模环乡开展结对帮扶、走访慰问活动，并召开座谈会。

1月10日，浙江省信访局局长周维亮到龙游县走访慰问基层信访干部。

1月11日，龙游县在大街乡召开全县村级组织换届工作试点动员大会。大街乡作为试点乡开展村级组织换届工作先行先试，为全县面上推开积累经验。

1月11日—12日，浙江省政府办公厅副巡视员王飞一行到龙游县考核验收创建省“基本无违建县”工作。县领导刘根宏、陆寿泉等陪同。自“三改一拆”工作启动以来的4年中，龙游县累计拆除违建23159宗共计506.8万平方米，15个乡镇（街道）全部通过“基本无建乡（镇、街道）”市级验收。省考核验收组通过听汇报、现场察看、暗访、座谈、台账资料核查等方式，对龙游县创建工作进行全面考核验收，对龙游县“三改一拆”和省“基本无违建县”创建工作给予肯定，并提出新的要求。

1月12日，龙游县人民政府紧急召开全县防控禽流感工作会议，部署防控H7N9禽流感疫情工作。县应急办对领导小组成员单位和各乡镇（街道）、卫生医疗机构所履行的职责作进一步明确。

1月13日，龙游县召开2017年春运工作会议，部署春运工作。县春运办、公安、交通、交警等单位联合对城市公交中心、火车站、湖镇交警中队春运服务站、汽车北站等处进行实地检查。

1月14日，杭州市龙游商会第二届一次会员大会暨龙游投资环境推介会在杭州召开。龙游县领导刘根宏、张晓峰、周中民、黄利荣、洪一舟等参加。

1月16日，龙游县完成首批全国可移动文物普查工作。普查历经4年，共调查各类各级国有单位374家，其中机关107个、事业单位241个、国有企业及国有控股企业20个、其他6个；确认国有可移动文物收藏单位5家，登录国有可移动文物3983件/套。

同日，农业部发布表彰全国农业先进集体和先进个人的决定，龙游县畜牧兽医局获“全国农业先进集体”荣誉称号。

1月17日，龙游县召开建设工程质量安全管理大会，要求各有关单位必须进一步增强工程质量安全的使命感，坚决杜绝质量事故和安全事故的发生。

同日，龙游县召开政法信访工作会议，要求各级各部门绷紧安全这根弦，严密防范，深入开展不稳定因素和矛盾纠纷排查化解工作，确保全县人民度过一个欢乐祥和的春节。

1月18日，浙江万邦浆纸集团与德国古楼集团合资签约仪式在杭举行，双方共同出资，在龙游县成立华邦古楼新材料有限公司。华邦古楼新材料有限公司将在龙游工业园区投资5.1亿元，用于高端数码介质产品、家用装饰类纸产品、食品医用包装纸等高端特种纸制造。

1月20日—24日，中共衢州市委常委、宣传部部长诸葛慧艳一行与龙游县领导刘根宏、张晓峰、周中民、黄利荣、洪一舟、张少华等分别到龙游县各基层走访慰问。

1月22日，中国工程院院士张齐生率浙江农林大学专家到龙游县指导竹产业发展规划事项。

同日，龙游县召开咨询委员会全体会议。会议指出，龙游的发展离不开科学决策和民主决策，各委员专家要拓展眼界，助推发展，不断提高决策咨询水平。

1月24日，中共龙游县第十一届纪律检查委员会第二次全体（扩大）会议召开。会议强调，推进全面从严治党向纵深发展，努力实现全县干部清正清廉、干净干事。

同日，龙游县“创国卫”巩固提升工作会议召开，要求各级各部门抓住重点，补齐短板，打造亮点，巩固提升国家卫生城市创建成果，真正让百姓在创卫中受惠。

2月

2月3日，浙江省政协主席、党组书记乔传秀到龙游县开展新春下基层调研活动。衢州市、龙游县领导陈新、俞流传、李锋、刘根宏、张晓峰、黄利荣、洪一舟等陪同。乔传秀一行先后走访大街乡、贺田村、伊利乳业龙游公司、中浙高铁轴承产业园、红木小镇，慰问基层工作人员，了解龙游县美丽乡村建设、春节后企业开工、重点项目推进及特色小镇建设情况，对龙游县“十三五”开局成绩表示肯定，并提出希望。

2月4日，龙游县举行春季大型人力资源交流会，共有320余家用人单位进场招聘，提供就业岗位万余个。

2月6日，龙游县召开全县干部大会暨“拆治归”工作推进会。县委书记刘根宏出席会议并讲话，县委副书记、代县长张晓峰主持会议并作部署，县领导周中民、黄利荣、洪一舟、张少华等参加。会议要求各级各部门要切实转变工作作风，着力规范管理；丰富、继承、发扬好党员干部在推进重点工作中涌现的“大南门”“小高山”“创国卫”的精神和“高坪桥”速度，打造一支忠诚履职、主动担当、创新实干、干净干事的干部队伍，锻造一支敢打必胜的龙游铁军。

2月7日，中共龙游县委书记刘根宏检查“五水共治”中的河道整治情况，调研龙游湖镇至童家跨衢江大桥应急工程“一桥一路一港”项目。

2月8日，中共浙江省委副书记、省长车俊一行到龙游县调研经济社会发展情况。省政府秘书长李卫宁，衢州市、龙游县领导陈新、徐文光、汤飞帆、刘根宏、张晓峰等陪同。车俊一行先后考察龙游红木小镇、维达纸业、红船豆水利枢纽，强调指出：绿色发展、生态富民、科学跨越要靠各级各部门齐心协力狠抓工作落实；要围绕目标抓落实、紧扣大事抓落实、补齐短板抓落实，加快推进“最多跑一次”改革，以“咬定青山不放松”的韧劲、“撸起袖子加油干”的干劲，坚定不移地打好转型升级组合拳，坚定不移推进供给侧结构性改革，促进各项工作上新台阶、上新水平。

同日，浙江省人大常委会副主任刘力伟到龙检查、指导县乡人大换届选举工作。衢州市、龙游县人大领导范根才、周中民陪同。

2月10日，龙游县召开剿灭劣V类水体大会战部署会暨全县河长工作会议。

同日，龙游县、衢州供电公司举行加强“十三五”电网发展战略合作框架协议签订仪式。

2月13日，浙江省副省长冯飞一行到龙游县调研工业经济发展和科技工作，先后考察中浙高铁轴承产业园、维达纸业（浙江）有限公司、浙江禾川科技股份有限公司、红木小镇，对龙游县高端装备制造业、企业深度转型和科技创新、特色小镇实现产业整合联动作出肯定。

2月13日—17日，政协龙游县第十届委员会第一次会议召开。出席委员204名。大会审议通过县政协提案审查委员会关于十届一次会议提案审查情况的报告和县政协十届一次会议决议。会议期间，全体政协委员听取并审议九届县政协常委会工作报告和提案工作报告，列席县十三届人大一次会议，听取并讨论《政府工作报告》和其他报告。委员们围绕龙游县“两化”引领、全域旅游发展、民生工程建设等重大问题，广泛开展协商讨论，提出许多富有建设性的意见和建议，大会提案组共收到以提案形式提出的意见建议209件，根据《政协龙游县委员会提案工作条例》的规定，经提案委员会审查，立案189件，另外20件将作为委员来信转交有关部门处理。大会选举产生政协第十届龙游县委员会常务委员33名、秘书长1名、副主席5名，选举洪一舟为主席。

2月14日—18日，龙游县第十三届人民代表大会第一次会议召开。出席大会代表205名。大会投票表决2017年县政府为民办实事项目，通过各专门委员会组成人员名单。大会听取并审议通过《县政府工作报告》《县人大常委会工作报告》及相关决议；根据《中华人民共和国地方各级人民代表大会和地方各级人民政府组织法》第三十条的规定，决定设立法制内务司法委员会、财政经济委员会。大会以无记名投票方式选举产生县十三届人大常委会委员25名、副主任5名，选举周中民为主任；选举产生副县长6名，选举张晓峰为县长；选举产生县人民检察院院长、县人民法院院长、县监察委员会主任和出席衢州市第七届人民代表大会代表。大会期间共收到代表10人以上联名提出的议案121件，同时还收到代表建议、意见144件。经议案审查委员会审查讨论、大会主席团审议确定，将《关于庙下乡八角殿村农民饮用水工程的议案》等3个议案列为大会议案，其余118件议案转为建议处理，加上144件代表建议、批评和意见共计262件，会后由县政府交给有关部门处理。

2月14日，龙游县举行“最美龙游幸福乡音”“最美龙游人·2016年度人物”颁奖晚会暨农村文化礼堂精品节目展演。

2月16日，龙游县召开“‘两会’换届候选人初步入选、严肃换届纪律集体座谈会”，用严规铁纪确保换届工作风清气正。

同日，浙江省发改委副主任焦旭祥一行到龙游县调研“十三五”综合交通工作，并召开座谈会；省司法厅党委委员、副厅长金登尚一行到龙游县开展社区矫正调研指导工作，并召开座谈会。

2月18日，根据《省发展改革委关于印发2017年浙江省重大建设项目稽察计划的通知》，龙游县高坪桥水库、游埠枢纽库区防护、龙游—镇海山海协作产业园工程等3个项目列入省全面稽查项目计划，项目总投资29.99亿元。

2月21日，龙游县召开“拔钉清障”百日攻坚行动部署会。

2月22日，龙游县委书记刘根宏，县委常委、宣传部部长应敏一行到沐尘水库看望蓝宗振、吴岳军、朱庆等救人英雄，高度赞扬他们临危救人的义举，并向他们传达县委、县政府的关心和慰问。中央电视台新闻频道CCTV-13“新闻直播间”以《浙江龙游：轿车失控冲入水库众人救起落水者》播报蓝宗振等人的救人事迹，《浙江日报》刊登了《龙游三勇士合力伸出援手》一文，中国新闻社、人民网、腾讯网、浙江在线、中国网等网站纷纷转发，在社会上引起强烈反响。

同日，“感恩龙游寄情怀”朱秉衡百幅书画作品捐赠暨作品展开幕仪式在龙游县文化馆举行。县领导刘根宏、应敏、陆民、陆寿泉、陈政等出席捐赠仪式。

2月23日，浙江省人大常委会副主任冯明到龙游县恒川材料、金昌股份、维达纸业、华邦特纸等地调研企业减负降成本工作；省委政法委副书记、维稳办主任李新强到龙游县调研军队退役人员安置情况；省农办副主任蒋伟峰到龙游县调研生猪保险与无害化处理联动工作开展情况。

2月25日，国家土地督察上海局督察二室主任蔺军、浙江省国土厅执法局局长潘俊国带领调研组到龙游县大街乡贺田村调研光伏发电产业效益和项目用地情况。县领导张晓峰、王光华、胡益峰等陪同调研。

2月26日，龙游县人民政府公布2017年县重点建设项目推进“421”（“4”即产业发展、城镇建设、基础设施、公共事业四个重点领域；“2”即重点前期与重点建设两类计划；“1”即在新一届政府五年任期内固定资产投资增速保持10%以上，累计完成投资约1000亿元）行动计划，共安排重点建设项目237个，总投资880亿元，其中2017年度计划投资154亿元。

2月27日，龙游县就业局首期“育婴师”培训班结束。此次“育婴师”培训鉴定考核共有学员44名，学员均为50周岁以下的灵活就业人员。

3月

3月1日，龙游县人大常委会主任、高坪桥水库工程建设指挥部总指挥周中民调研高坪桥库区公路改（复）建工程。

3月3日，龙游县委召开常委（扩大）会议，专题传达学习衢州市第七次党代会精神。

3月7日，由龙游县妇女联合会、县总工会和县体育局联合主办的庆“三八”第六届女子体育运动会在县体育馆举行。运动会共设集体8字跳绳、三人四足跑、趣味接力、拔河4个比赛项目，来自县机关、乡镇（街道）、企业的90支参赛队共1800余名运动员参加比赛。

3月7日—8日，浙江省政协副主席孙文友一行到龙游县调研少数民族乡村经济社会发展情况。衢州市、龙游县领导俞流传、吴国升、刘根宏、洪一舟等陪同调研或参加座谈。孙文友充分肯定龙游县党委、政府对少数民族工作的重视以及在基础设施建设和特色产业发展等方面取得的成果，并提出工作要求。

3月9日，浙江省建设厅厅长、党组书记项永丹到龙游县调研小城镇环境综合整治工作。

同日，龙游县委书记刘根宏带领县党政代表团赴开化县和江山市考察学习乡村旅游及美丽乡村建设。

同日，龙游县召开“最多跑一次”改革暨公共服务事项梳理动员部署会。会议传达落实上级“最多跑一次”改革精神，对全面梳理、公开公共服务事项和“最多跑一次”事项工作进行周密部署和系统培训。至3月15日，龙游县梳理确定第二批群众和企业到政府办事“最多跑一次”事项目录1384项。经梳理审核，共确定全县依申请行政权力事项1156项、公共服务事项716项，共向社会公布“最多跑一次”事项2批次1680项，占总数的89.74%。其中，行政权力类纳入“最多跑一次”1055项，公共服务类纳入“最多跑一次’次”625项。县发改、财政、教育等26个部门依申请行政权力事项和公共服务事项全部纳入“最多跑一次”清单。

3月13日，龙游县首例“反避税”案结案。经县国税局特别纳税调整后，龙游县某中外合资公司应补缴的583万元企业所得税和132万元按规定加收的利息全部一次性入库。

3月15日，浙江省百万家庭屋顶光伏工程建设现场会在龙游县召开。副省长熊建平，省级相关部门、各市分管领导及相关光伏企业，市县领导陈新、汤飞帆、陈锦标、刘根宏、张晓峰、张少华、王光华参加会议。与会人员先后前往詹家镇芝溪家园和龙洲街道山底村两个屋顶光伏工程项目建设示范点进行实地考察。龙游县共完成家庭屋顶光伏安装5500多户，装机1.8万千瓦，投资超过1.5亿元，每年可为安装户增收700元以上，已安装户年增收总额超过380万元。

同日，龙游县召开学习贯彻市第七次党代会精神专题研讨会。

3月16日，全国运动休闲城市和体育强县创建工作研讨会在龙游县召开。国家体育总局群体司副司长邱汝、省体育局副局长李华等参加。

同日，浙江省林业厅副厅长杨幼平到龙游县开展春季绿化造林、竹产业发展情况检查。

3月16日—18日，为全面打赢龙游县城市建设大会战，县委副书记、县长张晓峰带领龙游县党政代表团赴宁波市、温州市、金华市等地考察学习城中村、城郊村改造方面的先进理念、成功经验和典型做法，拓宽城市改造、城市建设的工作思路。

3月17日，龙游县召开村和社区组织换届工作部署会，确定4月5日前基本完成村和社区党组织换届选举，5月15日前基本完成村（居）民委员会、村（居）务监督委员会、村股份经济合作社换届选目选举，5月底前全面完成村和社区组织换届选举工作。

3月17日—19日，在香港沙田马鞍山体育馆举行的第15届香港国际武术节上，龙游县妇保院职工曾海峰斩获两枚太极拳金牌，被授予“武林英雄”称号。

3月18日，民盟浙江省委会副主委徐燕峰到龙游县开展省、市、县三级联创“民盟同心·名医服务站”工作经验交流推广活动。

3月21日，龙游县举行龙游农商银行开业发布会暨幸福教育基金捐赠仪式。浙江省农信联社党委书记王小龙、龙游县委书记刘根宏等出席。龙游农商银行向龙游中学捐赠100万元幸福教育基金。

3月22日，在浙江省剿灭劣V类水誓师大会上，龙游县被授予2016年度浙江省“五水共治”工作优秀县（市、区）“大禹鼎”。

同日，龙游县妇联部署“剿灭劣V类水，万名妇女大会战”活动。

3月23日，龙游县召开农村工作会议暨省级美丽乡村示范县创建动员会。县委副书记、县长张晓峰部署农村工作，县委副书记张少华主持会议，县领导周中民、洪一舟等参加会议。县委书记刘根宏指出，创建省级美丽乡村示范县，是做好农村工作的有效载体，是实施生态富民战略、推动农村产业转型升级的重要抓手，是让广大农民共享农村发展成果的有力举措。各级各部门要把握趋势，聚焦创建、整合资源，抓好项目、创出亮点，以铁的纪律统筹推进美丽乡村示范县创建工作。

同日，龙游县召开美丽乡村创建“四比四赛”（比思想作风，赛职业形象；比岗位技能，赛业务水平；比真抓实干，赛质量效益；比贡献大小，赛工作业绩）现场会，贯彻落实省市相关工作部署，统筹推进平安、治水、四个平台建设、小城镇环境综合整治、美丽乡村创建和“四边三化”等工作。其后，龙游县分别于5月2日、6月2日、7月7日、8月11日、11月20日召开第二、三、四、五、六次美丽乡村创建“四比四赛”现场会。

3月24日，龙游县十三届人大常委会召开第二次会议，专题部署开展剿灭劣V类水专项监督和代表主题活动。

同日，中华医学会糖尿病分会主任委员、上海市第六人民医院院长带领研究小组到龙游县实地走访扁石村、红罗村、地圩村等卫生室，了解龙游县基层糖尿病患者情况及控制管理现状，指导糖尿病管理技术提升相关事宜，并召开座谈会。龙游县被确定为糖尿病分级诊疗试点县。

3月25日，深圳市龙游商会四届一次会员大会暨龙游首个驻外人才工作站成立仪式在深圳举行。

3月26日，龙游县博物馆建设项目工程举行开工典礼。博物馆占地2.37公顷（35.5亩），建筑面积1.4万平方米，总投资1.2亿元。项目主体建筑计划于2017年完工，2018年完成展陈施工并于年底前免费开放。

3月27日—28日，龙游县举办“全国百家旅行社走进龙游”活动。龙游县共有国家AAAA级旅游景区2处、AAA级旅游景区4处。2016年，共接待旅游总人数达1257.61万人次，实现旅游总收入78.89亿元，乡村休闲旅游接待游客数375.3万人。

3月28日—29日，浙江省新建水库移民安置工作交流培训会在龙游县召开。会议全面总结全省新建水库移民安置工作情况，深入分析移民安置工作面临的新形势、新问题，统一思想，明确目标，全力提高全省移民安置管理和实施水平。省民政厅副厅长、省移民办主任王忠志出席会议，衢州市副市长王良春、龙游县委书记刘根宏致辞，县人大常委会主任、高坪桥水库建设指挥部总指挥周中民代表龙游县作移民安置工作经验介绍，各市(县、区)移民管理机构及新建水库工程指挥部负责人参加会议。自2016年9月高坪桥水库搬迁安置工作开展以来，龙游县历时82天全面完成560户1420人的搬迁安置签约工作，开创了在全省具有影响力的“高坪桥速度”。

同日，宁波市镇海区委书记林雅莲率镇海区党政代表团到龙游县考察山海协作、特色小镇建设、美丽乡村建设等工作。

3月29日，衢州市人大常委会党组副书记、副主任占跃平到龙游县暗访劣Ⅴ类小微水体整治推进情况。

3月30日，浙江省委统战部副部长张润生等省市县领导参加龙游沐尘“三月三”畲族文化节暨社里AAA级旅游景区授牌仪式。

3月31日，全省建设平安浙江工作会议公布2016年度平安县（市、区）考核结果，龙游县蝉联平安县“十一连冠”。

4月

4月1日，浙江省能源集团董事、副总经理、党委委员赵建林到县考察投资环境，对接洽谈合作项目。

同日，龙游县在方门街社区召开治危拆违工作推进会。

4月4日，浙江省建设厅副厅长张清云一行到龙游县溪口镇调研小城镇规划建设情况。

4月5日，“美丽黄茶，香飘龙游——2017龙游黄茶文化旅游节”在罗家乡缪家村举行。同日，龙游县召开沿江公路政策处理动员会。

同日，浙江龙游宏业建设有限公司施工队队员黄小军、袁小军及公司总经理金移龙等在龙游县社阳乡红光村公路田主畈桥下合力救助一辆坠入距桥面5米多高的社阳溪中的皮卡，成功救出车中的一男一女。当天，“微龙游”首发《货车从5米多高的桥上坠入溪流，龙游众勇士合力救援》一文，阅读量达18000多人，600多粉丝给予点赞。6日，中央电视台新闻频道CCTV-13“新闻直播间”栏目、浙江卫视“新闻深一度”栏目分别以《浙江龙游：皮卡车坠溪流，路人跳水营救》和《浙江龙游车辆翻入溪流，建筑工人出手相救》为题播报龙游勇士的救人事迹。中国青年网、浙江在线、新蓝网、搜狐网、今日头条APP等网站媒体纷纷转载，在社会上引起强烈反响。

4月6日，龙游县委书记刘根宏带队赴湖镇镇茆头村和龙洲街道清廉社区，实地调研村（社区）组织换届工作，并召开全县村社组织换届选举转段会。7日，全县村社党组织换届选举工作圆满完成。

同日，人民教育出版社部编语文教材“首品课堂”教学研讨活动在龙游县举行，人教社专家、省市教研员以及衢州市500余名教师参加本次活动。

同日，龙游县大街乡贺康村召开第一次妇女代表会议，选举产生首届村妇联执行委员会，标志着龙游县首个村级妇女联合会正式成立。7月13日，龙游县妇联召开动员会，部署全县村社妇女委员会改为村社妇女联合会工作。

4月7日，龙游县召开S222精品示范道路创建工作会议暨“拔钉清障”整治月专项行动部署会。

同日，龙游县召开乡韵庭院创建大赛动员部署会。会议要求打造一批有乡韵特色、可看可学的乡韵庭院，努力培育500户乡韵庭院示范户、5000户乡韵庭院创建户，全面改善农村生态环境、人居环境和发展环境，助推美丽乡村建设。

4月9日，龙游县委副书记、县长张晓峰带领部分乡镇（街道）、有关部门负责人实地督查“剿灭劣V类水”及生猪整规工作进展情况。

4月10日，由浙江省检察院副巡视员方建成带队的省剿灭劣V类水督导组到龙游县督查全域剿灭劣V类水工作。

4月11日，龙游县人民政府下发《关于进一步促进民营医疗机构健康发展的若干政策意见》，内容涵盖发展用地、专项资金、补助奖励等方面。意见于5月1日正式实施。

4月12日，浙江省环保厅厅长方敏一行到龙游县调研环保工作“最多跑一次”改革落实情况和小微水体整治情况；省林业厅副厅长俞坚一行到龙游县督查森林消防工作。

同日，龙游县机关+两新“党建红桥”行动工作培训会在县委党校举行，全县“党建红桥”行动全面启动。

4月13日，衢州市防范硫化氢毒害性气体事故专项整治现场会在龙游县召开。

同日，龙游县召开一季度社情民情分析会暨护航十九大、建设平安龙游工作会议，要求各级党员干部守好自己的底线、看好自己的“门”，尽好自己的责，确保全县社会大局平安稳定。

同日，龙游县林业局在城区组织开展以“依法保护鸟类，守护绿色家园”为主题的爱鸟周宣传活动。

4月17日，由浙江大学马克思主义学院教研中心主任傅夏仙教授、浙江工业大学马克思主义学院院长邢乐勤教授等10人组成的专家学者团到龙游县实地走访龙和渔业园、小南海镇汀塘圩村、吉祥农场、开启能源等地，考察龙游县剿劣工作所取得的成效，分享和推广优秀经验，并召开座谈会，提出建议意见。

4月19日，新版《龙游县志》终审会在龙游召开。浙江省地方志办公室主任、研究员潘捷军和来自全省方志界的部分专家、领导参加会议并提出终审意见。

4月18日，龙游消防大队以电影下乡为载体，在全县农村集中开展百场消防电影《119对你说》进农村展映活动，宣传消防安全法规和常识，把消防安全知识送进全县15个乡镇（街道）的千家万户。

4月21日，浙江省轨道交通建设与管理协会一届四次理事会议在龙游县召开。

4月24日，龙游县在县城荣昌广场设立蓝色“验水亭”，成为龙游劣V类水剿灭战一个接地气的实招，拉近与群众的距离，调动群众参与剿灭劣五类水的积极性。

4月25日，浙江省“四边三化”专项组及杭州、台州、衢州三个地区考评组到龙游县开展“四边三化”互查、互比、互学活动。

4月26日，龙游县科协七届五次全委（扩大）会议暨全民科学素质工作会议召开。

4月28日，龙游县委、县政府召开“大拆大整、大改大建，建设平安美丽幸福新龙游”动员大会，吹响龙游县城市东进的号角。会议要求，全县上下齐心协力，打造区域明珠型城市，努力实现龙游城市发展大跨越。会上，龙洲街道、东华街道、县住建局和县征迁办等单位围绕“大拆大整、大改大建”工作作表态发言，并向县委、县政府递交军令状。5月4日，龙游县人民政府印发《龙游县城市规划区内村庄搬迁改造实施办法（试行）》，对会议涉及的具体问题做出权威解答。

5月

5月4日，浙江省整治办副主任、省卫生计生委巡视员叶真一行到龙游县溪口镇调研省级样板镇创建工作。

5月8日，龙游县召开县委巡察工作领导小组会议暨第一轮巡察工作动员部署会，要求以“啄木鸟”精神严格执纪，充分发挥巡察利剑作用。

同日，《3D打印一带一路》丛书合作出版签约仪式在北京召开。在中国现代出版社总部会议室巨大的“一带一路”地图上，龙游鸡鸣塔、湖镇舍利塔、龙洲塔、沐尘塔及龙游民居苑古建筑构件——牛腿模型赫然矗立在地图的一侧。这表明，龙游古建筑将通过3D打印走向世界。

5月9日，浙江省政协副主席、党组副书记王建满一行到龙游县考察剿灭劣V类水、地质灾害防治等工作。衢州市、龙游县领导吴国升、徐静旋、刘根宏、洪一舟、余继民、余洪富等参加。王建满对龙游县各项工作尤其是剿灭劣V类水取得的初步成效给予充分肯定，同时对龙游县政协深入督查、全力推动、善于创新，树立政协“铁军”形象给予高度评价。经龙游县推进五水共治共建生态家园工作领导小组办公室实地核查，至5月12日，溪口镇、横山镇、沐尘乡、大街乡4个乡镇符合验收条件，确定为龙游县首批剿灭劣V类水体达标乡镇，并予以公示。

5月10日，衢州市推进沿江美丽公路建设现场会暨龙游段全线动工仪式在龙游县举行。龙游县沿江美丽公路总长约22公里，总投资约5.2亿元，共涉及湖镇镇、小南海镇、模环乡3个乡镇、13个行政村，征地36公顷。

5月11日，龙游县召开生态指导员工作暨剿灭劣V类水工作推进会。全县生态指导员参加会议。

5月16日，衢州市人大常委会副主任诸葛慧艳一行到龙游县调研民族乡村经济发展工作。

5月17日—18日，中共浙江省委常委、组织部部长任振鹤一行到龙游县调研基层党建、新农村建设、特色小镇建设等工作，衢州市委书记陈新、市长徐文光、龙游县委书记刘根宏、县长张晓峰等市县领导陪同参加。任振鹤对龙游县贺田村探索推行法治、德治、自治“三治融合”基层治理新模式，促进农村经济发展、社会和谐稳定的做法及龙天红木小镇党建工作与企业文化互促共进的做法予以肯定，并提出建议与要求。

5月18日，中共衢州市委常委、纪委书记、监察委主任李伯来一行到龙游县调研监察体制改革推进情况，并召开座谈会。

同日，浙江龙游李子园食品有限公司项目开工庆典在龙游经济开发区举行。

项目投资3.5亿元，占地面积约8万平方米，建筑面积4万平方米，将新建12万吨饮料及相关配套产品生产线。

5月20日，龙游县生物质能热电联产生产线高温高压技术改造、中机新奥智慧能源有限公司龙游城南工业区（一期）天然气分布式项目（城南集中供热项目）、环保超低排放等3个项目被列入2017年浙江省循环经济“991行动计划”。3个项目总投资29291万元，2017年计划投资27291万元。

5月21日，爱国卫生运动65周年暨全国爱国卫生工作座谈会在杭州召开。龙游县、龙游县大街乡分获“国家卫生县城”和“国家卫生乡镇”荣誉称号。

5月22日，根据浙江省委、省政府要求全省各地C、D级危旧房治理解危工作必须在6月底前完成的要求，龙游县召开城镇危旧房治理工作会议，并出台《龙游县城区国有土地上危险房屋拆除过渡实施办法（试行）》，为加快推进龙游县城镇危险房屋治理改造步伐提供政策依据。此前，龙游县已完成78栋1827户C级危房解危工作，基本完成26栋411户D级危房的前期摸排工作。

同日，由浙江省检察院副巡视员方建成带队的省“五水共治”“四边三化”“三改一拆”及小城镇环境综合整治督查组到龙游县开展为期一周的工作督查。县领导刘根宏、张少华、俞耀根、胡益峰等参加督查汇报。26日，省督查组召开反馈会，充分肯定龙游县的成绩，并提出要求与建议。

5月23日，浙江省政协副主席张鸿铭一行到龙游县罗家乡督查指导“五水共治”、黄茶产业、小城镇环境综合整治等工作，并提出相关意见与建议。龙游县领导刘根宏、洪一舟、徐宾陪同督查。

同日，龙游县召开“钉钉”移动办公软件应用培训会。全县党群部门、两院、政府机关、国资公司、省市属企事业单位、金融机构等单位部门参加培训。

5月24日，龙游县召开全县“两学一做”学习教育常态化制度化工作座谈会暨96345党员志愿服务推进会。

同日，全国首个轮胎循环利用产业基金落地战略研讨会在龙游县举行。

5月25日，住房和城乡建设部公布全国第一批5855个绿色村庄名单，龙游县的大街乡贺田村、东华街道上圩头村、横山镇天池村、庙下乡晓溪村、沐尘畲族乡马戌口村、石佛乡三门源村、溪口镇石角村等11个村庄位列其中。

5月28日，5月30日首个“全国科技工作者日”前夕，龙游县委书记刘根宏专程慰问县院士工作站的科学家代表蹇锡高院士和张立群教授，对他们致以节日的问候，希望科学家们为开创龙游县科学发展新局面作出新贡献。

5月29日，龙游县召开城东新区征迁改造工作推进会。6月13日，召开《城东新区征迁实施细则》讨论会。6月27日，召开城东新区搬迁改造转段动员暨实施方案培训会。7月25日，县委书记刘根宏，县委副书记、县长张晓峰深入城东调研新区征迁改造项目进展，并召开座谈会。7月28日，召开城东新区村庄搬迁改造签约工作任务部署会。

5月31日，龙游县基层治理体系“四个平台”（综治工作、市场监管、综合执法、便民服务）正式启用。县委书记刘根宏，县委副书记、政法委书记张少华出席启动仪式。

6月

6月1日，龙游县委、县政府召开创建国家全域旅游示范区工作推进会；下午召开全县2017年度农村基层作风巡查工作部署会。

6月2日，龙游县24小时自助图书馆开馆。这是衢州市首家为读者提供全天候、具自助借还功能和沉浸式阅读体验的新型图书馆。

6月5日，《今日龙游》报道：2017年，龙游县赤膊墙整治已完成2419户共50.35万平方米，提前一个月在衢州市率先实现高速、高铁、国道、省道、衢江、灵山江、县道、乡道“八线”范围全面剿灭赤膊墙。近三年，龙游县累计完成赤膊墙整治7494户共157.3万平方米，拆除违建赤膊墙300余万平方米。

6月7日，浙江省食品药品监督管理局局长、省食安办主任朱志泉率调研组到龙游县调研食品安全监管、助推服务食品产业发展等工作。

6月9日，龙游县召开全县工业发展大会。会上，相关企业、金融机构、部门代表发言表态；部分重点项目进行现场合作签约；出台《三件大事三十大专项责任分工》，全力干好工业提升、城市建设、旅游开发“三件大事”，确保今年龙游县各项重点工作落到实处。

6月13日，水利部太湖流域管理局副局长徐洪率国家防总工作组到龙游县检查防汛工作；衢州市政协主席吴国升一行到龙游县督查“剿灭劣V类水”工作。

同日，龙游县召开历史文化村落“千村档案”建设工作推进会。全县26个历史文化村主要负责人参加会议。龙游县有传统村落123处，其中国家历史文化名村1个、省历史文化名村（镇）4个。建立“千村档案”挽救历史文化名村的历史重任迫在眉睫。

6月14日，龙游县国税局纳税服务科被全国妇女联合会授予“全国巾帼文明岗”荣誉称号，这是该局继年初获得省“三八红旗集体”荣誉称号后获得的又一殊荣。

6月16日，中共龙游县委召开全县领导干部会议。县委副书记、县长张晓峰主持会议。省党代表、县委书记刘根宏传达贯彻中共浙江省第十四次党代会精神和衢州市领导干部会议精神。周中民、洪一舟、张少华等县四套班子领导出席会议。会议强调，全县上下要从战略和全局的高度，学习贯彻落实省第十四次党代会精神，全力推进龙游跨越发展、转型发展。

6月20日，龙游县举行2017年村社换届工作总结会暨新一届村主职干部培训班开班典礼。县委书记刘根宏出席并为新一届村主职干部上第一课，县委常委、组织部部长徐宾主持会议并总结全县村社换届工作情况。

6月21日，浙江省人大常委会副主任袁荣祥率检查组到龙游县开展《中华人民共和国动物防疫法》《浙江省动物防疫条例》（简称“一法一条例”）执法检查和调查研究，指导龙游县动物防疫体系建设工作。袁荣祥一行先后调研温氏畜牧有限公司、宏泰食品有限公司、小南海动物卫生监督分所、吉祥农场、集美公司，详细了解龙游县动物防疫体系建设、生态美丽牧场建设和动物疫病的预防、控制、扑灭以及病死动物无害化处理等工作。

6月22日，浙江省科协副主席陆锦率队到龙游县检查验收省级科普示范县创建工作。

6月23日，龙游县不动产（林权）颁证现场会在罗家乡席家村举行。县相关部门为村集体及7名权利人颁发首批不动产（林权）证书。席家村成为衢州市第一个正式发放不动产（林权）证的行政村。

6月29日，龙游县举行全县美丽乡村共建共享暨“村情通”推广竞赛活动。至6月28日，“村情通”综合信息服务平台已对全县262个行政村实现全覆盖。

6月30日，县委书记刘根宏率队督查县城大南门历史文化街区，并召开专题会议。

同日，龙游县清廉社区举行2017“春泥计划”启动暨社区少年宫揭牌仪式，全县首个社区少年宫正式成立。

7月

7月2日，龙游县举行96345党员志愿服务系列活动暨“护航十九大”平安巡逻志愿服务队授旗仪式。

7月4日，龙游县委、县政府召开党政领导干部依法执政专题研讨会。会议深入学习贯彻习近平总书记治国理政新理念新思想新战略，要求认真查找龙游县当前在依法执政领域存在的问题及短板，不断提高依法执政的能力和水平，全面深化“法治龙游”建设。

7月5日—6日，由浙江省旅游局主办的全省旅游大数据建设培训班在龙游县开班，来自全省90个县（市、区）旅游局（委）的150余人参加培训。

7月6日，浙江省旅游大数据中心龙游分中心授牌仪式在龙游举行，龙游县正式跨入旅游“大数据”时代。

7月7日，首期“浙江科技学院·龙游县校地合作‘制浆造纸技术’大专班毕业典礼”在龙游县就业局举行。

7月8日，龙游县首届国际漂流节暨全国百家旅行社走进龙游活动开幕。

同日，第十二届浙江国际传统武术比赛在杭州黄龙体育馆举行，国内外4000多名武术爱好者参加比赛。龙游县太极协会、正武太极拳馆的5名武术爱好者摘得8金2银，其中“女侠”吕梅仙获得4金1银的优异成绩。

7月10日，龙游县委书记刘根宏率队督查太平路、兴龙路“创国卫”工作，并召开交办会。

同日，龙游县人力社保局、县农办、模环乡联合举办夏季低收入农户就近就业帮扶招聘会。32家用工单位进场招聘，提供就业岗位1068个，并与128人次达成初步就业意向。

7月12日，龙游县举行高坪桥水库工程PPP项目框架协议签约仪式和高坪桥水库工程移民安置小区开工仪式。

同日，龙游县召开农民增收及村集体经济发展推进会，总结分析存在的问题和短板，研究部署下阶段的工作思路和措施。

7月13日，衢江河道全域河长工作推进会在龙游县召开。龙游县就上半年“五水共治”工作推进情况进行总结汇报：县委、县政府主要领导任总河长，13位县领导任13条主要河流“河长”；全县配有河长制管理信息系统工作终端249个，完成劣V类水域全面治理298处，其中有86个池塘完成引水入塘；累计拆除养猪场24家，开展以化肥农药、农业废弃包装物为重点的“洁净农田”整治行动，成功创建首批农业部畜牧业绿色发展示范县；创建垃圾分类达标村205个、示范村100个，建成58个垃圾资源化减量化终端处理设施，199个垃圾兑换超市投入使用；全县计划打造17条生态美丽溪流和191个生态景观塘（库），融入“全域旅游”，串点成线，实现由“盆景”向“风景”的转化。

7月14日，龙游县庙下乡严村村举行华岗纪念馆开馆仪式。衢州市政协副主席吕玉茹，县领导刘根宏、徐宾、陆民、陆寿泉、陈政等出席开馆仪式。

同日，衢州市推动战略合作促进企业引优做强现场会暨半年度工业经济形势分析会在龙游县召开。

同日，浙江省信访局副局长徐建华一行到龙游县督查调研疑难信访事项办理情况；省发展改革委副主任林骏率省浙商回归督评组到龙游县考察申通电子商务产业园、中浙高铁龙游高端轴承产业园项目。

7月19日，浙江省海港投资运营集团有限公司、宁波舟山港集团有限公司总经理蔡申康一行到龙游县调研龙游港开发建设情况。

7月20日，中共浙江省委副秘书长、省农办主任章文彪一行到龙游县调研美丽乡村建设工作；省机关工委副书记鲁维明一行调研走访龙游红木小镇并召开座谈会。

同日，衢州军分区司令员林建敏、政委戴克华一行到龙游县调研基层武装建设工作；衢州市人大常委会副主任余广宇率市人大代表柯城中心组视察龙游县“最多跑一次”改革。

7月21日，龙游县举行招商引资培训班开班仪式，县委书记刘根宏给全县100多名招商干部上第一堂培训课。

7月25日，龙游县召开2017年度征兵工作会议。

7月26日，浙江省法律服务月活动暨“一带一路”国家贸易经营中的法律风险及防控措施培训班（龙游站）开班，龙游县80多家外贸企业参加培训。

7月27日，龙游召开高坪桥水库工程建设“百日攻坚”行动动员部署会。

7月27日，龙游县公务员“学法用法三年轮训行动”正式启动，140名公务员作为首批学员参加培训。

7月29日，中共龙游县委理论学习中心组学习会暨县四套班子务虚会召开。刘根宏、张晓峰、周中民、洪一舟、张少华等县四套班子领导参加会议。会议强调：要紧扣“三个五年三步走”战略和建设区域明珠型城市目标，找准产业发展方向，把握趋势、加快发展，补齐短板、强化落实，推动龙游经济社会各项事业全面发展。

7月29日—30日，浙西南一站式旗舰市场群——龙游世贸城一期举行试营业。项目用地总面积约7.33公顷，总建筑面积约17万平方米，于2014年12月启动建设，一期工程于2017年3月完成综合验收并交付使用。

7月30日，维达集团董事局主席李朝旺一行到龙游县考察，就项目合作扩大再投资事宜进行洽谈磋商。

同日，龙游县市场监督管理局组织开展“除隐患、保安全、大排查、大整治”集中专项行动。至8月1日，共出动人员125人次，排查电梯、锅炉、燃气钢瓶等特种设施设备500多个，排查食品生产经营单位136家，排查市场16家，排查出各类安全隐患问题53个，并向有关单位发放书面整改意见书。

7月31日，龙游县委、县政府召开庆祝“建军九十周年”军政座谈会。

8月

8月1日，龙游县委召开常委会议，深入传达学习《中共中央办公厅关于认真学习贯彻新修改的〈中国共产党巡视工作条例〉的通知》和浙江省委有关重要会议精神。

8月2日，浙江省人民检察院检察长汪瀚一行到龙游县调研服务和保障非公经济发展工作。

8月3日，龙游县林业技术推广站承担建设的中央财政推广林业科技项目——“毛竹林生态安全经营技术推广示范项目”顺利通过国家林业局、省林业厅的联合验收。

同日，浙江省气象局党组书记、局长苗长明一行到龙游县检查指导气象工作和气象为农服务工作，调研一体化综合业务平台改造及气象现代化工作推进情况；民革浙江省委员会副主任委员刘净非一行到龙游县调研民革全国思想宣传工作会议筹备情况。

8月3日—4日，浙江省安全生产监督管理局副局长王旭昉一行到龙游县督查安全生产大检查暨消防安全隐患集中排查整治行动；中央音乐学院院长俞峰一行到龙游县考察龙游石窟岩石音乐厅相关情况，并召开座谈会。

8月4日，龙游县委书记刘根宏听取大南门历史文化街区保护项目规划方案汇报。

8月8日，龙游县召开工业安全生产工作会议。

8月9日，龙游县召开深化“最多跑一次”改革和“四个平台”建设工作会议。

8月10日，浙江省人大常委会党组副书记、副主任毛光烈一行到龙游县调研民族乡村经济发展工作，并召开座谈会。

同日，浙江省召开文化产业发展大会。会议表彰浙江省首批文化产业发展重点县（市、区）和浙江省重点文化企业，龙游县获得表彰。

8月12日，龙游县召开中央环保督查迎检工作动员部署会。下午，龙游县接到中央第二环境保护督察组1件转办件，反映石佛乡西金源村龙游乾顺沥青混凝土有限公司存在环境污染问题。接件后，县委书记刘根宏等率县环保局、经信局、石佛乡等单位负责人于第一时间赶赴现场进行督办。13日，衢州市委常委、常务副市长汤飞帆也赶赴西金源村督办中央第二环保督察组转办件。

8月12日—13日，浙江省工商联、省中小企业经济发展促进会组织开展“中小企业龙游行”活动。

8月14日，龙游县分别召开“我为东进出把力”动员部署会、全县河道采砂整治工作推进会。

同日，浙江省海港集团副总经理向坚刚一行到龙游县考察龙游港区桥头江作业区建设情况。

8月15日，龙游县政协组织部分委员视察全县校舍改造提升和学校扩容工程建设情况。

8月16日，衢州市宣传文化系统专题读书会在龙游县召开。

8月17日，衢州市委书记陈新带队到龙游县现场督办石佛乡西金源村乾顺沥青混凝土有限公司、龙洲街道半爿月村下垄养殖场的环境污染整改工作；市人大常委会主任居亚平一行到龙游县督查全域剿灭劣Ⅴ类水体大会战成果。

同日，龙游县召开县委常委议军会。县委书记刘根宏主持。

8月19日，龙游县委、县政府召开城东新区村庄搬迁改造签约动员大会。会议强调：发展是硬道理，征迁是硬任务，要把政策讲深讲透，把工作做细，把城市建设好。

8月20日，国家发改委产业司巡视员夏农一行到龙游县督查“地条钢”取缔工作。

8月21日，龙游县分别召开建设项目工程质量安全管理现场会、“无赤膊墙乡镇（街道）”创建百日攻坚部署会。

同日，龙游县“最美人物”宣讲团走进十里坪监狱，400多名服刑人员现场观看了演讲，全监狱近7000名服刑人员通过电视收看直播。

8月26日，中共龙游县委十一届二次全体（扩大）会议召开。全会认真学习贯彻习近平总书

"7·26"重要讲话精神，动员全县上下坚定不移沿着"八八战略"指引的路子走下去，加快龙游区域明珠型城市建设。

同日，龙游县十三届政府第二次全体（扩大）会议召开，号召全县上下站在新的历史起点，凝心聚力，锐意进取，为实现与全省同步高水平全面建成小康社会作出新的更大的努力。

8月28日，龙游县召开全县基层党建工作重点任务推进会暨"双整"工作百日攻坚行动现场会。

8月28日，浙江省检察院副巡视员方建率省督查组到龙游县督查"五四三"及小城镇环境综合整治工作。9月3日，省督查组召开督查反馈会。

8月29日—30日，浙江省扶贫专项督查组组长、省纪委（监委）第七纪检监察室主任朱君明一行到龙游县督查扶贫工作。

8月30日，龙游县召开"十九大维稳安保重点任务交办暨积案化解百日大会战"推进会。

同日，中共浙江省委常委、省纪委书记、省监察委主任刘建超，省纪委副书记、省监察委副主任暨军民一行到龙游县调研监察体制改革试点工作。

9月

9月1日，龙游县分别召开全县纪检监察干部会议、农村土地承包经营权确权登记颁证工作推进会、涉砂整治提升工作推进会。

9月4日，龙游县召开大南门历史文化街区保护项目规划征求意见座谈会。县政协组织部分委员实地视察大南门历史文化街区建设情况，并召开专题座谈会。

同日，龙游县电子商务"十佳示范企业"和"最美电商人"评选结果揭晓。

9月5日，龙游县举行"农商行"杯美丽乡村共建共享暨"村情通"推广竞赛活动第二次颁奖大会。

同日，中国工程院院士、中国农业大学动物医学院院长、教授沈建忠，农业部科教司副司长冯志勇一行到龙游县评估现代生态循环农业试点县建设工作。

9月6日，龙游县委书记刘根宏率龙游县党政代表团赴常山学习考察集镇建设、"四边三化"、特色小镇建设等工作。

同日，浙江省人防办主任肖培生率队到龙游县调研人防工程产权制度改革试点和基层人防组织规范化建设试点工作。

9月7日，浙江省财政厅厅长徐宇宁一行到龙游县调研企业发展及经济运行情况。

同日，龙游县气象局抓住有利天气条件，在团石周公畈水库作业点成功实施人工增雨作业。

9月8日，龙游县委、县政府召开庆祝第33个教师节暨优秀教师代表座谈会。

同日，中华医学会糖尿病学分会糖尿病标准化诊疗龙游县示范中心授牌仪式在龙游县人民医院举行。龙游成为全国首家拥有糖尿病标准化诊疗示范中心的县。

9月9日，龙游县召开城东征迁工作推进会。

同日，龙游总商会义乌分会在义乌市举行成立仪式。

9月12日，龙游县召开高坪桥水库导（截）流阶段移民安置自验工作会议。

9月13日，龙游县人大常委会对全县物业管理工作开展专题调研并召开座谈会。

9月14日，衢州市委副书记、政法委书记李锋到龙游县龙洲街道调研"最多跑一次"改革和"四个平台"建设。

9月15日，"万邦集团"与"与"古楼集团"合作的中德合资企业——华邦古楼新材料有限公司成立仪式在杭州举行。龙游县领导刘根宏、王光华、余洪富，安徽省歙县党政领导，相关金融机构、行业协会，双方股东代表及各界人士400余人出席成立仪式。

同日，经过国家林业局的调研、筛选、评定，龙游县林场被确定为国家彩叶树种良种基地。

9月16日，龙游县委书记刘根宏率队到人民路、太平路督查龙游城区道路街景改造工程推进情况，并召开专题会议。

9月17日，浙江省建设厅官网发布《关于浙江省第一批省级传统村落名单的公示（不含国家级名单）》，龙游县横山镇项家村、庙下乡庙下村、沐尘畲族乡社里村等3个村榜上有名。

9月19日，龙游县委、县政府召开传统制造业改造提升、全域旅游、城市东进工作推进会。

同日，龙游县获“全国平安建设先进县”称号。

同日，龙游县在横山镇天池村举行全县乡韵庭院创建大赛现场推进会，要求各村结对部门、牵头单位把握时间节点，把握创建标准，将庭院的创建与各村文化建设相结合，突出村内特色，打造乡村亮点。

9月20日，浙江省政协委员工作委主任朱贤良一行到龙游县调研农村垃圾分类处理工作。

9月21日，全国政协常委、港澳台侨委员会副主任、民革中央副主席刘凡率全国“民革党员之家”推动会考察团到龙游县调研“民革党员之家”建设情况。

同日，龙游县召开“全力保平安、喜迎十九大”万人誓师大会第一阶段会议。22日，龙游县开展“全力保平安、喜迎十九大”安全生产工作督查，督查组先后赴浙江新迪在龙涂料科技有限公司、客运北站、红木小镇、清水湾酒店等地，对落实安全生产主体责任、安全隐患、应急管理、教育培训等日常安全生产工作进行督查。29日，龙游县委组织全县机关部门、乡镇（街道）主要领导参加全省深化平安浙江建设暨党的十九大维稳安保工作视频会议。

9月22日，龙游县人大常委会组织部分人大代表、工委委员视察大南门历史文化街区保护开发项目，并召开座谈会。

9月24日，龙游县委副书记、县长张晓峰率队赴沐尘畲族乡、溪口镇、庙下乡等地调研民宿经济发展情况。

同日，龙游县知联会和龙游爱在人间协会对龙游县27名百岁老人进行走访慰问。

9月26日，衢州绿色产业集聚区龙游湖镇至童家公路一期工程及龙游港区桥头江作业区工程正式开工。公路全长18.3千米，建成后将成为龙游县第二条南北向交通要道；港区总用地35公顷，占用岸线1046米，拟新建500吨级码头泊位14个，实际通航能力为1000吨级，建成后将成为浙中西地区内河综合物流及中转枢纽港，形成“水公铁”联运新格局。

9月27日，龙游县委副书记、县长张晓峰率队调研住宅小区物业管理现状。

同日，浙江省金融办主任张雁云一行到龙游县调研，先后走访浙江集美生物技术有限公司、浙江开启能源科技有限公司、龙游红木小镇；中国银行浙江省分行行长郭心刚一行到龙游县调研中浙高铁轴承项目。

9月29日，在龙游县溪口镇222省道自行车驿站节点，“四边三化志愿者服务队”启动。这支“四边三化志愿者服务队”为衢州市首创。

9月30日 龙游县委、县政府隆重举行烈士公祭活动。

同日，龙游县召开十一届县委第三轮巡察暨政府投资项目专项巡察工作动员部署会。县委常委、组织部部长、县委巡察工作领导小组副组长徐宾部署2017年第三轮巡察工作，县委书记刘根宏对巡察工作提出要求。

10月

10月1日，龙游县基本医疗保险实现全国跨省异地就医“一卡通”结算，真正实现跨省异地就医住院费用报销跑零次。

10月8日，中共龙游县委人才工作领导小组办公室向社会公示第九批拔尖人才入选名单，共13人。

10月9日，衢州市对入选浙江省AAA级景区的村进行公示，龙游县龙洲街道后田铺村、詹家镇浦山村、溪口镇石角村、横山镇天池村、大街乡贺田村、沐尘畲族乡社里村、石佛乡三门源村等7个行政村榜上有名。

同日，中国城市经济学会中小城市经济发展委员会、中小城市发展战略研究院、中国社会科学院发展与环境研究所等单位在《人民日报》上发布2017年中国中小城市科学发展指数研究成果。在“2017年度全国中小城市投资潜力百强县市”榜单中，龙游县榜上有名，排名第12位。

10月10日，龙游县委书记刘根宏率队督查222省道精品示范线创建工作和生猪整规提升工作。

同日，龙游县召开“浙江无欠薪”行动动员部署会，提出全面提升龙游县“无欠薪”工作成效。

10月11日，龙游县委书记刘根宏率队专项督查生猪整规提升工作。

10月11日—12日，浙江省乡镇（街道）综合文化站效能建设现场会在龙游召开，省文化厅厅长金兴盛参加。与会代表实地考察沐尘、湖镇、模环、詹家等乡镇综合文化站，并赴龙游文化小剧场观看综合文化站建设成果展演。

10月12日，浙江省政协副主席孙文友一行到龙游县调研民族乡村经济发展工作，并召开座谈会。

同日，浙江省审计厅副厅长、党组成员毛子荣一行到龙游县专题调研社保审计督查和“创新审计”情况；省农发集团副总经济师、投融会主任方伟一行到龙游县考察县商贸物流园区，并召开座谈会。

10月12日—13日，省人大常委会副主任刘力伟一行到龙游县开展《浙江省公共文化服务保障条例(草案)》立法调研，并召开座谈会。

10月13日，龙游县委理论学习中心组举行学哲学、用哲学专题学习会，并邀请省委巡视工作领导小组办公室副主任邱志明作辅导报告。

10月16日，衢州出入境检验检疫局龙游现场办公室正式开检。

10月17日，龙游县召开安全生产暨消防安全工作会议，强调要全力护航十九大，守牢安全关。

同日，龙游县龙和国际休闲垂钓中心（竞技垂钓）和龙游大峡谷（漂流）入选浙江省运动休闲旅游优秀项目。

10月18日，龙游县委、县政府组织全县各级机关部门收看、收听中国共产党第十九次全国代表大会开幕盛况，聆听习近平总书记的报告。党的十九大代表——龙游县大街乡贺田村党支部书记劳光荣出席大会。

10月19日—20日，共青团浙江省委、省青年创业就业基金会副巡视员李迪一行到龙游县调研省精准帮扶计划创业项目。

10月20日，龙游县高坪桥水库大坝工程举行开工典礼。

10月23日，衢州市人大常委会党组副书记、副主任占跃平一行到龙游县社阳乡红光村督查河长制落实情况和高坪桥水库百项千亿防洪排涝工程。

10月24日，浙江（龙游）融资租赁对接大会在龙游召开。省商务厅副厅长徐高春出席会议。

同日，龙游县教育局组织召开全县中小学（幼儿园）和在职教师有偿家教专项整治活动会议，纠正群众反映强烈的教育行为问题。

10月24日—25日，浙江省政协副主席吴晶一行到龙游县开展“农村垃圾分类处理落实情况”委员视察，并召开专题座谈会。

10月25日，浙江省咨询委三农工作部部长顾益康到龙游县调研美丽乡村示范县创建工作。

同日，龙游县“最美环卫人”评选揭晓。在庆祝浙江省第二十一届环卫工人节暨龙游县首届“人保财险杯”环卫工人节上，县住建局对评选出的最美环卫人予以表彰。

10月26日，浙江省级特色小镇旅游功能打造培训班在龙游县开班；省人大信访工作研讨会在龙游县召开。

10月27日，龙游县人大常委会召开第十六次主任会议，专题听取公共体育设施对外开放试点情况。

10月28日，龙游县委召开全县领导干部会议，传达学习贯彻党的十九大精神。下午，县委组织部召开全体干部会议，学习贯彻党的十九大精神，研究部署落实措施。

10月31日，龙游县召开大南门街区考古勘探调查阶段性成果汇报会。

11月

11月1日，龙游县启动城乡电动自行车登记上牌工作，首日有1480辆电动车上牌。

11月2日，龙游县分别召开火车站站房改扩建工程可研报告审查会、351国道（龙游段）征迁动员会。

11月3日，龙游县5个重大产业项目进行集中签约，总投资近70亿元。

同日，全国政协文史和学习委员会副主任、中国国际茶文化研究会会长、浙江省政协原主席周国富到龙游县调研茶产业发展情况。衢州市、龙游县领导吴国升、俞流传、王建华、刘根宏、洪一舟、余继民等参加调研。

11月4日，龙游县总商会台州分会成立大会暨龙游（台州）投资环境推介会在台州市的温岭市举行。

11月5日，“雪亮工程”项目安装工作在龙游县各乡镇（街道）全面启动。工程总投资400万元，计划在全县架设监控点位661个，安装监控探头836只。

11月6日，龙游县餐饮业整治联合检查组完成对第一批次199家餐饮店的排查摸底工作。根据餐饮业整治16项标准，共排查出问题496个，共发放“餐饮服务行业综合整治通知书”760份。

11月7日—8日，衢州市政协主席吴国升和龙游县委书记刘根宏、县人大常委会主任周中民、县政协主席洪一舟分赴詹家镇浦山村、湖镇镇溪底杜村、溪口镇枫林村、龙洲街道白坂村宣讲党的十九大精神。

11月9日，中共丽水市委常委、组织部部长方健忠一行到龙游县考察基层党建工作。

11月9日—10日，龙游县承办浙江省农村工作指导员工作会议。省农办副主任高启华参加会议。

11月10日—14日，龙游县组织中浙高铁、禾川科技、华邦古楼、金昌股份、伊利乳业、道明光学等12家五大百亿龙头骨干企业和部分事业单位到哈尔滨工业大学、东北大学、大连工业大学等高校开展专场招聘活动。参会单位共接洽应聘者128人，登记求职人员110人，其中博士生1人、硕士生29人。

11月11日，龙游县召开湖镇镇曹垅村整体搬迁改造工作动员会。

同日，龙游广和世贸城举行开业暨龙游中学广和生物实验室捐赠仪式。广和集团董事长吴树良为龙游中学创新实验室建设捐资300万元。

11月14日，龙游县党外青年干部培训班举行开班仪式，衢州市委常委、统战部部长傅根友参加开班仪式，并作中共十九大报告专题辅导。

11月15日，龙游县委书记刘根宏调研城镇D级危房产权调换签约工作。

11月19日，国家发改委规划司副巡视员马强、浙江省发改委副巡视员谢晓波一行到龙游县调研生态产品价值实现机制和空间规划体制改革等工作。

11月20日，松阳县委书记王峻，县委副书记、县长李汉勤率松阳县党政代表团到龙游县学习考察国资改革工作。

11月21日，衢州市政协副主席徐静旋率市“五四三”工作督查组到龙游县督查“五水共治”“四边三化”“三改一拆”工作。

同日，新疆乌什县委副书记、县长吐尔洪·阿不拉率乌什县党政代表团到龙游县考察。

11月23日，龙游县政协组织部分政协委员到县供销社调研“三位一体”农合联改革工作。

11月23日—24日　衢州市委政法委副书记、综治办主任章金凤率队到龙游县调研“村情通+网格治理”实施情况。

11月24日，衢州市人大常委会副主任余广宇一行赴龙游县S33龙丽高速龙游南入城口、320国道平山桥景观节点、九里立交入城口节点视察“四边三化”工作，并召开座谈会。

11月25日，龙游县分别召开大南门历史文化街区业态策划及修建性详细规划专家评审会、2017年新一轮“拔钉清障”工作动员会。

11月27日，龙游县庙下小学举行华岗铜像揭幕仪式。

11月27日—28日，中宣部原常务副部长龚心翰一行到龙游县考察龙游石窟、民居苑、荷花山遗址、红木小镇，并参加“大爱龙游·科幻旅游话剧”《今日出门昨夜归》发布仪式暨剧本研讨会。

11月28日，浙江省粮食局副巡视员陈群华一行到龙游县调研粮食产业经济工作，实地考察红专粮食专业合作社和德辉食品有限公司。

同日，经农业部渔业渔政管理局验收组的考核验收，龙游县庙下乡稻渔示范基地成功创建国家级示范区。

11月29日，龙游县召开“加快餐饮油烟污染整治，推进‘区域明珠型城市’建设”主题研讨会。

同日，经国家发改委批复，同意龙游县国有资产经营有限公司（国资委独资）发行额度不超过14.4亿元的企业债券，债券期限为7年，债券和主体信用评级均为AA级，所筹资金主要用于保障性住房、水利水电等相关项目建设及补充国资公司营运资金。这是衢州市县级平台获准发行的首支债券。

11月30日，龙游县公安局在浙江省公安系统表彰大会上被授予“全省模范公安局”荣誉称号。

12月

12月1日，龙游县召开绿色金融改革创新试验区建设暨资本市场招商推进大会。六家金融机构分别与六个绿色授信项目进行签约，授信总额达19.44亿元。

12月2日，龙游县委书记刘根宏率队专题调研曹垅村整体搬迁改造工作。

12月4日，龙游县委召开基层党建“双整”百日攻坚行动总结大会暨全域党建工作推进会。

12月5日，国家扶贫办开发指导司副司长杨刚一行到龙游县调研扶贫小额信贷专项工作，并召开座谈会。

同日，龙游县“拔钉清障”相关责任单位负责人组成督查组，前往湖镇塘马村和琚家村沿江公路施工现场及小南海镇石窟渡假区等项目一线，实地督查“拔钉清障”工作的推进情况，并召开部署推进会。

12月6日，青海省人大常委会农牧委员会主任委员邢小方一行到龙游县学习考察“三农”地方立法和“五水共治”等工作。

同日，浙江省残疾人联合会党组成员、副理事长高翔一行到龙游县调研精神残疾人免费服药和残疾人精准康复工作。

12月8日，《人民日报》刊发题为《劳动者最高贵》的评论文章，为杭州电子科技大学27号楼的宿管员——徐根娣的事迹点赞，徐根娣一夜之间成了“网红”名人。徐根娣为龙游县塔石镇前夏村前江自然村人。

12月9日，龙游县召开城东征迁“拔钉清障”工作推进会。

12月11日，浙江省第一环境保护督察组组长尚清一行到龙游县督察生态环境保护工作。

12月12日，衢州市沿江公路品质工程建设现场会在龙游召开。会议充分肯定龙游县在“品质工程”创建中所取得的成效。

12月12日—13日，浙江省委常委、常务副省长冯飞一行到龙游县调研经济社会发展及重大项目建设情况、“最多跑一次”改革和“四个平台”建设，并看望慰问基层党员和生活困难家庭。

12月14日—15日，龙游县城东新区第一批签约户进行抽签顺序号摇号和选房顺序号摇号，并进行现场直播，体现摇号的公平公正。

12月15日，为进一步减少空气和环境污染，龙游县召开禁止销售、燃放烟花爆竹工作会议。会议强调，若发现违反规定销售、燃放烟花爆竹，可拨打电话“110”与“7211870”进行举报，有关部门将根据有关法律法规予以行政处罚；构成犯罪的，将依法追究刑事责任。

12月16日，龙游县工商联被评为2017年全国“五好”县级工商联；龙游县生猪保险与无害化处理联动长效机制“集美模式”入选浙江绿色金融创新十大优秀案例。

12月17日，中共龙游县委召开理论学习中心组学习会暨四套班子务虚会。县委理论学习中心组成员结合自身工作，围绕项目建设、产业培育、农村发展、全域旅游、改革创新等多个方面，谈认识、说问题、找原因、议思路、提建议。

同日，龙游县举办“中国创伤救治联盟龙游县人民医院创伤中心”建设签约启动仪式，并举行学术讲座。

12月18日，浙江省副省长孙景淼一行到龙游县调研农村土地综合整治、耕地复垦等工作，并召开座谈会。

12月20日，《今日龙游》报道：2017年，3D墙绘给龙游县农村围墙纷纷穿上漂亮的“新衣”，已完成浦山、后田铺、半爿月、官村、张家埠、石角等美丽乡村精品示范村外立面改造19.5万平方米，总投资1500余万元。此外，全县完成“赤膊墙”改造270万平方米，总投资约8000万元。

12月21日，浙江省就业管理服务局局长王平洋一行到龙游县小南海镇和龙洲街道调研高质量就业社区（村）建设工作。

12月22日，龙游县残疾人联合会召开第七次代表大会。

同日，浙江省建设厅党组成员、总规划师顾浩一行到龙游县调研规划编制工作，并召开座谈会。

12月23日，嘉兴市南湖区龙游商会成立大会暨龙游（嘉兴）投资环境推介会在嘉兴南湖举行。龙游县领导张少华、郑国华率队参加。

12月24日，龙游县举办“大美龙游·醉美花海”龙游花海推介会。“龙游花海”项目总投资约5亿元，建设规模333.33公顷，分为龙园、凤园和草花基地，于2016年9月底开工建设，是一个以花卉、苗木观光为主，集观光体验、商业、休闲和娱乐等功能为一体的田园综合体。

12月25日，龙游县溪口镇石角村、塔石镇泽随村、石佛乡三门源、横山镇天池村、沐尘畲族乡社里村、大街乡贺田村入选2017年度浙江美丽宜居村镇建设样板。

12月26日，衢江航运开发工程龙游段试通航，龙游将正式进入通江达海的“蓝时代”。

同日，龙游县创建省级电子商务示范县通过省验收小组的考察验收。

12月27日，龙游县县管领导干部学习贯彻党的十九大精神集中轮训班开班。县委书记刘根宏出席开班式并作动员讲话，强调指出，深入学习贯彻党的十九大精神，是当前和今后一个时期的首要政治任务和头等大事。

12月28日，龙游县农村土地承包经营权证颁发仪式暨工作推进会在石佛乡召开，全县首批12名村民代表在与会人员的见证下拿到了新版的农村土地承包经营权证书，他们的土地在第二轮承包到期后将再延长30年。

同日，龙游县举行“浙西新型建筑工业化产业园”项目签约仪式。

12月30日，龙游县领导刘根宏、张晓峰、王光华等赴全县各金融网点走访慰问金融机构干部职工。

同日，龙游县光伏小康55兆瓦农光互补地面电站并网发电。

县情概要

概　述

龙游县介于北纬28°44′～29°17′、东经119°02′～119°20′之间，地处浙江省中西部的金衢盆地中心，东毗金华市婺城区，南邻丽水市遂昌县，西接衢州市衢江区，北交杭州市的建德市，东北与金华市的兰溪市接壤。隶属于浙江省衢州市，县人民政府驻县城太平西路。设2街道、6镇、7乡。至2017年年底，全县户籍人口为16.44万户、40.5万人。境域东西宽29.37千米、南北长61.5千米，县域面积1143.5平方千米。县境最东为社阳乡寮山尖、最西为小南海镇九垄、最南为庙下乡桃源尖、最北为横山镇天池山。北距省城杭州直线距离167千米，西距衢州市区30千米，属于以杭州为中心的2小时交通圈。

建制沿革

【概况】 龙游县最早的可靠文字记载见于《左传》卷十二《哀公十三年》：“六月丙子，越子伐吴，为二隧。畴无余、讴阳自南方，先及郊。吴大子友、王子地、王孙弥庸、寿于姚自泓上观之，弥庸见姑蔑之旗，曰：‘吾父之旗也，不可以见雠而弗杀也。’大子曰：‘战而不克将亡国，请待之。’弥庸不可，属徒五千，王子地助之，乙酉，战，弥庸获畴无余，地获讴阳。越子至，王子地守。丙戌，复战，大败吴师，获大子友、王孙弥庸、寿于姚。”（杜预注：“姑蔑，春秋越地，今东阳大末县。弥庸父为越所获，故姑蔑人得其旌旗。”）讲的是姑蔑军队助越伐吴之事。哀公十三年按公元纪年为前482年，至2017年已达2499年。龙游也是浙江省境内最早设县级建制的地区之一，在秦始皇推行郡县制时即设县，名为大末。具体时间未见明确记载，有秦王政二十五年（前222）、秦始皇二十六年（前221）两说。相对来讲，以秦始皇二十六年（221）较为可靠，因为会稽郡即于是年设置，民国时余绍宋编纂的《龙游县志》（简称“民国志”）即持此说，《浙江通史》（浙江人民出版社2005年12月版第3卷8页）也持此说。以此计算，至2017年，建县历史已达2238年。自秦以降，除前后3次短时间撤县外，一直作为县级建制存在，县名则历经太末、龙丘等，吴越宝正六年(931)改为龙游，其后曾一度改名盈川，自南宋绍兴元年(1131)复名龙游后便一直沿用，至2017年已有887年。

【姑蔑国】 明万历年间编纂的《龙游县志》（简称“万历志”）卷一《舆地·沿革》引《元和郡县志》说：“周姑蔑国，子爵，越附庸也。”对“姑蔑国”的说法，余绍宋在民国志卷二《地理考·沿革》中持保留态度：“未知所据，未敢率录。”在民国志的行文中也都称“姑蔑”或“姑蔑地”。其实际除《元和郡县志》外，《汲冢周书》孔晁注也有“姑妹国，后属越”的说法。2002年，龙游县人民政府和中国史学会在龙游共同召开“姑蔑文化研讨会”，与会专家在论文中也都以“姑蔑国”相称。清王先谦在《〈汉书〉补注》中说：“姑蔑故城在龙游，太末县亦治龙游，其地实兼有今西安、江山、常山、开化、遂昌、玉山及汤溪县之半。”这里所说的“西安”即衢县，说明当时姑蔑国的范围比现在的衢州市还大。也可以说，王先谦提及的那些县（市）和姑蔑国都有渊源关系，龙游的特殊地位则在于“姑蔑故城在龙游”，也就是说，龙游是姑蔑国的中心所在。所以，相关典籍在解释“姑蔑”一词时，都说是在今浙江龙游。至于姑蔑城的具体位置，《元丰九域志》卷第五有如下记载：“姑蔑故城在瀔水南三里，东门临薄里溪。”清顾祖禹《读史方舆纪要》卷九十三引《左传》杜预注，也说“相传瀔溪之南即其故城”。瀔水、瀔溪都是衢江的旧称，薄里也称泊里、泊鲤，是灵山江的古称，《元丰九域志》所载姑蔑故城方位基本上与现在的龙游县城相合。民国志卷二十四《丛载，古迹》记载姑蔑城：“东西二百一十二步，南北百六十八步，高一丈七，厚四尺，周四百七十步，至今人犹呼寺城麓。”

【大末县】 民国志《地理考，沿革》：“秦置郡县，始列太末为县，属会稽郡。”查《汉书》卷二十八上《地理志》，在“会稽郡”条下说“县二十六”，其中也有“大末”。民国志《地理考·沿革》并有关于县名的考证：“顾祖禹《读史方舆纪要》引李留之语谓‘逆流多惊滩，以竹索引船乃可上。大读如达，义有取焉’其说非是。”

【末治】 民国志卷二《地理考·沿革》：“王莽改曰‘末治’。”《汉书》卷二十八上《地理志》“大末”下有夹注云“莽曰末治”，可作民国志的佐证。余绍宋并有按语：“至王莽改‘太末’为‘末治’亦属单举，盖‘大，者夸张之词，如‘大梁’、‘张楚’之例，‘治’犹‘县’也。”而在郦道元《水经注》卷四十中又写成为“未理”，对此民国志有说明：“殆避唐时讳，非唐时曾改称末理也。”

【太末县】 民国志卷二《地理考·沿单》：“至东汉复名太末。”《后汉书》志第二十二《郡国志》四“会稽郡”条下有“太末”的县名，可作民国志的佐证。民国志卷二《地理考·沿革》云：“‘大末’作‘太末’始于《后汉书·郡国志》，《汉书·地理志》尚作‘大末’。”实际上“大”字和“太”字历史上本可通用，其含义并无实质上之差异，所以旧籍中混用处甚多，如民国志就基本上都写成“太末”。自东汉开始，历经三国、两晋及宋、齐、梁、陈，太末县一直存在，在《晋书·地理志》《宋书·州郡》《南齐书·州郡志》等史籍中均有关于太末县的记载，民国志也有“晋、宋、齐、梁、陈因之”之语（卷二《地理考·沿革》）。到隋开皇九年(589)，曾一度撤销县建制，唐武德四年(621)又恢复太末县，直至武德八年（625）。三国吴宝鼎元年(266)“分会稽为东阳郡”（《三国志》卷四十八《吴书·三嗣主传》），太末县自此由会稽郡改隶东阳郡。至于太末城的位置，民国志卷二十四《丛黍载·古迹》引《舆地纪胜》说是“在县治西”，余绍宋并有按语：“汤溪志云‘距龙丘山麓里许，即秦所立太末县旧址’，与是说相反，盖汤溪在县东也。”一般地讲，秦在姑蔑国基础上设大末县，其县城也应在原姑蔑城的基础上设置，何况从地理位置上讲，龙丘山一带也太偏于县境东部一隅。

【白石县】 白石县于唐武德四年(621)设立，武德八年撤销。《新唐书》卷四十一《地理志》“衢州”条下说：“太末，武德四年置，以县置瀔州，并置白石县。八年州废，省太末、白石入信安。”《旧唐书·地理志》和民国志卷二《地理考·沿革》也有相似记载。其县城所在，民国志卷二十四《丛载·古迹》有载：“白石县治在县南三十五里白石山麓，山石纯白，县以得名，至今有知县坂、城隍墩等处。灵山与白石山相距里许，人民聚为县南巨镇，或云即白石县故址。”这里所说的白石山以山色纯白、结构玲珑而成为历史上一处景点，1958年大炼钢铁时因采萤石而消失，所在地尚留有“白石山头”村名。关于白石县的范围，史书并无记载，根据其县城位置推测，应包括今龙游县的南部及相邻遂昌县、信安县的部分。

【龙丘县】 民国志卷二《地理考·沿革》：“贞观八年析信安、金华，复置县治，更名龙丘，隶婺州。此当为称龙丘之始，太末之名至此遂废。”并有按语引《名胜志》说明“龙丘”一名的来历为“以县东四十里龙丘山为名”。《旧唐书·地理志》和《新唐书·地理志》均有相似记载，《旧唐书》并说明“垂拱二年属衢州”，垂拱二年当为公元686年。民国志卷二《地理考·沿革》也有“垂拱二年置衢州，始与信安、常山并由婺州改隶焉”之语。民国志并云“大历十二年升龙丘为紧县”，大历十二年即公元777年，对此《旧唐书》未载，《新唐书》则在县名下注一“紧”字。

【盈川县（唐）】 《旧唐书》卷四十《地理志》“龙丘”条下有“如意元年分龙丘置县”的记载，《新唐书》卷四十一《地理志》“衢州信安郡”的“龙丘”条下更补充说明“元和七年省盈川入信安”。民国志卷二《地理考·沿革》也有相似语。如意元年即公元692年，元和七年为公元812年，先后共存在121年。关于盈川县城，民国志卷二十四《丛载·古迹》有载：“盈川故城在县西三十里，下临盈川潭，城址犹存。”并有按语：“《太平寰宇记》云‘在州南九十里’，误。盈川不在州南，距州城亦无九十里也。”

【武安县】 民国志卷二《地理考·沿革》有“证圣二年又析置武安县，武安至神龙元年仍省入龙丘”的记载。《旧唐书·地理志》未载武安县，《新唐书》卷四十一《地理志》“衢州信安郡”的“龙丘”条下有“证圣二年置武安县，后省武安”的记载。《中国历史地名辞典》468页（江西教育出版社1986年出版）则有“唐证圣元年（695）置，治所在今浙江衢州市东。后废”的记载。《中国历史地名辞典》将置县时间定在“证圣元年”是对的，因为“证圣元年”的下一年就是“万岁登封元年”，并无“二年”，《新唐书》的“二”当是“元”之误。综上记载，当时曾析龙丘县地置武安县是有根据的。应该说明的是，关于武安县还有一些不同说法。《太平寰宇记》卷九十七“武安故城”条引《信安记》云：“证圣二年割常山、须江、饶州之弋阳三县置武安县，以地有武安山，因以为名。”并加按语“此邑已废，故城存”。浙江人民出版社1984年出版的《衢州市志》第一章《建置沿革》中也有相似语。但查浙江人民出版社分别于1990年2月和6月版的《江山市志》《常山县志》及江西人民出版社1985年出版的《玉山县志》，则均云于证圣元年（695）析置玉山县，清康熙《衢州府志》卷十一也持此说，并另有“证圣二年分龙丘置武安县，后省”的记载。特录以备考。

【龙游县】 民国志卷二《地理考·沿革》：“五代时，龙丘县属吴越国。宝正末，钱镠以‘丘为墓不祥’，改曰龙游，属衢州如故。”上述记载新旧《五代史》均未载，故余绍宋特注明“据《太平寰宇记》及《十国春秋·地理表》纂”。改龙丘为龙游的时间，康熙《衢州府志》卷十一《郡县表》列为“宝正六年”，与民国志的“宝正末”相符，因为下一年钱镠即去世，由儿子钱元瓘袭封吴越国王。关于“丘为墓不祥”，一方面是因为这时的钱镠年已八十，衰迈之人对此当然敏感；也因为吴越国疆域比现在的浙江省大不了多少，范围小了，对于境内的这个“龙丘”也就难免忌讳。

【盈川县（宋）】 《宋史》卷八十八《地理志》“衢州信安郡”的“龙游”条：“唐龙丘县，宣和三年改为盈川县，绍兴初复改。”宣和三年即公元1121年。民国志卷二《地理志·沿革》较《宋史》详细：“宣和三年因有诏讳‘龙’字，改为盈川，绍兴初复故名，属衢州信安郡。”并注明“据《宋史·地理志》及两旧志纂”。“绍兴初”当为绍兴元年，康熙《衢州府志·郡县表》便明言“绍兴元年”，即公元1131年。自此以后，县名便一直称“龙游”而沿用至今。

龙游县建置沿革情况表

表1

朝代	建置名称	隶属	备注
秦	大末县	会稽郡	
西汉	大末县	会稽郡	
新	末治	会稽郡	
东汉	太末县	会稽郡	
三国（吴）	太末县	东阳郡	宝鼎元年（266）因分会稽郡设东阳郡而改隶
晋	太末县	东阳郡	
南朝（宋、齐、梁、陈）	太末县	东阳郡	
隋	（吴宁县地）	婺州	开皇九年（589）废入长山，并改长山为吴宁县，置婺州
	（金华县地）	东阳郡	开皇十二年改吴宁为东阳，十八年又改名金华。大业三年（605）置东阳郡
唐	太末县、白石县	縠州	武德四年（621）置縠州及太末、白石二县
	（信安县地）	婺州	武德八年（625）縠州废，省太末、白石入信安县
	龙丘县	婺州	贞观八年（634）析信安、金华复置县，更名龙丘
		衢州	垂拱二年（686）因置衢州而改隶
	龙丘县、盈川县、武安县	衢州	如意元年（692）分龙丘置盈川县，证圣元年（695）又析置武安县
	龙丘县	衢州	武安县神龙元年（705）省入龙丘县，盈川县元和七年（812）省入信安县
五代（吴越）	龙游县	衢州	宝正六年（931）钱镠以“丘为墓不祥”改称龙游
北宋	龙游县	衢州	
	盈川县	衢州	宣和三年（1121）因有诏讳“龙”字，改名盈川
南宋	龙游县	衢州	绍兴三年（1131）复名龙游
元	龙游县	衢州路	元至元十三年（1276）改衢州为衢州路总管府
元明之际	龙游县	龙游府	韩宋龙凤五年（元至正十九年，公元1359年）朱元璋改衢州路为龙游府
		衢州府	韩宋龙凤十二年（元至正二十六年，即1366年）朱元璋改龙游府为衢州府
明	龙游县	衢州府	
清	龙游县	衢州府	
中华民国	龙游县	衢州军政分府	1911年11月—1912年2月
		浙江省	1912年2月—1914年6月，为县直属省
		金华道	1914年6月置金华道，道治初驻兰溪，1917年移驻衢州
		浙江省	1927年1月废道，实行省、县二级政区制
		浙江省第五行政督察区	1938年5月浙江省划分为9个行政督察区，本区专署驻衢县
		浙江省第三行政督察区	1948年4月浙江省划分为6个行政督察区，本区专署驻金华。7月全省又划为9个行政督察区，本区专署驻衢县，8月移驻江山

续表

朝 代	建置名称	隶 属	备 注
解放初	龙游县	第三专区	1949 年 7 月成立浙江省人民政府第三行政区专员公署
中华人民共和国	龙游县	衢州专区	1949 年 10 月第三专区改称衢州专区
		金华专区	1955 年 3 月衢州专区并入金华专区
	（衢县地）	金华专区	1959 年 12 月撤销县制并入衢县，其中湖镇区于 1960 年 2 月从衢县划属金华县
		金华地区	1973 年专区改称地区
	（衢州市地）	金华地区	1981 年 1 月改衢县为衢州市（县级市）
	龙游县	金华地区	1983 年 12 月恢复龙游县建制
		衢州市	1985 年 6 月撤销金华地区，成立金华、衢州两个省辖市，龙游县划归衢州市

境域变迁

【概况】 秦置大末县，以姑蔑地为县境，约含今龙游县、衢江区、柯城区、江山市、常山县、开化县、玉山县东部、遂昌县及原汤溪县之半。其后由于析地置县，境域逐渐缩小，至明成化七年(1471)析置汤溪县后，总体格局基本定形。关于“玉山县东部”之说，有江西人民出版社1985年出版的《玉山县志》33页《历史沿革》可证：“秦朝，东部（金沙溪以东）属会稽郡太末县。”

【析置新安县】 民国志卷二《地理考·沿革》：“初平三年析太末置新安县。”初平三年即公元192年。查《后汉书》卷三十二《郡国志》，注中也有同样说法。当时的新安县范围约含今衢江区、柯城区、江山市、常山县、开化县及玉山县东部。至是年，太末县境约含今龙游、遂昌两县及原汤溪县之半。

【析置平昌县】 民国志卷二《地理考·沿革》：“三国吴赤乌二年，析太末置平昌县，太末遂为今龙游之专名。”赤乌二年即公元239年，平昌即今遂昌县。查《三国志·吴书》，并未见相关记载，光绪《遂昌县志·疆域》仅云“吴赤乌置平昌县”，时间未详。但《中国历史地名辞典》161页“平昌县”条则明言“三国吴赤乌二年(239)置，治所即今浙江遂昌县”，可见民国志定为赤乌二年当有所据。至是年，太末县境约含今龙游县及原汤溪县之半。

【省盈川入信安】 唐如意元年(692)分龙丘置盈川县，元和七年（812）省盈川入信安，盈川一带划出。盈川县境域史无明确记载，但今衢江区高家镇之盈川村地理位置紧邻龙游县之西境，估计当时划入信安县的当为盈川县之西部，东部仍属龙丘。浙江人民出版社1992年8月出版的《衢县志》第一章《沿革》中便说：“元和七年(812)盈川县建制撤销，并入信安、龙丘两县。”《太平寰宇记》卷九十七“废盈川县”条也持此说。

【析置汤溪县】 《明史》卷四十四《地理志》“金华府”的“汤溪”条：“成化七年（1471）正月析兰溪、金华、龙游、遂昌四县地置。”民国志卷二《地理考·沿革》则云：“成化八年（1472）析县之清阳乡入金华，别置汤溪县。”时间上相差一年。对此，民国志加有按语：“乾隆汤溪志《疆域》类云‘成化七年置县’，而《山川》类汤塘山下则云‘成化八年迁邑于汤塘市北隅，始名汤溪’，据此应以八年为是。”按语所说也不是没有道理，但从总体上讲，析汤溪县时间还是以成化七

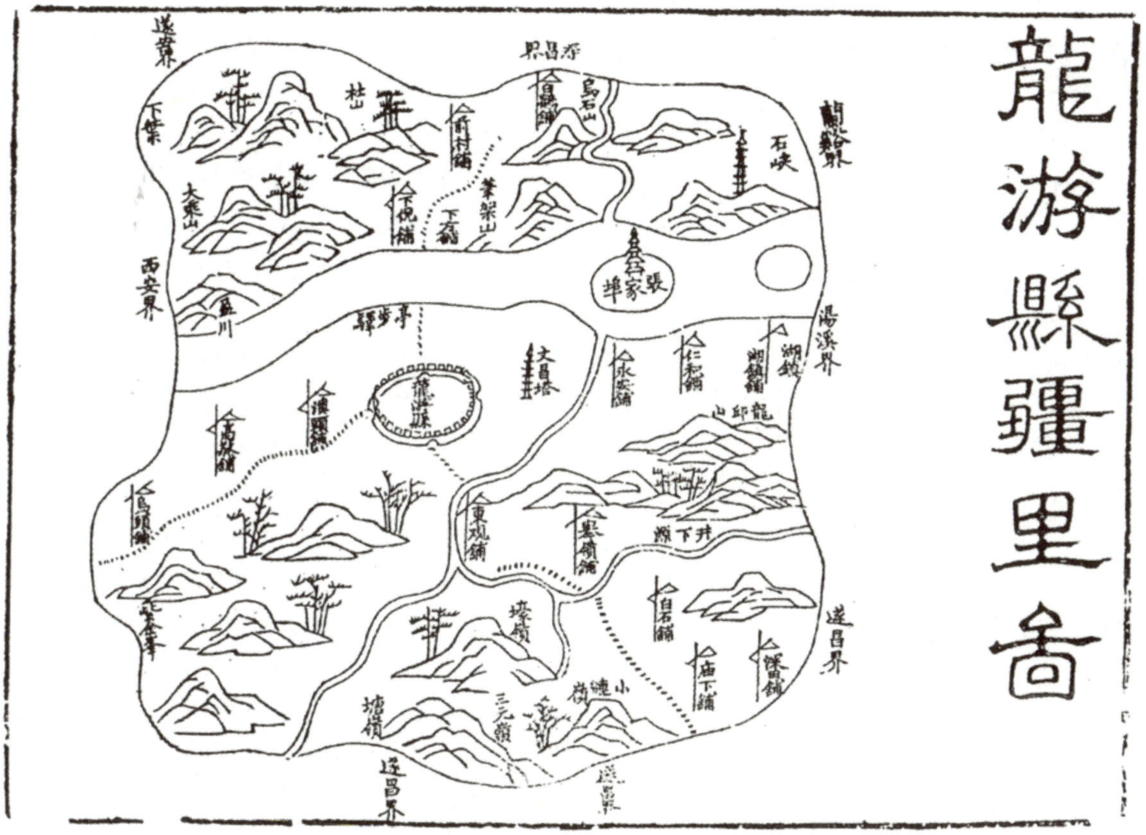

图1 龙游县疆里图（原载清康熙癸丑《龙游县志》卷首）

年为妥。至于清阳乡的范围，“大体上在今县境以东至金华县莘畈溪沿岸。”至是年，龙游县境域未再有大的变化。

【局部调整】 除前述土地析出设置新县外，小范围的调整颇为频繁。有的是因为勘定县界而变动，有的是为了解决一些“飞地”问题，也有的是因龙游县制的恢复而相应变动。其中可考的有下列几次：

1921年，将原属龙游县的分水坪、王坞、燕窝汪村划属遂昌县，将原属遂昌县的下旦（今属沐尘畲族乡马戍口行政村）划属龙游县。

1933—1937年，龙游、衢县两县会勘县界，将马叶村东南部及张家村（今均属詹家镇）划归龙游县。

1936年11月12日，以珏塘村之半、梅岭村划属寿昌县，寿昌县以飞地张家村（今属横山镇）之半及上叶村（今属横山镇塔下叶行政村）划属龙游县。

1949年，将原属衢县的马叶村（今属詹家镇）西北部划属龙游县，使原分属龙、衢两县的马叶村得以完璧。

1952年3月，将龙游县士元乡的生塘徐、梅屏、小梅屏、柴埠江、山峰张村划属兰溪县，将原属兰溪县圣山乡（今水亭畲族乡）的兑门江、米筛垄（今属茶场新村行政村）、经堂（今属茶场新村行政村）、下畈（今名上畈）、西湖（今名西胡，属茶场新村行政村）划属龙游县（今均属模环乡）。

1954年6月，龙游和遂昌县界调整为以凹岭（即豪岭）为界，原属遂昌县白水乡第四村的芦头（今名路头，属沐尘畲族乡）及雷坞（今属庆丰行政村）、竹头底（今属沐尘畲族乡双戴行政村）、杨梅岭（今属庆丰行政村）、杨里（今属庆丰行政村）及原属遂昌县苏村乡（今北界镇）三村之岱岭（今名大头岭，属大街乡贺康行政村）自然村划属龙游。

1954年8月，将原属衢县大里乡（今峡川镇）之金村（今属石佛乡）划属龙游。

1983年，1980年将原属衢县外黄公社的黄村、上西两大队（今均属小南海镇龙丰行政村）划入当时的箬塘公社，复县时随箬塘公社改属龙游县。1960年随龙游县并入衢县的大路店、上大路、湖南山、上高敬、下高敬、里湖塍、外湖埕、尖竹桥村，1983年复县时留在衢县。湖镇区复归龙游县时，将原属金华县的东沙畈村改属龙游县（今社阳乡金龙村）。

1985年，将1960年析出的邵家、长元祝、叶家、童村（今均属湖镇镇）4村划归龙游县。

山 川

【概况】 境内山脉沿金衢盆地南北两缘分布，成为县境的界山。北部属千里岗山脉余脉，由古生界及中生界褶皱山组成；南部属仙霞岭山脉余脉，由断裂构造控制断块山组成，以火山岩为主。县南最高山峰茅山坑，海拔1442米；县北最高山峰马槽山，海拔940.1米；县境最低处为湖镇镇下童村，海拔35米。境内河流属钱塘江水系。除衢江外，各溪流均发源于南北山脉之中，成为雨源型山溪。主干流衢江，自西向东横贯县境中部，南北各有一级支流4条，呈树枝状分布。一级支流上又有集雨面积在5平方千米以上分支流17条，河流总长402.1千米，年均径流量10.78亿立方米，丰水年13.4亿立方米。支流河床比降大，水位易涨易落，枯洪变化悬殊。20世纪50年代以来，上游多有水库建成，对汛期的径流量有所控制，水位相对平稳，洪旱危害大为减轻。

【仙霞岭山脉】 分布县境南部、西南部及东南部，自县西南与衢江区、遂昌县交界处入境，成桃源尖山结。由此分两支：一支为北东走向，沿衢江区与龙游县边界延伸，山势较高，自县境最高点茅山坑向北，依次有黄婆衣、麻洋岭、绿葱湖、老虎山、盘冲头、石角、东东尖、坞岩尖、树坞顶、将军帽诸峰，构成与衢江区的界山；复自坞岩尖分出一支，北东走向，有小溪表、天上洋、晓溪山、牛头石岗诸峰，成步坑源与晓溪水分水岭。另一支从桃源尖沿龙游县、遂昌县边界延伸，北东走向，有石角头、大加脑、羊头、金鸡石、大坪岗诸峰，跨过灵山江有老虎岩、猪凹岭、金竹坞、泥湾诸峰，构成与遂昌县的界山；复由大加脑分出一支，北北东走向，沿庙下溪东岸延伸，有湖口、杨树山、长生岭、曾家坞、大衣坞、长田丘、天福山、西山顶诸峰，成庙下溪三元岭水分水岭；大坪岗分出一支，北北东走向，有上山子、猴子铺、茂山诸峰，成三元岭水与大界源水（源出遂昌县飞连尖，东北流人县境，在坑口注入灵山江）分水岭；乌泥湾向北分出一支，沿龙游县至金华市婺城区边界延伸，有黄岗坛、寮山尖、五龙山诸峰，构成与金华市婺城区的界山。仙霞岭余脉在境内牛角湾成一山结，分出两支。一支东偏北走向，有蒲阳山、大虹顶、三爪坞、水底坞、白洋山、白石山、铜钵山、楼坞尖、螺蛳线诸峰，成山南潼溪与山北罗家溪、社阳港分水岭；白云山向北分出一支，有大山表、仰天湾、红南基、圣堂山、资福山诸峰，为罗家溪主流与支流马府源分水岭；铜钵山向北分出一支，有白岩山、白鸽、前山岗、大湾尖、好坑坞尖、船湾尖诸峰，为罗家溪与社阳港分水岭；楼坞尖向北分出一支，有老鼠坞、金坞尖、大列唐、横坞尖、老鹰岩、铁索尖诸峰，为后渠源水与大公溪分水昤。牛角湾山结另一支自牛角湾向东南行，有梓山、严家山、老虎岩诸峰，为潼溪与梓山水、小坑水、潘兵水分水岭，其北端延伸至十都、官村、上圩头、希唐、三叠岩一带，构成金衢盆地南缘。

【千里岗山脉】 分布在县北与建德市交界处，呈北东走向。最高峰马槽山位于县境西北角，自此沿龙游、建德边界向东北延伸，有十八湾、龙门、乌

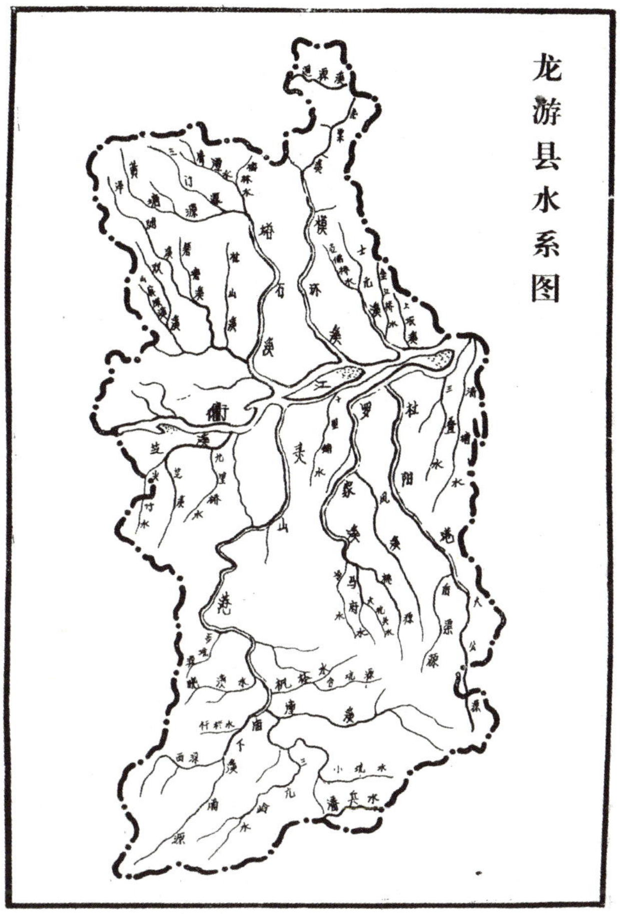

图2 龙游县水系图

龟岗、乌石山、白岭、天池山诸峰，形成与建德市的分水岭。此线以南山峰有梅树坞、上东山、木瓜棚、黄梅尖、饭甑山、石口门、蝴蝶形、大湾等，多流纹岩及凝灰岩。再南从石佛至后徐至龙门桥至志棠一线，有杜山、官山（旧称鹳山）、大山等山峰，北东走向，多石灰岩、白云岩等沉积岩。

【衢江】 境内衢江旧称瀔水，也有写成穀水、縠水的，为钱塘江上游主流之一。自衢江区盈川潭入境，至湖镇镇邵家村出境，入境口高程43米，河口高程32米，落差11米，平均坡降0.39‰。境内主流长28千米，流域面积1053.84平方千米，沿江有詹家镇、小南海镇、龙洲街道、东华街道、模环乡、湖镇镇。主河道入境至团石汪歧为南北两流，北流至大船头下游岩山折东南至泽基；南流在施家埠纳芝溪水，经姜家、张杨至泽基与北流重合。南北分流间成一沙砾滩，面积约1.5平方千米，滩北名翁家滩，滩南名下滩。主河道重合后，往东偏北流约6千米至驿前，纳灵山江水后再流约1千米，复歧为二：左流经后周笋墩山下纳塔石溪水，至张家埠、范家，在凤基坤纳模环溪水；右流经湖底叶、项家、槐王、中央滩、白地圩、布袋滩；分歧中孕育出江心洲，面积约8.66平方千米，洲上有张家埠、范家、杨家3个村。右流经白地圩又一分为二，左流至湖岩与原左流汇合，经小溪滩、马家、唐家圩、桥头江、后陈、下童，先后纳士元溪水、上畈溪水，至湖镇镇邵家；右流经青田铺至河村纳罗家溪、社阳港，经白革湖、河曲桥与三叠岩水汇合，经叶家至邵家与主流会合出境。分歧中又孕育出江心洲，称鼎新洲，面积约5.64平方千米，洲上有塘马、上溪头、新圆、后陈、下童等5个村。衢江河道横向为宽浅表状“U”型断面，主河道最宽400米，最狭350米。常水位时最大水深点约3米至4米，最小水深点约2米至1米。年平均径流量为每秒340立方米，年平均入境水量116.8亿立方米，出境水量124.3亿立方米。

【芝溪】 源出衢江区全旺镇尚伦岗，自詹家镇十都村入龙游境，至龙洲街道施家埠汇入衢江，入境口高程65米，河口高程45米，落差20米，坡降1.27‰。境内流长15.75千米，流域面积93.38平方千米，流经詹家镇、龙洲街道。入县境后北流，经胡家、芝溪、夏金至孙家纳尖竹桥水。折东流，经黄家至李家纳黄塘溪水。再流经后游至詹家，纳张严水、九里桥水，经水亭圩至施家埠汇入衢江。

【灵山江】 又名灵山港，旧名灵溪、灵源、灵源港、薄里溪、泊鲤溪等，为县境内衢江第一大支流。发源于遂昌县高坪乡和尚岭，自沐尘畲族乡马戍口村入境，至东华街道驿前村汇入衢江，入境口高程175米，河口高程38米，落差137米，坡降2.45‰。境内流长55.95千米，流域面积334平方千米，流经沐尘畲族乡、溪口镇、龙洲街道、东华街道。自马戍口纳潘兵水（檀溪），北流至坑口纳山北桥水（楼坞坑水），再至渡头纳小坑水。转东北流，至坑头纳梓水。折西流纳三元岭水（同康水）、社里水。至沐尘折北流，至大虹桥纳潼溪水，至溪口纳庙下溪水，至小虹桥纳枫林溪水，至江潭纳晓溪水、大垄水，至灵山纳外高山水，至塔下折西北纳大安源水，至花坟前纳北山水，至步坑口纳步坑源水，至石角纳道士源水、考坑水。复折向北流，至渡贤头纳老鹰岩水。折西北至旗山脚下纳黄冠源水，经官潭折东偏北流，至官村纳寺坞水。出官村后折北，入寺后大畈。过寺后至白畈，纳大垄水，经县城东至驿前、湖底叶两村间汇入衢江。年平均径流深1.04米，径流量每秒20.8立方米，年来水总量6.12亿立方米。系典型山溪性源流，坡降大，流速快，遇暴雨破坏性大。旧时木船可从县城通至遂昌县北界镇，1958年后山区林木砍伐过量，加之河中拦水筑坝，造成河道泥沙淤积，至20世纪60年代后期舟筏已无法通航。

【罗家溪】 旧名马府源。源出铜钵山，河源大街乡岭根村，高程285米，河口湖镇镇下叶村，高程32米，落差253米，坡降8.6‰。主流长29.3千米，流域面积120.93平方千米，流经罗家乡、溪口镇、东华街道、湖镇镇。自岭根北流，经陆村入红塘坑水库。出水库后至傅家转西北，经芰塘金、桃源、荷村、罗家至大乘坞纳马府水。北流至席家折向西流，于鹁鸪头纳冷水。转东北经上圩头、岩头，至狮子山纳甘溪水。经墩头、西陈至新屋纳凤溪水。北流经方家至寺底袁纳横路祝水，经马报桥、上昌至七都西南，折向东流。经下潘至下叶与社阳港水合流，流至河村注入衢江旧支流，再流经湖镇白革湖至叶家汇入衢江。

【社阳港】 旧名竺溪水，又名长枝源。发源于龙游县与金华市婺城区、遂昌县交界处的社阳乡境内东长坪北麓，至湖镇镇河村注入衢江旧支流，河源东长坪高程450米，河口河村高程34米，落差416米，平均坡降13‰。主流长31.95千米，流域面积108.69平方千米，流经社阳乡、湖镇镇。源流经县内源头村、婺城区上阳村，又至社阳乡沙畈村南入境。北流经金钩至大公，纳塘泗水，经茶园至双溪口纳后渠水，再折西北流至桃园纳银坑水，至金鸡洞纳毛家坞水。至社阳，南纳好坑坞水，东纳园油坑水入社阳水库。出水库后经希唐、溪底杜、竺溪桥至湖镇镇下叶村，与罗家溪合流，再至河村注入衢江旧支流，再经湖镇至邵家汇入衢江。社阳港主要分支流后渠水源出社阳乡上堤村老鹰岩，自南往北经上堤、泽夫湾口、上后渠、连下桥至双溪口，注入社阳港。主流长7.6千米，流域面积17.31平方千米。河源高程400米，河口高程110米，落差290米，平均坡降38.16‰。

【塔石溪】 旧名锦溪，系县境内衢江北岸最大支流。主源为三门源水，源自石佛乡大力山村白佛岩，至小南海镇后周村汇入衢江，河源高程180米，河口高程38米，落差142米，平均坡降4.9‰。主流长29.2千米，流域面积220.28平方千米，流经石佛乡、塔石镇、横山镇、小南海镇。另有西源自梅树坞始，名黄塘源。三门源、黄塘源汇合于下洪村南成石佛溪，东南流至胡家纳清潭水、梅岭水，至贤求朋纳锦溪水，经脉元、西圯、李家至坞堪，再南出小溪，经王印图、横堰、西徐至张坞碓、山水碓，与泽随溪汇合于下高桥。合流后折向东南，流经地皮山、后周至笋墩山下汇入衢江。

【模环溪】 原名双溪。源出建德市宙坞坪，自横山镇塔下叶村入龙游境，至模环乡凤基坤村汇入衢江。入境口高程102米，河口高程35米，落差67米，坡降2.6‰。县境内主流长25.8千米，流域面积97.12平方千米，流经横山镇、模环乡。自塔下叶纳志棠溪水与翁坞底溪水成为主流，折南流经张家、上向徐至白鹤桥，纳珏塘溪水与龙门桥山溪水。向南流经会泽里，至叶野纳苗高水，至横山纳横山水。再流经湖涯溪边、下西山、五都桥、模环、金家、祝家、兰塘、大治至凤基坤汇入衢江。

【士元溪】 旧名斗山水。源出横山镇上下朱村，至模环乡桥头江村汇入衢江，河源高程76米，河口高程36米，落差40米，坡降3.48‰。主流长11.5千米，流域面积41.5平方千米，流经横山镇、模环乡。源流南行新王村、刘家村至湖塘殿，纳老佛水，东南经白马至前方西北汇合金江桥水，曲折南流至桥头江西北汇入衢江。

【上畈溪】 源出兰溪市圣山乡石孔头，至模环乡上畈村入境，流经米筛垄、兑门江、叶塘下，至前方村以东祠堂脚汇入衢江。境内流长3.5千米，流域面积5.48平方千米。入境口高程52米，河口高程32米，落差20米，坡降5.71‰。

矿 产

【概况】 龙游县的矿产资源以非金属矿为主，按成因分为两种类型。一种为岩浆期后中低温热液型，有黄铁矿、萤石等，分布在县南花岗岩发育地区；一种为沉积型非金属矿，有石煤、石灰石、白云石、黄蜡石等，分布在县北地区。全县已发现矿种23个，矿产地66处(不包括建筑黄沙)。矿产资源的基本特点是：能源矿产贫乏；金属矿产除灵山黄铁矿床伴生铜、铅、锌外，其余大多为矿点，不具备开发条件；非金属矿产矿种不多，但颇具特色，水泥灰岩、建筑用凝灰岩、砖瓦黏土、黄沙较丰富，为县内矿产资源开发利用的主要矿种，且分布集中，有利于矿业规模化经营和产品系列化开发。

【黄铁矿】 分布在县境南部，有溪口东矿、溪口西矿、灵山、牛角湾、凤凰山等5处矿产地，探明基础储量黄铁矿1565.74万吨，其中灵山矿区伴生铜金属量17372吨、铅金属量16921吨、锌金属量37877吨、银金属量102吨。含硫量较高。

【水泥灰岩】 分布在县境北部的石佛、龙门桥、志棠一带，控制基础储量为7303.4万吨。

【建筑用凝灰岩】 主要分布于石佛乡塘边—横山镇龙门桥—横山镇腰塘边、东华街道上圩头—罗家乡、詹家镇芝溪—龙洲街道岑山—龙洲街道后田铺一带。为侏罗系火山凝灰岩，潜在资源量大，可成条石、块石等品种，成材率高，是建造坝基、桥基及高档建筑物的良好基石。

【砖瓦黏土】 主要分布于横山镇白鹤桥、石佛乡下洪、塔石镇雅村—模环乡姚西塘、詹家镇浦山—东华街道大垄口及湖镇十里坪一带。为白垩系粉砂岩风化形成的黏土岩，黏结性好，露天开采方便，潜在资源量大。

【黄沙】 主要分布在衢江龙游段及其支流灵山江、社阳港、罗家溪、塔石溪、模环溪。预测资源量为1430.44万吨，年输砂量34.06万吨，为衢州市主要的商品黄沙基地。

【蛇纹岩】 分布于溪口镇灵山上北山，探明的基础储量为10.47万吨，已作为磷肥厂配料开发。

【石煤】 主要分布于县境北部的石佛乡杜山坞和横山镇龙门桥、东王及马山一带，矿体长约10千米，分上下两层，下层石煤质量较好，含硫量高，且伴生五氧化二钒。已经开采的有杜山坞、龙门桥、东王3处矿点。

（县史志办 劳乃强）

中共龙游县委员会

概　述

2017年，中共龙游县委在浙江省委、衢州市委的正确领导下，坚持以马克思列宁主义、毛泽东思想、邓小平理论、“三个代表”重要思想、科学发展观、习近平新时代中国特色社会主义思想为指导，全面贯彻落实党的十九大精神和省市党代会、全会精神，坚决落实中央和省市各项决策部署，扎实推进“三个五年三步走”（“三个五年”即五年打基础、五年求突破、五年争崛起）战略，主动作为、创新实干，朝着建设区域明珠型城市目标迈步前进。全年地区生产总值同比增长7.6%，财政总收入和公共财政预算收入分别增长9.9%和9.7%，固定资产投资增长14%，社会消费品零售总额增长12.0%，外贸进出口总额增长28.8%，城镇、农村居民人均可支配收入分别增长8.6%和10.0%。

主要工作

【强化思想武装谋发展】 坚持不懈强化思想理论武装，以县委理论学习中心组学习会为主平台，及时组织学习党的十九大、习近平总书记系列重要讲话精神和省市党代会、全会精神，深刻领会习近平新时代中国特色社会主义思想，推动广大党员干部始终在政治立场、政治方向、政治原则、政治道路上同党中央、省委、市委保持高度一致。坚持理论联系实际，将党中央和省委、市委精神与龙游实际紧密结合，坚定不移地沿着“八八战略”指引的道路走下去，加快将龙游建设成为区域明珠型城市，书写好浙江省实现“两个高水平”（确保到2020年高水平全面建成小康社会，并在此基础上，高水平推进社会主义现代化建设）奋斗目标、衢州“成为全省经济发展新的增长点”中的龙游篇章。

图3　5月24日，龙游县召开“两学一做”学习教育常态化、制度化工作座谈会

【建实力之城迈新步伐】 始终坚持把发展经济的着力点放在实体经济上，围绕创建省级工业强县目标，念好育产业、强龙头、优平台“三字经”，建强“五大百亿”（高端装备、特种纸、高端家具、绿色食品、新能源新材料5个百亿以上细分产业）生态工业新体系。新引进金励纸业、华邦古楼、浙建

投装配式建房等一批10亿元以上龙头项目，30多家企业完成股改，“新三板”挂牌企业增至9家，7家企业启动主板上市。打好开放合作、“腾笼换鸟”（把现有的传统制造业从目前的产业基地“转移出去”，再把“先进生产力”转移进来，以达到经济转型、产业升级）组合拳，有效处置“僵尸企业”（已停产、半停产、连年亏损、资不抵债，主要靠政府补贴和银行续贷维持经营的企业）39家，盘活土地70.8公顷、存量资产6.1亿元，造纸行业入选省级传统制造业改造提升试点。强化创新驱动，在深圳设立衢州市首个驻外招商工作站，建成镇海科技大市场龙游分市场。国、省“千人计划”（面向海外引进高层次人才的国家千人计划和省千人计划）人才增至5人，院士专家工作站签约院士7名，金昌特种纸院士专家工作站入选2017年国家示范院士专家工作站，院士团队成功入选浙江省领军型创新团队。电商城通过省级众创空间认定，成功创建浙江省知识产权工作示范县。编制完善龙游经济开发区规划体系，加快园区基础配套设施建设，成立衢州出入境检验检疫局龙游现场办公室，城南工业区块能源站建成投产，企业服务中心投入运行，基本实现企业办事不出园。

【建魅力之城展新形象】 始终坚持走紧凑集约型城市化发展之路，围绕优化产业和人口空间布局，有序推进“一路一桥一港一枢纽”（即湖镇至童家公路工程、跨衢江大桥应急工程、龙游港区桥头江作业区工程、游埠枢纽护岸护堤工程）、沿江美丽公路、351国道重大交通基础设施工程，加快构建“一城两江四区”（以县城为中心，开发衢江、灵山江，优化老城区、城东新区、龙北产业新区、湖镇片区之间的空间构架）城市发展新格局。打好“大拆大整、大改大建”攻坚战，启动城东新区二期3.2平方千米征迁工作，至年底，711户产权户房屋征收签约率达94.7%；太平路、人民路等主街景观改造，华西园等8个老旧小区改造全部完成，1887户C级危房、411户D级危房全部解危。成功打通莲湖路、翠竹路两条搁置10多年的城市“断头路”，建成荣昌东路、子鸣路、文靖路三条新区道路。推行“一把扫帚”、“路长制”、“一月一路”（每月整治一条城区主干道路）、“智慧停车”等长效机制，实施电动车登记上牌管理，纵深推进城市“十乱”（车乱停、违法乱建、垃圾乱倒、杂物乱堆、摊点乱摆、绿化乱毁、广告乱设、污水乱排、道路乱挖、线路乱拉等乱象）整治，城市面貌焕然一新，跻身国家级卫生县城。全域旅游迈上新台阶，设立旅游产业基金，新引进神农谷中草药田园综合体、龙凤花海、凤栖龙游精品民宿等一批重大旅游项目，红木小镇成功创建国家AAAA级旅游景区，并再次入选省级优秀特色小镇，横山镇入选省级旅游风情小镇，三门源民俗文化小镇顺利开园。

【建活力之城创新业绩】 始终抓牢“最多跑一次”这个“牛鼻子”，全面推进各项改革落地生根，并取得实效。1121项行政权力类办事事项实现一次办结，占比达96.4%，群众反映的“热点”“痛点”和审批服务的“堵点”“盲点”问题有效破解。农村综合改革步伐加快，土地测绘和土地流转分别达2万公顷、1.19万公顷；农合联农业社会化服务体系建设进展顺利，建成省市美丽牧场31家，获评全国首批、浙江省唯一的“畜牧业绿色发展示范县”。全面完成15个乡镇（街道）综合指挥室标准化升级改造，“四个平台”（综治工作、市场监管、综合执法、便民服务）建设向村级延伸取得新突破，“村情通+全民网格”模式在全县262个行政村实现全覆盖，注册用户突破18万人，日均登录办事、投诉、求助、咨询等超1万人次，群众反映的问题90%以上解决在村内，户籍、生育登记等农村群众常办的10件事一次办成率达95%，构建起全民化、阳光化、扁平化、智能化的共建共治共享基层治理新机制。国家绿色金融改革试验区建设稳步推进，金融政策红利持续释放。中小学教师“县管校聘”和分级诊疗、医保支付方式等省级试点改革走在衢州市前列。

【建幸福之城显新作为】 始终坚持把人民群众对美好生活的需求作为奋斗目标，从人民群众最关心最直接最现实的利益问题入手，一件一件地办。持之以恒优化环境，全县298处劣V类水体全部销号，衢江出境水质量保持III类以上；完成81个村生活污水处理设施提标改造，农村生活垃圾集中收集处理率达100%，6个乡镇获评国家级、省级卫生乡镇；220个省市级“四边三化”重点问题全部整改，S33龙游南高速公路收费站路段获评省级“最美入城口”；全县累计拆除违法建筑295万平方米，完成“三改”（旧住宅区、旧厂区、城中村改造）面积1043万平方米，整治农村赤膊墙274万平方米，拆除整治竹木加工企业33家，11个乡镇（街道）顺利通过衢州市无违建验收。社会事业加快发展，城镇新增就业5700余人，基本养老、基本医疗保险参保率分别提高到86.3%和98.5%。创新集团化办学和现代学徒制试点，龙游求实职校联手吉利集团开创校企合作新模式，城区小学、幼儿园分别增至6家，教育布局不断优化。启动城乡一体化医联体建设，推进优质医疗资源“双下沉”（城市优质医疗资源下沉、优秀医务人员下基层），打响“民盟同心名医服务站”基层服务“金名片”。承办全省乡镇（街道）综合文化站效能建设现场会，高标准通过省级公共文化服务标准化重点县验收，被授予浙江省首批文化产业重点县。平安龙游、法治龙游建设持续深化，省市积案化解总量和化解率均居全市首位，获“全国平安建设先进县”荣誉称号。

【打造龙游铁军谱新篇】 始终牢记“全面从严治党永远在路上”，坚持问题导向，保持战略定力，全面推进党的政治建设、思想建设、组织建设、作风建设、纪律建设。深化“两学一做”学习教育制度化、常态化，扎实开展“两年”（队伍建设年、规范管理年）活动，圆满完成村社组织换届选举工作。将意识形态纳入党建工作重要内容，牢牢掌握意识形态领域领导权和主导权。加强舆论宣传引导，做强主流媒体品牌，微龙游影响力持续扩大，龙游新闻网被评为浙江省每月十大明星支站，曝光各类负面典型80余个，全部问题得到及时有效解决。深化“最美龙游”建设，1人入围“中国好人榜”，5人入围“浙江好人榜”。坚持新时期好干部标准，抽调291名干部在城东新区、“五四三”（“五水共治”“四边三化”“三改一拆）专项、危旧房治理等一线攻坚，49名“狮子型”“老黄牛型”优秀干部得到提拔重用，选派107名改任非领导职务干部重返一线，新建300名优秀县管后备干部库，实绩、实干导向更加鲜明。深入实施全域党建示范提升工程，全面完成农村基层党建“双整”工作，创建党建示范区5个、党建示范带5条，打造特色小镇、经济开发区等一批新领域、新业态特色党建品牌。深化纪检监察和纪检体制双重改革，龙游县监察委员会正式挂牌，完成9家单位政治巡察，完成88个行政村作风巡查，启动10个政府投资重点项目专项巡查，对腐败现象“零容忍”，党风政风持续好转。

在龙游召开的省级重要会议

【浙江省百万家庭屋顶光伏工程建设现场会】 3月15日在龙游县召开。副省长熊建平，省级相关部门领导、各市分管领导及相关光伏企业领导，衢州市、龙游县领导陈新、汤飞帆、陈锦标、刘根宏、张晓峰、张少华、王光华参加会议。与会人员先后前往詹家镇芝溪家园和龙洲街道山底村两个屋顶光伏工程项目建设示范点进行实地考察。会议充分肯定衢州市和龙游县家庭屋顶光伏建设所取

图4 3月，浙江省百万家庭屋顶光伏现场会在龙游举行

得的成效，并强调指出，百万家庭屋顶光伏工程是“十三五”期间浙江省能源发展的一项重要任务，各地、各部门要紧紧围绕省委、省政府的部署要求，落实支持性政策，创新推广模式，注重规划设计，完善标准体系，强化监督检查，确保工程建设质量，把百万家庭屋顶光伏工程打造成美丽浙江一道新的靓丽风景线。

【浙江省新建水库移民安置工作交流培训会】 3月28日至29日在龙游县召开。会议全面总结浙江省新建水库移民安置工作情况，深入分析移民安置工作面临的新形势、新问题，统一思想，明确目标，全力提高全省移民安置管理和实施水平。浙江省民政厅副厅长、省移民办主任王忠志出席会议，衢州市副市长王良春、龙游县委书记刘根宏分别致辞，龙游县人大常委会主任、高坪桥水库建设指挥部总指挥周中民代表龙游县作移民安置工作经验介绍，各市(县、区)移民管理机构及新建水库工程指挥部负责人参加会议。会议强调，各级、各部门要牢固树立“群众利益无小事，移民工作事关大局”的观念，按照省委、省政府的部署，抓住前期规划、征地补偿、移民搬迁安置和后期扶持等关键环节，做好水库移民安置工作。

县委召开的重要会议

【龙游县干部大会暨“拆治归”工作推进会】 2月4日召开。县委书记刘根宏出席会议并讲话，县委副书记、代县长张晓峰主持会议并作部署，县领导周中民、黄利荣、洪一舟、张少华等参加。会议要求各级各部门要切实转变工作作风，着力规范管理；以对党、对人民高度负责的态度，丰富、继承、发扬好党员干部在推进重点工作中涌现的“大南门精神”“小高山精神”“创国卫精神”和“高坪桥速度”，打造一支忠诚履职、主动担当、创新实干、干净干事的干部队伍，锻造一支敢打必胜的龙游铁军。张晓峰在部署“拆治归”（“三改一拆”“五水共治”“浙商回归”）工作后强调，各单位、部门要迅速传达学习会议精神，深入推进“五四三”专项工作，继续做好“拆治归”结合文章，大干项目，大抓招商，切实把会议提出的任务要求落到实处，确保全年各项目标全面完成。

【县委十一届二次全体（扩大）会议】 8月26日召开。全会认真学习贯彻习近平总书记“7·26”重要讲话精神，全面贯彻落实浙江省第十四次党代会和衢州市委七届二次全会的决策部署，动员全县上下坚定不移沿着“八八战略”指引的路子走下去，加快建设区域明珠型城市。县委常委会主持会议。县委书记刘根宏代表县委常委会向全会作报告。全会充分肯定上半年的工作，认为全县上下认真学习贯彻习近平总书记系列重要讲话精神，全面贯彻落实中央和浙江省委、衢州市委各项决策部署，围绕“五年打基础、五年求突破、五年争崛起”的“三步走”战略目标，坚定不移推动产业转型升级，着力突破城镇建设管理瓶颈，深入推进重点领域和关键环节改革创新，切实肩负起全面从严治党主体责任，全县经济发展稳中有进，社会保持和谐稳定，各项工作取得新进展，顺利实现“半年红”。全会强调，加快建设区域明珠型城市，要在做大经济总量、提升经济质量上展现新作为，进一步激发改革创新的新活力，努力将龙游建设成为实力之城、魅力之城、活力之城。全会强调，下半年工作要紧紧围绕区域明珠型城市建设目标，乘势而上、奋力拼搏，着重在五个方面加压奋进，确保实现经济社会发展“全年红”。

【县委常委会（1）】 2月10日召开。会议传达学习省委副书记、省长车俊和省政协主席乔传秀在龙游县调研的讲话精神。县委书记刘根宏主持会议。会议强调，要认真学习贯彻车俊省长的讲话精神，主动加强与省级有关部门的对接，抓具体，抓落地，争取将龙游县纳入省“两山”（绿水青山就是金山银山）示范试点县和“省领导联系重大项目承接地”；要加强政府自身改革，通过简政放权，激发市场活力；要坚定不移按照五大发展理念和“两山理论”重要思想，发挥生态优势，坚定不移走绿色发展之路，发展绿色经济，建设绿色城市，让人民群众更多更好地享受绿色发展红利。会议传达学习乔传秀在龙游调研的讲话内容后，强调要科学施策、主攻重点，坚定不移打好“拆治归”转型升级系列组合拳，切实巩固发展好实践成果；要坚持以人民为中心，让老百姓有更多、更具体的获得感；要注重体现善作善成的责任担当，展示勇立潮头的“龙游铁军”形象。

【县委常委会（2）】 4月1日召开。会议传达学习浙江省组织部长会议精神。县委书记刘根宏主持会议并讲话。会议强调，全省组织部长会议对做好今后一个时期组织工作提出了一系列新精神、新要求，全县分管组织工作的干部必须认真学习领会，准确把握精神实质，并一以贯之地抓好贯彻落实；要积极推进“两学一做”学习教育常态化、制度化，加强思想政治建设；要继续优化干部队伍结构，提高干部专业素质，着力年轻干部培养，增强干部队伍活力；要切实抓好农村基层党建工作，选优配强村级领导班子，加强主体责任意识，充分发挥农村基层党组织的战斗堡垒作用，努力推动全县组织工作再上新台阶。

【县委常委会（3）】 5月19日召开。县委书记刘根宏主持会议。会议传达学习浙江省委书记车俊在湖州市安吉县调研时的讲话精神，强调要牢记绝对忠诚这个第一要求，紧紧抓住发展这个第一要务，始终把人民摆在心中第一位置，增强全面深化改革这个第一动力，坚决扛起全面从严治党这个第一责任，切实把思想和行动统一到省委决策部署上来。会议传达学习衢州市委常委扩大会议精神，强调要牢记发展第一要务，补齐发展短板、提升服务效能，加强有效投资、抓好项目谋划，持续大干项目、干大项目，努力推动龙游县经济发展再上新台阶。会议还传达学习推进“两学一做”学习教育常态化制度化的相关精神、全省社会治安综合治理创新工作会议精神、全省纪检工作会议精神及浙江省委常委、组织部部长任振鹤在龙游县调研时的讲话精神。

【县委常委会（4）】 6月1日召开。县委书记刘根宏主持会议。会议传达衢州市二季度重点项目集中开工暨大干项目工作推进会精神，强调要坚定不移增投资、上项目、抓产业、促发展，全面抓好全年重点项目建设任务。要按照全县二季度经济工作暨项目谋划推进会议要求，积极谋划一批重点项目，不断加大招商引资力度，加快在建项目推进进度，齐心协力助推龙游经济社会发展。会议传达衢州市科技创新大会精神，强调要明确目标，自加压力，加快以科技创新为核心，以技术研发、技术创新、技术转化推动龙游县转型发展；要立足企业发展，全方位加大对科技创新的投入力度，提高企业研发创新能力；要引进各类创新人才，充分利用院士专家工作站、驻外人才工作站等平台，大力宣传龙游人才发展环境和相关政策，吸引更多高端人才到龙游县开展科技研发和项目合作，推动龙游县科技创新工作再上新台阶。

【县委常委会（5）】 8月1日召开。县委书记刘根宏主持会议并讲话。会议传达学习《中共中央办公厅关于认真学习贯彻新修改的〈中国共产党巡视工作条例〉的通知》，要求各级领导干部要加强学习，深刻领会，与党中央保持高度一致，推动巡视工作常态化、长效化。会议传达学习浙江省党政代表团赴上海、江苏、安徽学习考察情况和车俊书记在省委十四届一次全会、十四届省委常委会第一次会议上的讲话内容，强调要深刻领会和把握车俊书记在园区建设、科技创新、高等教育、改革开放、城市治理五方面提出的要求，进一步提高站位，自觉履职，扛起使命担当，加快赶超发展。会议还传达学习浙江省各级人大常委会主任学习会精神，强调要加强人大队伍建设，提升业务工作能力，推动人大工作和全县各项事业再上新台阶。

【县委常委会（6）】 8月17日召开。县委书记刘根宏主持会议并讲话。会议传达学习习近平总书记“7·26”重要讲话精神，要求全县上下迅速行动起来，把学习贯彻习近平总书记重要讲话精神与贯彻落实浙江省第十四次党代会、衢州市第七次党代会精神结合起来，确保中央大政方针和省委、市委决策部署在龙游落地生根、开花结果。会议传达学习衢州市委理论学习中心组“最多跑一次”改革专题学习会精神，强调要在推进中总结经验和创新方法，不断提高人民群众的获得感和幸福感。会议还传达学习浙江省司法体制改革暨十九大维稳安保大会战工作推进会、省委书记车俊在金华调研时的讲话精神，传达衢州市基层党建工作重点任务推进会暨“双整”工作百日攻坚行动动员会和特色小镇党建重点工作推进会精神。

【县委常委会（7）】 8月31日召开。县委书记刘根宏主持会议并讲话。会议传达学习浙江省省长袁家军在省政府理财治税专题研讨班上的讲话精神，强调要提高政府理财治税能力，防范地方债风险、养老金收支不平衡风险、区域金融风险、税收收入随意性风险，利用企业屋顶和园区空地，大力发展太阳能、风能等新能源产业，推动税收可持续增长。会议传达学习衢州市七届政府第一次全体（扩大）会议暨廉政工作会议精神，强调要拓宽眼界，创新思路，将思想和行动统一到市委、市政府决策部署上来，明确目标，负重奋进，为加快建设区域明珠型城市努力奋斗。会议还传达学习全省消除集体经济薄弱村会议精神，传达省委常委、省纪委书记刘建超在龙游调研时的讲话精神，学习《关于市县党委建立巡察制度的意见》《被巡视党组织配合中央巡视工作规定》等文件。

【县委常委会（8）】 9月11日召开。县委书记刘根宏主持会议并讲话。会议传达学习浙江省省长袁家军在全省特色小镇规划建设工作现场推进会和三季度工作部署会上的讲话精神，强调要明确特色小镇建设目标、产业定位，在凸显特色、放大特色上下功夫；要走出去，找差距，学经验，补短板，进一步探索和挖掘小镇“展示什么”“如何展示”；要健全可持续发展体制机制，推进旅游产业与文化、体育、健康、养老养生等融合发展；要从紧安排时间，倒排工作计划，加快建设速度，高质量、高标准推进特色小镇规划建设。

【县委常委会（9）】 9月28日召开。县委书记刘根宏主持会议并讲话。会议传达学习浙江省基层群团改革工作会议精神，强调要结合龙游县实际，创新举措方法，通过党建带群建、群建促党建，努力开创基层群团工作新局面。会议传达学习全国社会治安综合治理表彰大会和全省信访工作会议精神，强调要强化维稳意识，创新工作方法，持续深化“村情通+网格治理”模式，做好再探索、再研究、再实践，使基层治理更接地气、更有效率、更具有可操作性。会议还传达学习了《中共浙江省委办公厅浙江省人民政府办公厅关于开展民房等重点领域火灾隐患集中排查整治行动的通知》和衢州市安全生产紧急电视电话会议精神，强调要吸取台州市玉环县民房起火事故的教训，积极开展安全生产宣传；要加大重点领域排查力度，强化监管和防范措施落实，坚决遏制重大事故发生；要强化责任落实，完善安全生产责任制和责任追究制，真正做到一级抓一级，层层抓落实；要做到心中有数、心中有底，及时整治、及时排除安全隐患，确保群众生命财产安全和社会和谐稳定。

【县委常委会（10）】 11月18日召开。县委书记刘根宏主持会议并讲话。会议传达学习浙江省委书记车俊在省委常委扩大会议学习贯彻习近平总书记南湖重要讲话精神时的讲话摘要，传达在全省美丽乡村和农村精神文明建设现场会上的讲话精神，强调要不忘初心，牢记使命，结合龙游实际，大力弘扬“红船精神”，深入贯彻新的发展理念，进一步壮大工业经济，进一步加快城市建设，进一步推进文化旅游，进一步增进民生福祉，以干在实处的工作姿态，奋力谱写新时代区域明珠型城市新篇章；要积极践行乡村振兴战略，全面振兴农村产业，全面打造生态宜居的农村环境，全面塑造淳朴文明的良好乡风，全面加强乡村环境治理，全面创造农民群众的富裕生活，千方百计让农民群众过上幸福美好的好日子。会议传达学习省委书记车俊在全省机关党建工作会议上的讲话精神，传达衢州市城市基层党建工作推进会、衢州市国有企业党的建设工作会议精神，强调要落实好从严治党责任，把握好党建工作主要任务，加强和创新基层党建工作，为实现党的伟大斗争、伟大工程、伟大事业、伟大梦想提供政治保障。会议还传达学习《中共浙江省委办公厅浙江省人民政府办公厅关于严控地方政府性债务的意见》和《中共中央政治局贯彻落实中央八项规定的实施细则》。

【县委常委会（11）】 12月30日召开。县委书记刘根宏主持会议并讲话。会议传达学习浙江省委经济工作会议精神，强调要以党的十九大精神为指引，按照中央和省委的决策部署，坚持稳中求进的总基调，坚持新发展理念，将高质量发展贯穿于经济社会发展的各领域与全过程；要着力推动经济大提升，通过抓债务风险化解、不良贷款防范、扶贫帮困、集体经济薄弱村消除、企业上市、数字经济、新经济培育等工作，推动区域经济发展和人民生活质量全面提升；要统筹谋划，对照考核指标，认真梳理全年工作，查漏补缺，狠抓落实，确保实现2017年“全年红”和2018年“开门红”；要扎实办好“身边小事”，从实施乡村振兴角度，帮助解决群众最关心的问题，更好满足人民日益增长的美好生活需要，切实保障和改善民生。会议还传达学习习近平总书记、省委车俊书记关于进一步纠正“四风”问题和加强作风建设的重要批示精神，强调全县各级领导干部要带头执行，以上率下，层层带动，把贯彻落实中央八项规定精神、转作风改作风情况作为对照检查的重要内容，紧盯一个一个节点，抓住一件一件小事，不断巩固和拓展落实中央八项规定精神取得的成果。

【县委常委（扩大）会议（1）】 3月3日召开。县委书记刘根宏主持会议并讲话。会议专题传达学习衢州市第七次党代会精神，强调全县上下要统一思想，提高认识，深刻领会市第七次党代会的精神实质；要立即行动起来，精心组织、周密部署，迅速掀起学习贯彻市党代会精神的热潮；要坚定信心、勇立潮头，将大会精神转化为加快龙游县奔跑跨越的强大动力，全面推动龙游县各项工作落实到实处，为衢州市成为全省经济发展新的增长点贡献龙游力量。

【县委常委（扩大）会议（2）】 4月28日召开。县人大常委会主任周中民、县政协主席洪一舟传达市“两会”主要精神，刘根宏、张晓峰、周中民、洪一舟、张少华等县四套班子领导参加会议。会议强调，要把贯彻落实市“两会”精神转化为推动龙游发展的动力，抬高站位、拓宽眼界，干在实处、走在前列，努力争当衢州赶超发展新长征路上的排头兵。

【县委常委（扩大）会议（3）】 11月10日召开。县委书记刘根宏主持会议并讲话。会议专题传达学习浙江省委十四届二次全会精神，强调全县上下要把深入学习党的十九大精神和贯彻落实省委全会精神结合起来，立说立行，马上就干，切实抓好当前各项工作，以更加昂扬的斗志，奋发有为的干劲，不断开创新局面，全力推进区域明珠型城市建设再上新水平。

【全县农村工作会议暨省级美丽乡村示范县创建动员会】 3月23日召开。县委副书记张少华主持会议。县委书记刘根宏发表讲话，县委副书记、县长张晓峰部署农村工作，县领导周中民、洪一舟等参加会议。会议指出，创建省级美丽乡村示范县是做好农村工作的有效载体，是实施生态富民战略、推动农村产业转型升级的重要抓手，是让广大农民共享农村发展成果的有力举措，要求各级各部门要进一步解放思想、把握趋势，聚焦创建、整合资源，抓好项目、创出亮点，以铁的纪律统筹推进美丽乡村示范县创建工作。

【一季度社情民情分析会暨护航十九大、建设平安龙游工作会议】 4月13日召开。县委副书记、县长张晓峰主持会议。县委书记刘根宏出席会议并讲话。周中民、洪一舟、张少华等县四套班子领导参加会议。会议对2016年度平安乡镇（街道）进行表彰。会议指出，过去一年，全县上下凝心聚力、攻坚克难，成功实现平安建设“十一连冠”，为冲刺“金鼎”奠定良好基础。下一步，希望全县政法机关继续保持良好的精神状态，以更加务实的工作作风抓好抓实平安维稳工作。会议强调，全县上下必须凝聚共识，乘势而上，深刻领会全省平安浙江会议精神，按照“五个提升”“五个坚决防止”的要求，细化任务清单、责任清单、追责清单，从严落实平安责任制和督考制，确保全县社会大局平安稳定，努力实现“夺金鼎”目标，实现“满堂红”。

【一季度经济形势分析会】 4月19日召开。会议分析一季度全县经济运行情况，听取县统计局、县发改局等相关单位对指标完成率、重大项目推进、金融投资形势、招商引资、外贸运行等工作的汇报。县委书记刘根宏出席会议并发表讲话，县领导周中民、张少华、王光华、崔召春、丁民坚、钟爱红等参加会议。会议强调，要紧紧围绕年初确定的目标任务，牢固树立“产业为王”理念，深化改革、创新方法、优化环境，全力推进招商引资、项目建设、企业服务等重点工作，巩固经济发展向好势头，推动全县经济快速发展。

【“大拆大整、大改大建，建设平安美丽幸福新龙游”动员大会】 4月28日召开。县委副书记、县长张晓峰部署大拆大整、大改大建相关工作，县委书记刘根宏发表讲话，周中民、洪一舟、张少华等县四套班子领导参加会议。会议强调，要牢固确立现代城市理念，打造区域明珠型城市；强化六个意识（树立政治意识、大局意识、核心意识、看齐意识、责任意识、自律意识），扎实推进城市建设和管理；上下同欲，齐心协力，努力实现龙游城市发展大跨越。龙洲街道、东华街道、县住建局、县征迁办等单位围绕“大拆大整、大改大建”工作作表态发言，并向县委、县政府递交军令状。

【全县领导干部会议（1）】 6月16日召开。县委副书记、县长张晓峰主持会议。省党代表、县委书记刘根宏传达贯彻浙江省第十四次党代会精神和全市领导干部会议精神。周中民、洪一舟、张少华等县四套班子领导出席会议。会议指出，省第十四次党代会是浙江处在大有可为战略机遇期、干事创业发展黄金期、不进则退转型关键期召开的一次重要会议，意义重大、影响深远。会议强调，全县上下要从战略和全局的高度，深刻认识学习贯彻落实省第十四次党代会精神的重要意义，立足龙游县实际，把学习贯彻省党代会精神与加快龙游县工业提升、城市建设、全域旅游等重点工作结合起来，全面推进全县各项工作。会议要求，全县上下要凝心聚力、真抓实干，以远大的抱负、饱满的精神状态投入到实践中，全力推进龙游跨越发展、转型发展。

【全县领导干部会议（2）】 10月28日召开。县委书记刘根宏主持会议并讲话。会议传达学习党的十九大精神，张晓峰、周中民、洪一舟、张少华等县四套班子领导出席会议，全县15个乡镇（街道）在分会场参加会议。会议强调学习好、贯彻好、落实好党的十九大精神是全县当前和今后一个时期的首要政治任务，要深刻领会党的十九大精神，营造学习贯彻党的十九大精神的浓厚氛围；要坚持把党的十九大精神与深入推进龙游县“五年打基础、五年求突破、五年争崛起”三步走战略紧密结合起来，与加快建设区域明珠型城市目标结合起来，与抓好当前各项工作紧密结合起来，奋力开创龙游经济社会发展新局面；要以学习贯彻十九大精神为动力，对照年初计划和考核要求，加快推进招商引资、重点项目建设、“五四三”专项、城市环境提升、小城镇综合整治、平安维稳、“两创”建设、“最多跑一次”改革等各项工作，补齐短板，克难攻坚，力争各项工作走在全市前列，确保“全年红”；要深入谋划2018年计划，明确目标，细化任务，为2018年工作起好步、开好局奠定良好的基础。

【县委理论学习中心组学习会暨四套班子务虚会（1）】 7月29日召开。刘根宏、张晓峰、周中民、洪一舟、张少华等县四套班子领导参加会议。中心组成员围绕贯彻浙江省第十四次党代会精神，聚焦项目建设、产业培育、农村发展、全域旅游、改革创新等多个方面，结合龙游发展大局和各自工作实际，深入交流，既谈形势、又谈目标，既讲思路、又讲举措，既找短板、又提建议。会议强调，要把握趋势，紧扣龙游县“三个五年三步走”战略和建设区域明珠型城市目标，努力在传统产业改造、新型产业培育上下功夫，发展壮大县域经济；要找准城市发展方向，聚焦城东新区建设、交通枢纽打造、全域旅游开发等重点工作，打造一批体现龙游特色的重点项目；要补齐短板，加快落实，完善工作机制，做好项目谋划，强化科学决策，推动经济社会各项事业全面发展。

【县委理论学习中心组学哲学用哲学专题学习会】 10月13日召开。县委书记刘根宏主持会议并讲话，张晓峰、应敏、王光华、刘明鹤在会上作交流发言。会议强调，要用马克思主义哲学思想武装头脑，深刻领会习近平总书记系列重要讲话精神和中央、省委、市委的精神，全力护航十九大，有序推进重点项目和重点工程，推动改革发展各项事业翻新篇，为打造区域明珠型城市作出新的更大的贡献。

【县委理论学习中心组学习会暨四套班子务虚会（2）】 12月17日召开。县委书记刘根宏主持会议并讲话。会议盘点2017年全县各项工作，分析当前经济形势，谋划2018年发展思路。会议强调，全县上下要深入学习贯彻党的十九大精神，用习近平新时代中国特色社会主义思想武装头脑、指导实践，切实把新思想贯彻到建设区域明珠型城市上，体现到城市建设各方面，落实到改革发展各个环节，让人民真真切切享受到发展成果，体验到以人民为中心的发展思想；要把握重点，加快发展，紧扣龙游县“五年打基础、五年求突破、五年争崛起”战略，全面深化改革创新，多措并举振兴乡村，全力保障和改善民生，千方百计维护社会稳定，切实打造实力之城、魅力之城、活力之城；要建强队伍，加快发展，深刻把握习近平总书记关于党风廉政建设和反腐败斗争重要论述的丰富内涵，全力锻造一支富有朝气、务实干事、善于学习、敢于拼搏的“龙游铁军”。

（县委办 杨文哲）

县委办公室工作

【概况】 2017年，在县委的正确领导下，县委办公室班子团结带领全体干部，以服务保障县委工作为主线，认真履行“参谋、综合、督促、协调、服务”职责，优质高效地完成各项工作任务，有力促进县委各项决策部署的落实。全年在各大媒体上刊发新闻稿件350多篇。

【谋篇布局参之有道】 时刻铭记职责，把做好参谋服务摆在核心位置，积极为县委出谋划策、贡献智慧，充分发挥以文辅政的重要作用。坚持把起草文稿过程作为辅政促谋、以文辅政的重要形式和主要渠道，注重将领会领导意图与掌握工作规律相结合、贯彻上级精神与把握县情相结合、吸取专家意见与广泛听取社会各界意见相结合；坚持做到起草前深入调查研究，站在县委角度和全局高度，协调整合全县政研力量，把牵动全局的大事以及领导和群众普遍关心的重点、热点、难点问题纳入工作视野，聚焦县委提出的打造实力之城、魅力之城、活力之城，坚持“走出去”与“走下去”相结合，探实情、接地气、学先进，深入谋划事关全局长远发展的重大课题；坚持起草中认真思谋修改，起草后严格审核把关，努力提高文稿思想性、指导性、操作性，服务县委科学决策，先后形成《加快省级工业强县建设，实现龙游绿色跨越新发展》《关于新时期扶贫理念和路径的思考》《债务管控新政下政府投资项目资金筹措的路径选择》等一批专业性和建设性较强的重要文稿，及时向领导提供有重要参考价值的决策建议，加快推动成果转化和实践应用。积极倡导“短、实、新”的优良文风，以文风促政风、改作风，力求内容、形式、文风的统一。立足于龙游县实际，全年起草质量水平较高的综合性文稿150多篇，特别是结合县委主要领导的战略思路，在县委十一届二次全会上提出“坚定不移沿着‘八八战略’指引的路子走下去，加快建设区域明珠型城市”的思路；县委十一届三次全会围绕贯彻落实党的十九大精神，提出“不忘初心、牢记使命，谱写新时代区域明珠型城市建设新篇章”的思路，按照高质量发展要求和省委、市委各项决策部署，对改革开放、产业发展、城市建管、乡村振兴、改善民生和全面从严治党等各项工作作出系统全面部署。

【信息服务更有效】 充分发挥党委信息主渠道作用，完善信息工作网络和考核制度，注重跳出龙游看龙游，以服务决策、展示亮点、推动工作、反映民情为重点，时刻保持对国内外重大新闻事件、政治时事、政策热点的关注度和灵敏度，密切关注全县各项重点工作的进展情况。全年共上报信息422篇，被省委、市委采用64篇，编办《每日要情》247期、工作动态57期，得到县委主要领导批示10件，其中《龙游县“三心相助”让落选村（社）干部“落有所为”》《龙游县创新“村情通”模式打造“最多跑一次”改革标杆》分别获浙江省委书记车俊、衢州市委副书记李锋批示肯定，与县政府办公室合作报送的《龙游县创新推广“村情通+全民网格”基层共建共享共治新模式》获常务副省长冯飞、副省长孙景淼批示，与县政协合作报送的《龙游县推行“流动大禹鼎”构建基层治水新攻势》获省政协副主席王建满批示。县委报道组认真履行职责，把握舆论导向，坚守党性原则，充分借力主流媒体，包括纸质央媒，特别是《浙江日报》《衢州日报》等的公信力和影响力优势，传递龙游声音，讲好龙游故事，展现龙游形象，浓墨重彩地推出龙游改革发展方方面面的报道，在凝聚力量、鼓舞士气、助推发展中发挥作用。全年在《浙江日报》《衢州日报》和《浙江新闻》客户端、掌上衢州客户端发稿350余篇，其中《浙江日报》头版8篇、《衢州日报》头版95篇，头版头条20篇，数量质量均有新突破。

【统筹协调抓落实】 着力加强统筹协调，构建上下快速反应、运转顺畅的工作机制，推动县委决策部署落实。坚持事前勤沟通、事后多反馈，准确把握协调工作的“分寸”和“火候”，对重大事项及时呈报请示上级领导，定期汇报工作情况，做好沟通衔接，积极争取上级党委、政府的指导和支持。坚持原则性与灵活性相结合，加强同县四套班子及常委所在部门办公室的联系协调，对县委重大决策部署和全县重要事项及时汇报、互通情况，凝聚共识和合力。加强与部门、乡镇（街道）之间的沟通协调，编制下发每月工作要点，增强工作的计划性和针对性，及时反馈相关信息或重大信息，构建更加灵敏高效、上下通达、左右贯通的运行机制，及时有效地传达县委的各项决策、部署和要求，掌握了解各级各部门重点工作动态。

【法治平安显成效】 加强对全县各部门、乡镇（街道）紧急情况和重大突发事件信息反馈的处置，高效整合机要、信息、督查等科室力量，严格执行报告时限、范围和程序等规定，完善公安、政法、信访、乡镇等多部门联动协调的工作机制，确保重大突发事件能够及时、快捷、有效地得到处置，避免产生不良社会影响。紧密联系基层群众，畅通社情民意通道，主动回应，积极作为，妥善处理群众来信来访，为县委领导分忧，为人民群众解难。助推法治龙游建设，在成功创建省级法治县工作示范单位的基础上，全面梳理总结法治龙游建设工作情况。《创新县域治理机制，筑牢长治久安根基》一文在《中国法制报》《政策瞭望》《今日浙江》等多家报纸杂志上刊登；起草了《龙游县农村法治建设实施计划（2017—2020）》。

【督查督办扎实有力】 围绕省、市、县重点工作和重大决策部署，把落实县委常委会议定事项、领导批示、重点信访件以及“五四三”、“四个平台”、美丽乡村建设、大干项目、大抓招商等作为督查重点，确保各项重大决策部署落到实处。加强督查资源整合，组建农业农村、城市建设、征地拆迁、文化旅游、重点项目推进等8个督导组，对各重点专项工作开展定期联合督查，减少和避免重复督查、多头督查。创新考核方式，注重平时考核和过程考核，建立督查考核工作和省市考核工作“钉钉”交流群，借力“大数据”“互联网+”深化各项重点工作动态管理，优化完善综合考评考核细则，做到任务清单、责任清单、问责清单“三单合一”，高效率开展考核评价。全年共印发专报106期、通报63期、督查反馈19期，下发交办单34件，获县委、县政府主要领导批示37件。

【履职尽责优服务】 坚持把提高服务质量作为第一要务，将全力构建服务型机关同建设节约型机关紧密结合起来，优化办事程序，提高工作效率，不断增强责任意识和创新意识，进一步提升服务能力和水平。办文办会上做到规范严谨，形成办文工作制度化和规范化，突出对公文内容合法性、规范性审查，严把政治关、文字关、质量关。严格执行中央关于精简文件简报的要求，对没有实质内容、可发可不发的文件、简报一律不发。认真贯彻转变会风、厉行节约的要求，坚持提前准备、分工负责、层层把关，切实减少会议数量、控制会议规模、提高会议效率，建立健全会议发文立项申报审核、部门和乡镇（街道）政策文件报备、县委常委会议题申报审核等一系列制度，强化制度约束力，增强制度执行力。全年共阅办中央、省市等上级公文2812余份，本级发文152件，办会167个，同比减少3%。先后承担县委十一届二次全会、十一届三次全会、全县干部大会等重要会议；高质量、高标准完成全省百万家庭屋顶光伏工程建设推进现场会、全省规范宅基地管理破解农民建房难工作现场会、全省乡镇（街道）综合文化站效能建设现场会等重大会议服务和协调工作。接待服务上做到细致周到。对上级领导到龙游视察调研等事项积极主动进行上下对接，全力做好行程安排、后勤保障、安全保卫等相关工作，增强接待服务的前瞻性和主动性，井井有条，忙而不乱。严格执行中央、省市规定，规范接待程序，杜绝超标准、超规格接待的情况出现，做到既严格控制经费标准，又热情服务精心安排。全年共接待省部级领导到龙游视察指导20多次，其中包括民革中央副主席刘凡，浙江省委书记车俊，省政协主席乔传秀，省委常委、省纪委书记、省监委主任刘建超，省委常委、组织部部长任振鹤，省委常委、常务副省长冯飞，副省长孙景淼，省人大常委会党组副书记、副主任毛光烈，省人大常委会副主任袁荣祥、刘力伟，省政协副主席王建满、孙文友等中央和浙江省领导。连续三年被评为全省机要工作先进单位。

【多措并举强队伍】 推进“两学一做”学习教育常态化、制度化，扎实开展队伍建设年、规范管理年“两年”活动，发挥党员干部带头表率作用，坚持正确用人导向，全年共提拔任用中层干部6名。强化理论武装，建立办公室年度学习计划和“周一夜学”、月度例会等制度，及时传达学习党的十九大精神以及中央和省委、市委、县委各类重大会议和文件，切实把思想和行动统一到县委的各项决策部署上来。坚持以学促思、以学促干，采取领导带头讲课、集中研讨、定期交流等多种形式，有针对性地开展各类业务知识学习培训，熟练掌握业务技能，不断更新知识储备，鼓励引导干部争做本职工作的行家里手和统揽办公室全局工作的“多面手”。坚决执行党章、准则、条例等各项党内规章制度，严格落实中央八项规定的《实施细则》和省委省政府的《实施办法》，力戒形式主义和官僚主义，探索建立作风建设长效机制。严格落实党风廉政建设责任制，经常性与办公室干部开展谈心谈话，始终保持正风肃纪高压态势，带动班子和全室干部职工思想上合拍、感情上和谐、工作上合力。树立实干导向，突出政治标准，把“五个坚持”

（坚持绝对忠诚的政治品格、坚持高度自觉的大局意识、坚持极端负责的工作作风、坚持无怨无悔的奉献精神、坚持廉洁自律的道德操守）作为县委办选拔干部的重要条件，严格执行干部选拔任用制度，坚决杜绝选人用人上的不正之风，大力选树讲政治、有能力、作风好的干部队伍，选优配强办公室领导班子，着力打造坚强有力的县委办团队。

（县委办 杨文哲）

纪检监察工作

【概况】 2017年，新一届龙游县纪委常委会在县委和上级纪委的正确领导下，深入学习贯彻党的十九大精神，忠诚履行党章赋予的神圣职责，严格执行监督执纪问责和监督调查处置职能，为龙游县实施“五年打基础、五年求突破、五年争崛起”三步走战略提供坚强纪律保障。2017年度，龙游县落实全面从严治党主体责任考核指标以及案件绩效、涉纪信访等分项考核指标均位于全市前茅；留置工作的经验做法在中纪委专刊刊出，留置案例被省纪委、省监委录入示范案例库；项目化推进纪检监察工作、防逃工作、巡察工作、涉纪信访工作等相关做法获得衢州市纪委主要领导批示肯定，并在全市推广。

图5 8月30日，中共浙江省委常委、省纪委书记、省监委主任刘建超（中）到龙游调研

【充分发挥巡察作用】 以党章、党规、党纪为政治尺子，分3轮对全县15个单位开展常规巡察，盯住“关键少数”，查找政治偏差，发现党的领导弱化、党的建设缺失、全面从严治党不力等方面问题188个，移交问题线索97条，处理党员干部40人，有效发挥政治“显微镜”和政治“探照灯”作用。以解决人民群众反映强烈的突出问题为主要目标，对全县88个行政村开展作风巡查，共督促整改问题731个，移交问题线索127条，立案35件。以县委全会提出的部分政府投资项目工程质量差、工期长、超概算等问题为主攻方向，精心筛选10个重点项目进行专项巡察，督促整改问题114个，移交问题线索24条。

【精心谋划立项监督】 将立项监督作为抓执行、促落实的有力抓手，在高坪桥水库工程建设、“最多跑一次”改革、城市东进、“五四三”专项、护航十九大等县委县政府中心工作中，以立项监督的形式及时跟进，全程保障。同时，开启“围绕问题定项目、绩效评定抓落实”的新模式，提升实效性，每个监督项目做到“定期完结、定期评估、定期通报、定期整改”，全年共开展立项监督149项，督促整改问题751个，处理338人，其中党纪政务处分22人。

【夯实主体责任】 多形式、多渠道、多层次引导全县各级党组织和党员领导干部牢固树立主体责任是政治责任的意识，并着重在“细化清单、履责留痕、监督检查、追责问责”四个环节上压紧压实。督促全县党员领导干部结合自身职责制定责任清单6800余条，发放履责留痕记录本570余本，向县领导呈送分管范围党员干部违规违纪工作报告书26份。分组、分批次听取15个乡镇（街道）、67个机关部门、6家国资公司党组织履行全面从严治党主体责任情况报告，并对8个重点单位进行质询。严格执行“一案双查”（即严格执行问责机制，既要追究当事人责任，又要倒查追究相关领导责任，包括党委和纪委的责任），全年对落实“两个责任”（党委主体责任，纪委监督责任）不力的27名领导干部和3个单位进行问责。

【推进监察体制改革】 在县委和市纪委的领导以及有关部门的配合下，顺利完成县监察委员会组建转隶挂牌工作，对全县行使公权力的公职人员实现监察全覆盖，监察对象由2527人扩大到6751人。加强机构人员的整合，监委机关行政编制调剂至51个，纪检监察室增至4个。探索运用监察措施，用留置取代“双规”。对留置场所进行升级改造，加强与公安、检察、医疗、金融等部门协作配合，建立“四大共享机制”（即建立定期联系，考察互访；业务互动，协作配合；经验交流，信息互通；合作调研，成果共享机制），安全高效查办5起留置案件，其中1起为浙江省第四起、衢州市首起。

【深化纪检体制改革】 健全派驻机构领导体制和工作机制，实行“四统一一集中”（统一编制、统一管理、统一考核、统一保障、集中办公），有效发挥派驻监督的“探头”作用。制定《进一步提升县纪委县监委派驻机构履职能力实施意见》，明确派驻机构履行纪检、监察两项职能，构建工作通报、工作联动、日常履职、学习培训、监督管理等五大机制，真正把“派”的权威立起来，把“驻”的优势显出来。

【常抓作风建设】 始终将作风建设作为优化干部队伍、净化干事环境的一项基础工作来抓，盯住重要节点，聚焦“关键少数”，不走过场，不走形式。对“酒局”“牌局”和违规发放津补贴等顽疾以及一些隐形变异的“四风”问题深挖细查。开展落实中央八项规定精神“回头看”，对发现的问题不遮掩，对整改不到位的不放过，坚决打赢作风建设持久战。全年共开展正风肃纪专项行动9次，查纠问题157个，下发交办函78份，处理党员干部142人。加大通报曝光力度，全年共实名通报违反中央八项规定精神问题5批14人次。

【坚持惩防并举】 坚持抓早抓小，全年共开展谈话、函询56件（次），对反映失实事件予以澄清了结11件（次）。组织103名新提拔和转任重要岗位的干部参加任前廉政法规知识测试。创新“一图一表一体系”涉纪信访办理模式，全年共受理信访举报356件次，办结348件（次），为245名干部澄清了问题。坚持依纪依法安全文明办案，全年立案查处党员干部违纪案件216件。做好案件查办后半篇文章，用身边事教育身边人，全年共组织庭审旁听警示教育5场，全县千余名党员干部零距离接受警示教育。开展党纪政务处分决定执行情况“回头看”，对36名受处分对象进行回访，跟踪教育，帮助树立改正错误的信心和决心。

【村级组织换届工作督查】 开展村级组织换届纪律执行情况监督检查6次，督促责任层层落实，纪律人人知晓。对违反换届选举纪律、干扰破坏选举、实施贿选的行为，发现一起，查处一起，通报一起，对14起换届选举信访问题进行快速核查，严肃查处6起贿选案件，查处问责33人次，运用第一种形态（包括批评教育、提醒、约谈、函询、信访谈话、召开专题民主生活会、通报批评、诫勉谈话等）22人次，有力保障换届选举工作风清气正。

【从严从实打造纪检监察铁军】 将纪检监察干部队伍建设作为基础工作来抓，做到思想建设与能力建设并抓、监督教育与身心健康齐管，着力锻造忠诚、干净、担当的纪检监察铁军。在全县纪检监察系统开展“转作风、强素质、促融合”主题实践活动，锤炼纪检监察干部“绝对忠诚、绝对负责、绝

图6 9月1日，县纪委监察委召开全县纪检监察干部大会

对守纪”的政治品格。第一时间组织全体纪检监察干部认真学习贯彻中共十九大精神，以党小组讨论、撰写心得体会等方式学思践悟、学以致用。严格落实“三会一课”制度，在巡察组和审查组建立临时党支部，充分发挥党支部的战斗堡垒作用。将党纪条规的学习寓于具体的案例中，增强学习针对性、实效性。通过每周一次文书写作小组学习、每月一次“清廉灵江”论坛、每年两次业务知识统考等等平台，着重锻炼纪检干部文书写作、口头表达、审讯突破等能力，提升专业素养。齐抓工作生活聚气，利用工会主题活动和“清风健康行”等载体，引导干部积极参加有益身心健康的集体活动，增强凝聚力和战斗力。畅通关心、关爱干部渠道，采取问卷调查、谈心家访等方式，及时掌握机关干部的思想动态，帮助解决实际困难。

（县纪委监察委 詹浩豪）

组织工作

【概况】 2017年，中共龙游县委组织部坚持以迎接十九大、学习贯彻十九大精神为主线，积极落实浙江省第十四次党代会和衢州市第七次党代会精神，主动对接服务县委重大决策部署，聚精会神抓好干部工作、基层党建、人才工作三大主业，一心一意促发展，推动组织工作再上新台阶。大街乡贺田村党支部书记劳光荣当选党的十九大代表。龙游县连续第四年被评为浙江省人才目标责任制考核优秀县，年度党建专项考核名列衢州市第一。至年底，全县共有党员25236名，其中农村党员12460名、女性党员5572名、少数民族党员584名；35岁及以下党员4529名，60岁及以上党员7960名；党员中研究生学历214名、本科学历5172名、专科学历3348名、中专学历1397名、高中（中技）学历4091名、初中及以下学历11014名。

【深化“两学一做”教育】 坚持把政治建设摆在首位，立足常态长效，深学、立改、笃行，扎实推进“两学一做”常态化制度化。将“两学一做”纳入党员教育规划纲要，各级党组织落实每季度专题学习研讨，全面推行主题党日“5+X”（5个固定活动主题、创新“X”特色主题）模式。坚持问题导向，全面开展季度考评亮星和党性体检、民主评议，引导党员深入查摆突出问题，列出整改措施，确保整改到位。把服务中心工作作为“两学一做”的最大实践，作为检验党员合格与否的重要考场，加大96345党员志愿服务平台建设力度，在全县建立37个分站，1.4万余名党员注册参与志愿服务。广大党员在剿灭劣V类水、“三改一拆”、城东征迁、护航十九大等工作中积极发挥先锋模范作用，参与党员达15万人次。

【干部队伍建设】 坚持新时期好干部标准，突出实干争先、实绩用人导向，选好干部，配强班子，完成干部人事调整5批次247人。推动干部“能上能下”，一线提拔重用实绩突出干部49人，调整不适宜担任现职领导干部13人。扩大视野培育年轻干部，采用“多元推荐、双实比选”方式，选拔产生300名县管后备干部；累计选派年轻干部126人到重点工作一线参与攻坚，9名年轻干部到国家、省级部门挂职锻炼。加强对改任非领导职务干部的管理使用，107名改非干部重返“一线”参与县委县政府中心工作。强化干部日常监督管理，完成602名县管领导干部个人事项填报，对其中108名进行抽查核实；开展出国（境）证件专项治理，登记备案8083人，收存因私出国（境）证件4000余本。扎实开展干部教育培训，按照“三件大事”（工业提升、城市建设、旅游开发）专题研讨班、任职培训班、业务培训班三大类型确定主体培训班次63个，提高干部政治素养和履职能力。

【村社组织换届】 旗帜鲜明地将加强党的领导贯穿村社组织换届始终，强化选人、用人导向，牢牢把握换届选举主动权。年初，在大街乡开展村级组织换届试点工作，5月，全面完成15个乡镇（街道）266个应换届村社的换届工作，选举产生村社“两委”干部1632名，实现“换届时间历届最短、负面问题历届最少、人选结果历届最好”的效果。“‘三心’（责任心、爱心、耐心）相助让落选村（社）干部‘落有所为’”做法得到省委书记车俊的批示肯定。换届结束后，组织全县523名新一届村主职干部进行集中培训，着力提高村干部管理村务、处理实际问题和做思想政治工作的能力。

【全域党建示范提升工程】 坚持一切工作到支部的导向，不断夯实党的基层组织建设基础。推行“一表一卡一清单”（季度党建报表、党建责任卡、党建项目清单）制度、主题党日“5+X”制度、基层党组织“三分定级”（以月度为单位，每月通过基础积分、正向加分、反向减分三部分得出基层党组织的“月度积分”，年末据此评定优秀基层党组织和软弱落后基层党组织）办法、基层党组织“五位一体”标准化（即阵地建设、全程纪实、制度规范、主题党日、中心融合为主要内容的标准化体系）建设等行之有效的好做法、新制度，督促各级党组织把党建工作抓在平常，融入经常。统筹推进农村、机关、城市等各领域党建工作，深化“双整”（整乡推进、整县提升）百日攻坚行动，扫盲点、抓精品、促全域，全县15个乡镇（街道）272个村社全面达标，成功打造5个示范区和5个示范带；实施机关党建“分类推进、整体提升”三年行动计划，加快机关部门示范点打造，着力破解机关党建“灯下黑”；积极探索社区服务理念和服务方式,总结出城市基层党建经验16条，完善“街道党工委+社区党总支+小区党支部+楼道党小组+党员示范户”的党建组织体系。

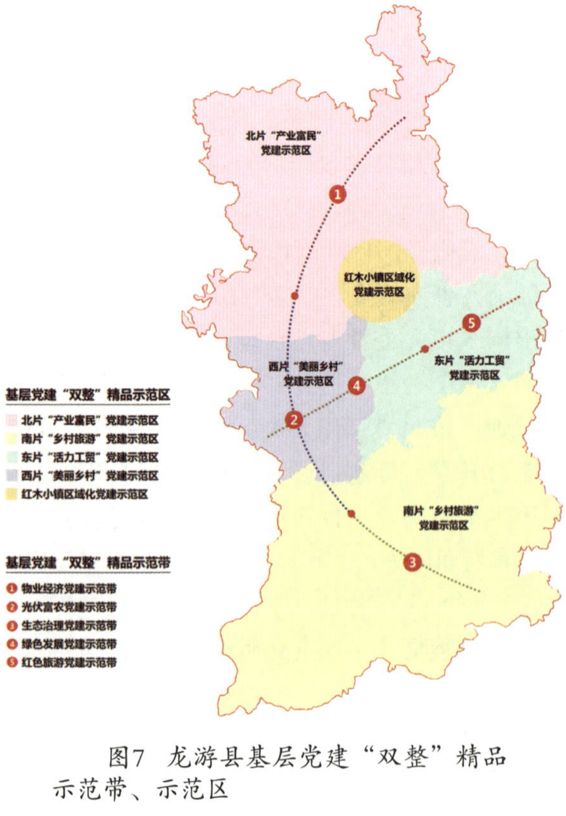

图7 龙游县基层党建“双整”精品示范带、示范区

【村情通+全民网格】 结合“三民工程”智慧版，统筹深化“最多跑一次”改革和乡镇“四个平台”建设，推广应用“村情通”综合信息服务平台，全面推行“村情通+全民网格”模式，建立党建统领、共建共享的农村治理新体系。通过“村情通”将支部建在平台上，将党小组建在网格上，一榜统揽党员“先锋指数”和党组织“堡垒指数”，线上线下同步管好村两委、党员、村民代表三支队伍，取得明显成效。至年底，全县262个行政村实现“村情通+全民网格”全覆盖，村情通关注用户超过18万人，群众反映问题95%左右在村内解决，农村群众常办事项实现“指尖办理”，初步实现“最多跑一次，跑也不出村”的目标，农村群众的获得感、幸福感、安全感显著提升。该做法得到浙江省委常委、常务副省长冯飞，副省长孙景淼等多名省市领导批示肯定。

【新领域新业态党建】 聚焦全面，有效覆盖，加强新领域新业态党建工作。推行党委统领、党建联盟整合、党群服务中心保障的工作机制，构建1个龙天红木小镇党委、1个特色小镇党建联盟、10个“系列红”党支部和1座特色小镇党建综合中心的特色小镇党建综合体。探索“飞地党建”新模式，在上海成立龙游县首家域外党组织，推动党员龙商引财引智，密切龙沪交流合作。在龙游经济开发区、湖镇经济园区、龙游家居建材城、特色小镇建设4个开放式“党建共享平台”，筑牢园区、市场、商圈等区域的党群阵地。深化“机关+两新”党建红桥行动，由66家机关部门结对71家“两新”组织，选派党建指导员71名；落实机关部门党建主体责任，为“两新”党组织发展出谋划策。建立人才市场党员登记联系制度，在大型招聘会上设置“党员优先岗”，开展流动党员登记造册、求职党员常态联系等服务，为企业招党员，为党员找工作。

【消除集体经济薄弱村】 制订《扶持经济薄弱村发展村级集体经济五年行动计划》和《消除集体经济薄弱村“一村一策”实施方案》。建立领导干部联系帮扶责任制，选派86名机关党员干部到村担任“第一书记”，339名年轻干部担任农村生态指导员或农村工作指导员，为农村集体经济发展出谋划策。建立“资金分配与村集体经济收入增收额挂钩、与村两委班子个人奖励挂钩”的奖补机制，将发展壮大集体经济列为各类评优评先重要指标，全面规范村级集体资产和财务管理。至年底，全县村集体经济收入10万元以上的村达到238个，占行政村总数的90.84%，全县村级集体经济总收入1.17亿元，村均收入44.53万元。

【人才引进与培养】 深化人才发展体制机制改革，出台《龙游县高层次人才、急需紧缺人才培养和引进实施办法》等8个人才新政配套实施办法，制订《“人才引领创新”三年行动计划（2017—2019）》和《龙游县人才发展“十三五”规划》。加大人才引进力度，全年引进高端人才14人，其中海外高层次人才2人、入选省“千人计划”1人；浙江金昌特种纸股份有限公司的“纳米纤维素绿色制备及应用创新团队”入选浙江省领军型创新团队，在衢州市实现“零”的突破。强化平台建设，新建市级院士专家工作站1家、市级专家工作站3家、市级重点创新团队1个；金昌特种纸陈克复院士专家工作站被评为“全国示范院士专家工作站”；龙游电商城被评为“省级众创空间”。在深圳成立衢州市首家驻外人才工作站，与南京林业大学合作建立衢州市首家研究生工作站。统筹推进各类人才队伍建设，晋升高级职称80人；开展企业家培训1867人次、高技能培养886人次、农村实用人才培养3491人次。

（县委组织部　冯炜熹）

图8　3月25日，龙游县首个驻外人才工作站在深圳成立

机构编制工作

【概况】 2017年，龙游县机构编制委员会办公室紧紧围绕县委、县政府中心工作，主动融入全县发展大局，全面深化行政体制改革，严格机构编制管理，创新机构编制资源绿色配置，抓协调、抓推进、抓落实，克难攻坚，在衢州市率先发布“最多跑一次”事项，为全县经济社会发展提供强有力的体制机制保障。

【推进“最多跑一次”改革】 印发《龙游县加快推进“最多跑一次”改革实施方案》，在全县牵头开展“最多跑一次”改革工作。3月15日，在衢州市率先发布第一、第二批“最多跑一次”事项1680项；5月底前，完成全县各部门公共服务事项的梳理、发布工作。先后组织5次事项规范比对，共确认行政权力类政务事项1162项，其中“最多跑一次”事项1121项，占比96.4%。牵头推行“双随机、一公开”

（“双随机”即随机抽取检查对象、随机选派执法检查人员，“一公开”即抽查情况及查处情况及时向社会公开）抽查监管工作，全年开展“双随机”抽查监管4756次。会同相关部门开展免费快递送达服务等配套措施，会同相关部门全面推进“多证合一、一照一码”、商事登记证照联办、不动产登记、投资项目审批优化、公安审批服务提升、施工图联合审查、“一窗受理”云平台应用，推动“最多跑一次”改革向企业延伸、向乡镇延伸、向村级延伸，群众和企业的获得感不断提升，全年“最多跑一次”实现率达88%，在全省89个县（市、区）中排名第13位。

图9 8月31日，龙游县召开“最多跑一次”改革专题报告会

【推进基层治理体系建设】 出台《关于建设乡镇（街道）“四个平台”完善基层治理体系的实施意见》和《关于推进“最多跑一次”改革向基层延伸构建县域治理现代化新体系的实施意见（试行）》，指导全县15个乡镇（街道）建立“综治工作、市场监管、综合执法、便民服务”四个平台，统一设置综合信息指挥室。县级层面建立“龙游县综合信息指挥中心”，对基层治理进行“大口子”综合管理，实现县乡联动指挥。创新推进“村情通+全民网格”治理模式，推进“四个平台”向农村延伸，实现政府治理与村民自治有机融合。

【理顺体制机制】 按照机构改革要求，推进机构设置规范化。下发《关于县商务局、县粮食局整合的通知》《关于县发展和改革局、县物价局整合的通知》《关于县旅游委员会、龙游石窟度假区管理委员会整合的通知》，制定下发部门“三定”（定职能、定机构、定编制）规定，完成相关机构、职责、人员整合。创新经济开发区管理体制设计，下发《关于“一区两块”整合的通知》，将原“一区两块”（龙游工业园区，东华工业区块、湖镇工业区块）纳入龙游经济开发区进行统一管理，对人财物实行全面整合，按照“大部门制”的要求设置经济开发区管委会内设机构，建立健全构建精简的、高效的开发区管理机构。

【健全金融服务保障体系】 在县金融办增设综合管理科（挂金融发展科牌子）、资本市场科（挂上市企业招商科牌子）2个内设机构，将经信局下属的上市办承担的相关职责划转至县金融办，原机构撤销。制定下发县金融办“三定”规定。

【提供“城市东进”体制保障】 在县住房改革委员会办公室增挂“龙游县征迁事务管理办公室”牌子，增加集体土地上房屋征收与补偿等相关职能。同时，在县域编制总量内调剂、核增县房改办编制10名，确保“城市东进”职能的健全，确保有人员抓落实。

【完善全域旅游管理体制】 积极推进国家全域旅游示范区创建工作，完善全域旅游综合管理体制。在县市场监督管理局增设旅游市场监管分局，承担涉及旅游方面的工商行政管理、食品药品监督管理、质量技术监督管理和行政执法职责；在县法院增设环境资源旅游审判庭，承担审理由县人民法院管辖的环境资源、旅游方面的案件等相关职责；在县公安局治安大队增挂“龙游县公安局旅游警察大队”牌子。

【推进出入境机构建设】 设立“龙游县出入境检验检疫技术服务中心”，核定事业编制8名，负责全县出入境检验检疫事项的申报和受理。龙游企业在“家门口”就能办理出入境检验检疫业务。

【推进盐业监管改革】 明确县经信局是县政府盐业主管机构，主管全县盐业工作，其内设的行业管理科具体承担相关工作。进一步明确县市场监管局、县卫计局、县农业局、县发改局、县环保局、县公安局等相关部门的盐业监管领域和监管职责。

【深化监察体制改革】 统筹县纪委派驻机构力量，将县纪委派驻纪检组统一更名为县纪委、县监委派驻纪检监察组，明确为县纪委、监委的派出机构，所需编制在县级各有关单位原有编制中划转，不足部分从县机动编制中调剂，共核定派驻机构编制71名，相关人员全部划转至各派驻机构中实行实名制管理，由县纪委、县监委和驻在单位共同负责人员信息维护。建立健全巡察工作体制，设立县委巡察办，承担全县巡察工作的统筹协调、组织指导、联络督查、政策研究、制度建设、监督管理、服务保障等工作。强化追逃追赃工作职责，明确由县纪委（县监委）内设的案件监督管理室承担县委反腐败协调小组追逃追赃工作办公室的日常工作，负责追逃追赃和防逃工作的决策部署、政策制定、机制建设和对外宣传等工作。

【打造县域治理“金字塔”】 会同县委组织部、县人力社保局研究出台《龙游县部门派驻乡镇（街道）机构干部管理考核办法（试行）》，制定刚性措施，明确县级部门派驻干部实行“双重管理、属地为主”的一体化管理体制，变“部门派驻干部”为“平台干部”，纳入乡镇（街道）统一管理，推进重心下移、资源下沉，提升乡镇（街道）统筹协调能力。对县综合执法、市场监管、司法、国土、规划、林业、水利、劳动保障8个派驻机构人员，因地制宜实施派驻制和片区联系制，纳入乡镇（街道）管理，实现15个乡镇（街道）人员力量全覆盖。

【创新机构编制管理】 盘活编制资源，对因人员结构明显不合理，承担县委县政府中心工作、重点任务、重大项目等造成的定编需求，实行编制“周转”管理，进行动态化调整，共核定周转编制12名，有效缓解全县7个单位的干部年龄结构问题。建立县级医院员额总量动态调整机制，根据床位数、急门诊量等相关指标的变化，对3所县属医院编制总额实行动态调整，有效化解职称评聘通道窄的问题。创新推进事业单位绩效评估，瞄准重点领域和关键环节，以绩效评估优化事业单位布局，撬动机构编制资源重组，实现事业编制挖潜创新。严格全县机关部门编外用工管理，联合相关部门制定出台《龙游县机关事业单位编外用工管理办法（试行）》，核定全县机关事业单位编外用工指标1936名，实行编外用工总量控制和计划管理。

【事业单位法人登记管理】 确定全县民办事业单位法人登记试点单位，联合相关部门开展调研，拟定事业单位实行统一登记管理的实施意见，上报县政府常务会议审议。开展机关、群团统一社会信用代码赋码工作，下发通知，明确赋码对象、赋码流程和工作要求，摸清全县已登记组织机构代码证的机关、群团的底数，指导办证单位填写相关表格，确保赋码发证当日办结。完成全县203家事业单位法人年度报告工作，办理设立登记5家，变更登记54次，开展现场核查2次。

（县编委办 袁文沁）

宣传思想工作

【概况】 2017年，龙游县宣传思想文化战线高举习近平新时代中国特色社会主义思想伟大旗帜，深入学习贯彻党的十九大精神，全面贯彻落实中央和省委、市委、县委相关工作部署，围绕中心、服务大局，奋力有为、开拓创新，积极做好宣传思想文化领域各项工作，许多工作取得新突破、新进展，打造了新亮点、新经验，为建设区域明珠型城市提供强大的思想保证、舆论支持、道德滋养和文化条件。

图10 开展党的十九大精神宣讲进礼堂活动

【宣传十九大精神】 把学习宣传贯彻中共十九大精神作为全县首要的政治任务来抓，认真落实县委《关于认真学习宣传贯彻党的十九大精神的通知》要求，出台《关于组织开展党的十九大精神宣讲活动的通知》，先后邀请十九大代表劳光荣和省委十九大精神宣讲团成员作辅导报告，县领导带头到乡镇（街道）、部门开展座谈宣讲。组建县委宣讲团，深入基层、社区、企业开展“面对面”宣讲300多场次，全县受教育群众达10万多人。推出文艺宣讲、“微宣讲”等形式，组织开展“我最喜爱的习总书记一句话”主题活动。组织县级主要媒体开辟“喜迎十九大”“新时代、新征程”“学习贯彻十九大，建设区域明珠型城市”等多个专栏，持续推出系列评论、新闻报道近1000篇（条）。

【主题宣传】 组织开展“最多跑一次”改革、“大拆大整、大改大建”、“五四三”专项、工业强县、城市管理、全域旅游等重大主题报道，开设《坚持两化引领，推动奔跑跨越》《最多跑一次》《龙游铁军故事》《大拆大整进行时》《聚焦工业强县》《小城镇整治进行时》《城市十乱治理》等专栏专题10多个，以“区域明珠型城市·我们未来的家园”为主题的系列评论引发强烈的社会反响，为各项重点工作推进营造正面的舆论氛围。加强和改进建设性舆论监督，继续办好《今日关注》等品牌栏目，全年刊播监督类报道80余条。

【理论宣讲】 通过专题报告会、学习会、双休日党校等形式，组织开展“十九大精神”“习近平总书记7·26重要讲话精神”“学哲学用哲学”等集中学习16次。全年编印《理论学习活页》15期。创新推出“微型党课+文艺宣讲”的宣传教育形式，组织开展省党代会精神、治水剿劣等主题宣讲。成功举办以“勇立潮头话担当”为主题的第六届全县微型党课大赛，并策划推出“线下比+线上评”“大众评审+专家评委”等评奖新形式。治水剿劣主题党课《谱一曲清亮的歌谣》入选“浙江省万名宣讲员讲治水”优秀作品。

【对外宣传】 积极主动协调中央和省级媒体，加大对龙游县各领域特色、亮点和成效的宣传力度，全年省级以上主流媒体刊发播报涉及龙游的稿件500多篇（条）。其中央视新闻报道7次，央视《中国影像方志》《一脉钱塘》《创富故事汇》《味道》等栏目先后到龙游拍摄专题片；《人民日报》报道4次，单篇半版讲述龙游县石佛乡文化员马惠莲的故事；新华社报道4次，在《内参选编》中刊发龙游县生猪养殖产业转型升级的报道；《浙江经视》《浙江之声》对龙游县“建设区域明珠型城市”进行专访，影响面颇大；浙江卫视涉及龙游的用稿首次进入全省前20名，《吴燕飞：我是跑小二》获得2017年浙江卫视新闻“最佳人物报道奖”。有10件稿件获衢州市外宣成果“金桂奖”。

【网上宣传】 “微龙游”全年推送信息1290条，累计点读量556万次，收获两条“10万+”。“微龙游”被评为全省优秀公众号，在“浙江在线”支站微信公众号中排名第一。举办全县首届微信大赛，每日平均点读量超过1.2万次。“龙游新闻网”连续四年被评为全省先进支站。

【落实意识形态工作责任制】 贯彻落实中共中央下发的《党委（党组）意识形态工作责任制实施办法》，开展党委（组）意识形态工作责任制落实情况综合检查，推动责任制落实到位。落实党管媒体原则，切实加强宣传阵地管理，会同相关部门组织开展政务网站安全大检查，关停政务网站23家。认真落实《互联网新闻信息服务管理规定》，加强对新媒体监管。全面实施文化市场严管严控，加大“扫黄打非”力度，组织开展“清源”“秋风”“护苗”“净网”等专项整治行动。

【加强网上舆论引导】 出台《“龙游网军”考核管理办法》，明确网评员工作职责，完善网评员备案和退出机制。举办全县网评员培训会3次，“网军”队伍的能力、素质得到明显提升。圆满完成十九大、第四届世界互联网大会、省“两会”等网上舆论引导工作，全年共发出舆情专报37篇、舆情交办单95篇、舆情提示单52篇，及时发现并成功处置涉及龙游的负面舆情30余起，助力龙游城市东进、危旧房改造等重点工作有序推进。

【社科普及工作】 精心做好省委宣传部部署的“百名理论工作者赴治水一线”活动，组织召开剿灭劣五类水工作专家学者座谈会，总结推广龙游县治水经验。成功举办社会科学普及周系列活动，龙游县桥下小学获评市级社科普及示范基地，龙游皮纸非遗展示馆等7家获评县级社科普及示范基地。《创新“村情通”综合信息服务平台建设，推进基层治理工作现代化》获省级立项课题。“龙游人文大讲堂”先后邀请央视“百家讲坛”主讲嘉宾徐日辉、唐博、张宏杰等到龙游进行专题讲座。县社科联被评为浙江省2017年度县社科联测评优秀单位。

【志愿服务工作】 健全完善志愿服务体系，规范志愿者管理，至年底，全县注册志愿者数量已超过5万人。坚持把志愿服务渗透到中心工作中，策划推出“全民卫生清洁日”“礼让斑马线”等志愿服务活动。在继续打响“龙游大妈”“爱在人间协会”志愿服务品牌的同时，组建“龙游老兵”志愿服务队，并引导各乡镇（街道）成立“龙游大妈”、“龙游老兵”分队，将志愿服务活动向乡镇延伸，在城市东进、文明劝导、治危拆违、小城镇环境整

图11 全县各单位成立“护航十九大，平安巡逻志愿服务队”

治等县委县政府中心工作中发挥积极作用。

【“最美”评选活动】 常态化选树“龙游好人”，5人入围“浙江好人榜”，18人入围“衢州好人榜”。三勇士沐尘水库救人事迹在央视播出；建筑工人跳水营救坠入社阳溪的皮卡车的事迹在央视CCTV-13《新闻直播间》、浙江卫视《新闻深一度》栏目分别播出；“最美宿管员”徐根娣事迹得到《人民日报》点赞，浙江经视新闻部主任、《新闻深呼吸》评论员舒中胜在《有话要说》栏目专门给予点评，县委主要领导先后2次对“最美”典型作出批示。推进“最美行业”“最美家庭”创建，分层分类选树“最美交通人”“最美教育人”等先进典型，吴雪文家庭入选全国“最美家庭”，陈志林家庭入选浙江省“最美家庭”，钱春富获第六届“最美衢州人”十大年度人物。组织开展第六届“最美龙游人”十大年度人物评选，举办颁奖晚会，龙游电视台、浙江新闻APP、“掌上衢州”、“直播龙游”新闻媒体等均进行现场直播，并在全省率先开展“最美精神宣讲进监狱”活动。

【群众性精神文明创建】 大力开展文明村镇、文明单位创建活动，至年底，5个村获评省级文明村，4个单位获评省级文明单位。深入开展“万户家庭传家风”活动，挖掘一批家风家训典型，以“家风”带“乡风”。开展“垃圾不落地、出行讲秩序、办

图12 举办2017年龙游县农村文化礼堂精品节目展演活动

酒不铺张、邻里讲和睦”小城镇文明行动。扎实推进未成年人思想道德建设，在龙洲街道清廉社区建成浙江省首个社区少年宫，打造未成年人德育“文化+”模式，具有创新性和典型性，得到衢州市领导的批示肯定，荣获衢州市宣传思想文化工作创新奖。高度重视中小学校德育工作，突出价值观引领，5所中小学校被命名为龙游县“德育示范学校”。

【农村文化礼堂建设】 全年新建农村文化礼堂18个，全县累计建成106个。推行文化礼堂理事会制度，其创新做法在全省文化礼堂现场会上作典型发言；实施农村文化礼堂星级管理制度，评选县三星级文化礼堂25个，4家入选浙江省五星文化礼堂，8家入选衢州市四星文化礼堂。大力培育礼堂文化，创设“暑期来吧”“我的中国节”“乡村好声音”等活动载体，举办新兵壮行礼、重阳敬老礼等礼仪活动，持续开展“我们的村晚”等活动。举办第四届农村文化礼堂精品节目展演，村歌《亲亲家园》亮相2017年全省文化礼堂精品节目展演和全省农村文化礼堂“村晚”。

【公共文化服务建设】 持续抓好公共文化设施建设。开工建设县博物馆，设立龙游县美术馆，改造提升综合文化站5个。顺利通过浙江省公共文化服务重点县建设验收，成功举办全省乡镇综合文化站效能建设现场会。精心组织开展“我们的中国梦、文化进万家”、“聚焦拆治归，见证新龙游”文艺采风、第四届全民读书节、“剿灭劣V类”文艺巡演、民营婺剧团大赛等大型群众性文化活动，惠及群众10多万人次。

【文化产业发展】 成功入选浙江省15个省级文化产业发展重点县（市、区），是衢州市唯一入选的县。“商帮聚宝古街文化创意街区”被评为2017年度浙江省文化创意街区。德辉糕饼文化园一期工程顺利推进，工业游厂房基本完工，龙游宣纸博物馆建成投入使用，“谈木集”文化创意产品异军突起。积极组织文化企业参加深圳、义乌、衢州文博会，展示龙游文化产业特色和创意产品，“龙游馆”以商帮古街为主元素亮相衢州市文博会，实现品牌宣传和经济效益双丰收。建立“浙朵云”文化产业大数据服务平台龙游数据库。加大影视资源宣传营销，吸引《龙魂之石门密谱》《萌宠闹翻天》等多部电影到龙游拍摄取景，《奶奶的家》为首部全景在龙游拍摄的院线电影。

【文艺精品创作】 深入实施文艺精品创作扶持工程，6件作品列入县第四批文艺精品扶持项目，其中《包辰初翰墨龙城》列入衢州市2017年文艺精品扶持项目，小说《你是星辰你是海》被浙江省网宣办列为网络优秀作品立项扶持项目。举办全县村歌创作大赛，共征集原创村歌20多首，其中《杨村故事》入选第九届全国村歌大赛优秀村歌作品。微电影《一条游向世界的小草鱼》等多部作品入围“最美浙江人”优秀微纪录片大赛。阿乐道情《龙游发糕》《我为良叔点个赞》等先后在省级比赛获奖。继续开展《天南地北龙游人》拍摄工作，完成包辰初专题片拍摄，并启动《龙游发糕》等龙游组歌创作。

（县委宣传部 邱元良）

2017年度龙游县对外宣传成果“华岗奖”评选结果

表2

序号	作品标题	媒体版面	作者（单位）或组织单位
新闻作品类（25件）	乡文化员马惠莲的73本工作笔记——记下村民自信的笑容	人民日报	方敏、蓝晨
	浙江龙游消除空中“蛛网”，线路上改下，乡村更安全	人民日报	方敏
	咱的生活透着“科技范儿”——“村情通”方便村民，智慧平台提升安全感，网格员架起连心桥	人民日报	江南
	朱有标“抢”粪	新华每日电讯	方立新、黄海波
	浙江龙游县生猪养殖产业的阵痛与新生	《新华社内参选编》第8期	岳德亮、魏董华
	“土发明”将垃圾变废为宝	光明日报	严红枫
	浙江龙游：文化站建设重实效	中国文化报	骆蔓
	流动大禹鼎，一月一比拼，龙游“剿劣夺鼎”竞赛忙	浙江日报	蓝正伟、冯炜旭
	龙游绿色产业增势猛	浙江日报	毛广绘、祝旖波
	我市争取省重大产业类项目又有新突破，龙游“中浙高铁”列入省特别重大项目	衢州日报	王继红、蓝正伟、郑曦
	习近平进山村交办一件事——“习言习行在衢州”系列报道之一	衢州日报	葛志军、蓝正伟
	政企携手对接资本市场，龙游企业借力资本提质增效	衢州日报	胡巩民、蓝正伟
	龙游完成1889户居民个人居住危旧房签约腾退协议，腾退率100%	衢州日报	蓝正伟、郑曦
	横山“赤膊墙”刷出徽派风	衢州日报	郑曦、傅媛、吴森邦
	“洋专家”智助龙游特种纸国际化	衢州日报	蓝正伟、求张峰
	政府引导情怀助力，激发农村新活力；白领老板下乡，做起麻鸡生意	央视财经“第一时间” 央视新闻直播间	秦久兴、游佳、董雯
	【深化走转改】龙游：库区移民村的新年	浙江新闻联播	秦久兴、李婷、周虞
	龙游：打造生态工业，加快绿色转型	浙江新闻联播	秦久兴、舒珍、李坤洋
	人大主题报道：浙江龙游民生实事办哪些？人大代表投票定	浙江新闻联播、《浙江日报》	秦久兴、琚敏、孙旭伟、蓝正伟
	美丽家园美好生活：跑小二吴燕飞	新闻深一度	陈忆金、李坤洋、刘王超
	【突发】一轿车失控冲入沐尘水库，龙游3勇士合力施救……	微龙游	王曙静、蓝丹玉、余柏成、林晨
	满满的回忆！龙游一名乡镇工作者和她的73本记事本	微龙游	邵美霞、章承月、金妮
	这条人气古街今天惊艳了整个衢州，来一睹他的风貌吧	龙游广电	施维嘉、马顺、沈曙辉
	年年红——如画如诗如梦	自媒体	刘睿
	浙江龙游创新畜禽废弃物利用模式发展生态牧业	中央人民广播电台	张红毅、李铭
外宣制品类（3件）	《龙游情缘》（微电影）	—	县委宣传部
	《无远弗届，龙游商帮》（文史书籍）	—	劳乃强 黄国平
	鹿游记《东游西游》（漫画书）	—	县旅委
外宣活动项目类（3件）	“化氏·龙和渔业杯”2017中国垂钓电视直播精英赛	—	县体育局
	全国百家旅行社走进龙游系列活动	—	县旅委
	2017龙游石窟岩石音乐节	—	县旅委

新闻报道

【概况】 2017年，龙游县委新闻宣传中心围绕县委“三个五年三步走”战略思路和工业提升、城市建设、旅游开发等中心工作和重点工作，统筹谋划，协同创新，全媒体互动，打造新闻采编“铁军”，在宣传龙游、推广龙游上取得明显成效，为加快建设区域明珠型城市、实现龙游经济社会奔跑跨越提供有力的精神动力和舆论支持。全年共编印《今日龙游》247期，办报质量得到衢州市新闻阅评领导小组和市记协的高度肯定；在全省县（市、区）域报好新闻奖和衢州新闻奖评选中，获奖数量位居全市前列，并获得浙江省县（市、区）域报媒体融合案例奖。在“浙江在线”支站月度考核中，龙游新闻网每月均入选十佳明星支站，在全省58个支站中名列前茅，并获“浙江在线先进支站”荣誉称号；“微龙游”公众号粉丝数达19.7万，有两条信息点读量达到“10万+”，在浙江省市、县（市、区）两级99家政务微信公众号影响力榜单排名中均保持在前25名行列，其中5次取得前10名的佳绩，并获“浙江政务新媒体最快进步奖”荣誉。在宣传成效大提升的同时，办公条件大改善，解决了十多年来想解决而没有解决的两地分开办公问题；干部职工大局意识、责任意识、团队意识不断增强；信息经营全年创收140多万元，比上年度增收100多万元。

【主题报道】 《今日龙游》组织策划“坚持两化引领，推动奔跑跨越”“最多跑一次”“龙游铁军故事”“坚决打赢剿灭劣V类水攻坚战”“开展‘两年’活动，加快奔跑跨越”“大拆大整进行时”“聚焦工业强县”“集中整治‘十乱’，提升城市环境”“村情通+网格治理”等专题专栏20多个，为龙游县的重点工作营造良好的舆论氛围。自龙游县“大拆大整，大改大建，建设平安美丽幸福新龙游”工作启动以来，新闻中心围绕“四大”行

图13 8月2日，县委新闻中心记者蓝丹玉（左一）在城东征迁一线采访

动及危旧房专项整治等工作部署策划主题报道，配备骨干力量，深入征迁一线，以全方位、立体式、滚动式、轰炸式的宣传态势，紧盯征迁动态，突出报道重点，唱响宣传主旋律，刊发“四大”行动稿件285篇、专版29个。其中，《今日龙游》刊发城市东进稿件176篇、危旧房治理稿件23篇，涉及社会各层面的采访、新闻会客厅、跟踪访谈、政策解读等专版29个；“微龙游”推选发送城东征迁微信69条，点击量累计达32万，其中6条点击率超万，推选发送危旧房治理微信17条，点击量累计达5.7万；龙游新闻网同步跟进，推出“东进，东进”大型专题和“聚焦‘拆治归’，见证新龙游”“聚焦城东”等多个主题报道，运用动态消息、政策解读、热点评论、图片新闻等多种宣传方式形成强大的主题报道声势，受到社会各界的极大关注，为助力征迁营造浓厚的舆论氛围。

【热点评论】 围绕危旧房治理、工业强县、治理城市“十乱”等重点工作，推出《危旧房里，可有你父母？》《六论“大拆大整 大改大建，建设平安美丽幸福新龙游”》《加快做大做强县域工业产业正当其时》《三论区域明珠型城市》等一系列评论员文章，针对龙游县重点工作的开展、城市发展建设、“党员干部怎么干”及群众关注的一些问题进行分析和评说，以小见大，深入浅出地阐明道理，引导舆论，凝心聚力。全年共刊登大小评论50多

篇，其中，《赋予龙游美好新时代》《干出龙游美好新时代》《致敬龙游美好新时代》三篇评论员文章引发强烈反响，为龙游加快建设区域明珠型城市鼓干劲、激斗志，凝聚合力。

【典型报道】 推出“农业供给侧新枝”“最多跑一次”“我县剿劣妙招”“征迁一线铁军故事”“他山之石”“大拆大整进行时”“村情通+网格治理”“撸起袖子加油干”等系列报道，通过对各项中心工作的典型故事和先进经验的报道，为推进全县各项重点工作提供舆论支撑。

【民生报道】 推出“2017我的小目标”“河塘记忆”“龙游故事”“民生二人转”“拆迁‘拆’出新生活”“最多跑一次”等专栏，通过挖掘采访，真实反映普通百姓生产、生活状况的变化，提高人民群众对县委、县政府中心工作的关注度。通过“最美龙游人”栏目，及时推出“沐尘水库救人事迹”“母子路上拾到包，7万现金如数还”“溪流中的生命营救”“遇到险情就要上，发现困难就要帮”“众市民寻找身边好人”等反映龙游人精神、体现龙游人价值观的“最美”典型报道近20篇，助推发现“最美”、学习“最美”的社会风气，弘扬社会正能量。

【舆论监督】 在《今日龙游》一、二版开设“今日关注”“攻坚543”“记者在您身边”等老牌专栏，结合县委、县政府重点工作，刊发反映“大拆大整”“集中整治‘十乱’”“五水共治”“四边三化”“剿灭劣V类水”等中心工作的稿件；针对整治城市“十乱”，还开设“大家评评理”等专栏，全年刊发相关稿件80多条，对各类问题进行调查、曝光，通过跟踪报道、新闻回访等方式，促使问题得到及时有效解决。

【新媒体发展】 坚持“加强媒体融合，彰显龙游特色，增强传播实效，打响新媒体品牌”的工作思路，加大新媒体平台建设，积极探索新媒体融合发展之路，扎实推进网上舆论引导，形成网上舆论强势。新媒体每日刊登原创新闻50条以上，策划“大拆大整，大改大建，建设平安美丽幸福新龙游”“开展两年活动，加快奔跑跨越”“聚焦‘拆治归’，见证新龙游”“聚焦‘两会’”“年味龙游”等主题报道10多个，围绕危旧房治理、“五四三”工作、“最多跑一次”改革、“四个平台”建设、“创国卫”、教育、文化、乡村旅游等全县重点工作，全媒体融合，全方位报道，形成强大的主题报道声势。同步开展好精神文明建设主题宣传，积极讲好“网络好故事”，其中《一轿车失控冲入沐尘水库，龙游3勇士合力施救》一文，微信点击量达到“10万+”，其后又连续推出4篇后续报道，受到央视、人民网等10多家媒体的关注。在浙江在线支站月度考核中，龙游新闻网在全省56个支站中名列前茅。“微龙游”全年推送微信1290条，阅读量达556万次，点赞量达7万多次。

【打造新媒体品牌】 充分运用龙游新闻网、“微龙游”等新媒体平台，积极开展线上线下互动活动，谋划主题宣传、互动、推广“三项活动”，捕捉本地读者共同的兴趣点和兴奋点。连续第二年开展“给孤单留张影”公益活动，在读书节期间开展“微龙游”送购书红包活动，推出龙游版诗词大会互动免费送电影票活动，推出“最美献血人”“最受网友喜爱的宣讲员”“龙游十大小吃评选”等投票活动，发动10万多网友投票。“微龙游”开设“文化礼堂微名片”“学习路上”等子栏目，承办“美丽龙游微信大赛”，推送大赛获奖作品10条，平均每条点击量达1万次，点赞量740次，有效吸引潜在用户的参与，提高“微龙游”的粉丝量，扩大新媒体的知名度和影响力。

【志愿服务】 积极响应96345党员志愿服务活动，发挥新闻中心党员志愿者的服务带头作用。6月初，成立县委新闻宣传中心社会服务站，策划筹备开展一系列社会公益服务活动；8月下旬，社会服务站得知徐国军父女的不幸遭遇后，在“微龙游”上刊发《泪目！龙游这对患癌父女的“生命互让”》一文，引起广大“微友”和热心读者的关注，为徐国军一家提供帮助，前期筹得募捐1.37万元，后续又获得社会慈善团体、民宗、民政等部门和社会热心人士的爱心捐款。

【业务建设】 每周召开业务讨论会和专题业务学习会，组织采编人员总结交流上周稿件采编情况，布置本周报道重点。结合“两年”活动和采编工作实际，继续深化“走基层、转作风、改文风”活动，引导采编人员走进基层、走进群众采访调研，深入8个党员记者联系点访民情、采民意，及时反映基层动态和群众需求，全力做好新闻服务。邀请上级媒体专家担任《今日龙游》的质量顾问，每月对中心采编的稿件进行点评，推荐好新闻作品；收集整理专家的意见，定期编发《〈今日龙游〉新闻业务》内刊，下发给每位采编人员学习。开展业务培训，召开业务主题研讨会，促进内部业务交流；发挥好老同志和业务骨干的传、帮、带作用，帮助新进工作人员尽快熟悉业务，并在工作实践中尽快成长起来。

图14 县委新闻宣传中心在湖镇镇雪狼拓展基地开展团队拓展活动

【队伍建设】 以“两年”活动的开展为契机，结合“两学一做”活动，推进队伍作风建设。组织领导干部和采编人员学习政治理论及新闻道德规范，坚定理想信念，把牢新闻导向。完善修订内部管理办法及各类规章制度，明确岗位职责，形成用制度规范行为、按制度办事、靠制度管人的有效机制。加强纪律监督，积极开展正风肃纪工作。对虚假新闻、有偿新闻、被访对象送请等进行不定期调查；对干部职工纪律松驰、工作时间随意脱岗、公车使用停放情况及上班时间上网聊天、购物、玩游戏、炒股票等与工作无关的事项进行突击检查，对违规违纪行为进行严肃处理，促进干部职工进一步转变工作作风，进一步增强责任意识、服务意识，提高工作效率。

（县委新闻宣传中心 姜毅）

统战工作

【概况】 2017年，龙游县统一战线工作部深入贯彻落实中央和省委、市委统战工作会议精神，以衢州市委统战部“1310”（紧扣“画好最大最美同心圆”这一主题，开展好作风建设年、环境建设年、项目建设年“三个年”活动和十大专项行动）工作思路为主线，围绕龙游县区域明珠型城市发展大局，着力构建新时期“大统战”工作格局，在服务发展、深化改革、维护稳定等方面取得了一定的成效。龙游县“民革之家”作为民革全国“党员之家”建设现场推动会考察点，“民盟·同心名医服务站”得到副省长成岳冲批示肯定，“民革之家”和“民族经济”两项工作获衢州市委统战部部长傅根友批示点赞，龙游县工商联再度蝉联“全国五好县级工商联”。龙游县统战部获评2017年度衢州市统战工作先进单位。

【助推龙商回归】 紧紧围绕“资金回流、项目回归、信息回传、人才回乡”工作总思路，继续推进异地商会、行业协会建设：新增义乌、台州、嘉兴3家异地商会；完成杭州、深圳2家异地商会换届工作；成立深圳龙游商会招才引智人才工作站；搭建龙游商会异地“商会+乡贤会”的双会建设模式和异地商会支部建设，全面完成镇一级乡贤会建设，先后成立中共龙游县工商联总商会党总支、上海龙游商会党支部，形成“商会+”发展模式。引进浙商（龙商）回归项目80个，捕捉项目回归信息3条，并在2名知名乡贤的助力下完成省级院士专家工作站建设。至年底，已连续举办两届龙商大会，累计签约招商项目21个，协议总投资135亿元。

图15 9月15日，民革龙游支部被命名为衢州市“‘民主党派之家’建设示范点”和“社会主义学院现场教学基地”

【强化党派建设】 以“民主监督、参政议政、社会服务”为核心，推进新时期党派组织阵地建设和能力提升，党派工作专项经费同比提升33.3%。成功打造“621”（即集办公室、会议室、资料室、法律援助室、党员活动室、民革史展厅与浙江省社会主义学院现场教学基地、爱国主义教育基地于一体）民革之家组织阵地和“1+2+3”（即一个民革之家，二个教育、实训基地，以及中山苑、锦鲤文化苑、婺剧文化苑三个实践场所）阵地平台体系，得到民革中央原副主席刘凡的充分肯定，其经验做法被《人民政协》《团结报》等中央媒体相继报道。做强“民盟名医·同心服务站”，实现省、市、县三级联动，全年累计为龙南山区3100余名患者义诊。民进龙游县总支部的“文化送乡”、农工党龙游县总支部的“捐资助学”、九三学社龙游县基层委员会的“院士工作站”、县知识分子联谊会的“关爱百岁老人”等工作均得到社会关注。各民主党派(知联会)成员提交的政协提案、人大议案和社情民意文章在省、市、县多次获奖。

【发展民族经济】 注重“输血”与“造血”相结合，开展民族产业帮扶工程，全年累计申报少数民族发展资金重点项目14个，总投资800余万元。其中美国薄壳山核桃种植项目补助资金255万元，帮扶资金200余万元，扶持全县24个民族村开展万亩基地种植，并建立溪口镇下徐民族村项目示范基地。完成浦山村、红罗村、余岗村等3个民族村与省市县佛教、道教、基督教等宗教开展慈善结对。深入挖掘民族村特色文化旅游资源，合力打造沐尘畲族乡特色旅游产业链，社里村被命名为第二批“中国少数民族特色村寨”和国家AAA级旅游景区。

【促进宗教和谐】 全面推进“宗教场所视联网”建设，做好宗教领域“政治、场所、活动、人员”安全管理。完成全县41家宗教活动场所视频监控安装联网，实现宗教场所出入口、重要部位监控全覆盖，视频监控在线率始终位居衢州市第一。开展宗教场所安全大检查、大整改，整改隐患16处；做好敏感时段的维稳工作，抵御境外宗教渗透和反邪教工作，全年驱逐3批次外来非法传教活动。小南海竹林禅寺、官潭龙山寺等庙会期间未发生有关食品、消防、人生等安全事件。

【加强海外联谊】 以“同乡社团”建设为主要抓手，加强与海外华人华侨的沟通联系，发展友好力量。在加拿大多伦多建成第一个海外龙游人联络站；圆满完成葡萄牙赛尔帕市市长多梅·佩雷斯到龙游考察、龙游籍港澳青少年故乡行、巴西国家电视台拍摄龙游风景等活动；组团参加海外侨团香港龙游黄氏同乡会牵头组织的“观音诞”活动；向海外华人华侨及留学生发出《致龙游籍海外华人华侨的一封信》，通过多种形式，打开海外联谊新局面，并为旅日华侨反哺家乡助力柑橘销售等佳事架起新桥梁。

【服务中心大局】 突出“一线作为”，积极引导广大统战成员投身“最多跑一次”改革、产业强县、城市东进、“五四三”专项、全域旅游、美丽乡村

图16 10月25日，葡萄牙赛尔帕市市长多梅·佩雷斯（右四）一行到龙游考察访问

建设等全县重点工作和中心工作。3名部机关干部被抽调到重点工作一线，15名民主党派人士参与城东征迁，啃下38个征迁“硬骨头”；宗教场所“三改一拆”整治工作成果巩固率达100%；24个民族村34处劣V类水山塘、沟渠、小溪流全面完成治理。建立“工商联直通车”工作机制，深入57家企业，收集整理问题及意见建议80余条，协助基层商会、会员企业解决实际问题7个。百名龙商反哺家乡，积极开展公益活动，全年累计捐助治水资金1000余万元，认领水塘137口；捐资助学500多万元，结对贫困学生100多名。

（县委统战部 吴新月）

老干部工作

【概况】 2017年，龙游县委老干部局以全面落实中央《关于进一步加强和改进离退休干部工作意见》为主线，认真落实老干部的政治、生活待遇，充分发挥老干部的作用，为促进龙游经济发展和社会稳定作出应有的贡献。

【向老干部通报工作】 落实好离退休老干部政治待遇，把党和政府的声音及时传达给离退休干部。县委、县政府坚持定期或不定期召开老干部通报会或者专题座谈会，并邀请老领导、老同志列席参加党代会、人代会等重要会议。年初，县委专题召开全县老干部形势通报会，第一时间让老干部了解掌握全县经济社会发展现状、发展重点及发展方向，为老干部站好服务方位。要求老干部参加2017年县委、县政府全会报告征求意见会，邀请老干部列席重要会议，最大程度上吸纳老干部的建议与意见。

【老干部思想政治建设】 组织广大老干部深入学习贯彻习近平总书记系列重要讲话精神和治国理政新理念新思想战略，学习贯彻中共十九大精神，领会新思想、新内涵。组织召开老干部专题学习会、报告会、辅导培训会，学习重要文件，传达重要会议精神，覆盖老干部300多人次。通过学习培训等活动，引导老干部牢固树立“四个意识”，特别是核心意识和看齐意识，进一步坚定老干部的政治立场，增强政治定力，始终与党中央保持高度一致。

【老干部学习阵地建设】 紧扣老干部离退休生活需求，建设好老干部学习阵地，优化提升老干部学习环境，使老干部老有所为，着力打造老干部的精神家园。投入45万元装修老年大学舞厅；投资10多万元整修老年大学停车场，重置投影仪、音响等设备，拓展摄影、书画等学习培训项目，不断完善老干部活动阵地的软硬条件。围绕纪念建党96周年、庆祝中共十九大胜利召开、香港回归20周年等重大主题，举办书画、摄影等各项文化交流活动5场，组织老干部参加各类演出活动6场，引导老干部建立乐学有为的阳光心态。

【落实老干部生活待遇】 用心、用情做好服务工作，保障离退休老干部生活待遇落实到位。坚持“单位尽责、社会统筹、财政支持、加强管理”的原则，健全完善老干部离休费保障机制、医药费保障机制、财政支持机制等“三个保障机制”，确保有效运转，使老干部老有所养、老有所医。认真落实中央和省委、市委、县委各项老干部政治待遇和生活待遇要求，不断提升老干部综合服务保障水平。积极整合老干部服务保障资源，利用上门服务和社区“四就近”平台，组织开展“解忧排难”服务活动，通过定期走访、亲情结对、送学上门等形式，开展各类形式的老干部走访慰问300多人次，帮助老干部克服生活困难，推动老干部服务工作阵地前移、内容拓展、效果提升。

【鼓励老干部献智慧】 充分利用关工委、老干部活动中心、老年大学及下属协会等平台，引导和鼓励广大离退休老干部积极发挥政治智慧和经验优势，发挥老干部的正能量，推动龙游经济社会和谐稳定发展。年初，针对大南门区域范围内泮池、县衙、老城墙、西湖、印心亭等历史遗迹修复、历史文化街区开发和保护工作，组织老干部开展专题调研，通过调研，老干部们建议大南门历史文化街区的打造要与龙游县城的总体规划相衔接，要注重文化的保护与传承，将大南门特色文化元素融入项目改造之中，使之成为最能展示龙游悠久历史、人文积淀的新亮点、新样板。建言得到相关部门及县委主要领导的肯定。城东征迁工作中，积极发挥老同志的作用，有力促进和谐征迁。离退休老干部积极参与剿灭劣V类水攻坚战和党员志愿者平安夜巡活动。老干部志愿者以书画、戏曲、摄影等方式，以义工、讲师、调解员、治水督导员、文明劝导员、平安巡逻员等身份，开展志愿服务112次，参与志愿服务的老干部达1480人次。

【开展“走、看、促”活动】 组织老干部开展“走、看、促”主题实践活动，了解感受经济社会发展。组织全县离休干部实地走访参观龙游故蔑城生态园、龙游县社会福利中心，赴常山开展健康修养活动；组织学习会，举办知识讲座、军史教育课，开展“畅谈、建议”等活动，丰富老同志的精神文化生活。先后组织县处级老干部赴杭州、舟山、宁波镇海等地参观考察，实地体验改革开放特别是十八大以来各地在产业转型升级、城市建设、生态文明建设等方面发生的巨大变化，亲身感受省委省政府“大湾区、大花园、大通道、大都市区”建设战略，拓展老干部的视野，并联系龙游区位发展的现状和差距向县委、县政府建言献策；组织老干部围绕“建言城市建设”“建言重点项目”“建言从严治党”等主题开展专题调研，到征迁、城市建设、“三改一拆”、“最多跑一次”改革等一线现场看变化、找问题、提建议，引导老干部多出点子，当好参谋。

图17 县老干部局组织开展庆祝全国第五个“老年节”活动

【开展文体和公益活动】 根据老干部的兴趣爱好，引导他们讲好龙游故事。组织各种竞技比赛、展览和表演，展示龙游县老年人的风采；组织县老年书画研究会、县老年摄影协会等群团会员讲课授艺，用所学之技先后到重点工程、城市建设、全域旅游、“五水共治”一线进行采风，共收到老干部摄影作品1600多幅，先后举办老干部优秀摄影作品展6期。举办迎“七一”文艺会演及县老年大学纪念建党96周年暨喜迎十九大展示新风采文艺会演，开展庆祝建党96周年暨香港回归二十周年书画展和“笔墨传情——喜迎党的十九大书画展”等活动，体现广大老干部对党、对祖国、对家乡、对时代的挚爱之情。

（县委老干部局 范文艳）

机关党建工作

【概况】 2017年，龙游县机关党建工作认真贯彻落实浙江省委、衢州市委的工作要求，围绕县委“两年”（队伍建设年、规范管理年）活动，大力实施“提神”“活力”“阳光”“先锋”“服务”五大工程，为龙游县建设新时代区域明珠型城市提供坚强的组织保证。

图18 4月7日，龙游县召开县直机关党的工作会议暨全县机关党员“争当剿劣弄潮儿”活动动员会

【紧扣县委中心工作】 县直机关工委坚持将党建工作向全县中心工作聚焦、为全局工作聚力，把党建工作同“抓好三件大事”、打好“拆治归”组合拳结合起来，充分发挥党组织战斗堡垒和党员先锋模范作用，把党旗插在每一项中心工作的阵地上。组织200余名机关党组织书记和县直机关入党积极分子培训班学员参加护航“十九大”平安巡逻启动仪式；开展“争当剿劣‘弄潮儿’”活动，牵头组织全县200余名机关党员深入全县各剿灭劣V类水体重点区域，开展“剿劣”清洁活动；根据城市东进征迁工作的需要，克服人手紧缺的困难，主动派懂征迁、懂农村工作的党员干部配合县征迁小组开展工作。

【抓实党建理论研究】 紧扣思想建党根本要求，努力营造学习贯彻中共十九大精神浓厚氛围。深化拓展“两学一做”学习教育活动，把学习贯彻中共十九大精神、习近平新时代中国特色社会主义思想作为首要政治任务，全员参与，常态推进，督促检查，打造党员自我教育的经常性载体,不断增强“四个意识”。在全县“五四三”“拆治归”等重点工作中开展“创先争优”活动，要求广大党员干部鼓足干劲参与县委重点工作，在实践中锤炼党性，提高思想觉悟。

【创新机关党建工作】 突出问题导向和效果导向，推行“季度党建报表”制度，变年度大考为平时小考。建立机关基层党组织书记抓基层党建专项述职制度，常态开展机关部门党组织之间“互学互看”活动，营造比、学、赶、超的浓厚氛围。坚持以“两全”（全领域建强，全区域提升）为目标，会同县组织部对全县机关基层党组织阵地建设进行督促指导，逐一验收机关党员活动室。至年底，全县机关部门50%以上的党支部建成了党员活动室。县直机关工委与县委党校共同开展的机关党员活动阵地重点品牌“红色驿站”已落地。

【全面开展从严治党】 定期召开党风廉政建设专题会议，集体讨论研究党风廉政建设主体责任落实情况，全年研究党风廉政建设和反腐败工作4次。将党风廉政建设工作要求、党风廉政建设相关会议精神及领导讲话纳入机关党工委中心组的学习内容，组织专题学习，全年共安排中心组专题学习4次，安排县委主要领导开讲专题廉政课2次。依托党委(党组)理论学习中心组学习、党支部“三会一课”、“5+X”主题党日活动等基本制度，融入日常、抓在经常，防止形式主义，防止产生“两张皮”（学归学，做归做）现象。

（县机关工委 包锋）

党史和地方志工作

【概况】 2017年是龙游县党史、地方志工作充满压力与挑战的一年。龙游县史志办公室深入贯彻落实《龙游县党史和地方志工作规划（2016—2020年）》，紧紧围绕全县经济社会发展大局，不忘初心，牢记党史、地方志“存史、资政、育人”的使命，努力实现“政治建室、研究立室、课题强室、多业兴室、从严治室”工作目标，着力锻造一支忠诚担当、善打硬仗、勇立潮头的史志铁军队伍，力争走在全省史志队伍的前列，推动全县史志工作再上新台阶，为加快经济文化强县建设作出应有贡献。

【党史资料征集工作】 全年走访县处级以上领导干部61人，征集资料1534件，其中实物1030件、电子资料504件，并及时整理归档入馆陈列；口述历史部分共走访正处级以上领导10人，并根据采访录音整理成文字资料，为今后整理出版打好基础。理清中共十一届三中全会以来龙游政治、经济、社会发展脉络，对县委重要文件和县党代会、全会（扩大）的报告与决定及历次“五年计划”等基础性资料进行整理，完成25万余字的《龙游县改革开放纪事(1978—2015)》初稿。向建党96周年献礼，与浙江人民出版社合作编纂出版42.5万字的《共产党宣言》华岗译本，发放到全县各级党组织，组织党员开展学习讨论。

【“傅氏故居”提升工作】 “傅氏故居”位于龙游县庙下乡长生桥村，由傅氏故居、红军路、红军标语墙三部分组成。2016年被命名为“龙游县党史教育基地”，成为龙游县红色旅游、乡村旅游的典范，在党史、革命史教育中发挥了重要作用，并产生较好的经济效益，带动乡村物质文明、精神文明、政治文明建设。2017年12月，通过衢州市党

图19 4月17日，召开《龙游县志》终审会议

史研究室的考核验收，被命名为“衢州市党史教育基地”。

【《龙游县志》等编纂出版工作】 以出版精品志书为目标，完成第二轮《龙游县志》编修任务。10月，顺利完成新编《龙游县志》、《龙游县志》简本的印刷出版招投标工作。完成《中国地方志年鉴（2017）》龙游县资料编写。根据《浙江通志》中《方志卷》《人物卷》龙游县的编纂要求，补充相关资料。完成《浙江通志·地方志专志》复审。根据省方志办关于征询方志馆建设情况的通知，完成龙游县方志馆建设情况调查征询。根据衢州市方志办的要求，对《衢州市人民政府办公室关于推进地方志事业发展的实施意见（征求意见稿）》提出修改建议。完成《衢州方志提要》龙游县部分内容的补充与修改。根据省地方志办公室的要求，完成参与服务龙游县农村文化礼堂建设情况的调查统计。

【专业志编修工作】 推动部门志书编纂工作，为第三轮修志积累资料。完成约101万字的《龙游县地名志》的印刷出版；完成《高坪桥移民生活陈列馆》文字初稿部分；协助沐尘畲族乡完成《浙江通志·少数民族志》之“沐尘乡志”部分的编纂。编纂出版约27万字的《纵游两江》。协助县民政局完成龙游革命（烈士）纪念馆文案的审稿工作。

【《龙游文库》文化工程】 开展地方历史文献整理工作，推进《龙游文库》系列的出版。在2016年

启动贯通古今，涵盖历史、学术、文物、非遗、人物、文学艺术等历史文化的《龙游文库》文化工程编纂的基础上，不断推出一批具有特色性、完整性和权威性的编纂成果。和国家图书馆合作，搜求各图书馆馆藏的龙游先贤的学术著作及古籍善本，至年底，完成《重刊民国龙游县志》《尚书详解》《诗说》等36部8函77册文献古籍影印书目，推动《万历龙游县志》《杨盈川集》《耻庵先生遗稿》等15册文献类丛书点校工作。

【《龙游年鉴（2017）》编纂工作】 在2016年获全国年鉴评比一等奖的基础上，调整优化年鉴框架和内容，牢牢抓住质量提高、时间提前的工作目标，做到与时俱进、常编常新。规范工作流程，坚持高标准、严要求，真实记录龙游县2016年经济社会发展改革的特点和亮点，力求资料翔实、信息准确、文字精练，树立品牌意识，把《龙游年鉴》打造成全省文化建设的精品。经浙江省地方志办公室初评推荐，《龙游年鉴（2017）》再次脱颖而出，送中国地方志指导小组参加全国年鉴质量评比。

【发挥方志学会作用】 明确地方志学会的工作任务，加强史志学术研究，定期召开理论研讨会，继续编好《龙游史志》期刊，确保龙游县地方志学会各项工作更好地融合于服务史志事业发展的大局中，广泛吸纳社会各界史志专家、学者和史志爱好者的参与龙游史志工作，为龙游县史志事业发展提供有力的理论支持和智力支撑。

【服务中心工作】 积极参与“龙游大南门”历史文化名城的规划，提供龙游城池文献记载资源，拟定《龙游匠作》等视频的拍摄方案。积极配合全县美丽乡村建设，完成源头村、灵山村、龙王村、青塘坞村等村落古建筑修缮工程的预算、工程监督和工程验收决算工作。积极参与社区组织的平安创建、文明劝导等活动。做好泽随村傅仓自然村清洁塘认领和罗家乡席家村生态指导员工作，完成罗家乡缪家村3户农户的乡韵庭院建设任务（缪家村获全县二

图20 县史志办组织干部职工参加乡韵庭院建设

等奖），组织党员干部开展不少于三次的下乡走访活动，并参与罗家乡村级组织换届工作。接受国资委委托，完成原探矿厂办公楼的修缮项目的工程设计、预算编制、招标、施工等工作。协助龙洲街道山底村完成村史及余绍宋资料的撰稿。协助庙下乡严村村完成华岗纪念馆的布置，参与庙下乡毛连里村文化礼堂建设。

（县史志办 钟红芳）

党校工作

【概况】 2017年，中共龙游县委党校以习近平新时代中国特色社会主义思想为指导，贯彻习近平总书记关于党校工作的重要论述精神，认真落实中央和浙江省委关于加强和改进新形势下党校工作的指示要求，紧紧围绕县委、县政府工作大局，以“两年”活动为契机，进一步加强和改进党校工作，切实履行干部教育培训职能，充分发挥“三个阵地、一个熔炉”（轮训和培训党员领导干部的重要阵地，组织和培养党的理论队伍的重要阵地，学习、研究、坚持和发展马列主义、毛泽东思想的重要阵地；干部增强党性锻炼的熔炉）作用，举办主体培训24期，为龙游加快建设新时代区域明珠型城市、锻造“龙游铁军”作出新贡献。

【**教学工作**】 围绕县委中心工作开展教学活动，使县委党校成为宣讲县委决策部署的“前沿阵地”。4月，紧密结合县委“学习贯彻党的十八届六中全会精神”中心，举办全县县管干部轮训班，先后轮训383人次。以县委“两年”活动为契机，通过“走出去、引进来”，拓展各类教育培训载体，有针对性地开展经济管理、现代科技、文化建设、社会治理、生态文明等方面专题培训，提升干部专业素养，推动干部解放思想，拓宽视野，提升本领，拉高标杆。围绕工业发展、城市建设、全域旅游、美丽乡村建设等重点难点工作，先后举办计划外培训班次59期，培训近6000人次。

图21 7月21日，龙游县举办全县招商引资培训班

【**干部教育培训**】 充分发挥县委党校干部教育培训的主渠道、主阵地作用，根据《中国共产党党校工作条例 》和中央党校“一个中心、四个方面”（以中国特色社会主义理论体系的教育为中心；理论基础、世界眼光、战略思维、党性修养四个方面）的教学布局，结合县情、校情，调整教学布局，优化课程设置，确保完成“理论教育和党性教育两大主业主课不低于总课时的70%，其中党性教育不低于20%”的培训目标。加大党性教育力度，把马克思主义基本理论及其中国化最新成果和习近平总书记系列重要讲话精神作为干部培训的中心内容，纳入主体班次必修课，引导学员系统掌握马克思主义的立场、观点和方法，进一步增强党员干部的道路自信、理论自信、制度自信、文化自信，提高干部的思想觉悟和理论水平，为打造一支信仰坚定的“龙游铁军”奠定良好基础。结合干部教育培训工作实际，严格学员管理制度，强化学风建设，贯彻“从严治校、从严施教、从严管理”的方针，努力实现干部培训管理的规范化、制度化、科学化。全年共举办主体培训班次24期，参训学员达3000余人次。

【**社会培训**】 注重资源整合，创新对外培训模式，着力拓展新的办学渠道。在完善传统课堂教学模式的基础上，立足县情，积极开发现场教学资源。在提升贺田模式、开启模式、龙和渔业、集美模式等原有现场教学基地的基础上，充分利用本地红色教育资源，新建华岗纪念馆、傅春龄故居、革命烈士陵园三个党史党性教育基地，精心打造红色教育基地品牌，全年共接待现场教学370余场次，共计9000多名党员群众，进一步扩大了党校社会办学的影响力和感召力。充分发挥党校作为全县宣讲主力军的作用，围绕龙游县第十一次党代会、衢州市第七次党代会、浙江省第十四次党代会和中共第十九次代表大会精神等设置宣讲专题，组建党校宣讲团，以“走出去”“送上门”的方式开展专题教育宣讲活动。至年底，开展各类基层巡回宣讲活动70余场次，辅导党员干部6000多人次，充分延伸和拓展党校教育的职能范围，使党校真正成为广大干部群众的“精神家园”和“向往之地”。

【**科研工作**】 坚持“教学立校、科研兴校”的指导思想，坚持科研“三贴近”（贴近实际、贴近生活、贴近群众）理念，围绕县委、县政府的决策部署，围绕全局性、战略性、前瞻性的重大问题创新科研选题。紧盯县域经济的亮点、热点、难点和问题，认真调查研究，重点攻关，撰写高质量的调研报告，为党委政府科学决策服务、为教学服务、为社会服务，提高党校科研咨政的能力和水平。先后组织教师深入基层开展社会调研30余人次；5篇论文分别在国家级、市级刊物上发表；1个课题被省党校系统立项，3个课题被市委党校系统立项，3项市级课题顺利结题。组织全体教职工参加市、县各系统组织的“最多跑一次改革”理论研讨会、十九大亮点解读征文等各类科研活动，获一等奖1篇、三等奖2篇。

【后勤保障工作】 深化后勤服务改革，提升服务保障能力，以管理科学化和服务社会化为根本方向，注重“软件”提升，提高服务水平。以学习全国、全省党校工作会议精神为契机，积极引导行政后勤人员摆正位置，提高认识，主动服务教学培训大局，坚持高标准、严要求、精管理、提质量，进一步提升服务水平，展现党校良好形象。积极争取财政支持，对学员餐厅实施管道燃气改造和油烟净化系统提升工程，努力提升后勤保障水平。

【师资队伍建设】 坚持“党校姓党”原则，强化从严治校方针，立足党校实际，努力打造一支理论功底扎实、善于联系实际、勇于开拓创新的高素质教师队伍，推进党校事业的科学发展。优化教师资源配置，实施“人才强校”战略，通过提前批招聘的方式引进硕士毕业生2名，进一步调整优化人才队伍结构；聘请县领导、部分单位主要领导以及知名教授、学者担任县委党校兼职教师，不断充实教师队伍；完善党校师资库建设，培养在社会上有影响力的兼职骨干教师。树立“高素质的各级干部要有高素质的师资来培训”的理念，通过业务培训、教学实践、进修学习、外出考察、教学观摩等多种形式，打造一支政治强、业务精、作风正、充满活力的高素质科研型教师队伍，为全县干部教育培训工作提供师资保证。全年先后有30多人次参加省委党校、省社科院、省委宣传部和市委党校的学习培训，参加各种研修班、培训班和理论研讨班，拓宽教师理论视野，提升理论水平。

【党的建设】 以“政治信仰更加坚定、宗旨观念更加牢固、党内政治生活更加严格、作用发挥更加充分、党的基层组织活力更加显现”为基本目标，以“两学一做”为基本内容，以“三会一课”为基本制度，以党支部为基本单位，按照“突出问题导向、注重以上率下、强化分类指导、激发基层活力、坚持常抓不懈”的要求，切实加强党的基层组织建设，在夯实“学”的基础、抓住“做”的关键上持续发力。2017年，县委党校以党建督导为契机，在补齐党建短板上精准发力，促进党建“软硬件”建设规范化、标准化。组织全体党员积极参加文明劝导、社区平安巡逻、“主题党日”等活动。实施党建教育示范基地提升和党员活动阵地建设工程，结合党校实际打造特色党建板块，增强党员的认同感、归属感，营造浓厚的党建文化氛围。充分利用校区内走廊、绿地、闲置教室等空间，开辟党建文化长廊，打造特色党建板块，提升校园党建文化品位。充分发挥党支部作用，建立健全相关管理制度，努力建设学习型、节约型机关。严格党内政治生活，切实履行好党风廉政建设的主体责任，狠抓党风廉政建设责任制的落实。

【服务县委中心工作】 围绕县委中心工作，服务龙游发展大局。主动出击，发动全体教职员工积极参与招商引资工作，共上报招商引资信息6条，其中一个项目已落地。参与“乡韵庭院”创建工作，助力美丽乡村建设，安排专人负责詹家镇浦山村4户农户的“乡韵庭院”创建工作，从前期谋划、方案设计、施工等环节进行全程指导。积极谋划、组织实施全域旅游专题培训，组织20多名相关人员赴山东济南、泰安等地学习考察旅游发展模式，拓宽学员全域旅游的视角，树立龙游县发展全域旅游大有可为的理念，为龙游县全域旅游发展战略提供人才保证和智力支持。配合城东新区征迁改造工作，举办城东新区村庄整体搬迁改造培训，培训260余人次；及时为龙游县城东新区征迁改造指挥部腾挪办公场地，加强与相关部门的对接。多措并举，力促剿灭劣V类水体，为2个联系村提供“清洁塘”改造补助资金5万元；组织党校教师和60余名学员组成“剿劣”攻坚突击队，开展争当“剿劣弄潮儿”主题实践活动；积极开展现场治水考察调研，做好环境保护宣讲工作，并把剿灭劣V类水工作列入培训内容，为打赢“五水共治”攻坚战献智出力。

（县委党校 林利平）

龙游县人民代表大会常务委员会

概　述

2017年是龙游县第十三届人大常委会依法履职的开局之年。在中共龙游县委的正确领导下，在“一府一委两院”（县政府、县监委、县法院、县检察院）的大力支持和代表们的积极参与下，县人大常委会深入学习贯彻中共十八届历次全会和十九大精神，紧紧围绕县委“五年打基础、五年求突破、五年争崛起”的“三步走”战略部署，服务发展大局，依法履行职责，促进民生改善，顺利完成县十三届人大一次会议确定的各项任务。全年共召开常委会会议9次，听取和审议工作报告20个，作出决议、决定和审议意见18项，召开主任会议20次，组织人大代表开展专题视察5次、执法检查4次、专题调研6次，依法选举和任免地方国家机关工作人员112人次，任免县人大常委会各工作委员会委员77人次，举行宪法宣誓75人次，选举市人大代表51名，补选县人大代表10名，为实现与全省同步高水平全面建成小康社会作出贡献。

主要工作

【落实县委决策部署】 推进县委重大决策部署的落实，积极参加城东征迁、高坪桥水库工程建设、351国道征迁、重点工作督查等全县中心工作，深入一线做好指导、协调和督促，加快工作推进和项目落地。加强对联系乡镇（街道）和企业的指导，帮助协调解决各类问题，就“最多跑一次”改革等重大事项开展调研督察，查找存在问题和薄弱环节，提出意见和建议，为县委决策提供依据。精心组织县乡人大换届工作，切实把党委意图落实到换届的每个环节，严肃换届选举纪律和代表参会纪律，引导代表议大事、提建议，确保换届工作风清气正。坚持党管干部与人大依法任免的有机统一，对县委推荐提议、“一府一委两院”提请任命的人员，通过任前法律知识考试、任中履职表态、任后宪法宣誓、公开履职承诺、年终述职评议等方式，既确保依法任免人事，又履行人大跟踪监督的职责。

【助力经济社会发展】 修订政府重大投资项目监督暂行办法，完善政府重大投资项目审查监督机制。视察高坪桥水库、沿江公路、“一桥一路一港区”等重大工程项目，专题听取项目推进情况汇报，提出意见与建议；关注城市东进推进实施情况，重视大南门历史文化街区保护开发工作。依法审查监督国民经济和社会发展计划执行情况，年中听取和审议上半年全县经济社会发展情况和下半年政府工作的报告，年末听取和审议全年计划执行情况的报告，建议政府调结构、转方式，加大招引重大项目力度，提升经济增长质量和效益。深化预决算审查监督，加强审计监督整改，规范全县资金使用。依法落实年度生态环境报告制度，组织代表视察大气污染综合治理情况，专题听取和审议2016年度环境质量状况和环境保护目标的完成情况，建议政府加强重点污染防治，加大经费投入，完善考核机制。督促政府重视企业技改，加强环保和安全生产工作。继续关注生猪养殖污染整治、美丽牧场创建、笋竹产业转型发展和农业综合开发工作。

【推动民生事业改善】 首次实行县政府民生实事项目代表票决制，由205名县人大代表票决产生县政府十大民生实事项目。建立代表专题询问，深化审议机制和民生实事项目跟踪督办机制，采取实地督查、代表视察、常委会专题审议等手段帮助破解实施难题，有效促进老旧小区改造和太平路、人民路“白改黑”工程等一批民生实事项目加快实施进度。就部分实事项目内容的变更，在考察实情后及时作出《关于同意调整部分2017年为民办实事项目实施内容的决议》。专题听取和审议小区物业管理工作情况的报告，有针对性地提出“建立组织机构，配齐配强人员，落实资金保障，明确部门、街道职责，建立健全监管机制”等意见，并建议集中开展物业用房及租金收入清理、物业费收缴清理、联合执法进小区、第三方参与物业费使用监管、全面开展物业管理公司考核评估五大专项行动。聚焦人民群众就医、健身休闲等问题，对县人民医院迁建选址情况开展专题调研，听取和审议县域医疗卫生资源配置规划情况和重点卫生项目实施情况的报告；视察青少年活动中心和学校体育场馆，听取全县公共体育设施对外开放情况的汇报；视察城市公园和绿道建设情况，推动实施政府建设与管理并重机制，加大养护管理。积极创新监督方式，会同省、市人大以沐尘畲族乡社里村为监督联系点，监督《浙江省少数民族权益保障条例》的贯彻落实，助推龙游县少数民族村的建设和发展。

【推动法制社会建设】 专题听取和审议行政诉讼法贯彻实施情况的报告，建议规范执法行为，完善府院协调机制，加强队伍建设，切实提高依法行政水平。推动政府参照实施《衢州市市区电动自行车管理规定》，对《衢州市城市市容和环境卫生管理条例》实施情况开展执法检查。联合开展动物防疫“一法一条例”（《中华人民共和国动物防疫法》《浙江省动物防疫条例》）、反家庭暴力法和食品安全法的执法检查，配合开展综合治水、公共文化服务保障方面的立法调研，提出立法建议。围绕破解法院执行难的问题，以湖镇镇为试点，开展“发挥代表作用，助推破解法院执行难”专项活动。高度重视群众信访工作，加强规范性文件备案审查工作，全年备案、审查行政规范性文件44个。

【发挥代表作用】 强化履职保障，组织人大代表开展法律法规、代表履职等内容的培训，提高代表的素质和能力。完善常委会组成人员联系代表机制，全年走访联系代表150余人次。积极发挥代表履职服务平台的作用，在龙游经济开发区设立代表联络站，完成15个乡镇（街道）网上代表联络站的建设，为代表收集民意、反映民情提供保障。至年底，各代表联络站共接待选民370人次，收集各类意见建议120余条，协调解决各类问题80余个。丰富代表履职活动，开展“剿灭劣V类水，人大代表在行动”主题活动，建立“一场一塘一代表”的网格化治水监督网络，组织代表跨县域视察“最多跑一次”改革和乡镇“四个平台”建设情况，全年共组织代表监督检查368人次，发现问题180多个，提出意见建议70多条。继续实施县人大常委会领导督办和县政府领导领办议案和重点建议制度，坚持集中交办和重点督办相结合、满意度评价和跟踪督办相结合，加快办理进度，提高办理质量。继续开展议案建议办理满意度“回头看”和优秀议案、建议评选工作，表彰代表议案、建议承办先进单位。

图22 县人大代表视察大南门历史文化街区保护项目

【加强自身建设】 认真学习贯彻中共十八届历次全会和十九大精神，牢固树立“四个意识”，坚定“四个自信”，自觉在思想上、政治上、行动上与以习近平总书记为核心的党中央保持高度一致。重视机关党建工作，丰富党建活动载体，严格执行《中国共产党纪律处分条例》和《中国共产党廉洁自律准则》，始终做到“讲党性、重品行、做表率”。把改进监督方式、提升监督实效作为人大工作的着力点，综合运用分组审议、集中审议和专题询问等手段，通过清单式审议意见促进政府部门精准办理。认真落实中央、浙江省委关于加强县乡人大工作和建设的要求，人大机关形成“七委两室两专委”的工作机构格局，常委会组成人员增至31名，同时聘任50名工委委员加强专业监督；各乡镇（街道）成立人大办公室，人大整体工作效能进一步提升。修订人大常委会会议议事规则、人大常委会主任会议议事规则、人大常委会组成人员守则、人大常委会任免国家机关工作人员办法等制度，进一步健全人大工作机制。

重要会议

【十三届人大一次会议】 2017年2月14日—18日举行。会议听取和审查龙游县代县长张晓峰所作的《龙游县人民政府工作报告》、县人大常委会主任周中民所作的《龙游县人民代表大会常务委员会工作报告》、县人民法院院长方永新所作的《龙游县人民法院工作报告》、县人民检察院检察长刘建华所作的《龙游县人民检察院工作报告》，审查《龙游县2016年国民经济和社会发展计划执行情况及2017年国民经济和社会发展计划草案的报告》《龙游县2016年预算执行情况及2017年预算草案的报告》，并通过相应决议。通过关于设立龙游县第十三届人民代表大会专门委员会的决定，并通过龙游县第十三届人民代表大会专门委员会组成人员名单。选举产生龙游县第十三届人民代表大会常务委员会主任、5名副主任、25名常务委员，选举产生龙游县人民政府县长、6名副县长，选举产生龙游县监察委员会主任、龙游县人民法院院长、龙游县人民检察院检察长，选举产生龙游县出席衢州市第七届人民代表大会代表51名。全体人大代表投票表决产生2017年龙游县人民政府为10大民办实事项目。会议期间共收到代表议案、建议、批评、意见265件，其中有10名以上代表联名提出的议案121件，经议案审查委员会审查、大会主席团审议、大会通过，确定《关于要求建设庙下乡八角殿村农民饮用水工程的议案》《关于切实解决湖塘殿村村民饮用水工程的议案》《关于实施天池村农民饮用水项目建设的议案》为大会议案，其余262件作为建议、批评、意见交由“一府一委两院”办理，办理结果报告县人大常委会。

【十三届人大常委会第一次会议】 2月19日召开。会议审议通过《龙游县人民代表大会常务委员会议事规则（修正案）草案》《龙游县人民代表大会常务委员会关于进一步加强自身建设的决定（草案）》《龙游县人民代表大会常务委员会主任会议议事规则（修正案）草案》《龙游县人民代表大会常务委员会组成人员守则（草案）》《龙游县人民代表大会常务委员会任免国家机关工作人员办法（修正案）草案》。会议还审议通过有关人事议案。

【十三届人大常委会第二次会议】 3月24日召开。会议听取和审议县政府《关于环境质量和环境工作目标完成情况的报告》，常委会通过分组审议，提出相关意见建议。会议还审议通过有关人事议案。

【十三届人大常委会第三次会议】 4月14日召开。审议通过有关人事议案。

【十三届人大常委会第四次会议】 5月26日召开。会议听取和审议县政府《关于企业安全生产管理情况的报告》和《关于我县新〈行政诉讼法〉贯彻实施情况的报告》，提出相关意见建议；审议通过《龙游县人民代表大会常务委员会关于切实推进人民法院执行工作的意见（草案）》。会议还审议通过有关人事议案。

【十三届人大常委会第五次会议】 7月26日召开。会议听取和审议县政府《关于2017年上半年龙游县经济社会发展情况和下半年政府工作的报告》《关于2017年上半年国民经济和社会发展计划执行情况的报告》《关于2016年财政决算和2017年上半年财政预算执行情况的报告》《关于2016年度财政预算执行及其他财政收支情况审计的报告》《关于“剿灭劣V类水”工作情况的报告》，审查、批准龙游县2015年财政决算（草案）；听取和审议《龙游县2017年地方政府债务限额及新增债务预算调整方案的决议（草案）》《龙游县人民代表大会常务委员会关于县人大常委会部分工作机构设置调整的决定（草案）》《龙游县人民代表大会及其常务委员会选举任命的国家机关工作人员履职报告办法（试行）（草案）》。会议还审议通过有关人事议案。

【十三届人大常委会第六次会议】 9月21日召开。会议听取和审议县政府《关于全县生态牧场建设情况的报告》《关于城市小区物业管理工作情况的报告》《关于提请调整部分2017年为民办实事项目实施内容的报告》《关于同意调整部分2017年为民办实事项目实施内容的决议（草案）》；听取和审议《龙游县人民代表大会常务委员会关于政府重大投资项目监督暂行办法（修正案）（草案）》。会议还审议通过有关人事议案。

【十三届人大常委会第七次会议】 12月8日召开。会议听取和审议县政府《关于龙游县域医疗卫生资源配置规划情况和重点卫生项目实施情况的报告》，听取和审议县政府《关于县十三届人大一次会议议案和代表建议、意见办理情况的报告》，并对议案和重点建议办理情况开展满意度测评；对2017年县人大常委会《关于我县企业安全生产管理情况的审议意见》《关于我县新〈行政诉讼法〉贯彻实施情况的审议意见》《关于我县剿灭劣V类水工作情况的审议意见》落实情况开展督查和满意度测评。会议还审议通过有关人事议案。

（县人大 黄丽芬）

附：县人大优秀议案

关于要求建设庙下乡八角殿村农民饮用水工程的议案

庙下乡八角殿村是溪毛线中段的一个行政村，有农户343户，人口1081人，沿溪毛公路两边散居，全长约3.5千米。当地村民多年来一直是汲取地表水和浅表层地下水饮用。随着区域工业化进程的加速和林业生产的开发，给农村生态环境带来了一定的影响，加上生活污水收集处理系统不完善，生活污水渗入地下水体之后，当地地表和地下水中的氨、氮、氧化物、铁、锰、挥发酚类等物质的含量大幅超标,对当地老百姓的饮用水安全造成严重的威胁。农村居民因分散式供水设施保障性差,目前仍处于饮用水水质差、水量不足、水介疾病传播隐患大、用水安全保障性差的困境之中。加之该区域地处高山丘陵地带，地下水资源匮乏，当地农村居民在高温干旱时节，连最基本的日常用水需要也难以得到保障，该状况极大地影响了老百姓的生活质量和健康水平，也阻碍了乡村经济的健康发展。

为切实解决当地村民的饮用水安全问题，根据《农村实施<生活饮用水卫生标准>准则》的相关规定，按照人均日最大用水量150升、最小用水量不少于60升、保障保证率不低于90%的标准，八角殿村将建设DN150至200供水干管约4000米，设计日均供水量200吨，受益群众1081人，总投资167万元。

为此，建议在八角殿村屋基塘自然村的中山约1000米的高度引水，在屋基塘山后修建一个100吨的蓄水池，然后沿溪毛线铺设3000米的总管，把自来水引入各自然村，建议建设资金由上级专项补助。目前，我们已将水引入屋基塘自然村蓄水池，下一步拟在2017年5月底前铺设总管，完成全村通水。

（提案人 储建峰等）

2017 年度龙游县人大代表议案建议承办先进单位

表 3

代表议案建议承办先进单位	县水利局、县农业局、县教育局、县农业和农村工作办公室、县住房和城乡建设局、县交通运输局、县环境保护局、县文化广电新闻出版局、县经济和信息化局、县科学技术局、县综合行政执法局、县旅游委员会

2017 年度龙游县人大代表优秀议案、建议

表 4

获奖类别	名 称	提案人
优秀议案	关于要求建设庙下乡八角殿村农民饮用水工程的议案	储建峰等
	关于切实解决湖塘殿村村民饮用水工程的议案	潘永红等
	关于实施天池村农民饮用水项目建设的议案	刘俊霞等
优秀建议	关于切实加强城市小区物业管理的建议	毛文红
	关于加强城市小区全面治理和管理的建议	劳 方
	关于加强我县营运残疾三轮车整治的建议	蓝锦国
	关于加快龙游县竹产业转型升级促进竹农增收的建议	张宏平
	关于促进新三板挂牌企业直接融资的建议	余 恒
	关于加大对基层参合农民健康体检投入的建议	张新苗
	关于加快县城雨污分流和截污纳管，严防城市污水直排灵山江的建议	叶 剑
	关于对城区餐饮业油污水直排城市雨水管造成“两江”污染现象进行全面治理的建议	项勇明
	关于尽快实施姜家区块拆迁改造的建议	王连标
	关于加强我县城市公园管理的建议	刘利平

2017 年度龙游县人大先进代表小组和履职先进个人

表 5

获奖类别	获奖名单
先进代表小组	模环乡代表小组、湖镇镇代表小组、塔石镇代表小组、龙洲街道代表小组、溪口镇代表小组、庙下乡代表小组
代表履职先进个人	马小林、冯燕军、许金荣、李卫忠、李海银、杨水明、杨晓平、肖建治、吴永生、张林松、卓彦庆、周德良、施彩莲（女）、姜荣清、徐金英（女）、徐跃成、韩建和、傅新林、童根林、曾松良

龙游县人民政府

概　述

2017年是龙游县第十三届人民政府依法履职的第一年，也是龙游县实施“三个五年三步走”（“三个五年”即五年打基础、五年求突破、五年争崛起）战略的重要一年。在上级党委、政府和县委的正确领导下，在县人大、县政协的监督支持下，县政府带领龙游人民迎难而上，破难而进，全县经济社会保持健康发展态势，较好地完成县十三届人大一次会议确定的目标任务，实现新一届政府工作的良好开局。全年实现生产总值243.8亿元，同比增长7.6%；财政总收入22.1亿元，其中一般公共预算收入14.8亿元，同比分别增长9.9%和9.7%；固定资产投资183.9亿元，社会消费品零售总额143.9亿元，外贸进出口总额6亿美元，同比分别增长14%、12%、24.5%；城镇居民、农村居民人均可支配收入分别为40544元和20483元，分别增长8.6%和10%；节能减排完成上级下达任务。

主要工作

【工业提升量质并举】 编制开发区产业布局、产城融合等规划，完成“一区两块”（龙游工业园区和城南工业区块、湖镇工业区块）整合，企业服务中心、龙游国检办投入运行，开发区服务功能持续优化。出台传统制造业转型、企业减负等政策，五大“百亿”产业发展态势良好，占规模工业比重较上年提高近5个百分点。恒川新材、吉成新材、吉恒家居产业园等一批重点项目推进顺利。实施企业上市三年行动计划，30多家企业完成股改，新增“新三板”挂牌企业2家，总数达9家，居衢州市第一，7家企业启动主板和创业板上市。加大“并购重组”和“腾笼换鸟”力度，有效处置“僵尸企业”39家，盘活土地68.4公顷，盘活存量资产6.1亿元。捷马化工、塔恩纸业签订搬迁协议。大力淘汰落后产能，整治“四无”（无证无照、无安全保障、无合法场所、无环保措施）企业307家，拆除黏土砖瓦窑9家，让过剩产能退烧去热。

【旅游开发点线并进】 编制龙游县全域旅游发展总体规划，优化旅游产品结构。龙游花海一期工程初具雏形，民居苑二期工程基本完成，龙游石窟景观提升、江心洲湿地公园等项目前期进展顺利；三门源民俗文化小镇成功创建国家AAA级旅游景区；红木小镇成功创建国家AAAA级旅游景区，并再次入选省级优秀特色小镇。全县新增精品民宿4家、A级景区村48个，横山镇上榜省级旅游风情小镇。完善旅游综合配套设施，旅游大数据中心投入运行，建成通往景区公路（简称“通景公路”）13.6千米、绿道9.2千米。加大旅游品牌营销，全年共组织旅游推介活动20余次，至年底，龙游石窟、龙游民居苑两个

“全球免费游衢州”景区免费人次突破40万。

【农业农村加快发展】 建成粮食生产功能区9666.67公顷，建成省级以上无公害农产品基地2200公顷，发展规范化合作社140家、家庭农场112家，新创建美丽牧场30家，成为全国首批畜牧业绿色发展示范县、省级农产品质量安全放心县。加快传统农业转型，完成橘园流转改造146.67公顷，实施竹林生态栽培和标准化生产6666.67公顷。深化农村改革，农村承包地确权登记颁证工作走在衢州市前列。实施光伏小康等工程，壮大集体经济，全县集体经济年经营性收入5万元以上村占比增至59.2%，年收入10万元以下的经济薄弱村减少87%；成功承办浙江省百万家庭屋顶光伏建设推进现场会。

【大抓招商出成效】 完善招商引资机制，定期研判招商重大项目，深化团队招商、以商招商、商会招商，营造“大抓招商、聚力招商”局面。全年招商实到资金54亿元，实际引进外资1112万美元，新引进亿元以上项目17个，新型建材产业园、华邦古楼、维达四期等5个投资10亿元以上产业项目落户龙游，全年新引进的重大项目个数、单体规模均创历史新高。

【加快项目建设】 开展“智汇龙游”系列活动，探索项目生成新路径，新谋划入库项目80多个。新争取省重点项目10个，中浙高铁项目跻身全省特别重大产业项目。实施“421”重点项目行动计划，完善“四挂五竞赛”制度，盯紧盯牢项目进度。至年底，衢宁铁路建设进展顺利，湖镇至童家公路、龙游港区、高坪桥水库大坝开工建设，桥头江大桥基础完工，游埠枢纽库区堤防基本建成，衢江航道具备通航条件，150个实施类项目完成投资130.5亿元。完善政府投资项目招投标、组织实施、竣工验收全过程管理机制，项目质量管控不断加强。

【要素保障有力度】 利用国家绿色金融改革试点契机，积极创新绿色金融产品，有效化解企业“两

图23 10月24日，桥头江大桥基础完工

链”（资金链、担保链）风险，营造绿色金融生态环境，全县各项贷款余额较年初增加28.8亿元。抢抓机遇拓宽融资渠道，成功争取政府债券和国家开发银行棚户区改造项目贷款，国有独资企业发行的债券、绿色金融债券先后获得批复。国有资产完成市场化投资6亿元，新增净融资8.7亿元，企业利润同比增长12%。完成建设用地复垦90.47公顷，争取农转用指标150.27公顷。深入实施招才引智工程，引进经济紧缺型人才36名、省领军型企业创新团队1家，国、省“千人计划”人才增至5名，院士专家工作站签约院士达到7人。分别与浙江工业大学、浙江科技学院签订战略合作协议，龙游电商城通过省级众创空间认定，成功创建浙江省知识产权工作示范县。

【加强城镇建设与管理】 完善城市规划区村庄搬迁改造政策，城东新区4平方千米内农房搬迁签约率达95.3%，选房摇号、房屋腾空进展顺利。创新实施“先人后房、一主三辅”的危房治理模式，城区409户D级危房签订腾退协议，1887户C级危房完成动态解危，城区危房治理工作成绩显著，被衢州市委、市政府荣记集体三等功。建设荣昌东路、子鸣路等新区路网，基本完成太平路、人民路街景改造，新改造老城区给排水管网24.5千米，华西园、光华厂宿舍等老旧小区改造有序推进。推行城区“一把扫帚”“一月一路一督查”等管理机制，开展治堵治超、三（四）轮车整治、烟花爆竹双禁扩面等专项

行动，城市管理更加规范，成功创建国家级卫生县城。加强小城镇基础设施建设，推出“线乱拉五统一”、项目自建和EPC（Engineering Procurement Construction的缩写，意即公司受业主委托，按照合同约定，对工程建设项目的设计、采购、施工、试运行等实行全过程或若干阶段的承包）结合共推等模式，14个整治点项目开工138个，完工74个，完成投资额3.2亿元，集镇面貌焕然一新。创建省级放心农贸市场2家；新增省级卫生乡镇5个，实现市级卫生乡镇全覆盖，大街乡跻身国家级卫生乡镇。

【攻坚“543”专项】 落实河长制、农村“双治”（大气治理、水环境治理）等工作，全县298处劣V类水体全部销号；灵山江水质稳定Ⅱ类标准，衢江出境水质保持Ⅲ类以上，确保一江清水出衢州，治水满意率居衢州市第一，“剿劣夺鼎”创新做法获浙江省领导肯定。完成220个省、市级“四边三化”突出问题整改，拆除整治竹木加工企业33家，222省道、杭新景高速连接线入选衢州市最美公路，S33龙游南路段获评浙江省最美入城口。加强农村建房管控，有效遏制违建行为。城乡累计完成“三改”（旧住宅区、旧厂区、城中村改造）1043万平方米，拆违295万平方米，11个乡镇（街道）通过衢州市无违建验收，“三改一拆”工作成绩在全市排名第一。顺利完成上级环保督查和土地督查整改任务。

【优化工作效能】 建立“2+N”政府议事机制，发扬“5+2”“白+黑”精神，发挥“叮盯钉”作用，实现“工作现场直播、督查实时跟进、问题限时解决”，推动各项任务落到实处。以“最多跑一次”改革为引领，撬动政府自身改革和经济社会各领域改革，向社会公布“最多跑一次”事项清单1680项，在衢州市率先完成省定80%目标。推行“一窗受理”、证照免费快递、取消四类烦民证明等举措，行政权力事项一次办结占比达96.4%。升级应用投资项目在线审批监管平台，总体实现企业项目审批“四个百分百”（即100%应用平台、100%网上申报、100%网上审批、100%系统打通）。“最多跑一次”实现率居浙江省第13位，满意率达97%。严格落实中共“八项规定”精神，厉行勤俭节约，“三公”经费（政府部门公务出国经费、公务用车购置及运行经费、公务接待经费）下降14.6%。自觉接受人大、政协监督，办理人大代表议案、建议和政协提案498件。

【确立政府“十大铁律军魂”】 制定龙游政府铁军十条“铁律军魂”，树立工作导向，严明工作纪律。第一条：抢抓历史机遇，担负历史使命，落实“五年求突破”举措，奋力推进强县惠民，用行动书写忠诚与担当。第二条：放开心胸、放宽眼界、放大格局，集中力量办好“三件大事”，以思想大解放、力量大整合、项目大建设，促进龙游大发展。第三条：集思广益谋划事关龙游发展的大事、要事，坚决落实经科学决策、民主决策的重大事项，做到有令必行、有禁必止，强化政府的执行力、战斗力、创造力。第四条：牢固树立目标导向，强化克难攻坚，遇到难题不绕道、不推诿，排难而进、迎难而上，以实绩检验龙游铁军战斗力。第五条：坚持民生导向，确保民生支出，办好民生实事，增进民生福祉，建设人民满意政府。第六条：坚持产业为王，强化“纳税人”意识，做到“有需必应、无事不扰”“最多跑一次”。第七条：坚持实干导向，倡导“要干不要看”；以实干为荣，让实干者得实惠；以干事者为尊，为担当者担当。第八条：坚持以上率下，左右互动、上下联动，说干就干、马上就干、干就干成，让政府这架机器各个部件都高速运转。第九条：激情干事，乐于奉献，严以律己，干净干事，全体工作人员一起为龙游发展出力，让大家都充满使命感、成就感。第十条：既要就事论事扎笼子堵漏洞，更要立足长效抓制度建机制，用制度管人管事管钱，让制度说话，按规则行事。

【打好“十场攻坚战”】 一是“最多跑一次”改革。主要抓好六方面工作：加快政府权力事项和服务事项的标准编制工作；完善“一窗受理”标准；推动行政服务中心外的权力事项进中心，实现“能进则进”；推进数据共享；把“最多跑一次”改革与“四个平台”建设结合起来，确保6月15日前全县乡镇（街道）基本建成“四个平台”，8月底运行；推广“钉钉”软件运用，把钉钉应用嵌入“最多跑一次”改革，全力打造智慧政务样本。二是打造衢州—杭州“山海协作”升级版。龙游是衢杭同城化、一体化的“桥头堡”，制订对接方案，找准对标县，以产业、科技、人才、教育、交通、旅游等合作领域为突破口，探索谋划设立杭州“飞地”，积极构筑合作平台，策划合作项目，推进与发达地区全方位深度合作。三是工业转型提升。主要抓好五方面工作：加快传统产业改造升级、培育发展新动能、降低要素成本、防范金融风险、加大淘汰落后产能和整治脏乱差小作坊力度。四是城东新区开发建设。主要抓好三方面工作：集中力量推进城东新区一期4平方千米范围内土地征收和房屋拆迁工作；同步推进新区规划设计、项目谋划、基础配套等工作；推进荣昌东路等道路工程和家居建材市场、嘉溢鑫城等商贸项目建设，建设金融中心，建成子鸣社区。五是治危房改旧城。主要抓好两方面工作：推进危旧房治理改造；推进道路管网基础设施、老旧小区、旧厂区等改造。六是发展全域旅游。主要抓好六方面工作：加快推进红木小镇开园工作；借助沿江美丽公路建设契机谋划推动龙游石窟景区改造提升；加快江心洲湿地公园开发，谋划推进步行景观桥、沿江绿廊、滨水休闲带等“六个一”项目；完善策划方案，实施“两江两山”亮化工程，打造“夜游龙游”产品；加快发展精品民宿；加快推进龙游花海、姑蔑生态园、汽车运动小镇、农业公园等项目建设。七是“五四三”专项、小城镇环境综合整治。主要抓好四方面工作：加快推进“五水共治”，提高污水处理、河道保洁能力，实施河、湖、塘、库清污（淤）工程，实现垃圾分类达标行政村全覆盖，确保提前半年全域剿灭劣V类水体；巩固提升“四边三化”成果，加大高速公路、国省道、铁路、河道突出问题整治力度，着力解决乱搭乱建、大型乱堆放等重点难点问题，推进222省道、315省道、湖源线、溪大线、城南入城口等沿线改造，整线谋划，整体提升，打造精品示范线；加快推进“三改一拆”，围绕创建省无违建县目标，重点聚焦城中村改造、城乡危旧房治理和小城镇环境综合整治，建立“有违必拆”工作机制，销号存量违建，遏制新增违建；狠抓小城镇环境综合整治，落实小城镇环境综合整治行动方案，完成一批景观、路网、老街区改造建设，实施小城镇卫生大整治，市级卫生乡镇实现县域全覆盖，新增5个省级卫生乡镇，创建湖镇、溪口、横山等示范小城镇。八是交通、水利等基础设施建设。全力抓好交通、水利等重大基础设施项目的谋划、落地、推进和保障，持续开展挂联竞赛和专项攻坚，确保衢江航运开发、衢宁铁路、建衢铁路、义金衢上高速、杭金衢高速拓宽、351国道新建、320国道提升、315省道外移及“一路一桥一港一枢纽”、衢江治理二期、高坪桥水库、灵山港流域综合治理等重点项目顺利推进。九是民生事业社会和谐。主要抓好五件事：积极推进城乡居民增收；实施集体经济薄弱村消除行动计划，确保年内全县消灭三分之一的薄弱村；继续提高民生支出比例，以标准化促进基本公共服务均等化；切实办好十个方面为民办实事工程；坚持“经济报表”“平安报表”两手抓，切实加强社会治理，全力抓好安全生产，营造和谐稳定、平安有序的社会氛围。十是“三资”联动运作。主要抓好3件事：积极拓展财源，加大资金筹集力度；加强国资管理与资本运作；加强土地开发利用。

【守好三条“生命线”】 一是“项目是发展的生命线”，大力度快速度推进重点项目建设，加快龙游奔跑跨越。把“谋划”牢牢抓在手上，着力谋大项目引好项目，拓宽“谋”的路径、提高“引”的实效、加大“争”的力度；把“进度”牢牢抓在手上，着力加快重点项目建设，做深项目前期，加快推进速度，加强协调推进，夯实要素支撑；把“质量”牢牢抓在手上，着力打造精品优质工程，把好“标前”关、“标中”关、“标后”关。二是“安全是工作的生命线”，高标准严要求落实安全生产责任，确保生产平安有序；牢固树立安全发展理念，始终把安全生产工作放在首要位置，以高度负责的态度抓紧抓实抓好。重点做到“四个到位”：思想认识到位，做到警钟长鸣；网格责任到位，做到无缝到边；制度执行到位，做到严格规范；防范措施到位，做到有备无患。突出源头治理管控，持续开展打非治违，强化安全应急处置，深化隐患排查治理。三是“廉洁是干部的生命线”，纵深推进政府系统廉政建设，打造干净清廉政府。强化干净干事意识，把纪律规矩挺在前面；围绕政府运行环节，把风险点防范到位，规范权力运行，规范资金运作，加强源头防控；深化制度执行落实，营造好廉洁环境，把敬畏摆在心上，把廉政责任扛在肩上，把廉政要求落在身上。领导干部切实增强廉洁自律意识，时刻保持警醒；补精神之钙，坚定理想信念，保持政治定力，始终同党中央保持高度一致；努力提高道德修养，扬清正之风，自觉抵制各种不良风气的诱惑和侵蚀，敢于动真碰硬，切实把清风正气树起来、立起来。

【办好民生实事】 全县一般公共预算民生支出38.5亿元，创历年新高。城镇、农村居民人均可支配收入同比分别增长8.6%和10%，快于经济增速，城乡收入差距进一步缩小。居民储蓄存款余额比年初增加15.5亿元。建成保障性住房1432套，治理改造城乡危旧房5834户，新增农民异地搬迁集聚2998人，新解决4400多农村人口饮水安全问题。优化就业创业服务，全县共举办各类招聘会36场，建成5个省外劳务协作基地，新增20个村级电商创业示范点。深化参保精准扩面，基本养老、医疗保险参保率分别达86.3%和98.5%。健全县、乡、村三级救助网络，规范社会救助工作。深化全链条食品安全隐患排查整治，切实保障食品安全。尽职尽责践行承诺，经代表票决确定的治水治污、老旧小区改造、城区畅通、教育惠民、养老服务、农村道路、公共交通提升、居民用电质量提升、公共安全保障、贺田模式提升等10方面民生实事工程基本完成，累计投入资金5.6亿元。

图24 10月12日，浙江省乡镇（街道）综合文化站效能建设现场会在龙游召开

【社会事业全面进步】 启动“县管校聘”省级改革试点，推进集团化办学，教育发展更加均衡，中高考成绩稳居衢州市前列，校舍改造、塑胶操场等项目有序实施，樾园小学、灵江幼儿园建成并投入使用。开展综合医疗改革试点，推进“双下沉”，县人民医院与邵逸夫医院建立紧密型医联体，溪口卫生院“民盟同心名医服务站”获群众点赞；健康产业园前期有序推进，骨伤科医院主体施工，疾控中心基本完工。积极推进大南门历史文化街区保护开发工作；县博物馆建设进展顺利；新建文化礼堂18个，承办浙江省乡镇（街道）综合文化站效能建设现场会；通过省公共文化服务重点县验收，跻身浙江省文化产业重点县行列。举办全民休闲体育运动大会，承办中国垂钓精英赛、环浙自行车赛等赛事活动。国防动员、广播电视、统计审计、红十字会、供销物价、人防气象、妇女儿童、民族宗教、台湾事务、外事侨务等工作取得新的进展。

【维护社会和谐稳定】 “七五”普法全面铺开，强化公共法律服务，严格规范公正文明执法，法治政府、法治龙游建设不断深化。加强突发事件应急联动处置，开展除隐患保安全行动，坚决遏制重特大安全事故发生。扎实开展社会治安动态防控，严厉惩治违法犯罪。依托信息化平台创新基层治理，率先建成并运行县综合信息指挥中心，“村情通+全民网格”创举获省政府多位领导批示肯定。健全矛盾纠纷预警排查调处机制，圆满完成各重要时期安保任务，平安“三率”（群众安全感率、平安建设知晓率、执法工作满意率）居衢州市首位，获评“全国平安建设先进县”。

重要会议

【十二届政府第八十五次常务会议】 1月24日召开。会议原则通过《推进重点项目421行动计划工作意见》《2017年重点项目计划》《2017年度政府性投资项目计划》《关于龙游县2016年国民经济和社会发展计划执行情况、2017年国民经济和社会发展计划草案的报告》《关于龙游县2016年财政预算执行情况和2017年财政预算草案的报告》以及2017年《政府工作报告》（送审稿）、为民办实事候选项目（送审稿）。

【十二届政府第八十六次常务会议】 1月26日召开。会议原则通过关于2016年度规上工业亩产税收贡献奖、工业上台阶奖、经济贡献五十强、杰出贡献企业家和优秀创新型企业家、服务企业先进个人、支持重点项目土地征迁工作先进村和先进个人、龙游县政府质量奖、招商引资先进集体、招商能手、全县外贸进出口“十强企业”、“五四三”专项工作先进集体和先进个人、新农村建设先进集体和个人、先进基层武装部、优秀专武干部和关心武装工作好领导、安全生产工作先进集体和先进个人等相关表彰事项。

【十三届政府第一次常务会议】 2月21日召开。会议原则通过《龙游县农村饮用水水源保护范围划定方案》《关于百利科技园项目处置款拨付的请示》《龙游县消防事业发展“十三五”规划》。

【十三届政府第二次常务会议】 2月27日召开。会议原则通过《龙丽温高速公路（S33）龙游支线龙游段龙游服务区加油站经营权处置建议》《龙游县卫生计生事业发展“十三五”规划》《龙游县深化医药卫生体制综合改革先行先试实施方案》《龙游县“十三五”医疗卫生服务体系规划》《龙游县第一批“最多跑一次”事项清单》，会议还研究讨论2017年县政府重点工作、为民办实事项目责任分解等事项。

【十三届政府第三次常务会议】 3月6日召开。会议原则通过《2017年各国资公司收支计划》《2017年度土地要素情况》《2017年全政府性资金收支计划情况》《深化财政专项资金管理改革的意见》，会议还研究讨论《龙游县人民政府工作规则》等事项。

【十三届政府第四次常务会议】 3月13日召开。会议原则通过《县综合执法局法定工作日之外发放加班补贴的处理建议》、《龙游县三（四）轮车专项整治工作方案》（附残疾人营运车处置建议）、《龙游县“四边三化”提升年行动实施方案》、《德州五金二期项目投资协议书》、第二批“最多跑一次”事项。

【十三届政府第五次常务会议】 3月28日召开。会议原则通过《关于进一步促进民营医疗机构健康发展的若干政策意见》《关于成立专业安全生产委员会的方案》《关于进一步明确消防安全岗位职责的意见》《消防安全两类责任追究暂行办法》。

【十三届政府第六次常务会议】 4月5日召开。会议原则通过《龙游县妇女发展规划（2016—2020）》《龙游县儿童发展规划（2016—2020）》《龙游县城市规划区内村庄整体搬迁改造实施办法》《龙游县城东区块村庄整体搬迁改造征收集体土地房屋实施细则》。

【十三届政府第七次常务会议】 4月10日召开。会议原则通过《衢州市沿江公路（龙游段）PPP项目实施方案》《捷马化工桥头江区块土地使用权收储协议》《捷马化工宝塔路老厂区搬迁补偿协议》《龙游县旧城区国有土地上房屋网格化竞争性收购实施办法（试行）》《龙游县旧城区国有土地上零星危旧房屋收购实施办法（试行）》《龙游县城区国有土地上危险住宅房屋拆除过渡实施办法（试行）》。

【十三届政府第八次常务会议】 4月16日召开。会议原则通过《龙游县政府性投资项目建设体制改革纲要草案》《2017年龙游石窟音乐节活动方案》《龙游县加快推进"最多跑一次"改革实施方案》。

【十三届政府第九次常务会议】 4月24日召开。会议原则通过《龙游县90周岁以上城乡高龄老人生活津贴发放办法（送审稿）》《关于落实发放一次性住房补贴的实施办法（送审稿）》《关于落实住房公积金补贴的实施办法（送审稿）》《龙游县人民政府关于衢宁铁路（龙游段）线路安全保护区划定的公告（送审稿）》。

【十三届政府第十次常务会议】 5月2日召开。会议原则通过《关于在全县开展重点建设项目推进"四挂五竞赛"活动的实施方案（送审稿）》《龙游县高坪桥水库工程PPP项目实施方案（送审稿）》。

【十三届政府第十一次常务会议】 5月8日召开。会议原则通过《《龙游县竹木加工行业整治提升专项行动实施意见（送审稿）》《龙游县竹木加工行业专项整治资金补助办法（送审稿）》《废止〈关于进一步规范住宅小区供电配套设施建设与维护的实施意见〉的通知（送审稿）》，传达学习浙江省取缔"地条钢"专项核查座谈会和衢州市土地例行督察反馈会相关精神，研究讨论重点项目推进、2017年综合考核办法等事宜。

【十三届政府第一次全体会议】 5月15日召开。会议贯彻落实浙江省、衢州市相关会议精神，确立政府"十大铁律军魂"、打好"十场攻坚战"、守好"三条生命线"，强调实干苦干加巧干，干出新一届政府新气象，开创新一届政府工作新局面。重点做好三个方面工作：一是强化责任担当，确立政府"十大铁律军魂"；二是紧盯目标任务，全力打好"十场攻坚战"；三是坚持底线思维，切实守好"三条生命线"。

【十三届政府第十二次常务会议】 5月15日召开。会议原则通过《浙江省龙游县矿产资源规划（2016—2020）（送审稿）》《龙游县地质灾害防治与地质环境保护"十三五"规划（2016—2020）（送审稿）》《关于垦造耕地项目质量及种植管护的意见（送审稿）》《G351国道龙游段、G320国道龙游段及灵山江沿江公路工程采用PPP模式运作的方案（送审稿）》。

【十三届政府第十三次常务会议】 5月18日召开。会议原则通过《龙游县电力设施布局规划（2016—2030）（送审稿）》《龙游县"十三五"现代农业发展规划（送审稿）》《龙游县创建全域旅游示范区实施方案（送审稿）》《龙游县征地区片综合价补偿办法（送审稿）》会议还研究讨论2017年龙游县招商引资工作考核办法等事宜。

【十三届政府第十四次常务会议】 5月23日召开。会议原则通过《龙游县城东片区棚户区改造等4个项目政府购买服务相关事项汇报》《关于龙游县生活垃圾热解气化等5个PPP项目相关事项的报告（送审稿）》《城东片区B-3地块和高坪桥水库移民安置小区北侧及东南侧地块出让方案（送审稿）》。

【十三届政府第十五次常务会议】 6月1日召开。会议原则通过《龙游县生态环境保护"十三五"规划（送审稿）》。

【十三届政府第十六次常务会议】 6月5日召开。会议原则通过《龙游县综合信息指挥中心建设方案（送审稿）》《龙游县国资公司人力资源改革实施方案（送审稿）》《龙游县地质灾害避让搬迁安置实施意见（送审稿）》，通过城南安置小区、龙北安置小区及石窟旅游度假区配套设施建设项目。

【十三届政府第十七次常务会议】 6月12日召开。会议专题研究部署防汛、城乡危旧房治理、地质灾害防治等工作。会议还传达学习衢州市近期召开的安全生产暨消防工作会议、市“两会”建议提案交办会和“最多跑一次”“四个平台”建设推进会等会议精神。

【十三届政府第十八次常务会议】 6月15日召开。会议原则通过《龙游县城区“一把扫帚”环卫一体化实施方案（送审稿）》《龙游县城区国有土地上危旧房屋改造实施办法（送审稿）》《龙游县农村危旧房治理补助办法（送审稿）》。

【十三届政府第十九次常务会议】 6月19日召开。会议原则通过《龙游县关于粘土轮窑淘汰关停补偿的政策意见（送审稿）》《龙游县（生态）工业“十三五”发展规划（送审稿）》《龙游县城区户外广告管理办法（送审稿）》《龙游县关于对城区国有土地上D级危房住户实施应急避险的报告（送审稿）》。

【十三届政府第二十次常务会议】 6月26日召开。会议原则通过《龙游县城东新区搬迁改造实施方案（送审稿）》，研究讨论废止《关于鼓励分布式光伏发电项目建设的意见》（龙政发〔2013〕35号）和《关于明确分布式光伏发电价格补贴政策的补充意见》（龙政发〔2014〕68号）等事宜。

【十三届政府第二十一次常务会议】 7月3日召开。会议原则通过《龙游县水利发展“十三五”规划（送审稿）》《河道疏浚管理办法（送审稿）》，研究讨论2017年度“四边三化”“三改一拆”及危旧房治理专项工作考核办法等事宜。

【十三届政府第二十二次常务会议】 7月13日召开。会议原则通过《龙游县农业电商公共服务框架协议和服务协议（送审稿）》《龙游县关于推进医疗卫生与养老服务相结合的实施意见（送审稿）》《龙游县计划生育公益金管理办法（送审稿）》，研究讨论调整龙游桥头江作业区项目公司股比等事宜。

【十三届政府第二十三次常务会议】 7月17日召开。会议原则通过《龙游县综合交通“十三五”发展规划（送审稿）》《龙游县建制村客车“村村通”实施方案（送审稿）》，研究讨论2017年度“大干项目、干大项目”专项考核办法等事宜。

【十三届政府第二十四次常务会议】 7月25日召开。会议原则通过《龙游县2017年度工业经济转型发展指标及工业提升十大专项工作考评细则（送审稿）》，研究讨论相关人事任免及县发改局、商务和粮食局、经济开发区、金融办“三定方案”等事项。

【十三届政府第二十五次常务会议】 8月1日召开。会议原则通过《龙游县饮用水水源保护区管理办法（送审稿）》《龙游县城乡农贸市场改造升级三年行动计划（2017—2019年）（送审稿）》。

【十三届政府第二十六次常务会议】 8月7日召开。会议原则通过《关于解除浙江禾川科技股份有限公司主要股东股权质押的意见（送审稿）》《龙游县绿色金融产品创新项目管理办法（送审稿）》《关于〈龙游县城东新区村庄搬迁改造实施方案〉第四条第（二）款的适用意见（送审稿）》。

【十三届政府第二十七次常务（扩大）会议】 8月21日召开。会议专题研究部署城东新区村庄搬迁改造工作。

【十三届政府第二次全体（扩大）会议】 8月26日召开。会议贯彻落实中央、浙江省、衢州市各项决策部署和龙游县委十一届二次全会精神，回顾总结全县上半年工作，安排部署下阶段任务，力争各项工作走在全市前列，确保完成年初确定的目标任务，加快建设区域明珠型城市。会议要求继续牢牢把握事关全局发展的工业提升、城市建设、旅游开发“三件大事”，抓大项目，打大战役，并对照30大专项208项具体任务，强化跟踪督查，狠抓执行落实，确保顺利完成全年目标任务。会议强调，要围绕工业这一主引擎，培育产业力促转型，做优做强发展支撑；围绕城市这一主平台，决战城东、大战城中，持续提升能级品位；围绕旅游这一新动能，聚焦重点、把握关键，着力推进“大花园”建设；围绕项目这一牛鼻子，紧抓谋划加快建设，确保投资稳步增长；围绕生态这一立足点，强化治理巩固成果，着力打造美丽龙游；围绕民生这一根本点，强化保障、促进和谐，共享改革发展成果。强调在突出抓好上述工作的同时，要贯穿全面发展理念，统筹推进农业经济、农村改革、自身建设等各项重点工作，为实现“三个五年三步走”打实阶段性基础。

【十三届政府第二十八次常务会议】 9月4日召开。会议原则通过《龙游梦里老家红豆杉主题度假酒店投资协议书（送审稿）》《柳村小学扩建项目房屋置换协议书（送审稿）》，还研究了《关于2017年民生实事项目进展情况的汇报》。

【十三届政府第二十九次常务会议】 9月18日召开。会议原则通过《龙游县盐业体制改革实施方案（送审稿）》《关于建立龙游县旅游产业发展基金的方案（送审稿）》《2017年龙游县全域旅游工作考核办法》。

【十三届政府第三十次常务会议】 9月25日召开。会议原则通过《351国道龙游横山至开化华埠公路工程（龙游段）PPP项目实施方案（送审稿）》《关于龙游县生态保护红线划定有关情况的汇报（送审稿）》《龙游县小城镇环境综合整治行动乡镇部门捆绑考核办法》。

【十三届政府第三十一次常务会议】 10月16日召开。会议原则通过《龙游县关于开展“企业上云”工作的若干意见（送审稿）》《龙游县高坪桥水库移民安置区生产连接道路工程委托建设管理和被征地农民参保事项汇报（送审稿）》《2017年省级美丽乡村示范县创建工作考核办法（送审稿）》。

【十三届政府第三十二次常务会议】 10月30日召开。会议原则通过《龙游县村庄公共服务设施配建标准实施意见（试行）》《关于支持商贸服务企业发挥平台作用做大做强商贸服务业的政策意见（送审稿）》《关于完善龙游经济开发区财政体制的意见（送审稿）》《龙游县供给侧结构性改革降本减负行动计划（送审稿）》《关于进一步减轻工业企业负担促进工业企业健康发展的实施意见（送审稿）》《关于吉恒家居生产基地（家具产业园）政策意见（送审稿）》《金龙百万吨包装纸项目及配套工程投资协议（送审稿）》《安厨项目投资协议（送审稿）》《华邦古楼项目投资协议（送审稿）》《关于天顺公司和宏月公司资产回购的意见（送审稿）》。

【十三届政府第三十三次常务会议】 11月12日召开。会议原则通过《龙游县人民防空工程管理办法（送审稿）》《龙游县城区业态功能管理试行办法（送审稿）》《龙游县城区国有土地上房屋网格化收购实施方案（讨论稿）》《龙游县国有土地上房屋征收与补偿办法（送审稿）》《龙游县国有土地上房屋征收补助和奖励标准（修订、送审稿））》《龙游县国有土地上房屋征收与补偿中住房保障优先配租办法（试行）》《龙游县关于征收国有土地上“三未房屋”认定办法（送审稿）》。

【十三届政府第三十四次常务会议】 11月26日召开。会议原则通过《关于加强和规范物业服务管理的实施意见（送审稿）》《龙游县物业管理部门联动工作机制（送审稿）》《龙游县环线区域烟花爆竹禁止燃放实施方案（送审稿）》《龙游县人民政府关于龙游环线区域禁燃烟花爆竹的通告（送审稿）》《关于湖镇镇新设阳湖社区的工作汇报（送审稿）》，研究讨论原詹家镇衢江段后厅沙滩经营权纠纷处理工作和《关于公布县政府及县政府办公室行政规范性文件清理结果的通知》等事项。

【十三届政府第三十五次常务会议】 12月10日召开。会议原则通过《龙游县推广“国家学生饮用奶计划”方案（送审稿）》《龙游县2018年重点建设项目“421”行动计划（送审稿）》《关于深化退役士兵社会服务工作的实施意见（送审稿）》《关于开发建设龙游港区桥头江作业区港口项目的投资协议（送审稿）》。

【十三届政府第三十六次常务会议】 12月16日召开。会议原则通过《龙游县公立医院薪酬制度改革实施意见（送审稿）》《龙游县造纸产业（特种纸）改造提升试点实施方案（送审稿）》《关于进一步加强内部审计工作的意见（送审稿）》《关于公布“百家四优”企业名单的通知（送审稿）》。

（县政府办 叶凌豪）

县政府办公室工作

【概况】 2017年，龙游县人民政府办公室紧密围绕县委、县政府工作部署，着眼全局，紧扣中心，充分发挥“综合协调、督查落实、参谋决策、服务保障”职能作用，创新工作方法和机制，转变工作作风和思路，切实保障县政府各项工作高效运转和决策部署的贯彻落实，圆满完成全年各项工作任务。

【确保县府机关高效运转】 强化主业意识，不断提高全体干部业务技能、工作效率和执行力，确保政府机关高效有序运转。全力提升办文办会质量，持续规范收件、阅件、办件流转程序，坚持文件流转台账管理和公文流转动态提醒，加快流转速度，提高办理时效。抓好文件制发，做到各环节层层把关、严格审核，全年以县政府、政府办名义下发文件285件，实现公文零差错运行。按照“精简会议活动，切实改进会风”要求，严控会议规模、数量，做到会前充分准备、会中积极服务、会后及时督办，环环相扣、紧密衔接，确保每一次会议圆满完成。全年共组织县政府全体（扩大）会议2次、县政府常务会37次、县长办公会31次，召开各类专题会议128次。全面提升参谋助手能力，精准定位岗位职责，充分发挥县府办“上下沟通、左右联动、各方协调、服务全局”作用，确保各项工作有力有序有效落实。强化“钉钉”移动智慧办公系统推广使用，建立专项工作协调群，实现工作信息实时分享，全县钉钉移动办公系统总注册人数14826人，激活率100%，实现县乡村三级全覆盖。加强政务信息调研，及时、准确、全面地为党委政府决策提供依据。全年共采编县政务信息39期，录用信息322篇，其中特色经验类专报3期，调研参阅3期。上报政务信息110余篇，其中省市采用59条、领导批示9条。着力提升应急处突能力，抓好突发事件预警信息发布系统建设，建立健全突发事件信息发布制度，建立应急处置钉钉工作专班，严格落实24小时值班制和领导带班制。提升应对突发事件能力，全年完成专项应急预案演练50余次。

【保证中心工作全面推进】 围绕中心工作，主动谋划，科学决策，重点加强各项工作的督查落实，让重点工作清单化、目标化，确保中心工作全面推进。进一步加大督查力度，坚持一抓到底，敢于动真碰硬，实现从一般督查向重点督查转变、从文电督查向现场督查转变、从受命督查向主动督查转变、从阶段督查向全程督查转变，确保县政府决策和工作部署落到实处。全年先后开展“拔钉清障”“清扫积案”“征迁会战”“零点攻坚”等各类督查93次，形成督查专报45份、督查通报21期、微通报80余期。主动服务重点项目，按照县政府“2+N”议事决策机制要求，全面掌握全县重点工作进度情况，做好沟通协调和安排，确保重点工作及时上会决议决策，保证进度和效率；重点围绕工业提升、城市建设、旅游开发“三件大事”和一批

“421”（“4”即产业发展、城镇建设、基础设施、公共事业四个重点领域，“2”即重点前期与重点建设两类计划，“1”即在新一届政府五年任期内固定资产投资增速保持10%以上，累计完成投资约1000亿元）重点项目，从全局思考、谋划、安排和处理问题，充分发挥县府办职能优势，找准工作切入点、结合点，主动协调联络，增强部门合力，当好领导的参谋助手、乡镇部门的桥梁纽带，为重点项目、重大工作的推进打基础、添动力。依法行政，严格落实政府常务会议议题审查机制，将公众参与、专家论证、风险评估、合法性审查、集体讨论决定作为提交政府常务会议审议的必经程序，推进民主决策。全年共收到拟出台的县政府行政规范性文件54件，全部通过合法性审查，并提出意见300余条；清理2016年前行政规范性文件330件。以“慎审”的专业态度积极办理行政复议案件，积极应对省市级法院行政诉讼案件，全年承办行政应诉案件8件、行政复议11件，其中不予受理3件、审结6件，行政复议结果均已网上公开，实现案件办理的法律效果和社会效果相统一。

【加强机关自身建设】 注重领导班子建设，坚持民主集中制原则，落实“一岗双责”，完善层级管理、分工负责、限时办结、责任倒查的领导机制和有权必有责、行权必问效、问效必问责的责任机制，促进办公室工作高效运转。注重干部队伍建设，组织开展县府办“立规矩、提素质、优服务、树形象”活动，打造有抱负、有激情、有作为、有担当、有规矩的办公室铁军团队。始终坚持品德为先、工作为上的用人导向，坚持干部任用条件，严格干部任用程序，强化选拔任用中层干部监督机制，全年选优配强11名中层干部。不断完善目标考核内容，规范考评办法和考核程序，加强经常性监督和过程管理。制定《龙游县人民政府办公室工作管理制度汇编（试行）》《龙游县人民政府办公室干部实事量化考核管理办法》，明确相应责任追究办法，形成用制度管人、靠制度办事的长效机制，高压整治“慵、懒、散、浮、拖”的不良现象。建立台账管理制度，加强动态监管，切实增强目标管理工作的主动性和实效性。坚决贯彻落实党风廉政建设，严格执行《关于新形势下党内政治生活的若干准则》《中国共产党廉洁自律准则》和《中国共产党纪律处分条例》，自觉坚守理想“高线”、纪律规矩“底线”，努力营造办公室风清气正的良好形象。严格执行会计集中核算、公务卡结算、规范津补贴以及领导干部“三个不直接分管”等规定，加强财务等敏感岗位的人员监督和管理，落实办公室用车、出差、用餐、接待等内控举措，厉行勤俭节约，全年“三公”经费同比下降20%以上。

（县府办 叶凌豪）

民情沟通

【概况】 2017年，龙游县信访局认真贯彻落实上级关于信访工作一系列重要部署精神，围绕县委中心工作，认真履行构建良好信访生态、维护社会和谐稳定职责。全年共受理群众来信、来访、来电、网上信访20253人次。其中来信362件（含网上信访、省长信箱）、来电18033件、来访1104批1858人次，其中集体访71批874人次；初信初访1287人（件）次，占来信、来访总量的57.97%。全国“两会”、中共十九大等重点时段实现“无去京集体上访、无去京非正常上访、无恶性事件和负面舆情炒作”的“三无”目标。信访工作目标管理考核位列衢州市前列，获县年度综合考核二等奖。县信访局被评为2015—2016年度衢州市信访工作先进集体、建设“平安龙游”先进集体和龙游县先进基层党组织。

【信访责任落实】 县主要领导与乡镇（街道）、部门党政主要领导签订信访工作目标管理责任书，纵向明确县、乡、村三级主体责任，横向落实党政主要领导负总责、分管领导具体抓和其他领导“一岗双责”，分层分级建立责任清单。在领导定期接访、控制越级上访、化解信访矛盾、加强重点村管理等7个方面，按照《信访工作责任制实施办法》《信访工作责任制实施细则》建立信访工作责任制过程性指标，强化纵横协同，将责任具体到人、量化到事，把“明责、尽责、追责”贯穿信访工作各环节的全过程，切实落实“有权必有责、权责相一致、有责要担当、失责必追究”的举措，增强“责任信访”新动能，力争信访隐患排摸稳控无死角、无盲区。

【信访专项治理】 开展信访督查“百千万”（即省级督查近百件、各市督查近千件、全省督查近万件）专项行动、初次信访事项办理规范化建设、12345政府服务热线与乡镇“四个平台”互融互通、“百日大会战，消灭骨头案”积案化解等活动。中共十九大期间，县信访局梳理近三年来访来信人员信息1375条，排查各类重点人员284名，建立政府、社会、家庭三位一体的稳控机制，落实疏导关爱措施。对全县96件面上突出的信访问题和新增不稳定因素实行分类管理、层层包案，每阶段均在美丽乡村创建“四比四赛”现场会上进行部署并以责任清单形式交办。实行处理情况“半月汇总”，利用“阳光信访”微信群、“积案攻坚”钉钉群等载体，全程跟踪督查问效，开展动态核查、挂牌销号，通过“荣誉榜”对销号单位进行公开表彰，销号进度排在末位的单位则在下轮现场会上做表态发言。2017年，龙游县省级积案化解率达100%，化解市级积案4件，化解县级积案、挂牌“骨头案”14件，60%的乡镇积案清仓归零。省、市积案化解总量和化解率均居衢州市首位。加大对无理闹访、缠访的打击力度，打击查处45人，其中刑拘2人、警告1人、罚款5人、训诫37人，引导群众依法信访、理性维权。

【信访机制建设】 建立“以提速为常态”的信访办理工作机制，严格转送分流、出具答复、规范录入、复查复核等环节，加强对信访基础业务的经常性检查，确保标准统一、程序规范、责任明确、衔接顺畅。实行初次信访事项回访核实“三提”(提前、提级、提质)工作机制。加强浙江政务服务网、浙江省统一政务咨询投诉举报平台的深度应用，有

图25　8月30日，龙游县召开“十九大维稳安保重点任务交办暨积案化解百日大会战”推进会

机融合“信、访、网、电”，开通手机APP，并与乡镇（街道）“四大平台”实现信息系统联动，实时对接，协同办理，逐步形成“信访网上投、事项网上办、结果网上评、问题网上督、形势网上判”的新型工作模式。大力开展“五四三”“车窗抛物、乱倒垃圾”有奖举报，助力剿灭劣V类水工作，做到第一时间回应群众呼声，在最短时间内解决群众诉求，全年初次信访事项共回访4845件，回访率达100%，回访满意率99.4%。围绕中共十九大期间信访工作，研究建立源头化解、属地稳控、应急处置、分流劝返4项工作机制。继续推行乡镇（街道）党（工）委书记群众工作点题述职制度，把测评结果与领导干部评价使用直接挂钩。

【信访法治宣传】 把信访法治宣传融入依法治县大格局，大力开展喜迎十九大——“依法信访·理性维权”宣传月活动，采取张贴信访法制宣传漫画、公交车与人流密集场所LED（Light Emitting Diode的缩写，即“发光二极管”）屏幕滚动播放“依法信访·理性维权”为主题的宣传标语和动漫，在主干道设置广告宣传牌，利用村情通、移动等平台向全县人民推送“依法信访·理性维权”等内容短信50多万条。通过今日头条、“我在基层做信访”等平台，加大《信访条例》及信访工作制度改革成果的宣传力度，讲好信访故事，传递主流声音，集聚依法信访正能量。

【信访热点与难点】 2017年全县的信访热点与难点主要是利益群体、社会保障、城乡建设、民间融资、村级管理、环境污染等问题，这些问题占信访总量的71.7%。一是利益群体活跃。利益群体政策性攀比的“抱团”信访活动较频繁，如涉军、涉众型利益群体多次越级上访。二是社会保障问题。如沐尘乡康源村村民、詹家镇芝溪家园村民、原东塘山农场职工、原村妇女主任（任期10余年）、80年代乡村幼儿教师多次要求解决社会保障问题。三是城乡建设问题。较突出的有：多人反映城区改造噪音污染、影响店面生意、防盗窗拆除影响安全等问题；重点项目征迁涉及的“农嫁女”要求享受征迁安置政策；溪口镇、庙下乡部分村民认为衢宁铁路龙游段征迁政策不合理；翠光二区阳光商住楼住户多渠道反映该商住楼违建电梯，造成房屋开裂；龙洲街道柳村、北门小区危房户要求尽早出台危房修缮相关政策；多人、多次反映城北工业园区工乐大厦附近的夜市摊为违建临时棚。四是民间融资隐患风险大。如原塔石砖瓦厂务工人员多次要求尽快处理王某拖欠工资及集资诈骗问题；反映龙游张某非法设置交易证券期货投资平台，涉嫌诈骗；东华街道多位居民反映邮政储蓄银行十里坪网点工作人员假借拉存款，私自操作挪用他们的存款。五是村级管理。如庙下乡凉蓬村村民反映10多年前修建的防洪堤渠道进水口较低，导致保护粮田得不到灌溉；大街乡贺田村村民多次反映该村村委会选举中存在贿选等问题；詹家镇芝江村反映镇政府一直以承租方的名义将该村的前山大坞8.33公顷（125亩）山林交给新安村经营使用，现因租赁协议到期，要求镇政府协调归还到期的山林。六是环境问题突出。如横山镇海光金属废料再生有限公司、城北四海化工厂、小南海兴泰农牧科技有限公司、龙游鑫业混凝土有限公司、城南开源路力源新材料有限公司空气污染，湖镇金龙纸业工业固废运往生活垃圾填埋场填埋及溪口镇下徐村步坑源自然村高铁项目施工污水直排等问题。

图26 县委副书记张少华接待来访群众

【领导干部下访约访】 在重大政治活动期间，每天安排县领导轮流到县信访局值班，推动领导干部下访约访活动常态化、机制化和长效化。中共十九大期间，开展服务保障十九大信访维稳“四个一线”活动，县处级领导干部靠前指挥，深入基层开展“一线接访、一线破难、一线督导、一线关爱”，将矛盾解决在基层，将隐患消除在当地。县委书记刘根宏、县长张晓峰等党政主要领导亲自到湖镇镇、塔石镇等信访量大的乡镇接访，29名县领导下访约访，共接待群众1033批1578人次，有力促进社会稳定。

【信访队伍建设】 加强信访系统党员队伍的规范管理，开展“党建+信访”活动，打造“四个三工作法，打造信访排头兵”和“打造统一平台，助跑群众信访”等信访党建品牌。健全完善党员“实事积分”考评管理体系，将党员实事积分考评办法和全员实事量化考核办法紧密结合，量化指标，严格考评，实行“每月积分、季度评星、年度亮灯、末位警示”的动态管理模式，锻造信访铁军队伍。

【信访信息工作】 全年编写《龙游信访》72期。《信访工作“书记抓”，点题述职“抓书记”》《加强农村信访工作，构建和谐新农村》等18篇信息被省、市、县采用。

（县信访局 沈海燕）

机关事务管理

【概况】 2017年，龙游县机关事务管理局学习贯彻中共十九大精神和习近平新时代中国特色社会主义思想，围绕县委“两年”（规范管理年、队伍建设年）行动的要求，以“活力后勤、精准服务”为工作宗旨，通过“持续服务供给、强化制度供给、创新改革供给、提升素质供给”，推进服务保障和管理创新上新台阶。

【推进大院维修改造】 合理规划、科学布局，全面推进机关大院各项维修改造工程，赋予机关大院新的生机。推进办公用房调整，完成人大、政协等十余家单位的办公场所改造与整体搬迁工作；配合县纪委及相关单位，严格按照办公用房标准做好超标用房的改造工作。全面翻新老旧基础设施，以人性化、科技化的设计理念，对中型会议室、县委县政府大楼卫生间、司机之家、老干部活动中心、东西两侧机动车棚等十余处公共场所进行翻新改造，并配合县重点项目建设，做好“四个平台”指挥室搭建及太平路路段立面改造工作。引进节能减排新设施，结合绿色出行及职工停车需求，新增大院内公共自行车取用点、非机动车停车棚等，重新布局大院内机动车停车区域，并铺设安装汽车混合动力充电装置，引导干部职工使用环保新能源。

【打造后勤高地】 革新机关后勤服务管理理念，创新实践现代大物业服务管理模式，将“向社会购买服务”落到实处。借助新科技提升会务服务品位，县“两会”期间，首次引进无线表决及门禁签到技术设备，有效改善以往纸质签到和票数统计带来的人力、物力资源浪费，以实时数据直播为大会提供更为公开、透明的会务环境。多防线整合构筑安保屏障，严格执行大院“通行证”出入制，安保人员轮岗交替，食堂、县委县府楼等重点位置设置监控点，强化车辆、人员出入的安全检查，为护航“十九大”提供有力支持。彻底消除各类安全隐患，根据省、市、县安全生产工作要求，定期对大院内安全用电、用气、消防设施进行检查维修，并组织大院各部门进行消防安全培训，提高安全意识。同时，对大院内绿色植物进行白蚁防治，既养护了美景，又避免因绿色植物被蛀空断落造成的人员、财产损伤。

【办好机关食堂】 作为县机关事务管理局一线服务平台，机关食堂坚持“精准服务”工作宗旨，通过提升专业能力、完善管理机制，为机关干部职工提供优质的就餐服务。全年共承担职工就餐服务12.3万人次，承担包厢接待354次。建立满意度评价与员工考核挂钩的制约机制，有效激励食堂员工提升服务工作的热情，在各季度“用餐满意度”测评中保持88%以上的好评率，顺利通过餐饮服务食品安全A级评定和衢州市总工会“满意职工食堂”复评，并获“浙江省放心消费示范单位”荣誉称号。根据季节变化、节假风俗及满意度测评中的反馈意见，开展细节创新，定期调整菜式菜品，创新烹饪方法，晚餐时段增设“点菜之窗”，力求在就餐体验上满足多样化人群需求。结合96345志愿活动，以机关食堂服务团队为主体，组建青年志愿者服务小分队，利用双休日下村为敬老院老人、“城市东进”工作者提供营养餐，打造“服务公益化”工作亮点。

【公务用车改革显成效】 2017年，公务用车集中保障管理中心服务团队共承担县级各部门派车服务1.3万次，顺利完成车改过渡模式至正常运行模式的角色转换。根据浙江省车改办相关要求，全面完成公务用车平台车辆过户、GPS定位系统安装、公务车标识喷涂工作，确保所有公务车辆依法依规使用，车改收尾工作全面完成。合理优化派车体验，根据“统筹兼顾、规范运行”原则，优先保障重要事件、突发事件用车需求，及时处置预约登记和派车服务，科学合理调派车辆。对出车司机做好时间、路线、任务、事项“四交代”，做好车辆的出车详情、异常情况及运输相关证件的记录与汇总。加强司驾队伍管理，建立科学的司驾人员考核制度，针对司驾人员在公务用车各环节设置考评标准，强化规范性与奖罚政策相结合；加强对司驾人员的学习管理，定期开展重要会议精神传达、谈话交流、礼仪培训等活动，提升司驾人员整体素质。

【提高接待活力】 公务接待工作紧紧围绕全县工作大局，内强素质，外树形象,着眼于保障，立足于服务，主抓特色品牌，不断创新工作方式，充分体现“第一窗口”职能。全年接待来宾200余次，省部级以上接待所占比例同比大幅增加，按照“厉行勤俭节约，反对铺张浪费”的要求，食堂、农家乐成为主要接待场所，酒店所占比例进一步减少。同时，围绕“两新两化一平台”中心思路开展接待工作，充分发挥龙游县饮食文化丰富的资源优势，着力推出龙游特色饮食，将饮食接待作为宣传龙游县特色食品的重要窗口，将接待工作打造成全县招商引资的特殊软环境。

图27 县机关事务管理局组织全体干部职工参与“全民清洁日”活动

【打造干部铁军】 多措并举，良性驱动，在机关后勤岗位上培育铸造一支敢闯、敢拼、勇担当的铁军队伍。党风廉政、基层党建双线深入，将廉政教育、党性教育、理论精神传达融入日常工作之中，提高班子成员的主体责任意识、党员干部的廉洁奉献意识、普通职工的敬业担当意识。干部职工积极参与“城市东进”、“创国卫”、护航“十九大”等全县重点、难点工作，为各类重点项目提供令人满意的餐点、车辆、会务后勤保障。激发队伍管理创新意识，推行《干部效率日志》等干部管理模式，建立有实效、出精才的干部培育体系。注重中层干部的培养及编外人员的素质提升，为机关后勤保障提供人员基础。

（县机关事务管理局 吴霖燕）

档案工作

【概况】 2017年，龙游县档案局在县委、县政府以及省市档案业务部门的正确领导和关心下，围绕全县各项重大决策部署，以党建工作为引领，全面推进“五档共建”（“五档”即法治档案、智慧档案、民生档案、平安档案、活力档案），形成共建共享、合作共赢的开放的档案体系。坚持依法治档，狠抓“三个体系”（档案资源体系、档案利用体系、档案安全体系）建设，全面夯实基层基础，大力推进档案工作规范化管理，不断提升档案管理和服务水平，各项工作按计划稳步推进，并取得明显效果。

【档案服务】 推进“五水共治”“三改一拆”“四边三化”和农村经济合作社股份合作制改革、农村土地承包经营权确权登记颁证等档案工作。3月，制定《关于做好村级组织换届选举材料归档工作通知》，认真做好村级换届选举各门类的档案整理归档工作，明确整理方法与归档范围，确保村级换届选举档案齐全完整归档；5月，配合市档案局对县治水办、县农业局、小南海镇等单位开展“五水共治”档案执法检查。

【档案资源建设】 完成龙游县档案馆库内县委办2001—2014年、县政府办1992—2015年档案实体清理及实体、数据库与目录间的清点。3月底，完成79个单位年报审核与录入工作。征集到《东海徐氏宗谱》《叶氏宗谱》《李氏宗谱》等7部家（族）谱，征集到华岗档案资料书一册、宣传专题片一部、图

图28 召开全县"最多跑一次"事项电子化归档工作部署会

片展电子版档案一份及画册等。争取到26个历史文化村落工作经费55万元。全面完成26个行政村的"千村档案"建设，共录入3643条记录、9562条附件、数据容量为65.34GB。完成馆藏档案数字化扫描95%以上，共导入馆藏档案数字化成果目录31.9万条，挂接原文111.6万页，刻录光盘100张，备份硬盘5个。通过上门或远程等方式为7家单位安装档案管理软件并导入数字化成果。完成重点建设项目华电热电配套天然气管道工程和城投公司城建档案数字化加工成果登记备份，备份容量502GB。3月，编制"最多跑一次"事项10项；5月，开通审批事项网上办理，完成3起重点建设项目网上验收。6月29日，在衢州市率先召开龙游县"最多跑一次"事项电子化归档工作部署会，完成457项"最多跑一次"行政权力事项归档范围和保管期限的审核。

【档案利用体系建设】 全年共接待到县档案馆查档人员2928人次，提供档案、资料利用3718卷，取证复印5570件，其中跨馆服务5人次。继续做好联系村、联系企业文化建设的指导工作，助推农村文化礼堂建设。借助"6·9"国际档案日、《中华人民共和国档案法》颁布30周年等活动，向群众宣传介绍档案局的工作职能、档案法律法规知识、家庭档案管理知识和重要民生档案查阅指南，提高全民档案意识。

【档案安全体系建设】 2月，完成对全县2016年度档案工作考核结果较差的10多个单位的回访督查，责令个别单位限期整改，对涉及机构调整与改革的6个机关部门进行业务指导与业务跟踪。6月，起草《关于进一步加强政府投资项目档案监管工作的实施意见》。在落实档案登记制度的基础上，继续实行重点建设项目档案的登记、验收制度，完成"华电龙游热电配套天然气管道工程""龙游县粮食批发市场扩建工程""2013年度山洪灾害防治""杭新景高速龙游支线塔石互通至游埠公路"等项目档案的专项检验。为助力城东征迁，档案局选拔工作经验丰富、业务技能扎实的2名干部担当档案查阅联络员和业务指导联络员，及时做好重点项目档案的收集指导，为征迁办免费提供土地权属、婚姻登记、户口迁移等材料，为征迁工作提供原始档案凭证依据。4月，对馆藏的所有档案箱更换或投放防虫药，按要求对档案库房的温湿度进行每日记录，并邀请消防专家到县档案馆做讲座2次。

【档案干部队伍建设】 推进"两学一做"学习教育常态化、制度化，注重将"两学一做"学习教育与创建文明城市、档案服务利用等中心工作相结合，采取清单化学习、项目化管理、记述化考核的形式，做到以学促做、学以致用，让全体党员干部进一步坚定理想信念，增强组织纪律意识，全局上下形成作风严谨、团结干事、爱岗敬业的新局面。全年有5人参加省级培训、2人参加市级培训。11月6日—10日，1名局领导和3名中层骨干参加衢州市委党校、市档案局在山东大学开办的"档案高级研修班"进行专题学习，提升档案人员的管理水平和业务能力。

【其他中心工作】 开展"创国卫""平安巡逻"活动。每月组织全局干部职工参加城角坊社区、灵江社区卫生整治1次，开展平安巡逻。对联系的灵江社区、塔石镇和联系村横山镇后徐村、河宗村开展精准扶贫、结对帮扶，解决帮扶资金36万元，其中省级经费补助30万元，协助解决道路建设、办公场所建设、安全巡查等问题。

（县档案局 阮红霞）

民族宗教事务管理

【概况】 2017年，龙游县有少数民族29个共13182人，其中畲族人口占少数民族总人口的85%，主要分布在龙游南部山区的沐尘、庙下、溪口等10个乡镇。全县有民族乡1个（沐尘畲族乡）、民族村（畲族）24个，是浙江省九个少数民族重点县之一，是衢州市民族宗教工作重点县。全县登记的宗教组织有佛教、基督教两大教别，宗教活动团体有2个，合法登记的宗教活动场所有45所，其中佛教活动场所20处、基督教活动场所25处；有佛教教职人员22人、基督教长老8人，有传道人员58人，信教群众3万多人。县民族宗教事务局认真贯彻执行中央和浙江省民族宗教工作会议精神，全面贯彻党的民族宗教政策、法律、法规，促进民族团结、宗教和睦、社会和谐，维护大局稳定，为全县各项事业发展营造和谐的社会环境。

【民族经济建设】 加强民族地区经济建设，协助沐尘畲族乡与浙江省商务厅、诸暨市等对口帮扶单位加强联系与对接，在项目、资金、人才、物资等方面争取支持和帮助，全年共争取帮扶资金200余万元。做好民族项目资金落地工作，共申报少数民族发展资金重点项目14个，其中种植类项目10个、民族特色畲寨类项目3个，项目总投资800余万元，中央、省财政项目补助245万元。积极开展省、市、县三级宗教慈善精准帮扶民族活动，至年底，全县有3个民族村参与帮扶行动。精准施策助推特色产业发展，结合2017—2019年龙游县珍贵树种“绿村富民花开百村”行动计划，扶持全县24个民族村种植油、果结合的碧根果（美国山核桃）113.33公顷，助推村集体经济发展和少数民族群众增收；把发展来料加工业作为民族乡村农民就业创业的重要途径，大力培育和扶持来料加工经纪人和专业村，加强培训力度，转移闲散劳动力，带动农户增收致富。至年底，全县少数民族乡村共有来料加工基地36个，解决就业698人，年发放来料加工劳务费1500余万元。

【民族文化建设】 深挖畲族特色，重点打造“民族村寨”项目，完善农耕文化展厅、畲族文化主题公园、文化礼堂、文化长廊等设施，挖掘、整理畲族文化，融“文”寓“旅”，展示畲族风俗风貌，打造畲族文化主阵地。社里村在村口主干道两侧安装畲族姓氏仿古路灯，对集聚区外墙进行改造，安装畲族元素的腰带和凤凰图腾，绘制长达136米的畲族文化墙，修建畲族文化广场、民俗博物馆等；沐尘村文化礼堂专设畲族文化陈列墙，展示《高皇歌》、畲族婚庆礼仪等民俗风情，凸显浓郁、鲜明的畲族文化。2017年，社里村被评为国家AAA级旅游景区，并被命名为第二批“中国少数民族特色村寨”。借助“三月三”“六月六”“九月九”等重要畲族传统节日，创设文化展示载体，把畲族文艺表演纳入畲乡旅游常态化演出，推进乡村旅游发展。“三月三”风情文化节结合社里村AAA级旅游景区授牌仪式，通过畲族歌舞表演、AAA级旅游景区旅游体验等活动形式，充分展现以人文山水、特色美食、休闲娱乐、民俗风情为特色的畲族山寨风情，提高活动参与度，增强旅游吸附力，活动当天就吸引游客6000余名，载体化拉动显著。

【宗教界人士思想建设】 创新宣传载体，加强安全宣传教育工作。开展新修订《宗教事务条例》的培训和学习，提高宗教界人士和信教群众的国家意识、公民意识和法律意识，提高龙游县宗教事务执法水平。联合县委防范办和反邪教协会开展反邪教宣传进宗教场所活动，全县45个宗教场所全部设置反邪教宣传栏。建立佛教、基督教、民间信仰场所等微信工作群，实行网格化管理，加强信息沟通与交流，加快隐患的整改落实。

【宗教场所安全生产】 自7月至中共十九大闭幕期间，分层面多次召开宗教专业安委会、各宗教场

图29　7月28日，龙游县召开宗教场所安全生产会议

所、民间信仰场所、宗教团体负责人、各乡镇（街道）宣传委员及局干部会议，传达落实各阶段安全生产会议精神，分析研判宗教领域安全工作形势，部署宗教领域安全生产任务，先后有250余人参加会议。开展大排查、大整改。各宗教场所开展自查自纠，发现隐患及时整改到位；乡镇（街道）对所辖宗教场所开展全面督查，填写《龙游县消防安全隐患集中排查整治登记表》，出具《消防安全职责告知书》，并逐一登记造册，建立台账，实行动态管理；相关部门联合宗教专业安委会、乡镇（街道）开展抽查，累计抽查20余次，发现并整改问题16处。根据浙江省民宗委《关于在全省佛道教活动场所和民间信仰场所全面推行文明敬香工作的通知》要求，龙游县民宗局联合公安、市场监管、综合执法等部门制定《龙游县宗教活动场所周边环境整治方案》，下发《关于进一步加强龙游县宗教活动场所周边环境整治的通知》，开展佛教场所“文明敬香”活动，为“文明敬香”营造良好的外部环境。

【宗教领域维稳工作】　做好敏感时段的维稳工作，在重点敏感时段严控非通常性宗教活动的举办，对小南海竹林禅寺、官潭龙山寺等自发形成的庙会活动多次召开协调会，完善安保方案和应急预案，实地勘察安保路线，庙会期间未发生食品、消防、人生等安全事件，圆满完成安保工作。抵御境外宗教渗透，做好反邪教工作，全年共驱逐3批次外来非法传教活动。配合公安部门进行反暴恐大排查，摸清包括新疆等地外来人员数量、就业情况、比较集中的社区等情况。开展“基督教反邪教宣传月”活动，下发挂图和宣传册。对参与全能神的人员进行授课培训，转化其思想，引导其走出误区。全县各宗教活动场所积极开展以“平安”“和谐”等为主题的各类讲经布道活动，增强信教群众正信正见、维护平安的观念。把“反邪教”工作和农村文化大礼堂建设结合起来，让老百姓认清邪教，了解邪教的危害，了解境外敌对势力利用宗教进行渗透的方式、方法，区别合法、非法的界限，自觉抵御渗透，全力服务“平安龙游”建设。

【宗教场所视联网建设】　根据浙江省民宗委、省公安厅《关于进一步做好全省宗教活动场所视频监控建设联网应用工作的通知》要求，龙游县民宗局认真谋划、多方协调，扎实推进宗教活动场所视频监控建设联网工作，针对安装过程中出现的部分宗教活动场所负责人的抵触情绪，多次召开宗教场所负责人会议，并会同公安部门上门做工作，维护宗教界稳定。至年底，全县41家宗教活动场所视频监控安装联网已全部完成，新安装视频探头109个，实现各宗教场所出入口、重要部位监控全覆盖。在衢州市各县（市、区）中，龙游县视频监控在线率始终位居第一。

【宗教事务规范化管理】　按照“承认一批、合并一批、改造一批、处置一批”的原则，结合“三改一拆”专项整治，抓好民间信仰活动场所的综合整治，形成民间信仰活动场所的合理布局。3月，完成第二批民间信仰活动场所颁证授牌工作，为新登记的11家民间信仰场所颁证授牌，全县合法登记的民间信仰场所增至45家，龙游县将民间信仰活动场所正式纳入社会事务规范管理工作体系。为全县45个宗教活动场所统一制作由“宗教活动场所”、场所名称、“国家宗教事务局监制”、二维码四项基本内容构成的标识铜牌，挂在宗教活动场所入口的显著位置，实现“统一标识”全覆盖，方便社会公众识别，接受社会监督。按照浙江省的统一部署，紧扣时间节点，开展宗教活动场所信息和组织机构代码证核对，回收、更换45个场所的“组织机构代码证”，并完成社会信用代码证赋码和录入工作。

【服务县中心工作】 从政治、安全等领域中共十九大保驾护航，维护宗教领域稳定和谐。对“五水共治”剿灭劣V类水、“三改一拆”涉宗教违建、宗教标识物处置等工作进行“回头看”，确保无反弹。至年底，宗教场所“三改一拆”整治成果巩固率达100%，全县24个民族村的34处劣V类水山塘、沟渠、小溪流全面完成治理。全力配合和参与城市东进、创国卫等全县重点工作，在民宗工作人员紧缺的情况下，指派副局长雷忠根全脱产参与城市东进拆迁。做通2户信教群众的思想工作，按时完成拆迁签约工作。

【各类社会公共服务】 根据浙江省《民宗系统群众和企业到政府办事事项主项、子项两级指导目录》，通过多次比对，完善权力事项库“最多跑一次”事项9项，并梳理3项事项清单进驻县行政服务中心综合窗口。根据新的《中国公民民族成份登记管理办法》，做好宣传解释工作，按照相关规定为2名符合条件的群众更改民族成份，未出现更改人数偏多、比例偏高问题。在中考和高考前，为少数民族考生做好民族成份的审核工作，全年为参加中高考的少数民族乡（镇）、村学生提供加分证明172份，为39名非少数民族乡（镇）、村的少数民族高考学生提供优先录取证明。

【加强机关自身建设】 抓好干部队伍建设，建立“周一例会”制度，固定在每周一上午组织局干部开展工作交流，总结经验，理清思路；建立学习制度，组织干部定期参加学习，密切关注民族宗教工作热点、难点问题，及时掌握了解少数民族和信教群众新动向；增强效能意识，切实转变工作作风，运用灵活适当的方法解决问题，耐心做好群众工作。围绕民族宗教工作的中心任务，着眼于民族宗教工作的创新和发展，及时捕捉和整理上报信息，努力使信息工作更具超前性、实用性，使信息工作与中心任务有机结合、同频共振，提高信息的服务效能，促进机关自身建设。全年共报送信息135篇，被各级录用43篇，其中转送国家民宗委网站5篇、报送国家宗教局录用1篇；《龙游县念好“扶挖促”三字经，强力助推县域民族乡村全面高水平奔小康》获浙江省政协副主席孙文友批示。

【会议活动承办和接待工作】 承办3月20日召开的衢州市民族经济工作会议，配合浙江省、衢州市、龙游县人大政协做好民族宗教领域的调研工作。做好各级领导到龙游调研民族宗教工作的接待工作：3月7日，浙江省政协副主席孙文友一行到龙游调研民族乡村经济发展工作；5月16日，衢州市人大常委会副主任诸葛慧艳一行到龙游调研民族工作；6月20日，龙游县人大常委会主任周中民一行视察全县民族经济发展工作；6月30日，衢州市委统战部部长傅根友一行到龙游调研宗教工作；8月10日，浙江省人大常委会副主任毛光烈一行到龙游调研《少数民族保障条例》执行情况；10月12日，浙江省政协副主席孙文友一行到龙游调研精准扶贫民族工作。

（县民宗局 彭俊涛）

外事侨务和港澳同胞工作

【概况】 2017年，在县委、县政府的正确领导和省市外事侨务部门的指导下，龙游县外侨办深入学习贯彻中共十八届历次全会和十九大精神，认真落实上级外侨部门部署的各项任务，充分发挥外侨在服务中心工作和服务侨胞侨眷的职能作用，扎实推进各项工作。

【出国（境）管理】 贯彻中央“八项规定”，严格执行因公出国（境）制度。根据省、市、县因公出国（境）审批文件精神，在授权范围内，办理因公出国（境）的审批手续，全年共初审因公出国

图30 12月5日，龙游县外侨办开展县涉外突发事件应急处置桌面推演

（境）6批9人次。加强因公出国（境）的监管，认真执行行前公示和回国公示制度，按规定做好情况报告，及时收缴护照。

【涉外涉侨服务】 全年为企业办理邀请外国人来华初审22批31人次。10月25日，通过海外侨商牵线搭桥，应龙游县外侨办的邀请，葡萄牙赛尔帕市市长多梅·佩雷斯一行到龙游参观考察伊利乳业、开启能源、龙游石窟、红木小镇等地，了解龙游的经济社会发展和人文风貌，促进两地的交流，加深双方友谊，为开展经贸往来和民间交流打下基础。11月30日，美国驻上海总领事馆、外联处处长费舒曼一行到龙游考察指导。12月13日，旅日华侨毕琴、马来西亚凯胜集团董事长陈忠庆先后考察龙游县宜靓家庭农场、德辉食品、吴刚茶厂、外贸笋厂，商谈柑橘、茶叶等销往马来西亚、印度尼西亚的相关事宜，探索开辟“一带一路”奔赴东南亚的新通道。积极参加上级组织的邀请函办理培训，提升业务能力，组建县内QQ群，主动对接办理频次较高的企业，了解需求，加强沟通；积极探索“最多跑一次”改革，梳理涉侨“最多跑一次”权力事项4项、公共服务事项4项，完善网上公开事项，“让数据多跑路，群众少跑腿甚至不跑腿”，提升涉外服务效力。

【海外人士联系】 开展大走访活动，重点掌握龙游籍海外侨胞、港澳同胞中政治上有地位、经济上有实力、学术上有造诣、社会上有影响的“四有”人士情况，了解海内外侨胞、港澳同胞、归侨侨眷的迫切需求和意见建议，充分发挥侨资源的独特优势，推动侨资源为龙游经济社会发展出力。加强龙游县与广大侨胞的联系，中秋节来临前夕，县外侨办向海外华人华侨及留学生们发出《致龙游籍海外华人华侨的一封信》，介绍家乡的发展情况，共聊团圆佳话，寄予思乡情怀。在侨界开展“弘扬优秀传统文化，培养廉洁和谐家风”征文活动，培育和践行社会主义核心价值观和家庭廉政文化，丰富广大侨界群众的精神文化生活。

【联谊活动】 团结港澳侨同胞，组团参加海外侨团——香港龙游黄氏同乡会牵头组织的“观音诞”活动。黄氏同乡会成员祖籍龙游，于宋代南迁至广东佛山南海平地村，后旅居香港等地，“平地观音诞”于2013年列入非物质文化遗产项目，在当地有很大的影响力。通过实地交流，一方面体现家乡人民对黄氏后裔的同根同乡的深厚感情，另一方面，通过介绍家乡的发展变化和人文环境，希望他们回故乡走走看看，为故乡的发展出谋划策，招才引智。7月19日—22日，组织龙游籍港澳青少年一行28人开展为期4天的故乡行活动，通过结对联谊，建立两地小朋友之间的互动联系；通过学习书画、茶艺、拜孔等中华传统礼仪，感受中华文化的博大精深；通过动手制作龙游传统美食葱花馒头、圆粿、麻糍，感受浓浓乡情；通过放生鱼苗，了解家乡“五水共治”成果和家乡山水风光。家乡深厚的文化底蕴给孩子们留下了很深的念想。召开迎“双节”龙游籍加拿大华侨侨眷座谈会，组建微信交流平台，介绍自己或家人的异国求学、创业经历，分享在国外的见闻与思考，表达华侨华眷的爱国爱乡情怀。一系列联谊活动的开展，充分激发华侨华眷以血缘、地缘为基础，以亲情、乡情、友情为纽带的爱国爱乡情怀。

【开展侨企调研】 多次到浙江龙游新西帝电子有限公司、浙江龙游辰港宣纸厂、浙江贝尔通信有限公司等侨企调研，并与企业负责人详细座谈，了解企业生产经营状况，针对企业存在的困难和需求，提出企业发展相关建议。梳理企业反映的诉求，为侨企招工牵线搭桥，优化为侨服务措施与办法。

【深入开展关爱工程】 节日期间，县外侨办坚持走访重点侨眷、贫困侨眷，与侨界空巢老人保持联系，侨眷有困难，能够及时上门服务，送去温暖。重阳节期间，慰问重点侨眷7名，配合市外侨办走访困难、空巢侨眷2名。有一名华侨母亲生病住院，县外侨办立即与多家医院联系沟通，帮助安排转院治疗，并给予慰问；一名华侨子女回国就业，县外侨办积极帮助联系沟通，减少不必要的麻烦。

【重视外宣工作】 3月，巴西国家电视台到龙游拍摄龙游石窟和红木小镇景区宣传片，助力龙游旅游宣传。利用外侨工作联系广泛、华人华侨遍布全球的优势，充分发挥对外窗口的宣传，讲好龙游好故事，传播龙游好声音。为回乡或赴港的华人华侨播放《龙游印象》等形象宣传片，利用微信平台向海外华人社团推送家乡好消息。美国、南非、西班牙等国家和中国香港地区等地均有宣传龙游的好声音。

【开展“互学互看”活动】 4月，组织外侨办班子成员和重点侨眷17人赴开化县开展联谊交流、学习考察等活动，学习开化在新农村建设、民宿经济、旅游发展上好的做法与经验，交流侨界干部与侨眷更好地为家乡建设发展建言献策的成功经验。县外侨办领导多次深入浙江龙游新西帝电子有限公司、浙江龙游辰港宣纸厂、浙江贝尔通信有限公司等侨企调研，了解企业生产经营状况，针对企业存在的困难和需求提出相关建议，并为侨企招工牵线搭桥，努力为侨企提供服务。

（县外侨办 彭俊涛）

对台工作

【概况】 2017年，龙游县台湾事务办公室（简称“县台办”）在浙江省、衢州市台办的指导帮助下，紧紧围绕县委、县政府中心工作，扎实开展对台交流交往，努力做好对台各项工作，特色亮点纷呈，工作成效明显。

【涉台项目】 聚焦产业发展、文旅融合等龙游县重点中心工作，加强基层乡镇、学校、协会与台湾中南部地区的互访结对交流。组织特美新材料、均泰竹业等企业2批9人次赴台加强经济合作交流。组织县农家乐协会等共4批49人次赴台交流，借鉴台湾家庭农场、民宿经济和休闲旅游等方面成功做法，促进龙游县家庭农场发展和精品农业项目提升。县实验小学与友好学校高雄前金小学实现互访，并签署《友好校际关系协议书》。

【服务台胞】 年内共完成台胞求助事项11件，包括子女就学2件、台属生活困难2件、政策咨询7件。依法依规处置台企股权纠纷案件，依法协调相关职能部门做好台企的股权登记和税务缴纳，保护台商合法权益。

图31 11月19日，台湾新同盟会参访团参观龙游县沐尘畲族乡社里村

【交流联谊】 全年共接待台胞17批次296人，其中包括台湾新同盟会参访团、台湾少数民族参访团、“三衢杯”围棋巡回赛台湾代表队、国姓乡基层参访团、名间乡基层参访团等团队9批272人；台湾电机电子工业同业公会副秘书长颜素秋、台湾中华两岸农业交流发展协会秘书长段兆麟博士等知名人士8批24人。7月11日，会同县工商联、科技局、县电子行业协会组织全县49家电子行业企业家59人参加昆山电子电机暨设备博览会，学习考察台湾等企业电子科技前沿技术，拓展龙游企业经营思路。

【涉台宣传】 积极开展岛内宣传，做好台湾新闻媒体在龙游采风活动，龙游石窟、龙游民居苑、年年红等特色景点宣传片于11月在岛内“大陆寻奇”栏目播出。善用平台，积极宣传中央对台政策和龙游经济社会发展成就。利用“龙台情深”微信群，发布各类时政、优惠政策及龙游发展等信息280余条。

【帮扶慰问】 陪同衢州市台办领导走访慰问龙游县台胞、台商、台属90余人次。正常拨付困难台胞生活补助经费。服务台胞台属联谊工作，完成衢州市台联台属联谊会换届候选人资格审查、组织参会等工作。

（县台办 田王健）

行政服务工作

【概况】 2017年，龙游县行政服务中心管理办公室在各进驻部门的支持和全体工作人员的共同努力下，适应经济发展新常态，深入推进“最多跑一次”改革，大力创新审批服务方式，充分释放审批服务效能，圆满完成年初确定的各项任务。

【推进“最多跑一次”改革】 聚焦审批和服务领域的“堵点”和“盲点”，以“受理和审批相分离”原则，自上而下倒逼推进“最多跑一次”改革，引导和督促审批部门自我加压、主动作为，推进行政审批流程优化、环节简化，放出活力、管出绩效、服出满意。经梳理审核，确认全县依申请行政权力事项1156项、公共服务事项716项，先后向社会公布“最多跑一次”事项2批次1680项，占总数的89.74%。其中行政权力事项1055项，占比91.26%；公共服务事项625项，占比87.29%；县发改、财政、教育等26个部门依申请事项全部纳入“最多跑一次”清单，占比达50%，在衢州市率先完成“最多跑一次”事项清单公布任务。在浙江省对市县“最多跑一次”改革满意度评估中，龙游县的满意度和知晓率均为100%。

【深化“一窗受理”集成服务】 事前开展深入的调查研究，深化统筹谋划，先后印发“一窗受理”配套文件8个，为改革顺利推进夯实制度基础。按照审批功能分类，模块化设置受理窗口，打破部门条块分割，实现基于一体化办理的全要素协同，创新衍变出6种“一窗受理”模块。梳理“一窗受理”标准化材料清单，按照“最多跑一次”改革要求，明确事项名称、编码、承诺时限和申请材料清单，其中申请材料清单需列明材料的名称、份数、要求等要素，实现统一受理、统一告知，避免群众重复提供资料。

图32 6月8日，衢州市行政服务中心管理办公室党组书记徐中华到龙游调研“一窗受理”改革和“四个平台”建设

【“便民服务”平台建设】 根据“四个平台”建设要求，制定下发《关于推进“最多跑一次”改革向基层便民服务平台延伸的通知》，提出“九个一”（制定一个最多跑一次改革方案、设置一个综合受理专窗、统一使用一个行政服务标识、编印一本标准化事项清单、打造一支综合受理队伍、设置一个网上申报代办点、制定一套规章制度、配备一批信息化智能化办公设备、进行一次规范化的大厅布局改造）标准，统一各项建设标准。依托浙江政务服务网统一平台，建设乡镇（街道）网上服务站，打造规范、透明、便捷的基层网上服务体系；加强部门数据信息整合共享，解决办件“二次录入”问题；深入拓展涉批中介网上大厅扩容提升，着力推动网上大厅服务触角“三个延伸”（即由市场投资项目向政府和集体投资项目延伸、由县中心大厅窗口向未入驻县中心的部门延伸、由县级部门向各乡镇延伸）。加入“龙游四个平台建设专班”“最多跑一次”向基层延伸专题组，专班每周不定时召集相关成员研究落实“便民服务平台”建设，推进工作落实。全年共改造大厅面积1812平方米，设置LED综合窗口90个，梳理审批服务事项442项，投入改造资金144.2万元，新增电脑102台、打印机62台、扫描仪38台，并在衢州市率先完成全县所有乡镇便民服务中心规范化改造。

【创新审批服务方式】 设立经济开发区企业服务中心，至年底，进驻部门单位16个，设置窗口12个，配备工作人员18名，进驻事项66项，负责审批全县所有工业企业项目，实现企业办事不出园工作目标。推进不动产登记中心综合受理窗口升级改造，解决“排队长、效率低”问题。开展上门办理“面签”业务，中心全年提供预约上门办理、服务下村820多人次，累计解决疑难件403件。开展“百名局长坐窗口，助力‘最多跑一次’”活动，全年实现局长坐窗498人次，受理事项818个，发现并解决问题155个。推进提升投资项目在线监管平台2.0运用水平，实现投资项目“四个100%”。在全市率先开展“减证便民”专项行动，取消33项“四类”烦民证明。梳理更新政务服务办事指南，让群众“一看便知、一问便明、一办就成”。推出证照快递“免费送达、全程代办、上门服务”等审批服务，群众办事“获得感”明显提升。

【日常管理和督查协调】 强化服务意识，加强窗口队伍建设，提高窗口工作人员的职业道德水准和业务能力素质，通过集中学习、主题教育、专题讲座等方式，利用窗口负责人例会、邀请专家讲课等形式开展培训教育，坚定窗口工作人员全心全意为人民服务的宗旨，使服务宗旨内化于心、外化于行。树立为民导向，开展服务优胜窗口、群众最满意服务员、文明岗位等创建活动，把群众的需求视为工作的第一信号，提倡换位思考，真诚为人民服务。严格执行管理考核制度，坚持开展每日多次的巡查，加强动态管理，及时发现并解决问题，把问题化解在初发状态。加强办事大厅环境、卫生等方面的管理，构建“阳光、规范、文明、和谐”的办事环境。

【党风廉政建设】 制订并实施年度反腐倡廉建设和作风建设工作计划，积极履行主体责任，层层签订党风廉政建设目标管理责任书，每季度至少研究一次党风廉政工作。严格执行民主生活会、“三重一大”集体讨论决定、个人重大事项报告和婚丧喜庆事宜“八不准”等制度。紧紧围绕浙江省委“十大整改行动”，注重实效，强化问责，以高度负责的态度开展大排查、大调处活动，对信访中的拖延、敷衍、失职、渎职等行为予以严肃问责处理。组织开展廉政警示教育，利用各种会议、培训、谈心谈话等机会，学习宣讲党风廉政知识，结合自身实际查不足，完善措施抓落实。

（县行政服务中心 姜洋冬）

公共资源交易工作

【概况】 2017年，龙游县公共资源交易中心紧扣加快建设区域明珠型城市的总体目标，着力提升公共资源交易服务质量和效率，持续推进建立“阳光、高效、智慧”的公共资源交易平台。全年共完成各类交易项目1358宗，其中采购894次，包括工程405个、国有土地32宗、产权27宗，成交总金额55.69亿元。

【探索全流程电子化招投标】 探索建立具有龙游特色的电子招投标交易平台，做好交易信息数据上传，响应“互联网+招标采购”行动计划要求，邀请浙江品茗软件公司研发电子交易系统，对龙游县交易中心软硬件系统进行升级改造，指导企业办理CA（Certificate Authority的缩写，意即“认证授权”）数字证书，组织本地企业和代理机构进行业务培训。11月，龙游县公共资源交易全程电子化开始试运行。12月6日，溪口镇石角村古建筑新建工程建设项目成功实现电子招投标。建立和完善投标保证金网上缴纳、虚拟子账户项目管理、基本账户核对、网上自主退还等功能，将投标人信息保密工作由“人管”向“网控”转变，降低投标单位信息泄露的风险。充分利用微信公众平台，及时准确发布招标信息公告和事项通知，让交易各方随时随地获取中心交易资讯，进一步拓展信息发布渠道。完成政府采购云平台（简称“政采云”）的前期准备，以中心网站、龙游县网超供应商QQ群和工作交流群为宣传阵地，多角度、全方位、广范围宣传政采云推广应用进程，配合县财政局建立入围供应商库并做好业务培训，提高供应商的平台使用技能。

【强化招投标质量管理】 强化招标代理机构管理，制定招标代理机构管理考核办法，从人员机构建设和业绩情况、业务操作、标后满意度评价三方面对代理机构进行综合评价和动态管理，考核情况定期向社会公布，对考核扣分达到一定限额的，分别采用通报、警示、暂停业务、取消预选资格等监管措施进行处理。加强政府投资项目标后督查，建立班子成员联系项目制度，县监管办、交易中心共同组建督查小组，一月一督查，对在建工程标后履约情况进行专项检查，对检查中发现的问题进行现场督查整改，并及时提供给行业主管部门，列入企业诚信档案。主动融入和服务重大项目建设，对城东新区、“五四三”专项、土地垦造、小城镇综合整治等重点项目“提前介入、容缺受理”，实行交易流程“并联”机制，将土地审批、规划审批等原招标前置的“串联式”审批项目，改为与项目进场招标受理、信息发布、开标评标定标等工作流程同步进行，实现招投标规范和效率的有机统一。推进招投标制度改革，向县政府提交《关于建设工程招标投标改革的建议》，提出预选承包商、评定分离、标后履约巡查暗访等建议。至年底，通过公开招标，分别建立由城投、水务等6家国有公司组成的建筑、市政、水利、交通和道路养护、园林绿化等五大类工程建设项目预选承包商库。

【推进乡镇（街道）交易平台建设】 理顺与乡镇（街道）交易平台的关系，通过业务培训、个别指导、公告审核，帮助和指导乡镇（街道）平台进行工作创新和制度创新，及时帮助解决工作中遇到的困难和问题。加强监督检查，会同县监管办组织开展乡镇（街道）招投标平台运行情况专项检查2次，并将检查结果列入党风廉政建设责任制考核和年度综合考核，提升乡镇（街道）平台业务规范化水平。推进小额工程招投标提速、提质、提效，乡镇（街道）招投标中心交易限额从50万元提高到200万元，由乡镇（街道）自行申报；在交易中心网站专门建立部门小额工程招投标公告栏，为部门50万元以下的小额工程招投标审核代发公告，提升部门招投标活动的透明度。重视农村产权交易平台建设，以规范流转交易行为和完善服务功能为重点，在抓好县级平台运行的基础上，实行三级交易联动运作

图33 衢州市公共资源交易中心领导到龙游分中心调研

模式，制定农村集体产权交易考核办法，考核结果纳入乡镇（街道）综合考核。全年在县、乡平台交易的农村集体产权项目139宗，打破农村产权自行处置信息不透明的“壁垒”，推动农村生产要素合理流动和优化配置。

【推进市县一体化建设】 根据市县平台整合的要求，县编办正式下文将“龙游县公共资源交易中心”更名为“衢州市公共资源交易中心龙游分中心”。

【基层党建和党风廉政建设】 制定《关于推进“两学一做”学习教育制度化常态化实施方案》，明确指导思想、具体要求和工作举措，推进“两学一做”学习教育制度化、常态化。专题组织中共十九大报告、党章学习会，开展知识测试，制作宣传展板，通过微信群开展“微宣传”等活动，邀请县委党校领导作党的十九大报告专题辅导。组建交易中心志愿者服务队，每月开展党员志愿服务。组织开展“基层党建规范提升百日攻坚”行动，推进党支部组织生活标准化建设，扎实开展主题党日活动。全面落实从严治党要求，切实履行党风廉政建设主体责任，分层建立廉政建设主体责任清单，理清责任边界，组织开展警示教育和廉政谈话，让党员干部从反面教材中汲取教训，筑牢拒腐防变的思想防线。组织党员干部开展“五看五查”，全面查找和梳理干部在纪律作风、工作作风、组织建设、整体效能等方面存在的问题。加强与县纪委派驻纪检组的衔接，借力开展“四风”、工作纪律等方面的日常监督，对苗头性、倾向性问题及时批评教育。

（县公共资源交易中心 魏瑛）

国家AAAA级旅游景区——龙游红木小镇（县政府办提供）

政协龙游县委员会

概 述

2017年，中国人民政治协商会议龙游县委员会在中共龙游县委的正确领导下，团结参加政协的各党派团体和广大政协委员，紧紧围绕全县工作大局，认真履行政治协商、民主监督、参政议政职能，充分发挥人民政协作为协商民主重要渠道的作用，全面完成县政协十届一次会议确定的各项工作任务，为推动区域明珠型城市建设作出贡献。县政协全年召开常委会7次、主席会议13次；开展2个重大课题的调查研究，形成调研报告2篇；组织政协委员视察9次。围绕“五水共治”“找短板，献良策，助推城市品质提升”两个专题，开展专项集体民主监督，切实发挥委员的监督作用。主席会议听取10个部门重点工作汇报，进行专题协商。县政协十届一次会议以来，共收到提案258件，审查立案233件，全部按时办复。征集县政协十届一次会议委员大会发言材料42篇。整理编报《社情民意信息专报》69期。

主要工作

【协商议政】 政协十届一次会议期间，委员们聚焦龙游县工业提升、城市建设、旅游开发等中心工作以及群众普遍关注的民生问题，运用提案、大会发言、委员小组讨论等形式，认真履职，深入协商议政，共提交提案258件、大会发言42篇，为县委、县政府及有关部门科学决策提供广泛的民意基础和智力支持。政协主席会议先后就城市东进和品质提升、空气质量改善、发挥乡贤作用、健全联动机制破解法院执行难、安全生产、综合行政执法、河湖塘库清淤及水环境整治、医改和医养结合试点、重大项目建设等议题，有计划地听取相关部门的情况通报，形成并报送专题协商意见8份，提出建议意见50多条。常委会紧扣城市管理、政府投资项目管理专题，通走访座谈、实地察看、外出取经等途径，深入开展调查研究，形成调研报告2篇，得到县党政主要领导的充分肯定。其中，龙游县政协助推城市管理的成功做法在全省政协主席读书会上作大会交流发言，并由省政协主办的《联谊报》进行全面跟踪报道。按照“视察前专题调研、座谈中充分协商、视察后提出建议”的要求，组织委员先后就县光伏发电项目、文化旅游项目、“一路一桥一港一枢纽”建设、大南门历史文化街区保护开发、高坪桥水库建设、“最多跑一次”改革、重点工业项目

图34 衢州市政协主席吴国升（右一）冒雨督察龙游县“剿灭劣Ⅴ类水”推进工作

建设等开展视察活动，形成视察报告9篇，提出建议41条。

【民主监督】 按照省政协助推“五水共治”专项集体民主监督实施方案的总体要求，持续深化“五水共治”专项监督，组建6个监督调研组，全员一线监督剿灭劣V类水工作，形成《龙游县政协剿灭劣V类水专项集体民主监督总报告》和11个子课题监督调研报告，助推全县298处劣V类水体全面完成整治，相关经验做法在浙江省政协“五水共治”专项集体民主监督座谈会上作经验介绍。围绕“找短板，献良策，助推城市品质提升”专项监督，成立4个监督调研组，重点围绕城区相关行业整治、城区户外广告管理、城市管理项目、物业小区管理等专题，深入职能部门、城区街道、村（社区）开展监督调研20余次，以书面形式提出具体监督意见，排查、交办、整改问题700多个，推动政府部门抓好常态化整治。不断提升提案监督水平，及时遴选报送《重要提案摘报》，18件提案得到县主要领导批示。确定县政协十届一次会议重点提案8件。至年底，经44个承办单位的认真办理，十届一次会议期间审查立案的233件提案已全部办复，委员满意的有229件，满意率达98.3%。

【履职为民】 畅通信息渠道，引导政协委员在履职过程中察民情、听民声、集民意，并建立覆盖全县各部门、乡镇（街道）的政协信息员队伍，拓宽社情民意信息采集渠道，共编报《社情民意信息专报》69期，被全国政协采用2篇、省市政协采用32篇，其中3篇信息得到浙江省领导批示，信息采用数和领导批示数均创历年新高，社情民意信息工作名列衢州市前茅，为党委政府掌握社情、了解民意提供有益参考。发挥政协智力密集、联系广泛的优势，组织部分委员围绕群众关心的民生问题开展视察调研，提出“校舍改造扩容项目政策处理要及时跟进，前期审批要提速提效，实施过程要加强全程监管”“加大残疾人基本生活保障和残疾人就业创业扶持力度，加强残疾人服务设施建设，加快信息共享平台建设”等建议，为政府及相关部门提供决策参考。积极引导各民主党派、知联会和政协委员广泛参与扶贫帮困、下乡义诊、文化服务等社会公益活动。

【团结联谊】 把加强政治思想理论建设摆在首位，通过县政协党组（扩大）会议、常委读书会、机关集中学习会、委员培训班等形式，推动各民主党派、工商联、无党派人士、政协委员深入学习中共十九大精神和习近平新时代中国特色社会主义思想，深入学习省、市、县党代会精神，深刻领会浙江省委、衢州市委有关谋划建设“大花园”的重大决策部署，明确龙游区域明珠型城市建设目标任务。2017年，各民主党派、工商联、无党派人士以集体和委员个人名义提交的大会发言、提案和社情民意信息分别占总量的64.3%、82.2%和75.6%。积极配合省市政协到龙游县开展“最多跑一次”改革、农村生活垃圾分类处理、小城镇环境综合整治、民族乡村经济社会发展等课题调研和“五水共治”督查活动，加强与兄弟县（市、区）政协的联系，开展跨区域视察、课题考察和工作交流。

【自身建设】 强化委员服务管理，制订《关于加强县政协常委会自身建设的意见》和《政协龙游县委员会委员履职工作规则》，细化、明确常委会成员和委员的履职要求，完善和规范优秀委员

图35 县政协委员视察重点工业项目建设情况

考评机制，重点围绕提案信息撰写、政协工作制度、委员履职考核等内容，举办委员培训班2期。扎实做好委员履职数据库建设，对委员履职情况实行动态管理。健全履职制度建设，出台政治协商、民主监督、参政议政的实施意见，出台加强和改进政协专题协商和委员视察工作意见、健全县政协委员退出机制的若干规定，修订完善全体会议、常务委员会、主席会议等工作规则和评议考核机关部门及综合评价乡镇（街道）的实施意见，印发《政协第十届龙游县委员会关于做好专门委员会对口联系部门工作的意见》。深化队伍作风建设，切实加强政协机关党风廉政建设和机关党建工作，严格贯彻执行中央八项规定精神和省、市、县委有关禁令、规定、制度，扎实推进“两学一做”学习教育常态化、制度化。积极参与创国卫、城东新区征迁、龙天红木小镇建设、大南门历史文化街区项目、高坪桥水库建设、城乡危旧房治理专项督导等中心工作，彰显政协机关干部和政协委员一线作为的良好形象。

重要会议

【政协第九届龙游县委员会第二十二次常委会议】 2017年1月20日召开。会议听取了县政府关于2016年度全县经济社会发展情况的通报，关于县政协九届五次会议重点提案领办情况的通报；听取了县纪委关于全县党风廉政建设和反腐败工作情况的通报、县委政法委关于全县综治维稳工作情况的通报；听取县委统战部关于县十届政协委员安排情况的说明，并审议确定了十届县政协委员名单；审议通过了关于召开政协第十届龙游县委员会第一次会议的决定；讨论审议县九届政协常委会工作报告（征求意见稿）和关于提案工作情况报告（征求意见稿）。

【政协第十届龙游县委员会第一次会议】 2月13日—17日举行。衢州市政协副主席吕玉茹到会祝贺并致辞，县委书记刘根宏讲话。会议听取并审议通过黄利荣代表政协第九届龙游县委员会常务委员会所作的工作报告和杨铁荣代表政协第九届龙游县委员会常务委员会所作的提案工作报告。会议表彰县政协九届五次会议以来的21件优秀提案、12个提案承办先进单位、10篇县政协十届一次会议优秀大会发言、21名2016年度县九届政协优秀委员。会议安排10名政协委员进行大会发言。会议选举产生了政协第十届龙游县委员会主席1名、副主席5名、秘书长1名、常务委员33名。政协委员列席县第十三届人大第一次会议，听取并审议通过县长张晓峰所作的《政府工作报告》和其他报告。大会审议通过了县政协提案审查委员会关于十届一次会议提案审查情况的报告和县政协十届一次会议决议。十届县政协主席洪一舟致闭幕词。

【政协第十届龙游县委员会第一次常委会议】 3月21日召开。会议传达学习衢州市第七次党代会精神；通报政协第十届龙游县委员会主席、副主席、秘书长分工情况；审议通过县政协2017年履职议题；审议通过县政协相关议事规则；通报县政协班子领导联系党派安排情况；审议通过县政协十届一次会议重点提案；审议通过《关于加强县政协常委会自身建设的意见》《政协龙游县委员会委员履职工作规则》；部署关于聚焦“决战治污水、大战防洪水排涝水”，深化开展“五水共治”专项集体民主监督工作；传达全国“两会”精神。

图36 县政协主席洪一舟（左二）带队开展“决战治污水、大战防洪水排涝水”专项集体民主监督

【政协第十届龙游县委员会第二次常委会议】 5月3日召开。会议传达学习市“两会”精神，审议通过有关人事任免事项，部署开展“找短板、献良策、助推城市品质提升”专项集体民主监督的实施方案工作，通报学习《关于加强和改进政协专题协商和委员视察工作的意见》《县政协评议考核机关部门和综合评价乡镇（街道）的实施意见》《关于健全县政协委员退出机制的若干规定》等三项制度文件。

【政协第十届龙游县委员会第三次常委会议】 6月27日召开。会议听取县政府关于城市管理工作的情况通报，听取县政协调研组关于《综合施策，狠抓落实，切实提升城市管理水平》的专题调研汇报，并就上述议题进行协商讨论。

【政协第十届龙游县委员会第四次常委会议暨常委读书会】 8月25日召开。会议通过有关人事任免事项，传达中共浙江省委副书记、省长袁家军和省政协主席乔传秀在全省政协主席读书会上的重要讲话精神。会议邀请省政协文史资料委员会主任郑新浦，就“当好政协委员（常委），不辱时代使命，认真履行职责，为实现中华民族伟大复兴中国梦贡献智慧力量”作专题讲座。

【政协第十届龙游县委员会第五次常委会议】 9月25日召开。会议听取县政府关于规范政府投资项目管理工作的情况通报，听取县政协调研组关于规范政府投资项目管理的专题调研汇报，并就上述议提进行协商讨论。

【政协第十届龙游县委员会第六次常委会议】 12月27日召开。会议听取县政府关于2017年度全县经济社会发展情况和关于县政协十届一次会议重点提案领办情况的通报；听取县纪委关于全县党风廉政建设和反腐败工作情况的通报；听取县委政法委关于全县综治维稳工作情况的通报；审议通过有关委员调整、县政协十届二次会议有关事项和政协委员履职工作规则（修订稿）等相关事项。

（县政协 郭晓玲）

附：县政协十届一次会议优秀提案

聚合寓外乡贤资源
助推龙游“三件大事”发展

龙游自古人杰地灵、英才辈出，儒风甲于一郡。改革开放以来，有近10万龙游商帮传人活跃在国内外大专院校、科研院所、党政军、制造、金融、信息产业等领域，成为有影响力的社团领袖、商界翘楚、学术精英、文化俊彦。龙游籍在外重点龙商、知名乡贤是一支数量庞大、分布广泛、潜力巨大的人才队伍，是龙游的“金字招牌”，也是龙游县发展最宝贵的资源。

近年来，县委县政府高度重视寓外乡贤作用发挥，依托异地“双会”（异地促进龙游经济发展联谊会、龙游总商会异地商会）平台，建立了龙游籍在外乡贤沟通联系机制，搭建主导产业创新创业平台，搭建龙商大会、龙游大厨等龙商汇聚平台，出台寓外龙商回归创业激励政策，寓外乡贤通过智力回归、项目回归、技术回归、资金回归，为家乡发展贡献智慧和力量。“十二五”期间，有2名知名乡贤回归家乡参与省级院士专家工作站建设，引进国家“千人计划”乡贤专家1名，引进浙商（龙商）回归项目80个，总投资114亿元以上。龙游县一系列重大项目争取，背后都有寓外知名乡贤的支持和付出。

一、聚合龙游籍寓外乡贤资源工作存在不足分析

龙游县寓外知名乡贤资源丰富，但在争取寓外知名乡贤回家乡服务、为家乡服务方面的工作还做得非常不够，与我县经济社会发展对人才的需求尚有很大差距，分析其中原因，主要有：

一是寓外乡贤资源底数仍不清。在当代世界政治、经济、文化、科技发生深刻变化的大背景下，龙游籍寓外乡贤人才不断成长，但是相关部门难以掌握他们的信息。近年来寓外人才调查数据库统计，登记在库的龙游县寓外人士有党政军人才409人、经济人才404人、技术人才329人、知名人士11人。这一数据与全县实际寓外人才数据出入较大。

二是发挥寓外知名乡贤作用的机制政策有待深化。近年来，我县虽然多次完善人才政策，编制《龙游县人才发展“十三五”规划》，出台了龙商回归的激励政策，但是如何聚集龙游籍在外优秀人才服务家乡建设，推动家乡发展，仍然缺乏具体有效的对策和措施，人才、技术、资金回归政策仍不够宽松，缺乏各部门之间的协调和配合，保障机制不够到位。

三是新常态、新形势下人才竞争趋于激烈。“十三五”期间，国内外人才竞争态势将更加激烈，对激发人才活力的改革创新力度要求更高，“三件大事”发展目标对龙游人才的质量和规模提出了更高的要求。受各种因素制约，引进人才难度更大，空间更小。

二、聚合龙游籍寓外乡贤人才资源，积极发挥在外乡贤人才作用的建议

围绕与全省同步高水平全面建成小康社会奋斗目标，把如何聚集龙游籍寓外乡贤人才服务家乡建设、推动家乡发展作为全县经济工作、人才工作的重点，探索发挥知名乡贤作用的新方法、新途径。

（一）摸清底数，凝聚龙游籍寓外乡贤的资源和力量

重点抽调相关部门乡缘近、亲缘多、人缘广的干部作为寓外乡贤信息征集员，成立寓外知名乡贤调查小分队，在原有人才数据库的基础上，到村到户逐户拜访调查，到商会、联谊会、科研院所、大专院校走访调研，逐人细化调查，及时更新各种人才信息数据库。结合县重点产业、项目对人才的需求，对重点高层次寓外乡贤、县产业发展紧缺型人才建立重点人才跟踪数据库。同时，出台政策和举措，汇聚各级各部门干部群众的人脉资源，调查了解各类寓外人才的信息资料，尽一切可能完善数据库的建设任务。

（二）创新联络，汇聚龙游籍寓外乡贤的亲情和智慧

建立组织，构建较为完整的工作体系。成立专门机构抓好寓外乡贤资源聚合工作，建立联席会议制度，形成一个较为完整的工作体系，并按照人才需求、产业需求、项目需求细化各部门的工作职责。

创新方式，构建较为完整的联络体系。领导挂钩专门联系，建立县处级领导联系异地“双会”、挂钩联系寓外知名乡贤制度，加强与各地联谊会、商会、知名乡贤联系对接；依托商会凝聚联系，不定期在异地“双会”所在地召开在外乡贤座谈会，在异地“双会”设立招才引智工作站，通过异地商会凝聚知名乡贤；开通网络创新联系，搭建寓外乡贤人才微信群，依托“龙游党建网”开通“寓外乡贤网”窗口，开辟“乡贤在线”专栏和电子信箱，构建乡贤网络交流互动的空间；举办节会回归联系，以举办重大节会活动为契机，开展“寓外乡贤故乡行”活动，让在外乡贤感受家乡发展变化；建立驻外党组织重点联系，探索在异地商会建立驻外党支部，以驻外党支部为阵地，凝聚党员乡贤；注重平时对接联系，在县领导走访慰问寓外乡贤光荣父母，发放《致海内外龙游乡贤书》慰问信的基础上，建立与重点高层次人才和知名乡贤在龙游的家

属、亲戚平时联系制度，了解他们需求，帮助他们解决后顾之忧；定期组织光荣父母开展健康体检，建立寓外知名乡贤光荣父母的健康档案，激发寓外乡贤对家乡的责任感、使命感和荣誉感。

（三）搭建平台，激发龙游籍寓外乡贤的能量和作用

实施“乡贤回归”工程，引导寓外乡贤智力回归、项目回归、技术回归、资金回归、产业回归。设立“乡贤回归产业园”，在县经济开发区设立“乡贤回归产业园”，专门承接乡贤回归项目建设。细化完善乡贤回归政策，制订完善寓外乡贤回归企业认定标准，建立“乡贤回归项目”审批绿色通道。建立乡贤回归企业资料库，进行全程跟踪服务。研究制订异地商会、乡贤帮助家乡和企业开展招商引资、招才引智、开拓市场、扩大经贸合作的奖励政策，激发乡贤为家乡服务的激情。搭建决策咨询服务平台，聘请寓外专家学者、技术权威担任龙游经济社会发展咨询委顾问，参与家乡重大项目、产业发展决策咨询。搭建乡贤与家乡对焦平台，依托两年一次的龙商大会设立乡贤论坛，让智慧与家乡对话、资本与家乡对接、乡贤与家乡对焦，围绕“三件大事”，共谋发展之路。搭建“乡贤之家”联谊平台，建议由县政府牵头相关部门组织实施，选择合适位置建设“乡贤之家”，为乡贤服务家乡、奉献家乡建立固定阵地。

（四）创新举措，增强龙游籍寓外乡贤的荣誉感和归属感

宣扬先进事迹，增强寓外乡贤的家乡认同感。树立“在外乡贤事业有成，就是对家乡最大回报”的理念，在主流媒体、微信平台广泛宣传在外乡贤创业成功事迹，广泛宣传乡贤回归家乡投资兴业的典型事例，增强寓外乡贤的家乡认同感。表彰奖励，提升回归乡贤的社会美誉度。每年开展“才富龙游贡献奖”“杰出乡贤回归奖”评选表彰，弘扬乡贤善举，在全县范围内形成鼓励乡贤回归的良好社会氛围。赠予荣誉，增强寓外乡贤奉献幸福感。发放“乡贤荣誉卡”，寓外乡贤回乡或者陪同家人朋友回乡时，可凭此卡在指定酒店、景点消费并享受特殊待遇、贵宾服务。设立特殊贡献待遇，将在招商引资、招才引智、经贸合作、捐资助学、社会公益、项目争取等方面贡献突出的外出乡贤团体和个人聘为“荣誉市民”，乡贤及其直系亲属在医疗、教育、办事审批、酒店、景区消费享受“荣誉市民”特殊贡献待遇。拓宽回归乡贤政治参与渠道，切实提高乡贤的社会政治地位。细微关怀乡贤，使外出乡贤深深地感受到家乡的乡情厚意。

（提案人 县工商联吴安春）

龙游县政协十届一次会议提案办理先进单位及提案办理情况

表6

单位名称	提案办理数（件）	重点提案数（件）	单位名称	提案办理数（件）	重点提案数（件）
县住建局	38	1	县发改局	4	1
县公安局	24	1	县行政服务中心办公室	1	1
县农业局	16	1	县规划局	30	
县经信局	13	1	县综合执法局	19	
县卫计局	8	1	县农办	6	
县委统战部	4	1	县人力社保局	9	

龙游县政协十届一次会议优秀提案

表 7

提案编号	提 案 名 称	提案人
1	关于聚合寓外乡贤资源，助推龙游“三件大事”发展的建议	吴安春
131	关于发展龙游黄茶、中草药产业，助推农民致富的建议	胡炜鹏、民建五支部
148	关于多部门联动集中整治电动三（四）轮车非法运营的建议	邵月旭
123	关于加强工程项目质量监管的几点建议	李华琴
129	借助互联网＋医疗，推进健康龙游建设	毛智军
27	关于促进新三板挂牌企业直接融资的建议	周巧萍
250	关于加快实行“一把扫帚扫到底”城市环卫管理运行新机制的建议	知联会
12	关于深化审批改革，以“五个理念”推进“最多跑一次”改革目标实现的建议	农工党龙游总支部
11	完善农贸市场管办机制，为百姓筑好“菜篮子”工程	钱焱艳
23	进一步规范设施农用地管理的建议	方晓华、胡建良
251	加快农民市民化，助推新型城镇化——对加快推进龙游县农民市民化工作的建议	余小明、方燕
76	关于对接资本市场，实现多渠道融资的建议	民建四支部
158	建设餐厨垃圾集中收集处理项目	徐智慧
199	关于合理布局规范管理县城洗车场所的建议	汪国华
65	关于有效改善城市交通环境的建议	徐志震、王国清
160	补齐短板，推进新型智慧城市建设的建议	民盟龙游总支
165	关于加快“智慧城管”项目建设的建议	民进龙游总支
120	关于深化城区物业管理，助推美丽县城建设的几点建议	民革龙游总支
7	加大拆违控违力度，建设美丽县城	王青霞
193	关于实施 S315（46 省道）龙游九里立交南至十都村公路工程的建议	方君军

2017 年度龙游县十届政协优秀委员

表 8

姓名	所在单位	姓名	所在单位
王振超	县委宣传部	郑利霞	县文广新局
姜朝霞	大街乡人民政府	吴红峰	县卫生监督所
洪霞琴	县发改局	余小明	县卫生和计划生育局
毛智军	县气象局	吴　琼	县司法局
赖旭勇	县经信局	袁方舟	县人民检察院
胡旭东	县姑蔑书画院	吕凯悦	县民宗局
修　敏	县财税局	姜爱芳	县委统战部
李华琴	民革龙游县支部	胡炜鹏	罗家乡人民政府
吴幼平	县司法局、民盟龙游县总支部	杨志平	龙洲街道办事处
兰吴涛	溪口镇人民政府	颜运珍	龙游中学
吴益良	横山镇人民政府		

民主党派

概　述

2017年，龙游县各民主党派围绕中共龙游县委、县人民政府的中心工作，深入开展思想政治学习，履行参政议政、民主监督职能，发挥自身优势，深入调查研究，撰写提案、议案，反映社情民意，为县委、县政府及有关部门决策当好参谋。根据自身特点，加强基层组织建设，成立“民革党员之家”，设立“民盟同心·名医服务工作站”，举办“九三讲坛”等，开展“送温暖，献爱心”、“惠民·同心林”建设、健康服务、送教下乡、关爱留守儿童、演讲比赛、“春联进万家”、乡韵庭院建设、送服务到企业、结对帮扶、医疗扶贫、走访慰问、“平安志愿行，护航十九大”志愿服务等活动，服务社会，服务民生。助推大南门征迁及城东征迁，围绕“五水共治”“创国卫”“最多跑一次”及旧城改造等中心工作，开展调研和巡查活动。积极运用新媒体，通过微信、网站、QQ群等方式推送学习资料，学习中共十九大及其他会议精神，与中国共产党在思想上同心同德、目标上同心同向、行动上同心同行，增强自觉履行参政党职能的使命感和责任感，为推进新型工业化、新型城镇化、文化旅游和美丽龙游建设而努力，为龙游经济社会发展做出贡献。

中国国民党革命委员会龙游县支部委员会

【概况】 2017年，中国国民党革命委员会龙游县支部委员会（简称“民革龙游县支部”）全体党员团结奋进，把握团结、民主两大主题，着眼全县发展大局，开展调查研究，建言献策，履行参政议政和民主监督的职能。至年底，支部共有党员15名，其中市政协委员1人、县政协常委1人、县政协委员6人。3人被县政协评为优秀委员，1人被评为县政协优秀社情民意信息员。2017年度，支部被民革浙江省委会授予“2012—2016年度先进支部”，被民革衢州市委会评为先进支部，获中共龙游县委统战部民主党派“争先创优”一等奖。

【“民革党员之家”建设】 在民革中央和民革浙江省委、衢州市委会及中共龙游县委、县政府和统战部门等的大力支持下，“民革党员之家”的功能继续得以完善，“家”的品质得到很大的提升。2017年，中共衢州市委统战部授予龙游“民革党员之家”衢州市首批社会主义学院现场教学基地和衢州市民主党派“党员之家”建设示范点。9月15日，中共衢州市委书记陈新专门听取民革龙游县支部工作汇报，对龙游“民革党员之家”建设给予充分肯定。其后，市委统战部部长傅根友和龙游县领导多次到民革龙游支部，就全国民主党派“党员之家”

图37 9月21日，全国政协常委、民革中央副主席刘凡（左二）考察龙游“民革党员之家”

推进会相关工作进行布置、督办，给予具体的指导和帮助。9月21日，全国民主党派“党员之家”推进会代表在全国政协常委、民革中央副主席刘凡，浙江省政协副主席、民革浙江省委会主委吴晶的带领下，走进龙游县“民革党员之家”，对民革龙游支部工作给予充分肯定。至年底，已有 21个省（市、区）的有关组织到龙游“民革党员之家”参观学习。支部以此为契机，大力宣传龙游，与一些来访城市的科技界、企业界建立联系，形成互动，围绕“为政府和人民提供更好服务”的宗旨，做出民主党派应有的贡献。

【参政议政】 支部紧紧围绕中共龙游县委、县人民政府的重点工作和民生工程提交“两会”提案12篇。在县政协十届一次会议上，支部主委李华琴代表支部做《关于加强城区物业管理的几点建议》的大会发言，就如何加强城区物业管理、县政府如何选好试点提出一系列建议和举措，引起社会各界的共鸣。《关于加强工程质量管理的建议》提案得到龙游县委、县政府、县政协主要领导的批示，成为县政府重点办理的提案。支部上报的社情民意信息被全国政协和浙江省、衢州市政协录用多篇，有的还得到浙江省委和省、市有关领导批示。

【服务社会】 积极作为，服务社会。助推乡村振兴，在湖镇镇地圩村设立共建美丽乡村基地，得到浙江省政协、民革浙江省委会领导的赞许；助推城东征迁，主动上门做好有关征迁户工作；助推“五水共治”，组织开展河道巡查。持续关爱抗战老兵，记录并保存老兵珍贵史料，帮助他们解决生活中的实际困难。会同县律师协会、医生和教师志愿者，开展送法律、送医疗、送文化到乡村，参与有关慈善活动，奉献一份爱心。帮助留守儿童解决实际困难，传递社会爱心与正能量。

【建功立业】 支部主委李华琴被民革中央评为“全国社会服务先进个人”，被民革浙江省委会评为“2012—2016年度先进个人”，并被授予“民革带头人”称号。支部党员饶峰应邀参加世界浙商大会，是龙游县应邀参会的3名企业家之一。民革党员企业龙游兴隆观赏鱼养殖有限公司被命名全国休闲渔业示范基地。支部委员林素芳获2017年度衢州市“法院办案能手”、龙游县“审判工作办案能手”等荣誉称号。多名党员在自己的专业领域取得优秀的成绩。

（民革龙游县支部 颜运珍）

中国民主同盟龙游县总支部委员会

【概况】 2017年，中国民主同盟龙游县总支部委员会（简称“民盟龙游县总支部”）围绕龙游县委、县政府中心工作，着眼全县发展大局，开展调查研究，积极建言献策，认真履行参政议政和民主监督职能，各项工作取得较好成绩。民盟龙游县总支部下设支部4个，有盟员49人，其中40人具有中高级以上专业技术职称，占盟员总数的83.33%；研究生1人；女性盟员23人，占盟员总数的47.92%；退休盟员21人，占盟员总数的43.75%。盟员组成包括教育界12人、医卫界18人、行政界18人。盟员中有衢州市人大代表1人、市政协委员2人、龙游县政协委员11人、县政协常委2人。

【组织建设】 通过召开专题学习会，采用微信、网站、QQ群推送学习资料等方式，重点学习中共十九大会议精神，学习中共浙江省第十四次党代会、浙江民盟省级组织成立七十周年大会暨浙江民盟榜样人物颁奖典礼等会议精神，学习习近平总书记“7·26”重要讲话精神。组织盟员参与各类培训与专题会议，6月，盟员叶翠、王玲参加县政协举办的2017年反映社情民意信息工作专题培训会；7月，11位骨干盟员参加民盟衢州市委会举办的2017年度基层骨干培训班，组织盟员前往民盟先贤、著名数学家苏步青先生故乡平阳县腾蛟镇开展“不忘合作初心，继续携手前进”专题教育活动；8月，周卫锦作为民盟浙江省委会医药卫生专门委员会委员参加民盟浙江省委会组织的医药卫生专门委员会议，积极建言献策，开展参政议政工作；9月，盟员李强参加在杭州举行的民盟浙江省第十二届委员会参政党理论研究会第一次会员会议。积极开展对外联络交流。10月13日，民盟龙游县总支部联合民盟浙江省人民医院总支部共同举办盟史讨论沙龙，20余名盟员参与讨论。11月17日，民盟浙江省委会副主委谢志坚等到衢州开展后备干部队伍建设“大走访、大调研”活动。加强盟务信息宣传，全年编写工作简报8期，发布信息30余篇，其中在人民政协网上刊登新闻信息1篇，在《联谊报》刊登信息1篇，多篇信息在《今日龙游》、龙游电视台、民盟衢州市委会网站和龙游民盟网站上刊登或报道。

【参政议政】 县“两会”期间，民盟龙游县总支部有13名县政协委员和1名列席人员参加会议，多位盟员或盟员提案获表彰。盟员胡晓芬被评为2016年县政协优秀委员；主委吴幼平的《创新机制，健全覆盖城乡的社会救助体系》被评为县政协九届五次会议优秀大会发言；盟员叶翠的《关于在溪口建设徐偃王文化园的提案》被评为县政协优秀提案。民盟龙游县总支部共提交大会发言材料4篇，其中马岚代表民盟龙游县总支部在大会上作《积极发挥“旅游+”功能，全力打造全域旅游发展新格局》发言。共提交提案29篇，涉及旅游、城市管理、电子商务、卫生计生等多个领域，其中主委吴幼平《补齐短板统筹推进我县新型智慧城市建设》提案被评为县政协重要提案。全年向龙游县政协、民盟衢州市委会提交社情民意信息20余篇，多篇信息被民盟浙江省委和衢州市委采用。

【履职履责】 积极参与民主监督和社会活动。3月3日，中共龙游县委统战部启动“惠民·同心林”建设工程，民盟龙游总支部副主委吴宇芳等3人参加植树活动；3月13日下午，副主委吴宇芳应县电商协会、网商协会邀请，为全县电商进行“3·15”专题培训；7月12日下午，民盟4名县政协委员参加县政协组织的视察公安局活动；8月15日上午，民盟5名县政协委员参加龙游县政协关于中小学校舍提升改造和学校扩容工程建设视察活动；9月4日下午，部分盟员参与中共龙游县委统战部组织的大南门历史文化街区规划建设座谈会，为大南门未来发展出谋划策；9月30日上午，中共龙游县委、县人民政府在龙游县烈士陵园开展公祭活动，6名民盟盟员参加。11月16日，盟员叶翠、王玲参加县政协组织的重点工业项目建设情况视察活动。11月14日，盟员叶翠、徐顺风、陈敏等8人参加龙游县2017年党外青年干部培训班学习。

【“民盟同心·名医服务站”建设】 “民盟同心·名医服务站”设在龙游县溪口镇溪口中心卫生院，省、市、县三级联动，每月开展2次专家名医义诊服务。1月13日—14日，民盟温州市委会医卫工委组织温州医科大学医疗专家陈益平、余杰、洪如康、蔡学定一行到“民盟同心·名医服务站”开展专题讲座和义诊活动。2月18日，民盟宁波市委会医疗专家组赴龙游县溪口镇中心卫生院开展义诊活动，为50多位患者提供治疗，并现场做甲状腺穿刺手术1例。7月14日，民盟浙江中医药大学总支部专家10人为龙南山区百姓开展具有中医特色的义诊活动。10月14日，在“民盟同心·名医服务站”内，民盟省城专家王志敏和当地卫生院外科医生为一名病患完成右腹股斜疝无张力修补手术。10月14

图38 10月14日至15日，民盟浙江省人民医院总支9名专家赴龙游，在龙游名医服务站开展多学科的义诊，惠及群众280余名

日—15日，民盟浙江省人民医院总支部与民盟龙游县总支部举办现场沙龙，交流盟务，畅谈盟史；骨科专家杨迪、儿科专家李红给基层医生带来两堂精彩的医学专业课；专家们在龙游名医服务站开展多学科的义诊服务，惠及群众280余人；王志敏医生巡查病房，并现场开展手术教学；杨迪医生回访上年开展“一对一”医学救助的小煜航；徐志能医生为多名患者进行白内障手术前期筛查。年初，总支部通过盟浙江省委立项，争取爱心基金10万元，为龙南山区困难群众开展白内障免费摘除手术。通过前期报名和筛选，经各级民盟组织的共同努力，11月17日，浙江民盟博爱基金携手“明眸工程”开展爱心龙游行活动，21名白内障患者重获光明。民盟中央社会服务部部长刘圣宇、浙江省副省长成岳冲及省、市、县各级领导先后多次视察服务站，关心服务站的发展，对“民盟同心·名医服务站”的工作表示肯定和支持。3月18日，民盟浙江省委会在龙游召开“民盟同心·名医服务站”工作经验交流推广会，服务站作为新时期浙江民盟社会服务工作的“龙游样板”向全省推广。同时，名医专家义诊服务同步进行，民盟浙江大学附属第一医院支部副主委陆远强、民盟省委会医卫委员会委员钱洪浪等专家为来自江山市、龙游溪口镇等周边的近百名患者提供义诊和咨询服务，并开展教学查房，开设专题医学讲座。

（民盟龙游县总支部 叶雨萌）

中国民主建国会龙游县基层委员会

【概况】 2017年，中国民主建国会龙游县基层委员会（简称“民建龙游县基层委员会”）下设6个支部，有会员84人，其中大专以上学历70人，占会员总数的83.33%；在职会员71人，占会员总数的84.52%；女会员37人，占会员总数的44.05%；经济界会员50人，占会员总数的59.52%。会员中有衢州市人大代表1人、市政协委员3人，龙游县政协委员18人（其中县政协副主席1人、常委1人），担任副科级以上领导职务4人。民建龙游县第九届基层委员会设委员10人，主委蓝芝苇兼任民建浙江省委会委员、民建浙江省参政议政委员会农业农村委副主任、民建衢州市委会副主委，副主委吕菊岚任民建衢州市委会委员。

【组织建设】 组织会员收看中共十九大电视直播，组织各支部学习中共十九大报告精神，引导广大会员增强“四种意识”（政治意识、大局意识、核心意识、看齐意识），坚定“四个自信”（中国特色社会主义道路自信、理论自信、制度自信、文化自信），自觉在思想上、政治上、行动上与以习近平同志为核心的中共中央保持高度一致。加强会章、会史的学习教育，开展会章宣讲活动。以会章会史学习、演讲比赛等形式，巩固教育成果。继续开展“不忘合作初心，继续携手前进”主题教育活动，成功举办“不忘合作初心，继续携手前进”演讲比赛，有10名会员参加比赛。郭婷等会员参加省、市演讲比赛，分获一等奖和优秀奖。坚持每两个月至少组织一次集中学习，组织学习习近平总书记“7·26”重要讲话精神，传达学习中共浙江省党代会、衢州市党代会、龙游县委全会精神以及上级民建会议精神。会员积极撰写学习心得，其中《积极建言，真情履职，不做默默无闻的“听众”》等心得文章获龙游县政协好评。主委蓝芝苇参加浙江省

图39 10月21日，民建龙游县基层委员会组织全体会员到长生桥村重走“红军路”

党外青年干部培训班，五支部主委裘华英参加浙江省民建基层组织主委培训班，5名“85后”年轻会员参加中共龙游县委统战部为期一年的党外青干班培训，县、市代表委员分别参加各级培训。通过形式多样的培训与学习，提高统战理论知识以及参政议政水平，提高会员的工作能力。围绕“纪念响应‘五一口号’70周年”和“改革开放40周年”开展宣传教育活动。组织会员参观爱国主义教育基地，传承民建优良传统，坚定理想信念，增进政治共识。

【参政议政】 “两会”期间，向县政协提交提案65篇，其中《发展龙游黄茶、中草药产业，助推农民致富》被列为县政协重点提案；《加强小学、幼儿园学生春秋游与红色（爱国主义）、传统文化、安全知识教育相融合的几点建议》被列为县政协优秀大会发言。全年共撰写社情民意27篇，其中会员吕凯悦撰写的《念好“扶挖促”三字经，强力助推县域民族乡村全面高水平奔小康》被衢州市政协专报单篇采用，获浙江省政协副主席孙文友批示；撰写信息70多篇，其中被民建浙江省委会录用52篇，被民建衢州市委会录用74篇。围绕全县经济发展大局选择重点调研课题，组织会员深入一线，听取情况反映，收集提案素材，积累第一手资料，各支部均完成每年撰写一篇高质量调研报告的任务。组织会员视察“一路一桥一堤一枢纽”重点工程项目活动，参加剿灭劣V类水民主监督活动；担任各单位行风监督员的会员认真开展行风监督评议，取得良好的社会效果。立足于龙游县“三个五年三步走”战略，在“大花园”建设和“三件大事”上认真履行好参政议政、民主监督职能。围绕龙游发展不平衡、不充分的问题，深入开展调查研究，为与全省同步高水平实现小康社会建言献策。出台社情民意信息奖励办法，激发会员撰写积极性。建立微信公众号宣传平台，扩大对外交流和宣传，扩大民建的影响力。

【服务社会】 积极探索社会服务载体和途径，多形式多渠道服务会员、服务社会。以人为本，关爱会员，在春节、“三八”妇女节、重阳节等节日慰问会员，上门看望患病住院的会员，为会员送上组织的温暖；走访浙江001集团、浙江再生方科技医药有限公司等会员企业，送去组织的慰问和关怀。组织开展下乡送春联、下乡义诊等活动，组织会员参加“惠民同心示范林”建设，精准帮扶农户脱贫致富。为沐尘村打造林下经济、民宿经济和乡韵庭院建设。开展为贵州黔西县对口帮扶对象捐款活动，共募集捐款2.26万元。二支部会员冯进和部分“龙游名厨”到龙南中心敬老院为老人们做年夜饭，把新年的祝福和关爱献给每一位老人。四支部会员余一茅为福利院孩子送牛奶、麦片、纸巾等爱心物资，开展为残疾人免费上门理发活动，余一茅的企业——浙江联大化工股份有限公司为瑞安慈善总会捐赠80万元。五支部组织会员走进湖镇敬老院，开展端午慰问演出活动；走进庙下小学，为学生们送校服，开展“六一”慰问活动；走进溪口镇冷水村，为老人送上猪肉等物品，树立民建良好的社会形象。

【建功立业】 民建龙游县基层委员会被授予民建浙江省基层组织交流学习基地，在民建衢州市委会的考核中取得较好成绩。会员们在本职岗位上建功立业，主委蓝芝苇获“2017浙江民建年度人物”，会员项青松获浙江省有突出贡献的中青年专家人才津贴、浙江省优秀商业企业家，会员曾焕总等4人获评中共龙游县委统战部“争优创先”先进个人，会员陈德轮获龙游县“全域旅游创业创新优胜奖”。

（民建龙游县基层委员会 王庆珍）

中国民主促进会龙游县总支部委员会

【概况】 2017年，中国民主促进会龙游县总支部委员会（简称“民进龙游县总支部”）围绕民进衢州市委会和中共龙游县委的工作部署，团结依靠广大会员，加强自身建设，振奋精神，扎实工作，认真履行政治协商、民主监督、参政议政等职能，积极开展社会服务，各项工作再上一个新的台阶。总支部下设4个支部，共有会员45人，其中具有中高级以上专业技术职称的32人，占会员总数的71.11%。民进龙游县一支部被民进浙江省委员会评为先进集体。

【思想建设】 总支部把开展坚持和发展中国特色社会主义学习实践活动、推进学习型参政党地方组织建设作为思想建设的中心工作，组织开展形式多样的学习活动。年初，总支部举办“不忘初心，同舟共进”年度总结颁奖晚会暨联欢晚会，表彰先进组织和优秀会员。8月，三支部召开会议，传达、学习习近平总书记7月26日在省部级主要领导干部专题研讨班开班式上的重要讲话精神，交流学习体会。10月，总支部组织开展“民进喜迎十九大，重温书记一句话”诵读书画活动，会员结合自己的实际工作，围绕习总书记的一句话诵读自己的感想，书画界会员则配合诵读内容挥毫泼墨。11月，组织全体会员开展重走红军路活动，传承长征精神。组织开展“不忘初心，继续前进”专题培训，由赴河北正定县培训学习的会员向全体会员讲述激人奋进的“正定故事”。

【组织建设】 总支部坚持“集体领导、民主集中、个别酝酿、会议决定”的工作原则，大力推进民主建设，每个班子成员都能自觉维护班子的团结，切

图40 龙游民进之家

实履行好自己的职责，积极参与集体领导，营造齐心协力干事业、促发展的良好氛围。加强基层支部建设，充分发挥基层支部特色，广泛开展各项活动，让年富力强、能力突出的会员充分发挥各自所长，积极履职，在参政议政大舞台上展现风采。强化新生力量培养，安排4名会员参加党外青年干部培训班；会员吴益良参加浙江省民进参政议政骨干培训班和衢州市乡镇统战培训班。强化考核激励，完善《民进龙游总支部年度支部考核办法》，通过量化评分，形成争先赶超的良好氛围。重视反映社情民意信息工作，完善信息报送、反馈和激励机制，建立信息员例会制度，强化信息员队伍的责任意识。将社情民意工作任务分解到各支部，并列入年度工作考核，作为评先的重要依据。全年共提交社情民意信息13篇，《建议尽快将二氧化氯移出〈涉及饮用水卫生安全产品分类目录〉》获浙江省政协合稿采用，《非法医疗美容监管呈现三大难点，亟待重视解决》报衢州市政协合稿综合采用。

【参政议政】 坚持围绕中心、服务大局，围绕党委、政府的中心工作及社会热点难点问题，切实履行参政党职责。会员周巧萍、蓝忠胜获评2016年度龙游县优秀政协委员。会内的县政协委员、人大代表和基层支部共提交提案、议案26件，其中包括市提案5件。会员周巧萍的《加快把衢州打造成职工疗休养首选地》获评衢州市政协2016年度优秀大会发言，并获二等奖；在县政协十届一次会议上提交

的《关于复建灵山塔重现九塔胜景》提案被评为龙游县政协优秀提案；在县政协十届一次会议上的发言《保护与传承并重，实现大南门历史文化街区的活力复兴》获县长点赞；撰写的《关于促进“新三板”企业直接挂牌融资的建议》提案获县委书记批示，并被评为县政协2017年度重点提案。会员吴红峰在县政协九届五次大会上的发言《关于推进乡村民宿经济发展的建议》被评为优秀大会发言。组织支部会员考察浦江民宿建设、安吉竹子博览园和“十二间民宿”建设情况，根据考察情况为龙游县乡村旅游建言献策；组织会员考察柳村小学、湖镇启明小学、湖镇初中，为乡村学校发展建言献策；组织会员赴龙游县办证中心参加民进衢州市委会组织的“最多跑一次”督查活动；组织会员到大街乡考察“五水共治”实施情况及剿灭劣V类水调研活动。

【服务社会】 总支部各成员发挥自身优势，踊跃参与各种社会服务活动。会员周巧萍参加县D级危房改造和大南门历史文化街区保护开发项目工作，担任综合组组长，做好宣传报道，被评为2016年度龙游县征迁工作先进个人。会员蓝忠胜、琚树清、蓝耀赴清廉社区创作廉政书画作品。积极开展“春联进万家”活动，2017年度共开展送春联活动7次，送出春联2000余幅。会员项鑫先后承办“元宵农民艺术节”“社里畲族婚嫁秀”“湖镇桃花节”等10余次大型演出，参与职工文体公益培训4000多人次、儿童公益培训2000多人次，被评为浙江省优秀文化志愿者。邀请画家朱秉衡先生走进莘霖学校，指导民办学校拓展课程开发，筹划利用莘霖学校建立公益活动基地。二支部在县实验小学开展“急救知识进校园”活动，会员陆晓俊、邓心悦携手县人民医院急救专家到县实验小学开展急救知识讲座。三支部开展“平安志愿行，护航十九大”志愿服务活动，在多处路口开展执勤劝导，引导市民共同营造文明、有序的市容环境；会员琚树清参加县文联“送文化到军营”活动，并在县工人文化宫定期开展公益课培训；在世界保健日，会员吴红峰、金向民为孩子们开展预防近视专题讲座，推广和普及健康知识。7月，在唐山大地震发生纪念日，四支部到阳光社区开展活动，会员吴绵勇作现场义诊，同时邀请民安救援队作防火逃生知识讲座；会员李庆宁组织学生到孤儿院、敬老院开展“献爱心”活动；会员周晓琼参加衢州市《中医药适宜技术》授课，在罗家乡芝塘金村开展义诊。

【会员风采】 会员蓝耀参加龙游县美术馆中青年中国画扇面展和“礼贤雅集”中秋书画展、龙游县美术馆揭牌、乡镇文化站授牌仪式暨龙游美术作品展等活动。会员金向民编写《水墨生活教材》，书画作品在浙江省美术协会、省女花鸟协会、衢州市书法协会展出；到沙田湖莘霖学校主持工作，促进农村民办学校与城区优质公办学校合作办学的管理机制的良性运行，获衢州市第五届“十佳支持少先队事业校长”、龙游县“创国卫”先进个人等荣誉，同时主持衢州市重点课题《小学“水墨生活”拓展课程的实践与研究》。会员琚树清参加“意在山林”杭州作品展。会员徐建生主持龙游凯马国际学校新校区建设工作，凯马学生参加第32届美国匹兹堡INPEX国际发明展比赛获得2金3银的优异成绩，龙游凯马国际学校被授予“国际发明特色学校”荣誉称号。会员何登发获评2017年度龙游县教育系统先进个人。会员邓心悦获龙游县社区教育论文一等奖。会员吴红峰参加浙江省学校教学环境卫生监督执法能力大比武，获第二名；在衢州市卫生计生监督机构开展的卫生计生监督技能比武和应急演练活动中获三等奖；制作的民宿宣教片在浙江省卫生监督协会微信公众号中展出，为龙游县民宿发展出谋划策。企业家会员方津所在的浙江贝尔通信集团公司获评2016年度龙游县经济贡献五十强企业。会员方圆助力乡韵庭院设计。会员吴晓红积极创建黄泥墙农家乐，以自身行动践行“绿水青山就是金山银山”的发展理念。

（民进龙游县总支部 吴红峰）

中国农工民主党龙游县总支部委员会

【概况】 2017年，中国农工民主党龙游县总支部委员会（简称“农工党龙游县总支部”）在全体党员的共同努力下，加强自身建设，不断提高贯彻科学发展观、构建和谐社会的能力和水平，在思想建设、组织建设、参政议政、社会活动等方面发挥自身优势，求真务实、与时俱进，完成年初制订的各项工作计划。总支部共有党员35人，其中浙江省人大代表1人、省政协委员1人；衢州市政协常委1人、市人大代表1人、市政协委员2人；龙游县人大常委会常委1人、县人大代表1人、县政协常委会常委3人、县政协委员10人。

【参政议政】 全年共提交浙江省人大议案3篇、省政协提案3篇；衢州市政协提案6篇、市政协常委会大会发言1篇；龙游县政协提案21篇、县政协大会发言3篇，2人被评为县优秀政协委员。主委钟爱红撰写的《重塑跑道，再立规则，加快实现“最多跑一次”改革目标》被评为2017年衢州市政协优秀大会发言和重点提案。总支部撰写的《关于深化审改，以“五个理念”推进“最多跑一次”改革目标实现的建议》被县政协列为2017年优秀大会发言和重点提案。委员洪霞琴撰写的《关于我市加快发展高端民宿产业的建议》被衢州市政协列为2017年重点提案。

【服务社会】 总支部围绕大局经常性地开展契合中共龙游县委、县人民政府中心工作的社会服务活动，凝聚人心，增强广大党员的组织归属感。结合龙游县流动青少年宫活动，关心龙游县农村学校贫困留守儿童，为他们送去经典名著和学习用品。参与农工党龙游县总支部结对村——沐尘畲族乡沐尘村2017年乡韵庭院创建指导工作，所指导的沐尘村乡韵庭院创建工作获全县15个乡镇第一名。组织本党派中的县人大代表、政协委员视察“四边三化”

图41 农工党龙游县总支开展“关爱留守儿童”大型赠书活动

工作，为把龙游县建设成“衢杭一体化，建设大花园”的桥头堡献计献策。9月9日，县人民医院支部利用自身高端医务人才集中的优势，组织8名党员赴湖镇中心卫生院开展义诊活动。组织本党派的县政协委员调研“最多跑一次”工作。配合衢州市政协在龙游开展“五水共治”督查活动。

【党员风采】 农工党龙游县总支部被农工党浙江省委会评为优秀基层支部，4名党员被农工党衢州市委员会评为优秀党员，2名党员被中共龙游县委统战部评为优秀党员。9月6日，党员毛芳作为教师（校长）代表参加浙江省第33个教师节优秀教师（校长）座谈会，并做代表发言。9月，党员周建民获全国首届“白求恩式好医生”提名奖，全国获此提名283人，浙江省仅5人。县职校教师、党员李美被评为浙江省优秀志愿者。11月11日，龙游广和世贸城举行开业暨龙游中学广和生物实验室捐赠仪式，广和集团董事长、党员吴树良为龙游中学创新实验室捐赠300万元建设资金。吴树良被评为2017年浙江省政协表现突出委员和2017“中国人寿杯”感动衢州十大企业慈善人物。

（农工党龙游县总支部 夏燕）

九三学社龙游县基层委员会

【概况】 2017年，九三学社龙游县基层委员会认真学习中共十九大精神，按照参政党“思想上坚定、履职上坚实、组织上坚强”的目标要求，“不忘初心、继续前进”，强化思想建设、组织建设、参政能力建设和社会服务能力，主动适应新常态，谋求新作为，围绕中共龙游县委、县政府中心工作，创新载体，认真履职，为推进新型工业化、新型城镇化、文化旅游和美丽龙游建设作出新的贡献。基层委员会下设支社3个，有社员31人，其中28人具有中高级职称，占社员总数的90.32%。社员中有衢州市政协委员1人，龙游县人大常委会副主任1人、县政协常委2人、县政协委员9人。2017年发展新社员1人。

【思想建设】 认真贯彻中共十八大以来历次全会精神、中央统战工作会议精神和中共十九大精神，通过专题辅导讲座、九三论坛、各类理论研讨会和党派学习交流等形式，深化中国特色社会主义学习实践活动主题教育。开展“不忘合作初心，携手继续前行”活动和“九三社史”宣讲，组织全体社员前往湖州参观梁希纪念馆，通过缅怀“九三”楷模，感受先辈们强烈的爱国精神，增强新时代参政党履职使命感。将“九三讲坛”与中共龙游县委理论中心组学习相结合，组织开讲《新型城市化与多规融合》《社会管理创新的法治保障》等内容。选派社员参加省、市、县各类党外干部培训班，提升社员履职能力。

【组织建设】 把握有信仰、有情怀、有能力、有担当、有作为“五有”标准，通过层层筛选，严格考察考核，发展80后新社员1名，培养优秀人才1名，进一步优化社员结构。围绕思想上坚定、履职上坚实、组织上坚强的“三坚”基层组织目标，从完善社员履职职责、管理、奖惩3项制度入手，推动社员履职制度化、规范化。完善《社员履职规范》，明确社员每年开展至少开展一次调研、撰写一篇社情民意或调研文章、开展一次社会服务活动的“三个一”履职要求，实行调研文章、参政议政、社会服务等情况通报制度，调动社员履职积极性，激发履职新动能。2017年，基层委员会及各支社组织开展各类活动23次，15名社员在各个领域获省、市、县各级奖项40余项。10月，九三学社浙江省委员会专职副主委马永信、组织部长李立飞等一行到龙游调研基层组织建设，对龙游县基层委员会通过出台社员履职管理系列制度和考核办法提升组织凝聚力、战斗力的做法给予高度肯定。

【参政议政】 落实一个主委、一个课题、一个小组、一次论坛、一批成果的“五个一”调研机制，联合县规划、卫生、司法等部门，先后赴江苏溧阳大竹海、江西婺源及省内的湖州、安吉、江山、开化等地开展美丽乡村建设、城市规划、法院执行难问题、公共法律服务体系建设等调研8次，先后有30人次参与，形成《关于规划建设龙南竹海风景区的建议》《推进龙游县公共法律服务体系建设的几点建议》等综合调研报告，推动县人大制定《关于发挥人大作用助推解决法院执行难实施方案》。注重调研成果转化，在县政协十届一次会议上共提交提案22件，其中二支社提交的《关于加强探索餐厨环境污染整治新模式的建议》列入大会发言；《关于发挥党外律师服务基层社会治理作用的建议》《关于推动龙游县中药材产业健康发展的建议》等6篇作为大会书面材料；社员毛智军《借助互联网+医疗，推进健康龙游建设》被评为县重点提案。2017年，共报送各级社情民意信息报道60余篇，列全县各党派首位。《关于要求尽快修改麻醉药品吗啡说明书的建议》等社情民意和《九三学社龙游县基层委组织社员赴企业调研》等10余篇信息被九三学社中央和《联谊报》采用；信息专报《院士企业“手握手”，科技服务“心连心》获九三学社浙江省委姒建敏主委批示肯定；《关于提升防灾减灾综合管理能力的建议》《关于提升全国中小学教师专业发展培训质量的建议》《关于预防硝化棉自燃自爆事故的建议》等多篇社情民意被九三学社浙江省委、衢州市政协采用。

【打造科技服务品牌】 助力院士专家工作站建设，充分发挥科技优势，创立九三科技创新研究院，研究院人员包括专职人员和科技服务专家，其中有专职人员7人。科技服务从产业培育、技术攻关、项目合作、人才培养、全程服务等方面为企业提供全面的“妈妈式”科技服务。研究院成立后，帮助101项省级新产品（新技术）通过省级鉴定验收，为8家企业建立省级研发中心、市研发中心、市技术中心提供全程科技服务，协助19家企业通过国家、省市高新技术企业认定。九三学社浙江省委专职副主委马永信一行专门到龙游调研，指出：龙游九三科技创新研究院不仅能够为企业提供更加专业的科技和人才服务，更能提升基层组织的集体战斗力、社会影响力。积极主动联系各高校和研究所专家教授，为龙游企业培育专家工作站、助力新产品开发牵线搭桥。引进中国环境科学研究院副院长、中国工程院院士吴丰昌，建立浙江金龙纸业公司院士专家工作站。助力成立龙游首个驻外人才工作站（深圳），开展引才、引智、引资。“手握手”工程开展以来，基层委员会先后助力金昌纸业、公任电子、力源新材料公司建立院士专家工作站，引进包括加拿大籍工程院院士在内的7名院士，其中金昌纸业、公任电子两家企业均已成功创建省级院士专家工作站，金昌院士工作站获全国院士工作站示范站荣誉。院士专家工作站共解决产业发展方向难题9个、产业关键技术难题47项，其中3个项目通过国家检测机构检测，并申报国家重点新产品项目、国家创新基金项目。2017年，共帮助企业培育市级专家工作站3家、县级专家工作站1家、专利示范企业9家、衢州市信息化示范企业2家，助力40个新产品开发，并通过省级鉴定验收。

【开展科技活动】 联合县科协，开展青少年科技创新系列活动、“全国科技工作者日”活动、治水剿劣活动，参与人数达380人次。协助力源新材料公司完成战略合作协议签订。助力龙游首家智慧居家养老中心试运营，邀请杨小牛院士到龙游指导，并举办智慧养老产业发展研讨会，智慧服务老年人群体。5月，开展“科技服务周”活动，举办“基层医疗单位如何进行慢阻肺规范化管理和治疗”“提高医疗质量，防范医疗纠纷”“肺部真菌病的诊断和治疗”“抗生素的规范使用及分级管理”4个专题讲座，全县各医疗单位派医疗工作者参加听课活动。

图42 10月23日，九三学社龙游基层委员会主委赖云（左三）一行调研浙江贝尔通讯技术有限公司

【服务社员】 组织开展“三八”妇女节、科技服务周、重阳节看望老社员等活动，先后两次看望战斗在城东征迁一线的社员，组织各类社会调研、社会服务等活动约20次。明确基层委员会在社员事业发展、事业受挫、患病住院、家庭变故、载誉争光、岗位进退6种情况下必访，全年走访慰问社员25人次。

【社员风采】 全体社员立足本职，勤奋工作，在各自领域展现风采，收获荣誉。社员萧亚兵作为九三科技创新研究院科技服务人，获衢州市优秀科技工作者荣誉。社员陈文化获评九三学社衢州市委坚持和发展中国特色社会主义学习实践活动先进个人，县优秀政协委员陈文化专访《爱岗敬业的人》在浙江省政协《联谊报》上刊登。社员吴琼获评九三学社浙江省委2017年度先进社员。社员祝丽燕获评衢州市法院调解能手，其论文《预购商品房抵押权预告登记权利保护探析》获市法院学术论文三等奖。社员姚水成撰写的论文《非机动车驾驶人、行人不应当赔偿机动车的继发车损》获2017年度衢州市律师实务理论研讨会优秀奖。社员叶菊贞、何其俊、吴月建、余旭彪等每月下基层义诊1次，全年诊疗服务惠及650余人次。

（九三学社龙游县基层委员会 马骏）

工商联和社会团体

概述

2017年，龙游县工商联和各社会团体认真学习贯彻中共十八届六中全会、十九大和习近平总书记系列重要讲话精神，紧紧围绕县委、县政府的中心工作，创新发展模式，强化自身建设，服务社会、服务民生，为龙游县的经济建设和社会发展做出贡献，各项工作取得良好的效果。县工商联着力宣传龙商品牌，开展招商推介，搭建龙商汇聚平台，促进龙游经济发展。工会工作以推动经济社会发展为中心任务，以维护职工合法权益为基本职责，以构建和谐劳动关系为工作主线，着力规范基层工会组织建设，转变工会干部队伍作风，深入开展建功立业活动，助推“五四三”专项工作及职工疗休养建设，进一步提升服务职工的能力和水平。共青团工作切实强化青少年思想引领，推进青年创业人才梯队化建设，构筑青年创业就业服务体系，扎实推动青年创业创新，紧紧围绕“龙游美食”“农村淘宝”等重点工作，引导青年实干建功立业。妇联组织着重抓好“贺田模式”复制、乡韵庭院创建、“最美家庭”评选等形式多样、内容丰富的社会活动，发挥广大妇女在经济社会建设和家庭建设中的重要作用。县文联坚持以人民为中心的创作导向，在深入生活、扎根人民中进行文艺创作，不断促进龙游文艺事业的繁荣与发展。县科学技术协会稳步推进“五大工程”建设，充分开发和利用社会科普资源，发展“院士经济”，加强科普基础工程建设，服务经济社会发展，推进公民科学素质提升，为龙游县创建区域明珠型城市目标做出贡献。

龙游县工商业联合会（总商会）

【概况】 2017年，龙游县工商业联合会（简称“县工商联”）以开展班子建设好、团结教育好、服务发展好、自律规范好的“四好商会”创建为契机，树立“有为有位”“小部门、大平台，小机关、大服务”理念，按照“借力、借势、管用、实效”思路，探索建立工作载体，创新工作机制，切实发挥促进非公有制经济健康发展作用，争创工商联工作特色和品牌。连续两年获全国“五好”工商联荣誉。有机关干部共8人，设机关综合办公室、非公企业服务中心2个科室。

【龙商品牌宣传】 发挥“互联网+商会”“龙商行”微信平台优势，利用线线上下融合的方式宣传《中共中央国务院关于营造企业家健康成长环境弘扬优秀企业家精神更好发挥企业家作用的意见》（简称《意见》）和中共十九大精神，交流企业家学习体会和感悟。“龙商行”微信平台第一时间引导龙商学习相关档精神和十九大精神，发布“龙商论坛——究竟什么是企业家精神”，在县内外龙商微信群取得较好反响。召开龙游县民营企业家学习中发《意见》精神座谈会，县工商联10名副主席企业家与8名新生代企业家代表面对面座谈，共话企业家精神。召开行业协会秘书长例会暨工商联系统学习贯彻中共十九大精神部署会，专题解读十九大精神。线上线下互动，宣传龙商典型。“龙商行”微信平台推送龙商好故事，为新华网、浙江在线、今日头条和《衢州日报》等20多家国家级网站及媒体转发。每两个月发行一期《龙商行》杂志。出版发行《新龙商风云录》一书。弘扬企业家精神，激发龙商企业家正能量。

图43 12月23日，龙游县总商会嘉兴市南湖区分会成立

【招商推介】 按照“跳出龙商联系浙商”的工作思路，搭建龙商汇聚平台，充分发挥龙游异地商会桥梁纽带作用，协助家乡对外招商引资，推荐客商回龙游考察投资环境和项目，助推家乡“三件大事”，推动家乡经济发展。2017年，龙游县总商会上海分会先后组织上海市杨浦区五角场街道新联党总支20家浙商企业成员到龙游考察投资环境。在慈溪召开宁波片区“龙游大厨”分会旅游、农产品推广会，通过“龙游大厨”将1000多份龙游旅游手绘地图发放到各“龙游大厨”酒店。浙江省中小企业经济发展促进会先后4次走进龙游考察投资环境，就农产品配送、产业基金合作、企业骨干培训、众创空间合作与龙游县签订战略合作协议，组织中小企业商学院到龙游开展中小企业培训。

【组织建设】 1月16日，县餐饮行业协会召开第三届会员代表大会，会议选举产生新一届会长、副会长、理事，县市场监督管理局公布一批饭店为龙游“阳光厨房”。3月25日，龙游人才工作站（深圳）成立仪式暨龙游县总商会深圳分会四届一次会员大会在深圳举行，这是龙游县首个驻外人才工作站。7月1日，龙游县总商会上海分会党支部获龙游县委组织部、县直机关工委批复，召开商会党员大会，成立龙游县首个域外异地商会党支部。商会党支部的成立，进一步发挥域外异地商会党员在促进异地与龙游两地经济文化交流和社会发展中的模范带头作用，解决商会党员长期在异地工作不能正常参加组织生活的问题。9月8日，龙游县总商会义乌分会召开第一届一次会员大会，选举产生会长、常务副会长、副会长、理事、秘书长。龙游县总商会义乌分会有登记会员单位和商户120余位。11月4日，龙游县总商会台州分会成立大会暨龙游（台州）投资环境推介会在台州温岭市举行，来自全国各地龙游商会代表、社会各界人士300余人参加会议。会议选举产生龙游县总商会台州分会会长、常务副会长、副会长、理事和秘书长。12月23日，龙游县总商会嘉兴市南湖区分会成立大会暨龙游（嘉兴）投资环境推介会在嘉兴南湖举行，来自全国各地龙游商会代表、社会各界人士250余人参加会议。

【理想信念教育】 创新龙商大讲堂教育培训机制，抓好非公有制经济人士思想政治工作。先后邀请衢州市检察院服务非公有制经济检察宣讲团到龙游开展首站宣讲，组织龙游新生代企业家到日本、德国考察，组织龙游新生代企业家40多人赴浙商博物馆考察学习，并开设龙商大讲堂，邀请专家学者宣讲2017年国内外经济形势。11月，依托浙江省中小企业经济发展促进会开展“老板财务管控”“企业主‘内在价值’打造I阶段”两个课程培训，举行“中小企业经济发展促进会商学院龙商分院”挂牌仪式。搭建校企合作新机制，发挥优秀龙商企业家成功创业的经验优势，用“成长、成才、成功，创业、创新、创造”的故事，引导学生规划职业生涯，为今后走向社会奠定基础。县工商联与县职教中心联合开展“企业家进校园”系列宣讲活动，至年底，已经举办6期，6位优秀龙商走进校园，与中职学生面对面交流。

【参政议政】 创新“工商联直通车”工作机制，为非公有制经济发展排忧解难。按照衢州市工商联统一部署，开展“真情服务面对面，助推发展心贴心”大走访活动，深入企业57家，收集整理企业在生产经营过程中遇到的突出问题50多条，反映迫切需要政府部门关心解决的疑难事项8项，提出建议意见21条，其中有对县工商联工作的意见建议6条，为基层商会、会员企业协助解决实际问题7个。根据梳理出来的问题，形成《搭建公共服务平台、助力中小企业发展》议案，在县政协大会上发言。为巩固“大走访、大调研”活动成果，建立“工商联直通车”工作机制，建立非公有制经济领域重要信息快速反映通道和报送反映社情民意的通道。充分发挥工商联的桥梁和助手作用，优化非公有制经济发展环境，通过履行参政议政、民主监督职能，助力意见落实，让广大企业家有更多的获得感。建立县工商联主席轮值例会制度，视情况邀请县领导及金融、科技、市场监管、经信等部门参加轮值会议座谈，为非公有制经济发展排忧解难。

【会员管理服务】 完善行业协会（商会）综合评价办法，抓好协会（商会）年度考核，推动行业协会商会建设。县工商联联合县农商银行开展“商会商创通”自助贷款金融合作，经常邀请金融企业列席秘书长会议和行业协会会员大会，为银企对接牵线搭桥；县食品行业协会协助县美食办公室制定发糕产业行业标准，调研发糕品牌建设，启动龙游发糕品牌建设工作；县建筑行业协会开展各类建筑企业评先评优活动；县造纸行业协会制订“十三五”造纸产业规划。联合县检察院制定《龙游县人民检察院与非公企业结对活动的工作方案》，由院领导定点联系10家行业协会（商会）会长、副会长企业，开展“点对点”结对活动。县公安局不定期走访行业协会商会，倾听企业家呼声，帮助解决实际困难。县工商联牵头组织行业协会秘书长赴江山学习基层商会建设，交流“四好商会”建设的成功做法。组织县电子信息产业协会参加昆山电子电机暨设备博览会。行业协会（商会）换届、年会、新成立协会活动，邀请兄弟协会代表参加活动，进行交流互动。新成立县电动自行车行业管理协会，启动世贸城商会建设。各行业协会（商会）围绕凝聚会员、服务会员、服务产业，开展各种活动。

【弘扬光彩事业】 注重发挥行业协会（商会）平台作用，建立企业家投身公益慈善长效机制，引导行业协会（商会）参与捐资助学、扶贫帮困等慈善活动，引导民营企业家为社会做出更大贡献。浙江金勺科技有限公司协议投资2.4亿元的产业援疆项目正式落地。参与捐资助学、社会公益活动和新农村建设，全年累计捐赠学校教学设备、奖教奖学基金10批次共414.9万元；捐资50万元建乡镇卫生院1个；捐助大病学生医疗费3批次共11.3万元；捐助贫困学生31批次共100多人，累计捐资55.27万元；慰问敬老院老人、贫困户、抗战老兵共计26.09万元，先后有20多位龙商参与“关爱抗战老兵”活动；开展其他社会公益活动（如拥军），出资3000元。有10家企业出资赞助“村情通”推广工作，表彰奖励“村情通”推广工作先进农户。为家乡“五水共治”捐款5万元。

（县工商联 王宝珠）

龙游县总工会

【概况】 2017年，龙游县总工会围绕全县工会工作重点，全面落实各项重点工作任务，围绕中心、服务大局，着眼基层、服务职工，锐意创新、奋发有为，取得较好成绩。打造工会“四万”活动品牌，全面关心关爱职工成长。至年底，全县有基层工会工作委员会7个，镇（街道）、经济开发区总工会

图44 7月20日，县总工会召开十届九次全委（扩大）会议

16个，产业工会2个；共有工会组织3825家，会员84546人。

【基层组织建设】 县总工会积极宣传中共十九大精神，开展十九大精神宣讲进企业、进车间、进班组活动。分别在龙北、龙南两片举办十九大精神进企业宣讲培训班，组织企业工会主席参加培训，并免费为30家企业赠送十九大报告宣传展板，打造对党忠诚、敢于担当、干净干事的浙江工会干部队伍，塑造工会工作和工会干部新形象。按照上级群团改革的要求，年底前，县总工会指导9个乡镇总工会完成组建工作，对全县范围内的中小企业和物流等企业进行多次调研，成立龙游县物流企业联合工会和龙游县农家乐行业联合工会。全县新建工会组织30家，其中单建工会28家、联合工会2家，发展会员1966人。县总工会干部深入基层工会，按照“六有”（有机构、有人员、有阵地、有经费、有制度、有活动）要求，指导工会深化职工之家建设，“六有”工会覆盖面达85%以上。以星级评定带动工会工作，22家企业工会参与星级评定，10家被评为“五星级”工会。开展“职工满意食堂”评选、“妈咪爱心小屋”建设等活动，提升企业对职工的关心关爱水平，鼓励企业开展职工疗休养和“夏送清凉”活动。县总工会投入资金19.2万元为50多家企业送食堂设备、送清凉，带动全县企业投入资金500多万元，用于企业工会建设、职工食堂改造和为一线职工“送清凉”。

【群团改革试点工作】 积极贯彻落实浙江省总工会改革动员会精神，成立工会改革领导小组，制订工会改革方案。县委书记刘根宏、县委副书记张少华专题听取县总工会改革工作汇报，要求县总工会党组认真落实《浙江省工会改革方案》，结合龙游县实际，强化党的领导，扎实推进县工会工作改革。县委组织部把工会建设纳入对乡镇党委大党建考核的范围，在开展部门联系非公有制企业党建的“虹桥行动”中，把对非公有制企业的工会建设列入指导员的工作项目之中。县总工会党组紧扣“忠诚党的事业，竭诚服务职工”的改革主题，按照“增三性”（政治性、先进性、群众性）、“去四化”（机关化、行政化、贵族化、娱乐化）、强基层、促创新的改革总体思路，认真制定《龙游县工会改革方案》，有序、有力、有效推进改革试点工作。县级工会班子50%以上为挂职干部和兼职干部。按照“工人代表的推选80%以上应来自一线”的改革要求，工人代表全部选举到位，县总工会委员、县总工会常委在工代会上按要求选举到位。按照“一办、两部、一中心”（办公室，组宣部、经济部，职工服务中心）设置工会内设机构，人员向职工服务中心、工人文化宫倾斜，向重点乡镇派驻专职职业化工会工作者。坚持党建带工建，乡镇、企业党群服务中心建设覆盖面广，成效显著，实现全县乡镇总工会全覆盖，工会职工服务中心、职工文化中心2个阵地建设初见成效。

【“543”专项工作】 围绕创建区域明珠型城市目标，主动投入“五水共治”工作，指导、督促企业工会做好所联系的115口清洁塘的清理、绿化工作。投入2万元加大对县总工会联系村、清洁塘的整治。开展重点工程立功竞赛活动，联合县治水办开展“五水共治”、剿灭劣V类水重点项目建设评比活动，促进涉水项目高标准、高质量、高效率推进。围绕县委、县政府中心工作，做好“三改一拆”等工作。

【职工疗休养】 职工疗休养工作取得突破性进展。

出台相关政策，完善职工疗休养制度，建立龙游县职工疗休养基地，大力宣传龙游县职工疗休养环境，促进全域旅游。借助《浙江工人日报》等全国工人日报主流媒体的优势，4月14日，举办“龙抬头、争上游”全国工报走进龙游活动，邀请全国各地15家“工字号”报刊老总、记者考察龙游石窟、龙游民居苑、沐尘畲族乡社里村、吴刚茶博园、龙天红木小镇，有效宣传龙游的工业经济和投资环境，宣传龙游美丽乡村创建成就，推广民宿建设成果，架起工会和职工间的桥梁，为工会疗休养提供基地资源，争取更多的地区把龙游县列入工会疗休养目的地，将龙游县的职工疗休养品牌推向全国各地。

【弘扬工匠精神】 开展“中国梦·劳动美”优秀职工评选活动，光明铁道被授予浙江省“五一”劳动奖状，县公安局交警大队民警伍红慧被授予省“五一劳动奖章”，金龙纸业施彩莲、华电能源的楼华栋被授予衢州市“五一劳动奖章”。评选出“金锤奖”优秀职工、“银锤奖”优秀职工各10名。县总工会推荐的优秀女职工代表何建仙当选为浙江省人大代表。发挥各级劳模的先进引领作用，开展“浙江工匠”宣传活动，打造“龙游工匠”品牌，辰港宣纸董事长万爱珠入选百名“浙江工匠”。光明铁道控股有限公司“彭连生轨枕创新工作室”被浙江省总工会、省科技厅命名为“浙江省高技能人才（劳模）创新工作室”。

【服务职工】 全年共下发各类扶贫帮困资金112.04万元。金秋助学资助困难职工子女61人，共发放助学金26.3万元，其中47名大学生每人资助5000元，14名高中生每人资助2000元；开展冬送温暖活动，2017年元旦春节期间，县总工会走访慰问困难职工238户，发放慰问金37.23万元，其中包括医疗救助66户，发放慰问金16.48万元；开展爱心透析活动，受助对象11人，发放金额4.95万元；开展关心、关爱困难女职工活动，“两癌”专项救助困难女职工6名，发放慰问金2.1万元；“六一”儿童节前夕，走访看望困难女职工子女30名，发放慰问金1.6万元。2017年，全县参加职工医疗互助23771人，筹集资金111.63万元，同比增长1%；全年为348人报销医疗费用，报销金额46.21万余元；另外，按照衢州市总工会医疗互助保障理事会关于报销待遇补充规定的要求，对2016年度的大病人员进行二次补助，全县共补助42人，补助资金11.7万元。全县工会系统2017年慰问困难职工700多人，共发放帮扶资金60多万元。龙游县总工会精准扶贫工作经验在浙江省工会系统总结会上作典型发言，得到省总工会表扬。

【强化维权服务建设】 积极参与平安龙游建设，在全县企业中开展“安康杯”竞赛和“护航十九大，平安进班组”活动。开展“和谐企业”创建，指导和培训企业开展工资集体协商、劳动合同签订、劳动争议调解等工作，全年对县基层工会劳动争议调解工作发放奖励8万余元。创建省、市、县三级劳动关系“和谐企业”67家，是衢州市创建“和谐企业”最多的县（市、区）。代表衢州市接受省平安暗访考核，得到99.5分的高分，受到省暗访组的好评。指导全县987家企业签订工资集体协商合同，其中890家非公有制建会企业全部签订工资集体协议，实现非公有制建会企业工资集体协商全覆盖。205家企业建立劳动法律监督委员会，发放监督员证107本，依法办厂、依法用工、依法维权氛围日益浓厚。

【“万名职工学技能”活动】 全年组织2000名职工参加技能培训。5月，举办龙游县第六届职业技能竞赛，162人参加车工、电工、工具钳工、电子商务师、养老护理员、茶艺师、手工木工、架子工等8个工种的比赛，45名获奖者获得龙游县技术能手、技师及高级职业资格。

【“万名职工安康行”活动】 全市工会互看互学“十万职工安康行”现场会在龙游县召开。全县有43家企业开展电瓶车安全出行培训，覆盖职工1.1万余人次；深化“最多跑一次”改革，送电瓶车车牌进企业，上门为企业职工服务，并以此为契机，再一次开展现场交通安全知识教育。县总工会接受全县52家电动车保有量在百辆以上企业要求集中上牌的申请，安排相关人员进企业为8000多名企业职工的电瓶车上牌，并进行电瓶车骑行知识的再培训。

【“万名职工学救护”活动】 联合县红十字会在全县机关、企事业单位开展职工应急救护知识培训。县总工会为企业请师资、送教材，免费为企业事业单位职工进行培训，至年底，已完成培训近50家，近万名企业职工参加培训。

【“万名职工齐修身”活动】 6月，收回县工人文化宫外租场地。周一至周五晚上和周六、周日全天，县工人文化宫对全县工会会员免费开放。县工人文化宫采取合作培训、购买服务的形式，开设文化和健身两大类培训，会员凭会员证就可报名参加自己喜欢的培训，全县有2.59万余人次参加县工人文化宫的免费培训活动。送文化进企业，为企业送书籍、送文化、送培训，举办“劳动最光荣”企业职工文化展演，增强企业职工的荣誉感和自豪感。开展百场电影进乡镇（园区）活动，利用电影播放的小憩时间播放教育宣传片，提高职工安全防范意识，提高职工的文化素养。

【强化自身建设】 以“两学一做”常态化教育为载体，结合工会实际情况，分阶段、分步骤，组织开展形式多样、富有成效的工作。县总工会干部职工深入基层，走访联系企业100家，加强与基层工会干部和职工的交流沟通。发挥工会女职工组织的作用，在“三八”妇女节期间，组织女职工参加女子运动会，利用乡镇集市、广场、大型人才交流会等设点宣传，派发《女职工特别权益保护规定》宣传册；开展先进典型宣传活动，大力弘扬劳模精神、劳动精神、工匠精神，引导广大女职工以先进为榜样，创先争优，在“匠心龙游”中展示巾帼风采。依法收好、用好、管好工会经费，超额完成衢州市总工会2017年度工会经费核定指标。组织经审人员参与工会财务管理活动的全过程，保证工会经费用在发展工会事业、维护职工群众切身利益和为职工群众排忧解难、扶贫济困上。加强调研和信息报导工作，全年编印《龙游工运》21期，其中2条信息被省级刊物采用、8条信息被市级刊物采用；发布“龙游工会”微信公众号文章33篇，信息渠道畅通高效。

（县总工会 王志娟）

共青团龙游县委员会

【概况】 2017年，共青团龙游县委员会（简称“团县委”）紧紧围绕县委、县政府的各项决策部署，围绕“党政所需、青年所求、社会所盼、共青所能”的工作思路，创新工作方式，提升服务能力，顺应新常态、谋求新作为，团结带领全县团员青年为龙游县深入推进区域明珠型城市建设、与全省同步高水平全面建成小康社会作出贡献。至年底，全县有团员青年2.54万人；14~28周岁龙游县户籍人数约为7.1万人，有2.2万名青年长期在外学习、工作、生活。全县有乡镇实体化“大团委”359个，覆盖团员9173人；有“双网互动”（“网格+网络”“网上+网下”互动）网格数量179个，实现微信群和QQ群全覆盖，加入团县委微信公众号“龙游共青团”的有2.3万人；乡镇（街道）、机关单位团员钉钉群基本实现覆盖。全县有部门（国有企业）直属团组织55个；有中学团组织634个，中学生团员8349人；有少先队大队48个（其中初中大队11个、小学大队37个），少先队员约2.8万人；有“两新”（新经济组织、新社会组织）团组织18个，其中非公有制经济组织团组织13个 、新社会组织团组织5个。通过青年创业协会和青年网商协会，对县内600多名青年创业者进行有效覆盖和服务。

【基层团组织建设】 4月，举办团干培训班暨共青团龙游县第十五届三次全体（扩大）会议，解读群团工作会议精神、党风廉政建设、政府工作报告，并进行授课座谈。开展“微党团课”活动，定期举行团干部季度工作例会，部署季度工作，听取意见，加强团干部间的联络。根据群团改革工作要求，深入开展“三进三服务”（志愿服务进农村、社区，志愿服务进企业、市场，志愿服务进学校）、“双百双提升”（实施百村示范、百家引领工程，实现基层党组织组织力、战斗力双提升）、“1+100”(即每名团干部直接联系100名普通青年)等活动。通过建立村和社区“村小二”工作机制，加强基层团组织建设，带动全县基层青年紧紧围绕县委中心工作，使工作项目化、项目品牌化。发动广大团干部和企业青年骨干走村入户进企业，联系青年群众，提升团干部服务群众能力，增强团组织凝聚力和影响力。明确县职校、石佛乡团组织为“双百双提升”第一批试点团组织，以点带面，以示范带动共青团的整体工作。

【青少年思想道德教育】 广泛开展便民青年服务岗、微心愿认领、青年网络文明志愿行动、学雷锋文明劝导、小鱼治水、清明节植树等系列活动，开展“学习总书记讲话，做合格共青团员，争当龙游青年铁军”教育实践、纪念建团95周年暨五四运动98周年、“听党话，跟党走”迎“五四”青年文艺晚会等系列活动。在国家宪法日、国际志愿者日、世界防治艾滋病日、国际禁毒日等重要节点，联合相关部门开展宣传教育活动。做好2016年度省、市、县共青团“两先一优”（先进团委、先进团支部；优秀团员）表彰工作，向省市团委推荐优秀个人13人、优秀集体5个。推荐郭婷、方飞、姜鹏等

图45 3月9日，团县委组织青年志愿者开展“建设美丽家园，共筑生态文明”义务植树活动

青年参加衢州市“十大杰出青年”评选，郭婷获衢州市“十大杰出青年”提名奖。开展县级青年文明号、青年岗位能手、县级“美德好少年”等先进典型评选。

【少年儿童能力培养】 依托学校开展“走进社会大课堂，快乐研学促成长”“五水共治”“儿童五防”（防性侵、防拐卖、防校园暴力、防灾害、防意外）等主题教育活动，将少先队活动课排进学校课程表，切实加强对少年儿童的全方位教育。县青少年宫分春、秋两季招收学生，积极开展道德实践、才艺培训、文体娱乐等各类活动，加强学生能力的培养。开展“红领巾相约中国梦——感受阳光的爱”第三届少儿声乐比赛、“童心·童梦”少年儿童现场书画赛、夏（冬）令营、流动少年宫、少儿游戏节等活动，覆盖全县10余所小学的1500余名少年学生。开放县童玩空间，新增培训场所，充分发挥县青少年宫在提升青少年素质教育水平中的阵地和平台作用。

【青少年维权工作】 深入推进团浙江省委“青年之声”“亲情帮”等平台工作。通过引入专业社工解答、完善网络平台、吸纳社会组织参与等手段，构建社会化网络维权体系。开展针对性的引导帮扶，综合分析全县重点青少年群体状况、个性发展需求等，制定有针对性的工作措施，分层、分类、分阶段为重点青少年提供心理咨询、法律咨询、学业辅导、创业指南、困难救助等“一助一”“多助一”的针对性服务，努力提高青少年的就业技能、法律知识、自我保护和防范能力以及建立良好人际关系的能力，为重点青少年健全人格、融入学校和社会做好具体工作。整合县公安、司法、检察、法院、民政等相关职能部门，继续开展“青春扬帆”闲散青少年服务管理行动、“阳光护航”不良行为青少年教育矫治行动、“春泥护花”农村留守儿童关爱服务行动、“彩虹关爱”服刑人员未成年子女关爱帮扶行动、“温暖回归”流浪未成年人救助保护行动，抓好、抓实预防青少年违法犯罪工作。

【青年创业就业体系建设】 成立青年创业就业见习基地，为大中专学生暑期实习提供见习岗位。评选青年创业创新示范基地，挖掘青年人才，宣传创业典型。开办青年创业创新大讲堂，配合打造电商城、大学生创业园等创业创新平台，定期举办形式多样的沙龙和讲座。多部门联合开展“农信杯”第四届青年创业创新大赛、“社保杯”第三届创业创新大赛，并配合大赛开设培训班、导师讲座等活动，激发青年创业创新热潮。规范龙游县青年创业协会管理制度，依托协会平台吸引创业青年，完善协会服务创业青年的能力。着力解决青年创业缺资金的问题，争取县邮政储蓄银行、县农商银行等金融部门支持，为全县1683名创业青年发放创业小额贷款1134笔，累计发放贷款9000余万元。其中信用贷款8340万元、小额贷款570万元，有力推动青年创业。成功争取到全省仅有5个名额的“浙江省农村青年创业增收精准帮扶计划”，经过共青团浙江省委、衢州市委的实地走访考察，在全县农村低收入创业青年中确定受助对象10名，通过贴息形式，由农信机构为农村创业青年提供利率优惠的贷款支持，有效缓解青年初始创业期间的资金难题。

【青年公益志愿行动】 深入推进青年志愿者队伍建设，推广“志愿汇”APP，将志愿活动与网上平台相结合，打通信息管道。至年底，全县“志愿汇”注册人数已达6.1万余人，服务总时数达5.1万余小时。各乡镇（街道）、机关部门均在“志愿汇”APP上成立平安志愿者服务队伍，在中共十九大、第四届世界互联网大会等重大会议活动期间积极配合开展安保工作，推进平安建设。利用龙游共青团、青年志愿者协会、青年创业协会、网商协会、11路青年论坛等团属QQ、微博、微信新媒体平台进行宣传，扩大“群防群治，共建共享平安年”宣传声势，唱响平安建设主旋律。广泛开展青年志愿服务活动，2月，启动“青春志愿行•温暖回家路”志愿者服务春运“暖冬行动”，分别在龙游火车站、320国道及湖镇镇、詹家镇、横山镇、溪口镇交警中队门口设立服务站点，150余名志愿者参加志愿服务，

图46　1月9日，龙游县首届“龙游美食”大赛决赛在龙游美食城举行

服务群众3000余人；3月，开启“快乐志愿·青春治水·随手公益”“三五”学雷锋志愿服务月活动；4月，开展“心手相连•共同成长”流动少年宫活动。

【“龙游美食”项目推广】 年初举办首届龙游美食大赛，取得成功，受到社会各界的好评。争取县领导的大力支持，11月，县政府出台《关于促进“龙游发糕”产业健康发展的实施意见》，申请注册“龙游发糕”地理标志证明商标。通过向社会征集并征求县领导意见，确定“龙游风味”为龙游小吃品牌名称，完成品牌LOGO的初步设计，确定“龙游风味”样板店建设团队。“龙游美食”项目对外宣传推广取得较好效果，打响了“龙游美食”的知名度。

【“农村淘宝”项目建设】 至年底，完成140个村级服务点建设，招募全职、兼职合伙人140人。全县农村淘宝在浙江省22个县域中综合能力稳居前三，在2017年的各种大型促销活动中均取得很好的成绩，获“东南大区王牌县域”荣誉称号。培养“农村淘宝”讲师5人，其中全国十佳优秀讲师2人。全年举办不同主题的“淘小二”培训30余场。积极摸索上行模式，引进宁波运营商1家，培育本土上行团队3个，帮助本地商家开展网络销售。

【“电商城”建设】 至年底，龙游电商城共入驻企业55家，实现营业额3亿元。接待各级政府部门、高等院校、知名企业、媒体等访问团42批次，策划开

展各类活动、培训30余场，参与活动3200余人次，培训1700余人。获衢州市电子商务青春示范园区、青年众创空间、温州大学创业实践基地、龙游县青年创业创新大讲堂等称号。

（团县委 叶晋）

龙游县妇女联合会

【概况】 2017年，龙游县妇女联合会（简称“县妇联”）围绕推进“贺田模式”、打造乡韵庭院、传承美好家风、开展基层妇联改革等工作重点，团结带领全县妇女积极投身龙游经济社会建设，努力为实现龙游县与全省同步高水平全面建成小康社会贡献力量。全县有乡镇（街道）妇联组织15个、机关单位妇委会46个、村（社区）妇联262个、“两新组织”（新经济组织、新社会组织）妇工委62个，有妇工联络员184人。县妇联获2017年度衢州市“百万妇女学贺田”工作先进集体、实施妇女儿童发展规划先进集体等称号，并获县综合考核二等奖。

【“贺田模式”复制】 出台《2017年打造“贺田模式”2.0版工作考核办法》，指导全县“贺田模式”工作。创新工作载体，结合“村情通”开展垃圾分类检查。推广湖镇镇地圩村“垃圾兑换券”做法，探索垃圾兑换新途径。全年共创建垃圾分类达标村255个、示范村160个，分别占行政村总数的100%和63.24%。建成85个垃圾资源化减量化终端处理设施，实现中心村全覆盖。建成245个垃圾兑换超市，实现行政村全覆盖。在村两委、党员干部等多个层面召开垃圾分类培训会，全年共举办各级培训700余场，涉及9万余人次。在各村设置垃圾分类宣传橱窗，张贴垃圾分类宣传标牌（标识、标语），组织巾帼志愿者进村入户指导垃圾分类，全年印制、发放宣传册（品）18万余份。持续推进“贺田模式校园工程”，开展“小手牵大手，争做环保小卫士”活动。

图47 4月21日，龙游县召开“贺田模式”2.0版暨推广张王村村情通APP现场会

【“村情通”推广】 召开“贺田模式”2.0版暨推广张王村“村情通”APP现场会，举办4期推广张王村“村情通”APP培训班，引导乡镇（街道）、村妇联干部挨家挨户上门推广“村情通”，在全县范围联合开展美丽乡村共建共享暨“村情通”推广竞赛活动。至年底，全县有18.3万余人关注“村情通”，实名认证9.6万余人，浏览量达到1000万余次。186名女网格员走上岗位，参与“四个平台”（综治工作平台、市场监管平台、综合执法平台、便民服务平台）建设，服务“村情通”应用，占全县网格员总数的30%，此做法得到浙江省常务副省长冯飞、副省长孙景淼和衢州市委副书记李锋的批示。

【“乡韵庭院”创建】 联合县农办、团县委在全县范围内开展“乡韵庭院”创建大赛，101个部门结对15个乡镇（街道）创建村，历时7个月，创建300余户可看、可比、可学的乡韵庭院示范户，助推省级美丽乡村示范县创建。通过验收评比，评出示范村一、二、三等奖各5名，评出结对部门一等奖10名、二等奖15名、三等奖10名。

【发展来料加工业】 把发展来料加工业作为促进低收入农户增收的重要抓手，紧扣“扩面、增量、转型、升级”的发展思路，至12月底，全县有来料加工经纪人872名，从业人数达4.5万余人，年发放加工费5亿余元。召开县来料加工行业总会会员大会暨“护航十九大”安全生产工作部署会议，分析来料加工新形势，促进行业健康有序发展。下发《关于2017年度来料加工以奖代补项目申报的通知》，促进以奖代补项目实施的科学化、规范化。组织经纪人参加义乌国际小商品博览会、“互联网+来料加工”电子商务培训班等交流会和培训班，让更多的经纪人走出去，促进来料加工行业发展。

【推动岗位建功】 积极探索岗位建功的新途径、新载体、新举措，把创建活动向一线班组倾斜。县安驿机动车检测有限公司业务受理大厅等3家单位成功创建衢州市“巾帼文明岗”，县广播电视总台服务大厅等3家单位成功创建浙江省“巾帼文明岗”。组织人员参加省级巾帼文明岗负责人培训班、省市级巾帼文明岗创建工作“互学互看”观摩交流会，提高创建活动负责人的能力和水平。

【“最美家庭”评选】 每月向省、市妇联推荐“最美家庭”，联合县新闻中心等单位对“最美家庭”典型事迹进行挖掘报道，通过微信等管道进行投票、宣传，促进社会和谐，弘扬社会正能量。詹家镇吴雪文家庭被评为全国“最美家庭”，石佛乡陈志林家庭被评为第一季度浙江省“最美家庭”，另有18户家庭被评为衢州市“最美家庭”。

【基层妇联改革】 县妇联把好顶层设计关，指导全县妇联开展改革工作。7月，县委组织部下发《关于做好村（社区）妇代会改建妇联的工作方案》，“会改联”工作动员部署会在湖镇镇地圩村召开，全县“会改联”工作正式启动。8月，全县“会改联”工作全部完成，选举产生村妇联主席272人、副主席319人，选举妇联执委2030人、妇女代表6327人，建立功能型妇女小组2013个。全县有妇女干部主导的QQ群、微信群549个。9月，乡镇（街道）妇联改革全部完成，共选举产生妇联主席15人、副主席31人(其中兼职副主席16人)、执委131人。

（县妇联 徐真俊）

龙游县文学艺术界联合会

【概况】 龙游县文学艺术界联合会（简称“县文联”）有编制5人，下设1个办公室。拥有会员680人，其中国家级会员20人、省级会员61人、市级会员242人。县文联对所属的会员按艺术门类分别成立作家协会、戏剧曲艺家协会、音乐舞蹈家协会、摄影家协会、书法家协会、美术家协会、民间文艺家协会、电影电视艺术家协会等8个协会；另有丹青女社和龙游画院两个团体会员，并拥有衢州市最早建立的2个乡镇基层文联——湖镇镇文联和龙洲街道文联，有会员400余人。2015年，成立县书协下属协会县女书法家协会，2016年成立龙游印社和龙丘琴社，分别隶属县书协和县音协。2017年，县文联按照“抓学习、抓阵地、抓创作、抓活动”的思路，努力出作品、出人才，为繁荣龙游县文学艺术事业作出应有的贡献。出版《龙吟》杂志4期、《龙游风情》4期，“文艺龙游”微信公众号推送45期。“龙游县文艺之家”共举办主题性展览8场、文艺沙龙8场。出版书画摄影作品集5册、文学作品集6册，拍摄微电影4部，开展文娱和戏曲巡演50余场次。各类文艺作品在全国、省、市专业大赛中入展、获奖150余人次。

【组织建设】 5月17日，县文联六届委员会第八次、第九次全会在县文联“文艺之家”召开，会议选举周巧萍为县文联主席。县文联六届委员会全体委员、县文联机关干部共22人出席会议。2017年是协会换届年，自6月底召开协会换届动员会以来，县文联机关干部多次走访各文艺家协会，调研摸底，加强指导，把真正热心协会工作、有奉献精神、组织协调能力强、服务意识好、有一定影响力和群众基础的优秀骨干选拔到协会的主要领导岗位上来。至9月底，8个协会先后召开全体会员大会或会员代表大会，顺利完成换届工作。9月21日，县文联党支

图48 11月30日，县文联党组书记吴军（右三）为机关党员和下辖协会主席上党课

部召开支部改选会议。县文联党支部认真贯彻“从严治党、党要管党”的方针，切实加强文联党的基层组织建设，坚持“二为”（文艺为人民服务、为社会主义服务）方向，贯彻“双百”（百花齐放、百家争鸣）方针，始终坚持围绕中心、服务大局，重基层，打基础，扎扎实实做好文学艺术的各项工作，为龙游文学艺术的繁荣发展提供坚强的组织保障和思想保障。10月17日上午9时，县文联党组组织全体机关干部、退二线领导干部全程收看中共十九大开幕会，各协会也分别组织会员收看开幕式。

【乡韵庭院设计建设】 4月起，县文联派出设计团队为湖镇镇溪底杜村3户农户进行乡韵庭院设计制作，从选户（县文联选难度最大的）、设计到施工，县文联都率先开展，其间，县文联班子成员多次到村督查进展情况，并亲自上阵绘制墙绘。11月，县妇联、县农办、团县委联合组织评委专家开展现场评审，县文联设计的乡韵庭院户受到县评审组的充分肯定和高度好评，所在村获评全县乡韵庭院创建村一等奖，县文联也获得县乡韵庭院先进创建单位一等奖。

【百名文艺工作者采风】 5月19日上午，“聚焦‘拆治归’，见证新龙游”百名文艺工作者采风行动启动仪式在县文联举行，市县有关领导出席仪式并为采风小分队授旗，县委宣传部、县文联、县文广新局、县教育局、县老干部局、县广电总台、县治水办、县“三改一拆”办、县整治办、县创美办、县“四边三化”办等相关部门领导以及全县文艺工作者代表300余人参加启动仪式。随后，百名文艺工作者分成8个小分队奔赴基层，开展“五个一”采风创作活动，举办“同作一幅画”书画创作大赛、“同记一片景”摄影（微视频）大赛、“同唱一首歌”歌曲创作大赛、“同作一篇文”优秀作品征集大赛、“同诵一首诗”诗文朗诵大赛。

【创办“文艺龙游”公众号】 6月，为适应新时期文艺工作和文联工作的新变化，发挥网络宣传对凝聚和扩大龙游文艺影响的重要作用，县文联与《龙商行》联手协作，创办“文艺龙游”微信公众号，适时刊登文艺动态和会员作品，运用新媒体和传统媒介，加大对龙游文艺人才和龙游文艺界的宣传力度，至年底，公众号共推出文章45篇。

【扶贫工作】 组织文艺家深入到经济建设第一线和社会生活最基层，蹲点采风创作。落实扶贫资金2万元，支持帮助历寺村完成清洁塘改造项目。落实“一户一策一干部”制度，县文联全体干部每人捐资500元作为扶贫资助金，并先后3次走访联系村湖镇镇童村的贫困户，为他们解决部分实际困难。组织部分艺术家参加县慈善总会书画剪纸作品义拍活动，拍得的3000元善款全部捐给县慈善总会，用于贫困学生助学活动。

【文艺活动丰富多彩】 9月中旬，为讴歌党的历史进程和丰功伟绩，充分展示龙游县党建工作亮点和经验成果，由县委组织部主办，县两新工委、县文联、县文广新局和县旅委共同承办的龙游县特色小镇党建展览馆展品征集暨“喜迎十九大，舞动党建中国风”主题书画摄影艺术大赛活动拉开帷幕。各乡（镇）党委、街道党工委、县机关各部门党组织将大赛活动作为2017年基层党建工作的一项重要内容，指定专人负责，动员企事业单位及干部职工和社会各界积极参与。至11月截稿时，全县共选送书法、美术、摄影、剪纸等文艺作品近500件（幅），经评委评审，最后选定60幅获奖作品永久保存在县党建展览馆。11月20日，由县总工会和县文联联合举办的“学习党的十九大”龙游县职工庆元旦书法作品展作品征集活动拉开帷幕；至12月15日，共收到全县工会职工书法爱好者送交的书法作品152幅，这些作品切实反映全县干部职工学习党的十九大精神的成果，突出“学习党的十九大精神”主题，反映劳动者生产生活、创新创作的风采风貌；12月18日，由县文联、县总工会、县书协专家组成的评审组对作品进行评审，按机关事业组、企业及其他组两个组别评出获奖作品41幅。12月28日，县两新工委、县文联、县教育局、县广电总台、县综合行政执法局、龙洲街道等单位在柳园小学四楼报告厅举行“新时代、新思想、新征程，践行十九大会议精神党风廉政书画展暨文艺演出”活动，通过书画展示和文艺演出等形式，营造“党建+廉政+文艺”的文化环境。

【书法创作成绩显著】 县书协发挥书法工作者的主体作用，坚持以人民为中心的创作导向，深入实施全民素质提升工程，注重人才培养、壮大创作队伍，取得明显成效。越园遗风、县文化馆、县总工会等书法公益课正常开展，每年举办“春泥活动”篆刻公益班活动。坚持送文化下乡，每年组织下乡送春联，全年送春联26场。建有越园遗风创作基地、桑仁书院、逸古堂工作室、光良书画工作室、品逸斋书法工作室、星空间书法篆刻工作室、石墨书法工作室等。走出去，请进来，积极开展书法交流，鼓励协会创作骨干参加名家工作室培训进修，

图49 书法家协会与科力印业联合举办春泥计划篆刻培训活动

邀请中国美院教授白砥、北师大博士查律、浙江省青年书协创作委员会副主任徐强以及衢州市书协专家到龙游讲课点评。桑仁书院每年培养书法新人100名，并定期举办师生作品展。郭裕文入选浙江省书法家协会青年人才培养“新峰计划”10家，其楷书作品入展浙江省书法200家优秀作品展。在“品图碑”第七届浙江省青年书法大赛中，郭裕文作品获金奖，张文作品获铜奖，钱梦醒、钟美红、杜永静、吴涛、钟美芳、张秀、冯静、张永峰8人作品分别入展入选。在“绿色衢州”书法精品展中，郑苏勇、蓝忠胜、郑志良、钱梦醒、饶慧卿、冯静、金燕、雷金标、江林春、吴涛、吴丹、徐飞、秦秘昕、钟美红14人作品入展。在衢州市首届硬笔书法大展中，钱梦醒作品获一等奖，饶慧卿、钟慧芳、杜永静作品获二等奖，钱泽民、徐庆、吴丹、钟美红作品获三等奖，另有孔小珍、秦秘昕、冯静作品入选。

（县文联 蓝忠胜）

2017年度龙游县文艺家协会基本情况

表9

协会名称	会员人数	负责人	成立时间	国家级会员(人)	省级会员(人)
龙游县作家协会	58	方小康	1986.04	2	5
龙游县书法家协会	88	郑苏勇	1986.04	4	18
龙游县美术家协会	83	余久一	1986.04	—	9
龙游县摄影家协会	55	周秋生	1986.07	12	19
龙游县音乐舞蹈家协会	71	刘勇飞	1986.04	1	3
龙游县戏剧曲艺家协会	66	李　昂	1971.04	1	5
龙游县民间文艺家协会	40	王忠明	1986.04	1	5
龙游县影视艺术家协会	37	余　刚	1986.04	—	1

2017年度龙游县文艺家获奖及作品创作情况汇总

表10

所在协会	姓名	发表、获奖、入展、演出等
龙游县民间文艺家协会	吴芝瑛	2017年5月被文化部文化艺术人才中心收入艺术人才库 2017年9月被授予中国文化与教育诚信品牌重点推荐诚信艺术家、中国文化与教育诚信品牌重点推荐衢州诚信大使 2017年7月，作品《母子情》获2017年浙江省剪纸艺术大奖赛金奖
	林美芬	获2017第二届“平湖杯”古琴艺术展演非职业组金奖
	秦秘昕	2017年4月，作品《金陵十二钗》获第十二届中国（义乌）文化产品交易会工艺美术铜奖
	吴　涛	2017年7月，作品《记忆中的故乡》获2017年浙江省剪纸艺术大奖赛优秀奖
	钱泽民	2017年7月，作品《和谐》获2017年浙江省剪纸艺术大奖赛入围奖
	罗晓娟	2017年7月，作品《践行价值观、同圆中国梦》获2017年浙江省剪纸艺术大奖赛入围奖
	胡雪燕	2017年7月，作品《福禄》获2017年浙江省剪纸艺术大奖赛入围奖
	季政和	2017年7月，作品《和和美美享天伦》获2017年浙江省剪纸艺术大奖赛入围奖
龙游县摄影家协会	武家华	作品《退而不休》入选全国第26届摄影艺术展览
	陈水和	作品《乡村摄影师》获全国首届“中福杯”最美老人摄影艺术展二等奖
	林昌海	作品《歌唱家》《老人唢呐队》入选全国首届“中福杯”最美老人摄影艺术展
	郑金修	《二十四节气》（组照）获中国农业博物馆“二十四节气摄影作品征集活动”二等精品奖
	陈建初	作品《丰盛的午餐》入选中国摄影家协会《共圆中国梦·农民工主题》全国摄影大赛

续表

所在协会	姓 名	发表、获奖、入展、演出等
龙游县美术家协会	周庆云	2017年6月，作品《芙蓉水岸》入选浙江省文化厅主办“禹迹新图——全省美术馆工作者基层采风创作展”
		2017年6月，作品《花鸟》入选衢州市、常熟市政协主办的“名城缘·书画情”衢州、常熟政协书画展
		2017年10月，作品《玉兰花开》入选衢州市美协、衢州画院主办的“衢州市中国画展”
	金向民	2017年3月，作品《岁月静好》入展浙江省美协、省女花鸟画家协会联合举办的“丹青雅韵·和风会通”第十七届浙江省女花鸟画家作品展
	蒋文渊、张彬宏、宋勤、黄贤木、诸葛琳、徐荣伟	作品《剿劣突击队》入选“剿灭劣V类水”浙江省美术作品展
龙游县书法家协会	郭裕文	入选浙江省书法家协会青年人才培养“新峰计划”10家
		作品入展浙江书法200家优秀作品展
		作品获“品图碑”第七届浙江省青年书法大赛金奖
	张文	作品获“品图碑”第七届浙江省青年书法大赛铜奖
	钱梦醒、钟美红、杜永静、吴涛、钟美芳	作品入展“品图碑”第七届浙江省青年书法大赛
	张秀、冯静、张永峰	作品入选“品图碑”第七届浙江省青年书法大赛
	汪蕴姣	作品获浙江省农信联社书法大赛三等奖
	孙兵	作品获浙江省高速公路行业“美丽高速”书法比赛三等奖
	郭裕文等14人	书法作品入选衢州市、常熟市政协主办的“名城缘·书画情”衢州、常熟政协书画展
	陈德荣、章玲	获2017年衢州市“书香家庭”称号
龙游县作家协会	徐均生	短篇小说《麦芽糖的香味》获2016年冰心儿童文学新作奖（2017.03公布）；微型小说《体验坐牢》被《小说选刊》2017年第3期转载并获2017《小说选刊》“善德武陵杯”全国微小说二等奖；微型小说《阳光真好》获中国微型小说年度三等奖；微小说《遭遇张扬》获《东方剑》文学杂志“北虹桥杯”微小说征文三等奖；微型小说集《模拟快乐》2017年12月由江西高校出版社出版
	林 峰	《西江月龙游大街山行》发表于《中华诗词》
	陶百妍	《梦里红豆杉》获“中华情怀”旅游故事全国首届旅游美文征文大赛三等奖
	吴惠芳	《与书结缘的日子》获2017年“黄浦杯”长三角城市群“读书与成长”教育征文衢州赛区二等奖
	赵春媚	《恋恋书香——我与书的不解之缘》获2017年“黄浦杯”长三角城市群“读书与成长”教育征文衢州赛区三等奖
龙游县音乐舞蹈家协会	李 红	《红木缘》获浙江省特色小镇题材歌词大赛金奖
	洪莉平作词，张驰、许建华作曲	村歌《杨村故事》入围全国村歌大赛
	徐晓燕	《活着南京》获浙江省中小学生艺术节舞蹈比赛一等奖
	陈丽萍	《南京1937》获浙江省中小学生艺术节舞蹈比赛一等奖

2017年度龙游县各类文艺比赛获奖（入展）情况

表11

赛事名称	获奖者（入展者）
龙游县特色小镇党建展览馆展品征集暨“喜迎十九大，舞动党建中国风”主题书画摄影艺术大赛入展名单	1. 特邀：朱传富、朱秉衡、张希龙、盛自强 2. 书法：郑苏勇、蓝忠胜、郭裕文、郑志良、陈星名、饶慧卿、钱梦醒、蓝珍洁、冯　静、杜永静、钟美红、邱祖光、蓝树忠、吴涛、童小平 3. 美术：余久一、王文军、方一平、周庆云、蓝耀、樊玉祥、徐荣伟、宋勤、曾子泰、琚树清、蒋文渊、林清风、杨文龙、周邦立、刘炎武 4. 摄影：周秋生、李晓明、陆满增、林昌海、陈水和、吴晓峰、郑金修、周思源、陈建初、吴森邦、郑苏华、韦尔彬、黄芳浩、邱丽英、陈蓉 5. 其他：吴芝瑛、董利霖、罗晓娟、秦秘昕、黄利萍、周青川、王奕佳、叶瑛、陈巧巧、金向民、胥秦亮、胡雪燕、王利华、张利军
龙游县廉政书画创作大赛	1. 美术：琚树清、蒋文渊、郑群球、宋勤、钱泽民 2. 书法：郑苏勇、桑仁、郑志良、徐培庵
龙游县“学习党的十九大”职工庆元旦书法作品展	一等奖：冯静、饶慧卿、吴丹、钟美红、江林春 二等奖：钟美芳、姚苏翠、吴涛、蓝菊芳、郑敏、廖剑平、邓翠菲、蓝树忠、孔小珍、李冬君 三等奖：张永峰、王萍、蒋志莲、周彩凤、林新、张小青、杨鹏飞、金燕、周柏清、徐华军、陈志英、张琛睿、李钧、安妮、孔祥之、蒋文渊 优秀奖：江德文、张秀、柴玉国、汪艳、吴鸿翔、叶红霞、姜敏容、徐淑颖、吴智练、王连标

龙游县科学技术协会

【概况】 2017年，龙游县科学技术协会（简称“县科协”）认真贯彻中共十九大、中央群团工作会议和全国“科技三会”（全国科技创新大会、中国科学院第十八次院士大会和中国工程院第十三次院士大会、中国科学技术协会第九次全国代表大会）精神，按照全面深化改革和“四服务”（服务科技工作者、服务创新驱动发展、服务全民科学素质、服务党和政府科学决策）的总体要求，稳步推进“五大工程”建设，团结带领广大科技工作者投身经济社会发展主阵地，融入科技创新主战场，担当科普工作主力军，服务经济社会发展，各项工作取得新成效，获浙江省、衢州市科协工作先进单位荣誉。

【科技人才支撑工程】 实施创新驱动助力工程，引才聚智，推动高端人才集聚。5月，协助力源新材料院士专家工作站举办国内首个轮胎循环利用产业基金落地战略研讨会，打造废旧轮胎处理领域可对外推广的“龙游模式”。组建院士专家工作站互助促进会，为建站企业项目申报、专利申请、资金争取建立协助帮扶机制。7月，指导杨小牛院士专家工作站成功运行龙游县首家“清廉社区·公任智慧”居家养老体验馆，为企业产品升级、转型发展寻找突破领域，促成“院士经济”升级版。走访中浙轴承、禾川科技、克里特、贝尔通信、茗皇食品5家企业，摸清企业技术瓶颈，掌握企业对高端人才的具体需求。在省科协的带领下，组织中浙轴承、贝尔通信赴西南交通大学对接翟婉明等院士团队，取得初步意向。12月，为浙江金龙纸业有限公司成功引进中国工程院院士吴丰昌，建立金龙纸业院士专家工作站。深化建站模式，与衢州学院开展校企共建，就中水回用、污水处理、造纸工艺提升等方面进行院士、学院、企业三方协作，在更大的平台上形成以点带面、资源共享的良好局面。县院士专家工作站已构建起“4站7院士”的格局。指导已建院士专家工作站的运行提效，12月，金昌特种纸院士专家工作站获国家级示范站荣誉，成为衢州市唯一获此殊荣的院士专家工作站；金昌院士团队被评为浙江省领军型创新团队，获省1000万元科研经费的支持。2017年，全县4家院士专家工作站在产品开发、技术攻关、人才引进方面取得明显成效，累计开展科研项目研究10余项，开发新产品17项，申请发明专利6项、实用新型专利16项，通过项目开发，联合培养博士后1人、博士1人、硕士研究生2人，培养各类年轻科技人员120余人。

【农民科技致富工程】 实施“农民科技增收致富工程”，构建包括一个农民专家、一个农技协、一个农业示范基地、一个农函大特色产业辅导站、一批农户的“五个一”农业产业推进模式，以农民专家引领产业发展。探索产业发展，构建龙和水产“五个一”产业推进模式；着力在“产业＋科普”“产业+旅游”“产业+健康”上做文章，重点做好中草药产业的培育，成立龙游县中草药协会，构建农民专家引领产业发展的“五个一”推进模式，形成产业推进合力，有效推进中草药产业发展。按照“一业一品一专家”的工作思路，组织开展龙游县第三届农民专家评选活动，评选出农民专家5名，至此，全县农民专家增至14名，涉及柑橘、茶叶等12大类产业。组织开展农民职称评审，全年评定农民技术职称95人，其中高级职称13人。充分发挥农函大特色辅导站作用，组织全县5个农函大教学点申报农函大衢州市分校农村实用技术短期班培训项目，共培训学员300余人。注重对产业带头人的培训，组织2名茶叶种植户参加浙江省农函大专业知识更新课程学习，组织6名农技协负责人参加省高层次农村实用人才培训班学习。扶持和引导科技示范户、示范基地创建工作，培育有文化、懂技术、会经营的新型农民，全县有14户农户被评为浙江省第十批农村科技示范户，龙和水产养殖开发有限公司、兴隆锦鲤文化博览园分别入围全国精品休闲渔业示范基地、全国休闲渔业示范基地。

【全民科学素质提升工程】 加强组织协调，全面推进《龙游县“十三五”全民科学素质纲要》实施。下发《2017年龙游县全民科学素质工作要点和职责分解》，明确各成员单位的职责任务，推动形成部门协作、优势互补、齐抓共管的良好局面。针对未成年人、农民、城镇劳动者、领导干部和公务员“四大重点人群”，围绕生态、安全、健康、防灾“四大主题”，组织各成员单位唱好“四季歌”。县减灾委员会、县安全委员会牵头开展以“防灾”“安全”为主题的“季度小组唱”，发放宣传资料5000余份。统筹协调各成员单位抓好省级科普示范县创建工作，组织召开龙游县创建省级科普示范县检查验收汇报会，圆满完成为期两年的省级科普示范县创建验收工作，7月，龙游县成功创建“浙江省科普示范县”。

图50 龙游县召开创建省级科普示范县检查验收汇报会

【学会能力提升工程】 多形式开展科技活动，组织开展庆祝“5•30”全国首个科技工作者日系列活动。县领导走访看望杨小牛院士、蹇锡高院士以及一线科技工作者，致以节日问候。开展“全国科技工作者日”专题宣传，发布《致全县科技工作者的倡议书》。组织以“科学治水剿劣，你我共同参与”为主题的科技工作者一线剿劣活动，展现科技工作者风采。宽领域开展学术交流，继续办好自然科学论文推荐工作，推荐金昌纸业院士专家工作站的2篇论文参加衢州市第十九届自然科学优秀论文评选。协助市科协承办省农函大工作研究会八届四次全体成员会议。县级学（协）会以创新驱动、转型升级为中心，以服务科技型中小企业发展为重点，组织开展区域性学术交流、科技培训活动40余场，1000余名科技工作者参加。多渠道举荐科技人才，将基层一线的科技工作者推选为衢州市科协七大代表，张双其、李丹被推选为市科协委员。组织科技人员参与市科协组织的最美科技工作者、最美科协人、最美学（协）会评选活动，金昌纸业孟育被评为衢州市最美科技工作者，县中医药学会获衢州市最美学（协）会称号，张双其、詹金鸿获衢州市最美科协人荣誉，萧亚兵被授予衢州市优秀科技工作者。重视“科技工作者之家”建设，县老科协每周三、六开展文艺活动，县癌症康复协会每年组织体检和外出活动。通过评优荐才，促进优秀科技人才脱颖而出，营造关心科技工作者、尊重科技工作者的社会环境。

【科技工作者献智工程】 根据党委政府的决策需要和产业发展需要，组织开展2项重点课题调研、4项重点学术活动、2项建言献策活动，组织召开科技工作者座谈会，征求科技创新等方面的意见。5月，在首个全国科技工作者日邀请全县院士专家工作站的20多位优秀科技人才围绕龙游科技创新、人才引进、科学治水剿劣等方面建言献策，提出许多有价值的建议，体现科技智库成果。在全县科技工作者中开展“科学治水剿劣”科普征文活动，共收到治水剿劣征文132篇；开展“整合智力搭平台，助推产业促发展”主题征文活动，共收到建议79篇，有效发挥科技工作者在服务党和政府科学决策方面的作用。其中，关于治理城区交通环境的建议等3篇文章得到县主要领导的批示。

【科普宣传】 推进“互联网+科普”工作，提升科普信息化水平。2017年，在社区、学校、行政村等重点公共场所新安装全媒体科普阅览屏6台，累计铺设11台，初步实现“多屏联动，立体宣传”网络格局。创新载体，推出科普电视点播、科普微电影下乡等新形式，实现乡镇（街道）、村全覆盖。围绕区域明珠型城市建设等全县重点工作，发挥“龙游科普”“龙商行”“邮政微信”等新媒体作用，多维、精准推送科普微信。9月，联合衢州市科协等部门在龙游县地圩村文化礼堂举办以“治水剿劣，科普反邪”为主题的2017年龙游县全国科普日暨科普反邪走进文化礼堂活动，并举行科普文艺表演。11月，与市科协、龙和渔业园共同推出“每周一条鱼”“科普自由行·鉴鱼”等科普系列活动，在精准科普、个性化科普上做出有益尝试。组织博士生科技服务团走进启明小学，给孩子们讲演体验VR科技。深入湖镇镇上下范村、星火村，开展柑橘转型升级、洁水养殖等实用技术培训。走进20余个乡村开展卫生健康义诊服务活动，累计义诊2500余人次。活动期间，共开展各类科普活动100余场次，累计服务人数达5万人次。县科协被衢州市科协评为全国科普日活动优秀组织单位，并获优秀特色活动奖。

【科普基础工程建设】 整合社会科普资源，扎实推进小型科普场馆建设。新建3家特色科普馆，全县各类科普场馆增至9座（溪口小学科普馆、溪口竹文化科普馆、龙和水产企业科普馆、科力印业科普馆、清廉社区科普馆、方门街社区科普馆、柑橘科普馆、智慧居家养老科普体验馆、枫晟铁皮石斛科普馆）。全力提升科普基础设施建设，与阳光小学共同谋划建设龙游县科技馆，红木小镇科普馆、善蒸坊特色文化科普馆在抓紧筹划推进过程中。加强全县科普宣传栏管理，确保215座科普栏完好使用，并引进市场化更新机制，每两月定期更新展板内容，全年更换展板6500余块。深入实施基层科普行动计划，多方争取基层科普活动项目扶持资金，为柑橘科普馆、“清廉社区·公任智慧”居家养老科普体验馆、善蒸坊特色文化科普馆等争取项目资金补助。

【青少年科技教育活动】 抓住青少年这一重要人群，激发创新创业热情。与浙江大学求是联合会合作开展“校园科普行”活动，对詹家小学、浦山小学等学校实施精准科普，重点开展3D打印、星空探秘、心理咨询等趣味性、知识性科普活动。开展“科普小将”试点活动，以寺后初中为点，辐射到面，有效地激发青少年科技创新活力。联合衢州市科协组织“科普大篷车进校园”活动，先后走进石佛小学等4所学校，受益师生2000余人。组团参加衢州市第十四届青少年科技创新大赛；联合县教育局举办龙游县第二届青少年信息学竞赛，参赛人数296人，评出一等奖32名。着力提升学校科技辅导员的能力素质，先后组织一批科技辅导员赴杭州观摩第32届全国青少年科技创新大赛，到宁波参加头脑奥林匹克活动培训。

【科协自身建设】 按照《中共中央办公厅关于印发〈科协系统深化改革实施方案〉的通知》和省市县委关于群团工作改革的要求，有针对性地制定《龙游县科协系统深化改革方案》。召开改革工作部署会、政策解读会，领会中央、浙江省、衢州市科协系统深化改革实施方案的相关精神。成立县科协深化改革领导小组，负责领导推动全县科协深化改革工作。12月，浙江省科协党组书记、副主席郑金平专程到龙游调研科协改革工作，对龙游县科协改革方案与改革进展给予充分肯定。贯彻全面从严治党的新要求，全力锻造科协铁军。扎实开展“两年”活动，推进“两学一做”学习教育常态化制度化；建立党建长效工作机制，注重党组作用的发挥，组建县科协机关党支部；制定县科协党组年度工作计划、月度重点任务安排，按要求报送季度报表；加强阵地建设，重点打造县科协党建长廊，推出县科协“院士文化墙”“书记品牌项目”等党建品牌。做到设施到位，安排固定的党员活动室；制度到位，党支部议事规则、“三会一课”制度、民主评议党员、党费收缴等规章制度上墙；公示到位，党员承诺践诺情况、党务工作情况制成专栏，定期公示。落实党风廉政建设责任制，制定2017年度党风廉政建设工作计划和党风廉政建设党组主体责任清单，全面落实“两个责任”，强化监督执纪问责。以“新时代、新使命”为主线，制订县科协2017年度领导班子和领导干部年度实事计划，明确责任分工。全身心投入“创国卫”、“五水共治”、城东拆迁、招商引资等全县重点工作，有效地提升县科协的影响力。

（县科学技术协会 徐志震）

法 治

概 述

2017年，龙游县法治工作牢牢把握“依法治国”总要求，深入推进“平安龙游”“法治龙游”建设，坚持法治思维和改革思维，力求行政职能履行法治化，实现“法治政府基本建成、公共安全体系更加健全、社会公平正义得到保障”的工作目标。各系统工作狠抓中共十八届七中全会和十九大精神落实工作，全县有效接警数同比下降17.9%，刑事案件同比下降36.4%，无较大以上安全生产事故发生。从法律政策制定到实施执行、司法监督，各项程序力求规范；从普法宣传到执法用法、调解审判，力求法制化，做到维稳安保不出事、打击违法犯罪不手软，社会的公平正义、和谐稳定得到有力保障。龙游县连续11年被评为浙江省“平安县”，获得“全国平安建设先进县”称号。

法治政府建设

【概况】 2017年，龙游县法治工作认真贯彻落实中共十八届六中、七中全会、十九大和习近平总书记治国理政新理念新思想新战略精神及中共中央、国务院《法治政府建设实施纲要（2015—2020年）》，坚持把法治政府建设作为贯穿政府工作的主线，坚持用法治思维和法治方式履行政府职能，加强制度建设，完善工作机制，规范行政行为，化解社会矛盾纠纷，切实将政府各项工作纳入法治轨道，增强政府公信力和执行力，不断加快法治政府建设进程，为全县经济持续健康较快发展和社会和谐稳定营造良好的法治环境。

【当好参谋助手和法律顾问】 贯彻落实省市政府关于法治政府建设任务要求，根据龙游县实际，制定、下发《龙游县2017年度依法行政工作要点的通知》和《龙游县全面推进依法行政工作领导小组办公室关于印发〈2017年龙游县法治政府建设重点任务分工方案〉的通知》，努力把握法治政府建设全局。运用法治思维和法治方式破解难题，坚持高效推进与依法推进有机结合，在土地、房屋征收、危旧房治理、淘汰落后产能等重点工作中，组织法律专家等开展讨论，研究提出科学、合法的政策建议，切实加强决策的合法性、合理性和可行性；根据重点工作特点专门设置法纪组，监督法律政策执行，保障群众合法权益，使决策更好地服务中心，确保各项工作顺利推进；参与行政机关合同的定立，法制保障县政府招商引资项目，变事后审查为事前介入，建立健全以县政府或政府部门名义对外签署的合同、协议、意向书的合法性审查与专家咨询等机制，积极参与县政府招商引资等重大合同的谈判、起草、审查修订工作，全年完成县政府重大合同合法性审查10件，对可能出现的风险实现早把控、早防范。

【推进科学民主决策】 建立健全依法决策制度，深入贯彻实施政府常务会议议题审查机制，将公众参与、专家论证、风险评估、合法性审查、集体讨论决定作为提交政府常务会议审议的必经程序，及时向社会公布。2017年共收到拟出台的县政府行政规范性文件54件，全部通过合法性审查，提出意见300余条。积极发挥法律顾问作用，制发《龙游县行政机关法律顾问工作规则》，建立健全行政机关法律顾问履职的考评机制，充分发挥政府法律事务专家咨询组和法律顾问在制定重大决策、推进依法行政中法律参谋的作用。至年底，已实现各部门、乡镇（街道）以及行政村法律顾问全覆盖，并按要求在浙江省政府法律顾问信息服务系统中完成信息录入登记和日常工作登记管理。加强备案审查规范化建设，进一步加强部门规范性文件的备案审查，将所有的规范性文件均纳入备案审查范围。2017年共向衢州市政府、龙游县人大常委会备案规范性文件44件，收到部门报备的规范性文件17件。对2016年12月31日前制定下发的行政规范性文件开展全面清理，重点开展与国务院行政审批制度改革、商事制度改革、职业资格改革、投资体制改革和清理规范行政审批中介服务事项等改革决定不一致的有关规定的清理工作，开展与生态文明建设和环境保护要求不相符的有关规定的清理工作。共清理出以县政府及县政府办名义发布的行政规范性文件共330件，其中继续有效的146件、继续有效但有关政策标准执行现行法律法规及上级政策标准的21件、暂时保留但停止执行与上位法不一致内容的76件、失效的14件、废止的66件，不包括在2015年清理后已经下文废止的行政规范性文件7件。充分参与立法调研，积极参加《浙江省综合治水办法》《浙江省公共文化服务保障条例》省立法调研和《衢州市信安湖保护条例》《衢州市燃气管理办法（草案）》市立法调研。

【推进规范文明行政执法】 强化行政执法主体资格管理，开展行政执法主体资格清理审查和行政执法证件换发工作，严格把关行政执法主体准入。组织两场全县行政执法人员申领行政执法证考试，全年有412人参加浙江省行政执法证考试，为县政府部门、乡镇（街道）正式在编人员执法证件持有率达80%打下坚实基础。强化信息网上公开工作，要求各有关单位在规定时间节点完成工作，联合县督查室对工作完成情况进行督查，进一步推进浙江政务服务网行政处罚事项工作的实施。强化执法监督检查，根据省市相关要求，共组织举报投诉处理工作、行政执法全过程记录情况、文化领域行政执法情况、行政执法案卷专项监督检查工作，推动执法规范化。下发《龙游县人民政府法制办公室关于报送“需报送县政府审批的行政执法决定事项目录”的通知》，认真做好汇总公布工作。强化执法监督队伍建设，根据《龙游县政府特邀行政执法监督员制度实施办法（试行）》，面向社会公开选聘11名政府行政执法监督员，组织特邀行政执法监督员积极开展监督活动。

图51　5月4日，龙游县举办“2017年度浙江省行政执法证考试”综合法律知识培训

【提高预防化解矛盾纠纷的能力】 积极主动开展应诉工作。2017年县政府收到行政应诉案件8件；法院共受理部门、乡镇（街道）行政应诉案件52件，其中机关负责人未出庭应诉2件，败诉6件。发挥行政复议职能，以“慎审”的专业态度积极办理行政复议案件，准确把握受理条件，做到符合条件的依法受理，不符合受理条件的做好说明解释工作；提高听证率，强化法律文书的说理性，努力化解行政争

议，实现案件办理的法律效果和社会效果相统一。至年底，共接到行政复议11件，其中不予受理3件，其余均已审结，行政复议听证率达75%，行政复议结果均已网上公开。抓好行政调解工作，积极参加衢州市法制办牵头举办的行政复议与行政审判暨行政调解联席会议。坚持重心下移、关口前移，整合人民调解、行政调解和司法调解的资源力量，建设社会矛盾纠纷“大调解”工作体系，共设立调节机构数94个，配备调解员316人，其中专职124人、兼职192人，全年共受理调解案件19682件，调解成功率达93.8%。

【加大法治宣传力度】 落实学法计划，提升队伍法治能力。制发《县政府常务会议学法制度》，抓住“关键少数”，组织开展法治政府（依法行政）专题研讨班、领导班子集体学法。积极参加省市法制办开展的行政复议、行政机关合同等各类培训，加强自身素养，提高业务能力和水平。加大法制信息宣传报送力度，充分利用政府网站及微博平台等网络平台，及时报道县政府法治工作情况和动态，切实做好法治信息宣传的基础性工作。深入开展法制宣传工作。根据龙游县实际及时做好政策法规信息公开，加大法制新闻宣传力度，宣讲法治政府和依法行政工作。及时宣传好经验、好做法，提高政府法治工作透明度，树立政府法治工作良好形象。

（县法制办　卜启丰）

政法委及综治工作

【概况】 2017年，龙游县政法工作以提升“平安龙游”建设社会化、法治化、智能化、精细化、专业化为基本要求，以“四个平台”建设、“村情通+全科网格”推广为重点，坚持服务发展，防控风险，破解难题，补齐短板，持续推进“平安龙游”“法治龙游”建设，圆满完成护航十九大等维稳安保工作任务，保障全县社会大局持续平安稳定。全年有效接警数63185起，同比下降17.9%；发生刑事案件1128起，同比下降36.4%，无较大以上安全生产事故发生。龙游县连续11年被评为浙江省“平安县”，获“全国平安建设先进县”称号。

【服务保障全县中心工作】 立足本职工作，强化服务保障，围绕村社换届选举、“剿灭劣Ⅴ类水”、“城市东进”、“拆建改整”、衢宁铁路征迁以及重大项目建设等全县中心工作，找准切入点，牢牢把握服务转型升级组合拳。规范开展重大项目第三方评估机制，规范开展项目合法性、可行性评估，服务保障重大决策，全年完成城东新城征迁项目、青龙山生活垃圾热解气化、衢江二期治理等项目的第三方评估。

【提升社会治安防控水平】 推进“雪亮工程”建设，提升社会治安环境，实现监控探头行政村全覆盖。积极开展“一三五”（一个预案、三项机制、五类流程）应急处置，在龙游火车站、长途客运站、公交总站、县政府以及学校、人民医院、荣昌广场、世纪联华超市等人员密集场所增设警务平台，常态化安排警力，确保首批处置警力在规定时间内到达现场。坚持专群结合、群防群治，继续加强村级各类义务巡逻队伍建设，组织全县党员、平安志愿者等各类专兼职力量开展“护航十九大”“平安使者”“平安巡逻”“文明劝导”等主题实践活动，在街面、居民小区开展平安巡逻。至年底，全县有平安志愿者1.6万余人，全年平安巡逻10万余人次，形成社会治安齐抓共管的良好局面。

【推动基层治理现代化】 推进“四个平台”建设顶层设计，统筹推进，形成15个乡镇（街道）“四个平台”主体框架，各乡镇（街道）综合信息指挥室实现改造升级，全科网格划分全部到位。8月，县综合信息指挥中心投入运行。同时，在东华街道张王村先行先试的基础上，探索“村情通+全科网格”新时期农村共建共治共享模式，取得良好成效。全县262个行政村实现村情通全覆盖，农村群众注册超

图52 全国劳模、调解能手张求水（左二）调处纠纷

18.1万人，实名认证9.5万余人。整合平安综治、食品安全、劳动保障等18类43项工作内容，纳入全科网格管理，细化工作规范，制定乡镇（街道）全科网格考核办法和网格员经费管理办法。各乡镇（街道）通过考试选拔确定网格长614名，明确统一标识，配备统一装备。

【健全“大调解”机制】 坚持矛盾纠纷早预防、早发现、早解决的原则，落实矛盾调解以奖代补制度，切实增强基层人员发现问题、化解矛盾的主动性和积极性。积极开展领导干部“大接访”“大下访”活动，落实领导包案和部门乡镇联动化解机制。开展司法行政法律服务中心创星建设，指导各行业调委会规范运行。深入推进矛盾纠纷化解多元化，发挥调委会、“夕阳红”、“龙游大妈”、“援前调解”和片区“知名调解室”作用。2017年，全县共排查各类矛盾纠纷7012件，调解处理6776件，成功6647件，调解成功率达98.1%。

【平安宣传】 多形式开展以平安三率、网格员知晓率为重点的宣传工作，不断拓宽平安综治宣传渠道，线上用好微信、微博、平安浙江APP、村情通等网络平台，线下大幅提高“平安龙游”标语宣传覆盖范围，公共自行车棚、村（社区）居民小区、主要路口、出租车广告屏、各类机构电子屏等载体均已布置平安公益广告。组织开展“深化平安建设、冲刺平安金鼎”主题集中宣传活动，发挥网格员、平安志愿者作用，平安巡逻深入大街小巷，入户走访活动常态化开展，在全县中小学校发放平安调查问卷5万余份，进村入户发放平安倡议书10万余份，形成平安龙游共建共治共享良好局面。

【提升政法队伍素质能力】 以“两学一做”为抓手，通过组织参加全国政法系统电视电话学习讲座、中共十九大精神学习贯彻等活动，深入学习党章党规党纪、十九大和习近平总书记系列重要讲话精神，强化政法干部党性修养和底线意识，培养忠诚意识、纪律意识、规矩意识和法治观念。认真落实“分工明确、责任具体，一级抓一级、层层抓落实”的党风廉政建设责任体系，深入推进作风建设，坚持抓工作纪律不放松，加强正风肃纪和督查巡查，做到发现苗头及时提醒，严重违纪立案查处，确保队伍纪律作风不断好转。

（县委政法委 朱庆宵）

公 安

【概况】 2017年，龙游县公安局在县委、县政府和上级公安机关的领导下，牢牢把握习近平总书记“对党忠诚、服务人民、执法公正、纪律严明”的总要求，以中共十九大维稳安保工作为主线，坚持“稳中求进”总基调，服务中心，保障大局，做强主业，打牢基础，营造安全稳定的社会治安环境。全县共接警71152起，有效报警42878起；受理行政案件5573起，查处1260起，行政处罚1166人次；报立刑事案件1238起，采取强制措施783人，移送起诉641人；发生道路交通事故194起，其中死亡26人、受伤168人；发生火灾事故83起，其中死亡2人，直接经济财产损失279.9万元。获2017年度县机关部门综合考核一等奖和“最满意单位”荣誉，被县人民政府授予集体三等功，连续第8年获得“浙江省公安机关执法质量优秀单位”，获2017年浙江省“模范公安局”荣誉称号。

图53 十九大安保期间，专业巡查力量动中备勤

【完成中共十九大维稳安保任务】 把中共十九大维稳安保工作作为压倒一切的政治任务，秉持“一切围绕安保、一切服务安保、一切服从安保”的理念，实现“龙游不出事”“北京不去人”“四个不发生”总体工作目标。对全县254名重点人员逐人制定管控方案，对45名三级以上重性精神病患者建立一人一档，严格落实涉恐关注群体“四见”核查工作，确保不漏管、不失控；严格落实领导包案制，全力化解信访案件，共受理各类来信来访231件，信访窗口日常接访195批次、378人次，办结率100%；加强对全县32家网吧、173家旅馆酒店等行业的监管力度，督促整改隐患问题113处，处罚未按规定登记旅馆82家；紧紧围绕危险物品生产、存储、运输、销售等环节开展专项检查，发现整改各类隐患105处；启动白鹤桥公安检查站，确保将安全隐患控制在本地、排除在外围，共出动警力379人次，核查车辆1897辆，核查人员3769名，查获各类违法嫌疑人5人。其间成功破获各类刑事案件195起，打处侵财犯罪嫌疑人48人，查处黑恶团伙2个；查处重大贩卖毒品案件2起，抓获犯罪嫌疑人16人，查获冰毒15克；破获鑫捷、薪洲等公司网络投资诈骗案件480余起，抓获违法犯罪嫌疑人29人；破获龙游首例侵犯公民个人信息案，抓获犯罪嫌疑人2人，收缴非法获利5万余元。龙游县公安局被龙游县委、县政府评为“护航十九大先进集体”。

【护航县重点项目推进】 紧紧围绕县委、县政府决策部署，积极参与护航“城东新区建设”“D级危房搬迁”“衢宁铁路工程”“全县村和社区组织换届”等县重点项目工作，完善信息员队伍和视频监控网络建设，加强涉及县重点工作的不安定因素和网络舆情信息的收集、上报工作，为县委、县政府正确决策提供信息支撑。积极参与“拔钉清障”专项行动，坚决打击破坏重点工程建设的各类违法犯罪行为，共处置涉拆涉建案（事）件7起，刑事拘留4人，行政处罚32人。在护航“城东新区”重点项目建设中，选派民警到专项办参与工作，推动征迁宣传进村入户。在人口和户籍信息核查阶段，为各征迁小组调取人口户籍登记资料4000余人次。安排警力在征迁范围内开展治安巡逻，对歪风邪气保持高压态势，训诫谈话30人，保障重点工程顺利推进。在D级危房搬迁工程中，组建工作专班逐一入户解读腾退政策，签订腾退协议，完成既定任务并及时查处一起通过网络散布谣言案件，消除社会影响。护选村社换届选举，制定下发《龙游县公安局村和社区组织换届选举“铁拳护选”专项行动工作方案》，参与选举现场维稳安保213场，出动警力1237人次，排查出各类重点人员18人，化解涉选矛盾纠纷11起。

【“最多跑一次”改革】 抓牢浙江省“最多跑一次”改革在衢州市试点的有利契机，将“互联网+警务”建设作为推进“最多跑一次”改革的突破口，以公安大数据为支撑，构建“微警务”网上服务平台，达到“警务掌上公开、百姓掌上办事、警民掌上互动”目标。实现13项业务全程网办、7项业务网上约办、39项业务材料网上预审，网上预约办理户政、出入境证件共计600余人次，网上预审办事材料1700余件，解答网上咨询3000余条，一次办结率由原来的67.9%提升至87.9%。依托衢州公安网上审批系统及电子印章库，打破地域壁垒，所有窗口开通“衢城通办”，实现任一窗口可受理流转其他窗口户政业务，达到群众办证“就近跑”“跑一次”工作目标。共异地受理身份证2452件，异地办理户口簿1298件。

【开展“打侵财、除黑恶、查积案”百日攻坚专项行动】 9月20日，组织开展“打侵财、除黑恶、查积案”百日攻坚专项行动，全警动员、全力以赴，采取刑事强制措施114人。将打黑除恶作为“一号工程”，查处4个涉黑涉恶团伙，采取刑事强制措施61名；以“零容忍”的态度严打毒品犯罪，破获3起重大贩毒案件，采取强制措施14名，查处吸毒人员48名，缴获冰毒30余克，对15人实行强制戒毒；打击侵财犯罪，破获“四海通物流有限公司”高速公路逃费案件，抓获涉案犯罪嫌疑人13人，破获逃费案件3200余起，涉案价值60余万元；落实所队领导包案制，加强矛盾纠纷和伤害案件的排查化解，成功化解积案65起，化解新增矛盾纠纷51起。

【创新“大警种”改革】 深化警务体制改革创新，结合龙游实际，优化警力配置，重构警务运行机制。按照“构建大保障、大指挥、大监督体系，做强基础管控、刑事打击、科技支撑，做专反恐维稳”的改革模式，将全局5个综合部门和16个业务部门重组为1个监督部门（执法执纪监督管理中心）、2个综合部门（政工与警务保障中心、情指中心）、4个执法勤务部门（治安管控中心、刑事侦查中心、科技中心、反恐维稳中心）等7个中心。重建中心管理团队，将指挥层级压缩至3层，先后调整岗位52人，一批年轻民警走上中层岗位；对各中心岗位设置进行核定，将部分中层干部和老同志置换到基层所队；将32名民警置换至派出所、看守所和交警中队，实现警力“无增长”改善，提升警务转型质效。

【探索警务社会化道路】 围绕“1+X”农村警务模式，紧盯“夯实基层基础管理、深化矛盾纠纷化解、着力防控体系构建”三项重点，探索适合辖区实际的警务社会化道路。小南海所推出基础工作外包模式，由乡镇出资从保安公司聘请组建一支网格员队伍，协助派出所开展消防、流动人口及出租房屋专项排查整治工作，共排查整改消防隐患73处，登记出租房屋223户、流动人口2986人。横山派出所、詹家派出所借力当地党委、政府在辖区组建“村警”队伍，实现一村一辅警，代办户籍业务557人次，搜集情报信息213条，协助调处矛盾纠纷97起。湖镇派出所推动党委政府组成非正常死亡调处专班，专业化处置非正常死亡事件，妥善处置非正常死亡事件6起。龙洲派出所以“旅馆行业协会自治”为依托，充分利用业主自管力量，发挥行业协会纽带作用，整顿处罚不如实登记旅馆154家，“四实”登记率同比上升8.7%，涉及旅馆的治安、刑事案件同比下降43.8%和49%。

【“所队合一”警务模式改革试点】 按照“警力整合、资源共享、职能一体、发展共赢”的原则，在塔石派出所启动“所队合一”警务模式改革试点工作。按照“两块牌子、一套班子”的组织架构，建立“由派出所所长对业务、队伍负总责，副所长兼任交警中队长分管交警业务”的管理机制，将交警业务归入派出所日常工作业务范畴，充分发挥“1+1>2”的合力作用，实现“警情统一调度、警力统一调配”，改变以往“交警单打独斗、孤军作战”的农村交通安全管理局面，盘活警力资源，实现一警多能。至年底，塔石派出所共处置交通警情321起，开展道路交通安全、治安防范宣传20余次，发放宣传资料300余份。

【执法规范化建设】 组织开展“大练兵，补短板”执法素质提升工作，梳理433个执法短板，组织开展轮训比武22次，开展庭审旁听6次；提升执法主体素质，全局262人获得中级执法资格，30人获得高级执法资格。编制10类常见案件办理指导手册，构建执法办案“标准流水线”，基层所队全部完成“三位一体”建设，强化人、案、物源头管控。顺应以审判为中心的刑事诉讼制度改革，探索轻微刑事案件、行政案件快速办理机制，全年完成刑事快办18起，完成行政快办128起。建立公检法刑事涉案财物“换押式”管理机制，建成其中市首家跨部门涉案财物集中管理中心；在全市率先成立预审办案队，制定《龙游县公安局刑事案件相对集中办理暂行规

图54 龙游县建成衢州市首家跨部门刑事涉案财物管理中心

定》，实现刑事案件相对集中办理。全年刑事拘留464人，取保候审520人，监视居住12人；向检察机关提请批捕255人，其中批捕183人、不批捕83人，报捕准确率91.26%，无绝对无罪不捕案件；移送起诉641人，存疑不起诉7人，相对不起诉105人，起诉案件准确率98.28%，无增诉、降格处理或放纵犯罪等情况，无滥用职权非法侵害当事人合法权益的情形发生。

【电动自行车免费集中上牌】 以《衢州市市区电动自行车管理规定》制定实施为契机，按照“政府牵头、部门协作、责任明确、齐抓共管”的工作要求，全力推进全县电动车管理工作。在全县设立15个登记上牌点，压缩工作人员休息时间，实现上牌服务的时间节点全覆盖；成立2支临时上牌小组，上门为伊利乳业、维达纸业等30余家企业共1万余名员工免费上牌；携手《今日龙游》、《衢州晚报》、“交通之声”等主流媒体和公安微信公众号，扩大电瓶车政策知晓、支持率，累计发放宣传资料6万余份，发布微博、微信提醒26条，联合主流媒体播报电瓶车管理信息30余次。全县共登记上牌电动车10万余辆，为“以车管人”常态化管理打下基础。

【推进非警务警情分流】 围绕“减负基层民警、化解社会矛盾、优质服务民生”的联动工作目标，积极推进12345政府热线与110报警服务台并轨运行工作机制，积极构筑城、乡、村全覆盖的联动工作格局，促进非警务警情分流。将警情按照“公安机关职责”“联动部门职责”“共同职责”三类划分，实现18类非警务警情的分流。全年共指令联动部门参与处置联动警情7195起，向“12345”政府热线分流非警务警情130起，较好实现非警务联动警情“源头分流、部门综合处置”工作目标。

【打击新型犯罪】 紧盯严重危害群众安全感满意度的新型犯罪，与衢州市公安局反诈中心以及阿里巴巴专业团队紧密对接，成立打击新型犯罪专业队。先后参与公安部督办的“3·13”刷单诈骗案、“6·15”彩票平台诈骗案的全国统一收网行动，破获开心果彩票诈骗案、中山国际通道短信诈骗案等一批大要案件。全年共破获新型案件530起，抓获犯罪嫌疑人64人。

【破获“7·19”抢劫案】 7月，民警在摸排涉赌线索时发现一条抢劫赌场线索，县公安局立即成立专案组，全力开展侦查。经查明，7月19日20时许，范某等犯罪嫌疑人持玩具手枪、斧头、砍刀等作案工具，以持枪威胁的手段到龙游县湖镇镇彭塘村附近竹林内的赌博场子内抢劫，抢得现金34万余元。专案组进行深度研判，连续作战，赴河南、辽宁等省和浙江省杭州、宁波、金华等地抓获抢劫犯罪嫌疑人范某、张某等6人，抓获涉嫌开设赌场的犯罪嫌疑人16名，抓获护赌人员10人，并带破“12·23”金华白龙桥镇某赌场被抢劫案。

【破获“9·17”聚众斗殴案】 9月17日凌晨3时30分许，县公安局接到报警：位于龙游县小南海镇701跑道上有人聚众斗殴。县公安局第一时间组织警力赶赴现场进行处置。经查明，17日凌晨2时许，犯罪嫌疑人陈东海等人与犯罪嫌疑人张建伟等人因债务纠纷引发冲突，双方纠集60余人在龙游县701跑道驾车互撞、持械斗殴，导致2人重伤、多人受伤。因案情重大，该案被衢州市公安局列为挂牌督办的严重刑事犯罪案件。通过3个月的缜密侦查和奋力攻坚，专案人员辗转广西、河南、四川、新疆、浙江等省，最终查明事实，破获案件，先后抓获犯罪嫌疑人45名，采取刑事强制措施41名，查获作案车辆8辆、刀具50余把、防刺服5件。

（县公安局 寿海威）

检 察

【**概况**】2017年，龙游县人民检察院不断深化检察改革,强化法律监督，践行绿色司法，全面从严治检，着力提升服务大局的主动性和人民群众获得感，努力做到“秉持浙江精神，干在实处，走在前列，勇立潮头”，建立完善刑事、民事、行政、控申和专项检察监督的“4+X”检察监督体系，补齐监督短板，以专项带全局,推动法律监督工作全面发展。

【**做好十九大安保维稳工作**】把护航十九大作为压倒一切的头等政治任务，牢固树立总体国家安全观，开展打击危害国家安全和公共安全犯罪、暴力恐怖犯罪、重大涉众型犯罪等工作，全年共批准逮捕26件相关案件的58人，起诉157件195人。开展涉法涉诉信访案件排查清理工作，落实重大敏感案件信息报告制度，建立完善值班备勤制度，对来访信件和检察长批示及时办理，共受理来信、来访65件，未出现涉检信访。针对社区服刑人员重新犯罪的情况,建立责任倒查机制，剖析重新犯罪原因，推动和促进社区矫正工作规范有序发展。积极推进社会关系修复，和解轻微刑事案件26件32人。

【**营造非公有制经济法治化营商环境**】 响应龙游县委、县政府“店小二”式精准服务的号召，与企业构建“亲”“清”关系，做好法律保护、犯罪预防、释法说理等工作，推进龙游工业园区健康活跃发展。通过畅通非公企业寻求司法咨询、司法救济渠道，“零距离”了解企业的司法需求，认真做好涉企案件“后半篇”服务文章，切实改变办案方式，共办理涉及非公企业刑事犯罪案件13件63人。6月，衢州市人民检察院服务非公宣讲团选择龙游作为宣讲首站。

【**“最多跑一次”改革**】 贯彻浙江省委关于加快推进“最多跑一次”改革的决策部署，依托检察服务大厅，主动亮晒办事程序标准，形成各类事项操作指南，实现8小时一站式服务，努力打造手续最简、效率最高、体验最好、服务最优的“四最”检察服务环境，在“查询案件程序性信息，控告、检举、揭发，律师申请阅卷，辩护律师约见承办检察官，未羁押简单案件当事人告知讯问，查询档案文书”等6个事项实现“最多跑一次”。完善案件信息公开网、案件信息公开微信服务平台、官方微信等线上服务平台，健全部门工作衔接机制，加强服务措施公开宣传，努力让群众“不跑腿”和“零上门”。

【**司法体制改革**】 坚持扁平化管理与专业化建设相结合，严格落实员额制，加快推进内设机构改革，统筹推进检察人员分类管理改革，严格执行检察官办案责任制，并建立领导干部办案、检察官绩效考核等机制，取得阶段性成效。5月初，首批15名员额检察官正式开展工作，其中6人自愿放弃原有的中层干部职务，全身心投入更专业的办案一线。8月，完成第二批3名员额检察官的遴选工作。

【**监察体制改革**】 配合做好监察体制改革，开展深入细致的思想政治工作，严明组织纪律。积极与县纪委沟通，通过前期准备、调查摸底、谈心谈话，做好案件线索的清理、结案与移交，顺利完成机构、职能、人员转隶。4月底,完成职务犯罪侦防职能和人员转隶工作，转隶人员13人。加强与县监察委工作的衔接，认真办理县监察委移送案件，确保办案质量和效果。试点开展以来，共受理县监察委移送的职务犯罪案件2件2人，起诉2件2人，县法院依法判决1件1人。

【**诉讼制度改革**】 积极适应以审判为中心的诉讼制度改革。探索认罪、认罚从宽制度，研究悔罪、认罚等办理认定标准流程。制订“四类人员出庭”大练兵、诉前会议等制度，完善普通程序、简易程序、速裁程序有序衔接的多层次诉讼制度体系。通过发挥诉前主导、审前过滤的作用，审前羁押率、轻刑案件起诉率较2016年实现同比“双下降”。全年共受理审查起诉案件484件668人，起诉362件469人，不起诉94件120人，提起抗诉2件，追诉同案犯4人次；共受理公安机关提请批准逮捕案件171件261人，受理本院公诉部门移送逮捕案件1件1人，批准逮捕116件175人，不批准逮捕53件83人，开展立案监督11件16人，刑事追捕1件5人。

图55 龙游县检察院与县教育局签订《预防校园欺凌，建设和谐学校》责任书

【构建生态环境资源体系监督格局】 打造体系化的检察格局，构建“监督惩处+修复补偿+源头处理+教育预防”一体化监督模式，全方位、整体化推进生态环保检察工作。成立生态环保检察办公室，制定《关于开展“治污水行政执法监督专项行动”实施方案》，组织检察人员对治水进度慢的乡镇开展走访和监督。与县水利局共同出台《关于强化协作加强河道采砂管理及渔业资源保护的意见》，在加强河道采砂管理及渔业资源保护与对河道非法采砂及破坏渔业资源违法、犯罪案件的打击力度上达成共识。与县林业局联合出台《关于强化协作加强林业生态资源保护的意见》，设立派驻森林公安机关检察官办公室，强化侦、捕、诉、防的衔接。通过“加强三项协作，构建三个平台，推进两个实践”，确立完整的水源地保护体系，与县水利局、县水务集团、县公安局、县环保局联合出台《关于强化协作加强饮用水源地保护的意见》。针对一些破坏生态环境刑事案件中受损的生态环境得不到修复的现实问题，与林业部门、县法院达成共识，探索建立补植复绿基地和行为人植树造林的督促机制。全年共立案监督涉嫌破坏环境资源犯罪案件4件4人，建议行政机关移送涉嫌破坏环境资源犯罪案件1件1人，对破坏环境资源类犯罪案件批准逮捕1件1人、起诉5件10人、不起诉1件1人。

【未成年人司法保护】 加强政法工作联动、社会资源调动以及与媒体、民众的互动，探索未成年人保护性司法路径。5月，联合8家单位出台《龙游县涉罪未成年人社会观护帮教基地实施方案》，以富有社会责任感和观护能力的爱心企业、社会公益组织、社区、学校等实体单位为依托，帮助涉罪未成年人更好地树立正确认识，顺利回归社会。检察官走进校园，以案释法，通过多种形式推进校园法制宣讲工作。与县教育局建立检校对接的长效机制，得到《民主与法制时报》《检察日报》《浙江法制报》等多家媒体的深入报道和广泛关注，共开展法治巡讲进校园活动7场次，覆盖师生2000余人，建立帮教基地3个。

【助推公益诉讼】 6月27日，第十二届全国人大常委会决定在民事诉讼法、行政诉讼法中增加检察机关开展公益诉讼相应条款，自7月1日起施行。开展“治污水行政执法监督专项行动”，就洗车行业污水违法排放等问题向负有监管职责的行政机关发出诉前检察建议3份；针对杭州富阳工业垃圾运到龙游倾倒的污染环境案件线索，与环保、公安部门密切配合，由公安机关对有关犯罪嫌疑人立案侦查；全程参与在湖镇镇范围内开展打击非法采砂专项整治行动，掌握非法采砂的相关线索，针对存在的行政不作为行为，下达行政公益诉讼案件诉前检察建议2份。

【保障律师执业权利】 由检察长挂帅，采取“请进去、走出来”的办法，征求律师意见建议，构建“殊途同归、和而不同、亲上加‘清’”的新型检律关系。学习“五表一书”做法，建立完善案件信息公开、诉讼节点向律师推送案件进展信息、律师会见网上预约等制度。4月，开通人民检察院案件信息公开网微信平台，有效解决律师提交案件辩护与代理预约申请、查询案件程序性信息、查询法律文书、查询重要案件信息等“最后一公里”问题。

【化解“案多人少”矛盾】 针对刑事案件数量、轻缓刑案件比例居高不下的现状，积极参与浙江省人民检察院“案多人少怎么看、怎么干、怎么变”大讨论，从优化司法资源配置、规制（出台规定进行限制）司法手段运用的角度，推动司法环节妥善治理。同时，优化办案机制，建立完善繁简分流、类案专办、远程办案、刑事速裁等机制。5月，成立由员额检察官、检察官助理、书记员组成的办案组15个，其中包括未成年人检察专案组和生态环境资源保护检察专案组，共办理案件313件，实现司法办案提速增效。

【促进类案犯罪源头控制】 以发案率较高的案件为突破口，开展专题调研，完成破坏环境犯罪、金融犯罪、妨害身份证件管理犯罪、以淘宝“代运营”为由实施诈骗犯罪等多项专题调研，其中《办理伪基站案件存在的难点分析》《提升检察监督的权威性刍议》《如何建立驻派出所检察官联络员制度》等调研文章在《衢州检察》上发表，《检察机关参与破坏生态环境资源犯罪的防治和生态修复》一文获2017年浙江省法学会“生态环境修复法律问题研讨会”优秀奖。

【检察人才培养】 注重检察人才尤其是青年检察人才的培养，使其在法律监督工作中体现责任担当。全年共组织干警参加各类培训300余人次，选派3名干警到龙游县信访局、县政法委、湖镇镇挂职锻炼，7名干警被选入衢州市检察机关首批人才库，4名干警在衢州市人民检察院举办的业务竞赛中获奖，1名干警被选入浙江省人民检察院生态环境检察师资库，2名干警获省级以上先进个人。

（县检察院 巫俊）

2013—2017年度龙游县人民检察院主要检察业务统计

表12

主要检察业务	2013年	2014年	2015年	2016年	2017年
受理审查批捕	216件285人	227件285人	203件278人	186件247人	171件261
受理审查起诉	456件526人	574件807人	544件754人	471件596人	484件668人
提起公诉	420件594人	470件641人	458件626件	414件511人	362件469人
立案查办职务犯罪案件（件）	13	13	19	6	2
立案监督	17件17人	9件9人	11件11人	13件14人	11件16人

法院

【概况】 2017年，龙游县人民法院在上级法院的指导和在县委、县政府支持下，深入学习贯彻党的十九大精神，坚持司法为民、公正司法的工作主线，忠实履行宪法、法律赋予的职责，各项工作取得新进展。全年共受理案件9731件，办结9291件，同比分别增长22.62%和17.31%，一线法官年人均结案287.65件。

【刑事审判】 新收刑事案件385件，审结391件，同比分别下降11.09%和13.30%。判处罪犯505人，其中判处五年以上有期徒刑18人。严惩严重影响群众安全感的犯罪，审结抢劫、故意伤害等暴力型案件47件60人，审结诈骗、盗窃等侵财型案件150件180人，审结交通肇事、危险驾驶等危害公共安全案件95件96人；依法惩处涉众型经济犯罪，审结非法吸收公众存款案件2件，涉案被害人517人、涉案金额7122.5万元；严惩串通投标犯罪，判处罪犯12人；严惩职务犯罪，审结贪污贿赂等案件2件2人。坚持依法从宽原则，对159名罪行轻、社会危害小的被告人依法适用缓刑。审结未成年人犯罪案件9件11人，落实未成年人犯罪记录档案封存制度。注重对被告人人权的保障，为44名可能被判处3年以上有期徒刑的符合条件的被告人指定辩护律师，援助律师出庭辩护率100%。

【民商事审判】 新收民商事案件4566件，审结4432件，同比增长19.97%和17.06%，解决诉讼争议标的13.19亿元。强化调解化解矛盾纠纷，全年以调解或经调解后撤诉等方式审结案件3076件，民事调撤率61.92%，其中交通事故案件调撤率85.75%。审结婚姻家庭、继承纠纷517件；审结劳动争议、劳务合同纠纷82件；审结买卖、承揽、租赁等合同纠纷740件；审结民间借贷、金融借款纠纷1932件，结案标的额7.61亿元；审结建设工程、房屋买卖、租赁、物业服务合同等涉房地产纠纷案件239件。

【执行工作】 新收执行案件4013件，执结3704件，同比分别上升37.86%和27.77%，执结到位标的额6.56亿元，人均结案370.4件。县委、县政府联合出台《关于支持人民法院基本解决执行难问题的意见》，县人大常委会出台《关于切实推进人民法院执行工作的意见》，有力构建“党委领导、人大监督、政府支持、社会各界协调配合”的执行工作格局。与县财政局、发改委、国土局等9个部门建立信用联合惩戒和执行协作机制。依托与银行、房产、国土等单位建立“点对点”网络查控系统，查控被执行人存款、房产、车辆等财产价值9.56亿元。借助公安协控机制，抓获逃避执行的被执行人242人。与中国人民财产保险龙游分公司建立执行悬赏保险机制，加大查找被执行人及其财产的力度。加强信用惩戒力度，将656名被执行人纳入失信名单，通过失信被执行人特制手机彩铃、征信系统、门户网站、户外LED屏幕等平台曝光233人，限制出行、融资、高消费等迫使102名被执行人主动履行义务。开展涉民生案件集中执行、强制腾房等专项行动，坚持24小时执行备勤，假日和夜间执行出警250余人次。严厉打击拒不执行行为，司法拘留207人，罚款244人，追究刑事责任2人。建立执行程序终结案件

图56 6月15日，举行衢市保险行业人民调解委员会龙游工作室揭牌仪式

“回头看”常态机制，恢复执行案件1293件，执行到位金额3.53亿元。开展规范执行行为专项活动，强化整改落实，防范和纠正消极执行、选择性执行、乱执行等问题。

【服务大局】 依法妥善处理城东新区征迁改造、城镇危旧房治理等重点工程涉诉纠纷，助力“拆整改建”行动有序推进。出台《关于为龙游县全面剿灭劣Ⅴ类水提供有力司法保障的若干意见》；审结污染环境、非法采矿、滥伐林木等破坏环境资源犯罪案件8件14人；依法审查涉土地违法、环境污染等行政非诉案件38件，全部裁定准予执行；设立环境资源旅游巡回审判点，助力全域旅游创建。强化“僵尸企业”司法处置，2017年共受理破产案件11件，审结企业破产案件14件，其中破产清算10件、破产重整4件；消除债务总额9.34亿元，化解银行不良资产4.79亿元，引进投资2.09亿元；释放工业用地21.21公顷、厂房18万平方米，安置企业职工653人，通过合并破产、资产处置新增国家税收1600万元，打击逃废债追回财物近390万元，化解执行积案971件。全力抓好中共十九大、世界互联网大会等维稳安保工作，排摸梳理出108件风险案件，严格落实化解稳控责任。认真落实司法人文关怀，依法缓交、减交、免交诉讼费45.63万元，向10起案件中确有困难的当事人发放19.65万元司法救助金。

【司法便民】 建立延伸立案工作机制，探索创新网上立案、跨域立案、延伸立案等方式，打通立案服务的“最后一公里”。加强院机关诉讼服务中心标准化、规范化建设，推进“三大机制”建设向法庭延伸，全面完成三个人民法庭诉讼服务中心改造，为群众诉讼、律师履职、法官办案提供全方位的服务。推行数字诉讼档案远程自助查阅，为当事人、律师等提供档案电子查阅服务1090人次。成立特邀调解团队，实现专业化调解；改革家事审判方式，专辟家事审判调解场所，整合资源开展家事纠纷调解工作；成立市保险行业人民调解委员会龙游工作室，提高交通事故纠纷解决效率；委托人民调解组

图57　12月4日，龙游县人民法院举行第二批员额法官宪法宣誓仪式

织调解案件543件，办理确认人民调解协议519件，诉前化解率11.31%，立案调撤率51.16%。

【阳光司法】 深入推进审判流程、庭审活动、裁判文书、执行信息四大公开平台建设，大力推进庭审直播常态化，网络庭审直播172次。依法上网公开裁判文书，公布裁判文书5514份；公开透明网络司法拍卖，网拍成交93件，总成交额3.76亿元，平均溢价率38.37%，为当事人节省佣金782.34万元。全面应用“一人一案一账号”案款管理系统，让诉讼费、执行款收缴与发放更加安全、更便捷、更高效。

【深化改革】 深化司法体制改革，共遴选入额法官33名，探索建立以员额法官为核心的审判团队28个。推行院庭长办案常态化，法院院长、庭长办结案件4197件，同比增长102.65%，占案件总数的45.17%。践行以审判为中心的刑事诉讼制度改革，落实庭审实质化，完善证据裁判规则。加快智慧法院建设，深化庭审记录改革，运用智能语音识别系统审理各类案件2381件。推进电子卷宗随案同步生成和深度应用，提高智能化办案水平。建成执行指挥中心，有效提升执行工作信息化水平和快速反应能力。

（县法院　黄马强）

2013-2017年度龙游县人民法院案件收结统计

表 13

年份	刑事案件				民事案件					
	收案		结案		收案（件）			结案（件）		
	件	人	件	人	婚姻家庭继承纠纷	合同纠纷	权属侵权纠纷	婚姻家庭继承纠纷	合同纠纷	权属侵权纠纷
2013	423	605	425	593	457	1387	636	453	1341	655
2014	464	626	458	610	506	1582	769	505	1605	762
2015	472	648	441	634	514	2131	965	493	2002	941
2016	443	554	464	584	727	2941	797	698	2939	710
2017	385	481	391	505	521	3692	729	510	3636	704

司法行政

【概况】 2017年，龙游县司法局全面贯彻落实中共十八届历次全会和十九大精神，按照“干在实处、走在前列、勇立潮头”新要求，以“护航十九大”为主线，以“两学一做”为载体，以提升司法行政工作法治化水平为目标，着力构建“大普法、大服务、大调解、大管控、大发展”五大格局，全力服务经济发展，保障社会稳定，不断开创司法行政新局面。

【进行普法宣传】 制定并下发全县普法依法治理工作要点及目标考核细则，将“七五”普法规划及“谁执法谁普法”工作纳入县普法领导小组成员单位年度考核。成立普法讲师团，调整县普法教育领导小组成员，指导全县各单位调整和完善由普法骨干组成的县普法联系员队伍。龙游科力印业有限公司和县交通局2个单位被确定为其中市“七五”普法联络点。深化普法责任制落实，组织各乡镇（街道）、部门开展宣传教育活动，形成部门分工负责、齐抓共管的法制宣传教育格局。接受人大、政协的监督，通过提案建议、专题面商为全县普法依法治理工作“把脉问诊”。以“七五”普法为契机，组织律师、基层法律服务工作者、司法所干部走村入户，围绕“大拆大整”“村级换届”等专项行动开展普法宣传活动，为整治行动提供法律政策支持，为推进“法治龙游”提供有力保障。全年开展各项重点工作法制宣传活动358次，出动宣传车428次，张贴标语、悬挂横幅510多条，发放普法宣传挂图2700多张，发送宣传资料2万余册。组织全县102名新任领导干部参加任前法律考试，组织764名行政执法人员参加持证上岗法律考试及“公务员三年轮训行动”法律考试，组织98名新任公务员参加初任法律考试。

图58 开展“普法宣传进工地”活动

【更新普法平台】 改版更新“龙游司法”微信公众号，开启微信朋友圈广告推广模式，开通手机短信普法平台。全年发送普法短信60万条，更新龙游普法微信35期，推送微信广告26次，点击次数达到54万人次。利用报刊、电视、宣传栏、标语、读本、咨询等形式，围绕我县重点工作开展各类法律法规和政策的宣传，巡回播放60场法治电影，制作法制宣传片投放到全县10条主要线路40多辆公交车车载电视，精心打造城区3条法治文化长廊、农村2个法治文化公园。推进公共法律服务网平台建设，建成后的服务网包含“我想咨询”“我想查找”“我想办理”“我想学法”“我想参与”五大模块，面向群众提供便民一站式服务。

【开展法律服务】 整合司法行政法律服务资源，开展“惠企便民”工作。实施基础法律服务项目、“互联网+新形势法律服务”等20条惠企便民系统政策，参加重点项目法律服务，化解社会矛盾。参与法制宣传247场次，提供法律咨询1100人次，参与矛盾化解352件。担任破产管理人，平稳处置“僵尸企业”。有6人次律师参与“僵尸企业”处置工作，涉及僵尸企业3家，涉及企业员工136人，引导1家公司走重组程序进行转型升级，为2家企业提供破产清算服务。创新村（社）法律顾问工作方式，完善村（社）法律顾问E服务微信群，实现全天候的法律顾问掌上服务。为县长信箱提供法律咨询，配合提供法律服务。借助“四个平台”，强化纠纷化解、社区矫正、安置帮教的全方位整合，开展司法所“争星创优”活动。加强公共法律服务中心规范化建设，全年共接待群众电话、现场咨询2153件，受理法律援助申请491件、医调会申请12件，办理司法鉴定案件431件。

【推进法律援助和公证服务】 推进“援前调解”工作法，将法律援助与人民调解有机结合。全年共为213位农民工提供法律援助，为农民工讨薪403万元。办理法律援助案件579件，其中刑事案件113件、民事案件465件、行政案件1件，解答法律咨询720人次。构建援助网络，设立县、乡镇（街道）、村（社区）三级法律援助服务中心站点，除依托基层司法所在15个乡镇（街道）设立的“法律援助服务站”外，还设立272个“公共法律服务点”，覆盖全县262个村和10个社区，打通法律服务“最后一公里”。拓展公证服务领域，提高公证服务质量，实行公证便民政策，对城市东进征迁村民和65周岁以上首次办理遗嘱公证的老人免收公证费。设立老、弱、病、残等特殊人群绿色通道，对行动不便且提出申请的特殊人群提供上门办证服务。将法定的办证期限由15天提速到7天，全年办证1774件，其中经济640件、民事698件、涉外404件、涉港澳台32件。

【健全“大调解”体系】 健全全县人民调解组织网络，利用公共法律服务站点、专业性人民调解组织、“龙游大妈”等群体优势，共同做好矛盾纠纷调处。至年底，全县共有各类人民调解组织301个。指派基层科室干部直接参与村级换届选举、城市东进等工作。推行“互联网+”调解新模式，指派专家远程参与案件化解。完善律师调解制度，规范律师参加矛盾纠纷化解，游龙律师事务所锦林团队2017年参与配合公安调解纠纷结案32起，引导并提供法律援助起诉案件22起。发挥县人民调解委员会的作用，积极参与全县重大疑难复杂纠纷化解和信访积案处置工作，全年化解重大疑难复杂纠纷1件，化解信访积案1件。县调委会主任贾柏生被司法部授予全国模范人民调解员称号。

【完善人民调解工作】 按照“三个一”［即矛盾纠纷村、社区每周一排查；乡镇（街道）每半月一梳理；指导中心每月一汇总研判］机制建设要求，筹建“我为东进出把力”人民调解志愿服务团，化解疑难复杂纠纷50余起，当事人满意度达100%。推行维稳调解力量“总动员”模式，集结乡镇干部、村两委、村民代表、乡镇（街道）和村聘法律顾问、法律见证人等力量，全年共排查各类矛盾纠纷8426件，调处8150件，调处成功7986件。将全县各乡镇（街道）、村（社区）、行业性专业调委会的调解员全部纳入评定范围，累计申报一级人民调解员10名、二级人民调解员79名、三级人民调解员32名。通过调解案卷格式的统一和“以奖代补”审查，开展集中培训、以会代训，提升调解员业务水平。

【规范社区矫正管理】 坚持“监管在机关，矫正在社区”的理念，推进县级社区矫正中心建设，完善村（居）社区工作站建设，推广使用电子腕带。规范运行社区矫正指挥中心，在县法院设立市内首个社区矫正宣告室，进行社区服刑人员报到谈话教育198人次。完善工作体系，开展矫前调查和衔接工作。走村入户深入基层，核实调查、分析资料、评估报告，矫前调查累计182人次。加强与法院、监狱、看守所、司法所的工作衔接，完善社区服刑人员交付执行环节，实现无缝对接。依据社区矫正管辖地原则，严格核实户籍地、居住地，对不符合条件的退回，重新确定矫正管辖地，核实后退回法院重定矫正执行地15人。加强督查，规范基层社区矫正执法，积极推进与法院系统信息化对接工作和社区矫正信息化“大平台”建设。开展社区日常矫正工作，对司法所服刑人员的监管、教育、考核及社区服刑人员执法档案、月度台账进行指导和督查，发现问题及时整改，全年走访督查司法所66次。深化公检法司社区矫正联合执法大检查，杜绝因法律文书交接脱节而造成社区服刑人员脱管现象的发生，全年共核查信息5250余人次。

【加强律师队伍建设】 抓好日常业务和教育管理工作，组织律师、基层法律服务工作者参加会议、培训、理论实务研讨等活动。将“两学一做”与律师职业道德及执业纪律教育相结合，推进“三名”工程创建，落实律师执业保障机制，规范法律服务执业行为。创新监管方式，健全法律服务“双随机一公开”抽查工作制度，全年累计开展双随机抽查56次，涉及12项抽查服务事项。完善和维护随机抽查对象名录库、执法检查人员名录库，制定随机抽查事项清单，不断提高执法监管能力。全县共有律师事务所5家，执业律师27名；基层法律服务所5家，基层法律服务工作者27名。

图59 12月1日，县司法局组织开展十九大报告基本知识考试

【打造司法行政铁军】 坚持集中学习和自学相结合，深入学习党章党规和习近平总书记系列重要讲话；坚持典型示范和警示教育相结合，开展岗位廉政教育和“以案释法”警示教育，组织开展重走长征路、重温入党誓词等活动；坚持领导带头与全员参与相结合，参加96345志愿者法律服务、义务巡逻、文明劝导等各类活动。开展各项学习58次，专题讨论8次，集中党课48次。正风肃纪检查19次，廉政谈话73次，以“练内功、强素质、树形象、创品牌”为宗旨，开展岗位大练兵。开展以政治理论、常用法律法规、业务知识、警示教育和理论调研等为主要内容的理论知识学习，推动司法干部适应司法行政工作新常态。积极选送工作人员参加国家和省、市、县四级培训，组织工作人员报名参加行政执法培训和考试，每年举办集中培训、每季开展社区矫正执法检查、每周召开工作例会，全年组织并参加各类培训180余人次。始终坚持用最优秀的司法行政人培养更优秀的司法行政队伍原则，对新录用的青年干部推行“传帮带”。安排年轻干部在任务繁重的科室、一线岗位锻炼，全方位了解业务工作，熟悉业务、提升能力，为工作发展积蓄后备力量。全年开展青年岗位练兵活动22次，开展培训80余人次。

（县司法局 邹敏辉）

2017年度龙游县人民调解工作基本情况表

表 14

人民调解单位	调解纠纷（件）									调解结果（件）				
	婚姻家庭	邻里	赔偿	劳动	土地承包	征地拆迁	房屋宅基地	交通损害	其他	累计数			非正常死亡纠纷	疑难复杂纠纷
										排查	调处	成功	累计	累计
龙洲街道	8	10	2	—	1	—	2	—	—	353	346	345	3	4
东华街道	5	3	11	—	2	7	1	—	2	782	761	743	6	25
湖镇镇	11	8	10	—	—	—	7	5	—	401	395	392	6	13
小南海镇	7	10	4	—	13	—	15	—	1	594	594	593	—	1
溪口镇	3	3	3	1	—	—	2	1	—	195	195	195	1	3
塔石镇	4	12	—	—	2	—	—	—	—	328	328	328	1	6
横山镇	—	3	1	—	—	—	—	—	1	137	137	137	1	2
詹家镇	23	20	6	—	4	—	12	—	4	743	743	743	2	15
模环乡	4	26	23	—	—	—	—	1	2	272	272	272	4	8
沐尘乡	1	3	2	1	—	1	2	—	1	258	258	258	—	—
石佛乡	3	5	2	—	—	—	2	—	3	195	195	195	—	—
庙下乡	—	—	—	—	—	—	—	—	—	89	89	89	—	1
罗家乡	8	15	1	—	5	—	—	—	—	361	359	359	—	—
社阳乡	—	1	—	—	—	—	—	—	—	35	35	35	—	—
大街乡	—	14	1	—	—	—	1	—	2	228	228	228	—	—
工业园区	—	—	—	7	—	—	—	—	—	31	31	31	2	4
小 计	77	133	66	9	27	8	44	7	16	5002	4966	4943	26	82
行业调委会	33	—	12	19	—	4	—	44	153	3424	3184	3043	—	—
合 计	110	133	78	28	27	12	44	51	169	8426	8150	7986	26	82

道路交通安全管理

【概况】 2017年，龙游县交警大队以“两学一做”学习教育活动为载体，紧紧围绕“十九大安保”和“三个不发生”创建工作，以“建一流队伍、创一流业绩，树优良警风，让人民满意”为工作目标，奋力拼搏，扎实工作，交通管理工作和队伍建设取得一定成效，为全县社会稳定和经济发展营造安全、有序、畅通的交通环境。全年共查纠各类交通违法行为167273起，其中现场处罚61809起、一般程序处罚1857起、非现场处罚105464起；重点违法查处中，有超速行驶16431起、饮酒后驾驶293起、醉酒后驾驶46起、无证驾驶315起、行人及非机动车违法13251起；暂扣驾驶证235本，吊销驾驶证32本，行政拘留54人。全年共接警15687起，其中一般程序办理事故194起、简易程序办理事故6985起，共发生上报交通事故194起，死亡26人，受伤168人，直接财产损失86.62万元，“四项指数”均实现稳中有降。

【春运安全管理】 春运期间，交警大队紧紧围绕“保安全、促畅通、护稳定”的工作主线，通过完善应急预案、严密路面管控、狠抓源头管理、强化交通宣传等系列措施，大力开展春运道路交通秩序整治，确保全县道路交通安全畅通有序。春运期间，交通事故共接警2104起，发生死亡交通事故7起，死亡7人，未发生一次死亡3人以上的交通事故，未发生重大交通拥堵事件，全县交通安全形势总体平稳。

【“最多跑一次”改革】 提升窗口服务形象，组织车管所及其他窗口单位工作人员进行礼仪和业务培训。按照全面梳理、分类要求，对现有交管服务项目进行全面梳理，对有条件实施“最多跑一次”的工作列成清单，全年各路面中队共办理下放的交管业务32起。将原事故处理中心改造升级为新的车管服务大厅，优化大厅办事环境，设置机动车查验区，新增排队叫号机，扩大考试教室面积，增设导办员，引导群众办理和咨询业务。在办证中心、开发区管委会、东华派出所及交警各路面中队分别设立交管服务中心，实现交管、出入境、户籍业务等业务通办。至年底，共办理普通摩托车、低速车、轻便摩托车类的新车注册5445辆，补牌425辆，补行驶证781辆，转移登记165辆，补登记证书169辆，变更1291辆；汽车新车注册5012辆，补牌390辆，补行驶证659辆，抵押登记1267辆，变更登记1198辆，补换合格标志111辆，办理临时牌照6809辆；摩托车年审3616辆，汽车年审8082辆。参加汽车驾驶科目一考试15609人、科目四考试8022人，参加扣满12分学习1520人；摩托车驾驶证初领35人；增驾987人，转入948人，换证7440人，转出244人。

【交通源头管理】 针对危险品运输车辆，将全县5家危险品运输企业及36辆危险品运输车辆纳入规范管理，做到一车一档，并进行每月抽查。自3月开始，公安交警与市场监督、运管、残联等部门针对全县三（四）轮电动车开展联合整治，共查扣三（四）轮电动车463辆，行政处罚219人、治安拘留3人、刑事处罚1人。自11月1日开始，在全县范围内开展二轮电动车登记上牌工作，动员车主购买保险，对电动车实行信息化管理，至年底，完成登记上牌9万余辆。

图60 联合开展三（四）轮车整治行动

【交通隐患排查】 完善道路隐患滚动排查机制，落实隐患整治挂牌督办制度，压实公安、交通、住建等职能部门的整治责任。根据死亡事故隐患排查“回头看”要求，由公安交警部门牵头，组织住建、交通、乡镇街道等部门对交通死亡事故点进行实地查勘，现场理出安全隐患清单，制定整改措施并限期整治。全年共排查道路安全隐患点100余处，全部交责任部门进行整治。

【交通秩序整治】 加强科技队伍建设，聘请专业团队开展道路交通安全决策咨询，先后投入500多万元用于县大队指挥中心改造及新增违章抓拍、道路监控、违法处理自助设备等。在城区推行路面条块结合的“网格化”管理机制，28条主要道路分片包干，实施交通秩序路长负责制。借力县主要领导牵头的“一月一路一督查”制度，对道路交通标志不完整、标线不清晰及车辆乱停放、乱占道等问题进行整改。根据超载超限货车多在夜间上路的特点，联合公路部门安排执勤人员24小时全天候巡查，全年共处理超载超限货车900余辆。紧紧围绕“城市交通拥堵状况明显改善、人民群众满意度明显提高”的总体目标，牢固树立“未堵先治”“绿色出行”理念，全面实施规划、建设、管理“三位一体”综合治理措施。至年底，交通出行拥堵状况得到改善，完成衢州市治堵任务书下达的硬性项目建设任务。开展小城镇交通环境综合治理工作，联合乡镇等部门对辖区占道经营等阻碍交通的违章行为进行整治，建立小城镇交通环境综合整治工作长效管理机制，通过系列整治，乡镇的交通秩序好转，交通参与者的守法率也得到提高。

【交通安全宣传】 以“五进”“爱心妈妈”等活动为载体，以开展查处重点违法行为、礼让斑马线等一系列交通安全宣传教育活动为契机，以宣传交通安全常识为重点内容，以重点驾驶人、学校、重点企业事业单位为重点群体，在创新和拓展宣传领域上做文章，开展全方位、多层次的交通安全宣传教育活动。全年在省级媒体上发表文章23篇、市级21篇、县级82篇，开展交通安全教育“五进”（进乡村、进社区、进企业、进家庭、进学校）宣传75场，在网络上发表微博109条、微信109条。

【交通执法建设】 规范执法功能区使用，配备完整的执法执勤装备，提高全体民警依法行政能力和水平。加强对办案功能区使用的检查督促，合理配置警力，减少执法环节存在的安全隐患。组织民警开展法律知识学习，每月定期组织执法民警开展执法素质培训和岗位执法测试。进一步完善警力配备、防护装备配备，全年未发生一起因防范不到位而造成民警、协辅警受伤或执法对象非正常死亡的执法安全事故。针对交通事故逃逸案件高发的态势，完善交通事故逃逸的侦破机制，有重点地开展事故逃逸的侦破工作。至年底，全县范围内造成人员死亡的逃逸事故全部侦破，有效遏制逃逸事故高发的势头。

图61 开展“交通安全进企业”宣传活动

【队伍建设】 开展廉政风险排查，促进队伍管理工作，共排查出7个方面39个风险点。大队就排查出的风险点制订详细防范措施，确保风险点查找不留死角，防范措施不留盲点，坚决遏制违规违纪事件发生。对于排查出的重点对象或有违纪苗头的民警，大队成立由大队分管领导和中队领导组成的专门帮扶小组，达到“发现一个、帮助一个、改正一个”的目的。成立督查小组，不定期进行监督检查，对民警执勤执法、事故处理、车驾管等业务工作中存在的问题进行纠正，并将督查情况进行通报，使督查工作成为一种常态。落实家访制度，虚心听取广大民警及其家属的意见建议，组建家属微信群，将民警的思想状态、工作情况与民警家属进行沟通，第一时间掌握民警八小时外的状况，有效推动交警队伍的建设。

（县交警大队 徐建宇 潘彩云）

2013—2017 年度龙游县道路交通事故发生统计表

表 15

年份	上报交通事故（起）	死亡人数（人）	受伤人数（人）	直接经济损失（万元）
2013	209	40	235	83.31
2014	188	36	210	79.29
2015	168	36	194	78.86
2016	161	35	182	74.25
2017	194	26	168	86.62

浙江省十里坪监狱

【概况】 浙江省十里坪监狱成立于1952年，地处龙游县湖镇镇境内，占地760.1公顷，2008年被司法部命名为部级现代化文明监狱，2017年被省司法厅授予“智能化现代文明监狱（A级）”称号。2017年，浙江省十里坪监狱以“治本安全观”为统领，紧紧围绕“为党的十九大和浙江省第十四次党代会胜利召开营造和谐稳定的社会环境”这一主线，扎实推进平安、法治、智慧“三位一体”新型监狱和铁军队伍建设，保持良好的发展态势,较好完成全年目标任务。至年底，监狱连续19年4个月无罪犯脱逃，连续18年7个月无重大生产安全事故发生，创历史最好成绩。

【牢固安全根基】 持续推进“四防一体化”建设，完成围墙岗楼改建、封闭物流装卸区建设、隔离网刀刺网维护安装、狱政设施维修及警用品添置。创新推行“无违规三级考评”体系和“罪犯分级处遇”工作，有效降低违纪违规率；3月，监狱成立评估矫治中心，丰富科学评估手段，做好危险性初筛，扎实推进罪犯危险性评估。以“罪犯健康管理年活动”为契机，完善罪犯健康管理长效机制。创新推行罪犯“背对背信息收集”模式和民警“信息分类筛选处置”模式，加大有价值信息奖励力度，精准排查犯情矛盾。

【提升教育质量】 继续深化“5+1+1”(每周5天劳动教育、1天课堂教育、1天休息)教育模式和双证(学历证+职业等级证)教育，全年共完成思想课308课时、文化技术课302课时。深化与龙游县职校合作，为监狱服刑人员开设果树种植、面点师、陶艺等课程，全年共培训并颁发扫盲证书141本、小学证书90本，有398人通过成人初中毕业考试，307人获得成人职业高中证书，1847人通过缝纫车工、水产养殖和养老护理等专业的职业技能证书考试。开设“励志·修心”大讲坛，邀请社会励志代表、国学专家开设精品课程，举办励志讲座；开展书画工艺品大赛、修心健身操比赛、古诗词大赛等丰富多彩的文娱活动；与龙游县委宣传部举行“最美宣讲进监狱暨爱洒高墙”共建活动，9位最美人物和5位“龙游大妈”进监狱宣讲；举办“修心出成果，感恩报社会”大型就业推介活动，在春节、母亲节、助残日、父亲节等重要节日开展亲情帮教活动。

【提高执法水平】 健全刑务新机制，监狱8个押犯监区全部建立刑务办案固定平台，实行办案资格准入制、办案队伍梯队制、案件集中办理制、交叉审案制等四级办案模式。组织开展“刑务技能大比武”活动，监狱共有701人参加助理刑务师资格考试，128人参加初级刑务师资格考试。深化监地衔接工作，开展“监地融合浙江样板”创建,与主要收押地的17个司法局签订衔接协议，与46个司法局（所）举办大型监地衔接联席会。常态化开展社区矫正人员回访帮教，定期赴地方公安、司法部门走访交流。建立常态化监地挂职学习制度，选派16名民警到8个县市司法局挂职锻炼。全面落实“谁执法谁普法”要求，强化执法监督和案件评审，实现执法“零差错”目标。

图62 11月14日，十里坪监狱举行“修心出成果，感恩报社会”大型服刑人员就业推介和法律援助活动

【增强保障能力】 快速推进第二备勤区建设，顺利完成21幢房屋主体工程结顶，并通过地方政府部门的联合验收；完成2幢封闭物流仓储用房工程的主体建设及部分市政配套设施建设；推进各关押点围墙岗楼、狱内法庭、监舍规范化改造、伙房与超市规范化改造、武警三化建设等监内项目的实施，积极推动全监危房的排摸与处置，全面完成监内C级危房拆除。不断深化信息化建设和智能应用，加快围墙周界、监舍摄像机和中控门禁系统的升级换代，完成全监监舍和厂区的三级安防机柜整理改造，在四个关押点建成二级分控平台；统筹信息化项目整合，优化智能管理大平台、门禁报警、出入监门人体生物识别、重点小组智能分析等系统，推进三维信息地理地图建设、仓储中心信息化建设、安防平台报警功能设置、公安天网视频接入、监狱生产子网方案设计、数字化法庭及提审室建设等项目。

【生产经营】 有效激发企业活力，以贯穿全年的“三分三保、提质增效”主题竞赛活动为主线，打造多部门联动管理责任共同体。成功协办第八届“东恒杯”技能比武，十里坪监狱分别获得服装类与箱包类团体一等奖、QC（质量管理）成果与质量信得过班组创建均获“国优”荣誉，被浙江省质量协会评为“2017年浙江省质量管理知识普及教育先进单位”“2017年质量小组活动先进单位”。制定出台11项制度规定，规范仓库责任管理、财务收支审批、加工业合同管理、业务接待管理等环节。抓好剿灭劣V类水整治，对第一关押点雨污管道实施整治。邀请省疾控中心对劳动现场职业危害因素进行检测，在第一关押点厂区试点安装厂区负压式通风除尘系统。

【队伍建设】 全面深化“从优治警”和“从严待警”，扎实推进“两学一做”学习教育常态化、制度化，推进“一支部一品牌”建设，丰富主题党日活动载体。深入学习宣传贯彻中共十九大精神，开展“大学习、大讨论、大宣传”活动。开展“千警联心 千家联情”系列主题教育活动，举办青年民警家属报告会暨新民警入警仪式、中层领导家属廉政教育联席会，开展“大家访、大走访、大回访”活动，架好组织与家庭的沟通桥梁。健全“大教育、大培训”机制，完善特警队轮训制度，全年开展监内培训32期，受训2209人次；组织外出培训38期，受训242人次。完善常态化岗位练兵长效机制，被浙江省监狱管理局评为“岗位练兵优胜单位”。加强与地方政府部门的交流合作，全力寻求地方教育、就医、交通资源的帮助；推进第二备勤小区建设、景苑小区环境治理、增建关押点停车棚、开通城际公交、镜湖水系治理等项目，为民警职工创造更好的工作和生活环境。以提升服务水平为核心，“最多跑一次”改革为目标，建立服务承诺、财务窗口受理制度，提升机关服务基层水平。

（十里坪监狱 钟伟）

2017年度十里坪监狱获得的省局级以上集体荣誉

表16

所获荣誉	获奖单位	颁奖单位	颁奖时间
2016年浙江省质量管理知识普及教育先进单位	浙江省十里坪监狱	浙江省质量合格评定协会	2017.02
2016年度浙江省“平安监狱”	浙江省十里坪监狱	浙江省监狱管理局	2017.02
2016-2017年度浙江省监狱系统新闻宣传工作先进单位	浙江省十里坪监狱	浙江省监狱管理局	2017.03
浙江省监狱系统“质量管理小组活动优秀单位”	浙江省十里坪监狱	浙江省监狱管理局	2017.12
省属监狱系统“弘扬职业精神，打造监狱铁军，护航十九大”岗位大练兵活动先进单位	浙江省十里坪监狱	浙江省监狱管理局	2017.12

浙江省十里坪强制隔离戒毒所

【概况】 2017年，浙江省十里坪强制隔离戒毒所紧紧围绕中共十九大平安护航工作主线，扎实开展“规范化建设年”“科学戒毒行动年”及创星级矫治大队、星级专业中心创建等活动，圆满完成十九大护航等各项任务，科学戒毒工作整体水平不断提升，被浙江省委、省政府授予“全省党的十九大维稳安保工作先进集体”荣誉称号，被评为浙江省司法行政戒毒系统先进集体。

【夯实安全稳定基础】 牢固树立安全稳定底线思维，形成“逢会讲安全、重要节点抓安全、所长办公会集体研究安全”的工作机制。实施安全工作“一把手”负责制、“分线包干制”和联系点领导挂钩责任制，层层分解责任、压实责任。启用访客实名登记管理系统，加强对外来施工人员和探访人员的身份审核。开展遵规守纪、百日安全主题竞赛等活动，助力十九大平安护航。建立大队“每日一议、每周一会”和所部“每半月一分析”动态研判机制，全面掌控戒毒人员动态。开展安全稳定责任考核，搭建月文明大（中）队、季度星级矫治

图63 十里坪强制戒毒所被浙江省委、省政府评为“全省党的十九大稳维安保工作先进集体”

图64 11月17日，中共十九大代表、浙江戒毒公益大使、衢州市柯城区人民医院副院长万少华到十里坪戒毒所宣讲十九大精神

大（中）队评比平台，落实安全稳定“一票否决”制。强化安全生产管理，构建“防、控、查、改、育”一体化工作机制，达成第27个安全生产年工作目标，全年实现“无逃脱、无非正常死亡、无毒品流入、无所内案件、无生产安全事故、无疫情、无网络舆情、无信访事件、无民警酒驾、无刑事处罚”的场所“十无”目标。

【提高戒毒矫治质量】 坚持以“双创”活动为抓手，高质量常态化推进浙江“四四五”戒毒模式规范运行，在场所布局上设立生理脱毒区、教育适应区、康复巩固区、回归指导区，实现“四区”分离；在教育管理上形成分类管理、分别管理、分期管理、分级管理四项机制；在戒毒方法上采取医疗戒毒、心理矫治、康复训练、认知矫正、习艺培训五种措施。大力实施文化育人工程，推进“两子文化”（“两子”即“孔子”“棋子”）建设，打造以“守信循礼、明智毅勇”为核心理念的戒治文化。开展情绪调节心理训练、团体沙盘游戏干预、戒毒动机及拒毒能力提升等训练，举办“心理健康服务月”活动，结合贯彻中共十九大精神开展一系列爱国主义教育活动，唱响“爱党爱国、科学戒治”主旋律。举办“百名公益大使百场公益活动”，设立11个戒毒康复联系点，开展戒毒回归人员回访调查，创设回归人员管控新模式。

【推进科学戒毒工作】 探索实践重复经颅磁刺激治疗、戒毒康复操、合理配餐、精准康复训练、防复吸心理行为训练和VR毒瘾评估矫治等6大科学戒毒项目，形成“以项目为牵引、创新为驱动”的科学戒毒工作格局。其中“戒毒康复操项目”被评为2017年度司法部教育戒治优势项目；《强制隔离戒毒人员身体康复训练纲要》康复训练章2.0版研发、康复指导站两个项目被浙江省戒毒管理局评为年度科学戒毒创新项目；“重复经颅磁刺激毒瘾治疗技术”项目、“戒毒人员体能康复处方操”项目获浙江省戒毒系统科学戒毒项目推进奖。因戒毒宣传工作成绩出色，被省戒毒管理局评为“传播浙江戒毒好声音特别贡献奖”。

图65 6月26日，十里坪强制戒毒所八大队政治教导员马庆喜（前排左五）获评浙江省第三届“最美禁毒人”

【增强基础保障能力】 严格安全生产管理，注重全员学习，做好智能预警、挂牌管控、清单检查、销号整改等工作，狠抓消防安全隐患排查整改和生产意外伤害预防。坚持科学管理，修订完善生产组织管理考核办法和习艺劳动组织管理工作实施细则，通过开展优胜分厂、星级生产领导和流水线管理能手评比及每月争创赛、对抗赛和排位赛等活动的开展，激发戒毒矫治人员习艺生产的内在动力。规范财务管理，编制预算决算报表，强化预算执行，全年预算执行率为92.95%，基本完成浙江省财政厅下达的预算执行目标。严格执行《采购工作实施细则》，推进基建工程建设，建成2幢戒毒人员新宿舍楼和1幢档案教育培训中心，并交付使用；改建排污系统、围墙、巡逻道，不断优化场所硬件设施。做好民警职工体检、疗休养等工作，加强“开心农场”的后续管理，走访慰问困难民警和职工，增强民警职工的获得感和幸福感。实施标准化建设，分业务线对制度进行梳理，完成办公后勤、管理矫治、生产财务、政工纪检等综合业务标准化汇编135项，建成特色标准化体系库，促进法治场所建设。

【民警队伍建设】 开展“忠诚、担当、廉洁、活力”主题教育活动，并与“新力精神再诠释，主人翁意识再培育”主题系列活动有机结合，实现主题教育全覆盖。运用党支部“二五”学习会和每月25日的固定党日活动，通过多种形式和载体，掀起学习宣传贯彻中共十九大精神热潮，增强党员民警“四个意识”，坚定“四个自信”。组织开展省厅英模先进事迹报告文学编撰工作，增强榜样的力量，民警马庆喜被评为浙江省第三届“最美禁毒人”，并获司法部“最美法律服务人”特别提名奖；民警叶浩、陆国荣、鲁建生3人被省戒毒管理局授予“践行铁军精神”标兵称号。健全民警培训模式和导师帮扶制度，举办“铁军展风采”警体运动会以及羽毛球赛、乒乓球赛、气排球赛等文体活动，充分展示和提升民警队伍警体技能。选派2批共7名素质过硬民警开展对口援疆工作。开展机关科室和中层领导干部公开选拔和轮岗交流工作。创设“周说廉”“小纪释纪”“廉政约谈”等教育形式，通过“约谈反省”“一案双查”“一案一通报”，增强民警纪律规矩意识，确保民警队伍“打胜战，零自损”。

（十里坪戒毒所 王国文）

浙江省十里坪强制隔离戒毒所获得的省局级以上集体荣誉

表 17

荣誉称号	获奖单位	颁奖单位	颁发时间
浙江省“六无”强制隔离戒毒所	浙江省十里坪强制隔离戒毒所	司法部	2017.03
2016 年度浙江省禁毒工作先进集体	浙江省十里坪强制隔离戒毒所	浙江省禁毒委员会	2017.03
2016—2017 年度浙江省司法厅先进基层党组织	浙江省十里坪强制隔离戒毒所四大队党支部	浙江省司法厅直属机关党委	2017.06
2016-2017 年度浙江省司法厅先进基层团组织	浙江省十里坪强制隔离戒毒所团委	浙江省司法厅	2017.06
2016—2017 年度浙江省“青年文明号”	浙江省十里坪强制隔离戒毒所戒毒专业中心	共青团浙江省委	2017.09
浙江省党的十九大维稳安保工作先进集体	浙江省十里坪强制隔离戒毒所	中共浙江省委、省人民政府	2017.11
浙江省戒毒系统百日安全主题竞赛活动优胜戒毒大队	浙江省十里坪强制隔离戒毒所四大队、七大队、九大队、十大队	浙江省戒毒管理局	2017.12
中共十九大和第四届世界互联网大会维稳安保工作先进集体	浙江省十里坪强制隔离戒毒所所政管理科、四大队、七大队	浙江省戒毒管理局	2018.01
2017 年度浙江省司法行政戒毒系统先进集体	浙江省十里坪强制隔离戒毒所	浙江省戒毒管理局	2018.01
2017 年度传播浙江戒毒好声音特别贡献奖	浙江省十里坪强制隔离戒毒所	浙江省戒毒管理局	2018.01
2017 年度浙江省司法行政戒毒场所“平安建设”铜奖	浙江省十里坪强制隔离戒毒所	浙江省戒毒管理局	2018.01

武　装

概　述

2017年，龙游县军事工作紧紧围绕应急应战的战略要求，学习贯彻中共十九大精神和习近平新时代中国特色社会主义思想，以“召之即来，来之能战，战则必胜”为根本要求，聚力军事改革，切实履行“党管武装”职责，武装为民，确保各项军事工作向着胜利推进。坚持“抓大事、干实事、不出事”的总体思路和“稳中求进”工作基调，抓好组织和训练，同时积极投身社会公益，服务民生。加强队伍建设，强化“四个意识”，健全维稳安保各项配套工作，实现部门联动，为实现区域明珠型城市建设目标保驾护航。人防工作以“基层人防组织规范化建设”“人防工程产权制度改革”为抓手，实现改革创新发展。消防大队明确消防安全主体责任，做好设备检修，加大宣传力度，为龙游打造和谐安宁的消防环境。龙游武警中队加强组织建设，完善政治工作和军事训练相结合的制度，兼顾思想教育和公益行动，打造“威武之师”“爱民之师”。

人民武装

【概况】 2017年，龙游县人民武装部深入学习贯彻中共十九大精神和习主席系列重要讲话精神，全面落实上级党委扩大会议精神，坚持政治建军、改革强军、依法治军，突出铸牢军魂，聚力练兵备战,注重夯实基础。坚持“抓大事、干实事、不出事”总体思路和“稳中求进”工作基调，总体工作成绩显著。县人武部被衢州军分区表彰为2017年度“先进团单位”，人武部部长姜锋华获评衢州军分区“优秀团主官”。

【开展“维护核心、听从指挥”主题教育活动】 引导干部职工和广大民兵深入学习习近平系列重要讲话，坚定政治信仰，突出“忠诚核心、拥戴核心、维护核心”这一根本。结合党委中心组学习，抓好“坚决服从改革大局，立足本职建功立业，振奋精神再立新功”专题教育，促使干部职工自觉站在“维护核心、听党指挥”的政治高度，始终坚守政治纪律和政治规矩，确保部队高度稳定和集中统一。

【专武干部业务培训】 3月22日—24日，组织为期3天的全县专武干部业务培训，培训围绕业务理论、识图用图、步枪射击等课目展开。4月，在衢州军分区组织的专武干部比武考核中，龙游县人武部获综合排名第一的优秀成绩。

【民兵整组工作】 3月初至5月底，按筹划准备、部署任务、全面展开、检查验收四个阶段开展民兵调整改革工作。整组后的基干民兵中，党员占37.9%，团员占37.7%，退伍军人占51.9%。退伍军人服预备役人员中包括高精尖专业技术人员；现役部队预编兵员10多人，地方与军事专业对口人员落实更为精准。检查验收阶段对15个乡镇（街道）和工业园区基干民兵队伍进行抽查点验。

【组织县属应急连训练】 5月16日—19日，组织县属民兵应急连开展森林防火、水上救援、应急维稳三个专业的强化训练。11月14日—15日，组织民兵应急分队进行轻武器使用理论学习，开展分解结合操作和实弹射击。通过扎实有效的训练，提高民兵应急分队遂行多样化军事任务的能力。

【参与非战争军事行动】 6月24日—26日，先后出动水上救援分队100余人次，冲锋舟16艘次，前往小南海镇翠光岩村、江心洲、船厂和湖镇镇杨村等地转移因洪水被困的群众53人，组织运送粮食、蔬菜、矿泉水、急救药品等物资。中共十九大期间，组织民兵300余人次开展治安平安巡逻。全年先后组织干部职工和民兵积极参加抢险救灾、维稳安保、“五水共治”、“创国卫”、美化家园等重要活动。

【国防动员体制建设】 按照浙江省《国防动员建设纲要》的要求，完成龙游县域国防动员机构和办事人员调整。细化国防动员委员会“一委八办”工作职能，落实国防动员工作例会、潜力核查、业务培训、检查考评等工作制度，规范专兼结合、职能明确、关系顺畅的国防动员工作机制。10月，围绕区域国防潜力大数据库建设，扎实开展国防动员潜力核查，先后2次组织“八办”联络员召开潜力数据核查推进会，摸清与作战准备相关的大类及其重要潜力指标，为精确动员奠定基础。

【完成征兵任务】 征兵工作早筹划早部署。结合国防知识巡回宣讲，抓好兵役登记工作；依托电视台、龙游电台、微信公众号等媒体播放征兵宣传广告，发布最新征兵动态。全县52名廉洁征兵监督员全程监督检查征兵工作，廉洁征兵制度得到有效落实。18周岁的兵役登记率达到100%，全年征集大学生及大学新生120多人，创历史新高。

【县委常委议军会】 8月17日召开。县委书记刘根宏主持。会议组织观看龙游经济开发区“四队”兼备应急力量建设宣传片，听取县人武部武装工作汇报。会议肯定全县武装队伍为龙游经济社会发展和社会稳定作出的突出贡献，要求各级党委、政府要从讲政治的高度，关心支持国防和军队建设，确保国防动员和后备力量建设持续发展。会议研究解决了全县行政村（社区）连部规范化建设经费保障问题。

【基层武装规范化建设】 按照衢州军分区基层武装规范化建设柯城现场会精神，抓好乡镇（街道）武装部“两室一库”（办公室、资料室和器材库）和行政村（社区）民兵连部“六个一”（一块牌子、一间办公室、一面旗帜、一套资料、一组版面、一个民兵活动室）规范化建设。10月，按照“全面推进，重点建设”思路，组织龙洲街道、东华街道、湖镇镇按照标准化、箱式化模式完成器材库提升建设。至年底，已完成全县15各乡镇（街道）本级和

图66 6月1日，龙游县人武部召开全县基层武装工作规范化建设任务部署会

50%村社共136个行政村的基层武装规范化建设。

【组织开展返乡退役士兵“六个一”系列活动】 10月27日，龙游县人武部会同县委宣传部、县民政局、县人力资源和社会保障局在龙游县职业技术学校召开全县退役士兵返乡欢迎会。活动包含举行一次退役士兵返乡欢迎仪式、召开一次退役士兵座谈会、组织一场家乡发展成就图片展、制作一份退役士兵服务手册、组织一次退役士兵职业技能培训、组织一场退役士兵专场招聘会，通过开展退役士兵“六个一”系列活动，提升退役军人的荣誉感和归属感，激发他们积极投身家乡建设的热情。

【开展国防教育系列活动】 依托县政府网站、电视、报刊、微信公众号等平台，推动国防教育进机关、进学校、进乡村、进社区、进企业“五进”活动，其中在全县5所中学开展国防知识巡回宣讲。开设“八一光荣榜”，更新完善军人荣誉墙。9月，邀请陆军指挥学院陈向阳教授给县四套班子领导和有关领导干部作国家周边安全形势报告；11月底，邀请地方国防教育艺术团举办《中国梦·强军梦》专题晚会。

【营造“双拥”大氛围】 对全县334名龙游籍现役军官家庭进行大走访；结合纪念建军90周年，邀请县书法家协会、美术家协会到县人武部开展“书法进军营”活动；协调龙游四通家电开展“善行浙江、爱国拥军”活动，向特困退伍军人军属捐赠洗衣机，向烈士军属、转业、复员、退伍及现役军人军属发放“拥军优属补贴卡”。“七一”“八一”期间，龙游县委、县政府领导走访慰问驻龙游部队官兵以及老军人、老党员和特困军人军属。

（龙游县人武部 吴丹）

人民防空

【概况】 2017年，龙游县人防办深入贯彻落实第七次全国人防工作会议和浙江省人防工作会议精神，按照“战时防空、平时服务、应急支援”的使命任务和要求，以开展“基层人防组织规范化建设”“人防工程产权制度改革”两个试点工作为契机，深化改革，促进县人防事业的创新发展。县人防办被浙江省人防办评为2017年度全省人防工作先进单位，被衢州市人防办评为全市人防防空工作先进单位，并被授予人民防空工作产权制度改革创新奖。

【推动人防工程建设】 全年竣工验收人防工程4个，共1万余平方米，超额完成2000平方米竣工人防工程面积的年度任务。全年审批结建工程4个，总面积约15000平方米，易地建设审批项目8个，收缴易地建设费约318万元。

【深化人防“最多跑一次”改革】 梳理人防“最多跑一次”事项17项，其中行政许可8项、行政确认1项、行政征收1项、其它行政权力7项，并通过对比规范，实现与浙江省、衢州市人防系统“最多跑一次”事项的“八统一”。公布具体办事指南，建立一次性告知制度和容缺受理机制，对所有事项均承诺在2个工作日内办结。

【开展人防宣传教育】 结合3月1日的“国际民防日”、5月12日的“防灾减灾日”及9月18日的“九一八事变纪念日”开展主题宣传活动。通过图板展示、发放防空、防灾知识手册等方式，在荣昌广场进行集中宣传；在户外大屏播放人防教育片，在《今日龙游》、“微龙游”微信公众号及龙游广播电视台进行人防知识专题科普。宣传普及易地建设费新征收标准、《龙游县人防工程管理办法》等政策。8月，向各中小学赠送人防教材3000余册，联

图67 9月16日，龙游县举办“平安龙游”暨人防教育进社区文艺晚会

合县红十字会在龙游中学为100余名师生讲解心肺复苏知识以及出血、骨折等意外伤害发生时的处置知识，通过假人模型进行心肺复苏实践教学；9月，在方门街社区开展人防教育进社区文艺晚会，通过文艺节目，生动形象地普及人防知识；10月，在县委党校对98名新录用公务员进行人防知识培训。

【人防组织规范化建设试点工作】 制定《龙游县基层人防规范化建设试点工作方案》，明确人防机关建设、重点镇和社区建设、人防应急救援队伍建设的规范化建设方向。规范机构运行和岗位设置、人员配备，落实岗位责任，建立人防机关独立运行机制；在社区、人防重点镇建立基层人防组织，配备专职或兼职工作人员，初步形成指挥机制；对已建成的7支人防专业队伍及10支民防志愿者队伍开展队伍整组、培训。

【人防工程产权制度改革试点工作】 成立龙游县人防工程产权制度改革领导小组，由县分管领导任组长，各部门领导任小组成员；制定《人防工程产权制度改革试点工作方案》，完成34个竣工人防工程调查摸底及重新测绘评估。借鉴海盐县、桐乡市等地人防工程产权制度改革试点经验，结合龙游实际，起草《龙游县人防工程管理办法》，在征求各方意见及通过县法制办合法性审查之后，于11月12日政府常务会议讨论通过并正式下发文件施行，从人防工程规划建设管理、产权管理、平时使用和维护管理三个方面对龙游县行政区域范围内的人防工程建设进行规范。

【提升应急应战核心能力】 抓好通信岗位日常练兵，每周按时参与短波电台、视频会议、卫星通信日常训练，及时解决线路故障、信号干扰等问题，确保指挥中心正常运行。加强防空警报设施维护，保障“5·12”“9·18”防空防灾警报试鸣任务顺利完成，同时结合警报试鸣，组织社区居民、学校师生约2000人开展疏散演练。完成综合应急疏散基地建设，在湖镇三叠岩建成一处随时可用且满足200人以上人员居住和生活的疏散场所，初步开展疏散场所的指挥信息系统建设，疏散场所视频监控系统也引入指挥中心。5月，在疏散基地承办衢州市人防系统应急救援队集训。完成重要经济目标摸底普查工作，完成龙游县人民防空方案及重要经济目标防护方案。

【推动人防规划与城市规划融合】 以《龙游县城东片区控制性详细规划》等重点区域控制性详细规划修订为契机，落实人防控规要求，初步完成《龙游县城东片区人防控制性详细规划》要求。加强部门间协调，在土地出让时，将人防工程规模、功能、等级等要求纳入地块的规划设计条件中。2017年出让的城东片区B-3地块的规划设计条件中，明确要求该地块的人防工程必须与北面的B-4地块的人防工程互联互通。

（龙游县人防办 郑方明）

乐、“全国道德模范”吴雪文等28名有代表性的社会各界人士为龙游消防代言人，在全县30余块LED显示屏、3大户外屏幕上播放代言人海报、贴画、公益广告视频，以典型代言影响全民消防意识。与龙游县“父子电影放映队”合作，开展“百场消防电影下百村”工作，派放映队深入农村、学校放映消防知识短片，至年底，实现全县15个乡镇（街道）的40余所农村中小学校及262个行政村的全覆盖。围绕“减灾从社区家庭做起”的工作思路，组建“社区消防宣传大使”队伍，每个社区都成立不少于3人组成的团队，实现“一社区一团队”目标，拓宽消防宣传覆盖面。在龙游广播电台开设《消防119》栏目；在龙游县电视台“龙游新闻”栏目播放消防公益广告视频，对重大火灾隐患单位进行媒体曝光；通过《今日龙游》每月发布消防安全知识提示；利用“龙游消防”微博、微信、短信等平台每天发布消防安全温馨提示；借助户外LED显示屏、楼宇电视不间断播放消防宣传标语和消防法律法规，帮助广大群众掌握消防知识，基本实现“宣传覆盖面无缝隙、教育对象无遗漏”目标。

（龙游消防大队 吴宏达）

武警龙游县中队

【概况】 武警衢州市支队龙游县中队位于龙游县模环乡牛岗村，主要担负龙游县看守所外围的武装警戒任务，肩负维护龙游地区社会面稳定、保障人民安居乐业的神圣使命。2017年，中队坚持以习近平总书记系列重要讲话精神为指引，紧盯学习贯彻中共十九大精神这条主线，坚决贯彻落实“全面建设、全面过硬”的总体要求，按照“弘扬一种精神、营造两个氛围、抓住三个不放心，做到四个严格”的工作思路，牢固树立政治意识、看齐意识、样板意识和窗口意识，重点抓党员、抓风气、抓稳定、抓中心，努力实现“固本强基、规制抓建、筑实底线、稳中求进、全面过硬、再创先进”的建队目标。连续3年被武警浙江省总队评为“基层建设先进单位”。

【组织建设】 中队在老兵退伍、新兵补入时，及时增补各类组织的组成人员，吸收责任心强、工作积极主动的官兵进入中队党支部、团支部和军人委员会，完善各类活动小组。围绕政治领域安全问题和“十个一遍”，深入开展剖析、检查，向组织讲真话、交实底，在外人员及时作出书面汇报。处理敏感事项时，坚持队务公开，畅通民主，从支部自身出发，杜绝“微腐败”。中队还设立“意见箱”，结合党日活动及时做好反馈讲评，强化遵章守纪意识，自觉做到防微杜渐。围绕“干部强能力、党员抓党性、士官提素质”的要求，坚持用“制度管、组织管、群众管”的模式，加强中队“三支队伍”建设。

【政治工作】 面对特殊形势任务，注重从思想上、政治上掌握部队，突出抓好党的创新理论学习，用先进的理论武装中队官兵。抓好习近平主席系列讲话的学习，要求每周个人自学一篇、政治教育时间干部解读一篇、班务会骨干领读一篇；发挥好LED显示屏“每日一句习主席讲话”、最新理论宣传橱窗、习主席系列讲话精神图书专柜和流动图书馆的作用。抓好两项重大教育活动，统筹开展“维护核心、听从指挥”主题教育和“两学一做”学习教育常态化、经常性教育，扎实开展“七一”重温入党誓词、学习习主席建军90周年重要讲话、收看朱日和沙场阅兵等党日活动，增强党员意识和党性观念。抓好经常性思想工作，把防范政治领域安全问题和“知官爱兵、暖心育人”思想互助、安全互控活动贯穿经常性思想工作全过程。用好心理测查档案、家长微信群等载体，开展“互帮、互学、互教”，注重问题纠治，为官兵排忧解难。

【军事训练】 学习总部军事训练“八落实”规范，对照新《军事训练与考核大纲》相关内容，抓好教练员集训成果转化，加强对木马、擒敌术、哨兵反袭击动作的研究和训练。坚持“五小”群众性练兵活动，大力倡导结对模式，充分发挥个体素质优势。利用每月量化考评和军事“龙虎榜”展评，对训练突出的个人进行表彰奖励，并在家长微信群予以通报。2017年，中队获得武警衢州市支队群众性大比武团体第五名的好成绩。

【职责使命】 落实“台州会议”和“衢州试点”精神，先后3次会同看守所召开联席会议，共整治隐患4处，对监区大门实行双人双锁，封闭监门与墙体空隙，封锁废弃会见室，为下水道井盖上锁，推进“三化”改造。组织学习执勤事故和执勤通报，汲取经验教训，并结合每月“执勤四优”评选活动，增强官兵严守执勤纪律的自觉性，激发争当优秀哨兵的积极性，确保执勤目标绝对安全。抓好战备落实工作，从处置各类不同情况的出动时间、携装要求、处置战法等多方面严扣细抓；对反恐应急班进行技能考核，熟练使用所配装备，强化应急训练，提高应急班处置突发情况的综合能力。

【拥政爱民】 践行“全心全意为人民服务”的宗旨，平时服务、战时应急，捍卫人民群众的根本利益。弘扬拥政爱民的光荣传统，把驻地当故乡。积极开展“学雷锋”活动，照顾“龙游大妈”中的烈士母亲，逢年过节上门看望，平时互相走动增进感情。帮助附近学校开展国防教育，开放营院供学生参观。与龙游县文化馆共同举办“八一”警民联欢会。响应中共衢州市直属机关工作委员会和武警衢州市支队党委的号召，组织开展“慈善一日捐”活动。

【开展“维护核心，听从指挥”主题教育活动】 主题教育活动分6个专题，每个专题设1个大课、3个小课、1个串讲。中队在组织授课的同时，积极开展“学强军思想、讲强军故事、干强军事业”群众性实践活动，通过故事会、演讲会、读书会、报告会、辨析会和士兵上讲台、军营微课、情景教育等多种形式，增强教育效果。围绕迎接、保卫工作和学习、贯彻中共十九大精神这条主线，争当“四有”（有灵魂、有本事、有血性、有品德）军人，确保党对军队绝对领导的根本原则入心入脑，确保全体官兵永远听党话、跟党走。

（武警龙游县中队 陶海云）

天池荷花（吴永建 摄）

社会事务

概 述

2017年，龙游县社会事业发展始终坚持“民生为本,人才优先”工作思路，以人才工作、民生保障、社会和谐为重点，深入落实“最多跑一次”改革，增强社会活力。稳步推进就业创业，服务意识进一步提高，全县城镇新增就业5702人。社会保障力度加大，社保基金稳步运行，医保改革不断创新，为营造公平、公正、公开的社会保障体系提供有效支撑。制定《龙游县柔性引进人才实施办法》等4个配套实施细则，制发龙游县五大百亿产业、“四优”企业急需人才专业指导目录，组团开展系列人才招聘活动，将人才引进和人才培养体系整合完善。开展“浙江无欠薪”行动，创建“双爱”活动县域试验区，维护劳资双方合法权益。社会救助机制和民政执法机制进一步规范，扶贫工作和社会组织管理工作稳步推进，养老体系不断创新。老年大学和关工委工作积极推进，助力老年人晚年生活和青少年的健康成长，促进社会稳定，保障民生幸福。慈善工作始终围绕“安老、扶幼、助学、济困”的宗旨，全年募集资金378.7万元，援助资金152.96万元。残疾人补贴和康复工作继续开展，鼓励残疾人就业创业，组织残疾人开展业余活动，残疾人工作全面开展。顺利完成县红十字会换届工作，将救灾捐款和防灾应急宣传紧密结合，营造良好民生环境。

就业创业

【概况】 2017年，县人力资源和社会保障局稳步实施就业优先战略，推进创业创新工作，加大技能人才培养力度，有效提升服务供给水平。全县城镇新增就业5702人，城镇失业人员再就业2275人，其中就业困难人员就业795人，城镇登记失业率为2.84%，低于控制指标3.5%。

【公共就业服务】 全年共举办春夏两季大型招聘会、劳务集市、专场和网络招聘会等各类招聘会36场，累计为842家企业提供约2.8万个就业岗位，达成初步就业意向1.18万人次。

图70 6月15日，举办伊利乳业专场招聘会

【劳务协作交流】 建成湖南辰溪县、吉首市、新邵县，云南罗平县，安徽枞阳县5个省外劳务协作基地，至年底，先后组织68家（次）企业赴外开展人力资源协作活动。

【就业创业举措】 龙游电商城成功申报2017年衢州市大学生创业园，至年底，共有在园企业18家。开展“大众创业、万众创新”评比活动，举办“社保杯”龙游县第三届创业创新大赛，共征集创业项目109个，评选获奖入库项目94个。稳步推进农村电商布点扩面工作，新增村级电商创业带动就业示范点20个。新增大学生实践基地5家。优化“4050”社保补贴办理方式，降低失业保险总费率，从2017年5月开始，失业保险费缴费总费率下调至1%，为参保单位减负381.69万元。

图71 9月22日，龙游县举办“社保杯”第三届创业创新大赛

【“最多跑一次”改革】 梳理、公布115项“最多跑一次”事项，编制办理事项服务指南，印发《便民服务事项清单》，明确办理条件、办理材料和办理流程。实行“前台综合受理、后台分类审批、统一窗口出件”的社保经办服务新模式，全年通过龙游县“一窗受理”云平台收件3578件，办结3449件，办结率达96.4%。全县机关事业单位人事业务管理信息系统上线运行，1297家企业通过社保网上申报系统办理社保参保、中断、缴费基数调整等业务；通过政务服务网手机APP软件，查询社保信息，完成养老待遇网上资格认证2万余人。依托16个乡镇（街道）、工业园区服务窗口和30个行政村（社区）服务示范点，梳理业务经办事项55项；通过证照快递免费送达和启动“社银合作”等形式，做到横向到边、纵向到底，实现业务、数据、系统的立体化，建立更加便捷高效的基层民生服务体系。

（县人力社保局 官磊）

社会保险

【概况】 2017年，坚持“民生为本”工作主线，着力促进保障改善民生制度改革，以改革创新补短板，以实干服务抓落实，以防范风险促和谐，有序推进龙游县社会保险工作。全县基本养老保险参保人数293024人，参保率达86.31%；基本医疗保险参保人数398251人，参保率达98.49%；工伤保险参保人数141754人；生育保险参保人数111233人。全县新增五费合征（养老保险）人数2362人，五费合征参保率达82%，人均缴费基数为3007元；新增城乡居民基本养老保险参保人数17753人。

【社保精准扩面】 建立健全全民参保登记动态化信息管理机制，为实施精准扩面提供有效数据支撑。对重点企业跟踪上门服务，实地稽核、督促用工单位参保；按时足额调整发放城乡居民养老、企业职工退休、被征地农民基本生活保障、机关事业养老、城乡居民医疗保险等各项待遇，共计发放359万人次，累计发放金额达13.82亿元。创新启动“社银合作”，城乡居民参保实现“就近跑”。完成老农保制度衔接58756人。6家企业纳入人才集合年金试点参保计划。

【被征地农民参保转保】 围绕服务城东征迁改造、沿江公路、龙北安置小区、石窟旅游配套设施建设工程等重点项目，完善被征地农民参保工作运行机制，做好被征地农民基本生活保障与职工基本养老保险的接转工作。全年累计核定被征地农民参加基本生活保障5011人，转职工基本养老保险5798人，涉及117个行政村。

【医保改革政策】 超额完成城乡居民基本医疗保险银行代扣代缴签约任务。稳步推进医保支付方式改革，县人民医院、县中医院已纳入衢州市14家二级及以上医疗机构总额预算一盘棋管理；做好全县18家有住院医疗服务的定点医疗机构实施DRGS（疾病诊断相关分类，它根据病人的年龄、性别、住院天数、临床诊断、病症、手术、疾病严重程度，合并症与并发症及转归等因素把病人分入500~600个诊断相关组，然后决定应该给医院多少补偿）支付方式改革准备工作。做好分级诊疗改革政策实施后医疗费用差别化支付的审核、结算工作。2家县级医疗机构纳入全国基本医疗保险“一卡通”结算。

【工伤认定和劳动能力鉴定】 建立健全工伤申请登记制度，更新完善劳动能力鉴定专家库，全年完成工伤认定730件，组织开展5次劳动能力鉴定，为236名工伤职工和23名申请病退人员办理劳动能力鉴定手续。

【社保基金运行监管】 全年开展社保基金财务专项检查5次，查处医药机构14家，并责令整改，依法扣回社保基金23万元；查处违规领取社保待遇96人次，挽回社保基金损失93万余元。

（县人力社保局 官磊）

人事人才工作

【概况】 2017年，龙游县人事招考、人事管理工作平稳有序，政策制度规范化建设和人事管理创新性方面取得进一步提升。制定《龙游县柔性引进人才实施办法》等4个配套实施细则，制定龙游县五大百亿产业和“四优”企业急需人才专业指导目录，组团开展系列人才招聘活动，在重视人才基础工作的同时，积极搭建培养企业骨干人才的平台，人才引进培养工作持续加强。2017年，全县晋升高级职称80人，申报引进国外智力项目6个，新增高技能人才取证886人，培养高技能人才1380人，分别完成114.3%、120%、106.7%和106.2%。

【人事招录】 全年面向社会公开招录公务员96人，招录事业单位工作人员400人。完善事业单位分类招聘和提前批招聘办法，规范程序，制定相关工作方案，确保零差错、零投诉。继续加强经济型人才“蓄水池”建设，通过提前批招聘，为龙游县产业发展研究院录用相关人才8名。

【人事管理】 组织开展公务员学法用法培训4期；做好公务员职务与职级并行制度实施工作；完成综合行政执法大队参公备案、机构人员撤并、划转等工作。加强事业单位岗位设置和岗位聘任管理，探索事业单位特设岗位的核准、设立和管理工作；完善事业单位评聘结合的评审推荐机制，按时完成教育、卫生、经信、建设等各系列职称的评审工作。完成龙游县法官、检察官工资套改工作；制定龙游县公立医院薪酬制度改革实施方案。做好优秀公务员健康休养工作。完成衢州市军转办下达龙游县的军转安置任务。

【实施引才工程】 先后8次组织县内五大百亿产业的骨干企业、“四优”企业赴外引进紧缺急需人才，签约223人（其中研究生15人）。推荐市级专家工作站6个、市级创新团队3个，位居衢州市各县（市、区）第一名；深化金昌股份有限公司博士后工作站建设，引进专家及其团队7个，带动项目合作5个，开发新产品6个，授予专利6项，产生经济效益800余万元；推动凯丰新材料股份有限公司与南京林业大学开展校企合作，促成双方达成共建研究生工作站协议。

【技能人才培养】 全县新增县技能大师工作室3家、高技能人才培训示范点1个。组织开展育婴员、中式面点师、网络运营、电工等技能培训班24期，培训学员2296人，组织13家企业开展职业技能自主评价；完成技术蓝领培训761名；举办龙游县首期人力资源管理师培训班。组织开展龙游县第九批拔尖人才、“衢州百工”等多项技能人才评选推荐活动。举办龙游县第六届职业技能竞赛，组队参加衢州市职业技能大赛，并获“优秀组织奖”。

（县人力社保局 官磊）

2017年度正高级专业技术职称获得者名录

表18

专业技术职务	职务获得者及所在单位
主任医师	夏里丰（龙游县人民医院） 雷永珍（龙游县人民医院） 汪　鑫（龙游县人民医院） 占红建（龙游县人民医院） 余功建（龙游县人民医院） 金智敏（龙游县妇幼保健计划生育服务中心）
主任中医师	黄秀君（龙游县中医院）
主任护师	姜亚平（龙游县人民医院） 林海燕（龙游县人民医院） 郑赛红（龙游县人民医院） 琚玫媛（龙游县中医院）

劳动保障

【概况】 2017年，龙游县劳动保障工作以强化日常工作和专项行动为抓手，较好地完成各项劳动保障监察和仲裁工作任务。扎实开展“浙江无欠薪”行动，稳步推进“双爱”（企业关爱职工，职工热爱企业）活动，制订实施方案，开展创建“双爱”活动县域试验区，切实维护劳资双方合法权益，努力发展和谐劳动关系，规模以上企业参与率达100%。全年巡查用人单位522个，受理各类劳动监察投诉案件167件，结案率98.8%；受理仲裁案件总数154件，结案率93.5%。

【“无欠薪县”创建】 根据“浙江无欠薪”行动要求，制定龙游县创建“无欠薪县”工作方案，组织召开龙游县“浙江无欠薪”行动动员部署会，拟定县防欠办实体化办公方案，制定任务分解表，按照时间节点抓好各项工作落实。

【劳动保障日常执法】 加大日常巡查力度，先后开展“农民工工资支付”“劳动合同签订”“清理整顿人力资源市场秩序”等多次专项检查行动。以落实经费保障、夯实工作平台和完善制度建设为抓手，提升劳动监察“网格化”和“网络化”管理水平。

【仲裁机构实体化建设】 新建仲裁庭，并在浙西地区率先配备全套数字化庭审设备，被评为浙江省第二批劳动人事争议示范仲裁庭。坚持“预防为主、基层为主、调解为主”的原则，实现乡镇（街道）、工业园区劳动争议调解中心全覆盖，引导企业推进劳动争议调解委员会建设，充分发挥协调劳动关系“三方四家”（政府、企业、劳动者三方；工会、人力社保局、经济与信息化局、工商联四家单位）会议制度，提升劳动关系调处效能。加强劳动保障法律法规政策宣传，先后发放各种宣传资料1300余份，提供咨询服务200余人次。开展特殊工时审批，涉及9家企业672人，备案未成年工43名。

（县人力社保局 官磊）

民政工作

【概况】 2017年，龙游县民政局以加强“为民解困、为民服务”的能力建设和民政项目建设为重点，以“贴心民政”“法治民政”“阳光民政”为抓手，进一步提升民政工作和“民政人”的社会形象，推进全县民政事业向前发展。全县基本民生不断改善，基层治理不断创新，社会活力不断增强，专项事务管理水平不断提升，年度各项目标任务全面完成，民政整体工作进展明显。龙游县民政局被浙江省民政厅评为2017年度考核优秀单位，获评衢州市民政工作考核优秀单位、市民政信息宣传工作先进单位；连续三年获龙游县“最满意单位”荣誉，获龙游县2017年度综合考核执法及社会事务管理部门二等奖；被龙游县委、县政府评为“十九大维稳安保先进集体”。

【社会救助】 健全社会救助工作机制，通过开展进村入户调查、完善主动发现机制，严格程序，精准吃透全县贫困底子，建立县、乡镇（街道）、村三级纵向救助网络，按照“范围控制、有进有出”原则，对全县贫困人口重新调查摸底，精准识别。完善社会救助体系，全面推进“救急难”工作，贯彻落实上级民政部门新出台的各项救助制度。县社会救助信息平台健康运行，城乡低保管理系统、“五保”及“三无”管理系统等数据与浙江省民政厅系统实现对接；儿童管理系统完成困境儿童的信息录入及管理；医疗救助、临时救助等社会救助开展网上申报及核对审批等业务，各项救助工作都实现动态管理。救助资金实现社会化发放，切实加强救助资金使用的监督管理。困难群众基本生活得到进一步保障，至年底，全县有低保对象10690户共12685人，其中2017年新增低保对象1215户共1373人，有低保边缘家庭5178人，确保绝对贫困现象不反复、不反弹，确保低收入农户收入增长10%以上。元旦春节慰问困难群众1576户，发放慰问金119.26万元；全年共发放各类救助资金7496.97万元，其中低保4656.4万元、医疗救助2556.55万元、临时救助284.02万元。根据浙江省纪委对龙游县扶贫领域监督执纪检查中反馈的问题，核对社会救助对象家庭经济状况12727人次。与县房改办、县车辆管理所、县不动产登记中心、县住房和城乡建设局、县社保局对接，比对相关数据，核对救助对象的房产信息、公积金信息及退休工资等情况。每季度到县社保局核对医疗救助对象的统筹养老待遇情况。11月，全省统一采用浙江省社会救助信息系统，全县救助对象申请上报均通过省系统进行数据的核对，核查内容包括救助对象的婚姻、殡葬、户籍、银行存款以及车辆信息等。

【防灾减灾】 按照浙江省民政厅下发的《避灾安置场所规划管理使用标准（试行）》《避灾安置场所内救灾物资储备标准（试行）》的要求，龙游县最后12个未建避灾安置场所的地质灾害隐患村（社区）着手开展避灾安置场所规范化建设，实现全县地质灾害隐患点所在村（社区）避灾安置场所服务保障全覆盖。开展防灾减灾宣传和演练活动，联合多部门开展防灾减灾政策宣传咨询活动，在荣昌广场开展“5•12”防灾减灾日宣传活动，收到良好效果。强化避灾场所管理，在汛期之前，对避灾场所人员管理落实、避灾场所结构安全、标志牌安装、救灾物资储备等方面进行检查，发现问题及时整改，全面消除避灾场所安全隐患。至年底，全县275个行政村（社区）中建立村（社区）级避灾安置场所145个，覆盖率超过50%，各级避灾安置所的标识牌、指示牌设置率均达到90%以上。全县1个县级避灾安置场所、15个乡镇（街道）级避灾安置场所的标识牌、指示牌设置率均达到100%，村（社区）级避灾安置场所的标识牌、指示牌设置率达91%。实现乡镇（街道）、村（社区）避灾安置场所全覆盖，可转移安置群众2.1万多人。

【流浪乞讨人员救助】 开展流浪乞讨人员“救助管

理宣传月”和“夏季送清凉、冬季送温暖”活动，全年共救助和劝导各类社会求助人员340人次，其中来站救助321人次、上街救助19人次。救助未成年人1人、街头危重病人3人(其中中暑休克1人、双手腐烂见骨1人、烧伤1人)，收治精神病人16人，联系家属接回精神病人3人。组织护送返乡13人次；为46人次自愿离站返乡者提供返乡乘车凭证。发放救助宣传资料150份。为生活无依的流浪乞讨人员提供符合卫生标准的衣服、饮用水、食物、药品等救助物资。至年底，救助站仍有滞留人员21名，其中婴儿1名，另外20人是在康宁医院接受治疗的精神病患者。

【“双拥”优抚和安置工作】 牵头开展节日拥军优属慰问活动，在元旦、春节和“八一”建军节期间走访慰问军分区和驻龙游部队，共走访慰问4支部队，慰问优抚对象245户，发放慰问金、慰问品46万元。落实各项优抚政策，为119名荣立三等功及获“优秀士兵”称号的军人发放奖金5.1万元，发放义务兵优待金591.5万元、高学历入伍奖励196万元、退役士兵一次性退役金678万元。积极探索“双拥”优抚工作社会化途径，制订“一家亲”社会工作室项目计划书，谋划利用社区服务平台，宣传优抚政策，整理、汇总优抚对象的诉求和意见建议。贯彻落实重点优抚对象的抚恤补助政策，做好抚恤定补对象动态管理，坚持每季度对自然减员进行核对。

图72 9月30日，龙游县领导与烈士遗属座谈

为全县60周岁以上农村户籍退役士兵发放生活补助474万元，并完成192名新增人员的信息录入工作。新认定6名带病回乡退伍军人，并及时发放生活补助金。严格做到专款专用，及时发放1、2季度优抚对象人头经费820.1万元。组织民政干部实地调查自谋职业专业士官就业帮扶情况，重点了解用人单位设岗招人的工作程序、转业士官就业帮扶后的工作表现及收入待遇情况、转业士官帮扶后的主要诉求及各乡镇（街道）的意见，为县政府决策提供参考。

【退役士兵职业技能教育培训】 根据就业需求，为2016年秋、冬季退役士兵设置5个职业技能教育培训专业。培训分集中授课、分散实践和就业推荐、技能鉴定三个阶段。经过6个月的培训，94名参训的退役士兵全部结业，经考核，64人取得人社部门颁发的钳工、电子商务2项职业资格证书，89人取得汽车驾驶资格证书，16人取得安保资格证书。

【退役士兵社会化服务工作】 根据上级的统一部署，制订《关于进一步深化士兵社会化服务工作实施意见》。出台具体的实施方案和公司运行方案，通过报名、资格审查、考核评分、公示、岗位选择等程序，开展公司职工招录工作，并加强公司的运行管理。

【涉军群体维稳工作】 对重点涉军群体进行摸底排查，主要是对1978年以来符合政府安排工作的各种退役士兵的类型进行排查摸底。配合上级安置政策进行调研，结合龙游县的实际情况，提出符合实际的意见和建议，为上级部门和县领导当好参谋。县领导两次与转业士官、下岗志愿兵、复员军人代表见面，召开座谈会，听取诉求，交流思想，沟通感情，加强安置政策宣传，做好困难帮扶工作。配合乡镇（街道）和用人单位做好涉军群体的维稳工作，通过召开会议，明确责任，宣讲安置政策，提高一线人员的实际工作能力。加强信息沟通，与乡镇（街道）和用人单位保持联动，做好维稳工作，确保社会稳定。

【婚姻登记】 提升婚姻登记工作水平和服务能力，满足办事群众对婚姻登记服务的需求。完成婚姻登记处迁址搬迁工作。按照“便民、为民、惠民”的要求，创建AAA级婚姻登记机关。全年办理结婚登记2611对，其中补办结婚登记246对；办理离婚登记1092对；补领结婚证1185对，补领离婚证64本。完善婚姻家庭辅导和颁证工作，登记合格率达100%。

【收养登记】 规范弃婴收养登记工作，维护弃婴合法权益。针对不同时间段私自收养弃婴的情况，妥善解决私自收养子女的问题。全年依法办理收养登记17起，办理弃婴登报公告38起，办理收养预登记12对，办理不予解除收养登记1对。接受监外执行期满强制收监人员非婚生子女1名，由县福利院代养。

【民政执法】 加大民政执法力度，顺利完成城市东进、351国道、高坪桥水库等重点工程的公墓、零星坟墓迁移工作。加强殡葬执法工作，对检查中发现的2起乡村公墓的超规格墓葬进行整改；8起群众举报的违规坟墓已妥善解决7起，另1起也在积极处置中。加大对“青山白化”（即因葬坟毁树、多了石头水泥，使原来的青山看起来白森森的一片）的巡查与整治，结合“四边三化”工作对全县县乡道两侧可视坟墓进行摸底排查，对140多处“青山白化”整治点进行整治。对各条整治线路开展定期巡查，确保县乡道两侧不出现新的可视坟墓。

【殡葬改革】 全面落实惠民殡葬政策，全年惠民殡葬资金支出涉及2700余人共190余万元，对基本服务费实行全免政策，全县遗体火化率达100%。开展“殡葬宣传月”活动，利用电视、报刊、横幅、宣传册等宣传工具，积极宣传殡葬改革的重要意义，大力提倡“移风易俗、厚养薄葬”的殡葬新风尚，引导群众选择生态葬法。规范公墓管理，提升公墓档次，完成60处乡村公益性墓地建设，对墓穴、绿化、管理实行统一标准，通过验收后给予财政资金奖补。

【区划地名工作】 龙游县于2014年12月全面铺开第二次全国地名普查工作。至2017年年底，地名普查工作顺利通过了市级核查和省级检查，相关成果材料已上报浙江省普查办，龙游县地名普查工作基本完成，共采集11大类地名信息5329条，标绘1∶50000纸质工作地图7幅，制作地名标志登记表1317条，多媒体信息采集率达100%；修改整饰国家地名数据库矢量地图，生成地名成果图表7份（幅）。深化地名文化建设，完成《龙游县地名志》编纂，全书共23卷632页，101万字，收入各类地名3251条。完成《中华人民共和国标准地名词典》龙游部分，共分41条，条目释文9000余字。完成《衢州市地图集》龙游部分资料收集上报。开展公益性地名宣传活动，以“让地名说话，讲衢州故事”为主题，采取展板巡回展示、“寻找衢州最美地名”征文等形式，开展地名文化进场馆、进社区、进学校活动。完成城区44条主要道路163块新路牌更换。

【村（社）组织换届】 以“选准人、选对人”为落脚点，旗帜鲜明地将加强党的领导贯穿始终，强化选人用人导向，牢牢把握村（社）换届选举的主动权，较好实现“换届时间历届最短、负面问题历届最少、人选结果历届最好”的目标要求。全县共有290250名选民参加选举，参选率达90.9%。选举产生村（居）委会成员884名；村（居）委会主任266名，其中连任185名，占总数的69.55%，村（社）党组织书记、主任“一肩挑”的有10人。

【“村情通”推广】 “村情通”具有便捷、广泛、高效、精准、公开等优势，解决了基层治理当中存在的“四个不”（不公道、不民主、不公开、不及时）问题。至年底，“村情通”已覆盖全县262个行政村，实现全覆盖。全县40万人口中“村情通”注册人数达18万多人，实名认证达10万人，日点击量达到75万余次。以“村情通”APP为基础平台，以网格代办为主抓手，结合“最多跑一次”改革和乡镇（街道）“四个平台”建设，将“云服务”延伸到户、到人，进一步提高基层治理水平，实现服务群众“零距离”。

【社区建设】 根据龙游县十三届人大第一次会议162号代表议案，由县民政局牵头，联系国资、住建、规划、街道等部门，协商解决翠光社区、城角坊社区、兴龙社区的管理服务用房。根据工作需要，在多次调研的基础上，向县政府提交《关于湖镇镇新设阳湖社区的建议》，综合考虑国有农场社区化管理、下山脱贫安置小区管理、高坪桥水库移民安置小区管理等因素，建议在湖镇镇新设阳湖社区，社区总户数为2153户。

【社工队伍素质提升】 宣传、动员、组织社会工作从业人员参加2017年助理社会工作师、社会工作师职业水平考试，新增报考人员9人。2016年，全县考取社会工作师中级职称2人、初级职称4人，至2017年年底，全县社会工作者中已有中级职称8人、初级职称20人，持证社会工作人才同比增长27.3%。兑现2016年社会工作师职称取得者奖励18000元，其中中级职称5000元/人、初级职称2000元/人。

【社会组织健康发展】 加大社会组织培育扶持力度，放宽准入门槛，简化程序。公益慈善类、社会福利类、社区社会服务类社会组织开办资金由3万元降低至1万元，行业协会商会类、科技类、公益慈善类、社区社会服务类4类社会组织实行直接登记制度，允许同一行业根据实际需要成立多个行业协会商会。突出重点，分类指导，形成有序发展的社会组织体系。提供专门场地，命名为“龙游市民爱心社”，让公益性社会组织入驻。探索成立“塔石雅村乡贤会”“塔石莲塘乡贤会”等4家村级乡贤会，实行乡镇备案制管理。登记成立“龙游县一家亲”社会工作室、“龙游县好邻居”互助工作室等一批社区社会工作室；登记成立“龙游县溪底杜居家养老服务照料中心”“龙游县万福居家养老服务照料中心”等4家居家养老服务照料中心；登记村级老年协会15家。加快部门职能转移，建立社会组织承接政府职能机制，“龙游县水上救助协会”在全县水域开展水上救助、打捞等相关业务；县民政局“生活补助经费发放年度核查工作项目”和“关爱空巢老人居家养老服务项目”向两家社会工作室购买服务。加强社会组织党的建设，成立独立社会组织党支部18家、联合社会组织党支部12家，提高社会组织的自身能力。深化行业协会商会与行政机关脱钩改革，注销僵尸社团7个，对25家社会组织法人兼职不合规的进行法人变更。

【移民扶持精准化】 对全县15个移民乡镇（街道）177个移民村开展产业发展规划调查，明确重点移民村基础设施建设和创业致富发展思路，用好用足水库移民资金，确保扶持对象精准。以“厅市合作”创业致富精品示范基地建设为载体，构建“一县一特色、一乡一产业、一村一品牌”的发展格局，以物业经济、来料加工、生态特色产业为创业致富项目的重点，投入创业致富项目资金1359万元，占总资金的50.49%，确保扶持项目精准。以溪口镇大沃口村村庄改造提升规划为切入点，明确建设标准，以点带面，推进移民美丽家园建设。探索实施乡镇报账制度，开展移民资金内部审计，提高移民项目资金拨付率，督促已启动的移民项目加快建设进度尽早竣工、未启动的尽快开工建设，明确项目完工时限，努力提高移民资金结报率，确保资金管理精准。全年共完成项目147个，拨付移民资金3608.16万元，项目完成率和资金拨付率均达93.1%，与上年同期相比有显著提升。精准服务新建水库，主动有为、提前介入，3座新建水库的移民安置工作进展顺利。3月，浙江省新建水库移民安置工作交流培训会在龙游县召开。

（县民政局 罗敏忠）

老龄工作

【概况】 2017年，龙游县老龄工作委员会（简称“县老龄委”）扎实推进养老服务体系建设，开展养老机构服务质量大检查，提升养老机构管理水平，进一步落实全县老年人优待政策，全面开展老年协会登记工作，继续做好老年人综合保险工作，持续抓好敬老月等系列活动，老龄工作取得新进展。至年底，全县有养老机构12家，其中县福利院1家、农村敬老院9家、民办敬老院1家、公建民营养老机构1家；有社会养老床位3035张，每千名老人拥有机构床位31.57张；有城乡居家养老服务照料中心272家，覆盖率达100%；有239人新取得养老护理员职业资格证书；有县老年电大教学点59个；有百岁老人28名，百岁老人数逐年增加。全年共下拨县内各养老机构财政补助资金1593.49万元。

【社会养老体系建设】 开展养老机构服务质量大检查，提升养老机构管理水平。完成全国养老院业务管理系统的两轮信息录入工作，制定出台《龙游县养老院服务质量建设专项行动实施方案》。对全县养老机构自查情况进行逐一核查，根据核查结果及时形成整治方案并组织实施。6家敬老院和1家民办养老院与所在乡镇卫生院签订医疗合作协议；强化护理员素质培训，提升养老院服务质量，与县劳动局、县检察院、县公安局、县消防大队联合举办系列培训活动。

【探索“医养结合”养老服务模式】 2017年，龙游县被列入浙江省首批9个“医养结合”试点县（市、区）之一。县老龄委加强与县卫计局的合作，推进“养”和“医”的无缝对接，建立健全养老机构与基层医疗卫生机构或其他医疗机构的合作机制。1月，“公建民营”的龙游广和长青养老服务中心投入运营。该中心是浙西地区最大的集医疗、康复、养护为一体的医养型养老服务机构，是全省“医养结合”十大试点单位之一。中心占地3公顷，总建筑面积25105平方米，设有床位630张，总投资1亿元。6家农村敬老院和1家民办养老院与所在乡镇卫生院签订医疗合作协议；40%居家养老服务照料中心与所在村卫生室签订医疗合作协议，逐步提升基层医疗卫生机构上门服务水平，老年人健康养老服务可及性明显提升。

【养老服务项目建设】 县福利院和农村敬老院改造提升工程有序推进。11月，县福利院提升改造工程开工建设。至年底，龙洲、詹家敬老院竣工；泽随、龙南敬老院主体工程完工；横山敬老院因地质原因重新选址在横山镇腰塘边村，已签订购买协议。完成7家城乡（社区）居家养老服务中心建设，全县实现全覆盖，并继续做好示范点扩面工作。4月，召开民政助理员会议，布置全县养老服务补贴对象需求调查，对服务对象进行扩面；7月，通过第三方机构对前期调查摸底的情况及养老服务需求对象进行评估。在衢州市率先开展政府购买居家养老照料服务并完成招标工作，引入2家社会组织在全县开展居家养老服务，惠及全县15个乡镇（街道）60周岁以上低收入的失能、失智、高龄、独居等养老困难老年人622人。建立分层次的养老培训机制，积极发挥县职业技术学校养老护理员培训基地的作用，开展养老护理员职业技能培训，全年培训养老护理员122人。联合县检察院为骨干养老护理中心开展以“关爱，在检徽下延伸”为主题的法律知识讲座，提升护理员的职业道德素养。

【农村敬老院安全整治】 与各养老机构签订《消防安全目标工作管理责任书》，建立养老机构智慧用电管理系统，以政府购买服务方式委托第三方管理，对各养老机构进行每月一小查、每季一大检，确保养老机构用电安全。联合县消防大队对养老机构进行“安全大排查、大整治”专项行动，指导各养老机构开展消防安全整改，完善消防安全管理预案，确保养老机构在中共十九大期间安全工作万无一失。2017年，养老机构无安全生产事故发生。

【“银龄互助”活动】 投入财政资金160.95万元，通过政府购买服务的方式，对全县622名符合养老服务补贴的对象提供养老服务。投入财政资金38.13万元，为全县19065名老年人购买综合保险。全年办理老年人优待证1722本。进一步贯彻“最多跑一次”改革，从10月起，老年人优待证可在县行政服务中心二楼现场制作办理。落实老年电大招生任务，

图73 重阳节期间，龙游县委书记刘根宏（右一）慰问百岁老人

2017年春季班、秋季班共招生1300人。继续推行白内障复明工程，为全县103名白内障患者进行复明手术。

【开展“敬老月”系列活动】 重阳节前夕，组织安排县四套班子领导走访慰问百岁老人、特殊老年群体及敬老院特困老人。与县老干部局、县体育局、县老年人体育协会在县体育馆联合开展“庆祝全国第五个老年节暨龙游县老年体艺展示活动”，并表彰省级“敬老文明号”单位和全国孝亲敬老模范先进人物，来自全县各乡镇（街道）的20支老年人健身操参赛队伍约500人进行了精彩的体艺展示。

【发放高龄补贴】 在衢州市率先对全县90周岁以上（含90周岁）老年人发放高龄津贴。以县政府的名义制定出台《龙游县90周岁以上城乡高龄老人生活津贴发放办法》，决定从2017年3月起对全县90周岁以上高龄老人发放每月100元的生活补助，对百岁老人发放每月1000元的高龄补贴。2017年，全县共有90周岁以上老人1225人，共发放高龄生活津贴123.72万元。规范日常工作，做好老年协会登记工作，实现城市社区老年协会全覆盖，农村老年协会覆盖率在80%以上；已建但暂不具备登记条件的农村行政村老年协会全部在乡镇（街道）备案管理。继续开展老年人意外伤害保险购买工作，为全县13435名80周岁以上（含80周岁）老年人、5630名60周岁~79周岁的低保老人购买老年人综合保险，合计支出保险费38.13万元。

（县民政局 罗敏忠）

2017年度龙游县百岁老人基本信息

表19

姓名	性别	出生年月	年龄	补助时间	月补助标准（元）	家庭住址
徐银娣	女	1912.09	106	2012.02	1000	塔石镇舒村村
汪会田	男	1913.05	105	1012.04	1000	石佛乡夏家村
陈根有	男	1913.11	105	2013.01	1000	石佛乡三门源村
裘根美	女	1914.06	104	2013.04	1000	龙洲街道红星社区
余云香	女	1915.11	103	2014.01	1000	龙洲街道红星社区
冯金兰	女	1915.08	103	2014.01	1000	龙洲街道红星社区
王阿凤	女	1915.09	103	2014.10	1000	模环乡湖塘殿村
聂四美	女	1915.04	103	2014.04	1000	詹家镇石亘村
周 香	女	1915.12	103	2016.01	1000	詹家镇詹家村
傅招林	男	1916.04	102	2017.04	1000	龙游县庙下乡长生桥村
范珠凤	女	1916.08	102	2016.02	1000	庙下乡庙上新村

续表

姓名	性别	出生年月	年龄	补助时间	月补助标准（元）	家庭住址
雷玉美	女	1916.11	102	2015.11	1000	庙下乡芝坑口村
杨金美	女	1917.07	101	2016.07	1000	庙下乡陈村村
杨清寿	男	1917.09	101	2016.09	1000	小南海镇傅家畈村
吴守英	女	1917.09	101	2016.09	1000	龙游县龙洲街道清廉社区
邱樟才	男	1917.10	101	2017.07	1000	龙游县塔石镇山底陈村
黄阿香	女	1917.11	101	2016.11	1000	龙游县石佛乡夏家村
毛招林	男	1917.11	101	2016.11	1000	龙游县湖镇镇本级
吴文有	男	1918.02	100	2017.02	1000	龙游县小南海镇鸿陆夏村
何卸梅	女	1918.05	100	2017.05	1000	龙游县塔石镇杜山徐村
陈彩英	女	1918.07	100	2017.07	1000	龙游县小南海镇双潭村
叶树梓	男	1918.07	100	2017.07	1000	龙游县塔石镇后舒村
卢美英	女	1918.08	100	2017.08	1000	龙游县龙洲街道白坂村
张海芝	女	1918.09	100	2017.09	1000	龙游县詹家镇夏金村
袁五奶	男	1918.09	100	2017.09	1000	龙游县模环乡兰塘村
吴光喜	男	1918.09	100	2017.09	1000	龙游县横山镇大平坂村
胡有弟	女	1918.11	100	2017.11	1000	龙游县龙洲街道兴龙社区
傅　国	男	1918.12	100	2017.12	1000	龙游县龙洲街道阳光社区

老年大学

【概况】 2017年，龙游县老年大学坚持“以人为本、科学发展”的理念，在探索中前进，在创新中发展，规范学校管理，共开设文学班、书法班、绘画班、歌咏班、越剧二胡班、婺剧二胡班、月琴班、舞蹈艺术班等21个班级，聘请教师16名（兼职教师3名）。学校办学条件逐步改善，能满足老干部、老同志精神文化生活需求，老同志文化养老工作取得一定成果。

【合理设置课程】 全年开设课程21门，主要包括影视表演、陈氏太极拳、舞蹈艺术等；把时事学习作为所有学员的公共课，不定期组织学习，先后就学习习近平总书记重要讲话精神、迎接十九大等有关事项举行专题报告会。组织部分老年学员和全局党员干部认真收看中共十九大开幕式，领会十九大的精髓和内涵，筑牢老同志“与党同心同德、永远跟党走”的思想基础，汇聚老同志的正能量，积极发挥老同志的作用。通过人员相互传达等方式，面向城区中老年人招生，以老年人为主，有的专业扩大到部分45周岁以上人员，先后有108名新学员报名，至年底，学校共有在校学员1265人次，老年学员人数大幅增加。遵从选修自愿和课程实际开班，部分课程因学员人数较多分成2个班上课。坚持以人为本，合理设置课程和教学内容，将大部分课程改为一周一次。坚持“低起点、慢进度、多直观、勤练习”的原则，教学中突出趣味性、灵活性。任课教师根据这一总体要求选用教材，编写教学大纲，制定适合老年人的教学模式。婺剧二胡专业没有固定教材，毛根清老师就自编曲谱教材，印发给学员使用。

【开展教学创新】 在课程设置上，学校按照老年人的兴趣爱好，采取传统与现代相结合的方式，既有书画、音乐、舞蹈等传统文化课程，又有摄影、交谊舞、影视表演等现代时尚课程，充分满足各类老年群体的精神文化需求。学校还邀请有关领导及专家、学者为师生开设科学发展观、社会主义荣辱观、和谐社会建设等讲座，举办时事政策学习会，提高师生的政治思想素质。学校在课堂教学的基础上，积极拓展第二课堂教学内容，为学员提供交流感情、展示才艺的舞台。鼓励学员多出作品、多出精品，激励广大学员争做高雅、文明、健康、快乐的新时代老人，让他们真正体会到“上老年大学增添活力、到老年大学焕发青春、进老年大学追求完善、来老年大学寻找快乐”的生活情趣。

【坚持开门办学】 坚持“开门办学”，实行“三个课堂”相互衔接、协调发展的教学体系。优化第一课堂，抓好课堂教学；丰富第二课堂，每逢元旦、“七一”、重阳节等重大节日，组织优秀书画作品和文艺节目到乡镇、进社区、下基层展演，将教学成果与服务社会紧密结合起来；拓展第三课堂，开展校外活动。一些专业班级的学员走出校门，把学到的新知识、新技艺传授给街道、社区的居民，并吸引大批老年朋友融入社区、服务社区，传播正能量。舞蹈班皮丽霞老师创作和编排的舞蹈《走向复兴》《和谐中国》《给青春理个短发》《夜来香》《落花》《康巴情》及畲族舞蹈《山水贵客》、小品《空巢老人》等10多个作品在全县各乡镇、文化礼堂巡回展演，向社会推介教学成果，引起社会的重视和关注。与文化部门、乡镇（街道）、社区街道开展文化合作，创作《亲亲家园》《情系十九大，颂歌献给党》《情系渡贤头》《创国卫快板》等作品，深受市民的喜爱和好评。老年大学部分学员与科协老年学员一起到福利院、养老中心演出，为孤寡老人送去温暖和欢乐。城区和乡镇（街道）的公园、广场、社区到处活跃着银发学子激情活力的身影，成为龙游县老年大学办学的特色和亮点。

【优化校园环境】 加强对老干部活动中心和老年大学基础设施建设。2月，完成县老年大学校园WIFI全覆盖工程，使老年学员学习、交流更方便，直接用手机就能学习观看。对刚装修的老年活动场增设监控探头，加强老干部活动中心的管理，完备活动中心安全系统。3月和9月，是老年大学春、秋两季的开学之际，学校对电器设备、课座椅、房屋楼顶下水管道等进行检修，对学校教室加装走廊雨棚，过道铺设防滑垫，改善校园公共安全环境。4月初，对老年门球场围栏进行整修，把破损严重的铁围栏更换成塑钢围栏。6月中旬，完成老年活动场空调、音箱设备的采购申请；10月，完成设备安装、调试工作。11月，为改善老年大学学员停车环境，对原来狭长的停车位置进行拓宽和改造，划分电动车、自行车、汽车专用停车区域，并在停车棚内加装充电插座。

【校园文化建设】 组织学员积极开展文化艺术活动，不断提升学校文化品位和老年文化含金量。年初，书画班学员随同县老年书画研究会开展“迎新春送文化下乡”活动，在詹家镇浦山村和新安村、溪口镇、阳光小区等5个服务点为村民义务写春联1295对，送福字1170个、书画30幅。6月23日，举行“纪念建党96周年暨喜迎十九大展示新风采”文艺会演，表演节目13个，全校400多名学员参加会演。

图74 在第五届龙游县老年人体艺展示活动中，县老年大学学员表演民族舞蹈《红高粱·九儿》

7月26日，组织太极班11名学员参加第一届中华老年体育舞蹈（香港）国际艺术节，获中老年组太极拳金奖。7月28日，组织60余名学员参加衢州市老干部纪念建军90周年合唱比赛，演唱的《四渡赤水出奇兵》《过雪山草地》获得银奖。7月—10月，组织摄影班学员参加“拥抱衢时代·喜迎十九大”衢州市老干部摄影比赛，获二等奖1个、优秀奖4个、鼓励奖5个。6月29日、10月10日、11月17日，与老年书画研究会联合开展“庆祝建党96周年暨香港回归二十周年书画展”“笔墨传情——喜迎党的十九大书画展”“翰墨丹青润晚霞”等活动，共收到书画作品近300幅。

【开展对外交流】 与县老年摄影协会开展采风活动，先后组织摄影班学员到丽水景宁、福建霞浦、西安延安谷进行采风活动，共收到老同志摄影作品1600多幅，优秀作品先后分6期在学校文化宣传栏展出。重阳节前夕，组织参加“欢庆十九大、永远跟党走”全国第五个老年节暨第五届龙游县老年人体艺展示活动，56名学员代表参加表演活动。12月29日，举办“学习十九大，展银发风采”文艺汇报演出，学员精心编演节目18个。广大学员积极参与到剿灭劣V类水攻坚战、“五四三”专项工作、十九大平安夜巡等县委县政府中心工作，并以书画、戏曲、摄影、义工、讲师、调解员、治水督导员、文明劝导员、平安巡逻等多种方式开展志愿服务100余次，参与的老同志达1400多人次。

（县老年大学 毛晓东）

慈善和社会福利事业

【概况】 2017年，龙游县慈善总会坚持“募捐与救助并举”原则，围绕“安老、扶幼、助学、济困”宗旨，努力做好筹募和慈善救助工作。全年共募集资金378.7万元，发放援助资金152.96万元。

【慈善项目实施】 围绕赈灾、助老、助残、助学、助医、救孤、扶贫济困等主要工作内容，全年向1548户特困家庭发放慰问金147.84万元，对20名特困大学新生每人予以一次性援助5000元。继续实施万向集团慈善基金“四个一万工程”（即资助一万名孤儿成长、一万名特困生读书、一万名残疾儿童生活、一万名孤寡老人养老），该项目已在龙游县开展10多年。县慈善总会对上一年受助对象进行逐个核实，了解相关情况，做好受助对象信息动态的及时变更，根据核实的情况，变动信息8人，全年共确定受助对象23人，援助资金达62.4万元。实施“福彩儿童慈爱基金”大病救助项目，2017年该项目申请对象为13人，资助金额20万元。完成龙游县“中福在线”销售厅的扩容搬迁工作；成立县福利彩票服务中心，进行民办非企业单位登记，加强福利彩票的销售和管理，至年底，“中福在线”销售4700万元。

【“邮善邮乐”网上慈善超市建设】 慈善超市是以社会公众自愿、无偿捐助为基础，借助超级市场管理和运营模式，为困难群众提供物质帮扶和志愿服务的社会服务机构，是城乡基层公益慈善综合服务平台。“邮善邮乐”网上慈善超市是慈善超市建设的一次转型升级，也是民政与邮政工作的重要机制创新，县慈善总会出台“邮善邮乐”网上慈善超市建设文件，加大创新工作机制，一方面加强组织协调，争取民政局党委的重视和支持，切实加强对“邮善邮乐”网上慈善超市建设工作的组织领导，把推进“邮善邮乐”网上慈善超市建设列入年度工作计划，与当地邮政部门共同解决网上慈善超市建设工作中的难点问题，制定相应实施细则，明确双方职责，确保网上慈善超市建设顺利进行；另一方面，强化资金保障，加大对“邮善邮乐”网上慈善超市建设的资金支持，预算安排“邮善邮乐”网上慈善超市平台建设资金，将年度慈善超市补助资金预算纳入“邮善邮乐”网上慈善超市特定困难群体（低保户、低保边缘户及其他困难群众等）补助，并争取其他爱心组织及个人的支持。

【创新义工活动方式】 县爱在人间协会、“龙游大妈”、县义工总会等慈善组织在县慈善总会的指导下，开展各类助老、助学、助困、助孤活动。爱在人间协会充分发挥会员优势，通过义卖义演、结对助学、关爱百岁老人等活动形式，开展扶贫济困；“龙游大妈”充分发挥队员参与的积极性，义务参加交通劝导、文明祭祠等城市文明建设活动；县义工总会积极开展敬老助老活动。

【宣传《中华人民共和国慈善法》】 与主流媒体合作，在《今日龙游》上开设慈善法宣传专版，全方位、多视角宣传实施《中华人民共和国慈善法》的重要意义。印制并发放《中华人民共和国慈善法》宣传册5000份，为慈善事业发展营造良好的社会环境和舆论氛围。利用“龙游民政”微信公众平台这一新媒体，设置慈善法宣传板块，开设“每天学习一点慈善法”专栏，突出宣传的即时性和可视性。充分利用“微龙游”微信平台，介绍龙游县近2年慈善救助和慈善工作的开展情况，并对《中华人民共和国慈善法》进行解读。

【福利企业管理服务】 全县有福利企业13家，企业职工人数为2794人，全年共安置残疾职工919人。加强福利企业管理，围绕集中安置残疾职工比例数是否达到25%、残疾职工工资是否达到本县当年最低人均收入、残疾职工养老保险是否缴纳等情况，对全县福利企业的网络数据进行审核。2016年，龙游县居民最低人均收入为1530元，2017年，龙游县居民最低人均收入调整为1660元。

（县民政局 罗敏忠）

关心下一代工作

【概况】 2017年，龙游县关心下一代工作委员会（简称“关工委”）围绕县委、县政府中心工作，坚持服务青少年的正确方向，充分发挥“五老”（老干部、老战士、老专家、老教师、老模范）优势，着力加强青少年思想道德建设，积极参与社会治理，扎实抓好基层建设，全面提升全县关心下一代工作的质量和水平。获衢州市关工委先进集体荣誉。至年底，全县已建立各级关工委组织375个，其中乡镇（街道）15个、社区7个、机关事业单位23个、行政村262个、学校53个、民营企业15个。全县有“五好”关工委达标单位110个。

【青少年思想道德教育】 利用开展迎接中共十九大、庆祝建军90周年等重大活动，加强党史、国史等主题教育，进一步强化青少年的思想道德教育。3月，组织青少年开展“清明寄哀思，弘扬民族情”扫墓活动和“三五学雷锋，我们在行动”志愿服务活动。4月，组织全县中小学开展“树远大理想，从自己做起”主题活动，大力弘扬“最美精神”，传颂“最美声音”。5月，开通“互联网+浙江好家风”主题读书教育活动平台，鼓励全县中小学生参与“我有传家宝”“家书抵万金”“说说好家风”等系列活动。9月，开展“喜迎十九大，走亲连心，文化惠民”等专题讲座进校园活动，引导青少年乐观向上、崇德向善、诚信友善、崇尚科学。10月，创新教育实践载体，将庙下乡严村村“华岗纪念馆”确定为青少年红色实践教育基地，引导青少年学习好、传承好、弘扬好红色基因，成为担当民族复兴大任的时代新人。

【青少年助学帮困活动】 切实做好孤儿、留守儿童、病残青少年、失依儿童等弱势群体青少年助学帮困工作。5月，开展2017“福彩暖万家·点亮梦想”——困难少年儿童专项资助活动，全县60名中小学生每人获得2000元的助学金，共计12万元。6月，开展“六一送关爱，情暖儿童心”活动，走访慰问箬塘小学、七都小学、溪口小学等学校，送去笔袋、水彩笔、笔记本等价值2万元的学习用品及儿童节的祝福。7月，开展“2017福彩暖万家·助圆大学梦”困难大学新生专项资助活动，全县15名大学新生每人获得8000元的助学金，共计12万元。8月，

图75 县关工委领导走访寒门学子

开展弱势群体关爱活动，通过乡镇（街道）上报、实地走访、信息核对等程序，确定5名参加高考的寒门学子为资助对象，共发放助学金2万元，助力寒门学子圆梦大学梦。

【青少年法治安全教育】 4月，开展“远离网游，课业至上”“珍爱生命，预防溺水”安全教育讲座进校园活动，增强学生自我防范能力和防溺水安全意识，士元小学、兰塘小学、模环小学等10余所学校6000多名师生聆听讲座。9月，开展“开学第一课”未成年人法治教育讲座活动，走进詹家小学、夏金小学等5所学校，引导5000多名学生学法、知法、守法。暑假期间，依托农村文化礼堂、教育基地等开展假日学校活动，为农村留守儿童、困境儿童开展多种形式的思想引导、文化辅导、心理疏导、行为指导，进行困难帮扶，覆盖全县15个乡镇（街道）青少年。参与5起未成年人保护案件的诉讼，以“未成年人法定代理人”的身份维护和保障未成年人在刑事诉讼各环节中的合法权益。

【“五老”作用发挥】 利用“五老“人员的政治、经验、威望、时空、亲情优势，发挥传承、引导、关爱、保护作用。组建“五老宣讲团”，对青少年开展开展爱国主义教育、法治安全教育，引导他们树立正确的世界观、人生观、价值观；组建“五老关爱团”，开展帮扶结对、助学帮困等活动，参与网吧监督、河道巡逻活动20余次，发放安全倡仪书5万余份，制作安全宣传牌50多块，为“留守儿童”创造健康成长的良好环境；组建“五老文艺团”，走进乡村文化礼堂，开展“五水共治”“美丽乡村建设”“城市东进”等宣传活动，培育和践行青少年社会主义核心价值观。全县3000多名“五老”人员参与社会性关爱帮教活动，深入学校、社区（街道）、农村开展党史国史、德育行为、法治安全、心理健康等宣传教育活动30余场，受教育青少年人数约1.2万人次，发放《道路交通安全》《生态文明与环境保护》等读本6600册。

（县关工委 毛幼燕）

残疾人事业

【概况】 根据第二次全国抽样调查统计，2017年，龙游县有各类残疾人2.5万人，占全县总人口的6.36%。至年底，全县有持证残疾人16245人，其中肢体残疾8060人、听力残疾3197人、视力残疾1467人、精神残疾1582人、智力残疾1046人、言语残疾142人、多重残疾751人。龙游县残疾人联合会（简称“县残联”）在上级残联和县委、县政府的领导下，以残疾人保障、康复、就业、扶贫、维权和宣传文体等为工作重点，围绕县政府中心工作，主动作为、狠抓落实，开创县残疾人事业和谐发展的新局面。

【完善残联组织机构】 6月，召开全县残疾人事业发展大会暨县残联第六届主席团第三次全体会议，会议补选县残联第六届主席团委员、副主席、主席，听取并审议通过县残联执行理事会工作报告，表彰“十二五”期间残疾人工作先进集体和先进个人。分管副县长代表县政府与乡镇（街道）签订2017年度残疾人重点工作责任书，将工作任务分解到各残工委成员单位和乡镇（街道）残联。根据浙江省残联、衢州市残联换届工作要求，龙游县自

图76 12月22日，龙游县残疾人联合会第七次代表大会召开

10月初开始筹备残联换届工作，指导全县15个乡镇（街道）残联在11月底前完成换届工作。12月22日，龙游县召开残疾人代表大会，审议并通过龙游县残疾人联合会第六届主席团工作报告，选举产生新一届残联主席团委员、副主席和主席，推举出新一届残联执行理事会。

【政策兜底保障】 对困难残疾人生活补贴和重度残疾人护理补贴的发放实行动态管理，按季申报、按月调整，对新办证人员按照程序及时纳入，对不符合的人员及时清退，确保补贴发放对象精准到位，不漏一人，不错一人。至年底，全县有6676名困难残疾人享受生活补贴、4537名重度残疾人享受护理补贴，69名残疾人实行机构托养，全年发放补贴资金2484万元。实施残疾人社会保险补贴，惠及残疾人9830人。为符合条件的60周岁以上三、四级残疾人和重度残疾人申办城乡居民合作医疗保险4590人，补助金额134万元。采集更新全县15615位持证残疾人的基本服务状况和需求信息数据，建立健全持证残疾人基础数据库，为更好地服务残疾人奠定扎实基础。

【实施精准康复】 对需要助听、助明、助行的残疾人和二代证系统中0~6周岁的残疾儿童进行2大块10小项内容的康复项目筛查，对35名0~6周岁残疾儿童进行抢救性康复，其中使用普及型辅助器具及矫形器10人，安装人工耳蜗2人，开展聋儿语训4名、脑瘫儿童康复训练5名、智残儿童康复训练10名、孤独症儿童康复训练2名，配发儿童助听器2台。全年为77名符合条件的听障残疾人验配助听器，为23名符合条件的低视力残疾人验配助视器，为5名持视力残疾人证的白内障患者实施复明手术；为12名符合条件的下肢缺失残疾人安装假肢，为5名膝或髋关节严重损坏的残疾人进行人工膝或髋关节置换手术；对15名视力一、二级残疾人及其亲属进行盲人定向行走培训。全年为291户有需求的残疾人家庭进行无障碍设施改造和配发康复辅助器具，其中无障碍设施改造94户、辅助器具配发194户，实施无障碍设施进机构3家。全县有享受免费服药政策的持证精神残疾人637人。为有康复需求的重度一、二级肢体残疾人建立500张残疾人家庭病床，由36名责任医生和38名康复协调员开展“阳光康护·家庭病床”专项服务。大街乡新槽村创建省级无障碍社区。

【推动就业创业】 按照《浙江省残疾人就业办法》关于推动党政机关、事业单位及国有企业带头安排残疾人就业的要求，2017年，县残联主动设置岗位，新招录1名残疾人事业编制人员。多渠道开展就业援助，举办春、夏两次大型残疾人专场招聘会，联系金龙纸业、沪工锻三、固特气动、青龙山建材等多家福利企业提供残疾人工作岗位，共有50余名残疾人与用人单位达成就业意向。各乡镇（街道）残联也充分利用地缘优势，为残疾人就业开拓新渠道，推荐残疾人就业24名。2017年，龙游县新增残疾人就业创业149人，其中按比例就业54人。全年有275名残疾人参加技能培训。借助电子商务无门槛经营平台的优势，举办残疾人电子商务培训班，40名残疾人参加培训。全年新增电商创业就业36人。鼓励电商孵化园帮助残疾人创业，龙游电商城成功创建衢州市残疾人电商就业创业孵化示范基地（大众创业孵化基地）。对按比例安置残疾人就业的企业，上门核查残疾人安置情况并规范残保金的征收，全年共征收残保金960多万元，保证每年递增10%，为县残疾人基本生活保障、康复、扶贫、就业创业、文体活动等方面支出提供资金保障。做好残疾人工疗机构年检年审资格认定工作，每月对车间持证残疾人、工种安排、劳动合同等进行抽查。认真执行《龙游县残疾人扶贫基地建设标准》《龙游县县级残疾人扶贫基地专项资金管理办法》，规范和培育残疾人扶贫基地，新创建浙江红专粮油有限公司、龙游县宜靓家庭农场等2家县级基地，勤林家庭农场获衢州市“残疾人扶贫创业创新项目奖”。指导大街乡新槽村成功创建省级阳光庇护中心，对其他9家原省、市、县级残疾人小康阳光庇护中心进行复核，对存在问题的进行整改，确保各级小康阳光庇护中心建设规范、运营正常，推进辅助性就业。至年底，全县辅助性就业人数达207人。

【助学解危扶贫】 帮助全县133名残疾学生、残疾人家庭子女顺利就学，提高残疾人受教育程度，其中为在全日制高校注册就读的15名残疾人大学生报销学费、住宿费16.25万元。为73户残疾人家庭进行危房改造，扶持30户残疾人家庭安装光伏，完成81户残疾人家庭的赤膊墙整治。春节和“七一”期间，共走访慰问残疾人家庭284户，发放慰问金15.25万元。携手普农家电举行第四届“爱心助残助困”活动，向29名生活困难的残疾人捐赠价值5万多元的家用电器。

【丰富业余生活】 选送器乐、声乐、舞蹈、戏曲等4类共12个节目参加浙江省第八届残疾人文艺会演衢州市选拔赛，其中3个节目入围衢州市代表队参加省会演，《瑶族舞曲》获器乐类铜奖，《滚滚长江东逝水》《离别了青龙山去往寒江》获声乐类优秀奖。开展文化助残“五个一”工程，大街乡杨村村邀请缙云婺剧团为本村村民演出；在詹家镇浦山村“喜迎十九大，舞动中国梦”主题公益舞蹈培训成果展中，残疾人徐文妹领舞的《我在畲乡等你来》民族舞收到群众好评；詹家镇渡头村将残疾人文体活动融入村文化阵地建设，被评为衢州市残疾人文化艺术示范基地。11月7日，浙江省残疾人艺术团到龙游开展“最多跑一次”改革暨“中国梦·两美情·残健行”特殊艺术进万家巡演活动，500多名残疾人观看演出。为备战残奥会，龙游县10名残疾人报名参加运动员选拔，经过筛选，7人上报衢州市残联，并选送1人参加第一期全国残疾人雪上项目训练。5名肢体和视力残疾人参加衢州市残疾人围棋、中国象棋锦标赛，获3金1银1铜的好成绩。组织开展第二十七次“全国助残日”和第十七次全国“爱耳日”系列活动，开展义诊、咨询和残疾预防宣传，向来往市民发放宣传资料600多份。参加“最美”评选，龙洲街道残联理事长张海英、小南海镇残疾人专职委员张为民被评为衢州市“最美基层残疾人工作者”，石佛乡夏玲和龙洲街道胡澄被评为衢州市“最美残疾人”。

【维护合法权益】 继续做好平安创建和残疾人信访维权工作，落实责任制，发挥县残疾人法律救助工作站的作用，协助有关单位解决残疾人诉求，全年未发生侵害残疾人合法权益的事件。以媒体力量推动残疾人事业发展，在全国爱耳日、全国爱眼日、全国助残日、国际聋人节、国际盲人节、世界残疾人日等节日宣传之余，运用电视、电台、报纸、网站、微信公众号等媒体，多渠道宣传惠残政策及自强、助残先进事迹。10月27日，《今日龙游》第4版整版报道龙游县残疾人工作；8月4日，《浙江日报》“今日衢州”版面报道浙江君飞纺织有限公司工疗站助残事迹；9月，印发《龙游县2017年度惠残政策汇编》到各乡镇（街道）残联，并将详细政策发布在“龙游残联”公众号上。自5月1日起，凡是龙游县户籍且持有第二代中华人民共和国残疾人证的残疾人均可享受“持公交优待卡免费乘坐龙游县城区公交线路车辆”的优惠，方便残疾人的出行。结合全省“最多跑一次”改革，简化残疾人证的办证流程，增加鉴定时间，每季度末还上门为儿女不在身边、交通不便且长期行动困难的重度残疾人办理残疾人证。至年底，共为1521名残疾人办理残疾证，为37名残疾人提供上门办证服务。

【加强队伍建设】 在全县残联系统开展“两学一做”学习教育。组织全体人员集中观看中共十九大开幕会，认真学习贯彻十九大精神。对巡查、视察中反馈的问题与建议，严查细改，促进工作进步。对机关全体党员干部职工实行实事量化考核，在机关党员中推行实事考评和“零基积分法”，做到实事有积分、党员有作为，引导广大党员干部职工在做好本职工作之余积极主动参与中心工作。对乡镇（街道）残联工作进行考核，将各乡镇（街道）残疾人工作纳入县委县政府综合考核内容，所得分数作为各乡镇（街道）、各乡镇（街道）残联和专职委员三个层次年度考核评优评先的依据，并与专职委员的年终奖金挂钩。以提升“三率”(入户率、熟悉率、满意率)为抓手，通过“三送”(送政策、送服务、送温暖)活动，确保对持证残疾人家庭每年走访1~2次。开展每月例会工作汇报制度，要求“会有所言、言有其事、事有其实”，提高残疾人专职委员的履职能力。在全县三（四）轮车专项整治中，县乡残联积极配合、主动参与，通过组织就业培训、联系福利企业、主动挖掘就业岗位、陪同应聘面试等方式，帮助残疾人机动轮椅车主转行再就业，完成残疾人机动轮椅车的整治工作。响应县委“大拆大建，建设明珠型城市”的号召，县残联全体干部职工分组与一线征迁工作人员走村入户，协助征迁组完成11户残疾户的签约任务，为城市东进做出贡献。

（县残联 林淑恒）

红十字会工作

【概况】 2017年,龙游县红十字会以县委县政府的“两年”活动为抓手，以提高红十字会的社会公信力为着力点，着重做好“三救、三献”（救灾备灾、应急救护培训、人道救助；无偿献血、造血干细胞捐献、遗体和人体器官捐献）等核心工作，扎实推进县红十字会各项事业的发展。

【组织建设】 7月26日，召开龙游县红十字会四届理事会第二次会议，会议听取并通过《2016年工作情况和2017年工作安排的报告》《龙游县红十字会2016年度捐赠款物接收和使用情况的报告》，调整部分理事人员，选举产生新会长。加强基层组织建设，及时调整15个乡镇（街道）红十字会组成人员，完善学校红十字会组织。健全完善专业组织，建立红十字会学校工作委员会、医疗卫生工作委员会、志愿者工作委员。壮大志愿服务队伍，建立红十字会东华街社区志愿服务队、方门街社区志愿服务队、爱仁眼科医院志愿服务队、中医院医疗志愿服务队。

【现场应急救护知识培训】 加强培训基地建设，建立县职业技术学校救护培训基地（中心）和县总工会救护培训基地（站）。加强培训队伍师资建设，在县教育和卫生部门的支持下，借助医院、学校的人才优势，建立救护培训师资队伍，全县共有注册培训师61名。争取部门支持，保障培训工作经费，县财政每年安排救护培训经费15万元，县总工会从工会经费中安排部分资金用于救护培训，县机关部门的救护培训经费可在工会经费中列支。突出重点领域，按照“上下联动、形成规模、科学管理、打造吕牌”的工作思路，扎实推进救护培训“五进”（进社区、进农村、进学校、进机关、进企事业单位”）工作。全年举办应急救护培训班30期，共培训救护员1970人，占全县户籍人口比例的0.49%；8300人参加普及培训，占全县户籍人口比例的2.1%。

图77 举办全县生态指导员应急救护知识培训

【救灾救助】 四川省茂县山体滑坡灾害发生后，龙游县红十字会积极发动捐款，共接收爱心捐款30.05万元，及时拨给茂县红十字会。与县水上应急救援分队合作，建立龙游县红十字应急救援队，有队员28名。打造救助品牌，依托“情暖龙游·红十字公益项目”平台，与龙游爱仁眼科医院合作建立“爱仁红十字光明基金”，专项用于贫困白内障患者手术治疗费用补助，2017年，捐赠资金达221.78万元，受助老人730人；与县烟草公司合作建立“信实红十字爱心基金”，专项用于助学、助困，共捐资5.52万元；接受马克波罗瓷砖捐资爱心助学基金3万元。至年底，龙游县红十字会共筹集爱心款261.28万元。推行红十字博爱救助金制度，制定救助金管理办法，并选择石佛乡、方门街社区为试点单位。积极发动爱心单位和爱心人士为博爱助金捐款，方门街社区居民共捐款7670元。积极开展“博爱送万家”活动，争取浙江省红十字会支持，安排慰问100位龙游山区贫困学生，为每人送上一套价值300元的床上用品；衢州市红十字会到龙游慰问30户贫困户，每户发放慰问金600元；县红会自筹资金3.1万元，慰问贫困户31户。

【开展各项纪念活动】 5月8日，县红十字会、县中医院、方门街社区在方门街社区联合开展“纪念‘5·8’世界红十字日”志愿服务活动，通过宣传展板、宣传手册向市民宣传新修订的《中华人民共和国红十字会法》和造血干细胞捐献、器官捐献等相关知识，宣传日常急救知识，并为社区居民提供量血压、测血糖等义诊咨询活动。5月12日，在荣昌广场，参加县减灾委组织的防灾减灾知识宣传。5月12日下午，与县人防办合作，在县实验小学开展防震减灾应急逃生演练，增强学生安全意识，提高学生安全防护和自救能力；组织方门街社区志愿者到县红十字教育体验馆参观体验，增强社区居民防灾避险、应急逃生技能。与爱仁眼科医院红十字志愿服务队联合举办文艺晚会，宣传博爱、奉献精神。5月17日，组织参加衢州市红十字知识竞赛，获二等奖。

【生命关爱工作】 超额完成造血干细胞捐献志愿者入库任务，新增入库志愿者40人，超过完成年度任务20名；在浙江省红十字会造血干细胞捐献管理平台上，按规定流程完成15例初筛和5例再动员工作，初筛流失率、再动员反悔率均为零。超额完成器官捐献全年目标，完成2例器官捐献；新接收2例器官捐献志愿者登记和5例遗体、角膜捐献志愿者登记。

（县红十字会 张剑平）

农业·林业·水利

概述

2017年，龙游县在农业、林业、水利领域均取得可喜成绩。突出粮食生产这一农业发展中心，做好产业调研、技术指导与推广、优质品种高产创建及“机器换人”等各项工作。坚持“以农业供给侧改革大力发展高效生态循环农业”为中心目标，生产种植新类农作物，打造绿色产业链，实现农产品多样化。完成标准农田及农业生态工程建设，加大农业整改力度，找寻发展漏洞，完善农业基础设施。以浙江省竹产业提升发展试点县项目为抓手，促进特色产业融合升级创新。加大林木运输砍伐管理力度，保证林木解取有章可循。科学规划建立渔业生产新模式，契合高效生态发展的前提目标。完成重点水利工程项目，实现高效节水的战略指标，完成横山镇天池村、八角殿村等农民饮用水提升工程。龙游县成功创建“第一批农业部畜牧业绿色发展示范县”，获“五水共治”工作先进集体荣誉，被评为浙江省“市县水利工作综合考核优秀市县”和“全省海洋与渔业工作先进单位”。

农业

【概况】 2017年，龙游县农业局深入贯彻落实中央、省、市、县农业农村工作会议精神，着重抓实粮食生产功能区基础设施、龙游花海等一批重点项目建设和招商引资工作。推进柑橘产业转型提升，抓好茶产业社会化服务及规模扩面工作，强化农业行政执法，切实保障全县粮食生产安全和农产品质量安全。推进农村改革尤其是“最多跑一次”改革，规范农村“三资”（农村集体的资金、资产、资源）管理，启动集体经济薄弱村五年行动计划，提升农业服务效能，完成年度工作目标，取得较好成效。

【夯实农业基础】 为确保粮食生产保供增收，保障“五到位”（计划种植面积落实到位、各项支农惠农政策宣传到位、农机维修与物质准备到位、技术培训指导到位、水稻高产创建活动组织到位）工作的贯彻落实，县农业局积极做好产业发展调研和服务，全年开展各类技术指导820人次、政策宣传926人次、发布病虫测报6期次；举办粮食技术培训班5期，培训1100余人次；新组建种粮合作社联合社5个，以服务农民、自我发展、自我管理、经济利益联结为纽带，充分发挥政府与农民、农民与市场之间的桥梁作用；以创建浙江省农业领域“机器换

图78 10月14日，省市农业专家冒雨考察浙21水稻优良品种

人”示范县为契机，加大新型农业机械推广力度，成功创建农业“机器换人”示范乡镇2个、示范基地5个，创建省农机专业合作社示范社2个。加大机耕路、排灌渠、烘干中心等基础设施建设，2017年全县新建粮食生产功能区6个，面积600公顷，全面完成97万公顷粮食生产功能区创建任务。

【深化农业结构调整】 加大全县农业结构调整力度，实现产类多样化。推广水稻新品种8个、新技术5项，落实水稻绿色高产创建示范方14个共5300公顷，以塔石镇龙游李煜种粮专业合作社为粮食种植高产示范方，平均亩产717.86千克，攻关田亩产719.35千克，打破衢州市粮食高产记录。蔬菜产业以正伟蔬菜专业合作社、湖镇镇七都蔬菜标准化示范园建设为依托，提升蔬菜生产标准化水平。全县中草药产业发展迅速，迎合产业结构优化趋势，共完成栽培面积280公顷，产量2500吨，产值378万元，栽培面积同比增长34%，产值增长23%。

【特色产业转型提升】 争取中央财政资金1000万元，开展茶叶生产全程社会化服务试点，组建红茶、扁形茶、针形茶三条茶叶生产线，年加工能力达100吨以上。健全茶叶生产社会化服务体系，组建龙游龙红、龙游弘通、龙游富洪3家茶叶生产社会化服务公司，开展茶叶加工、茶树修剪、统防统治等服务，覆盖全县茶叶生产的主要乡镇，为全县204户总面积581.2公顷的茶园提供服务。有序推进街路茶青市场改造，新建扁石茶青市场，龙游茶叶注册“龙游龙”“龙游黄”2个公共品牌，并予以大力推广；举办龙游黄茶文化旅游节，组织茶叶生产主体参加首届国际茶叶博览会，提升龙游茶叶品牌知名度。做好全县黄茶种植扩面工作，对新种植龙游黄茶的农户，验收合格的给予每亩1000元补助，至年底，已受理申报验收38.73公顷。层层落实目标任务，整合1000万元专项资金用于扶持柑橘产业转型发展，扎实推进低产橘园改造、柑橘精品园发展和新品种推广等工作，完成橘园流转89.1公顷，完成低产橘园改造49公顷，建成柑橘大棚14公顷，发展新品种11.93公顷，培育柑橘家庭农场35家，引进由良、马家柚、甜橘柚、葡萄柚、满头红、爱媛28、沃柑、沙糖橘等柑橘优新品种，完成多个优新品种试种，并进行苗木商品化繁育。

【发展生态循环农业】 按照县域生态功能区建设和环境容量的要求，对保留的养殖场进行减量拆除，按拆除时间节点确定拆除补助标准，推进减量、减场工作。抓好县农业局下属农场生猪整治工作，拆除养猪场24家，总面积5.6万平方米。组织人员每月对全县生猪养殖污染进行督查，并对乡镇（街道）进行打分排名。制定《龙游县水禽养殖污染专项整治实施方案》的补充意见，延长水禽养殖场享受拆除补助政策时间，关停拆除水禽养殖场61家，拆除、复垦6.15万平方米，发放补偿资金462万元。实施农药化肥减量工程，深化种植业污染减排，全县实现主要农作物病虫害统防统治面积1.08万公顷，推广绿色防控技术0.88万公顷，推广测土配方施肥面积2.55万公顷，农药减量25吨，化肥减量254.4吨。完善农药废弃包装物回收体系，回收农药废弃包装物80.5吨。积极推广秸秆粉碎还田、制料、制肥及燃料化利用，秸秆综合利用率达92%以上。

【土地承包经营权确权登记】 出台《关于做好农村土地承包经营权确权登记颁证工作的实施意见》，多次召开全县动员会、推进会，明确工作要求和时间节点，加大确权登记颁证工作的宣传力度。通过石佛乡试点和全县同步推进的方式，有序推进确权登记颁证工作，至年底，全县262个村共完成2.03万公顷外业指界测绘及数据建库工作，172个村完成审核公示，其他村也分批进行公示核对。12月6日，一次性通过浙江省测绘质量监督检查站验收组对龙游县土地确权登记颁证的质检验收。

【农业项目建设】 以县“四重双百”项目建设为主抓手，充分整合各级资金，加快项目建设进度。至年底，粮食生产功能区基础设施建设、千亿斤粮食产能田间工程项目已完成投资7000万元；“龙游花海”项目“龙园花海”A区完成总工程量的60%，B区完成总工程量的80%，龙游南出口至九里立交道路两侧景观改造提升工程完成形象进度90%，A、B区计划于2018年5月开园试营业；富硒产业开发项目的13个子项目中，富硒莲子产业提升、富硒农产品电子商务平台建设、富硒休闲观光产业园、十里荷花农业旅游等8个项目已完成验收，其余项目均在有序推进中。

【保障农业生产安全】 加大农业法律、法规宣传力度，开展新《农药管理条例》《浙江省农产品质量安全管理规定》等法律、法规宣传；开展“宪法宣传日”、“3·15”消费者权益保护日、“农业法律进百企入千社”、“放心农资下乡进村”等主题活动6场次，发放宣传资料3200余份，接受群众咨询350余人次。不定期对全县农资市场、农产品生产企业、专业合作社和大型种植场、养殖场开展“绿剑”执法检查和联合检查，全年累计检查主体584家，抽检农业投入品165件，调处农业生产纠纷17起。强化农产品质量安全监管，完成县级定量抽检395批次，合格率100%；完成省级抽检103批次，合格率100%。完成全县714家规模农产品生产者大调查和信息库录入工作，签订农产品质量安全承诺书540余份。9月，成功创建第二批浙江省农产品质量安全放心县。开展农业重点领域、农药行业、农产品质量安全等领域安全生产大检查，督促相关主体开展自查自纠，出动检查人员214人次，累计检查农资企业139家、生猪养殖场104家、农机维修点23家，发现一般隐患19处，并全部整改到位。联合县交警大队开展农机联合执法行动，共检查上路农机85辆，对其中8辆违规农机的驾驶员进行处罚，并责令整改。

【培育新型农业主体】 培育新型职业农民400名，新发展家庭农场210家（累计发展1431家），新创建省级示范性家庭农场3家，全县共有规范化合作社140家。组建农民种粮专合作社联合社5家，联合社成员覆盖全县大多数规模经营主体和种粮农户，粮食播种和服务面积覆盖全县大部分的粮食播种面积，有效提升种粮合作社的规模化、集约化水平，联合社以“服务农民、自我发展、自我管理、经济利益联结”为纽带，促进全县粮食生产降本提效。

【“最多跑一次”改革】 县农业局根据深化“放、管、服”改革的要求，认真做好“最多跑一次”事项梳理，完成局行政权力清单和办事指南规范比对工作。对龙游县在浙江政务服务网上公布的63项“最多跑一次”事项的数据资料进行完善，及时进行动态更新，提升服务效能。

【消除集体经济薄弱村】 积极开展“经济薄弱村消除”课题的调研摸底工作，联合县委组织部下发《龙游县关于扶持经济薄弱村发展村级集体经济五年行动计划的实施意见》《关于印发龙游县消除经济薄弱村“一村一策”实施方案的通知》等系列文件，督促全县集体经济薄弱村制订“一村一策”脱贫方案，鼓励集体经济薄弱村通过物业租赁、盘活闲置资产、发展特色产业等方式发展村集体经济。制定乡镇（街道）、机关部门消除集体经济薄弱村考核办法，层层落实责任，形成合力，有序推进集体经济薄弱村消除工作。完成各村村级集体屋顶可安装光伏情况汇总，扎实推进村级集体屋顶“光伏贷”强村工程。

（县农业局 汪林峰）

农业综合开发

【概况】 2017年，龙游县农业综合开发办公室（简称“县农开办”）深入学习中共十九大、习近平总书记系列重要讲话和上级有关会议精神，围绕县委、县政府工作重点申报和实施农业综合开发项目，按照“创新、协调、绿色、开放、共享”的发展理念，大力发展现代农业，以“农业增效、农民增收”为目标，不断改善农业基础设施和农村生态环境，提升农业产业化水平和农民创收致富能力。紧密结合地力提升、剿灭劣V类水、美丽乡村示范县创建、全域乡村旅游发展等基础设施和景观节点建设，有效整合项目，取得显著成绩。至年底，组织实施各类项目总投资18295万元，是县农开办有史以来实施项目资金最多的一年。农业综合开发工作名列衢州市第一。

【完成石佛高标准农田建设项目】 项目总投资1848万元，治理面积733.33公顷。项目以农业基础设施、旅游基础设施建设为重点，涉及石佛乡石佛村、姚村村、峰塘山村、三门源村、夏家村5个行政村。项目新建堰坝6座、渠系建筑物856处、机耕桥3座，新修渠道17.66千米、机耕路15.96千米，浇筑水泥路6.97千米，实施科技推广示范项目2项。

【完成沐尘小流域农业生态工程建设项目】 项目总投资1512万元，治理面积566.66公顷。项目涉及沐尘畲族乡沐尘村、贤江村、双溪村、马成口村、坑头村、康源村6个行政村。项目新建堰坝7座、渠系建筑物368座、机耕桥7座、农机下田埠头34座；新修溪流护岸2.12千米、渠道11.28千米、机耕路3.81千米；浇筑水泥路3.63千米；营造农田防护林2公顷；推广科技示范项目2项，开展科技培训220人次。

【完成灵山高标准农田建设项目】 项目总投资1848万元，治理面积733.33公顷。项目涉及溪口镇石角村、下徐村、灵下村、灵上村等4个行政村。新建渠系建筑物632处、机耕桥5座；新修渠道17.73千米、机耕路7.14千米；浇筑水泥路5.66千米；推广科技示范项目2项，开展科技培训150人次。

【实施枫林高标准农田建设项目】 项目总投资1386万元，治理面积600公顷。项目涉及溪口镇枫林村、双港口村、溪口村、扁石村等4个行政村。新建堰坝5座、机耕桥4座；新修溪流护岸2.33千米、新建渠道10.7千米、砂石机耕路0.87千米；浇筑水泥路3.88千米；实施喷灌3.27公顷；推广科技示范项目2项，开展技术培训240人次。至年底，完成项目建设进度的50%。

图79 召开枫林高标准农田建设项目开工动员会

【实施罗家高标准农田建设项目】 项目总投资1078万元，治理面积466.66公顷。项目涉及罗家乡席家村、罗家村、马府墩村等3个行政村。新建长7.70米的堰坝1座、渠系建筑物310处、机耕桥3座；新修渠道6.88千米、砂石机耕路2.88千米；浇筑水泥路0.98千米；推广科技示范项目2项，开展科技培训150人次。至年底，完成项目建设进度的50%。

【实施梧村小流域农业生态工程项目】 项目总投资1034万元，治理面积400公顷。项目涉及沐尘畲族乡双戴村、梧村村等2个行政村。新建总长度29.80米的堰坝4座、机耕桥2座；新修溪流护岸2.36千米、渠道5.66千米、机耕路4.49千米；浇筑水泥路2千米；推广科技示范项目2项，开展科技培训300人次。至年底，完成项目建设进度的50%。

【实施詹家优质水稻种植加工特色园项目】 项目位于詹家镇夏金村，面积333.33公顷，总投资3095万元，其中争取省财政补助1500万元。计划投资2053.7万元建设年产3万吨的优质大米加工厂；投资225.3万元建设优质水稻育秧基地；投资316万元建设年烘干9000吨稻谷的烘干设施；投资80万元建设5.33公顷稻菜轮作高效栽培示范基地；投资420万元建设夏金畈高标准农田。至2017年年底，已投资1100万元，完成项目建设进度的36%。通过项目实施，增强水稻种植后劲和加工能力，促进规模经营，为龙游县建设农业大县、产粮大县作出贡献。

【完成总投资810万元的产业化项目】 扶持龙游有春苗木专业合作社的“龙游县千亩苗木基地建设项目”。项目总投资410万元，争取省以上财政补助180万元；新建面积13.33公顷的高标准苗木示范基地，完成生产用房、农用道路、喷灌设施、机埠及水池等一批农业生产设施建设。扶持龙游子卿竹木专业合作社“生态竹木高效培育基地建设项目”。项目总投资 400万元，争取省以上财政补助资金180万元；完成1.33公顷毛竹、三叶青复合种植示范区和9.33公顷毛竹、黄精复合种植示范区建设，并完成林区道路、竹林作业道等主体设施建设。通过以上项目的实施，寻求解决竹木资源培育中传统经营方式带来的土地劣变、生态恶化问题的办法，通过全新的生态经营模式，为竹木产业的增产提供直接有力的服务作用。同时，通过毛竹林下套种中草药，提升区域竹产业水平，促进竹业增效，帮助竹农增收。

【开展招商和落地项目服务推进工作】 服务好2016年引进的3个项目，积极做好2017年市考核项目——浙江金苞谷有限公司投资的按时入库工作。2017年共引进招商落地项目4个：衢州腾宇五金制品有限公司“年加工50万套五金配件生产线”项目、龙游顾得家具有限公司“年产1000套家具生产线”项目、龙游平丽食品有限公司“日加工120吨大米生产线”项目、衢州永泉五金有限公司“年产1000吨五金制品生产线”项目。捕捉有效招商信息3条：龙游华楠生物科技有限公司“年产2000吨生物质颗粒生产线”项目、浙江艺辉家具有限公司“年产1万套家具和10万套课桌生产线”项目、龙游汇鸣不锈钢制造有限公司“年产2000吨不锈钢管生产线”项目。

【2018年项目申报工作】 农业综合开发项目申报要求集中连片，第二轮重新申报必须间隔15年，项目资金按大田每亩1400元计算。在2018年项目申报过程中，县农开办以“公罪不可无、私罪不可有”的勇气和理念，将大田、旱地、园地、林地进行有效整合，以资源利用最大化实现单个项目申报资金量最大化，紧紧围绕“六个结合”（农民增收与美丽乡村建设相结合、与乡村旅游发展相结合、与地力提升相结合、与“五水共治”相结合、与林区道路建设相结合、与农民生产生活相结合），实现效益最大化，谋划和申报总投资5247万元的土地治理项目4个：横坑小流域农业生态工程项目，总投资1023万元，治理面积400公顷；寺下高标准农田建设项目，总投资1375万元，治理面积600公顷；兰塘高标准农田建设项目，总投资1386万元，治理面积600公顷；前畈高标准农田建设项目，总投资1463万元，治理面积633.33公顷。同时，积极申报总投资1045万元的2个产业化项目和4个贷款贴息项目。

【助力县委县政府中心工作】 按照县委、县政府的要求，派出驻村指导员配合双溪村、双戴村做好“拆、治、归”和剿灭劣V类水等各项中心工作，全年清理垃圾沟渠和疏浚渠道45千米；依托县农开办的土地治理项目“梧村小流域农业生态工程项目”，开展“保供水、防洪水、排涝水、抓节水”等水利基础设施建设，将项目的资金和建设内容的65%侧重于“五水共治”；规划实施项目立足于农业、文化、旅游的“三位一体”结合，服务于美丽乡村建设。在“创国卫”行动中，针对县农开办包干区“范围大、基础差，垃圾多、厚、实，没有物业”等实际困难，采取积极有效的措施，全年清理垃圾200多袋，清理卫生死角75处，确保包干区的清洁卫生；到文化西路开展车辆停放文明劝导工作7次，共有28人次参加，发放温馨提示200多份，将120多辆非机动车拖至停车位内规范停放，利用农开办LED电子显示屏宣传创国卫工作，为龙游县“创国卫”尽心尽力。

（县农开办 桑琪）

林业

【概况】 龙游县土地总面积为114361公顷，其中林地为64774.33公顷，占土地总面积的56.64%。全县森林覆盖率为55.52%，活立木总蓄积量为135.60万立方米，享有“中国竹子之乡”之美誉，为省级森林城市。2017年，龙游县林业局在县委、县政府及上级林业部门的正确领导和大力支持下，认真学习贯彻中共十九大和浙江省第十四次党代会精神，深入践行“绿水青山就是金山银山”的科学论断，紧紧围绕“科学发展、创新发展、融合发展”理念，密切结合全县中心工作，以“浙江省竹产业提升发展试点县”项目和“一村万树”行动为抓手，在全局干部职工的共同努力下，各项工作进展顺利，并如期完成全年目标任务。县林业局被评为2017年度龙游县扶贫攻坚先进集体、“四边三化”先进集体。

【项目工作】 完成平原绿化工程、林业资源发展提升等“421”项目，完成林区道路建设工程等政府性投资项目。全面推动“万亩‘浙八味’中草药产业化建设项目”的开工实施，完成种植核心基地建设。

【森林龙游建设】 认真贯彻全省林业工作会议和全省林业局长会议精神，结合龙游县委、县政府“五四三”行动和“一村万树”等重点工作，切实开展绿化造林工作。全年完成油茶良种新造林76.67公顷，完成造林更新面积276.2公顷，进度为年度计划的103.6%。不断推进“森林龙游”“森林城镇”“森林村庄”“森林人家”等系列创建工作，新增1个省级森林城镇（湖镇镇）、2个省级森林村庄（庙下乡严村村、沐尘乡双戴村）、17个市级森林村庄。

【平原绿化】 完成平原绿化277.53公顷，其中新建120.87公顷、绿化提升156.67公顷，完成“四旁”（路旁、沟旁、渠旁、宅旁）植树31万株，累计完成投资6180万元。按类型分，包括城市绿化33.13公顷，城镇绿化39.2公顷，村庄绿化68.67公顷，公路、铁路绿化45.33公顷，江河、渠堤绿化30.67公顷，农田林网8.67公顷，经济林、树圃等52公顷。

【“一村万树”行动】 以“绿村富民、花开百村”为主题，开展龙游县“一村万树”行动，建成37个“一村万树”示范村，超额完成建设任务。全年种植珍贵彩色树47万株，其中新植珍贵树26.7万株，建设珍贵树种保障性苗圃1个，建成珍贵树示范林2片，完成珍贵彩色森林建设1086.7公顷，建成一批银杏村、香榧村、山核桃村、红豆杉村、楠木村、红花油茶村等森林特色精品村。

图80 9月29日，龙游县召开“一村万树”工作推进会

【彩色树种良种基地建设】 全年收集优质种质资源106份，完成26.67公顷的采穗、试验示范林基地的抚育管理工作。8月30日，龙游县林场被确定为“国家彩叶树种良种基地”，基地规划面积40.2公顷，以枫香、槭树类、樱花为主要树种，辅以橡树、樟树、红豆树等彩叶珍贵树种，计划收集保存优质种质资源1000份以上。将基地建设为以生产品种穗条、种子、苗木为主，集资源保育、良种繁育、试验示范、休闲观光养生“四位一体”，兼具四季色彩艳丽、景观独特、都市休闲生态养生公园之功能，具有国内较高影响力的国家级重点林木良种基地。

【公益林管理】 完成公益林矢量数据核查和完善工作。至年底，全县有国家级公益林1.18万公顷、省级公益林2.72万公顷，总面积3.9万公顷；共建成优质林分公益林面积2.25万公顷，占县公益林规模的58%，同比提高8%。全县共选聘村民156人担任公益林护林员。

【彩色健康森林建设】 围绕县委“全域旅游”中心工作要求，把山体彩化和珍贵树种造林作为龙游县造林重点工作，助力全县森林走向珍贵化、彩色化，助推乡村休闲旅游建设。开展《龙游县珍贵彩色健康森林建设规划》制订工作，对全县江、河、公路及重点景点等区块进行全方面的规划，进一步提升县森林资源质量和城镇绿化水平，改善生态环境，彰显龙游特色景观。开展姚村、渡贤头、官村、石角四个彩化点建设。

【食用林产品管理】 开展食用竹笋安全排雷“百日攻坚”专项行动，做好春笋等主要食用林产品及产地土壤环境监测。扎实开展食品安全抽检工作，完成春笋、板栗、冬笋自主抽检80批次，合格率为100%。累计推广应用机械割灌机5000多台、光控杀虫灯1200多盏、太阳能杀虫灯400多盏，20家企业或竹业合作社通过森林食品与有机食品认证。实施板栗栽培生产标准化项目，推广生态安全的板栗栽培生产模式，保障食用林产品生产安全。

【林木种苗管理】 按照新《中华人民共和国种子法》的规定审核发放种子生产经营许可证，全年共发放种子生产许可证28份，龙游县林场共培育山樱花、浙江楠、红豆树、油茶苗等苗木182万余株，完成2017年珍贵彩色树种省调控容器育苗任务。完成8.6万株省赠送的彩色珍贵树苗的调运和赠苗工作。8月14日，龙游县林场被浙江省林业厅确定为2018—2020年省“调控容器苗培育项目定点单位”之一。

【林区道路建设】 联合龙游县财政局出台《龙游县林区道路建设资金管理办法（试行）》。根据为民办实事承诺，通过“规范建设程序、加大宣传营造建设氛围、排查摸底落实建设任务、因地制宜合理建设标准、完善机制保障项目推进”等举措，有效推进林区道路建设，全年新建林区道路60千米，维修林区道路100千米。

【推广“一亩山万元钱”模式】 发展林下经济，林下种植多花黄精593.67公顷，种植三叶青27.5万袋。积极发展薄壳山核桃、香榧等特色林业产业，种植薄壳山核桃179.07公顷，种植香榧13.33公顷。配合做好衢州市林业特色产业发展项目申报工作，全县共申报2016年林业特色产业项目21个，其中油茶良种推广示范基地10个、低产低效林改造示范基地5个、油茶加工企业转型升级1个、“一亩山万元钱”林业科技示范基地5个。11个示范基地通过衢州市林业局考核验收，共获奖励资金70万元，其中“一村万树”村庄绿化示范点1个、“一亩山万元钱”示范基地2个、油茶良种推广示范基地5个、地产低效林改造示范基地3个。

【木本油料产业发展】 完成油茶良种推广示范基地66.67公顷，完成香榧基地抚育53.33公顷，建成香榧良种繁育基地2公顷。开展木本油料林示范基地建设，在木本油料新造林地块内建设示范基地40公顷，出台400元/亩的补助政策，探索木本油料林经营管理新模式。

【发展森林休闲养生旅游】 积极推进浙江大竹海国家森林公园、绿葱湖省级湿地公园的规范化建设。根据全县域生态旅游总体规划，在龙南竹区以浙江大竹海为依托，以建设竹海特色小镇与美丽乡村养生游项目为抓手，全域推进竹海养生健生旅游。至年底，绿葱湖高山运动小镇、溪口竹海风情小镇等特色小镇建设有序推进。全县新增庙下竹业小镇为森林特色小镇，新增三门源村、社里村、浙源里村等3个森林人家。溪口镇石角村被浙江省生态文化协会和省林业厅授予“浙江省生态文化基地”。

【“绿葱湖高山杜鹃花海”入选浙江省最美赏花胜地】 龙游绿葱湖高山杜鹃花海位于龙游县溪口林场庙下林区，是浙江大竹海国家森林公园的主景区，核心区建有龙游绿葱湖省级湿地公园。3月，浙江省开展“多彩浙江——最美赏花胜地”评选活动，经过各地申报推荐、实地考察、专家遴选、网络投票和专家评定等环节，“龙游绿葱湖高山杜鹃花海”等100个景点（单位）从全省250多家申报单位中脱颖而出，获得“浙江最美赏花胜地”称号。

【林业产业发展】 自2016年9月省林业厅将龙游县列为省竹产业提升发展试点县，并列入2017年浙江省林业产业类重大重点建设项目以来，龙游县林业产业有了新的发展，尤其是笋竹产业出现许多新的增长点。2017年，龙游县实现林业总产值33.46亿元，同比增长15%，其中竹产业总值23.76亿元(其中一产2.95亿元、二产17.27亿元、三产3.54亿元），同比增长14.9%，占林业总产值的71%。至年底，全县有各类竹业专业合作社36家，有笋竹加工规模以上企业29家，其中有国家级示范性专业合作社2家（韩氏小竹笋、竹海鲜笋专业合作社）、省级专业合作社1家（黑森林竹业），有国家级农业龙头企业1家（腾龙竹业）、省级农（林）业龙头企业5家（外贸笋厂等）、市级农（林）业龙头企业17家（神宇竹胶板等）；有国家级森林公园1个、竹生态文化特色旅游乡村3个（大街乡贺田村、沐尘畲族乡社里畲村、庙下乡晓溪村），有企业研究院2家（腾龙、神宇）、民办研究院1家（龙游县浙西竹木研究院）。

【竹产业转型升级】 扎实推进“浙江省竹产业提升发展试点县项目”竹林提质增效区、加工绿色集聚区、竹生态运动休闲区、竹三产联动服务园等建设，完成项目实施方案的编制工作，推进绿春湖游步道和溪口竹海公园游步道工程建设，开展竹木加工行业整治提升专项行动，引导当地竹木加工企业提升发展。围绕竹产业紧抓招商引资工作，先后赴省内临安、安吉、义乌等县（市）和安徽广德、江西宜春等地的相关企业开展招商引资工作。《龙游县竹产业提升发展总体规划（2016—2020）》（修编）通过专家评审。

图81　11月18日，召开《龙游县竹产业提升发展总体规划（2016—2020）》（修编）评审会

【竹木加工行业专项整治】 按照省、市、县“四边三化”工作要求，结合龙游县笋竹产业转型升级工作的要求，在全县开展竹木加工行业整治提升专项行动，对222省道、溪大线公路沿线范围内及其他需要整治的竹木加工企业（户）进行集中整治提升，其中整治提升14家、拆除退出19家，涉及总面积为3.46万平方米。至年底，已完成整改面积1.77万平方米，拆除面积1.45万平方米，绿化面积1.1万平方米。按照“整治提升一批、引导退出一批、适度集聚一批”的整治要求，明确具体对象，落实“一厂一策”，引导当地竹木加工企业提升发展。

【林地管理】 以“主动服务、超前服务、优质服务”的工作理念，全心全力做好全县重点项目建设用地保障服务，加速推进全县重点项目建设步伐。积极参与“绿春湖索道项目”“沿江公路”“光伏扶贫”等重点建设项目的前期准备工作，完成龙游县2017年涉林重点项目的林地报批工作，切实保障项目的顺利实施。全年共完成8批次农业、旅游项目决策咨询的现场踏勘工作。按照县政府统一安排，牢牢把住“十个范围”政策，配合县国土局完成666.67公顷垦造耕地项目的现场踏勘工作。依法办理各类占用林地审核、审批手续104起，涉及面积268.5公顷，收缴森林植被恢复费4171.55万元。严格执行森林采伐限额制度，商品林和生态公益林的凭证采伐率为100%，各分项指标均控制在采伐限额以内。

【林木采伐和运输管理】 创新林木采伐管理制度，实行林木采伐许可证网上发证制度，全年共办理林木采伐许可证214份，总蓄积1.58万立方米，总材积9526.33立方米，采伐总面积475公顷。规范木材运输、森林植物检疫、竹木经营加工许可等证件的办证工作，完善办证手续和程序，共办理木材运输证1609份，运输木材总材积7884.6立方米；办理森林植物检疫证1938份、木材经营加工许可证3份。

【古树名木保护】 开展全县古树名木资源普查，摸清15个乡镇（街道）和1个林场的古树名木资源现状：全县共有“古树名木”1265株，新增古树名木346株；有古树名木群18个，新增2个。按树种分，全县古树名木中有樟树726株、枫香116株、南方红豆杉113株、苦槠100株；按古树级别分，列入一级（树龄500年以上）保护的有171株，列入二级（树龄在300~499年）保护的有225株，列入三级（树龄在100~299年）保护的有869株。

【森林案件查处】 进一步深化平安林区建设，全力保护森林和野生动植物资源安全，维护林区治安大局平稳。全年出警办案283次，出警543人次，办理案件30起。开展“2017利剑行动”、“2017利剑2号”禁种铲毒行动、“利剑3号”专项行动、打击破坏野生动物资源违法犯罪联合专项行动、全面保护长江经济带林业资源专项行动、缉枪治爆专项行动等，开展“迎接十九大，忠诚保平安”主题活动，全力以赴维护中共十九大期间龙游林区稳定。成立龙游县检察院驻森林公安局检察官办公室，建立林区警长制，出台《县森林公安局“林区警长制”实施方案》。县森林公安局获浙江省集体三等功、衢州市“2017利剑行动”先进集体。

【野生动物保护管理】 全年办理野生动物经营利用行政许可2次，办理驯养繁殖行政许可1次。制作爱鸟周宣传资料，开展爱鸟周宣传。展示《野生动物保护法》漫画解读和野生动物保护知识展板，发放新版《中华人民共和国野生动物保护法》漫画解读图册500本，让广大市民了解野生动物，自觉爱护野生动物，依法保护野生动物。

【森林消防工作】 严格落实省、市、县森林消防工作的部署要求，落实森林消防工作行政责任制、长效机制和工作经费，健全森林消防队伍体系，加强森林火灾防治。圆满完成年度森林消防工作任务，无重、特大森林火灾，未发生森林火灾扑救人员伤亡事故，未发生持续燃烧时间超过24小时的森林火灾。至年末，全县共有森林消防队伍18支，有森林消防人数543人，其中县级专业森林消防队伍1支。对全县森林消防队伍开展全员实战培训演练，有效提高森林消防队伍的实战水平。

【林业监测预警】 全县设有国家级中心测报点1个，有系统监测点3个，有专兼职测报员30名、村级生态林管护员156名。聘用5名松材线虫病防治协管员，做到“山场有人管、病树有人清”，真正抓好源头管理；完成春秋两季松材线虫病疫情普查，全年开展4次松毛虫调查，完成国家级监测对象竹螟、省级监测对象竹卵圆蝽的固定监测点工作，全县松材线虫病监测覆盖率达100%。秋季疫情普查共抽取枯死松树样本90个，鉴定样本69个。全年发布《森林病虫情报》18期共800余份，发布虫情预警1次。编报《森防检疫信息》2期，及时指导林农科学开展防治工作。全年开展技术服务40人次，结对林业大户3家。

【林业检疫规范】 开展“绿剑检疫执法年”专项行动，加强检疫监管。全年开展8次检疫执法专项行动，对全县17家生产、经营、使用涉木企业和91家种苗繁育单位或个人进行检查，出动执法人员45人次，对涉（松）木企业库存的松木及制品重新进行库存核销与登记，共核销检疫单证3份，涉及松木52.3立方米。签发“龙游县森林植物及其制品检疫单”78份，其中松木20份，涉及木材729.81立方米；签发植物检疫证书1938份。全县应施检疫林木种苗942.67公顷，实施产地检疫面积933.27公顷，实施产地检疫行政许可39家。

【森林病虫害防控】 全县林业有害生物成灾率为0.83‰，低于1.6‰的考核指标；无公害防治率为92.95%，监测准确率为98.40%，产地检疫率为99%，分别高于考核指标的87%、88%和97%。更名成立“龙游县重大林业疫情防控指挥部”，制定并颁布《龙游县松材线虫病防治实施方案》。开展林业有害生物防治，防治面积3500公顷，其中白僵菌生物防治2300公顷、化学防治1000公顷、物理诱杀防治130公顷；清理枯死松树328吨。签发“龙游县森林植物及其制品检疫单”78份，检疫松木1200立方米；办理产地检疫行政许可39件，全面完成松材线虫病防治政府责任考核要求，未出现疫情扩散，松材线虫病防控工作卓有成效。社阳乡成功创建“浙江省松材线虫病防治示范乡镇”，浙江恒鑫电力有限公司报批省级“疫木定点安全利用”企业。

【林权制度改革】 启动林业股份合作制改革试点，探索林地经营管理新模式，成立林地经营股份制合作社2家。对接林地确权、变更事项10起，完成确权1起，依法办理林权证20本，林权变更1起，完善自留山清册1份。完成林权抵押贷款3起，抵押面积129.13公顷，贷款505万元。2017年6月23日起，林权登记、林权抵押登记业务转移到县不动产管理中心，县林业局认真做好协助工作。进一步规范林权流转工作，完成集体和农户林权流转344公顷，完成森林资源、资产交易5起，交易标点为19.85万元，交易面积17.93公顷；对接林地经营权流转证办理业务2起。

【林地变更调查】 6月，完成林地变更调查工作。该项工作的开展，对掌握年度林地利用变化情况，及时更新林地档案，支撑建立空间规划体系，划定生产、生活、生态空间开发管制界线，实施林地用途管制等均具有重要意义。

【林业“最多跑一次”改革】 开展“最多跑一次”改革，对涉林审批事项再梳理，对事项库信息再比对，对办理程序再简化，对窗口人员再优化。编制服务指南，全县林业行政审批事项全部进驻县行政服务中心，列为“最多跑一次”的林业事项100%实现承诺。

【森林生态文化宣传】 通过《中国绿色时报》《浙江林业》《衢州日报》《今日龙游》等传统媒体和省市县网站、微信公众号“龙游林业发布”、微博“龙游林业”等新媒体，广泛开展林业宣传工作，信息宣传报送及时准确。扎实推进生态文化基地建设，新建省级生态文化基地1个（石角村）；组织开展“生态日”“湿地日”“野生动植物日”“爱鸟周”等宣传活动。开展最美护林员评选活动，评选浙江省优秀护林员4名。协办衢州市第三届金秋菊展暨珍稀动植物标本展，获最佳组织奖、最佳创意奖银奖和最佳小品奖。

【森林资源二类调查】 开展森林资源二类调查工作，完成二类调查前期预区划、外业调查、外业资料转绘、县级质量检查验收、省市联合检查验收等工作，形成森林资源二类调查成果并通过省专家组评审。查清龙游县行政区域内森林、林地情况和林木资源的种类、数量、质量及分布，探索建立以图管地、图库对应的规划设计调查技术体系。

（县林业局 应建平）

畜牧业

【概况】 2017年，龙游县畜牧兽医工作以畜牧业绿色发展为中心，以畜牧业绿色发展示范县创建、农业废弃物资源化利用试点县建设、整建制推进现代生态循环农业县创建为抓手，突出“巩固生猪整规提升成果、重大动物疫病综合防控、畜产品质量安全监管”3个重点，守好“不发生重大养殖污染环境事件、不发生区域性重大动物疫情、不发生重大畜产品质量安全事件、不发生流域性漂浮死猪现象”4条底线，推进畜牧业转型发展、绿色发展、美丽发展，促进畜牧业提质增效，实现农民增收。生猪保险全覆盖与无害化处理联动的“集美模式”入选浙江绿色金融创新十大优秀案例，九号牧场、龙游乌猪品牌猪肉入选浙江省猪肉十大名品，全国先后有省内和江苏、安徽、四川等省同行单位及媒体记者74批660人到龙游县考察龙游畜牧业转型升级工作。

【成功创建农业部畜牧业绿色发展示范县】 成立龙游县农业废弃物资源化利用试点县创建工作领导小组，按照《龙游县畜牧业绿色发展示范县创建实施方案》和《龙游县农业废弃物资源化利用试点县实施方案》的要求，以“开启模式”“集美模式”“箬塘模式”“吉祥模式”为依托，开展农业部第一批畜牧业绿色发展示范县、国家级农业废弃物资源化利用试点县和浙江省整建制推进现代生态循环农业县创建，推进畜禽排泄物资源化利用和病死动物无害化处理。6月，被农业部评定为第一批畜牧业绿色发展示范县（浙江省唯一的1个县）。9月，成功创建浙江省整建制推进现代生态循环农业县。12月，在浙江省畜牧业绿色发展高峰论坛上做畜牧业绿色发展创建典型交流。

【推进畜禽整治提升】 开展水禽场关停拆除工作，全年共关停拆除水禽养殖场61家，拆除、复垦面积

图82 12月6日，龙游县召开第一批生猪养殖核定证发放仪式暨生猪整规工作推进会

为6.15万平方米，落实补偿资金462万元。联合县环保和国土部门开展生猪养殖场现场核定工作，对养殖场治理模式、设施运行、资源利用、管理制度等情况进行审查核定；更新生猪养殖场污染治理监督公示牌，推进生猪养殖场的规范建设，发放第一批《龙游县生猪养殖场核定证》108本。制定《龙游县生猪耳标管理办法(试行)》，明确生猪养殖场根据核定的限养能繁母猪量按1∶20比例申请领取耳标，单年耳标领用数量与可检疫数量挂钩，对未施加耳标的生猪不出具检疫证明，防止养殖场超限养殖，巩固生猪整规成果。

【美丽生态牧场建设】 按照《龙游县美丽生态牧场创建标准》的要求，以“场区布局合理、设施制度完善、生产全程清洁、产出安全高效、资源循环利用、整体绿化美化”为标准，逐场逐户现场踏勘制定创建方案，通过设施改善、制度规范和环境洁化、绿化、美化等措施，实施美丽牧场创建。全年创建县级美丽牧场30家，其中24家被评定为市级美丽牧场，13家被评定为省级美丽牧场。

【发挥县养猪行业协会作用】 5月，召开县养猪行业协会第二次会员代表大会。会议听取并审议县养猪行业协会会员代表大会《筹备工作报告》《协会工作报告》《财务工作报告》和章程修改说明；选

举产生县养猪行业协会第二届理事会会长、副会长、理事，聘请县养猪行业协会顾问和秘书长。11月，协会主办2017龙游县“互联网+畜牧业”培训会，培训会员380余人，行业协会服务作用得到进一步发挥。

【重大动物疫病综合防控】 开展防控重大动物疫情应急演练，顺利完成春、夏、秋、冬四季重大动物疫病防控工作，全年使用生猪口蹄疫疫苗232.91万毫升、禽流感疫苗953.35万毫升、牛羊口蹄疫疫苗6.13万毫升，使用猪瘟疫苗391.5万头份、生猪高致病性蓝耳病疫苗36.65万头份。全年共检测高致病性禽流感、猪瘟、生猪口蹄疫、生猪高致病性蓝耳病等免疫抗体10483份。完善病死动物无害化收集处理运行机制和监管制度，健全、完善病死动物无害化处理长效监管机制，全县病死猪全部得到无害化收集处理。

【畜产品质量安全监管】 制定《龙游县生猪规模养殖档案》的相关内容，强化对保留的规模养殖场养殖档案的管理，实行“一场一档”管理模式。开展智慧畜牧业云平台建设，做好全县畜牧兽医机构用户和养殖用户数据录入前期准备工作，以分所为单位组织开展智慧畜牧业云平台培训。开展屠宰“严查、严管、严打”和“扫雷行动”等专项工作，每月对生猪定点屠宰场开展隐患排查。屠管科办理成立以来第一起违反《生猪屠宰管理条例》的案件，没收生猪产品295.5千克，罚款1.65万元；全年查处动物卫生监督案件12起，罚没金额2万余元。至年底，开展养殖、产地检疫、屠宰检疫环节盐酸克伦特罗、莱克多巴胺、沙丁胺醇等“瘦肉精”类违禁药物抽检各51011份；开展生猪屠宰检疫14.47万头，检疫生猪产品91.86万千克；产地检疫生猪75.77万头、家禽1682.66万羽。

【加强畜牧兽医队伍建设】 制作发放龙游县动物检疫防疫人员“十严禁”宣传卡，组织签订《龙游县防疫检疫人员承诺书》，完善绩效考核办法，强化防疫检疫人员责任意识、廉洁意识，筑牢全体畜牧兽医工作人员预防腐败的第一道屏障。规范乡镇兽医队伍建设，由县机构编制委员会办公室下文将乡镇防疫专管员纳入编外用工管理，完善县、乡、村三级动物防疫体系。对历年档案进行整理归档，共整理科技档案资料1040卷，整理文书档案2541件。

（县畜牧局 倪志轩）

渔 业

【概况】 2017年，龙游县渔业工作以“渔业增效、渔民增收”为目标，转变渔业经济的增长方式，调整产业结构，注重优良品种的引进与推广，强化渔业生产环节监管，大力发展科技渔业、生态渔业，超额完成全年各项目标任务。全县渔业总产量20008吨，同比增长4.1%；渔业总产值10.97亿元，同比增长10.31%；渔民人均纯收入29471元，同比增长6.2%，渔业生产取得较好成绩。

【科学谋划渔业发展】 编制《龙游县养殖水域滩涂规划》，谋划《发展全域“游钓”，创新龙游“渔业+”》课题，制定完成龙游县渔业转型升级试点工作实施方案（初稿）。以模环乡作为渔业转型升级试点，引进奔康公司作为承包主体，建立渔业生产新模式，创建双赢的联营机制。

图83 6月6日，开展全国“放鱼日”同步增殖放流活动。图为衢江流域（龙游段）夏季增殖放流现场

【渔业重点项目建设】 实施完成并验收县级农业标准化推广示范项目2个（龙游傅晓靖家庭农场光唇鱼标准化养殖推广示范项目、龙游祥盛家庭农场中华鳖标准化养殖推广示范项目），实施完成2016年度省海洋与渔业综合管理和产业发展专项项目建设6个，确定2017年度省海洋与渔业综合管理和产业发展专项项目6个。推进休闲渔业基地建设，浙江龙和水产养殖开发有限公司被农业部认定为全国精品休闲渔业示范基地，龙游兴隆锦鲤文化博览园被农业部认定为全国休闲渔业示范基地。

【生态洁水渔业发展】 完成禁限养区划定与整治76.87公顷、水产养殖塘生态化改造40.67公顷，全县累计稻鱼共生（轮作）面积388.33公顷，渔业资源增殖4331.6万尾。开展初级水产品质量安全排雷“百日攻坚”行动、水产“两禁一超”、“平安护航十九大”百日食安系列整治行动和“餐桌治理三年行动”等专项整治。完成4个初级水产品质量安全追溯示范点建设。加强初级水产品品牌认证和标准化建设，全县通过有机认证转换1个、无公害水产品产地认证1个、复查换证1个、复评农业部健康养殖示范场2家，新增省级农业龙头企业2家。

【渔业安全专项整治】 开展初级水产品质量安全抽检，合格率达100%。推进“三证合一”，完成渔船检验115艘，其中机动渔船98艘、非机动渔船7艘、养殖渔船10艘，渔船受检率达100%。严厉打击以非法电捕作业为主的违法违规行为，查处渔业违法案件12起，开展突击联合执法3次，出动人员约80人次，提高渔业资源再生能力，维护生态平衡。

【渔业技术推广服务】 搭建公共服务平台，建立浙江省首个渔业社会化服务中心，实现“苗种统一、模式统一、饲料统一、病防统一、品牌统一、销售统一”的“六统一”模式。主推种养结合模式和技术、池塘内循环流水养殖模式和技术、水库山塘洁水增养殖模式和技术等3项技术，建设浙江龙和水产养殖开发有限公司、龙游力君家庭农场2家渔业科技示范基地，遴选渔业科技示范户81户，示范面积802.33公顷，辐射周边农户1023户。

（水利局 叶彩仙）

水利建设

【概况】 2017年，龙游县水利局牢固树立标杆意识，以“五水共治”为主线，以水利工程为抓手，以“大干水利，提速创优”为总基调，抢抓机遇，攻坚克难，较好地完成全年工作目标任务。获全浙江省“五水共治”工作先进集体、全省市县水利工作综合考核优秀市县、全省海洋与渔业工作先进单位等荣誉。

【防灾减灾工作】 全面落实各项防汛责任制，加强基层防汛体系和应急保障能力建设，提升应急处理能力。修编完善各类防汛度汛方案与预案，健全县、乡、村三级联动快速高效的防汛抗旱体系，组织开展小型水库暨地质灾害应急抢险演练，维护、更新监测预警设施，提高防汛抗旱信息化水平，推进山洪灾害防治项目建设，增强防灾减灾能力。

图84 开展纪念第二十六届“世界水日”和第三十一届“中国水周”宣传活动

【重点项目建设】 完成水利投资约6.4亿元（含高坪桥水库）；完成衢江治理二期工程护岸工程建设2千米、灵山港综合治理工程堤防建设6千米；完成第九批2017年度中央财政小型农田水利项目县建设总工程量80%，高效节水333.33余公顷。实施石佛乡石塘、塔石镇下一村塘等4座水库除险加固工程，并通过完工验收；完成横山镇天池村和庙下乡庙下村、八角殿村农民饮用水安全提升工程，解决4400名农村人口的饮水安全问题。

【水政渔政执法】 严厉打击电捕鱼、非法挖砂、河道排污等违法行为，开展执法检查37次，查处水行政案件24起，水行政处罚24起（其中涉砂案件12起，渔业案件12起），查处渔业纠纷4起，开展执法巡查132余次，作出水行政处罚12起，拆除各类涉水违法建筑物、构筑物360平方米。

【河道综合整治及长效管护】 建立完善“全覆盖保洁、全方位管护”的河道长效保洁管理机制，全县1529千米河道全面建立“河长制”管理网络。开展河湖塘库清淤（污）工作，累计完成清淤47.5万立方米，超额完成45万立方米年度计划任务。开展河道采砂整治，完成衢江9家砂场整改。

【水土保持与水资源管理】 严格水土保持监督管理，全年编报开发建设项目水土保持方案9项，其中水土保持方案报告书3项、水土保持方案报告表5项、水土保持方案登记表1项。完成水土流失治理3.7平方千米，征收水土保持补偿费34余万元。落实水资源管理制度，强化“三条红线”管理，严格执行取水许可、水资源有偿使用等管理制度，对年取水量超5万立方米的取水大户实现实时监控全覆盖，办理企业取水许可42家，注销取水许可1家，变更、延续取水许可审批1家，征收水资源费1100余万元。推进水生态系统保护与修复，加强水功能区管理和重要水源地的水源保护，加大入河排污口的监督管理力度，确保水质符合标准。

（水利局 叶彩仙）

乌引工程管理

【概况】 2017年，在县委、县政府的正确领导和市乌引工程管理局的指导下，县乌引工程管理处紧紧围绕“水利灌溉标准化建设”的目标，按照“和谐、安全、爱岗、敬业”的总要求，扎实推进各项工作。

【干渠维护】 坚持以项目建设为抓手，按照年初编制的干渠维修计划，确定维修重点，完成干渠维修工程和养护工作：维修干渠道路3千米，清洁维养启闭机、节制闸机电设备和退水闸机电设备，浇筑石塘堰退水闸盖板；完成马一隧洞出口机耕路边坡挡墙修建，对渠道各段进行除草清淤，确保干渠畅通运行。检查干渠沿线安全防护设施，其中干渠安装防护网、道路波型防护栏及渡槽安全防护栏共2725米，并对节制闸、退水闸、渡槽、桥梁的防护栏进行除锈油漆。完成管理站及干渠面貌提升工程，完成6个管理站外墙面改造和办公室简装修，改造管理站内花坛7个，浇筑石塘堰管理站地面。上圩头管理站完成绿化面积3162平方米，平整青塘坞土地1.23万平方米，做好绿地种植准备。

【水利灌溉标准化管理创建】 围绕水利灌溉标准化建设工作目标，制定《乌引工程灌区（龙游片）标准化管理创建工作的实施方案》。全力谋划和推进标准化管理工作，成立标准化管理工作领导小组，制定标准化管理实施方案，落实各科室的分工责任，全面铺开组织培训、管理手册、操作手册、设置界桩、标识标牌、视频监控、巡查线路和信息平台等流程的各项标准化建设工作。完成标准化管理手册、操作手册和制度手册的编写与制作，按照标准化管理手册要求，进一步明确岗位职责和操作程序。完成干渠智能化管理及数据监测采集工程，安装监控摄像头6台、数字流量计2套、雷达水位计

图85 12月14日，省水利厅标准化建设验收专家组对龙游县乌引工程标准化建设进行考核

3套；为各管理站配备巡查APP终端6台，安装电脑6台，全力提升标准化管理水平。安装干渠界桩56处、公里桩20个、百米桩185个，制作安装标识标牌、警示标志137块。12月中旬，顺利通过浙江省水利厅组织的标准化管理验收专家组的验收。

【抓好供水安全】 着力抓好供水安全，深入灌区，及时掌握用水情况，优化供水计划，合理配置水源，保障群众的生产和生活用水。年初与各管理站签订防汛抗旱责任书，修订完善防汛预案，制定防汛抗旱值班表，落实工作责任。面对持续高温少雨的恶劣天气，积极与灌区范围内的乡镇(街道)和种粮大户沟通联系，了解灌区农田用水需求，根据实际情况制定用水计划，上报衢州市乌引管理局。结合“剿灭劣五类水”工作，根据县政府的要求，开启西垅退水闸向芝溪供水，清洁芝溪，全年共向芝溪供水150万立方米。为确保灌区灌溉用水，与衢州市防汛抗旱办公室、市乌引局、县防汛抗旱办公室领导到詹家镇等灌区的田间地头实地调研，及时解决用水需求；在洪畈水库供水期间，安排专人打捞垃圾，与黄塘口库区、市乌引局领导到入口处开展水质调研，确保群众喝上安全洁净的放心水。2017年，乌引工程向洪畈水库供应饮用水1600万立方米，是2016年的3倍；保障农田灌溉用水4000多万立方米，并协助市乌引管理局向金华供水1500万立方米。

【加强队伍建设】 坚持抓党建带队伍的工作思路，把党建工作放在突出位置，和中心工作一起谋划、一起部署、一起考核，把党建融合到业务工作中。开展“两学一做”学习教育活动，以理想信念教育、党风党纪教育、廉洁自律教育为主要内容，深入开展党风廉政教育。组织全体干部职工集中收看中共十九大开幕会，组织学习省、市、县纪委对查处违纪案件的通报，依托网络平台组织观看电教片和警示片，邀请专家做“工程项目管理”、“刑事法律风险防控”、十九大“新时代、新思想、新征程”专题辅导，着力营造清正廉洁的文化氛围，纯洁党员思想，筑牢干部职工思想防线，增强干部职工廉洁从政自觉性。

（县乌引工程管理处 琚宝金）

高坪桥水库工程建设与管理

【概况】 2017年，高坪桥水库管理处认真贯彻落实浙江省委“五水共治”战略要求，以“两年”活动为契机，以“百日攻坚”行动为抓手，围绕年初制定的工作目标，扎实稳妥地推进各项工作。高坪桥水库工程列入浙江省重点建设项目、百项千亿防洪排涝工程。高坪桥水库是全省首个采用PPP模式投资兴建的水库，入选财政部第四批PPP示范项目名单。

【政策处理】 截至房屋腾空奖励日（2017年3月31日），共完成库区560户6.13万平方米被征房屋的腾空移交，腾空率达100%。至5月15日青苗腾空截止日，共完成库区152公顷的青苗腾空；12月底前，完成库区被征房屋拆除约6.13万平方米。完成库周生产道路及采石料场涉及的29公顷土地到户面积丈量和地上附着物价格评估，确保拨付征地补偿款到位。开展村集体资产核算工作，红光村、连上村完成数据核对签字确认，相关款项发放到位；完成有土安置耕地置换线外耕地面积丈量。完成导截流范围林木砍伐、地上附着物清表、专业设施迁改和卫

图86　7月27日，高坪桥水库工程“百日攻坚”行动部署会召开

生防疫、灭鼠等库底清理工作。9月12日通过导截流移民安置验收县自验，11月17日通过衢州市初验，2018年1月23日通过浙江省验收。有序开展库区坟墓迁移工作，共迁移坟墓300余穴，确保工程无障碍施工；8月，完成湖镇龙廻陈村新建公墓安置点1.02公顷土地政策处理，10月，完成施工图设计方案审批并开工建设，12月底前具备应迁坟墓安置条件。

【省内首个水库工程类PPP项目落地】 1月，通过竞争性磋商，确定PPP咨询服务单位；2月，讨论通过PPP项目框架；4月，完成PPP项目实施方案编制，5月2日，龙游县第十三届政府第十次常务会议通过此方案，同步完成PPP项目“物有所值评价报告”和“财政承受能力论证报告”的批复。采用公开招标方式遴选高坪桥水库社会资本，5月底发布招标公告，6月评标确定中标候选人名单。经过两轮谈判，最终确定浙江省水利水电勘测设计院和中国水利水电第十二局有限公司为中标人。7月12日，与社会资本方签订高坪桥水库PPP项目框架协议，标志着省内首个水库工程类PPP项目落地，总投资9.05亿元。7月28日，注册成立PPP项目公司“龙游县浙水设计投资有限公司”，政府方与社会资本方股权比例为1∶9。10月，正式签订PPP项目合同，合作期18年，其中建设期3年、运营期15年），运作方式采用BOT（建设——运营——移交）模式。

【大坝工程建设】 7月，大坝工程施工单位进场。8月28日，大坝工程正式开工。10月8日，导流洞贯通。12月底，完成上下游围堰填筑，着手进行趾板基础、石料场、溢洪道、施工道路等工程的施工，全年完成总工程量的30%。

【移民安置小区建设】 高坪桥水库移民安置小区位于湖镇集镇，占地面积15.51公顷，建筑面积12.68万平方米，计划安置排屋466户、公寓122套。3月，完成可研报告批复；6月，完成初步设计批复；7月，移民安置小区5个施工标段全部开工建设。12月底，108栋房屋（其中排屋103栋、公寓楼5栋）完成基础施工，其中50%完成基础验收并进入主体施工，全年完成总工程量40%。

【专业项目】 高坪桥水库公路改复建应急工程线路总长8.19千米，路基长6.76千米，隧道1座长135米，桥梁11座共1.3千米。至年底，路基修筑完成4.8千米，完成71%；坝址段公路11月通车，凉亭底隧道9月贯通；11座桥梁施工有序推进，其中下塔塘1~3号桥、老鹰岩1~3号桥、茶园2号桥完成桩基基础施工，下塔塘桥完成部分梁板架设，张家坞大桥、茶园1号桥着手开挖桩基，双溪口大桥完成桥墩基础、盖梁浇筑及5号墩0号块浇筑，牛犊坞大桥桥墩施工有序推进，累计完成总工程量的60%。有序推进电力、通信等杆线迁改工作，8月底，完成导截流淹没范围内通信杆线迁改；10月底，完成双溪口通信基站迁建；12月底，完成库区电力10千伏线路改复建设计方案。

【年度投资任务足额完成】 全年完成投资2.75亿元，超出浙江省“百项千亿防洪排涝工程”考核指标3500万元。自2016年9月开工建设以来，高坪桥水库建设工程已累计完成投资4.55亿元。2017年全年投资目标足额完成。

（高坪桥水库管理处　余倩倩）

工业经济

概 述

2017年，龙游县加强信息化与工业化的深度融合，努力实现“数字化、智能化、自动化”的工业发展目标。以全新的视角结合工业经济的发展，在体制机制上深度创新、在项目定位上精准拿捏，逐级深化制度革新，提升龙游县工业层次结构。出台“降本减负”政策计划，为全县工业企业落实减税、降费等举措。实现多层次多领域的交流合作，促使工业经济模式化、多样化的生成。2017年，全县完成工业投资74.4亿元，同比增长6%，其中技术改造投资完成66亿元，同比增长19.3%。县内骨干企业实现创新驱动，引领风范，其中伊利乳业、金龙纸业被评为2017年度衢州市信息化示范企业。龙游县荣获浙江省经济和信息化工作优秀县、浙江省小微企业培育监测工作县考核优秀单位、衢州市经信系统工业投资管理先进单位等荣誉。

工业和信息化管理

【概况】 2017年，龙游县经济和信息化局按照县党代会提出的“三步走”战略，牢固树立“产业为王、工业强县”的理念，紧紧围绕“工业大提升”，坚持以提质增效为中心，以供给侧结构性改革为主线，以传统制造业改造提升和新动能培育为主攻方向，坚定不移打好工业转型升级组合拳，坚持不懈推进新型工业化建设。全县工业呈现经济总量平稳增长、产业结构持续优化、项目建设有序推进、转型升级快速推动、发展后劲进一步增强的发展态势。2017年，全县规上工业产值增长13.1%，规上工业增加值增长5.3%，工业投资增长6.0%，其中十大传统制造业技改投资增长12.2%；规模工业企业利润增长23%，工业亩均税收增长12%；工业新产品产值增长49%，产值率达25.8%。

【创新体制机制】 制订《龙游县（生态）工业“十三五”发展规划（2016—2020）》，将高端装备制造、高端家具制造、特种纸、绿色食品、新能源新材料确定为龙游县“十三五”期间的“五大百亿”产业，进行重点培育。制订《龙游县传统制造

图87 6月9日，龙游县召开全县工业发展大会

业改造提升行动计划（2017—2020）》和《龙游县造纸产业（特种纸）改造提升试点实施方案》，以造纸制造业为重点，推动龙游县传统制造行业转型升级，造纸制造业入选浙江省传统制造业改造提升试点。制定《龙游县“六个一批”企业培育三年行动实施方案》，完善企业扶持政策，分层次培育一批优质企业，提高企业整体竞争力。制订《龙游县供给侧结构性改革降本减负行动计划》和《进一步减轻工业企业负担促进工业企业健康发展的实施意见》，推进供给侧结构性改革，降成本工作，促进全县工业企业持续健康发展。制订《2017年龙游县工业提升十大专项工作表》，打好工业转型升级组合拳，推动工业经济转型跨越发展。

【服务项目建设】 建立健全重点项目分析研判、决策咨询、跟踪服务等机制，牢固树立“店小二”意识，主动出击、快速协调、精准服务，促进项目早落地、早建设、早投产。新引进金励纸业、华邦古楼、维达四期、浙建装配式建筑等一批10亿元以上重大产业项目，为龙游工业经济发展注入强大动力。项目推进势头良好，按照县重点建设项目“421”行动计划，全力推进高铁轴承产业园、李子园饮料、吉成新材料等重点项目建设。至年底，中浙高铁轴承一期项目主体厂房施工已完成，部分设备完成订购；李子园饮料项目部分厂房已完工；吉成新材料项目进入试生产阶段，厂区的新建厂房在施工中；塔恩纸业、捷马化工搬迁项目均已签约并完成供地。

【推进企业战略合作】 一是与央企合作。2017年，中浙高铁轴承有限公司高端精密轴承产业化项目跻身浙江省首批“特别重大”产业项目，是衢州市唯一的1家。中浙高铁轴承产业园项目总投资50亿元，一期投资10亿元，建成后将形成年产20万套轨道交通轴承的生产能力。二是与外企合作。华邦特种纸与德国古楼集团合作，成立华邦古楼新材料有限公司，总投资22亿元，计划收购6条特种纸生产线，扩建3条高档特种纸生产线，项目全部建成后，新增年

图88　5月18日，举行浙江龙游李子园食品有限公司项目开工庆典

产特种纸约20万吨，将形成包括加工纸在内的年产39万吨的特种纸生产规模。三是与民企合作。禾川科技和长沙吉成新材料合作，成立衢州吉成新材料有限公司，投资1.7亿元，新建年产500吨碳化硅及50吨碳化硼高技术陶瓷制品项目。

【优质企业培育】 围绕县产业发展的重点方向，持续开展上市（挂牌）企业、总部企业、龙头企业、成长型企业培育，精选潜力企业，加大政策扶持力度，形成有竞争优势的企业梯队。2017年公布的县第二批“百家四优”企业培育名单中，有66家企业入选，其中上市（挂牌）企业19家、总部企业6家、龙头企业15家、成长型企业26家。加强小微企业培育力度，全年新增“小升规”企业14家,金昌股份、亿洋工具、德辉食品被认定为浙江省“隐形冠军”培育企业。抓好“专、精、特、新”培育库建设，有入库企业46家。

【企业上市重组】 推动企业对接资本市场，制订《龙游县推动企业利用多层次资本市场三年行动计划》，力争通过三年的努力，推动一批符合国家产业政策、主业突出、成长性好、带动力强的企业进入多层次的资本市场，实现资源优化配置和制度创新，进一步做大做强做优。2017年，全县有7家企业启动主板上市，“新三板”挂牌企业增至9家。稳妥处置“僵尸企业”，鼓励龙头企业开展行业整合，

对“僵尸企业”的土地、厂房、设备进行并购重组，化解产能过剩，加快实现市场出清，有效盘活存量资产。至年底，全县完成“僵尸企业”处置39家，盘活土地68.4公顷、厂房27.7万平方米、存量资产6.1亿元。

【企业创新驱动】 推动企业创新发展，全年完成省级新产品备案168项，101项通过省级新产品鉴定，其中评为省级优秀工业新产品3个，新增省装备制造业重点领域首台（套）产品3个，新列入浙江省重点高新技术产品开发项目8个，列入浙江省重点技术创新专项4个，完成重点高新技术产品验收7项、重点技术创新专项验收1项。突出发展智能制造，推进以“机器换人”为重点的技术改造和智能化改造，新增工业机器人应用92台。积极推进创新平台建设，利用院士工作站、特种纸产业技术创新服务平台等载体，积极为企业与科研院所（学校）开展产学研合作，为科研成果转化搭建平台。金昌特种纸院士专家工作站入选2017年国家示范院士专家工作站；全年新增市级技术中心4家、市级工业设计中心1家、省级工业设计中心1家。

【加强“两化”融合】 “两化”融合即信息化和工业化的高层次的深度结合，是以信息化带动工业化、以工业化促进信息化，走新型工业化道路。“两化”融合的核心就是信息化支撑。县经信局推动企业ERP、MES、DCS等软件应用，引导企业向装备智能化、设计数字化、生产自动化、管理现代化、营销服务网络化方向发展。2017年，县“两化”融合应用指数为66.22，位列衢州市第二名，成功申报浙江省“两化”深度融合综合示范区。推动“企业上云”，提高企业在新常态下的发展动能和竞争力，促进经济转型升级，全年新增上云企业310家。加快建设智慧城市，优化4G网络覆盖，开展5G网络建设，顺应“互联网+”发展趋势，为信息经济发展提供网络设施支撑。

【发展生态工业】 积极实施“腾笼换鸟”，持续推进绿色化改造，在造纸、钢铁、化工等领域坚决推进落后产能淘汰，关停特力不锈钢、海关有色金属等高能耗生产线，淘汰16家企业16个项目的落后产能，盘活存量土地17.27公顷，腾出用能空间4.4万吨标准煤。开展“低小散”行业（区块）整治提升行动，整治提升“四无”（无证无照、无安全保障、无合法场所、无环保措施）企业（作坊）307家。推进黏土轮窑企业淘汰关停，9家黏土轮窑企业均已关停，其中7家完成拆窑验收。推进工业节能降耗，6家企业通过清洁生产审核；创建节水型企业9家，完成企业节能监察8家；淘汰改造锅（窑）炉93台，总容量244.5蒸吨/小时。推进集中供热项目建设，金怡热电沙田湖区块主管网已敷设完成并通汽，热网主管道沪昆铁路段、315省道段在施工中；小南海集中供热项目能评已完成，并已进场施工；城南集中供热项目已为28家企业供汽。

【企业家综合素质培训】 注重提升企业家综合素质，组织开展“龙商大讲堂”、出国培训及短期适应培训，其中“龙商大讲堂”开展专题培训8场，共有1350人参加。组织县内26名企业家赴德国参加工业4.0培训，组织26名企业家赴日本参加精益管理培训，提高企业家管理水平和战略思维能力，为企业转型升级提供强大智力支撑。

（县经信局 翁航宇）

经济开发区建设

【概况】 2017年，龙游经济开发区（简称为“开发区”）共入驻企业500余家，其中规上企业133家，累计实现产值176.69亿元，同比增长6.36%，占全县规上总产值的88.34%。全年实现固定资产投入59.72亿元，同比增长13.41%；完成基础设施投资12.24亿元，同比下降25.46%。经济开发区城北区块实现税费入库4.54亿元，同比增长11%。

【区块整合】 3月，原龙游工业园区正式更名为龙游经济开发区，明确“三定”（定职能、定机构、定人员编制）方案，完成内设机构整合。9月，通过开展中层干部竞争上岗和一般干部双向选择，完成经济开发区城南、城北区块的人员整合，开启大部制运作模式。大部制改革后，内设机构精简调整为“七部二站”，选拔中层干部20名，安排岗位任职107人，12人参加待岗培训。建立《干部职工佩戴身份公开胸牌签到上岗制度》，公开干部职工基本信息、部门职务、服务承诺等，亮明身份接受监督。

【招商引资】 依据“一区两块”功能定位，结合龙游县“五大百亿”产业培育规划，聚焦产业集群发展，初步完成特种纸、高端装备（机器人）、高端家具、高铁轴承等“特色园”“区中园”的招商规划，完成开发区产业布局规划评审，为招商引资提供指南。2017年，开发区自引和接纳亿元以上项目21个，其中自引20亿元以上项目3个、10亿元以上项目3个、亿元以上项目3个，全年招商引资实际到位资金40.6亿元。同时突出“零地招商”，深化兼并重组，推进“腾笼换鸟”，盘活存量闲置土地41.29公顷。

【项目建设】 2017年县“421”行动中，开发区履行主体责任的重点建设项目达26个，其中实施类项目14个、前期类项目12个，项目估算总投资123.21亿元，年度计划投资18.61亿元。至12月底，有16个项目落实节点目标，累计完成投资16.56亿元。

【基础配套】 完成产城融合概念规划、核心区城市设计、整体风貌控制研究及产业布局规划评审，明确超级社区规划建设方案。完成金星大道、永泰路、北斗大道景观提升方案，项目总投资9360万元，实施面积61.5万平方米，其中金星大道提升项目工程合同造价3500万元，永泰路绿化提升项目工程合同造价376.6万元，均已进场施工。启动5万余米雨污管网的检测疏通，排查窨井1200多座，整改雨水集水井900多座，清理外运淤泥400余吨，排查企业92家，清理高速桥洞、沟渠约1.2千米，全面修复一期病害管网。强化能源保障，新建二期中压供热管道810米，新建低压管道2830米，12月初完成部分冲管。

【平安综治】 2017年，开发区安全生产形势平稳，累计签订安全责任书160份，组织安全生产培训8次、安全知识竞赛1次，检查企业80家次，配合专项检查10余次，发现问题186个，整改问题172个。联合多部门开展开发区“四无”无证无照、无安全保障、无合法场所、无环保措施企业（作坊）整治联合执法行动，发现各类“四无”企业28家，于10月底全面完成整改或迁出。受理劳动纠纷47起，结案率100%，涉及职工316人，维护劳动者合法权益300余万元。

【就业保障】 至年底，年开发区人力资源市场共发布各类招聘信息1000余条，登记劳动求职者信息200余条，推荐岗位160余个。5月，举办龙游县中职毕业生走进开发区暨2017年夏季低收入农户就业帮扶专场招聘会，36家企业提供岗位717个，达成就业意向163人。

【科技创新】 3月2日，开发区特种纸平台通过浙江省科技厅验收，并常态化开展科技检测服务，全年累计对区内企业提供技术指导80余次，开展新产品项目研究10多个，组织相关人员和企业参加行业展会3次。5月，金昌特种纸股份有限公司建立省领军创业创新团队；8月，金昌特种纸院士专家工作站成功申报“全国示范院士专家工作站”。

【企业服务中心启用】 4月28日，开发区企业服务中心投入试运行，16个单位、64项审批授权事项进驻，8个分局启用审批2号章或分局章。开发区企业服务中心按照“前台综合受理、后台分类审批、综合窗口出件”工作模式，删除重复事项，实行内部共享流转，破除“信息孤岛”现象，夯实“一档管理”基础，深化“最多跑一次”改革。至12月底，共办结项目备案369件、建设审批91件、竣工验收46件，项目履约38件（含办理不动产权证书），即事即办21733件（含国地税、公安分中心即事即办件）。12月21日，位于企业服务中心三楼的中小企业公共服务平台完成建设并正式启用。

【衢州出入境检验检疫局龙游现场办开检】 10月16日，衢州出入境检验检疫局龙游现场办正式开检。至12月底，共受理报检490批次，涉及金额980万美元；出具危险化学品包装合格证明187份；产地证签证532份，涉及金额1000万美元，以5%的关税优惠计算，为企业减免进口国关税350万元。

【设立开发区党群服务中心】 3月，开发区党群服务中心投入试运行，占地1350平方米，成为集成办事窗口、展示区、休闲区、阅览室于一体的区域性服务平台。党群服务中心将开发区机关及非公企业的文明建设与宣传作为其中一项重要内容，至年底，累计接待省内外和市、县观摩学习30余批次。

【华邦古楼项目签约】 1月18日，浙江万邦浆纸集团与德国鼓楼集团在杭州举行合资签约仪式，双方共同出资在龙游成立华邦鼓楼新材料有限公司（简称为“华邦鼓楼”）。11月3日，由华邦古楼投资26.66亿元的年产50万吨特种纸生产线项目正式签约落户龙游经济开发区，建设内容包括整体收购安徽华邦和浙江大盛的经营资产，重组浙江华邦和浙江亿邦部分生产线，新建生产线5条。项目用地37.54公顷（其中新增用地14.33公顷），全部建成后形成年产50万吨特种纸的生产能力，预计实现销售收入50亿元，实现利税83950万元。

【浙建投项目签约】 12月28日，与浙江省建设投资集团股份有限公司签订投资协议，在开发区新建新型建筑产业园项目。项目总投资20亿元，规划用地66.67公顷，入驻投资项目包括浙江建工钢结构、装饰成品部件、新材料产品的研发制造及加工为主的基地和浙江建材建筑工业化基地等。

（龙游经济开发区　邵悠涵）

2017年度龙游经济开发区签约项目一览表

表20

签约企业性质	签约项目名称	签约时间	产业类别	用地规模（平方米）	签约金额（万元）
新增用地的企业	龙游龙纤新材料有限公司	2017.05	化纤	40000	15000
	浙江龙游天霖纸业有限公司	2017.01	纸制品制造业	13333	10050
	浙江博特生物科技有限公司	2017.03	造纸及纸制品	46666	15000
	中浙高铁轴承有限公司	2017.03	通用设备	193853	104565
	浙江龙游李子园食品有限公司	2017.05	饮料制造业	79999	35000
	龙游旭荣纸业有限公司	2017.04	造纸及纸制品	24353	10775
	浙江豪能电子科技有限公司	2017.06	通用设备	6660	5010
	华邦古楼新材料有限公司	2017.11	纸制品制造业	375400	266000
	浙江百富新材料科技有限公司	2017.06	造纸及纸制品	48452	15000
	浙江金励纸业有限公司	2017.11	造纸及纸制品	478010	379337
	浙江民兴新材料有限公司	2017.11	造纸及纸制品	40000	19720
	浙江胜强铜制品有限公司	2017.05	金属制品业	33333	10088
	安厨控股实业有限公司	2017.11	电子商务	19878	26000
	浙江省建设投资集团股份有限公司	2017.12	新型建筑材料业	666667	200000
	维达纸业（浙江）有限公司（四期）	2017.12	造纸及纸制品	210000	103000
租赁存量厂房、设备的企业	衢州腾宇五金制品有限公司	2017.01	金属制品业	1200	2015
	浙江龙游上博无纺科技有限公司	2017.05	纺织业	10000	3105
	龙游依成服装有限公司	2017.03	纺织服装业	1000	100
	衢州永泉五金有限公司	2017.05	通用设备制造业	4000	3015
	龙游恒益机械有限公司	2017.06	通用设备制造业	2000	5010
	龙游丰幸塑料制品有限公司	2017.05	塑料制品业	1000	2008
	浙江全吉儿帽业有限公司	2017.06	纺织服装、鞋帽制造业	4000	3060
	浙江龙游佳诚金属制品有限公司	2017.05	黑色金属冶炼及压延加工业	2000	3125
	龙游成连无纺布厂	2017.06	纺织业	3286	3012
	龙游华翊建筑材料有限公司	2017.07	非金属矿物制品业	1650	1508
	龙游锐鑫塑料制品有限公司	2017.06	塑料制品业	1700	3002
	龙游锦盛茶叶机械有限公司	2017.06	通用设备	1600	500
	衢州清澜新材料有限公司	2017.07	纺织业	1866	8000
	龙游天顺纸业有限公司	2017.08	造纸及纸制品	2470	3060
	龙游万佳展具有限公司	2017.08	家具制造业	6170	3088
	浙江龙游佳利环保设备有限公司	2017.09	专用设备制造业	1500	2088
	浙江喜稈食品有限公司	2017.09	食品制造业	2000	3035
	浙江广汇环境科技有限公司	2017.09	专用设备制造业	5400	3130
	浙江瑞智环保新材料有限公司	2017.9	专用设备制造业	2600	3000
	浙江龙泰包装材料有限公司	2017.9	造纸及纸制品	4020	2150
	浙江润元印刷科技有限公司	2017.10	印刷业	1700	3320
	浙江亘豪门业有限公司	2017.10	家具制造业	7830	3020
	浙江龙游龙鑫纺织品有限公司	2017.11	纺织业	8000	2158
	浙江田村科技有限公司	2017.12	电子工业专用设备制造业	5156	2000

招商协作工作

【概况】 2017年，龙游县招商引资工作紧紧围绕县委、县政府“三步走”战略思路，以“三件大事”为引领，坚持招商引资“一号工程、一把手抓”地位不动摇，以“促进浙商创业创新和浙商回归”为主线，主攻大项目招商和工业招商、产业联动招商，主抓“以商招商、平台招商、协作招商”等招商模式，着力招大引强，积极完成各项任务指标。在衢州市2017年度招商引资工作年度考核中位列各县（市、区）第二名。再次入选“中国最具投资潜力百强中小城市”，2006年以来连续12年入选百强，投资潜力指数达到82.1，比2016年提高0.5，最大程度地展示龙游县的投资潜力和近年来招商引资的成果。县招商局被评为2017年度龙游县招商引资工作先进集体。

【招商工作实绩】 2017年，龙游县共引进招商引资项目61个。其中新引进亿元以上项目17个，完成确保引进10个目标任务数的170%；新引进10亿元以上项目2个，完成确保新引进1个目标任务数的200%。总协议引资额90.63亿元，累计到位资金58.04亿元（含结转项目），完成确保招商引资到位资金40亿元目标任务的145.1%。其中新引进项目到位资金28.87亿元，续建项目到位资金29.17亿元。

【山海协作工作实绩】 全县山海协作项目到位资金(含结转)34.93亿元，信息经济、环保、健康、旅游、时尚、金融、高端装备制造等七大产业的项目数和到位资金均占75%，完成率为124.8%；开展劳动力转移培训2000人次，完成率为100%；参加重大经贸活动3次，完成率100%；依托中国美术学院与年年红龙天红木小镇的结对及宁波普吉湾农产品销售点，建立合作平台载体建设项目3个，完成率为300%。加强“山海协作”专项资金争取，落实产业园建设等专项资金2882万元。群众增收和社会事业项目已到位帮扶资金293万元，完成率为183%。

【做实项目招商】 4月，龙游县招商局新班子到位以后，积极争取县委、县政府对招商工作的有效支持，县委书记刘根宏为全县招商引资培训班开课，向全县招商工作人员讲授招商形势；县长张晓峰上任后开展的第一个工作调研就是招商引资；县领导班子成员多次参与重大招商项目的洽谈和接待。县委、县政府主要领导带队赴上海、杭州、宁波、广州、深圳等地开展招商推介活动，大力宣传龙游产业投资环境和优惠政策，主动介入汽车城项目、生活用纸项目、新能源汽车项目、机器人项目的投资洽谈，李子园、龙游港区、华邦古楼特种纸、金励纸业、中浙高端轴承产业园等一批重大招商项目先后签约落地龙游。

【完善招商工作机制】 建立每月招商项目研判分析机制。自5月开始，推动县委、县政府每月召开招商项目研判分析会，掌握新引进项目的推进情况和重大在谈项目进展过程中遇到的问题和瓶颈，着力提高项目招商精准性，努力实现“招商引资力度更大、项目更好、成效更明显”的工作目标。10月，县招商项目研判分析月会转为衢州市考核项目每周预判分析会后，建立28个招商项目一周一报制度，便于县领导层面实时把握项目进展情况。建立专业招商组季度例会制度，牵头召开专业招商组

图89 9月25日，龙游县召开9月份招商项目研判分析会

季度例会，针对重点产业类项目开展更加专业的研判分析，确保主要招商部门之间招商信息畅通，增强招商引资工作的危机感和紧迫感。建立招商引资工作“钉钉群”，先后借助钉钉平台牵头建设“大抓招商工作群”“招商引资重点在谈大项目交流群”“重大招商项目攻坚群”“市考亿元项目推进群”等，让各相关单位及时了解全县招商引资工作动态，提高项目推进效率。建立健全招商标准化工作流程，梳理完善招商接待、项目预判、政策研究、协商谈判、跟踪服务等招商引资标准化工作机制，编印《龙游县招商政策精选26条》和《龙游县招商一本通》，与《龙游投资指南》一起发放，推进全县有效、有序开展招商引资工作。

【拓展招商工作方式】 制定《2017年度龙游县招商引资暨浙商回归考核办法》，鼓励各单位捕捉“大好高”项目信息，力争引进优质龙头型浙商回归项目；突出项目落地导向，重点考核招引项目的最终落地和入库情况，加大落地项目的赋分力度；对引进亿元以上招商项目加分不封顶，鼓励各单位聚焦大项目、服务大项目；在配合省市开展督查的基础上，注重平时督查，实行招商引资工作情况月度排名和半年度实绩公布，每月与全县其他7项重点工作一起在《今日龙游》上排名。抓住富阳江南区块（春江街道）造纸工业园区在2022年杭州亚运会之前将其整体搬迁或升级改造的重要信息，6月27日，在富阳组织“龙游—富阳特种纸产业专题招商推介会”，为明盛纸业、百富纸业签约龙游发挥有效作用。12月1日，召开龙游寓外人士资本市场招商座谈会，加强与基金等资本市场的对接。主动发声，加大招商宣传力度。7月7日，《精准招商，助力跨越发展》在《今日龙游》一版刊出；11月20日，《大抓招商，驱动发展》作为“献礼中共十九大”的特刊内容在《今日龙游》四版刊出；同时，上报县委、县政府《关于富阳特种纸产业招商引资工作情况汇报》《关于福州欠款历史遗留问题妥善解决的情况报告》专报2篇。推动社会中介力量招商。2月，在全县干部大会暨“拆治归”工作推进会上，首次设立“以商招商”先进个人奖，奖励为龙游引进中浙高铁项目和吉成新材料项目的张瑞祥、张林松2位龙商，以此激励县内外龙商和社会各界人士积极投身招商引资暨浙商回归工作，群策群力引进“大好高”项目。发挥在外浙商龙商作用，开展浙商创业创新调研，利用传统佳节和法定假日积极走访在外龙商和异地商会，挖掘出更多有意对外扩大投资或异地搬迁的外地企业信息。选送金励纸业、华邦古楼2个10亿元以上项目代表衢州市在第四届浙商大会上签约。

【深化“山海协作”工程】 2017年，龙游县协作办与镇海区开展产业转移和项目招商对接交流达10余次，高层间互访为两地多领域合作开花结果奠定了基础。3月，龙游县县长张晓峰率代表团赴镇海考察及调研山海协作工程；4月，县委副书记张少华率队学习考察镇海区“四个平台”建设；11月，县委书记刘根宏带领党政代表团赴镇海区学习考察，深化两地交流合作。制定《龙游县创建“大花园”的工作机制》，提出深化山海协作的主要措施，打造“两山”实践示范区，助推“衢杭山海协作”升级版。宣传、发动、组织县内企业参加渝洽会、衢州特种纸博览会、义乌装备博览会等会展工作，为企业搭建更多的经贸合作平台。全力推进“山海协作产业园”的共建，落实项目，争取省市山海协作工程重点支持，成功争取省山海协作工程重点支持项目资金补助138万元，争取金额位列衢州市第一。为全县新农村建设争取到“社会事业新农村建设扶助资金”293万元。

【“招商铁军”队伍建设】 一是提升招商工作能力。组织全体党员干部重点学习中共十九大报告和习近平系列重要讲话精神，加强习近平新时代中国特色社会主义思想的学习，专题学习浙江省十四次党代会、衢州市第七次党代会、衢州市七届政府第一次常务（扩大）会、龙游县第十一次党代会、龙游县十三届政府一次全会、衢州市招商引资暨浙商回归山海协作工作推进会、龙游县干部大会暨“拆

图90 7月21日，龙游县举办全县招商引资培训班

治归”工作推进会、龙游城市东进推进会等会议精神；建立每月工作例会制度，交流全局工作完成情况和下月计划；开展招商引资工作培训，激发全县招商积极性。班子成员率先垂范、令行禁止，党员干部时时处处对标对焦看齐，撸起袖子加油干。深入推进“两学一做”学习教育常态化制度化工作，认真开展“两年”活动，要求干部职工“讲政治、懂经济、会谋划、善统筹”，切实提高自身素养和业务水平。加强干部教育和管理，激励干部职工多干事、干成事。对照新形势、新要求、新标杆，深化开展“三亮三比展风采、向我看齐当先锋”行动，立足本职，不忘初心，倡导“只讲一遍、事不过夜、独当一面”的工作作风，增强干部职工的责任感和紧迫感。

【基层党建】 全面落实从严治党要求，层层抓好党风廉政建设。认真落实“两个责任”清单制度，抓好岗位廉政风险点排查和销号工作，做到“真查摆、真防控、真整改”。加强和规范党内政治生活，大力支持派驻第五纪检监察组开展工作，及时学习中央、省、市、县各级纪委关于违反中央八项规定精神的案例通报。认真贯彻落实中央八项规定精神，严格执行“三重一大民主决策”“领导干部个人有关事项报告”“五个不直接分管”“廉政谈话”“警示教育”等制度，持续开展正风肃纪工作。全面加强党建工作，推进“全域党建示范提升百日攻坚”主题活动。成立局妇委会，改选局党支部和局工会，开创党建带群建工作新局面。

（县招商局 游生华）

社阳茶山（吴永建 摄于2017年4月）

基础设施

概述

2017年，龙游县公路交通、铁路交通、水上运输、电力、通信、邮政等相关行业认真贯彻落实发展新理念，迎合信息化时代的要求，积极创新，为全县基础设施建设砥砺前行。抓好公路交通建设项目的落实，切实保障工程进度，公共交通提升及农村道路工程如期完成；强化对公路的日常养护，严格管理制度，整顿路政市场，确保全县路况质量的提升和路产路权的依法合理。完成民生项目公共自行车租赁服务站的新建任务，促进城市公交与网络信息化的融合应用与推广。完成涉铁路建设用地的征收和租用工作，加强安置点的建设与实施，确保杭衢高铁建设项目列入工程计划。加大对水路运输安全的监管力度，严格防范措施，龙游港区桥头江码头施工抓紧进行，计划于2019年开港运营。加强电力通信网络基础建设，提升服务质量，助力电力工程改造升级，革新无线网络配置，夯实基站投建基础。通过对基础设施的大投入大建设，助推龙游经济的大发展。

公路交通

【概况】 2017年是实施“十三五”规划的重要一年，也是龙游县综合交通提质增效、转型发展的突破之年。县交通运输局在县委、县政府的正确领导及上级主管部门的大力支持下，牢牢把握历史新机遇，全面贯彻发展新理念，全力做好“品质、速度、民生、安全、队伍”五方面工作，取得了可喜的成绩。重大项目前期并行快速推进，政策处理、项目推进再创新纪录，工程质量管理获省市领导高度评价，行业管理和队伍建设亮点频现。全年完成投资14.9亿元，同比增长58%，再创历史新高；争取抓浙江省重点项目4个，争取项目资金1.53亿元。

【交通项目建设】 全年共承担实施类项目26个，已动工项目总投资约53亿元。“一桥一路一港一枢纽”建设有序推进，溪毛线、沿江公路、兰石至龙游南三条通景公路和公共交通提升工程、农村道路工程等“十大民生实事”按计划提前或按时完成。至年底，总投资26.2亿元的红船豆枢纽及船闸工程（包括红船豆电站、汀塘圩大桥改建和小溪滩船闸工程等）已全面完工；总投资约3亿元的跨衢江大桥应急工程所有下部结构全部完成，右幅贯通，已完成投资1.5亿元；总投资3.99亿元的游埠枢纽龙游段项目衢江北岸工程已完工，衢江南岸完成工程量的

图91 建设中的"通景公路"——溪毛线

60%；总投资约4.1亿元的衢州绿色产业集聚区龙游湖镇至童家公路一期工程（除去跨衢江大桥应急工程）全长6.39千米，已完成投资1.5亿元，完成工程量的20%；总投资5.2亿元的龙游县沿江公路项目（包括车行道与慢道）全长约22千米，5月11日全线开工，至年底已完成投资1.28亿元，完成工程量的25%；总投资7.13亿元的龙游港区桥头江作业区工程新建14个泊位及其附属设备，已完成投资2亿元；湖镇江滨路与湖镇至童家公路连接线工程已完成施工图报批工作，项目计划与湖镇至童家公路一并实施；总投资2.2亿元的溪口至毛连里公路改建工程一期工程主体完工，二期工程完成60%，已完成投资1.2亿元；总投资4926万元的兰石至龙游南公路工程已基本完工；总投资2413.76万元的中心公路站（应急抢险中心）项目建筑总面积为5181平方米，主体工程已完工。

【全面完成为民办实事项目】 完成第四期公共自行车建设，新建设租赁服务站点10个，扩增2个，新增公共自行车200辆；开通公共自行车二维码扫码租车功能，全年租车60万人次，同比增加10%。完成源头、后田铺2个农村客运站建设，完成港湾式停靠站33个。投资3000万元，完成农村公路等级提升工程40千米；投资700万元，完成农村公路生命安全防护工程50千米。

【交通项目前期】 为突破项目前期"难、慢、繁"的问题，县交通局打破常规，加强统筹，全力以赴，借力推进，创造条件将一些项目前置审批改"串联"为"并联"，大大缩短项目前期推进时间。至年底，320国道龙游会泽里至下章段工程、351国道龙游段公路工程、315省道龙游九里南立交至十都段公路工程、315省道龙游湖镇十里铺段公路改建工程、龙游经济开发区金星大道至316省道连接线改造工程、迎宾大道、湖镇至童家公路315省道支线、灵山江沿江公路工程、杭金衢高速公路龙游段加宽工程等项目前期工作进展顺利，并在高速推进中。

【公路养护】 围绕"美丽公路"创建，营造"畅、洁、绿、美、安、优"的公路通行环境目标，加强养护日常管理，全面提升公路路况质量。加强桥梁检查工作，安排国省道桥梁定期检查29座，安排特殊检查1座，并根据桥梁检测结果及时制订计划，安排桥梁养护与维修。通过政府购买服务的方式，对农村公路日常保洁进行市场化运作，按照招标文件每月对保洁公司进行制度性考核和评分。全年完成320国道龙游段中修、315省道（46省道）兰贺线龙游段公路养护大中修等普通国省道干线大中修工程，完成龙溪线、龙灵线、下大线、方渡线、凉梅线等农村公路大中修。

【"四边三化"工作】 "四边三化"工作开启交通"美颜"新模式。以222省道、龙游北高速出口等整治项目为抓手，通过整治路域环境、提升绿化档次、打造亮化工程、增设人文元素，完善交通功能，大力营造"畅、洁、绿、美、亮"的交通环境。222省道龙游段和龙游杭新景高速连接线被评为衢州市"最美公路"，龙丽温高速龙游南、龙游北两个入城口被评为衢州市"最美入城口"，320国道城市雕塑节点被评为衢州市"最美景观节点"。

【路政管理】 围绕创建"美丽公路"和"精品示范路"，加强路政管理工作。以"爱护公路，服务出行"为主题，通过悬挂横幅、粘贴宣传画、上路宣传、发放宣传资料、利用LED显示屏等方式，开展

“路政宣传月”及“5·26爱路日”活动，宣传路政管理的法律法规和公路建设养护、路政管理的成果。加大路政巡查力度，维护路产路权，共拆除违章建筑950平方米、非公路标牌781块，清理堆积物7601立方米、死树10株、遮挡标志牌214处、横幅314条、墙体广告15处，整治马路市场6个、流动摊点46次、乱停车16辆，清洗标志牌255处；查处行政处理案件241件，收取公路赔（补）偿费45.24万元。

【道路运输管理】 提前完成全县建制村客车“村村通”工作。湖镇片区客运公交化运行试点工作按计划推进；进一步优化城市公交线路，运行总里程近200万千米；全年老年人、残疾人优惠或免费乘车达130万人次。完善站场布局，稳步推进沐尘客运站、源头客运站、后田铺客运站及港湾式停靠站的建设。完成春运、“五一”、国庆等节假日运输工作任务，累计发送旅客173.6万人次，同比下降4.3%，未发生严重旅客滞留事件，未上报安全事故。全年受理道路运输行政案件35件，其中立案27件，结案24件（一般程序案件12件、简易程序案件12件），申请法院强制执行案件1件，共罚款13.4万元；完成龙游户籍省内催办案件46件。

【日常监管】 积极参与“四小车”（从事客运的残疾人机动轮椅车、人力客运三轮车、机动三轮车、两轮摩托车）、“黑车”专项联合整治。通过实行客运车辆实名制售票和开展站外揽客、上客违章行为的专项检查，严查遏制客车站外上客违章行为。加强公交车站、火车站、汽车北站等重点区域的巡查，全年共检查客运车辆540辆（次），查获违法行为客车15辆，劝离三轮车880辆（次）。

【规范出租车经营行为】 对全县78辆出租汽车的车容车貌和安全隐患进行现场检查，对出租车不规范经营行为进行检查，累计检查440车（次），查获违章107起，给予信用考核扣分、罚款等处理。完成全县出租车驾驶员从业资格证换证培训和考试，2017年全县新注册驾驶员146人次。

【维修驾培管理】 全面实施“先培训，后付费”的驾驶培训新模式，完成县机动车驾驶员计时培训系统与衢州市运管局驾培监管服务平台的数据对接，开展教练车GPS轨迹、学员培训照片比对、异常培训学时等数据测试工作。新的驾培模式从6月9日开始报名，龙游各驾校的240辆教练车全部加入新模式教学队伍中。根据浙江省运管局的工作安排，完成辖区一类维修企业及长运综合性能检测站的汽车电子健康档案数据上传工作；督促全县7家驾培机构完成规范教练车工作，实现“一车一档”，确保教练车技术要求符合规定。组织龙游县维修企业参加2017年衢州市“集胜隆”杯机动车维修技能比武，获团体最佳组织奖及个人钣金项目优胜奖。

【行业安全生产】 深化行业安全生产责任体系建设，强化宣传教育，加强隐患整治，完善“人防+技防”保障机制，全年安全生产工作态势平稳，为龙游县夺得“平安金鼎”做出应有的努力。开展安全生产集中大排查大整治2次、消防安全隐患集中排查整治2次、房屋安全隐患大排查1次，排查整治隐患点474处；按期完成市、县督办及公安交警提案的23处道路安全隐患点的整治工作；全年开展各类应急演练10次。严格值班备勤制度，高效处置突发事件160余起，及时处置衢江航道龙游大桥防护墩施工船舶应急移泊险情；提前、妥善应急转移跨衢江大桥应急工程项目部驻地的200多名工人，避免人员伤亡事件。做好浙江省第十四次党代会、第四届世界互联网大会、中共十九大等重要节点的安保维稳工作，检查长途客运车辆157辆（次），安检旅客4.1万人次，截获扣管制刀具47件。

【基层党建】 以开展“队伍建设年、规范管理年”活动为契机，加强新形势下的作风建设，着力打造“交通铁军”。抓实“书记项目”，与交通重点工程项目部党支部开展“四联共建”（组织联建、机制联动、队伍联抓、目标联责），成立联合党小组，同学习、同布置、同推进、同检查、同考核，推进党建工作与项目推进相互促进、共同发展。

创新开展基层党建“五位一体”标准化建设，做法被县委组织部发文推广，在全县党建“互看互学”活动中，全县机关部门分管领导及党建工作人员到交通运输局机关支部党建示范点参观；在县全域党建示范提升百日攻坚行动现场会上，县交通运输局作典型发言。组织开展“爱心送考”“爱心孝老”“爱心植树”“绿色骑行”等志愿活动，开办“交通大讲坛”，大力营造勤学、善思、笃行的良好氛围。

（县交通运输局 徐伟杰）

2017年度龙游县公路交通基础设施完成情况

表21

工程名称	建设规模	建设工期与进展	投资金额
游埠枢纽护堤护岸工程	护堤防护工程28.3千米，包括30座排水涵管、19座灌溉机埠的改造等	衢江北岸完工，衢江南岸完成工程量60%	项目总投资3.99亿元
龙游县溪口至毛连里公路改建工程	工程全长14.83千米，其中一期9.56千米，四级公路，路基宽8.5米；二期5.27千米，二级公路，路基宽12米	一期工程主体完工，二期工程完成60%	总投资2.2亿元，完成投资1.2亿元
龙游中心公路站项目	项目建筑总面积5181平方米，新建公路站管理用房、公路应急设备库房、磅房及卸货点等设施	主体工程已完工，进入绿化施工阶段	总投资2413.76万元，完成投资1214万元
龙游县兰石至龙游南公路工程	新建5.3千米，三级公路，路基宽8米	基本完工	总投资4926万元，完成投资3926万元
龙游县公路“三化”整治提升工程	国省道及重要县道绿化、景观及建筑物立面等整治改造	约完成总工程量的70%	总投资3.02亿元，完成投资1.7亿元
龙游县高坪桥水库库区公路改（复）建应急工程	主干道8.43千米，四级公路，路基宽7.0米；库周生产道路9.47千米，等级外公路，路基宽3.0米	约完成工程量的62%	总投资1.95亿元，完成投资1.75亿元
龙游县跨衢江大桥应急工程	河村大桥和桥头江大桥，全长1.7千米	所有下部结构全部完成，右幅贯通，完成工程量的43%	总投资约3亿元，完成投资1.5亿元
钱塘江中上游（衢州段）航运开发工程——红船豆枢纽及船闸工程	红船豆电站、汀塘圩大桥改建和小溪滩船闸工程	已全面完工	总投资26.2亿元
龙游港区桥头江作业区工程	新建14个500吨级泊位，分三期进行，一期4个、二期5个、三期5个	项目已开工	总投资7.13亿元，完成投资2亿元
衢江沿江公路工程（龙游段）	车行道23千米，路基宽8米；慢行道22.2千米，路基宽4.5米	完成工程量25%	项目总投资5.2亿元，完成投资1.6亿
龙游县2017年国省道大中修工程	国省道大中修20千米	完工	总投资7500万元
龙游县2017年农村公路“四个一百”工程	农村公路等级提升20千米，农村公路大中修44.8千米，安全生命防护工程50千米，新建港湾式停靠站30个，高坪桥库区生产安置连接道路2.5千米	完工	总投资1.27亿元
衢州绿色产业集聚区龙游湖镇至童家公路工程	全长18.27千米，一级集散公路标准，路基宽28.5米，其中一期工程为项目起点至金星大道段（不含跨衢江应急工程），长8.1千米	一期工程长6.39千米，完成工程量的20%	一期工程项目总投资约4.1亿元，已完成投资1.5亿元

铁路建设

【概况】 2017年，龙游县铁路建设指挥部办公室（简称“县铁办”）根据县委、县政府的工作部署，围绕衢宁铁路建设、龙游火车站站房改扩建工程前期、杭衢高铁前期等重大项目，全力推进龙游铁路建设。

【衢宁铁路征迁及安置点建设】 2017年，县铁办基本完成铁路建设红线内的政策处理。完成红线内34公顷土地征收和23.33公顷临时用地的租用。拆除房屋133户，完成率达到98.5%。全线设庙下、下徐、石角、马戍口4个集中安置点。为确保衢宁铁路的拆迁群众早日步入正常生活，县铁办积极做好对接协调工作，紧盯安置点选址、地质检测、规划设计、工程招投标及施工监管等各个环节，规范操作，阳光公示，确保安置点早日开工、顺利施工、如期完工。至年底，庙下、下徐、石角3个安置点基础工程全部完工，交付拆迁户自建，石角、下徐安置点部分安置户开始房屋装修。在安置点进行基础施工的同时，饮用水、电力、道路、排污等配套设施建设同步开展。

图92 衢宁铁路（龙游段）沐尘乡马戍口村施工现场

【龙游南站站前区块配套工程项目前期】 衢宁铁路龙游南站立足高品位建设，设客运站、货运站、维修工区、站前广场，规划道路6条，建成后将成为龙游县南部山区重要的对外交通节点，是龙南门户、旅游集散中心和物流中心。自龙游南站站房扩大面积立项获铁路总公司批复后，项目以追求设计方案最优、施工难度最小为目标，先后对接主管、设计、业主等单位，多次召开方案对接会、评审会，组织专家、领导进行实地考察与指导，力求各项设计方案最优化，并按既定的概念设计方案完成图纸调整、工程立项申报、南站站前区块规划红线划定、征地红线报批、站前区块地质勘察及地质勘察外业见证单位招标等各项前期工作，至年底，正在进行施工图设计优化完善。

【龙游火车站站房改扩建工程】 2016年，龙游县提议启动龙游火车站站房改扩建工程，计划工期2018—2020年，主要建设工程包括既有站房拆除或改造，新建或扩建1.5万平方米的新站房以及过渡工程；一、二、三站台既有钢结构采光板屋面棚拆除重建；迁移站房西侧10KV（千伏）配电所、线路车间、建筑工区及铁路公安派出所。县铁办加强与上海路局、铁二院对接，凝聚合力，做好改造提升工程相关前期工作。主动对接主管、设计、技术等部门，吸收各部门的意见建议，先后完成站房改扩建预可研报告的部门论证、改造函的正式上报、预可研报告原则通过以及可研报告的正式出具。实地考察，优化方案，邀请中国工程院院士、中国科协副主席、中国铁路总公司总工程师何华武，主管审批的铁路总公司发改部副巡视员王亦军，上海铁路局总工程师应慧刚等专家领导实地考察龙游火车站站房改扩建项目，力求实施方案最优化。至年底，项目已送铁路总公司进行可研批复。

【杭衢高铁（龙游段）项目】 杭衢高铁是沪昆通道的重要辅助通道，对于助力衢州区域经济发展、龙游融入杭州都市圈并成为杭州乃至长三角的“后花园”有着巨大的推动意义。县铁办紧紧抓住这一难得机遇，千方百计寻找突破口，在2016年未被列入研究范围的情况下，主动与铁路总公司、上海铁路局、设计单位、省市发改部门对接，争取列入实施规划。配合完成项目预可研报告，邀请中铁五院杭衢高铁（建衢段）项目部到龙游开展线形站位初测初勘工作，力争最优方案。为融入杭衢同城化积极努力，邀请中铁五院副院长谌启发到龙游参加杭衢铁路龙游段线形站位对接会，按照“先有后优”的原则提出最优比选方案，争取中铁五院更大支持。龙游县县委书记刘根宏亲自带队赴铁路总公司向总工程师何华武、工程鉴定中心副主任俞祖法、中铁五院副院长谌启发汇报有关杭衢高铁项目的设想。经多方努力争取，至年底，杭衢铁路（龙游段）经龙游并设龙游北站的方案被中铁五院列为推荐方案，项目的开工建设相关事项已列入议事日程。

【杭长高铁沿线整治提升工程】 2017年，杭长高铁沿线乡镇（街道）共排查各类问题75个，完成整治70个。协助詹家镇处理姑蔑城生态园景区道路建设问题，协助民政局、龙洲街道处理火车站旁山底村公墓问题，协助龙游街道处理火车站营运楼附近违建和蓝色屋顶问题，牵头开展高铁桥下空间利用的摸底工作。

（县铁办 朱军芳）

铁路客运管理

【概况】 2017年度，龙游火车站在上级部门和当地政府的正确领导和帮助下，始终突出、强化“强基达标、提质增效”工作主题，抓基础、强基本、重现场，坚持服务地方经济，坚持各项工作标准和工作规范，完善管理制度和工作流程，明晰管理权责，强化职工教育培训，确保铁路持续安全稳定，确保站改工作顺利进行，切实为铁路事业和地方经济发展贡献力量。至年底，实现连续安全生产12557天，全面完成运输生产任务。

图93 龙游火车站领导与铁路派出所民警讨论春运安保工作

【全力以赴抓好春运工作】 为确保春运期间各项工作安全平稳有序开展，车站会同有关部门对涉及春运有关的设施设备进行全面检查维保，消除安全隐患多处，保证春运各项工作顺利开展。加强客调命令的签收、核对、交接等环节的检查，客运值班员在每天行调发布18点班计划时，及时到行车室抄记核对有关列车开行情况，并将有关情况及时登记在“客运18点班计划交接登记表”上，按规范进行交班。针对重点车次和重点时段，制定重点时段列车作业包保工作表，由管理人员带队组织旅客乘降。针对节后旅客购票集中的现状，安排售票人员从大年初一开始开足售票窗口，并指定专窗专售学生票，尽量满足学生的购票需求。龙游火车站抓住春运、暑运等节假日，精心组织动员车站一切力量满足大运量的需求，同时加强各时期客运宣传工作，充分发挥高铁优势，扩大影响面，克服火车站设备陈旧、人手紧张、办客列车少的困难，较好地完成各项运输任务。

【确保重点时段的安全】 保持高度的政治思想觉悟，确保“一带一路”高峰论坛、“金砖会晤”、中共十九大等重点时段的二次安检任务的圆满完成。其间，车站与铁路派出所召开协调会4次，明确分工和人员安排、工作标准、岗位设置等重点事项。明确二次安检各项制度及奖惩办法，组织召开各相关负责人专题会议，深入探讨二次安检过程中需要注意的事项，突出解决作业标准执行、违禁品的处置及一次与二次安检人员间的协调问题。二次开包时，工作人员细心检查，耐心疏导解释，圆满完成二次安保任务。积极配合对不稳定人员的验证检查工作，及时处置不稳定人员，为地方维稳工作尽力尽责，达到良好的实效，得到上级和当地政府的认可。

【做实做细思想政治工作】 围绕社会主义核心价值观、公民道德规范、新时期铁路精神、集团公司企业精神、《上铁员工守则》 和“强基达标、提质增效”主题教育等重点内容，利用班组学习、各种会议、宣传窗等时机和场所进行学习、宣传、教育、讨论，实现思想政治教育制度化、常态化。发挥组织优势，主动分析调验，加强不稳定信息的预警，对涉及职工队伍稳定的苗头性、敏感性信息做到早发现、早报告、早处置。紧扣阶段性重点工作和热点问题，从职工最关心、最直接、最现实的事件入手，运用政策答疑、日常谈心等形式，有针对性地做好思想疏导工作。真正把职工、家属的思想、行动统一到上级的决策部署上来。全站职工队伍基本稳定， 站风向好的方向发展。加强对职工的思想工作，及时了解职工的思想动态，及时化解问题和矛盾，主动为职工解决实际困难， 使职工安心工作。树正气，树典型，鼓舞士气，凝聚正能量，对参加段、集团公司各种比赛获得好成绩的职工给予精神和物质奖励，全年有4名职工参加段、集团公司各种比赛，获得较好名次，在全站职工中形成强烈的自豪感、荣誉感，为车站各项任务的完成奠定良好的基础。

【积极推进班组文化建设】 提炼班组理念，建好文化阵地，营造积极向上、健康快乐的文化氛围，让职工在参与实践中开展自我教育，实现自我提高，推动班组文化建设向有形化方向发展。按照“美观、规范、适度”和“一站一特色”的要求，在行车、客运、车站办公等主要场所设置安全标语、集团公司企业精神、员工守则等宣传牌；积极打造催人奋进的职场文化环境，使干部职工在潜移默化中感染熏陶。把思想政治工作融入职工的生产生活中，着力打造亲情文化。因地制宜地组织开展小型多样、灵活方便、职工喜闻乐见的文体趣味活动，修心健身，营造积极向上、快乐工作的浓厚氛围。对班组建设中发现的问题及时组织整改，提高班组建设的实效。

【确保间段性目标的顺利实现】 车站安全工作持续稳定，但车站人员存在年龄结构偏大、文化层次较低、业务素质较差、客运人手紧张，施工频繁安全压力大的特点。车站班子面对困难，明确分工，加强现场盯控，认真落实安全风险责任制，对客运重点任务、客流高峰时段、工程施工、非常站控等关键作业进行全过程盯控，严把安全关，确保各阶段性目标的如期完成。

【实现增运增收】 在客发、客收及运输安全等各项工作中都超额完成全年任务指标。紧盯客运旺季，以杭州上海方向的旅客为主要客流，结合元旦、春运、清明、“五一”、端午、暑运、国庆等关键时间段，制订好运输预案和运输计划，确保均衡运输，实现效益最大化。做好各调图时期的营销宣传，充分利用运能，采取有效措施，确保客运持续上量。全年组织开展客运营销6次、大型客流调查2次，发放时刻表共计1万余份，结合调图契机，重点走访各旅行社、龙游县教育局、有关中小学校、县府办、旅游局、开发区管委会、较大型企业等单位和部门，加大宣传力度，切实做好导购工作。根据车次变化情况，认真分析2017年的客流变化；针对车站客票率大幅下降的问题，认真分析，制定措施，加强产品推销；根据中国铁路上海局集团有限公司开展的“铁路畅行”活动，加强对旅客购票积分的宣传，引导旅客购票热情。同时，重新修订票房计件办法，窗口售票人员将计件捆绑和任务指标相结合，以售票擂台赛的形式，提高售票人员工作积极性，其中有4人次获段售票擂台赛奖励，售票员周佳获集团公司售票员技能大赛第六名的好成绩。

【加强新入职人员培养】 作为铁路的新鲜血液，车站员工入路第一年必须根植安全第一的思想，高度重视劳动安全、电气化安全、防寒过冬、防暑降温等安全知识的学习掌握，做到常抓不懈。把长期抓好新入职人员教育培训作为车站工作的重点，坚持每月一小考、每季一大考，并对考试成绩与奖金挂钩，培养新职工学习业务的自觉性。以周佳为标杆，鞭笞他们刻苦奋进，为铁路事业发展储备新的力量。

（龙游火车站 王凌）

龙游火车站办客列车运行图（自2017年4月16日零时起实行）

表22

顺序	车次	运行区段	到达	出发	停时（分钟）	顺序	车次	运行区段	到达	出发	停时（分钟）
1	G7361	杭州东—江山	6:57	6:59	2	26	G7698	江山—徐州东	16:08	16:13	5
2	G7372	江山—合肥南	6:59	7:01	2	27	K8372	江山—淮北	16:18	16:21	3
3	G7382	衢州—上海虹桥	7:26	7:28	2	28	D81	杭州东—九江	16:31	16:38	7
4	G7364	江山—上海虹桥	8:03	8:05	2	29	G1455	杭州东—南昌西	17:02	17:04	2
5	G46	江山—北京南	8:28	8:30	2	30	G1356	长沙南—上海虹桥	17:05	17:07	2
6	G1383	上海虹桥—南昌西	8:55	8:57	2	31	G2357	宁波—南昌西	17:18	17:21	3
7	G1520	黄山北—上海虹桥	10:01	10:03	2	32	G1378	昆明南—南京南	17:23	17:25	2
8	G1653	上海虹桥—厦门北	10:11	10:13	2	33	K759	上海南—衡阳	17:32	17:35	2
9	G1632	福州—上海虹桥	10:37	10:39	2	34	G1483	南京南—长沙南	17:53	17:55	2
10	G1452	南昌西—杭州东	11:01	11:03	2	35	G1654	厦门北—上海虹桥	18:19	18:21	2
11	G2327	温州南—南昌西	11:06	11:13	7	36	G1328	贵阳北—上海虹桥	19:18	19:20	2
12	G1377	南京南—昆明南	11:31	11:33	2	37	G1639	上海虹桥—福州	19:25	19:30	5
13	G2324	南昌西—温州南	11:51	11:57	6	38	G2347	宁波—长沙南	19:47	19:49	2
14	K8371	徐州—江山	12:14	12:41	2	39	G9314	衢州—杭州东	19:53	19:59	6
15	G1657	上海虹桥—厦门北	12:21	12:23	2	40	G1374	昆明南—上海虹桥	20:06	20:08	2
16	G1301	上海虹桥—广州南	12:41	12:43	2	41	G7385	合肥南—衢州	20:11	20:13	2
17	G1350	长沙南—上海虹桥	12:44	12:46	2	42	G1506	南宁东—南京南	20:33	20:35	2
18	G2363	宁波—贵阳北	13:11	13:14	3	43	G7371	合肥南—江山	20:37	20:44	7
19	G7692	江山—合肥南	13:43	13:45	2	44	G1658	厦门北—上海虹桥	20:42	20:44	2
20	G1327	上海虹桥—贵阳北	13:51	13:53	2	45	G7384	衢州—杭州东	21:26	21:28	2
21	G1387	上海虹桥—南昌西	14:23	14:27	4	46	G7381	上海虹桥—衢州	21:40	21:42	2
22	G2364	贵阳北—宁波	14:38	14:40	2	47	K846	贵阳—宁波	22:17	22:20	3
23	G1636	福州—上海虹桥	14:47	14:49	2	48	K1245	宁波—重庆	22:50	22:53	3
24	K1271	杭州—成都	15:01	15:10	9	49	K325	温州—广州	23:00	23:03	3
25	G7375	合肥南—江山	15:08	15:10	2						

铁路货运管理

【概况】 2017年，铁路龙游东货运站在中国铁路上海局集团有限公司金华车务段的领导下，认真贯彻总公司和路局的安全工作部署，突出把握“强基达标、提质增效”工作主题，以确保高铁和旅客安全为核心，坚持“规范管理、强化基础、盯控关键”的工作思路，按照“一手抓安全基础、一手抓现实安全”的工作要求，以专业管理为主线、以落实机制为抓手、以标准化建设为载体，着力构建“三位一体”安全保障体系，全面提升安全管理水平，确保车站安全持续稳定。截至12月31日18时，实现连续安全生产4226天。全年完成货运收入2590.6万元，完成货发11万吨；日均装车5.3辆，日均卸车30.2辆；停时（一次货物作业平均停留时间的简称）23.1小时、中时（中转车平均停留时间的简称）8.5小时；日均保有量46辆。

【铁路龙游东货运站】 车站位于浙江省龙游县东华街道境内，车站中心里程位于沪昆线自上海西站起406千米+457米处，是隶属上海铁路局金华车务段管辖的三等车站。车站占地面积约20公顷，配有货物线6股、油库专用线1股，有仓库3000平方米、雨棚2700平方米，有起吊能力36吨和20吨的龙门吊各2台，具有较强的货物装卸能力。货场设计吞吐能力为200万吨。

【组织运输】 在运输生产的组织和指挥上，发挥好车站的牵头作用。建立每日站区运输交班会制度，及时通报信息，了解作业情况，通力协作，主动配合，紧密联系，形成运输指挥和装卸车组织的有效机制。合理安排调度机车的使用，及时联系，提前谋划，加强计划编制和货物取送，确保全年车站货物作业安全畅通。

图94 龙游东站组织职工开展应急演练

【安全风险管控】 坚持安全风险管理的基本思路和方法，对照《2017年安全风险控制表》，根据上级部门及车务段发布的安全风险预警，结合发生和通报的典型事故、设备故障等教训风险，进行排查对照，发现存在的安全问题，监控分析设备故障、沿线烧荒二项风险漏项，及时进行细化，完善预防及管控措施，明确责任人、认领岗位及涉及的风险岗位。集思广益，发动干部职工全面对照、排查安全风险项点，研判分析是否存在遗漏。通过排查分析，在车站原有32项安全风险控制项点以外，新增20项，其中调车安全3项、干部履职2项、列车安全4项、路外安全3项、结合部管理2项、劳动安全2项、人员素质2项、施工安全1项、应急处置1项。

【调车作业】 紧紧抓住调车计划、进路控制、穿越正线、压绝缘节作业、超限绝缘节及无线电调车灯显等关键环节，全面落实自控、互控、监控和把关措施，严格执行“问路式”调车。重点抓好调车工作各项制度的落实，严肃各项调车作业纪律，强化防溜措施的落实。加强与货运中心营业部联系，以装卸防护红牌的设撤联系、门吊作业时调车作业联系、货场调车环境整治及取送车计划联系为重点，消除结合部的安全隐患，确保调车作业过程的安全受控。

【接发列车作业】 树立“客车无小事”的观念，始终把客车、动车安全放在重中之重的位置。完善非正常及不良天气情况下的行车组织办法和安全措施，落实各项接发列车基本制度，执行防止电力机车进入无电区的安全措施。确保接发列车，尤其是旅客列车的绝对安全。加强与相邻车的站联系，执行好“三站三员”联控制度。

【后勤保障】 坚持“建管并举、管重于建”的原则，结合实际落实车站的日常检查和考评奖惩制度，形成长效管理机制。继续加大“三线”建设投入，共投入资金36.6万元，完成车站伙食团、活动室、行车室、助理值班室、信息机房及围墙的整修。车站支工会组织职工充分利用车站周边的空闲荒地，自己动手，丰衣足食，开垦围建，种植蔬菜、果树，养殖家禽等。通过活动的开展，进一步改善职工的生产生活，更好地激发和调动职工的工作积极性。2017年，车站获集团公司“职工模范之家”和段级“三线”建设示范站称号。

（龙游火车东站 王含谦）

水上运输管理

【概况】 龙游县港航管理所紧紧围绕年初制订的工作计划，突出重点，做好“围绕中心求突破、抓住关键求安全、渡口创建求最美”这篇文章。通过努力，年年红水上旅游项目清除了制约因素，项目得到稳步推进；石窟江心洲顺利回收；全县水上交通安全形势继续保持稳定。湖镇镇范家渡口创建通过省交通运输厅验收，被评为浙江省首批“美丽渡口”。

【水上安全监管】 安全管理始终是行业管理的核心工作。县港航管理所坚持突出“三重”（重点船舶、重点时段、重点部门），针对雨雪、冰冻等恶劣天气，提前以短信、电话等方式通知船舶经营人，提醒他们及早做好防范。及时深入现场，对渡口及重点采砂户进行检查、指导。针对湖镇镇范家村和下童村二处渡口有大年初一村民上坟祭祖的习俗及年年红节假日旅游出现小高峰等情况，实行海事人员节假日现场值班，防止出现违章现象。汛期前以文件的形式向有关的乡镇政府、船舶单位、船户提出防汛防台工作要求，成立防汛防台工作领导小组，安排专门的值班人员，公布值班的电话。专门制定各个部位防范措施意见表，加强指导，以不定期、高频率的检查方式，督促业主和船户落实好安全措施。全年共出动56车次，出动检查人员116人次，检查各类船舶458艘次，发放宣传资料87份，并以各种方式发出安全提示信息1260条。

【水上安全演练】 9月26日，县港航管理所根据龙游年年红水上旅游公司的经营发展的实际情况，组织进行船舶消防、旅客落水、船舶失控三种情景的应急演习。通过演练，应急预案得到检验，相关人员得到锻炼，取得良好的效果。

【水上抢险】 6月25日，衢江航运龙游大桥防撞墩施工船出现船舶走锚险情，县港航管理所所长王小波亲自上船进行应急处置，控制住局面，并在现场值守到第二天。县港航管理所调用二艘大马力拖船，将所有施工船舶拖至安全避洪锚地，确保船舶安全度汛。

图95 6月24日，入梅后第三轮强降雨来袭，水上应急救援小分队赶在洪峰来临前成功救援洪水围困人员。图为龙游石窟对面江心洲救援现场

【协助收回石窟江心洲】 2017年，龙游县人民政府决定收回石窟江心洲。为保证江心洲唯一的通道——石窟渡口能顺利完成停营工作，县港航管理所勇于承担责任，努力做通江心洲上众多经营项目的经营单位、经营人员的思想工作，在没有任何补贴的情况下，实现渡口暂停运营，为江心洲的回收创造条件，得到县政府领导的高度肯定。

【抓创建提形象】 深入学习贯彻中共十九大精神，以十九大精神为核心，进一步强化基层党组织的政治、思想、组织、作风、纪律、制度建设，激活党组织和党员的学习工作活力，不忘初心，牢记使命。在此基础上，县港航管理所狠抓行风创建不放松，充分发挥港航基层党组织的政治优势和组织优势，按照上级部门优化服务的要求，助推"最多跑一次"改革，服务基层群众，切实实现审批事项大提速、办事流程大简化、干部作风大转变，提高群众满意度。所长王小波被龙游县交通运输局党委评为"2017年度最美交通人"。

【服务年年红水上旅游】 年年红龙天小镇开园是龙游县2017年旅游开发的重头戏。面对年年红景区特有的参观方式，水上通道已成为游客进出景区的主要路径，但因认识不到位，且存在着基础设施差、水域情况复杂、游客骤增以及建设码头时未按规定程序报批，致使出现不能发证等问题。县港航管理所认真分析问题，采取"补、评、全"等补救措施。"补"，就是针对趸船无证的现象，采取补齐画纸，再申请检验的办法；对于岸线许可问题，主动对接省、市港航部门，按照"简便、合法"的原则，指导相关工作人员补齐资料，再进行许可，在开业前取得合法的资质。"评"，就是针对水域复杂状况，进行专项的安全评估。年年红所处水域背靠小溪滩水利枢纽，枢纽的橡皮坝存在着溃坝的可能；南与衢江主航道相邻，与大吨位的船舶形成交叉，中间还有采砂船、渔船作业，三者之间干扰很大，如何保证每年100万客流量下的水上交通安全成为最大面临问题。针对以上问题，县港航管理所主动对接年年红公司，委托浙江省交通职业技术学院对年年红水上旅游进行专项的安全评估，并进行专家评审；根据评估意见，港航部门向龙游县人民政府提出在年年红水域设立水上交通管制区的建议，为年年红水上旅游创设安全的交通环境。"全"，就是健全公司的管理制度及相关措施。港航部门帮助分析存在的不足及发展状况，指导年年红建立健全安全教育、安全检查、隐患整改、突发事件应急处置等制度，做到有章可循，提高公司的管理能力。

【红船豆枢纽船闸工程】 钱塘江中上游衢江（衢州段）航运开发工程红船豆枢纽及船闸工程位于衢江干流上，距龙游县城约4.5千米。红船豆枢纽电站部分于2016年3月13日并网发电，至2017年年底，累计发电1.2亿千瓦时。红船豆船闸于2017年年底完成交工验收，整个工程全部完成。

【小溪滩船闸工程】 小溪滩船闸工程位于龙游县城衢江下游约8千米，在原小溪滩电站基础上增建。2017年12月完成水工和金属结构部分单位的工程验收，已具备通航条件。管理区配套用房计划于2018年年底全面建成。

【龙游港区桥头江码头开工建设】 项目位于小溪滩船闸下游1千米的衢江北岸桥头江西侧地块，占地35公顷，毗邻浙赣铁路、衢宁铁路（在建）和杭金衢、杭新景、龙丽高速，毗邻320国道、46省道、50省道、351国道（前期），港区周边还有为其配套筹建的总投资20多亿的"一路、一桥、一通、一枢纽"。项目立足龙游，辐射衢州、丽水、金华等周边市县，是以煤炭、钢材、件杂货（粮食、木材及制品等）、集装箱等运输为主的综合性港口，具备堆存、仓储、中转、加工、交易展示、物流信息等功能。项目计划建设500吨级散货、件杂货、钢铁和集装箱泊位14个（水工按1000吨级设计）及2个待泊泊位。2016年8月，浙江海港集团与龙游县人民政府签订《关于开发建设龙游港区桥头江作业区合作框架协议》，2017年10月正式开工建设。至年底，项目基本完成水工结构部分建设，完成投资约2.2亿元。按计划要求，2018年年底，部分码头泊位将进入试运行阶段，2019年港口将开港运营。

（龙游县港航管理所 夏景）

电力建设与电能供应

【概况】 2017年，国网龙游县供电公司固定资产投资8168.8万元，其中电网基建投资7900.37万元；全县全社会用电量21.91亿千瓦时，同比增长4.75%；售电量19.16亿千瓦时，同比增长3.65%，全社会最高负荷达36万千瓦；公司资产总额8.83亿元，较年初增长5.12%。全员劳动生产率为102.19万元/人。获国家电网公司2017年配电网百佳工程、浙江省电力公司配电网建设改造优质工程、浙江省电力公司品牌建设工作先进单位、浙江省电力公司五星级供电所等荣誉。

【电网建设】 积极开展220千伏士元变、220千伏赤柯变送出线路工程、110千伏詹家变、110千伏白马变等前期工作，属地化完成500千伏夏金（扩）工程，整体谋划金怡热电二期等项目。全力保障光伏“630”送出工程。高标准实施精品台区带、景区配电项目落地等工程。开展电网补强三年行动计划，推进小城镇（中心村）电网综合整治，完成新一轮农网改造升级。2017年，公司完成37个小城镇（中心村）电网升级改造、21个输变电及配电网工程、4个老旧小区电力设施改造，获龙游县“十大满意民生工程”。完成西藏那曲配网工程“对口帮扶”任务受到省公司表彰。10千伏江北双回路新建工程被评为国网公司2017年配电网百佳工程。

【优质服务】 有效巩固内部基础，成立城区（园区）供电服务中心和渠道运营室，推进“全能型”供电所建设落地。依托信息技术应用，推进营配业务末端融合，建立网格化供电服务模式；优化班组设置，培育复合型员工；支撑新型业务推广，构建快速响应的服务前端，建设“业务协同运行、人员一专多能、服务一次到位”的“全能型”乡镇供电所，完善“网格化+专业化”精细管理。开展营销“班组微讲堂”12次，提升员工服务水平。积极推动“智能缴费”工作，推广掌上电力APP1.15万户，防范电费风险。主动对接市场需求，完成15项“备单”前期方案编制。与巨化公司黄泥山小区签订“三供一业”（供水、供电、供暖和物业管理职能）供电分离移交协议，开展供电接收前期工作。助推光伏并网，新增并网容量3.92万千瓦。积极推广电能替代，累计拓展电量3300万千瓦时。全年建成100个交流充电桩，实现龙游境内高速充电网络全覆盖。创新服务举措，全面深化电力“最多跑一次”改革，推行业扩报装“主动跑”服务。融入“四个平台”，开展政企协作，大力推广“互联网+”营销服务，线上申请办电达8462户。执行服务投诉“首问负责制”，强化投诉管控，全年投诉工单同比下降。优化供电服务，编制10户重要用户和场所“一馆一册”保供电方案。践行央企责任，圆满完成政府重大活动等22次保电任务。

图96 营业厅人员做好用电服务工作

【完善经营管理】 做好依法合规检查、内控专项评价等内外部检查，完成问题清单梳理“四上”工作，梳理问题28项，立查立改问题22项，完成内外部审计项目8项，依法治企建设不断加强。提升内部管理水平，精简机构，实现供电所高低压融合和营配融合，实现变电专业“运检合一”。成为全省第二家完成公司制改制的县级供电单位，进入法人治理新模式。QC成果（质量控制）案例获浙江省质协二等奖以上奖励2篇；“数据淘金”行动成效初显，“光伏云助力”项目获省公司数据大赛铜铲奖。加强标准化仓储建设，实施物资精细化管理，库存同比下降56%以上。持续推进班组建设，公司调控运行班和模环供电所获评省公司“五星级”班组。推动队伍规范化管理，完成同业对标、月度绩效、全员绩效和干部管理办法、职员待遇规定等基础制度修订，细化专业考核，推动目标激励，做到有奖有罚。强化“三定”管理，深化定员全口径管控，加强福利保障，优化薪酬激励。

【安全生产】 夯实安全基础，开展“安全生产365”专项活动，立足领导干部、广大党员、普通员工“三个层面”，关注理念意识、文化氛围、责任体系、协同监督、教育培训、互助关爱6个维度的“6项重点”，实施贴心口诀、用心网格、暖心关怀、匠心模范、爱心互保等“五心抓手”。通过作业现场微信定位、“1+N”动态稽查等手段，强化现场安全管控，有针对性地开展安全稽查485起，发现处理违章（问题）165起。加强外协单位资质审定、安全培训和施工安全管理，确保安全生产可控、在控、能控。提升运维能力，实施检修计划刚性执行，细化分析重大停电网络风险，发布电网风险预警21次，强化配网停电计划“五个零时差”管控，对配网停电计划的执行过程按照“停电零时差”“操作零时差”“许可零时差”“工作零时差”“送电零时差”的要求进行管理。常态化开展变电站、线路等设备巡视，完成电网异常及缺陷处理191次。完善应急保障体系建设，累计开展应急演练28次。深化安全管理，抓好“全能型”供电所和变电“运检合一”推进中的动态安全管控，实现生产模式调整过程中安全有序。规范网络安全管理，提升网络安全风险防御能力。充分准备、科学应对，全面打赢高温高载、抗洪抢修、雨雪冰冻攻坚战。

【集体企业提质增效】 以服务赢得市场、以管理实现效益，县公司所属集体企业年度利润同比大幅提高，获集团公司绩效考核第一名。全面完成集团公司经营目标，精心安排施工计划，加强现场管控，全面实现安全、质量、进度目标。完善内部经营管理，开展集体企业专项审计整改，推动单个项目成本管控，强化项目结算和资金回收，规范各项成本支出。

【基层党建】 以学习贯彻中共十九大精神为主线，创新“六学”机制（以学习贯彻习近平总书记系列重要讲话精神为主线，创新班子成员“领”学、专题辅导“讲”学、视频影片“助”学、深入基层“送”学、搭建平台“互”学、指导评议“督”学机制），着力在学懂、弄通、做实上下功夫。坚定“四个自信”，通过电视电话会、研讨交流、专家辅导、专题党课等形式开展专题会议6次。全面启动公司党的建设“旗帜领航·三年登高”计划，完成直签党员组织关系转接，开展“安全红”党员稽查、村所支部共建等活动，“五亮三清单一承诺”（亮身份、亮岗位、亮承诺、亮实绩、亮评议；个人问题清单、整改清单、责任清单；结合党员民主评议工作，开展党员年审，由支部、党员、群众共同为党员的承诺兑现进行打分）制度化、常态化，有效发挥党组织战斗堡垒和党员先锋模范作用。

图97 龙游供电公司组织党员志愿者访问孤寡老人

【队伍建设】 开展新员工轮岗培训，平稳完成职员职级聘任。深入实施“阳光成长”系列活动，深化团干部“1+5”联系青年活动，完善虚拟团队运作，挖掘和激发青年员工的创新活力，打造高素质员工队伍。细化党风廉政建设“两个责任”清单，以“两清单五要点”明确职责和任务，厘清责任主体，加强作风建设，严守中央“八项规定”，落实监督执纪“四种形态”。配合完成市公司首轮巡察，举一反三落实整改，严格落实责任追究。

【文化建设】 完成“1+N”型（1名安监人员、1名班组安全员和青年员工组成稽查队伍，由安监部和安全员指导青年员工拍摄稽查全过程）劳模创新工作室建设，打造调控班“星网互联，智慧调控”文化主题落地。开展“匠心逐梦”主题朗读等系列活动，全面推进“三能”（开口能讲、提笔能写、放手能干）建设。结合地域特色开展主题传播，全年在省级及以上权威媒体发稿18篇，实现新突破。持续深化“走心管理”模式，加强企业民主管理，借助爱心互助会等载体，关心关爱广大员工身心健康。

（国网浙江龙游县供电公司 司海涛）

2013—2017年龙游县供售电量比较

表23

年份	年供电量（亿千瓦时）	同比增长%	年售电量（亿千瓦时）	同比增长%
2013	18.56	13.52	17.91	13.06
2014	19.83	6.84	18.41	2.79
2015	18.13	−3.79	17.71	−3.82
2016	18.94	4.48	18.84	4.39
2017	19.65	3.75	19.16	3.65

2013—2017年龙游县小水电上网电量比较

表24

年份	上网电量（万千瓦时）	同比增降%		上网高峰（万千瓦时）	同比增降%		上网低谷（万千瓦时）	同比增降%	
		增	降		增	降		增	降
2013	2808.62	—	1.52	1804.11	—	2.27	1004.51	—	0.13
2014	2275.19	—	18.99	1480.63	—	17.93	794.57	—	20.90
2015	2827.21	24.26	—	1818.88	22.85	—	1008.34	26.9	—
2016	3043.53	7.65	—	2004.77	10.22	—	1038.76	3.02	—
2017	2102.32	—	30.92	1430.53	—	28.64	671.78	—	35.33

邮政管理

【概况】 2017年，根据中国邮政集团公司浙江省分公司“围绕一体两翼，实现三个一流”的总体要求，中国邮政集团公司龙游县分公司全力推进“党建+三个一把手工程”，突出重点，狠抓落实，较好地完成年初制定的各项阶段性目标，形成各项工作齐头并进的良好发展态势。全年完成业务收入2934.62万元，完成年计划的99.82%，同比增长17.69%。

【加快金融业务发展】通过一系列主题活动，加深邮政金融在客户心中的品牌影响力，做大做强储蓄规模。践行普惠金融服务，进社区、进市场、进企业开展各类金融知识宣传，将普惠金融服务传到千家万户。至12月31日，龙游邮政分公司储蓄余额11.65亿元，同比净增1.8亿元。

【做好做实培育型业务】稳步推进农村电商站点建设，建成“邮掌柜”站点184个，通过“邮掌柜”系统完成代购业务10755笔，完成代购金额24.31万元。电商便民服务全面开展，全年通过“邮乐网”销售红砖大米，金额达34.6万元。通过举办“电商节”，进一步完善网上农产品销售平台，促进农产品进城和工业品下乡。通过“邮乐购”为村民提供代购服务，让更多文化程度不高的农户在家里也能实现网络购物，缩小城乡差距，提升农村生活品质。

【确保寄递渠道安全】 认真贯彻落实党中央、国务院和浙江省委、省政府关于安全生产工作的系列决策部署，严格落实“党政同责、一岗双责、齐抓共管、失职追责”要求，切实做好邮政寄递安全工作，着力解决影响安全的重点难点问题，保障邮政寄递渠道安全畅通与平稳运行。在中共十九大召开期间，坚持问题导向，深入排查和治理安全隐患，完善防控措施，严防违规收寄各类禁寄物品而导致重大寄递安全事故的发生，为十九大胜利召开营造安全稳定的社会环境。

【做优做精传统业务】 公司积极开展“一所一校”教辅类报刊营销活动，校园报刊业绩持续发展；和县文广新局、县教育局、“教育周报”联合4所小学开展4场“全民阅读巡回演讲”活动，获得学校师生的一致好评。秉承“情系万家”的企业使命，践行“人民邮政为人民”的服务宗旨，针对学生安全问题，开发《课堂内外安全教育手册》商务期刊项目，全县中小学生人手一册。安全手册内容丰富、针对性强、语言简明、图文并茂，具有很强的可读性，获得学校、家长及广大中小学生的喜爱与认可，切实起到预防安全隐患发生的作用。

【营造和谐企业氛围】 全面落实“关爱工程”，对困难职工的关爱和救助工作不断加强。“冬送温暖”“夏送清凉”“金秋助学”和重大节假日走访慰问等工作常抓不懈。职工互助保障、职工心理关怀、职工疗休养等活动不断深化，让广大职工充分体会到了邮政大家庭的温暖，职工的获得感、幸福感、安全感和对企业的认同感、归属感都得到新的提升。

图98 组织公司全体党员参加纪念建党96周年活动

【企业党建工作】 深入学习贯彻中共十九大精神和习近平总书记系列讲话精神，坚持“党要管党、从严治党”方针，以“党建+三个一把手工程”为路径，结合企业实际，以加强企业党的建设为目标，严格落实“三会一课”制度，认真开展“两学一做”学习教育活动。积极参加县委、县政府组织的“护航十九大”平安巡逻、“创国卫”清扫活动、文明劝导行动、“乡村最美庭院”打造、清洁塘治理等活动，做好办公楼大院的清洁美化，开展“一点一策一干部”精准帮扶活动，充分发挥党员干部带头模范作用。

2013—2017 年龙游县邮政分公司业务量比较

表 25

年份	业务总收入（万元）	完成年计划（%）	同比增长（%）
2013	2389.46	100.10	13.52
2014	2377.84	91.88	−0.41
2015	2131.96	90.95	−3.46
2016	2493.60	103.08	16.38
2017	2934.62	99.82	17.69

中国电信龙游分公司

【概况】 2017年，中国电信龙游分公司（简称“县电信公司”）不忘初心，牢记使命，凸显企业担当；注重服务和产品创新，助推行业信息化建设发展，主动对接完成县委、县政府各项重点工作要求，努力营造龙游县优良的通信环境，助推龙游经济快速发展。获2017年度龙游县“满意单位”、县综合考评三等奖等荣誉。

【通信服务能力与水平】 继续加大网络建设投入，不断优化通信网络，提升网络覆盖面和网络品质，为全县广大客户提供全方位、多层次的通信服务。加快精品无线网络建设，建成4G L网基站200个，全县基站总规模达620个，无线网络质量显著提升，尤其在高速公路、高铁和农村，无线网络质量处于领先地位。推进精品宽带网络建设，扩容龙游范围内城域网核心设备的出口链路，出口总带宽从120G增加到180G；优化光网OLT布局，新增多个节点，使网络布局更加合理，提升光宽带质量和客户体验；完善光网覆盖，在前期大规模光网建设的基础上，进一步完善偏远自然村、零星角落的光网覆盖，光网覆盖率达99.8%，同比提升0.5个百分点，不断满足用户的信息化需求。

【助力智慧龙游建设】 以信息系统为支撑，以综合指挥、全科网格、属地管理、运行机制为“四大基石”，全面推进“四个平台”建设，助力“最多跑一次”改革向基层延伸，构建县域治理现代化新体系，加快“智慧龙游”建设。以县、乡、村三级综治中心为指挥平台、以综治信息化为支撑、以网格化管理为基础、以公共安全视频监控联网应用为重点，助力“雪亮工程”建设，至年底，全县各类监控点达652个，实现治安防控“全覆盖、无死角”，推进社会治安防控体系建设。在医疗、教育、企业各领域中，利用优质云服务辅助医疗卫生、教育教学、企业运营活动，满足政府、教育、企业等办公信息化、网络化、自动化的需求，提高工作效率和管理水平；加强信息技术与教育教学的融合，实现全县学校网络“千兆到校、百兆到桌面”的目标，为各校提供快捷、稳定、安全、可靠的教学办公网络。

图99 组织公司员工走村入户，开展现场服务

【提升优质服务】 深入推进首问责任制，及时解决客户困难，提升客户满意度。针对一线客户多渠道制定满意度考核指标，针对性地发现和解决问题。定时召开客服例会，现场分析原因，督促整改。主动对接县消费者权益保护协会，了解大众层面的服务问题，并及时予以改进。通过定期的培训和技能PK，提升各条线服务人员的综合素质，强化服务意识、服务能力和业务水平。

【党建引领】 聚焦年度党建重点工作，强化党建引领，加强党管人才，落实全面从严治党主体责任。认真学习、宣传、贯彻中共十九大精神，在公司全体党员中持续开展“两学一做”常态化制度化学习教育，以“三会一课”为主要形式，先后开展学新党章、学十九大精神、上党课、开专题研讨会、写十九大学习心得体会、知识竞赛、开展主题党日活动、“一支部一品牌”创建、开展“百千万”行动和全体党员亮身份、亮承诺等活动。深化“整乡推进、整县提升”百日攻坚行动。为严肃党的组织生活，对全体党员实行实事积分考评“零基积分法”。

【党风廉政建设】 积极探索新形势下加强党风廉洁建设的新课题，切实履行“一岗双责”，抓好年度党风廉政建设主体责任和廉洁自律承诺制落实。做好党风廉洁建设惩防体系的构建，制订2017年党风廉政建设工作计划。加强对关键岗位、关键人员和关键环节的管控，坚持用制度管人、管财、管事。认真落实党风廉洁建设督查工作，建立领导及管理人员廉洁档案。推进纪检队伍建设，成立反腐倡廉和廉洁风险防控工作小组，并聘请党风廉政监督员3名。常态化开展党风廉政教育，坚持每季召开一次党风廉政建设专题会。各党支部利用“三会一课”制度，对党员干部加强反腐廉洁警示教育。认真开展反腐倡廉宣传月活动，严格执行“党委议事制度”和“三重一大”制度，重视来信来访和企业维稳工作。

（中国电信龙游分公司 戴愉丰）

2013—2017年中国电信龙游分公司业务量比较

表26

年份	业务总收入（万元）	同比增长（%）
2013	8400	9.3
2014	8800	4.3
2015	8200	−6.8
2016	8300	1.2
2017	7905	−4.4

中国移动龙游分公司

【概况】 中国移动通信集团浙江有限公司龙游分公司下设综合部、市场经营部、网络部和政企客户部4个部门，设有湖镇、溪口、小南海、横山、城区5个区域营销部和龙游营业厅、解佰营业厅、溪口厅、湖镇厅、横山厅5家营业厅。公司全面贯彻落实省、市公司工作要求，坚持以发展为第一要务，以抓班子、带队伍为第一责任，凝心聚力，紧紧围绕市场大势、智慧家庭、信息化收入提升三大重心，聚焦4G“一号工程”，全面提升全业务运营能力、网络支撑能力和创新能力，实现公司可持续发展。2017年，全年业务收入1.55亿元，同比增长3.8%。分公司党支部获评2017年度中国移动浙江省公司“六好”党支部、先进基层党组织荣誉，被评为衢州市市直机关先进基层党组织。公司渠道组获浙江省“巾帼文明岗”荣誉称号。公司工会分会获“龙游县五星级工会”；公司食堂被县总工会评为“职工满意食堂”。

图100 12月，中国移动龙游分公司渠道组获浙江省“巾帼文明岗”荣誉

【加强网络建设】 以追求卓越品质为目标，加强网络规划建设和优化调整工作，打造畅通网络，全面提升网络质量。2017年，无线工程总体围绕新区跟进、深覆盖提升、规划达成度、“4G+一号工程”等方面工作，积极与各单位、各部门联动实地勘察解决问题，各项工作稳步有序推进中，升级4G+站点423个。完成县府宿舍、亚伦小区、光华厂等3个小区家庭宽带的建设改造，完成河西街线乱拉整改；配合小城镇改造，完成大街乡集镇、模环集镇等5处工程。通过积分制实施、微信服务站建设、扩容需求提交线下转线上三大举措，提升宽带整体满意度，使宽带安装服务和修障服务满意度均得到大幅提升。以演代练，从完善应急预案体系、加强突发情况应急演练入手，全面提升应急保障能力。为人才交流会、乡村文化节集会、汽车拉力赛等民生活动和“五一”、国庆、春节等主要节日活动提供优质高效的网络保障。

【优化服务】 公司秉承“客户为根、服务为本”的理念，不断提升服务水平，每日对营业厅内人员开展日监测和多媒体质检，并对检查中发现的问题及时整改。开展“我们百分努力，换你10分满意”主题活动，及时开展触点不满意客户修复回访，做好服务闭环管理。结合“3·15”消费者权益日、总经理接待日等活动，了解用户需求，优化服务流程。开展社区、农村辅导式营销200余场次；开展“送服务进社区、进农村”活动，教会用户使用微信等社交类APP。

【落实“提速降费”措施】 公司切实落实国务院“网络提速降费要迈出更大步伐”的要求，认真落实七项提速降费举措：大幅下调国际长途直拨资费，21个国家和地区从0.8元/6秒或0.2元/6秒下调至0.49元/分钟；全面下调“一带一路”沿线国家和地区漫游资费；退出“速率倍增行动”，大幅度下调互联网专线资费；推出“小微宽带”特惠产品，与互联网专线同等宽带产品的资费相比，优惠超过60%；推出全网流量“任我用”资费；推出系列流量优惠活动；推出“任我看”视屏流量优惠包。通过“提速降费”，为客户提供更加高效、实惠、安全、便捷的服务。

【重视信息化应用】 为向政府和企业客户提供优质、高效的信息化服务，建立落实“四位一体”督导机制，规范客户经理营销过程管理。跟踪分析政府和交通、卫生、教育等重点行业的需求，不断完善警务通、视屏监控、“千里眼”、“和教育”、电力抄表、无线POS机、“和云镜”等应用。持续推进ICT（信息通信技术）项目，成功中标县交通局、县公安局、浙江省十里坪监狱ICT项目，取得突破千万元的业绩，助力龙游县经济发展。

【企业管理】 强化公司后台支撑部门的管理，内部管理逐步完善，综合支撑能力进一步提升。公司从安全管理、6S管理、企业文化、财务管理等方面进一步完善各项综合管理制度，使工作细化到每个环节，责权到人，为公司有效发展奠定基础。将“善知善行、惟和惟新”“进取”的工作文化注入管理和工作中，开辟文化阵地，加强阅览室、活动室、俱乐部、小小家建设、员工食堂等学习、活动阵地建设；制作员工风采墙、企业荣誉墙、文化宣传栏等宣传阵地，加强企业文化内部宣传，彰显文化魅力。工会以“员工对美好生活的向往”为工作目标，坚持做好“工会主席辅导”“进百家门知百家情”“节日送祝福”“微心愿认领”等员工关爱活动，开展全员健步走、趣味运动会、亲子烘焙等文体活动，为员工办实事、做实事，用看得见的关爱增强员工的幸福感和获得感，实现员工、企业的和谐成长。

【党建工作】 抓好基层党建，运用党小组学习、主题党日、“三会一课”等形式，深入学习贯彻中共十九大精神。积极开展“六好”党支部建设，设立党支部“风云榜”、党员“先锋榜”，开展党员亲情网格工作，积极发挥党支部战斗堡垒、党员先锋模范作用，促进党建工作与公司生产经营相结合。开展嵌入式廉洁风险防控体系建设工作，根据浙江省、衢州市公司的要求，及时完成廉洁风险点和责任清单的梳理工作，督促相关人员及时完成工单提交。

【履行社会责任】 积极参与县委、县政府各项社会公益活动，持续履行社会责任，组织员工参加平安巡逻、创国卫、义务植树、讲文明树新风等志愿者活动，开展“移动杯”集团客户篮球赛、羽毛球赛。“八一”建军节前夕，组织慰问当地的武警官兵、消防战士，促进公司文化传播，树立“中国移动”优秀的企业形象。

（中国移动龙游分公司 陈婧）

2013—2017年中国移动龙游分公司业务量比较

表27

年份	业务总收入（万元）	同比增长（%）
2013	14630.7	8.9
2014	14126.94	- 3.4
2015	13687.08	−3.1
2016	14932.5	9.0
2017	15499.94	3.8

中国联通龙游分公司

【概况】 2017年是浙江联通创新转型、加快发展的关键一年。中国联合网络通信有限公司龙游县分公司（简称“中国联通龙游分公司”） 紧紧围绕省、市公司“抓党建、促发展，控成本、转机制”的工作主线，对标先进，优化管理，加强成本管控，落实阳光采购，强化支撑保障，加快企业转型，各项工作取得阶段性进展。公司设综合网络部、政企客户部、市场部及太平西路营业厅。开展信息安全防护，防范、打击通信诈骗，开展光改检查，圆满完成中共十九大、县“两会”及高校招生考点监控等重要通信保障任务。

【联通混改】 2017年8月，中国联通正式发布混改方案。中国联通深入贯彻落实《中共中央国务院关于深化国有企业改革的指导意见》及相关文件精神，按照中央经济工作会议提出的“完善治理、强化激励、突出主业、提高效率”的混改十六字方针，通过混改试点，引入其他国有资本和非国有资本，健全“协调运转、有效制衡”的公司法人治理结构，完善市场化的激励约束机制，推动产业链、价值链关键业务的重组整合，提质增效，转型升级，推动国有资本和非国有资本相互促进、共同发展。混合所有制改革试点是中国联通的重大历史战略机遇，中国联通是全国唯一一家集团整体混改试点单位。

【业务发展】 2017年，分公司的通服收入在衢州市非主城区县分公司的份额指标逐年提升。主营收入同比增长8.15%，增幅水平位列全市各区县前茅；内部收入结构不断优化，集客主营收入占比有较大的提升，集客主营规模位列全市非主城区县分公司第一名。在公众市场上，加强渠道建设，聚焦渠道转型，关注实体渠道的布局及保有，实现渠道区域热点的基本覆盖；聚焦重点产品、提升用户规模。用户发展聚焦冰激凌产品，创新业务聚焦腾讯大王卡，进行线上推广和线下地推。在集团市场上，以项目为引领，持续扩大攻坚战果，聚焦“大、物、移、云、智”等重点业务，聚焦环保、教育、卫生、政要、旅游、金融、新能源等行业，成功拓展龙游畜牧养殖监控、龙游人民医院等一批收入百万级项目，实现行业标杆新突破。各中标项目的实施及服务质量均得到用户高度评价，树立企业良好的品牌形象。

【党风廉政和企业文化建设】 注重党风廉政建设工作，深入践行“两学一做”专题活动，认真学习中共十九大会议精神，落实《浙江联通企业文化体系建设及宣贯方案》，激发党员积极性、能动性，发挥先锋示范作用。遵守廉洁自律准则，关注廉洁风险点的防范和检查，常态化开展约谈工作。严格执行公司涉外合作10条纪律和内部交往9条纪律。加强企业文化建设，通过办公环境改造、办好食堂、组织工会活动等工作，营造企业文化氛围，增强员工的归属感和凝聚力，激发员工活力。

图101 11月18日，组织公司员工参观开化根博园

【回报社会】 遵循“共建、服务、绿色、诚信”的经营理念，开展扶贫帮困活动，支持、帮助联系乡镇解决实际问题。积极参与新农村建设，为新农村信息化建设保驾护航。配合龙游县政府完成各类项目的迁杆工作、县领导一月一路专项工作（太平

路、人民路、兴龙路、巨龙路、大众路、平政路线路上改下）、老小区改造工作（完成亚伦小区、县府宿舍、阳光老小区改造的线路迁移）、县高坪桥水库工程、衢宁铁路工程、沿江公路工程、通景公路建设工程、美丽龙游建设、城东新区建设等重点工作，积极响应县委、县政府开展的“创国卫”暨礼让斑马线文明劝导活动。

（中国联通龙游分公司　余建新）

中国石化龙游支公司

【概况】 2017年，中国石化龙游支公司成品油经营总量8.3万吨，其中柴油4.9万吨、汽油3.4万吨，同比增长6.4%，零售占比为81.9%。加油站油品零售持卡消费比例为46%，与2016年的44%持卡率略有上升。实现非油品销售额2316万元，同比增长74.1%。通过“宣传走私油危害”“护航十九大”等活动，深入开展“安全、环境与健康”HSE体系建设，强化基础管理，加大隐患整治力度，做细做实安全管理工作，全年实现安全平稳运行。开展“多卖一吨油”主题活动，面对严峻的市场形势，推出“他有我优”新型经营模式，贴近市场竞争，推广高标号汽油，拓市增效，增强企业核心竞争力。

【直面严峻的市场形势】 2017年，成品油市场环境非常复杂。由于批零差价过大，私人加油站价格相对比较混乱，导致公司无法正常开展点对点竞争活动，各加油站销量下滑严重，市场份额逐渐丢失，对零售和直分销经营工作带来的巨大冲击。7月以后，为规范全县成品油市场秩序，消除非法加油站(点)的安全隐患，龙游县人民政府部署统一行动，开展打击、取缔非法加油站(点)的专项整治活动，同时，规范油品批发备案流程，虽及时联系顾客，告知相关备案方式与流程，但直分销总量还是受到了很大的影响。面对零售市场的严峻形势，通过开展“多卖一吨油”活动，采取差异化竞争策略，城区加油站以稳量创效为主，重点拓展非油品工作，增加客户黏性；国省道过境车辆较多的加油站实行“点对点”竞争，调研市场，研究竞争对手，分析客户需求，争夺市场份额，减少客户流失。通过差异化竞争，城北、高速等站点通过促销降价活动，取得不错的效果。

【加油站防渗池改造】 积极响应国家的政策要求，对龙游县境内的中石化加油站进行双层罐和防渗池改造工作。一方面加强对清罐作业现场的安全管理与监督，另一方面对防渗改造等施工风险识别防控要点进行监管，并加强对施工管理流程、施工现场台账、施工现场作业许可证的办理、JSA（即工作安全分析，用来评估任何与确定的活动相关的潜在危害，保证风险最小化结构简单的方法）分析等进行有效监管。至12月底，已完成8座加油站的防渗罐改造，占中石化19座加油站的42%。其中防渗罐池单层罐的站有第一加油站、第二加油站、小南海加油站3座，防渗双层罐的站有第三加油站、林业加油站、龙丰加油站、城北加油站、前游加油站5座。在建的防渗双层罐改造有灵山加油站、泽随加油站、模环加油站。高速东西加油站的油气回收工程12月底顺利完工，湖镇加油站95号汽油与92号汽油油罐互换，龙游第二加油站增设98号汽油枪（98号汽油与95号汽油油罐互换），灵山加油站实行柴油改汽油，下章加油站、林业加油站98号汽油改95号汽油等加油站提量改造工程均顺利完成。

【样板站建设】 在加油站的服务、管理、“一站一策”、提量改造等方面做好相关工作，积极推进样板加油站建设。根据样板区域建设要求，利用巡站机会开展“一对一”指导，因站而异，指出主要改造内容，保留规范环节，力求简洁整齐。大站从非油仓库入手，分区规范定位摆放，做到整洁美观；抓大放小，强化功能利用；提升服务质量，培养员工良好的工作习惯；增加消费黏性，提升非油销量。小站参照标准从收银台、办公桌入手，规范物品放置，追求简单、整齐、清洁，服务好每位客户。2017年，公司决定将龙游一站、二站和湖镇站作为区域样板，在全区域推广，提高支公司所有加油站的管理水平。

【安全管理】 支公司员工全员参与，通过安全培训、隐患整治、系统建设等举措，提升安全管理水平。做好节假日特别是长假期间加油站安全自查工作，对加油站存在的问题，责令、督促及时整改；需支公司整改的，及时安排人员进行整改，对不能及时整改或需分公司层面整改的，及时上报，并做好防范工作。加强安全责任意识，完成支公司经理与部门负责人、加油站站长及托管公司签订《2017年HSE及数质量责任书》，全体员工签订HSE承诺书，站长与员工签订《HSE责任书》。完成所属加油站环评资料的收集与整理工作。做好防雷、防静电安全工作。是加强防雷检测问题整改，对每半年防雷检测所存在的问题及时安排专业人员进行整改；建立并健全公司雷电灾害防御管理制度、防雷安全责任制，将防雷安全纳入应急管理，建立加油站防雷安全自查情况登记表，确保加油站防雷安全。7月以后，各加油站多次接受龙游县政府、县经贸局、安监局、消防大队、治安办、平安办以及省市各有关单位的安全检查，每次检查总体情况良好，特别是在散装汽油管理方面，经受住各方面的考验，得到检查部门的好评。

图102 组织公司员工参加消防比赛

【护航十九大】 因所提供商品的特殊性，公司护航十九大工作尤显重要。支公司按照上级业务主管部门和龙游县委、县政府十九大安保的工作部署，严格落实相关要求，在各层次会议上进行宣传发动，提高认识，营造浓厚的工作氛围。建立规章制度，完善物防、技防措施，打好工作基础。10月初，召开管理人员及全体站长参加的专题动员会，布置具体工作，落实各项工作的责任人，敲响护航十九大的警钟。中共十九大期间，公司要求各部门负责人严格执行干部值班安全管理规定，高度重视安全值班工作，督促值班人员坚守岗位，确保各站工作安全顺利开展。此外，公司还严控散装汽油的销售，在客户加注散装汽油前，员工要仔细核对身份证，并拨打客户留下的手机号，确保信息的真实有效。根据工作要求，公司还加强反恐预案的演练。认真排查隐患，配合政府部门做好十九大安保工作，对每次检查出的安全隐患，都在第一时间落实整改，并向上级汇报。

（中石化龙游支公司 朱剑）

2013—2017年中国石化龙游支公司业务量比较

表28

年份	成品油经营量（万吨）	同比增长（%）	非油品业务（万元）	同比增长（%）
2013	8.8	14.3	702	23.4
2014	9.3	5.7	769	9.5
2015	9.5	2.4	1158	50.9
2016	7.8	−17.9	1330	14.9
2017	8.3	6.4	2316	74.1

商贸服务业

概 述

2017年，龙游县商务局与县粮食局机构合并为县商务和粮食局。商贸服务行业努力做好商贸流通和市场建设，推进电子商务与传统行业渗透融合，县乡两级农合联作用取得新进展。创新行业监管模式，世贸城、国际建材家居城、嘉溢鑫城、申通电商产业园等项目建设、“龙游美食”品牌推广等取得新业绩。研究出台《关于加快服务业发展的若干政策意见》《关于进一步促进民营医疗机构健康发展的若干政策意见》《龙游县创建全域旅游示范区实施方案》等政策性文件，从政策层面助推全县服务业的发展，大服务业格局初具规模。

商贸经济

【概况】 2017年，县商务和粮食局发挥部门职能，拓展外贸外经，激发电商发展活力，强化商贸流通监督，践行大粮食安全观，工作取得明显成效。全年实现外贸进出口总额41.80亿元，同比增长29.43%；实际利用外资1112万美元，完成市定任务的158.86%；社会消费品零售额实现143.48亿元，同比增长11.7%。县商务和粮食局分别在全市商务系统综合考核和全市粮食系统综合考核中名列第一；连续5年获得衢州市粮食安全责任制考核优秀单位称号。

【对外贸易】 建立联系外贸企业制度，对联系企业进行长期跟踪对接、帮扶服务。推动设立商检办事处，实施四项外贸升级工程（启动出口回归工程、扶持企业走出去工程、特种纸产业挖潜工程、出口主体培育工程），培育外贸增长新优势。出台海外仓鼓励政策，特美新材、001集团、公任电子等企业在迪拜、越南、印尼等地单独设立企业海外仓和境外营销中心。积极推动哥伦比亚和约旦龙游馆两个公共海外仓建设，通过召开说明会、座谈会、协调会等多种形式，做好宣传推广工作。全年组织71家企业参加广交会、消博会、华交会、义博会等，共设摊位104个。引导企业巩固传统市场的同时，积极拓展国际新兴市场。

图103 7月11日，龙游县召开“外贸企业服务月”活动动员大会

【省首个县域融资租赁对接大会】 10月24日，浙江（龙游）融资租赁对接大会在龙游清水湾大酒店召开。金龙纸业、捷马化工、金昌纸业三家企业与浙江物产融资租赁有限公司现场签约，涉及融资租赁金额2.6亿元，有效帮助企业解决融资难题，促进企业转型升级。全县具有融资租赁意愿企业超13家，租赁金额近5.4亿元。

【批发零售业改造提升试点】 编制申报批发零售业改造提升试点，2017年龙游县被列入省级批发零售业改造提升试点县（与衢州、温州等市并列第二档）。2018—2020年省商务厅、财政厅将连续三年给予每年400万元资金支持。

【项目建设】 重点跟进世贸城、国际建材家居城、嘉溢鑫城、申通电商产业园等项目设施建设和开业情况。龙游世贸城一期、家具建材市场一期、嘉溢鑫城一期项目建成交付使用，城市业态培育得到加强。人民广场地下空间开发工程进入扫尾阶段；龙游世贸城二期工程规划许可完成，正在桩基施工；嘉溢鑫城二期征地进行中。

【行业监管】 全年度共出动检查车辆17车次，检查人员154人次，取缔整治8家非法销售储存柴油点，查扣6辆非法流动加油车，查扣非法销售柴油18.41吨。全县34个2016年度年检加油站（点）初审通过率100%。推进新建小南海环西加油站、石佛加油站，迁建中石化塔石加油站、龙遂加油点。至年底，已确定4个新迁建加油站的项目选址。加强对商场、超市安全生产检查，确保无事故发生。加强对二手车、报废汽车市场的行业监管，联合市监、公安对非法拼装、拆解汽车进行专项治理，及时调解处理商业预付卡纠纷72起。

【散装水泥、预拌混凝土、预拌砂浆管理】 抓好干混砂浆生产线建设及干混砂浆的推广应用、预拌企业清洁化生产改造，着力帮助水泥企业“提量促率”。1月—12月，水泥总产量205.66万吨，散装率73%；预拌砂浆3.43万吨，完成50%预拌混凝土企业清洁生产改造的目标任务；鑫业混凝土公司通过省级清洁生产改造达标验收，完成年度目标任务100%。

【粮食安全责任制落实】 落实粮食安全行政首长负责制，全力抓好订单粮食工作，在全市率先出台订单粮食工作责任追究办法。全县订单粮食种植面积、到户数量及乡镇（街道）纪委监督电话首次在《今日龙游》进行公示。2017年，全县落实订单粮食收购21808吨，发放订单奖励资金1308万元，保护农民种粮积极性。在产粮大省江西、吉林建立粮食基地，加强粮食产销协作，全年粮食批发市场交易量41万吨，交易额超10亿元。同时，注重培育发展粮食产业经济，规模以上粮食企业达19家，粮油工业总产值13亿元，同比增长21%。

【仓储管理】 及时落实专项投资资金，建立专账，做到专款专用，主动对接各乡镇政府，摸底造册，明确任务，有序推进发放工作。加强农户储粮技术指导和服务。10月，全面完成2500套小粮仓发放。扎实推进危仓老库改造，至年底，全面完成维修改造工作，支付工程款1299万元。坚持季度“一符四无”粮仓检查，确保全县库存粮油安全无事故。规范储备粮轮换，下达储备轮换计划，做好分期拍卖出库、轮换补库工作。在江西东乡建立粮食产销协作基地，签订2万吨产销合作协议，确保储备粮轮换补库粮源。

（县商务和粮食局 宋礼成）

2017年度龙游县外贸自营进出口分类统计数据

表29

	元	2017年（元）	2016年（元）	同比增长%	2017年（美元）	2016年（美元）	同比增长%
	进出口总额	4135542678	3205874436	29	609790844	484107966	25.96
其中	1. 出口总额	2984805427	2480175321	20.35	440164132	374336892	17.59
	流通企业	1396348914	1041881479	34.02	205753411	156241224	31.69
	生产企业	1236618808	1194220065	3.55	182683068	181119341	0.86
	“三资”企业	351837705	244073777	44.15	51727653	36976327	39.89
	2. 进口总额	1150737251	725699115	58.57	169626712	109771074	54.53
	流通企业	8412185	42632121	−80.27	1262802	6450350	−80.42
	生产企业	381531083	308811807	23.55	56524801	46831804	20.7
	三资企业	760793983	374255187	103.28	111839109	56488920	97.98

2017年度龙游县分企业自营进口统计数据

表30

企业名称	2017年（元）	2016年同期（元）	同比增长%	2017年（美元）	2016年同期（美元）	同比增长%
维达纸业（浙江）有限公司	717244346	324716760	120.88	105436610	49012129	115.12
龙游县金龙纸业有限公司	105854319	40798108	159.46	15592250	6149812	153.54
浙江恒达新材料股份有限公司	73909629	88397756	−16.39	10958598	13406801	−18.26
浙江海景纸业有限公司	47655984	37279905	27.83	7063717	5633980	25.38
浙江凯丰纸业有限公司	44016960	24993313	76.11	6628280	3835841	72.8
龙游塔恩纸业有限公司	43201344	48334004	−10.62	6351065	7291960	−12.9
浙江恒川新材料有限公司	30949226	1102338	2707.6	4586091	160709	2753.66
浙江凯伦特纸业有限公司	28689288	49571706	−42.13	4285234	7543727	−43.19
浙江华邦特种纸有限公司	17794687	35296235	−49.58	2609786	5324560	−50.99
浙江龙游海阔特种纸有限公司	12014159	7404841	62.25	1750227	1134072	54.33
浙江龙游盛豪工艺品有限公司	5907257	4424190	33.52	876857	659927	32.87
浙江瀚运五金有限公司	4893530	0	/	737915	0	/
浙江腾辉科技有限公司	4687269	8137475	−42.4	683994	1239807	−44.83
浙江特美新材料股份有限公司	2562263	202706	1164.03	371666	30913	1102.3
浙江金昌新材料股份有限公司	2433505	667252	264.71	369014	101092	265.03
浙江桦固实业有限公司	1501993	0	/	227265	0	/
华邦古楼新材料有限公司	1147767	0	/	173690	0	/
浙江亿邦特种纸有限公司	1133030	0	/	165088	0	/
浙江雪伦服饰有限公司	838739	890578	−5.82	121653	133853	−9.11
浙江润盛贸易有限公司	731341	40904033	−98.21	106726	6186218	−98.27
浙江尖上科技有限公司	721743	0	/	108921	0	/

续表

企业名称	2017年（元）	2016年同期（元）	同比增长%	2017年（美元）	2016年同期（美元）	同比增长%
浙江龙游亿洋国际贸易有限公司	626708	143544	336.6	91311	21888	317.17
浙江双洲包装制品有限公司	596171	0	/	87945	0	/
浙江东起日用品有限公司	498895	0	/	75759	0	/
茗皇天然食品开发股份有限公司	318184	1011588	−68.55	46800	154650	−69.74
浙江新屹服装有限公司	200352	65216	207.21	29818	9908	200.95
浙江贝尔通信集团有限责任公司	133366	0	/	20164	0	/
龙游县海宏贸易有限公司	99320	0	/	14744	0	/
浙江龙游金铭木业有限公司	78425	1139207	−93.12	11426	174923	−93.47
龙游天时旅游用品有限公司	63650	0	/	9437	0	/
龙游外贸笋厂有限公司	63592	43152	47.37	9389	6656	41.06
浙江錩泰机械工业有限公司	56860	0	/	8285	0	/
衢州立威进出口有限公司	35296	0	/	5380	0	/
衢州甬兰进出口有限公司	20458	0	/	3000	0	/
浙江禾川科技股份有限公司	18241	0	/	2739	0	/
凯斯通阀门有限公司	14191	38315	−62.96	2068	5586	−62.98
捷马化工股份有限公司	12656	0	/	1905	0	/
浙江龙游正凯摩配有限公司	7026	0	/	1070	0	/
龙游旺发对外贸易有限公司	4644	0	/	702	0	/
浙江奥冠电子科技有限公司	299	0	/	43	0	/
龙游亿莱达电器有限公司	232	2568	−90.97	35	399	−91.23
浙江骏丰日用品有限公司	136	0	/	20	0	/
龙游嘉航礼品有限公司	117	745	−84.3	17	112	−84.82
龙游新西帝电子有限公司	53	0	/	8	0	/
合计	1150737251			169626712		

2017年度龙游县分企业自营出口统计数据

表31

企业名称	2017年（元）	2016年同期（元）	同比增长%	2017年（美元）	2016年同期（美元）	同比增长%
龙游县海宏贸易有限公司	447412075	0	/	65741513	0	/
浙江瀚运五金有限公司	233556951	29625258	688.37	34549471	4354774	693.37
衢州甬兰进出口有限公司	221405711	0		32369337	0	
捷马化工股份有限公司	159107384	86398895	84.15	23272854	13114062	77.46
龙游同盟贸易有限公司	134475574	0		19817634	0	
龙游亿莱达电器有限公司	102315316	73027673	40.1	15160500	11065619	37.01
浙江特美新材料股份有限公司	96724067	100910770	−4.15	14266356	15300336	−6.76
龙游新西帝电子有限公司	92588587	115524639	−19.85	13649564	17573357	−22.33
龙游塔恩纸业有限公司	83516384	94672866	−11.78	12323440	14329748	−14

续表1

企业名称	2017年（元）	2016年同期（元）	同比增长%	2017年（美元）	2016年同期（美元）	同比增长%
衢州航俊进出口有限公司	78847131	0	/	11615619	0	/
衢州立威进出口有限公司	77382482	0	/	11614810	0	/
龙游外贸笋厂有限公司	68268943	61640089	10.75	10112429	9350091	8.15
浙江茗皇天然食品开发股份有限公司	61476420	67866068	−9.42	9043053	10314170	−12.32
浙江新屹服装有限公司	60177656	48271004	24.67	8898577	7311300	21.71
浙江龙游正润窗饰有限公司	59601878	40518884	47.1	8812338	6122026	43.94
浙江贯洲电气有限公司	57250114	20661376	177.09	8409906	3112427	170.2
浙江和佳工贸有限公司	51807977	50415214	2.76	7661217	7595923	0.86
龙游公任电子有限公司	47464662	46098877	2.96	7031609	6972066	0.85
浙江001电子集团有限公司	45566231	46790384	−2.62	6752828	7098334	−4.87
浙江元美铝业科技有限公司	40655882	11886872	242.02	6020284	1776175	238.95
浙江龙游亿洋国际贸易有限公司	38501757	30579121	25.91	5675004	4625797	22.68
浙江家德家居有限公司	36265310	83901216	−56.78	5336046	12675208	−57.9
维达纸业（浙江）有限公司	36197631	3561614	916.33	5338833	534846	898.2
浙江省龙游县汇洋对外贸易有限公司	35267220	35554474	−0.81	5191364	5397682	−3.82
浙江双洲包装制品有限公司	33909870	22023650	53.97	5028018	3333360	50.84
龙游东方阿纳萨克作物科技有限公司	26657461	28453510	−6.31	3957448	4309165	−8.16
龙游天时旅游用品有限公司	23509809	12666141	85.61	3453003	1925753	79.31
浙江恒润装饰材料有限公司	19351321	5573529	247.2	2864944	843612	239.6
浙江诺通机车部件有限公司	19234498	15685076	22.63	2831020	2375933	19.15
龙游嘉航礼品有限公司	18812373	14738431	27.64	2777378	2231022	24.49
浙江远帆无纺布有限公司	18682522	17182734	8.73	2766620	2599579	6.43
浙江特拉蕾乳胶工艺有限公司	18614275	13626633	36.6	2750110	2059928	33.51
浙江鹿成宠物用品有限公司	18482073	22084627	−16.31	2721211	3365031	−19.13
浙江卓达工贸有限公司	17987572	4176765	330.66	2621777	636883	311.66
浙江骏丰日用品有限公司	17224174	16612804	3.68	2539363	2519540	0.79
龙游真善美进出口有限公司	16552406	4777097	246.5	2440833	706662	245.4
浙江追风进出口有限公司	15467453	0	/	2325022	0	/
浙江道合科技有限公司	15326244	0	/	2299144	0	/
浙江恒达新材料股份有限公司	14035464	11058945	26.92	2072717	1682172	23.22
龙游港龙贸易有限公司	13602382	0	/	2044755	0	/
龙游宇豪厨具有限公司	13546382	13885946	−2.45	2005877	2113955	−5.11
浙江龙游春城电子有限公司	13166631	18383839	−28.38	1939035	2792827	−30.57
龙游县旭军电子有限公司	12732114	18670576	−31.81	1880698	2849891	−34.01
浙江省龙游旺发对外贸易有限公司	12010301	6569364	82.82	1777249	989383	79.63
浙江睿泰汽车零部件有限公司	11116834	12698895	−12.46	1644378	1935476	−15.04
衢州汉迪沃克贸易有限公司	10317613	11551703	−10.68	1526363	1739711	−12.26

续表2

企业名称	2017年（元）	2016年同期（元）	同比增长%	2017年（美元）	2016年同期（美元）	同比增长%
浙江新海业竹科技有限公司	9775002	0	/	1479343	0	/
凯斯通阀门有限公司	9349781	17448845	−46.42	1367174	2633587	−48.09
浙江超洁实业有限公司	8765473	7689994	13.99	1289948	1162323	10.98
浙江洁美日用品有限公司	8492164	10487984	−19.03	1263776	1598594	−20.94
浙江铝泰机械工业有限公司	8262051	4565152	80.98	1221331	688747	77.33
浙江龙游展宇有机玻璃有限公司	8203890	3226150	154.29	1212947	490468	147.3
龙游华润旅游用品有限公司	8189637	1377094	494.7	1204462	209905	473.81
龙游翔飞进出口有限公司	8104809	4619456	75.45	1194150	702990	69.87
浙江大盛新材料股份有限公司	7284895	22767466	−68	1056558	3458041	−69.45
龙游新丝带商贸有限公司	6958859	0	/	1041733	0	/
龙游万德福电子有限公司	6715521	7968925	−15.73	989543	1207544	−18.05
浙江龙游越丰电子有限公司	6324486	4745992	33.26	938068	718969	30.47
浙江康王工艺品有限公司	6264100	625012	902.24	929271	93926	889.37
浙江星利拉链有限公司	5988151	6574797	−8.92	886534	1001121	−11.45
衢州市卫丰泵业有限公司	5977660	6395828	−6.54	876103	972894	−9.95
浙江晨浩文体用品有限公司	5929905	5532861	7.18	875559	837328	4.57
浙江肯特汽车零部件有限公司	5823947	4338510	34.24	860274	655030	31.33
浙江雪伦服饰有限公司	5730178	4494849	27.48	839862	689931	21.73
龙游美旭贸易有限公司	5490665	5697681	−3.63	803520	870002	−7.64
浙江明瑞制冷材料有限公司	5340873	2097133	154.67	790599	319769	147.24
浙江方大织带有限公司	5320074	4478620	18.79	783833	679131	15.42
浙江中常工贸有限公司	5318762	10889622	−51.16	771152	1657621	−53.48
龙游龙顺电子有限公司	5174230	3560462	45.32	757520	537395	40.96
浙江友丰包装材料有限公司	4964457	3745505	32.54	739480	568430	30.09
龙游县朋辉服饰有限公司	4919699	5437978	−9.53	725694	829705	−12.54
浙江菲尔马滤清器有限公司	4721943	3912986	20.67	697239	593982	17.38
浙江君旺纸业有限公司	3685239	4047483	−8.95	542723	613965	−11.6
龙游县金胜贸易有限公司	3616656	379276053	−99.05	541430	56445872	−99.04
龙游君恒贸易有限公司	3514856	1487987	136.22	513798	220449	133.07
浙江浪蕾内衣有限公司	3400921	3348707	1.56	502245	504299	−0.41
浙江桦固实业有限公司	3108050	1221007	154.55	457417	182819	150.2
浙江天瑞化学有限公司	3084263	1954288	57.82	455192	291737	56.03
浙江汇金机械制造有限公司	2959196	5229406	−43.41	438686	796355	−44.91
浙江瑞飞交通器材有限公司	2947290	4145537	−28.9	436505	628110	−30.51
浙江东起日用品有限公司	2734762	1558976	75.42	408157	229235	78.05
克里特集团有限公司	2692504	4158591	−35.25	397286	638868	−37.81
浙江法来福无纺布有限公司	2483747	3378716	−26.49	366426	509799	−28.12
浙江华邦特种纸有限公司	1953577	2491727	−21.6	286561	376528	−23.89
龙游洪泰生物能源有限公司	1805871	0	/	272930	0	/

续表3

企业名称	2017年（元）	2016年同期（元）	同比增长%	2017年（美元）	2016年同期（美元）	同比增长%
浙江一树纸业有限公司	1776149	0	/	265082	0	/
龙游欧朋机电科技有限公司	1699774	1297454	31.01	252890	196007	29.02
浙江龙游镭迪涂装设备有限公司	1671243	124598	1241.31	244910	19000	1189
龙游秀琪贸易有限公司	1635189	2913362	−43.87	238231	440495	−45.92
龙游爱辉贸易有限公司	1579722	3045592	−48.13	232515	465439	−50.04
浙江鸿基汽配有限公司	1439877	243340	491.71	211717	37028	471.78
浙江创展电子科技有限公司	1397194	1547747	−9.73	204878	236849	−13.5
龙游追明科技有限公司	1343733	4458462	−69.86	195051	677799	−71.22
浙江天天虹特种纸有限公司	1274522	3164790	−59.73	185293	475745	−61.05
浙江龙游金铭木业有限公司	1175678	3106575	−62.16	170373	470385	−63.78
浙江龙游正凯摩配有限公司	1116317	0	/	163509	0	/
浙江龙游绿环纸制品有限公司	990207	0	/	149259	0	/
浙江新迪在龙涂料科技有限公司	969407	1339060	−27.61	142028	204933	−30.7
浙江奥冠电子科技有限公司	938189	713261	31.54	138511	108053	28.19
浙江科力印业新技术发展有限公司	917018	411896	122.63	135328	62413	116.83
浙江旭良皮筋制造有限公司	842629	349838	140.86	124792	52165	139.23
浙江瑞辉工贸有限公司	788764	3183693	−75.22	115174	486565	−76.33
浙江百依家纺有限公司	775799	4267248	−81.82	114467	652811	−82.47
浙江希雪服饰有限公司	770024	0	/	116250	0	/
浙江冠诚科技有限公司	746101	9433380	−92.09	109200	1433616	−92.38
龙游锦胜贸易有限公司	647736	0	/	98636	0	/
衢州囡囡进出口有限公司	625650	196777	217.95	93250	28688	225.05
龙游县同庆电子有限公司	492374	1033219	−52.35	72479	158571	−54.29
龙游启诚进出口有限公司	359433	385281	−6.71	54467	56170	−3.03
浙江驰怀烫印科技有限公司	254923	6669	3722.51	37193	972	3726.44
浙江龙游辰港宣纸有限公司	211211	288385	−26.76	30818	44175	−30.24
衢州吉成新材料有限公司	199980	0	/	29894	0	/
浙江金泽纸品科技有限公司	134188	0	/	19911	0	/
浙江贝尔通信集团有限责任公司	130579	0	/	19427	0	/
浙江非凡户外用品有限公司	121314	598213	−79.72	18308	91728	−80.04
浙江速合纺织品有限公司	103074	346311	−70.24	15018	51777	−70.99
浙江镨适保商贸有限公司	41812	0	/	6336	0	/
浙江光明铁道实业有限公司	37713	152816	−75.32	5485	22193	−75.28
衢州市卓诚电子有限公司	30339	28173	7.69	4498	4320	4.12
龙游联兴制衣有限公司	12747	0	/	1857	0	/
浙江康鼎工贸有限公司	2799	0	/	410	0	/
浙江海豹制漆有限公司	760	0	/	109	0	/
合　　计	2984805427			440164132		

电子商务

【概况】 2017年，龙游县优化电商发展环境，完善功能支撑，推动电子商务与传统行业渗透融合，呈现快速发展良好态势。2017年全县网络零售额38.01亿元，同比增长61.67%，全县布点社区电子商务终端64个、农村服务点263个（其中“农村淘宝”服务站116个、“邮掌柜”128个、“赶街”19个），规模以上企业普及运用电子商务比例超过75%。

图104　举办2017年省级助理电子商务师培训

【优化电商环境】 制定出台《2017年全县电子商务产业发展工作要点》和《龙游县机关部门、乡镇（街道）电子商务工作考核办法》，开展日常考核督查，确保全年度电子商务目标任务完成和推进电子商务工作有序进行。完善电商政策，组织电商企业申报2016年度龙游县促进电子商务产业发展专项资金补助（奖励）项目。组织龙游县电子商务“十佳示范企业”“最美电商人”评选活动，发挥先进引领和带动作用，扩大县域电商影响力。全年共开展农村电子商务普及培训26000多人次、省级助理电子商务师培训140多人，促进龙游电商队伍发展。

【电商城运营】 龙游电商城由电商产业园、大学生创业园、特色中国龙游馆、园区管理服务中心四大核心功能区组成，吸引戴拉饰品、典男贸易等60家企业入驻，入驻率95%，其中大学生创业园入驻企业19家，2017年平台销售额3.2亿元。龙游电商城被评为2017年浙江省众创空间、浙江省创业孵化示范基地、衢州市第一批众创空间、衢州市大学生创业园、龙游县电子商务“十佳示范企业”。

【农村淘宝】 至年底，龙游县建立“农村淘宝”服务站116个，全年累计代购订单23万余单，总金额3000余万元，浙江省22个县域中，综合能力稳居前三。3月份春耕节，龙游综合排名浙江第二；6月“6·18”年中大促，龙游综合排名浙江第三；11月“双11”时，龙游再创佳绩，综合排名浙江第三，优秀“村小二”蓝震个人成绩排名衢州第一。

【“电子商务进万村”工程】 “电子商务进万村”工程实施后，线上基于邮乐网和邮掌柜系统，线下依托邮政农村窗口资源、村邮乐购店等实体渠道和物流配送渠道，打造“网络代购+平台批销+农产品+公共服务+普惠金融+物流配送”为一体的农村电子商务服务体系。至年底，邮掌柜布点128个，代购笔数12130笔、金额26.97万元，批销金额670万元。“农村淘宝”“邮掌柜”“赶街”等电子商务服务站覆盖全县257个行政村。

【工业企业电商应用】 依托“1688特色站点”诚信通和中国特种纸产业网产业带两大专业平台，全县工业品企业触网热情高涨。截至12月，站点内开通诚信通企业527家，完成基础操作服务商320家，平台销售额总计2.38亿元，线上下单线下成交金额3000余万元，站点内电商年销售总额达500万元的企业有7家，年销售额100万元以上企业49家。特种纸B2B单品市场——中国网库特种纸产业网累计导入1090家特种纸企业，2017年累计交易额5123.65万元，供应信息发布量563条，其中推荐优质商机272条，多条优质商机被置顶。

【“特色中国·龙游馆”改造】 根据省商务厅淘宝

"特色馆"提升改造要求，按照"要素整合、产业集聚、功能提升、因地制宜"思路，对淘宝龙游馆提升改造，发挥龙游产业特色及电子商务平台优势，提高龙游优质农产品市场占有率、品牌影响力和市场盈利能力。2017年"龙游馆"实现线上销售总额5100万元，成为浙西地区地方特色农产品线上交易的重要平台。

【申通电子商务产业园建成】 2017年申通电子商务产业园完成一期主体建设，并开始招商。计划将依托该产业园集聚电商龙头、物流快递、第三方服务等企业，打造一站式电子商务办公、交易、生活体验平台和辐射浙西南地区物流快递重要中转基地，实现区域电子商务做大做强。该项目总投资额2.4亿元，建筑面积约7.2万平方米，预计2018年下半年开业。

（县电商办 宋礼成）

服务业建设与管理

【概况】 2017年，全年完成服务业增加值106.32亿元，同比增长9.9%，占GDP比重45.6%。服务业固定资产投资额97.84亿元，同比增长19.5%。实现社会消费品零售总额143.48亿元，同比增长11.7%。年内新增限额以上商贸企业23家、其他服务业企业13家。

【完善政策体系】 为加快服务业发展，形成升级版"234"现代服务业体系，全面贯彻落实《龙游县服务业发展"十三五"规划》文件精神，县服务业办公室牵头到周边县、市及部分在加快服务业发展方面成效显著的县市考察调研，形成《关于加快服务业发展的若干政策意见》提纲。研究出台《关于进一步促进民营医疗机构健康发展的若干政策意见》《龙游县创建全域旅游示范区实施方案》。

【项目管理】 全年共受理物流、医院、酒店、美食等服务业项目337个，其中备案234个，部门牵头决策咨询项98个，县服务业办公室牵头完成龙城医院、浙江东润物流有限公司仓储物流、纽福莱医养中心、新国际饭店、申北大酒店5个项目的决策咨询。积极向上对接争取并推进省、市、县服务业重点项目建设，龙游申通电子商务产业园、龙和乡村旅游综合体2个项目成功列入2017年浙江省服务业重大项目计划，龙游申通电子商务产业园、中国红木家居文化园、龙游世贸商业城、龙游嘉溢鑫城、龙游花海项目、龙游子鸣社区安居工程等21个项目列入2017年衢州市服务业重大项目计划。"官潭公社"龙山客栈、龙游花海项目、龙游县城东小学、龙游万福（中西医结合）医院、龙游竹溪谷名宿等一批新服务业项目年内顺利开工。

图105 高端民宿项目——"官潭公社"龙山客栈

【特色小镇建设】 龙游红木小镇2017年度完成投资7.27亿元，从"党建文化、产业融合、多维合作、投资建设"等方面创新突破，小镇培育建设取得显著成效。打造总面积1100多平米的党建综合体，为小镇注入红色基因，打造党建、发展"双高地"，引领小镇高质量发展。通过校企合作、政企合作、企企合作等模式，同中国美术学院、上海对外经贸大学等高校、浙江省发改委培训中心、浙江省教育厅、丽水市委组织部等达成合作协议，同时积极引进高端家居制造、文化创意、旅游服务业等行业的品牌企业入驻，先后与君澜酒店、永圣影业等十几家实体企业达成合作协议。开展"店小二"式服务，落实“挂帅包干、挂图作战”和“周协调、月督办”等项目推进机制，扎实有序推进木都商贸区、吉恒家居厂房、吉恒家具配套职工宿舍、文化园装修以及基础设施建设等工程项目，红木小镇2017年度考核再次获浙江省优秀特色小镇，全县项目建设稳步推进。

【城东新区建设】 深化落实龙游“城市东拓”战略，打造区域明珠型城市，以中央生态廊道为轴心，围绕城市大建设的主体方向和补短板、提能级、建精品的城市发展要求，进行功能复合、资源整合、地上地下统筹的城东中央生态廊道规划设计。推进城东医院、金融中心、华岗中学、档案馆等公共设施布局，提升城东新区公共服务设施配套水平。设计统筹城东安置区，子鸣社区安居工程、奔康四期异地搬迁晨北小区建设、高坪桥水库其中搬迁安置小区等项目有序推进中。开发用地1.13平方千米的商贸物流园区已入园项目9个，其中龙游县粮食批发交易市场、宝塔农资、柳丰物流等4个项目投入运营。龙游家居建材市场、嘉溢鑫城部分投入运营。

【医疗卫生】 大力推进康宁医院迁建项目、疾病预防控制中心迁建项目、万福医院、骨伤专科医院等一批医疗卫生项目快速推进，实现总投资2.8亿元，并积极谋划人民医院迁建项目、妇幼保健计划生育服务中心迁建、塔石中心卫生院迁建等项目，力争项目早日落地，保障全县医疗卫生基础设施均等化布局。

【教育业】 2017年，全县共有中小学55所，在校生39708人；幼儿园102所，在园幼儿10269人。为保障全县教育基础设施建设，大力改善教学条件，城东小学（阳光小学迁建工程）、樾园小学、柳村小学二期扩建工程、西门小学扩建工程等项目加速推进，并陆续完工并投入使用；同时，积极谋划华岗中学、凯马国际学校、华茂外国语学校扩建等教育设施项目，进一步优化全县教育资源配置。

【旅游业】 围绕“历史文化、医疗康复、运动休闲、养老养生、乡村旅游、古镇古村”主题，推进龙游旅游大开发，助力区域明珠型城市建设。龙游花海、神农谷中草药田园综合体、凤溪龙游精品民宿等重大旅游项目扎实推进，红木小镇成功创建国家AAAA级旅游景区，三门源民俗文化小镇顺利开园，民居苑二期工程基本完成，横山镇入围全省首批旅游风情小镇。全年接待旅游总人数1477.61万人次，同比增长21.02%，实现旅游总收入92.94亿元，同比增长22.13%。

【金融业】 全县6家金融机构分别与6个绿色授信项目签约，授信总额19.44亿元。项目包括光伏发电、新型产业园建设、生活垃圾热解划发电、污水管网建设、绿色景观提升、废旧家电回收处理、新能源汽车分时租赁等。2017年，全县金融机构人民币存款、贷款余额分别达288.77亿元和254.55亿元，同比分别增长7.89%和12.4%；本外币存款余额为290.03亿元，同比增长7.92%。

【房地产业】 重点加快广和印江南、龙游碧桂园等房地产开发项目建设，大力推进棚户区和城中村改造工程，加快解决中低收入群众的住房困难。以子鸣社区安居工程建设为契机，加大保障房建设力度。房地产业全年商品房销售40.15万平方米，同比增长69.4%；销售额35.33亿元，同比增长93.5%。

（县服务业办公室　徐帅）

“龙游美食”推广

【概况】 2016年5月20日，龙游县“龙游美食”推广领导小组及办公室成立，2017年5月，县委县政府调整“龙游美食”推广领导小组及其职责，充实力量，明晰各成员单位职责。确立以县委书记、县长为双组长，县人大、政府、政协各一名领导为副组长的领导架构，县委常委、副县长丁民坚具体分管“龙游美食”项目推广工作。县美食办将“龙游美食”推广项目分成“龙游发糕”和“龙游风味”小吃两个品牌进行打造推广。授权龙游县食品工业行业协会和龙游县美食行业协会委托代理机构，分别向工商部门申报注册“龙游发糕”地理标志证明商标和“龙游风味”小吃普通集体商标。至2017年底，龙游特色小吃门店有60多家。包括“古铺良食”“味龙堂”“飨德”“衢州小吃”“新闻潮”“原味堂”“龙游叔叔”“徐老逗”“龙滋味”“寻味时代”“麸道”等。

图106 “龙游县美食大赛”期间专家评委现场调研龙游传统小吃

【出台扶持政策】 县政府出台《关于促进“龙游发糕”产业健康发展的实施意见》，促进“龙游发糕”品牌建设和产业发展壮大，得到“龙游发糕”生产企业和经营企业好评。同时，制定相关的特殊扶持政策，通过样板店建设，推进“龙游风味”门店建设。确定吴树良“古铺良食”团队进行“龙游风味”样板店建设打造，选址于民居苑聚宝古街S1场地。龙游文化旅游发展有限公司与“古铺良食”团队签订租赁管理合同，县美食办与古铺良食团队签订关于打造龙游城区首家“龙游风味”Logo品牌样板店的投资框架性协议，“古铺良食”团队于2017年元旦启动“龙游风味”样板店建设装修。

【编纂培训教材】 县美食办委托龙游县美食行业协会、县史志办、文联、市监局等部门领导，县名厨协会、餐饮协会、食品工业行业协会等专家组成编纂团队，编写《龙游特色小吃》培训教材。内容包括主推（1+10）龙游特色小吃品种，即龙游发糕、葱花馒头、北乡猪肠、肉圆、葱饼、芋头粽、米糊、北乡汤团、粉干、豆腐丸子、清明粿。通过举办龙游特色小吃培训，为县内外“龙游美食”经营门店提供标准化操作理论，推动“龙游美食”推广步伐。

【成立行业协会】 2017年11月2日，龙游县民政局下发龙民〔2017〕82号文件，同意成立龙游县美食行业协会，吴树良任协会会长，周智芳任执行会长，杨爱珍、吴宇晖任常务副会长，蓝锦国、傅晓君、梅芷敏、黄琦任副会长。协会职责包括：“龙游风味”普通集体商标注册登记申请人，具体落实普通集体商标申请注册。利用商标注册无形资产，做好龙游美食商家品牌宣传、推广和使用管理，促进龙游美食产业做大做强，服务全县经济社会发展。

【美食购物活动】 1月9日，县委宣传部、县委人才工作领导小组办公室、共青团龙游县委员会主办，县“龙游美食”推广领导小组办公室、县食品行业协会、县餐饮协会承办，在龙游美食城举行龙游县首届“龙游美食大赛”决赛。参加决赛品种有小吃类30个、菜肴类42个、发糕类20个、配料类12个。采用专家评委现场打分、大众评委现场打分与网络投票分数折合叠加而成。评选出县十大特色小吃、十大特色菜肴、十大特色美味发糕、四个龙游特色配料、一个最佳人气小吃、一个最佳人气菜肴、一个最佳创意小吃、一个最佳创意菜肴。1月29日至2月5日（春节），县美食办、龙游电台FM95.4、姑蔑城生态园联合举办龙游首届“姑蔑民俗文化节”，县内老电影院包子、大福圆发糕、李奶奶猪肠、祖传馄饨、张记小吃、曾氏土家糕点坊、喜洋洋小吃、胖燕早餐、新梅麻糍、老东门出笼汤包、永盛豆腐丸、黄龙烤饼等10多家最具龙游地方特色小吃商家参加。

11月17日—30日，县美食办、商务和粮食局、供销社等部门在兴龙南路（城乡公交中心车站东侧）广场举办时尚生活购物节。展会场馆面积2000平方米，120个展位，展销美食、休闲食品、农产品、地方特产、南北干货、电子商务、品牌服饰、灯笼、年画等。

（县美食办 王辉）

供销合作经济

【概况】 2017年，龙游县供销社聚焦农合联体制机制创新、农业社会化服务、基层组织建设等重点改革任务，全力推进生产、供销、信用“三位一体”农民合作经济组织体系建设，积极发挥县乡两级农合联作用，各项工作取得新进展。全年总经营收入16.67亿元，同比增长16%；商品销售总额15.59亿元，增长16%；实现利润378万元，同比增长26%；推销农产品8.99亿元，同比增长19%。获2017年度全国供销总社信息报送工作先进单位、2017年度全省供销社综合业绩考评优秀奖和全省农合联建设先进单位，全市供销社2017年度综合业绩考核一等奖。

【深化综合改革】 4月，县供销社领导班子调整后，从组织创新、服务创新、体制创新、机制创新出发，积极投入工作。邀请省供销社主任邵峰在县委理论学习中心组专题学习会上作题为《将合作经济发展推向新阶段》的报告，编印《深化供销合作社综合改革“三位一体”农民经济组织体系建设》学习资料，认识供销社在“三位一体”农合联建设中的重要意义，全面把握新形势下供销社改革发展前进方向。组织班子成员、业务科长先后到16个省推进县或试点县学习考察，参加“三位一体”农村新型合作体系建设与浙江经验培训。加强县供销社和县农合联执委会领导班子力量，改善干部队伍结构，核增后县供销社共有参公事业编制10名，另有编外用工3人。

【推进“农合联”体系建设】 积极向省供销社申报

图107 举办龙游县农合联2017年笋竹产业培训

农合联组织运行规范化建设、区域公共品牌建设等专项改革试点，成立县农合联资产经营有限公司、农民合作基金等实体运作平台，促进供销社融入农合联组织体系；主动承担农合联执委会职能，发挥供销社在农合联工作中的骨干作用，着力打造以县级农合联综合体、南北两个示范乡镇农合联服务中心、茶叶柑橘笋竹三大产业为主要内容的为农服务体系。整合龙游民居苑拓展工程二期东第一幢二层房屋（建筑面积1700平方米）与东山仓库（占地45亩）两部分资源，建设县农合联综合体，以龙游南片山货集散经济集镇溪口、北片富硒传统农特经济集镇横山为两翼，集聚为农服务资源，建设两个示范乡镇农合联服务中心，服务农民群众，辐射周边乡镇。按照“做强优势产业、提升传统产业、发展特色产业”思路，大力培育和壮大茶叶、柑橘、笋竹三大优势主导产业，加快实施高效生态农业发展，开辟农民增收致富新途径。建立健全农合联代表大会、理事会、监事会“三会”制度，规范管理体制和运行机制。以农合联“星级会员管理”为载体，建立健全农合联会员退出机制。开展双十佳“最美农产品经纪人”“十佳合作经济组织”评选活动，促进农合联会员争优创新。制定《2017年龙游县农合联重点任务清单》和《龙游县2017年“三位一体”农合联改革考核内容和评分细则》，联合有关部门，推进县乡两级农合联体制机制建设和有效运行。横山镇、溪口镇农合联综合服务中心和农产品展示展销平台建设成绩突出。

【构建农业社会化服务体系】 利用县乡两级农合联组织体系，积极拓展服务领域，创新服务方式，提升服务能力。以“智慧农资”和“庄稼医院”为载体，强化农业科技服务，与省供销社“中农在线”洽谈网上庄稼医院3.0版，建立“土壤医院”和智能配肥中心，为新型农业生产经营主体和农户提供专业化、个性化服务。组织开展农民柑橘栽培实用技术培训、秋季茶产业培训、农笋竹产业培训、农村电子商务领袖培训等培训，共300余人参加。

【强化销售服务功能】 组织开展新型农业经营主体基本情况调查，梳理龙游茶叶、笋竹、柑橘等全产业链农产品资源。与杭州安厨公司签订《战略合作框架协议》《具体实施标准和目标》和《农业电商公共服务协议》，筹建龙游农产品全产业链公共服务中心。

【谋划信用平台建设】 与农商银行合作开展面向农合联会员的信用等级评定和授信服务，加强农合联会员的融资担保服务，推行“田园黄茶贷”，扩大农民融资渠道，缓解农民融资难问题。

（县供销社　舒水明）

烟草专卖

【概况】 2017年，龙游县烟草专卖局（龙游县烟草分公司）共销售卷烟18106箱，同比增长2.16%；实现卷烟销售额7.59亿元，同比增长3.82%；单箱销售额4.19万元，同比增长1.62%；实现毛利2.06亿元，同比增长4%；实现税利2.10亿元，同比增长4.52%。全年共查获违法案件59起，查获卷烟188.82件，案值118.58万元。成功破获“8•25”销售假烟网络案，案件获批二级国标网络案。浙江省烟草行业分层分类对标考核同组排名第六，获衢州烟草行业卷烟营销特别贡献奖。

【品牌培育】 以“品牌+节日”“品牌+景点”“品牌+项目”为宣传思路，开展卷烟品吸、个性陈列、扫码有礼、购买抽奖等特色营销活动，提高“创客”“乌镇之恋”“土楼”“古田”（红军灰）等卷烟品牌知名度。全年定制品牌“玉溪”（创客）销售46.04箱，上柜率53.23%，位居衢州市第一；“土楼”（1575）销售39.3箱，上柜率45.63%，销售量和上柜率分列全市第一名和第二名。

【管理创新】 围绕“互联网+浙烟专卖商业”，开展创新、QC活动。利用“钉钉”平台自主开发功能模块20余个，提高移动办公覆盖面。全面推广应用“龙烟智慧食堂”创新成果，持续升级后勤服务。推广支付宝结算项目，通过上门安装、活动引导、后期维护、兑现奖励等措施，稳步提升支付宝使用率，为现代营销模式打好基础。全县共开通支付宝结算用户285户，完成全年目标101.6%；支付宝结算笔数56043笔，完成全年目标140.11%。推进“最多跑一次”改革，通过浙江政务网线上受理零售许可申请19份。积极探索依托乡镇“四个平台”、行政村便民服务中心、“村情通”APP平台向乡镇、村延伸，逐步实现“不跑是常态、跑也不出村”目标。

图108　11月21日，龙游烟草分公司市场管理员服务零售客户

【提质增效】 积极探索卷烟消费定制机制，组建消费定制工作团队，挖掘本土优质资源，与本地农产品深加工龙头企业及现代终端合作，推出“圆梦”烟酒商务礼盒，在商务消费定制产品开发上实现突破。积极配合全市烟草系统物流资源整合工作，完成配送线路优化整合，增加二周一订客户数，减少1个送货组，分流4名物流人员到专卖、营销一线队伍。积极推进分层分类对标，根据省、市局（公司）指标调整变化，对短板指标开展课题攻关，分析差距，改进提升。2017年，分层分类对标排名从全省中游跃至上游水平，在C组17个单位中名列第六，在衢州市各县局（分公司）中排名第一。所、部对标排名处于中游水平。

【队伍建设】 制订实施年度培训计划，推荐6名青年员工参加衢州市青年人才培训，4名员工被聘为市行业内训师。选拔2人到中层副职、4人到基层岗位任负责人，1名员工从业务类岗位转到管理类岗位。落实全面从严治党要求，深入学习贯彻中共十九大精神，开展党建标准化建设，实施“党员零基积分法”季度考评，持续加强党的建设，党建考核位居衢州市烟草系统第一名。全力配合国家局党组专项巡视延伸、省局巡视延伸工作，接受市局党组巡察，落实5大方面35项整改。严厉查处违纪违规行为，全年共受理案件线索3件，其中立案2件，处分人员2人，提醒谈话2人。

（龙游烟草分公司 方倩）

盐务管理

【概况】 2017年，龙游县盐务管理局（分公司）面对生产企业进入流通销售领域，围绕“澳洲海盐战略”和“守好盐业市场主阵地”工作，着力开拓市场，确保食盐安全和供应安全。全年共购进各类盐产品4331吨，销售4122吨，比上年3485吨增长18.3%，其中小包装1353吨，完成计划120%；盐品结构：低端盐占28.04%，中端盐占64.69%，高端盐占7.27%；澳洲海盐占31.11%。牢固占据市场主导地位，市场占有率96.4%。

【食盐批发专营】 根据《浙江省人民政府关于印发浙江省盐业体制改革实施方案的通知》《衢州市人民政府关于印发衢州市盐业体制改革实施方案的通知》精神，坚持食盐批发专营制度。落实市局（公司）“三个常态化”（即市场维护及访销常态化、盐品按区域线路配送常态化、营业厅节假日值班常态化）工作目标，履行专营职责，把食盐安全和供应安全作为工作重点，着力推动管理创新、商业模式创新，激发企业发展活力，保障各类盐产品的安全有效供应。碘盐覆盖率、碘盐合格率、合格碘盐食用率分别达到98.4%、100%、98%。保持合理库存，提升应急应变能力，为满足消费者不同需求，推进盐产品供给侧结构性改革，投放高、中、低各档各类盐品，丰富市场供应品种。在上年25个供应点的基础上，各乡镇（街道）及大型商超增设无碘盐供应点至35个，方便特殊（甲亢）人群购买，满足不同群体需求。

图109 龙游盐务管理局加强对盐业市场管理

【食盐市场监管】 按照省市盐改“过渡期内，暂保留各级盐务管理机构，行政执法可委托盐务管理机构实施，充分发挥盐务系统现有执法人员作用”，“在改革过渡期内、新的监管体制没有建成之前，现有的监管责任不变，监管工作只能加强、不能削弱”的实施方案要求，自9月25日至11月25日对食盐零售市场、学校、大型企业食堂、酒店等单位开展为期2个月的市场走访调查和“拔钉子，净化市场”专项行动，对发现违规批发和擅自销售无碘盐经营者，有针对性地开展盐政执法行动。全年共出动检查249人次，检查1126户次，取缔无资质批发食盐经营户4家，退回厂家或原处盐产品2233箱。在履行市场监管的同时加大盐改政策的宣传，维护食盐安全和供应安全。

【“防治碘缺乏病日”宣传】 会同县卫生疾控部门制订《2017年龙游县防治碘缺乏病日宣传活动方案》，围绕“科学补碘，健康一生”主题开展第24届“防治碘缺乏病日”宣传活动。制作跨街横幅2条、宣传画版8块，通过发放资料、现场咨询及演示真假碘盐鉴别形式，增强群众碘缺乏病的防治意识和自我保护意识。

【市场流通服务】 密切关注市场动态，依托“专项行动”市场走访调查依据，建立完整客户档案，初步构建相对稳定的流通渠道；与各乡镇信用好、分销能力强的经销商签定经销协议；按区域制订配送线路，逐步完成从要约配送到定期配送；客户经理分片、分区跟踪服务的市场化经营模式。

【品牌宣传提升】 在市场准入逐步放开背景下，公司（局）从长远发展着想，首次投入广告费用128541元，在4辆公交车车体、15个公交站台、46平方米的室外墙体，宣传澳洲海盐和“雪涛”牌食盐，制作安装陈列“海盐专柜”8家，提升消费者对优质澳洲海盐和浙盐“雪涛”品牌的认知度。

（县盐务局 严永庆）

财政·税收

概述

2017年，龙游县经济运行稳中有进，全年实现生产总值243.8亿元，财政总收入22.07亿元，主要经济指标总体排名保持在衢州市前列。地税部门加大税收执法督察力度，严格落实税收执法责任制，从纳税人户籍管理入手，堵塞征管漏洞；强化申报征管，加大欠税催缴力度，全年清欠税费3239万元。国税部门实现“以税资政影响力、纳税服务亲和力、依法治税执行力、税收管理应对力、党员干部担当力、干部队伍执行力”等6个能力的持续提升，全年国税收入达12.7亿元，为龙游县财政贡献收入9.94亿元，贡献公共地方预算收入5.68亿元，为龙游县经济发展作出贡献。

财政

【概况】 2017年，龙游县财政局围绕县委、县政府中心工作，加强队伍建设，加强财政监管，服务经济发展，保障民生支出，为龙游县的经济发展作出贡献。完善招商引资机制，深化“团队招商、以商招商、商会招商”，做好后勤保障和服务工作，营造“大抓招商、聚力招商”新局面，至年底，全县新引进亿元以上项目17个，新型建材产业园、华邦古楼、维达四期等5个投资10亿元以上产业项目落户龙游，为龙游县开辟新的税源。2017年，龙游县实现财政总收入22.07亿元，增长9.9%，其中一般公共预算收入14.82亿元，增长9.7%；一般公共预算支出49.75亿元，增长18.1%。全年财政收支平衡。

【组织财政收入】 建立部门信息共享机制，强化国税、地税、国土、住建局、法院等多部门征管协作。探索国地税联合注销机制，防止税款流失。加大清理欠税力度，夯实征管基础。加强规费征管信息化建设，推进社保费征缴扩面工作。2017年实现税收收入11.86亿元，增长12.2%，占一般公共预算收入比重为80.0%。规范非税收入管理，加强土地出让收入和国有资源（资产）有偿使用管理，全年实现非税收入19.92亿元，下降14.6%，其中，纳入一般公共预算管理的非税收入2.96亿元，增长0.6%。

【服务经济发展】 加强资金统筹和整合，2017年调度重点项目资金12.5亿元，保障城市东进、桥头江大桥、沿江美丽公路、351国道（龙游段）征迁、衢江治理二期工程、小城镇综合整治等重点项目建设。推广运用PPP模式（最早由英国政府于1982年提出，是指政府与私营商签订长期协议，授权私营商代替政府建设、运营或管理公共基础设施并向公众提供公共服务），推进高坪桥水库项目、湖镇至童家公路、沿江美丽公路工程等项目建设，其中高坪桥水库项目入选全国示范性项目。发挥“转贷通”“助保贷”和昊诚担保公司的作用，为170家企业提供资金转贷担保24.12亿元，帮助企业化解债务逾期、连锁互保风险。设立“联龙股权投资基金”，盘活社会资本、金融资本，帮助2家企业进入“新三板”（原指中关村科技园区非上市股份有限公司进入代办股份系统进行转让试点，因挂牌企业均为高科技企业而不同于原转让系统内的退市企业及原STAQ、NET系统挂牌公司）创新层或主板。拨付财政奖励资金1.55亿元，支持企业股改上市和科技创新、提高亩产税收（是根据纳税人所占用单位土地面积在一个会计年度内所产生的税收收入情况来分析其资源占用与税收贡献之间的关系，进而寻找税收征管漏洞，促进和落实税源精细化管理的一种科学有效的方法）贡献、淘汰落后产能、实施工业机器换人，推动企业创新发展和产业转型升级。

【推进“最多跑一次”】 梳理和发布财政办事指南和咨询方式，组织开展“最多跑一次”体验式督查活动。在25个单位实施“不见单审核”（指按照事先确定的授权支付的资金范围和项目内容，由财政授权各预算单位自行审核支付，不再将原始凭证送交县会计核算中心（国库支付中心）审核，县会计核算中心（国库支付中心）在支付系统中进行不见单批量审核）的财政授权支付方式改革试点，审核资金1.09亿元。启动到预算单位“上门服务至少一次”活动，让财政干部职工主动多“跑”，让预算

图110 县财政局局长傅正军（左一）在行政服务中心财政窗口接待办事群众

单位少“跑”，2017年服务和辅导预算单位187家，共计1116人次，解决问题79个。实现驻行政服务中心财税窗口与县国土、住建部门统一叫号、统一受理，实现办事环节、材料、时间“三减少”，平均每户办理时间减少近50%。

【保障民生支出】 2017年安排民生支出38.5亿元，创历年新高，民生支出占一般公共预算支出的77.6%。改善阳光小学、樾园小学等义务教育办学条件，扶持华岗中学等民办教育。投入1.12亿元建设户外运动拓展基地和博物馆。安排各类社保基金补助3.14亿元，充实社保风险准备金6.14亿元，防范社保基金运行风险。投入9700万元扶贫专项资金，用于光伏小康扶贫、农民异地搬迁、扶持来料加工等项目。投入3.93亿元，保障跨衢江大桥应急工程、溪口至毛连里公路等重点交通项目建设。

【深化财政改革】 出台深化财政专项资金管理改革意见，理顺县与乡镇（街道）事权财权关系，增强乡镇（街道）综合统筹能力。抓好涉农资金项目的整合试点工作，2017年修订完善专项资金管理办法21个，统筹涉农资金4.12亿元。出台《关于完善开发区财政体制的意见》，实行核定基数、自求平衡的开发区财政管理体制。在衢州市率先实施国库集中支付，其他资金无纸化支付的改革，取消银行纸质支付凭证，实现资金网上支付即时到账。

【强化财政监管】 严格执行厉行节约各项规定，压减一般性支出，严控“三公”经费（指政府部门人员因公出国(境)经费、公务车购置及运行费、公务招待费产生的消费），2017年“三公”经费实际支出1735万元，比上年下降26.0%。开展扶贫专项财政资金检查、非税收入检查，严格财经纪律。加强财务支出审核，修订完善经费审批制度。规范政府性投资项目审核管理，创新网上摇号、垦造耕地项目“模块化”审核等办法，简化流程，提速增效，2017年评审政府性投资项目949个，核减资金5.38亿元，核减率6.4%。加强政府采购监管，推广应用

"政采云"（一站式政府采购云服务平台），规范单位采购行为，实际采购金额比采购预算金额减少2607万元，节约率为3.9%。依法落实债务管控机制，提高政府性债务管理水平，防范地方债务风险。

【加强队伍建设】 修订完善《县财税局党委班子会议制度》，细化干部全员实施量化考核，首次将编外人员纳入考核体系，列出正向激励清单和负面清单，推动干部履职尽责。研究制定《机关党建考核办法》《机关党建工作奖励办法》，举办党务干部专题培训班、纪检干部读书班，通过邀请老师授课、实地参观学习、交流党建工作、分享读书体会等形式，激活机关党建工作。制订党风廉政建设《责任分工》，细化"责任清单"、实行"履责留痕"。组织学习党的十九大精神，以支部为单位开展党员阵地建设，局领导轮流上专题党课。依托"财税讲堂"，开展财税业务、政策的宣传辅导。2017年，龙游县财政局在全县部门综合考核中获一等奖，被评为全县"最满意单位"，获评"2017年度落实全面从严治党主体责任优秀单位"等荣誉称号。

（县财政局 余敏芬）

附：

龙游县2017年财政预算执行情况报告（节选）

（2018年1月16日龙游县第十三届人民代表大会第二次会议通过）

一、一般公共预算执行情况

1.收入预算执行情况

2017年，龙游县完成一般公共预算收入148161万元，完成年度预算的103.1%，增长9.7%。其中，税收收入118555万元，完成年度预算的101.8%，增长12.2%；非税收入29606万元，完成年度预算的108.5%，增长0.6%。主要收入项目的完成情况如下：

税收收入中，增值税30168万元，完成年度预算的97.3%，增长22.3%。改征增值税18399万元，完成年度预算的110.8%，增长146.5%。主要是"营改增"全面实施，营业税停征改征增值税带来的增收。企业所得税11665万元，完成年度预算的110.1%，增长19.3%。个人所得税4295万元，完成年度预算的89.5%，下降6%。城镇土地使用税9324万元，完成年度预算的79%，下降20.2%，主要是受2016年亩产税收奖励退库和2017年亩产税收优惠政策实行征前减免因素影响。

非税收入中，专项收入12086万元，完成年度预算的156.6%，增长9.9%。行政事业性收费收入1685万元，完成年度预算的128.6%，增长59%。主要是部分政府性基金缴费调整为行政事业性收费带来的增收。罚没收入4559万元，完成年度预算的60.8%，下降31.9%。国有资源（资产）有偿使用收入10715万元，完成年度预算的107.2%，增长7.6%。主要是国资公司补缴2016年度行政事业单位的国有资产处置收入。另外，2017年上划中央"六税"收入72527万元，实现财政总收入220688万元，增长9.9%。

2.主要支出项目执行情况

2017年，龙游县一般公共预算支出497543万元，完成年度预算的100.9%，增长18.1%。其主要支出分项情况如下：

一般公共服务支出44789万元，完成年度预算的100.6%，增长30.2%。教育支出79891万元，完成年度预算的96.3%，增长3.3%。文化体育与传媒支出11209万元，完成年度预算的85.4%，增长48.1%，主要是全民健身户外运动拓展基地建设、博物馆建设带来的增支。社会保障和就业支出71440万元，完成年度预算的100.8%，增长40.2%，主要是财政对社会保险基金的补助支出，列支渠道作了相应调整。医疗卫生与计划生育支出46306万元，完成年度预算的99.4%，增长21.8%。节能环保支出14948万元，完成年度预算的178.5%，增长105.4%,主要是新增了城南工业区天然气分布式项目、城乡污水收集和处理项目支出。城乡社区事务支出45268万元，完成年度预算的96.9%，增长2.6%。农林水事务支出82517万元，完成年度预算的95.8%，增长5.6%。交通运输支出

39322万元，完成年度预算的107.2%，增长102.7%，主要用于保障跨衢江大桥应急工程、沿江美丽公路工程、溪口至毛连里公路建设等重点交通项目。国土海洋气象等事务支出7777万元，完成年度预算的355.1%，增长304.4%，主要是省分成新增建设用地土地有偿使用费从政府性基金转列一般公共预算支出。住房保障支出2480万元，完成年度预算的162.5%，下降80.6%，主要是2016年国有工矿棚户区改造和保障性安居住房工程配套基础设施建设相关支出抬高了基数。

按照现行财政体制，2017年一般公共预算收入148161万元，省、市转移支付补助预计228695万元，上年结转使用资金17428万元，地方政府债券收入69000万元，调入资金73575万元，动用预算稳定调节基金9159万元，可用资金合计546018万元。一般公共预算支出497543万元，上解省支出41965万元，结转下年支出682万元，补充预算稳定调节基金5828万元，各项支出合计546018万元，一般公共预算收支平衡。

二、政府性基金预算执行情况

2017年政府性基金预算收入165604万元，完成年度预算的99.4%，下降17.2%。主要收入项目执行情况如下：国有土地使用权出让金收入155203万元，完成年度预算的97%，下降15%，主要是2016年土地出让金收入基数大；其他各项基金收入10401万元，完成年度预算的155.7%，下降40.5%，主要是2016年沐尘羊栏坞山建筑用石料矿采矿权出让一次性收入减少因素。

2017年政府性基金预算支出185012万元，完成年度预算的93.1%，下降10.7%。主要支出项目执行情况如下：城乡社区事务支出159593万元，完成年度预算的95%，下降16.4%；交通运输支出9000万元，完成年度预算的100%；社会保障和就业支出3211万元，完成年度预算的92.3%，下降7.1%；专项债务发行费用及利息支出3107万元；其他各项基金支出10101万元，完成年度预算的66.4%，下降11.2%。

2017年政府性基金预算收入165604万元，省、市转移支付补助12749万元，上年结转使用资金3157万元，专项债券收入41000万元，可用资金合计222510万元。政府性基金预算支出185012万元，调出资金35625万元，收支相抵，滚存结余1873万元，结转下年使用。

三、社会保险基金预算执行情况

2017年社会保险基金预算收入197759万元，完成年度预算的123.4%，下降2.9%。其中：企业职工基本养老保险基金收入94310万元，完成年度预算的162.1%，增长11.0%。机关事业养老保险基金收入29190万元，完成年度预算的101.2%，下降44.9%，主要是2016年一次性清算以前年度收入因素影响。职工基本医疗保险基金收入27178万元，完成年度预算的106.7%，增长9.1%。

2017年社会保险基金预算支出186157万元，完成年度预算的106.7%，增长5.6%。其中：企业职工基本养老保险基金支出87329万元，完成年度预算的110.9%，增长20.6%；机关事业养老保险基金支出32153万元，完成年度预算的116.5%，下降33.3%。职工基本医疗保险基金支出20215万元，完成年度预算的95.2%，增长16.1%。

2017年社会保险基金预算收入197759万元，上年结转使用资金136857万元，社会保险基金预算支出186157万元，收支相抵，滚存结余148459万元，结转下年使用。

四、国有资本经营预算执行情况

2017年国有资本经营预算收入334万元，完成年度预算的102.1%。其中：利润收入334万元。

2017年国有资本经营预算支出202万元，用于补充社保风险准备金。

2017年国有资本经营预算收入334万元，上年结转276万元，可用资金610万元。国有资本经营预算支出202万元,调出资金408万元，国有资本经营预算收支平衡。

五、地方政府性债务情况

至2017年年底，龙游县地方政府性债务余额398371万元。其中：地方政府债务382595万元，含一般债务246595万元、专项债务136000万元，均在省财政厅核定我县的地方政府债务限额以内；地方政府或有债务15776万元（其中原政府救助债务龙新高速项目借款余额52000万元，在2017年年底已全部由县交投集团以借新还旧的方式归还，新债务已转化为县交投集团的企业债务）；2017年新增一般债券69000万元，纳入一般公共预算管理；新增专项债券41000万元，纳入政府性基金预算管理，用于政府性投资项目支出。

（县财政局 余敏芬）

2013—2017年龙游县财政收入与支出比较

表32

年份	财政总收入（亿元）	同比增长（%）	地方财政收入（亿元）	同比增长（%）	财政总支出（亿元）	同比增长（%）
2013	14.13	12.59	9.00	11.80	23.78	16.23
2014	15.7	10.9	10.2	13.5	27.3	14.9
2015	18.65	11.2	12.66	11.8	35.59	18.5
2016	20.08	7	14.35	10	42.13	18.3
2017	22.07	9.9	14.82	9.7	49.75	18.1

地方税收

【概况】 2017年，龙游县地税部门经济税收协调发展，共组织各项收入20.57亿元，同口径（指本次的统计方法与统计范围与上一次完全相同）增长15.5%，其中：税收收入7.46亿元，同口径增长8.7%；非税收入13.11亿元，同口径增长19.7%。全面“营改增”后，地税部门仍然贡献突出，一般公共预算收入中，地税部门组织的税收收入占比达42.3%。

【抓好收入征管】 加强税务登记管理，从纳税人户籍管理入手，堵塞征管漏洞。强化申报征管，加大欠税催缴力度，对部分欠税金额大、时间长的欠税户采取税收强制、阻止法人出境、提请国税部门停用发票等措施进行清欠，全年清欠税费入库3239万元。加大税收执法督察力度，严格落实税收执法责任制。开展税收风险应对，成立税收风险管理工作领导小组，加强风险推送，2017年补缴入库税款及滞纳金580万元。深化应用“金税三期”优化版，加强规费征管信息化建设，提升社会保险费征管质量，持续推进社保费征缴扩面，完善社会保险费长效征缴机制，夯实征管基础。

【支持企业发展】 落实降费减负政策，开展税费优惠政策宣传，累计落实各项税费优惠减免2.91亿元，增长37.45%，其中为企业减免城镇土地使用税3456万元。采取统一集中减征方式，为“小升规（规模以下小型微型企业升级为规模以上企业）”企业减免地方水利建设资金、养老保险金79万元。落实下调失业保险费率政策，减征企业失业保险费733万元。加强与银行等金融机构协作，强化“税银互动”。支持企业股改上市和挂牌，对“新三板”

挂牌企业分红的相关政策、限售股转让政策进行梳理，深入企业开展针对性辅导，做好服务上市工作；鼓励企业科技创新、提高亩产税收、淘汰落后产能、实施工业机器换人等。发挥财税职能优势，强化以商招商，培植优质税源。

【深化国地税协作】 与国税部门共建办税服务厅，统一办税服务规范，共同组织办税服务礼仪培训。开展国地税联合注销工作，明确双方注销业务联络员，提升注销速度。与国税部门协作，做好代征单位代征协议的续签工作，强化对代征单位的共同管理。联合开展2016年度纳税信用评价工作，共评出企业A级纳税人309户。持续开展联合走访纳税户活动，共同上门征求意见，提供现场纳税辅导，为纳税人提供精准服务。

【推进税收改革】 结合新一轮税制改革，关注房地产税、个人所得税等税种改革进程，按上级要求做好调研等相关工作。针对环境保护税开征，做好环境保护税法、实施条例、实施办法的政策宣传、业务培训和申报测试工作。贯彻好资源税从价计征的有关政策规定和配套征管措施。推进稽查体制改革试点工作，协助稽查龙游分局开展稽查工作。

【落实“最多跑一次”改革】 探索“互联网+税务”，推行涉税事项网上办理，更新“扣款三方协议书”“个税查询”“支付宝缴费”等网上办结业务，推行移动办税。开展“地税专邮”业务，提高“最多跑一次”到位率。优化内部服务流程，纳税人报送资料减少40%，办税环节再压缩45%。地税局与县劳动部门合作，加强养老保险数据对接和服务衔接，实现缴费人员补贴直接到账。与县国土、住建部门统一叫号、统一受理，实现办税环节、材料、时间“三减少”。派驻龙游经济开发区企业服务中心，强化部门整合，实现“区内事区内办、企业事高效办”。建立局领导窗口坐班制度，设置应急业务办理办公室，对疑难类、耗时长的业务提供预约服务，集中办理。在2017年度全省纳税人满意度测评中排名第一。

图111 地税办税服务厅工作人员为失地农民补缴养老保险金集中开票

（县地方税务局 余敏芬）

国家税务

【概况】 2017年，龙游县国家税务部门认真贯彻落实龙游县委、县政府和上级党组的工作要求，围绕组织收入、税收征管、纳税服务等重点工作发挥部门职能，实现六个持续提升。组织税收收入12.7亿元，增长44.06%；为龙游县财政贡献收入9.94亿元，增长36.78%；贡献公共地方预算收入5.68亿元，增长47.74%。为龙游县地方经济发展作出了贡献。全县国税收入主要集中在经济型乡镇和工业园区，其中龙洲街道、城北工业园区、东华街道、湖镇镇税款超1亿元，合计入库税款10.61亿元，占国税总收入的83.55%。

【以税资政影响力持续提升】 积极落实国务院“1+4+6”税收组合优惠政策，全面加强政策宣传辅导，深化政策落实核查和效应分析，确保不折不扣落实到位。严格落实出口退税政策，完善“无纸化退税”流程，全力提速出口退税。全县共办理各项税收优惠6.25亿元，增长6.1%，其中出口退（免）税1.45亿元，同比增长12.4%，持续推动实体经济，降成本，增后劲。主动服务地方项目建设，建立快速服务团队，促进项目尽快达产增效，扩大新增税源。积极对接县委县政府2017年度机关部门争先综合考核要求，围绕县委县政府招商引资、大干项目、城市东进等重点工作，充分发挥部门职能有针对性地开展工作，得到县委县政府的充分肯定。2017年，龙游县国税局被评为执法及社会事务管理部门争先综合考核二等奖、连续三年被评为最满意单位。

图112 组织国税干部开展“万名党员进万企”活动

【纳税服务亲和力持续提升】 坚持以纳税人为中心，持续优化服务流程，不断创新服务举措，让纳税人跑得方便、办得轻松。通过减少办税等候时间、简便涉税资料报送、优化发票领用方式、拓展发票开具方式、全面落实全省通办、深化联合办税等举措，进一步减轻纳税人负担，提高办事效率。积极推进“最多跑一次”改革，全县已实现“最多跑一次”事项38大项，147小项，占总事项的97.35%，其中“零上门”35小项。联合地税部门共同出台《龙游县国家税务局 龙游县地方税务局 关于构建亲清新型政商关系的指导意见》，划出公私分明的交往界限，杜绝税企“勾肩搭背”。龙游县国税部门的做法得到省国税局局长龙岳辉和纪检组组长陈红卫的肯定批示。

【依法治税执行力持续提升】 全面贯彻落实依法治税工作领导小组例会制度，集体审议依法治税的重大问题，达到议事有内容、工作有合力、推动有实效的良好效果。积极开展法治税务示范基地创建工作，全县出现了积极的创建局面，形成来了良好的法治氛围。国地税联合制订“七五”普法规划，连续3年联合开展“税法进校园”活动，每年来到全县36所小学，为五年级小学生上启蒙税法课。2017年被县政府授予法治政府建设（依法行政）、“七五”普法工作双先进单位。加强风险防控意识教育，着力提升干部的风险意识。成立内控建设领导小组，设立内控管理岗，全面开展风险点排查，寻找行政管理和税收执法的薄弱点。主动开展风险防控，改革内部工作机制，制定内控员制度，切实堵住管理漏洞。

【税收管理应对力持续提升】 继续实施工业税收倍增计划，保证工业税收增长平稳有序。加强信息技术应用和风险监控，实行分类分层长效管理，开展专项风险应对，加强事前控票管理、事中监控与事后风险核查，全面消除商贸等高风险企业涉票隐患。开展“营改增”（营业税改增值税，简称营改增，是指以前缴纳营业税的应税项目改成缴纳增值税。营改增的最大特点是减少重复征税，可以促使社会形成更好的良性循环，有利于企业降低税负。）大辅导，全年共辅导一般纳税人2583户，基本涵盖所有“营改增”一般纳税人。加强“营改增”税负变化跟踪分析，对税负上升企业逐户辅导，密切监控税负异常企业，及时帮助纠正。认真落实各项增值税优惠政策，强化政策“送推”服务，确保纳税人应知尽享。加强大企业管理，认真做好千户企业集团税收管理、大企业税收风险分析、大企业个性化纳税服务等工作。开展走出去为企业服务工作，联合地税局举办“一带一路”税收政策宣讲会。加强出口退税风险防控，实现了出口退税申报、审核、预警评估等流程节点的全程预警监控。

【党员干部担当力持续提升】 制订推行“两学一做”常态化制度化实施方案，任务清单、学习计划、主题党日计划，专题研讨等规划。开展“万名党员进万企”活动，2017年共走访纳税人3034户，有效征集意见建议67条。与年年红建立税企党建同创共建示范点，联合开展支部共建、平台共建、活动共建、文化共建、行风共建等活动，提升税务党建的影响力。深入开展正风肃纪工作，定期与地税局联合开展机关效能检查、“三比三看”活动现场检查，不断提升龙游国税干部的纪律意识和规矩意识。推进监督立项，深化监督执纪工作，先后开展涉税服务制度、“营改增”政策等执行情况的立项监督工作，认真开展巡察、自查自纠和“回头看”工作，不断探索和防控执法工作防范廉政及执法风险。加大对违反中央八项规定精神问题的执纪审查力度，坚决防止“四风”问题反弹。

【干部队伍执行力持续提升】 把固本强基放在第一位，关爱关心干部职工，倾听干部职工的呼声，开展“暖人心、聚合力、创新业”主题谈心活动。建设职工之家，实现干部学习教育有场所、活动有中心、交流有平台。推行“师徒结对”传帮带模式，激发年长干部活力，加快年轻干部成长。开展“国税文化周”系列活动，增强龙游国税员工的归属感。积极发挥工会、团委、妇委会等群众团体组织在单位活跃氛围、文明创建等方面的作用，在全国青年文明号、全国巾帼文明示范岗的基础上，争创更多的国家级荣誉。继续打造具有国税特色的“龙舟”文化，努力形成文化特色品牌。加强税务文化阵地建设，打造文化交流平台，锻造“厚德、敬业、同心、尚进”的国税精神，进一步培育执行意识、执行精神，锻造执行能力。

（龙游县国税局 李航波）

灵山江高排坞栈道（吴永建 摄）

2013—2017年龙游县税收情况比较

表33 单位：亿元

年份	地方税收				国家税收			
	地税总收入	同比增长（%）	其中税收收入（不含耕、契两税）	同比增长（%）	国税总收入	同比增长（%）	构成县财政收入	同比增长（%）
2013	12.18	8.07	6.84	9.97	7.07	14.59	6.26	19.47
2014	16.42	34.9	7.66	11.99	7.8	10.45	6.69	7.0
2015	16.18	- 1.5	8.52	11.18	8.41	7.8	7.34	9.7
2016	20.23	25.02	9.01	5.81	8.82	4.77	7.99	8.87
2017	20.57	15.5	7.46	8.7	12.7	44.06	9.94	36.78

2017年度龙游县国、地税净入库税收100强企业

表34 单位：万元

序号	纳税人名称	2017年税收入库情况			2016年税收入库情况			同比增长（%）
		国地税合计	国税	地税	国地税合计	国税	地税	
1	浙江广和房地产开发有限公司	10534	6592	3942	2882	664	2218	265.46
2	龙游碧桂园房地产开发有限公司	6862	4056	2806	1742	0	1742	293.94
3	龙游伊利乳业有限责任公司	5051	4758	292	2633	2351	282	91.84
4	维达纸业（浙江）有限公司	4980	3986	994	5043	3612	1430	−1.24
5	浙江龙游农村商业银行股份有限公司	4790	3766	1024	3966	2516	1450	20.77
6	浙江龙游道明光学有限公司	4253	3897	356	3511	3084	427	21.14
7	国网浙江龙游县供电有限公司	4227	3270	958	3085	2334	751	37.03
8	衢州市烟草公司龙游分公司	4158	3766	392	3343	2982	361	24.38
9	龙游华都房地产开发有限公司	3998	884	3114	3407	701	2706	17.36
10	浙江金龙纸业有限公司	3960	2729	1231	322	93	229	1129.3
11	浙江华邦特种纸业有限公司	3584	2396	1188	2730	2146	584	31.26
12	龙游塔恩纸业有限公司	3556	3409	147	2927	2752	175	21.46
13	浙江恒达新材料股份有限公司	3258	2925	333	3485	2625	860	−6.53
14	龙游县金伦废纸回收有限公司	3146	2944	202	1410	1276	134	123.1
15	光明铁道控股有限公司	2741	2577	163	2153	1967	186	27.29
16	浙江东恒工贸有限责任公司	2569	2425	144	2021	1891	130	27.13
17	恒盛能源股份有限公司	2391	2298	93	2289	2139	149	4.47
18	浙江孝福家具有限公司	1935	1613	322	1650	1362	288	17.25
19	浙江凯丰新材料股份有限公司	1760	1661	100	1665	989	676	5.72
20	浙江培华建设有限公司	1386	1304	83	986	280	706	40.59
21	中国工商银行股份有限公司龙游支行	1369	1209	160	745	598	147	83.78
22	浙江泰宇建设有限公司	1331	1179	152	1829	448	1381	−27.23
23	浙江华飞轻纺有限公司	1285	977	307	773	549	224	66.24
24	浙江贝尔通信集团有限责任公司	1270	863	407	1198	657	541	6.04

续表1

序号	纳税人名称	2017年税收入库情况			2016年税收入库情况			同比增长(%)
		国地税合计	国税	地税	国地税合计	国税	地税	
25	龙游县奔康投资有限公司	1117	819	298	322	153	170	246.8
26	衢州裕禾商贸有限公司	1075	929	146	553	484	69	94.43
27	龙游县龙港房地产开发有限公司	1063	506	556	3690	520	3170	−71.20
28	中国人民财产保险股份有限公司龙游支公司	1005		1005	750		750	34.0
29	浙江龙游通衢建材有限公司	996	925	71	319	287	32	212.41
30	浙江物产光华民爆器材有限公司	991	819	172	476	389	88	108.05
31	浙江万明建设有限公司	971	875	96	990	538	452	−1.95
32	浙江蓝天废旧家电回收处理有限公司	930	840	89	697	593	105	33.31
33	浙江禾川科技股份有限公司	926	764	162	529	374	155	75.01
34	浙江龙游世贸城置业有限公司	915	567	348	1753	178	1575	−47.81
35	浙江海景纸业有限公司	809	699	111	854	727	127	−5.26
36	浙江大盛新材料股份有限公司	760	627	133	515	358	157	47.69
37	浙江凯丰特种纸业有限公司	743	658	85	490	406	83	51.79
38	龙游鑫业混凝土有限公司	742	732	10	450	416	34	64.97
39	龙游泽龙电力工程有限公司	697	466	232	962	111	851	−27.51
40	中国建设银行股份有限公司龙游支行	668	552	115	370	302	68	80.38
41	中国农业银行股份有限公司龙游县支行	663	589	73	316	231	84	110.07
42	龙游楚盛房地产开发有限公司	628	166	462	0	0	0	
43	浙江特美新材料股份有限公司	613	577	36	526	476	50	16.62
44	浙江通衢水电建设有限公司	611	343	268	230	49	181	165.77
45	浙江青龙山建材有限公司	588	380	208	66	−98	164	796.20
46	龙游祥生弘盛房地产开发有限公司	587	580	8	0	0	0	
47	浙江金昌特种纸股份有限公司	581	496	85	1060	910	150	−45.20
48	浙江新迪在龙涂料科技有限公司	556	519	37	365	322	42	52.56
49	浙江茗皇天然食品开发股份有限公司	541	444	98	525	369	156	3.15
50	龙游嘉恒环保科技有限公司	505	505	0	0	0	0	
51	浙江乔老爷铝业有限公司	493	434	59	405	322	82	21.79
52	浙江永春科技股份有限公司	490	411	78	544	436	108	−9.97
53	龙游浙农家居建材市场开发有限公司	475	244	231	1135	54	1081	−58.17
54	龙游泽龙房地产开发有限公司	464	54	410	675	5	669	−31.16
55	浙江省十里坪羊毛衫厂	447	406	41	308	297	11	45.11
56	浙江龙游小溪滩水利枢纽开发有限公司	441	418	23	935	894	40	−52.83
57	衢州市龙游东方广场商贸有限公司	434	5	429	0	0	0	
58	中国银行股份有限公司龙游县支行	428	385	43	237	176	61	80.34
59	浙江年年红家居有限公司	418	41	377	362	58	304	15.65
60	龙游勤达旅游帐篷有限公司	412	385	27	372	352	20	10.84
61	浙江龙游灵山江水电投资有限公司	401	394	6	667	662	5	−39.88
62	浙江亿洋工具制造有限公司	394	314	80	479	399	80	−17.80
63	浙江天耀纸业有限公司	382	281	101	416	295	121	−8.38

续表2

序号	纳税人名称	2017年税收入库情况			2016年税收入库情况			同比增长（%）
		国地税合计	国税	地税	国地税合计	国税	地税	
64	浙江道明新材料有限公司	371	242	129	380	306	74	−2.36
65	杭州临安众为建筑劳务有限公司龙游分公司	370	346	24	67	59	8	450.86
66	浙江鑫隆竹业有限公司	365	308	57	136	96	40	167.77
67	龙游县创达交通实业有限公司	364	128	237	12	0	12	2836.50
68	衢州市广豪置业有限公司	356	205	151	336	98	238	6.12
69	浙江东飞轻纺有限公司	354	258	96	274	28	246	29.17
70	龙游浙远房地产开发有限公司	352	351	1	159	45	114	121.19
71	浙江创宇建设有限公司	351	292	59	287	95	191	22.51
72	龙游县交投中石化能源有限公司	348	338	10	0	0	0	
73	龙游新奥燃气有限公司	348	298	50	285	204	81	22.15
74	浙江滋福堂得心医药零售连锁有限公司	346	310	36	228	200	28	51.76
75	龙游运城压纹制版有限公司	346	284	62	207	142	65	67.09
76	龙游皓德包装材料有限公司	333	317	17	70	67	3	373.47
77	浙江龙丽丽龙高速公路有限公司龙丽管理处	318	270	48	478	147	331	−33.46
78	浙江耐特玻璃科技股份有限公司	317	188	128	408	293	115	−22.38
79	龙游亿洋锻造有限公司	311	297	14	303	281	22	2.54
80	浙江舜浦纸业有限公司	308	256	51	301	236	64	2.23
81	浙商银行股份有限公司衢州龙游支行	297	277	19	123	109	14	141.16
82	龙游县龙新高速公路投资有限公司	295	276	19	699	155	543	−57.73
83	浙江宜成环保设备有限公司	293	280	13	725	674	51	−59.57
84	中国人寿保险股份有限公司龙游县支公司	290		290	273		273	6.37
85	龙游五强混凝土外加剂有限责任公司	288	241	47	19	0	19	1411.90
86	浙江创展电子科技有限公司	283	211	72	543	444	99	−47.91
87	龙游运申制版有限公司	279	226	52	327	274	53	−14.95
88	龙游县绿宇园林有限公司	278	170	108	226	35	191	23.04
89	龙游县茗皇小额贷款有限公司	277	57	220	524	38	486	−47.19
90	浙江莱德桑机械有限公司	276	202	75	137	82	55	102.36
91	龙游隆创置业有限公司	274	116	157	255	50	205	7.34
92	龙游嘉溢置业有限公司	266	133	132	245	58	187	8.60
93	龙游县万兴房地产开发有限公司	262	184	79	186	54	132	40.96
94	龙游兴泽投资有限公司	261		261	354		354	−26.32
95	龙游县光明供电服务有限公司	253	132	121	184	71	113	37.90
96	浙江海豹制漆有限公司	249	212	37	239	219	20	4.16
97	克里特集团有限公司	247	226	21	90	86	4	173.78
98	浙江纳宝莱化工科技有限公司	245	191	55	302	287	15	−18.74
99	浙江中常工贸有限公司	244		244	62		62	294.18
100	维达商贸有限公司龙游分公司	242	225	17	231	214	17	4.76

金融业

概 述

2017年，龙游县金融业系统认真学习贯彻习近平总书记系列重要讲话精神，全面贯彻落实中央和浙江省委、衢州市委各项决策部署，围绕“五年打基础、五年求突破、五年争崛起”的“三步走”战略目标，统筹推进经济社会发展，推动产业转型升级。紧紧围绕优化产业、人口空间布局，有序推进“一路一桥一港一枢纽”重大交通基础设施工程，助力构建“一城两江四区”城市发展新格局。扎实开展创新驱动、开放合作、股改上市等各项工作，为培育“五大百亿”产业、提升传统产业改造及工业平台建设等保驾护航。根据行业特点，全县金融系统始以龙游县委、县政府“经济发展更高质量、城乡建设更加协调、人民生活更加幸福、生态环境更加优美、社会治理更加完善”五年奋斗目标为指导思想，大力推进金融创新，实施多元化融资模式，为企业对外合作、兼并重组、股改上市提供资金帮助。紧紧围绕“普惠金融、绿色金融、信用龙游”建设工作，推进供给侧结构性改革，统筹做好“稳增长、兴实体、防风险”等各项金融服务工作。以“最多跑一次”改革为牵引，助力龙游的国家全域旅游示范区和省级美丽乡村示范县创建工作，为社会事业发展、公共服务供给、扶持创业就业等方面提供资金帮助。2017年，全县金融机构本外币各项存款余额290.03亿元，比年初新增21.27亿元，同比增长7.92%；全县金融机构本外币各项贷款余额254.72亿元，比年初新增27.93亿元，同比增长12.31%。

金融管理

【概况】 2017年，中国人民银行龙游支行认真贯彻落实中共十八届六中全会、中央经济工作会议、全国金融工作会议和上级行工作会议精神，紧紧围绕“普惠金融、绿色金融、信用龙游”建设工作，以推进供给侧结构性改革为主线，统筹做好稳增长、兴实体、防风险等各项金融服务工作。加强基层党组织建设，学习宣传贯彻中共十九大精神，不断提升支行内部管理水平和履职效能，被评为2017年度衢州市治安安全先进单位。2017年全县金融机构本外币各项存款余额290.03亿元，比年初新增21.27亿元，同比增长7.92%；全县金融机构本外币各项贷款余额254.72亿元，比年初新增27.93亿元，同比增长12.31%，促进龙游地方经济的健康平稳发展。

【贯彻稳健中性的货币政策】 一是加强对金融机构宏观审慎的评估和评估结果运用，落实“货币政策+宏观审慎政策”的双支柱金融宏观调控政策，严格把关法人金融机构基础数据的真实性和准确性，按季度进行宏观审慎评估。二是加强对金融机构信贷投放监测的指导，合理安排龙游农商银行信贷投放速度，至年底，龙游农商银行各项贷款余额80.61亿元，较年初新增11.93亿元，同比增加8.59亿元，同比增长17.37%。三是加强货币政策工具运用，指导龙游联社做好农商银行改制后存款准备金率上调工作，将春耕备耕和年后企业开工资金投放影响降到最低；加大扶贫再贷款支持力度，全年共发放扶贫贷款0.6亿元；指导龙游农商银行继续做好同业存单、大额存单的发行工作。四是加强对两家法人金融机构关键性指标的监测分析，继续做好对龙游农商银行专项票据兑付后续监测考核和村镇银行财务健康状况考核工作；开展“三农”信贷政策导向评估；做好金融机构综合评价工作。五是规范财政资金招投标利率定价，引导金融机构积极参与利率市场化改革。

【推进普惠金融品牌建设】 金融支农方面，开展信用户等级评定与授信工作，至年底，全县评定等级农户73726户，占建档农户的89.7%；对评级农户授信总额达38.5亿元。继续推进“整村授信、额度调剂”工作，2017年，全县累计通过额度调剂农户4316户，发放信用贷款余额14070万元；其中，低收入农户2413户，发放信用贷款余额1624万元。探索开展农村新型经济主体的大额信用贷款服务，至年底，发放大额信用贷款16笔，金额2851万元。引导金融机构积极对接“三位一体”改革。认真做好辖区内涉农金融机构农业贷款风险补偿申报工作，其中4家金融机构享受补偿金额15.51万元。在金融支小方面，指导龙游义商村镇银行做好“转贷通”业务，全年累计办理“转贷通”业务352笔，金额23.01亿元，为153家企业减少财务支出2500余万元，缓解了中小企业转贷资金压力。继续推进助保贷、小额保证保险贷款、科技型企业保证保险贷款等业务，2017年，全县助保贷余额2145万元，惠及企业8家；小额保证保险贷款余额1434万元，惠及农户54户；科技型企业保证保险贷款余额840万元，惠及企业3家；商标质押权贷款余额1050万元，惠及企业3家。大力推广应收账款质押融资服务，全年累计通过应收账款融资服务平台成交人民币10.5236亿元。指导金融机构加快微贷平台建设，做好小微企业贷款风险补偿申报，其中5家金融机构享受补偿金额为55.28万元。在金融支持民生方面，探索开展金融精准扶贫工作，全力支持政府棚户区改造、异地搬迁、下山脱贫等项目建设。指导金融机构通过“幸福养老贷”“幸福金顶”等项目，支持农村经济建设，其中“幸福金顶”项目累计发放低利率贷款4986万元，惠及农户1016户。

【建设绿色金融品牌】 一是搭建绿色金融产品创新展示平台，联合县总工会组织辖内金融机构举办首届“绿色金融产品”创新大赛，有14家银行业金融机构16款金融产品参与现场评选；积极协助龙游县委、县政府举办龙游县绿色金融改革创新试验区建设暨资本市场招商推进会，组织金融机构参观衢州市绿色金融成果展，营造了良好的绿色金融改革创新氛围。二是协助县政府出台《龙游县绿色金融产品创新项目管理办法（试行）》，整合原助保贷、小额贷款保证保险业务风险补偿基金、科技型中小微企业保证保险业务政府风险资金等财政资金，设立资金规模超过1500万元的“绿色金融产品创新风险补偿资金池”。三是以衢州市绿色金融改革创新试验区为契机，积极总结提炼《开启金融支持生猪养殖生态循环农业新“模式”》《金融支持农户下山脱贫退宅还林》等7个案例经验，形成一套符合地方发展实际的可操作、可推广的经验模式，推动县域经济绿色转型升级。四是做好绿色产业升级服务工作，配合县政府做好国内首个轮胎循环利用绿色产业基金前期论证对接工作，指导龙游工行发放全省首笔天然气分布式项目贷款4500万元；金华银行发放了380万元排污权抵押贷款，破解企业因生产规模扩大而缺少抵押物的难题。五是开展绿色产业企业监测，全面了解龙游县绿色产业的生产经营情况、资金需求状况和生产经营成本的变化情况，依托行长联席会、信贷例会等，及时将绿色产业企业经营变化及绿色金融服务需求告知金融机构，发挥绿色金融助推企业转型升级和生态发展的作用。

图113 龙游县召开2018年省级“信用县”创建工作布置会

【创建信用龙游品牌】 一是组织召开龙游县创建“省级信用县”工作会议，对《龙游县社会信用体系建设“十三五”规划》与《关于省级“信用县”创建的实施意见》公开征求意见，与各部门达成社会信用体系建设共识。二是加强两项工程建设，夯实信用联动机制基础。做好农户信用信息采集导入，至年底，累计导入农户信息60783户。加大信用户、信用村、信用乡镇（街道）的创建力度，做好省级信用乡大街乡、省级信用村杜山坞村的复评工作。组织开展“农村青年信用示范户”“信贷守信企业”评选工作。以“四区”共创共建为切入点，与县创建办、妇联等部门联合开展“信用社区”创建。三是建立失信联合惩戒机制，推进惩戒措施快速落地。积极做好市、县和15个乡（镇、街道）党代会代表2577名候选人资格审查，形成“守信光荣、失信可耻”的良好氛围。四是加强信用宣传教育，培植良好社会信用文化。通过“行校结合”等多种手段，分别与龙游县第三中学、龙游中学签订诚信文化教育合作协议，建立诚信文化教育联合基地，制定诚信课堂计划，打造征信教育示范点，推进诚信文化教育常态化。组织辖内15家金融机构积极参与征信知识进课堂教案征集活动，共征集到“征信知识进课堂”教学教案20个。五是优化征信服务机制，全面提升服务质量。积极做好浙江省人民银行系统征信服务示范点创建工作，提升窗口服务形象。2017年支行共办理个人征信查询业务8971笔，其中自主查询机查询8775笔，占比为97.82%；查询在3次及3次以上有1393笔。

【维护区域金融稳定】 一是加强银行业金融机构监督检查。2017年，支行分别就人民币收付、金融统计、账户管理及国库等业务，共开展行政执法检查8次，促进金融机构进一步提升业务管理水平。二是强化金融风险监测。建立规上企业“两链”风险信息报送制度，及时掌握规上企业“资金链”和“担保链”的风险情况信息。对两家法人金融机构开展存款保险评级工作，科学、合理评价投保机构风险状况。运用风险预警监测系统，实现风险预警监测智能化。龙游农商银行风险预警监测系统共生成21504条预警单，已处置21491条，处置率达99.94%。三是积极推动不良资产处置。引导龙游农商行推出“幸福易拍”贷款，通过向司法拍卖竞拍者提供贷款的方式，解决大额不良资产难拍卖的难题。积极参与“僵尸企业”并购重组工作。四是组织开展专项整治工作。组织开展互联网金融整治工作，实地走访6个涉嫌互联网金融企业，对其业务开展、不合规宣传等进行监督整治。做好账户核实清理工作，对个人银行账户核实47125户，涉及人数8687人，撤销864户；对应多人的电话号码数25966个，涉及账户数109354户，撤销115户。五是加强跨境资金监管。建立重点企业事前报告制度，对潜在有大额资金汇出需求的企业、银行进行重点关注。

【完善支付环境建设】 一是全面推进智慧政务、智慧农牧场、智慧旅游等8大智慧支付工程建设。通过推进智能POS机在政务服务、商业、民生等领域的应用，推动“智慧项目”多点开花，打通惠民生活全链条。目前，全县已在行政服务中心、社保局、地税等政务服务缴费窗口，龙游石窟、民居苑、姑蔑城等景点布放了智能POS机，同时推进龙游义鲤农庄、马格郎农庄“智慧农牧场”建设，与顺创公交开展“智慧公交”合作。二是加强银行卡助农服务点的建设。组织开展“千名志愿者走千村”活动，走访覆盖率达100%；结合“党建+金融”模式，开展银行卡助农服务点认领活动。开展助农服务点分类评级，通过对全县137个银行卡助农服务点全面梳理，评定五星级服务点6个，四星级服务点20个，三星级服务点41个；截至年底，全县银行卡助农服务点取款、转账汇款、缴费交易90.52万笔，金额16.12亿元，逐步实现了“基础金融服务不出村、综合金融服务不出镇”的工作目标。三是推进“电子支付应用示范村”创建，全年创建“电子支付应用示范村”10个，推进了网上支付、手机支付等电子支付业务在农村地区的应用。

【深化外汇服务】 一是持续开展外汇服务工程年系列活动。健全“周访月联季谈”制度和外汇局银企对接联络员制度，搭建银企对接桥梁，及时传达落实外汇政策；举办了一期外汇新政培训班，不断提升外汇指定银行业务水平；围绕“最多跑一次”改革，对业务非关键材料实行“容缺受理”，让涉外主体最多跑一次且一次即满意。二是促进贸易投资便利化，加快落实外债宏观审慎管理，落实A类企业货物贸易外汇收入免进待核查帐户、扩大境内外汇贷款结汇范围等新政，拓宽境内市场主体融资渠道。三是加强与政府部门间的横向协作，与税务部门签署合作备忘录，以企业收汇数据等相关指标为基础，与国税部门建立联合监管网络，共建协同监管工作机制。2017年，向国税部门移交了1家出口不收汇或出口少收汇的违规企业。

图114 举办龙游县外汇政策通报暨外汇业务培训班

【加强反洗钱监管】 开展反洗钱分类评级工作，评定农商行为BB级，义商村镇银行为CC级；举办反洗钱业务培训专题讲座，加强与公检法四部门协作机制建设。2017年，向公安机关移交5份可疑线索，其中一条线索被公安立案调查。

【创建现金服务示范网点】 认真做好人民币现金服务示范网点创建工作，积极推动辖内硬币自循环工作。2017年龙游农商行已配备纸硬币兑换一体机、硬币清分包装机各3台，畅通了辖内硬币自循环渠道。龙游农商银行营业部、湖镇支行、西门分理处三家网点被授予首批“衢州市银行业金融机构人民币现金服务示范网点”。

【普及金融消费知识】 充分利用“3·15”金融消费者权益日、“5·15”打击和防范经济犯罪宣传日、“6·14”信用记录关爱日等节点，积极开展“金融知识普及月”活动，将金融知识送进社区、企业、农村、校园、文化礼堂，普及金融消费者风险责任意识和金融消费维权知识。

（人民银行龙游支行 罗余镌）

银行业监管

【概况】 2017年，中国银行业监督管理委员会衢州监管分局龙游办事处（简称龙游银监办）全面落实龙游县委县政府和上级主管部门的工作部署，围绕年度重点监管工作，结合县域实情，突出“控风险、管法人、强服务、维秩序”重点，努力提高辖内银行业平稳运行和服务实体经济的能力。

【严守区域风险底线】 以非现场监管和现场例会相结合的方式，落实辖内各银行机构对信用风险隐患开展排查，制订防控措施和化险方案，全年共处置不良贷款5.04亿元。深化企业授信主办行管理工作，遏制“过度授信、过度担保”问题。对3家以上银行授信、授信总额2000万元以上的企业进行摸底，确定纳入授信联合主办行的企业名单，2017年共完成54家企业授信主办行工作，授信总额35.07亿元，对外担保总额28.63亿元。

【加强法人机构监管】 做好上级会议精神及监管新政的有效传达。充分利用非现场数据指标监测、日常走访、审慎监管会谈、三方会谈、年度监管意见书等平台，认真传达上级会议精神，传达经济金融政策新规，促进法人机构落实各项监管要求。做好年度风险化解及指标优化的制订与落实工作。针对辖内2家法人的机构不良率、资本充足率、拨备覆盖率（也称为"拨备充足率"，实际上就是指呆、坏账准备金的提取比率）等核心监管指标，督促制订切实可行的年度风险化解方案和指标优化方案，按月督促不良清收处置落实。做好法人机构转型，采取"一行一策"监管措施，进一步完善法人治理、制度和流程建设，优化网点布局和人力资源配置。

【推动实体经济发展】 支持重点产业重点项目建设，引导银行业加大对重点产业的对接协作，大力支持重点项目信贷投放。2017年新增贷款27.91亿元。加大绿色金融支持力度，积极引导辖内金融机构精准对接绿色需求，积极创新绿色金融产品和服务模式，加大对绿色经济、循环经济、低碳经济的支持力度，新增绿色信贷投放6.2亿元。引进稠州银行龙游支行，进一步提升小微金融服务的网点保障；加大创新，有效化解中小企业融资难、融资贵的难题，辖内银行业小微企业贷款余额同比增长4.6%；户数同比增加2287户；小微企业产品创新27个，还款方式创新12个，服务流程创新3个，惠及小微企业贷款71亿元。做好困难企业帮扶工作，针对困难企业存在生产经营困难的实际，成立了债权人委员会，召集企业主与授信银行负责人，三方共同商议，集体研究确定稳定信贷、稳定支持等解困措施。

图115 8月9日，龙游银监办组织辖内法人银行机构员工参加合规考试

【维护金融行业秩序】 推进银行合规管理，打造银行铁军，引导机构开展内控、考核制度及业务流程的梳理、完善和合规教育宣传活动，组织法人机构合规考试，切实推进银行业增强"合规创造价值"的理念。加强网络借贷平台风险的防控，联合金融办、公安、市监等部门对互联网金融企业进行了专项现场检查，提出整改意见，督促整改，防止网络借贷平台风险发生。加强金融消费权益保护，联合市监部门组建了28家金融消费维权服务站，并对维权服务站运行情况进行抽查和督导，引导银行机构强化主体责任；妥善处理金融消费者来访投诉，做好金融消费者与机构之间的沟通协调，努力化解双方矛盾；积极组织并参与金融消费维权宣传，向居民普及消费者维权知识，提高金融消费者防范通讯、网络诈骗的意识。开展银行业安全评估工作，联合县公安局对辖内各银行业网点、自助银行和自助设备开展第五轮安全评估，对发现的安全隐患，督促相关银行业认真开展整改，做到防患于未然。2017年，全县银行业实现全年平稳运行，无重大案件发生。

（龙游银监办 邵志明）

中国工商银行股份有限公司龙游支行

【概况】 2017年，工行龙游支行在县委县政府及上级行的领导下，弘扬“勇争第一”的领头雁精神，以大雁文化推进经营管理和企业文化建设，各项工作都取得了较大的成绩。支行各项存款余额48.43亿元，各项贷款余额57.65亿元，贷款余额新增9.54亿元。在全力打造业绩最好、服务最好、素质最好、价值最好的“当地最受尊敬的银行”方向上迈出了坚实而具有成效的一步。支行获2017年度龙游县营业性单位经营考核二等奖、龙游县经济贡献五十强企业等荣誉称号。在系统内13项专业排名，有9项名列前茅。

【服务实体经济】 2017年工行龙游支行为龙游县经济发展作出了较大贡献。一是支行积极对接优质项目、政府项目，主要包括发债（指新发可转换债券）、产业基金等托管客户、公共资源中心中标客户等。二是加强小企业支持力度，开发“采购通”产品，实现存贷比标准化管理。三是支行通过工商窗口进点、公积金驻点、企业上门办卡等，用好开户优惠政策，服务好当地中小企业。四是为满足全县居民的民生需求，加快个贷投放力度，为满足住房刚需和经营需要，个人贷款当年发放6.27亿元。

【维护金融稳定】 2017年，面对经济下行的压力，县域不少企业都面临经营困难，工行龙游支行秉承对优质中小企业不抽贷、不压贷原则，给企业雪中送炭。对已经发生的不良资产，支行积极配合政府处理；对存量不良贷款落实清收责任人，加大现金清收力度；加强与法院沟通，跟踪不良贷款处置进程，提升司法处置效率；对符合条件的核销项目，加快组建和申报，同时创新处置机制，通过批量转让、资产证券化、以物抵债等方式处置。2017年共化解不良贷款6414万元，不良率为0.48%，风险质量总体稳定。

图116 工行龙游支行组织党员到庙下长生桥开展党日活动，重走红军路

【提升党建职能】 工行龙游支行认真贯彻落实中共十九大会议精神，以党建统领全局，2017年支行健全党员管理机制，明确各党小组职责和评价体系，通过支部委员上党课、党小组学习、党小组活动竞赛等多种形式，诠释做“合格党员”与争当支行“领头雁”的互动关系。二是加快网点转型发展，通过自助机具实现分流，缩短客户等待时间。2017年客户满意度达到99.8%，连续四年获得系统内考核第一名，其辖属网点营业部获得银行业协会四星级网点荣誉称号。三是重视“家园”创建。一方面加强员工培训，提升业务素质，2017年在市技术比武中获得团体第一名；另一方面增进人本关怀，开展乒乓球、气排球比赛，趣味运动会，外出踏青，重走红军路等一系列活动，提升员工忠诚度与幸福指数。对反映较集中的工作超时问题，将其专项纳入党支部“一问一改”活动问题清单，得到圆满解决。

（工行龙游支行 张焕）

中国农业银行股份有限公司龙游支行

【概况】 2017年，中国农业银行股份有限公司龙游支行各项存款余额35.9亿元，比年初增加1.9亿元。其中，对公存款余额20.3亿元，比年初增加1.8亿元；个人存款余额15.7亿元，比年初增加1255万元。支行各项贷款余额25.6亿元，比年初增加7329万元。其中，公司类贷款余额16.7亿元，个人贷款余额8.9亿、增加1.5亿元。不良贷款余额564万元，比年初下降3770万元，不良率0.22%，下降1.53个百分点，实现“双下降”。

【支持地方经济】 围绕经济发展和转型升级，通过积极创新来破解实体经济发展中遇到的难题。支行积极响应政府“绿色金融”“五水共治”的号召，通过政府购买服务项目融资等新兴融资方式，在棚改、水利、地方交通、污水处理、美丽乡村、五水共治、城镇化、旅游基础设施建设等方面，支持政府主导项目，当年审批地方建设项目贷款共计6.94亿元，按进度发放3.4亿元。创新对接民生服务，积极参与政府“无欠薪行动”，成为县政府该重点项目唯一的试点合作银行。

【创新服务“三农”】 把脉农村金融需求，真心实意惠农富农强农。一是提升“惠农通”工程。2017年，支行惠农服务店达到225个，其中县城外重点行政村服务店205个，乡镇覆盖率100%；配备有效机具198台，占比88%；年交易笔数98325笔，台均交易笔数437笔，年交易金额2303万元，台均交易金额10万元；成功办理“惠农通”，由省担保集团担保的农户贷款1410万元。二是以整存推进、逐户建档的方式，深入推进农村金融“自治”，至年底，支行已创建金融自治村5家。三是继续下派骨干挂职乡镇，服务当地乡镇中心工作。四是加快推进农村便利渠道建设，2017年建成金融便利店1家、三农工作室5家，配置移动服务包6套。

【推进金融创新】 积极探索党建与业务经营良性互动，与县委组织部合作，在龙游县湖镇镇推广“党建+金融”三农金融服务新模式。在前期工作基础上，扩大“党建+金融”创新金融模式，全年发放该项贷款115万元。同时，为保证“党建+金融”模式的可持续性，支行还与各村党支部开展党建交流、互学互助，举办反假、反诈骗、金融宣传、理财知识讲座等活动，以点带面，全面开花，打开银政双赢的良好局面。

图117 3月15日，农行龙游支行青年志愿者在龙游新东方广场开展“3·15”金融知识宣传

【提升服务品质】 抽调支行骨干力量成立规范化服务考核小组，不定期翻看视频监控、开展现场抽查，强化监督机制。2017年，支行被评为省级文明单位。每年选取支行优秀员工参加上级行业务技能比赛，调动员工学好业务的积极性，营造“比学赶超”的良好氛围。支行在全市农行的业务比赛中，年年创优。持续提升服务水平，增强消费者依法维权的能力，先后参与“金融知识进万家”和“金融知识普及月”的宣传服务月活动。成立专项工作小组，深入县域各街道、社区，开展金融知识宣讲；结合支行的网点优势，开展“送电影、送金融知识下乡”专题活动，为广大农村居民普及金融知识，提高农村群众金融安全意识，营造学金融、懂金融、用金融的良好环境。

【提升金融服务水平】 优化小微企业“简式快速贷”产品，降低门槛、简化流程，2017年支行发放小微企业贷款1.6亿元，当年新增4400万元。

【重视风险管控】 一是抓关键环节的信用风险治理。严把准入、信用评级、客户分类、授信核定四个关口，严控源头风险。加大贷后监管力度，做到信贷客户全覆盖。二是打好清收核销攻坚战，根据债务人不同情况，多措并举，采取诉讼追偿、债务重组、债权转让、抵押物处置、第三方采购等多种方式，实现近三年表内现金清收6910万元，收回已核销贷款1284万元，自主核销5167万元，行司转让3463万元，非重组上调1242万元。贷款不良率为0.22%，较年初下降1.53个百分点，不良贷款余额、比率连续两年“双下降”，贷款不良率创历史新低。加强安防工作管理，通过建立健全党风廉政责任制、三线一网格、三项治理等制度，完善各类应急处置预案，将风险消灭于萌芽状态。

（县农行 叶月微）

中国银行股份有限公司龙游支行

【概况】 2017年，中国银行龙游县支行坚持“担当社会责任 做最好的银行”的宗旨，立足当地市场，不断创新金融产品，积极助推企业发展，热心社会公益，持续深入地为当地政府和广大居民提供优质的金融服务，更好地为县域经济建设贡献力量。

【助推企业发展】 加大对县内支柱行业、重点项目和重点企业的资金支持，扶持中小型企业的发展，满足企业发展的有效信贷需求。将企业的后继营销服务工作作为重点，定期走访、上门服务、及时沟通，新产品、新业务在第一时间送到企业手中，并积极为企业量身打造业务产品，推出适合企业发展的产品组合，为企业节约经营成本，创建共赢的银企合作关系。

【践行社会责任】 中国银行热心公益事业，多渠道开展扶贫工作，将“一次扶贫”变为“可持续帮扶”。2017年，中国银行浙江省、衢州市分行与龙游县支行三级联动，再次向龙游县溪口镇捐款帮扶资金45万元，助力溪口镇经济发展。开展溪口中银小学助学帮扶活动，捐助2万元用于学校铺设羽毛球

图118 中国银行向溪口镇捐赠扶贫资金

球场地胶，添置运动装备，为学校捐赠图书，并将“中国银行公益跑”活动众筹的善款发放给20名贫困生。致力精准扶贫与扶智相结合，中国银行龙游支行将社会责任和帮扶工作的重任扛在肩上，落在实处。

【企业文化建设】 为丰富支行的企业文化内涵，增强全行员工的执行力、凝聚力，抓好员工的队伍建设，支行经常组织员工召开“以案为鉴”“廉洁从业”等讲座大会，用身边发生的活生生的案例教育和警示员工，提高员工的思想素质，以部门为单位学习《银行业从业人员守则》和《员工违规处理办法》，教育广大员工自觉执行各项规章制度，珍惜岗位工作。为丰富员工的业余生活，支行加大资金投入，购买书籍、健身器材，创办了阅览室和员工健身房，愉悦员工的生活和身心，为员工创造良好的工作环境。

【员工队伍建设】 根据业务发展需要，通过各类技能PK、业务考试及竞争上岗，组建一支综合业务素质高的队伍；推进员工培训，通过召开每周工作例会，点评工作中的成绩与不足，树立标兵，督促后进，形成你追我赶的良好工作氛围。利用业余时间邀请市行相关专家到支行授课，有针对性地进行着重培训，提升员工业务素质，提高团队的整体战斗力。制定网点负责任人、客户经理、大堂经理和业务经理工作日志制度，每天对网点运行情况进行点

评，提高网点队伍管理水平、业务拓展能力和加强支行内控文化建设。

（中国银行龙游支行 陈红霞）

中国建设银行股份有限公司龙游支行

【概况】 2017年，中国建设银行股份有限公司龙游支行（简称建设银行龙游支行）新一届领导班子认真贯彻落实省、市分行年度工作会议精神，围绕市分行提出的年度工作目标，加大与地方经济合作，实施“绿色金融”改革战略，认真落实各项工作措施，努力创新服务平台，支行业务整体稳中有升。金融产品营销业绩显著，获得省分行专项业务表彰19次，各项业务取得新进展。特别是网络金融业务拓展，信用卡分期、个人网银、微信银行、善融商城等指标都位于系统内全市五大区域第一。

【实施普惠金融战略】 继续把支持当地小微企业发展作为信贷业务的工作重点，坚持用好用足国家对小微企业的扶持政策，持续推广普惠金融小微企业创新产品，根据省分行“小额化、标准化、综合化、集约化、网络化、智能化”转型的要求，推进小微企业创新产品的运用。支行业务部门主动上门为小微企业介绍新产品，提供咨询。利用“大数据”手段，系统分析企业资金日常往来结算、纳税信息以及征信数据，为绿色双创小微企业直接提供小微企业快贷、信用贷、善融贷、POS贷、税易贷及创业贷等信用类贷款；提供“结算透”功能，解决创业创新的绿色小微企业有效抵押物不足的难题。2017年通过“快e贷”产品发放贷款金额1104万元、“云税贷”产品授信金额791万元；“房押快贷”产品发放贷款1268万元，方便小微企业的贷款申请及支用流程，满足小微企业发展的个性融资需求，助推县域内小微企业的发展。

【绿色金融转型发展】 围绕“绿色金融、绿色发展”战略，一是在传统业务上，不断调整信贷结构，大力发展绿色信贷，实现绿色信贷客户和业务总量的有效增长；二是在产品和服务上，持之以恒加强“圈、链、群”建设，不断创新绿色金融产品，在满足市场需要的同时，提升建行市场服务和竞争能力；三是在渠道建设上，持续优化交易服务渠道，做强绿色支付，提升金融服务效率，降低运营成本。四是在风险控制和合规管理上，守牢底线，培养正确的合规文化，打好资产质量管控战役，提升应对风险的能力。2017年支行积极争取上级行支持，实现“绿色金融”贷款余额达72280万元，其中当年新发放新能源项目贷款5000万元。

【创新产品服务平台】 向社会各界提供建行特色优势产品，提升服务，方便客户。业务人员走市场、访商户、进社区，宣传各类金融产品；传播反假币、反诈骗知识，赢得客户好评。2017年积极创新和搭建产品服务平台，实实在在地为客户提供便利。一是搭建驾校通业务平台，与县城内7家驾校建立合作关系，为参加驾校学习的客户群体提供信用卡业务、停车场无感支付、ETC、车贷、房贷等综合性业务服务。二是继续拓展校园一卡通平台，“智慧校园”项目实现系统上线运营，与当地多家学校建立了合作关系，产品的功能优势和银行的优质服务给学生家长和学校行政部门提供了便利。三是悦生活云服务平台扩大辐射面。随着网络金融产品的不断

图119 建行龙游支行推出无感支付新产品——智慧停车场

创新和成熟，继续拓展有着建行优势的“悦生活”服务平台，为各类代理业务提供广阔的空间。支行通过“悦生活”云平台达成的总交易笔数和交易金额，列全市五大区域第一。在县委组织部的支持下，建行与县域38个党组织建立了“悦生活”云平台党费缴存合作业务，为全国建行系统首家；支行在总行举办的“悦生活”云平台营销竞赛活动中，获得2个二等奖、1个三等奖的殊荣。

【抓创建塑企业形象】 一是认真部署落实省级文明单位复评工作。把文明礼仪和形象建设作为一项重要工作内容来做，既抓服务质量，又重视工作人员仪容仪表等细节；积极参与县文明办安排的各项活动，如“礼让斑马线、你我共尽力”、学雷锋志愿者文明劝导、文明行为巡视，以及在交通繁忙街道进行文明劝导等活动。二是积极参与平安创建的各项活动，落实日常消防安全工作，以警示教育、预案演练、突击检查、远程监控等方式，强化支行安全保卫工作。2017年支行没有发生治安和各类违法案件，客户有被电信诈骗的也在营业窗口前得到及时制止，保护了客户的资金安全。2017年支行在银监、公安部门联合开展的第5轮安防评比中获得高分，被评为2017年度省级、市级治安安全先进单位。

（建行龙游支行　何洪涛）

浙江龙游农村商业银行股份有限公司

【概况】 2017年，浙江龙游农村商业银行股份有限公司（简称“龙游农商银行”）紧紧围绕“强基础、拓业务、提效益、控风险、带队伍”五大主线，以“提质增效、转型创新”为抓手，坚持“向内、向小、向实”方向不动摇，谋划绿色金改、社区转型、风险防控等工作思路，推动各项业务稳健发展。至年底，各项存款余额111.73亿元，比年初增加11.59亿元，市场份额占比39.91%；各项贷款余额80.61亿元，较年初上升11.93亿元，市场份额占比31.67%。先后获2017年度龙游县经济贡献五十强企业、龙游县“最满意单位”、龙游县营业性单位履职考核银行业第一名、第五轮浙江省银行业金融机构安全评估工作成绩突出集体、浙江省农信系统普惠金融标兵单位、浙江省农信系统考核优秀单位等多项荣誉。

【普及小额贷款】 主动与乡（镇、街道）、村两委、农户等对接，在原有的“三信工程”基础上，做到调查、建档、评级全覆盖。以增户扩面为突破口，开展“幸福大讲堂”等活动，全面掌握辖内特色农业、特色产业的发展动向，加强青年群体、外出务工创业群体的营销服务，提高小额贷款受惠面。推进农村信用体系建设，对省级信用村实行基础利率上浮20%，市级信用村实行基础利率上浮25%，县级信用村实行基础利率上浮30%，准信用村实行基础利率上浮40%、非信用村实行基础利率上浮50%等优惠政策。

【服务实体经济】 对个体工商户、家庭农场、专业合作社、小微企业等做好营业执照的电子档案留存，有效对接粮食生产、富晒生产、生猪养殖、水产养殖、柑橘、竹制品加工、林下经济、农家乐、民宿、特色旅游等产业，挖掘小额贷款需求，为“三农”发展铺路搭桥，帮扶“小微”走出困境，为推动县域经济快速发展添砖加瓦。充分发挥

图120　龙游农商银行“幸福使者”赴溪口镇开展植树活动

“农合联”副理事单位的作用，加大对村集体经济组织、资金互助会、来料加工协会、专业合作社、农业龙头企业等的支持力度，创新贷款担保方式，在解决企业担保瓶颈上寻求突破，试水“幸福存货贷”仓储质押和专利权质押贷款，分别发放贷款1500万元和3000万元；推出“幸福商标贷”“幸福税银通”“幸福账易贷”“幸福银橘”等系列专项产品，一揽子解决农村经济组织融资难、致富无门路等难题。

【拓宽普惠渠道】 联合“村情通”平台，积极响应县“建民情档案、定期沟通民情、为民办事全程服务”的号召，建立全县唯一一家可共享“村情通”平台信息的金融机构，在262个行政村推进金融服务的互惠共享，开启贷款、大额存款、大额提现、信用卡申请等业务的预约申请功能，让百姓足不出村，畅享普惠金融服务。推行“一站式”服务，专设社保窗口，整合社保、地税等多部门业务，实现一站式服务，并配套办理银行账户开户、POS机缴纳社保费、灵活就业人员代扣等业务；认真开展2018年企事业退休退职人员社会保险待遇资格认证工作，柜台签约与集中签约相结合，通过柜面、ATM机、丰收驿站助农终端、助农POS机进行缴费，实现医保缴费不出村。

【升级丰收驿站】 升级丰收驿站的品牌形象和服务功能，增设便农终端的实时转账汇款功能，缴费通及财政非税、城区供水用户的终端签约代缴服务功能；修订《金融信息员计酬管理办法》，提高金融信息员积极性，降低存款支出成本，同时出台《丰收驿站三年推进方案》，跟进员工认领和管理考核；根据市人行对电子银行示范村建设和银行卡助农服务点星级评定的相关要求，至年底，已创建13个电子银行示范村、6家五星级服务点。

【创新智慧项目】 充分利用丰收智能付、全渠道支付拓展性高的特点，推进智慧支付系列。升级“智慧医疗”项目，与县中医院进行“银医通”自助项目合作，实现医院HIS系统与业务系统的相互对接，发挥社保卡挂号收费等多样化功能；积极改造“智慧停车”项目，与县奔康公司合作，参与五家公立停车场的改造；创新打造“智慧景区”项目，与石窟风景旅游公司及姑蔑城合作，将丰收智能付进驻景区；推广运用“智慧政务”项目，与县财政局合作，在县行政服务中心和社保局安装丰收智能付，助力“最多跑一次”改革；创新尝试“智慧公交”项目，与顺创公交开展“一码通”合作，在城区9条公交线路投放电动公交车40辆，柴油公交车15辆，实现龙游城区全程无现金乘车。

【筑牢风险防线】 加强信贷管理，坚持“支农支小”的市场定位，从严管控500万元以上大额贷款的户数和占比。实行大额贷款集中管理，建立大额不良贷款监测台账，梳理风险清单，摸清底数，查找风险点，在风险可控的前提下，帮扶小微企业渡过难关。压降不良贷款，实行高管领衔清收，上线各类风险防控系统，加强日常排查，做好处置预案，逐户逐笔制订化解对策，全面落实不良清收任务。全年共处置表内外不良贷款14户，处置金额2.13亿元；加大司法清收力度，设置诉讼对接专员，推进法警银联合办公，重拳打击逃废债行为，并积极配合县政府做好“僵尸企业”处置工作，防止引发新的企业资金链和担保链风险。出台《黑（灰）名单管理办法》，开展黑名单管理专项检查，对身份信息不全或担保人未维护等情况的不良户重新梳理，限时维护，有效制止不良户及直系亲属的新增贷款发放，完善农村信用体系建设。

【加强队伍建设】 根据省农信联社统一部署，龙游、余杭、安吉被确定为全省系统党建工作领导体制调整三大试点行。领导班子成员身先士卒，带头开展每月“夜学”讲课，深入基层了解工作开展情况和员工思想动态，定期召开员工座谈会，深入辖内企业，为困难企业排忧解难。加强青年员工培育，实施五大序列岗位人员晋升降级管理，建立多渠道人才晋升通道。推行上挂下派用人机制，挑选

4名机关优秀员工下派基层、4名基层员工上挂到机关实践，提升思维层次和综合能力。邀请专业老师对57名优秀内训师进行现场指导和考评，共评选高级内训师1名，中级内训师8名，初级内训师21名。加强人才储备管理，制订“三个千人”培养计划及奖励办法，鼓励干部员工参加专业技术职业资格考试，致力打造素质优良、门类齐全的人才队伍。2017年，招聘科技、业务领域人才2名，获得内部审计师职业资格员工1名，软件设计师（中级）职业资格员工1名，网络规划设计师（高级）职业资格员工1名，金融理财师（AFP）职业资格员工5名，国际注册内部控制师（CICS）职业资格员工11名。

【注重品牌建设】 创建湖镇支行、詹家支行两家市级文明规范服务示范单位，提升服务内涵。将农商行“幸福银行”品牌文化与“红色公益”相结合，进一步提升社会影响力。组织员工开展“幸福护航”十九大活动；组织“幸福大讲堂”活动。2017年，已在40个行政村、4个社区、16家企业、1家商会开展活动，累计142场，惠及群众2.5万余人；设立“幸福教育”基金，向龙游中学捐赠100万元；开展“幸福银行”慰问活动，把关爱直接送到困难群众手中。

（龙游农商银行 杨梦怡）

中国农业发展银行龙游支行

【概况】 2017年，中国农业发展银行龙游县支行紧紧围绕县委、县政府的决策部署，在人民银行和银监局的指导帮助下，认真贯彻落实年初制订的发展目标，以金融支持“抓重点、补短板、强弱项”为己任，在确保国家粮食安全、打赢脱贫攻坚战、加强农业农村基础建设中，强化政策性银行职能定位，内外结合，三管齐下，为龙游县经济建设和城市发展添砖加瓦。2017年，支行各项存款余额达42396万元，贷款余额88419万元。

【保障地方粮食安全】 支行大力支持各级储备粮增储、轮换工作。全年累计发放省储、县储储备贷款共10592万元，共收购粮食27700吨，转储备粮食19700吨，圆满完成龙游县夏粮与秋粮收购工作。

【维护金融资产安全稳定】 支行积极配合县政府的中心工作，对暂时困难企业进行帮扶，做到不压贷、不抽贷，2017年共办理贷款续贷2笔，金额3950万元。

【支持农村基础设施建设】 2017年，支行大力支持县政府“三改一拆”工作，发放子鸣社区安置小区项目建设贷款4.35亿元，支持龙游县重点水利建设项目，对龙游县高坪桥水库工程项目授信1.5亿元。

【规范财会管理制度】 组织开展财会信息辅导检查、支付结算检查及财会内控辅导检查，对营业机构2017年以来的岗位履职、现金管理、对账管理、财务经费管理等方面进行现场检查指导，自查自纠，现场整改；规范柜面服务，提升财会服务水平，树立以客户为中心的服务理念，提高结算业务办理效率，加大结算服务宣传营销力度，提高客户对支行结算服务的认知度和满意度；助力金融改革，维护辖内金融安全，特派会计部主管参加全省税收政策和税务管理培训班，提升税务管理能力。

图121 农发行龙游支行组织开展消防演练

【安全保卫工作】 支行与各部室签订《安全保卫及消防安全工作责任书》，由安保专员对安保消防工作每月检查4次，部门领导每月检查2次，分管副行长每月检查1次。开展两期安全保卫和消防知识学习培训活动，共组织防爆、防抢，消防演练2次，确保支行各条线系统安全运行，无“四类”案件和重大责任事故发生。

【加强党风廉政建设】 2017年，支行18名在职员工中有共产党员10名、入党积极分子1名。支行深入开展“两学一做”专题教育活动，组织观看党风廉政教育片《巡视利剑》，政论纪录片《永远在路上》、反腐热剧《人民的名义》等影片；开展“纪念建党96周年，重走红军路”主题党日活动，积极参与市分行组织开展的“党在我心中”主题征文和演讲比赛；全行共开展4次积分管理考核，全行10名在职党员均已通过党员积分考核。发放《十九大党章学习讲座》《习近平的七年知青岁月》《十九大代表风采录》等学习资料，签订《党风廉政建设及安全保卫工作责任书》《廉洁从业承诺书》《银企廉政共建承诺书》等，认真学习《中国农业发展员工行为规范（试行）》，严格执行《信贷岗位人员“十不准”》及公车管理“六个严禁”的规定，规范领导干部和员工的从业行为。

【加大形象宣传力度】 做好现金管理和反假人民币工作。2017年，共开展人民币反假币宣传活动2次，延伸反假宣传触角，消除反假宣传“盲点”，取得良好社会效果；加强柜面员工对人民币管理知识、反洗钱知识的培训，不断提高员工综合素质和业务技能，保障辖内金融秩序的稳定。在十九大召开期间，成立巡防志愿队，参与社区夜间治安巡逻；成立创卫工作小组，建立创卫工作台账，圆满完成创建办分配的工作任务，提升了农发行的公众形象及知名度。

【加强企业文化建设】 重视青年员工培养，特派员工参加市分行举办的信贷、信息科技、财会、礼仪等知识培训；给7月初分配支行的1名新员工，确定“身边的教师”以传帮带；积极开展工会活动，组织员工开展“农家乐”，“纪念建党96周年，重走红军路”等工会活动，丰富员工业余文化生活；开办“员工讲堂”，让员工既当教师，又当学生，提高员工的综合素质。

（农发行龙游县支行 钱小帅）

中国邮政储蓄银行股份有限公司龙游支行

【概况】 2017年，中国邮政储蓄银行龙游县支行（简称“县邮储银行”）结合实际，紧紧围绕支行全年工作目标，按照市分行“振信心、促转型、强创新、控风险”的整体思路，坚持以创新驱动发展为统领，以提质增效为目标，“四个并重”（管理与发展并重、检查与整改并重、考核与教育并重、贯规与执行并重）为抓手，实现了各项业务的全面、稳步增长。至年底，县邮储银行各项存款余额达17.55亿元，贷款结余达9.61亿元。

【助力“三农”金融服务】 8月4日，县邮储银行与县农办、县农业局签订金融支持“三农”发展协议，旨在加快建设现代农业和促进农业可持续发展，在龙游“三农”领域开展全面合作，合力破解龙游“三农”发展“贷款难、贷款贵”瓶颈，补齐

图122 邮储银行龙游支行、县农办举行金融支持“三农”发展签约仪式

低收入农户增收致富短板。8月8日，三农金融事业部龙游县营业部正式挂牌成立。这是落实推进改革创新、打造专业化为农服务体系，支持农业供给侧结构性改革的有力举措，进一步提升服务“三农”的能力和水平，积极履行社会责任，更好地践行普惠金融服务。

【提升新型业务贡献度】 随着邮储银行的上市，创新日益成为推动增长、提升竞争力的重要因素。2017年，除传统金融产品的持续营销外，重点关注新产品业务的营销和开发。小企业贷款新产品“助保贷”和省农担贷款在龙游支行首笔落地；在全省首推产业扶持资金小额贷款；全市首笔买方押汇业务3000多万元；福费廷（福费廷是指如果一个进出口公司有出口应收货款，如果想提早获得收款，就可以把这笔应收货款转卖给银行，银行将公司的应收货款买下。这样对于公司来说，资产负债表中该笔应收账款就收回了，其好处是可以使公司提早收回款项，没有后顾之忧，还可以让公司的资产负债表更好看）全年落地7.9亿元，成为全市落地业务量最多的支行。在全县范围内推广整村授信业务，为多个信用村镇提供贷款服务，助推农村信用体系建设。

【提升基层调研效能】 2017年，支行组成调研小组，每季赴网点调研市场拓展费用、员工思想动态、设备运行等情况，协助网点负责人管理人、财、物。对网点员工（涵盖柜员、大堂经理、客户经理等）逐一谈心，并就市、县行各项活动方案的理解及市场拓展费大改革背景下的员工心态、二级支行支行长思想转变等方面开展调研。在宣传贯彻支行政策变化的背景形势和监管要求的同时，倾听、收集员工的意见和建议，规范二级支行合法、合规推进业务发展。

【践行社会责任】 充分调动全行员工的积极性、创造性、主动性，在支持地方金融发展的同时，积极投身社会活动，践行社会责任。努力完成政府交办的工作，积极参加政府组织的各类活动。坚持绿色金融改革创新，给予产业经济资金扶持；积极配合协助城市东进及征迁工作；推进“五水共治”共建生态家园、“四边三化”共建美丽乡村、“一户一策一干部”结对帮扶、“创国卫”全民清洁日等相关活动，将社会公益、平安宣传、文明劝导与业务发展有效结合。

【提升党建工作执行力】 落实党建工作责任制，实施“一岗双责”。支部按照“四同步，四对接”（“四同步”指党的基层组织和生产行政组织同步建立、党务干部和生产行政干部同步配备、党建工作制度和生产管理制度同步制定、党建工作和生产经营工作同步考核。“四对接”指对接党组织标准化建设，对口落实派出部门；对接企业业务指导需求，严格把关选派人员；对接企业生产经营实际，落实措施强化培训；对接企业长远发展愿景，科学定位工作目标）要求，落实党建重点工作，依托“两学一做”常态化教育，结合支行业务发展，实现党务、行务共同进步。围绕基层党组织党建工作要求，结合自身特点，组织开展“关爱老人，奉献社会”学雷锋尊老敬老活动、“坚守初心，砥砺奋进”微电影视频制作、十里坪监狱警示教育等活动，促进党员干部更好地联系服务群众，服务市场主体和消费者。支行微电影获省行三等奖。同时，党支部加强思想政治建设，提高党员素质；强化中心组政治理论学习，按时召开“三会一课”；坚持党员承诺践诺制度、党员联系员工制度；全力推进2017年“党风廉政宣传教育月”活动工作，深入推进“清风邮储”主题教育系列活动，充分发挥先锋模范作用，以身作则、主动作为，积极服务支行各项业务。

【构建和谐企业文化】 充分发挥支行分工会的作用。把关心员工生活真正落到细处、实处，支行把精神文明建设和工会的创建活动相结合，积极开展形式多样的文化体育活动。一年来，支行精心组织趣味运动会、健步行、面点制作培训、水果采摘、垂钓、重走红军路等一系列对健康有益的户外活动，舒缓员工的工作压力、丰富员工的业余生活，增强员工队伍的凝聚力、向心力和战斗力。同时，为广大员工搭建相互交流、增进了解、展现风采的平台。支行积极参与游泳比赛、书法比赛、气排球比赛等，参赛者以饱满的热情，顽强的作风，赛出了风格，充分展示了支行员工的风采。

（邮储银行龙游支行 诸葛芬）

图123 龙游义商银行开展“送温暖”活动

浙江龙游义商村镇银行股份有限公司

【概况】 龙游义商村镇银行于2010年9月由义乌农商银行发起成立，注册资金1.6亿元。义乌农商银行的前身为义乌市农村信用联社，历史悠久，实力雄厚，2017年义乌农商银行存贷款规模达800多亿元。龙游义商村镇银行在龙游县委、县政府、县人行、县银监办及义乌主发起行的关心支持下，始终坚持立足龙游，坚定支农支小，努力服务龙游经济发展大局，积极履行社会责任。至2017年年底，龙游义商村镇银行各项存款余额46330万元，各项贷款余额85619万元。开业七年来，累计上缴税收3585万元，连续多年被评为龙游县经济贡献50强之一。

【坚持支农支小】 大力推广5项费用全免的“义商”银行卡和网上银行业务，服务龙游广大百姓。加强基础客户服务，加大增户扩面工作力度，走村、入企、访户，送金融知识下乡，满足龙游百姓的金融需求。培育发展金融指导员，让客户经理更贴近农户，做好农村金融知识、新业务的宣传推广工作。架起金农桥梁，贴近群众，满足百姓需求。

【强化文化兴行】 龙游义商村镇银行以“龙商人”卓越的艰苦创业精神为立行之本，干部员工充分发扬“白加黑，五加二”的拼搏精神，锐意进取，艰苦创业，内强素质，外塑形像，不断培养干部员工的敬业精神、业务素质、业务技能、营销能力、抗压能力等，人人树立爱岗敬业、爱行如家的理念，讲团结树正气。为员工建立交流平台，各单位均设立“文化墙”，展示行风行貌。推广使用内网平台及公众微信号，丰富品牌建设，强化文化兴行。

【履行社会责任】 龙游义商村镇银行认真履行社会职责，开展公益活动，回馈社会。积极投入全县创卫活动，协助翠光二区搞好社区卫生，参加红星社区夜间巡逻；2016年8月1日成立的龙游县中小企业转贷服务中心，与龙游当地12家银行签订了合作协议，承办“转贷通”业务，为龙游中小企业筹资节约费用3000多万元；进行整村授信宣传，深入农村基层，为“三农”做好服务；横山支行、塔石支行与当地学校贫困学生结对扶贫，开展“义商伴你成长”活动。

（龙游义商银行 项军）

温州银行衢州龙游支行

【概况】 2017年，温州银行衢州龙游支行面对复杂多变的经济形势，围绕发展主线，始终坚持“立足地方、立足中小、立足市民”的发展方向，加强管理、合规经营、拓展市场，各项业务均取得较好成绩。至年底，支行存款余额为30365万元，各项贷款余额为59265万元，

【服务地方经济】 支行将工作着力点与县政府和银行监管部门的重点工作有机结合起来，增加对当地实体经济的信贷投入，助推龙游经济发展。践行普惠金融，真正将“惠利于民”的工作落到实处，主推“壹壹贷”“普惠贷”“惠农贷”“丰登卡”“水电费代扣签约享优惠”等特色金融产品，满足不同客户群体的需求，助力龙游经济建设。其中“壹壹贷”“普惠贷”“惠农贷”累计发放10084万元，“水电费代扣签约享优惠”产品签约1636户。

【强化金融服务】 结合金融新需求，支行积极组织金融服务宣传队先后深入社区、小区及周边乡镇人群密集的地方进行普惠金融的宣传。将反假币、反洗钱、警惕非法集资等知识普及到乡镇，提高人民群众的金融保护意识，让温州银行的产品和服务更加贴近百姓，提升了县域支行服务金融市场的能力。

【践行社会责任】 长期坚持与塔石雅村小学、塔石中学开展“献爱心、结对子”助学活动，为贫困学生送上学习用品及慰问金，让他们感受到社会大家庭的温暖。响应县政府的号召，积极投身“创国卫”、平安巡逻、文明劝导等工作，参加人员计60余人次。

图124 温州银行龙游支行到雅村小学开展献爱心活动

【建设企业文化】 支行始终秉承“共荣辱、齐奋进，同发展”的团队理念，积极营造人人争一流、层层比赶超的氛围，充分发挥党员干部的模范带头作用，建立学习、沟通、交流的平台和传帮带机制，重视员工业务素质的提升。开展业务技能、服务技巧、新业务新产品培训，提高服务效率。与此同时，员工还积极参加行内外组织的活动，如县人民银行和县总工会举办的“绿色金融信贷产品创新大赛”活动，获“三等奖”。积极组织员工参加县金融工会举办的“第二届气排球赛”、健步走等户外活动，增强员工体质，促进员工交流，提高团队凝聚力。

（温州银行龙游支行 何俐莹）

金华银行股份有限公司衢州龙游支行

【概况】 金华银行衢州龙游支行是一家股份制商业银行，位于荣昌路577号。2017年，支行认真贯彻中共十九大精神，坚持“立足地方，服务社会”的宗旨和“中小企业主办银行”的市场定位，进一步深化改革，加强员工队伍建设，强化内控和风险管理，坚持差异化、特色化经营策略，积极拓展市场，各项业务取得较好的成绩。

【打造金华银行品牌形象】 2017年，支行持续开展一系列宣传活动，推广业务产品，共举办各类活动90余次。支行在龙游四大繁荣地段，设立固定反假币宣传工作站，利用周末休息时间，由支行领导带队，深入当地学校及各大广场，进行反假业务宣传；业务部客户经理积极到各单位上门营销，利用事业单位夜学的机会营销“百灵卡”；在龙游东方商厦一楼、龙游中学、龙游北门小区、翠光小区、龙游华茂外国语学校等开展“金融知识进万家”宣传活动，发放传单，宣传各类金融产品。

【加大贷款营销力度】 一是提高思想认识，转变观念。通过部门学习、晨会，实行每天微信工作汇报制度。二是维护好老客户，对有资金需求信誉好的企业追加贷款，对目前有困难前景看好的企业，把

图125 金华银行龙游支行组织员工到龙游中学开展“送金融知识进万家”活动

握尺度不放弃，继续加大对信贷客户的风险管控和防范，做好风险预警机制建设。三是开展“扫街”活动，以荣昌路、太平路的沿街商户、各类市场的经营户为目标，以抵押、保证方式和20万~30万元商户保证担保方式拓展了一批经营性贷款；加强与客户的沟通和联系，及时了解个人存量经营户的经营情况和资金需求变化情况，做好服务工作。四是根据以往的经验，逐步完善激励机制，调动客户经理营销个人信贷业务的积极性。

【完善管理制度】 一是按照“合规建设、制度先行”的原则，结合总行下发的新制度、检查反馈的问题以及管理的需要，继续做好制度建设工作，及时修订和完善各项规章制度。二是继续完善岗位职责。按照“任务到岗、责任到人”的原则，落实办公室牵头，针对部门整合、岗位整合、工作调整等情况，及时对岗位职责进行修订，确保岗位职责和实际工作的统一。三是做好制度学习，建立每周两次自学的制度，通过定期考试，加深学习印象。四是健全责任机制，与各部（室）签订2017年经营、综合治理、党风廉政建设和案件防范、消防等多项工作责任书，明确任务和职责。

【构建高素质队伍】 一是根据员工工作岗位、职责、性质等不同的特点，采取集中与自学结合，定期测试的模式，积极开展分层次、系统性培训，提升员工素质，2017年共开展全行性培训24次，参加培训人员380余人次。通过开展各项培训教育，使员工，特别是青年员工的从业素质得到明显提升。二是加强对基层机构及重点岗位、重点人员的管控。做好员工8小时外动态行为管理，落实员工基本情况备案制度，对新员工的信息及时建档；开展好每年2次的员工家访，由支行领导对部门负责人，部门负责人对员工的两个层面开展走访和谈心，了解员工思想动态，关心员工业余生活，发现不良苗头及时遏止。三是从严抓管理，提升执行力。通过与员工签订廉洁自律责任书，承诺廉洁从业，规范操作，不参与黄、赌、毒等违法行为，不参与非法集资，督促每位员工自觉守诺，做到自省、自律。四是积极响应上级号召，多次召开“两学一做”等专题学习会议。

（金华银行龙游支行 赖印）

浙商银行股份有限公司衢州龙游支行

【概况】 2017年，浙商银行衢州龙游支行围绕总行制定的“两最”总目标（成为最具竞争力全国性股份制商业银行和浙江省最重要金融平台），坚持全资产经营战略，强化创新推进与全面风险管理，遵循“差异竞争、特色经营、优势再造、赢在浙商”的经营思路，扎实稳健有序地推进各项业务。至年末，各项存款余额4.20亿元，各项贷款余额7.85亿元。

【服务地方经济】 创新融资模式，让利于企业，助力企业发展；践行普惠金融，真正将“普惠”进行到底，进社区、进市场、进企业，开展金融知识宣传，防范电信诈骗。根据龙游经济特点，主推“三年贷”“便利贷”“随易贷”“点易贷”等特色信贷产品，满足不同客户群体的需求，有效破解小微企业的担保难题；主推“票据池”“出口池”“资产池”，提升企业财务效率，降低企业融资成本。

图126 浙商银行龙游支行举办2017年特色业务推介会

【提升服务质量】 通过开展商务礼仪、服务技巧、专业能力培训，全面提升员工服务能力。营业部员工每月进行技能测试，树立标兵，营造“比学赶超”的浓厚氛围。综合管理部每月对支行整体的服务情况进行突击检查或通过录像进行抽查，旨在提高服务质量，提供最佳的服务体验，提升客户满意度。12月中旬，配合品牌升级，营业厅进行整体装修，装修后的营业厅更加简洁、灵动、活泼，给客户提供更好的服务环境。

【调整信贷结构】 进一步调整优化信贷结构，持续加大对小微企业、智能制造、绿色经济的投放力度，助力经济机构调整和产业结构优化升级。做好风险防范，加大风险处置力度，提升资产质量。

【企业文化建设】 通过中层干部周会、客户经理晨会制度，细化工作目标，提高效率，增强执行力。关注青年员工的成长和发展，建立行长与员工谈心机制，召开青年员工座谈会。注重团队建设，组织员工积极参加演讲比赛、排球比赛、登山等活动，增强团队凝聚力。组织党员开展重走红军路活动，开展党小组学习及讨论会。注重践行社会责任，组织员工参加大型公益助学活动——浙商银行“彩虹计划”，资助贫困学生；在炎热的夏天开展为环卫工人、城管执法大队送清凉活动；组织员工参与乡韵庭院、护航十九大巡逻等活动。从严治行，打造合规文化，加强内控管理，每季度进行员工异常行为排查，每周进行安全检查。

（浙商银行龙游支行 朱敏）

浙江泰隆商业银行股份有限公司衢州龙游支行

【概况】 浙江泰隆商业银行股份有限公司衢州龙游支行（简称泰隆银行衢州龙游支行）自2013年8月26日成立以来，一直秉承“小微企业成长伙伴”的市场定位，实践“最重要的是让您满意”的服务理念，坚持贯彻“政府满意、监管放心、同业认可、客户信赖”的四个要求，踏实做好“泰隆模式”做小、做微，让普通百姓都能享受到优质的金融服务。2017年，各项贷款余额达5.8亿元，较年初增长0.8246亿元，增幅16.57%。共计服务各类信贷客户2986户，较年初增加1469户，增幅96.84%，户均贷款16.06万元。支行各项存款余额2.9326亿元，较年初增幅2.91%。

【坚持做小做微】 龙游支行传承总分行模式的同时，还契合本地实际开展了一系列创新工作。衢州分行与衢州市委组织部合作，把基层党建与信贷支持有机结合，至年底，仅衢州地区已经惠及266村，发放党员先锋贷1304笔，授信金额1.6亿，村集体授信1亿，带动村集体经济发展，增加农村就业岗位2000多个。龙游支行以“党建+金融”为抓手，牢牢抓住社区化、村居化及农村市场的开拓，明确选择社区、进入社区、经营社区、评价社区的标准与要素。支行制订了“以机构为立足点，区别对待，以资产业务为突破口，层层推进”的拓展策略，有效推进支行农村市场开发工作。针对农村银行网点少、村民业务办理不方便的实际情况，升级系统、简化流程，借助PAD银行移动机具，陆续开通“上门服务”，金融服务成效显著。

图127 泰隆银行龙游支行客户经理到方坦村为生猪养殖户现场办理业务

【凸显泰隆优势】 龙游支行大力推进信贷工厂（意指银行像工厂标准化制造产品一样对信贷进行批量处理）业务。针对农村银行网点少、村民业务办理不方便的实际情况，升级系统、简化流程，陆续开通“上门服务”，客户经理驾车深入农村，借助PAD银行移动机具，让村民们足不出户，就能实现办卡开户、办理贷款业务。PAD具有随身携带、流程简便、放款迅速的优势，大大提高了客户经理拓展效率和客户的满意度。在贷款调查过程中，PAD银行移动机具具有现场定位、中台审核功能，降低道德风险和系统风险。

【特色产品】 龙游支行积极关注、解读、及响应各级各类政府部门尤其是银监会、省局及分局出台的有关节能减排、环境保护、绿色信贷及生态文明建设等方面的相关文件精神，高度重视绿色信贷思想意识的传递及具体落实。不断提高绿色产品的创新力度，在客户群体创新、担保方式创新方面狠下功夫，创新一套泰隆衢州特色的拳头产品。除常规信贷产品外，支行在商标权质押、专利权质押等知识产权融资方面独开先河，得到了政府部门和企业的一致好评。至2017年年底，支行商标权质押贷款共授信300万元，客户数1户，贷款余额300万元。同时积极推广专利权质押、林权抵押、机器设备抵押贷款等，以商品林中的林木和林地使用权作为抵押，综合考虑借款人的资信情况、偿债能力、贷款期限等因素，给予客户一定的授信额度。至年底，机器设备抵押贷款累计发放6笔，金额1057.5万元。今后，支行还将继续加大绿色信贷的投放力度，积极响应国家环保政策及产业政策，充分发挥金融支持与调节效应，合理引导科技发展、绿色发展，践行现代金融、生态金融理念。同时，结合自身服务小微企业的市场定位，在社会风险防范中提升自身，不断探索、创新。

【打造泰隆“家”理念】 严爱一体，完善约束机制。从员工入职支行，就实行责、权、利充分均衡的匹配原则，在薪酬、福利、晋升空间、培训管理等方面充分遵循奖勤罚懒、奖优罚劣的原则，激发员工的工作热情、责任意识、风险意识和危机意识。同时，以泰隆企业文化作为制度硬约束以外的软约束，以积极、健康、向上、自我扬弃、自我加压、居安思危、不进则退的企业文化思想来管理员工队伍，确保员工激励约束机制的有效性。另外，打造公平、尊重、热情的“客户关系家文化”：“德润其身，泰和共隆”是泰隆银行的核心价值观，推崇“善待客户”，践行“最重要的是让您满意”的服务理念，实现与客户共成长。打造关怀、感恩、感动的“员工家属家文化”：首创“亲情A+B”福利制度——“儿女上班，父母领薪”，并推出一系列的“泰隆特色福利”，诸如“亲情无限”“节日畅享”等一系列福利，向员工本人或其家属提供一系列福利项目，满足员工工作和生活需要，提升员工父母对企业的自豪感和认同感。

（泰隆银行衢州龙游支行 张继华）

浙江民泰商业银行股份有限公司衢州龙游支行

【概况】 2017年，浙江民泰商业银行股份有限公司衢州龙游小微企业专营支行（简称“民泰银行衢州龙游支行”）继续秉承“服务地方经济，服务小微企业，服务城乡居民”的市场定位，坚持“精品促发展，特色创品牌”的经营理念，致力为小微企业打造专注、简洁、灵活的金融服务。至年底，支行各项存款余额5609.37万元，各项贷款余额5176.50万元。被龙游县精神文明建设委员会授予“文明单位”荣誉称号。

【拓展客户群体】 2017年，组织开展“邀您相约女神节”、“欢欢喜喜过元宵”等社区营销活动，拉近与居民之间的距离，增加客户对民泰银行的认知度和信任感，扩大客户群体，提升民泰银行衢州龙游支行在龙游地区的影响力。

【创新金融产品】 创新贷款担保方式，完善信贷业务产品结构，加大对中小企业的支持力度，龙游支行经政府部门的牵头，推出商标质押贷款产品，2017年7月14日与浙江德辉食品有限公司签订首笔商标质押贷款投放合同。首笔商标质押贷款的完成，标志着民泰银行衢州龙游支行在商标质押贷款方面取得了实质性成果。这得益于上级有关部门的正确领导，以及支行各部门之间的团结协作。实践证明，商标质押贷款是银企“双赢”的有效途径。

【推广智慧支付】 围绕支行周边主要商圈、市场，如龙游世贸城、龙游美食城、龙游农贸市场等以支付结算方式进行收款的单位进行合作。6月末，龙游东方美食城完成42户二维码安装工作，至10月31日，交易笔数100990笔，交易金额241.31万元。新设机构存款吸收困难，支行鼓励客户经理通过二维码扫码支付等方式作为吸收存款的有效途径，成效显著。

图128　民泰银行龙游支行在庙下乡举办送温暖公益行动

【履行社会责任】 慰问帮扶孤寡老人、困难家庭、残疾人等弱势群体，给他们送去关爱，弘扬志愿精神，引领文明风尚。1月21日，民泰银行龙游支行携手龙游创兴畜牧养殖有限公司，在庙下乡举办“送温暖”公益活动，为庙下乡贫困户援助大米和食用油40份，走访贫困家庭3家。如果了解到有病人躺在床上行动不便，支行领导们定会亲自登门送温暖。

（民泰银行衢州龙游支行　柴斐婕）

台州银行衢州龙游小微企业专营支行

【概况】 2017年，台州银行股份有限公司衢州龙游小微企业专营支行（简称“台州银行龙游支行”）始终坚持服务小微的市场定位，以与客户交朋友的社区银行模式，贴合客户实际金融需求，提高小微企业贷款可获得性。至年底，支行各项存款余额0.646亿元、各项贷款余额1.475亿元。持续创新服务模式、产品、渠道，不断提升小微金融服务能力和水平。2017年3月支行的“商赢易贷”产品，获中国人民银行龙游支行主办的“绿色金融产品创新大赛”三等奖。

【持续服务小微企业】 2017年，支行继续推行“小本贷款”“绿色金融贷款”“自助贷款”“信用贷款”等，满足小微客户的信贷需求。至年底，小微企业贷款余额7364.8万元，占贷款总余额的49.9%，帮扶了一批养猪户、种粮户及个体工商户。根据客户自身的资金需求与生产周期，自由选择还款方式，优化创新金融产品，不断推出与小微客户融资需求相适应的授信产品和服务，针对不同客户需求，分别推出“信用易贷”“绿色节能贷款”“E融卡”等优质产品；积极推行贷款“最多跑一次”服务。同时进行行业划分，建立客户群，推行行业化营销模式，让每个客户经理了解更多自己负责行业的专业知识，为客户提供更专业的服务。

【回馈社会】 支行热衷于公益事业，积极回馈社会，倡导“公益先行”，鼓励员工积极投入公益活动，并形成有效的考核机制。支行与当地爱心团体、社区等保持公益合作，深入小微企业、乡镇、社区、村居开展“微孝夕阳”尊老活动、绿色节能、助残扶残、扶贫创业等公益事业；援建村居、社区公共文化设施；坚持做好消费者权益保护工作，常态化宣传金融普及知识，真正打造受人尊敬的银行。2017年开展社会公益、消费者权益保护等惠民活动12场，参与群众数百人，向居民发放宣传折页数百份；开展“社区免费理发”“公益一杯水”“端午免费送粽子”等公益活动；开展“金融知识进万家”、“小小银行家”、“3.15”权益日宣传等消费者权益保护宣传活动。

图129 台州银行龙游支行开展“金融知识进万家”活动

【企业文化建设】 坚持“通过让小企业得到一流的金融服务，以改进中国的金融市场”的企业使命，“吃苦、求实、创新”的企业精神、“简单、方便、快捷”的品牌形象、“公平、公正、透明”的价值观念、“以市场为导向、以客户为中心”的待客理念、“积极、主动、合作、快乐”的工作理念、“廉洁、诚实、高效”的信贷文化，打造一支具有凝聚力、战斗力、高效服务能力的支行营销团队，为客户提供更为优质的金融服务。

（台州银行龙游支行 梅欢欢）

招商银行龙游支行

【概况】 招商银行龙游支行位于荣昌大道443—445号，2016年9月20日正式开业，是入驻龙游的第一家完全由企业法人持股的上市股份制商业银行。2017年，支行本着“招商银行，因您而变”的服务理念，凭借持续的金融创新、优质的客户服务及与时俱进的金融产品，获得龙游百姓的信赖和支持，为龙游县企业和百姓提供全新的金融服务。至2017年年底，支行存贷规模达13亿元。

【各项存款稳步增长】 至年底，龙游支行个人存款和公司存款余额48877.4万元。存款作为一项基本工作，龙游支行审时度势制定存款增长计划，从个人和公司两条线出发，利用支行存款产品的优势，利用电视、广播、户外广告牌、社区广告、网络等媒介，全力拼抢市场份额，储蓄存款工作在上一年度的基础上快速发展。

【优化贷款结构】 至年底，支行各项贷款53845.92万元，其中零售贷款占比70%。零售贷款包括个人住房贷款、消费贷款、小微生意贷款等。招商银行全

图130 招商银行龙游支行财富管理团队

力支持地方经济发展，在守住风险底线的前提下，优化信贷投放模式，为广大百姓特别是生意经营者提供资金支持，服务中小企业和市民百姓。招商银行政策灵活，通过执行灵活的定价利率，多角度、全方位提高信贷能力和服务水平，信贷业务稳步发展。

【创新财富管理】 支行财富管理部通过基金定投及常规销售、黄金账户开立及各类复杂产品销售等措施，各项产品销售完成率在招商银行杭州分行下属支行中均名列前茅。通过品牌基金“东方红”的营销，在客户群中树立良好口碑，支行的金卡客户和金葵花客户不断增长。财富管理部先后举办摘草莓、基金宣讲等活动，增强支行的凝聚力，并通过此渠道激发老客户的热情，为支行介绍新的财富客户。招商银行独树一帜的财富模式获得了市场的良好口碑。

【践行社会责任】 支行回归金融本源，把为实体经济服务作为出发点和落脚点，深化普惠金融，服务小微、服务“三农”、服务民生。随着金融产品的不断创新以及消费者对金融服务需求的日益增长，龙游支行坚持以客户为中心，将积极防范电信诈骗、保障人民群众财产安全作为履行企业社会责任的重要内容之一，严密落实管理措施，切实维护金融消费者合法权益，提升服务水平，全力构建务实、安全、贴心的优质金融服务体系。

（招商银行龙游支行 叶涛）

中国人民财产保险股份有限公司龙游支公司

【概况】 2017年，中国人民财产保险股份有限公司龙游支公司（简称“人保财险龙游支公司”）始终以“人民保险，服务人民”为使命，服务于龙游的经济发展和社会稳定，保险业务稳步增长。人保财险龙游支公司实现保费收入1.72亿元，占龙游财险市场份额61.84%；累计支付各类赔款9798万元，其中支付生猪养殖保险2613万元。人保财险龙游支公司跻身龙游县2017年度“经济贡献五十强企业”。

【政企合作】 作为国有企业，人保财险龙游支公司是政府项目的首席承办者。2016年，与政府合作的项目有政策性农业保险、政策性农村住房险、政府公务用车保险、医疗责任保险、农村小额意外保险、校（园）方责任险、食品安全责任险等多个保险项目。公司凭借雄厚的资金和优质的承保、理赔服务获得政府部门和社会各界的好评。

图131 12月30日，县委书记刘根宏（右一）、县长张晓峰（左一）率龙游县主要领导慰问人保财险龙游支公司员工

【合规经营】 围绕“有效发展，合规经营，服务社会”的经营宗旨，公司严格按照中国保监会（省保监局）和上级公司的管理规定开展各项业务经营，建立健全各项管理制度。龙游人保公司在2017年7月多次牵头、组织召开同业合规经营分析会，在同业中得到高度认可，在龙游的保险市场合规经营上起到模范带头作用，促进整个行业的良性竞争，发展成效显著，同时也维护了广大消费者的合法权益。在农险方面，严守高压线，通过了保监局的第二轮农险专项检查验收。

【回馈社会】 支公司不忘承担的社会责任，做有担当的国有企业，公司积极开展文明创建活动，参与社会职能管理。公司组建志愿者服务小组，积极参与志愿平安巡逻、志愿清扫居民小区、志愿上街维持交通秩序等活动。为关注民生、保障民生，龙游支公司于10月24日精心组织举办了龙游县首届“人保财险杯”环卫工人节清扫比赛；11月25日至12月7日，成功协办了“人保财险杯”龙游县机关事业单位男子篮球赛。为龙游社会经济发展作出了企业应有的贡献。

（人保财险龙游支公司 廖益健）

2013—2017 年人保财险龙游支公司基本业务比较

表 35

年 份	保费收入（万元）	比上年增长（%）	处理赔案（件）	支付赔款（万元）
2013	11457	20.16	13021	9872
2014	15536	35.60	15012	12187
2015	17121	10.22	25062	14106
2016	16602	-3.03	24028	13869
2017	17283	4.10	16575	13521

中国人寿保险股份有限公司龙游县支公司

【概况】 2017年，中国人寿保险股份有限公司龙游县支公司（简称“中国人寿龙游公司”）在县委、县政府和人民银行的领导下，充分发挥大公司优势、保险的经济补偿和社会管理功能，履行人民保险为人民的社会责任，服务社会民生、力促稳定和谐，为龙游经济社会发展提供了强有力的保险保障。2017年共达成总量保费1.92亿元，同比增长23.7%，占龙游寿险市场份额52.48%；当年缴纳各种税收300余万元，为地方经济社会发展作出积极贡献。中国人寿龙游公司获龙游县2017年度“扶贫攻坚”先进集体、“绿色金融产品”创新大赛二等奖等荣誉。

图132 中国人寿龙游公司获2017年度龙游县扶贫攻坚先进集体荣誉

【政保合作】 2017年龙游公司品牌凸显、政保沟通到位、政保业务不断增加。创新绿色金融，服务民生发展，龙游公司“见义勇为救助和重大自然灾害民生保险”荣获龙游县“绿色金融产品”创新大赛二等奖；行政事业公共交通保险、职工疗休养保险和旅行社旅游保险为企事业单位员工增加保障；重大自然灾害见义勇为保险、精准扶贫保险、计生保险为全县建立民生保障机制；完善大保障，构筑民生网，绿色惠民保险和城乡居民基本医疗补充保险建立了覆盖龙游城乡的社会保障体系，是政保合作新模式。

【服务大局】 国寿保险的保单多数具有保单借款功能，保单持有人在借款的同时，不影响保单的保障与收益功能。公司为帮助小微企业解决资金困难，积极开展各项保单质押借款业务，全年保单借款金额达到5500多万元，有效缓解了客户的资金困难；支付死亡伤残赔款及各项医疗赔付1300余万元，在理赔工作中做到“不惜赔、不错赔”，充分发挥保险保障作用，全面保护客户保险利益，为龙游的经济发展尽心尽责。

【合规经营】 龙游公司遵照“合规经营”要求，落实经营管理的每一个环节，不断增强合规意识，提升合规经营能力。配合保监会开展风险排查工作，开展关键领域误导销售的自查自纠，加强销售风险防范；重视红利派发工作，做好沟通服务，按属地原则及时妥善地处理纠纷；贯彻落实中央精神，推进作风建设；杜绝代签名、把好合规底线；严防非法集资，做好反洗钱自查自纠工作，严守发生区域性、系统性风险的底线。

【队伍建设】 2016年年底，中国人寿龙游公司拥有在职员工607人，其中在编员工32人，劳务合同工2人，营销员573人。同时公司还是“龙游县高校毕业生就业见习基地”，每年会吸纳部分高校毕业生成为公司的职业经理人，极大地改善公司营销员队伍的年龄层次，新增一批年龄配置合理、个人质素较高的新人队伍，逐步实现以老带新、以新促老的良好局面。同时也为地方政府妥善安排富余劳动力、缓解地方就业压力作出了积极贡献。

（人寿保险龙游支公司 席燕飞）

2013—2017年人寿保险龙游县支公司基本业务比较

表36

年份	保费收入（万元）	比上年增长（%）	短期险保费（万元）	处理赔案（件）	支付赔款（万元）
2013	10017	8.48	1087	2061	903.87
2014	12600	20.5	1262	2479	999.27
2015	12206	−3.22	1345	2500	1250
2016	15607.81	27.87	1677	2689	1300
2017	19200	23.7			1300

2017年度龙游县境内各保险公司基本情况

表37

保险公司名称	公司地址	业务类型	法人代表
中国人民财产保险股份有限公司龙游支公司	太平西路182号	财产保险	詹春林
中国太平洋财产保险股份有限公司龙游支公司	环河步行街5号地块95—96号	财产保险	王 震
天安保险股份有限公司衢州中心支公司龙游县营销服务部	巨龙路682—684号	财产保险	李 杭
中华联合财产保险股份公司龙游支公司	远洋现代城4-1-1A、4-1-1B	财产保险	黄启成
平安财产保险股份有限公司衢州中心支公司龙游县营销服务部	太平西路525号	财产保险	金国桢
永安财产保险股份有限公司衢州中心支公司龙游县营销服务部	兰亭路289号商铺111-4、111-5	财产保险	吕建宁
中国大地财产保险股份有限公司龙游支公司	龙翔路287号	财产保险	项林香
安邦财产保险股份有限公司浙江分公司龙游营销服务部	鹏程路25、27、29号	财产保险	方益宏
阳光财产保险股份有限公司龙游支公司	巨龙路429号	财产保险	李晓娟
中国人寿财产保险股份有限公司龙游县支公司	荣昌大道620号、622号、624号	财产保险	钟洪刚
太平财产保险有限公司龙游支公司	兰亭路289号商铺325-13、325-14	财产保险	陈德鸿
中国人寿保险股份有限公司龙游支公司	兴龙路4-6号号	人寿保险	姜俊毅
中国太平洋人寿保险股份有限公司衢州中心支公司龙游县营销服务部	竹海云天3号楼32、33室	人寿保险	李 俊
泰康人寿保险有限公司浙江衢州分龙游支公司	人民路97号3楼	人寿保险	夏丽萍
新华人寿保险股份有限公司龙游营销服务部	环城西路144号4楼	人寿保险	胡蓉燕
民生人寿保险股份有限公司龙游营销服务部	太平西路1号5楼501室	人寿保险	毛晨虎
合众人寿保险股份有限公司龙游营销服务部	太平东路471号-485号	人寿保险	童宇希
富德生命人寿保险股份有限公司衢州中心支公司龙游县营销服务部	衢龙路324号2楼	人寿保险	王益成
信泰人寿保险股份有限公司浙江分公司龙游支公司	兰亭东路东方大厦7层A709-710	人寿保险	孙 亮
华泰人寿保险股份有限公司浙江分公司龙游支公司	荣昌大道以北华昌大厦7楼	人寿保险	余文慧
阳光人寿保险股份有限公司龙游县支公司	环城西路144号4楼100—106室	人寿保险	薛 秋
中国人民人寿保险股份有限公司龙游支公司	环城西路105号4楼	人寿保险	徐璐佳
长生人寿保险有限公司浙江分公司龙游营销服务部	兴龙北路434号-436号	人寿保险	颜腾飞
太平人寿保险有限公司衢州中心支公司龙游营销服务部	银泰龙庭58幢	人寿保险	叶 威
中韩人寿保险有限公司龙游支公司	荣昌大道广和大厦801室	人寿保险	舒剑锋

经济管理与监督

概述

2017年，龙游县新一届县委县政府扎实推进“五年打基础、五年求突破、五年争崛起”三步走战略，提出加快建设区域明珠型城市奋斗目标，经济管理部门聚焦重点，狠抓落实，着力做大经济总量，提升发展质量，全力推进“最多跑一次”改革，增添发展动能，服务与管理并进，经济发展取得新成就。

发展和改革管理

【概况】 2017年，县发展和改革局围绕“三步走”战略安排，坚持“两化”引领，紧扣经济社会发展目标，服务保障全局，在编制重大规划、扩大有效投资、争取资源要素、调整产业结构等工作中获得新突破。

【综合谋划】 贯彻落实以主体功能区规划为基础，统筹各类空间性规划，推进“多规合一”的战略部署，牵头组织协调龙游县级空间规划试点工作，按照《浙江省级空间规划试点工作方案》进度要求，有序推进县级空间规划编制工作，确保完成省委、省政府赋予龙游县的试点工作任务。履行县国防动员委员会经济动员办公室职责，按照省经动办要求完成2017年国民经济动员潜力数据核查更新。启动《龙游国家体育公园战略研究》等重大战略性课题研究，综合分析龙游体育产业发展情况，完成《龙游国家体育公园建设总体规划》委托编制工作。

【项目谋划】 2016年9月启动《龙游县2017年重点建设项目“421”行动计划》编制工作，2017年2月完成，涉及项目236个，总投资879.30亿元。其中实施类项目138个，年度计划投资130.72亿元；前期类项目98个，年度计划投资23.22亿元。完成《龙游县2017年重点项目前期攻坚计划》编制和动态调整。根据“421”计划盘子，筛选55个重点项目纳入攻坚计划，4月下发《关于印发龙游县2017年重点建设项目前期攻坚计划的通知》，总投资400.5亿元，共安排节点365个。8月初，启动2017年重点项目前期经费使用计划编制工作，印发《2017年龙游县重点项

图133 9月28日，县发改局召开龙游县战略项目策划“英雄帖”应帖成果咨询评审会

目前期经费使用计划》，纳入35个重点项目，使用范围包括项建书、预可研方案编制等前期工作，共安排资金1318.28万元。6月，启动龙游县重大战略性支撑项目策划“英雄帖”征集活动；9月，完成策划成果咨询评估，确定11个团队提交的15件作品最终奖次；12月，会同县财政局完成奖金发放工作。年内开展领导交办和部门自主的课题研究、项目谋划管理工作，共收集领导交办课题（项目）39个，部门自主谋划项目64个，12月，组织举办“项目谋划擂台赛”，评选年度十佳课题项目。

【项目推进】 7月，龙游县印发《关于公布龙游县2017年重点建设项目“421”行动计划年中调整方案的通知》，调整项目49个，其中调出13个，增补36个。调整后，年度计划项目总数为259个，比原计划增加23个，全年共有153个项目开工建设（其中续建类68个，前期转实施14个），完成投资140.11亿元。8月，根据“421”年中调整情况及前期项目节点完成情况，动态调整前期攻坚计划项目12个，其中调出6个，调入6个。调整后，共安排节点366个，完成91个。根据县委、县政府“两年”活动的工作部署，完成《关于进一步加强政府投资项目规范管理的实施意见》草案；印发《龙游县政府投资项目竣工验收实施方案》，有序开展政府投资项目综合竣工验收工作；草拟《龙游县关于推进投资项目“多评合一”实施方案》，加快推进行政审批制度改革。

【项目对接】 2017年新增游埠枢纽库区堤防、湖镇至童家公路等7个项目列入省重点建设项目；中浙高铁轴承产业园列入2017年省特别重大产业项目计划；湖镇至童家公路、金龙纸业等9个项目列入市重大项目前期攻坚计划，总投资126.56亿元，安排节点42个，完成19个；48个项目列入市重点建设项目计划盘子，计划总投资294.29亿元，年度计划投资69.93亿元；中浙高铁、李子园、衢江沿江公路（龙游段）等3个项目列入2017年增补省重点建设项目。完成2018—2022年全省扩大有效投资重大项目申报工作。申报中浙高铁项目争取国家技术改造专项资金和列为国家增强制造业核心竞争力专项项目。龙游城南工业区（一期）天然气分布式项目等6个项目获得省级以上补助资金4740万元。组织恒鑫、詹家西方40MW兆瓦地面电站、湖镇客路30MW兆瓦地面电站申报第七批可再生能源电价附加补助。

【规划编制】 完成《龙游县2016年度重点规划编制计划》，共安排20项规划，其中，城乡规划16项，部门专项规划4项，并做好规划编制经费拨付审核。科学编制《关于2016年度龙游县国民经济和社会发展计划执行情况，2017年度国民经济和社会发展计划草案的报告》，做好全县经济运行分析和重点工业企业经济监测运行季度分析，完成县域经济体制改革工作推进情况及综合经济监测指标季度汇总上报工作，完成全县2017年上半年国民经济和社会发展计划执行情况报告，并通过县人大常务会议审议，完成全县2018年国民经济与社会发展计划的制订。

【新能源发展】 印发《龙游县人民政府办公室关于进一步加快实施龙游县金屋顶光伏富民工程的若干意见》，推进农户屋顶光伏和其他屋顶光伏建设，至年底，农户屋顶累计安装1815户，装机容量为11527千瓦，按3000/户折算约为3842户，累计并网发电1813户，累计并网容量11489千瓦，并网率99.67%，任务完成率191.49%。其他屋顶累计安装27.67兆瓦，任务完成率138.35%。协助奔康新能源

图134 3月15日，浙江省百万家庭屋顶光伏工程建设推进现场会在龙游县召开

公司55MW兆瓦光伏小康项目重新备案，申报浙江省能源局地面光伏电站年度计划。正泰公司中标公共建筑屋顶光伏强村工程和全县村级集体屋顶光伏强村工程，项目开始推进实施。3月15日，全省百万家庭屋顶光伏工程建设推进现场会在龙游顺利召开。4月20日完成湖镇新能源示范镇县级验收工作，部分项目变更报请省发改委同意,协助小南海镇新能源示范镇申报工作。完成天然气“县县通”工程下窑至龙游、龙游至丽水2条管道路线规划方案，其中县内天然气管道借地政策重新编制，下窑至龙游的管道借地政策在进行中，确保2018年年底完工。

【循环经济推进】 完成全县2016年温室气体清单报告编制数据采集，11月底通过评审。完成恒盛能源集团有限公司等15家碳交易纳入企业和浙江茗皇天然食品开发股份有限公司等14家非碳交易纳入企业相关信息核实；指导、督促重点企业完成碳排放报告系统编制工作，至9月底，全县29家重点企业全部完成碳排放报告编制。配合省发改委对15家碳交易纳入企业碳排放核查。中机新奥智慧能源有限公司龙游城南工业区（一期）天然气分布式项目、浙江恒鑫电力有限公司生物质能热电联产生产线高温高压技术改造项目、恒盛能源集团有限公司环保超低排放项目列入省“991”储备项目，总投资2.93亿元，并于12月底全部完工。龙游经济开发区成功列入省级第五批循环化改造示范点园区。

【城镇发展战略】 协助小南海镇申报2018年度浙江省可再生能源发展专项资金。指导、协助湖镇镇申请列入浙江省第三批小城市培育试点，牵头制定《关于进一步推进湖镇镇小城市培育试点工作的若干政策意见》，给予湖镇镇财政税费、土地要素等方面的保障。推进中心镇建设，牵头制定龙游县年度中心镇专项建设资金分配方案，解决中心镇建设资金不足问题。

【综合改革】 根据加快推进企业投资项目“最多跑一次”改革实施方案要求，完成公共服务事项梳理公开工作，共梳理行政权力类“最多跑一次”事项27项。开展浙江政务服务网投资项目审批监管平台2.0版推广应用，梳理县投资项目涉批事项64个，涉及审批部门14个，开展培训300余人次，安排所有相关单位针对各个审批事项进行网上申报及办理模拟演练10余次；完成企业投资项目备案流程再造，更新流程后完成网上备案项目119个。稳步推进农村两项政策性保险。政策性农业保险大户和农村住房保险参保率分别达到90%，政策性农业保险实现保费收入5475万元，理赔累计3173万元；政策性农村住房保险实现保费收入103.8万元，累计理赔77.85万元，进一步促进农业增产、农民增收与农村稳定。

【特色小镇建设】 红木小镇2016年度考核再获优秀。2017年红木小镇被确定为省委常委、组织部部长任振鹤联系的小镇。5月18日，任振鹤到小镇调研，协调对接红木小镇与中国美院达成战略合作，6月底，挂牌仪式在红木小镇举行。省发改委培训中心在红木小镇设立全省首个特色小镇培训基地。红木小镇完成创建国家AAAA级旅游景区评定，累计完成投资超30亿元。

【价格检查】 开展元旦、春节、国庆、中秋等节日期间市场价格巡查，共检查各类商场、酒店、旅行社等600余家，涉嫌价格欺诈责令整改8家，发放《价格行为提醒告诫函》80余份，发放价格政策宣传资料500余份；开展涉农涉企价格和收费专项检查；参加电力价格和收费专项检查；开展教育收费专项巡查；深入开展旅游行业价格行为专项检查和商品房销售明码标价专项检查。做好价格投诉、举报及咨询工作。2017年共处理投诉、举报72件，调查回复、办结率100%。利用“3·15”消费者权益日上街设点开展价格政策宣传咨询等活动，继续推行“价格服务进市场”活动，维护消费者利益，促进经营者明白经营。

【价格认证】 扩大以市场法作为价格认定方法的范围，深入开展本地市场及互联网市场的价格调查，科学采集，合理分析涉案财物市场价格。全年办理涉案物品价格认定案件233件，标的额93.5万元。其中公安机关223件，标的额90.5万元；国土局3件，为单价认定；林业局3件，标的额3万元；纪委1件，为单价认定；监委2件，标的额1件为300元，1件为单价认定；农业局1件，标的为单价认定。不予受理26件。未发生需复核裁定的案件，无违约、社会投诉以及公诉情况发生。

【价格收费管理】 深化医疗体制价格改革；出台城区停车收费政策和龙游石窟等景区门票价格调价方案；试行阳光小学、樾园小学等民办小学收费；调整全县公办幼儿园收费标准。贯彻落实降费减负政策，督促全县77家行政事业收费单位严格执行收费情况公示清单制度和收费执行情况报告制度。下调非居民用天然气销售价格0.12元/立方米；健全供热价格煤热联动机制，做好供热燃煤价格监测；降低粮食、蔬菜、水果等八大类农产品初加工企业用电价格，由工商用电价格降为农业生产用电价格，减轻农产品初加工企业负担。做好价格监测及成本调查工作，监测品种80个，其中监测定点单位（个人）37家（国家定点5家，省定点19家，常规监测13家），为上级党委政府决策提供依据。

（县发改局 傅晓奕）

2017 年龙游县主要消费品及服务价格

表 38

收费类别	收费项目	收费标准
教育	幼儿园保教费、代管费	保教费一级（日托）每生每月 550 元、二级每生每月 450 元、三级每生每月 350 元、代管费每生每学期 100 元（多退少不补）
	普通高中学费	普通高中学费 1200 元 / 生 · 学期
	普通高中住宿费	龙游中学 4 人间 800 元 / 生 · 学期、龙游中学 8 人间 400 元 / 生 · 学期
		龙游县第二高级中学 8 人间 400 元 / 生 · 学期
		龙游县横山中学男生 1 号宿舍 200 元 / 生 · 学期、横山中学男生 2 号宿舍、女生 3 号楼宿舍 200 元 / 生 · 学期；女生 1 号、2 号公寓 260 元 / 生 · 学期
公安	公民出入境证件费	
	1. 护照（含加注）	160 元 / 本，丢失补发 160 元 / 本，护照加注 20 元 / 项次
	2. 出入境通行证费	一次有效 15 元 / 证，多次有效 80 元 / 证
	3. 往来（含前往）港澳通行证（含签证）	80 元 / 本
	户籍管理证件工本费	
	1. 户口簿	居民户口簿工本费 5 元 / 本，集体户口簿工本费 2 元 / 本
	2. 浙江省居住证	1.IC 卡式“浙江省居住证”工本费标准为：损坏换领或丢失补领 20 元 / 证，首次申领或统一换发的不收费 2.“浙江省居住证”工本费已包括填制表格、人像采集、制作成本等相关费用。执收单位应严格执行上述标准，认真做好收费公示，不得在工本费外收取其他费用
	第二代居民身份证工本费	申领、换领、换发 20 元 / 证，丢失补领或损坏换领 40 元 / 证，临时第二代居民身份证 10 元 / 证
	机动车号牌工本费	
	1. 号牌（含临时）	汽车号牌：反光 100 元 / 副，不反光 80 元 / 副。挂车号牌：反光 50 元 / 面，不反光 30 元 / 面。三轮汽车、低速货车、拖拉机号牌：反光 40 元 / 副，不反光 25 元 / 副。摩托车号牌：反光 70 元 / 副，不反光 50 元 / 副。机动车临时号牌：5 元 / 张。调换号牌、遗失补牌按同类号牌收费
	2. 号牌专用固封装置	单独补发号牌专用固封装置 1 元 / 个

续表1

收费类别	收费项目	收费标准
公安	号牌架	铁质号牌架及同类产品5元／只，铝合金号牌架及同类产品10元／只
	机动车行驶证工本费	
	1. 机动车行驶证	10元／本。调换、遗失补领按同类证件收费
	2. "临时入境机动车号牌和行驶证"工本费	10元／证
	机动车登记证书工本费	10元／本
	驾驶证工本费	
	1. 驾驶证工本费	驾驶证工本费10元／本。驾驶证IC卡30元／卡。调换、遗失补领以上证件按同类证件收费
	2. "临时机动车驾驶许可"工本费	10元／证
	机动车安全技术检验费	
	1. 机动车安全技术检验	中型、小型、微型载客汽车和中型、轻型、微型载货汽车（具体车型分类按公安部最新规定执行，下同）机动车安全技术检验收费标准为120元／车·次，大型载客汽车、重型载货汽车和挂车机动车安全技术检验收费标准为150元／车·次
	驾驶许可考试费	
	1. 驾驶许可考试费	科目一（道路交通安全法律、法规和相关知识）考试费标准80元／人次，驾驶员科目二（场地驾驶技能）考试费标准180元／人次，驾驶员科目三（道路驾驶技能）考试费标准100元／人次。摩托车驾驶员考试费230元／人次。补考（包括法律、法规、规章规定需要重新进行的考试）80元／类·次
	2. 机动车驾驶员道路交通安全教育培训费	1. 机动车驾驶人在一个周期内累计记分达到12分，并按规定参加安全教育培训的，每人每期7日，培训费标准为180元 2. 发生人身伤亡交通事故负有同等以上责任尚不构成犯罪的机动车驾驶人参加安全教育培训，每人每期2日，培训费标准为60元 3. 机动车驾驶人在一个周期内累计记分未达到12分，自愿申请参加安全教育培训的，每人每期1日，培训费标准为30元。 培训教材费5元／人，第二次参加同类培训的，已有教材的可不再购买
民政	殡葬收费	
	1. 火化费	330元／具（免费、由财政部门转移支付）
	2. 接尸费	普通车辆起步价180元／次，超过30公里每公里加收4元，但最高不超过300元／次。（免费，由财政部门转移支付）
人事社保	医疗保险IC卡遗失补发工本费	20元／卡
	职业技能鉴定费	理论考试：社会人员35元／人，在校学生20元／人。实际操作技能考试：省职业技能鉴定中心直接组织的社会人员180元／人，在校学生100元／人；省机关事业单位技工考核管理服务中心组织的省部属机关事业单位工人100元／人。各地组织的实际操作技能考试收费由各市县物价、财政部门制定
国土资源	不动产登记收费	住宅类不动产登记收费标准80元／每件，非住宅类不动产登记收费标准550元／每件

续表2

收费类别	收费项目		收费标准	
农业	国内植物检疫费		国内植物产地检疫费	
			粮谷类	按产值比率 0.25%（暂停收费）
			经济作物类	按产值比率 0.30%（暂停收费）
			水（瓜）果类	按产值比率 0.40%（暂停收费）
			国内植物调运检疫费	
			粮谷类	按货值比率 0.40%（暂停收费）
			经济作物类	按货值比率 0.45%（暂停收费）
			水（瓜）果类	按货值比率 0.55%，其中茶叶、香菇、黑木耳、金针菇、黄花菜、中药材按 0.4%
工商	个体工商户注册登记费			
	1. 开业登记费		免费	
	2. 重新登记、换发营业执照		免费	
	3. 变更登记费		免费	
	4. 补（换）发营业执照		免费	
有线电视	居民用户的有线电视入网费		300 元 / 户	
	非居民用户的有线电视入网费		基准价 180 元 / 每个接收终端，上浮不超过 10%，下浮不限。有线电视服务机构对建筑物有线电视管线实施预埋，已收取配套设施建设费或预埋工程费的，不得再向申请安装有线电视的用户收取有线电视入网费。农村有线电视独立小前端（小有线电视网）的入网费基准价为每户 150 元，可上浮不超过 20%，下浮不限	
	有线数字电视基本收视维护费（主终端）		20 元 / 月	
	有线数字电视基本收视维护费（副终端 1）		1 元 / 月	
	有线数字电视基本收视维护费（副终端 2 及以上）		4 元 / 月	
供电	居民生活用电	不满 1 千伏“一户一表”居民用户	年用电 2760 千瓦时及以下部分	0.538 元 / 千瓦小时
			年用电 2761–4800 千瓦时部分	0.588 元 / 千瓦小时
			年用电 4801 千瓦时及以上部分	0.838 元 / 千瓦小时
		峰谷电表电价	峰谷时段划分	高峰时段 8：00—22：00 低谷时段 22：00—8：00
			年用电 2760 千瓦时及以下部分	高峰电价：0.568 元 / 千瓦小时 低谷电价：0.288 元 / 千瓦小时
			年用电 2761—4800 千瓦时部分	高峰电价：0.618 元 / 千瓦小时 低谷电价：0.338 元 / 千瓦小时
			年用电 4801 千瓦时及以上部分	高峰电价：0.868 元 / 千瓦小时 低谷电价：0.588 元 / 千瓦小时
		合表用户	不满 1 千伏合表用户	0.558 元 / 千瓦小时
			1—10 千伏及以上合表用户	0.5388 元 / 千瓦小时

续表3

收费类别	收费项目	收费标准
医疗服务、卫生	诊查费	门诊诊查费 10 元 / 次
		急诊诊查费 11 元 / 次
		门急诊留观诊查费 1.5 元 / 日
		住院诊查费 15 元 / 日
	护理费	等级护理费 20/ 床日
	注射费	肌肉注射 1.2 元 / 人次；静脉注射 2.3 元 / 人次
	院前急救费	入院前的 120 急救或现场急救 150 元 / 人次
	救护费	起步价 10 元（3 公里内），3 公里外部分 2 元 / 公里

收费类别	收费项目	用户分类		供水价格	污水处理费	到户价格
供水	居民生活用水	“一户一表、抄表到户”居民用户	1. 第一级水量（每户每年 240 立方米及以下的用水量）	1.55 元	0.85 元	2.4 元
			2. 第二级水量（每户每年 240—300 立方米的用水量）	2.33 元	0.85 元	3.18 元
			3. 第三级水量（每户每年 300 立方米及以上的用水量）	4.65 元	0.85 元	5.5 元
		非“一户一表、抄表到户”居民用户（合表居民用户和执行居民生活用水价格的非居民用户）		1.6 元	0.85 元	2.45 元
	非居民生活用水	工业用水		1.7 元	1.2 元	2.9 元
		非工业用水		1.7 元	1.2 元	2.9 元
	特种用水			2 元	1.2 元	3.2 元

市场监督与管理

【概况】 2017年，龙游县市场监督管理局围绕保平安、促发展，同衷共济，真抓实干，推动各项改革再上新台阶，为加快区域明珠型城市建设提供新动力。年内多项工作获上级肯定，荣获“十九大”维稳安保先进集体、创建国家卫生县城先进集体、药品不良反应监测工作先进单位、非公党建工作表现突出单位等多项荣誉。全年立案查处各类违法案件179起，其中大要案51起，罚没款411.2万元，同比增长13.3%、6.3%、257.9%。

【服务市场主体】 率先推行“最多跑一次”改革，试水局长坐班窗口制。共向社会公布两批153项“最多跑一次”事项，其中行政权力事项99项，公共服务事项54项，占局全部事项95.6%。至年底，市监窗口共办件5269件，日均办件达37.64件，比去年同期增加5.75件。借力“互联网+”，实现线上办理“零跑腿”，在全县范围内启用全程电子化登记管理系统，实现“网上申报、网上受理、网上审核”。实施“双告知”信息平台共享，实现与其他审批部门工作有序衔接，变“企业跑”为“数据跑”。大力推行“容缺受理制”，配套设置“最多跑一次”咨询台、咨询电话、窗口叫号机等，优化办事流程，开通微信预约取号及在线取号功能。完成88家企业简易注销程序，打通企业退出“最后一公里”。至12月底，全县共有各类市场主体28658户，新开业3740户，其中新发展个体工商户2912户，新发展企业803家，新发展农民专业合作社25户。

【推动企业转型升级】 深入推进“小微企业三年成长计划”，至12月底，新增小微企业666家，其中七大产业140家；新增个转企70家，其中公司制企业66户，占个转企总数的94.29%；组织小微企业专场培训5次，享受国地税减免税、费的小微企业4660户次，减免税、费金额总计1860.9万元，助力小微企业获贷共计21.95亿元；指导协助浙江禾川科技股份有限公司评为浙江省小微企业“成长之星”；简化企业动产抵押登记手续，办理企业动产抵押登记60份，抵押金额8.4亿元，办理商标权质押融资企业2家，融资金额1150万元。

【助力城市管理】 5月份起，结合“一月一路一督查”重点问题清单，联合相关部门开展城区主要路段餐饮治理行动。累计出动1153人次，检查经营者3262户次，责令改正问题189个次，完成前店后灶整改56家，关停5家；联合县环保、住建、综合行政执法等部门，先后对城区各街道无证无照、前灶后店、占道洗刷、乱泼污水、乱排油烟等行为开展专项治理；落实餐厨垃圾集中处置项目，牵头完成餐厨垃圾集中处置项目立项筹备工作。引入社会力量，牵头各协会党员成立志愿者服务队，助力城市管理和创国卫工作，发挥协会团体大优势，共有500多人次党员志愿者、进市场、入商铺，搞卫生，发倡议书；广告协会自费提供36块广告位制作创国卫宣传广告；餐饮协会号召餐饮经营者落实创卫整改措施，努力打造“阳光厨房”；城区沿街个协会员，有电子显示屏的滚动播出“创卫”知识标语；与“龙游大妈”签订合作协议，助力城市管理和国卫巩固工作。

【推进品牌战略】 借力县委县政府《关于促进工业经济转型跨越发展若干意见》，抓实“三强一制造”，推进全县质量工作和品牌战略实施。组织19家到期复评、4家新评企业申报省市级名牌产品，组织3家企业参加“浙江制造”品牌培育训练营。指导龙游县造纸行业协会申报龙游特种纸“浙江区域名牌”；引导浙江贝尔通信集团有限责任公司“贝尔通信”字号申报2017年浙江省知名商号。至年底，引导注册新商标200件，全县商标总存量2991件，其中中国驰名商标2件、证明商标3件，浙江省著名商标27件，衢州市著名商标35件。指导7家企业导入卓越绩效先进管理模式，为3家新获、4家到期复评的企业申请政府质量奖；组织4家“浙江制造”品牌培育企业负责人观摩浙江亿洋工具制造有限公司主导制订的《棘轮扳手》“浙江制造”团体标准启动会；组织12家企业26名质量管理人员，参加市先进质量管理培训班。

【废止地方性著名商标认定】 龙游县著名商标起始于1997年，经过20年的努力，全县商标品牌建设取得长足进步，市场主体商标品牌意识得到显著提升，企业产品的品牌品质得到提高，对推动龙游的经济发展起到积极作用。随着全面深化改革的推进和政府管理体制改革的深入，其时代价值日益减弱。根据省市要求，2017年起停止了新的省市级著名商标认定和延续确认工作。

【标准化工作】 指导2家企业上报“浙江制造”团体标准项目立项，浙江亿洋工具制造有限公司申报制订的《棘轮扳手》和浙江金昌特种纸股份有限公司申报制订的《热升华转印原纸》二项标准被列入2017年第一批“浙江制造”标准制修订计划，数量占全市的1/2；指导2家企业12个产品，采用美国保险商实验室（UL）的标准；推动浙江亿洋工具制造有限公司参加第34届ISO国际工具五金标准化年会，并参与ISO《棘轮扳手》标准制订；以“集美模式”为样板，推动地方标准制定，《病死动物无害化处理利用技术规范》已经专家组审评，并通过省质监局备案；牵头县食品工业行业协会、检验检测研究院，完成对《龙游发糕生产工艺技术规范》县地方标准规范的修订，并通过省质监局备案。

【市场提升发展】 围绕“新建一批、改造一批、提升一批”的发展思路，着力做好市场提升工作。完成香溢市场关闭收尾工作。配合政府制订《龙游县城乡农贸市场改造升级三年行动计划（2017—2019）》，落实每年300万元的政府财政补助资金。以政府扶持政策的出台为契机，建立市场长效管理机制，全面推进市场规范化建设，2017年度3家放心农贸市场和1家智慧农贸市场创建单位开展指导帮扶，多次组织创建单位前往省内优秀市场学习考察，借鉴异地市场工作经验，提升市场创建水平。积极对接财政部门，兑现河西街农市场、莲湖农贸市场放心创建补助资金29万元，国际建材家具城、东华街菜场、泽随菜市场、横山农贸综合市场等星级文明规范市场专项补助资金33万元。2017年，全县各类商品交易市场贸易成交额62.74亿元。

【食品安全网络建设】 印发乡镇（街道）食安办规范化建设实施方案，按照“十五个一”要求，统一制作基层食安办牌匾、制度牌、网格图、巡查记录本。全县15个乡镇（街道）食安办均达到有办公场所、有工作人员、有制度上墙、有宣传橱窗等标准，全面完成规范化创建工作。完善食品安全基层责任网络建设，将乡镇食安办督查协管员工作列入年度考核，督促加强对协管员的管理，充分发挥协管员作用，改善食品安全基层监管力量。

【食品安全监管】 深入开展“百日攻坚”、节日食品安全专项检查、护航十九大食品安全检查等行动，排查食品安全风险重点隐患6个，抽检生产、流通、餐饮各环节食品1043批（次），检出不合格44批次，出动执法人员1000余人次，检查重点品种生产经营单位7898家（次），完成重大活动餐饮食品安全保障8次，落实“你点我检”现场抽检活动2期；严格落实“十九大”护航方案；以“三小一摊贩”新规为导向，推进重点行业整规提升，制定小作坊整治、改造和提升新三年专项行动计划，通过县食安办将小作坊、小餐饮、小食杂店的监管工作纳入各乡镇考核，营造“三小”行业整治齐抓共管局面。至12月底，县辖区有食品生产加工小作坊172家，取证59家，申报登记110家，小作坊建档登记率100%，整治规范率98.3%。全面规范餐饮经营，完善许可审批，加大治理力度，排查餐饮单位2700余户次，催办从业人员健康证明1950人，规范经营行为620户，餐饮持证率保持在95%以上，量化公示率92.5%。加快大型餐饮单位和学校食堂阳光厨房创建工作，其中大型、特大型餐饮企业和学校、养老机构食堂阳光厨房建成58户，建成率74%。全年立案查处食药违法行为113起，罚没款150.98万元。

图135 1月17日，龙游县市监局开展节前食品安全检查

【药品医疗器械监管】 落实“双随机一公开”抽查监管工作，减轻企业负担，提高监管效率，完成双随机检查药店70家（次）。突出“平安药品、平安器械、平安保化”监管，开展各环节专项检查，

检查药品经营企业170家（次），医疗机构352家（次），疫苗使用单位20家（次），辖区药品医疗器械安全进一步得到保障。对冷链药品实行全过程线上、线下监督，共检查冷链药品400余批（次）。落实药品、医疗器械抽检，共开展监督性抽样80批（次）、评价抽样50批（次）。

【特种设备安全监管】 深化特种设备安全隐患排查和治理行动，落实使用单位主体责任。全年共检查特种设备使用单位351家次，排查并整改隐患60处，隐患整改完成率100%，下达特种设备安全监察指令书4份，立案查处1起；开展公共场所特种设备及液化石油气充装单位专项检查，消除安全隐患7处；开展淘汰落后产能工作，彻底拆除国家明令淘汰的中频感应炉4套，对生产“地条钢”企业进行查处；开展县级产品质量定期监督，抽检全县73家企业共75批次产品，抽检合格率95.6%。

【市场秩序整治】 开展蓝剑系列、打非治违、排雷百日攻坚等专项执法行动，改善市场秩序。巩固“无传销县”建设成果，会同公安机关大力开展打击传销活动，防止传销人员回流，全年查办传销案件7起。加强重点领域、重点商品监管，查处不正当竞争案件6件，网络违规违法经营案件4件，使用过期医疗器械、药品的诊所4家。

【消费维权】 建立由19个相关部门组成的消费者权益保护工作联席会议制度，落实13家支行以下银行营业网点的金融消费维权服务站建站备案工作；开展全县百名电商从业人员专题培训，促进电商规范经营；开展“百名所长进百企、放心消费在衢州”活动，组织全县20多个部门、60家经营户参加全省“万家企业无理由退货”社会承诺百城联动活动；完成30家“放心商店”和32家“放心网店”的申报与审核。全年共受理各类举报投诉894件，同比增长47%，累计为消费者挽回经济损失38.7万元。

（县市场监管局 王益明）

统计工作

【概况】 2017年，县统计局深入学习贯彻中共十九大精神，紧紧围绕“达到全省县（市）平均发展水平、高水平全面建成小康社会”两大总目标，全体干部职工心齐劲足、风正气顺、合力奋进，较好地完成县委县政府和上级业务部门布置的各项工作任务，充分发挥统计的信息、咨询和监督职能。

【农业普查】 根据国家、省和市三级普查办的部署，精心组织开展第三次全国农业普查工作，全县1169名普查员、指导员进入农户及农业生产单位摸底，登记农户10.15万户、规模户1879户、农业经营单位1564家、262个行政村和15个涉农乡镇街道，顺利通过省市农普质量验收，全面完成第三次全国农业普查各项工作任务。

【统计服务】 精心编印各种统计资料，及时发布《2016年国民经济和社会发展统计公报》，每月定期编印《统计月报》，不定期编撰《统计信息专报》，为县委县政府和相关部门掌握全县经济形势提供重要渠道。及时提供“短平快”信息，每月向督考办提供乡镇（街道）、部门重要数据及排名情况，促进全县经济目标责任考核工作。积极撰写统计分析，定期开展督促检查通报。全年共撰写各类动态信息40多篇，统计分析18篇，调研课题2篇。

【统计调查监测】 严格贯彻实施统计报表制度，全员深入基层、深入企业，开展统计调查，收集、整理、审核统计资料。全面、准确、及时完成2016年统计年报和2017年定期统计报表工作，全县经济发展成果得到全面、真实、客观反映。强化“四大专业”统计，加强与县各部门协调配合，月度召开指标分析会议、季度召开GDP联席会议，加强报表审核评估，确保统计数据质量。做好企业“升规入统”

图136 开展农业普查业务培训

工作，联合发改、经信、商务等部门，对全县投资项目、拟申规申限企业进行调研摸排，督促达到条件的新增企业及时申报入库。全年新增“四上”企业57家、5000万元以上投资项目64个。推进专项调查工作，认真落实国家、省、市布置的各项统计监测工作，包括能源、科技、特色小镇、低收入农户统计监测等。开展城乡属性实地核查，做好城乡划分工作，及时更新维护《统计用区划代码和城乡划分代码库》，年内全县调整乡级代码1个，村级代码3个。

【数据质量提升】 扎实开展基本单位名录库数据审核，及时对名录库进行更新维护。开展一套表调查单位全面清查工作，对全县400多家一套表调查单位进行核查，整改存在的问题。开展“双随机”抽查。全年共发出《统计执法检查通知书》21份，检查统计调查单位21家，发现统计违法违纪行为单位5家，按简易程序查处统计违法违纪行为单位4家，另1家在行政处罚过程中。

【基层基础建设】 加大经费投入，筹资20多万元为各乡镇（街道）配置计算机和统计专线，统计内网实现“四级”互联互通，统计基本单位名录库管理维护延伸到乡镇（街道）。夯实统计基础，年内局机关新提拔1名局党组成员，新招录1名公务员，成立旅游统计科、调入1名事业人员，为乡镇补充2名专职统计员。完善统计联席会议制度，联席会议每月召开一次，重点对县域经济发展形势、指标进行分析，提出相应建议对策。建立健全统计工作责任体系，明确部门和乡镇（街道）主要领导对统计工作负总责，分管领导负具体责任，调查对象负主体责任。各乡镇（街道）、部门、企业形成合力，发挥统计监督职能，切实做到精准统计、应统尽统。做好统计人员统计职称考试考评工作，全年共举办统计业务知识和统计法律法规知识培训班7期，组织参加统计专业技术资格考试33人。做好统计人员能力提升，9月份组织乡镇（街道）统计分管领导、统计员和全局干部职工约80人赴江西财经大学培训，重点培训统计职业道德、统计信息分析、大数据开发利用等。做好统计人员分类培训，对乡镇（街道）统计员培训主要以报表审核、查询、汇总为主，企业统计员培训以指标讲解、填报为主。加强统计行风建设，弘扬“真实可信、科学严谨、创新进取、服务奉献”的统计核心价值观，提高统计工作人员的法律意识，坚持实事求是、依法统计，自觉抵制在统计上弄虚作假的行为。

（县统计局 夏水财）

统计调查执法

【概况】 国家统计局龙游调查队于2016年3月设立，为国家统计局直属正科级参公事业单位，既是政府统计调查机构，也是统计执法机构，依法独立向国家统计局和上级调查队上报承担国家调查数据，并对上报调查数据负责，同时承担地方政府委托的各项统计调查任务。龙游调查队核定编制8人，至2017年年底，在编在岗6人，临时聘用3人。内设办公室、调查一科和调查二科。

【统计调查】 年内，承担龙游县城乡住户一体化调查、农民工监测、月度劳动力调查、规模以下工业调查、工业生产者价格调查、采购经理指数调查、各项农业抽样调查以及畜禽监测等。参与乡村小学教师待遇情况调研，实地走访县教育局及石佛、大街和梧村小学，听取调查对象的意见建议，为总队调研课题提供基础信息。部署全省党风廉政建设满意度专项调查，严格人员选用和培训，落实专人督导和回访，回收有效问卷150份，顺利完成调查任务。

【样本轮换】 7月，全面启动五年一次的城乡一体化住户调查样本轮换工作，按序时进度完成样本村和小区落实、辅调员选聘、业务培训、住宅摸底、样本住宅抽选、入户开户和数据处理、试记账等各阶段工作，顺利完成新一轮270户城乡住户样本轮换任务。

（龙游国调队 方贤）

出入境商品检验检疫

【概况】 2017年3月筹建衢州出入境检验检疫局（简称衢州检验检疫局）龙游现场办公室，10月16日正式开检。地址位于龙游县经济开发区管理委员会办公楼8楼，工作人员7名。主要职能：收集、分析和通报有关进出口商品质量安全信息及国外技术性贸易措施；进出口商品检验、进出境动植物检疫、进出口食品检验；出入境检验检疫检测、隔离检疫等委托技术服务；提供出入境检验检疫相关政策和业务咨询服务；出入境检验检疫事项的申报和受理；出口产品国外通报和退运调查；进口消费品监督抽查等。

【筹建开检】 2016年12月20日，衢州检验检疫局与龙游县政府正式签订《关于筹建衢州出入境检验检疫局龙游现场办公室协议书》。2017年1月，浙江检验检疫局批复同意设立衢州检验检疫局龙游现场办公室。同年3月，衢州出入境检验检疫局龙游现场办公室下属公益一类事业单位——龙游县出入境检验检疫技术服务中心成立，启动筹建工作，10月16日开检，实现当年签约、当年建成、当年开检。开检当天，衢州市副市长马梅芝，浙江检验检疫局人事处处长王俊，龙游县委书记刘根宏，衢州出入境检验检疫局局长朱杰共同为现场办揭牌。龙游现场办的成立，有利于降低本地企业出口成本，提升产品国际竞争力，优化区域投资营商环境，增强社会资本吸引力。

图137 10月16日，省、市、县领导马梅芝（左二）、王俊（右二）、朱杰（右一）、刘根宏（左一）为衢州市出入境检验检疫局龙游现场办公室揭牌

【业务情况】 2017年10月16日至12月底止，共受理进出境业务490批，出口货值980万美元；签发原产地证书532份，签证金额超1050万美元；出具危险化学品包装合格证明187批。辖区内主要进出口产品有木地板、木质百叶窗、真空包装笋、速溶茶、狗咬胶等。

【服务管理】 开检以来，龙游现场办公室全面推行基于风险分析基础上的“即报即放+负面清单+动态调整+主动召回”监管新模式，企业通关放行速度提高一倍以上。自主召开ECIQ网上申报系统应用培训，辖区企业自理申报覆盖率从不足20%上升到80%。创新业务工作，制定了检验员驻厂实践方案，实现“精准监管、精准服务”。通过深入企业走访调研，帮助辖区一家企业解决了出口熏蒸成本居高不下等问题。在飞行检查中发现一起假冒产地案件，给予2家涉案企业行政处罚。向地方政府报送检验检疫专报2篇，并得到地方政府分管领导批示肯定，在地方媒体刊登龙游检验检疫信息6篇。

（检验检疫局龙游办公室 徐静燕）

审计工作

【概况】 2017年,浙江省实施审计机关人财物管理改革试点工作。县审计局全年完成审计项目19个，年度项目率100%；查出问题金额27023万元，敦促被审计单位整改落实问题资金3908万元，占处理处罚金额34.35%，为国家增收节支3482万元；提交各类审计专题和审计工作信息66篇（次），得到市县领导批示11次，被上级审计机关采用信息40篇（次）。针对被审计单位管理上存在的问题提出建议41条，建议修改规定2条，被采纳审计建议12条，敦促被审计单位建立健全规章制度33条。

【财政审计】 以全部政府性资金为主线，采取大财政审计方式，深化预算执行审计，对税收征管、非税收入征管、预算管理、专项资金管理等方面存在的问题予以披露，推动出台了农村生活污水治理扫尾工作整改方案、完善开发区财政体制和政府投资项目竣工验收等制度，推进县财税管理体制、投资项目管理、专项资金监管等进一步完善。

图138 8月31日，浙江省审计厅领导庄莉萍到龙调研“清廉审计”工作

【政府投资审计】 开展城镇保障性安居工程、城市东进、城市景观亮化、垦造耕地等重点投资领域审计，探索投资审计转型，发挥审计在政府投资项目科学决策、规范管理、控制成本、提高质量上的监督和服务作用。投资审计中心完成垦造耕地及农田提升工程投资造价项目审计34个，同比减少19个，送审额3266.54万元，审定造价2860.93万元，核减造价405.61万元，最大核减率39.98%，平均核减率12.42%；审计新增垦造耕地面积998亩，审计建议10条。

【经济责任审计】 落实《龙游县党政主要领导干部和国有企业领导人员离任经济事项交接实施办法》等五项制度，着重在监督领导干部履职尽责、贯彻落实中央八项规定、厉行节约反对浪费以及廉洁从政等方面为审计主要内容。组织实施经信局、环保局等部门11位县管干部经济责任审计，参与33名领导干部和国有企业负责人离任交接。通过经济责任审计，督促相关单位加强财务会计，完善内控制度，规范资产管理，增强领导干部履职意识、责任意识和廉政意识。

【政策执行审计】 完成省市统一组织的基本公共文化服务资金、农村公路建设管理资金、“最多跑一次”改革、被征地农民基本保障政策落实、保障房政策执行等审计调查任务，组织实施县城市亮化提升工程、县城东新区道路建设工程等项目审计，有针对性地提出审计意见和建议，为下步工程建设管理中预防违法违纪违规、重大损失浪费和重大风险隐患奠定基础。

【加强审计管理】 确立科学立项新理念，以提升审计内涵为抓手，制定年度审计项目计划。依据审计项目台账，结合公开征求项目计划意见，有重点地选择审计项目，按照“老三项、新三项、再进三项”要求做深做透审计项目。修订完善执行审计组廉政建设承诺书、执行审计纪律情况监督、审计公示、局机关内部管理等十项制度，规范审计工作流程，强化考核,确保责任清单在日常审计工作中落实执行到位。

【协助案件查办】 年内选派审计人员6人次参加乡镇（部门）巡查、专项巡察、农村基层作风巡查，合力推进党风廉政建设和反腐败工作。审计过程中发现涉嫌违纪违规问题线索的及时进行移送，发挥审计机关在反腐败工作中职能作用。全年移送纪检监察机关案件线索1件，移送人数1人，移送处理金额24万元。

【推动审计改革】 建立特聘审计员机制，制定出台《加强龙游县内部审计工作办法》，改选内部审计协会，在履职尽职中坚持敢于监督与善于监督、依法审计与文明审计、严肃问责与容错免责等三个统一，努力把握改革和发展中出现的新情况新问题。对审计发现的问题，及时召开审理工作会议深入分析产生问题的原因和造成的后果，服务全县经济社会发展和改革发展大局。

（县审计局 曹奕）

安全生产监督

【概况】 2017年，县内共发生生产安全事故46起，死亡31人，受伤15人。其中：道路交通事故39起，死亡26人；工矿商贸事故7起，死亡5人；水上交通、渔业船舶等行业无事故发生。全市安全生产考核，龙游县被评为优秀单位，县安监局被国家安监总局授予“全国安全生产监管监察先进单位”荣誉称号。

【完善安全生产责任体系】 在延续安全生产责任书层层签订的基础上，县政府常务会议通过，在县安委会的框架下，成立11个由分管副县长担任主任的专业安委会。建立专业安委会工作钉钉群，刻制11个专业安委会公章，印发《龙游县专业安全生产委员会工作规则和评分标准的通知》，明确七项工作制度和评分标准。专安委的成立，整合全县安全生产监管力量，推动行业监管责任的落实，化解安全生产监管重点难点问题。

图139 9月12日，县安监局牵头召开“护航十九大，平安夺金鼎”工作部署会

【健全隐患排查整治体系】 围绕“护航十九大，平安夺金鼎”，安监局制定危化企业检查清单24条，“三场所两企业”检查清单23条。对45家危化企业和96家“三场所两企业”开展轮动式隐患排查。县安委办组织实施建筑施工、特种设备、消防、毒害性气体、环保设施、“四无企业”、民房、出租房、醇基燃料等专项整治。全年累计检查生产经营单位3621家（次），排查出生产安全隐患8120项，完成整改8095项，打击违法违规行为478起，临时查封9家，停产停业整顿56家，关闭取缔9家，行政罚款50.41万元（其中安监部门年内立案查处非事故类案件19起，罚金10.4万元，责令停产停业整顿危化生产、储存企业13家）。

【推进“最多跑一次”改革】 对照《浙江省政府部门权力清单管理办法》《龙游县人民政府部门权力清单管理办法》等文件，全面梳理本局行政审批事项，对审批事项所需提交材料清单进行菜单式细化，对服务指南反复修改，增设示例表、示例资料等内容。减化审批流程，压缩审批时限，18项行政权力事项全部纳入“最多跑一次”。

【建设企业应急救援队伍】 年内举办首届危化应急技能比赛，通过理论考试、实践演练提升危化企业应急救援人员专业化水平，按照比赛成绩选取应急救援骨干，委托浙江省应急救援巨化中心定期对应急救援骨干进行专业化培训，开展应急演练指导，提升应急救援力量，建设一支专业化危化企业应急救援队伍。

【职业病防治专项治理】 2017年，全县65家各类企业委托职业卫生服务机构开展职业病危害因素现状评价或现场检测工作，39家企业2340名接触各类职业病危害因素员工参加职业健康体检，56家企业开展职业病危害项目申报或变更申报备案，职业病危害防治工作取得新突破。维达纸业、新迪在龙，申报省级尘毒治理示范企业。

【危险化学品专项整治】 印发《龙游县危险化学品安全综合治理实施方法》完成《龙游县东华化工集中区整体性安全风险评价报告》。凡是新引进的危化生产、储存企业一律要求入化工集中区，动员区外危化企业搬迁入园。年内，东方阿纳萨克于11月底搬迁入园，捷马化工达成搬迁意向。新迪在龙、明瑞制冷、京都气体、高得宝利新材料等4家危化企业制定了本单位的风险分级管控和隐患排查治理实施方案，聘请专家分析本单位的风险源、风险等级并明确相关管理层级。

【烟花爆竹经营布点规划】 印发《2017年龙游县烟花爆竹经营（零售）许可实施方案》和《龙游县烟花爆竹经营（零售）布点规划》。全县烟花爆竹零售点由186家缩减至92家，城区禁售区内不再设零售点。重新许可的零售点必须按要求参加安全生产责任保险，实行专店销售并安装视频监控。

【开展社会化服务工作】 年内，模环乡采取政府向社会购买服务方式，聘请中介机构为出租房开展安全隐患排查，提出整改意见，对拒不整改的由乡政府和当地派出所开展联合执法。湖镇镇政府与衢州鑫邦注册安全工程师事务所有限公司签订安全生产社会化服务，为辖区内50家重点企业开展每年4次安全生产社会化服务。安监局与浙江省应急救援巨化中心签订生产安全事故救援合作协议，约定巨化消气防中心为县内22家危化品生产企业、7家危化品储存经营单位和14家一般化工企业，开展事故状态下应急救援服务和正常状态下应急演练指导并编制专项救援方案。

图140 11月17日，龙游县安监局举办第十期一般企业安全生产负责人、管理人员培训班

【安全知识教育宣传】 2017年，累计培训企业主要负责人、安全生产管理人员、特种作业人员等三类人员1600余人，培训企业员工4000余人。组织全县部门和乡镇（街道）安全生产分管领导和安监站站长80余人，参加安全生产暨消防安全监管工作培训；组织开展“安全生产月”和“职业病宣传周”活动。在《今日龙游》开设“安监之窗”，宣传企业主体责任，曝光安全生产违法违规行为和重大隐患整改进度。编制安监小故事、各类安全生产和消防安全常识，通过微信推送市民。

（县安监局 陈幽萍）

公共资源市场化配置监督

【概况】 2017年，全年共受理工程建设项目405起，成交总额约26.3亿元，节减资金4.43亿元；受理产权26宗，总成交金额1406.8万元，增加收入395.5万元；受理土地出让32宗，总成交金额21亿元，增加收入3.83亿元。

【招标文件审核】 全年共受理305起，其中施工类项目258起；服务类项目41起、材料货物类项目6起；受理产权经营权招标项目25起、国有土地使用权出让25起。对工程建设、产权、土地等招标拍卖挂牌文件做好审核把关，做好合法性审查，提出合理化建议，确保招标拍卖挂牌文件合法合理、公平规范。

【完善评标办法】 针对投标人提出投标价格过低、工程质量难以保证等问题，在调查研究的基础上修改完善评标办法，由原来的四选一调整为二选一，既保证中标价格合理，又保证价格充分竞争。针对土地整理项目前期中标项目价格偏高和转包等问题，联合县财政局、国土局和各有关乡镇进行调研协商，强化预算审价环节，并对评标办法进行调整，保证土地整理项目有序规范。

【招标代理机构考核】 为加强工程建设项目招标代理机构监督管理，规范招标代理执业行为，维护招标投标当事人合法权益，根据本县招投标代理机构现状，制定了《龙游县工程建设项目招标代理机构管理考核办法》，自该办法实行至年底，对19家代理机构根据记分细则进行记分。对考核累计扣分达到《考核办法》规定分值的代理，按规定实行考核管理措施。

【严格标后监管】 制定《人员实名制管理办法》和《手机APP签到考勤管理办法》，加强现场管理人员监管。对政府投资200万元以上项目现场管理人员实行手机APP签到考勤，对1000万元以上工程建设项目施工单位、监理单位的现场主要管理人员，采取指纹加脸谱影像管理机验证签到考勤。县集体经济薄弱村物业园项目、县城学士路工程、永安路整治工程等14个项目，考勤企业现场管理人员不到位情况扣以相应的违约金，并将其落实实名制情况与企业资质动态监管，建筑施工企业监理单位诚信综合评价实施办法结合。实施实名制管理办法，有效遏制证书挂靠、人证分离、关键岗位人员不到岗等失信乱象，提升建筑市场动态监管能力。

【承包商入围预选】 对水务集团、城投公司、交投公司、奔康公司和中北实业等5家工程项目较集中的国资公司，实行承包商预选入围。5家国资公司各自为业主，根据本年度计划实施项目数量，分工程类别，通过资格预选确定一定数量的入围企业。入围企业确定后，按招投标方式，在入围企业中通过公开招标最终确定中标企业。至年底，通过资格预选确定房建企业15家、市政企业22家、交通企业6家、公路养护企业4家,并在子鸣社区配套景观项目、小南海大众路改造、高坪桥库区移民安置房建设及金星大道景观提升工程等项目中实施。

【小额工程招投标】 为提升乡镇交易平台活力，对乡镇招投标限额进行调整，招投标额下限由3万元提高到5万元，上限额由50万元提高到200万元。制定《龙游县小额工程建设项目施工招投标操作办法》，从小额工程限额规定、招标方式、招标程序和评标办法等方面作出具体规定，规范小额工程的招投标工作。

【项目监管】 4月6日，监管办联合县交易中心对新开工和在建的9个政府性投资工程建设项目，以专项检查和随机抽查方式，进行为期1个月的标后履约检查专项行动。9月5日—15日，会同水利、住建、交通等部门，开展对农业、国土、农办、农开办等部门2017年度建设项目第三季度部门联动质量安全大检查。对3月27日开标的浙江工贸有限责任公司一、九分公司封闭物流仓储工程项目在评审过程出现异常情况进行调查，初步查实数家企业涉嫌串通投标，该案移交住建局进行处理。对外地企业承接的垦造耕地项目单独约谈，要求中标企业现场签订《项目具领状》；同时成立垦造耕地监管督查组，对全县垦造耕地项目推进情况实行动态跟踪。两次召开垦造耕地项目建设督查会，督促施工企业倒排时间，加大机械和施工班组的投入，确保工程质量和安全。

（县监管办 张雪青）

国有资产经营与管理

概述

2017年，龙游县国有资产监督管理委员会（以下简称“县国资委”）下属有县奔康投资有限公司、城市发展投资有限公司、交通投资集团有限公司、商贸物流发展有限公司、文化旅游发展有限公司、水务集团有限公司6家国资总公司。6家总公司下辖30家子公司、4家控股（参股）子公司。国资企业以经济效益为中心，以项目建设为重点，以安全生产为保证，以创新管理为手段，把握出资人职责定位，加强企业党建工作，深化国资改革步伐，提高监管效能，真抓实干，砥砺前行，国资企业进中向好，实现国有资产保值增值，为龙游社会经济发展提供支撑。

国有资产管理

【概况】 2017年，县国资委下属6家市场化国资企业实现经营收入总额6.38亿元，总利润1.01亿元，分别较上年增长53.6%和64.3%。

【深化国资改革】 制定《关于深化人力资源管理的指导性意见》，草拟《关于加强我县国有企业对外投资的指导性意见》等多个配套文件。同时，以继续走在全市改革前列为目标，探索改建国有资本投资运营公司等新一轮国企改革的可行性，并形成初步方案。重点推进人力资源改革试点工作，协助水务集团开展岗位评价体系建设，理顺组织架构，完成了中层人员竞聘上岗和普通人员双向选择工作。人力资源改革在6家企业全面铺开，各公司基本完成岗位说明书的编制。

【应对融资难题】 受国内外多重因素影响，金融市场利率逐步攀升，国资融资压力极大，得益于先期工作，顺利打通直接融资渠道，14.4亿元企业债申报于11月份获国家发改委批文，规模8亿元的公司债（非公开）被深交所受理，有效扭转了融资难的局面。截至12月，国资共获得新增对外融资获批额度52.02亿元，同比增长42.9%；到位融资资金26.64亿元，同比增长87.6%，保障了城东棚户区改造、红木小镇、子鸣社区安居工程等重点项目的建设。

图141 县国资委指导水务集团开展中层干部竞聘

【聚力大干项目】 围绕区域明珠型城市、一城两江四区布局、城东开发、县“三件大事”等战略部署，国资系统积极谋划并参与一系列重点项目：全力支持扶贫攻坚工作，溪口翠竹小区、开发区晨北小区顺利完成异地搬迁与农整农户安置；金融中心、端礼小区、祥云家苑小区建设探索项目回购模式；介入交投港区桥头江作业区项目，协调海港集团与交投集团的股权合作事宜；全力协同文旅公司参与全域旅游项目，实现三门源景区开园、石角漂流开漂、六葱湖索道开工，聚宝古街、红木小镇等建设稳步推进。全年各国资公司建设投资项目共83个，年度计划总投资30.8亿元，实际投资21.9亿元，年度投资完成率71%。其中市场化投资项目27个，计划总投资12亿元，实际投资10.3亿元，年度投资完成率86%；政府性投资项目56个，计划总投资18.8亿元，实际投资11.6亿元，年度投资完成率62%。

【强化双“资”监管】 一是资金池。通过公开比选，确定工商银行、建设银行、温州银行为“资金池”合作银行，招商银行为债券资金托管银行。其中，建行、工行均提供活期存款综合年收益率2.5%的金融产品，有效降低阶段时期内国资的融资成本。截至12月30日，资金池共入池单位52家，归集账户107个，日均归集资金额4.08亿元，通过银行理财等方式获得收益2144.48万元，收益率3.53%。此外，全年为各国资公司调剂资金额6900万元，节约财务成本1268万元，有效发挥资金池互通有无、降低财务成本的功能。二是资产池。创新监管模式，探索国有资产所有权与经营权分离机制，制定《经营性资产外包方案》；通过公开竞标，将982宗经营性资产外包城投公司，并以《国有资产委托管理考核办法》严格规范其管理行为，全年租金收入2370万元。根据《2017年资产处置计划》，公开拍卖23宗国有资产，收益总值3053.5万元，较起拍价增幅30.05%，实现资产增值。年内完成人大、政协等19个单位的办公用房搬盘，拆除原亚伦造纸厂内污水处车间各类污水池（5400平方米）、教育局办公楼（7122.63平方米），为城东开发腾出空间。

【重党建促工作】 坚持党对国企的领导不动摇。多次召开国资系统党建工作会议，深入贯彻落实省、市关于加强新形势下国有企业党建工作的精神，9月底在全市范围内率先完成党建进公司章程工作，将党建工作在国企绩效考核中的比重提升到20%。11月份全市国有企业党的建设工作会议上，龙游国资的党建工作得到了衢州市委组织部的充分肯定。至年底，县国资系统共有党支部16个，创建完成党建示范点5个，充分发挥基层党组织在国资国企改革发展过程中的“红色引擎”作用。

（县国资委 金泽环）

龙游县奔康投资有限公司

【概况】 2017年，龙游县奔康投资有限公司（简称“奔康公司”）下属有龙游楚盛房地产开发有限公司、龙游县宏科教育投资有限公司、龙游县安周物业管理有限公司、龙游县翼安人力资源服务有限公司、龙游县奔康新能源有限公司、龙游县保安服务有限公司、龙游县万基建设工程检测有限公司等7家子公司。全年实现营业收入24940万元，利润3623万元，资产保值增值率达124.9%。公司获县级“扶贫攻坚先进集体”，县“经济贡献五十强”企业；公司党支部被县委和国资委党委分别评为2017年度“先进基层党组织”。

【项目建设】 公司围绕项目决策、前期办理、建设实施、竣工验收四个阶段，细化任务，夯实责任，牢固树立质量安全意识，集思广益，上下同欲，竭尽全力推进工程进程，实现“创项目精品、树奔康品牌”的建设理念。年内，完成建设县集体经济薄弱村物业园项目，并进行综合验收和移交工作；完工并交付使用县樾园小学及灵江幼儿园新建项目；县监察委员会办公场所整修工程于10月完工交付使用；光伏小康55兆瓦农光互补地面电站项目完成20兆瓦容量并网发电；全县公共屋顶光伏发电强村项

图142 灵江幼儿园

目完成42家2.3兆瓦容量并网发电；晨北（农整）小区项目建设接近尾声；高坪桥水库移民安置小区，完成基础建设、公寓楼结顶、排屋进入主体施工，完成主体工程建设的75%；推进阳光小学迁建项目，计划2018年9月投入使用。全年完成政府性项目投资28382万元，经营性资产投资11690万元，代建项目履约率100%。

【房屋销售】 市场化部分房屋销售是奔康公司年内一项全新工作，公司领导认真调研房地产走势，精心策划销售方案，统盘考虑工作人员安排，加强对外宣传，通过电视图文、户外广告、微信公众号推广、售楼部现场包装等手段，为楼盘销售造势、蓄势、升势。5月20日开盘，当年出售公寓楼168套、店面50间，销售金额1.1亿元。

【教育投资】 宏科教育投资有限公司，继2016年投资建设阳光小学、樾园小学及灵江幼儿园后，积极寻求新的投资合作伙伴。2017年上半年，公司与刘禾秋合作，创立“龙游初阳书院”。公司提供原城南初中校园土地及地面可使用建筑物等不动产，资产价值约1200万元，刘禾秋方以“初阳书院”的无形资产入股，全权负责学校日常教学与经营管理。6月7日，双方签署了合作办学30年协议。公司协助阳光小学、樾园小学做好招生工作。阳光小学招收一年级新生168名，樾园小学招收一年级新生164名。为进一步落实发展战略，11月，公司以2150万元竞拍到城东东区A-5号地块，用于新建民办幼儿园，提升公司经营效益，助推龙游民办教育事业的发展。

【经营拓展】 2017年，公司打破传统经营模式，通过政府购买服务等方式，新增模环乡园中村、园边村消防隐患排查和流动人口登记及后续管理；全县电动车上牌劳务外包；大南门考古清理；阳光小学、樾园小学、灵江幼儿园弱电施工等业务，既承担一定的社会责任，又提升公司经济收益。全年保安派驻合作单位102家，派驻重点企业和部门保安429人，劳务派遣合作单位24家，劳务派遣500余人，保安业务基本涵盖全县各领域，实现主营业务收入2280万元。

【物业管理】 安周物业公司从规范管理、落实责任抓起，努力提升服务能力和管理水平。全面整治晨安小区脏、乱、差等现象。通过自来水、低压线路、卫生设施改造和房屋整修，精准解决小区基础设施老化、居住功能不全、安全隐患较多等问题，改善居住环境。同时，拓展溪口翠竹异地搬迁小区物业管理新业务，做好前期各项准备工作，2017年5月顺利进驻接管，采取切实有效措施，提高物业管理服务的质量和水平，推进物业管理工作规范、有序。做好出租房、店面租赁工作，年收益420万元；公开拍卖晨东小区、阳湖小区部分存量的公寓、排屋、店面，共成交金额1990万元，确保资产保值升值。

【万基检测】 万基建设工程检测有限公司2017年1月重组，明晰组织框架，加大监管力度，规范从业行为，加强人员培训和考核，努力拓展新业务。在完成省计量认证工作的基础上，新增建筑物和电子系统防雷安全性能等9大类31项检测项目；加强硬件投入，添购新检测设备4套，确保检测精准，为客户提供优质服务。全年共出检测报告3万余份，工地现场检测540余次，创收450万元。2017年被认定为“国家高新技术企业”，为公司长足发展奠定良好基础。

【党建工作】 组织开展“不忘初心，永跟党走”主体党日活动，“两学一做”教育常态化。严管

图143 4月20日，公司开展“主题党日”活动，重温入党誓词

党员队伍，把党建工作融入公司建设、经营、改革创新之中，形成党企互动良好局面；党的领导与完善公司治理“双管齐下”，把党组织参与公司管理、决策前置化，把党建列入公司章程，发挥党组织的政治核心作用；积极开展支部活动，组织党员重温入党誓词、无偿献血、重走红军路等活动；做好“五有十上墙”标准化阵地建设，增设“党员之家”“图书阅览室”和“红色走廊文化”，实行“零积分法”考核机制，细化台账管理，做到履职留痕。配合国资委党委筹办党建示范点，并得到县委组织部的充分肯定，年内共接待市县30余批组工干部、党务工作者观摩见学。通过党建互看、互学活动，促进公司组织建设，为公司深化改革，持续、健康、快速发展提供组织保证。

（县奔康公司 郑云翔）

龙游县城市发展投资有限公司

【概况】 2017年，龙游县城市发展投资有限公司（简称“城投公司”）下辖“四部一室”及城投置业、绿宇园林、体育发展等3家子公司。年内围绕“深化改革，强化管理，扩展经营”的目标，创新工作方式，推进项目建设、融资筹资、资产经营等工作，全年累计完成投资额18740万元（其中城市道路项目26个，投资额5196万元；更新改造项目10个，投资额1620万元；安居保障工程2个，投资额9190万元；其他零星工程2270万元），同比增长10%。

【项目管理】 结合县政府性投资项目推进责任落实分解表及“421”工作等目标任务，稳步落实前期工作，通过积极筹备，细化分工，狠抓落实，完成荣昌东路、学士路、子鸣路等送审项目126个。签订博物馆、灵江家苑室外景观绿化、市政配套、老旧小区改造等工程合同400余份。

【市政项目】 年内，莲湖路、翠竹路打通并投入使用，学士路、人民路基本完工，荣昌东路、文靖路、子鸣路沥青面层按计划摊铺中。完成端礼路、伯珍路、友钦路、集贤路招标文件编制。绿道二期完成茶圩里村清表工作，木栈道基础尚在施工中。

图144 改造后的原人民路大转盘夜景

【房建项目】 子鸣小区、灵江家苑安居工程按计划完成并交付使用。祥云家苑安居工程完成带方案土地拍卖。阳光社区活动中心完工。端礼小区着手编制小区工程设计招标方案。

【EPC项目工程】 东苑小区改造工程全部完成；县府宿舍小区、光华厂宿舍、华西园、石塔山小区改造及亚伦小区绿化配套工程按计划推进。人民路、太平路“两路”街景顺利完工。博物馆主体混凝土结构完成95%，计划于2018年8月投入使用。

【市场开发】 抓好982宗国有经营性资产管理。组建专门团队，开展横向协作，牵头县行政执法局、县创卫办、县市监局等单位对国有资产进行专项整治，共排查整改52处，组织国有资产巡查30余次，签订消防安全承诺书87份。积极开展政策处理，梳理调解纠纷27次，全年共收取租金2383余万元，有效保证国有资产的保值增值。美食城、停车场、小游园营业用房、老火车站货场等国有资产经营均有较高收益。下属公司管理效益实现创收。绿宇园林公司共承接工程项目70个，接收市政委托处理件92份，实现营业收入1700万元；体育发展有限公司承接工程项目4个，计划年度投资10250万元。

【重大项目前期】 重点做好县金融中心项目推进工作。公司多次与政府职能部门、意向金融机构进行接触，洽谈土地出让相关约定，完成土地出让相关约定初稿，同步跟踪项目进展情况，及时做好土地出让前期相关准备工作，促成项目成功落地。注重大南门历史文化街区保护项目前期工作，积极与县文化局对接，联系做好规划设计和文物保护收购工作，为项目做好前期准备。

【标准化管理】 制定完善《公司人事管理制度》《城投公司季度量化绩效考核办法》等规章制度，进一步完善企业薪酬改革；制定《工程管理手册》《工程项目变更管理办法》等管理制度，建立以项目小组考核为核心的管理体系，对工程项目实行科学化、标准化、规范化管理。牵头6家国资公司，对2017年市政、房建类施工企业资格进行预审招标，完成《龙游县六家国有企业2017年度市政、房建类项目施工企业库》建库任务，保障政府项目施工企业质量。

（县城投公司 李孟莹）

龙游县交通投资集团有限公司

【概况】 龙游县交通投资集团有限公司（简称“县交投集团”）主要从事交通基础产业项目投资、管理、开发，投资管理、咨询服务、资产管理等业务。下属6家全资子公司、2家控股公司、2家参股公司。2017年，按照县国资改革指导意见，以党建引领创新，坚持“变理念、固本业、创新绩”发展思路，充分发挥国企职能，助推国资市场化改革，企业各方面保持持续向上势头。全年实现营业收入2.7亿元，同比增长68.75%，超改革前三年度平均值1.2亿元；实现利润2496.14万元，较上年增加1458.24万元；人均利润21.71万元，较2016年增加8.04万元；资产保值增值率达132.66%。集团公司连续两年被评为龙游县“百家四优”和“经济贡献五十强”企业。

【工程项目】 至年底，高坪桥库区改（复）建公路应急工程累计完成工程量4486万元，完成双溪口大桥和牛犊坞大桥部分浇筑，下塔塘桥梁板顺利架设，主线坝址段道路顺利通车，为高坪桥水库建设提供交通要道。在抓好在建工程项目质量、进度、安全的同时，积极参与县内外工程的招投标，拓展试验检测业务。高坪桥库区改（复）建公路应急工

图145 县交投公司项目部人员在高坪桥水库库区公路改（复）建工程施工现场进行测量放样

程施工2标，获衢州市2017年度公路水运“平安工地”建设示范合同段称号，监理办获2017年度衢州市公路水运“平安工地”建设示范监理合同段称号。在全市公路水运工程执法大检查中，综合质量名列前茅。

【市场化合资合作】 与中石化、省海港集团、光明铁道公司等大型央企、国企及优质民企的合资合作取得实质性进展，进一步巩固“交通产业+能源产业”“交通产业+资源产业”“交通产业+基础产业”的多元化发展格局。成立浙江海港龙游港务有限公司，与浙江省海港集团共同投资建设龙游港区桥头江作业区工程项目，总股本2.2亿元，交投占45%。先期实施的涉水工程施工及不含房建的监理招标于7月28日完成，9月正式开工建设。项目总投资7.48亿元，建成后的龙游港将成为浙中西地区内河综合物流及中转枢纽，“水公铁”联运的新格局将成为衢州地区经济社会发展新引擎；与中石化衢州分公司合作的龙游高速服务区加油站项目改造后投入运营，效益较好，年度营业额超亿元，利润超千万元，创税超500万元；与光明铁道合作的矿山开发项目已建成骨料生产线，至年底，完成投资总额2.5亿元，矿山专用道在推进中。

【经营管理】 高速营运以提升路段效益为目标，开展“服务区收费所文明岗创建”，顺利通过省级安全标准化创建，圆满完成节假日免费通行、护航十九大和防汛除雪等护航保畅任务，提升龙游“北大门”窗口形象。民爆业务在保持衢宁铁路供应量的前提下，大力拓展高坪桥水库有关业务，全年销售收入同比增长131.4%，并顺利通过浙江省民用爆破物品企业安全生产标准化复评。圆满破解原国际饭店清算招租难题，新承租者完成全面装修后于10月开业，资产经管取得实效。实行不动产登记造册分类管理，对经营性不动产租赁租金收取情况进行动态跟踪，优化债务结构，有效解决集团整体还贷压力。

【安全生产】 坚持“安全第一、预防为主、综合治理”方针，建立健全安全领导机构和安全管理网络，创新安全管理工作思路，确保高速交通管理、工程施工、民用爆破等安全生产工作有序开展。组织每季度安全例会，专项研究安全生产工作，对元旦、清明、“五一”、春运、“三防”、“安全月活动”、“十一黄金周”以及护航十九大、互联网大会、“除隐患、保安全、大排查、大整治”集中专项行动等节假日或阶段性工作及时做出部署，落实安全管理措施，确保安全平稳有序。

【创新管理】 在9类87项基本制度基础上，优化议事决策程序，健全企业管理制度。完善制定《加班管理办法》《业务接待管理办法》《委派人员管理规定》《集团综合考核办法》，提高集团运作效率和科学管理水平。加强预算管理，合理安排筹资规模和筹资结构，控制财务风险。加强财务监管，规范费用报销，统一会计核算办法。加强资金管控，优化债务结构，年内龙新公司通过置换贷款，将近三年贷款本金归还额从1.3亿元下降到4000万元，解决了龙新公司的还贷压力。加强资产管理，实行不动产登记造册分类管理，对经营性不动产租赁租金收取情况进行跟踪管理。

（县交投集团 吴旻）

龙游县商贸物流发展有限公司

【概况】 龙游县商贸物流发展有限公司主要业务为综合物流园区投资、开发与管理，市场开发建设、管理、服务，机动车检验、检测，机动车驾驶员培训，货运仓储、停车场服务、劳务服务等。公司设有综合管理部、计划财务部、投资发展部、运营管理部4个职能部门。下辖龙游县百益仓储有限公司、龙游县百益市场管理有限公司、龙游华安机动车驾驶培训有限公司、龙游县安驿机动车检测有限公司等4家全资子公司，职工110人，其中总部管理人员

17人。2017年，公司加强在建项目建设管理，拓展公司经营业务范围，做大做强国有企业，确保国有资产保值增值。新投入项目16个（其中大型建设项目3个），至年底完成13个，项目建设完成率81%。主要有驾考中心及考训场项目、河西街农贸市场改造提升项目、溪口农贸市场收购项目、桥头山安置小区项目。年内累计完成项目投资3343.75万元，实现营业收入2264.28万元，利润1092.81万元，其中市场化项目投资2892.58万元、政府性项目投资451.17万元，市场化项目投资占比86.51%。政府性项目代建履约率100%，资产保值增值率128.18%。

【新建华安驾考中心及考训场】 位于城北开发区北斗大道北侧，规划用地35.1亩，总投资约2800万元。至年底，项目累计完成投资1834.45万元，驾考中心主体大楼结顶，进行内部装修施工。

图146 6月9日，华安驾考中心举行开工仪式

【改造河西街农贸市场】 百益市场公司以创省级放心农贸市场为契机，实施河西街农贸市场改造提升工程。2017年4月开工建设，至年底，累计投入资金360余万元，完成市场内部立柱、摊位台面、市场吊顶及农贸市场西侧大棚改造，消除消防隐患。为解决市场经营户停车难问题，拆除青墙后34号危房，对该地块进行改造，设为市场停车场，并投入使用。

【收购溪口农贸市场】 为扩大公司市场规模，提高营收能力，公司于9月26日成功在闲鱼网站上竞得龙南商贸城菜市场及部分商铺拍卖资产，至年底，实现收入139万元。

【桥头山安置小区】 配合东华街道桥头山安置小区拆迁安置工作，协助参与拆迁安置，做好土地清表等工作，至年底，项目共完成投资481万元。

【零星工程改造】 百益市场公司对飞云路菜场内部细节进行改造。安驿车检公司增设检测线及加大环保设备投入。横山农贸市场内部进行线路改造、顶棚更换翻新、新建检测监控室等，完成一星级农贸市场创建工作。百益仓储公司加大对货场北路配套工程投入力度。

【园区管理】 围绕“专业市场集群、物流仓储基地、服务产业新区”园区发展定位，积极搭建商贸、物流等项目服务平台。国际家居建材市场及嘉溢鑫城商场投入运营，至年底，共落户龙游国际家居建材市场、嘉溢鑫城、铁路货运东站、中石化龙游油库、宝塔农资连锁、柳丰物流等大型商贸企业6家。为增强园区道路运输功能，强化安全保障，完成神龙路道路标线画设工作；为保障园区商场及周边居民用电需求，增建10KV（千伏）开闭所1座。在大型商贸项目的辐射带动下，周边小型物流企业、生活服务超市、餐饮服务业不断集聚，园区生活配套服务功能不断完善。

【队伍建设】 为确保各项管理流程规范有序运行，公司先后出台《“三重一大”决策制度实施办法（办法）》《营业收入管理办法》《后备人才培养方案》等文件。对公司原有《薪酬管理办法》《绩效考核办法》重新修订，确定岗位绩效工资制和年薪制二种薪酬支付形式，对全体员工按工作种类、操作难易程度、岗位职责等划分职级，提高员工积极性，经营业绩大幅提升。安驿车检公司日均检车由原60辆提高到110辆，百益市场公司营业额与同期相比增长较快。完成党组织架构重组系列工作。实现党组织负责人与公司“一把手”交叉任职，全面实现“一公司一组织，一组织一阵地”，落实专职党务工作者1名、兼职党务工作者2名，凸显党组织在公司议事中的作用。10月，商贸公司、百益市场公司、华安驾培公司党建工作进公司章程修订完成。组织开展《合同风险五把关》《以项目管理思维创新企业管理》《工作分析与岗位说明书撰写》等经营管理培训，实现员工综合素质提升，保障公司高效运营。

（县商贸物流公司 吴晓丽）

龙游县文化旅游发展有限公司

【概况】 龙游县文化旅游发展有限公司，成立于2011年，注册资本1.3亿元，以县域内旅游资源综合开发、景区日常经营为主业。下辖龙游石窟风景旅游有限公司、龙游县三门源旅游开发有限公司、龙游石窟旅行社有限公司、龙游县石角旅游开发有限公司等4家子公司。2017年，公司借市场化改革东风，创新工作思维、工作方法、工作流程，实施分块包干、分时推进、责任到人，围绕提质增效，开展百日攻坚活动，确保“三开”（三门源景区开园、石角漂流景区开漂、六春湖索道开工）目标顺利实现，促进全域旅游发展，完成年度工作任务。龙游石窟风景旅游有限公司被省文改办、省文化产业促进会授予“第二批浙江省成长型企业”荣誉称号。

【制度创新】 以制度建设夯实基础，实现公司管理有章可循。广告投放上，修订《供应商筛选制度》；经营管理上，出台《工作规范制度》《2017年度项目绩效考核实施细则》《2017年景区管理处和市场营销部年度考核细则》《2017年度薪酬管理办法》《平安建设与安全生产工作要求》《私车公用管理办法》《聚宝古街文化创意街区管理办法（试行稿）》《财务管理制度》《重大事项、重点工作议事制度》等制度；以绩效管理为手段，加大重点工作分值权重，将景区月游客量、月门票收入与区域营销人员绩效双挂钩，充分发挥绩效考核作用；项目管理上，出台《小额零星工程建设管理办法》《关于规范项目谋划和工程管理的若干规定》等制度，形成较为完备的市场化规范管理机制。

【市场营销】 围绕改革主线做好“加减法”，全力优化治理结构，提升项目管理水平，加大管理资产运营力度，做好经营性资产的安全维护工作，助推公司经营业绩稳步提高，确保资产保值增值。

【营销布网】 在立足市内基础上，着力探索旅游品牌辐射周边的可能性，形成口碑效应。积极与县外漂流、水上乐园等景区合作，推出暑期线路，重点突出疗休养组团式旅游体验，大力吸引上海等发达地区游客。国庆假期，石窟景区、民居苑景区接待游客总人数达3.4万人次（不含龙游籍免费人次），同比增长4%；门票收入182万元，同比增长8.6%。

【营销策划】 4月份，公司精心策划龙游石窟原声岩石音乐节，连续5天原生态音乐演奏为游客提供视听盛宴。活动邀请中央电视台、凤凰卫视、腾讯、网易、FM93、同程网、携程网、衢州电视台等媒体，并与浙江省音乐学院、浙江传媒学院等专业院校合作，多渠道打响龙游石窟品牌。同时，通过FM93、携程网、大众点评网等平台开展“幸福听众秒杀旅游产品”活动，线上线下联动营销，提升龙游石窟知名度。

【“周一免费游”】 “全球免费游衢州”开展后，公司多措并举，顶住人流量剧增的压力，顺利完成接待任务。启动景区紧急避险应急预案，对各景区及在建项目进行拉网式大检查，切实扎紧安全生产防范网；针对“周一免费游”，实行人员网格化管理，责任到员到岗；部门协作及志愿者服务，加强景区秩序管理，全面夯实安全生产责任墙。据统计，本年度石窟景区总接待游客525850人次，其中接待免费游300749人次；民居苑景区总接待游客159528人次，其中接待免费游91058人次，接待龙游人免费游29182人次。自5月19日免费游开始，每周一平均接待游客1万人以上，接待量居全市旅游景区之首。至年底，门票收入1781.83万元、免费游补助377.6万元，实现全年总收入2159.43万元。

【石角开漂】 一期投资600万元，完成丞相墓位置上漂点、游客中心、停车场、公厕等基础设施。二期拟投资2000万元延长漂流游程，新建漂点游客中心、码头等设施，并新建环景区游步道和业态设施，完善石角漂流景区基础配套设施。为推进全域旅游创建，景区抢时间争速度，于10月29日正式开漂运营，填补了衢州市竹筏漂流空白，丰富乡村游体验方式。

【六春湖索道】 六春湖运动休闲区桃源尖客运索道位于龙游县西南部庙下乡毛连里村，总投资约2.2亿元，建设总工期约15个月。至年底，完成景区初步设计；落实索道上、下站土地征用范围，进行土地评估，与农户签订协议，做好“三通一平”开工准备工作；配合供电部门完成上下站之间电缆走向设计，并进行施工图设计。12月初，EPC（设计采购施工）总承包招标发包，12月21日开标。组织工程监理及跟踪审计单位（上海建浩项目管理公司）踏勘现场，落实开工准备等事项。

图147 三门源景区

【三门源开园】 项目总投资概算5000万元，至年底，完成投资约2800万元。通过石佛乡、三门源村多方协调推进，基本完成碧溪东面一号道路石板铺装,东片、西片污水终端，景观绿化种植，烟雨轩长廊安装及装饰；完成游客中心门前广场以及2号道路和5号道路石板铺装，游客中心门前铺装，景观水体及驳岸施工；配套公厕完工验收；检票口台阶及挡土墙施工完成，三处木屋安装完成；进村道路修建工程7号道路和8号道路沥青路面工程进场施工。12月27日，三门源景区正式揭牌。

【“聚宝古街”招商】 民居苑拓展一期工程龙游商帮聚宝古街文化创意街区于2015年4月开工建设，占地面积31200平方米，总投资1.6亿元，由10幢迁建古民居、14幢新建仿古民居、2条步行街、3个广场组成，以“吃、购、娱、赏”功能布局，划分为特色小吃购物区、娱乐休闲区、文化创意区3个区块；制定《聚宝古街文化创意街区管理办法（试行稿）》。11月，街区开始招商，计划于2018年正式开街运营。2017年，商帮聚宝古街文化创意街区被中共浙江省委宣传部授予“浙江省文化创意街区”称号。

【石窟景区提升】 4号洞窟出口改造工程连廊内部装饰施工，展示厅改造工程顶棚、墙面装饰施工；1号洞洞口商店搬迁改造工程（渔浦饮烟）招标文件及预算报送财政项目预算中心审核，准备实施招标；3号洞口及6号洞口游步道提升改造工程完成整体设计及预算编制并做好招投标相关筹备工作。石窟拓展项目已开展工程规划设计、招投标筹备等工作。

【谋划全域旅游】 “亮两头扩中间”。配合“夜龙游”旅游发展规划，以年年红景区亮化为终点，以石窟景区、民居苑景区亮化为起点，以城市东进轮廓线为中间，结合虎游线改造、衢江绿道建设，打造年年红—龙游石窟核心景区体系。利用龙游石窟、龙游民居苑、年年红室内游览的优势，差异化经营，开启龙游县夜游新项目，吸引更多游客入住龙游，将秀丽的“两江”（衢江灵山江）“两滩”

（衢江船厂沙洲、石窟沙洲）景色和未来城市东进靓丽的景色充分展示给游客。除此之外，做好溪口牛角湾“黄铁时代”特色小镇招商谈判工作，争取早日签订框架协议。做好国家文物局批复的石窟、民居苑文物保护修缮立项项目的设计预算申报，争取上级资金补助。

【队伍建设】 开展基层党建“五位一体”标准化党建阵地建设，将党建工作目标与中心工作任务紧密结合，实现相互促进、同频共振，增强党建工作的活力和效果。实行景区主任向社会公开招聘，中层干部竞聘上岗，职工双向选择，人员身份置换，建立健全企业内部管理体制机制，强化绩效考核和岗位等级评定，完善薪酬管理制度。2017年，公司职工李小佩获衢州市金牌导游大赛第一名、浙江省模范导游称号；许楚楚获市导游大赛金牌导游称号；金燕、赖媛园获市金牌导游大赛明星导游称号；石窟公司导游主管郭婷入选衢州市“十大杰出青年”、衢州市第四届“十大女杰”候选人。

（县文旅公司　金燕）

龙游县水务集团有限公司

【概况】 2017年水务集团紧盯“打造浙西南地区一流水务企业”的战略目标，以改革夯实管理基础，以项目创新促进发展，积极调整企业管控模式。下辖有华水水业发展有限公司、华水工程有限公司、水利供水开发有限公司、河道疏浚砂资源开发有限公司、双江水利开发有限公司、鸿乐贸易有限公司、寰龙环境科技有限公司等6家子公司，合同制员工227人，总资产23.34亿元，营业收入1.7708亿元，利润1844.37万元，售水1515万吨，污水处理1431万吨，政府性水利代建工程投资1.8亿元，市政工程建设收入6258万元，供水服务满意率98%以上，出厂水质合格率100%，为县域经济社会可持续发展提供保障和服务。

【构建治理体系】 一是建立从集团到各子公司的安全生产管理体系，下发实施安全生产目标、落实安全生产责任制、安全生产检查、危险源识别与评价、安全投入保障、特种作业规范等一系列管理制度，形成齐抓共管、全员参与。二是强化财务管理流程，在清查资产的同时，做好日常盘点工作，“摸清家底、从严审批”，项目资金拨付控制成效显著，未出现超进度、超计划支付情况。三是规范项目招投标及后续流程，严格执行上级政府及主管部门相关规定，对项目前期谋划、审批、实施、后评价等方面加强监管力度。四是各子公司修订完善内部规章制度、岗位说明书、一线岗位操作规程、具体事务工作流程，规范内部管理，逐步构建现代企业治理体系。

【拓展合作渠道】 与南开大学环境与工程学院签订为期五年的全面战略合作意向书，共同建立企业为主体、市场为导向、产学研相结合的技术创新体系，发挥院企在人才技术、科技创新、生产加工、市场开发的联合优势，共同打造产学研一体化的高新技术研发及成果转化平台。与A股上市企业江苏苏博特新材料股份有限公司初步达成战略合作，签订长期新型环保建材战略协议书。与上海每天生态科技发展有限公司签订为期五年的全面战略合作协议，旨在共同打造在海绵城市建设及新型建材领域具有重要影响力及核心竞争力的高新企业。

【建设智慧水务系统】 为保障龙游县城供水管网健康运行，降低管网漏损，提高经济效益，实现管网智能化管理，集团下属子公司华水水业对龙游县供水管网进行全面测漏和测绘普查。经过三个多月工作，完成了1万多只水表的登记、城区及周边乡村范围内400多公里的供水管网测绘，取得管线、阀门、消防栓等设施的精准坐标，准确统计管道管径、材质等详细信息，完成供水管网详图以及示意图，初步完成GIS（地理信息系统）一张图的建设，为智慧水务服务于精准供水创造良好条件。智慧水务系统建设进入实施阶段，GIS一张图建设初见成效，OA系

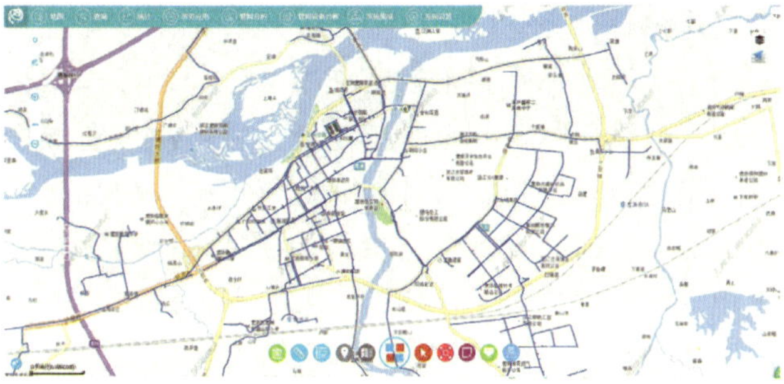

图148 龙游城市供水管网GIS地理信息系统

统、财务软件升级等各项工作持续推动，智慧疏浚系统全面投入运行。

【重大项目建设】 浙江省重点建设项目钱塘江中上游衢江（金华段）航运开发工程游埠枢纽段仅用3个半月即完成90%的工程量，至年底，具备通航蓄水条件并通过验收。衢江龙游段河道综合治理工程项目实现28千米航道通航的阶段要求，同时对疏浚沙石进行加工，实现预期盈利目标，成为集团经营业务主要增长点。省级重点海绵城市产业园项目如期落地，完成一期制砖基地建设任务，透水混泥土搅拌站项目顺利开工建设。

【巩固“五水共治”成果】 一是治污水。污水厂二期投入生产，全年各项出厂水指标均符合国家污水一级A排放标准。针对日益增长的污水处理需求，积极谋划污水处理设施改扩建方案，提交上级部门决策。从市政园林管理处全部接收污水管网维护工作，组建维修维护班组。二是防洪水。在水库安全度汛上，应对台汛期强台风影响，通过科学预测和合理调度，水库开闸泄洪3次，历时160小时，泄洪量1027万立方米，确保水库及下游地区安全度汛；在政府性水利代建工程上，集团全年完成除险加固病险水库4座、新建加固衢江堤防2.83千米、加固山塘15座、改造渠道10.4千米。三是排涝水。通过城市管网综合改造项目的积极谋划，9月，EPC项目正式开工建设，力争通过三年时间，完成城区雨污管网整体改造，强化截污纳管能力，提升城市防水排涝能力。四是节水。对洗车店、足浴城等用水大户用水情况多次开展专项检查，通过社区宣传活动，提高市民节水意识。

【保障供水安全】 一方面通过合理调配，保障原水供应。在秋季枯水季节，制定合理水库蓄水方案，多次从乌溪江水库调水，控制水位，保障第二水厂原水供应。另一方面通过管网基础建设、老旧水表更换、无负压泵站建设、石灰投加系统建设等举措，水量上满足市民需求，水质上得到明显改善。严格落实原水、出厂水、管网水各项指标检测工作，全年水质综合合格率99.8%，管网水压力合格率达到国家标准。测出、定位漏点180余处，抢修漏点1068处，抢修及时率100%。安装一户一表1184只，拆欠费水表995只，对县城内21处管网末梢、9所学校进行管网冲洗。

【队伍建设】 健全完善公司党组织参与重大事项决策机制，规范“三重一大”事项决策，完善公司党组织议事制度，明确党组织研究讨论是董事会、经理层决策重大问题的前置程序。10月初，将党组织职责权限、机构设置、运行机制、基础保障等列入公司章程，明确其在公司治理结构中的法定地位和职责权限。年内先后开展“企业服务进社区”志愿者免费维修、用水知识宣传服务、“保清水在源头”水源水清洁、“忠诚保平安”重点部位夜间巡逻等活动，让群众放心喝水、放心用水，做到“供水优、净水优、服务优”，积极践行人与自然和谐共生理念，着力强化水生态文明建设。

（县水务集团 康利军）

城乡规划建设与管理

概述

2017年，龙游县围绕建设区域明珠型城市目标，完善城乡规划体系，加大城乡统筹力度，城乡面貌不断改善。成功创建国家级卫生县城，被评为全省农村生活污水治理设施运维管理考核优秀县、全省农村垃圾治理优胜县。大力推进城镇危旧房治理与旧城改造工作，创新实施“先人后房、一主三辅”治危模式，成功创建省级基本无违建县。推进大南门历史文化街区保护开发工作，大南门历史文化街区保护项目房屋收购基本完成。积极推进城东新区建设，扎实推进城东征迁工作，完善城市规划区村庄搬迁改造等政策，城东新区4平方公里内农房搬迁签约率达95.3%，选房摇号、房屋腾空进展顺利。积极推进城中村改造，完成以西门村整体搬迁改造、小高山村整体搬迁改造、危旧房改造为主的14个项目，整治面积516万平方米，惠及4.6万户。采用EPC模式实施县府宿舍、亚伦小区、光华厂小区、石塔山背小区、华西园小区的“六合一”改造，综合改善旧小区卫生脏、环境乱、配套差的问题。太平路、人民路街景改造基本完成。开展房改工作，落实全县机关事业单位一次性住房补贴。推行城区“一把扫帚”保洁模式、“一月一路一督查”等管理机制，开展治堵治超、三（四）轮车整治、烟花爆竹双禁扩面等专项行动，城市管理更加规范。以“最多跑一次”改革为突破口，着力破解一批体制机制障碍，做到围墙内的事政府帮着干、围墙外的事政府抓紧干，营造暖心、称心、舒心的服务环境。

城乡规划

【概况】 2017年，龙游县规划局以规划编制、“最多跑一次”改革、队伍建设为重点，深化服务，强化落实，着力抓好规划引领和管控，各项工作扎实推进，较好完成年度日标任务。在全市城乡规划系统目标考核中被评为优秀单位，获县经济建设综合部门类考核三等奖，被县委、县政府评为落实全面从严治党主体责任优秀单位、“四边三化”工作先进集体、助力东进先进单位、县政协提案办理先进单位。另获县项目谋划擂台赛第二名、县乡韵庭院创建大赛三等奖、全市规划系统十佳行政许可案卷、衢州市小城镇整治环境综合整治规划市级优秀单位等荣誉。县人民防空办公室获全省人防工作综合先进、全市人民防空工作先进单位、市人民防空工作产权制度改革创新奖。

【城市规划编制】 有序推进《县域总体规划调整》《县域乡村建设规划》《城东核心区修建性城市设计》《中心城区地下空间开发利用专项规划》《龙北物流区块控制性详细规划及城市设计》《灵山

江运动休闲片区总体规划》《多规融合规划专题研究》等7项续编项目。新启动《老城区控制性详细规划及城市设计》《龙游县地下管线综合专项规划》《河西街历史文化街区保护规划》《鸡鸣—桥下片区修建性详细规划》《城东新区控制性详细规划及城市设计调整》和《城南、高铁站前区控制性详细规划及城市设计调整》等8项规划。围绕县重点工作，按需新增规划编制项目。采用带方案磋商采购方式，开展《城东安置区修建性详细规划》《大南门历史文化街区业态策划和修建性详细规划》《城东中央生态廊道修建性详细规划及城市设计》3项规划编制。至12月，《中心城区地下空间开发利用专项规划》《龙北物流区块控制性详细规划及城市设计》已完成；《县域乡村建设规划》《老城区控制性详细规划及城市设计》《鸡鸣—桥下片区修建性详细规划》《城东核心区修建性城市设计》《地下管线综合专项规划》《河西街历史文化街区保护规划》完成评审稿；《龙游县域总体规划调整》《“多规合一”规划专题研究》《县级空间规划试点》完成讨论稿；《城东新区控制性详细规划及城市设计调整》《城南、高铁站前区控制性详细规划及城市设计调整》完成初步方案，年底前完成讨论稿。

【老城区控制性详细规划及重点区块城市设计】 2016年11月，委托浙江大学城乡规划设计研究院编制龙游老城区控制性详细规划及重点区块城市设计，历经资料收集、现场踏勘、前期研究等阶段，于2017年11月提交方案论证。规划中，老城区整体定位为龙游县的传统商业活力区、历史文化名城、宜居示范区。规划采用“一通两疏三补”（连通老城区空间脉络；疏散老城区中的国资地块、疏散老城区城中村老旧小区；补充城市开敞空间和公共绿地、补充城市公共服务和交通设施、补充城市历史文化内涵和载体）的方式进行老城区的功能优化梳理。规划对龙游灵山江以西城市建成区约6平方千米范围内的建设用地进行梳理，明确各地块土地使用性质、兼容要求、土地使用强度、环境容量控制等指标，实现老城区控制性详细规划覆盖，为项目审批、建设提供法定依据。

【大南门历史文化街区业态策划及修建性详细规划】 5月，发布大南门历史文化街区业态策划及修建性详细规划采购公告。6月12日通过方案比选的形式进行竞争性磋商，确定上海创霖建筑规划设计有限公司为中标设计单位。9月至10月完成县政协、人大、民主党派、老干部群体等层面意见征求，11月通过部门和专家评审。规划研究范围为太平路以南，灵山江以西，柴大巷—城角坊一弄—西湖沿西巷二弄以东，巨龙路以北，用地面积约18.96公顷，其中大南门历史文化核心保护区4.3公顷，建设控制地带约3.3公顷。规划着眼于创建省级历史文化街区，为龙游县申报历史文化名城奠定基础的同时，展现龙游城市的文化自信，提升龙游城市文化软实力，树立历史街区保护与开发的样板工程。规划结构为“三轴三核两分区”（灵山江景观风光轴、大南门文化体验轴、胜利路龙游古城南北中轴线；县衙文化体验核、泮池儒学文化体验核、西湖园林文化休闲核；大南门传统风貌区、外围风貌协调区）。规划区划分为泮池儒学文化、九曲巷国学培训体验区、县衙文化游览区、西湖文化休闲区、市井民俗体验区、龙商文创艺术区、灵江古城遗址公园共七大功能，彼此联动互补，完善街区功能需求。

【城东中央生态廊道修建性详细规划及城市设计】 10月，发布城东中央生态廊道修建性详细规划及城市设计采购竞争性磋商公告，10月31日进行第一轮磋商，选出5个入围设计单位进行方案深化，11月24日通过方案比选的形式进行第二轮竞争性磋商，确定浙江安地建筑规划设计有限公司为中标设计单位。12月提交方案中期成果，并向政府及各部门多次征求意见。为打造区域明珠型城市，以中央生态廊道为轴心，围绕城市大建设的主体方向和补短板、提能级、建精品的城市发展需求，进行功能复合、资源整合、地上地下统筹的城东中央生态廊道规划设计。规划明确城东中央生态廊道“一廊三区四体”（南北连接廊道；城市客厅区、公共服务区、商务创意区；旅游休闲综合体、公共服务综合体、公共文化综合体、商务总部综合体）的总体结构。明确“八个一”（指旅游综合体由一塔、一厅、一馆、一楼、一街、一心、一个阳台、一个码头组成）、“八个馆”（指公共文化综合体由青少年馆、老年馆、群艺馆、文化馆、婺剧馆、图书馆、档案馆等组成）、“四个中心”（指公共服务综合体由行政审批中心、应急指挥中心、公共资源交易中心和综合信息指挥中心组成）、“7+12楼”（指商务总部综合体由7幢高楼、12幢多层生态建筑组成）的功能布局方式。

【城东安置区修建性详细规划】 5月发布城东安置区修建性详细规划采购竞争性磋商公告，6月5日进行竞争性磋商、方案比选，确定浙江安地建筑规划设计有限公司为中标设计单位。6月，提交方案论证并提交最终成果。城东安置区是按照龙游“着力推进城市大建设，聚焦城东新区开发”的总体部署，为城东新区一期内的城中村改造建设的。规划选址城东端礼路以东，龙翔东路以南，越园路以西，荣昌东路以北，总用地面积约31.32公顷。设计统筹考虑安置区3个地块之间的相互衔接、配套设施的布局协调、空间景观的整体性因素，通过构建以人为本、尺度宜人的公共空间与街巷组合，形成层次丰富的有机整体居住空间。

【村镇规划建设】 抓好规划引领，推动2015、2016已编制村庄规划评审，完成51个村庄规划评审。完成星火、双戴2个传统村落保护规划编制，推进70个村庄规划编制工作，完成全部送审稿。抓好农村危旧房治理，牵头组织开展农村危旧房排查工作，全县除城区外共完成危旧房鉴定5636户，其中C级危房2313户、D级危房1499户。至12月，全县1499户D级危房拆除1163户、修缮49户，12户涉及公共安全的C级危房全部拆除，1499户D级危房全部腾空清人。抓好农村困难群众危房救助，至12月，全县15个乡镇（街道）450户农村危房救助全部完成验收。

【美丽宜居示范村建设】 2017年，3个省级示范村后田铺、峰塘山、腰塘边村庄规划通过专家评审。督促客路、贺田、浦山、雅塘、童岗坞5个示范村建设，石角、泽随、三门源、天池、社里、贺田6个村入选2017“美丽宜居浙江样板”双百村获奖名单。做好历史文化名镇名村、传统村落保护工作，将灵山、泽随提请申报第七批国家级名镇名村，双戴、星火两传统村落列入2018年国家财政补助计划。开展历史建筑普查，确定121处历史建筑名录，其中60处完成图则。完成石佛乡三门源村中国传统村落数字博物馆村落馆建馆工作。整理完成17个省级传统村落的申报材料，天池、志棠、项家（横山镇）、庙下、大公、方旦、西金源、鸿陆夏等9个村列入2017年第一批省级传统村落，并通过国家级传统村落资料审核。参与美丽乡村示范县创建，做好重点村、重点地段节点规划设计，完成“乡韵庭院”创建任务。

【小城镇环境综合整治】 紧紧围绕省委、省政府有关决策部署，紧扣“一加强三整治”（加强规划设计引领，整治环境卫生、整治城镇秩序、整治乡容镇貌）中心，以6大专项整治行动（规划设计引领专项、卫生乡镇创建专项、“道乱占”治理专项、“车乱开”治理专项、“线乱拉”治理专项、“低小散”块状行业治理专项行动）为抓手，扎实开展各项整治行动。坚持规划为先，延续乡土文化。围绕环境提升、功能配套、特色打造三大主题，成立规划引领工作组和驻镇规划师团队，扎实开展规划修编工作。在全市范围内率先一次性通过14个整治点的规划编制，其中志棠村“千年志棠，白莲之乡”特色整治规划被评为省级优秀规划方案，溪口、塔石、横山、模环4个乡镇规划被评为市级优秀规划。出台《小城镇项目资金管理办法》《项目招投标快速服务办法》等管理制度，成立项目专项督查组，各项工作有序推进，取得初步成效。至12月，14个整治点144个项目开工138个，完工74个。大街乡通过省级验收考核。在环境卫生整治上，积极探索建立城乡一体化保洁机制。在整治城镇秩序上，注重其他多乱交叉综合整治，借力“四个平台”（综治工作、市场监管、综合执法、便民服务）建设，全面推行路（街）长制，吸引民间力量参与整治。在乡容镇貌整治上，注重“低小散”块状行业治理，积极推进城镇转型升级。

【推进“最多跑一次”改革】 根据县统一部署，经梳理审核，将39项行政权力事项、15项公共服务事项纳入“最多跑一次”改革事项，实现行政权力事项100%“最多跑一次”，公共服务事项85%“最多跑一次”。开展联审联办，推进规划、人防“一窗受理”新模式。开展“多测合一”和“多图联审”改革，出台《龙游县建设工程项目“多测合一”实施办法（试行）》，并依据实施办法选定入围中介服务机构，实行“统一测绘、分类报告、一次收费”。通过公开招投标，确定施工图审查服务定点供应商，实行施工图联审。缩短行政审批时限，提高服务效率。通过完善一次性告知制，建立项目预审制度、受理科室责任制等机制，进一步推进项目审批提速提效。1—12月，窗口共受理行政许可事项172件，办结172件。完成49件工业小项目、60件工业决策项目、253件城区服务业项目的现场踏勘和规划审查。

【完善规划管理机制】 注重监督管理，开展“双随机一抽查”（指通过检查对象名录库随机抽取一定比例的检查对象，选派随机产生的检查人员，依照规定职责对被检查对象的日常监管项目进行监督检查的工作机制）活动，对全县15个乡镇（街道）的农村居民建房进行督查，抽查142户建房户的审批管理情况，完成《龙游县2015年6月以来农村居民建房规划管理及监管情况的自查报告》，接受县委派驻第十一纪检组检查。管理和服务并重，做好项目批后管理，研究制定管理政策，配合做好顶层设计。根据县政府工作要求，研究制定农民建房空间管控政策，起草完成《龙游县农村居民建房空间管控实施细则》和《加强龙游县城中村、城郊村建房管理工作的意见》，上报县政府。加强城区商业业态的规划管理，牵头制定出台《龙游县城区业态功能管理试行办法》。加强城区道路附属市政设施的规划管理，牵头制定出台《龙游县城区道路附属市政公用设施管理规定》。

【服务重点项目】 坚持规划出项目的工作思路，围绕县政府干好“三件大事”（工业提升、城市建设、旅游开发）的中心工作，超前谋划，深入调研。主动对接，在争取杭衢高铁龙游线位和站址、龙游高铁站改造等方面做大量前期工作，促成杭衢高铁龙游线位和站址优化。为推进城东新区建设和老城区改造，及时做好跨江云桥、跨江通道、中央生态廊道、五桥四路、3个安置小区（城东新区安置区、小南海镇安置区、城南片区安置区）、金融中心以南地块、金融中心以北地块等项目规划研究和设计，完成《高铁站前区规划研究》《城东端礼路跨江通道规划研究》《杭衢高铁龙游段线位及站址研究》《景区化高速公路》等课题，为领导决策提供较好的技术支撑，有效推动项目前期工作。其中《城东中央生态廊道项目谋划》获2017年县项目谋划擂台赛第二名。积极服务县“421”（“4”即产业发展、城镇建设、基础设施、公共事业四个重点领域；“2”即重点前期与重点建设两类计划；“1”即在新一届政府五年任期内固定资产投资增速保持10%以上，累计完成投资约1000亿元）重点项目工作，做好红木小镇、高坪桥水库安置区、沿江公

图149 开展杭衢高铁站位线位现场踏勘

路、城东道路工程、绿道二期、博物馆、市民休闲公园、人民路与太平路综合改造等县重点项目建设服务工作。1—12月，共出具选址55项，用地红线70项，规划条件60项，完成方案审查45次，办理用地审批70项、工程审批140项，测绘放样1505个桩，完成日照分析11项、交通影响评价6个，为重点工程推进提供有力的规划保障。

【服务中心工作】 配合“五水共治”，与东华街道上圩头村，塔石镇山底陈村，小南海镇龙丰村、箬塘村、鸿陆夏村结对，认领13个清洁塘，拨付治水资金10万元用于水塘整治；组织志愿者开展清理河道垃圾活动。配合“四边三化”工作，做好竹拉丝厂整治规划方案的编制，为乡镇推进低小散整治提供疏解方案。开展市民休闲公园、“一县一带”等规划编制和《人民路与太平路综合改造方案设计》《城区绿道二期工程设计方案》等方案编制，推进沿江沿路重要节点绿化、洁化、美化建设。积极协助县农办做好赤膊墙整治验收。参与全域旅游工作，主导推进绿道二期、大南门历史文化街区等全域旅游相关规划编制，并全程参与绿道二期项目谋划、规划设计方案、初步设计、施工图设计、施工推进等工作。做好“招商引资”工作，全年引进项目7个，总投资3.61亿元；引进有效信息项目1个，预投资17亿元。另有浙西新型建筑工业化产业园、城东综合体星级酒店在商谈。

【测绘和地理信息数据平台建设】 强化基础测绘和地理信息数据平台建设。完成16.3平方千米城乡1∶500数字基础地形图测绘项目质检验收。完成15个乡镇中心区影像图制作，为各乡镇街道项目规划决策提供依据。提前完成2017年省测绘局推行的山区1∶2000测图和地表精细模型建设工作。完成 2017年天地图数据融合（260平方千米）工作。完成“数字龙游”三维项目平台建设和验收工作，做好“智慧龙游时空信息云平台”及“智慧龙游”建设项目前期对接，完成“智慧龙游”建设项目前期调研，形成《“智慧龙游”项目建设工作方案》初稿。发挥县地理空间协调委员会作用，8月与县公安局签订地理信息资源共建共享协议，在数据、技术、项目等方面开展有效合作，为政府专业部门提供基础数据分发等服务。基础测绘成果的分发服务，为全县的各类空间规划设计及政府重点工作和重大项目提供支撑和保障，实现资源的共建共享，节约政府资金投入。

【测绘服务工作】 围绕县“421”项目、美丽乡村建设等重点工作，提供测绘成果服务。为总长8.8千米城区健身绿道提供测绘技术服务，完成46项约41.27公顷企业竣工测绘任务，完成99.8公顷地形测绘。配合小城镇环境综合整治，完成塔石镇、大街乡、庙下乡、模环乡、沐尘乡、石佛乡、社阳乡集镇测量，罗家乡集镇立面改造提升42幢6598平方米测量计算。配合县农办完成全县15个乡镇（街道）约200万平方米农房及围墙立面赤膊墙粉刷面积测量，完成县农办委托的39项上级财政补助扶贫项目验收。1—12月份，为县国土、交通、水利等部门提供面积约2185平方千米1∶500、1∶2000基础地形图。

【队伍建设】 充分利用“两周一夜学”机制，深入学习党章党规党纪、中共十九大报告、习近平总书记系列重要讲话、县委县政府和县纪委等会议精神，组织观看专题教育片，邀请县委党校和县纪委领导作专题讲座，开展党章党规党纪知识测试，开展规划业务、法律法规等培训，抓好干部职工思想政治教育和业务知识培训，切实增强党员队伍的政治意识、责任意识、廉洁意识，提高业务工作能力。以“队伍建设年”活动为契机，常态化开展正风肃纪，对党员干部执行有关禁令、工作纪律、规章制度、公车使用、公务活动等情况进行督查，发现问题及时通报，并做好教育提醒。结合“双随机一抽查”、重点项目审计、派驻纪检组立项监督等工作，对基层规划员的履职、服务态度、服务质量和吃拿卡要乱收费等情况开展督查，促进队伍作风转变和改善。以规划测绘队等“最美龙游人”为榜样，组织党员干部深入一线，克难攻坚，积极服务县重点工作、重点项目建设。抽调7名工作人员参加城东征迁，2人参加大南门改造，1人参加城镇危旧房治理，2人参加湖镇曹垅征迁，2人参加小城镇环境综合整治，1人参加“五水共治”，2人参加“三改一拆”等县重点工作。在服务中锤炼党性，提升工作能力，打造规划铁军。全年共承办建议、提案88件，其中县人大建议、议案38件，县政协提案31件，县党代会提案19件，全部按照规定的时间办结，办结率100%，满意率100%。

（县规划局 叶苏玲）

新农村建设

【概况】 2017年，龙游县农业和农村工作办公室（简称“县农办”）认真贯彻落实中央和省、市农村工作会议精神，紧盯农业供给侧结构性改革方向，以省级美丽乡村示范县创建为中心，实干快干，凝心聚力，创先争优，推进农村发展、农业增效、农民增收，全县“三农”工作继续保持良好的发展态势。2017年，龙游县被评为全省农村生活污水治理设施运维管理考核优秀县、全省农村垃圾治理优胜县。县农办被评为全省社会主义新农村建设优秀单位，并被县委表彰为“五水共治”先进集体等。

图150 11月10日，浙江省农村工作指导员工作会议在龙游召开

【“贺田模式”提升】 大力提升农村生活垃圾的分类处理水平，把“贺田模式”提升工程列入为民办实事的十大项目。围绕“三个全覆盖”（垃圾分类基本实现行政村全覆盖、垃圾兑换超市行政村全覆盖、阳光沤肥或机器堆肥房等垃圾终端处理设施中心村全覆盖）目标任务，立足于抓“两头”（源头分类、终端处理）、促“三化”（垃圾减量化、资源化、无害化），推进垃圾分类扩面提质工作，全面打造“贺田模式2.0版本”。全县已完成85座有机垃圾分类处理终端设施建设，已创建垃圾分类达标村253个，占应分类村的100%，其中创建示范村160个，占应分类村的63.2%，太阳能沤肥或机器制肥终端中心村覆盖占比100%，建成垃圾兑换超市246个，配备分类垃圾车320辆，“村情通APP+垃圾分类”全县域推广注册人数已达17.8万余人。

【深化美丽乡村建设】 根据《浙江省美丽乡村示范县考核评价体系》和《龙游县创建省级美丽乡村示范县实施方案》，坚持按照“全域洁净、沿线美丽、点上出彩”的要求，县农办重点围绕打造灵山江山水风光休闲线等4条美丽乡村精品示范线路和创建25个4星、5星级美丽乡村精品示范村目标，抓好项目前期、项目设计、环境整治、项目推进、项目质量，充分运用“四比四赛”（平安村、星级村、集体经济薄弱村、网格治理村村级比达标；护航十九大、美丽乡村创建、小城镇整治、剿灭劣Ⅴ类水乡级赛成效）这一载体，有序推进美丽乡村创建，谋划项目共109个，安排财政专项资金3000万元，拼盘“两山”（绿水青山和金山银山）资金1600万元，整合9个部门、43个项目、资金4875万元。至12月底，共完成72个项目建设，已开工建设项目35个，开工率98%，有2个项目暂缓实施。全面开展赤膊墙整治工作，自全市启动赤膊墙整治工作以来，龙游县立足于“快”，着眼于“好”，致力于“优”，强化于“实”，建立起以“村级比达标、乡级赛成效”为要求的“日看周报月赛”工作机制，坚持“治旧+控新”，打好治危拆违组合拳，通过“拆、清、改、整”等措施扎实推进赤膊墙整治工作。6月底基本消灭高铁、高速、国省道、衢江灵山江、县乡道沿线“八线”范围内的赤膊墙。全年累计完成赤膊墙整治1.74万幢（处），面积274.09万平方米。其中大街乡、沐尘乡、庙下乡、社阳乡、罗家乡、溪口镇、石佛乡、横山镇、东华街道、湖镇、龙洲街道、模环乡、詹家镇通过无赤膊墙乡镇（街道）创建市级验收。积极开展历史文化村落保护利用工作，按照“四态”（文态、形态、生态、业态）融合、在利用中修复的要求，积极推进历史文化村落保护利用工作。重点村石角村完成3幢古建筑修缮，35幢现代建筑立面改造，修复古道3.1千米。全面完成原保护利用规划中的项目，古码头、古村广场、复古道路均已修复完成，村内水系正在改造中。一般村张家埠村、石佛村、项家村、源头村已完成项目建设，积极做好村庄环境整治提升。第四批天池村、庙下村、鸿陆夏村、龙丰村、里王村、灵山村等6个一般村已完成保护利用方案编制，已全部启动68幢古建筑修缮工作。第五批重点村溪口村已完成保护利用规划编制，通过EPC模式委托浙江省建工集团对溪口古街进行改造。一般村山底陈村、灵下村、下田畈村、青塘坞村、平坦村、双戴村、西金源村、叶村村8个村已完成保护方案编制工作。第二批重点村泽随村省级验收获优秀，第三批重点村石角村省中途绩效评估为A等，是全市重点村中途绩效评价中唯一获得全优的县。

【精准扶贫促农增收】 以“实际贫困度”为首要标准，进一步抓好低收入农户动态管理，做好“扩面提质”文章，实现“应保尽保、应统尽统”，共完成低收入农户认定16592户、22910人，占全县农村人口比例的6.7%，下一步将继续进行动态调整。积极关注因病返贫、因残返贫、因学返贫等群体的社会性救助，开展健康保险、雨露计划等工作，积极深化“最多跑一次”，在推进教育扶贫、健康扶贫等工作中，让低收入农户少跑路、不跑路。开展新一轮低收入农户“一户一策一干部”精准帮扶，指导督促结对干部深入村户，访民情，查贫因，为每个结对户量身打造增收计划和脱贫措施，力所能及地为结对农户送信息、送技术、送资金、送岗位，采取多种帮扶举措，帮助结对户增收致富。健全覆盖新型职业农民、农村实用人才、高技能务工人员的分级分类培训体系和就业服务体系，确保有劳动能力的低收入农户家庭至少1人就业。有序开展来料加工经纪人和从业人员免费培训，全县来料加工从业人员达4万人，加工费发放5亿元以上，实现更多的农民在家门口就业。推进光伏小康55兆瓦农光互补地面电站项目，计划总投资4.12亿元。已取得55兆瓦竞争性电价指标，年底可并网发电。届时财政投资收益全部用于增加低收入农户和扶贫重点村经济收入。前三季度县农村居民可支配收入达到15425元，同比增长10.2%，增幅居衢州市第一。创新农民培训模式，重点围绕发展抓好实用人才培训，推动农村劳动力培训从数量型向质量型转变、从促进转移就业向培育新型农民转变。全年开展各类农民培训班101期，培训学员5608人次，其中农村实用人才培训班74期，培训学员4990人次。

【低收入农户健康保险】 2016年10月17日，对接中国人寿保险公司龙游县支公司，实施低收入农户大病及意外伤害精准扶贫保险项目，共承保12065人，保费82.8元每人，保险期限自2016年10月17日至2017年10月16日，经中国人寿保险公司龙游县支公司通过大数据筛查，受益群体600余人，已赔付和未决赔付达149.4万元。2017年，根据《衢州市人民政府办公室关于进一步加强扶贫健康保险工作的意见》，以2017年新认定的低收入农户为参保对象，包括实收入4600元以下的低收入农户巩固扶持对象、最低生活保障对象、最低生活保障边缘对象，险种分住院医保外费用补偿、意外死亡责任、意外残疾责任、大病补助责任、疾病身故责任五大类，保费每人每年150元，并对低收入农户扶贫健康保险建立盈亏风险调节机制，确保该帮扶政策良性运行。

【县、乡二级农合联改革】 制定下发2017年农合联重点任务清单，明确责任部门、责任人和完成时间节点，同时把农合联改革工作纳入2017年度县政府重点工作，将任务清单完成情况纳入年度综合考核。加快推进农合联服务中心平台建设，在完成设计方案和功能布局的基础上，已进入装修阶段。溪口、横山镇农合联服务中心建设已初具规模，开始实质运作。扎实推进农合联的规范运作，注册资本1000万元的龙游县农合联资产经营公司已完成工商注册，2家资金互助会完成筹建。全力推进农合联农业社会化服务体系建设，拓展服务功能，在全省率先成立土壤医院，开展为农土壤检测服务，实施惠农工程，推动庄稼医院（智慧农资平台）建设。积极开展农民专业合作社、家庭农场、种植大户三大产业发展情况调研，举办黄茶、柑橘种植管理系列实用技术培训等工作，为促进龙游“三农”的转型升级作出贡献。

【农村产权交易平台建设】 继续推行和完善县乡村三级交易联动、“五统一”（统一名称标识、统一信息平台、统一交易规则、统一服务规范、统一考核监督）、“统一受理、分级交易”等管理办法和运作模式，拓展交易服务范围。1月至11月，中心完成交易标的额约1283.82万元。其中农村土地交易22起，标的金额509.08万元，标的亩数760.32亩（50.69公顷）；林权交易6起，标的金额19.45万元，标的亩数309亩（20.6公顷）。较好地促进农业增效、农民增收。持续推进农村产权制度改革，12月6日，龙游县通过浙江省测绘质量监督检验站专项验收，成为继试点市江山市后率先通过验收的县市。

【污水治理提标改造】 高质量推进81个村的农村生活污水治理提标改造工作，全县81个村农村治污主体工程基本完工，进入待验收阶段。投入建设资金9381万元，建设生活污水处理终端92个，容积4850立方米。铺设排污管道265.5千米，人工湿地92处7550平方米，分散式处理（含化粪池改造）3756户。

（县农办 吴晟琼）

城市建设与管理

【概况】 2017年，龙游县住房和城乡建设局紧紧围绕区域明珠型城市建设目标，坚决贯彻落实县委、县政府的决策部署，被人力资源社会保障部和住房城乡建设部授予“全国住房城乡建设系统先进集体”荣誉称号。“先人后房、一主三辅”（先腾退过渡、后处置房产；以置换为主，收购、征收、重建为辅）治危模式，得到充分的肯定，被衢州市政府记集体三等功。

【危旧房治理】 作为全县“大拆大整、大改大建，建设平安美丽幸福新龙游”专项行动的首要任务，城镇危旧房治理于4月20日正式启动。出台《龙游县城区国有土地上危险房屋拆除过渡实施办法（试行）》《龙游县城区国有土地上危旧房屋改造实施办法》《龙游县国有土地上网格化竞争性收购实施方案》3个自成理论体系的政策，理清房屋征收、房屋收购和危房治理改造3个不同的法律属性。在没有安置房源、没有现成政策、没有方法手段的情况下，创新实施“腾退撤离先行，过渡补助为辅；产权置换为主，证据保全为辅；现房安置为主，期房安置为辅”治理模式，按照“危房换新房、平方换平方、自己出造价、级差要找补”思路，有效破解人员腾空与产权处置、危房治理与征迁收购交织捆绑难题。组建城镇危旧房治理办公室，派出攻坚小组，向危房产权户讲清道理、讲明利害、讲透政策，通过“零点行动”和“72小时清零行动”，2个月完成城区82幢1887户C级危房的动态解危和26幢411户D级危房的腾退撤离，5天完成D级危房产权调换协议签订，11月30日完成选房。

【旧城改造】 跟进大南门历史文化街区已签约户的房屋腾空，拆除已收购房屋9.2万余平方米，对不符合档案管理规定要求的退回各组补齐资料，已收取货币318户，置换95户，非住宅60户。积极推进城中村改造，完成以西门村整体搬迁改造、小高山村整体搬迁改造、危旧房改造为主的14个项目，整治面积516万平方米，惠及4.6万户。采用EPC模式实施县府宿舍、亚伦小区、光华厂小区、石塔山背小区、华西园小区的“六合一”（强弱电线路、管网改造、屋顶翻修、外墙立面、道路绿化、物业管理）改造，综合改善旧小区卫生脏、环境乱、配套差的问题。新改造老城区给排水管网24.5千米，涵盖城角坊、鸡鸣、桥下3个区块。

图151 实施太平路“白改黑”工程

【基础设施建设】 全年城建政府性投资项目51个，当年投资额7亿余元。制定2017年县住建局项目实施计划表，明确时间节点，全面落实项目建设。有序推进城东新区9条道路工程，建成学士路、子鸣路、文靖路、荣昌东路路基及地下管线工程，加快伯珍路、端礼路、集贤路、友钦路、凤梧路前期调研。投入8000万元，实施太平路、人民路街景改造，包括路面“白改黑”、沿街建筑物立面统一着色、景观亮化等项目。结合“拔钉清障”行动，克难攻坚，打通莲湖路、翠竹路两条断头路，解决困扰群众多年的出行难题。完成江滨公园方案设计，市民生态休闲公园项目方案通过政府决策，凤翔洲景观云桥项目启动建设，生活垃圾热解气化项目启动主体施工。

【市政园林管理】 以提升城市品位为立足点，着力在强化市政基础设施监管、加强园林绿化养护、规范景观亮化管理上下功夫。创新市场化养护管理考核机制，通过钉钉、微信平台，及时报送养护、检查情况及存在的问题、整改落实情况等。正式实行路长制、园长制，对主要公园、道路定岗定员定责，发现问题立行立改。做好118万平方米的公园、广场及绿地养护日常工作。全年共维修庭院灯159盏、更换LED灯210盏、节能灯102盏，埋设电缆线426米，新增水泵1台及修理水泵15台，更换草坪灯24盏，修理水管25次，新设取水点6处。更换安装安全警示牌124块，更换垃圾桶29只，布设挡车墩23个，更换维修坐凳翻189座，园路侧石铺装修补352.8平方米，积水点改造2处，东阁桥边绿地新建临时公厕1所，太平路、荣昌大道、东华街等绿化带灌木色块整合补植红花继木、红叶石楠等2759株，种植书带草3530平方米。积极应对城市防洪排涝工作，检查清理污水井731座、雨水井3662座，疏通雨水、污水管道43430米。维修及更换井盖50套，人行道改造压膜路面1500平方米，修补沥青路面2.31万平方米、压膜砼路面430平方米、人行道S砖装354平方米、彩砖5353平方米、荷兰砖680平方米、花岗石2430平方米、侧石866米，维修树池211座、更换安装止车石220个。加快绿道建设，有效改善城市生态环境。实施“三大桥两公园一广场”夜景亮化、城区主要节点美化工程，在荣昌广场、文昌大桥、荣昌大道沿线摆放花草3000平方米。通过塑造花境花带、摆设造型花钵等，在主城区打造“花为媒、街为容、文为魂”主题特色街景。积极引进优质绿化养护企业，加强行道树的日常修剪和养护，从细节入手，提升城市品质，打造“花园龙游”。

【“一把扫帚”环卫一体化保洁模式】 5月，全面推行城区“一把扫帚”环卫一体化保洁模式，将城区内的公园、绿地、458条背街小巷、56个无物业小区共计234万平方米的地段全部纳入“一把扫帚”作业区域，城区保洁面积增至468万平方米。投入105万元新采购垃圾桶1300个、果壳箱300个、垃圾桶套袋20万只、果壳箱套袋100万只，为推行“一把扫帚”提供物资准备。10个社区符合交接条件的无物业小区、已列入保洁范围的背街小巷及属于盲点盲区的背街小巷均已完成移交接管，安排15名收集员、176名保洁员进入10个社区进行常态化保洁。“一把扫帚”的推行，有效破解城区保洁多头管理重复叠加、众多盲区无人愿管的难题。同时，在全省率先实行“运扫分离”机制，保洁员只管保洁，垃圾清运由专门的收集员完成，破解保洁员在位率低、保洁路段垃圾得不到及时清理的难题。每月开展净街行动，对人行道、机动车道进行高压冲洗，以巩固保洁效果。

【公用城管】 持续推进“五水共治”工作，新建污水管网32.1千米，雨水管网20.44千米，提标改造13.1千米。履行县级责任主体职责，牵头全县240个村、811个终端的农村生活污水治理设施运行维护管理工作，全年组织5次全县范围内的排查，共排查243个行政村、465个终端，下发整改通知书165份。建立健全管网日常巡查制度，开展对乡镇（街道）、第三方运维单位的考核，制定考核菜单，采取集中考核与日常考核相结合、定期核查与日常督查相结合的方式，强化精准考核、精准监督。开展瓶装燃气大整治，突出整治跨区域经营、配送行为，查处违法经营点1处，吊销送气工配送服务证资质1名，扣押钢瓶49只，将瓶装燃气安全隐患消除在萌芽状态。推行“一张网、一个微信群、一套工作法”，党员干部划分责任范围，实行网格包干，及时协调处理群众反馈的问题。

【队伍建设】 举办每月逢8主题党日暨“住建论坛”，围绕住建系统职能，以领导干部讲党课、专家教授讲理论、业务骨干讲经验、先进人物讲事迹、青年干部讲心得等形式，开展内容丰富、形式多样的培训活动，从十九大精神、廉政教育到健康知识，从听讲座、看视频到进小区参加志愿活动，搭建多元的学习实践平台。组织80后、90后青年干部开展读书活动，定于每月的15日为固定读书日，通过好书推荐、图书漂流、读书沙龙等载体，促进青年干部在学中干，在干中学。自年初青年干部读书班成立以来，已开展集体读书活动1次，分小组读书活动3次，汇编《十九大，青年说》学习体会文集2册。积极响应“最多跑一次”改革要求，搭建为民服务高速路，全年办理的3627项服务事项中，3521项实现“最多跑一次”，占比为97%，其中23项实现“零跑腿”。办理县人大议案42件、县政协提案38件，获县人大代表议案建议承办先进单位、县政协十届一次会议提案办理先进单位。

（县住建局 王凌霞）

建筑业

【概况】 紧紧围绕县委、县政府全面开展建设工程质量提升两年行动方案，以工程质量、监理行为监管为重点，以标准化工地、优质结构和灵江杯评选制度为抓手，以建筑工地用工监管信息系统为平台，全面推动龙游县建筑业平稳发展。2017年，完成建筑业总产值84.49亿元，同比增长15.04%；受监建筑工程255项，建筑面积99万平方米，市政工程18项；竣工工程232项，建筑面积达87.67万平方米。

【建筑企业资质申报】 全县建筑业企业共62家，其中房建工程资质33个、市政工程资质50个、钢结构工程资质17个、装饰装修工程资质31个。完成施工图审查备案48项，建筑许可46件，安全生产许可34件，三类人员注册1126件，二级建造师注册417件，房地产企业17家，物业管理企业3家，进龙企业备案登记79家。

【安全质量监管】 开展建筑施工企业和监理企业诚信评价活动，参加企业有房建56家，建筑工程监理单位18家，市政工程施工企业52家，市政工程监理企业10家。自国资改革后，住建系统的政府性投资项目均交给国资公司运营，县住建局成功转型。出

图152 衢州市安全质量现场观摩会在龙游召开

台标准化流程，将质量监督细化为开工前4个、施工19个、竣工10个环节，确保监督无差别化。实施全方位监管，监理单位按一定比例进行检查和检测，再由县质量安全监督站进行抽查。开展工程质量创优评选活动，评选出优质结构工程4个、安全文明标化工程3个、房建工程“灵江杯”1个。召开全县现场观摩会、市标杆工地观摩会，形成比学赶超的良好氛围。

【建筑节能工作】 落实国家机关办公大楼和大型公共建筑用能监管示范项目4个（灵江幼儿园、樾园小学、阳光小学、博物馆）。实施太阳能等可再生能源建筑应用项目5个（阳光水岸二期、观澜一号、印江南、翰林府、翡翠湾），面积共71万平方米。民用建筑节能评估审查27项、62万平方米，其中专家评审5项，审查面积41.49万平方米。

（县住建局 王凌霞）

2017年度龙游县重点建筑企业基本情况

表39

企业名称	地址	注册资金（万元）	法人代表
浙江通衢水电建设有限公司	东华街道学士路222号	10000	张淑君
龙游县通途交通建设工程有限公司	龙洲街道新二路7号	6090	龚明山
浙江泰宇建设有限公司	龙洲街道灵江工业区祥云路19号	5116	骆群
浙江欧骏建设有限公司	龙游工业园区北斗大道21号	5100	杨红霞
浙江创宇建设有限公司	龙洲街道竹海南路202号	5018	姜克宇
浙江培华建设有限公司	龙洲街道荣昌大道广和大厦A幢705～707室	5000	叶子雄
浙江万明建设有限公司	龙洲街道太平西路25号	5000	卢明成
浙江衢州榕森环境建设有限公司	龙洲街道荣昌大道广信大厦323室	4050	胡雪芬
龙游吉祥园林建设有限公司	龙洲街道荣昌大道广和大厦412室	4000	傅康
浙江龙游天泓建设有限公司	龙洲街道巨龙路106号三楼	4000	丰树青
浙江龙游瑞晟建设有限公司	龙洲街道兴龙北路4号楼24号、25号	2568	张洪财
浙江龙游宏业建设有限公司	龙洲街道荣昌大道广信大厦818号	2200	赵英
衢州锦昌建设有限公司	龙洲街道远洋现代城6号楼6-2-4	2118	余雄伟
浙江龙建建设有限公司	龙洲街道太平路和平巷1号	2000	江益龙
浙江千叶环境工程有限公司	龙洲街道平政路287-1号（金泽大厦）二楼	2000	夏伟
浙江恒鼎建设有限公司	龙洲街道人民路1号综合楼二单元321～322室	2000	郑云
浙江环达交通设施工程有限公司	湖镇工业区	1800	邱玉清
浙江晨烨建设有限公司	龙洲街道人民南路158号东方广场A510	1006	钱春红

房地产业

【概况】 2017年，县住房和城乡建设局积极对接相关部门及房地产开发企业，统筹谋划安排，全年完成房地产项目投资14亿元。

【安居工程建设】 开工棚户区改造安置住房1028套，其中城东片区棚户区改造项目货币化安置798套。基本建成保障性安居工程2029套，其中城东片区棚户区改造项目798套，灵江家苑综合性小区275套，子鸣社区安居工程一期956套。竣工保障性安居工程1879套，其中城东片区棚户区改造项目798套，子鸣社区安居工程一期956套，灵江家苑综合性小区2016年度结转125套。交付保障性安居工程956套，其中城东片区棚户区改造项目798套，阳光三期回购房改造项目146套，阳光家园、莲湖家苑等地零星公租房共12套。

【公租房管理】 推进公租房申请常态化受理工作，受理公租房新申请家庭105户。公租房准入标准由上年度的1994元以下调整为2178元以下，完成实物配租家庭选房工作，共有15户低保、重度残疾家庭纳入实物配租保障。公共租赁住房租金补贴标准由上年度的保障面积标准内补贴8元/平方米/月提高至10元/平方米/月（人均保障面积15平方米）。承租人为60周岁以上、低保且无子女的及因公致残且残疾等级在4级以上的退伍军人，免收租金。对公租房和直管公房进行日常维护，本年度公租房和直管公房日常维护共使用维修资金约4.37万元。

【物业管理】 启动小区物业管理规范试点工作，确定御园、莱茵河畔、银泰龙庭3个住宅小区为试点小区。3个试点小区环境改造工作按计划有条不紊推进。出台《加强和规范物业服务管理的实施意见》和《龙游县物业管理部门联动工作机制》，另5个主要配套制度初稿也已完成。加强物业维修专项资金监管，严格物业维修专项资金使用程序，完成2016年维修资金申请59件。接收维修基金申请186件，现场踏勘后受理105件，结算完工66件，涉及总金额91.46万元。

（县住建局 王凌霞）

2017年度龙游县主要楼盘基本情况

表40

楼盘名称	楼盘地址	开发企业
溪口·华亿广场	溪口镇二桥以北、三桥以南、灵山江西岸、龙南商贸城以东	龙游隆创置业有限公司
民辉·玺园	小南海镇南海路99号	龙游民辉置业有限公司
华都·首府	龙洲街道货场路289号	龙游华都房地产开发有限公司
阳光水岸二期	龙洲街道人民路336号	龙游县龙港房地产开发有限公司
广和·悦府	龙洲街道三友路60号	浙江广和房地产开发有限公司
广和·印江南	龙洲街道广进路98号	浙江广和房地产开发有限公司
碧桂园·翡翠湾	东华街道学士路398号	龙游碧桂园房地产开发有限公司
祥生·翰林府	东华街道永安路68号	龙游祥生弘盛房地产开发有限公司

2017年度龙游县主要房地产企业基本情况

表41

企业名称	企业地址	注册资金（万元）	法人代表
龙游华都房地产开发有限公司	龙洲街道兰亭路289号	5000	刘铮
龙游县正国房地产开发有限公司	龙游工业园区金星大道	2000	郑永飞
龙游浙农家居建材市场开发有限公司	东华街道疏港大道88号	7000	叶慧俊
龙游中港置业有限公司	塔石镇塔石村下大线以西	600	陶伟红
浙江广和房地产开发有限公司	龙洲街道龙翔路240号	10000	吴树良
龙游祥生弘盛房地产开发有限公司	东华街道子鸣路以东，永安路以北，凤梧路以南，伯珍路以西	5000	叶国伟
龙游众马房地产开发有限公司	塔石镇人民路西侧、塔石派出所东面、塔石信用社北面	500	章金德
浙江龙游祥隆房地产开发有限公司	龙洲街道祥云路17号302室	600	张惠君
龙游民辉置业有限公司	小南海镇周红畈村南海路99号	7000	徐伟民
龙游楚盛房地产开发有限公司	龙洲街道兴龙北路33号	3000	傅国平
龙游申通实业有限公司	龙游工业园区龙山路6号	10000	李玉林

城市管理和综合行政执法

【概况】 2017年，龙游县综合行政执法局围绕“打造实力之城、魅力之城、活力之城”的目标，以改进城市管理执法方式、建立健全长效管理机制为抓手，扎实推进城市管理和综合行政执法工作，被浙江省住房和城乡建设厅评为综合行政执法工作先进集体，被浙江省城市建设管理协会评为智慧城管工作先进集体。

【深化执法体制改革】 成立湖镇、溪口、小南海、横山、塔石、詹家分局，实行县综合行政执法局与所属乡镇双重管理模式，代表县综合行政执法局行使相应职能。指导乡镇（街道）开展综合执法平台建设，通过制定平台工作职责、工作流程、“五项运转制度”（工作例会制度、定期会商制度、执法联动制度、考核评价制度、责任追究制度）及属地考核办法等一系列制度，将85%以上的执法力量配置到基层一线，支援乡镇（街道）开展“五四三”“创省卫、治脏乱”、小城镇环境综合整治等行动。严格执法主体资格管理，积极组织干部职工参加市综合行政执法局举办的业务培训、省法制办公室组织的专业法培训及执法证考试，58名执法人员取得执法证，持证率达87.9%。加大执法办案力度，出台《行政处罚裁量权适用规则和裁量基准》《执法全过程记录制度》《重大疑难案件集体议案制度》《2017年度执法业务目标岗位责任制考评实施暂行办法》等文件，建立受理立案登记每月一报制度，进一步规范执法行为，提高办案积极性。2017年，共按照简易程序当场作出处罚决定181起，罚款0.415万元，按照一般程序立案31起，撤销立案3起，结案17起，罚款10.465万元，处理暂扣物品556起。

【开展“一月一路”整治】 严格落实路长制和网格化管理责任，完成荣昌大道、兴龙路、人民路、大众路、平政路等9个路段“一月一路”整治，共取缔流动摊5190余次，引导沿街商户进店规范经营7450余次，清理违规设置的户外广告4790余处，清运各类杂物及建筑垃圾1.5万余立方米，拆除违章搭建的遮阳棚、简易棚等违章建筑物、构筑物350多处，清除沿街商户违规浇筑的接坡620余处。

【推进拆违控违工作】 建立“即查即拆”工作机制，销号存量违建，遏制新增违建。2017年，共出动执法人员2500余人次，拆除违法建筑376处4.15万平方米。其中，拔钉清障打通莲湖路、翠竹路断头路，拆除违法建筑1.57万平方米；推进老旧小区改造，拆除石塔山小区违法建筑84处1333.2平方米；联合县消防大队拆除阳光水岸小区占用消防疏散通道的违法建筑560平方米；打击随意占用耕地、林地的违法建设行为，拆除下杨村深塘垄和柳村等企业违法建设厂房1.57万平方米；拆除兰贺路与龙丽路交界大转盘处违法建设24起3000余平方米。在拆违控违的同时，为县委、县政府中心工作保驾护航。保障城东新区项目推进，拆除项家村、唐尧村、湖底叶村抢建的违法建设18起639.4平方米；参加城东新区村庄搬迁改造项目志愿服务，维护选房摇号现场秩序。配合相关单位开展人民路和太平路街景改造工程，对人民路零距离宾馆二楼平台、泰安爆破、皇家贵族、君度屋顶的违法建筑进行拆除。先后抽调精干执法力量120余人次，保障龙游花海项目建设，协助詹家镇维护项目施工现场秩序。做好省光伏现场会和“民革之家”现场会环境整治工作等。

【优化城区交通环境】 开展城区车辆秩序专项整治行动，牵头县住建、规划、奔康公司等单位施划和复明人行道非机动车停车位300多平方米，增设非机动车停放标识200余个、挡车墩600余个，并在书院路入口、新东方商厦停车场入口等消防通道设置明显标识，增划“禁止停车”字样。动员全县机关部门、“龙游大妈”、党员志愿者、青年志愿服务队等力量，广泛开展文明劝导活动，引导市民自觉养成文明停车的好习惯。加强机动车、非机动车违章停放的处罚力度，自9月1日起，对非机动车乱停乱放等违法行为进行联合执法，对不接受当场处罚的车辆采取强制锁车或扣押后集中存放等措施。2017年，共查处机动车违章停放5500余辆，非机动车违章停放158辆。

图153 9月1日，县综合行政执法局开出龙游县首张非机动车人行道违停罚单

【规范户外广告设置】 制定出台《龙游县城区户外广告管理办法》，结合“一月一路”整治，对城区未经审批擅自设置、影响市容的户外广告进行排查、登记和拆除，共拆除荣昌大道、龙翔路、龙洲路等路段灯杆广告468个，太平路彩虹桥跨街广告17座，太平路与兴龙路交叉处的护栏立面广告16块，清除乱贴乱画小广告3100余处，清理违规设置的店招广告牌、横直幅及悬挂物3320余条（个），督促规范广告设置260余处，有效解决城区户外广告“多、杂、乱”等问题。

【小城镇环境综合整治】 围绕创建省级美丽乡村示范县目标，扎实有序推进小城镇“道乱占”“摊乱设”“牌乱竖”“车乱停”等整治工作，重点对湖镇沙田湖大道二手车废旧市场，溪口曙光路沿线及华亿广场周边，315、33、222省道和320国道等沿线进行整治，有效提高集镇管理水平。11月23日，衢州市小城镇整治“道乱占”治理现场推进会在志棠村召开。

【加强城区犬类管理】 加大城区主干道、公共场所、居民小区等人员比较密集场所的巡查力度，积极做好犬只免疫、电子芯片植入和登记发证工作，及时收容狂犬、病犬、无主犬等，全年共强制收容流浪犬、禁养犬、狂犬等犬只1200余只，病亡和无害化处理120余只，完成800余只准养犬只的管理芯片植入、登记挂牌，办理认领养手续600余只，处理涉犬信访件140余件。

【强化宣传】 结合“七五”普法和“3·5”学雷锋日等活动，在小区和县体育馆门口设点宣传，通过发放城市管理方面的法律法规单行本，展示宣传展板，现场答疑等方式，加强市容和环境卫生知识宣传，增强市民守法意识。在全县中小学校开展“综合执法杯”美术作品大赛，并将印有《衢州市城市市容和环境卫生管理条例》和《致广大学生和家长的一封信》等内容的作业本赠送给学生，推动文明理念融入校园。以报纸、电台、微信、微博等为载体及时向社会宣传整治成效和先进典型，曝光违法违规和不文明行为，共在龙游电台播放《与法同行》栏目5期，在《今日龙游》刊登60余篇信息，通过局微信公众号推送信息77期。

【队伍建设】 出台《岗位目标责任制考核办法》《个人绩效考核办法》《网格化执法管理监督考核办法》《内部督查周报、月报制度》等相关文件，全面实行待岗、末位淘汰制。建立局领导、督查科不定期督查，各单位自查的三级督查机制，全方位督查各网格工作情况和队伍形象，对末位排名进行通报和约谈。开展中层干部竞争上岗和一般干部职工双向选择竞聘上岗工作，完成28名中层干部的选拔任用和3名中层干部后备人选确定，将不适应或不能胜任现有岗位的工作人员列入待岗对象，优化干部队伍结构。每季度召开党风廉政和纪检监察工作联席会议，正风肃纪，切实解决全局干部职工思想、纪律、作风、工作等方面存在的苗头性、倾向性问题。

（县综合行政执法局 李彬）

创建国家卫生县城

【概况】 2017年，龙游县创建国家卫生县城工作领导小组办公室(简称“县创建办”)紧紧围绕“补短板、抓长效、促提升”的工作目标，认真履行组织协调和督查交办职能，精心谋划，周密部署，充分调动各部门工作积极性，有序、有效推进创建国家卫生县城工作。通过努力，城区市容环境不断改善，城市管理水平不断提升，有效巩固和提升“创国卫”成果。6月，龙游县被国家爱国卫生运动委员会正式命名为“国家卫生县城”。

【建立管理责任机制】 制定出台《“创国卫”常态化管理责任清单》，对“创国卫”工作中体制机制不顺、部门职责不明、区域划界不清、管理不够到位、项目推进缓慢等5个方面20项内容进行细化分解，明确责任，落实长效管理机制。组织召开“创国卫”巩固提升工作会议，进行全面部署，进一步落实工作责任。从3月开始，将每月的第一个工作日定为“全民卫生清洁日”，并以制度的形式固定下

图154 全县机关部门组织开展“全民卫生清洁日”活动

来。由社区提供整治内容清单，联系部门按照清单进行整治，实现社区点菜、部门服务的“菜单式”整治模式。为提升活动成效，制定下发《关于进一步深化“全民卫生清洁日”活动的指导意见》，推进“全民卫生清洁日”活动深入开展。为加强城市管理，落实网格化、常态化巡查管控责任机制，制定出台《龙游县城区“路长制、区长制”实施方案》，明确工作目标和任务要求，进一步建立健全长效管理机制，扎实巩固提升“创国卫”成果。

【抓好督查交办】 督查交办是创建办最主要的职能，也是推进“创国卫”工作最有效的抓手，为此，县创建办将督查人员分成3个小组，实行分片、分区包干的网格化管理，确保督查不留盲区、不留死角。以“高标准、严要求”的定位，对城区进行常态化、地毯式督查，全面排查存在的“脏乱差”问题，及时进行梳理、汇总，通过微信、交办单等形式进行任务交办，落实相关责任单位限期整改，并通过动态跟踪督查、联系协调等方式进行督办、催办。同时联合县督考办，进行定期或不定期的“回访”督查，对问题整改不到位、进度缓慢的进行通报，有效促进问题整改，补齐工作短板。一年来，共下发常态化督查整治任务交办单44期，交办问题1101个。

【抓好协调整治】 “创国卫”工作内容多、任务重、涉面广，牵扯到各部门、各行业、各单位，特别是还存在的一些“三不管”地带以及重点难点问题，需要经常开展协调和整治。为理顺工作机制，加强部门合力，有效破解难题，县创建办积极牵头组织相关职能部门，开展一系列的协调会议和集中整治行动。如牵头组织县综合执法、住建、市监、公安、卫计、交通、环保、规划、国资、安监、广电、供电、电信、移动、联通、街道等部门，召开犬类管理、户外广告管理、物业管理、小餐饮业整治、交通秩序整治、通信设施整治等协调会，进一步理顺机制，明确职责，落实责任；牵头组织开展永安路、学士路、招商路、幸福路以及新东方商厦边闲置空地等路段、地块的环境卫生集中整治行动，改善“脏乱差”面貌，取得明显成效。在县创建办的牵头组织协调下，各部门单位积极参与，齐心协力，密切配合，形成上下联动、内外结合、左右协调的工作机制，破解一批重点难点问题，协调解决许多群众投诉反映的事件，有序、有效推进“创国卫”工作。一年来，累计组织召开各类协调会议30余次，开展环境卫生集中整治行动10余次，协调解决重点难点问题50余件次。

【“一月一路一督查”工作机制】 为规范城区道路管理，提升道路品质，打造样板路、示范街，5月，建立实施县领导“一月一路一督查”工作机制，由县领导带队，组织相关职能部门负责人每月督查一条城区主要道路，对发现的“脏乱差”问题现场交办，落实责任。对各责任部门整改情况进行动态跟踪督查，掌握进度，逐个销号。同时联合县政协、督考办，每周开展回访督查，现场协调解决相关难点问题，对整改不力、进度缓慢的进行通报，有效促进问题整改，确保督查一条、规范一条、提升一条。

【“一把扫帚”保洁机制】 为提高城区保洁质量，消除保洁盲区，通过各种措施，积极协调、督促住建、街道等职能部门，加快推进、实施城区“一把扫帚”保洁运行机制，清扫保洁工作由县环卫所全权负责，独立完成，不再需要物业公司或者街道、社区、村委会参与，减少扯皮，减少中间环节。至年底，项目运行良好，成效明显。

【创新宣传发动方式】 利用微信平台、《今日龙游》、电视台、公益短信视频、“创国卫”宣传资料等各种媒介和载体，建立《老徐说事》《服您》《挑刺》《报喜》等栏目，鼓励开展有奖举报，通过“曝光台”进行多方位各层次的宣传发动，大造“创国卫”声势。制定出台《龙游县城区“车窗抛物、乱倒垃圾”有奖举报实施办法》，开展有奖举报活动，引导、鼓励市民积极参与城市管理，全年共受理市民举报8起。开展《龙游市民文明公约》电影宣传进社区活动，共放映电影100场次。发放“创国卫”宣传资料3万余份。

（县创建办 林龙君）

城东征迁和住房改革工作

【概况】 2017年，龙游县住房改革委员会办公室（龙游县住房基金管理中心、龙游县征迁事务管理公办室）认真贯彻落实县第十一次党代会和县“两会”提出的“三个五年三步走”战略部署，围绕县委、县政府中心工作，迅速转变工作职能，突出工作重点，积极稳妥推进城东新区征迁改造项目、房改政策改革等工作。

【推进城东征迁】 根据《关于县住房改革委员会办公室职责调整等事项的通知》精神，县房改办兼挂“县住房基金管理中心、县征迁事务管理公办室”牌子，作为集体土地上房屋征收补偿的主管部门，负责牵头组织实施城东新区村庄搬迁改造工作。4月28日，城东新区村庄搬迁改造项目正式启动，搬迁改造范围为东至越园路、南至永安路、西至了鸣路、北至衢江，征迁范围规划用地面积约3.242平方千米。涉及湖底叶、唐尧、项家3个村整村搬迁，童家（上角头）、十里铺（山背、下山背）、槐王3个村部分农户搬迁。征迁范围共涉及户籍户约1200户，户籍人口3000余人，产权户708户。在不到240天的时间里，已完成涉及3个整村、3个部分村708个产权户中675户的集体土地上的房屋征收及安置补偿协议签约工作，签约率95.3%，签约结算完成644户，签约结算率95.4%，累计支付资金1.24亿多元。完成腾空262户，腾空建筑面积7.2万平方米。第一批491户选房摇号工作已圆满完成，提前并超额完成县委、县政府下达的工作任务，两次得到市长徐文光的批示和肯定。

图155 龙游县召开城东征迁“拔钉清障”工作推进会

【推进房改工作】 稳妥开展住房制度改革工作，保障广大干部职工的权益。牵头制定《关于落实发放一次性住房补贴的实施办法》《关于落实住房公积金补贴的实施办法》，落实全县机关事业单位在编人员及退休人员一次性住房补贴政策、住房公积金补贴政策工作。至年底，已审核129个单位，符合享受房改政策7637人，总金额1490.58万元。其中，一次性住房补贴1911人，金额769.72万元；面积补差1869人，金额412.94万元；住房公积金补贴3857人，金额307.93万元。规范使用住房维修基金，集中对12幢房改房进行修缮，使用维修资金15万元。审核房改政策证明115份，开具各类证明390份。累计接待186名群众的房改政策问题咨询，350人次房改政策方面的来函、来电，答复业务信访件5件，办结率100%。

【房改档案数字化管理】 为贯彻落实“最多跑一次”改革，5月启动房改档案数字化管理工作，10月底完工，并通过县档案局验收。共完成数字化室藏文书档案54卷，房改业务档案10339卷，扫描页数达262174幅，条目58926条，敲页码11万余页，并对1999年前的房改纸质档案封面不符规定和破损页进行更换，重新编制档案案卷目录，操作全程严格按照国家档案数字化管理标准和要求进行。数字化档案建立后，2个月时间内接待查询房改业务档案562人次。

【队伍建设】 严把用人导向，优化干部队伍整体结构。3月，根据龙游县编制委员会办公室《关于县住房改革委员会办公室职责调整等事项的通知》精神，县房改办职能和机构作调整，上划公积金管理等相关职能，增加集体土地上房屋征收与补偿等相关职能。单位中层干部岗位编制6名，空缺5名。为优化队伍结构、充实队伍力量，先后启动中层干部选拔工作2次。每次选拔都严格按照《龙游县乡镇（街道）、机关部门中层干部选拔任用工作实施细则》文件精神，树立正确选人用人导向。坚持“两个原则”(即有利于工作原则和专业对口原则)，坚持把好“三关”（即严把标准关、严把组织考察关、严把讨论决定关）。全年共主持召开中层干部选拔工作会议6次，选拔提任中层干部岗位2批6人次，其中提拔2人，岗位调整4人次，单位中层干部队伍结构得到优化，干部综合素质和工作效能得到提升，争先创优、主动担当的责任意识得到强化。

【党风廉政建设】 认真贯彻落实党风廉政建设责任制，制定年度党风廉政建设主体责任清单，并与5个科室签订党风廉政建设目标管理责任书，2名班子成员和5个科室负责人分别制订党风廉政建设主体责任清单，确保“一岗双责”的细化、量化、具体化。全年共召开党风廉政建设专题会议5次，开展各类监督检查34次。全年组织警示教育10次，班子主要领导上廉政党课3次，邀请上级领导专家上廉政党课1次。组织干部观看《关注十九大》《永远在路上》等专题教育片4个10场次。强化权力监督，针对城东征迁、房改业务等重点工作廉政风险多而复杂的特点，召开专题会议研究，制定班子成员《岗位个人廉政风险点及防控措施登记表》，筑牢拒腐防变思想防线。严格执行廉政谈话党内监督制度，落实“三重一大”民主决策制度。全年共召开“三重一大”事项会议12次，纪要会议50次，开展日常谈话28人次，干部任前谈话7人次，提醒谈话50人次。落实阳光征迁的各项举措，把阳光征迁、廉洁征迁贯穿征迁工作的全过程，做到一把尺子量到底。积极发挥党建引领作用，紧扣“两学一做”学习教育活动的开展，通过将党支部建到城东征迁一线，制定“发挥党建引领—助推城东征迁”书记项目，组织党员赴山东临沂革命老区学习培训等活动，强化党支部的凝聚力和战斗力，发挥党员队伍示范引领作用。以“规范管理年”“队伍建设年”活动的开展为抓手，紧密结合县中心工作，开展主题党日活动10次，组织党员干部参加清理社区垃圾、护航十九大平安巡逻、文明劝阻等活动136次。积极推进农村基层服务型党组织建设，县房改办领导全年3次走访联系帮扶村，涉及农户79户，代办事项5件，帮助解决困难4件，资助联系帮扶村、社区资金13万元。

（县房改办 余建华）

住房公积金工作

【概况】 至2017年年底，龙游县有公积金缴存单位556家，缴存人数24620人，比2016年同期净增2605人。全年完成公积金缴存扩面任务2605人，占全年任务的173.67%。归集住房公积金53350.60万元，同比增长27.04%，占全年任务的133.38%。实现净收益1605.50万元，同比增长14.39%。发放公积金贷款42169万元，同比减少12.8%。提取公积金42830.86万元，同比增加48.67%。住房消费额84999.86万元。公积金归集余额为110758.17万元，同比增幅10.49%。贷款余额为135732.39万元，同比增加20.51%，存贷比为122.55%。公积金制度的优越性和公积金的使用率得到有效发挥，为龙游县房地产健康稳定发展和社会经济发展起到积极作用。

【机构改革】 衢州市住房公积金管理中心龙游分中心，前身为龙游县住房基金管理中心，成立于1993年8月，与龙游县住房改革委员会办公室实行“两块牌子、一套人马”管理模式，是直属于龙游县人民政府的正科级事业单位，负责龙游县区域内住房公积金管理和运作。2011年1月被确定为实行参照公务员法管理的事业单位，2011年9月增挂“衢州市住房公积金管理中心龙游县分中心”牌子。根据《衢州市人民政府关于印发衢州市住房公积金管理体制改革工作实施方案的通知》精神，2017年2月，衢州市住房公积金管理中心龙游县分中心与龙游县住房改革委员会办公室分离，更名为“衢州市住房公积金管理中心龙游分中心”，划转衢州市住房公积金管理中心统一管理。核定编制8人，设行政综合科、计划财务科、结算运行科3个内设机构。按机构改革要求，3月中旬完成专项审计。4月，公积金分中心班子调整到位后，及时将原房改办和公积金分中心的职能分开，将原龙游县住房基金管理中心的住房基金存款和房屋租金按规定移交县房改办管理。4月底，衢州市住房公积金管理中心龙游分中心与龙游县住房改革委员会办公室正式分离，实行单独办公。6月，财务接交到位，经费从7月份开始单独核算，龙游县住房公积金机构改革全面完成。

【推进“最多跑一次”改革】 按照全市公积金落实“最多跑一次”改革统一部署，力求通过改革，缩短办事群众与政府部门之间的距离，实现公积金缴存、支取、贷款等业务都可以在一个窗口一次性办结。全力抓好公积金贷款大厅的设置和银行入驻工作。5月18日，4家银行的设备陆续采购到位并安装调试，19日试运行，22日正式办理业务。自从市中心下发《衢州市住房公积金管理中心“一窗受理，一次办结”实施细则》后，及时组织全体干部职工和4家银行公积金窗口工作人员认真学习相关业务知识，要求大家读懂、会用、熟练掌握。通过浙江政务网实现与相关部门的信息联网共享，进一步简化办理程序，大大方便群众办理公积金业务。办理纯公积金贷款还贷提取业务，只要带上本人身份证、银行卡，在公积金缴存、提取大厅综合窗口受理后，经系统审核后就能实现提取金额实时到账。

【设立银行办事窗口】 5月22日，工商、农业、中国、建设等4家银行进驻公积金贷款办事大厅，由银行派员办理公积金贷款的受理、审核等业务。实行“分中心主导、银行代办”，改原来的“两张皮

图156 四家银行进驻公积金龙游分中心办事大厅

办事”为“一窗受理、两家办事、一次办结”，群众“跑一次”就能办好公积金、商业组合贷款两件事，实现业务模式由“模块化管理”向“流程化管理”转变。改革后，二手房纯公积金贷款由原来需要7项材料跑6个部门9次减少到只要准备5项材料跑1次；二手房组合贷款由原来需要14项材料跑6个部门9次减少到准备6项材料跑一次；商品房纯公积金贷款由原来需要8项材料跑7个部门10次减少到准备5项材料跑一次；商品房组合贷款由原来需要9项材料跑7个部门10次减少到准备5项材料跑一次。

【公积金扩面与缴存】 充分调动各方面资源，挖掘社区信息，创新沟通与合作机制，定期开展工作交流与研讨，形成工作合力，继续推动扩面工作的有序进行。加大宣传力度，增强宣传效果。有针对性地选择规模以上企业上门宣传，重点对公积金政策及对企业和职工所带来的利好进行积极有效的宣传，促使规模以上企业建立公积金制度。根据衢州市住房基金管理委员会《关于做好2017年度全市机关、事业单位住房公积金缴存工资基数调整的通知》《关于做好2017年度全市企业单位住房公积金缴存工资基数调整和年度验审工作的通知》精神，结合龙游县实际，与县财政局联合转发两个文件，专门召开各机关部门、企事业单位分管领导和业务经办人工作会议，进一步明确单位职工住房公积金缴存基数标准，认真把好审核关，彻底改变原来住房公积金缴存标准不规范的局面。

【统一公积金业务管理】 认真执行全市住房公积金业务统一管理规定。为推进衢州市住房公积金管理工作信息化、标准化，提升服务水平，市中心出台《关于统一全市域住房公积金业务管理的通知》。龙游分中心及时组织全体干部职工学习相关业务知识，全面按市中心统一规定执行业务管理办法。建立制定公积金缴存、支取、贷款3项内部监督管理制度，增加复核、抽查等环节，形成分级负责、层层把关的工作机制，进一步规范业务内控流程，力求从制度上杜绝漏洞，增强廉政风险防控。坚持贷前严格资格审查，执行市中心统一政策，贷后资产跟踪管理各个环节的监督机制，4家银行密切配合建立层层催收制度，并且还签订住房公积金经办业务责任书，把公积金贷款风险管理纳入考核，进一步明确公积金风险管控责任，确保住房公积金的安全运行，继续保持无逾期贷款个案发生的良好势头。

【加强信息化建设】 推进“双贯标”（贯彻住房公积金基础数据标准、住房公积金银行结算数据应用系统与公积金中心接口标准）工作。按住建部公积金系统网上结算平台建设需要，进一步完善基础数据贯标、财务数据贯标，全体工作人员加班加点对两项数据进行录入完善，对零余额用户封存销户。开通网上办事大厅，办理业务更便捷。首批200多家机关部门、事业单位开通公积金网上办事大厅，6月，开展网上大厅业务经办员的业务培训。网上办事大厅开通以后，缴存单位办事人员足不出户就可以办理包括职工个人账户设立、缴存基数调整、汇缴、补缴、单位基本信息变更等大部分业务，实现零跑腿，提高办事效率。为缴存职工开通账户变动免费短信提醒服务，5月，开始全县公积金缴存户都能收到公积金业务免费短信通知，每月免费发送短信2万余条。

【公积金新业务系统上线运行】 根据市中心新一代业务系统上线准备工作的统一安排，龙游分中心及时做好部署，认真谋划新一代业务系统上线工作，鼓励全体干部职工参加市中心组织的各项新业务系统系列培训，除财务业务外，全体参与公积金缴存、提取和贷款业务培训，让大家对新系统各项业务都有客观全面的理解。积极配合市中心信息科做好硬件设施的配套采购工作，确保新系统的按时正常运行。面对积压的单位公积金缴存变更、新增业务，合理利用休息天加班加点进行消化，窗口工作人员放弃两天的休息时间完成公积金变更和网上大厅业务。配合两家银行查询公积金贷款历史信息，尽量满足新系统数据更新的需要。公积金新业务系统顺利上线运行，加强与银行的合作，为老百姓解决公积金实际问题，简化公积金业务办理流程，提高业务办理效率，落实各项惠民政策，不断地总结和完善，将“最多跑一次”转化为“轻松跑一次”甚至“一次不用跑”。

（衢州市住房公积金管理中心龙游分中心 徐志明）

附：

龙游县2017年度住房公积金制度实施情况公告

根据国务院《住房公积金管理条例》和《浙江省住房公积金条例》的有关规定，现将龙游县2017年度住房公积金制度实施情况公告如下：

一、住房公积金归集情况

至2017年12月31日，全县有556个单位依法实行住房公积金制度，正常缴存住房公积金的职工24620人。全年归集住房公积金5.34亿元，累计归集住房公积金34.94亿元，住房公积金归集余额11.08亿元。

二、住房公积金支取情况

全年支取住房公积金4.28亿元，占当年归集额的80.28%。其中购建房支取22290.55万元，偿还购房贷款支取13334.27万元，退休支取4943.11万元，调动支取1171.09万元，其它支取1091.84万元。

三、住房公积金使用情况

全年发放公积金贷款1089户，贷款额4.22亿元，同比减少12.8%，贷款余款13.57亿元，无逾期贷款。

四、住房公积金业务收支情况

业务收入合计4343.46万元(其中住房公积金银行存款利息收入32.81万元；住房公积金委托银行贷款利息收入4021.06元；增值收益利息收入289.08万元，其它收入0.51万元)。业务支出合计2737.96万元(其中支付职工个人公积金利息支出1562.96万元；公积金归集及委托贷款手续费支出217.66万元，授信贷款利息支出949.76万元，贴息及贷款抵押登记费支出7.58万元)。业务收入和业务支出相抵，净收益为1605.50万元，较上年增长14.39%。从收益中提取住房公积金管理经费454.40万元，提取城市廉租住房建设补充资金187.80万元。按有关规定提取风险准备金963.30万元。

五、住房公积金管理情况

2017年，龙游县住房公积金管理中心认真贯彻国务院《住房公积金管理条例》和省、市住房公积金管理部门的有关要求，自觉接受财政、审计部门的监管和社会各界的监督，依法加强住房公积金规范化管理工作，严格按照住房公积金预决算、余额查询、财务报告等各项管理制度进行运作，做好服务工作，加强住房公积金风险管理，全年未发生违规使用住房公积金和存在贷款风险的情况，实现住房公积金的安全运作和保值增值。

2013—2017 年龙游县住房公积金基本情况

表 42

年份	涵盖单位（个）	缴存人数（人）	公积金归集（亿元）	公积金支出（亿元）	公积金余额（亿元）	公积金贷款户数（户）	公积金贷款（亿元）	剩余户数（户）	贷款余额（亿元）
2013	528	18956	2.94	2.74	7.06	553	1.68	2733	4.79
2014	577	19866	3.20	2.50	7.77	452	1.63	2520	5.66
2015	583	20576	3.52	2.58	8.71	695	2.85	2914	7.66
2016	598	21404	4.20	2.88	10.02	1161	4.84	3694	11.26
2017	556	24620	5.34	4.28	11.08	1089	4.22	4224	13.57

环境·资源·气象

概 述

2017年，龙游县环境监测与保护工作全面贯彻“绿水青山就是金山银山”的绿色发展理念，严格环境准入机制，全面推进“最多跑一次”改革，推动“区域环评+环境标准”制度改革，全面推进大气污染综合防治，抓实水污染治理，规范固体废物和辐射管理，加强生态及饮用水源保护，提升环境空气质量，为龙游县经济、社会发展提供良好的环境。进一步深化“五水共治”，全面落实河长制，全域剿灭劣V类水，推进全民治水，深化治水美景，共建生态家园。灵山江水质保持Ⅱ类标准，衢江出境水质保持Ⅲ类以上，确保一江清水出衢州，龙游县在继2014年之后再度获得浙江省“五水共治”工作优秀县“大禹鼎”。国土资源利用与保护工作紧紧围绕“抢抓机遇、实干担当、奔跑跨越”的发展主题，按照县第十一次党代会提出的“五年打基础、五年求突破、五年争跨越”的“三步走”战略思路，坚持“保发展、保资源、保民生、保安全”的工作主线，狠抓落实，高效服务，积极开展国土资源管理各项工作，为龙游县经济建设和社会发展提供强有力的保障。气象部门提升公共服务能力，积极履行气象防灾减灾职责，做好季节性、灾害性、转折性天气服务工作，做好重大活动气象服务保障工作，确保人民群众生命财产安全。

环境监测与保护

【概况】 2017年，龙游县环境保护局全面践行“绿水青山就是金山银山”理念，紧紧围绕县委、县政府和上级环保部门决策部署，依法积极履职，全面促进经济、社会、环境的协调发展。全年完成化学需氧量削减5.7%、氨氮削减4.1%、二氧化硫削减7.9%、氮氧化物削减8.2%，超额完成上级下达的主要污染物减排年度目标任务。获龙游县2017年度工作先进单位、县“五水共治”先进集体、县农村生活污水治理先进单位、2017年度县综合考核一等奖等荣誉。

图157 7月2日，县环保局党员志愿者服务队在荣昌广场开展环保政策咨询

【强化环境管理】 全年审批项目环境影响评价126个，登记表网上备案166条，项目环保预审意见56个，否决不符合环保要求项目20个，其中含5个化工类项目。完成电镀中心环境影响评价审批，解决城南区域环境影响评价历史遗留问题。重新划定生态红线，大范围增加保护范围，从9.56%调整至25.03%。牵头修订《龙游饮用水水源保护管理办法》，从严实施饮用水源及生态保护区环境准入管理。全面启动生态文明示范县创建工作，完成初稿编制。完成全县造纸、火电、钢铁、水泥、电镀、印染等15个行业45家企业排污许可证审核发放，全面实现浓度、总量双控目标。突出“深化简政放权、放管结合、优化服务”总体要求，探索建立环评、环保“三同时”（环保设施和主体工程同时设计、同时施工、同时投入使用）和排污许可衔接的管理机制，已完成方案编制（区域环境影响评价实施主体为经济开发区管委会，已通过招标方案），明确环境影响评价审批负面清单，统一环境标准体系，进一步规范简化审批流程，提升服务质量和时效。

【水污染治理】 持续推进生猪整规扫尾工作，牵头完成全县468家养殖场治污设施提升及视频监控安装，全面完成生猪养殖场现场核查，对符合发放条件的108家养殖场完成第一轮养殖核定证发放，按照四个“一批”（整治一批、规范一批、提升一批、关停一批）要求，借力实力雄厚的市场主体、严厉的环保执法、环境保护税法，倒逼养殖规模小、效益不佳的养殖场退养、转型，实现生猪养殖监管能力再提升。大力推进涉水行业整治，完成金属表面处理、农副产品加工行业等重点行业15家涉水企业整治；完成135家无环保设施的“四无企业”（指无证无照、无安全保障、无合法场所、无环保措施的企业）整治。通过整治提升，县域“低、小、散”企业（作坊）污染情况得到进一步控制。深入推进工业集聚区污水处理规范化建设，完成龙游工业园区污水零直排区创建。深化工业污染源达标排放，完成全县11个行业77家企业排查与评估。

【大气污染综合防治】 按期完成浙江恒盛能源集团有限公司、浙江金怡热电有限公司燃煤机组清洁排放改造项目，通过环保设施改造，主要废气污染物排放达到特别排放限值要求。推进重点行业废气综合治理，积极推动涂装、印刷、砖瓦及水泥等重点行业废气治理，完成涂装、印刷等6个行业14家企业挥发性有机污染物（VOCs）整治，完成6家砖瓦烧结行业烟气整治和3家水泥制造企业废气清洁排放技术改造。着力解决餐饮油烟污染，以县委、县政府“一月一路”餐饮服务行业综合整治为抓手，完成荣昌大道、太平路、新二路、人民路等主要道路199家餐饮店油烟整治。牵头推进各部门协同治气，根据县政府环境质量分工，各部门各负其责，开展大气综合治理。按照“六个100%”（施工工地周边100%围挡、物料堆放100%覆盖、出入车辆100%冲洗、施工现场地面100%硬化、拆迁工地100%湿法作业、渣土车辆100%密闭运输）要求落实建筑施工扬尘防控措施，建筑垃圾运输车全部安装卫星定位系统。加大洒水、洗扫频率，城区主干道路实现100%机械化清扫，次干道路以上道路机械化清扫率达到62%。重新制订龙游县烟花爆竹布点规划，明确城区禁售烟花爆竹，环线范围内禁止燃放烟花爆竹。开展秋冬季节秸秆焚烧专项督查，强化秸秆焚烧管控。

【环境执法监管】 年初，城区关于异味问题反映居高不下，特别是衢江沿岸附近小区异味问题特别突出。县环保局通过全面排查，梳理出茗皇食品、力源化工、生活垃圾焚烧及小区污水管网异味等污染源。通过多方施策，督促相关企业增设污染处理设施，县住建部门对银泰龙庭等重点小区污水管网进行综合治理，从源头遏制异味产生，异味问题得到基本解决。针对群众反应强烈、存在环境污染问题的企业和生猪养殖场，集中开展“铁拳系列”“零点行动”“雷雨行动”“大气污染专项执法”等专项执法行动，全年共出动执法3664人次，检查企业、养殖场1777厂次，立案处罚环境违法案件50起，移送公安机关5起。采取行政强制措施，对4家非法污染加工作坊采取查封、扣押措施。规范固体废物和辐射监管，对县域内19家放射源使用单位、3家射线装置使用企业、18家医疗使用单位以及2家熔炼企业辐射环境实行常态和动态的监督管理。深入开展危险废物专项整治和危险废物“存量清零”行动。

【环保能力建设】 在衢江主要支流（塔石溪、芝溪、乌轮溪、模环溪）新建4座自动监测站点，在衢江和沐尘溪入境断面自动监测站增设蓝藻自动监测设备，在湖镇镇新建一座空气自动站，实现县域主要河流、支流水质指标及重点区域环境空气质量指标自动监测全覆盖。进一步完善企业在线监测网络，新增在线监控设施47套，工业污染源企业新增点位21个，新增废水废气监控高清视频103个。加强刷卡排污系统应用，全面实行联网刷卡。稳步推进排污权有偿使用和交易工作，全年完成14家企业开展初始排污权有偿使用申购。实施龙游县环境监测站搬迁全面升级改造，进一步提升环境监测能力。

【环境质量监测】 全年环境质量稳中有升，环境空气质量优良率为87.2%，比2016年同期上升3%。PM2.5均值为46微克/立方米，比2014年同期下降33.3%。衢江出境水水质达标率为100%，出境水质达到II类水，并列全市第一。地表水各断面达标率100%，均达到II类水标准。社阳、洪畈水库饮用水源地达标率为100%。乡镇交接断面水质优秀率达100%。

【环境宣传教育】 结合“六·五”世界环境日、12月4日国家宪法日，组织开展大型环保咨询活动，发放各类宣传资料800余份，举办乡镇、村级网格员环境保护知识讲座、方门街社区环保知识进社区等活动。强化企业环境违法“黑名单”管理，将创伟竹业（全市唯一）列入省环境违法行为“黑名单”。与县人民银行合作开展环境信用体系建设，将信用等级评价与“黑名单”挂钩，通过信贷手段遏制环境违法行为发生，推进绿色金融体系创建。与龙游广播电视台合作，开播《周末环保》电视专题栏目，开通“龙游环保”微信公众号，定期宣传生态环保工作。

【环境信访维稳】 以“平安护航十九大”维稳安保工作为重点，开展环境隐患大排查工作，对历年重点环境信访问题进行再梳理再化解，明确整改、防控措施和责任人。完成突发环境事件应急预案及突发辐射事件应急预案修编，完善54家企业应急预案备案工作。进一步健全完善“12369”24小时值班制度，全年接到信访投诉件473件，办结率100%，未出现因环保问题赴京、赴省越级访、集体访情况发生。迎接中央环境保护督察期间，牵头建立一套系统科学的“六个一”（即一个地方集中办公、一张单子交办落实、一个案子一包到底、一个口径数据上报、一杆到底落实整改、一路跟踪督办到底）工作机制，并实行重点信访件领导包案制、“铁拳”系列专项执法，切实解决一批群众反映强烈的环境问题，打击一批污染环境行为，消除一批环境安全隐患，在衢州市领先，得到市、县领导肯定。由于前期工作扎实，省环保督察期间，上级交办件大幅减少，圆满完成省环保督察工作。

【推进“最多跑一次”改革】 对涉及环保许可、征收、监管等“最多跑一次”事项13大项18个子项，按期梳理入库，并对处罚、强制等66个事项进行全面更新，做到“应入尽入”。根据“一窗式”受理服务机制要求，更新完善一次性告知内容，设立园区分中心，配备专人，所有工业项目受理均纳入县工业园区分中心，进一步简化办事程序，提升服务质量和时效。

【提案议案答复】 2017年，承接县人大、县政协提案议案17件，其中主办9件、会办8件，建立完善领导督办、专人负责的工作机制，圆满完成2017年度县人大代表建议和县政协提案的办理工作，答复率、办结率、满意率均为100%，被评为2017年度县人大代表议案建议承办先进单位。

【党风廉政建设】 切实发挥党组书记“第一责任人”和领导班子“一岗双责”作用，形成谁主管、谁负责，层层抓落实的齐抓共管局面。推进内部管理制度健全完善，出台值班制度、行政处罚案审制度、环保专项资管理使用办法、财务内控制度、环境违法信息公开制度等一系列内部管理制度。深入开展“两学一做”常态化教育，完善党员干部“三会一课”“周一夜学”、领导带头讲党课等学习制度。

（县环保局 陈王兴）

2017年度龙游县环境质量状况

【概况】 龙游县环境质量状况包括城市环境空气质量状况、水环境质量状况和城市环境噪声三部分。龙游县的大气污染属于煤烟型污染。大气环境中的重要污染物是细颗粒物PM2.5，其次是可吸入颗粒物PM10。根据大气环境质量自动监测结果统计，2017年，龙游县城区环境空气质量稳中有升，全年共获的有效天数359天，优良天数313天，优良率87.2%，优良天数比上年增加20天，优良率比上年上升3%。PM2.5浓度的年均值为46微克/立方米，比上年上升1微克/立方米，上升幅度为2.2%。二氧化硫、二氧化氮、PM10年均浓度达到《环境空气质量标准》（GB3095-2012）二级标准的年平均浓度限制要求，PM2.5年均浓度高于《环境空气质量标准》（GB3095-2012）二级标准的年平均浓度限制要求。

【单项指标统计结果】 全县二氧化硫浓度日均值浓度范围为0.003～0.032毫克/立方米，年平均值为0.010毫克/立方米，低于国家二级标准，浓度日均值超标率为0%。全县二氧化氮浓度日均值浓度范围为0.007～0.072毫克/立方米，年平均值为0.028毫克/立方米，低于国家二级标准，浓度日均值超标率为0%。PM10浓度日均值浓度范围为0.012～0.280毫克/立方米，年均值为0.070毫克/立方米，持平于国家二级标准，浓度日均值超标率为2.8%。PM2.5浓度日均值浓度范围为0.010～0.220毫克/立方米，年均值为0.046毫克/立方米，高于国家二级标准，浓度日均值超标率为12.8%。

【酸雨污染】 全县降水pH年均值为4.77，电导率年均值为47.7微西（门子）/厘米，酸雨率为71.3%，属重度酸雨区。与2016年相比酸雨率有所下降。

【江河地表水质】 全县江河地表水环境质量总体水平基本稳定，衢江、灵山江水环境功能区水质达标率100%，出境水水质达标率100%，各断面水质均符合水功能区要求。

【饮用水源地水质】 社阳水库、洪畈水库饮用水源地水水质较好，达到Ⅱ类水标准，水质达标率为100%，基本达到水质保护目标的要求。

【交通环境噪声】 全县主要10条城市交通干线上共面设33个测点，监测道路总长为13.29千米，平均车流量为537辆/小时。城市道路路长计权等效声级均值为66.7分贝(A)，未超过国家70分贝(A)的控制值。

【区域环境噪声】 县城设置网格点108个，其中Ⅰ类功能区昼间噪声均值为49.5分贝(A)，Ⅱ类功能区昼间噪声均值为52.3分贝(A)，Ⅲ类功能区昼间噪声均值为56.0分贝(A)，城区昼间噪声均值为52.6分贝(A)，均未超过国家控制值。噪声污染源主要是生活噪声、施工噪声和交通噪声。

（县环保局 陈王兴）

五水共治

【概况】 2017年，龙游县治水办公室按照全域剿劣总要求，全面压实三级河长责任，加快推进“截、清、治、修”四大工程，以更高标准、更大力度、更快速度补齐剿劣短板，提前半年完成298处劣V类小微水体整治并顺利通过省市验收，境内水质稳步提升，灵山江水质保持II类标准，衢江出境水水质保持III类以上标准。3月，龙游县在继2014年之后再度获得浙江省“五水共治”工作优秀县“大禹鼎”。

图158 2月10日，龙游县召开“剿灭劣V类水体”大会战部署会暨全县河长工作会议

【全面落实河长制】 坚持以“河长制”为主抓手，完善县、乡、村三级河长组织构架，确定由县委、县政府主要领导任总河长，13名县领导任县级河长，40名乡级河长、238名村级河长调整到位。更新316块河长牌，公布县、乡、村“三级河长”姓名及联系方式，形成“河长盯河道，群众盯河长”的循环监督体系。严格按照“县级河长不少于半月1次，乡镇级河长不少于每旬1次，村级河长不少于每周1次”巡河频率要求，292名河长累计巡河1万多次。建立巡查日志制度，按规定记录巡查情况，及时发现、上报、协调解决各类河道问题300余个。将河长制工作向排水（污）口、养殖场、区外企业、小微水体管护等延伸，并依托“四个平台”（综治工作、市场监管、综合执法、便民服务）和全科网格员队伍建设，将治水网格充分融入基层网格化管理中，进一步压实河长“管、治、保”三位一体责任。同时，全面落实河长履职承诺、述职评议、媒体问询、考核问责等四项机制，召开河长述职例会10次，292名河长在各级平台公开进行履职承诺，县级媒体曝光的46起问题均得到解决。累计投入157.2万元，配齐河长制管理信息系统工作终端，依托“河长制管理信息系统手机+钉钉+村情通APP”平台的定期巡查、定位签到、在线监控、即时反馈等功能，实现河长智慧化管理全覆盖。定期开展业务培训，确保每一名河长能熟练应用APP，有效提升河长巡河效率。健全和完善河长巡河电子信息的考核机制，做到一周一提醒，一月一通报，对巡河率低的河长实行实名通报，监督河长履职到位。

【全域剿灭劣V类水】 开展“地毯式”排查，按照“四个全域、6个100%”（全面实现全域剿灭劣V类小微水体、全域消灭小微水体感官污染、全域河流水质稳定达到III类及以上标准、全域提高河流断面II类水质比例等；持续保持国控断面、省控断面、市控断面、乡镇交接断面、出境水、集中式饮用水源等水质达标率100%）要求，全面排查清单内外劣V类水体，对排查出的298处清单内劣V类水体，全面制订和落实“一河一策、一塘一策”治理方案，“对症下药”逐一明确路线图、时间表，顺利完成298处劣V类水体销号并通过省市验收。同时，多次开展“回头看”工作，对发现的问题即查即改，确保已销号劣V类水体不反弹。进行“比拼式”攻坚，创新建立“流动大禹鼎”每月竞赛机制，借力美丽乡村创建“四比四赛”活动，将省里颁发的两座“大禹鼎”搬出荣誉厅，对剿劣成绩突出的乡镇（街道）授鼎鼓励，与治水考核、评优评先挂钩，一年获鼎3次以上的，确定为年度治水考核一等奖；从未获鼎的不得列入一等奖，全面掀起比学赶超高潮。同时，建立报结核查机制，对各劣V类水体实施销号管理，一周一跟进、一月一通报。全年有10个乡镇被授予“流动大禹鼎”，累计销号问题38个。实现“模式化”推进，按照“北提速、南提标”思路，成立由县环保局、水利局、科技局等部门牵头的剿劣专家组，充分发挥相关领域专家和技术人才在推进剿劣工作中的决策咨询和技术服务作用，创新推广“生态治理”（水生植物吸附+增氧曝气喷泉、放养虑食性鱼种等）、“修渠串塘”（修渠引入溪水、湖水等净化水质）、“井水活塘”（将井水定期引入死水塘净化水质）等治理模式，实现劣V类水体长效治理。298处已销号水塘中有86个塘完成引水入塘。

【攻坚源头治理】 深化畜禽养殖治理，预留保留468家生猪养殖场全部达到整治标准，开展现场核定工作，对符合要求的108家生猪养殖场发放“龙游县生猪养殖场核定证”。开展水禽场整治，对禁养、限养区及自愿退养的水禽养殖场（户）进行关停拆除，对宜养区养殖场（户）进行改造提升、达标治理。全县累计丈量水禽场73家，拆除面积7.39万平方米。深入推进农村“双治”（农村生活垃圾治理、农村生活污水治理）工作，完成81个村的农村生活污水治理提标改造工作，完成率100%。建成85个垃圾资源化减量化处理终端，开张使用的垃圾兑换超市246个(含合建村)。创建垃圾分类达标村255个、示范村160个，分别占比100%、60.8%。稳步推进农药化肥减量和废弃包装物回收工作，累计减量农药100.2吨，减少化肥用量320余吨，完成农药废弃包装物回收93.2吨、处置89吨。实施渔业转型促治水行动“三大工程”（龙和渔业园、龙游花海、灵山江沿岸绿道提升改造），水产养殖塘生态化改造、稻鱼共生轮作减排、禁限养区划定与整治等任务指标均超额完成。

【巩固项目建设】 统筹推进“五大类、46个小类”（治污水、防洪水、排涝水、保供水、抓节水）的治水项目盘子，累计提标改造污水管网10.1千米，完成率183.6%，新建污水管网25.1千米，完成率109.1%。完成清淤排水管网210千米，完成形象进度175%。45万立方米河湖库塘清淤任务数已全部完成。县府宿舍生活污水零直排整治（试点）工作有序推进。生活垃圾热解气化项目完成工程施工招投标，“三通一平”（通水、通电、通车、土地平整）基本完成。高坪桥水库工程PPP项目完成签约并顺利开工，库区公路改复建工程、移民安置小区稳步推进，年投资额基本完成目标。

【企业持久治污】 大力推进涉水行业整治，以表面处理行业和食品加工行业为重点，开展涉水特色重点行业整治，累计对15个涉水行业现场检查发现的问题已全面完成整治。深入推进工业集聚区污水处理规范化建设，有序推进城北工业园区污水零直排区整治（试点）。强化涉水企业监管，共立案查处21起环境违法案件，移送公安机关4家（仕详竹业、创伟竹业、浙江康威利日用品有限公司、王胜慧沙场）、查封扣押1家（王胜慧沙场）、停产整治2家（捷马化工、铭隆化工）。

【推进全民治水】 全面提升群众意识，出台“十个一”（制作一个专题片、准备一台好节目、开展一系列宣传推广活动、印发一本宣传手册、举办一期专门培训、举办一次征文和知识竞赛活动、建立一个微信公众平台、组建一批流域河长群、制作一批展板、打造一批教育基地）剿劣宣传方案，通过培训、海报、微信、展板、村情通、文艺巡演等多种形式，并结合党员先锋队、巾帼志愿者以及龙游大妈等社会团体，广泛宣传参与治水。全年累计张贴宣传海报4000余份，发放宣传单、宣传扇、宣传围裙10万余份，开展各类专项培训、文艺巡演100余场次，努力营造全社会关心、支持、参与“五水共治”工作的良好氛围，推动“要我治水”向“我要治水”转变。2017年，省“五水共治”群众满意度调查，龙游县获总分83.49分，较上年提升1.84分，位居全省89个县（市、区）第13位，位居衢州市6个县（市、区）第1位。

【深化治水美景】 遵循连片开发理念，将17条生态美丽溪流和191个生态景观塘（库）的打造融入全域旅游，串点成线，连线成景。同时，依托龙和渔业园、龙游花海、灵山江沿岸绿道提升改造、江滨公园二期等配套项目建设，发展乡村休闲旅游和民宿经济，打造姑蔑城生态园民宿区、炭山桃花谷、龙和乡村旅游综合体、中茵天鹅湖山庄等一批精品民宿，并结合灵山江、衢江等两条全流域生态化治理示范河道创建，实现从“盆景”向“风景”转变。

【转型涉水产业】 依托优质水环境助力浙江龙游李子园饮料项目及伊利乳业等饮料行业发展。应用节水新技术、新工艺、新设备，推广白水循环综合利用和废弃资源循环利用，推动特种纸产业改造提升。首创并推广“跑道养鱼”、鱼塘“底部排污”

等洁水养殖技术，实现渔业养殖户提质升级。同时，继续推进“互联网+”战略，大力实施农村淘宝、在线产业带、电商扶贫、创意农业、观光农业等项目，探索田园综合体建设，助力经济转型，实现从“花钱治水”向“治水生钱”转变。

（县治水办 沈海芸）

国土资源利用和保护

【概况】 2017年，龙游县国土资源局深入贯彻落实龙游县“三个五年三步走”战略，紧紧围绕保障发展、保护资源、改善民生的职责定位，狠抓落实，高效服务，为龙游县经济社会稳定发展提供强有力的保障。

【土地规划与利用】 以保障和服务于龙游县社会经济发展为目标，坚持突出重点、统筹兼顾、公众参与、多规融合等原则，全面完成县级及中心城区和11个乡镇土地利用总体规划（2006—2020）（2014调整完善版）调整完善工作。完成全省村级土地利用规划编制试点石佛乡三门源村村级规划编制工作，在此基础上开展湖镇镇溪底杜村村级规划编制工作。保障项目建设用地需求，完成用地报批83.4公顷。严格按照经营性用地和工业用地招拍挂出让制度，土地出让29宗，土地出让实现资金收益20.9607亿元。全面深化土地集约节约利用，通过协商收回再供应方式腾笼换鸟、城镇低效用地再开发、土地综合整治等方式盘活存量土地69.65公顷。全面提升土地征迁速度，征收土地577.84公顷，确保城东新区、沿江公路、游埠枢纽、龙北安置小区、石窟风景旅游度假配套等22个项目的推进。

【耕地保护】 全面完成永久基本农田划定工作，划定永久基本农田25933.33公顷，永久基本农田示范区13820公顷，补偿标准为永久基本农田900元/公顷•年(60元/亩•年)，一般耕地450元/公顷•年（30元/亩•年）。下发《关于下达2016年度龙游县耕地保护以奖代补资金的通知》，全年共下发耕地保护以奖代补资金2310.48万元。确定耕地保护补偿标准，明确耕地保护以奖代补资金根据各行政村耕地保护责任落实、队伍建设、违法用地等情况，拨付给承担耕地保护责任的行政村，主要用于农田基础设施修缮、耕地质量提升、耕地保护管理等。

【土地整治】 大力推进土地整治工作，出台《关于进一步规范垦造耕地项目质量和种植管护的实施意见》，确保按计划、高质量完成土地垦造任务。通过水田“补助一千、连补四年”（垦造为水田的，村委会或其他承包人当年必须组织种植一季水稻，种植的水稻实际亩产量达到500斤以上并通过验收的，补助提高到1000元/亩/年，补助期为4年）及旱地“4334”（垦造为旱地的，村委会或其他承包人必须种植一季以上经济作物，项目通过验收后连补4年，即400元/亩，300元/亩，300元/亩，400元/亩）等政策，防止新增耕地抛荒，促进土壤地力提升。2017年立项905.73公顷，延续实施项目410.73公顷，全年共完成验收项目678.87公顷，年度实现入库占补指标面积306.2公顷。农整及建设用地复垦项目完成91.6公顷，标准农田建设项目完成56.6公顷，高标准农田认定类完成2512.8公顷，旱田改水田项目完成39.53公顷，表土剥离完成22公顷。2017年，共争取到指标外调资金9.59亿元。

【土地执法监察】 保持执法监察高压态势，确保全年巡查时间、人员、路线、车辆“四落实”，巡查范围覆盖全县262个行政村。实行公、检、法等多部门的联动执法和案件联审机制，全年责令停止违法用地行为375件，依法立案查处违法用地15宗。严格卫片执法检查与全天候遥感执法监察。2017年，违法用地主要集中在旅游项目、设施农业用地及乡、村公益事业用地3个方面，违法用地共37宗，总面积为4.17公顷，其中耕地面积为1.33公顷，违法耕占比为1.4%。

【矿产整治】 减少露天开采矿点，结合矿地利用，加大矿山生态环境治理力度。“十三五”期间计划分年度完成9个废弃露天矿山的治理工作，2017年已完成横山镇后徐村、石佛乡三和村2个废弃矿山生态环境治理项目交工验收工作。

【地质灾害防治】 高度重视地质灾害防治工作，坚决打赢“除险安居”地质灾害隐患综合治理“三年计划两年完成”攻坚战。6月初，出台《龙游县地质灾害避让搬迁补偿安置实施意见》，优化搬迁条件，完善搬迁政策，满足群众多样化需求，引导农户大搬快搬。全面启动70处地质灾害点的综合治理工作，使745人脱险；核销地质灾害隐患点56个(包括新增灾害点)，发放搬迁补偿费用1343.7万元，工程治理投入900万元。

【不动产登记】 牵头整合房屋交易、不动产登记、财政税收等事项，于3月27日实施“一窗综合受理、后台并联审批、证书快递送达”的不动产登记“最多跑一次”新模式，6月22日颁发龙游县首批（林权）不动产登记证书，并在全市范围内提供第一批主动进村上门“流动办证”服务。到12月底共完成不动产登记发证16389本，注销登记5867本，发放不动产登记证明12143本。

图159 6月23日，龙游县颁发衢州市首批不动产（林权）证书

【队伍建设】 全面贯彻落实中共十九大精神，以“两学一做”学习教育为抓手，通过规范党员组织生活、落实领导干部上党课、以赛促学、廉政知识竞赛等形式，推进党员的党性意识和组织观念的不断提升。严格执行党风廉政建设责任制，加强廉政警示教育，增强全体党员干部的自律意识。龙游县国土资源局党委获浙江省先进基层党组织荣誉。出台平时考核办法、综合考核办法、聘用人员管理办法、中层干部选拔任用工作实施办法等一系列规章制度，持续加强规范化建设。规范政府采购行为，4月份，中介服务项目全部按“三重一大”文件要求，通过班子会议讨论决策，只严不宽。建立行风监督长效机制，加强社会监督，聘请25名政风行风监督员，涵盖县人大代表、村（社区）干部、企业家等各个行业，促进国土系统依法行政、廉洁从政、高效勤政。重视干部职工教育培训，开展周四夜学14次。加强干部人才建设，增强队伍活力，创新“轮岗培训”制度，安排新招录国土员到业务科室顶岗锻炼，提高服务基层水平。

（县国土局 颜顺）

气象服务

【概况】 2017年，龙游县气象局深入贯彻落实市、县党代会精神，切实按照县“两会”提出的“三个五年三步走”的要求，围绕工业提升、城市建设、旅游开发、建设区域明珠型城市、“五四三”等县委、县政府中心工作，查不足，补短板，抓重点，促转型，强化气象事业改革落实力和执行力，促进气象事业快速发展，提供优质高效气象服务，各项工作有序推进。成功通过省级精神文明单位复评。

【气象公共服务】 积极履行气象防灾减灾职责，做好季节性、灾害性、转折性天气服务工作。年度各项气象服务保障工作见成效，春运、“两会”、中高考、节假日、重大活动等专题气象服务保障到

图160 开展雨雪冰冻预案演练

位，冷空气、强降水、强雷电、台风等灾害性天气监测、预报、预警和服务有效强化。准确预测和精细服务春夏季强对流、梅汛期强降水、夏季高温干旱及秋季干旱等重大灾害性天气，及时向社会公众广泛发布预警信息，为提前做好气象灾害防御赢得时间。向党委、政府报送的《龙游县2017年汛期（5—9月）气象灾害和气候趋势展望》气象呈阅件获县长批示，指出县气象局这份材料很有价值，要求相关部门要充分借鉴，做到未雨绸缪、防范于未然。全年共发布预警信号60次、各类气象服务材料78期，发布免费手机短信服务266次38万条。针对全县各类社会活动，做好准确及时的服务，从提前的趋势预报到活动前的临近预报，再到活动中的跟踪服务，充分发挥气象保障在各类活动中的作用。全年共完成县“两会”、春运、节假日、中高考、2017环浙江自行车公开赛第八站——龙游灵山江绿道山地车比赛暨全民健身户外运动拓展基地开放仪式等重大活动气象保障任务，制作专题服务材料，及时提供天气监测预报信息，取得较好效果。与县交警部门建立合作机制，联合建设县交通气象平台。在两个大雾易发点各建设交通气象站1套，监测能见度、道路结冰、路面温度和气温、降水、风等气象要素。建立高速交警相关人员手机短信数据库，实现预警预报信息第一时间送达，为交警部门快速响应争取时间。

【气象为农服务】 继续深入推进直通式为农服务，指导农户做好关键农事期和气象灾害来临前的农业防灾避灾工作。与县供销社联合制定《联合推进为农服务工作实施方案》，将1000多名供销社用户纳入气象服务数据库。通过农民信箱、微信、钉钉、手机短信等方式，定期发布气象服务信息。与县农业局联合开展信息进村入户工作，通过农技110及时向全县4万多农民、农业大户和农技人员等，发布寒潮、低温冻害、霜冻等预警信息，灾后联合县农业局技术人员下乡调查，指导农户科学开展生产自救。全年共发布农业气象服务材料近150期、气象为农服务短信10万多人次，下乡送农业气象服务和调查10余次。

【气象服务全域旅游】 与县旅游委员会、县农业和农村工作办公室建立合作机制，建立全县农家乐和景区负责人手机号码库，开通直通式气象服务，确保各类气象服务信息第一时间送达。与县旅游委员会联合签署《关于联合提升旅游气象服务能力的合作协议》，推进气象部门与旅游部门间的防灾减灾应急联动机制，提升旅游气象服务能力建设，为龙游县全域旅游发展提供气象保障。同时，与县旅游委员会联合转发《关于下发旅游系统应对灾害性天气应急响应机制（试行）的通知》。为更好地提高旅游气象服务能力和服务质量，围绕龙天红木小镇创建国家AAAA级旅游景区目标，在红木小镇新建景区气象站1处，除常规温度、湿度、气压、降水、风等要素外，新增紫外线观测和负氧离子观测，增加实况展示和预报预警发布平台。

【开展人工增雨作业】 年初组织人员2次赴全县山林水库和乡镇，就人工增雨作业需求进行走访调查。根据要求及时调整人工影响天气作业点，联合市气象局做好烟炉作业选点建设工作。面对2017年异常的高温和干旱天气，多次发布高温监测预警信息，并抓住有利条件及时开展人工增雨作业。全年共进行11轮次人工增雨作业，评估降水效益1640万吨，增水效果410万吨，为缓解气候干旱、有效降低节日期间的森林火险等级、改善空气质量、增加塘库蓄水提供有力保障。

【防雷安全监管】 积极推进防雷体制改革相关工作，完成与县住建局关于防雷行政许可的交接。认真做好易燃易爆场所等保留项目的防雷行政许可，严格督促重点单位进行防雷安全定期检测，确保易燃易爆场所检测率达到100%。加强防雷安全监督检查，组织人员对全县各加油站、油库及炸药、烟花爆竹生产经营场所等30余个单位进行实地检查。狠抓防雷安全隐患整改，向中石化龙游石油支公司、泰安爆破工程公司等多家企业发出防雷装置安全隐患整改通知书，要求及时整改。推进防雷安全主体责任落实，要求并协助相关企业建立防雷安全责任制和雷电灾害应急预案。加强防雷安全监管部门协作，联合县旅游委员会对县域内AAA及以上等级旅游景区防雷安全现状进行普查，对相关景区提出防雷安全隐患整改要求。与县教育局接洽落实学校防雷安全工作相关要求。与县商粮局联合开展全县加油站、油库安全检查。就防雷安全监督检查情况，及时发文向县安全委员会通报。

【气象科普宣传】 积极开展世界气象日、防灾减灾日、安全生产月等宣传活动。3月22日和3月23日，连续2天深入龙洲街道、横山镇等农村社区，组织开展“3·23”世界气象日科普宣传，发放气象科普历书、气象知识、气象防灾减灾手册、气象法律法规宣传资料2000余份。5月11日，组织工作人员到东华、阳光、翠光、红星、兴龙、方门街和清廉等7个社区开展“5•12”防灾减灾巡回宣传活动。5月12日上午，联合县教育、消防等部门，在溪口初中开展防灾减灾应急演练，提高突发性重大安全事件中的气象应急服务保障能力。6月16日，联合县民政、人防、应急、消防、安监等10余个部门，在荣昌广场集中开展防灾减灾日、安全生产宣传咨询日主题宣传活动。与县教育局等部门联合印制《中小学生安全手册》，向全县中小学生发放，提高学生应对气象灾害能力。

图161 3月23日，县气象局开展“世界气象日”科普宣传活动

【“最多跑一次”改革】 根据县里统一部署安排，梳理并公布气象部门办理事项 “最多跑一次”办事承诺。与省气象局办事事项指导目录严格一致，确认行政许可类3项，行政确认类1项，公共服务类1项。根据行政许可条件的变化，修订并印制气象窗口办事指南小册子，将气象行政许可、行政确认、公共服务等事项全部列入其中。授权委托龙游经济开发区企业服务中心综合窗口，进行防雷行政许可项目受理。运行施工图联合审查网签管理系统，建立防雷行政许可新机制。开通防雷行政许可网上办理，并纳入政府投资项目监管平台管理。完成各事项在行政服务中心综合窗口的“一窗受理”。

【队伍建设】 以“两学一做”学习教育常态化为抓手，深入开展《中国共产党廉洁自律准则》和《中国共产党纪律处分条例》等党内法规的学习宣传，严肃党内政治生活，加强党内监督，切实做到学有成效。及时传达学习浙江省第十四次党代会、衢州市第七次党代会、龙游县第十一次党代会、龙游县中纪委十八届七次会议精神。扎实开展第30个“职业道德教育月”和第16个“党风廉政宣传教育月”活动。中共十九大召开后，迅速掀起学习贯彻十九大精神热潮，将贯彻落实十九大精神与各项工作相结合，全局人员围绕工作谋思路、立足工作找短板，思考新时代如何更好地加强气象防灾、减灾、救灾，为新时代中国特色社会主义作出更大贡献。

（县气象局 李建业）

2017年度龙游县气候状况

【概况】 2017年，冬季温度异常偏高，降水量异常偏少，无明显寒潮天气。春季气温偏高，降水先多后少，日照明显偏多。夏季气温前低后高，降水前期明显偏多、后期偏少。秋季气温偏高，降水、日照正常，无明显台风影响。入冬后气温正常，降水略偏少。

【气温】 年平均温度为18.5℃，比常年偏高1.1℃，较常年异常偏高，位居历史第3位。日极端最高气温为40.5℃，出现在7月24日。日极端最低气温为-3.1℃，出现在12月18日。全年共出现53天高温天气。终霜日3月3日，初霜日12月6日。

【降水】 年总降水量为1622.6毫米，比常年偏少10.3毫米。雨日为159天，比常年偏少1.4天。6月9日入梅，6月30日出梅。梅汛期内出现连阴雨天气，降水集中，有4次暴雨天气过程。

【日照】 全年总日照时数为2008.2小时，比常年偏多232.0小时。

（县气象局 李建业）

2017年度龙游县主要气候事件及影响

【连阴雨】 3月10日—25日，全县出现连阴雨天气，对早生春茶采摘高峰期有很大影响，同时对春茶生长速度和品质也有较明显的影响。

【暴雨】 2017年，共有暴雨4天，均出现在梅汛期。分别为6月12日71.5毫米，6月22日50.9毫米，6月24日77.0毫米，6月25日58.6毫米。由于此次强降雨强度大、范围广、时间集中，龙游县15个乡镇（街道）均受不同程度灾害。据初步统计，本次强降雨造成全县15个乡镇(街道)16783人受灾，因灾转移人口2288人，直接经济损失6264万元，农田受灾面积5040公顷，其中成灾面积2833.33公顷，绝收面积353.33公顷。

【高温】 7月—8月，共出现45天≥35.0℃的高温天气，极端最高气温40.5℃。连续晴热高温少雨天气，致使龙游县出现中等气象旱情，土壤墒情明显下降，茶叶、黄花梨等旱地作物出现叶尖泛黄、幼叶焦枯等现象，晚稻移栽返青迟滞，葡萄、柑橘等出现灼伤，蔬菜、瓜果等产量和品质下降。旱情导致龙游县粮食作物受灾面积1966.67公顷，成灾面积1053.33公顷，绝收面积156.67公顷，直接经济损失780万元。

【台风】 10月14日夜至15日，受台风“卡努”外围偏东气流影响，全县普降中雨，局部大雨。

（县气象局 李建业）

教育·科技

概述

2017年，全县共有中小学55所，在校生39708人；幼儿园102所，在园幼儿10269人。学前三年入园率97.5%；小学适龄儿童入学率100%，无流生；“三残”适龄儿童入学率达到100%。义务教育入学率、巩固率、毕业率均达100%，初中升入高中段比例达99.34%，基本普及15年基础教育。高考总上线率为99.64%，录取率为98.07%。在编在岗教职工共3430人，其中义务教育性质教师2590人。在全年工作中，深化教育教学改革，破解城乡教育发展难题；狠抓教育教学质量，提升综合实力；大力改善办学条件，建设现代化学校；注重教师队伍建设，打造优质教育队伍；构筑安全防线，建设平安校园。县教育局获市教育局年度考核一等奖和2016年度浙江省教育科学和谐发展业绩考核先进单位。

2017学年龙游县全日制学校基本情况

表43

学校类别		学校（所）	班级（个）	本年毕业生数（人）	本年招生数（人）	在校学生数（人）	教职工数（人）	专任教师（人）
普通中学		15	409	5368	5586	16476	1577	1462
其中	高中	4	139	1885	1871	5624	600	553
	初中	11	270	3483	3715	10852	977	909
职高高中		2	99	1137	1506	3974	286	253
小学		37	577	3713	3065	19216	1663	1630
培智学校		1	7	3	9	42	13	13
幼儿园		102	414	3333	2769	10269	1308	586
其中	实验幼儿园	1	15	174	177	483	68	38
合计		157	1506	13554	12935	49977	4847	3944

基础教育

【概况】 2017年，全县有小学37所，班级577个，在校学生19216人，小学适龄儿童入学率保持100%。初中11所，班级270个，新入学3715人，在校生10852人，初中入学率为100%，巩固率为100%，无流生。初中毕业班学生毕业率100%，升入高中段的比例达到98%。高中4所，班级139个，在校生5624人。高中分别为龙游中学、龙游二高（综合高中）、凯马国际学校（民办）和横山中学（完全中学）。15年基础教育得到基本普及。

【特殊教育】 有特殊教育学校1所（泽雅学校），班级7个，在校生42人，专任教师13人。2017学年开办特教学前班，学前班招生6人。学校建成塑胶跑道，新增篮球场、羽毛球场、气排球场、乒乓球场各一个；建设学生实训基地种植园和汽车场。加强校企联系，为毕业生就业搭桥铺路，年内有3名即将毕业的学生达成就业意向，毕业后即可正式入职。新增幼儿资源教室1个（士元幼儿园），截至2017年年底，全县共有资源教室8个、卫星班1个。6～15周岁残疾儿童少年219人，通过特教学校、随班就读、送教上门三种方式，残疾适龄儿童入学率达到100%。在特殊学校集中就读的学生特教经费每生每年8000元，随班就读和送教上门的学生同步享受10倍公用经费，每生每年6000元。

【学前教育】 全县共有幼儿园102所，在园幼儿10269名。其中公办园7所，集体办园24所，民办园71所，公办园和集体办园占比30.39%。优质园（一、二级园）23所，占比22.55%，优质园覆盖面48.44%，学前三年入园率97.5%，普惠性覆盖面96.5%。等级幼儿园92所，占比90.19%，等级覆盖面94.74%，幼儿园专任教师大专及以上学历占89.40%，专任教师资格证持证率占90.09%。共创建衢州市学前教育示范乡镇5个。

【启明小学陶艺课堂结硕果】 启明小学乡韵陶艺课程开设两门子课程——釉下彩、泥版画制作。学生作品《我的哥哥》获省艺术节一等奖，8名同学在参加市第六届教育系统艺术节美术类龙游县作品小学组立体造型中分获一、二、三等奖。学校的陶艺教学引起市县领导和社会媒体的关注，省义务教育学校研究会领导、市教育局局长徐朝金、县委书记刘根宏和副县长陆寿泉等分别到学校重点调研陶艺教学。17家全国性媒体、《今日龙游》、教育之江微信公众号等媒体和浙江省义务教育年会、“衢州教育行”省媒记者采风组等活动组织先后到学校采访和观摩。

图162 启明小学陶艺社团开展创作活动

【选课走班教学向初中延伸】 2017年，从高中发端的选课走班教学延伸至横山中学初中部、塔石初中、湖镇初中。学校针对学生间个体差异明显，接受教学信息也存在显著差异的情况，借鉴高中选课走班教学的成功经验，对学生分化比较明显的科学、数学等必修课程采取分层走班的形式进行教学，学生根据自己学习能力选择在适合的层级学习。学校按照各层次教学班数量、自主选择情况组成教学班，每班配备一名专职学科教师，每周固定教学时间。学生在教学班学习半个学期后可自主提出要求，调整层级。经过分层走班教学，学生的学习成绩大多取得进步。

图163 龙游凯马国际学校部分师生到印度尼西亚开展公益支教活动

【凯马学生走出国门做公益】 凯马中学55名学生在NGO（非政府组织）国际公益组织的支持下，于寒、暑假远赴印度尼西亚吉安雅贝度鲁小学及吉安亚科努小学支教。他们采用全英文教学，传播中国文化，在国际公益实践中认识世界，了解社会，锻炼自己，增强责任感。

【集团化办学尝试】 县教育局优化教育配置，充分发挥"名校+"效益，按照高标准、高定位、高起点、高统筹的原则开展集团化办学试点工作，成立由名校、新建民校、城郊学校等组成的西门小学教育集团和实验幼儿园教育集团。教育集团按照《集团办学章程》规范运行机制，确保集团化办学的科学性。集团各成员单位实现资源共享、优势互补、共同发展。此举措对扩大县域优质教育资源，加快教育优质均衡发展进程，实现教育公平化，努力创建省教育现代化县具有积极意义，被市教育局评为2017年衢州市教育工作亮点。

【灵山小学校歌获全国奖】 灵山小学音乐教师张驰创作的校歌《快乐的小灵童》，参加2017年全国校歌、班歌创作大赛，获二等奖。该校歌依据学校及灵山地区相关历史资料，以"第一人称"角度谱写，曾获2016年县级二等奖。国家核心期刊《中小学音乐教育》和中小学音乐教育学会共同主办的本次全国大赛，全国有2000多首校歌参赛，《快乐的小灵童》从中脱颖而出，并在《中小学音乐教育》杂志上刊发。

【龙二高成立全县首个心育教研组】 3月，龙二高成立了龙游县首个心理健康教育教研组，由心理学专职教师、国家二级心理咨询师胡瑜凤等8名教师组成。他们均有长期的班主任工作经历或教育教学经历，并取得心理健康教育C级证书资格。心理健康教育教研组成立后，开展心理活动课的研讨，开放"心育工作室"；接待学生和家长，进行心理辅导和心理咨询；在校园网、校报、广播站进行心理健康常识宣传。心育教研组的成立，为促进学校心理健康教育系统化、规范化、科学化奠定基础，对心理健康教育具有里程碑意义。

【人教社教学研究活动在龙游举行】 4月6日—7日，人教社部编语文教材"首品课堂"教学研讨活动在龙游县国际电影城举行。此次活动由人教社小学语文编辑室、衢州市教研室主办，龙游县桥下小学承办。人教社小学语文编辑室主任、全国小语会理事长陈先云，浙江省教研室副主任滕春友、衢州市教育局教研室主任蒋维云，省、市、县语文教研员和骨干教师五百余人参加研讨活动。龙游县桥下小学王小岑等3位教师、阳光小学陈月芬等6位教师和衢江区语文教研员吕虹执教部编本二年级下册"狐狸系列"单元。执教者根据课文特点，从培养能力角度设计教学目标，教学过程重学生全员参与，让每个学生学有所得。陈先云解读了部编本教材的特点，鼓励大家吃透教材，在教法层面走出自己的路子。藤春友作了《用好新版教材改进语文教学》专题讲座。省特级教师张敏华、杭州市下城区语文教研员柳涟老师针对课堂教学进行点评。

【中小学生手工创作比赛】 5月23日，"龙二高杯"中小学生手工创作比赛在龙游县第二高级中学举行。项目有电子小制作类、纯手工创作类、模型（机器人、智能车、太空探测器等）制作三大类。

图164 举办“龙游中学杯”全县中小学生手工制作比赛

全县423名选手参赛，257人次获奖。寺后初中、龙游华茂、龙游三中获中学组团体前三名；桥下小学、实验小学、塔石小学、詹家小学、阳光小学、西门小学获小学组团体前六名。

【塔石小学展示拓展性课程成果】 6月23日，塔石小学20余种“尚美拓展性课程”作品成果在学校一楼走廊展出，绘画、书法和具乡土气息的手工作品吸引师生和家长前来观看。“尚美拓展性课程”是塔石小学持续深化课程改革的重要举措之一。学校以“以美育德，以美启智，以美健体，以美怡情”为教育理念，对现有课程进行二次设计、整合和开发。该课程分20余种，每周一次教学，形式有“巧手剪纸”“瓦片画”“美食美客”“金话筒”“蚌壳画”等。课程既有对民间古朴风格的传承，也有现代时尚元素的糅合，激发学生学习兴趣。其中，“金话筒”课程被评为衢州市精品课程。“社会主义核心价值观”全套剪纸作品引起众多人士赞赏，并索赠珍藏。

【泽随实验学校承办市直名师教研活动】 11月17日，衢州市2017—2018学年度第一学期市直学校名师赴农村学校开展教研活动，在泽随实验学校举行。本次活动由衢州市陶行知研究会和市教育学会共同主办。市陶行知研究会会长吴锡标，省中小学教坛新秀、江浙沪教科研标兵、市心理健康教育名师阮巧玲等出席活动。泽随实验学校校长方志新主持活动。泽随实验学校6名教师与市直学校7位名师同场展示。课后，各学科教师进行交流，有与会名师进行点评，推进课堂教学改革，让乡村教师在历练中获得成长。

【全县青少年科技运动会】 12月5日，县教育局主办，县教研室、电教中心、龙三中、县物理学会共同承办的县青少年科技运动会在龙游三中举行。全县中小学46支代表队共499名运动员参加木质滑翔飞机、机器人（拼装型）、太空探测器、Scratch编程比赛等19个项目比赛。龙游华茂外国语学校、龙游三中、华岗中学获中学组团体前三名，实验小学、西门小学、小南海小学、桥下小学、启明小学、詹家小学获小学组团体前六名。

【高中段招生】 全县中考报名3365人。设7个考点，共111个考场。满分值640分。总分优秀人数为（544分以上）1017人，优秀率为30.22%。合格人数（378分以上）2675人，合格率82.73%。中考成绩继续名列全市前列。普通高中录取1880人，职业高中录取797人，普通中专录取622人，其他录取161人，总录取率为99.34%。

【高考和高校招生】 普通高校招生：龙游县考区设龙游中学和龙游县第二高级中学两个考点。全县报名人数1713人，其中普通类1596人，艺术兼普通类89人，体育兼普通类28人。普通类上一段线人数为343人（不含艺体类、往届、外县借考生）。总上线率为99.64%，与2016年（99.59%）基本持平。高考录取率为98.07%，高出省平均（93.31%）4.76个百分点。单考单招：全县报名人数515人，上线率、录取率均为85.24%。

【夯实教育信息化基础】 全年共投入教育装备经费2200多万元，其中财政专项经费1300万元，争取省项目补助150万元。新增或更新多媒体教学设备357套，其中触控一体机268套；新增和更新计算机924

台，新建及更新计算机教室6个（不含人机对话机房），完成LED灯光改造教室147个，新建学科教室6个、通用教室2个和创新实验室3个，新建科技馆1个、移动学习终端教室6个、校园电视台3个。投资300多万元，按“千兆到桌面，双线（光纤、光皮线）到班级”的标准，完成33所学校有线网络改造提升工程，夯实全县各学校教育信息化基础。

【五举措推进教育信息化】 一是扎实做好教育大数据应用工作。投入130余万元的县教育数据中心基本框架已建成，为全县学校大数据应用推进提供基础保障。顺应“互联网+”教育的形势，确立实验小学、下库小学为龙头的龙游首批智慧校园联盟，凯马国际等11所学校为试点学校；二是稳步推进省教育资源公共服务云平台运用试点。在省资源平台应用年度综合考核中，综合指标排名全省第8名，全市第2名。获得省精品空间1个，省优秀个人空间17个，省数字教育资源学科基地校2所，省级名师网络工作室1个。三是做好试点移动学习终端项目。成立县级移动终端联盟，全年组织开展市县级集中培训与展示活动5次。引导师生使用学科App辅助教学，拍摄制作学习小视频、微课等，尝试在初中阶段引入移动学习终端，服务学生学业评价与个性化学习。12月，衢州市移动学习终端联盟校活动现场会在龙游举行。四是探索教育信息化发展新模式，在县域的东西南北中重点培育亮点学校。新崛起的启明小学、龙游县第二高级中学、塔石初中、北辰小学、詹家小学、夏金小学、塔石小学、溪口小学等学校，加上原已具一定影响力的下库小学、实验小学、桥下小学、凯马国际学校、横山小学等，全县教育信息化在平台应用、装备管理、书香校园、教学融合等方面呈现百花齐放的态势。五是重视教育信息化应用能力的队伍建设。先后举办了图书管理员培训、移动学习终端培训、创客教育展示暨培训会、全县网络管理员会议、浙江省教育资源公共服务平台管理员培训会等。组织参加省技术人员业务培训、市数字校园创建培训、市移动学习终端培训、全国教育装备展示会、省市校长信息化建设领导力培训等420余人次。

【下库小学打造智慧校园】 下库小学对企业微信号接入的第三方APP进行自主研发，实现个性化定制和扩展。开通功能模块有：学生晨午检系统、教师请假审批系统、设备报修系统、安全隐患排查系统、消防器材月检系统、学生接送车管理系统、假期学生家访系统等18个模块，组建起学校数字化管理的大平台。学校获数字化校园项目市第二届教育创新奖、县教育创新奖。其打造智慧校园的事迹获《中国教育报》《中国青年报》《浙江教育》《衢州日报》《衢州广电报》《今日龙游》和中国网等媒体的广泛赞誉。

2017学年龙游县普通高中招生情况

表44

学 校	招生班级（个）	招生人数（人）	备 注
龙游中学	14	560	体育特长生8人，音乐特长生4人
龙游二高	20	799	体育特长生9人，美术特长生5人
横山中学	8	316	体育特长7人
龙游凯马国际学校	5	196	
全县合计	47	1871	

2017学年龙游县初级中学招生情况

表45

学校	小学毕业生数（人）	初中招生班级（个）	招生人数（人）	学校招生范围
龙三中	1505	16	698	西门小学、实验小学、桥下小学、阳光小学、詹家小学、十里埔小学、夏金小学、马叶小学、县少体校面向全县招1个班
龙游华茂外国语学校		16	550	面向全县自主招生，部分承担城区义务教育任务；面向县外招生2个班（70名学生）
华岗中学		8	400	西门小学、实验小学、桥下小学、阳光小学、十里铺小学
寺后初中	280	7	314	寺后小学、官潭小学、上圩头小学、罗家小学
小南海初中	375	10	377	小南海小学、箬塘小学、团石小学、七都张家埠小学、北辰小学
湖镇初中	419	8	335	启明小学、下库小学、七都小学（除张家埠小学）、社阳小学
塔石初中	395	6	223	塔石小学、雅村小学、石佛小学部分生源
泽随实验学校		4	112	泽随小学、石佛小学部分生源
横山中学初中部	218	5	178	横山小学、下宅小学、志棠小学
溪口初中	325	8	308	溪口小学、灵山小学、庙下小学、沐尘小学、大街小学、梧村小学
模环初中	196	6	189	模环小学、兰塘小学、士元小学
沙田湖莘霖学校		1	31	面向全县招生
合计	3713	95	3715	

2013—2017学年龙游县高考情况比较

表46

年 份	报考人数（人）	上线率（%）	录取率（%）	上重点人数（人）	重点上线率（%）
2013	2237	94.68	93.07	282	12.61
2014	2148	95.21	95.30	320	14.90
2015	2005	99.35	97.81	327	16.31
2016	1933	99.59	98.71	395	20.43
2017	1713	99.64	98.07	343	20.02

职业教育和成人教育

【职业教育概况】 现有公办学校龙游县职业技术学校，民办学校龙游县求实职业中专。2017年，中职学校在校生3974人，专任教师253人，“双师型”教师126人。开设专业13个，专业布点数14个。其中省级品牌专业1个，省级示范专业3个、省级骨干专业1个、省级特色专业2个。初步形成以加工制造类、商贸服务类为主的两大专业群，拥有省级实训基地3个、中央财政支持的职业教育实训基地2个以及县级职业技能鉴定站1个。全年社会培训7000人次。初次就业率99.12%，本地就业率36.15%；单独考试上线率79.03%。县职业技术学校获评全国优秀成人继续教育院校（培训机构）。

【成人教育概况】 全县共有乡镇（街道）成校15所，与社区学习中心实行“一套班子，两块牌子”管理模式，并全部创建成省级标准化成人文化技术学校。拥有省级新型农民培训示范基地1所，省企业职工培训示范基地1所，省级社区教育示范学校2所，市万名农民素质培训基地2所，市级社区教育示范学校2所，市企业职工培训示范基地4所，市新型农民培训基地4所。以服务为宗旨，需求为导向，完善成人继续教育网络，强化基础能力建设，增强服务能力，不断满足城乡居民终身学习需求，努力建设人人皆学、处处可学、时时能学的学习型社会。全县成人中、高等学历教育毕业2269人；非学历培训57394人次，其中退役士兵培训12人次，企业职工培训5270人次，新型职业农民培训2187人次，农民工培训12617人次，其它培训37308人次。

【职成教六个项目入围省名单】 县职业技术学校“现代农艺技术”专业入围省特色专业，该校朱文波工作室入围省大师工作室。横山镇成人文化技术学校、沐尘畲族乡成人文化技术学校入围省现代化成校。东华街道成人文化技术学校茶叶加工培训，社阳乡成人文化技术学校中草药种植技术培训入围省成教品牌项目。

【求实职业中专与吉利牵手】 3月21日，龙游县求实职业中专与吉利控股集团正式签署校企合作（现代学徒制）及“成蝶计划”定向班协议。未来五年，吉利集团将在每届新入学的汽车检测与营销专业学生中挑选100名人员组建两个吉利“成蝶”班。学校为“人才培养基地”，企业为“人才实践基地”，双方共同制定人才标准、共同进行课程开发、共同进行人员选拔、共同实施培养方案、共同进行质量评价。校企双方资源共享，学校派专业老师到企业挂职学习锻炼，企业赠送专业教材、教学汽车及教学实践设备，并派技术人员到学校任教，使理论学习和岗位实践紧密结合。学生通过两年现代学徒制“师带徒”模式培养，在高三阶段直接进入吉利集团实习，实习期满后正式录用。

图165 3月21日，龙游县求实职业中专、吉利控股集团校企合作共同体成立

【培育中职学生核心素养】 县教育局成立由分管领导牵头，局办公室、人事科、职成教科、计财科、县教研室、各中职学校等共同组成的工作领导小组，出台了《龙游县教育局关于加强培育中职学生核心素养的指导意见》，统筹指导中职学生职业素养工作。各中职学校通过设立学生服务中心，围绕“立德树人”，大力推进美丽校园、精品社团、优秀毕业生先进事迹教育、青年志愿者团队建设。

大力弘扬工匠精神，加强校企合作，不断提升学生的实践和创新能力。通过以赛促教，以赛促学，以赛促改，提升中职学生职业能力建设。县教育局的《育品德，强技能，大力培育中职学生核心素养》材料，在2017年全省核心素养培育工作推进会上，被列为典型经验进行交流。

【成人培训学分银行】 全县成人学校（社区学习中心）以构建“学分银行”制度体系为抓手，以“学习广场·浙江终身学习在线”为平台，搭建终身学习“立交桥”。全面开展以技能教育、学历教育、市民素质教育、老年教育、青少年校外教育为主要内容的培训，为不同年龄、不同文化层次的各类有需求人员提供菜单式教育培训，满足居民学习需求。充分利用辖区内各项教育资源开展内容丰富、形式多样的社区活动，为居民健身、文娱、终身学习等活动提供服务。全年各级各类成校和社区教育学校共培训1.9953万人，培训人数占常住人口的5.51%。培训成果信息全部存入学分银行平台系统。

【建立职校教学诊断制度】 2017年起，县教育局在中职学校建立教学工作诊断与改进制度。为统筹领导和推进全县中职学校的诊改工作，成立龙游县中职教学诊改工作领导小组，出台《龙游县中等职业学校教学诊断与改进工作实施方案》。教学诊断与改进制度包含6个诊断项目，16个诊断要素，113个诊断点。一个诊改工作周期包括学校自主诊断、教育行政部门复核、落实改进三个环节。运用互联网和微信等现代媒介，及时公布教学诊改工作的相关政策文件、学校自我诊改报告、学校人才培养工作状态数据，以及复核结论等信息，接受广大教师、学生和社会各界监督，以保证学校的基本办学方向、基本办学条件、基本管理规范，推动中等职业学校人才培养质量持续提高。

【选修课资源开发】 两所中职学校积极推进选择性课改，基于学校自身条件和学生需要，以打造多样化的选择性课程体系为切入点，大力开展选修课程资源开发。县职业技术学校紧扣9个专业特点以及学生实际，开设选修课程110门。其中专业限定选修课程26门，专业拓展课程36门，自由选修课程40门。另有8门聘请校外人员开设的课程：县史志办黄国平的“古建筑艺术赏析”，县博物馆雷栋荣的“中国传统建筑文化鉴赏”，龙游中学退休教师吴正章的“阅读与写作”，龙游山花浪漫任晓宏的“插花艺术”，典男外贸公司吴日成的“营销实战”，龙游爱尚舞蹈“街舞”，龙游仁礼书院“中医养生瑜伽”以及龙游武术协会的“中国传统武术”。求实职业中专开发校本教材18本，开设选修课28门。

【推进现代学徒制试点】 学校与企业合作办学，与企业共同设置课程。企业派出师傅与学校专业教师建立对接关系，指导开展教学。学校派专业老师到企业挂职，在企业师傅的指导下学习锻炼。企业派出师傅常驻学校，担任实训专职教师，对学生进行操作指导。学校派出学生进企业实习，打造“学生→学徒→准员工→员工”人才培养路径。如：县职业技术学校民族工艺品制作专业在“政府、学校、企业”三元合一的管理体系下，实现适应岗位需求的精准技能型人才培养；求实职业中专的汽车制造与检修专业的学生与吉利控股集团工人师傅结成现代师徒关系。《衢州日报》《今日龙游》等媒体对此进行详情报道。

图166　电大龙游分校组织农民大学生参加社会实践活动

【电大龙游分校】 学校于2017年3月由招商路21号迁至县职教中心内，7月，又迁回招商路21号。现占地2.04公顷（其中非产权0.62公顷），建筑面积7400.47平方米；开设会计学、园林技术、建筑施工与管理等20多个专科专业，开设会计学、工商管理、工程管理等30余个专升本专业，各类在册生1894人；教职工24人，其中高级职称7人，中级职称5人。外聘教师33人，其中高级教师5人。当年招生751人，毕业生740人。建立龙游鑫世康有限公司、龙游康民医院、龙游祥力电力有限公司、龙和渔业码头等多个教学实习基地。4名教师课题被省立项；5名教师被评为浙江省先进个人。学校被评为省电大系统年度财务工作先进单位、思想政治工作先进单位、省电大教材发行先进单位。获衢州市年度考核第一名、省年度考核第十五名。

2017学年龙游县职业类学校招生情况

表47

学校	专业名称	学制	性质	招生人数（人）
龙游县职业技术学校（850人）	现代农艺技术（省示范专业、省特色专业）	3+2	普通中专+大专	30
	机电技术应用（市示范市骨干专业）	3	普通中专	230
		五年一贯制	普通中专+大专	40
	电子商务（省骨干专业）	3+2	普通中专+大专	35
		3	普通中专	240
	制浆造纸工艺（省示范专业、省特色专业）	3	普通中专	35
	会计	3	普通中专	30
	护理（养老护理方向）	3	普通中专	70
	学前教育（保育员方向）	3	普通中专	35
	民族工艺品制作	3+2	普通中专+大专	35
	旅游服务与管理	3	普通中专	30
	学前教育	五年一贯制	普通中专+大专	40
龙游县求实职业中专（600人）	机械加工技术	3	职业中专	80
	铁道运输管理（乘务员方面）（省示范专业、市特色专业）	3	职业中专	240
	汽车制造与检修	3	职业中专	160
	电子商务	3	职业中专	80
	中餐烹饪（市示范专业）	3	职业中专	40
合计	面向市内共招生36个班，学生1450人			

2017年度电大龙游分校招生情况

表48

招生院校	层次	春季招生 专业	春季招生 招生人数（人）	秋季招生 专业	秋季招生 招生人数（人）	学制（年）	入学测试
国家开放大学	本科	会计学 法学	38	会计学、法学	45	2.5	院校自主测试
	专科	会计学、乡镇企业管理、工商企业管理等	79	乡镇企业管理、园林技术、会计学、工商企业管理等	173	2.5	院校自主测试
福建师范大学	本科	小学教育、学前教育、金融学等	5	学前教育、法学等	14	2.5	院校自主测试
	专科	应用心理学	1	学前教育、法律大类（法学）等	14	2.5	院校自主测试
大连理工大学	本科	土木工程、电力工程及其自动化、工程管理等	49	土木工程、工程管理等	46	2.5	院校自主测试
	专科	工商企业管理、建筑工程管理等	39	建筑工程管理等	27	2.5	院校自主测试
华中师范大学	本科	会计学、法学等	26	法学、工商管理等	24	2.5	院校自主测试
	专科	行政管理、会计、学前教育等	35	学前教育、工商管理类等	19	2.5	院校自主测试
对外经济贸易大学	本科	会计学、法学等	21	会计学、法学等	31	2.5	院校自主测试
	专科	会计等	6	行政管理	3	2.5	院校自主测试
中国医科大学	本科	护理学、药学	12	护理学、药学	24	3	院校自主测试
	专科	药学、护理	8	护理	8	3	院校自主测试
	中起本	药学、护理学	2	护理学	2	5	院校自主测试
总计		321		总计		430	

教育党政管理和教师队伍管理

【调整全县学校党组织关系】 从2017年起，全县乡镇中小学党组织由属地管理统一调整为县教育局党委管理，实现教育局党委对所辖学校党组织和党的工作全覆盖。每个基层党组织配齐支部书记等党务工作者；组织基层党（总）支部书记进行脱产培训及短期党务培训。创建智慧党建品牌，系统整合党员“零基积分”、党员学习、志愿服务等相关项目，融合组织生活、学习教育、互动交流、党员服务等诸多功能，实现党员掌上学习教育全覆盖，管理智能化。年内智慧党建平台共上传党员学习课程数1099个，党员分享活动数1195个。

【稳步推进教师“县管校聘”工作】 2016年，龙游成为全省28个中小学教师“县管校聘”管理改革试点地区之一，开始探索教职工“县管校聘”工作，实施教师“以县为主”人事管理体制改革，在强化县域统筹功能的基础上，落实学校用人自主权。2017年，在对此项工作充分调研总结的基础上，确定改革试点学校扩大至公办高中、初中和城区小学，实施“县管校聘”的学校占全县学校的32.7%；涉及教师1800余人，占县域教师人数的54.8%。通过“县管校聘”，促使骨干教师向农村和薄弱学校流动，教师资源配置更趋合理，调动校长和教师的工作积极性。

【教育内部审计】 县教育局切实加强内部审计工作，局长为教育内审工作第一责任人，直接负责教育内部审计工作；挑选工作经验丰富的人员到局内审室从事专职内审，保证审计的独立性，提高审计质量；建立“定期轮审、任中为主、离任必审”的常态化经济责任审计制度，做到审计全覆盖；进点公示、个别访谈、查阅相关资料、全面发现问题、审计反馈与交流、形成审计报告及意见书、督促被审计单位落实整改责任，整个审计流程合理全面到位；加强审计结果运用，将审计结果及整改情况，列为被审学校、被审校长年度考核与评优评先等方面的重要依据。4月24日，全省教育系统内部审计工作视频会议，县教育局局长邱子龙作为唯一的县（区）教育局代表，作《落实责任 强化保障 实现教育内审常态化》经验介绍。

【运用“互联网+”模式建设平安校园】 县教育局运用“互联网+”模式在平安校园建设的群防群治、重点防控、动态预警等方面实现质的提升。学校充分利用现有设备、自行开发及二次开发管理平台，利用数字化技术开展学校安全管理，在宣传教育、晨午检、家访、隐患排查、接送车管理、值班登记等工作中融入了“互联网+教育”模式，运用微信平台打造校园安全管理模块。学校的微信公众平台开辟了安全宣传专栏，定期向学生家长推送安全教育内容。在隐患排查时扫二维码即可完成信息自动录入，对发现的隐患拍照上传，排查结果自动生成数据统计，达到考量和分析并举的效果，为学校针对性地开展各项工作提供参考依据。在值班登记和假期家访则运用GPS定位和信息自动生成功能，提高便捷性的同时也确保实效性和真实性。针对电瓶车充电隐患问题，电瓶车充电区安装了定时开关（自动通电断电）、烟感等设备，确保充电区的安全。县教育局坚持“属地管理、分级负责”原则，层层签订学校安全管理责任书，县局及时调整学校安全工作领导小组，履行统一协调、管理、指导和监督全县中小学（幼儿园）及师生安全工作的职能。各学区、各学校健全安全“一岗双责”制，加强班主任等安全管理人员队伍建设。通过与各单位、学校第一责任人签订责任书，各学区与学校签订责任书，各单位、学校与部门负责人、班主任、课任教师等签订责任书，落实安全责任制工作。同时抓好安全工作落实，构建完善县教育局、学区、中小学（幼儿园）、全体教职工四位一体全方位覆盖、上下联动的校园安全网格化管理体系，确保全县校园安全形势持续稳定。

【教师全员读书报告会】 1月5日，龙游县中小学教师全员读书报告会在实验小学多功能报告厅举行，全县各中小学、幼儿园的读书领导负责人、教科室主任、语文教研组长及县教研室有关人员等130余人参加本次活动。活动由县教育局教科室组织，分经典诵读展示、优秀经验介绍、活动推进汇报、专家点评指导、阶段工作布置、领导讲话引领六个板块，按序推进。经典诵读板块，选取5个来自部分学校校本活动中的5个节目，共有25名老师参与展示。优秀经验介绍板块，实验小学、阳光小学、塔石小学、龙游二高4所学校，教师全员读书校本推进的优秀策略介绍。各校读书组织的汇报环节，采用电信随机抽号形式，有桥下小学、北辰小学、泽雅学校、雅村小学、龙三中、小南海初中6所学校向会议介绍本校教师读书活动的开展情况。

【教师文化专业知识考试】 县中小学教师文化专业知识考试组考工作于2017年7月如期举行。6月，县教研室针对参考人数多、涉及学科多、开考和组考方式多样的实际情况，按照时间节点细化工作流程，优化工作要领，集中精力完成方案制定、教师报名、信息校对与整理、编码与试场编排、监试人员的调度以及试卷征订与相关学科命题等前期的准备工作。由于思想重视，准备充分，全县教师文考工作得以圆满完成。

（县教育局 江永亮）

教科研和师训工作

【教研工作概况】 2017年，县教研室坚持“深化课程改革、服务教师发展”的宗旨，认真履行“研究、指导、服务”职能，切实开展教研、课改工作。一年来，召开初中、小学教育质量专题分析会，紧扣课改主题深入基层学校蹲点调研。积极稳妥地推进课堂教学改革和分层走班试点工作，逐步完善课改共同体的运行机制，全面推进课改共同体建设。举办首届龙游县义务教育学校拓展性课程课堂教学评比活动、优秀《选课指导手册》评比活动和第二届义务教育学校精品课程评选活动。开展农村学校质量监测工作，圆满完成衢州市中小学教师业务考试等工作。努力推动县域义务教育课程改革工作向纵深发展，促进稳步提升中小学教育教学质量，全面提高中小学的管理水平。

【师训工作概况】 2017年，全县共有6385余人次参加各级各类培训。其中市组织的新任校长培训13人、市义务教育阶段各学科培训1150人次（包括心理健康C证920人、B证培训150人）。共开设97个县级培训班期，完成各项培训4783余人次。其中基础90学分的有15个班期（小学语文、数学、英语、科学，初中语文、数学、英语、科学、社政，幼教）。另有516名教师参加能力提升工程培训，778人参加教师职业道德与法规培训，完成培训达223898总学时。近五年教师培训学分人均90.87分，年均限定选修90学分集中培训完成率达22.06%；教师通过培训管理平台自主选择培训项目的学分数占总培训学分数的比例达76.82%；90学分项目匹配率占87.47%；实际参训率达99.41%。

【瞄准主题蹲点调研】 县教研员陈光明蹲点寺后初中，指导寺后初中开展小组合作课堂教学改革的试点工作。3月，寺后初中、塔石初中的骨干教师前往路桥理想学校考察学习，寺后初中骨干教师分批次开设尝试课。县教研员、特级教师赖正清退休后仍蹲点桥下小学，致力于部编小学新教材的试点工作。4月，主持开展总编小学新教材首品活动，小学语文新教材主编陈先云先生、省教研室副主任藤春友、市教研室主任蒋维云、副主任施燕红参加本次活动。4月—5月，县教研室初中学科教研员先后二次到寺后初中蹲点调研，帮助开设尝试课的教师修改导学案，组织听评课活动。另外，湖镇初中、模环初中和横山中学也启动基础性课程分层走班的试点工作。

【《选课指导手册》评比】 5月，县教研室开展优秀《选课指导手册》评比活动，内容包括选课目的意义、学校课程结构简介、学校开发课程介绍、选课流程及要求，经专家组评审，实验小学等9所学校的《选课指导手册》荣获一等奖，塔石小学等7所学校的《选课指导手册》获得二等奖。通过评比活动扎实推进义务教育学校课程建设，提升课程选择适切性、学生课程修习的针对性和实效性。

【“龙游科研空间”再发力】 5月，借力省资源平台，“龙游科研空间”得以重建。改版后的平台得到优化完善：科研通知网上发布及时，更新频繁，县域网络信息发布常态化，提高优质科研资源的传播率；各中小学科研信息上传方式更便捷，上传信息数刷新及时；工作落实与监督采用网络化管理，科研计划、课题开题论证、课题中期检查表、教师读书推进活动等信息通过固定栏目发布，公开各校科研工作落实情况，既相互监督又互学共助；“好书共享”“学习成长”栏目由原县教科室的单向管理为各校教科室共同“经营”，使专业学习和阅读共享成为教师关注的“焦点”；专题推荐和统一布置相结合，做好科研空间的阅读宣传，使一线老师养成定时点击阅读“龙游科研空间”习惯，及时了解县域科研动态，掌握前沿科研信息；网络平台安全维护更到位，省资源网的统一管理，名师工作室空间的功能开发，大大降低平台数据丢失或紊乱的机率。

【县第二届精品课程评选】 6月，县教研室举办全县第二届精品拓展性课程评比活动，主题为义务教育段学校自主开发、供学生选择性修习的优秀拓展性课程。其中，小学阶段主要评选实践活动类课程，初中阶段主要评选知识拓展类课程。遵循精品课程原创性、科学性、可推广性和综合性等评比条件，共评出实践活动类精品课程10项，体艺特长类精品课程10项，知识拓展类精品课程4项。

【教育质量专题分析】 9月27日，县教研室召开初中中考，七、八年级期末质量分析会。10月17日，召开全县小学教育质量提升分析会。小教分析会上，柳园小学、启明小学介绍了学校教育教学管理经验。县教研室运用期末考试的相关数据，客观分析了教学管理和课堂教学中存在的问题，提出建议性意见。县教研室作《如何更好地促进学生的学习》专题报告，分析全县学校2016年参加省中小学教育质量综合测评的相关情况。

【县域课程改革成果】 10月，龙游县教研室《目标、合作、过程、迁移：小学语文“学为中心”课堂基本要素》入编省中小学教学改革项目丛书《“学为中心”教学改革的区域实践》；11月，《龙游县实验小学“博雅”课程实施方案》《龙游县小南海初中“容文化”课程实施方案》入选浙江省深化义务教育课程改革学校课程方案优秀案例；12月，县教研员赖春梅在“浙江省教学改革总结会暨第四届校本研修研讨会”上作《小学语文“学为中心”课堂的基本要素》的经验交流；12月，阳光小学《青葵花开“六学”课程》被评为浙江省第六届义务教育精品课程；溪口小学《金兰之家》、小南海初中《猜想快乐作文》等七门课程被评为市第二届义务教育精品课程。

【名师下乡送教】 11月中旬至12月中旬，县教师进修学校组织开展县第八届教学展示月活动。按照学校申报，教进校统一安排市县名师等教师到农村学校开展课堂教学展示和专题讲座。共有96位名师、学科带头人、骨干教师送教到29所农村学校，展示103节示范课，召开32场专题讲座。

【依托微信平台共享科研资源】 “龙游科研”微信平台至年底共发布37期，设有“科研课堂”“科研动态”“科研成果”“科研人物”“读书”五个类别，定期推送教科资讯、教科动态、教科知识、课题管理、教科成果、教科标兵、好书共读等诸多优质信息，风格明快，设计简练，关注教师实际需求。“龙游科研”微信公众号使教育科研信息的传播速度质量更上一台阶，得到数千教育工作者的关注。

【教科管理更接地气】 2017年，县教学科研管理采取四项措施：一是新建“龙游教科研沙龙”QQ论坛和交流群（面向一线老师）。制定《龙游县教育科研论坛公约》和《龙游教科研沙龙管理细则》，聘请三位教科研优秀骨干负责日常管理。二是开通网上咨询热线。一线老师可通过公文邮箱、QQ、微信等平台，咨询科研实践的难题，由县科研工作小组人员给予解答和帮助。三是实行科研子项目协理管理。县域各项科研工作管理与服务内容通过项目形式微格化，各校教科室主任根据个人特长，进行子项目的协理认领和承担。任务细化，分工明确，责任到人，落实更到位。四是启动全县教师全员读书活动。先后组织了读书启动仪式、读书书目推荐单展示、读书简讯展示、读书报告会等活动，制作了首期教师读书专题电子简报，通过多种形式助推各校加强教师读书活动的动员与组织，推进教师读书常态化建设。

【发挥监测的导向作用】 12月，县教研室在全县中小学开展音体美抽测工作。为进一步缩小城乡差距，促进全县义务教育的均衡，组织农村小学文化课抽测活动（三年级语文、四年级数学、五年级英语）。县教育局为保证抽测工作的信度和效度，抽调人员下校巡视音体美抽测工作。县教研室多次召开协调会、巡视员会议作安排部署。整个抽测工作科学、有序、安全、高效，充分发挥其推进素质教育、切实提高学生体质健康水平和艺术素养的导向作用。

【课改共同体建设】 县教研室在启明小学召开六大课改共同体基地学校校长会议。围绕“态度与高度、思路与出路、担当与力行”三大议题展开，共同探讨片区共同体课改重点，科学制定学年工作目标和工作计划。会后，六大共同体围绕“基础性课程课堂教学改革”和“拓展性课程开发与实施”两大主题开展活动。如：北片共同体开展语数同课异构研讨活动，南片课改共同体开展复式教改研讨活动，东片课改共同体开展拓展性课程实施观摩与经验分享活动，北片与西片课改共同体开展课程建设互看互学活动。通过加强六大课改共同体建设，逐步达到“点面结合、抱团协作、培育典型、梯度发展”的目标。

【“五·五”模式新教师培训】 根据新教师实际和新课程实施需要，县教师进修学校探索出“五·五”新教师培训模式。第一个“五”，即五年成长规划：第一年，一堂尝试课、一堂汇报课、一次课后八说、一次粉笔字现场比赛。第二年，一堂县级“微课”评比、一篇县级学科论文。第三年，一次县级“三说”比赛、主持一个县级小课题。第四年，一次片或县级课堂教学评比、一次演讲比赛。第五年，一次现场命题或基本功评比、一次现场写作竞赛。必修项目，每年读一本专著。第二个“五”，即为五项培训策略：岗前培训转角色。开展为期10天的全封闭半军事化管理的岗前培训工作。以军事训练、专题讲座、专家引领、备课指导、经验交流、视频观看、自主学习等方式进行。培训结束根据考核要求对学员师德表现、出勤纪律、军事训练、业务能力等4个大项12个小项进行综合量化评定；上挂锻炼开视野。将第一年分到乡小任教的部分新教师，上挂到城区学校进行为期一年的锻炼培养。一年后再回到所在学校教学；实践培训重实效。新教师到岗后，进行两月一次的实践培训，聘请基地学校名优教师为县级指导老师，进行为期一年的试用期业务指导。保质保量完成不少于180学分的新任教师培训；跟踪帮扶助成长。除了按相关规定完成第一年的培训任务外，还建立新教师跟踪培养制度。为每位新教师建立五年成长档案，发放新教师专业发展记录手册，由县学科教研员和各校指派的指导教师一起，共同关注每位新教师五年的专业发展；搭建平台促发展。为工作满三年的新教师搭建汇报和展示自身教学技艺的平台，即三年一届的“教坛新苗”课堂教学展评活动，加快他们成长的步伐。

【运用“两学习·两实践”模式培训校长】 教进

校从历年新任校长培训实践中摸索出“学习—实践—再学习—再实践”培训模式。具体做法：一是专家讲座明方向。邀请县内外专家作各类专题报告。内容涉及校园安全、基础教育改革、校园文化建设、学校管理等方面。二是校际交流启智慧。校长们分别到县内知名学校开展学习交流。首先是听取东道主学校校长办学情况及办学特色介绍，然后根据本学校的实际情况进行互动交流。三是考察学习促实践。除了本地交流，组织学员外出考察。近几年到湖州环球小学、台州温岭方城小学、椒江人民路小学、衢州鹿鸣小学、七里小学、深圳市育才四小、深圳实验小学、深圳南山区外国语小学等省内外各级小学考察学习。校长将看到、学到的成功经验，结合本校实际，在自身的学校管理实践中进行嫁接和运用。四是异校实习促发展。新任校长到外市学校开展为期两周的异校实习活动，写出实习报告，总结实习学校的成功经验，提出自己的合理化建议。培训活动结束时完成“明天给我一所学校……”的答辩。由县教育局和教进校组织专家评分，成绩合格者才能获得培训结业证书。

【教研活动项目化】 “教研活动项目化”是开展教师全员培训过程中的一个有效做法。除确保全县每年有21%教师完成90学时的培训任务外，将每年30学时的培训，采取细水长流、稳步有序策略，要求所有学科，每个学期扎扎实实针对全员开展为期两天16学时的培训。根据教育教学实际，确定一个有针对性的主题，开展“项目化”教研活动，做到研训结合。一方面使培训更接地气，更符合教育教学实际，另一方面也提高了传统教研活动的品味，使教研活动从方案设计，活动组织管理，活动档案建立等方面更加规范，尤其是教研活动经费得到了充分保障。每年两次的16学时培训，确保大多数教师都能完成每年32学时的培训学分任务。

【首届“课堂观察”评比】 县第八届“教学展示月”期间，举行首届小规模学校“课堂观察”评比活动。全县24所小学46名校长、分管教学副校长参加评比活动。参赛选手先进行观课（语文、数学各一节），再作半个小时书面准备，最后就两节课进行15分钟点评。教育局相关科室人员担任专家评委，教研室研员进行评课辅导。活动的开展有利于校长更好地深入课堂，发现和解决课堂教学中存在的问题；有利于全面了解学校师资队伍状况，优化人员配备；有利于掌握教学管理主动权，提高管理效能。

【第二届“教坛锐将”评比】 县第二届“教坛锐将”课堂教学展示评比活动于第八届“教学展示月”期间展开。全县共39人参与，在教进校统一安排下集中在城区学校进行。各学段每校1位副校长参与，涉及语文、数学、品德、体育、科学、英语、信息技术、综合实践、美术等15门学科。

【科研课题结硕果】 全县共有490项课题立项，其中省级12项、市级89项、县级389项，研究成果喜人。其中省优秀科研成果三等奖1项，省师训课题一等奖2项、二等奖3项、三等奖1项；市重点课题一等奖2项、二等奖5项、三等奖7项；市一般规划课题一等奖4项、二等奖17项、三等奖8项；市小课题一等奖10项、二等奖20项、三等奖11项。全年共有2778篇文章获奖和发表，其中市级410篇、省级（含）以上213篇。龙二高教师江正散文集《痕迹》、“陌上·桑”诗社《陌上清歌》诗歌集正式出版。

（县教育局 李有根）

科学技术

【概况】 2017年，龙游县成功创建浙江省知识产权示范县。全县科技工作按照“三步走”战略，围绕“三件大事”，实施创新驱动发展，坚持企业主体、政府搭台、借力借智，着力营造全社会创业创新良好氛围，充分发挥科技对经济社会转型发展的助推作用，促进产业转型升级。全年共申请专利总

图167 5月20日，龙游县组织开展科技活动周活动

量968件，授权发明专利总量36件，同比分别增长79%、72%；新增专利产业化项目12个，新增县级专利示范企业13家，并组织5家企业实施贯标工作。县科技局获衢州市2017年度科技系统考核一等奖。

【科技型企业培育】 2017年新增国家高新技术企业7家、重新认定8家、新增省级科技型中小企业36家、省成长性科技型百强企业1家、省级高新技术企业研发中心2家。市级重点创新团队1个。全年高新技术产业增加值20.12亿元，占工业增加值比重30.79%，比上年增加8.9个百分点。

【高新技术产业投入】 围绕年初确定的全县高新技术产业投资增长15%目标，以一批高新技术产业投资项目为重点，部门协作、动态跟踪，加快推进，全年高新技术产业投资同比增长163%，高出年初目标148个百分点，居衢州市第一位。

【企业研发投入】 年内完成省级重点研发计划项目申报5个，市级科技计划项目申报21个，县级科技计划的项目申报40个。在协助企业向上对接争取的同时，推进企业加快项目实施，引导企业加大研发投入，提升企业创新能力。协助企业申报省市科技进步奖，共有3个项目获得衢州市科技进步奖。其中金昌纸业“人造革离型原纸耐高温技术”项目获一等奖，佳维康“低定量移印纸基功能材料”项目获二等奖，凯丰“精密不锈钢薄板冷轧垫纸”获三等奖。推广创新券使用，降低中小微企业研发成本，激励企业加大研发力度，全年共发放创新券138万元，近100家企业享受到科技政策红利。全年R&D（研究与试验发展经费）投入2.99亿元，占全县GDP的1.27%，同比分别增长43.9%、28.3%。

【构建企业创新载体】 分类引导企业加强创新载体建设。对行业龙头企业，引导加强重点企业研究院建设，先后协助茗皇公司申报省重点企业研究院，指导中浙高铁轴承公司、华邦纸业开展重点企业研究院申报前期准备工作。对具备较强创新能力的高新技术企业，引导加强企业研究院建设，协助新西帝公司新认定企业研究院。对其他高新技术企业或科技型企业着重加强技术研发中心建设，先后新认定省级高新技术企业研发中心3家、市级工程技术研发中心2家。

【打造产业创新平台】 一是推进特种纸产业创新综合体建设。产业创新综合体是浙江省推进传统产业改造提升、新兴产业培育发展的一项重要举措。根据第一批申报要求，结合产业发展现状，完成龙游县特种纸产业创新综合体组织申报工作，编制规划建设方案，积极向上对接，在争取省级支持的同时，会同龙游经济开发区管委会有序推进综合体项目前期工作，争取早日开工建设，为龙游特种纸产业改造提升提供创新动力。二是全面启动龙游科技市场建设。在与镇海科技市场建立初步合作的基础上，顺应县内科技创新服务需求日趋增强的趋势，推进龙游科技市场实体化运作，在科技成果转化、技术交易、难题破解等方面更加精准服务企业。

【构筑大众创新空间】 一是大力培育众创空间，依托龙游电商城创业创新发展基础，引导转型发展，成功争取龙游电商城列入省级众创空间，实现“零”的突破。二是积极培育“星创天地”，协助晓强中草药合作社申报“星创天地”，加强指导、统筹谋划，力争在二、三产领域众创空间逐步推进的同时，实现农业领域“众创空间”零的突破。

【创建省领军型创新创业团队】 2017年，以浙江金昌特种纸股份有限公司院士工作站为载体，加大院士等高端人才的整合力度。浙江金昌特种纸股份有限公司倪永浩院士领衔的纳米纤维素绿色制备及应用创新团队列入浙江省领军型创新创业团队。在全省21个领军型创新创业团队中，是唯一属地在县级的团队，实现了龙游乃至衢州市“零”突破，为龙游县特种纸行业高质量发展提供智力支撑。

【建设产学研合作平台】 年内先后组织企业参加重庆高交会、宁波浙洽会、春季拍卖会、上海“军民融合”对接交流活动。同时，积极探索地方与高校院所合作新路径，先后与浙江科技学院、浙江工业大学、衢州学院建立战略合作关系，在成果转移转化、人才引进与培养、技术难题破解等方面探索建立长效机制，切实提升高校院所服务地方经济发展的实效。

【科技项目实施】 全年共申报市级以上各类科技计划项目49项。其中：省级各类科技计划项目28项（其中省重点研发计划项目5项、省级新产品试制计划项目23项），市级科技计划项目21项。

【科技特派员工作】 为加强和完善科技特派员管理，出台《科技特派员管理办法》，建立项目管理、定期例会、工作协调、经费使用等6大机制，既规范项目和经费管理，又充分调动和发挥科技特派员的积极作用。省市科技特派员先后为龙游毓硒酒业有限公司、晓强中草药合作社等企业在产品开发、设计、技术解疑等方面提供专业支持。

【科技金融】 全面启动科技型中小微企业保证保险贷款。年内经科技局审核通过的企业有24家，其中3家获银行授信780万元。稳步推进专利质押贷款，会同农商银行制定专利质押贷款管理办法，全年新增专利质押贷款3000万元。通过加强与金融机构合作，创新金融信贷产品，解决部分科技型中小企业融资难问题。

【科技民生】 建立重大项目抗震减灾标准联合审查机制。2017年县科技局会同县发改、规划、住建等部门联合下发《关于严格执行建设工程抗震设防标准的通知》，明确总投资5000万元以上的重大项目，在方案设计环节必须明确抗震设防标准，经科技、规划、发改、住建等部门联合审查通过后，报科技局备案。

（县科技局 姜小军）

2017年衢州市科技进步奖获奖项目（龙游县部分）

表49

表奖项	项目编号	项目名称	完成单位	主要完成人员
一等奖	2017116	人造革离型原纸耐高温技术	浙江金昌特种纸股份有限公司	童树华、黄学英、周桂生、陈杰、孟育、杜黎星、华飞果、杨仁党、何志斌
二等奖	2017115	低定量移印纸基功能材料	浙江佳维康特种纸有限公司	林宏、赵会芳、张学金、黄建荣、沙力争、方丽珍、俞大民、胡志军、陈华
三等奖	2017114	精密不锈钢薄板冷轧垫纸	浙江凯丰新材料有限公司	张琦、计皓、刘佳文、詹素忠、沈国频、周雪萍、周悦

文化·旅游

概述

2017年，龙游县文化旅游工作围绕县委、县政府围绕文化发展“十三五”规划，扎实推进省公共文化服务重点县建设和全域旅游建设，使地方文化和全域旅游积极融入大都市、大通道、大湾区、大花园的区域战略格局中，全力推进文化和旅游方面的资源互补、互利共赢。全县综合文化站和文化礼堂全面建成，24小时图书馆有序铺开，文化阵地建设日益完善，文化干部队伍不断壮大，服务水平日益提高。龙游县文化产业发展兴盛蓬勃，被评为衢州市唯一的“浙江省文化产业重点县”，其中红木小镇被列入全省特色小镇文化建设示范点，徐偃王文化园项目进展加快。文物保护和非物质遗产保护日趋专业化，全年新增省级非遗主题小镇1个（小南海镇），省级非遗传承人6名。广播电视事业继续发展，播出系统实现高清化改造，基层服务深化，电视智慧党建平台首次实现对乡镇党代会的同步直播。全域旅游事业稳中求进，营业收入实现稳步提高，乡村旅游建设和重点项目齐头并进，广告宣传实现精准投放。旅游宣传推广力度加大，“全球免费游衢州”的制定实施使龙游石窟、龙游民居苑两景区于5月19日开始每周一免费游览，12月整月免费，参观人数有较大增长。旅游市场监管与行业规范实现同步提高，旅游市场日常监管加强。

文化建设

【概况】 2017年，龙游县文化工作紧紧围绕县委、县政府中心工作，以文化发展“十三五”规划为纲领，以省级公共文化服务标准化重点县建设为抓手，全面推进公共文化建设、文化遗产保护、文化市场管理、文化产业发展等工作。县文广新局被浙江省新闻出版广电局评为“书香机关”，沐尘畲族乡双戴村农家书屋被评为全国示范农家书屋。

【创建浙江省公共文化服务重点县】 龙游县通过补短板、强设施、优服务，扎实推进公共文化服务体系建设，于2017年7月顺利通过“省公共文化服务重点县”建设验收，并在9月浙江省政府召开的第一批基本公共文化服务重点县建设总结大会上作典型经验发言。

【乡镇（街道）综合文化站效能建设】 龙游全县15个乡镇(街道)综合文化站通过政府购买服务的社会化运作模式，与7家文化公司合作，实现“七有”目标(有机构、有站所、有编制、有职级、有经费、有队伍、有活动)，做到免费开放、免费培训、演出活动、“文化走亲”的常态化。10月11日，全省乡镇（街道）综合文化站效能建设现场会在龙游召开。《中国文化报》分别于9月20日头版头条、10月18日

图168 10月12日，浙江省乡镇（街道）综合文化站效能建设现场会在龙游县召开

六版大篇幅专题报道龙游县乡镇（街道）综合文化站在建设管理使用方面的做法和经验。

【农村电影放映改革】 通过整合放映队伍实现公司化运作，进行农村电影放映招投标、农村电影放映点固定化等服务，先后推出戏曲电影节展播、红色电影展播、文化馆周末公益电影专场等活动，全年累计观影群众30余万人次。龙游县农村电影改革经验在《浙江日报》刊登，龙游何氏农村电影放映队获“全国服务农民服务基层文化建设先进集体”荣誉。

【群众文化活动开展】 县图书馆图书流通8.7万册次，接待读者15.2万人次，新建成的24小时自助图书馆、龙北图书分馆累计接待读者超2.6万人次，先后举办摄影培训、礼仪讲座、“龙游商帮”“迎接十九大”等讲座展览活动16场。县文化馆开设了器乐、舞蹈、书画、合唱、婺剧等10个免费培训项目，参训学员达3000多人次；免费为社会提供剧场、舞蹈室、展厅等场地服务50余场（次），举办朱秉衡画展、离退休教师画展等活动16场（次）。全年完成送书11500册，送婺剧230场，开展文化走亲10场次，累计送电影下乡3128场。围绕剿灭劣V类、城市东进等县委、县政府中心工作，开展“喜迎十九大 剿灭劣V类”下乡巡演30场，省级非遗传承人阿乐利用广播为城市东进编排喜闻乐见的道情曲目，开展不间断的宣传演出。指导举办“魅力青年才艺大赛”“沐尘三月三畲族风情节”“湖镇客路桃花节”等一系列文化品牌活动。

【文艺创作】 围绕“治水拆违”等工作开展采风创作，所得作品17件送省评选，7件作品获奖；选送歌曲《鹤之泣》获浙江省第三届群众声乐大赛金奖、浙江农民好歌声擂台赛银奖；阿乐道情《龙游发糕》入选浙江省农村文化礼堂精品节目展演；原创节目《红木缘》《这一方水土》《龙脉》《我为良叔点个赞》等入选参加省、市比赛展演。

【文化市场管理】 开展“最多跑一次”改革，完善“一次告知”“预约服务”“即办制”等制度，结合省、市、县三级指导目录梳理出“最多跑一次”权力事项68项，办理各类审批事项25件。完成出版物经营单位年检30家，印刷企业年检40家，接待来人来电咨询190人次，办结率为100%，群众满意率100%。对全县87家文化经营企业进行调查，排查出“僵尸企业”28家，为下一步“僵尸企业”清理整顿摸清家底；推进文化市场“网格化”管理，组织开展歌舞娱乐场所、印刷行业、出版物市场、地卫设施等专项检查，保障中共十九大、互联网大会期间文化市场安全。共开展文化市场执法检查2017家次，出动检查人员892人次，全年行政处罚立案33起，办结31起，警告18家次，规范文化市场经营秩序。组织开展“清源”“秋风”“护苗”“净网”打黄扫非专项整治行动，溪口镇被评为全省“扫黄打非”进基层示范标兵，庙下乡浙源里村被评为全省“扫黄打非”进基层示范点。

【文化产业建设】 组织文化企业参加各地文博会，辰港宣纸、德辉酥饼、科力印业等文化企业先后参加衢州文博会、义乌文博会、杭州文博会、广交会等，拓展销售渠道。龙游红木小镇被列入全省特色小镇文化建设示范点，徐偃王文化园项目取得进展，2017年龙游县被评为衢州市唯一的“浙江省文化产业重点县”。

图169 组织开展文化公益免费培训

【公共文化阵地建设】 县博物馆项目完成主体结顶；完成县图书馆龙北分馆和全市首家24小时图书馆建设；全县15个乡镇(街道)综合文化站全面建成；全县建有农村固定电影放映点20个，特色农家书屋35个，农村文化礼堂106个。

【人才队伍建设】 县文广新局、局属各事业单位及乡镇（街道）综合文化站新增文化干部12人，其中乡镇（街道）文化员7人，与省艺校定向培养文化员1人，进一步改善基层文化干部队伍的专业结构、年龄结构。深入推进作风纪律建设，全年开展廉政谈话55人次，任前谈话2人次。严格执行指纹签到考勤、请销假制度、正风肃纪一月一督查等，打造廉洁高效的文化工作队伍。注重引导、鼓励发展各类文艺团队，至2017年年底，全县有婺剧坐唱班、排舞队、舞龙队等各类文艺团队548支2600余人。鼓励文化干部积极参加省市县各类业务培训，组织全县性的文化干部业务培训1次，开展舞蹈、徽戏、摄影、活动策划等各类业余文艺骨干培训，参训人员超过4万人次。

（县文广新局 方梦媛）

图书发行

【概况】 2017年，龙游县新华书店完成销售收入2956万元，同比2016年的2469万元增加487万元，增幅19.7%。其中，门市POS销售1256万元，比上年的844万元增加412万元，增幅48.8%，主要是教育数码设备销售增长；教材、教辅销售1650万元，比上年的1625万元增加25万元。全年实现利润总额166万元，同比2016年的104万元增加62万元，增幅59.6%。在全体员工的努力下，公司超额完成集团下达的各项预算指标。顺利通过省级文明单位创建复评。

【开展全民读书节暨龙游书展活动】 5月1日—7日，在龙游县委宣传部的支持下，联合有关党政部门和多家文化单位组织举办以“书香龙游•精彩悦读”为主题的第四届龙游县全民读书节。活动期间，县新华书店推销集团卡330多万元，为完成全年的销售任务奠定基础。读书节期间，举办“作家进校园”读书报告会，先后邀请儿童文学作家汤素兰、潇萍走进校园开展讲座，和学生们面对面交流并现场签名售书，共销售汤素兰系列儿童文学图书2000多册，码洋（图书定价总额）3万多元；销售潇萍“上学记”系列图书2400多册，码洋6万多元。

【拓展新业务】 做好企业转型升级，发展多元经营，全体干部员工极力拓展新业务，积极参与本地教育数码装备、校服业务的招投标工作，成功中标3起，其中教育装备146万元，校服业务50万元。

【举办“七彩童话屋”活动】 4月9日，县新华书店举办首届“七彩童话屋”活动，邀请县实验幼儿园“灵灵龙”故事屋优秀教师团队带领4～7岁的小朋友免费参加。其后，“七彩童话屋”活动定期举行，在每个星期日上午9点准时开始活动，邀请幼儿园老师讲绘本故事，组织小朋友开展朗诵诗歌、讲故事、跳舞等才艺表演。至年底，已连续举办10期，吸引城区众多学前儿童及家长前来参加。

【举办“水墨书香”龙游县青少年书法现场大赛】 6月16日，为弘扬和传承中华传统文化，龙游新华书店联合县委宣传部、县教育局、县文广新局，在卖场举办“水墨书香”龙游县青少年书法现场大赛。大赛初赛共收到全县中、小学生作品198件。

图170 龙游县新华书店举办“水墨书香”青少年书法大赛

【政治读物销售发行】 关注省集团公司政治读物的发行动态，及时与县委宣传部理论科和群众路线教育办公室沟通，发动员工认真做好政治读物的发行工作。2017年征订《十九大报告》《中国共产党章程》及文件汇编、学习辅导等系列用书5.4万册，码洋30多万元。征订《习近平谈治国理政》第二卷1700多册。不论订购数量大小，员工一律送书上门，切实做好服务工作。

【和谐企业建设】 因公司大楼建造的还款压力大，公司班子对每笔资金的使用都十分谨慎小心，只要有款项进账便首先用于还款，尽量减少资金占用，特别是应收应付款项，始终保持高度关注，一直控制在合理空间内，全年共归还借款500万元。为解决事业退休人员生活补贴仍由书店发放的问题，积极与县人事劳动社会保障局沟通协商，以当下龙游县生活补贴发放标准，提留至75周岁，一次性向县社保局缴交社保基金230多万元，将龙游新华书店事业退休人员的养老金纳入浙江省机关事业养老保险系统进行统一发放，彻底解决历史遗留问题，促进企业和谐稳定。

【社会公益活动】 6月，配合县教育局、广电中心承办“青少年中华经典诵读演讲比赛”活动。“六一”期间，组织开展“微心愿”活动，去农村小学为留守儿童送去图书、文具用品等礼物。

（县新华书店 叶雪琴）

文物和文化遗产保护

【概况】 2017年，龙游县文化广电新闻出版局始终坚持“保护为主、抢救第一、合理利用、加强管理”的方针，扎实推进文物和非物质文化遗产保护工作。全面做好大南门历史文化街区保护利用、文物保护修缮、非物质文化遗产保护传承等工作。

【大南门历史文化街区保护】 7月3日起，组织开展大南门考古，对古城墙、古县衙、县学、西湖等四个区块2万余平方米的遗址进行考古勘探，完成城墙遗址和县衙遗址的揭露、西湖遗址和县学遗址范围的确定，出土牌坊、石碑、铜钱等文物，取得阶段性成果。大南门历史文化街区文物保护规划编制方案已完成初稿。大南门历史文化街区8处省保单位进行修缮，已经完成了省文物局的立项和修缮方案的评审。

【省保单位申报】 在浙江省人民政府公布的第七批省文物保护单位名录中，龙游县新增省保单位18处89点，包括古遗址1处，古墓葬1处，古建筑13处，近现代重要史迹及代表性建筑3处，省保单位总数已达34处118点。至年底，国保、省保、县保的标志碑（牌）安装工作已全面完成，新增省保单位的“四有档案”工作已经启动。

【文物保护修缮】 完成对国保单位三槐堂1处3点、省保单位龙游楼上厅组合（陈国瑞宅、徐耀祥宅、王渭祯宅、钱会昌宅、童日新宅）、三门源古建筑群（翁宝清宅）和邵中兴宅等7处修缮，对夏氏宗祠等18处县级文保单位和祝氏宗祠等39处重点登记文物的保养维修工程，累计补助修缮经费700余万元。

【文物平安工程】 投资307万元，基本完成国保单位7处10点、省保单位16处29点的高清探头和指挥监控平台设备安装工作，组织开展平台设备调试,加强与公安等部门的协作，基本达成“公安治安监控”与“平安工程”视频监控建设的联网应用。深入开展古建筑虫害防治、消防器材配置、古建筑D级危房排查和汛期专项巡查等工作，累计为各级文保单位配备或更换灭火器1000余只，实施虫害防治古建筑150余栋，出动文物巡查302人次，检查文保单位786家次，查处相关案件3起。办理的1起文物执法案件被评为“2017年度全国文物行政执法十大指导性案例”。

【文物考古征集】 完成横山镇青龙山垃圾填埋项目用地、龙游县土地整理项目、嘉滋鑫城二期工程考古调查，完成沿江公路龙游段抢救性发掘。制定《龙游县博物馆文物征集管理办法（试行）》，通过媒体和沙龙活动，加大宣传力度，提高文物藏品征集的质量和数量，已征集各类历史文物、民俗文物等43件（套）。推动落实“余绍宋藏品”的征集事宜，完成余绍宋先生书画作品等文物转让协议签订。

【非物质文化遗产保护传承】 通过面向社会征稿，深挖地方优秀历史文化，完成了原创大型徽戏《南宋廉相余端礼》剧本创作征集；举办龙游县民营婺剧团大赛、龙游县婺剧迎新春演出、全县农民婺剧培训（正吹、副吹）、全县婺剧表演艺术培训和龙游县道情培训等，牵头复排《送徐庶》《东吴招亲》《紫凌宫》等婺剧、徽戏等传统剧目；衢州市婺剧保护现场会在龙游县召开。全年组织参加第九届中国（浙江）非遗博览会、浙江省非遗主场城市演出、浙江省道情比赛、浙江省农民进城晒文化展览和展演，开展非遗走亲等活动15次，《硬头狮子》参加2017年浙江省文化与自然遗产日活动获展演奖，道情《龙游发糕》在2017年浙江省道情比赛中获铜奖。

【非物质文化遗产项目申报】 开展龙游县第五批、衢州市第六批非遗保护名录申报工作。开展龙游县非遗传承人评选和第二批衢州市非遗传承人申报工作，蓝锦国等30人被评为衢州市非遗传承人。新增省级非遗主题小镇1个（小南海镇），省级非遗传承人6名。

（县文广新局 方梦媛）

广播电视事业

【概况】 2017年，龙游县广播电视总台围绕县委、县政府的战略部署，坚持“新闻宣传、事业发展、队伍建设”三线并举，全面完成各项工作。在2017年度县综合考核中，位居社会管理与执法类部门的第11位，获全县三等奖；在党建与人才工作述职评议中位列部门党委第3名，获全县二等奖。

【舆论引导与监督】 坚持新闻立台，聚焦县委县政府中心工作，及时推出剿灭劣V类水、“五四三”专项工作、村社换届、拔钉清障、城市东进、治危拆违、最多跑一次、四个平台建设、创国卫等20多个专栏。同时，发挥媒体舆论监督的职能，通过《今日焦点》栏目对群众关注的热点难点问题开展舆论监督。新闻专题紧贴中心工作，做好村和社区换届教学片、高坪桥水库建设汇报片、四边三化、五水共治、红木小镇创建AAAA级旅游景区等专题摄制，启动包辰初等龙游文化名人的拍摄工作。中共十九大以来，推出十九大精神主题宣传报道。

【外宣工作】 2017年外宣共有8条新闻在央视新闻频道播出，有115条新闻在浙江卫视播出，其中《吴燕飞：我是跑小二》新闻作品获浙江卫视最佳人物报道奖。全年在浙江卫视用稿在全省县级台排名第20名，比上年度前进1名，连续三年获得全省电视新闻协作县级台二等奖。全年共有50条广播新闻在省电台用稿，在全省县级台排名第47名，在市电台的用稿317条，获得衢州广电集团广播新闻协作一等奖。

【栏目建设】 在全力打造《龙游新闻》宣传高地的

同时，强化《999新闻桥》《田野风》《金色土地》等品牌栏目建设，在省级对农节目抽评中，广播电视在县级媒体中获得双优秀。与县委组织部共建的《龙游先锋》栏目，12条信息被省级媒体党建专栏采用。《今日焦点》栏目围绕中心工作，及时开展舆论监督和正向引导。

【媒体融合】 按照习总书记提出的“加快媒体融合发展，占领信息传播制高点”的指导思想，着力打造龙游广电微信公众平台，周末推出《风雅龙游》《龙游乡土》等文化板块。目前粉丝量达到6.8万人，全年共有8次进入全国县级广电微信号排名百强。FM95.4的影响力明显提升，《早高峰》《下班归客》两个直播互动栏目受欢迎程度提高。

【事业建设】 在数字电视业务上，全县新发展互动数字电视、付费频道、宽带用户共7732户。主动对接争取本地屏应用项目，促进从“看电视”向“用电视”发展。比如农村党员远教平台建设、智慧教育学习平台和雪亮工程建设；与中兴克拉公司、县水务集团共同合作的物联网应用项目也正在有序推进。

【活动兴台】 坚持活动兴台，创新活动载体。先后开展首届龙游民俗文化节、万朵鲜花送雷锋、2017春季汽车节、2017秋季汽车节、爱车萌娃秀、第二届车模大赛、公益一杯水、双十一相亲大会、龙游县首届经典诵读大赛等十多项活动，推出《2017年春节 温暖回家路》《喜迎十九大 我的中国梦》等专刊。其中联合县教育局、团县委等单位开展的经典诗词诵读大赛，吸引了全县52所中小学校、23所城区幼儿园的1500多名学生参与，有2名选手获全省一等奖。

图171 县文广新局成功举办龙游县首届经典诵读大赛

【安全播出】 落实安全责任，通过强化安全措施、加强检查督导，圆满完成中共十九大、全国“两会”、世界互联网大会等重要保障期的安全播出，被市文广新局评为十九大安全播出先进单位。

【服务群众】 主推“网格化责任包干、10分钟快速响应、限时服务和报结”机制，广电服务大厅被评为县青年文明号。投入500万元对播出系统进行高清化改造，实现采、编、播全线高清，是全市第二个实现全高清的县级台。深化基层服务，推广电视智慧党建平台，助推全县党员远程教育“盆景”变“风景”。首次利用“智慧党建平台”“龙游信息天地”等多平台对乡镇党代会进行同步直播。重视支持生态指导员、党建指导员工作，全年共选派指导员3名，落实联系村结对帮扶和清洁塘剿劣资金8万元。落实广电惠民服务，按计划完成了农村光纤入户改造工程，为低保家庭免除视听维护费，为残疾户减免20%的视听维护费。

【队伍建设】 通过提前招聘、公开招考，大力引进优秀人才，缓解人手短缺困难，促进队伍结构优化。结合“不忘初心、牢记使命”主题，深入开展“两学一做”学习教育，发挥党员干部带头作用，组织社区巡逻、文明劝导、“创国卫”等志愿行动。完善师徒结对制度，常态化开展业务论坛、培训、挂职锻炼等，不断提升业务技能。扎实开展业务培训，在全台推行周一夜学制度。通过外出学习、业务培训、岗位练兵等多种形式提高队伍素质。

（县广电总台 沈曙晖）

旅游管理与旅游发展

【概况】 2017年，龙游县接待旅游总人数达1477.61万人次，同比增长21.02%；实现旅游总收入92.94亿元，同比增长22.13%；乡村休闲旅游接待游客数470.7万人次，同比增长25.4%，直接营业收入35303万元，同比增长65.4%；完成旅游固定资产投资21.01亿元，同比增长17.89%。“全球免费游衢州”活动，石窟、民居苑两景区免费开放日共吸引游客40.33万人次，单日最高流量超过2万人。

【全域旅游构建】 龙天红木小镇成功创建国家AAAA级旅游景区，三门源民俗文化小镇成功创建国家AAA级旅游景区，7个村完成AAA级景区村创建。横山镇入围省级旅游风情小镇培育创建单位名单；龙和国际休闲垂钓中心项目和龙游大峡谷漂流项目入围2017年浙江省运动休闲旅游优秀项目。建立“1+3”全域旅游综合执法机制，设立旅游巡回法庭、旅游警察、旅游市场监管分局，编制《龙游县全域旅游发展总体规划》，召开创建全域旅游示范区推进大会，实施旅游开发十大专项行动，出台《创建国家全域旅游示范区实施方案》《龙游县全域旅游专项资金管理办法》，印发《龙游县创建全域旅游示范区工作责任分解表》《龙游县全域旅游工作考核办法》，《龙游县全域旅游发展规划》《龙游龙山4A级景区概念规划》已通过规划论证。“夜游龙游”策划方案初稿已完成编制，处于进一步修改完善中，形成“全域旅游全县抓”的良好格局。

【乡村旅游培育】 持续开展星级农家乐等省市农家乐项目创建工作，全年新增三星级农家乐21家、市级农家乐特色点1个、市级农家乐集聚村2个，获得2017年度农家乐休闲旅游工作检查考核优秀等次。聚焦精品民宿培育，突破打造瓶颈，温玉堂农庄、竹栖谷、姑蔑山居、官潭公社对外运营，其中温玉堂农庄、竹栖谷入选衢州市十佳乡村精品民宿；炭山桃花谷、龙和乡村旅游综合体、中茵天鹅湖山庄加快建设中；芷萝堂•臻品民宿、凤栖龙游精品民宿完成规划设计，年内动工。强化安全意识，开展安全生产系列活动，巩固行业整治成果，全年累计开展各类安全检查50余场。全县正常营业的农家乐（民宿）办证率达100%。组织参加省市培训6期，举办旅游产业专题研讨班、乡村休闲旅游产业发展专题研讨班、农家乐休闲旅游业安全生产培训班3期，培训对象覆盖部门、村镇干部及农家乐（民宿）业主、乡村休闲旅游企业主等，共计300余人。联合乡镇（街道）组织举办桃花节、蓝莓采摘节各类旅游节庆活动近20场，参加省市农家乐特色菜大赛获市级团体一等奖、省级山区类奖牌数第四名。

图172 举办龙游县首届蓝莓采摘旅游文化节

【旅游项目建设】 2017年，全县有实施类旅游项目4个，包括中国红木家居文化园、民居苑景观拓展工程、三门源古村落旅游开发、龙和乡村旅游综合体，均按照节点要求有序推进。其中民居苑景观拓展工程已完工，已进行业态引入及招商工作；龙和乡村旅游综合体已完成主体工程施工，至年底，正在进行内部装修及景观工程建设。县重点项目六春湖高山运动小镇，已正式开工；“溪毛线”通景公路一期14KM（千伏）已基本完成建设；江心洲生态文化旅游区正在进行政策处理及对接招商工作。大街乡神农谷中草药田园综合体等亿元以上项目成功引入。完成44座A级旅游厕所建设，其中三门源景区旅游厕所等4座旅游厕所成功创建国家AAA级旅游厕所。

【旅游市场营销】 重点投放整体形象广告，先后设计、制作并投放台州、温州、萧山、诸暨、常山、灵溪高速加油站33个站点66面龙游旅游上刊广告，8块龙游及江山高铁站进站通道广告，30幅龙游县城北转盘路口至石窟路口灯杆灯箱广告，16块龙游县自行车车棚上刊广告；加强与媒体平台合作，全年更新“龙游旅游”官方微信149条；策划制作《东游西游不如龙游》漫画书、《纵游两江》书籍，更新《龙游旅游手册》宣传册，与新浪微博合作开展“龙游旅游LOGO线上征集”活动，确定龙游旅游形象标识（LOGO）1件；举办“全国百家旅行社走进龙游”、“新华网思客智库走进龙游”活动，吸引来自全国12省35市200余家旅行社、10余个旅游界大咖和70多家新闻媒体参加。举办“龙游石窟岩石音乐节”“情满小镇•月圆龙天”、国庆中秋文化节、龙和国际垂钓中心钓鱼精英赛、“七夕寻爱之旅”、“喜上莓梢”龙游县首届蓝莓采摘节等系列节庆活动30余场。先后组织参加第九届中国国际旅游商品博览会等活动20余场。鼓励本地旅游企业参加“浙江符号”“衢州有礼”旅游商品评选活动，其中龙游吴老子家庭农场的生态竹酒荣获2017浙江省优秀旅游商品奖、浙江善蒸坊食品有限公司的龙游发糕荣获2017“衢州有礼”旅游商品旅游休闲类一等奖。执行“全球免费游衢州”政策，龙游石窟、龙游民居苑两个参与景区于2017年5月19日开始每周一免费游览，12月整月免费。

【旅游行业管理】 完成全县旅行社年度考核工作，授予杉水旅行社、假日旅行社、南海旅行社、青年旅行社、长运旅行社、人民旅行社6家旅行社“龙游县2017年度优秀旅行社”荣誉称号。新评定一家银树叶级绿色旅游饭店—蓝天清水湾国际大酒店、一家二星级旅游饭店—君御精品酒店；新评定两家四星级品质旅行社—假日旅行社、长运旅行社；新评定一家浙江省工业旅游示范基地—龙游伊利乳业有限责任公司。深化“平安龙游”工作，全年未发生旅游安全生产事故。

【旅游市场监管】 加强法治旅游，依法维护全县的旅游市场秩序，加强旅游市场日常监管。组织参加省、市县各级旅游市场秩序综合整治活动，强化春节黄金周、清明小长假等节庆的旅游市场监督和检查工作。全力做好旅游投诉调解、咨询和服务工作，全年处理国家、省、市、县四级旅游投诉近百起，结案率为98%，处理赔偿金额3万元以上，有效维持了良好的旅游市场秩序，实现旅行社全年零投诉。完成全年普法宣传和法制工作，按月、按季及时完成行政复议、调解、许可、应诉等相关报表统计工作。组织参加省市旅游法律知识竞赛并获得市级一等奖；完成法治政府、普法工作、质量强县和双随机一公开等考核台账；完成“1+3+N”（1是旅游综合执法机制改革，3为设立旅游巡回法庭、旅游警察、旅游市场监管分局，N指N个旅游服务机构）旅游市场综合监管机构设立情况统计并上报；完成旅游企业浙江德辉食品有限公司两新党建工作。

【石窟保护】 着眼于龙游石窟长期保护和旅游安全的综合考虑，向国家文物局提交了“全国重点文物保护单位小南海石室修缮工程计划书”，内容主要包括地球物理勘探项目、完善洞窟安全监测系统等，并于2017年3月成功立项。龙游石窟研究所与中国科学院地质与地球物理研究所、衢州学院合作，成功申报国家自然科学基金的面上项目“龙游古洞室群围岩的温湿度疲劳效应及顶板开裂机制（编号为41672321），并合作发表《龙游石窟环境温度的监测数据分析》《龙游牛场古工程洞室群变形破坏调查及工程地质条件分析》等学术论文，成功申请了专利“用于短圆柱形石质文物风化剥落深度的量测仪及测量方法（专利号为ZL201310602357.2）；经中国岩石力学与工程学会第八届四次常务理事会审议通过，于2017年4月成功建立“龙游石窟—中国岩石力学与工程学会科普教育基地”。

（县旅委 周翀昊）

卫生·体育

概 述

2017年，龙游县卫生、计生、体育事业发展进入快车道。全县卫生计生工作坚持以中共十八届五中、六中全会和全国及省、市卫生与健康大会精神为指导，以建设“健康龙游”为目标，以两项试点工作为引领，突出重点，统筹兼顾，取得较好成效。县人民医院建成国家级糖尿病标准化诊疗龙游县示范中心，并被中国创伤救治联盟授予全国创伤救治中心建设单位；溪口、湖镇中心卫生院申报第二批“衢州市乡镇卫生院（社区卫生服务中心）特色科室”；人民医院慢性病基地被评为省级基层卫生适宜技术示范基地。全县有人民医院、中医院、妇幼保健计划生育服务中心、疾病预防控制中心、卫生监督所、改水改厕办公室、公立医疗机构管理中心、社区卫生管理中心等8家县属医疗卫生单位（龙游县卫生进修学校于2016年合并，职能移交给县卫计局医政科），有乡镇卫生院15所、村卫生室230个、城区社区卫生服务站4家、民营医疗机构21个、个体诊所89家(包括16家中医诊所)、医务室5个。全县共核定床位1585张，其中21家民营医院核定床位450张，占全县总床位的28.4%。加快发展体育产业，坚持竞技体育、全民健身两手抓，设立龙游县少年体育运动学校，体育惠民政策落到实处，体育社团组织纷纷成立，社团组织管理不断规范。

医药、卫生、计生体制改革

【概况】 自2009年以来，龙游县先后被列入浙江省24个医改试点县、首批实行基本药物“零差率”销售试点县、省内国家数字卫生样板示范县和全省29个公立医院改革试点县，2016年12月，又被确定为浙江省第一批医养结合试点县。2017年，在继续保持县级公立医院改革、基本药物制度改革等改革公益性基础上，龙游县进一步深化综合医药卫生体制改革，积极探索医养结合体系，推进“医”“养”无缝衔接，加大医疗资源下沉和社会办医力度，继续推进责任医生签约服务工作，逐步构建分级诊疗的良好格局。

【医疗资源“双下沉、两提升”】 出台《关于印发龙游县医疗资源下沉实施意见的通知》和《建立城乡合作办医机制推进优质资源下沉的实施意见》等文件，深入实施“双下沉、两提升”工程。依托“浙江大学高水平医联体”合作项目，龙游县人民医院与邵逸夫医院建立紧密型合作医联体，县中医院成为衢州市人民医院分院，县妇保院纳入衢州市妇保院医疗集团；成立傅国胜、李红等5个县市级专家工作站，每天平均有5～10名三甲医院副高及以上职称专家派驻龙游开展业务指导。4所中心卫生院挂牌成立市、县级医院分院，15所乡镇卫生院实现与市县级医院合作办医全覆盖，村医疗卫生服务体系建设逐步铺开。借助民主党派“省、市、县三级联动医疗服务站”下基层的契机，打通医疗服务“最后一公里”，形成省、市、县、乡、村“五位一体”的多元化医联体服务模式。其中，溪口中心卫生院依托民盟医学专家建立“民盟同心名医服务站”，开创优质医疗资源下沉基层服务新模式，成为龙游县南部山区医疗服务的“金名片”，《人民政协报》《健康报》等多家媒体先后进行报道。

【综合医药卫生体制改革先行先试】 根据《浙江省人民政府关于印发深化医药卫生体制改革综合试点方案的通知》精神，龙游县被列为全省综合医改先行先试县。围绕药品耗材采购、医疗服务价格调整、医保支付方式改革、公立医院人事薪酬改革和建立现代医院管理制度等重点，县政府印发《龙游县深化医药卫生体制改革综合试点实施方案》，要求规定动作不走样、做到位，自选动作有特色、创亮点，为全省综合医改全面铺开提供好的做法和经验。

图173　9月28日，浙江省物价局督查组到龙游开展“三医”联动推进综合医改试点督查

【分级诊疗】 下发《龙游县人民政府办公室关于全面实施分级诊疗制度的实施意见》，通过强化组织领导、完善分级诊疗服务体系和保障机制、加强双向转诊服务4大措施，以实施常见病、多发病、慢性病分级诊疗为突破口，完善服务网络、运行机制和激励机制，逐步建立基层首诊、双向转诊、急慢分治、上下联动的分级诊疗制度。2017年，按流程分级诊疗转诊5048起，基层医疗机构共上传患者1933人次，县级医院下转860人次，同比分别增长加4.77%和4.88%。

【医药采购机制改革】 出台《龙游县公立医疗机构药品采购新机制试点工作实施方案》，组建以县人民医院作为独立主体和以龙游县中医医院、县妇幼保健院、各乡镇（街道）卫生院组成采购共同体的两种药品价格二次谈判模式，按照“带量采购，以量换价，临床需求，动态调整，一品两规，两票制度，网上公开，全程监督”的操作规范，分别进行采购价格二次谈判，药品降价幅度超过4个百分点。通过第一批二次谈判议价，全县每年药品降价达700多万元。制定“规范诊疗行为，加强药品和医用耗材使用环节合理控制方法”和重点药品监控目录，确定将50种药品列入重点监控范围，实施临床用药的动态监测。各医疗机构定期开展处方点评，实行辅助性、营养性、数量大、金额高的重点药品监控制度及总量控制制度，对当月超量、超金额的单位实行通报，并停用此类药品1～6个月。所有高值医用耗材纳入省、市集中平台采购，实行均次耗材控制措施，并就使用情况进行动态监控。8月1日起，全县所有公立医院药品采购均进入浙江省药品采购新平台，15家乡镇卫生院已实行药品网上平台支付，并开始执行药品“两票制”索验票工作，严格执行网上采购、网上支付、阳光采购、公示监督等相关规定。

【医养结合试点】 以“医养结合”为发展方向，合理规划养老设施布局。推进公办养老机构开展医疗服务，较大型养老机构通过内设医务室等方式开展基本医疗服务，小型敬老院则通过和基层医疗机构签订服务协议等方式，为入住老年人提供基本医疗服务。积极引导社会力量兴办医养结合机构，年初，县公办民营医养结合机构——广和长青养老服务照料中心（龙州医院）正式开业，设有床位630张，其中医疗康复床位100张。落实老年人医疗服务优待政策，为老年人开设挂号、取药等专用通道，实行优先照顾。引导县人民医院和县中医医院发挥区域龙头作用，开设老年病科，开展老年慢性病防治和康复护理等工作，不断提升为老年患者服务的能力。以县级三家公立医院联动搬迁项目为抓手，规划建设集医疗、预防、保健、康复、养老“五位一体”的医疗健康产业园区，推动全域医疗卫生服务能级提升。深度融合医、养、旅产业，在红木小镇（龙天小镇）等旅游项目中适度发展多层次、多类型的医养机构，打造医疗、养老、旅游综合体，提升全域旅游竞争力。把中医诊疗技术融入健康养老全过程，支持养老机构开展融合中医药健康管理理念的护理、养生、康复服务（如社阳乡青塘坞村的中草药基地），推动中医药健康养老服务。

【责任医生签约】 出台《关于推进责任医生签约服务工作的实施意见的通知》等文件，建立签约团队89个，为居民提供免费体检、健康指导、家庭访视等服务。落实签约居民优先预约、优先就诊、优先检查、优先住院等便利措施。2017年，全县规范签约人数达13.45万人，签约率为33.21%，同比增长8.11%；重点人群签约数为9.12万人，服务覆盖率为62.95%。

【社会办医】 出台《关于进一步促进民营医疗机构健康发展的若干政策意见》，明确民营医疗机构在机构建设、医保、人才等方面的优惠扶持政策，确保民营医疗机构享受公立医院同等待遇。进一步完善区域医疗资源配置，优化审批流程设置，加快推动社会资本办医。新设置民营医院1家（龙游万福中西医结合医院），总投资为5000万元，核定床位50张。至年底，全县共有民营医疗机构21家，主要涉及肿瘤、骨伤、精神、眼科、中西医结合等专科，其床位占比达25.4%。“小而专”的民营医疗机构采用差异化、抱团发展的模式，既避开了公立医院的冲击，也较好地补上了公立医院医疗服务中存在的短板。

（县卫生计生局 余婧）

卫生与健康服务

【概况】 2017年，龙游县公立医疗机构门诊、急诊145.03万人次，同比增长3.56%；住院4.51万人次，同比增长6.37%；医疗总收入5.13亿元，同比增长9.85%。其中，乡镇卫生院门诊、急诊35.04万人次，同比增长8.75%；住院2373人次，同比增长47.57%。

【医疗服务能力提升】 进一步健全医疗质量管理组织体系，落实医疗质量管理院、科两级责任制。完善11个县医疗质量控制中心和县医疗质量控制考评标准，开展医疗质量安全大排查、大整治行动和“医疗计量保健康”专项行动。严格实行抗菌药物临床应用分级管理，不断提高药物临床应用管理水平。启动县医学重点学科和乡镇特色专科评审工作，推进“建设群众满意的乡镇卫生院”活动，重点培育和优先发展中心卫生院专科能力，打造区域卫生品牌，溪口中心卫生院、湖镇中心卫生院申报衢州市第二批“乡镇卫生院（社区卫生服务中心）特色科室”，龙游县人民医院慢性病基地被命名为浙江省“基层卫生适宜技术示范基地”。

【疾病预防与控制】 2017年，全县共报告法定传染病16种共1278例，报告发病率为315.44/10万，报告病例数较上年下降10.51%（1278/1428），无死亡病例。认真落实艾滋病、血吸虫病、结核病等重大疾病防治规划，强化应急演练，抓好人感染H7N9禽流感、登革热等传染病防控，全年未发生传染病暴发疫情和重大突发公共卫生事件。加强常规免疫管理，巩固提高接种率，保证接种质量，免疫规划全程接种率达96%。开展慢性病监测，加强慢性病防治专项督查，巩固“慢性病综合防控示范区”创建成果。强化部门协作，加强严重精神障碍患者管理治疗，做到“应治尽治、应管尽管、应收尽收”。

图174 县疾病预防控制中心举行卫生安全演练

【公共卫生管理与服务】 做实做优基本公共卫生服务项目，完成电子健康档案建档339585人，建档率83.82%。深入开展健康教育工作，加强重点人群健康管理，高血压规范管理率达66.30%，糖尿病规范管理率达67.13%，5岁以下儿童死亡率控制在3.39‰以内，孕产妇实现“零死亡”，65岁以上老人健康管理率63.52%，卫生计生监督协管乡镇覆盖率100%，全年累计开展卫生计生监督协管服务巡查1803次。以乡为单位，周岁内儿童全县累计建卡3702人，建卡率100%，发证率100%。

【行政执法】 依法依规稳妥做好社会抚养费征收工作，加强各类医疗机构依法执业监督检查，落实卫生监督执法全过程记录制度，推行“双随机”监督检查模式。1月—12月，共受理各类卫生行政许可事项992件，办结992件，其中医疗机构及医护人员许可事项586件、公共卫生许可事项270件、放射诊疗许可事项18件；立案查处行政处罚案件112件，处罚金额达34.04万元；查处社会抚养费征收案件81件；受理群众投诉举报案件5件，移送相关部门案件5件（其中移送公安部门3件、移送市场监管部门2件）。全年未发生因行政许可、行政处罚、行政征收、行政争议、行政复议、行政诉讼引发的被撤销或败诉案件。推进“最多跑一次”改革，主动向社会公开“最多跑一次”清单12项，40项审批事项归入“一站式”办理，并推出快递送达服务，实现“一窗受理、一站会签、一天送达”。深化政务信息公开，进一步提高办事效率，全年无计划生育行政诉讼、行政复议案件发生。

【爱国卫生工作】 全县卫生创建工作稳步推进，2017年，申报创建省级卫生乡镇5个、市级卫生乡镇7个，全部通过考核验收，获得正式命名。成功创建省级卫生村7个、市级卫生村19个；市级卫生先进单位4家；省级无烟单位1家、市级无烟单位9家、健康促进学校2所。农村卫生厕所普及率达93.96%，完成年初制定的计划目标。大力开展环境卫生整治工作，病媒生物防治市场化运作机制实现全覆盖，城市环境面貌进一步改善。

【无偿献血工作】 以“四个强化”（强化组织领导、强化宣传教育、强化集体招募、强化监督管理）为引领，推动各项工作指标全面完成。2017年，全县参加无偿献血2797人，同比上升15.8%；献血总量827.71升，同比上升16.8%；300毫升及以上比例73.9%，同比上升4%；同期临床用血量594.74升，同比上升9.5%；无偿献血占临床用血比例的139.2%，同比上升8.6%。成份输血率为99.8%，自体输血率为12.4%。全年免费用血报销37人，报销金额33952元。

（县卫生计生局 余婧）

人口控制

【概况】 2017年，全县共办理生育服务登记3153例，其中一孩1431人、二孩1722人，计划生育率为97.73%，计划外多孩生育率为1.15%，出生人口性别比控制在107以内，统计误差率控制在2%以内。流入已婚育龄妇女登记管理率和外出已婚育龄妇女信息掌握率均在85%以上。全年无计划生育行政诉讼、行政复议案件发生。单独两孩政策平稳有序实施，全年办理单独夫妇再生育审批118例，没有因新政策实施、社会抚养费征收而引发负面事件。

【落实惠民利民政策】 全员人口系统全面推广应用，并与生育登记APP、母子健康手册实行信息融合。通过召开培训和工作部署会，强化全员系统使用的督查和指导，全县15个乡镇的计生专干能熟练应用全员人口管理系统。落实奖特扶制度，对7895名奖扶特扶对象发放专项资金1006.6万元，其中1664名为新增奖扶对象；384名特扶对象中，53名为新增特扶对象；73名计划生育节育手术并发症对象中，8名为新增对象。深入实施“三优”促进工程，加强“三优”指导中心建设。2016年，改变以往由乡镇主导建设“三优”指导中心的思路，按照为民、便民、利民的要求，选择在湖镇镇和溪口镇卫生院规划建设“三优”指导中心，2017年，继续做好此项工作，在横山镇卫生院新建省级“三优”指导中心，并通过省级验收。

【完善流动人口服务管理体系】 继续开展“流动人口关爱行”和创建流动人口健康示范学校、示范企业活动。以工业园区的企业、城郊外来流动人口暂住地等流动人口集聚区为重点，组织县计生协会、县妇保院、乡镇卫生院等医护人员开展“生殖健康进企业”服务，发放宣传资料3000余份、避孕药具5000多盒，推动流动人口公共服务均等化建设，创造和谐温馨的外来人口服务环境。深化流动人口区域协作，发挥计划生育协会作用，完善流动人口服务管理一盘棋工作机制。积极推进流动人口基本公共卫生计生服务均等化工作，优先落实好流动人口健康档案、健康教育、儿童预防接种、传染病防控、孕产妇和儿童保健、计划生育等6类基本公共服务，推动流动人口规范化服务中心创建和流动人口健康示范学校、流动人口健康示范企业、流动人口健康示范家庭等创建活动。

（县卫生计生局 余婧）

卫生计生事业保障

【概况】 2017年，全县医疗机构共有卫技人员2301人，其中执业（助理）医师944名、乡村医生237名，每千人医生数（含乡村医生）为3.26人；有执业护士900名，每千人注册护士数为2.48名，其中县级医院（公立）注册护士592名。全县卫生计生事业稳步健康发展，先后获衢州市卫生计生管理创新奖、市卫生计生系统工作目标考核特等奖等荣誉，申报的省、市级卫生乡镇全部通过省市考核验收，承担省综合医改先行先试和医养结合试点任务进展顺利。

【人才保障】 推进卫技人员公开招考工作。2017年，开设岗位61个，实际招录60名；赴温州医科大学、浙江中医药大学等专科学校开展提前招聘签约28人；完成15名定向培养生的签约工作。加强住院医生规范化培训，强化基层在岗医师的实践技能培训、公共素养培训、学历提升教育，共开展乡村医生注册培训2000人次。制定《2017年度高级职称推荐工作方案》，优化职称评聘办法，营造比、学、赶、超的良好氛围，充分调动干部职工的工作积极性。

【安全保障】 加强医疗安全监管，落实医疗安全事件问责制。至年底，组织开展医疗安全专题培训6次。全年受理医疗纠纷9起，同比下降18.18%，其中处理完结6起；赔付金额41万元，较2016年同期下降10.8%。全面落实安全生产责任制，先后制定《关于组织全系统开展2017年“安全生产月”和“安全生产专题行”活动的通知》《龙游县卫生计生系统平安护航十九大大会战工作方案》等一系列文件，围绕重大节日、重要时段、重点环节开展安全隐患排查整治，累计领导带班检查10余次、突击查岗20余次、常规巡查60余次，全年系统未发生安全生产事故。

【信息化保障】 完成信息化平台整体迁移工作，并与虚拟机设备并线运行，增强系统的可靠性、稳定性、安全性。母子健康服务平台APP项目完成建设并运行，妇幼保健信息实现实时查询。积极推进“互联网+医疗”项目，县人民医院微脉APP已完成部署并正式上线运行，区域影像系统与市平台对接、县级医院HIS系统与市传染病直报系统对接、县级医院住院电子病历升级改造等工作有序推进。

【项目保障】 启动实施以县人民医院迁建为核心的县级医院联动搬迁项目，推进县疾控中心、城区社区卫生服务中心等重点项目建设，完成一批乡镇卫生院改扩建项目（中医馆建设）。“三优指导中心”、预防接种“数字化门诊”系统工程等一批医疗卫生机构改造提升工程顺利完工。共建成标准化村卫生室96个。

【卫生应急保障】 强化卫生应急综合能力和卫生应急队伍专业化建设，调整龙游县突发公共事件医疗卫生应急救援行动领导小组、救援机构、救援专家库，完善联防联控机制，圆满完成县“两会”等重要会议、重大活动的卫生应急保障工作。全年共完成大型医疗保障活动19次，派出医师36人次、护士22人次、救护车22车次。

【卫生计生行风建设】 坚持把党风廉政教育与业务工作相结合，加强重点领域、重点环节和关键岗位的廉政教育，全年组织警示教育1次，开展日常谈话84人次、任前谈话19次、提醒教育谈话100人次、诫勉谈话2人次。强化廉政风险防控，全系统353名党员干部结合自身岗位开展自查，无利益冲突情形存在。开展“正风肃纪一月一督查”工作，累计开展督查12次，查处违规10余人次。认真贯彻执行国家卫计委“九不准”规定，深入开展医疗服务阳光用药工程、正风肃纪和群众满意基层站所创建等专项活动，医德医风建设进一步加强，行业形象进一步好转。开展中医药知识宣传教育、青春知识进课堂、疾病知识进万家等健康服务活动200多人次，通过开展党员志愿服务，强化党员的宗旨意识、服务意识和身份意识。助力城东征迁工作。班子成员身先士卒，以上率下；人民医院、中医院党总支积极作为，全力以赴，成功签约28户，为城市东进贡献力量。

（县卫生计生局 余婧）

龙游县人民医院

【概况】 龙游县人民医院始建于1940年，是一所集医疗、科研、教学、预防保健于一体的二级甲等综合性医院，是国家卫计委确定的首批重点建设的500家县级公立医院，系浙江大学医学院附属邵逸夫医院龙游分院。先后获爱婴医院，省文明医院、绿色医院等国家、省、市、县级集体荣誉190余项。2017年，医院有职工901人，其中高级职称109人、中级职称263人。核定床位630张，开放床位800张，设18个病区、2个社区服务站，开设专科专病门诊40余个。至年底，门急诊病人667208人次，收住院病人30263人次，全年总收入3.66亿元。

【规范诊疗行为】 加强医疗质量管理，制定科室医疗质量考核细则，增加客观指标的考核比重。加大医疗核心制度督查力度，重点督促检查知情告知、首诊负责、三级查房、合理用药、用血规范、会诊制度、高危药品管理等核心制度的落实，加强对电子病历等项目的检查考核，对医师进行《病历书写规范》培训。全年共抽查归档病历445份，甲级病历率达99.5%，无丙级病历。

【配备先进齐全的医疗设备】 医院拥有磁共振、16排32层螺旋CT机、大型遥控X光机、DR机、体外碎石机、彩色B超、脑彩超、脑电图、睡眠鉴定仪、心肺功能测定仪、骨密度测定仪、眼科进口白内障超声乳化仪、德国产光学相干断层扫描仪OCT、动态心电图、动态血压、快速冰冻切片机、快速细菌鉴

图175 龙游县人民医院被授予全国首家糖尿病标准化诊疗示范中心

定仪、电化学免疫发光仪、黄疸检测仪以及手术显微镜、C臂机、高清胃镜、胆道镜、结肠镜、支气管镜、胸腔镜、高清腹腔镜、膀胱镜、膝关节镜、乳腺旋切系统、能量平台、胎儿中央监护系统、鼻咽镜等一大批先进的医疗仪器设备。

【加强学科建设】 医院重视加强重点学科建设和科研工作，初步形成结构合理、梯度有序的人才体系。拥有一批具有省、市、县先进水平的特色专科，是浙江省基层卫生适宜技术示范基地。呼吸学科为浙江省县级医学龙头学科，呼吸内科、护理学科为市重点学科。神经内科、普外科、骨科、放射科、孕产妇抢救中心、新生儿抢救中心为县重点学科。获批成立市级专家工作站1家（傅国胜专家工作站）、县级专家工作站3家（李红专家工作站、王春林专家工作站、周建英专家工作站）。2017年，呼吸科（省龙头学科）、护理学科（市级重点学科）、呼吸学科（市级重点学科）均通过相应考核；慢病基地通过终期评估。9月，被中华医学会糖尿病分会授予全国首家糖尿病规范化诊疗示范中心。12月，被中国创伤救治联盟授予“创伤救治中心建设单位”称号，是浙西地区的首家联盟单位；被认定为“浙江省腹腔脏器微创诊治临床医学研究中心成员单位”“浙江省康复专科联盟成员单位”；加入中国空中急救医院联盟，成为浙江省空中急救网络基地医院。医院借助联盟的品牌、技术、人才等优势，全方位开展交流合作，加强医疗技术人才队伍建设，提高救治能力，更好地为患者服务。

【坚持人才兴院战略】 出台高级职称晋升量化考评方案，遴选出潜力医师25名，为医院可持续发展提供人才支撑。多渠道、全方位做好人才引进和培养工作，缓解临床一线专业人员紧缺的局面，保障医院医疗等工作的正常运行。一是提前招聘，2017年，由县相关部门牵头赴温州医科大学、南昌大学、浙江中医药大学等招录具有大学本科及以上学历的优秀毕业生4名；二是公开招聘，向全社会招聘卫生专业人才30名；三是协议人员招聘，引进病理紧缺人才1名（病理学硕士研究生）、协议护士22名。

【深化薪酬制度改革】 召开院职代会，通过修改调整后的绩效考核方案，体现按劳分配、多劳多得、优劳优酬的绩效分配原则。以工作量、工作质量、风险系数为评价指标，以提高医务性收入为导向，以促进医疗质量为目的，进一步向临床一线、高风险岗位、业务骨干和作出突出成绩的人员倾斜，引导、鼓励医务人员开展微创、高端、疑难危重、复杂手术，鼓励医务人员加强对危重症病人的救治。

【构建和谐医疗关系】 完善医疗质量管理和医疗安全防范机制，每季召开医疗安全会议，针对每起医疗纠纷，及时进行分析、总结、反馈、整改，对相关责任人员按规定进行处罚。加强医疗安全教育，严格按医疗规范实施诊疗行为，加强医患有效沟通，时时警惕医疗纠纷的发生，全年医患纠纷较上年有所下降，医院未发生负主要责任的医疗事故，医疗环境有了改善。

【加大信息化建设力度】 推进智慧医院建设，实施就医流程信息化再造，实现智能化挂号、支付、导诊、诊疗报告查询、药物配送、健康指导等业务应用，改善群众看病就医体验。着重建设移动护理、移动查房和门诊电子病历系统，显著提升医院的信息化水平，提高临床工作效率，为临床路径、单病种付费、DRGS质量评价、绩效考核、医保支付方式等改革的实施提供保障。

【医联体平台建设】 5月22日，按浙江大学与衢州市人民政府签署的高水平医疗联合体框架协议要求，稳妥有序推进医联体改革示范区建设，与邵逸夫医院深入对接合作，邵逸夫医院向龙游人民医院派驻常务副院长参与医院管理，合作科室增加至7个（心血管内科、重症医学科、消化内科、神经外科、骨科、内分泌科、护理）。合作期间，新建立傅国胜市级专家工作站、李红县级专家工作站。骨科、甲乳外科、B超、神经内科与邵逸夫医院签订科室间长期帮扶协议，邵逸夫医院每月2次派专家帮扶龙游县人民医院。

【体检中心改造】 针对全县公务员在县内体检的新政策，县人民医院对体检工作进行重点研究和部署，充实技术力量，优化体检流程，更新、添置设备，对服务进行培训，对硬件环境进行装修改造，新设体检餐厅，为体检人员提供温馨、便捷的体检服务和就餐环境。

【抗菌药物管理】 8月1日起，医院除儿科及急诊外，全面停止门诊患者输注抗菌药物，对抗菌药物实施分级管理，院、科二级签订合理用药责任书，制定各临床科室抗菌药物使用率、DDDs标准、I类切口抗菌药物使用率。对抗菌药物使用情况实施评估与监测，对违规使用抗菌药物进行处罚，抗菌药物使用情况明显好转。制定《重点监控药品使用动态监测、超常规预警点评通报及干预制度》，促进临床的合理用药，及时干预和纠正不合理用药行为，鼓励使用基本药物，严格控制辅助性和营养性用药、中成药、高值耗材的使用。

【临床用血管理】 与科室签订临床用血责任书，加强临床用血管理。全年共献血40.35升，全面完成献血任务。全年用血量418.6升，成份输血率99.8%，红细胞使用率99.6%，均达到医疗质量管理指标。检查各类申请单2591份，合格率99.8%；对用血病历书写规范等情况进行不定期检查，抽查90份，合格率为93.3%。

【实施药品二次议价】 按照“控总量、腾空间、调结构、保衔接”的医改要求，4月，对浙江省采购平台的所有药品实施二次议价。6月1日，县人民医院全部实施新的药品中标目录，经测算，总体药品降价幅度为4.6%，全年降低药价金额约600万元，为医疗服务价格调整腾出空间，实现“腾1次、调1次，小步快跑，逐步到位”的目标。

【智能停车收费管理】 为确保车辆有序停放，鼓励低碳、绿色出行，减少医疗区的车流量，保障医疗区交通畅通，医院对停车场进行改造，增加停车位。3月1日，启用智能停车场设备及管理，实行停车收费管理，既有效地缓解停车难问题，又增加财务收入。至12月底，实现收费81.26万元。

（县人民医院 方建伟）

龙游县中医医院

【概况】 龙游县中医院创建于1984年，是一所集医疗、教学、科研、预防保健于一体的二级甲等综合性中医医院，龙游县人民政府定点的惠民医院，浙江省中医名院建设单位，系衢州市人民医院龙游分院。医院先后获得爱婴医院，省级文明中医院、省级文明单位、省级平安医院等荣誉称号。2017年，有职工361人，其中高级职称卫技人员49人、中级职称96人。医院开放床位250张，设7个病区、2个社区服务站，开设专科专病门诊30余个。全年门急诊病人264902人次，住院病人9019人次，实现业务总收入1.16亿元。

【配备先进的医疗仪器设备】 医院拥有1.6T超导磁共振、飞利浦16排螺旋CT机、DR机、彩色B超、脑彩超、脑电图、高清电子内窥镜系统、数字胃肠机、腹腔镜手术治疗系统、胸腔镜、胆道镜、体外冲击波碎石机、医用钬激光治疗机、输尿管软镜、膀胱镜、动力系统关节镜、骨密度测定仪、重症监护系统、呼吸机、冷冻切片机、全自动生化分析仪、血液透析治疗机等一批先进的医疗仪器设备。

【深入推进基层党建工作】 党总支精心设计党建载体，促进“两学一做”学习教育常态化制度化。根据医院党员多在临床一线，加班、值班多等实际情况，运用“互联网+”开通微信微党课，坚持每周一次的政治学习与“三会一课”集中学习相结合。深化星级党员管理，强化“向我看齐”积分考评，推进96345党员志愿服务。认真落实中央八项规定精神，开展日常监督和执纪检查，开展“廉政文化进医院”活动，加强行业行风建设。

【强化健康体检项目建设】 2月，将体检中心整体升级搬迁到门诊2楼东侧，更新体检设备，增设体检专用餐厅，优化体检服务流程，形成体检独立服务区，为体检人员提供便捷舒适的体检服务和就餐环境，提升体检感受。体检工作得到社会高度认同，全年体检22640人次。

图176 升级改造后的县中医院体检中心

【推动医疗质量持续改进】 坚持以问题为导向，落实医疗安全风险排查及警讯报告制度，贯彻首诊负责制、三级查房制度、手术核查制度、病历质量督查制度等系列医疗安全核心制度的落实，定期督查各项医疗质量管理制度执行情况，完善院前急救、危急值报告管理等工作流程，推动医疗质量持续改进。加强医疗安全教育，严格按医疗规范实施诊疗行为，每季度召开医疗质量管理委员会会议，对质量管理中存在的问题进行原因分析，制定整改措施，做好反馈督查。全年甲级病历率达99%。

【加强学科建设和科研创新】 医院拥有一批具有省、市、县领先水平的特色专科，是浙江省中医药适宜技术推广基地。中风专科为国家中医药管理局第二批农村医疗机构中医特色专科（专病）建设项目、浙江省中医药重点专科建设项目，肝胆肾结石专科为浙江省中医重点专科，中医康复医学科、中医肿瘤科为县级重点建设专科。12月，医院与衢州市妇产科专家团队开展项目合作，提升妇产科专科服务能力。积极创建浙江省第五批癌痛规范化治疗示范病房。全年共开展新技术新项目18个，有市级立项课题1项、县级立项课题9项。

【发挥中医药特色优势】 持续培育中医重点建设学科，发挥中医药在康复、肿瘤等领域优势。发挥中医药治未病优势，持续开展冬病夏治三伏贴项目，全年治疗3000余人次。发挥浙江省中医药适宜技术推广基地作用，将15所乡镇卫生院纳入推广联合单位，全年共接收28名乡镇卫生院技术骨干到医院进行中医适宜技术轮训。开展中医药健康知识进农村文化礼堂活动，助力健康龙游发展，至年底，共组织活动8次，其中健康讲座5次，听课人员共计900余人次；组织义诊3次，共计服务600多人次。

【持续优化人才队伍建设】 多渠道、全方位做好人才引进和培养工作。2017年，通过参加高等医学院校提前批招聘、向社会公开招聘等形式，招聘专业技术人员19名。开展全员培训，全年组织专题学术讲座共13次。通过“派出去，请进来”的方式，开展传帮带教，提升临床医务人员业务能力，培养专科护士2名。完善《医院高级职称评审量化考评方案》，完成高级职称评审推荐工作。开展高级职称胜任力年度考核，促进高级职称人员综合能力的持续提升，为医院可持续发展提供人才支撑。

【加快信息化建设步伐】 启用智慧医疗多功能自助机，实施“医快付APP”，升级电子病历系统。引进ENJOYOR移动临床信息系统，医护人员在病床边实时输入、查询病人的信息，快速检索病人的检查、化验等报告信息，推动临床医疗服务信息化、智能化、规范化。通过医院官方微信平台进行体检预约，查询体检结果。

【加强合理用药管理】 年初，下达各科室药品监控指标，监测抗菌药物DDD数及各科室的抗菌药物使用强度，每月对药品相关指标进行动态考核。修订《药品使用动态监测和超常预警实施方案》，对全院药品使用金额及使用量进行预警排名，开展处方点评，引入合理用药软件，及时干预和纠正不合理用药行为，对不合理使用情况进行反馈、处罚。鼓励使用基本药物，严格控制辅助性和营养性用药、中成药、高值耗材的使用，促进临床合理用药。近年来，医院药占比呈持续下降趋势。

【实施药品二次议价】 根据上级文件精神，配合医管中心制定《龙游县中医院、妇保院、乡镇卫生院采购联合体价格谈判实施方案》，通过公告、公布目录、首次报价、入围遴选、再次报价、最终遴选等程序，公布抗菌药物、中成药、西药类共285个品种进行二次议价，最终入围420个品规，总降价率达8.47%。

【缓解停车难问题】 为确保院区内车辆有序停放，方便群众就医，医院对停车场进行改造，增加停车位。3月1日，启用智能停车设备，实行停车收费管理，鼓励员工低碳绿色出行，有效缓解患者就医停车难问题。

【构建和谐医院文化】 大力弘扬社会主义核心价值观，开拓创新，推进文明建设，创建省级文明单位。参与各类公益志愿活动，组织职工参加无偿献血，为生命“加油”，年度献血量达到20.1升。构建文化交流平台，开通医院官方微信、网站，刊发《龙游中医院报》和《龙游中医》，弘扬救死扶伤的先进榜样事迹，营造爱岗敬业、争先创优的良好氛围，凝聚正能量。举办各类岗位技能竞赛及迎新晚会，组织观看专题片，开展疗休养等，丰富员工精神文化生活。

（县中医院 王俊君）

体 育

【概况】 2017年，龙游县体育局紧紧围绕县委、县政府“打造区域明珠型城市”战略，以创建“国家体育公园”、构建休闲运动城市为目标，以谋项目、抓赛事、促消费为抓手，创新思维，狠抓落实，繁荣群众体育，促进竞技体育和全民健身，壮大体育产业，完成全年各项工作任务。

【“国家体育公园”完成课题研究】 通过招标，“国家体育公园”由浙江省发展研究院和浙江商大旅游规划设计院共同进行课题研究和总体规划，计划于2018年年底完成课题研究。

【参加省、市体育大会】 代表衢州市参加浙江省第三届体育大会风筝、舞龙、龙舟项目比赛，获得银牌3枚（硬翅风筝团体、女子龙舟500米、竞速舞龙）、铜牌3枚（女子龙舟100米、200米，男子龙舟500米）。组团参加衢州市第五届运动会，共派出运动员283名参加田径、乒乓球、羽毛球、篮球、足球、举重、游泳、跆拳道、围棋等9个大项的比赛，获金牌85枚、银牌65枚、铜牌81枚，团体总分2530.8分，金牌总数和团体总分均列县市区组第三名。有3人次打破市同龄组纪录。

【全民健身活动中心实验小学分中心全面开放】 作为学校体育设施对外开放和市场化经营结合的试

点，县体育局和县实验小学深化合作范围，全民健身活动中心实验小学分中心全面对外开放。场馆内的乒乓球、羽毛球、篮球、台球、跆拳道、轮滑、舞蹈等项目正常开展。启动县体育发展公司投资和运营的室外操场的3片塑胶篮球场建设招标工作。

【项目谋划】 国家级健身登山步道工程项目入围“龙游好项目”竞赛活动，被评为2017年龙游县“十大”好项目。亚太汽车拉力锦标赛中国（龙游）拉力赛被评为国家体育产业示范项目。

【项目推进】 汽车运动小镇项目有序推进。与吉利集团旗下的浙江手拉手星全投资管理有限公司关于中国G60赛道基地协议谈判已经启动，拟建设标准拉力赛道、Rallycross赛道、越野赛道、直线竞速、卡丁车赛道以及汽车主题公园（汽车俱乐部、汽车露营基地）。项目占地60公顷，总建筑面积约为8万平方米，总投资约为15亿元，项目建设期为3年。至年底，项目征地工作已完成。县全民健身拓展基地项目推进有力。全民健身户外运动拓展基地占地约8公顷，总投资6500万元。至年底，一期景观绿化完成总工程量约90%，室内装修基本完工。二期工程已完成约80%。500千伏室外变压器已投入使用，自来水引水工程正在铺设，计划年底前完成并投入使用。国家级健身登山步道已启动，总规划长度100千米，起点为龙洲街道官潭村，途径石角村，终点为绿葱湖，涉及3个乡镇（街道）、17个行政村。步道由路面、服务及标识、安全救援、环保四个系统构成，建成后编入全国示范性登山步道系统，为浙江省最长的标准登山步道，总投资约4500万元，建设周期自2017年10月至2018年年底。报告已获中登协批准同意，概念性总体规划、修建性详细规划委托北京山岳美途体育文化有限公司设计，并通过会审，年底前完成图纸设计、项目立项及招标等工作。

【体育惠民】 大力实施“四提升、四覆盖”全民健身实施工程，全县建有县级各类体育社会组织18个、乡镇级各类体育社会组织30个，实现镇（街道）“1+5”（1个体育总会工作站、5个以上专业体育社会组织工作站）体育社会组织工作站全覆盖，做到有组织、有场地、有队伍、有活动。全年组织开展各类体育比赛和活动60余场次，参加活动人数超2万人次，全县经常参加体育锻炼的人口占总人口的36.8%。加快设施建设，扩大体育设施覆盖面。县全民健身中心管理有序，有游泳馆、羽毛球馆、太极养身馆、体育舞蹈馆等15个项目入驻，全年吸引近3万人次参与健身消费，满足各类人群的健身活动。对龙游县实验小学场地设施进行改造，场馆内的乒乓球、羽毛球、篮球、台球、跆拳道、轮滑、舞蹈等项目正常开展，并向社会开放，实现学校与社会共享。新建村（社区）公共体育设施建设笼式足球场4个、游泳池（含拆装式）2个、小康村提升工程15个及灯光篮球场、社区健身苑等。全县所有镇乡（街道）、社区（行政村）实现体育场地设施全覆盖，有公共体育场地700多个，总面积达78.8万平方米，人均体育设施面积1.95平方米。

【体育社团组织建设】 加强体育社团的建设和管理，积极推进体育社团规范化、社会化、实体化。新成立县登山协会、县沃克青少年体育俱乐部、县龙文体育俱乐部，完成2个协会换届选举工作。全年共举办三级社会体育指导员培训班2期，新培养社会体育指导员100名，社会体育指导员队伍得到壮大。与老干部局、县民政局共同举办全国第五个老年节庆祝活动。特色体育工作得到进一步强化，进一步加强对县龙舟协会的管理，先后组队参加2017年第九届长三角城市龙舟邀请赛、浙江省第三届体育大会龙舟赛等比赛，并取得良好成绩。

【培育品牌赛事】 加快发展体育产业，打造品牌体育赛事。11月，由中国钓鱼运动协会、衢州市体育局、龙游县人民政府、湖南广播电视台主办的中国垂钓电视直播精英赛（FTT龙游站）在龙和国际垂钓中心隆重举行，这是国内唯一一档完全电视直播的大型淡水池钓国家级品牌赛事，湖南电视台快乐垂

图177　11月4日，中国垂钓电视直播精英赛（FTT龙游站）在龙和国际垂钓中心举行

钓频道和“无线衢州”App进行全程直播，全国各地624名垂钓高手到龙游参赛，其中三级以上大师100多名。国家体育总局社会体育指导中心副主任、中国钓鱼运动协会秘书长尹国臣，国家体育总局社会体育指导中心三部主任、中国钓鱼运动协会副秘书长苏宝生，浙江省体育局群体处处长陆根沙，市体育局党组书记姜建勋等领导出席开幕式。经过激烈争夺，小将刘涛成为FTT五年以来唯一一个蝉联两个分站赛冠军的选手，王春阳、李晶分获亚军、季军。龙和国际垂钓中心入选2017年浙江省体育产业发展资金项目库C类资助类项目，龙游峡谷漂流和龙和垂钓中心被评为2017年浙江省运动休闲优秀项目。

【梳理权力事项清单】 从原有权力清单中筛选出经营高危险性体育项目、健身气功站点设立和活动等行政许可与广大群众密切相关的2个业务项目(包括6个子项目) 事项为“最多跑一次”改革事项范围，并对外公布。

【群众体育活动】 积极开展全县群众性体育竞赛活动，指导、协助部门和乡镇组织举办各类体育活动。联合团县委、县妇联、机关党工委、县总工会组织开展庆“三八”第六届女子运动会；庆祝全国第五个老年节暨龙游县老年人体艺展示活动；“喜庆十九大、再攀新高峰”罗家衢处古道登山比赛；县“欧骏建设杯男子篮球联赛，2017年全县机关事业单位男子篮球赛；县第三届教育体育系统乒乓球、羽毛球联谊赛；2017年畅游灵山江公开水域冬泳活动等县级竞赛活动20多项次。参与活动的县机关部门、企事业单位干部、职工约1万人次。指导罗家乡、横山镇，方门街社区、兴龙社区等乡镇组织开展体育健身活动。

【龙舟运动】 积极组织参加全国龙舟竞赛活动。组队参加第九届长三角城市龙舟邀请赛，获得第九名。组队参加浙江省第三届体育大会龙舟比赛，获女子组100米第三名、200米第三名、500米第二名；男子组500米第三名、100米第四名、200米第五名。

【少体校成立】 11月，经龙编〔2017〕58号《关于设立县青少年体育运动学校的批复》同意，在县体育馆的基础上设立龙游县青少年体育运动学校（县体育馆），为县体育局下属事业单位，机构规模相当于股级，经费形式全额补助。同意在原体育馆5名管理岗位编制的基础上，核增少体校专职教练员编制5名（其中4名编制由原龙游三中在编的4名教练员关系划转）。少体校依托中小学校，整合全县教育资源，按照定点就读、双重学籍，相对集中、分散办学的管理模式。体育部门负责运动员训练、比赛管理、专用训练场地器材装备配置、运动员教练员伙食补贴经费发放、教练员考核等工作；教育部门负责少体校学生的文化教育工作，包括学籍管理、课程设置、考试评价、师资配备、招生培养等，支持学生接受特长体育训练，保证训练时间。

【学校竞技体育】 按计划完成2017年学校体育竞赛活动，组织举办龙游县第六届青少年阳光运动会田径、篮球、足球、羽毛球、乒乓球、健美操、游泳、围棋、跆拳道等9项赛事活动，全县4所高中、11所初中、42所小学近6000人次参加比赛。通过赛事活动，促进校园体育活动的开展，为发现、培养优秀体育苗子提供平台。

【体育市场监管】 加强体育行政执法和体育市场监

管，贯彻实施《经营高危险性体育项目许可管理办法》。全年发放游泳场所高危许可证3家，并对全县9家游泳场馆开展安全大检查，就游泳场馆安全防范措施、安全监管制度、救生员配置、警示标志以及卫生条件等进行全面检查。对检查中发现的警示标志不齐全、救生员信息未上墙等32个问题，当场提出整改意见和整改时限，发放9份整改通知书，要求相关单位进一步完善设施设备，强化救生员培训，加强安全巡查等工作，确保水上运动安全无事故。重视体育彩票管理工作，强化体彩专管员的服务意识，开展促销、培训等活动，全县体育彩票销售额稳中有升。2017年，龙游体彩销售总额达5580万元，同比增长40%。

（县体育局 邵银建）

2017年度龙游县承办市级及市级以上大型活动和体育赛事一览表

表50

赛事（活动）名称	主办（承办）单位	参加对象	比赛（活动）时间	比赛（活动）地点
全国运动休闲城市和体育强县创建工作研讨会	国家体育总局群体司主办，龙游县人民政府承办	上海、浙江、江苏、安徽、福建、江西等省市体育局代表15人	2017年3月15日—17日	龙游清水湾国际大酒店
浙江省体育强县（市、区）、体育强镇（乡）、城市体育先进街道创建和复评培训会	浙江省体育局主办，龙游县体育局承办	浙江省11地（市）体育强县、强乡镇创建工作人员400人	2017年3月15日—16日	龙游清水湾国际大酒店
2017年浙江省扶持健身气功欠发达地区培训班	浙江省体育局主办，龙游县体育局承办	全省欠发达地区健身气功爱好者65人	2017年5月22日—24日	龙游县体育馆
2017年全国象棋男子甲级联赛预选赛	中国象棋协会、浙江省非奥项目运动管理中心主办，龙游龙游县人民政府、衢州市体育总会承办	全国各地12支代表队100余名领队、教练员、运动员	4月24日—27日	龙游清水湾国际大酒店
2017“金龙一战成王”全国钓鱼巡回赛（衢州站）	中国钓鱼运动协会市场及产业委员会、四川金龙鱼饵有限公司主办，衢州市体育总会、龙游县体育局、龙游县旅委、浙江龙和水产养殖开发有限公司、衢州市大鲫大鲤垂钓服务中心承办	全国钓鱼爱好者300人	5月15日	龙游龙和国际垂钓中心
CAA国家级四类积分赛“一叶舟”杯浙江龙和国际垂钓中心钓鱼精英赛	衢州市体育局、衢州市旅游委员会主办，龙游县人民政府承办	全国钓鱼爱好者350人	6月3日—4日	浙江龙和国际垂钓中心
衢州市“九井”杯台球锦标赛暨参加浙江省第三届体育大会台球选拔赛	衢州市体育局、衢州市体育总会主办，龙游县体育局主办	衢州市台球爱好者150人	6月3日—4日	龙游九井桌球俱乐部

续表

赛事（活动）名称	主办（承办）单位	参加对象	比赛（活动）时间	比赛（活动）地点
2017年浙江省青少年无线电测向锦标赛	浙江省体育局、浙江省体育总会主办，衢州市体育局、浙江省模型无线电运动协会承办，龙游县体育局具体实施	浙江省各地参赛代表队16支约170名中小学生	7月15日—21日	龙游县体育馆、龙游第二高级中学、龙游汽车运动中心
衢州市第五届运动会暨市第二届青少年运动会篮球（小学组）比赛	衢州市人民政府主办，衢州市体育局、衢州市教育局、龙游县体育局、龙游县教育局联合承办	龙游、柯城、常山、江山等县（市、区）8支代表队150余人	8月1日—3日	龙游县体育馆
2017年浙江省全民健身浙西片区龙游龙和渔趣活动	浙江省体育局、浙江省总工会主办，龙游县体育局、龙游县总工会、龙游县体育总会承办，龙游龙和国际垂钓中心协办	杭州、温州、嘉兴、绍兴、金华、台州、丽水、衢州等8个地市33支代表队330人	9月21日—22日	龙游龙和国际垂钓中心
“化氏·龙和渔业杯”2017中国垂钓电视直播精英赛(FTT-浙江龙游站）	中国钓鱼运动协会、衢州市体育局、龙游县人民政府、湖南广播电视台主办，龙游县体育局、龙游县旅游委员会、龙游县龙洲街道办事处、湖南快乐先锋传媒有限公司承办，浙江龙和国际垂钓中心、快乐垂钓频道协办	年龄18—70岁的全国钓鱼爱好者624人	11月2日—5日	龙游龙和国际垂钓中心
第十届浙江省健身气功交流展示大会	浙江省体育局主办，衢州市体育局、衢州市体育总会、龙游县体育局、龙游县体育总会承办，衢州市健身气功协会协办	浙江省11支代表队110人	11月8日—10日	龙游县体育馆
2017年环浙江自行车公开赛（龙游站）	浙江省体育局、龙游县人民政府主办，浙江省体育竞赛中心、龙游县体育局承办，龙游县自行车协会协办	男子精英组、男子大师组、男子城市组、女子组等4个组别110人	12月1日—2日	龙游县全民健身户外运动拓展基地（青少年户外活动中心）
2017—2018“立祥杯”第十二届浙江省大众跆拳道公开赛“上华杯”衢州分区赛	浙江省体育总会、浙江省跆拳道协会主办，龙游县体育局承办	浙江省各俱乐部、学校约300人	12月2日—3日	龙游县体育馆
2017年衢州市青少年田径苗子精英赛	衢州市体育局、衢州市教育局主办，龙游县体育局、龙游县教育局承办	衢州市6个县（市、区）、9所中学共380人	12月21日—23日	龙游体育馆、龙游县第三中学

乡镇（街道）

龙洲街道

【概况】 龙洲街道包括县城灵山江以西及部分城郊农村，东隔灵山江与东华街道相邻，南接溪口镇，西接詹家镇，北接衢江与小南海镇隔江相望。地貌以平原为主，有部分丘陵和山地，区域总面积61.79平方公里，户籍人口30180户68723人。街道办事处于2014年11月迁址龙翔路539号，下设城中、寺后、官潭3个农村工作站和1个社区管理办公室，辖20个行政村、7个社区居委会（2015年新增城角坊、翠光两个社区）。2017年，龙洲街道认真贯彻落实县十一次党代会精神，围绕“五年打基础、五年求突破、五年争崛起”的“三步走”战略思路，着力聚焦“工业大提升、城市大建设、旅游大开发”三件大事，进一步强化争先理念、责任意识、担当精神，以上率下、克难攻坚，各项工作成效明显。全年实现工农业总产值21.3亿元，同比增长7.6%；一般公共财政收入3527万元，同比增长33%；实现一般公共财政支出4042万元，同比减少26%。

【服务业经济】 街道全年实现服务业增加值61亿元，同比增长7%，服务业经济规模总量占全县60%。扎实推进龙和乡村休闲旅游综合体、龙和国际垂钓中心、“官潭公社·龙山客栈”等重点旅游项目建设，成功举办“化氏·龙和渔业2017中国垂钓电视直播精英赛（FTT）”“CAA龙和国家四级垂钓精英赛”“喜上梅梢·龙游县首届蓝梅采摘节”等旅游节庆活动。龙和码头渔业园被农业部命名为2017年全国精品休闲渔业示范基地，龙和国际休闲垂钓中心竞技垂钓项目获评2017年浙江省运动休闲旅游优秀项目，龙和乡村旅游综合体项目入选浙江省健康产业重点项目库和省服务业重大项目计划。

【工业经济】 全年完成规上工业总产值17.91亿元，完成年度目标的102.3%，同比增长7.6%。实现规上工业企业利税11210万元，同比增长64.1%。至年底，落实工业固定资产投资项目6个，完成投资额8055万元，完成年度目标任务的100.7%；新增工业技改项目数5个，完成固定资产投资6860万元。积极参与浙江强龙废旧金属回收责任有限公司、蚂蚁金服+龙游“千县万亿”等招商项目的谋划、洽谈。完成浙江省农业发展集团公司、复旦大学技术转移中心龙游分中心等8个招商引资项目有效信息的报送。

【农业经济】 全年实现农业总产值3.8亿，同比增长1.2%。完成规模种粮大户上报数据核查，落实早稻粮食订单面积557.7公顷、订单数3346.2吨，同比增长13.2%。完成兰石渠道修复工程和官潭直埠渠道应急修复工程，完成岑山、大板桥等4个村垦造耕地项目17.32公顷。辖区内24家生猪养殖场全面完成整治提升工作及生猪饲养量交易，其中11家为高效农业循环试点养殖场。全面推进农村土地确权工作，至年底，涉及的14个村第一轮公示全部完成，农户承包地调查成果确认表修改审核已完成97%。大力扶持家庭农场发展，域内有家庭农场114家，其中新增14家，有示范性家庭农场6家、规范化家庭农场2家。完成后田铺、半爿月、白坂3个村的“一村万树”工作，后田铺、半爿月村被评为“衢州市森林村庄”。

【生态龙洲】 街道上报的30处疑似劣V类水体全部完成整治并通过县级验收，街道治水工作在7、8两个月连续夺得大禹鼎，全县“四比四赛”现场会在龙州街道召开。辖区内灵山江长年保持二类水标准，乡镇交接断面水质100%保持优秀。

【“四边三化”】 2017年，街道完成154处县级点位问题整治，拆除乱搭乱建5000余平方米，完成废品堆放、脏乱差整治18000余平方米，完成赤膊墙整治35000余平方米,完成立面改造15000余平方米，绿化种植8000余平方米，蓝色屋面整治5000余平方米。S33龙游南获评浙江省“最美入城口”。

【“三改一拆”】 全年完成拆违1433件，面积36.63万平方米，完成任务数的166.5%；拆后利用面积20.45万平方米，拆后利用率99.51%。成功创建无违建乡镇（街道）。

【美丽乡村建设】 扎实推进“5+2”星级村创建行动，结合后田铺村、半爿月村2个五星级村创建要求和村庄特色，圆满完成美丽庭院建设、村庄园林绿化、村景观节点打造、道路拓宽及沥清硬化、墙体立面改造等工作，后田铺村成功创建AAA省级景区村。按时间节点的要求，如期完成除城中片外的12个行政村、面积达20余万平方米的“赤膊墙”粉刷任务，并通过衢州市“无‘赤膊墙’乡镇（街道）”创建验收。成功创建三星级农家乐13家，官潭公社（龙山客栈）成功开业运行。浙江省光伏现场会期间，与会代表现场考察龙洲街道山底村光伏项目，副省长熊建平对山底村的光伏建设予以高度肯定。

【危旧房治理】 建立D级危房拆治工作联系机制。对涉及的4个社区13栋共252户D级危房落实“1名班子成员+2名社区领导+N名社区干部”的危房户承包制。实行“周会商、月通报”和“两挂”（挂图作战、挂牌销号）机制，至6月底，全面完成腾退撤离避险工作，至年底，完成签约238户。城区危房治理的“先人后房、一主三辅”模式得到衢州市主要领导的批示肯定。同时，开展农村危房解危行动，共治理改造辖区内农村片13个行政村D级自住危房和涉及公共安全的C、D级危房66幢，面积8483.39平方米；完成C级自住危房治理改造77幢，总治理率为90.59%。

【重点项目推进】 全年新增基础设施类项目49个，续建项目39个，累计投资28.5亿元，完成年度总任务的128.6%。完成翠竹路、竹海路2条断头路和兰石区块灵江家苑等处的“拔钉清障”行动；完成龙游花海、白姑公路、后田铺婺剧文化公园、“官潭公社·龙山客栈”等20多个项目政策处理，累计完成土地征收20公顷；完成兰石黄家（祥云）区块最后7户的征迁安置签约，实现“清零行动”目标。

【平安龙洲】 统筹推进“四大平安”（平安宣传、平安巡逻、平安调解、平安志愿者队伍）建设，全力护航中共十九大。至年底，辖区内村、社区、街道三级人民调解委员会共排查矛盾纠纷306起，调解纠纷409起，成功调解408起，调解成功率99.8%。龙洲街道获“浙江省护航十九大先进集体”“衢州市平安建设示范乡镇”等荣誉，清廉社区成功创建“全国无邪教示范社区”。

【和谐社区建设】 完善街道班子成员联系社区制度，建立社区工作季度例会制度，开展“互学、互比、互看”活动。规范社区党建，落实好“三会一课”“支部主题党日”等基本制度，顺利完成社区党组织换届工作。在居民住宅小区业主委员会全覆盖的基础上，按照“三社联动”要求，推行小区业主保洁“互学、互看、互比”、“社区+物业”、小区车位有偿使用、小区保洁网格化精细化管理等四大模式，至年底，四大模式有序推进。在完成“一把扫帚”平稳移交的基础上，街道继续抓好剩余无物业小区的卫生管理工作。

【社会民生】 完成渡贤头村文化礼堂项目建设，启动大板桥村文化礼堂项目。完成方渡线“兰石—白坂”段白改黑工程；完成后田铺村主干道道路拓宽、白改黑、杆线入地、绿化景观改造提升工程；启动“白坂—曹家”段道路拓宽提升工程，开展沿灵山江道路新建项目地形勘探及方案设计。扎实有序推进光华厂宿舍、华西园、县府宿舍、东园小区、阳光小区、福泰隆广场等6个小区基础设施改造及背街小巷道路硬化、管网改造16个新建项目的扫尾工作。全力配合做好人民路、太平路街景改造工作，共计完成4个社区59幢房屋1296户的政策处理及沿街立面13万平方米的整治改造任务。落实“送温暖”对象207户，发放慰问金15.06万元；落实城乡困难人员大病医疗救助226户，发放救助资金214.5万元；新增申报城乡低保121户153人。做好新一轮扶贫低收入调查认定及结对帮扶工作，开展2015—2017年扶贫项目资金自查并整改到位。加强人口与计划生育工作，建立街道、站、村、社区捆绑式考核机制，全年计划生育率为99.09%，征收社会抚养费140余万元，征收率100%。抓好人武工作，完成民兵整组，通过宣传，初报参军人数达160多人，确定兵员20多名。此外，统战工作、妇联工作、老干部工作、关心下一代工作也稳步扎实推进。

图178 3月10日，龙游县共产党员先锋红卡工程启动仪式在龙洲街道半爿月村举行

【基层党建】 深入推进“双整”示范创建，结合27个村（社）实际，将党建工作与特色工作高度融合，打造“一村（社）一品”，在农村实行“党建红+生态绿”的“双色”发展共建共享模式，在社区充分发挥“三社联动”模式的积极作用。按照16个精品示范村（社）和11个达标村（社）的不同要求，分类推进，打造覆盖7个行政村的“白坂—官潭”精品党建示范带。在全县率先通过县委组织部的示范验收，成功创建“双整”示范街道。在完善电商城示范点提升的同时，完成淘宝运营中心示范点打造工作，并成功打造柳村村“农村淘宝”示范点。

【“最多跑一次”改革】 以“最多跑一次”改革为突破口，全面加强街道、村（社）便民服务中心建设，全年共受理各类事项101536件，其中网上办理29471件，全程代办65681件，群众到窗口一次跑腿6384件，办结率和群众满意率均达到100%。

【“四个平台”建设】 以“四个平台”（综治工作、市场监管、综合执法、便民服务）建设为抓手，全面推广“村情通+网格治理”新模式，实现基层党组织凝聚力、乡村干部办事服务力、社会稳定掌控力三大提升。全街道27个村（社）划分为84个网格，均配齐“一长三员”（网格长，专职网格员、兼职网格员、网格指导员）。通过探索“三个一”运行机制（对网格员反映的问题每日一交办、四个平台每周一会商、街道联席会议每月一评估），变群众反映问题的“突击性整治”为“常态化推进”。通过推行“村情通+网格治理”新模式，变“全科网格”为“全民网格”，动员群众共建共享“美丽家园”，实现“小事不出村、大事不出街道”。至12月底，街道村情通关注人数达12628人，参与度达121%，群众累计参与访问346363次、浏览938975次，累计收到群众村民信箱、随手拍等各类上报信息4642件（次）。龙洲街道被列为浙江省仅有的5个标杆乡镇（街道）之一，得到省委常委、常务副省长冯飞等省、市领导的充分肯定。

图179 9月21日，全县“四个平台”建设互看互学现场会在龙洲街道召开

【村（社）组织换届】 3月21日至4月5日，龙洲街道开展20个村党支部的换届选举工作，共产生村支部委员67名，其中大学生村官1名、女性支委10名，选举产生村党支部书记19名，柳村村党支部书记由街道干部下派担任。村支部委员中，35周岁以下2人，大专及以上学历9人，其中新进成员17人。5月3日—4日，龙洲街道开展20个村的村委会换届选举工作，共产生村委会成员60名，其中女性21名、35周岁以下4名、大专以上学历4人；新进成员14人，包括5名新当选的主任。

（龙洲街道 邵颖）

东华街道

【概况】 2017年，东华街道党工委在县委、县政府的坚强领导下，团结带领街道广大党员干部群众，紧紧把握“城市东进”大趋势、大格局，负重拼搏，奋发有为，抓重点，攻难点，创亮点，城东征迁取得重大进展，经济社会运行良好，重点工作有序推进，各项事业健康发展。全年域内社会项目投资达32.9亿元；工业技改项目数93个，完成投资额23.09亿元。规模以上工业产值达53.7亿元，比上年增长11.85%。新增规模以上工业企业5家、服务业企业4家，其中亿元以上服务业企业1家。共取得集体荣誉27项，街道和村社两级干部获市县各项荣誉46项。获2017年度全县经济型乡镇（街道）综合考核二等奖；被龙游县委、县政府记集体三等功，这是自2013年以来，东华街道连续五年被县委、县政府记集体三等功。

【助推城市东进】 自龙游城市东进启动以来，街道抽调40名干部投入城东征迁改造工作，实行分村、分组、分网格的到户负责制，将征迁区块、土地征收面积、房屋搬迁户数等具体工作任务明细到各工作小组，层层落实责任。按照城市东进推进的时间节点，历时5个月，共签约675户，签约率达95.3%。年内，完成十里铺村、项家村、童家村、槐王村、湖底叶村、唐尧村的土地征收及青苗费发放工作。

图180 东华街道党工委举办城东新区党员骨干“两学一做”专题培训班

【“拔钉清障”攻坚行动】 如期完成城南工业园区诚业沥清混泥土制品有限公司、年处理建筑垃圾10万吨PPP项目的土地交付工作。有序推进县物流园区建设涉及的桥头山、瓦伞园自然村搬迁工作，至年底，瓦伞园安置新区基本建成，原房屋已全部腾空拆除；桥头山安置区建设已完成招标。县殡仪馆改造提升工程顺利完成政策处理并进场施工。十里铺小学征地工作基本完成，施工前准备工作有序进行。鸡鸣停车场汽车集中修理项目经过与规划、国土等部门协调，钢结构厂房已基本完成搭建。街道主要领导亲自挂帅，在相关村的支持配合下，10天内就完成了城东区块近800座坟墓的迁移任务。

【“四个平台”建设】 按照基层治理创新的要求，“四个平台”建设、“最多跑一次”改革初见成效。全面建设全科网络，将辖区22个行政村和3个社区划分为64个网格，明确村和社区主职干部为网格长，驻村干部为网格指导员，选配素质高、懂电脑的基层群众担任专职网格员，专门负责网格巡查和事件上报。推广“村情通”APP运用，22个行政村按照“一户一运用”的要求基本实现全覆盖，其中张王村、高仙塘村被评为全县推广运用的“红榜村”。

【工业经济】 街道一手抓城市东进战略不放松，一手抓街道经济发展不动摇，经济和企业发展保持良好的态势。全年没有发生较大安全生产事故，没有发生较大的劳动欠薪事件。顺利通过中央环保督查，未有追责与处罚事件发生。新增国家高新技术企业3家，新增县政府质量奖企业1家，3家企业启动上市工作。集中供热全面完成，彻底告别燃煤锅炉冒黑烟历史。充分利用辖区资源优势，紧盯“大、好、高”项目不放松，全年招商引资到位资金10.07亿元、浙商回归到位资金5.98亿元，自引亿元以上项目2个，接纳亿元以上项目4个。

【“一区两块”整合】 根据县委、县政府的统一部署和整合工作的总体安排，街道从全县大局出发，认真落实好“一区两块”整合工作，做到人员、职能、资产整合三到位。龙游经济开发区城南工作站于年内挂牌运行。

【危旧房治理】 采取“抓住重点、各个击破”的办法，集中人员力量，分组落实责任，倒排时间计划，全面排摸家庭和社会关系，通过不厌其烦地联系和上门做工作，顺利完成149户D级危房的腾空撤离解危工作。在全县6月20日危房腾退“72小时清零行动”中，东华街社区率先完成签约任务。有序推进老旧小区改造。至年底，投入1400多万元改造资金的亚伦小区，一期改造已结束，小区内基础设施得到彻底改造，公用设施配套完善，景观绿化得到提升；二期改造也将完工，在小区南边的空闲场地，一幢新建的二层服务用房已结顶，建筑面积800平方米；一幢翻修的老房已装修一新，面积400平方米；三期外立面正在改造当中。石塔山小区改造预计投入900万余元，8月动工，至年底，全面改造正在有序进行。绿洲小区和鸡鸣岩小区改造工程基本完工，小区面貌焕然一新。

【“五四三”专项工作】 全年共拆除存量违建515处，拆除面积37万多平方米，完成拆违任务的207%，并通过衢州市第二批创建无违建乡镇（街道）验收。全面完成20个劣质水体整治，20个水体全部达到三个定量和定性指标要求，并顺利通过省级、市级验收。街道辖区内的23家生猪养殖场，21家实现工业治理或生态农业循环治理，2家实现纯生态农业循环治理，提升整治的7家生猪养殖场全部整治到位。完成222省道整治提升工程，征收土地0.57公顷，征迁住宅4户，拆除69处乱搭乱建，清理102处废品垃圾，改造40余处外立面，完成814户共12.7万平方米赤膊墙粉刷。地质灾害点整治工作卓有成效，下杨村村、鸡鸣村2处多年未得到有效整治的地质灾害点完成整治任务。

【土地垦造】 完成测绘项目16个共66.67公顷，其中8个项目已通过验收，其余8个均已开工建设。全面开展农村土地确权赋权工作。按照“一户一策一干部”精准扶贫要求，开展“一对一”多渠道帮扶，通过结对，确保低收入农户人均收入增长100%以上。

【乡村旅游】 始终坚持以“三点两线一园”为主导，注重一县一带全域乡村旅游开发。布局好灵山江风情大道沿线村的“美丽乡村”建设，开发保护好灵鹫峰郊野健身路线。注重农家乐综合体和旅游特色点建设。省级五星级农家乐“温玉堂农庄综合体”改造工程已通过验收，新培育一家农家乐（平建农家乐）。加强农家乐安全生产管理，多次对接县公安、市监、消防等部门对辖区4家农家乐开展安全生产大检查，并督促整改。举办上杨村村黄花梨节旅游活动，开展黄花梨采摘和精品黄花梨评选活动。

【美丽乡村建设】 有序推进农村生活污水治理工作，加快完成农村生活污水工程第三方运维移交。至年底，14个完成农村生活污水治理的行政村中，有11个村已完成验收和移交任务。深化“贺田模式”复制，槐王“沤肥池”模式、方坦机器处置模式成为全县典型示范。完成“贺田模式”推广村18个，其中7个垃圾分类示范村均建成垃圾终端处理设施，3个村建有垃圾兑换超市。重点打造2个五星级示范村（官村村、下杨村村）、1个四星级示范村（上圩头村）。官村村成功创建“浙江省美丽乡村精品示范村”，村庄道路“白改黑”、村入口和村庄内景观节点、立面改造、水系改造等工程被纳入EPC项目并已进场施工；完成13户农户的“乡韵庭院”创建，完成“星宿流水”及老樟树节点打造。下杨村村加强基础设施建设，村入口道路拓宽和彩色树种绿化、清水塘改造、公厕改造、村入口标识景观等工程均已完工；以“十里灵江”为主题的文化主题公园、农户沙滩时尚生活创意园、灵山江风情大道及音响亮化工程、开心农场及厨师文化展示厅等5个项目已完成设计方案，将于2018年初开工。

【综治维稳】 严格落实县信访维稳工作要求，建立包案化解稳控攻坚工作小组，全力化解矛盾纠纷，做好重点人群和重点人员的稳控，全力护航党的十九大，助力厦门金砖国家领导人会议、世界互联网大会召开。全年共摸排影响社会稳定和信访突出问题9件，排查不稳定倾向人员219人，重点稳控对象17名，教育管控社区矫正人员13名，排查矛盾纠纷642起，调解625起，登记流动人口830余人。辖区社会治安持续稳定，群众安全感、满意度均居衢州市各乡镇（街道）前列。将安全隐患大排查工作作为一项日常性工作来抓，全年排查重点场所144家，发现整改安全隐患29处，全面落实20余家旅馆、网吧安全主体责任。集中整治各类敏感物资和危险物品从业单位安全隐患，取缔整治非法加油点。强化辖区7所学校和人口密集场所的防恐安保工作。

【“创国卫”行动】 坚持开展“全民清洁日”等创卫专项行动，及时整改县创卫办交办的问题。全年累计参与创卫5000余人次，清扫面积4.2万平方米，拆除填埋粪缸140个、旱厕18座，清理僵尸车490多辆，拆除违章建筑点123处，拆除户外广告牌71块，出动挖机机械作业60余次，清运垃圾2500余车。通过一年的创建行动，极大改善社区居民的工作生活环境。

【民生保障】 做好民政和残联工作，全年慰问困难群众414人次，发放慰问金24.97万元；办理低保40户，办理大病救助102人。举办城南开发区专场人才招聘会，提供就业岗位2000多个。企业五险合征新增1695人次，被征地农民新参保的有1427人。圆满完成征兵工作，教育卫生、计划生育等事业取得新进展，工、青、妇等工作有序开展。

【组织建设】 按照“五有十上墙”标准，完善、提升党建阵地和支部运行。除小高山村、项家村、唐尧村、湖底叶村4个整村搬迁村外，其余18个村和3个社区实现标准化党群服务中心全覆盖，并同步建成张王村、槐王村、上杨村村、下杨村村、方坦村、瑶山村和东华街社区7个党建示范点。落实街道干部“周一夜学”制度、日常考勤和请销假制度，坚持干部记日常笔记，以制度管理人与事。坚持村主职干部向街道党工委述职制度，以实事量化形式制定村主职干部考核办法，督促村主职干部“站好岗、履好职”。组建96345党员志愿者服务队，结合“主题党日”开展公益活动，充分发挥党员模范带头作用。组织搬迁村党员赴山东沂蒙革命老区接受党性再教育，进一步增强党员的党性意识，唤醒党员助力重点工程的自觉性。加大不合格党员处置力度，全年共处分违纪党员17名，其中开除党籍2名。对在“城市东进”推进中不支持、不配合、不带头的13名党员干部，将其组织关系迁至街道党员教育服务中心党支部，加强教育，开展跟踪式管理。

【村（社）组织换届】 3月21日至5月16日，东华街道在全县范围内率先完成村（社）组织换届选举工

图181　东华街道党工委组织开展村社组织换届选举工作

作。街道党工委严格换届程序、严肃换届纪律，牢牢把握换届工作主动权，选举产生新一届村（社）“两委”班子141名、村（居）监事会和村股份经济合作社成员139名。选举产生村（社）支部委员74名，其中女性11名、新进人员16人（包括2名大学生村官支委）、年龄35周岁以下5人、大专及以上学历20人；选举产生村（社）党支部书记23名，其中女性书记1名、新任村支部书记3人，张王村党支部负责人由街道党工委下派。选举产生村（居）委会成员85名，其中女性委员30名、新进委员28名、年龄35周岁以下4人、大专及以上学历14人，18人兼任村（社）支部委员。

（东华街道　孙航宇）

湖镇镇

【概况】 湖镇镇地处金衢盆地中心地带，南缘有丘陵低山，北缘除曹垅村外均濒临衢江，地势南高北低。东与金华经济技术开发区的洋埠镇、汤溪镇毗邻，南接社阳乡，西与东华街道接壤，北与模环乡和兰溪市游埠镇隔衢江相望，有社阳港、罗家溪及其支流由南向北汇入衢江。地貌以平原为主，占78.7%；丘陵占21.3%；另有少量低山。杭长高铁、浙赣铁路、315省道穿镇而过，杭金衢高速、衢江航道横贯镇北，区位优势明显。镇域面积101.64平方千米，户籍人口21387户50931人，辖39个行政村、2个居民委员会，设新光、下田畈、下库、七都4个农村工作站。2017年是湖镇镇新一届党委、政府依法履职的第一年，也是湖镇镇加快建成区域明珠型城市东部组团、实现转型发展的关键一年，湖镇镇紧紧围绕建成“工贸品质新城、古韵文化名城、幸福田园美城”总目标，上下同心，攻坚克难，抢抓机遇，真抓实干，实现新一届政府履职的良好开局。全镇实现地区生产总值35.3亿元，同比增长7.6%；完成财政总收入2.05亿元，同比增长25.77%；实现固定资产投资22.07亿元，其中工业固定资产投资8.4亿元；农村居民人均可支配收入23954元，同比增长11%。获2017年度龙游县乡镇（街道）分类争先综合考核一等奖，获浙江省森林城镇、浙江省卫生乡镇、浙江省基层武装建设标兵单位等荣誉。

【农业经济】 以农业增效、农民增收为目标，依托种粮专业合作社、农合联、柑橘合作社等农业组织，大力发展现代农业，推进农业产业化，增加农民收入。以美丽乡村建设为契机，狠抓农业面源污染治理，认真做好生猪整规“双减量”后续扫尾工作，完成24家养殖场核养证发放，完成10家养殖场美丽牧场创建，建成3个四星级美丽乡村。努力推进乡村生态旅游，引导村民自主发展农家乐等具有乡村特色的生态农业体验项目。深化农村改革，扎实推进土地确权工作，全镇除4个暂缓实施村和1个无地村外，全部完成第一轮土地确权公示，下库村、东金村等12个村完成第二轮公示。

【工业经济】 全年完成规模以上工业总产值51亿元，同比增长14.22%。积极推动恒达新材、金龙纸业主板上市。围绕新型工业化建设，以“腾笼换鸟”“机器换人”等手段，倒逼企业转型升级，有效盘活大明纸业、雅艺工贸等6家“僵尸企业”，盘活土地24.8公顷，盘活存量资产1.8亿元，镇域经济

图182 2月6日，湖镇镇召开企业家座谈会

发展活力持续凸显。完善园区配套设施，总投资1.2亿元的金怡热电二期项目基本建成，3家企业实现供气，沙田湖大道道路改造提升工程全线完工，园区环境明显改善，园区承载力和集聚力有效提升。完成农村电商站点提升，新增农村电商站点21家，新增年网络成交额300万元以上企业和销售总额300万元以上企业各2家，电商创业园土地完成招标、拍卖、挂牌。新建村、星火村2个市级电商专业村通过市级验收。

【集镇建设与管理】 （一）高起点规划。按照县城东部组团标准和要求，委托浙江大学、同济大学完成《小城镇环境综合整治规划》《镇区控制性详规及城市设计》和《通济街历史文化街区修建性详规》编制。（二）高标准建设。抓住“全国中心镇建设示范试点”和“小城市培育试点”契机，以优化配套、补齐短板、彰显特色为重点，狠抓项目建设，20个总投资2.2亿元的集镇项目全面开工，至年底，已完成12个。启动双向四车道湖中路改造工程和江滨路建设项目，总投资5500万元，“三横三纵”的集镇路网体系逐步成形。“一路”(湖镇至童家公路工程)至沙田湖工业区块的连接线开工建设，将龙翔东路延伸至湖镇市区，进一步缩短组团与中心的空间维度。（三）高标准整治。实施“六个一批”集镇整治提升项目，扎实推进解放路、315省道、湖中路杆线落地工程；建成垃圾中转站和镇南公园，西入城口改造项目、集镇大明生活小区雨污分流改造、解放路人行道改造等项目基本完成，白鸽湖湿地公园开工建设。加快集镇核心圈层建设，按照“点轴状布局、圈层式开发，产城人融合、钱地人统筹”的理念，加快推进城市业态发展，总投资5亿元的城市综合体项目正式签约，总投资20亿元的商埠文化园项目达成合作意向，努力打造集镇发展核心区和集镇繁荣风景线。

【招商引资】 突出招大、引强、选优，新引进亿元以上工业项目5个，分别为投资37.93亿元的金励环保包装纸项目、投资5亿元的双熊猫特种纸项目、投资1.03亿元的汇兴五金项目、投资1.05亿元的航鑫工贸项目、投资1.06亿元的钢管项目。邀请浙商回乡投资创业，累计到位资金1.05亿元。上市公司股权并购企业2家。全年实施技改项目27个，投入资金3.4亿元，中机国能、汇兴机械、航鑫工贸等项目全面投产。

【重点项目推进】 2017年，全镇有列入“421”重点项目8个。从发展和维护群众利益出发，坚持“公平、公正、公开”原则，以决战之势，推进一批重点工作，仅用120天就完成“一路一桥一枢纽”项目的土地征收，征收面积达93.33公顷；25天内完成沿江美丽公路湖镇段5公顷土地的清表和交付；10天内完成金怡热电二期3个村2.33公顷土地借用政策的处理；5天内完成游埠枢纽工程1200穴坟墓迁移，提振攻坚克难信心，浓厚干事创业氛围。

【“五水共治”工作】 全面深化落实“河长制”，坚定不移开展“双治”工作，组建党员护水队、巾帼服务队、团员先锋队等80余支志愿者队伍，实现治水网格全覆盖。51个劣V类水体全部销号，交接断面水质全年均为优秀，成功夺得治水最高荣誉“大禹鼎”；打造一批特色水域景观带，社阳溪希唐段和溪底杜段被评为“美丽溪流”，实现“一江清水送下游，一江清水出龙游”。以敢于担当的精神，自我加压，开展水禽养殖场整治工作，累计关停拆除鸡鸭铺29家，关停拆除3万多平方米。39个村农村

图183 3月9日，湖镇镇举行青年助力"剿灭劣V类水"启动仪式

生活污水治理实现全覆盖，村庄环境卫生明显改善。加强巡查检查，推进全镇49个山塘水库"洁水养殖"工作，设立养殖鱼塘等特殊小微水体公示牌84块。

【"两违"整治】 加大"四边"区域拆违治乱力度，完成447个省、市、县交办的重点突出问题治理。依据巩固提升"两高三道"和重点整治县乡道的要求，打响全域消除赤膊墙攻坚战，赤膊墙整治面积达52万平方米。坚持"拆违无上限、违建零容忍"的原则，启动"大拆大整、大改大建"攻坚行动，累计拆除违章建筑33万平方米，完成197户D级和147户C级危旧房治理，加快美丽乡村建设步伐，有序推进溪底杜、童家仓等村危旧房全拆全改试点。

【文化旅游】 加快推进乡村休闲旅游发展。3月26日，成功承办"春暖衢州，花开龙游"衢州龙游第三届桃花节暨"三生三世十里桃林"龙游赏花活动开幕式，吸引10余家新闻媒体前往报道，当日客流量超过1万人次。建成1800平方米的镇综合文化站，实现社会化运营，免费向市民开放。10月，全省乡镇街道综合文化站效能提升工作现场会在龙游县召开，湖镇镇综合文化站充分展现了湖镇的魅力。依托本地的资源禀赋，积极发展农业休闲观光旅游，客路桃花园、文林锦鲤园等景点亮点纷呈。8月5日，成功举办第三届龙游"魅力青年"才艺大赛暨首届"乡村好声音"选拔赛；12月，红木小镇成功创建国家AAAA级旅游景区，再次入选浙江省优秀特色小镇。文化活动日益丰富，开展送戏下乡5场、文化走亲8次、送电影下乡9场。积极组织滚花龙、硬头狮子等非遗节目参加省、市、县各类大型活动。举办镇全民健身运动会、首届排舞大赛、重阳节文化礼堂敬老礼等活动，丰富群众文化生活。

【民生事业】 全镇参加新型农村合作医疗36692人，参保率97%。全力促进农民增收，落实精准扶贫政策，不断规范新型社会救助体系，全年发放低保金52万余元，发放补助金263万余元；多措并举拓宽农民增收渠道，实施金屋顶光伏富民工程，认真开展农业技术及实用技能培训，农民人均可支配收入23954元，增长11%。完成2017年度6个移民资金扶持项目建设，争取移民扶持资金289万元。扎实开展殡葬改革规范化管理，完成新圆、后陈等19个村的公益性公墓扩（新）建工作，争取上级资金145万元。全面落实人口与计划生育优惠政策，计划生育符合率96.7%。扎实推进征兵工作，2016年向部队输送优秀青年近20名，被衢州市政府、衢州军分区表彰为征兵工作先进单位。

【平安创建】 深化"法制湖镇"建设，开展"七五"普法宣传教育活动。健全矛盾纠纷预警、排查、调处机制，以综治平台为抓手，发挥"张求水工作室"品牌效应，共排查调处各类民间矛盾纠纷323起，成功调处307起，调处成功率95%。开展安全生产隐患大排查、大整治行动，进一步完善基层安全监管网络。开展安全生产培训和知识竞赛活动，提高企业职工的安全防范意识。妥善处理各类信（上）访事宜，全面加强矛盾纠纷化解，圆满完成中共十九大期间和第四届世界互联网大会的维稳安保任务，确保社会大局平稳。

【党的建设】 推进"两学一做"学习教育常态化制度化，扎实开展"队伍建设年、规范管理年"行动，党员干部战斗力、凝聚力、创新力不断增强。大力实施"书记项目"，基层党建"双整"任务全面完成，打响“党建+美丽乡村”“党建+金融”“党建+集镇管理”等一批党建“金名片”。始终保持高压态势抓基层组织换届，坚决清障护选、严格依法依规、严把用人导向，村社组织换届圆满完成。从严落实党风廉政建设，持续推进正风肃纪，全年完成13个村农村基层作风巡查，开展各类廉政提醒、诫勉谈话89人次，立案查处办结党员违纪案件10件，处理党员8人。

【村社组织换届】 3月22日至4月6日，湖镇镇开展39个村党支部的换届选举工作，共产生村支部委员130名，其中大学生村官3名、女性支委8名，顺利选举产生村党支部书记36名，新光、塘马、下童3个村的党支部书记由镇干部下派担任，并邀请4名经济能人到村任支部书记。村支部委员中，35周岁以下3人，大专及以上学历24人，其中新进成员26人。5月3日—6日，湖镇镇开展39个村的村委会换届选举工作，共产生村委会成员155名，其中女性42名、35周岁以下1名、大专以上学历8人；新进成员48人，包括11名新当选的主任。

【湖镇镇第十四届人民代表大会第一次会议】 1月10日召开。大会应到代表84人，实到84人。会议审议并通过镇政府五年工作报告、镇人大主席团五年工作报告、财政预决算报告，选举杨献明、郑伟芬、林秀华、袁荣新为副镇长。

（湖镇镇 上官俊）

溪口镇

【概况】 溪口镇位于龙游县境南部，东邻罗家乡，东南与大街乡毗邻，南接沐尘畲族乡，西南连庙下乡，西交衢江区全旺镇，北与龙洲街道、东华街道接壤，灵山江自南而北流经全镇，地貌以山地和丘陵为主。溪口镇距县城约23千米，区域面积112.47平方千米，耕地面积1588.05公顷，山林面积7259.13公顷，镇政府驻溪口集镇曙光路157号，辖溪口、扁石、大垅等14个行政村和一个居委会，总户数8943户，总人口22553人。2017年，溪口镇以“集聚旺镇、产业强镇、旅游兴镇”为发展思路，以“竹海风情小镇”建设为总揽，以绿色统筹发展为贯穿，以“五四三”专项和小城镇环境综合整治等重点工作为抓手，实现地区生产总值9.17亿元，同比增长8.9%；农业总产值1.97亿元，同比增长11.95%。工业总产值19.8亿元，同比增长7%；农民人均可支配收入24276元，同比增长9.8%；全社会固定资产投资9617万元。

【工业经济】 全镇现有工业企业62家，其中规上企业5家。着力优化工业结构，围绕“一个特色小镇+十大招商项目”目标，推进牛角湾矿业遗址、徐堰王文化园、竹海公园项目前期，争取余杭复合材料、和勤通讯等高新企业到溪口投资。引导企业开展技改，支持洪泰公司年产1.2万吨机制炭项目、创伟公司年产6万吨竹制品集中碳化项目、新海业公司年产50万平方米户外板等项目投产。淘汰落后产能，完成高污染燃料锅炉淘汰改造；整改“四无”企业（作坊）17家，关停淘汰8家。整治竹木加工业，222省道及溪大线沿线退出9家，拆除面积3000平方米；改造11家，面积1500平方米。加强企业环保和安全监督，安排专人巡查，严格落实“党政同责、一岗双责、齐抓共管”制度，督促欣远等3家竹木企业进行整改，对烟花爆竹经营实施最严格的准入管控。

【农业经济】 推进农业供给侧改革，按照上级部署，有序推进农村土地确权，调动农户生产积极性。至年底，农户土地承包面积已签字确认，并完成第一次公示。做好农业普查“扫尾”工作，共普查和录入农户6353户，包括规模户115户、单位92个、普查小区67个，顺利通过市级验收并申报市级先进集体。大力发展高效农林业，发挥涉农补贴导向作用，推动土地向规模经营户集中，严格执行“申报—核实—公示—上报”流程，发放惠农补贴

（含生态公益林补贴）400余万元。利用自然条件和政策优势，积极应对竹林效益下降趋势，发展竹林套种黄精66.67公顷，增收100余万元。增划生态公益林3333.33公顷，增收100多万元；完成春季绿化造林25.27公顷。抓好农业“三防”，以保障群众生命财产安全为目标，做好森林防火、动植物防疫、防汛抗旱工作；投入资金200多万元，采用工程治理及下山脱贫等方式，完成地质灾害点避让搬迁37户127人，及时消除隐患。加强基础设施建设，总投资400余万元的冷水溪、红罗溪改造已完成90%，完成晓溪坑翻板门安装。建设林区道路10千米。实施灵上村道路建设等三个扶贫项目和溪口村、石角村的肥力提升项目。投入资金1200万元，抓好溪口村、扁石村、枫林村、双港口村等4个高标准农田提升项目建设，至年底，已完成总工程量的90%以上。

【美丽乡村创建】 积极争取列入县美丽乡村建设重点区块，石角村、溪口村入选五星级村，大沃口村入选四星级村。争取资金3000余万元，实施石角漂流及省级生态文化基地创建、立面及水系改造、“一村万树”工程、古村落修建、溪口美食街建设等美丽乡村建设项目14个，至年底，完成13个，基本完成1个。落实资金400余万元开展农户“赤膊墙”粉刷，粉刷面积13.2万平方米，率先通过市级无赤膊墙乡镇验收。持续推进“三改一拆”，完成142户D级危房及70%以上C级危房处置，全年共拆除违章288处，拆除面积12.1万平方米，并通过市级“无违建乡镇”验收。依法规范农民建房审批，加强批后管理，全年未发生较大违建行为。

图184 7月24日，省农办主任章文彪（左三）到溪口镇调研美丽乡村建设工作

【“五水共治”工作】 严格落实“河长制”，推进“五水共治”向纵深发展。开展“劣Ⅴ类小微水体整治”，制作小微水体公示牌，明确整治内容、整治计划、责任人；投入资金518万元，对全镇23处疑似劣Ⅴ类小微水体（含水塘2处）开展清淤整治及破损渠道修缮，按时完成“销号”。强化河道保洁，招聘2名专业化打捞人员，不间断巡回保洁，村级组织也安排人员巡查，做到“河面无漂浮物、河中无障碍、河岸无垃圾”。抓好生猪养殖整治扫尾，8月前全面完成市、县下达的减量提质任务，并开展生态牧场创建。继续实行“一场一干部”监管机制，并加强第三方监管，做好全镇25家保留养殖场的巡查监督。全镇14个行政村均完成“贺田模式”复制，全面开展生活垃圾分类减量化、资源化处理。在石角村、溪口村等5个村建成太阳能终端沤肥房的基础上，投资100多万元建成生活垃圾资源化利用终端，完善垃圾分类工作链，形成完整闭环。投入资金300余万元对石角村等5个村的农村生活污水治理开展提标改造，新建终端10个，截污纳管535户。

【“四边三化”工作】 按照项目化推进思路，对全长22千米公路沿线（包括222省道18千米、溪大线4千米）的冷水、红罗、灵下等9个村投入资金1300万余元，实施节点及景观建设14个，提升公路沿线美观度。综合施策，统筹推进，采用“拆、改、造、洁、绿、控”六字法，拆除有碍观瞻的旧建筑物，改造脏乱差，清理乱堆放，新造、改造围墙和围栏；成立“四边三化”党员96345志愿服务队，开展沿线卫生大扫除；联合路政部门开展水杉等树种补种；做好沿线建房审批管控，处理乱搭乱建。做好路网优化提升，实施下徐村进村道路拓宽工程，实现溪毛线及衢宁铁路溪口段建设无障碍施工。

【小城镇环境综合整治】 紧紧抓牢小城镇环境综合整治省级样板镇创建这一历史性机遇，实施集镇基础设施、形象提升和景观绿化项目22个，其中EPC项目15个，完成投资约5000万元。至年底，金龙小区、金苑小区环境整治项目已完工，滨溪路道路改造工程也已经基本完工。累计完成立面改造近8万平方米，改造道路1700米，绿化景观提升面积2万平方米，新埋设地下强弱电管道2000米，新增车位近百个，新增厕位20个，集镇功能得到明显提升。镇财政安排集镇卫生资金70余万元，采取卫生保洁社会化运作方式，及时调整保洁范围，增购保洁设施设备。加强人员配置，改进保洁模式，提升保洁标准，强化督查考核。增强综合执法分局力量，购置执法巡逻专用车4辆，增聘8名人员组建12人的城管队伍。理顺管理机制，建立绩效考核办法，结合“四个平台”，探索“智慧城管”建设，明确执法任务、要求。实施“乱停车、乱堆物、乱摆摊、乱开挖、乱建筑、乱竖牌”等“六乱”治理。开展声势浩大的百日攻坚行动，完善“街长制”，实施“片长制”，镇干部实行每周单休。“亮剑”违章建筑，集中拆违10处，面积约1000平方米。由9名班子成员及全体镇干部包干9个片区，开展多轮次的联合整治，集中清理乱堆乱放、卫生死角等，结合日常巡查、销号整改，整治点位200多个。组建150余人的文明劝导队、老兵劝导队等志愿服务队，设立“民间街长”，发动“两代表”“一委员”参与监督，合力推进小城镇环境综合整治。

【社会事业发展】 加强文化阵地建设，创建浙江省公共文化重点乡镇和重点村。对照省标准开展“补短板、争先进”活动，做好镇综合文化站改造提升，建设灵下村、大阳家村文化礼堂。加强已建礼堂的星级管理，推行理事会管理制度，并作为先进参加省现场会典型发言。开展“品年味·忆乡愁”等主题活动，举办拉丁舞、婺剧等150余人的文艺培训。编排《古镇陶韵》等精品节目并多次获奖。做好计划生育工作，办理生育登记卡141例，其中应用生育登记服务APP在线办理110人次，占比78%，方便在外务工人员。全年计划外出生4例，计划生育率97.6%，实征社会抚养费11.54万元。抓好妇联工作、食品安全工作和卫生工作，实现垃圾兑换超市全覆盖，并新增农药包装废弃物回收职能。石角村完成乡韵庭院建设28户。开展妇女创业就业培训，积极做好来料加工点提升服务。加强食品、药品、农产品安全管理，组织200名妇女进行“两癌”免费筛查。加强民兵预备役建设，完成年度征兵任务，输送双合格兵员近10名，其中多数具有大专及以上学历。

【村级组织换届】 自3月15日至5月11日，先后完成下属14个村党支部、村委会、村经济合作社、村监会等4套组织的换届选举，共产生63名支部委员（含支部书记）、43名村委会成员（含村民主任）。换届过程中，做到思想上高度重视、工作上周密部署、操作上严格规范，实现“过程平稳、结果满意，大稳定、小调整”的目标。村党支部换届选举通过“两推一比”“两提一选”的方式进行，村委会换届选举采用自荐直选，变动了1名支部书记和3名村民主任。严明换届纪律，严格落实“九严禁”“十不准”标准，实现村级换届期间“零上访”。加强党的领导，镇党委对当选的支委委员进行综合评价，做到重票而不唯票，对综合素质高、工作开展中敢于动真碰硬的支委予以坚定支持，确保村支书的能力水平。村干部队伍整体素质与上届相比有新的提高，年龄结构趋于年轻化，性别结构渐趋合理。党支部成员中，党支部书记中具有高中以上学历8人（含大专），较上届增加1名，占57.1%；支委平均年龄46.3岁，高中以上学历23人（含大专），较上届增加2名，占46.9%；女委员5人，占11.9%。村委会成员中看，党员比例有了提高，14名村主任中有11名党员，占78.6%。29名村委会委员中有19名党员，占65.5%；村委会成员中高中以上文化程度有20人，占46.5%。年龄结构中，35岁以下3人，35岁至50岁的25人，50岁至60岁13人，60岁以上2人。一大批年富力强、政治素质好、有文化、懂经济、会管理，能带领群众脱贫致富，受群众拥护、信任和认可的人员入选村级领导班子，为农村基层组织注入新的活力。

【溪口镇第十八届人民代表大会第一次会议】 1月9日—10日召开，应到代表57名，实到57人，列席代表48人。9日上午，邀请县人大代表工委主任廖成钢授课，进行代表履职培训。开展代表视察为民办实事项目活动。10日上午，大会审议通过《溪口镇十七届人民政府工作报告》《溪口镇十七届人大主席团工作报告》《关于溪口镇2016年财政预算执行情况和2017年财政预算草案的报告》《2016年溪口镇政府为民办实事项目完成情况报告》《龙游县溪口镇城镇总体规划报告》。通过无记名投票方式，选举张宏平为溪口镇第十八届人民代表大会主席，郑敬杭为副主席；选举张雄军为溪口镇人民政府镇长，郑德胜、盛方清、夏建平、兰吴涛为副镇长。

（溪口镇　江义鸿）

詹家镇

【概况】 詹家镇地处龙游城西郊，东与龙洲街道接壤，西与衢江区高家镇交界，北与小南海镇隔江相望。全镇总面积53.54平方千米，共有10764户27084人，下设詹家、夏金、马叶三个工作站，辖21个行政村（其中沐尘水库移民村7个）。2017年，詹家镇按照县委、县政府的领导和部署，以中共十八大和十八届七中全会和省、市、县委全会精神为指导，以“创新、协调、绿色、开放、共享”五大发展理念为引领，坚持“生态立镇、产业富镇、特色强镇”战略定力，全力推进各项工作。

【农业经济有效提升】 贯彻落实中央1号文件、浙江省委农村工作会议、全省农业工作会议精神和2017年粮食扩面增产措施、粮食扶持政策，落实粮食订单763户，发放281个科学贮存小粮仓。完成全镇73户规模农场品生产者核查及信息收集工作，建立村级农产品质量员队伍，开展农产品检测。积极推进农田质量提升土壤培肥项目；推进柑橘产业转型升级，流转橘园6.66公顷，改造低产低效橘园3.33公顷，培育柑橘家庭农场2个，推广柑橘优良品种1.33公顷，完成上级下达的各项任务。建立农药废弃包装物回全镇收体系，建立村镇两级回收站。

【工业经济平稳发展】 全镇有工业企业17家，其中规模以上企业2家，2017年度完成工业固定资产投资8600万元，规上工业实现产值1.58亿元，提供招商引资信息4条，全社会固定资产投资实现3.8亿元。积极推进“金屋顶”光伏项目，全镇农户共安装890余户，实现民用光伏扶贫，努力增加农民收入。3月，浙江省光伏“金屋顶”项目现场会在詹家镇芝溪家园顺利举行，圆满完成市、县有关部门布置的各项工作任务。加强对特种设备的监管，对企业锅炉使用情况进行排查，建立锅炉使用情况信息档案，锅炉使用问题全部整改到位。

【拓宽服务业空间】 充分利用詹家自然景观资源，挖掘人文历史资源，提升全镇域景观面貌，助推休闲旅游业发展和带动百姓增收。重点打造浦山村、山后村等旅游核心区域，浦山村成功创建AAA级景区村，山后村、前游村创建A级景区村。完善旅游配套设施，完成投资近3000万的姑蔑城改造提升工程；推行“厕所革命”，成功创建5个A级旅游公厕。通过乡村好声音、葡萄采摘节、姑蔑城民俗文化节、灯光秀等旅游节庆活动的开展，促进农业、文化、旅游融合发展。主动对接农场主等各类经营户，找寻有意向发展旅游服务业的业主，积极引导和发展农家乐等休闲旅游业，浦山姑蔑城、紫晶农庄、红豆山庄、诚西饭店等特色农家乐发展势头良好。

【深化“五水共治”】 狠抓畜禽养殖场整治，生猪养殖“双减量”工作任务按期完成。对芝溪流域污染源进行排查，通过引入生态流量、种植吸污水草等方式，全面提升芝溪水质，年均值达地表水三类水标准。坚持“堵、疏、治”并举，创新“剿劣”

治理模式，完成25处小微水体整治，方村平山桥、詹家湖沿等水塘环境提升效果成为市、县典范。4月、10月两夺县“五水共治”大禹鼎，获评2017年度县“五水共治”先进集体。

【打造形象窗口】 制订、完善“四边三化”整治计划，联合镇综合执法分局对方全线等重点路段进行整治，共完成整治点274处，完成率达100%。投入120余万元，进一步做好平山桥项目提升工程，境内S222、S33高速入城口、G320印像节点治理效果显著，被评为衢州市最美，“四边三化”市场化管理创新模式得到充分肯定。扎实推进“赤膊墙”整治工作，全镇共粉刷“赤膊墙”45万平方米，成功创建市级“无赤膊墙乡镇”。

【常态开展防违控违工作】 深入推进“无违建乡镇”创建，全年实际拆违18.8万平方米，超额完成县下达任务，完成率达235%。完成蓝色屋面改造2万余平方米，拆后利用率达99%。农村危旧房改造任务全面完成，共鉴定危房149户，其中D级危房61户，部分拆后利用节点成为衢州市样板。细化《詹家镇农村建房管理办法》，采取建房履约金高收快退机制，提高违法成本，浓厚防违控违氛围。

【全面提升镇域环境】 以小城镇环境综合整治为契机，根据“田园詹家”规划，全镇有小城镇综合整治项目18处，总投资1.17亿元。至年底，320国道景观提升等12处项目已完工，农贸市场改造、入镇口节点建设、龙马线改造平稳推进。

【落实惠民政策】 抓好基本养老、医疗保险参保工作。全镇基本养老参保人数有1020人。清理老农保退保2813本，完成新年度合作医疗参保20376人，案件办理465人次。落实低保户72户共78人。办理大病救助95例，发放救助款75.4万元。776人享受残疾人生活及护理补助，落实补助款168.8万元。完成工程类项目招标46个，节约资金333.22万元，经济类项目招标8个。芝溪家园部分农户失地保障诉求问题得到落实。农村生活污水治理全面完工；马叶、姜家、山后3个村饮用水问题得到落实，列入城乡一体化自来水供水项目。投资4915万元的康宁医院项目已完成新址建设并投入使用。全年新出生283人，计划生育率为96.82%，223人享受奖扶特扶。

图185 7月27日，全省乡镇（街道）综合文化站效能建设现场会在詹家镇召开

【社会事业不断发展】 继续开展好教育教学质量评比工作，詹家小学、马叶小学完成校园改造，新教学楼建成并投入使用；泽雅学校、浦山民族小学完成塑胶跑道建设，夏金小学完成校门口道路整治。芝溪家园幼儿园、徐家金色童年幼儿园2所民办幼儿园成功创建省3级幼儿园，教育基础设施建设不断完善，教育现代化水平不断提高。积极推进山后、芝江、姜家等村文化礼堂建设，芝溪家园文化礼堂被评为五星级文化礼堂。完成综合文化站的全面提升，全镇21个村均配备文化管理员，举办笛子、二胡、书法、武术、舞蹈等免费培训，参与人数达3000余人次，有效提升全镇公共文化服务水平。7月，浙江省乡镇（街道）综合文化站效能建设现场会在詹家镇召开。人民武装、妇女儿童、食品安全、民族宗教、乡贤文化等工作取得新的进展。

【平安建设有序推进】 夯实基层工作基础，健全地区矛盾纠纷排查调处信息网队伍，全镇共排查调处各项矛盾纠纷518起，调解成功517起，成功率达99%以上。受理各类来信、来访、来电22件，化解各类信访积案5件，办结率、反馈率均达100%。建立地企联席会议制度，协调开展“平安创建”工作，对涉及征用、租用土地的村庄分别派驻工作组，及时解决工作中的新情况、新问题。做好“五类人员”的帮教转化工作，保障辖区稳定安全。通过开展“平安创建”活动，詹家镇的安全系数明显提高，居民安全满意度达95%以上。

【“四个平台”建设初具成效】 以“村情通＋网格治理”模式，全面推进“四个平台”建设，积极探索创新基层治理模式。深化“网格化管理、组团式服务”工作，坚持功能集成，坚持资源整合。全镇共有网格42个，配备专职网格员42名。建成镇综合指挥中心，完成镇级行政服务中心升级改造，全镇纵向（镇、村、网格）全联动，横向全覆盖的“四个平台一体化”基层治理服务体系已基本形成，有效推进全镇基层治理体系和治理能力现代化建设。在此基础上，拓宽治理广度，全面普及应用“村情通”，实现“让群众少跑腿，让数据多跑路”。

【党建+基层治理】 2017年，詹家镇党委按照“双整”工作验收标准，结合詹家镇实际，以“四个红色”打造基层党组织活动阵地。“红色标识”营造全域党建氛围，“红色服务”打造村级“最多跑一次”便民中心，“红色讲堂”规范党员活动室配置，“红色长廊”彰显“7+X”党建特色亮点。全镇共整合7个党员活动室，新修8个党群服务中心，通过规范标准，整合资源，红色阵地得到全面提升，支部地位得到凸显。

【村级组织换届】 4月3日至5月19日，詹家镇先后完成21个村党支部、村委会、村经济合作社、村监委等4套组织的换届选举工作。共选举产生村“两委”成员135名，其中新进村“两委”成员30名。21名村支书中具有大专以上学历6人，有14名村支书获得连任；68名村党支部委员中有女支委3名，14名支委具有大专以上学历。67名村委会成员中，有女委员21名，实现各行政村女委员全覆盖。村支委兼主任的4名，村“两委”实有人数为131名。选举产生村董事会成员63名，其中女成员4名；产生村监会委员61名，其中女委员3名。

（詹家镇 袁献君）

小南海镇

【概况】 小南海镇位于县境衢江北岸，南与县城和詹家镇隔江相望，北与塔石镇接壤，东邻模环乡，西毗衢江区高家镇、莲花镇。团石溪、塔石溪及其支流在境内汇入衢江。辖区内丘陵山地较多，地貌以丘陵为主，有少量河谷盆地。辖区面积85.98平方千米，有户籍人口12744户31914人。镇政府驻小南海镇茶圩里村光明路29号，下设虎头山、团石、箬塘三个工作站，辖18个行政村。2017年，小南海镇认真落实中央和省、市、县各项决策部署，以全面打造“城北门户小镇”为总目标，深入实施“经济强镇、旅游兴镇、特色富民”发展战略，抢抓机遇，攻坚克难，团结奋进，不断开创发展新局面，圆满完成全年工作目标任务，经济社会保持平稳健康发展，在与全省同步全面建成小康社会的征程上迈出坚实步伐。全年完成社会固定资产投资6.7亿元，同比增长45.6%；规上工业实现产值11.3亿元，同比增长11.22%；新增规上服务业4家，主要经济指标在同类乡镇排名第一。公共预算收入3584万元，同比增长26.2%；农村居民人均收入21760元，增长9.5%。全镇16个村集体经济总收入在10万以上，其中10个村集体经济经营性收入超过5万元，位居全县首位。先后被授予“浙江省新能源示范乡镇”“浙江省非物质文化遗产主题小镇”“浙江省体育特色乡镇”“衢州市卫生乡镇”等荣誉称号。

【工业经济】 积极为企业服务，推进项目建设。光明铁道年产60万根高速铁路轨枕生产线项目顺利投产，年产30万块无砟轨道弹性支撑块项目设备已安装到位并开始试生产。积极收集招商信息，上报招商信息8条，其中亿元以上信息3条。积极开展光伏新能源建设，抓好东塘山光伏发电25兆瓦农光互补地面电站、光明铁道公司5.5兆瓦屋顶光伏、小南海镇天然气分布式能源站建设。小南海镇成功入选浙江省新能源示范镇。抓好节能减排，淘汰燃煤锅炉5台。开展“四无”企业联合执法大行动，共完成19家企业的整治提升。

【“三农”发展】 积极开展农村土地承包经营权确权登记颁证工作，地块界址与测量第一轮公示全部完成，50%的行政村完成第二轮公示核对。积极向上对接落实“山区经济”发展项目，落实以村集体及经济主体为对象的项目6个。努力扩大粮油种植面积，2017年，全镇种粮大户队伍和早稻种植面积都有所扩大，种植50亩（3.33公顷）以上的种粮大户有27户，复种面积566.67公顷，全镇单季种植面积达1333.33公顷。发放小粮仓250个，全年落实粮食订单任务1059吨，落实油菜种植面积1066.67公顷。完成改造低产低效橘园7.2公顷，流转橘园18.33公顷，推广优良品种20.67公顷，培育柑橘家庭农场7个，大棚设施栽培3.17公顷。

【项目征地】 2017年，小南海镇陆续落地沿江美丽公路、龙北安置小区、石窟旅游度假区配套设施、沿江绿道等重点项目，迎来小南海镇发展的新一轮机遇。镇村两级干部持续发扬“特别能吃苦、特别能战斗、特别能奉献”的“铁军”精神，千方百计做好政策处理，千辛万苦扎实推进征地拆迁，全力推进拔钉清障攻坚行动。至年底，完成沿江美丽公路征地18.67公顷，共578户；完成龙北安置小区征地14.67公顷，共154户；完成石窟旅游度假区配套设施征地25.33公顷，共150余户；完成沿江绿道征地5.67公顷，共20余户。其中龙北安置小区8天完成签约，征出了小南海“铁军”精神，跑出了小南海速度。

【土地开发】 2017年，县政府下达小南海镇土地开发任务152公顷，占全县任务指标的23%。至年底，共完成41个项目的测绘、设计，土地总面积达213.33公顷，完成县下达任务的140.4%，并全部完成招标。至年底，累计通过验收15个项目，通过县、市级验收122.93公顷，通过省级农村土地综合整治验收10公顷。

【集镇改造】 制订《小南海镇镇区城市设计方案》《小南海镇小城镇环境综合整治规划》《小南海镇大众路立面整治建筑设计概念方案》3个规划方案，并制作小南海镇小城镇环境综合整治作战图，为打好小城镇环境综合整治提供蓝图和依据。按照小城镇环境综合整治的总体要求和实施计划，总投资额2028万的大众路改造工程有序实施，全线主干道路加宽、雨污排水、电力通信管道铺设等工程逐步推进，至年底，完成形象进度的60%。8月底，成功创建衢州市卫生乡镇。

【剿灭劣V类水】 全力打好以剿灭劣V类水为重点的“五水共治”攻坚战，突出“截、清、治、修”等重点环节，制定“一点一策”治理方案，集中攻坚，精准作战，深化“河长制”“塘长制”，聘任“护水大使”，开展“千名党员干部护千塘”“做红色铁军，争当护水先锋”等系列剿劣大行动，镇村两级河长手机巡查设备全部配齐到位，并按要求开展常态化巡查。全镇18个行政村共排查出729处水塘，其中疑似劣V类水56处，重点清理28处；清理

图186 小南海镇开展“剿灭劣V类水”集中行动

沟渠16条，主要河道5条。共发动党员群众8120人次，清淤14.7万立方米，总投入260万元；制作塘长公示牌、田改塘牌132块。保留的76家生猪养殖场全部达到生态牧场标准,成功创建美丽牧场3家。

【“四边三化”“三改一拆”工作】 将“四边三化”与美丽镇村建设相结合，开展“四边”区域百日攻坚行动。共排查“四边”问题整治点405个，按照时间节点要求全部整治到位。完成第一批“赤膊墙”整治515户，面积9.44万平方米，顺利通过验收。完成第二批“赤膊墙”整治926户，面积20.4万平方米。坚持把“三改一拆”与加强建房管理相结合，打好治危拆违组合拳，共排查危旧房437户，建筑面积超过3.5万平方米，经鉴定，确认D级房屋196户，建筑面积约1.57万平方米。至年底，已拆除180户，建筑面积约1.4万平方米；改建危房16户，建筑面积1678.85平方米；拆除违章92起，拆除面积31.2万平方米，完成县政府下达任务的208%。

【村级集体经济发展】 重视发展村级集体经济，坚持“因地制宜、一村一策、创新模式”原则。组织18个村主职干部前往安吉、嘉善等县（市），对村级集体经济发展较好的13个村进行专题考察。全面完成消除经济薄弱村任务，全镇有10个村集体经营性收入达到5万元以上，箬塘村“通过物业经营壮大集体经济”的做法在江西省代表团到龙游学习考察期间做经验交流。箬塘村被评为“衢州市集体经济富强村”。

【乡村文化建设】 加大镇文化站开放运营力度，确保每周对外开放不少于48小时。新建（改建）团石、龙丰2个村的文化礼堂，新建村文化活动中心1家、特色农家书屋1家。积极开展鸿陆夏村、龙丰村古村落保护工作。深入挖掘最美现象、最美人物，以先进为榜样，带动社会风气好转。共有祝根兰等3人入选2017“最美衢州·身边好人”。有序开展群众性文体活动，大力弘扬“讲文明、重礼仪、尚传统”的社会主义新风尚。先后举办小南海镇2017年元宵文艺会演暨十佳好家风表彰和中秋民俗活动，开展全镇排舞大赛、龙西村2017重阳节敬老礼暨寿星入册仪式等系列活动，活跃群众文体活动，丰富群众精神生活。

【民生保障】 认真开展失地农民保障、老农保退保、低收入农户信息采集、城镇居民低保等工作，全年共完成失地农民参保700余人，全镇新增城镇居民低保182户219人次，397名重度残疾人转入低保补助。持续开展困难残疾人两项补贴，534名困难残疾人领取生活补贴，364人享受重度残疾人护理补贴，共发放补助金95.89万元。做好大病医疗救助，共发放救助金58.07万元，73名困难群众获得救助。有序开展优抚登记，对28名60岁以上退伍军人、1名带病回镇退伍军人进行登记。完成团石村居家养老照料中心建设。

【工青妇工作】 完成2017年度征兵任务，全镇有10多名新兵入伍，超额2名，人员结构达到上级要求。开展镇工会换届大会，顺利实施工会主席团成员换届。重视团委工作，在中层干部竞争上岗中，重新配备镇团委书记，明确责任要求。按照上级妇联要求，完成全镇18个村的“妇委会”改“妇联”工作，并开展后期培训工作。计生工作势头良好，全镇全年计划生育率为99.34%。做好全员信息核查，完成153个奖扶、独扶申请手续的审批。

【“四个平台”建设】 以镇社会服务管理中心为依托，深入推进乡镇“四个平台”建设，成立社会服务管理综合指挥室，推行1名网格长+1名专职网格员+若干名兼职网格员的“1+1+X”网格管理模式，统一制定任务清单，明确工作事项。全镇18个行政村均确定了网格长、专职网格员、兼职网格员及网格指导员，全面推广“村情通+网格化”治理。“四个平台”自建立以来共上报信息1827条，事件流转453条，全部处理完成并顺利结案。全镇有1.26万户安装了“村情通”，在两次双月评比中，汀塘圩、泽潭、周红坂3个村获得“红榜村”称号。

【社会治理】 紧扣中共十九大维稳安保主题，加强不稳定因素排查和积案化解工作，结合反邪教、禁毒专项工作，定期走访老上访户、社区矫正人员、强制戒毒人员等重点人群，建立“一对一”跟踪管控机制，落实稳控责任。认真落实信访工作制度，强化信访工作责任，提高信访工作效率。全年受理办结各类信访件322件，化解市级挂牌积案1件，未发生重大刑事案件、治安灾害事故、群体性事件等严重影响社会稳定的事件。切实化解矛盾纠纷，扎实开展普法宣传、人民调解、社区矫正、反邪教等业务培训，出台并完善村级基层调委会奖励政策。至年底，全镇共发生各类矛盾纠纷650起，调处率100%，调处成功率达98.2%。通过县、镇、村三级联动，化解3起非正常死亡事件，化解重大疑难纠纷11件。

【基层组织建设】 全力推进基层党建“双整”工作，严格“三会一课”、“主题党日”、党费收缴、党员发展、村“两委”联席会议、远教收看、党建台账记录等制度。全力打造以“红色新坐标·绿色新发展”为主要内容的“五心”党建品牌，着力建设“雅塘——箬塘——龙西——东塘山——龙丰”党建示范带，结合各村特色打造泽潭村“三心工程”、汀塘圩村“智慧党建”、新山水村“家庭农场联合党小组”、箬塘村“一站式”便民服务等“一村一品”党建品牌。

【村级组织换届】 小南海镇于3月20日正式启动村级组织换届选举工作，至5月16日全镇换届选举工作全部结束。经选举，18个村选举产生党支部成员57名，其中新进支委14名、女委员2名、大学生村官3名；党支部书记连任的有10名，新当选的有8名。选举产生村委会成员71名，其中新进村委会成员25名，占35.2%；党员53名，占74.6%；村党组织委员兼任13名，占18.3%；村委会主任连任11名，新当选7名。选举产生村股份经济合作社董事会成员54名，董事长全部由村党支部书记担任。选举产生村监会成员54名，全部为具有党员身份的村民代表，其中女成员2名；18个村全部实现分管纪检的支部委员任村监会主任。在村级组织换届中，镇党委及早谋划抓部署，做到选情分析在前、部署培训在前、宣传教育在前。明确责任抓落实，强化“领导责任明确、分工职责明确”的“两个明确”。突出三个“严格”（严格按照规定的时间、严格按照规定的办法、严格按照统一的要求），抓好规范程序操作，实现“稳、好、快、清”的预期目标，为促进全镇经济、社会各项事业的发展奠定扎实的组织基础。

（小南海镇 邓和珍）

塔石镇

【概况】 塔石镇位于县境衢江以北地区的西部，东与模环乡相连，南与小南海镇接壤，西与衢江区莲花镇相邻，北傍石佛乡、横山镇。塔石溪、泽随溪等流经境内，地貌以丘陵为主，有部分山地。辖区面积75.87平方千米，户籍人口16388户42245人。镇政府驻塔石集镇，下设塔石、雅村、泽随3个农村工作站，辖26个行政村。2017年，全镇经济社会呈现平稳健康发展的良好局面，生态环境持续改善，人民生活水平不断提高，为决胜全面建成小康社会奠定坚实基础。全镇实现工农业总产值13.2亿元，同比增长6%；财政总收入2372.23万元，同比增长11%；完成固定资产投资2.5亿元，同比增长31%；农民人均收入20530元，同比增长10%。

【工业经济】 整合招商力量和招商资源，大力推进以商招商，以成立镇级乡贤会为契机，举办乡贤恳谈会，激发乡贤积极投身家乡发展热情，提升塔石镇的美誉度和影响力，为龙商回归创业提供良好环境。推进年产3.8万吨豆芽等无公害绿色蔬菜生产项目，项目一期已正常运营。投资3020万元的浙江亘豪门业有限公司已在开发区落地。投资2005万元塔石商业步街项目已在实施中。完成总投资1800万元的奇斌钢管厂及2200万元的久远机械厂技改项目。

【农业经济】 促进农业经济品牌升级，成立塔石种粮专业合作联社，充分发挥技术力量、信息资源和服务能力等优势，降低农业发展成本。加大农民培训力度，促进农民增收。立足资源优势，加大富硒土地利用，稳步推进2000万元“500亩有机富硒果蔬大棚基地”第一期16.67公顷项目和龙游县富硒产业试验基地建设，新增钱家村33.33公顷蚕豆种植基地。投资80万元，建成8公顷的罗山柑橘专业合作社和两个市级椪柑（胡柚）精品园。做好防汛抗旱，严格落实24小时值班制度，强化29座小（二）型水库，15座重点山塘、3座活动坝的巡查。

【农业基础设施建设】 投资1500万元，发展泽随畈、西何畈、大路顶畈3个农业产业基地（泽随畈粮食功能区优质油菜基地73.33公顷、西何畈蔬菜基地43.33公顷、大路顶畈80公顷粮食高产示范基地）。投资390万元，完成粮食功能区提升项目，硬化田间道路5.8千米，修复渠道200米。投资550万元，完成下一村塘、上山塘2座小（二）型水库“千库保安”工程，加固大坝，清淤泄洪道。投资40万元，完成何明村麻车塘清淤。投资20万元，完成塔石横干清淤及闸门维修。投资30万元，完成黄泥坑灌区渠道和舒村荒塘维修加固整治工程。

【耕地垦造】 完成2016年10个垦造耕地项目的收尾工作，总面积为12公顷。2017年有立项的耕地垦造项目29个，面积71.07公顷，涉及16个行政村，已完成招标项目27个，面积约64.54公顷。

【土地确权】 发动普查员260名、普查指导员28名，对全镇130个小区开展普查，完成农业普查户12733户、农业规模大户113户、农业单位134家，至年底，土地确权办证第一轮公示数据审核已完成80%。

【项目征迁】 以“时不我待，只争朝夕”的精神，完成“351国道”（塔石段）项目征迁工作。仅用59天时间，全面完成42.73公顷青苗清理和418穴坟墓迁移，完成24户房屋征迁协议的签订，其中10处附房已拆除到位。

【民生工程】 围绕全镇集镇建设、基础设施、公共事业等生态民生领域37个重点项目，实行“一周一问询、一月一盘点、一月一督查”，切实做好项目服务工作，保障民生项目顺利施工。重点做好新兴四路道路建设项目、塔石幼儿园项目、塔石镇下大线集镇提升等3个“421”民生重点项目。全年完成各类民生项目的公开招标132个，累计金额约6950万元（其中镇招标118个，累计金额4932.1万元；通过县招标平台招标14个，累计金额2014.2万元），民生重点项目施工进展顺利，实施进度均达到任务节点要求。做好社会保障、群众供水、征兵体检等工作。全年落实农村最低生活保障1484户，累计发放低保金579万元，为218名困难群众提供医疗救助，新办残疾证223人；维修口径110毫米以上水管45次、口径50～110毫米水管170次、口径50毫米以下水管700余次，新安装自来水水表256个，上门送水4060户；完成征兵近20人，全部体检合格。

【剿灭劣Ⅴ类水体】 一是综合施策，狠抓源头控污。投资570万元，完成泽随、柯泉、前夏、双联、莲塘、杜山徐、勤裕、后舒、下张坞9个村的生活污水提标改造工作，实现新增受益农户数1143家；制定《塔石镇农村生活污水治理设施运行维护管理考核办法》，细化落实各项工作要求，确保设施正常运行。二是多措并举，严格管控生猪养殖。以生猪饲养量交易为抓手，推动镇域内生猪养殖整规转型，有效解决污染源问题，严格落实“一场一策一干部”巡查机制，强化生猪整规进展情况动态督查，确保违法排污事件“零发生”。全镇47家生猪养殖场全部整治提升到位，其中，成功创建美丽牧场6家。三是全民参与，构建“治水+”队伍。突出“治水+”队伍建设，充分发挥党员干部、巾帼志愿者、乡贤河（塘）长等群体作用，组织开展“大手牵小手·共圆治水梦”行动，严格落实河长制，倡导全民参与治水大行动。投入32万元剿劣资金，完成

17处劣V类水体（16个水塘、1条沟渠）销号，提前半年完成剿劣任务，通过市、县剿灭劣V类水验收。

【“四边三化”专项整治】 以320国道、S33高速及连接线三条线路的巩固提升及下大线、泽后线的整治为重点，提高辖区内“三化”整体环境。结合“四边”区域环境开展集中整治，开展专项政策处理2次，全力完成龙北高速出口景观项目，提升龙游北高速出口景观品味，并通过省级验收。完成市县交办点176个、微信交办点28个，完成率达100%。以“赤膊墙”整治为契机，由知名乡贤、教育部长江学者特聘教授、著名翻译家许钧参与设计，为“赤膊墙”穿上具有份量的乡贤“文化衫”，全面提升全镇环境品质。共粉刷“赤膊墙”36.7万平方米，涉及15个行政村，整治农户2355户，沿线可视范围内“赤膊墙”全面消除，村容村貌得到大幅提升，努力创建省级“无赤膊墙乡镇”。

【“治危拆违”行动】 以“除隐患、保安全、促转型”为目标，把“拆违治危”行动作为民生工程的头等大事。依法依规推进农村危旧房治理，确保人民群众生命财产安全。按照实事求是的原则，全面摸底，深入细致做好危旧房排查和危房鉴定工作；强化分类治理，切实消除房屋安全隐患。全镇共排查D级危房123户，至年底已全部拆除到位，拆除面积约1.4万平方米。排查C级危房148户，其中12户涉及公共安全的C级危房户全部拆除，其余136户均整治到位。2017年，全镇拆除“两违”建筑359户，拆除面积14.6万平米，完成县下达年度任务的150%；拆后利用面积14.6万平米，利用率100%；收缴没收作价金额46万余元。全镇26个村均通过县“无违建”创建验收。

【乡村旅游】 抢抓乡村休闲旅游发展的历史性机遇，着力打造“泽随古镇”“温泉小镇”等乡村旅游特色品牌。利用泽随村被评为“省历史文化村落保护利用优秀村”的有利时机，举办“泽随寻宝随手拍”、塔石镇首届乡村休闲旅游节暨“油菜花节”和泽随村民俗文化活动，集聚人气。实施泽随村进村口景观节点改造、旅游厕所建造、游客接待中心完善及景区停车场等配套设施建设，泽随2个旅游星级厕所已通过验收。依托新媒体宣传平台，做精“龙游县塔石镇人民政府”微信公众号，全面展示塔石风貌，提升泽随古村知名度，努力把泽随古村打造成浙西的“西递宏村”。

【集镇建设】 坚持一手抓整治、一手抓提升，打造“70·80”主题公园。以塔石集镇区位原有的功能布局和定位，挖掘特色亮点，明确“泉暖情怀七八零”的形象定位和现代生态宜居小镇的总体目标，提升集镇规格和档次。拆除集镇店面乱搭建的遮阳棚230余处，整治占道经营200余处。完成总投资300余万元的子鸣公园建设，投资250万元打造镇主入口景观节点，完成集镇两侧绿化、通讯管网和污水管道铺设。做好下西线集镇段路面改造工作和“杆线落地”工程。完成新兴四路道路建设，拉大集镇框架，打通连接线与集镇的最后100米。推进塔石综合农贸综合市场改造提升项目，打通下大线与人民路之间道路，建设商业步行街，有效提升商贸氛围。注重文旅融合发展，深入践行“绿水青山就是金山银山”发展理念，突出抓好文旅产业综合体，进一步实现乡村文化之美、公共服务之美、基层治理之美。

【“美丽乡村”建设】 做好泽随村、罗山村等“美丽乡村”星级村创建工作，抓好泽随村“乡韵庭院”、来料加工示范点、民宿等项目建设。完成22家“乡韵庭院”亮点创建，并通过县级验收。深化“最多跑一次”改革，积极推广“村情通”APP应用，全镇安装人数达1.98万人次，群众参与度达127%。持续抓好环境整治工作，中央环保督察组和浙江省环保督察组8件交办单、3件“60119”拔钉清障任务全部按要求和时间节点落实整改到位。在26个行政村均通过县“贺田模式”复制验收的基础上，继续强化源头管控，推广垃圾分类制度。建立健全“十佳洁净村”和“十差卫生村”评比机制，浓厚“比学赶超”良好氛围。全年开展垃圾分类培训62次，建成太阳能沤肥房8个（覆盖9个行政村），在建垃圾分类处理终端5个，26个村实现垃圾兑换超市全覆盖。

【平安创建】 依托“四个平台”，开启“智慧治理”模式。以“综治网格”为基础，将26个村划分成53个网格，配备53名专职网格员，将“四个平台”13类35项业务工作全部纳入网格，发挥网格员的综合性功能，实现一员多职，“一网管全面”，高标准、高质量、严要求完成县委县政府布置的各项规定动作，构建“党政主导、公众参与、社会协同、上下联动”的基层治理新格局。至年底，网格员共上报信息8202条，镇综合信息指挥室受理交办件707件，所有交办问题均处理到位。完善体制机制，开拓“中心服务”模式，以“护航十九大，平安夺金鼎”为总目标”，把信访工作作为打通服务民生最后“100米”的渠道，从信访接待、交办、答复等细节入手，完善机制，责任到人。十九大期间，组织人员开展平安巡逻，发放“平安三率”宣传册2万余册，圆满完成维稳安保任务。以“五大安全”责任网和“网格化管理、组团式服务”工作机制为载体，进一步抓好镇社会服务管理中心和村社会服务管理工作站的平台建设，有效化解社会矛盾，并重点抓好民办教师、涉军人员等特殊群体的维稳工作。全年镇村两级人民调解委员会共调处矛盾纠纷489起，调解率100%，未发生民转刑案件和因民事纠纷发生的越级访；接收县信访件259件，所有信访件均按时办理答复；镇群众接待中心接待来访57批134人次，每批来访群众都得到妥善处理，切实做到把矛盾化解在萌芽状态。

【“乡贤治村”模式】 借力“乡贤治村”模式，推行法治、德治、自治“三治”融合的新型农村治理模式。通过制定乡贤议事会章程、村规民约，征集家风家训，开展“寻找身边好人·弘扬最美塔石”等活动，推广传播“乡贤”文化。在“见贤思齐”的风尚引领下，先后涌现出最美镇干部、最美女支书、最美宿管人员等一系列先进人物和先进事迹，

图187 1月28日，塔石镇乡贤会成立

弘扬社会正能量，培育新时期文明和谐村风。年初，在26个行政村乡贤会全履盖的基础上，成立塔石镇乡贤会。雅村村乡贤通过启动“乡贤基金”，资助本村贫困学生圆大学梦。

【做实“党建+”文章】 以“整乡推进、整县提升”为契机，围绕“示范带动、整体提升”理念，结合文化底蕴，提升党建软实力，做好“党建+”文章，着力打造叶村村、杜山徐村、罗山村、豆腐王村等一批党建精品示范村。做活雅村村“党建+乡贤”、泽随村“党建+乡村旅游”、童岗坞村“党建+集体经济”等党建样板村建设，充分发挥精品村示范引领作用。

【建立健全执纪监督制度】 首创中心工作权责清单，重点督查工作推进及党员干部履职情况。开展“正风肃纪”“廉节清风”等专项行动，坚持抓早抓小，切实转变党员干部作风。全年开展立项督查5项、提醒谈话59次、诫勉谈话3次、正风肃纪实名通报2次，受理案件12件，处分违纪党员14名，其中开除党籍6名。同时，以农村基层作风巡查工作为契机，对山底陈、童岗坞等9个村进行作风巡查，及时发现并解决一批问题，对违规违纪问题予以有效震慑，成功化解农村的矛盾积怨，为农村基层作风的良性发展打下坚实基础。

【村级组织换届选举】 塔石镇于3月22日—31日举行全镇村党支部换届选举，5月3日—5日举行村委会

换届选举，5月15日举行村监会、村股份经济合作社换届选举。经选举，26个行政村选举产生党支部委员84名，其中党支部书记连任18名，新当选6名，女书记1名；新进支委23名、女委员8名、大学生村官1名。选举产生村委会成员81名，其中舒村村委职位有缺额。村委会主任连任的有15名，新当选的有11名。81名村委会成员中，新进村委会成员23名，占28.4%；党员44名，占54.3%；村党组织委员兼任人数14名，占17.3%；女委员26名，占32%。选举产生股份经济合作社成员78名，董事长全部由村党支部书记担任；选举产生村监会成员78名，全部为具有党员身份的村民代表，其中女成员6名；26个行政村中，25个村实现分管纪检的支委任村监会主任。通过换届选举，新一届村“两委”在文化程度、年龄结构、女性委员职数上都有较大改善，政治坚定、工作务实、具有较强综合素质的年青党员进入村两委班子队伍，提高班子的整体素质和战斗力，进一步巩固和加强村党支部在村民自治中的核心领导地位。

【塔石镇第十七届人民代表大会第一次会议】1月6日召开。会议应到代表69名，实到代表65名，符合会议要求。会议听取政府工作报告及2016年实事完成情况报告、人大主席团工作报告、2016年财政预算执行情况和2017年财政预算（草案）报告。对2016年实事办理情况进行满意度测评，对2017年为民办实事项目进行票决，最终确定泽随集镇综合改造等8件实事为2017年塔石镇为民办实事项目。会议通过无记名投票方式，选举张如斌为新一届镇人大主席，选举方晓斌为镇长，周其生、平锡华、徐国富、赵鹏为副镇长。

（塔石镇 沈茹）

横山镇

【概况】 横山镇位于浙西金衢盆地北面，距龙游县城16千米，地处丘陵地带，为千里岗余脉之山地，东与兰溪市诸葛镇、水亭畲族乡及建德大慈岩镇接壤，南与模环乡相连，西与塔石镇、石佛乡为邻，北与建德市航头镇交界，有塔石溪、模环溪及其支流，320国道、杭新景高速穿境而过，素有“龙游北大门”之称，交通便捷，区域优势明显。辖20个行政村144个自然村，镇域总面积88平方千米，人口约3.1万。下设东片、西片、北片3个工作站。境内矿产资源丰富，以青龙山建材有限公司、龙游南方水泥有限公司等企业为主形成的建材行业曾一度兴盛，工农业生产总值一度达到12.01亿元。随着经济下行压力的加大，乡村旅游、特色经济作物成为横山镇农业发展新的经济增长点。横山镇是龙游县十里荷花、富硒资源的核心区，拥有浙江省首个富硒农产品开发基地，以天池、志棠等村为核心的富硒土地面积达33.46平方千米，在全县率先创成首个国家AAA级旅游景区——天池荷花景区。2017年，横山镇以加快建设龙北门户“大花园”为主线，主动融入“新时代区域明珠型城市建设”，大力实施“生态立镇、产业强镇、创新兴镇”战略，齐心协力，迎难而上，实干担当，经济社会各项事业均保持良好的发展态势，较好完成镇十六届人大一次会议确定的目标任务。全年实现财政总收入2473.42万元，同比增长26.91%；完成工业总产值8.1亿元，同比增长8.4%；完成农业总产值3.3亿元，同比增长3.5%；全社会固定资产投入3.3亿元，同比增长14%；农民人均纯收入2.04万元，同比增长10%。

【工业经济】 按照“大干项目、干大项目”和“421”服务业重点项目的工作要求，践行新发展理念，支持企业转型升级，引导浙江青龙山水泥有限公司投资3690万元完成80万吨水泥熟料仓库技改项目、制成车间除尘设备技改项目。支持电子商务发展，提升8家农村淘宝店升级改造，新增2家电商经营户。协助企业开展“金屋顶”光伏安装工程，至年底，已完成193户556千瓦屋顶光伏安装。

【农业经济】 建立以富硒莲子、稻米、迷你小甘薯为主的富硒农产品基地，培育富硒农产品开发企业

19家，其中市级农业龙头企业2家，成功打造省级富硒现代农业园区。以白鹤桥等7个村经济合作社为主体，采取返租倒包、浮动分红等方式，探索土地流转新模式，收回160公顷闲置荒地经营权，农户每亩土地保底增收400元，村集体年均增收2万元。引导传统柑橘种植产业转型发展，完成流转橘园16.67公顷，改造低产低效橘园7.33公顷，推广柑橘优良新品种1.67公顷。培育新型农业经营主体，成立专业合作社、家庭农场60余家，农户受益近3000户。引进投资10亿元的再生方“天池药谷”智慧中药文化产业园项目。

【旅游业发展】 积极推进全域旅游建设，以创AAAA标准重新修订《天池村旅游概念规划》，整合资金1000万元，对景区基础设施进行提标改造，累计谋划各类景观节点设计项目40余个，已完成工程总量的85%，天池富硒养生小镇入选浙江省旅游风情小镇培育名单。结合美丽乡村、荷韵庭院创建，打造6个星级美丽乡村示范村、100个乡韵庭院。横山镇成功入选美丽乡村示范乡镇，天池村入选美丽乡村样板村。县“四比四赛”美丽乡村现场会和县乡韵庭院创建大赛现场会先后在横山召开，省、市、县新闻媒体多次对横山镇美丽乡村建设成果进行报道。

【“五水共治”工作】 创新“一塘一长一党员”结对机制，通过“立军令状”“挂作战图”“定计划表”“列责任单”等举措，率先完成43处劣V类水体剿灭任务，其经验做法先后被《浙江日报》等多家媒体报道，龙游县“四比四赛”剿灭劣V类水体现场会在横山镇召开。大力推进城镇截污纳管，完成20个村农村生活污水治理，实现污水治理设施全覆盖，农户受益面达85%以上，出境水质100%达到环境功能区要求。持续开展生猪养殖整规工作，对所有养殖场进行测绘，核定栏舍面积，限定存栏量，完成44家保留养殖场的发证初验工作，并形成长效巡查机制，实行全天候监控。

【“四边三化”工作】 累计完成“四边三化”问题点位整治510余处，重点针对回石线、黄梅线、横水线等“四边”区域，粉刷“赤膊墙”1094户22.3万平方米，整治蓝色屋面19处，整治“青山白化”10处，工作成效得到衢州市委副书记李峰点赞。建立完善路段长制，按照每周不少于2次的要求开展巡查并记好巡查日志，有效杜绝整治问题反弹。推进“一村万树”行动，横山、腰塘边、天池等村共种植树木4.2万余株。继续推进生活垃圾分类，垃圾兑换超市实现全覆盖；建成太阳能垃圾沤肥房8个，试点垃圾处理器2个。

图188　11月23日，衢州市小城镇整治“道乱占”现场会在横山镇志棠村召开

【小城镇建设】 委托浙江大学城乡规划研究院修编完善镇域总体规划和控制性详规、横山集镇规划、志棠集镇规划，使两处集镇定位更加精准，品位更具特色。对重点道路、背街小巷、农贸市场及集镇重点区域进行综合治理，逐一销号，使集镇面貌焕然一新。衢州市集镇建设“车乱停”专项工作现场会在志棠村召开。按照年初计划，全面完成集镇环境综合整治项目建设,集镇硬件得到质的提升，功能更趋完善。强化城镇管理，设立行政执法办公室，完善集镇巡查管理制度，逐步形成长效维护机制，小城镇环境综合整治的典型做法被《浙江新闻联播》报道。

【351国道（龙游段）征迁】 351国道（龙游段）征迁共涉及横山镇11个行政村，征地面积79.27公顷，横山段总长15.4千米，占全县的60%，是整个征

迁工作中战线最长、任务最重的部分。项目自2017年11月启动以来，横山镇精心谋划，迅速行动，始终把握“和谐有序”这一核心，坚持“不与民争利”“阳光征迁”“用群众工作法做拆迁”三大原则，发扬“敢于担当、勇于争先、甘于奉献”的征迁工作精神，克服时间紧、任务重、群众抵触情绪强等客观因素，咬定目标、破釜沉舟、迎难而上，仅用59天时间就完成土地征收79.31公顷、坟墓搬迁740穴、房屋协议签订49户的繁重任务，实现三个100%，取得第一阶段征迁工作的全面胜利，再创龙游征迁的新速度。

【社会事业】 深入推进全民参保登记，实现应保尽保，新农合参保实现全覆盖。公平公正落实养老、医疗、低保等社会保障政策和耕地地力补贴等强农惠农政策，结合横山镇种植特色，积极争取莲子产业政策保险试点，加大富硒莲子种植扶持力度，全镇莲子种植面积达666.67公顷，纯收入4000万元以上，帮助农民人均增收1300多元。整合各类救助资源，健全社会救助体系，保障困难群众的基本生活，维护妇女儿童、残疾人等群体的合法权益，完成低收入农户信息系统建设，共有1100户1351人入库，其中低保边缘户172人、新增低保农户55户、社会养老保险72人，完成独生子女奖励扶助118人、残疾人生活补贴585人、护理补贴375人。科学谋划农村养老服务事业，探索建立“政府建设、监管，社会资本运作”的新型农村老年公寓，与腰塘边老年公寓签订转让协议，努力让农村老人“老有所养”。注重文化传承，开展文化下乡惠民活动，举办祭祖、踏青、采风、培训等文化活动15期。下宅村、上向徐村文化礼堂基本建成，镇综合文化站对外免费开放。加快优质医疗资源下沉到基层，继续推进与巨化医院的合作项目，规划新建村卫生室13家，其中已建成9家，成立横山中心卫生院后徐医疗站。总投资1亿元的浙江纽莱福医养中心项目落地横山。

【基层党建】 横山镇共有党总支3个、村级党支部20个、企业党支部11个、教育服务中心党支部1个，有党员1592名。2017年，镇党委做实“选人、育人、用人”三篇文章，坚持以党建统领各项中心工作，树立“党建+”理念，将基层党建与美丽乡村创建、小城镇环境综合整治、“四个平台”建设和“五四三”等重点工作相结合，拓展基层党建服务新体系，围绕“一镇”（基层党建整镇推进）、“二带”（富有龙游北乡特色的绿色家园示范带、富有“造血”功能的十里荷花通景带）、“三推”（推进“两学一做”学习教育常态化制度化、推进党建特色品牌打造、推进富硒特色产业发展）、“六工程”（书记管党、阵地建管、素质提升、组织堡垒、党内民主、先锋示范工程）的党建工作规划，打造基层党建工作新亮点。全县“基层党建工作重点任务推进会暨双整工作百日攻坚行动现场会”在横山召开。

【村级组织换届】 3月23日至4月1日，横山镇镇组织开展20个村党支部的换届选举工作，共产生村支部委员63名，其中大学生村官3名，女性支委8名，顺利选举产生村党支部书记20名。村支部委员中，35周岁以下3人，大专及以上学历4人，新进成员22人。4月26日—29日，横山镇组织开展20个村的村委会换届选举工作，共产生村委会成员59名，其中女性21名、35周岁以下5名、大专以上学历3人；新进成员25人，包括8名新当选的主任。

（横山镇 徐若颖）

社阳乡

【概况】 社阳乡地处县境东南缘，东邻金华市婺城区莘畈乡和塔石乡，南接遂昌县北界镇，西交大街乡、罗家乡，西北、北连东华街道和湖镇镇，东北与婺城区汤溪镇为邻。大公源、后渠源在双溪口汇合成社阳港，自南向北流入社阳水库。地貌以山地和丘陵为主，有少量河谷小平原。辖区面积96.01平方千米，户籍人口4949户12292人。乡政府驻地红

图189 11月18日，社阳乡召开中共十九大精神宣讲大会

光村，辖8个行政村。大力实施“生态立乡、山水兴乡、产业富乡”战略，2017年，全乡实现工农业总产值1.94亿元，人均可支配收入15844元，比上年增长8.4个百分点。

【**工农业经济**】 立足生态环境优势，通过政策扶持、技术培训、兴办家庭农场，重点培育黄花梨、黄茶、笋竹、高山茶等“一村一品”农业项目。建设黄花梨储藏冷库，延长销售时间，促进梨农增收。支持晓强中草药合作社探索中草药深加工技术，开拓中草药花卉、中草药膳食等延伸项目，谋划建设中草药博览园，做大做强中草药产业。大力支持和推动黄茶产业发展，积极开展宣传营销，落实黄茶种植“以奖代补”扶持政策，2017年，全乡新种植优质黄茶“中黄三号”1.53公顷。

【**生态旅游业**】 依托社阳良好的生态环境和丰富的风情民俗，大力发展全域旅游，打造集农业、生态、人文、休闲、旅游“五位一体”的乡村旅游特色乡，鼓励、引导有条件的农户发展民宿和农家乐。大公、源头、青塘坞三个村被评为乡村旅游A级景区村，红光村乡韵庭院建设荣获县三等奖。青塘坞村成功举办“芍药花开·养生社阳”2017年龙游青塘坞首届芍药节，吸引2000多名游客前往观光、旅游。通过丰富多彩的活动，充分展示社阳深厚的文化底蕴，提升社阳乡乡村休闲旅游的知晓度和美誉度。

【**高坪桥水库建设**】 通过广播、电视、网络等渠道开展政策宣传，将全乡干部群众思想统一到县委、县政府决策部署上，扎实推进省重点项目高坪桥水库工程建设。准确把握时间节点与目标任务，合理调配干群力量，强力、有序推进水库建设各项工作。按照房屋腾空拆除、青苗腾空、坟墓迁移三项工作时间节点要求，全乡成立7个工作小组，同心协力，先后开展“5月集中攻坚战”和“高坪桥水库百日攻坚行动”，发扬“5+2”“白+黑”“晴+雨”连续作战精神，迅速完成安置搬迁协议送达、坟墓迁移协议签订、导截流淹没区地面清表等工作，“高坪桥速度”再次得到县委、县政府领导的高度肯定。结合库区实际，研究出台《库区集体资产处置指导性意见》，以宅基地、林地、园地补偿款分配为切入点，公正合理地推进集体资产分配工作。科学制定库区房屋拆除方案，安全平稳地组织库区房屋拆除工作，淹没区内房屋拆除工作全部完成。开通被征地农民基本生活保障“绿色通道”，实行社保、审核、财务人员集中办公，开展一体化服务，圆满完成457户移民基本生活保障业务办理。联合就业局举办2场高坪桥水库移民转移就业专场招聘会，确保移民“搬得出、安得下、能发展”。

【**“五四三”专项攻坚**】 社阳乡域为全县生活用水水源地。在剿灭劣V类水的行动中，乡党委、政府自我加压，组织开展全域消灭Ⅲ类水活动，对4个村庄水塘、35条总长20千米的沟渠进行清淤整治。落实河长制工作职责，组织基层河长培训5次，每月开展河长履职检查，河长制工作落实成效明显。深化农村生活垃圾分类处理，为8个村配备垃圾分类车8辆，建成2个垃圾资源化利用站、1个太阳能沤肥房，垃圾兑换超市实现全覆盖。扎实推进生猪养殖整规提升，加强河道管理，全力制止乱采、乱挖河道和乱倒垃圾行为，落实措施，继续做好石斑鱼保护工作。制定“四边三化”排查清单，对问题进行分类处理，完成32个“四边三化”整治点的整治工作，全面消除蓝色屋顶及广告牌残留。开展“赤膊墙”专项整治工作，完成257处共5.4万平方米的

“赤膊墙”粉刷，成功创建浙江省无“赤膊墙”乡镇。加大危房治理工作力度，完成全乡34户D级危房治理和解危工作，拆改各类整治点600余处，保质保量完成县委、县政府交办的任务。在全县率先完成地质灾害点搬迁任务，在短期内完成全乡7户19人的搬迁安置工作。

【小城镇综合整治】 科学编制小城镇综合整治规划，合理安排项目和资金。运用“四个平台”联动机制，开展集镇环境集中整治清理，顺利创建省级卫生乡镇。完成入乡口铭牌背景墙建设，立面整治、绿化、小游园建设、人行道改造等项目有序开展。积极开展“乡韵庭院”创建，高质量完成27户庭院改造。

【民生事业】 规范村账乡管工作，强农、惠农资金的管理使用规范有序，全年共发放生态公益林补助金260万。2017年，全乡居民医疗保险参保8943人，参保率达95%。全乡有60岁以上已领取养老金的老年人140人，至年底，累计领取养老金22960元。全乡独生子女父母奖励扶助137人、特别扶助6人。全乡有低保户375户共453人，累计发放低保金178万余元。创新工作机制，真止体现“便民、高效”的便民中心宗旨和“最多跑一次”承诺，依托浙江政务服务网一窗受理云和统一审批平台，实现网上申报、受理、审批、办结取件，全年受理办结各类民生服务事项1731件。

【文化事业】 做好红光、金龙两村的文化礼堂创建工作，做好源头村的古建筑修缮工作，举办“芍药花开·养生社阳”2017龙游青塘坞芍药节，加强农村文化阵地建设，丰富农村群众的文化生活。深入开展“最美”评选活动，王亚君家庭入选“浙江省文明家庭”，通过“最美”评选，引导乡风文明，弘扬社会正能量。

【平安创建】 加大平安宣传力度，认真做好特殊利益群体的信访维稳工作，做好中共十九大的安保工作，未发生一起越级上访。创新社会管理，全力推进“四个平台”建设，加强社会治安综合治理工作，建成乡综合信息指挥室，结合“村情通”“平安通”“钉钉”等移动平台，健全社会管理数字化机制。强化矛盾纠纷排查，把矛盾纠纷化解在萌芽阶段，实现“小事不出村、大事不出乡”，圆满完成中共十九大、世界互联网大会等敏感时段的安保任务。全乡未出现去京、赴省上访人员。

【村级组织换届】 3月24日至4月3日，社阳乡开展5个村党支部的换届选举工作。5个村共有党员243名，第二次党员大会党员到会235人，党员参选率96.71%。选举产生支部委员17名，平均年龄47岁，比上届下降5.5岁；高中及以上文化程度占比65%，其中女性1名、35岁及以下1名、大专及以上学历2名、初中及以下学历6名，新进班子10名；选举产生支部书记5名，大专及以上学历2名、初中及以下学历2名，其中新任书记2名，金龙村支部书记由乡下派干部担任。4月27日—28日，全乡进行村委会换届。5个村共有选民5444人，共有36人自荐报名参选村委员会委员，通过资格审查、实绩比选，确定适宜参选人员22人。强化党委掌控力，结合“实绩比选”综合成绩，劝退12人，另2人因交通违章等原因未通过资格审查，保障换届选举顺利进行。5个村中，除源头村村民主任需进行另行选举外，其他各村各职务均一次选举成功。

（社阳乡 周毅）

罗家乡

【概况】 罗家乡位于龙游县城东南部，距离县城13公里，交通便利，东与社阳乡接壤，南与大街乡交界，西与溪口镇毗邻，北与东华街道相连。辖区地形成一条直垅（自岭根村至席家村），左右延伸，宛如凤凰展翅飞翔。罗家乡文化底蕴深厚，人文景观优美，地势以山地为主，群山环抱，松竹修林，有部分丘陵。境内有发源于铜钵山的罗家溪流泾，辖区面积58.1平方千米，户籍人口3897户9873人。乡人民政府驻罗家村，辖10个行政村、124个村民小组。2017年，乡党委、政府深入实施“生态立乡、产业兴乡、旅游强乡”发展理念，充分挖掘、整合乡域内峡谷漂流、衢处古道、生态景观茶园、生态河廊、农庄花园、民宿、圣堂山等生态休闲文化旅游资源，开发猕猴桃、黄茶、中药材等特色农产品，将罗家打造成“龙游县城的后花园”。全乡经济、社会持续稳定发展，实现工农业生产总值3.71亿元，同比增长7%。

【工农业经济】 全乡有工业企业186家，实现工业总产值2.27亿元。大力开展对外招商，积极培育茶叶产业，扶植黄茶扩种，落实种茶奖励政策；培育猕猴桃产业、苗木产业、黄精产业，建设药材基地，扶持廖家猕猴桃产业、缪家黄茶产业、马府墩药材产业、芠塘金水蜜桃产业、罗家黄精和苗木产业、姜家覆盆子产业、廖家和罗家扫把编织等“一村一品”项目。至年底，全乡新增黄茶33.3公顷、油茶46公顷；新增生态公益林2278公顷；建成林区道路1000米。发放耕地地力保护补贴56.5万元，全乡茶叶收入达千万元。2017年，全乡生产粮食3726.1吨，实现农业生产总值1.44亿元，农民人均可支配收入16980元，同比增长11%。

【乡村旅游建设】 以全方位打造花园式旅游示范点为目标，进一步优化环境，把握转型契机，建成龙游大峡谷漂流基地、衢处古道登山基地、生态河廊、红塘坑水库垂钓基地为重点的全乡域旅游景区，成功举办“2017首届国际漂流节”“第三届黄茶旅游文化节”“第二届衢处古道登山节”等旅游节庆活动。成功申报AA级旅游村庄4个（岭根村、陆村村、芠塘金村、席家村）、A级旅游村庄1个（姜家村），其中龙游大峡谷漂流被省体育局、省旅委评为“浙江省运动休闲旅游优秀项目”。加强旅游品牌的策划营销和微信、网络、纸质媒体、广播媒体造势，以“外公家”、“桥头铺”农家乐、“桃源”民宿等一批特色农家乐民宿在网络迅速蹿红，成为了龙游乡村旅游界的“网红”。2017年，全乡累计吸引游客突破8万人次，直接旅游收入超过千万元。

【小城镇综合治理】 根据年初制定的“一河、一路、两园”建设目标和“四边三化”工作，按照“美化、亮化、洁化、特色化”的要求，着力攻坚小城镇综合环境治理。科学规划，合理布局，抓好基础设施建设，合理布局集镇功能，统一标牌，提升环境绿化、美化档次。以“工匠”精神打造精品工程，建成入乡口的席家黄茶元素景观节点、罗家村—屏峰山游步道、江滨公园停车场等系列景观工程。社阳至岭根公路等级提升工程已在实施中，乡村居住品质得到全面提升。

【社会事业发展】 做好新农合参保工作，参保率达98%。残联救助有序开展，残疾人再就业得到有效保障。开展人口与计生各项服务工作，全面实施二孩生育政策。推广“女性安康保险”，落实“两癌”（乳腺癌、宫颈癌）筛选救助工作，让困难妇女受益。实施就业培训和新型农民技能培训，组织培训农村劳动力500人，全年输出农村富余劳动力1000余人。投入10万元，开展乡级和全乡50%行政村的基层武装规范化建设，全面完成2017年度武装工作。

图190 11月4日，县验收组对罗家乡乡韵庭院建设进行验收

【打造乡韵庭院】 2017年，罗家乡乡韵庭院建设工作落户缪家村。确定缪家村22户农户参加乡韵庭院改造提升，由县妇联、县委组织部、县史志办、县邮政局、县广电总台、县人社局、西门小学等7个单位与农户结对。乡韵庭院改造前后历时6个月。乡韵庭院建设结合缪家村的特色与实际情况，充分考虑农户的意愿，兼顾实用与美观。结对部门多次组织志愿者积极参与设计，使农户的庭院发生翻天覆地的变化，既有整洁、美观的外在美，又有家风家训涵养的内在美，顺利通过县级验收，获全县二等奖。

【文教卫生事业】 加大文教卫事业的投入，规划新建乡综合文化站；完成姜家村、岭根村文化礼堂创建并举办开堂仪式；完成陆村村级综合文化服务中心、席家村特色农家书屋创建。暑寒期间继续为全乡留守儿童举办免费培训。成功举办第三届罗家乡排舞大赛、第二届罗家乡文化才艺大赛、黄茶文化旅游节、漂流节等节会活动，拓展农村文化阵地，丰富与充实农村群众的精神文化生活。教育事业健康发展，成功申报罗家小学新校区用地指标。秉承“合美共美、各美其美”的办学理念，罗家小学提出“合美教育”的办学特色。医疗卫生环境明显改善，完成6个村的标准化卫生室提档升级，村民的常见病不出村就能诊治。乡卫生院为全乡居民建立健康档案，实行档案信息化管理，并开展责任医生团队登记服务。顺利通过衢州市卫生乡镇创建工作，乡村环境卫生面貌得到明显改善，人民群众健康水平进一步提高。

【创优美人居环境】 以改善人居环境为着力点，扎实推进美丽乡村建设。2017年，罗家乡自我加压，率先完成全域消灭Ⅲ类水的工作目标，罗家溪出境水全年保持Ⅱ类水标准，“五水共治”工作走在全县前列，连续3年夺取县级“大禹鼎”。全乡域打造“贺田模式”升级版，实现垃圾源头分类，分类清运垃圾车、垃圾兑换超市实现行政村全覆盖，太阳能沤肥房等处理终端投入使用。以“促规范、抓长效”为重点，推进沿路沿线“赤膊墙”专项整治工作，排查出“赤膊墙”633处共10.16万平方米，均已粉刷完工，成功创建“无赤膊墙乡”。查处违建户272户，查处道路旁临时建筑6幢，拆违面积达3.94万平方米，在全县范围率先完成“三改一拆”任务，完成率达197%，拆后土地利用率达100%，存量违建基本消除到位。加快推进“厕所革命”，拆除村庄内露天厕所30余个，新建A级旅游厕所3个、AA级旅游厕所1个，农村环境面貌得到改善。

【便民服务】 以“最多跑一次”行政审批服务改革和基层治理“四个平台”建设为抓手，推进“一张网+一窗式”建设。创新建立“党建+平台+互联网+网管员+服务团队”的治理模式，将平台服务触角延伸到各村网络的“治理末梢”，做到“横向到边、纵向到底”；做好“村情通”微信平台使用推广工作，将村民关心的建房、务工、社保、村务等40多项信息电子化、掌上化，同时接入政务服务等网络服务办事链接，实现“在线办事、指尖办事”。完成全乡10个行政村、22个网格的搭建和专职网格员的甄选工作，线上发挥网格员善于信息化办公的优势，对网上可直接办理的事项实现“一次都不跑”；线下，网格员接受村民咨询、求助并向村民推广“最多跑一次”事项内容，彻底打通服务村民的“最后一公里”，正真做到“最多跑一次”。

【平安创建】 加强社会治安综合治理工作，全面推行“五点五提升”，破解信访综治维稳工作难点。做好中共十九大、世界互联网大会等重要特殊时期特殊利益群体的信访维稳工作，维护社会和谐稳定。创新社会管理，做好矛盾纠纷排查调解工作，全年调解矛盾纠纷375件，调处成功357件。实施基层系列平安创建工程，开展平安、消防、法治、禁毒等宣传活动，提高群众法制意识，夯实综治基层基础。完善公共安全和防灾减灾应急预警机制，全乡森林防火、防汛、防疫体系和应急管理制度健全，人员职责落实到位。抓好消防安全整治，加大食品、药品安全管理力度，全年无安全事故发生。

【队伍建设】 落实党建和全面从严治党主体责任，通过党课、廉政学习、观看警示教育片等多种形式，抓好乡村干部的学习教育。结合“两学一做”学习教育，查处纠正基层干部存在的纪律、作风问题。认真落实党风廉政建设“一岗双责”，重点整治部分干部存在的“庸、懒、散”和“不作为、慢作为、乱作为”行为。倡导厉行节约，反对铺张浪费，严格控制“三公”经费支出。

【村社组织换届】 罗家乡于3月20日—4月1日举行全乡村级党支部换届选举，4月21日—5月7日举行村委会换届选举，5月8日—13日举行村监会、村股份经济合作社换届选举。全乡10个村选举产生党支部成员33名，其中新进支委7名、女委员5名、大学生村官1名；10个村中，党支部书记连任的有8名，新当选的有2名，其中女书记2名。选举产生村委会成员30名，其中新进村委会成员9名，占30%；党员18名，占60%；村党组织委员兼任4名，占13.3%；女委员10名，占33.3%。村委会主任连任的有6名，新当选4名。选举产生股份经济合作社成员30名，董事长全部由村党支部书记担任；村监会成员30名中，有女成员1名；10个村中，7个村由分管纪检的支部委员任村监会主任。通过换届选举，新一届村两委在文化程度、年龄结构、女性委员职数上都有较大改善，政治坚定、工作务实，具有较强综合素质的年轻党员进入村“两委”班子队伍，提高了班子的整体素质和战斗力，进一步巩固和加强村党支部在村民自治中的核心领导地位。

【罗家乡第十五届人民代表大会第一次会议】 2017年1月10日召开。大会应到代表47名，实到代表44名，列席代表27名。大会听取和审议罗家乡人民政府工作报告和罗家乡人大主席团工作报告；审议罗家乡《2016年财政预算执行情况和2017年财政预算草案的报告》；大会对罗家乡2016年为民办实事工程实施情况进行满意度测评，票决通过罗家乡2017年为民办实事工程。大会采用无记名投票、差额选举的方式，选举胡礼刚为罗家乡人大主席；选举陈志芳为罗家乡人民政府乡长，王宁、汪雪斌为罗家乡人民政府副乡长。

（罗家乡 王利华）

大街乡

【概况】 大街乡地处龙南山区，东靠金华市，南连遂昌县，西与溪口镇、沐尘畲族乡相接，辖区面积44.8平方千米。乡域四面环山，四周高中间低，自东北向西南倾斜。潼溪横贯其中，长约12.75千米。乡政府驻大街村，下辖大街、新槽、横坑、岭脚、方旦、杨村、贺田、贺康8个行政村，包括77个自然村、103个村民小组，户籍人口2740户7505人。全乡有12个党支部，党员365名，有村“两委”干部48名。2017年，大街乡围绕打造“生态大街、平安大街、富裕大街”工作目标，大力实施“生态立乡、特色名乡、产业富乡”三大战略，突出生态产业发展、“五水共治”、美丽乡村创建等工作重点，真抓实干，开拓创新，经济、生态建设和社会各项事业取得较好成绩，全乡经济、社会稳步发展，全面完成年初制订的实事计划。2017年，全乡工农业总产值2835万元，其中农业1915万元；城乡农民人均可支配收入17796元，同比增长11.2%，经济社会发展呈现良好态势。

【发展特色农业】 坚持绿色发展理念，推进产业合作，力促产业转型升级，大力发展特色农业。引进“神农谷”田园综合体，鼓励农户发展林下经济，超额完成2016年乡人代会提出的完成50%“三千基地”建设的目标任务，建成中草药基地46.67公顷（1000亩）、香榧基地33.33公顷（500亩）、油茶基地46.67公顷（1000亩）。全乡各类特色农产品已形成一定的规模，并达到向周边村辐射的效果，有效增加农民的收入。

【推进休闲旅游业】 增加资金投入，大力发展休闲旅游业。持续推进国家AAA级旅游景区提升工程，建成生态停车场、旅游公厕等项目，做好古村落、黄泥房保护开发项目的宣传招商工作，引进“芷罗堂”高端精品民宿项目，并已经动工建设。加大旅游品牌营销，举办“一乡一节会”活动，举办农耕文化节、农家菜大赛、摄影大赛等活动，提升大街乡村休闲旅游知名度。加大对农家乐的扶持力度，全年新增农家乐9户，新增床位300张，累计接待游客4.75万人次，直接经济收入126万元。

【美丽乡村建设】 乡党委、政府坚持把基础设施建设作为“三农”工作的重点，积极争取上级部门的支持，一批重大项目陆续落地，极大改善群众的生产生活条件。投资400余万元，实施方旦口到横坑口、横坑口到岭脚中心村的道路拓宽工程；投资45万元，实施修建河道堤坝项目；投资35万元，实施贺康村饮用水工程，保障农民饮用水安全。贺田、新槽、杨村完成乡韵庭院建设和一批景观节点的打造。

【“五四三”行动】 巩固“五水共治”成果，严格落实河长制，努力做好农村“双治”等工作，率先完成劣V类水体的销号工作，2次获得县治水办授予的流动“大禹鼎”。总投资400余万元的溪大线绿化提升工程、全线10个景观节点打造工程、通景公路绿化工程、8个港湾式停靠站等工程已全面完成。溪大线申报浙江省“双百”创建项目，并荣获市级精品示范道路荣誉。开展“赤膊墙”整治工作，全乡共粉刷“赤膊墙”1.4万平方米，率先通过市级验收，成功创建“无赤膊墙乡”。全年拆除违建703处共5万多平方米，拆后利用率达到100%。重视群众生命财产安全，完成全乡42户D级C级危房的排查、检测、治理工作，治理比例100%；完成19户地质灾害点避让搬迁工作。推进“贺田模式”2.0升级版，健全长效保洁及巡查机制，推进垃圾分类提升。

【小城镇环境综合整治】 合理谋划项目，完善乡域总体规划和集镇建设规划。投资600多万元，完成集镇杆线上改下、公交车站、小型停车场、新建

图191 综合整治后的大街乡政府驻地

公厕、农贸市场改建、沿街立面广告牌改造、休闲公园改造提升、集镇绿化、入乡口整治和污水处理工程等13个项目，对集镇建成区的道乱占、车乱开、摊乱摆、房乱建、线乱拉、低小散等进行集中整治，改善集镇功能，成效显著，成为浙江省首批“小城镇环境综合整治行动达标乡”。

【民生保障】 优化就业创业服务，加大劳务培训力度，组织多名农户参加衢州市育婴师培训班。支持发展村级来料加工点建设，全乡有来料加工从业人员261人，全年发放来料加工费300余万元。紧跟“互联网+”步伐，新建农村电子商务服务点2个，省级电商人才培训通过8人，新增300万元A级电商企业1家。扎实做好新农合、低保等工作，新农合参保5828人次，参保率达97.5%；严格按照低保政策要求，全面完成低保工作，共计发放低保金、重残金116万元，发放残疾人生活补贴、护理补贴54.5万元，惠及所有低保户和重残对象；切实抓好特困群众、特殊群体、“五保”老人的社会救济和救助工作，全年发放救济、救助资金33.1万元，发放大病救助资金28万元。

【文化事业】 乡综合文化站、村级文化礼堂发挥的作用日益显现，成为农民文体活动的主阵地。完成杨村村文化综合楼的建设，并于9月底举行开堂仪式，正式投入使用。由杨村村文化礼堂排演的《杨

村村歌》入选县文化礼堂精品节目展演，获第九届全国村歌大赛十佳村歌称号；3月初，举办大街乡首届农耕文化节，开展舞龙灯、做青粿、打麻糍等民俗活动，开展种桃树、摘野菜、挖竹笋等农耕体验活动。全年开展“送戏下乡”活动8次，为群众免费放映电影12场次。全乡共有10多个村级文艺队，200多人的演出队伍活跃在村级院落，进一步丰富群众的精神文化生活。

【社会治理体系建设】 完善信访维稳“四个覆盖”，构建“五大安全”网格，落实维稳工作责任制，规范信访事项操作规程，引导群众以理性合法的形式表达利益诉求。依托综合信息指挥平台和“村情通+全民网格”，扎实开展社会治安动态防控，实现中共十九大期间到市、赴省、进京上访事件“零”发生的维稳安保工作目标。

【狠抓安全生产】 全面落实安全生产责任制，深入开展安全生产领域“打非治违”和隐患排查治理工作，通过全面排查和彻底整治，杜绝安全事故的发生。加强农业“三防”工作和地质灾害点防治，对道路交通、学校安全等方面开展专项整治，加强监督管理，切实提高应对和处置突发性公共安全事件的能力和水平，严防各类安全事故的发生。做好森林防火工作，有效保障人民群众生命安全。

【政府效能建设】 以“队伍建设年、规范管理年”活动为抓手，突出问题导向，围绕干部队伍建设和规范管理方面存在的突出短板，对照“三严三实”要求和好干部标准，健全督查考评机制，完善平时考核、量化考核、全员实绩考核“三位一体”考核体系，突出基层走亲访民情，变老百姓“往上跑”为干部“往下跑”。增强乡村两级干部服务大局、服务群众的意识，规范从政行为，加强内部管理，提高办事效率和工作质量，推动各项任务落到实处。助推“最多跑一次”改革向基层延伸，投入专项资金30余万元，改造乡综合指挥室和乡便民服务中心，以综治信访室为依托，配齐配强网格员队伍，将平台服务触角延伸到社会治理的“末梢神经”，确保事项办理90%以上在乡解决。全面推广“村情通”APP的使用，4个村进入全县红榜村，得到上级的表彰。至年底，全乡共发布各类信息1203条，通过“平安通”“村情通”等平台，有效处置各类事件1130件；受理网上事件675件，办结641件。全乡共有2909人关注“村情通”，为更多村民搭建互知互信互动的交流平台，提高村民参与村庄建设的积极性，切实打通服务群众的“最后一公里”。

【廉政建设】 全面落实党风廉政建设责任制，严格执行中央“八项规定”，加强“三公”经费管理，从小事抓起，严格管控会议、食堂、水电、维修等后勤服务费用支出，“三公”经费年均下降8%左右。完善政府投资项目监督制度，将政府性项目纳入人大审查范围，强化“一岗双责”，自觉接受人大监督。严格执行“阳光”招投标程序，全年公开招标49次，其中工程项目招标45次，农村产权交易4宗。

【村级组织换届选举】 1月13日—22日，大街乡举行全乡村党支部换届选举；1月23日—2月22日举行村民委员会换届选举；2月23日—24日举行村经济合作社和村务监督委员会换届选举。经选举，8个村选举产生党支部成员25名，其中新进支委9名、女委员5名；党支部书记中，连任5名、新当选3名，其中女书记1名。选举产生村委会成员23名，其中新进村委会成员11名，占47.8%；党员13名，占56.5%；女委员10名，占43.5%。村委会主任连任4名，新当选的有4名。选举产生股份经济合作社成员25名，董事长全部由村党支部书记担任。选举村监会成员24名，其中党员17名、女成员2名。通过换届选举，新一届村“两委”在文化程度、年龄结构、女性委员职数上都有较大改善，政治坚定、工作务实、具有较强综合素质的年轻党员进入村两委班子队伍，提高了班子的整体素质和战斗力。

（大街乡 金献）

沐尘畲族乡

【概况】 沐尘畲族乡位于县境最南缘，东接大街乡，南邻遂昌县北界镇、应村乡，西与庙下乡相邻，北与溪口镇接壤。灵山江自马戍口入境，纳多条支流，自南向北纵贯乡境。地貌以山地和丘陵为主。辖区面积82.83平方千米，户籍人口4304户11818人。乡政府驻沐尘村，辖10个行政村。2017年，全乡实现生产总值4.9亿元，同比增长4.25%；乡财政收入5879万元，同比增长109.29%，乡财政支出5192万元；实现固定资产投资1.8亿元，同比增长4.04%；农民人均收入14418元，同比增长8.9%。沐尘畲族乡获2017年浙江省美丽乡村示范乡镇、小城镇环境综合整治省级样板乡镇、衢州市“平安乡镇”等荣誉。

【农业经济发展】 全乡发展家庭农场40多家，先后种植提子、葡萄、猕猴桃、无花果、苦瓜、西瓜、高山蔬菜、茶叶及各类苗木，总面积达400多公顷；种植黄精、三叶青等林下作物200多公顷，发展竹筒酒基地66.67公顷。通过参加义乌森博会，将沐尘乡具有畲乡特色的农产品推广出去。

【“五四三”专项工作】 完成投资近一千多万元的双戴村、梧村村小流域治理工程，全面打造“贺田模式”2.0版，全乡实现垃圾分类、垃圾兑换超市、终端处理三个全覆盖，沐尘、双溪、梧村三个中心村完成太阳能沤肥房建设。拆除乱搭乱建103处，清理乱堆放167处，整治蓝色屋面78处，整治“赤膊墙”267处共5.6万平方米，成功创建群众市“无赤膊墙乡镇”。实施222省道沿线沐尘、双溪、贤江、马戍口等村的立面改造，总面积达3.45万平方米，完成4处占地约15000平方米、堆放量约3万立方米的砂场整治任务。累计拆除违章面积14.1万平方米，完成任务数的201.5%，复垦面积13.5万平方米，拆后利用率达96%。11月，通过群众市“无违建乡镇”创建验收。开展竹木制品加工企业的整治，其中4家企业完成整改，10家企业完成拆除并复垦，并投入近200万元用于厂边、路边的绿化整治，彻底改善乡域环境。

【危房拆除与改造】 通过腾空、置换、拆除三种方式完成全乡72户D级危房拆除工作和109户C级危房改造工作，并通过租房、入住村级老年公寓、异地搬迁等形式，安排危旧房农户转移安置。积极引导高山、远山农户向中心镇、中心村集聚，全年向中心村聚集农户68户，异地搬迁安置到溪口翠竹小区206户。

【重点项目建设】 至年底，康源机制砂场2.7千米的专用道路政策处理工作告一段落，道路施工完成约60%。做好衢宁铁路政策处理工作，完成房屋征迁74户，涉及面积1.5万多平方米；征用土地12.84公顷；安置小区进入基础建设阶段。

【乡村旅游】 通过道路硬化、村庄绿化、美丽庭院等工程，提升、完善社里村AAA景区软硬件设施。通过120户乡韵庭院建设、公厕改造、生态停车场建设等基础工程，完成双戴村五星级美丽乡村创建和沐尘村四星级美丽乡村创建，美丽庭院建设获全县一等奖。举办畲族“三月三”歌舞表演和旅游体验活动，举办无花果采摘节活动，承办“上海大世界走进龙游暨龙游乡村旅游推介会”等大型活动。成功引进投资6048万元的“庆丰碳山千亩桃花谷项目”和投资3000多万元的“双戴村精品民宿项目”，为沐尘乡村旅游事业注入新活力。

【城镇建设】 通过“规划引领、项目带动、管理提升”等一系列组合拳，全面打响小城镇环境综合整治攻坚战。充分挖掘畲乡特有的元素，将畲族彩带、凤凰图腾、民族旗杆等元素贯穿到整个小城镇建设中。完成杆线入地、立面整治、水车景观、入乡口景观、文化长廊、停车场、围墙绿地等24个项目，投入资金2000余万元，顺利通过省、市小城镇

图192 沐尘乡小城镇环境综合整治一角

环境综合整治验收。紧扣市级卫生乡镇创建标准，以“绿、亮、净、美、畅”五大形象工程为重点，广泛深入开展农民卫生素质教育，完善基础卫生设施，彻底治理小集镇“脏、乱、差”现象，成功创建“市级卫生乡镇”。

【社会事业】 加快社会事业建设，科教文卫工作得到长足发展。乡文化站建设项目得到省、市、县领导的高度肯定，10月，浙江省乡镇综合文化站效能建设现场会在沐尘召开。积极落实社会救助各项政策，加大对弱势群体的救助力度，全面开展低保清查，农村“五保”和农村低保对象实现应保尽保，农村困难群众得到有效救助。各项惠农政策得到全面落实，良种补贴等政策性惠农资金足额发放到位。医疗卫生体制改革深入推进，新农合参保率达90%以上，公共卫生水平不断提高。切实加强计生工作和外出流动人口的管理，较好完成符合政策生育率、人口自然增长率等刚性指标。

【社会管理】 围绕护航“十九大”和世界互联网大会，制定重点对象稳控制度，采取“一名重点人员＋一名责任领导＋一名责任干部”的稳控措施，重点信访问题得到有效化解和妥善稳控，确保“北京不去人，家里不出事”，并成功化解多年信访积案2件，息访、息诉3人。结合“四个平台”建设，深化治安巡逻机制，实行乡、村、组三级联防巡逻，共排查矛盾纠纷125起，调解258起，调解成功率达100%。

【党建工作】 完成书记项目13项，完成了6个党建精品示范村、1条党建精品示范带建设。完成村级组织换届。办结涉纪信访件12件，其中县纪委交办信访案件8件、本级受理纪检信访4件。查处违纪案件6件，受党内警告处分5人、留党察看处分1人；问责15人，其中实名通报3人、书面检查4人、通报批评1人、诫勉谈话7人。

【村级组织换届】 3月22日至4月6日，沐尘乡开展10个村党支部换届选举工作，选举产生村党支部委员28名、村支部书记10名，其中大学生村官2名、女性委员8名。村支部委员中，35周岁以下的2人、大专及以上学历5，其中新进成员4人。5月3日—10日，沐尘乡开展10个村村委会换届选举工作，选举产生村委会成员30名，其中女性8名、新进成员10人；选举村委会主任10名，其中新当选3名。

（沐尘乡 兰小康）

庙下乡

【概况】 庙下乡位于县南部山区，距离龙游县城25公里，西连衢江区，南靠遂昌县，东连溪口镇，地貌以山地和丘陵为主，有龙丽高速穿境而过，为浙江大竹海主景区。乡政府驻庙下村，辖区总面积82.9平方公里，辖13个行政村，户籍人口4732户13021人。2017年，庙下乡以“打造运动休闲旅游特色小镇”为目标，全面推进“美丽竹乡、绿色庙下”建设，各项工作扎实有序推进，经济社会平稳健康发展。实现工农业总产值1.01亿元，其中农业产值0.59亿元，工业产值0.42亿元；财政总收入602万元；农民人均收入12748元。

【发展精品特色农业】 利用庙下乡独特的生态优势，大力发展特色农业。周家畈力君家庭农场创新稻鱼共生循环农业种养模式，该模式投资少、见效快，稳粮增收效果明显，并注册“苗下香”作为其优质有机大米品牌；后又成功推出稻鳖、稻虾共生循环农业种养模式，取得良好的生态效益、社会效益、经济效益。八角殿村百果园项目主打白草莓无土栽培技术，具有“产量高、上市早，价格高、收益好，生长期短、采收期长”的特点，园内还种植莲雾、猕猴桃、西瓜等多种水果，打造四季水果不断的“百果园”。7月12日，“稻鱼共生项目”和“百果园项目”在龙游县第四届“农信杯”青年创业创新项目大赛中分获一等奖和三等奖。龙游傅晓靖家庭农场通过不懈摸索，试验成功繁育鱼苗技术，并进行亲鱼(种鱼)营养强化实验，取得成功。傅晓靖家庭农场成为全国渔技推广示范县科技示范基地和浙江省淡水水产研究所实验基地。

【重点项目建设】 衢宁铁路整线无障碍施工，交付红线范围内土地19公顷、安置点用地2.87公顷、临时用地9.4公顷，征迁拆除房屋55户。安置点建设进度有序推进，至年底，已完成安置点基础设施建设。溪毛线拓宽工程实现整线无障碍施工，交付红线范围内土地29.33公顷，拆除红线范围内房屋18幢，9.56千米的一期工程路面工程已完工；5.27千米的二期工程已完成龙丽分离桥工程的45%。加快推进竹产业转型升级集聚区建设，完成前期准备工作，做好协议签订工作，已完成清表5.33公顷，迁移坟墓6个。同时，实地走访辖区内31户拉丝厂和竹筷厂，了解并收集经营户对集聚园区的相关意见和建议，为入园做好前期摸底工作。毛连里村六春湖索道项目全面启动，已完成前期评估测量工作，仅用2天时间就全部完成下站22户土地征迁协议的签订工作，跑出“毛连里速度”。

【全域旅游格局渐成】 10月，严村村“竹栖谷”精品民宿开始运营，森林木屋和太极馆等项目也在建设当中。启动芝坑口村投资亿元的“梦里老家精品酒店”项目，已完成龙游天爱旅游发展有限公司的注册，项目协议已经县政府常务会议研究；梅林乡村旅游综合体、毛连里村“浙江云影酒店”和“隐逸山居高端精品酒店”也在积极洽谈中。打造毛连里商帮古道、长生桥红军路2条乡村旅游精品线路，创建毛连里、浙源里2个省级乡村旅游集聚村，建成浙源里村、毛连里村、严村村、长生桥村4个AA级景区村庄和5个农家乐经营户（点），提升培育长生桥、毛连里2个市级旅游特色村（点）和8个经营户（点），为庙下乡创建“全域旅游示范区”打下良好基础。经过多年努力，全乡共有农家乐25家，可提供用餐位数1790个、床位数298个。2017年，全乡旅游经营总收入达1527.5万元，同比增长7.71%；接待游客24.1万人次，同比增长21.3%。全域旅游成为全乡产业转型升级的重要新兴产业。

【推进“五四三”专项工作】 全面打响剿灭劣V类水体大会战，对乡域内24条河道、12个水塘进行清淤疏浚，年清淤量达8000立方米以上。严格落实“河长制”和信息化河道保洁管理机制，为12名河长配置巡河专用手机，年巡河126千米，排除安全隐患60余起。持续推进“四边三化”工作，认真落实“路长制”，配备13名村级路段长，做好日常巡查与整治，确保每周巡查2次以上。完成整治问题点5处。加大“赤膊墙”整治力度，已完成粉刷600余户共9万多平方米，成功创建衢州市“无赤膊墙乡镇”。顺利推进“三改一拆”工作，积极开展“拆治归”工作，强势推进拆违和危旧房治理两大攻坚战，至年底，全乡共拆除违章建筑157起，总面积11.2万平方米，成功创建衢州市“无违建乡镇”。

【小城镇环境综合整治】 以创建省级卫生乡镇为契机，全面推进小城镇环境综合整治，通过标识标语、画册海报、广播短信宣传、灭蚊灭鼠药物发放等做好宣传工作，营造全民参与环境整治的浓厚氛围。全力打响治危拆违攻坚战，累计排查危旧房88户，完成48户D级危房治理，C级危房已搬迁拆除30余户，治理率达75%以上。在全县率先开展“厕所革命”，共拆除旱厕525座，新建公厕5座，全乡卫生环境得到较大改观。精心实施集镇老街改造，完成老街1000余米雨污管道和青石板路面铺设，投资20余万的老街入口公园正在建造中。全面推广“贺田模式”2.0版，建成庙上新村和庙下村两个太阳能沤肥房终端并投入运行，晓溪村和芝坑口村沤肥房终端正在建设当中；建成13个村垃圾兑换超市并投入使用，实现了“四个全覆盖”。推进农村生活污水治理，完成长生桥村和凉丰村农村生活污水整治并通过县级验收，庙上新村农村生活污水提标改造项目全面完成。通过“拆、治、建”系列组合拳，小城镇环境得到极大改善，并成功创建省级卫生乡。

【美丽乡村建设】 深化“乡韵庭院”建设，按照净化、序化、绿化、美化、德化“五化”标准，把握“因院制宜、尊重民意、就地取材、控制成本”四个原则，浙源里、毛连里、严村3个星级村完成美丽庭院、村口节点、游客接待中心、停车场、旅游公厕建设，完成村内主要道路的景观化改造。浙源里村被纳入2018年度重点建设村，并荣获创建先进村一等奖；毛连里村和严村村成功打造“乡韵庭院+石斑鱼养殖”和“乡韵庭院+酒文化”新模式，展现美丽乡村新风貌，实现农民增收致富，得到上级领导充分肯定。

【红色教育阵地建设】 庙下乡红色资源丰富，乡党委、政府继续做好挖掘庙下红色主题教育素材文章，在2016年建成长生桥傅春龄故居和红军路的基础上，继续修缮红军路和红军墙，新建2个景观平台，对其进行深化提升，并先后建成华岗纪念馆和毛连里红军路两大红色基地。7月14日，隆重举行华岗纪念馆开馆仪式，吕玉茹、刘根宏、徐宾、陆民、陆寿泉、陈政等市县领导出席开馆仪式，县委书记刘根宏和华岗女儿华景杭为纪念馆揭牌，“华岗纪念馆”被命名为衢州市党史党性教育现场教学示范基地、龙游县第二批社会科学普及示范基地。8月1日，毛连里村举办纪念建军九十周年“重走红军路、探访龙商古道”启动仪式，邀请县委组织部、宣传部、政法委等多个部门参加，并吸引10余家新闻媒体前往采访报道，完成庙下乡第二条红军路建设。

图193 7月14日，庙下乡严村村“华岗纪念馆”举行开馆仪式

【综治工作】 2017年是中共十九大召开之年，全乡重点项目工程特别多。庙下乡主动出击、迎难而上，建立健全多样化、多层次的社会矛盾纠纷解决机制，借助乡综治工作中心平台，有效整合综治、司法、禁毒、派出所等部门力量，围绕影响社会稳定的各种热点、难点问题，排查调处重点对象和重点人群，将矛盾纠纷解决在基层、解决在萌芽状态、解决在激化之前，构筑维护社会稳定的长效机制。全年调解案件81起，调解成功率达100%，且全部达成书面协议。未发生因民事纠纷调解不当或调解不及时转化的刑事案件、引起的自杀事件、群体性上访事件及其他群体性事件。

【民生文化建设】 扎实做好农民下山脱贫和地质灾害点农户异地搬迁安置工作，开展“一村一策”消除集体经济薄弱村行动，推进全县农村土地承包经营权确权登记颁证工作，较好完成勘误修正工作，并完成公示。做好“千村档案”建设工作，省历史文化名村庙下村和芝坑口村完成建档工作。全面推进“村情通”、“四个平台”建设、“最多跑一次”、老农保遗留问题清理等工作。加快推进“金屋顶”光伏富民工程。大力发展林下经济，全乡种植黄精240公顷，打造特色专业种植村，开辟竹农致富新途径。为改善敬老院“医、养、护”条件，启动龙南中心敬老院改建工程，至年底，主体结构已结顶。新建晓溪村办公楼和文化礼堂，完成芝坑口村文化服务中心和特色农家书屋建设申报，并做好提升计划书。年内共组织开展公益性活动24次（包括梅林风车桃花节、毛连里重走红军路2次综合性大型文化活动）；举办单向性文体活动（展览、比赛等）8次；举办书画、排舞、旗袍秀、插花艺术、茶艺等各类培训班6次，参加培训人数达300余人次。毛连里村选送的《十送红军》节目入围浙江省广场舞大赛决赛24强，后又受邀参加龙游县文化礼堂精品节目展演。

【乡贤吴丰昌当选中国工程院院士】 吴丰昌，1964年8月23日出生于龙游县庙下乡长生桥村后山自然村，1995年毕业于中国科学院地球化学研究所，获博士学位，2001年入选中国科学院引进海外杰出人才计划，2005年获国家自然科学基金委员会杰出青年基金项目资助，2017年11月当选中国工程院院士。是环境基准标准与污染防治专家，中国工程院院士，中国环境科学研究院副总工程师、研究员、博士生导师，环境基准与风险评估国家重点实验室主任。吴丰昌长期致力于环境基准与污染风险防控理论、技术研发与工程实践，在环境基准理论方法、关键技术和工程应用等方面取得创新性成果，在环境标准制订与修订、管理制度创建、业务应用和流域环境风险防控工程建设方面发挥关键作用，推动中国环境基准领域的发展进程，为提高环境标准制修订和污染控制的科学性、规范性和适用性做出重要贡献。获国家科技进步二等奖2项（排名第一）、省部级一等奖3项。

【基层组织建设】 深入开展党风廉政建设和反腐败工作，以落实惩治和预防腐败体系为重点，加强反腐倡廉建设，对基层党员干部违纪违法行为开展大排查、大整治，严肃惩治侵害农村群众合法权益的“苍蝇”，督促完善农村集体“三资”管理、扶贫救济惠农补贴等方面的管理制度，维护农民群众利益，推动农村基层治理，维护全乡社会和谐稳定。7月1日，召开乡学教支部大会，选举5名高校毕业生担任支部委员，通过网上加网下模式，实现在外流动党员的自主管理。积极开展“两学一做”、“三会一课”、周一集中办公、党员主题党日等制度，深入贯彻落实中共十九大精神，把十九大精神转化为推动工作、抓好落实的强大动力。扎实推进“整乡推进、整县提升”工作，按要求打造全乡基层党建阵地，实现基层党建工作的全面达标与全面提升，打造一批精品示范村，激发基层党建活力。

【村级组织换届】 3月20日至4月1日，组织完成村党组织换届选举，共有470名党员参与，党员参与率达93%。选举党组织书记13名，其中新任书记3名、60岁及以上2人、大专及以上学历1人、初中及以下学历6人；新当选党组织成员37人，其中新进班子16人、女性2人、35岁及以下2人、60岁及以上4人、大专及以上学历2人、初中及以下学历14人。4月2日至5月11日，组织完成村委会换届选举。全乡共有登记选民11174人，其中参加投票选民9497人，委托投票选民1677人。选举村委会主任13名，其中新任主任5名、女性主任1名、60岁及以上1人、大专及以上学历1人、初中及以下学历7人；新当选村委会成员39人，其中新进班子数18人、女性14人、60岁及以上2人、初中及以下学历25人。

（庙下乡 江龙）

石佛乡

【概况】 石佛乡地处龙游县西北部，东邻横山镇，南接塔石镇，西交衢江峡川镇，北连建德市航头镇。全乡总面积67.9平方公里，耕地面积1066.7公顷，林地4713.5公顷，辖10个行政村、86个自然村，总人口1.8万余人。全乡有基层党支部16个，其中村支部10个，党员706名。2017年，石佛乡围绕乡村休闲旅游之乡建设目标，实干进取，扎实推进，各项事业取得理想成绩。全年完成工农业总产值7.2亿元，其中规模工业产值6.1亿元、农业总产值1.1亿元；农民人均可支配收入1.59万元，同比增长9.5%。“五四三”专项、美丽乡村建设、大干项目、大抓招商等工作排名在全县靠前，多项改革试点取得预期效果。

【乡村旅游】 围绕三门源村创建国家AAA级旅游景区，加强基础配套设施二期建设。核心区内杆线入地和饮用水、污水管网铺设等项目进度过半。三门源游客接待中心和1号路铺砖完工并投入使用，元旦前实现开园迎客，并入选浙江省美丽乡村特色精品村。三门源村顺利通过AAA级景区验收，景区公厕获评衢州市AAA级旅游厕所。制订农家乐发展规范，建立农家乐食品安全和服务质量定期检查制度，全乡完成10家农家乐等级提升，新培育农家乐3家。南山古村旅游项目完成土地招拍挂，已进入项目施工阶段。

图194 3月10日，龙游县“打赢蓝天保卫战，开启碧水新征程”大型活动在三门源景区举行

【农业经济】 把发展现代农业作为结构调整的主方向，深化“一村一品”，积极培育家庭农场等现代农业经营主体。2017年，新发展覆盆子、黄精、莲子、黄茶、高山蔬菜等特色农业基地59.33公顷，新注册家庭农场6家；建成三和村等3个早稻百亩示范畈，落实早稻订单170.67公顷共768吨；建设精品柑橘园7.33公顷。作为省、市、县三级农村确权赋权试点单位，石佛乡稳步推进试点工作，在全县率先开展首批权证颁证工作，为全县面上工作开展提供范本经验。加强农林水基础设施建设，完成山塘水库除险加固5座，垦造耕地9公顷，建设林区道路5千米，建成粮食烘干中心2个。积极推进“一村万树”工程，全乡累计植树3万株，造林11.33公顷。

【工业经济】 加强对企业“三废”排放的监管，把环保作为企业生存的底线和企业发展的前提条件，倒逼企业转型升级。加快淘汰落后产能，完成浩业养殖废水生物净化利用开发项目，并投入使用。拆除、关停“四无”小作坊1家，淘汰燃煤锅炉3台。高度重视企业生产安全，强化安全监管，优化企业发展环境。引进投资2158万元的龙鑫纺织品项目，并落地龙游经济开发区。

【项目建设】 加强对接和服务，强力推进列入县“421”项目库的重点项目的实施。改善交通路网，及时完成下大线道路等级提升工程的土地征迁任务，春节前完成路面浇筑；窑三线改道东干渠桥梁工程年底前完工并通车；完成下大线至金村错车道工程、峰塘山村进村道路拓宽工程，完成下大线石佛、西金源2个港湾式停靠站工程；在全县率先完成351国道石佛段土地征收的政策处理和清表工作，涉及农户110户，总面积8.46公顷。实施三门源村麻车坞塘、峰塘山村叶塘、五坟坞排水渠等水利项目；白佛岩水库、西金源石塘水库基本完工。延期多年的4个农整项目和三和、夏家等垦造耕地项目通过验收；三和村标准农田提升项目顺利推进。完成西金源、大力山、杜山坞等地质灾害点治理工程。

【“五水共治”行动】 加强农业面源污染整治，完成规范化生猪养殖场核查颁证的初验工作，5家养殖场获得“生猪养殖核定证”，创建生态牧场6家；转变塘库养殖模式，全乡47个山塘水库实现洁水养殖。加强工业污染整治，开展区外企业和小作坊“三废”排查整治行动，完成区外企业整治9家，完成小作坊整治7家。农村“双整”方面，生活污水治理工程覆盖全乡，4500多户农户实现污水纳管处理，日常运维管理正常化；深化“贺田模式”复制，组织垃圾分类集中培训7000人次，完成10个村的垃圾分类车辆和垃圾桶的配备工作，7个村完成太阳能沤肥房建设。全乡7个村1.2万人口用上安全清洁的饮用水，启动三门源、峰塘山饮用水工程。实施全域剿劣行动，落实河（塘）长责任制，对全乡小微水体实施网格化管理，发动年轻干部和党团员群众参与“河小二”治水，被浙江卫视《时代先锋》栏目和《青年时报》等媒体专题报道，5个河塘先后登上衢州市治水红榜，石佛乡2次获县治水“大禹鼎”。全乡河道出境断面水质持续好转，1月—12月均值达到优秀等次，治水工作得到市县领导批示肯定。

【“四边三化”工作】 扎实开展县乡道沿线整治工作，以建筑、立面、庭院、广告和沿路环境为重点，共开展5轮集中整治,粉刷“赤膊墙”2.2万多平方米，拆除蓝色屋面3000多平方米，喷涂蓝色屋面1.5万多平方米，清理脏乱差道路12千米。高标准打造下大线石佛南、回石线西2个入乡口景观节点，对整体布局、植被造型、景观小品等进行升级改造；沿窑三线在峰塘山村入村口构筑以新中式风格景观墙和民俗波浪墙为特色的景观节点。

【小城镇综合整治】 坚持规划引领，完成石佛乡小城镇环境综合治理规划。抓好集镇项目建设，完成下大线石佛入乡口荷花公园建设、商业街立面和店铺招聘改造、回石线排水渠提升工程；实施文化休闲广场项目，足球场、篮球场等体育健身设施完工并通过验收；新建和改建5座卫生公厕，实施生活污水、垃圾终端提标改造；入乡口节点提升、弱电整治工程、违停抓拍等项目完工，集镇面貌焕然一新。加强集镇秩序管理，完善保洁机制，提升保洁标准，成功创建市级卫生乡镇创建验收。组织集镇党员志愿服务队定期开展文明劝导等活动，组织联合执法常态化，引导商住户加强自我管理。乡政府驻地石佛村被评为衢州市小城镇综合整治样板村。

【民生事业】 做好农村低保、残疾人生活保障规范调整工作，从严掌握标准，规范相关程序，2017年新增低保户36户39人，全乡低保户数增至562户667人，新增低保边缘户12户16人，实现应保尽保、应退尽退。基本养老保险和基本医疗保险覆盖大部分农村居民，一批移民工程和居家养老项目得以实施。对接好“希望工程”助学项目，扶助贫困学生。夯实教育基础，开展无证幼儿园专项整治，规范教育教学活动场所建设。推进居民健康体检全覆盖，加强计生工作力度。成功创建衢州市卫生乡镇。输送近10名优秀青年参军入伍，全面完成征兵任务。加强信用体系建设，连续4年蝉联省级信用乡。

【文化建设】 加大科教文卫事业投入，新建上溪文化礼堂，改建的石佛文化礼堂被评为衢州市“最美门面”文化礼堂。培育腰鼓、貔貅等群众性文化队伍，开展大型文化演出30多场次。国家广电总局扶持的微电影作品《大力山的姑娘》完成拍摄。

【平安创建】 加强乡群众接待中心规范化建设，充分发挥基层综治队伍作用。强化矛盾纠纷的排查与调处，消除社会稳定隐患，切实做到“矛盾不出乡、问题不上交”，全年共受理民事纠纷176件，调解成功175件。圆满完成中共十九大、世界互联网大会等重点敏感时段的安保工作，实现全乡无人进京赴省上访目标。建成村级民兵装备阵地10个，建立健全突发事件应急机制。

【依法行政】 依法履行政府职责，主动接受人大工作监督和法律监督，重视群众监督和舆论监督，办理人大代表议案、提案13个，办理群众信访举报件95件。强化财务管理和“三务”（党务、村务、财务）公开。加强工程招标、政府采购、农村“三资”（集体资金、资产、资源）、项目建设等领域的监督管理，协同县委巡查组对西金源村、大力山村、石佛村开展农村基层作风巡查。

【党员精细化管理】 重点抓好“零基积分法”的运用。全乡统一印发积分考评试行细则，指导村支部评分小组精准、有据赋分，确保积分经得起问、经得住查，使“零基积分”真正成为支部管理党员的有效手段。实施村干部日常履职和作风情况“红黑榜”纪实机制,对出色完成乡党委、政府布置的重要工作任务、为民服务得到群众广泛好评的6类村“两委”干部予以“红榜”公布，将存在“在位不在岗、工作推诿、履职不力”等6类现象的村“两委”干部列入“黑榜”。针对流动党员这一特殊党员群体，要求每年至少参加2次支部党员大会，否则视为6个月不参加组织生活，予以劝退或劝其转到工作单位所在地党组织；建立流动党员定期谈心谈话机制，明确支部领导每年必须与每一位流动党员谈心谈话2次以上，避免出现流动党员在外违纪违法而支部不知情、管不到的问题。

【村务运转便民化】 深化“三民工程”村务运行机制，规范值班、沟通、服务等环节。实行“最多跑一次”改革后，村里承担了部分乡镇下放的审批服务前期告知、材料申报、预审等工作，使群众“零跑腿”成为可能，全乡“跑腿”代办员队伍进一步壮大。“跑腿书记”卓彦庆为民跑腿25万千米的事迹被《浙江日报》报道。

【村级组织换届】 石佛乡于3月30日至4月1日举行全乡村党支部换届选举，4月25日—28日村委会换届选举，5月8日—9日举行村监会、村股份经济合作社换届选举。经选举，10个村选举产生党支部成员35名，其中新进支委8名、女委员2名；10个村党支部书记连任的有9名，新当选1名。选举产生村委会成员31名，其中新进村委会成员8名，占25.8%；党员20名，占64.5%；村党组织委员兼任2名，占6.5%；女委员11名，占35.5%。村委会主任连任9名，新当选1名。选举产生股份经济合作社成员30名，其中女成员5名，董事长全部由村党支部书记担任；选举产生村监会成员30名，其中党员23名、女成员1名，10个村全部实现分管纪检的支部委员任村监会主任。石佛乡村级组织换届始终坚持加强党的领导和严格的选人用人标准，全乡10个村的换届选举工作圆满完成。整个过程做到平稳顺利、合法有序、结果满意，换届期间以实战比选等做法助力中心工作快速推进，实现换届与工作互促共进。

（石佛乡　陈莉）

模环乡

【概况】 模环乡位于县境衢江以北地区东部，东连兰溪市游埠镇、水亭畲族乡，南与湖镇镇隔衢江相望，西邻小南海镇、塔石镇，北接横山镇。有模环溪、士元溪、上畈溪纵贯境内流入衢江，地貌以丘陵为主。辖区面积76.89平方千米，户籍人口11874户30295人。乡政府驻模环村，辖23个行政村。2017年，全乡工农业总产值7.4亿元，同比增长8%；财政收入3326万元，同比增长61%；农村居民人均可支配收入21100元。

【农业经济】 模环乡地处黄土丘陵，农业资源丰富，耕地面积达2593.33公顷，园地、林地面积达1693.33公顷。近年来，通过引导，全乡形成“四种四养”（四种即水稻、柑橘、茶叶、蔬菜种植，四养指淡水鱼、珍珠、生猪、家禽养殖）模式。在产业发展中，推广“品牌+基地+农户”模式，其中“茗达茶叶”“一鹭香柑橘”“龙和水产”“温氏土鸡”“绿培生猪”都是知名的农业品牌，名扬县内外。全乡粮食复种面积1766.67公顷；柑橘种植面积706.67公顷，有柑橘种植大户326户；茶叶种植面积546.67公顷，其中连片茶园33.33公顷，被誉为“十里茶园”；蔬菜种植面积186.67公顷，其中城郊型蔬菜面积80公顷。淡水养殖面积860公顷，其中鱼蚌混养面积513.33公顷，有50亩（3.33公顷）以上养殖大户39户；2005年引进首个农业龙头企业——衢州温氏畜牧有限公司，总投资达9000万元，种鸡场位于模环乡刘家村，销售部位于模环中小企业集聚点。该公司以“公司+农户”的生产方式，实行产、供、销一条龙服务，辐射和带动能力强，已成为本乡农民增收致富的好项目，至2017年年底，全乡有温氏规模养鸡户370户，年出栏肉鸡1200万羽，年产值1.3亿元。积极推动“一村一品”家庭农场和有机农业发展，引进生态高效农业项目，谋划观光采摘农业带，新引进的虎龙农牧休闲观光项目已建设完工。继续扶持发展一批家庭农场，推进低产柑橘改造项目。实施土地开发项目，已完成县级初验31个项目，垦造耕地面积达161.8公顷，超额完成县级任务41.8公顷，位居全县第一。兴建水利设施，投入资金700余万元，修建水库2座；完成王北斗东塘、新王叶西塘等15座山塘的除险加固，项目总造价467万元；完成水毁工程一项，修复5处水毁处，建造机埠3处座，修建渠道3000余米，创建标准化水库10座；投资408万元，完成中小河流域10个行政村的13座清洁塘项目招投标。

图195　9月26日，衢州市绿色产业集聚区龙游湖镇至童家公路一期工程及龙游港区桥头江作业区工程开工仪式在模环乡举行

【工业经济】 2017年，全乡工业企业总产值5.8亿元，同比增长8%；规模以上工业企业产值4.2亿元，同比增长12%。工业有效投资总额6000万元，超额完成县下达工业线考核任务。协助培育浙江金昌纸业有限公司“千人计划”人才创新团队科研开发项目。新建龙游县创宇新型建材厂投资项目7500万元，已顺利投产，成为全县砖瓦建材行业龙头企业。对低小散企业进行技术改造，淘汰落后产能，实现企业转型升级，全年淘汰高污染锅炉7台，关停环保不达标企业5家，通过环保安全要求倒逼企业转型升级。引进浙江康博莱生态旅游项目、稻之乡农业科技项目，新增规上服务业企业2家，服务业固定资产投资额增长率15%。积极搭建农村电子商务平台，组织农村电子商务助理工程师培训考证11人次，完成农村电子商务服务点提升10家。兰塘村被评为衢州市电子商务示范村。

【重点工程建设】 先后完成“一路一桥一港一枢纽”、沿江美丽公路、虎龙生态牧场、湖镇至童家公路、红木小镇等重点项目政策处理工作，化解捷马化工区块征地遗留问题。土地征收工作平稳有序推进，工作走在全市前列，其中沿江美丽公路项目先后征地3次，涉及4个村200多农户，模环乡仅用28天就完成交地，刷新龙游征地纪录，为沿江美丽公路建设工程无障碍施工奠定基础。

【社会事业】 健全社会救助体系，使困难群众生活得到有效改善。对136户困难家庭进行送温暖活动，共发放救助款102600元。新纳入低保74人，临时救助123人次，共发放低保金、救助金98470元。医疗救助59人次，共发放救助金624779元。争取县移民办项目3个，补助资金92万元；全乡新建生态公墓6个。保障残疾人基本生活，为15户残疾人家庭送去生活解困款8000元，同时将残疾人住房问题列入工作议程，为1户残疾人家庭实施危旧房改造，切实改善残疾人的居住环境。完善乡敬老院设施，投资10余万建成阳光厨房，床位增加至70个，集中供养五保人员70名。深入实施农村基本医疗保险制度，农民参保比例达97%以上，各项社会事业协调发展。

【社会稳定】 推动“四个平台”建设和“最多跑一次”改革，以综治工作平台为中心，推动便民服务平台、综合执法平台、市场监管平台的工作开展。全乡共安装视频监控探头176个，将平安信息系统纳入乡社会信息指挥平台内，建立健全事件处理网上流转机制。社区矫正工作顺利开展，新增入矫人员13人，解除矫正人员9人，至年底，还有在册社区矫正人员20人。全乡23个行政村划分为46个网格，全面实行“一格一长三员”的全科网格服务管理模式。大力推广“村情通”APP，全年访问次数达到467356人次，关注人数14675人，实名认证8103人，全乡参与度达126%。乡村两级调委会共受理各类民间纠纷363件，调解362件，成功362件，调解率和成功率分别为100%和99%以上。模环乡连续三年被评为衢州市“平安乡镇”。

【“五水共治”工作】 督促养殖场完成“工业+生态”或室外发酵床技术的整改，建立一场一干部日常巡查制度，督促养殖场正规化运行，推进生猪养殖场美丽牧场建设。11个村进行农村生活污水提标改造工程，受益农户1088户；新增1个村完成自来水工程，受益农户480户；强势推进剿灭劣Ⅴ类水，深化剿劣进校园活动，营造全民治水氛围，实施农村生活污水治理、垃圾分类处理、工业整治行动，完成池塘清淤112处，清理沟渠21千米，建成太阳能垃圾减量化处理房7个、垃圾分类处理利用站2个、垃圾兑换超市23个。对模环溪保洁采取市场化运作，对许家、上向塘、夏峰等村的塘库实施景观提升工程，“五水共治”成效明显，全乡3条溪流全年交接断面水质均为合格以上。

【“三改一拆”工作】 2017年，模环乡充分发挥行政村在拆违工作中的主体作用，全乡完成拆违约15.05万平方米，完成县下达的全年8万平方米目标任务的188%。其中，养殖场类拆除5.37万平方米，厂房仓库类拆除8.21万平方米，住宅类拆除1.47万平方米，总占地面积18.6万平方米，拆后利用面积17.84万平方米。同时，对存在安全隐患的老旧危房进行拆除，共拆除D级危房63处、C级危房15处，面积9663.5平方米，在全县范围内率先完成工作目标任务。

【“四边三化”工作】 结合各类专项整治活动，治理脏乱道路面积2.81万平方米，清理卫生死角477处，清理阴(明)沟11.6千米，清除垃圾339.5吨，清除乱张贴2137处。创建“无赤膊墙”乡镇，对全乡范围内存在“赤膊墙”的房屋进行全面摸底排查，地毯式查漏补缺，逐单逐项销号，现场做好“一户一档、一村一册”台账记录工作，全面消除320国道、杭金衢高速、模圣线、杨士线、虎游线、王梅线等六条公路沿线的“赤膊墙”。及时整改上级部门交办下来的“四边三化”各类问题，包括省级清单问题点3处、县级微信交办单17处、2017第一批市级交办点位15处、2017第二批市级交办点位8处、县乡道路问题交办4处、市级交办点位10处、省市级蓝色屋面3处、突出问题整治任务交办8处、5月—6月双月督查点位7处及提升年问题清单共104处。

【推进“双整”行动】 加大村级阵地建设经费投入，发挥各村特色资源优势，按照“五有十上墙”标准，推进“双整”工作。推行“党建+服务”“党建+社会治理”等“党建+”模式，发挥党建引领作用，促进党建和经济社会协调发展与全力提升。鼓励发展村级集体经济，新增集体收入10万元以上村7个。

【乡综合文化站建设】 投资320余万元，把占地2600平米的老粮站改造成乡综合文化站，至年底，完成一期建设并对外开放，实现从“谷物粮仓”到“文化粮仓”的飞跃，并列入省一级文化站建设序列。全省文化站建设现场会在模环乡召开，全年接待外地参观学习团10多批次500多人次。农村文化礼堂建设有序推进，全年举办文艺会演5次，开展送文化下乡10多场次。

图196 10月11日，全省乡镇（街道）综合文化站效能建设现场会期间，省文化厅党组书记、厅长金兴盛（右二）考察模环乡文化站

【**小城镇环境综合整治**】 投资1500万元，实施模兴路沿线整治工程及线路上改下、农贸市场改造、振兴东路新建工程、入口公园建设、集镇立面整治、集镇生活污水等10个小城镇整治项目，加大集镇脏乱差的整治力度，集镇面貌焕然一新，年底，顺利通过省级验收，成为全县首批省级小城镇环境综合整治达标乡镇。

【**村级组织换届**】 3月20日—30日，模环乡23个村举行村党支部换届选举，产生党支部成员83名，其中新进支部委员16名、女委员6名、大学生村官3名；23个村的党支部书记连任的有17名，新当选的有3名，3个村的支部书记由乡干部兼任。4月26日—29日，举行村委会换届选举，产生村委会成员69名，其中新进村委会成员8名，占11.6%；党员43名，占62.3%；女委员25名，占36.2%。23个村的村委会主任连任的有18名，新当选的有5名。5月8日，举行村监会、村股份经济合作社换届选举，产生村股份经济合作社成员69名，董事长全部由村党支部书记担任；产生村监会成员69名，全部为具有党员身份的村民代表，其中女成员1名；23个村全部由分管纪检的支部委员任村监会主任。通过换届选举，新一届村“两委”在文化程度、年龄结构、女性委员职数上都有较大改善，一批政治坚定、工作务实、具有较强综合素质的年青党员进入村“两委”班子队伍，提高了班子的整体素质和战斗力，村党支部在村民自治中的核心领导地位得到进一步巩固和加强。

【**模环乡第十六届人民代表大会第一次会议**】 1月10日召开。大会应到代表60名，实到代表57名。大会审议并通过《政府工作报告》《模环乡人大主席团工作报告》《关于模环乡2016年度财政预算执行情况和2017年度财政预算草案的报告》。选举祝凯为模环乡人大主席；选举柴建明为模环乡人民政府乡长，选举范佳杰、杨鹏飞、童越清、宋小兵为副乡长。

（模环乡 王超）

官潭风光（吴永建 摄）

艺　文

2017年诗词楹联新作

●夏希虔16联

题瑶山村缪清华、缪明华孪生兄弟共上清华大学

孪生兄弟同上清华，缪氏家庭平添几分瑞气；
农户人家竞出学子，瑶山村舍展现些许祥光。

题三门源村口

源出三门，万仞奇峰飞瀑布；
宗分九脉，百年老屋茂荆花。

汩汩清源，烟岫云霞开玉界；
幽幽紫雾，花窗月影绕仙风。

题东华街道下杨村紫灵阁

紫气呈祥，翰墨香凝随月远；
灵江赐福，诗风玉润伴云幽。

题腰塘边村牌坊

白莲飘逸，田田绿叶随风舞；
银杏婀娜，恰恰娇莺伴客游。

题龙山牌坊

龙蟠碧水，云封万里开仙境；
虎踞奇峰，月照千秋入洞天。

题上圩头村牌坊

新村一片烟霞染；
丘壑千重茶果香。

恭贺慈母九十寿辰

山高水远，一生坎坷心操碎；
性善情温，九秩悠闲福享多。

恭贺周执中先生八十寿辰

执意追求，炼丹济世苍生渡；
中情探索，摄影吟诗玉屑飞。

壬辰端午

蕲艾飘香，系户簪门怀屈子；
龙舟竞渡，飞花激浪缅诗宗。

题半爿月村文化礼堂

天上飞来半爿月；
人间绣出万年春。

罗家乡芰塘金村文化礼堂

黛峰环抱，紫气升腾疑世外；
碧水潆洄，瑞云飞渡胜仙都。

题浙江年年红紫檀宫文化园太母殿

天地洪荒，景仰慈颜朝玉凤；
人丁繁衍，心仪太母舞祥龙。

孔 子

千载儒风，实乃天宫木铎；
万言论语，堪为地籁金声。

老 子

道者无为，漫跨青牛西去；
伯阳有治，相携经卷东来。

办公楼院子

海纳百川，纵目江山万里；
韦编三绝，畅怀亘古千秋。

（以上16副楹联刊载于2017年10月华龄出版社出版《两浙百家三万联》，朱汝略主编）

●余燕君3首

送 春

杜宇声声春欲归，等闲深忆是芳菲。
他朝岁尽重留驻，须到江南扣我扉。

观朱日和阅兵有感

点将台前貔虎啸，倚天长剑树威名。
周遭屑小心惊悸，国泰民安四海平。

吟 茶

有限光阴莫不珍，一杯茶水最宜人。
若斟一盏清明绿，恰似兰香扑面春。

(以上3首载于《芒种》文艺刊物2017第12期)

●周执中1首

沁园春·五年辉煌迎十九大

千里东风，万马奔腾，日换昨颜。听海南塞北，频传捷报，西疆东渤，迸发科研。丝路新延，天舟宇宙，灿烂春光万类妍。毋须久、待复兴民族，国梦趋圆！ 中华如此昂轩。聚百国、千邦展发焉。藉投资基建，深水海港，洽谈高铁，核电尖端。各类飞机，万般商品，欧亚非拉经济联。诚多极、拟共同命运，世界超前！

（刊载于《浙江诗联选粹》2017年）

●张建民6首

红豆作证

——一个志愿军老兵和红豆的故事

之一：无猜的红豆

只是那一低头的瞬间，一个秘密
像村口的海红豆那样疯长，你们过家家
就是数她掌心的红豆，一颗、两颗、三颗
要数到七七四十九天，你才解梦
你不敢泄露这个秘密，把它埋藏在春天里

不知数了多少个七七四十九，直到你披红穿绿
把红豆和秘密装进，她为你挂上的香囊
向北、向北，然后向东，跨过鸭绿江

之二：异国的追悼会

撕心裂肺的枪炮声，你根本数不过来
你无暇数香囊的红豆，只有偷闲看看南方的星空
但战争，却以迅雷不及掩耳之势
将香囊和与之相关的秘密，击得粉碎

一个庄严肃穆的追悼会，简单而独特
一座光秃秃的小山，一队衣履不整的军人
一棵无枝无叶的的残树,悬挂一只破碎的香囊，
还有一个属于你的秘密，如同战场的硝烟不肯离去

之三：无望的相思豆

战争，不能让女人走开
村口的海红豆，红了一茬有一茬
英雄归时，残破了香囊，迷失了红豆

泪滴一如女性温柔的双手，抚摸破碎的香囊
牙齿深深嵌入纤细的指尖，只轻轻一弹
血像一颗颗红豆，爬满爷爷留下的老宣
从此，红豆树下，一个画夹，一支笔
写不尽的黄昏，画不完的思念

之四：复活的诗人

依稀，你坠入童年的梦境
温馨、湿润，弥漫着淡淡的奶香
婴儿的啼哭惊醒了你，看见眼前阿玛尼深深的乳晕
你大声的恸哭，像个襁褓里的孩子

回望鸭绿江的刹那，你看到啼哭的婴儿和深深的乳晕
想起屈子，和那条属于他的汨罗江
还有不知所踪的香囊，迷失的海红豆
你毅然向西，然后向南、向南

之五：诗画人生

那晚，香囊、海红豆和那个秘密，被高高挂上囍字
你揭开她的红盖头，像轻轻的展开一幅画卷
画里海红豆疯长，苍翠而娇艳欲滴

你们毕生数着那红豆，亦诗、亦画、亦工、亦农
或大学讲堂、或嘈杂车间，或喜、或悲，或沉、或浮
红豆是你们如影随形的伴侣，阅尽人间沧桑
如诗的苦难，如画的平淡

之六：夕阳下的红豆

偶然的一次诗会，我看到一幅令人震撼的金婚图
苍翠的海红豆树，霜染的银发，如血的夕阳
相互扶持的拐棍，忘年的诗友画伴前呼后拥

在你们走进落日余晖的瞬间，我仿佛读懂那复古的背影
陶渊明用一生的才智和坎坷，讲述不为五斗米折腰的故事
板桥“四十年来画竹枝”，画尽竹的清瘦高洁
你们用寸墨尺宣，勾勒红豆的精神家园

（刊载于2017年7月百花洲文艺出版社《八一诗选》）

（县诗词学会 夏希虔供稿）

2017年度新书榜

【龙游文库·龙游历史文献集成（影印本系列）】 挖掘、整理、展示龙游历史文化的深厚底蕴，以便“在对历史的深入思考中做好现实工作、更好走向未来，不断交出坚持和发展中国特色社会主义的合格答卷”（习近平总书记语）。同时，也借助此项工作的开展，推进文化强县建设，打造特色文化品牌，促进文化产业发展，提升文化软实力；扩大龙游对外知名度和影响力，推进文化与旅游的结合，促进文旅融合发展；提升文化素养，推进精神文明建设，增强人民群众爱国爱乡情感。本着以上目的，龙游县史志办于2016年开始启动《龙游文库•龙游历史文献集成（影印本系列）》（以下简称《龙游历史集成》）编纂出版工作。由于这些著作存世量甚少，使用价值有较大局限性，整理上也有相当难度，因此采用原书影印的方式，目的在于抢救和留存，使散藏于各大图书馆善本书库中的先贤著作回归龙游。《龙游历史文献集成》由国家图书馆出版社出版。主编黄国平，副主编劳乃强、蓝锦国。中共龙游县委书记刘根宏作《总序》，强调影印这些古籍的目的是为了“让龙游百姓和后辈子孙看得见历史、听得见人文、记得住乡愁”，要求“各方有识之士一起关注、加入到我们这项文化工程中来，在物质富裕、精神富有道路上共襄盛举”。《龙游历史文献集成》共收录龙游先贤著作或和龙游有关著作38种76册，分装成10函。按《四库全书》经、史、子、集分类，其中“集部”类因使用价值较高，将在标点、整理后再出版，因此暂未收录。

经部：

《诗说》，宋·刘克撰，2册。

《尚书详解》，宋•夏僎撰，6册。以上为1函。

史部：

《天台山方外志》，明·释传灯纂，3册。

《幽溪别志》，明·释传灯纂，2册。

《珠官初政录》，清•杨昶撰，1册。

《滇南矿厂图略》，清•吴其濬撰，清·徐金生绘辑，1册。

《凤梧书院藏书目》，清·张炤编，1册。以上为1函。

万历《龙游县志》，明•万廷谦纂修；附：《万历龙游县志辑佚》，民国•余绍宋辑；共1册。

康熙《龙游县志》，清•卢灿修，清·余恂等纂；3册。

《民国龙游县志初稿》，民国•余绍宋纂；附：《龙丘戢匪纪略》，清•杨葆光撰；共2册。以上为1函。

民国《龙游县志》，民国·余绍宋撰辑，16册。分装2函。

子部：

《心医集》清·祝登元撰，3册。

《祝茹穹先生医印》，清·祝登元撰；附：《祝茹穹先生医验》，清·祝登元撰；共1册。

《症治实录》，清·项文灿撰，1册。以上为1函。

《革象新书》，元•赵有钦撰，1册。

《重修革象新书》元•赵有钦撰，明·王祎删润，1册。

《广列仙传》，明·张文介辑，2册。

《新刊古今类书纂要》，明·璩崑玉编，3册。

《赖太素龙游县图记》，清人编，作者不详，1册。以上为1函。

《大佛顶首楞严经玄义》，明•释传灯述，1册。

《楞严圆通疏前茅》明•释传灯述，1册。

《大佛顶首楞严经圆通疏》，元·释惟则会解，明•释传灯疏，5册。

《妙法莲花经玄义辑略》，明•释传灯录，1册。以上为1函。

《维摩诘所说经无我疏》，明•释传灯撰，4册。

《弥陀略解圆中抄》，明，释大佑解，明释传灯抄，1册。

《永嘉禅宗集注》，明•释传灯重编并注，1册。

《天台传佛心印记注》，明•释传灯注，1册。

《净土生无生论》明•释传灯撰；《礼吴中石佛起止仪式》，明•释传灯集；《幽溪无尽大师净土法语》，明•释传灯述。合成1册。

《性善恶论》，明•释传灯撰，1册。

《观经连环图》，明•释传灯绘图并摄颂，1册。以上为1函。

《画法要录》，民国·余绍宋撰，2册。

《画法要录二编》民国·余绍宋撰，2册。

《书画书录解题》，民国·余绍宋撰，3册。以上为1函。

（县史志办 劳乃强）

《新龙商风云录》 张水祥著，纪实文学，刘根宏序，现代出版社2017年6月出版，书号ISBN 978-7-5143-5527-7，231页，185千字。作品由“跑在路上”“赶在路上”“冲在路上”三部分组成。该书记录了一部分有代表性的当代新龙商代表人物纵横商场的创业故事、比智拼勇的励志经历、令人瞩目的辉煌成就，用一个个鲜活的创业例子，记录“新龙商”从草根创业者到成功企业家，把小作坊做成行业领军企业、把市场拓展到海外的酸甜苦辣，生动描绘现代版“龙游商帮”是怎样炼成的故事，激励广大创业者奋发图强、勇担重任，为实现龙游加快奔跑崛起、建设区域明珠型城市增添新的动力。

《原上草》 张水祥著，散文集，团结出版社2017年9月出版，书号ISBN 978-7-5126-5563-8，279页。作品由“草中露”“露下土”“土边陌”“陌上花”“花之雨”“雨里歌”六部分组成，收录作者在省、市、县各级报刊上发表的各类文章115篇。作者系浙江省作家协会会员、浙江省衢州市高层次人才联谊会会员，笔名阿葳，1964年出生，原龙游县文联副主席。

《纵游两江》 龙游县旅游委员会编，系龙游旅游指南，中国文史出版社2017年11月出版，书号ISBN 978-7-5034-9872-5，265千字，265页，有彩色插页36页。主编黄国平，执行主编劳乃强，副主编李慧，龙游县县长张晓峰作序。《纵游两江》由“舟游衢江”“凤翔之洲”“千古石窟”“红木胜境”“双流联绾”“翠光春色”“鸡鸣秋晓”“古城新颜”“龙丘话旧”九个板块共49篇文章组成，图文并茂，是一本众人合力完成的“两江”（衢江、灵山江）记游力作。“两江”是龙游人的母亲河，一直是龙游旅游的老家底，是老祖宗留下的宝贵财富，龙游历史上的“龙游商帮”、能人志士就是沿着“两江”走向世界的。在资料有限的情况下，作者多方查找资料，结合自己的感悟，把“两江”风貌和历史遗存还原成文字，让读者进一步了解“两江”，热爱“两江”，从历史遗迹中领会龙游古城曾经的繁华和不减当年的无限风光，把龙游的风味人情辐射到四面八方。

《龙游商帮》 劳乃强、黄国平合著，商务印书馆2017年1月出版，书号（衢州文库）ISBN 978-7-100-12900-8，208页。这是一部龙游商业史的研究专著，全书分为“龙游商帮研究综述”“龙游商帮的萌发”“商道迢远”“鼎盛时期的龙游商帮”“追寻商帮遗踪实录”“龙游商帮的历史评价”“商人传”七章。“龙游商帮”是中国十大商帮之一，是以浙江衢州府龙游县为中心的衢商集团，萌发于南宋，兴盛于明代中叶，以经营珠宝业、贩书业、纸张业著名，“龙游商帮”以一府一县之地为基础，聚集了大量资金，称雄一时，有“遍地龙游”之誉。该书是对“龙游商帮”的系统研究，内容涵盖龙游商帮历史、商道、评价、遗

踪、名人传记等。作者参考众多的史料和文献，经过反复研究，上下求索，终将“龙游商帮”这一段历史真相再现在世人面前，展示“龙游商帮”非凡的勇气和毅力，以敢为天下先的开拓精神，开创一段历史的辉煌，是“龙游商帮”研究的一大成果。

《陌上清歌》 “陌上·桑”诗社编著，诗集，北京团结出版社2017年5月出版，书号ISBN 978-7-5126-5138-8，153千字，202页。龙游县文联副主席张水祥序。《陌上清歌》是原塔石小学7位年轻老师组成的“陌上·桑”诗社的作品集。全书由七部分组成：“水木槿”，作者陌儿（王春燕）；“光阴的碎片”，作者伟军（姜伟军）；“梦的旅行”，作者紫菱（王凌霞）；“只为君心”，作者辛夷（张辉）；“闲居庭”，作者宜峰（汪益峰）；“心中的花雨”，作者下弦月（刘娟）；“黎明的黎明”，作者建军（徐建军）。

《湖镇民间艺术》 张坤编著，中国文史出版社2017年3月出版，书号ISBN 978-7-5034-9014-9，132千字，194页。该书由《湖镇民间文化丛书》编委会主持编辑出版，主任刘明鹤，主编张坤，湖镇镇党委副书记、镇长江建新作序，全书由“民间舞蹈”“民间戏曲”“民间匠作”“民间工艺”四部分组成，图文并茂，记录“中国民间文化艺术之乡”“浙江省民间艺术之乡”湖镇镇多彩的民间舞蹈、民间戏曲、匠作文化及现代工艺等方面的历史文化遗存，反映古镇民间艺术文化的繁荣以及精湛的手工工艺。

《模拟快乐》 徐均生著，小小说集，江西高校出版社2017年1月出版，书号ISBN 978-7-5493-5054-4，160千字，217页。徐均生，中国作家协会会员，工作在龙游，已出版小小说集10部。小小说集《灵魂的颜色》获2009年冰心儿童图书奖。

《痕迹》 江正著，个人文集，团结出版社2017年5月出版，书号ISBN 978-7-5126-5138-8,202千字， 223页。江正，龙游县作家协会会员，龙游县第二高级中学语文教师，业余爱好阅读和文学写作，这是他的一本个人文集。全书分为“我思故我在”“尘世有温情”“飞鸿踏雪泥”“看见我自己”“另一个世界”“诗意地栖居”“儿子的天空”七个章节。其中“诗意地栖居”为其创作的诗歌，“儿子的天空”收录其儿子的7篇习作。

《龙游年鉴(2017)》 龙游县地方志编纂委员会编，方志出版社2017年12月出版，书号ISBN 978-7-5144-2540-6,525页，997千字，大16开本，精装，另有彩色图版插页108页。编纂委员会主任张晓峰，副主任徐宾、陆寿泉，办公室主任黄国平。主编黄国平，副主编吴永建，责任编辑方冬成、邓根林、劳晓天、陈捷、姚金良、徐滨。全书由30个类目组成，并另设附录，是中共龙游县委、县人民政府主办，县史志办公室组织编纂的地方综合年鉴，全面、系统、翔实地汇辑龙游县年度自然、政治、经济、文化、社会等基本面貌和发展状况。全书以县机关各部门、各乡镇（街道）等为

基本记叙主体，记载2017年度全县各条战线和各项事业的发展情况，旨在为各级领导资政决策提供依据，为社会各界和中外投资者了解龙游提供丰富翔实的地情资料，并为今后续修《龙游县志》积累资料，是一部政府公报性的工具书，是宣传龙游、介绍龙游的金名片。

《共产党宣言》（华岗译本） 中共龙游县党史资料征集研究委员会编，浙江人民出版社2017年6月出版，书号ISBN 978-7-213-08122-4，485页，425千字，精装。主编黄国平，龙游县委书记刘根宏作序。《共产党宣言》对中国革命具有重大影响。华岗是龙游籍的早期共产党员、无产阶级革命家，是中国第二个翻译《共产党宣言》的人，也是中国共产党成立后翻译《共产党宣言》的第一个中共党员。2017年，龙游县史志办公室在中共衢州市委党校占卫东、叶志东和龙游县委党校洪国政的帮助下，收集到新中国成立前各时期华岗《共产党宣言》的7个版本，并有代表性地选取其中不同时期的4个版本，按当时的原貌进行影印出版，原汁原味地保存这部具有时代意义的革命文献。

（县史志办 邓根林）

国家AAA级旅游景区——姑蔑城（吴永建 摄）

新事拾遗

【让龙游土货插上腾飞的“翅膀”】 龙游县是阿里巴巴在全国推广农村电子商务的首批12个县域之一，龙游县政府与阿里巴巴合作，成立了“农村淘宝”县级运营中心，通过村淘服务站和第三方物流等载体，探索打通农村物流的“最后一公里”，为农村电商发展解决瓶颈问题。2016年3月，溪口镇电子商务运营中心的负责人雷雨将自己的村淘服务站搬迁至村服务中心内，并注册5个企业店铺，在网上销售冬笋、山茶、蜂蜜、土鸡、发糕等土货及合作社相关产品，做起农产品上行业务，入驻运营中心的产品销售额达3000多万元。至2017年年底，龙游县已完成120个“农村淘宝”村级服务点建设，全县网络零售额达21.08亿元，让土货插上腾飞的“翅膀”，促进农业增效、农民增收。下一步，龙游县计划在人口800人以上的行政村建立225个“农村淘宝”村级服务站，帮助农村有梦想的青年在家门口实现创业梦，实现农村物流进万村，打通“网货下乡”和“农产品进城”双向流通的“最后一公里”屏障。

【“乡韵庭院”创意大赛】 2016年6月，龙游县妇联根据龙游县委、县政府《龙游县乡村“一县一带”建设实施意见》的精神，为进一步提升“贺田模式”，塑造典型，整合县机关妇委会巾帼团队力量，采取每个妇委会与农户“一对一”的结对模式，在后田铺村与35户结对开展乡韵庭院创意大赛。2017年1月11日下午，由龙游县妇联主办的全县乡韵庭院创意大赛颁奖大会在龙洲街道后田铺村举行。为充分发挥后田铺村的“乡韵庭院”创意大赛示范作用，4月7日，龙游县召开乡韵庭院创建大赛动员部署会，通过乡韵庭院创意大赛，发动全县广大妇女和家庭改造庭院，以净化、序化、绿化、美化、德化为标准建成一批有特色的农家庭院，带动形成一批有特色、有亮点的重点区域景观，助推龙游县“一县一带”美丽乡村创建。

【番薯面摇身一变“黄金丝”】 2017年1月9日，溪口镇石角村李茂芳家的大院中，一排排竹筛子上晒着的番薯面在日光的照耀下愈发晶莹剔透。李茂芳从事番薯面加工40余年，每年加工番薯达6万千克。番薯面是绿色食品，吃起来口感筋道，近年来越来越受人们的青睐。李茂芳“80后”的儿子李正冬和儿媳曾就职于江苏昆山，属于企业高管，夫妻俩月薪加起来过万元。2015年年底，夫妻俩决定辞职回老家帮忙“刨”番薯面。儿子跟着父亲学手艺，儿媳和女儿则负责销路。人手有了，传统手工艺配上现代化的机械，李茂芳如虎添翼，精心制作，下定决心要把番薯面做成龙游品牌。随着石角村乡村旅游的成功开发，村庄变美了，乡村旅游火了，李茂芳家里的番薯面也跟着出了名，不但在本地十分紧俏，并通过“农村淘宝”服务站远销云南、北京等地，每千克番薯粉能卖到30～50元，番薯面竟成了“黄金丝”，供不应求。看来，李茂芳他们要实现自己的“雄心”，并不那么遥不可及。

【为娱而渔——放流】 钓鱼能够陶冶情操，有利于身心健康，这是大多数钓鱼爱好者的共识。他们特别享受钓鱼时的那份淡然、沉静，特别是静静守候后小有所获的那份成就感；还有那回去后的分享之乐。这，就是钓者的乐趣。为保护渔业资源，使这份乐趣不至于消失，元宵节前，龙游钓鱼运动协会组织协会成员在灵山江畔举行“珍爱放流”活动，共放生大小鱼苗1万尾，均属常见鱼苗种类。放流的鱼儿可以过滤水中的藻类和浮游生物，起到净化水质和控制藻类的效果。通过放流活动，表达了钓鱼爱好者维护水域生物的多样性、改善水质、保护渔业资源、绿色发展的心愿。

【龙游县表彰2016年度“最美龙游人”】 2月14日，由中共龙游县委宣传部主办，县文化广电新闻出版局、县广播电视总台承办的“最美龙游幸福乡音”“最美龙游人·2016年度人物”颁奖晚会暨农村文化礼堂精品节目展演在龙游国际影城隆重举行。晚会分“古韵龙游”“最美龙游”“奋进龙游”3个篇章。2016年，“最美龙游人”的事迹依然层出不穷，涌现出火海救人的县规划局规划测绘队救人群体、助人不留名的合力救助翻车老人群体、坚毅顽强无私奉献的师德模范方永进等英雄人物和先进模范。5年来，龙游县“最美”现象蔚然成风，累计评出“最美龙游人”91名。“最美龙游人”成为龙游人践行社会主义核心价值观的典范，干部群众学有榜样，做有标杆。5年来，龙游县农村文化礼堂建设风生水起，至2017年年底，全县已建成文化礼堂84家，村民们身有所栖、心有所寄，文化礼堂已成为乡村凝心聚力的精神家园。

【龙游三勇士合力伸出援手】 2月20日中午12时17分左右，一辆遂昌牌照的红色轿车不慎冲入龙游县沐尘水库。百米远的筏钓者周顺根看到后，怕游过去救人来不及，连忙打电话给水库管理员蓝宗振。蓝宗振放下电话，立即叫上二位同事，飞快地冲向停在岸边的快艇。仅用了3分钟，快艇就到达现场。此时，红色小轿车正往下沉。蓝宗振边吩咐同事边脱衣服往水里跳，打开小轿车的后备箱，探头叫喊，没有回应，又迅速转向车门，后门没入，前门也看不到人。“快解开安全带！”蓝宗振叫喊道，可还是没有回应。情况危急，蓝宗振憋了口气，潜入车中寻找，三秒、四秒、五秒……他浮出水面吸口气……当蓝宗振再次潜入水中时，感觉到一只脚被手勾住了……说时迟，那时快，蓝宗振一把抱住了司机的身体，咬咬牙，与同时潜入水中的同事吴岳军合力把人拖了上来。10分钟后，110来了，落水女司机被送往就近的遂昌县北界镇卫生院抢救，脱离了生命危险。当天“微龙游”首发《一轿车失控冲入沐尘水库，龙游3勇士合力施救……》，阅读量突破10万，2800多名粉丝给予点赞。21日，《今日龙游》刊发这则新闻，县委书记刘根宏对此批示褒奖；腾讯大浙网发布弹窗新闻（向三千万用户发送弹窗，点击260万）；《衢州日报》、浙江新闻APP相继报道。22日，中央电视台新闻频道（CCTV-13）《新闻直播间》播出《浙江龙游：轿车失控冲入水库，众人救起落水者》，《浙江日报》、中国新闻社等权威媒体纷纷报道转发，在社会上引起强烈反响。

【电瓶车肇事逃逸，交警智解疑团】 2月13日18点40分许，龙游县交警大队接到报警：一老人被车撞后晕倒在药店门口。交警赶到现场，沿着老人行走的方向，在距离药店200米左右的位置找到了事故现场，现场发现黑色电动车碎片。通过对周边群众的走访，发现无人留意电瓶车及肇事者的信息。这时，医院传来被撞老人情况严重的消息，医生初步判断为脑部出血。交警立即调取事发路段的监控视频，进行一一排查，一位骑黑色电瓶车的红衣人进入警方的视线。由于当时天色晚、视线差，车辆特征信息不明显，为了尽快破案，侦查人员从晚上7点至第二天凌晨2点，通过反复查看比对，确定了电瓶车消失的方向，但该方向有多条小巷贯穿，人员复杂，人员流动性大。第二天，民警们兵分两路，一路民警在区域内挨家挨户走访；另一路民警则根据掌握车辆信息，走访各电动车销售点，列出该类车的购买者，但经过一天查访，没有发现任何有用的信息。案件侦破组紧急召开案情分析诊断会，侦查人员根据肇事者的衣着，推测可能是城北某企业的员工。根据这一线索，警方对各老旧小区20余处出入口进行细致排查，终于在某区域一处路口再次发现肇事嫌疑人和黑色电瓶车的踪影。经勘察，该车碰撞痕迹与事故现场遗落的碎片相吻合。肇事者缪某在种种证据面前终于承认了错误，愿意对伤者进行赔偿，事故得到相应的处理。

【五旬夫妻砸重金打造精品民宿】 2016年5月，居住在杭州的翁岳琴回龙游老家，受邀到官潭村龙山游玩。她一到龙山就被这里的风景吸引住了：灵山江面微波粼粼，冒着绿芽的水杉和苍翠的龙山相互呼应，偶有村民走在横跨江面的官潭大桥上，静谧得如一幅田园山水画。官潭村及周边还有266.67公顷的花海和正在建设中的青少年运动拓展中心，很能吸引人气。看到江边闲置着的原官潭乡政府办公大院(2005年撤乡扩镇，官潭乡划归龙洲街道），翁岳琴便有了创办精品民宿的设想。返回杭州后，翁岳琴立即把看到情况的和自己的设想告诉丈夫张亚康，两人一拍即合。同年9月，翁岳琴夫妇找到龙洲街道办事处，希望能租下闲置的原官潭乡政府办公大楼，在原建筑基础上进行改造，走“旧时光”路线，打造精品民宿。夫妻俩的想法和街道的思路不谋而合，街道也计划激活闲置资产，招商引资，以点带面搞活乡村旅游。当即，双方签下了20年的租赁合同。翁岳琴夫妇决定投入毕生积蓄3000万元，保留原2幢占地面积1500平方米的办公大楼，将其改造成20余个面积为20多平方米的公社式宿舍，拆除另两幢危房改建成公社式高端食堂；设立20世纪五六十年代物品展示厅……打造成精品民宿——官潭公社龙山客栈。2017年2月21日，官潭公社龙山客栈破土动工，看着老房子一天天在变样，翁岳琴和张亚康夫妻充满着期待。

【龙游籍军官温国良获“东海强军先锋”荣誉】 温国良出生在龙游县龙洲街道渡贤头村。2001年，温国良高中毕业，考入海军院校。2005年，温国良分配到东海舰队初建的某岸导团技术营，先后担任排长、副连长、连长、副营长等职，2013年任营长至今。12年来，温国良刻苦钻研导弹技术保障，成为有名的“导弹通”，先后带领部队完成各类演习演练任务，多项革新得到应用推广。他连续3次带队参加海军比武，均取得第一名；在2016年的东海舰队比武中，获得单项比武第1名。2017年年初，温国良被东海舰队评为“东海强军先锋”。3月2日晚，东海舰队举行第三届“东海强军先锋”颁奖仪式，授予温国良的颁奖词是：“千琢璞为玉，百炼铁成钢。从‘门外汉’到‘导弹通’，从技术空白到战法创新，十二载年华见证奋斗历程，千百次尝试终得累累硕果。霹雳出鞘，长剑封喉，他用执着和坚守换来的胜利捷报回响在万里海疆。”

【一剂治疗退休综合症的良药】 许多人一退休，就觉得无所事事，头脑晕晕，身体这里不舒服那里不舒服，这大概就是人们常说的退休综合征症吧。余润萍找到了一剂治疗退休综合征的良药。余润萍曾是龙游县十里铺小学的教导主任，2012年退休后，她一直奋战在环保一线，目睹和参与了所在住宅小区从“脏乱差”变成“整齐美”的全过程。她每天早出晚归，从清除杂物、绿化、排污，再到休闲设施建设，每件事都有她的默默付出。为了自己钟爱的环保事业，她已经多年没去衢州女儿家里了，春节也没机会去。如今，余润萍成了小区业主委员会主任，更觉得小区的工作一天也不能落下。除了创卫，余润萍还需照料家中95岁的老父亲。她每天早上6点出门打扫卫生，到8点钟，估计父亲差不多醒了，就回家照顾老父亲，午后，父亲睡了，她再出门捡垃圾。余润萍的行为赢得了小区居民的尊敬，但也有一些亲朋好友对余润萍坚持做一份无报酬的工作不理解。余润萍坦然回答：“其实美好的社区环境就是对我最大的回报，也让我的退休生活丰富多彩。”如此充实地退休生活，还会治不好常人口中的退休综合症吗？

【足不出户，证书到家】 以往企业申请办理一张“全国工业产品生产许可证”是网上申请了之后，需将纸质材料送到县市场监管局经过核实、审查和审批，还要送往衢州市质监局批准，然后，市里派专家到现场核查，才算审批完成，证书也得由市里发放。若中途需要整改，还需来回跑，通常情况下，办一本这样的证书需要花费两三个月时间。浙江省委、省政府提出“最多跑一次”改革以来，龙游县市场监管局迅速行动起来，取得很好的效果。2月中旬，龙游县小李彩印厂的负责人李晓慧在网上申报办理“全国工业产品生产许可证”，3月17日，县市场监管局质量与标准化科工作人员就将证书送到李晓慧的手中，这是龙游县发出的首张企业“足不出户”证书就送到家的许可证。这只是县市场监管局众多办理事项中的一项。至年底，该局已分两批向社会公布“最多跑一次”办理事项共153项（其中公共服务事项54项），80%以上事项实现“最多跑一次”，县市场监管局全年办理“最多跑一次”许可事项80余户。

【龙游出了个“武林英雄”】 香港国际武术节是国际上最具影响力的武术赛事之一，每年举办一届。3月17日—19日，第15届香港国际武术节在香港沙田马鞍山体育馆举行，来自中国、俄罗斯、法国、美国、意大利等60多个国家和地区的260个代表队、4000多名运动员参加比赛。龙游县妇保院职工曾海峰参加男子M10陈氏太极拳传统类和M10陈氏太极剑2个项目比赛，以8.76和8.70的高分斩获两枚金牌，被授予“武林英雄”称号。

【母子路上捡到7万现金的背包】 3月26日7时许，王菊红和儿子毛羽华逛完超市回家，途经衢龙路老广场附近时，一辆电动车从他们身旁疾驰而过，只听“砰”的一声，约20米处，一只蓝色背包从电动车上掉下。王菊红大喊一声，但车主压根没听见，骑往远处。母子俩赶忙捡起背包，拎着还挺沉的。毛羽华建议打开包看看能否查到失主的一些信息。背包打开的瞬间，母子俩都吸了一口气——包里零乱地装满百元、五十元和小额面值的现金，其中一个红色的小布袋里全是一沓沓的百元大钞。“这里大概有七八万元钱，失主肯定急坏了。”母子俩决定边走边等失主，再不行的话，就直接送到派出所去。母子俩行走了七、八分钟，看到街对面一对夫妻好像在找东西，王菊红就朝他们喊到：“喂，你俩在找什么？”夫妻俩听到王菊红的问话，就说明事情的原委。原来，陈汝香夫妻是在批发市场做冻货生意的，他们前不久刚从城西冷库取了2件货放在电动车的踏板上，给衢龙路上的一商家送去，顺手把装有巨额现金的背包放在货上，不料车子一颠，背包就滑落到地上，两人因急于赶路，竟然都没有察觉到。当陈汝香准确地说出背包内物品的信息后，王菊红母子毫不犹豫地把背包还给了陈汝香。7万现金失而复得，夫妻俩十分激动，欲用现金作谢，被王菊红婉言谢绝。27日下午，陈汝香为拾金不昧的王菊红母子送去了锦旗。

【乡村小学建起“高大上”的科技馆】 年初，龙游县第一所乡村小学科技馆在溪口中银小学落成。科技馆位于学校实验楼一层，约2个普通教室大小，但麻雀虽小五脏俱全。一进门，四台方方正正的电脑设备映人眼帘，点开目录，进入一门虚拟实验课程，随着鼠标的移动点击，屏幕上的实验器材也跟着移动，仿佛真的站在实验台前，一丝不苟地进行着实验操作。四台“虚拟实验室”仅占据科技馆一隅，“天籁之声”“光影之绚”“电磁探秘”“运动之旅”“投影感应”等区域也各有吸引学生的地方。有着魔法一般的“辉光球”绚丽多彩，握住它就像掌控了宇宙的闪电；一启动声驻波，管内的泡沫颗粒就在“嗡嗡”声中，如同波浪一样有序前移；在斜面低端松开扶着椎体的双手，椎体沿着轨道向上滚去……各式各样的体验内容，在布置成绚烂星空的环境灯下显得不可思议。科技馆里最受学生欢迎的当属机器人俱乐部。跨过一道门，众多现代机器人模型立于展示墙上。学生用遥控机给一尺高的交互体验机器人下达各种动作指令：可以前后移动、左转右转；也可以自己编程，为机器人设计动作，过一把操控机器人的瘾……乡村学校的科技馆，圆了农村孩子在校园里享受科技大餐的梦想。

【打造黄茶文化，游享山水龙游】 4月5日，在罗家乡缪家村黄茶研发基，“美丽黄茶，香飘龙游——2017龙游黄茶文化旅游节”隆重举行。活动由龙游县委宣传部主办，县茶文化研究（促进）会、县旅游委员会、罗家乡人民政府承办。县委书记刘根宏宣布2017龙游黄茶文化旅游节开幕，县委副书记、县长张晓峰致辞。活动期间，“罗家乡黄茶协会”正式成立，“龙游黄”茶公共商标也正式启用。近年来，罗家乡围绕县委、县政府“两化两游”战略目标，坚持以自然环境为依托，大力发展茶产业，努力推进“中黄3号——龙游黄茶”品牌建设，并结合乡村旅游，走出一条“以茶促旅、以旅兴茶”，积极打造茶文化、农耕文化、原生态加工体验为一体的独具特色的“茶旅”经济融合发展之路。至2017年年底，“中黄3号”在罗家乡已有近千亩的种植规模。

【溪流中的生命营救】 4月5日中午12时许，在社阳乡红光村田主畈公路桥上，一辆红色皮卡不慎冲破桥头栏杆，坠入距桥面5米多高的社阳溪中，倒扣在溪水里。前往工地的浙江龙游宏业建设有限公司施工队员黄小军和袁小军目睹这惊心动魄的一幕，连忙向桥下的车子跑去。黄小军用脚踹碎车窗，把副驾驶座的男子拉出。由于驾驶座被撞至变形车门无法破开，女司机被安全带牢牢拴住，头脚倒置，头部已浸入水中，情况危急。路过此地的公司总经理金移龙带着徐晓涛、尹志荣、叶俊等工友加入救援队伍，将车子成功翻身，用橇棍和桩木对驾驶室实施扩张作业，成功救出已陷入昏迷的女司机，并对其进行人工复苏施救，及时送往医院抢救。当天“微龙游”首发《货车从5米多高的桥上坠入溪流，龙游众勇士合力救援》，阅读量达18000多人，600多粉丝给予点赞。6日，中央电视台新闻频道（CCTV-13）《新闻直播间》、浙江卫视《新闻深一度》分别播出《浙江龙游：皮卡车坠溪流路人跳水营救》和《浙江龙游车辆翻入溪流，建筑工人出手相救》，其他媒体纷纷报道转载，龙游人见义勇为、乐于助人的美德再次在社会上引起强烈反响。

【整治“赤膊墙”，旧房换新颜】 龙游县高度重视“赤膊墙”的整治工作，把它作为美丽乡村建设工作的重要内容来抓。2016年，全县开展了“赤膊墙”整治专项行动，共有95.34万平方米的“赤膊墙”换上了“新装”，在全市率先实现高铁、高速、国省道沿线，灵山江、衢江景观带沿岸基本无“赤膊墙”的目标。2017年，按照“属地全面负责、部门分类牵头”的原则，由县农办牵头，协同乡镇（街道）对灵山江山水风光线、龙天红木小镇旅游线、竹海风情运动休闲线、十里荷花观光沿线等4条美丽乡村风景线可视范围内的“赤膊墙”开展地毯式排查，并纳人问题整改清单，共排查出2102户共496119平方米赤膊墙，纳入整治任务。至年底，龙洲街道、溪口镇、模环乡、塔石镇、横山镇、沐尘乡、石佛乡等7个乡镇（街道）已完成招投标（其中石佛乡已进场施工；龙洲街道已完成整治任务总量的60%，共9000平方米），其他乡镇将陆续进行招投标。县政府制定“每周一报”制度，对主要道路沿线粉刷情况进行巡查，挂图作战。5月底，全县“赤膊墙”整治任务全面完工。

【大山深处“孝声”扬】 4月15日，龙游县大街乡党委、政府举办以孝文化为主题的机关干部家长开放日活动，乡干部们带着父母陆陆续续地赶来。许多干部在大街乡已工作四、五年，还是第一次带父母到自己的工作单位。10时许，受邀请的36名干部家长按时赶到乡会议室，“孝”文化主题活动拉开序幕。活动先播放大街乡经济社会发展及干部工作、生活图文的PPT，随后进行文艺演出：诗朗诵《有一种幸福叫“上有老”》道出了全体干部“孝”的心声；独唱《父亲》《母亲》触及人们心灵的最深处……人群中有人红了眼，有人偷偷地抹眼泪。活动搭建起了乡机关干部与父母之间开放、交流与沟通的平台。以前，有的干部家长总觉得儿子（女儿）上班远，生活不便；有的曾抱怨子女忙于工作照顾自己少。而今天，看到大街乡经济社会的发展成就，全国著名的“贺田模式”推广也有自己儿女的功劳，家长们深感自豪。干部与父母相聚一堂，共同感受特殊大家庭的温暖，增强了乡干部的归属感、自豪感与责任感，树立忠孝德的良好风尚，引导干部成为努力工作、孝老爱亲的典范。

【网格群"全能小工"能量大】 龙游县创国卫阶段，各行政村、社区各有法宝。其中，龙洲街道城角坊社区专门成立了"网格群"，进行网格化管理。该社区所辖的城角坊、岑山、谷水、东园、朝阳、南门6个小区属村居混合社区，人员复杂，且多数小区为老旧小区，基础设施老化问题普遍出现。由于这些老旧小区没有物业，部分业主将杂物随意堆放在楼道和通道上，不但影响美观，而且行走不方便，严重影响小区内居民的日常生活。社区充分利用数字化平台，将6个小区分成20个保洁网格，网格群的网格员由各小区党支委书记、社工、楼道长组成。网格细化分解到每一个路段，每个网格员都有自己管辖的网格区域。每天早上7点左右，网格群就开始活跃起来，网格员将每天巡查管辖区域内卫生监督情况实时传到网格群进行公开发布；网格员之间相互督促，发现问题后提醒负责网格区域的网格员及时进行处理。通过网格员、社工们的细致工作，小区渐渐亮丽起来，居民们自觉配合网格员的工作，主动参加环境保洁工作。城角坊社区网格化管理机制现常态化后，6个小区不仅都变"亮"，还更"靓"了。

【《大力山的姑娘》开机拍摄】 4月19日，《大力山的姑娘》在龙游县大大力山小学旧址举行开机仪式。这是一部讲述大力山小学教师廖美香为培养山区孩子坚守山村的纪录片。大力山，坐落在龙游县的西北，海拔约800米，山体延绵崎岖，山路依势而修，狭窄异常，山民出入不便。全村1006名村民分散居住在大力山的各个角落。那年，廖美香21岁，她来到大力山小学，一尺教鞭拿了33年，如今已是54岁的"老姑娘"了。33年，从这里走出了数百名学生；33年，承载了廖美香太多的记忆。导演刘培温和摄制团队用一个半月的时间，将廖美香33年执着坚守的故事，以影音的形式呈现在世人面前。

【"验水亭"助力剿灭劣V类水】 4月24日下午，一座由浙江省广电集团、省治水办、省环保厅联合设立的蓝色"验水亭"进驻龙游县。"验水亭"设立在县城荣昌广场，将在龙游县停留一周时间左右。市民随时可将不同水域水样装入水瓶，并在瓶身贴上注明河道、水库（水塘）名称、取水位置和联系方式等字样的标签，送到验水亭。县环保部门对水样进行检测，并及时向社会公开，成为龙游县劣V类水剿灭战又一"接地气"的实招。这天下午，"验水亭"刚设立，就有各乡镇（街道）的10余名"河小二"前来送检水样。

【百场消防电影进农村】 龙游县消防大队主动与县电影公司合作，以电影下乡为载体，自4月18日起在全县农村集中开展百场消防电影《119对你说》进农村展映活动。县消防大队从上千部优秀影片中筛选出群众喜爱的影片，在电影放映前先播放消防宣传短片《119对你说》，利用"农村数字电影下乡"平台，使广大群众既观看了电影，又直观生动地接受消防知识培训。消防电影进农村活动贯穿于整个"送电影下乡入村"活动。每晚，消防大队与电影公司派出8支放映队到农村、学校进行放映，通过寓教于乐的方式，把消防安全带入全县15个乡镇（街道），受教育民众达10万余人。

【打造教育"航空母舰"】 为进一步扩大优质教育资源，加快龙游县教育优质均衡发展进程，满足人民群众日益增长的教育需求，实现教育公平化，努力创建省教育现代化县，龙游县决定开展集团化办学试点工作。4月28日，由县教育局下发《关于成立西门小学教育集团和实验幼儿园教育集团的通知》，成立西门小学教育集团和实验幼儿园教育集团。西门小学教育集团由西门小学本部（凤梧校区）、西门小学分部（香溢校区，待建）、柳村小学（柳园校区）、樾园外国语小学（樾园校区）和灵江幼儿园（灵江校区）组成；实验幼儿园教育集团由实验幼儿园本部、红树林分园、城西分园组成。教育集团实行董事会领导下的校（园）长负责制，教育集团依法制定集团办学章程，规范运行机制，确保集团化办学的科学性，集团各成员单位之间实现名校资源共享、名师资源共享、管理模式共享，实现教学质量优势互补、特色发展，积极打造龙游城区优质学前教育和小学教育的“航空母舰”，优化龙游教育配制，提升龙游教育竞争力。

【仓库管理员监守自盗获刑又赔款】 仓库保管员的职责在于防止他人窃取管理的财物。38岁的刘某2015年从老家贵州来龙游打工，进入生产金属门的龙游县某工贸有限公司担任仓库保管员。因家庭条件差，她就利用职务便利，干起了监守自盗的勾当，伪造公司销售部出货单，并由公司货运渠道将金属门送到事先找好的江西买家手中。半年多时间，刘某先后作案23次，将681扇价值25万余元的金属门偷运出公司，并以每扇150元的价格销赃，非法获利93150元。2016年6月，公司财务在审核账目时发现仓库货物收支严重不平衡，怀疑失窃立马报案。经民警侦查，发现犯罪嫌疑人竟是仓管员刘某。2017年，经龙游县人民法院审理，因刘某归案后能如实供述犯罪事实，予以从轻处罚，判处有期徒刑一年三个月，违法所得全部予以追缴，退赔给单位。

【18岁少年发明“盆栽保姆”】 在常人的印象里，一名18岁的高三学生应该是没日没夜地奋战在题海中，抑或拿着书来回熟读。然而，龙游中学高三(7)班楼之睿的18岁青春却是这样的——楼之睿家经营的是集空调销售维修于一体的专营店，楼妈妈素爱养“多肉”，可是为打理生意，忙起来就忘了管理，“多肉”“阵亡”了不少。看着妈妈懊恼又心疼的样子，孝顺的楼之睿打算要为妈妈做个“盆栽保姆”。高一那年，在学校老师的指导下，被称为“盆栽保姆”的智能护理器正式启动。经过不断的改进，2016年，这款小发明获得了浙江省科技创新三等奖。2017年，该项发明申请国家专利，并通过初审。为此，楼之睿做好了满满的计划：上大学后，他要选学电子机械类相关的专业，利用专业知识继续改进这款“智能盆栽护理器”，结合光照、水分、温度三要素，制作出更精确的“盆栽保姆”。他梦想让这款产品尽快投入市场，使得每个盆栽都有一个专属的“保姆”。

【龙游县再添一张“金名片”】 5月下旬，爱国卫生运动65周年暨全国爱国卫生工作座谈会在杭州召开，龙游县获国家卫生县城、大街乡获国家卫生乡镇。龙游县“创卫”工作启动以来，至今已有325天，目标终成为现实，从此龙游有了一张闪亮的金名片——国家卫生城市。“国家卫生城市”是由全国爱国卫生运动委员会评选命名的国家级卫生优秀城市，是全国重要的城市品牌之一，它既考察城市环保、市容环境卫生等指标，也考察居民的健康教育和健康促进、食品和饮用水安全等福祉。龙游县这张“金名片”是实至名归：县城生活污水处理率达84.52%；城区绿化覆盖率达39.84%，人均公共绿地面积10.85平方米；城区道路硬化率达100%，人行干道铺装率100%；城市生活垃圾无害化处理率达100%；市民对卫生状况满意率达90%；3年来未发生重大食品安全事故、重大职业病危害事故、重大实验室安全事故和因防控不力导致的甲、乙类传染病暴发流行的情况等。

【严查、严扣封闭式三（四）轮电动车】 三（四）轮电动车安全系数低、驾驶员安全意识差成为市民纷纷吐槽的对象。这件事引起龙游县委、县政府的高度重视。2016年11月，龙游县多部门联手在全县范围内开展三（四）轮车、残疾车集中整治，加强车辆属性鉴定和路面管控，共查扣车辆145辆，行政处罚124人，行政拘留1人，现场教育400余人，取得阶段性成效。2017年，市面上大部分三（四）轮车都属机动车，驾驶机动车上路基本按规定办理号牌和驾驶证，但仍有一部分无牌无证、非法营运的驾驶人员抱着侥幸心理驾车出行。为防止“死灰复燃”，巩固整治成果，县交警部门再次“全军出击”，对封闭式三（四）轮电动车进行严查严扣。5月17日，龙游交警7个路面中队与路政等相关部门联合行动，在龙游城区重点路段严阵以待，对无牌无证、非法营运的封闭式三（四）轮电动车按规定进行查扣，当场查扣非法三（四）轮电动车25辆，全县交通环境进一步得到净化。

【龙游发糕端上联合国总部】 曲曾波是生产龙游红糖发糕的龙游厨跃食品有限公司的技术顾问。4月，受美国餐饮协会、美国农业协会的邀请，曲曾波代表公司赴美国参加由中国烹饪协会带队的中美餐饮业交流会。根据组委会的安排，此次受邀的30多道中国“非遗美食”相关的厨师均有机会现场制作展示，并请与会的嘉宾品尝。出发前，曲曾波准备好制作红糖发糕的原料，等到了现场后一展厨艺，把原汁原味的龙游发糕在美国展示给世人。5月20日，曲曾波正式启程赴美。随后的几天中，曲曾波先后在纽约联合国总部、美国国会等地与同行的30多名厨师各施拳脚，献上一道又一道的中国美食。来宾对龙游红糖发糕评价很高，不断点赞，纷纷竖起了大拇指。龙游厨跃食品有限公司将龙游发糕推向全世界的梦想为期不远了。

【足不出户乐享智慧居家养老】 中国人口老龄化正在加剧。据民政部数据显示，至2016年年底，全国有60岁及以上老年人口约2.31亿，占总人口的16.7%，且“空巢”老人越来越多。老有所养已成为百姓最为关心的民生问题之一，健康养老成为社会各界关注的热点和难点。5月11日，浙江公任智慧养老服务有限公司在龙洲街道清廉社区成立智慧居家养老服务中心，专为老人开展身体检查，建立健康档案，完善居家养老服务。浙江公任智慧养老服务有限公司充分发挥龙游籍工程院院士杨小牛的智力引导优势，根据杨小牛院士提出的“互联网+”智慧居家养老模式，采用率领团队开发的智能健康手表、智能门窗安全控制系统、智能烟雾安全控制系统等各种智慧型居家养老产品。利用“智能感知——物联传输——云计算——020服务——大数据应用”的技术路径，搭建“智慧健康养老服务云平台”，有效整合社会资源、政府资源、信息资源、设备资源，实现“安全守护、医疗健康、生活照料、精神慰藉”四大服务，全方位满足老年人养老需求。通过智能手表与智养老云平台对接，中心可向第三方下单，为老年朋友提供家政、医护等服务，老年朋友足不出户乐享智慧居家养老成为现实。

【“本单位车辆不得入内”】 随着机动车数量的与日俱增，停车问题在城市日益突出。在车位资源紧缺的当下，如何在满足工作人员和兼顾方便群众之间平衡，考验着政府公权力的执政智慧。县交警大队因职能特点，每天接待的来访群众在千人（次）以上，其中开车来的占三四成，而在县交警大队上班的职工有百来人，其中四五十人开车上下班，一停就一整天，车位无法循环使用。交警大队的大院里车位总共80个左右，群众来办事常常“一位难求”，车位问题影响了群众的办事速度。6月上旬，县交警大队倡导绿色出行，给全体职工增加“新福利”，要求“本单位车辆不得入内”，让出车位给办事的群众。自职工们让出车位后，大院的拥堵情况明显好转，来办事的群众能快速找到车位，提高了办事效率。让出车位看起来是件小事，却畅通了群众的办事通道，折射出部门良好的服务意识，实践着为人民服务的执政理念。

【龙游车手登上漂移之巅】 张少华，1970年出生在溪口镇灵上村。他年轻时就很爱玩车，30出头还买了一辆富康车，常常半夜三更在老家连绵的山路上玩拉力。2003年，全国汽车拉力赛在龙游举行，张少华看得心潮澎拜，从此一发不可收，爱上了赛车和漂移。随后几年，张少华先后向香港、日本、澳大利亚的漂移师傅拜师学艺，漂移技艺不断攀升，并屡屡获奖。2017年6月11日，在D1 GRAND PRIX（简称D1）飘移大奖赛中国杯上海站的决赛场上，张少华再次续写中国骄傲，他一路击败泰国、美国和日本的4位选手，将冠军奖杯收入囊中。这是D1引进中国以来，中国车手第一次站上最高领奖台。

【“四个平台”与“村情通”助力抗洪抢险】 6月

24日8时至25日8时，龙游县平均降雨量达136.1毫米，其中浙源里站降雨量168.5毫米，全县各地不同程度地出现灾情，人民群众生命财产安全受到严重威胁。全县上下迅速行动，积极投入抗洪抢险。县“四个平台”（综治工作、市场监管、综合执法、便民服务运行平台）综合信息指挥中心每晚都灯火通明，大屏幕不时切换着全县各乡镇、各村多点多角度的视频画面，工作人员通过屏幕发现险情及时上报，流转交办，指挥处置。各乡镇（街道）干部充分利用“四个平台”综合信息指挥室，实时掌握各村道路、地质灾害点、危房等重点区域情况；网格员全天候巡查、值班，按综合信息指挥室指令“指哪打哪”，做到“弹无虚发”。一户至少一人加入的“村情通”信息覆盖面广、细节丰富，村干部在“村情通”中发布实时降雨信息和村民注意事项，及时收集村民反映的各类防汛信息，村民发现问题后通过“村情通”及时上报。尽管龙游汛情严重，但“四个个台”和“村情通+网格员”信息快报、交办快捷、处置快速，全县没有出现一起人员伤亡事故，小平台发挥了大功效。

【龙游首个社区少年宫成立】 龙游县实施“春泥计划”10年以来，开展的各项关爱活动为留守儿童、贫困儿童提供了大量的教育培训服务，为孩子们自主、生动、全面发展起到积极作用。为巩固成果，“春泥计划”创新思路，将其延伸至社区。6月30日上午，清廉社区2017“春泥计划”启动暨社区少年宫揭牌仪式在清廉社区居委会举行，龙游县首个社区少年宫正式成立，为更多的孩子健康成长提供平台。

【贾柏生获“全国模范调解员”称号】 1992年，贾柏生调任龙游县东华街道司法助理员。非科班出身的他从最基础的法律知识开始自学，拜懂法律的同事为师，在调解员的岗位上一干就是28年，调解处理各类矛盾纠纷2100多起，其中非正常死亡、群体性矛盾等重大疑难纠纷300多起，为纠纷当事人挽回经济损失数千万元，节约诉讼成本支出几百万元。2014年，贾柏生在调解员的岗位上退休，县司法局返聘其当调解特派员，任县调委会主任。退休后的2年内，贾柏生除参与10余起案件调解外，平日还到乡镇给村民上人民调解工作的培训课。2017年6月底，在北京召开的全国人民调解工作会议上，62岁的贾柏生荣获“全国模范调解员”称号，全国仅有41人获此殊荣。

【山村“跑腿书记”卓彦庆】 龙游县石佛乡大力山村位于海拔800多米的高山上。至2017年，卓彦庆已担任该村党支部书记24年。他带领村民挖山不止，用18年时间，硬是在崇山峻岭间开凿出29千米的机耕路，建起一个连接全村22个自然村的山区路网。20多年前，卓彦庆就开始为村民代办各类服务，为此他先后骑坏了4辆摩托车，总行程近50万千米，可以绕地球5圈，被村民亲切地称为“跑腿书记”。近两年来，政府一直在倡导“当好店小二”“最多跑一次”，令人敬佩的是，早在20年前，卓彦庆就做到了。这些年，在卓彦庆的带领下，大力山村渐渐多了“跑腿主任”“跑腿村委”，甚至还带动了整个石佛乡的“跑腿氛围”。

【儿子盗窃，父亲报案】 2年前，19岁的张迪（化名）从学校毕业，因父母长期不在身旁，形成自由散漫的个性，一直在外晃荡，游手好闲。7月6日，张迪因盗窃罪刑满释放回到家里，几经周折也没能找到一份稳定的工作，就寄住在外公家。8月3日，外公出门作客，张迪闲着无事，就像蚂蚁搬家似的搬走了外公家里的电冰箱、电视机、洗衣机、冰柜、脱水机等等，在县城一家二手电器店卖了450元钱。两天后，钱将花光，他又看上了父亲刚买的电瓶车。晚上11点左右，张迪带上备用钥匙，约上同伴一同去父亲打工的工厂，直接将车子骑走卖了700元钱。8月7日，张迪父亲发现不光自己的电瓶车不翼而飞，连岳父家也被搬空了，也就猜了个大概，恨铁不成钢的他一气之下打了“110”报案。当日，在审讯室里，张迪对自己盗窃事实供认不讳，但却幼稚地认为：其父的东西就是他的东西。民警建议：对青少年的盗窃行为，报案是明智的选择，但监护人更多的应是增强自身的责任心，多与孩子沟通交流，正确引导孩子树立正确、健康的价值观和人生观。

【小小身影温暖雨中的整条街】 8月9日，突如其来的暴雨让不少人都淋了个措手不及。下午5点左右，8岁的郑添轶因晚上有个演出，妈妈冒雨开车送他去参加彩排。当路过龙游县城荣昌路御龙湾小区北门附近时，郑添轶看见有一只垃圾桶倒在了地上，就非要妈妈停车，说要去扶垃圾桶。妈妈开始有些意外，但一想到家里一直都在教育孩子要爱护公物，今天儿子有这样的举动也是顺理成章，应该支持。妈妈停稳车后，郑添轶来不及撑伞就冲到了垃圾桶边上，费了好一番工夫才将垃圾桶扶起。妈妈很感动，用手机把这一幕记录了下来，随后被朋友们转发到了微信群与朋友圈。有网友赞道："小小的身影，足够温暖雨中的整条街。"

【一针玻尿酸毁了两个女人】 刘某在龙游县城开了一家美甲店，又盯上了微整形商机。2016年3月，刘某赴北京参加美甲培训，为了多赚钱，顺带学了2天的微整形课程。课程结束后，连针头都没碰过，对操作要领更是一知半解的刘某竟在朋友圈里吆喝起微整形生意。王某是刘某的闺蜜，得知刘某"学成归来"，便打算尝试一下玻尿酸隆鼻。两人商定后，刘某花500元钱从微信上买来一支玻尿酸和注射工具，8月3日，刘某在其店里为王某注射玻尿酸。刚打完，王某就出现手麻、右眼皮耷拉、视线模糊等不良反应。刘某见状，马上把王某送往龙游县人民医院医治，当晚又转往衢州市人民医院。后来，王某又到杭州、上海的专业医院治疗，但最终都被诊断为右眼动脉栓塞导致失明。王某只得安装了义眼（即人工佩戴假眼），且需三年更换一次。经衢州市医学会认定，刘某为王某的鼻子部位注射玻尿酸行为与王某右眼失明之间存在因果关系，王某的人身医疗损害等级为二级乙等，刘某要承担完全责任。王某向法院提起刑事附带民事诉讼。在案件审理过程中，经法院调解，王某与刘某就民事赔偿部分达成协议：除支付给医院6万元医药费外，刘某另赔偿王某其他经济损失45万元，分期付款。刘某随即支付13万元，并取得了王某的谅解。2017年8月11日，龙游县人民法院以非法行医罪一审判处刘某有期徒刑三年，缓刑五年，维持原赔偿协议，并处罚金1万元，并禁止刘某在缓刑考验期限内从事与行医及美容有关的活动。

【村警多服务，百姓少跑腿】 交通秩序由交警负责，片区里大小事由民警负责，那么村里的警务该谁负责呢？为了将"最多跑一次"改革向纵深推进，詹家镇积极探索村警模式，从20个网格员中择优选录15名村警。村警需要负责的工作很多，既要作为网格员按照各自负责的村域范围代办村里的事，又要肩负一部分警务工作。44岁的蓝伟平担任詹家镇浦山村村警一职，9月4日接到村民蓝发其的电话，说他想办理分户，但不清楚需要提供哪些材料。次日，蓝伟平就出现在蓝发其家，并帮他准备好村里的证明、双方分户协议、户籍证明等材料，蓝发其只需签字就可以了。蓝伟平只是詹家镇15名村警中的一员，他们在进行流动人员、出租房屋、入户分离登记信息采集的同时，还要管理村内建房、村内设施、安全设施、消防、食品卫生等方面的事情。全镇村警还组建成3个巡逻队，对詹家、夏金、马叶区域进行巡逻，有效提高詹家镇的治安防控能力，扩大村警的服务广度和深度，尽量做到"不出村、零跑腿"，方便老百姓办事。该模式已逐步在龙游县各乡镇（街道）推广。

【万名"红马甲"守护一座城】 穿上红马甲，带上红袖套，夜幕中的龙游城，这一抹特别的"红"格外显眼。从2016年5月开始，龙游县万名志愿者以"平安"的名义集结到这队伍中来，他们可能是老党员、机关干部、普通居民，也可能是社工、退休的大爷大妈、社区矫正人员……在日常的平安巡逻中，他们对D级危房处有人活动、窨井盖缺少、电线老化、夫妻吵架、环境卫生等等都要关注或处理，甚至连三五人聚合时神色不正也予以关注。自组建以来，“红马甲”们共排查各类安全隐患千余起，调解各类纠纷达200起，在织就社会的“安全之网”上，他们贡献着自己的一份力量。

【“7888555”我记住了】 10月18日中午，《今日龙游》热线“7888555”接到一男子的求助电话。男子叫邱小平，从社阳乡来到城里做外卖哥。一年前，他患上痛风（风湿类疑难杂症），病发时全身疼痛不能下地行走，还越来越严重。3个月前，妻子去诸暨打工一直未归，家里只留下他和3岁的女儿。此次发病已3天，他只能和女儿在家里挨饿。接到电话后，记者马上与男子所租住的阳光社区取得联系。下午2时许，众人来到男子住处，都被眼前的情景震惊了。男子趴在门前的地上，客厅、卧室到处都是垃圾和杂物，地上、床上还有不明排泄物，屋里又湿又臭，床上坐着一小女孩。阳光社区业委会主任汪水根马上将男子扶到椅子上，再给孩子穿上衣裤；社区主任王明珠安排人送食物；滴水公益会长管炳英不顾脏臭打扫卫生。管炳英当天就将3岁的女童带回自己家，给她洗澡，换上新衣服；王明珠联系上邱小平79岁的父亲，暂时请他来照料；社工们自发为邱小平捐赠助走器、米油等生活用品，还将邱小平的境遇发到朋友圈。次日，许多好心人前来捐赠衣物、被子、现金。邱小平连声感谢各位好心人，并哽咽着说：“7888555，这7个数字我记住了。”

【教师有偿家教将受严惩】 受利益驱动，教师有偿家教屡禁不止，成为当今社会的一个顽疾。针对这一顽疾，10月25日，龙游县召开中小学（幼儿园）在职教师有偿家教专项整治会议，全县100多名中小学校长、书记参加会议。会议对教师有偿家教作出明确定义。在职教师从事有偿家教被县教育局及以上部门查实的，根据《关于进一步严禁公办在职教师从事有偿家教的实施意见》作如下处理：（1）责令书面检查，并在全县教育系统通报批评；（2）年度考核不及格；（3）扣罚当年全部奖励性绩效工资；（4）高职低聘，3年内不得恢复原职级岗位；（5）原在城区学校任教的调出城区学校，3年内不得以任何方式返回城区学校任教；非城区学校的调离原单位，5年内不得参加进城选聘；（6）学校中层以上干部和教育教学研究人员从事有偿家教被查实的，除按上述五条规定处理外，同时按组织程序分别给予免职或调离工作岗位处理；（7）特级教师、名校长、名师、学科带头人等骨干教师从事有偿家教被查实的，除按上述五条规定处理外，建议取消相应称号和待遇；（8）见习期教师从事有偿家教被查实的，予以解聘；（9）在职教师从事有偿家教被查实2次的，予以解聘。会上，县教育局与华岗初中、溪口初中、桥下小学、小南海小学签订《专项整治在职教师有偿家教工作责任书》，公布了举报电话（7020100），希望全社会和广大家长共同监督，共同遏制中小学（幼儿园）在职教师有偿家教行为，努力打造一方教育净土。

【发扬尊老爱老的传统美德】 一年一度的重阳佳节如期而至，龙游县各地先后开展弘扬中华民族尊老、敬老、爱老、助老的传统美德活动，让老人们度过一个喜庆、祥和、有意义的重阳节。10月30日，龙游县四套班子领导来到各敬老院和百岁老人家中，向老人们致以节日的问候，为他们送去党和政府的关怀和温暖，并祝福全县老年朋友喜乐安康。县民政局为百岁老人送去节日的问候并拍照留念。为更好地照顾老年人的生活，龙游县出台政策为全县1193位90岁及以上老人发放每月100元的高龄老人生活津贴，26位100岁及以上老人发放每月1000元的百岁老人生活津贴。

【中国钓王齐聚“龙和”】 近年来，龙游县以建设运动休闲城市、打造国家体育公园为特色发展举措，扎实推进新型工业化、新型城镇化、文化旅游、健康龙游建设，努力打造区域明珠型城市。根据县委、县政府的战略部署，龙和渔业园利用自身水产养殖技术的先天优势，打造鱼情好、风景美、场地优的龙和国际垂钓中心。11月4日—5日，由中国钓鱼运动协会、衢州市体育局、龙游县人民政府、湖南广播电视台主办，龙游县体育局、县旅委、龙洲街道办事处承办的“化氏——龙和渔业”2017中国垂钓电视直播精英赛(FTT)在龙和国际垂钓中心举行，来自全国各地的620多名垂钓高手齐聚龙游，同台竞技，向“中国竞钓王”发起冲击。这是龙游县及浙江省近年来举办的规模最大、水平最高的一次钓鱼大赛。龙和国际垂钓中心创下了“全国淡水池钓最多人同场竞技”和“全国史上最好竞钓渔”2项纪录，为龙游打造了一张“鱼名片”。

【“下套”套现食恶果】 家住龙游县城的汪某和小吴是朋友。最近，汪某手头资金紧，但他在银行有不良记录，不符合贷款条件。后来，他了解到如在银行有房贷业务的客户可通过银行的手机银行实时贷款，于是就打起小吴的主意。5月23日，汪某到小吴的店里串门，说有笔贷款要到账，由于自己不符合贷款要求，担心贷款到账后被冻结，希望小吴提供某指定银行账号贷款，把这笔贷款的钱先打到小吴的账户里，然后再转给他。小吴在银行有房贷也有账户，作为朋友便一口答应了。当天中午，2人去餐厅吃饭，席间，汪某接到“银行信贷员”来电，说贷款要下来了，需小吴的手机操作一下。小吴把手机给了汪某，并告诉其交易密码。汪某拿到手机后跑到包厢外，用小吴的手机快速申请贷款，并删除当时银行发送的所有验证消息。当天12点多，小吴收到银行信息，提示12万元贷款到账，便当即通过微信转账把钱转给了汪某。7月底，小吴接到银行电话，追问12万元贷款去向，才知道中了汪某的圈套：12万元成为他自己通过手机银行贷的款。事发后，小吴多次要求汪某还款，未果，只得选择报警。11月8日，汪某因涉嫌诈骗罪被依法移送起诉。

【龙游甘薯引全省专家青睐】 龙游县是浙江省甘薯系列新品种试种的重点区域。11月10日，浙江省农科院组织省种植业管理局、省种子管理总站及全省各地（市）甘薯主要育种单位的研究专家80余人，在龙游县召开浙江省甘薯系列新品种展示示范现场会及高新品系测产验收会。与会专家观摩了龙游县横山镇腰塘边村120亩甘薯新品种展示现场，听取品种展示负责人——省农科院研究员、甘薯育种首席专家吴列洪有关甘薯新品种的展示介绍。此次甘薯新品种展示除了浙薯13、心香这两个大面积示范的品种外，还有浙薯33、浙薯75、浙菜薯726、浙紫薯3号及脱毒繁育之后的红皮白心等11个品种。示范类型包含淀粉加工型、优质食用型、食品加工型、水果鲜食型、菜用型等多个类型，涵盖省内甘薯利用的所有方向。专家组随后对各参展品种进行现场测产验收。其中浙紫薯3号平均亩产1607.01公斤；浙薯33平均亩产2417.84公斤。专家组表示，在7月—9月连续3个月干旱的情况下，这2个品种仍表现出产量高、品质优、口感好等特性，适合重点示范推广。甘薯新品种的展示与示范，有利于生产、经营单位观察比较和农民择优选种，加快优甘薯新品种的推广普及速度，推动种植业结构调整，促进农业增效、农民增收。

【微博上辱骂交警被行拘】 11月7日傍晚，县交警大队贵塘山中队民警带队在320国道詹家镇浦山路段开展大货车超载整治工作，一辆试图冲卡的浙G牌照水泥槽罐车被截获。民警按例将该车带至超限运输检测站过磅称重，实载127180千克，核载28000千克，属于严重超载。民警当场开具公安交通管理行政强制措施凭证，并依法扣留超载车辆。11月9日下午，在等待违法处理过程中，驾驶员凡某某为发泄不满情绪，在其个人微博平台上以图片和文字的形式，发表“交警是土匪”“十几个假交警打一个”“给钱就放车”等侮辱性且不实言论。民警遂向詹家派出所报案，经派出所调查，证实凡某某发布信息为其自行捏造，其行为已违反《中华人民共和国治安管理处罚法》第四十二条第（二）项“公然侮辱他人或者捏造事实诽谤他人”之规定。公安机关依法对凡某某给予行政拘留3日的处罚。

【徐根娣情暖高校，感动《人民日报》】 徐根娣生于1962年，塔石镇前夏村前江自然村人。徐根娣性格温和耐心，喜欢与孩子们打交道，从1984年起，就在村里当幼儿园老师。2004年，徐根娣经人介绍到杭州电子科技大学27号楼当宿管员。为工作方便，徐根娣通过学生进出刷卡的信息、着装、外貌特征等，通过聊天交流，不到一个学期就认识了楼里的691名学生，能叫出他们每个人的名字，并报出宿舍号、学院、班级和籍贯，甚至连他们有什么兴趣爱好、外卖喜欢点什么、女朋友是谁都知道。13年中，学生们衣服扣子掉、裤子裂开了，往往最先发现的是徐根娣，她就义务为学生缝缝补补，还为他们煲汤、熬夜，乐此不疲，成为学生们的“宿管妈妈”。学生们有什么忧愁事、高兴事都会找徐根娣倾诉或表达。2016年，杭州电子科技大学教育发展有限公司制订了新的规定：宿管员年龄超过55周岁就不再签劳务协议。2017年11月25日，徐根娣年满55周岁，网友@老杜主动发帖子于“杭电表白墙”QQ互动社区，说出27号楼学生最想说的话——“去公寓中心请命，留下我们的徐阿姨吧。”这个帖子发出不到一周，点击量达1.7.万次，1384人点赞，评论达数千条，大多都是同一个声音——“徐妈，别走！”27号楼800多名学生全都来到公司“请愿”。12月1日，杭州电子科技大学的官方公众号推送了《点赞杭州人！宿管阿姨退休，全楼800多学生“请愿”让她留下来》，几天时间，《中国青年报》《中国教育报》《都市快报》和人民日报公众号、浙江新闻客戶端、CCTV-13新闻频道等媒体纷纷转载了徐根娣的故事。12月8日，《人民日报》评论版就龙游徐阿姨一事刊发了《劳动者最高贵》的评论文章，为她以及在一线尽心尽职的劳动者点赞。12月8日，公司为徐根娣破例，返聘她为27号楼宿管员。

【买游戏装备掉入陷阱】 12月9日中午，龙游县市民王先生在某网游平台玩游戏，因为想要打造更好的装备，就在游戏聊大频道里找到一位专为玩家打造游戏装备的玩家。简单聊了几句后，2人通过某语音社交平台加为好友。此后，两人协商了打造装备的细节和价格。王生先扫码付款200元后，对方说要配就配更好的装备，王先生又付了400元，之后对方又提议王先生付款专门的拍卖链接，以后装备才能拍卖出好价钱，王先生心动了又付了1304元，加上手续费总共付款近2000元。付款后一直没有收到好的游戏装备，对方却从网络平台上销声匿迹了。随着网游越来越多，网络游戏账号交易、游戏币交易、代练等网络游戏交易也越来越常见，随之而来也衍生出与其相关的一些网络诈骗，希望玩家提高警惕。2017年，龙游城区已发生多起因网络游戏交易被诈骗案，被骗金额达15000余元。

【着力打造美丽乡村升级版】 自2010年龙游县启动美丽乡村建设以来，全县共有11个乡镇达到美丽乡村示范性乡镇建设要求，建成美丽乡村精品村30个，其中创建省级美丽乡村示范乡镇4个、省级美丽乡村精品村10个、AAA级景区村7个。打造乡韵庭院户5000余户，4条美丽乡村风景线基本成型。全县完成240个村的生活污水治理，涉及受益农户7.1万户，新增污水处理终端811个。2017年，完成81个村的生活污水治理提标改造，新增受益农户1.3万户。全县已完成81座有机垃圾分类处理终端设施建设，创建垃圾分类达标村253个，占应分类村的100%。其中创建示范村123个，占应分类村的48.6%；太阳能沤肥或机器制肥终端在中心村覆盖占比88.2%；建成垃圾兑换超市246个；配备分类垃圾车295辆。全县开展29个历史文化村落保护利用项目建设，至年底，已完成2个重点村和7个一般村保护利用项目建设．第一批重点村志棠村、第二批重点村泽随村分别被评定为良好和优秀等级。美丽乡村建设促进了全县农村经济社会各方面的长足发展。

（以上内容选自2017年《今日龙游》，由姚金良整理）

先进集体与先进个人

先进集体

【国家级集体荣誉（含部门）】

荣誉名称	获奖单位	颁奖单位	获奖时间
国家卫生县城	龙游县	全国爱国卫生运动委员会	2017.06
全国平安建设先进县	龙游县	中央综治委	2017.11
全国住房城乡建设系统先进集体	龙游县住建局	人力资源和社会保障部、住房和城乡建设部	2017.12
国家卫生乡（2017—2019）	龙游县大街乡	全国爱国卫生运动委员会	2018.04
2017年度全国安全生产工作先进集体	龙游县安监局	国家安全生产监督管理局	2018.01
2017年国家电网公司配电网百佳工程	龙游县供电公司	国家电网公司	2017.02
无邪教示范村	龙游县横山镇天池村、湖镇镇新光村	国务院防范和处理邪教问题办公室	2017.03
2017年度全国优秀考古（历史）社	龙游凯马国际学校	全国中学考古联盟、北京大学中国考古学研究中心	2017.11
国际发明特色学校	龙游凯马国际学校	第10届世界科技创意大赛组委会	2017.11
群众满意乡镇卫生院	龙游县溪口中心卫生院	国家卫生和计划生育委员会	2017.01
疾控系统2016—2017年度百强优秀党支部	龙游县疾病预防控制中心党支部	中国卫生思想政治工作促进会疾病预防控制分会	2017.10
全国示范农家书屋	龙游县沐尘畲族乡双戴村农家书屋	国家新闻出版广电总局	2018.01
2017年度全国信息报送工作先进单位	龙游县供销社	中华全国供销合作总社	2018.02
第十二届“中茶杯”全国名优茶评比一等奖	龙游圣堂茶业专业合作社	中国茶叶学会	2017.12
总行级“巾帼文明示范岗”	中国银行龙游支行	中国银行总行	2017.07

【省级集体荣誉（含部门）】

荣誉名称	获奖单位	颁奖单位	获奖时间
2016年度浙江省“平安县”	龙游县	中共浙江省委	2017.03
“美丽家园·踏歌而来”——2017年度浙江省最具人气创卫县城	龙游县	浙江日报全媒体文化新闻部、浙江新闻客户端健康频道	2017.8
2017年浙江省人才工作目标责任制考核优秀县	龙游县	中共浙江省委办公厅、省政府办公厅	2017.12
浙江省十九大维稳安保先进集体	龙游县委政法委、县市场监督管理局、龙洲街道	中共浙江省委、省人民政府	2017.12
浙江省绿道和园林绿化建设管理先进集体	龙游县住建局	浙江省住房和城乡建设厅	2017.12
浙江省文明单位	龙游县新华书店有限公司	浙江省人民政府	2018.01
浙江省省级“职工书屋”	龙游县烟草专卖局（分公司）	浙江省总工会	2017.08
“浙江在线”2017年度先进支站	龙游新闻网	“浙江在线”新闻网站	2018.01
2017年度“浙江在线”支站优秀微信公众号	微龙游	“浙江在线”新闻网站	2018.01
浙江省人防工作综合先进单位	龙游县人民防空办公室	浙江省人民防空办公室	2018.03
浙江省轨道交通“四为”活动优秀单位	龙游县铁路建设指挥部办公室	浙江省轨道交通建设与管理协会	2017.04
2017年浙江省小城镇环境综合整治达标乡镇	龙游县模环乡	浙江省小城镇环境综合整治领导小组办公室	2017.07
2017年浙江省小城镇环境综合整治样板乡镇	龙游沐尘畲族乡	浙江省小城镇环境综合整治领导小组办公室	2018.02
浙江省小城镇环境综合整治优秀规划	龙游县横山镇志棠村	浙江省小城镇环境综合整治领导小组办公室	2017.07
2017年浙江省美丽乡村示范乡镇	龙游县横山镇、沐尘畲族乡	浙江省“千村示范、万村整治”工作协调小组办公室	2017.12
“美丽宜居，浙江样板”双百村	龙游县横山镇天池村	浙江省住房和城乡建设厅精神文明建设办公室	2017.12
浙江省森林城镇	龙游县湖镇镇	浙江省关注森林组织委员会、浙江省绿化与湿地保护委员会	2017.12
浙江省卫生乡镇	龙游县湖镇镇、庙下乡	浙江省爱国卫生委员会	2017.12
省级卫生村	龙游县庙下乡严村村	浙江省爱国卫生运动委员会	2017.12
浙江省“平安农机”示范单位、农机安全监理示范岗位标兵	龙游县詹家镇	浙江省农业厅	2017.11
2017年度招商银行优秀支行	招商银行龙游支行	招商银行杭州分行	2018.03
2017年招商银行批发业务优秀行部	招商银行龙游支行营业部	招商银行杭州分行	2018.03
中国银行浙江省行级“青年文明号”	中国银行龙游营业部	中国银行浙江省分行	2017.02
省级“巾帼文明岗”	中国移动龙游分公司渠道中心	浙江省巾帼建功和双学双比活动协调小组	2018.02
中国移动浙江公司模范职工小小家	中国移动龙游分公司小南海区域营销部	中国移动浙江公司	2017.12
中国移动浙江公司2016-2017年度班组建设示范单位	中国移动龙游分公司	中国移动浙江公司	2017.12

荣誉名称	获奖单位	颁奖单位	获奖时间
浙江省综合行政执法工作先进集体	龙游县综合行政执法局龙洲分局	浙江省住房和城乡建设厅	2017.12
浙江省智慧城管工作先进集体	龙游县综合行政执法局	浙江省城市建设管理协会	2018.01
浙江省第四批非遗主题小镇	龙游县小南海镇	浙江省文化厅	2017.12
省级“书香机关”	龙游县县文广新局	浙江省新闻出版广电局	2017.10
浙江省文化创意街区	龙游石窟风景旅游有限公司	中共浙江省委宣传部	2017.12
浙江省成长型文化企业	龙游石窟风景旅游有限公司	浙江省文化改革发展工作领导小组	2017.12
2017年度浙江省综合业绩考评优秀奖	龙游县供销社	浙江省供销社、 省农合联执委会	2018.02
2017年度浙江省农合联建设先进单位	龙游县供销社	浙江省供销社、 省农合联执委会	2018.02
2017年农业博览会优质产品金奖	浙江德辉食品有限公司	浙江省农业博览会组织委员会	2017.11
2017“浙茶杯”优质红茶推选活动优胜奖	龙游吴刚茶叶专业合作社	浙江省供销合作社联合社 浙江省茶叶产业协会、 省微茶楼文化发展协会	2017.06
2017年度基层建设先进大队	龙游县消防大队	浙江省消防总队	2018.02
2017年度基层建设先进中队	龙游县消防中队	浙江省消防总队	2018.02
2017年度安全工作先进单位	龙游县消防大队	浙江省消防总队	2018.02
2017年度执勤训练先进单位	龙游县消防大队	浙江省消防总队	2018.02
浙江省第四批非物质文化遗产旅游景区	龙游县小南海镇	浙江省文化厅、省旅游局	2017.12
浙江省第五批体育特色乡镇名单	龙游县小南海镇	浙江省体育局	2018.01
2017年浙江省社会主义新农村建设优秀单位	龙游县农业农村工作办公室	中共浙江省委、省人民政府	2018.01
浙江省农村生活污水治理设施运维管理考核优秀县	龙游县农业农村工作办公室	中共浙江省委、省人民政府	2018.01
浙江省农村垃圾治理优胜县	龙游县农业农村工作办公室	中共浙江省委、省人民政府	2018.01
2017年度浙江省第五轮银行业金融机构安全评估工作成绩突出集体	龙游农商银行	浙江省公安厅、省银监局	2017. 12
2017年度浙江省农信系统普惠金融标兵单位	龙游农商银行	浙江省农信联社	2018. 02
2017年度浙江省农信系统考核优秀单位	龙游农商银行	浙江省农信联社	2018. 02
2017年度浙江省民政考核优秀单位	龙游县民政局	浙江省民政厅	2018.02
民进浙江省基层组织先进集体	民进龙游总支一支部	民进浙江省委员会	2017.05
浙江省示范文化新地标	龙洲街道后田铺村文化礼堂	《浙江日报》、浙江在线、 中国人保浙江省分公司	2017.12
浙江省不动产登记便民利民示范窗口	龙游县不动产登记中心	浙江省国土资源厅	2018.01
浙江省高新技术企业	龙游县万基建设工程检测有限公司	浙江省科学技术厅	2017.11
集体二等功单位	龙游县公安局	浙江省公安厅	2017.01
浙江省模范公安局	龙游县公安局	浙江省人力资源和社会保障厅 浙江省公安厅	2017.09

荣誉名称	获奖单位	颁奖单位	获奖时间
2016年度浙江省公安队伍正规化建设优秀单位	龙游县公安局	浙江省公安厅政治部	2017.01
2016—2017年度浙江省青年文明号	龙游县公安局刑事技术室	共青团浙江省委、省公安厅	2017.12
2015—2016年度浙江省政法系统先进集体	龙游县公安局刑侦大队	浙江省委政法委员会	2017.01
2017年度浙江省经济和信息化工作优秀县（市、区）	龙游县经济和信息化局	浙江省经济和信息化委员会	2018.01
2017年度浙江省小微企业培育监测工作县考核优秀单位	龙游县经济和信息化局	浙江省经济和信息化委员会	2018.01
2016年度配浙江省电网建设改造优质工程	龙游县供电公司	国网浙江省电力公司	2017.06
2016年度示范道德讲堂	龙游县供电公司	国网浙江省电力公司	2017.12
2016年度浙江省品牌建设工作先进单位	龙游县供电公司	国网浙江省电力公司	2017.07
2016年度浙江省电力行业统计先进集体	龙游县供电公司	国网浙江省电力公司	2017.03
2017年浙江省农网工程项目档案示范工程(10千伏洪呈7825线改造工程)	龙游县供电公司	国网浙江省电力公司	2017.06
2017年度浙江省“精品台区”品牌劳动竞赛百佳精品台区	龙游县溪口供电所石角2台区	国网浙江省电力公司	2017.05
2017年度浙江省五星级班组（工人先锋号）	龙游供电公司调控运行班	国网浙江省电力公司	2017.04
2017年度浙江省五星级班组（工人先锋号）	龙游县模环供电所	国网浙江省电力公司	2017.12
2017年浙江省绩效管理标杆班组	龙游供电公司调控运行班	国网浙江省电力公司	2017.08
2017年度浙江省五星级供电所	龙游县溪口供电所	国网浙江省电力公司	2017.02
2017年度浙江省广播对农节目服务工程建设考核优秀单位、电视对农节目服务工程建设考核优秀单位	龙游县广播电视总台	浙江省新闻出版广电局	2017.09
2017浙江省广播电视新闻协作县级电视二等奖	龙游县广播电视总台	浙江广播电视集团	2018.02
浙江省基层武装建设标兵单位	龙游县湖镇镇	浙江省军区	2018.01
浙江省示范数字档案室	龙游县湖镇镇	浙江省档案局	2018.01
2017年浙江省交通运输行政执法评议考核优秀基层站所	龙游县运管所	浙江省交统运输厅办公室	2018.02
2017年浙江省精品道路	222省道溪口镇红罗村至沐尘乡马戍口村段、溪大线大街乡贺田村至大街乡大街村段	浙江省“三改一拆”办公室	2018.02
2017年浙江省精品入城口	S33龙丽温高速龙游南入城口、S33龙丽温高速龙游北入城口	浙江省“三改一拆”办公室	2018.02
浙江省2015—2016年度师干训先进集体	龙游县教师进修学校	浙江省中小学教师培训中心	2017.12
2016年度浙江省教育科学和谐发展业绩考核先进单位	龙游县教育局	浙江省教育厅	2017.01
2016—2017年度浙江电大系统思想政治工作先进单位	电大龙游分校	浙江广播电视大学	2017.05
2016年度浙江电大系统财务工作先进单位	电大龙游分校	浙江广播电视大学	2017.09

荣誉名称	获奖单位	颁奖单位	获奖时间
2016年度浙江电大系统教材发行先进单位	电大龙游分校	浙江广播电视大学	2017.10
2017年度浙江省山海协作产业园考核二等奖	龙游经济开发区	浙江省发改委（省山海协作领导小组办公室）	2018.03
浙江省县级防震减灾工作先进单位	龙游县科技局	浙江省地震局	2017.11
中国联通省级优胜营业厅	龙游太平西路营业厅	中国联通浙江省分公司	2017.04
2017浙江（上海）旅游交易会暨“美景、美食、美宿、美购”特卖会最佳组织奖	龙游县旅游委员会	2017浙江（上海）旅游交易会暨“美景、美食、美宿、美购”特卖会组委会	2017.12
四省气象联防先进集体	龙游县气象局	闽浙赣皖毗邻地区军队地方气象联防协会	2017.11
浙江省第二批劳动人事争议示范仲裁庭	龙游县劳动人事争议仲裁庭	浙江省人力资源和社会保障厅	2017.09
浙江省人力资源社会保障系统先进集体	龙游县人力社保局	省人力资源和社会保障厅	2017.12
2017年度浙江省劳动人事争议仲裁案件处理工作优秀单位	龙游县劳动人事争议仲裁委员会	浙江省劳动人事争议仲裁委员会	2017.12
浙江省人力社保系统中共十九大维稳安保工作突出贡献集体	龙游县人力社保局	浙江省人力资源和社会保障厅	2018.01
2017年度浙江省人力社保系统信访维稳工作成绩突出单位	龙游县人力社保局	浙江省人力资源和社会保障厅	2018.02
浙江省“低收入农户收入倍增计划”工作先进集体	龙游县石佛乡	浙江省贫困地区和革命老区建设领导小组	2018.03
推进落实浙江省工商局“4+X”其它重点工作先进集体	龙游县市场监督管理局	浙江省工商局	2018.02
2016年度浙江省物品编码工作先进机构	龙游县市场监督管理局	浙江省物品编码中心	2017.04
推进“放心消费在浙江”行动先进集体	龙游县市场监督管理局	浙江省消费者权益保护暨全面实施“放心消费在浙江”工作联席会议办公室	2018.02
浙江省工商（市场监管）部门非公党建工作表现突出单位	龙游县直属个协分会党支部	浙江省工商局党委	2017.09
2016年度浙江省“五水共治”工作先进集体	龙游县水利局	中共浙江省委办公厅、省人民政府办公厅	2017.03
2016年度浙江省县级海洋与渔业工作先进单位	龙游县水利局	浙江省海洋与渔业局	2017.01
2016年度浙江省基层渔技推广体系改革与建设项目延伸绩效考核优秀单位	龙游县水利局	浙江省海洋与渔业局	2017.03
2016年度浙江省渔业安全生产二类地区渔船安全生产目标管理责任制考核三等奖	龙游县水利局	浙江省海洋与渔业局	2017.02
2012—2015年度浙江省无偿献血促进奖	龙游县卫生和计划生育局	浙江省卫生和计划生育委员会、省红十字会	2017.03
浙江省卫生先进单位	龙游县溪口中心卫生院	浙江省爱国卫生运动会	2017.06
2017年浙江省卫生计生执法微课优秀作品	龙游县卫生监督所	浙江省卫生监督所	2017.12
浙江省临床检验室间质量评价成绩优秀单位	龙游县中医院	浙江省临床检验中心	2017.12
浙江省消费者信得过单位	农行龙游支行	浙江省消保委	2017.03

【市级集体荣誉（不含部门）】

荣誉名称	获奖单位	颁奖单位	获奖时间
衢州市粮食安全责任制考核优秀单位	龙游县人民政府	衢州市人民政府	2018.02
集体三等功	龙游县人民政府	衢州市人民政府	2018.02
2017 年度衢州市法治政府建设（依法行政）优秀单位	龙游县人民政府	衢州市人民政府办公室	2018.02
2017 年度衢州市电子商务工作考核三等奖	龙游县人民政府	衢州市人民政府办公室	2017.04
2017 年度衢州市商务工作考核一等奖	龙游县人民政府	衢州市人民政府办公室	2018.04
2017 年度衢州市粮食安全责任制考核优秀单位	龙游县人民政府	衢州市人民政府办公室	2018.02
衢州市政务信息工作先进单位二等奖	龙游县人民政府办公室	衢州市人民政府办公室	2018.03
2017 年度衢州市小城镇环境综合整治行动市级样本乡镇	龙游县石佛乡	衢州市人民政府	2018.03
2017 年度衢州市平安示范乡镇（街道）	龙游县龙洲街道、模环乡	中共衢州市委、市人民政府	2018.02
衢州市法治政府建设（依法行政）先进单位	龙游县东华街道	衢州市人民政府	2018.02
2017 年度衢州市安全生产工作先进集体	龙游县安监局	中共衢州市委、市人民政府	2018.02
衢州市市百个乡镇（街道）分类争先考核经济型（中心镇）二等奖	龙游县湖镇镇、模环乡	中共衢州市委、市人民政府	2018.01
衢州市征兵先进单位	龙游县湖镇镇	衢州市人民政府、市军分区	2017.07
衢州市“五水共治”先进单位	龙游县湖镇镇	衢州市委办公室、市人民政府办公	2018.05
衢州市军分区先进团单位	龙游县人武部	衢州军分区	2017.12
衢州市军分区基层武装部标兵单位	龙游县湖镇镇武装部	衢州军分区	2017.12
衢州市 2017 年度法治政府建设（依法行政）优秀单位	龙游县塔石镇	衢州市人民政府办公室	2018.02
2015—2016 年度衢州市信访工作先进集体	龙游县信访局	中共衢州市委、市人民政府	2017.07

【中共龙游县委、县人民府颁发的集体荣誉（不含部门）】

荣誉名称	获奖单位	颁奖单位	颁奖时间
2017 年度龙游县武装工作先进单位	溪口镇、横山镇、模环乡、罗家乡	中共龙游县委、县人民政府、县人民武装部	2018.02
2017 年度龙游县“最满意”单位	县发改局、县财政（地税）局、龙游经济开发区、县民政局、县安监局、县公安局、县国税局、县供电局、龙游农商银行、农发行龙游县支行	中共龙游县委、县人民政府	2018.02
2017 年度龙游县落实全面从严治党主体责任优秀单位	县公安局、县财政（地税）局、县国税局、县市场监管局、县规划局、湖镇镇、龙洲街道、石佛乡、横山镇、大街乡	中共龙游县委、县人民政府	2018.02

荣誉名称	获奖单位	颁奖单位	颁奖时间
2017年度龙游县乡镇（街道）及县机关部门综合考核评价先进奖	**一、全县乡镇（街道）综合先进奖** 第一组：经济型乡镇（街道） 一等奖：湖镇镇 二等奖：龙洲街道、东华街道 三等奖：溪口镇 第二组：复合型乡镇 一等奖：模环乡 二等奖：横山镇、小南海镇、石佛乡 三等奖：詹家镇、塔石镇 第三组：生态型乡镇 一等奖：大街乡 二等奖：沐尘乡、罗家乡 三等奖：社阳乡 合格单位：庙下乡 **二、县机关部门综合先进奖** 1. 党群综合部门 一等奖：县委办、县府办、县人大机关、县政协机关、县督考办、县纪委、县委组织部、县委宣传部 二等奖：县人武部、县信访局、县政法委、县妇联、县委统战部 三等奖：县编委办、县新闻宣传中心、县委党校、县科协、县机关事务局、县工商联 2. 经济建设综合部门 一等奖：县财政（地税）局、县交通运输局、县住建局 二等奖：龙游经济开发区、县发改局、县经信局 三等奖：县农办、县规划局、县国土局、县旅委、县农业局 3. 执法及社会事务管理部门 一等奖：县房改办（征迁事务办）、县公安局、县环保局 二等奖：县法院、县检察院、县教育局、县卫生计生局、县国税局、县民政局 三等奖：县文广新局、县人力社保局、县综合执法局、县广电总台、县市场监管局、县司法局 4. 营业性单位 一等奖：龙游供公司 二等奖：龙游农商银行、工商银行龙游支行 三等奖：农发行龙游支行、农业银行龙游支行、电信龙游分公司 5. 专项工作临时机构 一等奖：县折违办 二等奖：县美丽乡村创建办、县四边办、县治水办、县小城镇整治办、县电商办	中共龙游县委、县人民政府	2018.02

荣誉名称	获奖单位	颁奖单位	颁奖时间
2017年度龙游县农业农村工作先进集体	一、新农村建设考核先进集体 一等奖：横山镇 二等奖：庙下乡、龙洲街道 三等奖：沐尘乡、小南海镇、湖镇镇、溪口镇 二、“贺田模式”复制先进集体 湖镇镇地圩村、詹家镇浦山村、龙洲街道后田铺村、罗家乡席家村、溪口镇下徐村、东华街道下杨村、塔石镇罗山村、横山镇项家村、石佛乡姚村村、模环乡白马村 三、农村生活污水治理先进集体 县住建局、县环保局、湖镇镇范家村、小南海镇鸿陆夏村、横山镇八石坂村、东华街道岩头村、塔石镇双联新村、溪口镇扁石村 四、扶贫攻坚先进集体 县纪委、县农业局、县林业局、县公安局、县人力社保局、县市监局、县奔康公司、中国人寿龙游分公司、龙游农商银行、小南海镇箬塘村、塔石镇柯泉村、模环乡士元村、石佛乡大力山村、大街乡大街村 五、农村工作指导员先进集体 溪口镇、塔石镇、石佛乡、大街乡、供销社、县商务和粮食局、县国资委、县招商局 六、美丽乡村创建先进集体 沐尘乡沐尘村、双戴村，庙下乡浙源里村，湖镇镇地圩村、溪底杜村，溪口镇溪口村、龙洲街道半爿月村、后田铺村，横山镇天池村，詹家镇浦山村，大街乡贺田村	中共龙游县委、县人民政府	2018.02
2017年度龙游县“五水共治”先进集体	1. 乡镇（街道）先进集体 龙洲街道、横山镇、詹家镇、石佛乡、大街乡 2. 部门先进集体 县农办、县农业局、县水利局、县环保局、县住建局 3. 行政村先进集体 龙洲街道后田铺村、东华街道官村村、湖镇镇希唐村、小南海镇泽谭村、溪口镇石角村、横山镇项家村、塔石镇钱家村、罗家乡席家村、庙下乡毛连里村、沐尘乡沐尘村、模环乡刘家村、石佛乡杜山坞村、社阳乡源头村、大街乡杨村村	中共龙游县委、县人民政府	2018.02
2017年度龙游县“四边三化”工作先进集体	1. 乡镇（街道）先进集体 龙洲街道、东华街道、詹家镇、横山镇、模环乡 2. 部门先进集体 县交通运输局、县规划局、县农业局、县林业局、县铁办、县综合执法局	中共龙游县委、县人民政府	2018.02
2017年度县级安全生产工作先进集体	龙洲街道、湖镇镇、模环乡、县公安局、县安监局、县交通运输局、县市监局、县经信局、县教育局、县商务和粮食局、维达纸业、伊利乳业、科力印业、华电公司、新奥燃气、新迪在龙	中共龙游县委、县人民政府	2018.02
2017年度龙游县支持重点项目建设工作先进村	东华街道湖底叶村、唐尧村、项家村，湖镇镇新光村，小南海镇茶圩里村、东塘山村，横山镇志棠村，塔石镇后舒村，詹家镇夏金村，石佛乡石佛村，模环乡前江新村、姚西塘村，庙下乡毛连里	中共龙游县委、县人民政府	2018.02

荣誉名称	获奖单位	颁奖单位	颁奖时间
2017年度龙游县信访工作先进集体	东华街道、湖镇镇、塔石镇、罗家乡、社阳乡、县人力社保局、县教育局、县综合执法局、县公安局、县商务和粮食局	中共龙游县委、县人民政府	2018.02
2017年度建设"平安龙游"先进集体	龙洲街道、模环乡、大街乡、县安监局、县信访局、县市场监管局	中共龙游县委、县人民政府	2018.02
2017年度龙游县"先进基层党组织"	龙洲街道党工委、县公安局党委、小南海镇泽潭村党支部、溪口镇溪口村党支部、詹家镇夏金村党支部、模环乡上向塘村党支部、县奔康投资有限公司党支部、县公路管理局党支部、县疾病预防控制中心党支部、县房屋征收管理办公室党支部	中共龙游县委办公室、县人民政府办公室	2018.02
2017年度龙游县招商引资先进集体	龙游经济开发区、县经信局、县招商局、县财政(地税)局、县国土局、县公安局、县司法局、县委统战部、县工商联、湖镇镇	中共龙游县委办公室、县人民政府办公室	2018.02
2017年度龙游县"大调解"工作先进集体	一、先进集体(9个): 龙洲街道、小南海镇、横山镇、模环乡、大街乡、县公安局、县司法局、县人力社保局、龙游经济开发区(工业园区) 二、优秀人民调解委员会(27个): 龙洲街道半爿月村人民调解委员会、东华街道湖底叶村人民调解委员会、东华街道项家村人民调解委员会、东华街道十里铺村人民调解委员会、湖镇镇溪底杜村人民调解委员会、湖镇镇地圩村人民调解委员会、横山镇白鹤桥村人民调解委员会、横山镇余岗村人民调解委员会、詹家镇前游村人民调解委员会、詹家镇芝江村人民调解委员会、小南海镇人民调解委员会、小南海镇东塘山村人民调解委员会、溪口镇人民调解委员会、溪口镇枫林村人民调解委员会、塔石镇平坦村人民调解委员会、塔石镇童岗坞村人民调解委员会、模环乡坞坎村人民调解委员会、模环乡王北斗村人民调解委员会、石佛乡三和村人民调解委员会、社阳乡社阳村人民调解委员会、沐尘乡坑头村人民调解委员会、大街乡新槽村人民调解委员会、罗家乡岭根村人民调解委员会、庙下乡庙上新村人民调解委员会、龙游经济开发区人民调解委员会、县医疗纠纷人民调解委员会、县消费纠纷调解委员会	中共龙游县委办公室、县人民政府办公室	2018.02
2017年度龙游县"七五"普法工作先进集体	东华街道、詹家镇、大街乡、县国税局、县教育局、县公安局、县检察院、县法院、县综合执法局、县工商联、县翠光小区未来之星幼儿园、科力印业有限公司	中共龙游县委办公室、县人民政府办公室	2018.02
龙游县制造业亩产税收贡献奖	一等奖:龙游塔恩纸业有限公司、浙江禾川科技股份有限公司、浙江金龙纸业有限公司、浙江特美新材料股份有限公司 二等奖:龙游伊利乳业有限责任公司、恒盛能源股份有限公司、维达纸业(浙江)有限公司、浙江龙游道明光学有限公司 三等奖:浙江华邦特种纸业有限公司、浙江新迪在龙涂料科技有限公司、浙江固特气动科技股份有限公司、浙江恒达新材料股份有限公司、浙江宜成环保设备有限公司	龙游县人民政府	2018.02

荣誉名称	获奖单位	颁奖单位	颁奖时间
龙游县经济贡献五十强企业	浙江广和房地产开发有限公司、浙江金龙纸业有限公司、龙游碧桂园房地产开发有限公司、维达纸业（浙江）有限公司、龙游伊利乳业有限责任公司、浙江龙游农村商业银行股份有限公司、浙江龙游道明光学有限公司、国网浙江龙游县供电有限公司、衢州市烟草公司龙游分公司、龙游华都房地产开发有限公司、浙江华邦特种纸业有限公司、龙游塔恩纸业有限公司、浙江恒达新材料股份有限公司、光明铁道控股有限公司、浙江东恒工贸有限责任公司、恒盛能源股份有限公司、浙江孝福家具有限公司、龙游县奔康投资有限公司、浙江凯丰新材料股份有限公司、浙江华飞轻纺有限公司、浙江培华建设有限公司、中国工商银行股份有限公司龙游支行、泰宇控股集团有限公司、浙江贝尔通信集团有限责任公司、衢州裕禾商贸有限公司、龙游县龙港房地产开发有限公司、中国人民财产保险股份有限公司龙游支公司、浙江龙游通衢建材有限公司、浙江物产光华民爆器材有限公司、浙江万明建设有限公司、龙游县交通投资集团有限公司、浙江蓝天废旧家电回收处理有限公司、浙江禾川科技股份有限公司、浙江龙游世贸城置业有限公司、浙江海景纸业有限公司、浙江大盛新材料股份有限公司、浙江亿洋工具制造有限公司、浙江凯丰特种纸业有限公司、龙游鑫业混凝土有限公司、龙游泽龙电力工程有限公司、中国建设银行股份有限公司龙游支行、中国农业银行股份有限公司龙游县支行、浙江特美新材料股份有限公司、浙江通衢水电建设有限公司、浙江青龙山建材有限公司、龙游祥生弘盛房地产开发有限公司、浙江金昌特种纸股份有限公司、浙江新迪在龙涂料科技有限公司、浙江茗皇天然食品开发股份有限公司、龙游嘉恒环保科技有限公司	龙游县人民政府	2018.02
集体三等功单位	城东新区征迁改造指挥部、县住建局、县交通运输局、县公安局、东华街道、龙洲街道	龙游县人民政府	2018.02
龙游县进出口十强企业	维达纸业（浙江）有限公司、浙江瀚运五金有限公司、捷马化工股份有限公司、龙游塔恩纸业有限公司、龙游亿莱达电器有限公司、龙游新西帝电子有限公司、龙游特美新材料股份有限公司、浙江恒达新材料股份有限公司、龙游外贸笋厂有限公司、浙江茗皇天然食品开发股份有限公司	龙游县人民政府	2018.02
龙游县法治政府建设（依法行政）先进单位	龙洲街道办事处、东华街道办事处、塔石镇人民政府、湖镇镇人民政府、县文广新局、县教育局、县公安局、县交通运输局、县卫生和计划生育局、县国税局、县综合行政执法局、县市场监督管理局	龙游县人民政府办公室	2018.01
龙游县政府投资项目工程质量监督工作作出贡献单位	县住建局（质监站）、县交通运输局（质监站）、县水利局（质监站）、县监管办	龙游县人民政府办公室	2018.01

先进个人

【国家级个人荣誉（含部门）】

荣誉名称	获奖者	颁奖单位	颁奖时间
全国农业劳动模范	董红专（浙江红专粮油有限公司）	农业部	2017.12
2017 年度全国安全生产工作先进个人	王剑阳	国家安全生产监督管理局	2018.01
全国平安建设先进县领导干部	章宇夫	中央综治委、中组部	2017.09
全国信访系统优秀信访局长	刘金宽	国家信访局	2017.07
全国法院办案标兵	何柏良	最高人民法院	2017.01
普惠金融先进个人	沈燕波	中国工商银行总行	2018.02
第三届世界互联网大会（乌镇峰会）安保工作先进个人	施晓航、叶蔚滨	国家互联网信息办公室、浙江省人民政府	2017.12
全国质量管理小组活动优秀推进者	杨榕	中国质量协会	2017.04
无偿献血奉献奖铜奖	张友明	国家卫生计生委	2017.01
全国羁押性必要审查优秀案件	刘新、徐军明	最高检察院刑事执行检察厅	2017.02
首届“白求恩式好医生”提名奖	周建民	白求恩精神研究会、中国医师协会	2017.09
2017 年度信息报送工作先进个人	舒水明	中华全国供销合作总社	2018.02
全国农业先进工作者	董红专	人力资源社会保障部、农业部	2017.12
全国科技助力精准扶贫先进个人	韩建华	中国科协、农业部、国务院扶贫办	2018.03

【省级个人荣誉（含部门）】

荣誉名称	获奖者	颁奖单位	颁奖时间
中共十九大维稳安保工作省级先进个人	雷建春、虞文胜、刘明鹤、杨献民、项小苗、周元鸿、汪雪斌、吕平、邹国宁、吴光林、杨鹏飞、杨红宁、邱继成、张日新、张海霞、余继民、洪永健、马健	中共浙江省委、省人民政府	2017.12
2017 年度浙江省通讯报道先进个人（先进报道工作者）	蓝正伟	《浙江日报》报业集团编委会	2018.01
浙江省五一劳动奖章	伍红慧（龙游县交警大队）	浙江省总工会	2017.04
浙江省农信系统新闻工作优秀通联员	杨梦怡	浙江省农信联社	2018.4
2015—2016 年度浙江省优秀农村工作指导员	徐葶	中共浙江省委办公厅、省政府办公厅	2017.04
2016 年度浙江省农业技术推广贡献奖	童发根	浙江省农业厅	2017.08

荣誉名称	获奖者	颁奖单位	颁奖时间
浙江省轨道交通“四为”活动“先进个人”	叶华民	浙江省轨道交通建设与管理协会	2017.04
浙江省基层计划生育岗位练兵和技能比武二等奖	欧阳建明	浙江省卫生和计划生育委员会、浙江省总工会	2018.02
浙江省信访系统先进工作者	叶茂	浙江省人力资源和社会保障厅、省信访局	2018.01
浙江省人力资源社会保障系统先进工作者	邵月旭	浙江省人力资源和社会保障厅	2017.12
中共十九大维稳安保工作突出贡献个人	叶杏友、王越、倪峻、兰伟富、叶茂	浙江省人力资源和社会保障厅	2018.01
2016年度浙江省农村水电站标准化创建工作优秀个人	林光军	浙江省水利厅	2017.01
浙江省河道修防工理论成绩前十名	颜汉威	浙江省水利厅	2017.09
浙江省水工监测工实操成绩前十名	徐鹏鹏	浙江省水利厅	2017.09
浙江省综合行政执法工作先进个人	童利松	浙江省住房和城乡建设厅	2017.12
浙江省智慧城管工作先进个人	冯艳瑾	浙江省城市建设管理协会	2018.01
2017年度浙江省人民防空工作先进个人	商瑜玮	浙江省人民防空办公室	2018.03
2016年度中国移动浙江公司优秀员工	戴宇新、邱海燕	中共移动浙江分公司	2017.05
中国移动浙江公司“保领先”劳动竞赛建设突击标兵	朱凯、方勤	中国移动浙江分公司	2017.01
省行“模范劳动者”	郑庆芳、钱涛	中国银行浙江省分行	2017.04
中国银行浙江省分行“中银卓越员工”	张亚萍	中国银行浙江省分行	2017.02
市县防震减灾先进工作者	孙忠	浙江省地震局	2017.11
浙江省巾帼建功标兵	金献	浙江省巾帼建功和双学双比活动协调小组办公室	2018.02
2016年度浙江省征兵工作先进个人	詹忆波	浙江省人民政府办公厅、省军区办公室	2017.07
2017年度“华东—千红杯”优秀医院药师	晏学新	浙江省药学会	2017.05
浙江省优秀城市美容师	孙红燕	浙江省住房和城乡建设厅、省总工会	2017.10
2017年浙江省体育竞赛·气排球比赛三等奖	张婉春	浙江省体育总会	2017.03
2017年度《浙江日报》报业集团衢州分社优秀通讯员	童宏伟	《浙江日报》报业集团衢州分社	2017.12
民建浙江省委会主题演讲比赛优秀奖	郭婷	民建浙江省委会	2017.10
工行浙江省分行优质服务五星级员工	潘丽霞	工行浙江省分行	2018.02
工行浙江省分行优质服务四星级员工	贵秀媛、项列	工行浙江省分行	2018.02
省级公司业务优秀客户经理	胡铭毅	工行浙江省分行	2018.02
省级机构业务优秀客户经理	童雪雯	工行浙江省分行	2018.02

荣誉名称	获奖者	颁奖单位	颁奖时间
省级金融机构业务优秀客户经理	童雪雯	工行浙江省分行	2018.02
省级青年岗位明星	姜迪安	工行浙江省分行团委	2018.02
二等功	方土新	浙江省公安厅	2017.01
2016—2017年度浙江省优秀人民警察	徐晨阳	浙江省公安厅	2017.09
浙江省公安机关办公室系统“工匠精神”好民警	王筱燕	浙江省公安厅	2017.09
遂昌县北界镇苏村“9·28”山体滑坡抢险救援先进，获个人二等功	夏建军	浙江省人民政府	2017.04
2012-2015年度浙江省无偿献血奉献奖	徐志明	浙江省卫生和计划生育委员会、省红十字会	2017.03
2016年度社会责任管理二等奖（《“七巧板联盟”打造市政和谐施工良好局面》）	方凌斌、续雄鹰、童雄伟	国网浙江省电力公司	2017.02
2016年度效能监察优秀项目鼓励奖	骆文伟、续雄鹰、周婷婷	国网浙江省电力公司	2017.06
2016年县公司生产经营月度分析优秀报告二等奖	徐建芬、金京、蒋卫忠	国网浙江省电力公司	2017.06
省公司2017年运营数据价值挖掘大赛“铜铲奖”（三等奖）	余圣彬、司海涛、琚凯翔	国网浙江省电力公司	2017.12
省公司双年度优秀共产党员	续雄鹰	国网浙江省电力公司	2017.07
国网浙江省电力公司2016年度优秀团员	王冬梅	国网浙江省电力公司	2017.03
2015—2016年度省公司办公室工作先进个人	周胤	国网浙江省电力公司	2017.06
2016年度浙江省电力行业统计先进工作者	徐建芬	国网浙江省电力公司	2017.12
2017年度省公司农网工程项目档案先进个人	林挺	国网浙江省电力公司	2017.05
2017年度县供电企业安全生产劳动竞赛先进集体和先进个人	王辉	国网浙江省电力公司	2017.04
2016年度供电所管理提升工作先进个人	江成龙	国网浙江省电力公司	2017.12
2015—2016年度省公司人力资源工作先进个人	郑秀萍	国网浙江省电力公司	2017.08
2016年度省公司“精品台区”劳动竞赛活动优秀台区经理	邱立平	国网浙江省电力公司	2017.02
2017年度省公司“精品台区”品牌劳动竞赛优秀台区经理	张延其	国网浙江省电力公司	2017.03
2017年度省公司安全生产先进个人	梁东雷	国网浙江省电力公司	2017.03
2017年度省公司优秀班组长	金京	国网浙江省电力公司	2017.03
2017年度省公司优秀班组长	叶建军	国网浙江省电力公司	2017.04
2017年度省公司安全监察卫士	吴正明	国网浙江省电力公司	2017.08
2016年度省公司优秀青年志愿者	徐校辉	国网浙江省电力公司	2017.08
2016年度省公司工会统计年报调查暨统计业务技能竞赛三等奖	廖建平	国网浙江省电力公司工会	2017.02
浙江省优秀QC成果一等奖	钱宾、邱健、郑杰	浙江省质量协会	2017.09
浙江省优秀QC成果二等奖	张建勋、俞阳、杨凯	浙江省质量协会	2017.11

荣誉名称	获奖者	颁奖单位	颁奖时间
“十二五”期间浙江省人民防空先进单位	龙游县人民防空办公室	浙江省国防动员委员会	2017.02
中共十九大消防安保三等功	胡晓凡	浙江省消防总队	2018.01
2017 年度三等功	胡晓凡	浙江省公安厅	2018.02
2016 年度浙江省“五水共治”信息工作先进个人	葛树印	浙江省“五水共治”工作领导小组办公室	2017.03
2017 年度浙江省机关党建信息工作先进个人	吴敬梓	中共浙江省直属机关工作委员会	2018.02
2015—2016 年度浙江省政法系统先进个人	叶丽清	浙江省人力资源和社会保障厅	2017.01
2017 年度浙江省小微企业培育监测工作县考核优秀个人	陈健	浙江省经济和信息化委员会	2018.01
2017 年浙江省广播电视技术能手竞赛有线电视网络系统类三等奖	丁拥军	浙江省新闻出版广电局	2017.12
2015—2016 年度浙江省师干训先进个人	雷素君（县教进校）	浙江省中小学教师培训中心	2017.12
浙江省优秀教研员	李云萍（县教进校）	浙江省教育厅教研室	2017.12
浙江省 2015—2016 年度教科研先进个人	李云萍（县教进校）	浙江省教育科学规划领导小组、省教育科学院	2017.11
浙江省中小学教坛新秀	严谨（横山中学）	浙江省人民教育基金会、省特级教师协会	2017.09
浙江省第五届师德先进个人	吴成良（社阳小学）	浙江省教育工会	2017.09
浙江省教育信息技术能力提升工程优秀管理员	曹明华（县教进校）	浙江省中小学教师信息技术应用能力提升工程实施指导办公室	2017.12
2017 年春季奥鹏招生工作先进个人	缪正荣（龙游电大）	浙江省电大奥鹏管理中心	2017.10
2016 年度浙江电大系统教材发行管理先进个人	蒋炜东、杨晓明（龙游电大）	浙江广播电视大学	2017.10
2017 年浙江电大奥鹏优秀导学班主任	杨晓明（龙游电大）	浙江省电大奥鹏管理中心	2017.10
2016 年度浙江电大系统财务工作先进个人	周宏梅（龙游电大）	浙江广播电视大学	2017.09
台州银行优秀行员	郑慧光	台州银行股份有限公司	2018.02
浙江省新生儿听力筛查先进工作者	何菊红	浙江省新生儿疾病筛查中心	2017.04
浙江省控烟积极分子	徐艳平	浙江省爱国卫生运动委员会	2017.05
2017 年度浙江省控烟微图文比赛优秀奖	王青霞	浙江省疾病预防控制中心	2017.05
浙江省疾病预防控制系统思想政治工作优秀论文三等奖	刘文学	浙江省卫生系统政促会疾病预防控制专业委员会	2017.11
浙江省疾病预防控制系统思想政治工作优秀论文优秀奖	冯丹丹	浙江省卫生系统政促会疾病预防控制专业委员会	2017.11
浙江省第一次可移动文物普查先进个人	翁倩琳	浙江省文物局	2017.07
2017 年度浙江省县市区域报人物奖“十佳采编工作者”	余柏成	浙江省记协县市区域报工作委员会	2017.04
2017 年度浙江省县市区域报好新闻奖消息类一等奖	吴森邦、吴露宁、余柏成、吴晓龙、王曙静	浙江省记协县市区域报工作委员会	2017.04
2017 年度浙江省县市区域报好新闻奖通讯类一等奖	邵美霞、金妮、余柏成、欧阳锡龙	浙江省记协县市区域报工作委员会	2017.04

荣誉名称	获奖者	颁奖单位	颁奖时间
2017年度浙江省县市区域报好新闻奖通讯类二等奖	邵美霞、余柏成、吴森邦、傅媛	浙江省记协县市区域报工作委员会	2017.04
2017年度浙江省县市区域报好新闻奖通讯类三等奖	邵美霞、余柏成、吴晓龙	浙江省记协县市区域报工作委员会	2017.04
2017年度浙江省县市区域报好新闻奖通讯类三等奖	邵美霞、余柏成、欧阳锡龙	浙江省记协县市区域报工作委员会	2017.04
2017年度浙江省县市区域报好新闻奖评论类一等奖	欧阳锡龙、王曙静、余柏成、胡琳芬、徐月	浙江省记协县市区域报工作委员会	2017.04
2017年度浙江省县市区域报好新闻奖系列报道类二等奖	王曙静、蓝丹、章承月、余柏成、林晨、吴晓龙	浙江省记协县市区域报工作委员会	2017.04
2017年度浙江省县市区域报好新闻奖副刊作品类二等奖	邵美霞、章承月、余柏成、欧阳锡龙	浙江省记协县市区域报工作委员会	2017.04
2017年度浙江省县市区域报好新闻奖重大主题报道类二等奖	邵美霞、姜贤帅、傅媛、余柏成、欧阳锡龙、吴森邦、王曙静	浙江省记协县市区域报工作委员会	2017.04
2017年度浙江省县市区域报好新闻奖新媒体报道类三等奖	王曙静、蓝丹玉、章承月、陈雯倩、林晨	浙江省记协县市区域报工作委员会	2017.04
2017年度浙江省县市区域报好新闻奖版面类三等奖	余柏成、邵美霞、余欣	浙江省记协县市区域报工作委员会	2017.04

【市级个人荣誉（含部门）】

荣誉名称	获奖者	颁奖单位	颁奖时间
2017年衢州市五一劳动奖章	施彩莲（浙江金龙纸业有限公司）、楼华栋（华电浙江龙游热电有限公司）	衢州市总工会	2017.04
2017年度衢州市安全生产工作先进个人	金元玫、袁荣新、范佳杰	中共衢州市委、市人民政府	2018.02
衢州市抗洪救灾优秀共产党员	王小波、张军红	中共衢州市委、市人民政府	2017.08
衢州市小城镇环境综合治理工作先进个人	林秀华、方晓斌	衢州市人民政府办公室	2018.03
衢州市第四届名校长	周华、刘智松、李卫忠、吕立、袁素萍	衢州市人民政府	2017.09
2017年度衢州市“优秀专武干部标兵”	叶锋	衢州军分区	2018.02
衢州军分区优秀团主官	姜锋华	衢州军分区	2017.12
衢州军分区战备训练先进个人	侯启明	浙江省军区	2018.02
衢州军分区优秀职工标兵	吴勇刚	衢州军分区	2017.12
衢州军分区优秀专武干部标兵	叶锋	衢州军分区	2017.12
衢州军分区优秀民兵分队长标兵	吴长建	衢州军分区	2017.12
2017年度衢州市党委信息工作先进个人	胡悦泓	中共衢州市委办公室	2018.03
衢州市政务信息工作先进个人	单立新	衢州市人民政府办公室	2018.03
2015—2016年度衢州市信访工作先进个人	叶茂	中共衢州市委办公室	2017.07

【县委、县政府颁发的个人荣誉（不含部门）】

荣誉名称	获奖单位	颁奖单位	颁奖时间
2017年度龙游县武装先进个人	严明华（龙洲街道）、林文建（小南海镇）、吴浩（社阳）、方晓斌（塔石镇）、侯启明（人武部）、刘海生（东华街道）、陈敏（湖镇镇）、邹群先（大街乡）、童长春（庙下乡）	中共龙游县委、县人民政府、县人民武装部	2018.02
2017年度龙游县农业农村工作先进个人	劳方、李庆华、陈俊梁、袁勇、祝轶群、王树银、许仲华、罗露、郑建兵、方利民、叶志红、兰昊涛、刘洪刚、张曙华、叶志春、金添艳、孙俊、黄黎燕、钟罗谊、张如斌、张增强、王志芳、傅晓明、张小花、刘祥云、王正梅、黄颖朝、朱珍琪、邱丽娟、吴宇俊、施歆科、罗玉银、高光成、陈九心、余东、张星昱、袁文沁、王国军、廖旭光、丰志航、徐祎、严建军、彭辰、吴长兵、杨婕、胡秋炎、吴红锋、吴晟琼、徐月荣、金志军、杨永雄、兰水英、郑赟、黄蔷、徐永恒	中共龙游县委、县人民政府	2018.02
2017年度龙游县“五水共治”工作先进个人	一、优秀河段长 杨伟祥、李剑峰、王向林、占文学、李海银、叶根明、徐秀林、陈志芳、李爱球、谢雪峰、徐根林、吴有泉、谢征雄、汪良申、 二、“五水共治”先进个人 1. 乡镇（街道）先进个人 王连标、杨志平、吴建军、余利民、郑伟芬、余律星、叶小娥、郑敬杭、黄界明、姚建平、徐永军、徐国富、张曙华、钟群华、邱洪伟、钟罗谊、王惊宇、胡锡清、钱菊红、李新云、董群燕 2. 部门先进个人 蓝正伟、胡悦泓、琚建斌、郑强、朱雁鸿、高楠、徐智慧、葛树印、金敏军、陈小军、徐政建、余益文、徐光海、倪志轩、石建荣、叶敏捷、胡秋炎、许辰昱、余浏娟、余柏成、王凉花、傅鑫彬、郑思、雷惠清、张旖、徐荣伟、陈雪峰、郑金荣	中共龙游县委、县人民政府	2018.02
2017年度龙游县“四边三化”工作先进个人	叶小宏、方昕昳、颜汉威、阮峰、邱卫民、冉雄进、吴建平、王眺眺、赖振邦、徐亮、倪小平、张宏平、黄水荣、王宁、王娟、姜朝霞	中共龙游县委、县人民政府	2018.02
2017年度龙游县安全生产工作先进个人	刘红卫、徐营、胡志清、吴水清、周其生、温连文、方敏华、熊幼民、周松祥、王巍、朱晓东、胡远鸣、邱利民、张志坚、吴蔚萍、徐晓东、徐光海、施羽、陈雪峰、包春全、王丽芬、胡晓凡、徐红标、王晓华、姜贤文、周文斌、邱志伟、袁凯云	中共龙游县委、县人民政府	2018.02
2017年度龙游县信访工作先进个人	叶建和、洪振基、项建明、胡立明、雷招根、陈建伟、王孝忠、童明富、叶伟清、吴秀军、郑建伟、宋小兵、陈金土、张赣玉、李君、吴小龙、江虹、余家卿、方光跃、邱振晨、吕琰、郑惠平、汪雪林、黄志林、吴江、毛屹峰、傅锡炳、吴水清、徐华喜、朱建军、郑卫星、胡建华、饶永红、王文清、黄建彤、洪慧超、周建国、翁忠军、陈樟霖	中共龙游县委、县人民政府	2018.02
2017年度龙游县小城镇环境综合整治工作先进个人	杨红宁、张余伟、祝凯、汪国宏、方伟军、厉文健、翁学振、俞小平、徐林祥、席雄炎	中共龙游县委、县人民政府	2018.02

荣誉名称	获奖单位	颁奖单位	颁奖时间
2017年度龙游县建设“平安龙游”先进个人	李金城、毛宏敏、胡水发、傅志平、叶小伟、虞文胜、平锡华、傅以平、江小东、雷石明、杨红宁、严林平、张金良、吴浩、张竹平、杨文哲、邱宽、余政清、黄聪、裴伟贞、施涛、李兴科、袁旭辉、陈怀俊、吴荣军、张仁伟、廖玮玮、胡森林、王剑阳、姜水富、游生华、潘旭峰、童立平、倪晓文、王斌、管伟杰、叶向丰、杨江红、汪存伟、徐建丰、徐宏远、丁俊、王刚、郑波、吴幼平、徐嘉龙、廖雪祺、童利松、曹奕、吴峰	中共龙游县委、县人民政府	2018.02
2017年度龙游县优秀村党组织书记、优秀村委会主任	一、优秀村党组织书记 陈有发（东华街道上圩头村）、李雪仑（湖镇镇大路村）、周立平（小南海镇茶圩里村）、龚水明（横山镇脉元村）、吴竹成（塔石镇杜山徐村）、邓如祥（罗家乡廖家村）、朱伟林（庙下乡芝坑口村）、毕樟明（沐尘乡庆丰村）、邱产明（社阳乡连上村）、傅樟土（大街乡大街村） 二、优秀村委会主任 陈志平（龙洲街道西门村）、姜小忠（东华街道湖底叶村）、马小林（湖镇镇塘马村）、王炳荣（溪口镇扁石村）、徐跃成（塔石镇泽随村）、金仁新（罗家乡芰塘金村）、金永其（庙下乡晓溪村）、李爱祥（模环乡模环村）、黄金土（石佛乡大力山村）、王旭宏（社阳乡社阳村）	中共龙游县委办公室、县人民政府办公室	2018.02
2017年度龙游县“大调解”工作先进个人（优秀人民调解员）	潘皓、袁洪甫、郑茂兴、彭雪军、洪新利、张渭明、邹建平、陈明祥、张焕明、季佳慧、张小华、祝文伟、项雄林、张造成、封水林、毛海荣、方志刚、叶根土、江建明、黄举宏、王建军、傅雄飞、毕英祥、张赣玉、李永军、方颖、徐元杰、纪辉刚、詹苏燕、吴志源、林萍	中共龙游县委办公室、县人民政府办公室	2018.02
2017年度龙游县“七五”普法先进个人	陈超刚、张赣玉、傅瑶、许航、陈锦春、杨瑾、雷登月、林利平、陈伟、严秀华、严向华、陈幽萍	中共龙游县委办公室、县人民政府办公室	2018.02
龙游县工业经济杰出贡献企业家	金樟溪、施彩莲、李志林、胡智彪、徐顺虎	龙游县人民政府	2018.02
龙游县工业经济优秀创新型企业家	张林松、张瑞祥、余恒、初风敏、傅竹生	龙游县人民政府	2018.02
龙游县企业服务先进个人	黄金水、袁荣新、刘振、缪建立、李浙西、江向东、吴林发、陈志宜、郑碧瓒、黄庆霞、范啸川、张宁、吴惠忠、何益红、管陆云、谢利伟、陈卫星、夏碧斐、陈建军、洪士友、江建新、汪颖俊、夏建军、徐庆、方彬、叶泳波、王启挺	龙游县人民政府	2018.02
征迁工作先进个人	叶锋、何宏斌、吴建军、蔡艳辉、王巧明、程良坤、洪伟忠、张如斌、张宏平、汪益平、张文才、王树银、陈建生、沈涵、郑兴仲、沈卫平、邱建军、蓝建军、马建平、邵秋萍、钱小忠、王土华、徐江贤、吴乾辉、余文祥、陈红、黄荣淙、方胜祥、周小平、胡洁军、吴念平、吴建明、汪成波、叶慧文、杨梅兰、童筱俊、郑玉香、杨响艳、王爱花、姜银海、吴琼、张雄飞、吴夏良、廖英	龙游县人民政府	2018.02
招商能手	陈敏、钱焱艳、陈滨、傅正军、沈奕子、黄建彤、何军	龙游县人民政府	2018.02
以商招商”先进个人	李志林（维达纸业〈浙江〉有限公司）、朱春明（浙江东润物流公司）	龙游县人民政府	2018.02

最美龙游人·2017年度人物

一、最美龙游人·2017年度人物特别荣誉奖

【学生们的“好妈妈”——徐根娣】 女，1962年11月出生，中共党员，龙游县塔石镇前夏村人，现在杭州电子科技大学学生公寓担任宿舍管理员。徐根娣曾在老家当过幼儿园老师，2004年应聘为杭州电子科技大学宿舍管理员。她先后在11号楼、21号楼和14号楼工作，2010年调到27号楼。徐根娣能叫出27号楼所有同学的名字，并报出学生所在的宿舍号、学院、班级和籍贯，甚至连他们的兴趣爱好都知道。平日里，徐根娣默默付出，给予学生无私的母爱，同学们的衣服破了、鞋子坏了，徐根娣都会帮忙缝补、修理。2017年11月，已到退休年龄的徐根娣被杭州电子科技大学800多名学生的“请愿书”留下。她的事迹被《人民日报》《杭州日报》及浙江在线、新蓝网等多家重要媒体报道。

【生命不息工作不止的好干部——张建国】 男，汉族，1962年11月出生，龙游县住房和城乡建设局质监员。2017年12月6日凌晨，张建国不幸去世。去世的前夜，他像往常一样坚持去办公室加班到9点钟。工作这么多年，张建国坚持勤奋学习，努力钻研业务，经他竣工验收的工程项目质量可靠，得到业主和使用单位的一致好评。无论在哪个岗位，张建国都勤勤恳恳，不怕苦，不言累。业余时间，他还加入“爱在人间”协会，力所能及地参加各项社会公益活动，为弱势群体和困难群众送温暖、献爱心，但却十分低调，从不声张。

二、2017年度龙游县“年度人物”

【小区义务环保员——盛锡清】 男，汉族，1945年8月出生，中共党员，河北省邯郸市邯邢矿山局退休工人，龙洲街道阳光社区居民。退休回乡的盛锡清十几年如一日充当小区义务环保员，为小区环境卫生默默付出。他无私的奉献感染了周围很多人。他组织老党员组成义务巡逻队，时常穿梭在大街小巷，护航G20，保一方平安。看见不文明现象，他就直言不讳地指出。他还主动当起楼里3位孤寡老人的食品免费采购员，嘘寒问暖，用点滴行动诠释一名退休工人对美丽龙游建设的责任与担当。

【合力救人三勇士——蓝宗振、吴岳军、朱庆】 蓝宗振，男，龙游县沐尘水库管理站管理员。2017年2月20日12时18分，蓝宗振接到一个十万火急的电话：有车掉进沐尘水库了。蓝宗振立刻叫上同事吴岳军、朱庆，迅速冲向停在岸边的快艇，快速到达现场。当时，轿车正往下沉，危急时刻，蓝宗振“扑通”一声跳下水，随后，吴岳军也潜入水中，三人齐心合力，仅用约3分钟时间，就成功地将落水女子救上岸。该救人事件经报道后备受各界关注，央视新闻也专门予以报道，成为“最美龙游人”又一鲜活典型。

【水上救人“专业户”——钱春富】 男，汉族，1969年12月出生，中共党员，龙游农业银行综合管理部员工。钱春富1987年入伍参军，具有水上救援的专业技能，2000年转业回龙游。2017年7月12日晚，钱春富途经灵山江，发现有2人溺水，紧要关头，他立即潜入水中，争分夺秒救人，不到2分钟，先后将沉入水底的2人成功救上岸，并对溺水者及时施行人工复苏术，直到120救护车赶到。这并不是钱春富第一次救人，自退伍回来后，他先后救过10余人，仅2016、2017这两年，他就在灵山江救过6个人。军人退伍不褪色，这在钱春富身上得到生动体现。

【身残志坚电子商务创业能人——卢夤豪】 男，汉族，1996年3月出生，共青团员，小南海镇鸿陆夏人，衢州三次方电子商务有限公司负责人。卢夤豪是一名残疾人，主要提供代运营设计和农产品网络销售与推广等服务。对于每件产品，他都实地考

察，采用最新鲜的食材，保证品质；对于每笔销售，努力做好物流跟踪和质量反馈。身残志坚的他通过不懈的努力，已有微商客户3000多人、淘宝店铺3家、合作商家57个，有微信代理69个。2017年，他带领团队参加龙游县“社保杯”创新创业大赛，荣获二等奖。

【“龙游铁军”群体——吴念平、王爱花、徐国祥、吴国荣】 （1）吴念平，男，汉族，1962年10月出生，中共党员，2017年4月从县房改办副主任岗位退居二线。城东征迁开始后，他被抽调到唐尧一组工作。在征迁一线，他冲锋在前，认真调研，耐心做好村民工作，村民从开始时抵触到配合，视他为朋友。他父亲病重住院，但为了征迁工作，他将照顾父亲的责任交给姐姐。8月，第一批征迁协议草签启动，其父亲病情加重，他满怀愧疚，但仍然一心扑在征迁一线，父亲去世，他只请了一天假，匆忙办理了父亲后事就赶来指挥部上班。这是一位在平凡岗位上舍私忘我、默默奉献的共产党员的真实写照。（2）王爱花，女，汉族，1967年5月出生，中共党员，一名普通的乡镇公务员。2013年3月，她被借调到龙游县旧城改造征收指挥部，开始了拆迁工作生涯。2017年3月，她圆满完成大南门印心亭二组的收购拆迁任务，成为大南门铁军中的光荣一员。4月，她又投入到D级危房治理改造中，身为治理二组组长，放弃大量休息时间。因工作十分紧张，加上压力大，她生病了。生病期间，仍顶着虚弱的身体，不分白天黑夜，奋战在一线。父亲节当天，她很想挤点时间去给父亲上坟，可是当天实在太忙，直到晚上，她只能在微信中寄托对父亲思念。舍小家为大家，不怕苦，不怕委屈，王爱花是一位名副其实的“龙游铁军”。（3）徐国祥，男，汉族，1973年7月出生，中共党员，东华街道办事处干部。从部队转业后，徐国祥坚持当好“三员”，在本职岗位上发挥好“战斗员”的作用，始终冲锋在前，带领社区干部群众开展“创国卫”工作，使老旧小区环境卫生旧貌换新颜；当好“服务员”角色，全身心扑在社区，走访居民，挨家挨户做好政策宣传和思想引导工作；履行“守门员”职责，随时组织“创卫”行动，及时落实好上级交办的各项任务，在他眼里，创卫工作并没有终点。（4）吴国荣，男，汉族，1963年3月出生，2000年6月入党，小南海镇翠光岩村党支部书记。任村支部书记10多年来，无论是在工作还是生活中，他都率先垂范，发挥着共产党员先锋模范作用。在沿江美丽公路项目征地工作中，他发扬“白+黑”“5+2”的工作精神，及时联系各农户做好土地丈量和协议签订工作，经常连夜走访农户，耐心做好政策解释和处理工作。仅用了短短的9天时间，全村就完成了土地丈量、地面附着物清点、路面浇筑等一系列工作。2011年，2名村民因洪水被困河中，吴国荣不顾个人安危，将自家的铲车开到河中间，救起被困的2名村民。事发后，吴国荣奋不顾身的救人事迹在央视多个栏目滚动播出，在全国引起强烈反响。多年来，他先后被评为龙游县争先创优“闪光之星”、衢州市优秀共产党员。

【特种纸行业的科技尖兵——刘佳文】 男，汉族，1987年10月出生，中共党员，浙江凯丰纸业有限公司工艺技术主管。自2009年从学校毕业以来，他一直从事特种纸研发和改进工作，先后参与开发10余种新产品，有6个新产品荣获浙江省科学技术成果奖，5种获实用新型发明专利，其中工程用不锈钢垫纸和CTP版垫纸2个产品已成为年产值超1.5亿元、市场占有率在50%以上的主打产品。刘佳文曾获衢州市优秀员工、衢州市115人才、龙游县开发区员工标兵、龙游县第三批优秀人才等荣誉。

【悉心照顾聋哑兄长的好村民——劳拾遗】 男，汉族，1950年10月出生，溪口镇溪口村村民。45年里，劳拾遗和妻子王少卿全心全意照顾两个聋哑的残疾兄长。劳拾遗家庭条件并不好，家庭负担很重，但几十年来，夫妻俩为病弱缠身的2个哥哥打扫、做饭、洗衣，毫无怨言。2位哥哥在劳拾遗夫妇的精心照顾下安享晚年。夫妻俩照顾残疾兄长的事迹被邻里乡亲传为美谈。2016年度，他俩被评为“溪口好榜样”，并获评龙游县“十佳好家风”家庭。

【对智残养女不离不弃的好夫妇——邓尉光、张素琴】 邓尉光，男，1944年4月出生；张素琴，女，1948年9月出生。夫妇俩是龙游县溪口镇寺下村村民。1985年农历4月的一天清晨，邓尉光在门口发现了一个女婴，虽已有两个儿子，但夫妇俩还是决定收养这个孩子。直到女孩6岁时，夫妻俩才知道女孩患有脑瘤，智力残疾，生活无法自理。但多年来，邓尉光夫妇对当初收养的这个女儿不离不弃、悉心照顾。如今，夫妻俩已年逾古稀，33岁的女儿却只有五六岁孩童的智商，他们开着一家饮食店，与女儿相依为命。邓老汉说，只要他俩活着一天，就会照顾好女儿一天。

三、2017年度龙游县“年度人物”提名奖

【王建生】 男，汉族，1978年12月出生，塔石初中团委书记，龙游博友爱心社负责人。每到周末，王建生都会开着私家车走访帮助贫困生，每年寒暑假，他还抽出时间走访农村，帮助生活贫困急需资助的孩子。2010年，他组建龙游博友爱心社，6年多时间，走遍龙游15个乡镇（街道），为不少孩子带去生活的新希望。王建生是“奉献、友爱、互助、进步”志愿精神的实践者，先后参加汽车拉力赛、龙游青年志愿者协会等志愿者活动，为社会作出表率。

【陈杰】 男，汉族，1986年4月出生，中共党员，龙游农村商业银行股份有限公司员工。2017年7月27日，在龙游县国际电影城旁的拱桥上，一位骑自行车的女子突然摔倒在地，昏迷不醒，几分钟过去，路过的车辆唯恐避之不及，女子躺在滚烫的地面上一动不动。刚好路过此地的陈杰毫不犹豫地停下车，冲向伤者，向她伸出援手，使昏迷的女子得到及时的救护。

【邱宗杰】 男，汉族，1994年1月出生，共青团员，泰隆银行湖镇支行员工。2017年8月30日14时05分，一辆停在泰隆银行湖镇支行门口的大货车轮胎突然着火，浓烟滚滚，热浪灼人，情势十分危急。此时，邱宗杰正在银行大厅引导客户办理业务，见此情景，一边疏散人群，一边拿起干粉灭火器，和大堂保安一起冒着危险对着货车着火的轮胎喷射灭火剂。在众人的努力下，喷完了三罐灭火剂，火势得到控制，车主的数十万财物也得以保全。

【金移龙救人群体】 2017年4月5日12时许，一辆红色皮卡车冲破桥头栏杆不慎坠入距桥面5米多高的社阳港中，驾车经过此地的龙游宏业建设公司总经理金移龙目睹了这惊险的一幕，立即拨打120急救电话，并派身旁的施工队员徐晓涛、尹志荣等跑回工地叫众人前来救助。5分钟后，被困女子被成功救出，众人合力将她抬至岸边，对其进行人工呼吸和心肺复苏，努力争取抢救时间。直到120救护车赶到，经过初步抢救的落水女子被抬上120救护车。经抢救，落水女子终于脱离了生命危险。

【钱乐清救人群体】 11月19日凌晨1时许，溪口镇溪口村溪西自然村的钱乐清被一阵微弱的呼救声惊醒。确定有人呼救后，他急忙起身，叫上隔壁的哥哥，急匆匆地跑出门。只见门口湍急的水渠里，一位姑娘虚弱地抓着一根竹竿，全身发抖，再往下300米处就是水库，情况极其危险！钱乐清和邻居朱志良、哥哥钱光清、妻子王英、儿子钱云、儿媳季颖尝试用竹竿、梯子等各种方法救人，均未成功。最后，大家合力用绳子和竹竿成功救起落水女子。

【马惠莲】 女，1962年10月出生，中共党员，石佛乡文化站原站长。从1984年当上马叶乡文化员，马惠莲就养成了记工作笔记的习惯，34年的乡村美丽巨变浓缩在她的73本工作笔记中。为了做好农村文化工作，声乐知识、考古知识，节目编排、文化礼堂工作涉及的各个细节，都被她一一记录在笔记本上，无论办公还是下乡，她都会随身带上笔记本，随时随处记下工作内容。2017年10月，马惠莲退休

了，可她“退休不退岗”，还继续参加信访维稳工作，并到省城杭州帮助村里申请项目。

【王淑娟】 女，汉族，1977年2月出生，龙游县人民医院医生。自2016年4月开展慢性伤口护理门诊以来，他治愈各种慢性及疑难伤口1000余例、造口周围并发症等总计200多人次，并开展相应的健康宣传教育，使伤口治愈率达85%以上，造口周围并发症治愈率达100%。患者及家属对伤口及造口治疗效果感到满意。王淑娟利用业余时间为压疮、下肢溃疡及长期卧床行动不便的患者开展上门换药服务，帮助患者的同时提高自己的专业能力。2016年8月开始，她学习和发扬万少华团队精神，坚持每月下乡为全县烂脚病患者提供无偿服务。

【纪辉刚】 男，汉族，1985年8月出生，中共党员，龙洲派出所基础中队队长。中共十九大期间，纪辉刚带领中队严控重点对象和重点领域，走访摸排旅馆、出租私房、重点物资经营企业70余家，共处罚场所47次、发放整改通知书830余份。同时，集中开展易制爆危险化学品和寄递物流专项整治行动，特别是对散装汽油加强实名制登记管理。在排查摸底的基础上，对有严重威胁和风险的21名各类重点对象逐一落实稳控、化解、处置措施。

【邱智生】 男，汉族，1957年7月出生，中共党员，社阳乡唯一的林技员。他1982年参加林业工作，而今花甲之年的邱智生仍坚守岗位，一人扛起守护社阳乡12万多亩（8000公顷）山林的重任，曾3次获评龙游县林业先进个人。35年间，邱智生始终秉承尽心尽责、一丝不苟的工作态度和工作作风，奋斗在基层林业岗位上，“以山为家，以林为伴”成了邱智生最真实的写照。他用35年的坚守书写了社阳乡森林事业的发展长卷。

（县委宣传部提供）

机构与负责人名录

县级机构

【中共龙游县委员会】

刘根宏　　县委书记
张晓峰　　县委副书记
张少华　　县委副书记
应　敏（女）县委常委
雷建明　　县委常委（～2017.02）
汪史唯　　县委常委（～2017.09）
程立衡　　县委常委
王光华　　县委常委
崔召春　　县委常委（挂职，～2017.09）
丁民坚　　县委常委（挂职）
徐　宾　　县委常委
郑国华　　县委常委
刘明鹤　　县委常委
俞耀根　　县委常委（2017.09 ～）

【龙游县人大常委会】

周中民　　党组书记、主任
周耀明　　党组副书记、副主任
吴金德　　党组成员、副主任（～2017.03）
邵宝成　　党组成员、副主任（～2017.03）
赖　云　　副主任（兼）
范卫祥　　党组成员、副主任
陆　民　　党组成员、副主任（2017.03～）
徐志明　　党组成员、副主任（2017.03～）

【龙游县人民政府】

张晓峰　　党组书记、县长（2017.02～）
　　　　　党组书记、代县长（～2017.02）
王光华　　党组副书记、副县长
丁民坚　　党组成员、副县长（挂职）
陆寿泉　　党组成员、副县长，兼县政府教育督导室主任（2017.03～）
　　　　　党组成员、副县长（～2017.03）
陆　民　　党组成员、副县长，兼县政府教育督导室主任（～2017.03）
郑国华　　党组成员、副县长（～2017.03）
钟爱红（女）副县长
俞耀根　　党组成员、副县长（2017.02～9）
　　　　　党组成员（副县长级，～2017.02）
张雪昌　　党组成员（副县长级，～2017.01）
余继民　　党组成员、副县长（2017.02～）
胡益峰　　党组成员、副县长（2017.03～）
舒　声　　党组成员、副县长（2017.09～）
康晓强　　党组成员、副县长（挂职，2017.09～）

【龙游县政协常务委员会】

黄利荣　　主席（～2017.02）
洪一舟　　党组书记、主席（2017.02～）
　　　　　党组书记（～2017.02）
李建民　　党组副书记、副主席
谢晓荣　　党组成员、副主席（～2017.03）
杨铁荣　　党组成员、副主席（～2017.03）
蓝芝苇　　副主席（兼）

严志源　　党组成员、副主席
陈　政　　副主席(2017.02～)
余洪富　　副主席(2017.02～)
丰建清　　党组成员(～2017.01)
张雪昌　　党组成员(2017.01～)
袁小红　　党组成员(2017.01～)

【中共龙游县纪律检查委员会、县监察委员会】

程立衡　　县委常委、县纪委书记、
　　监察委主任(2017.02～)
　　县委常委、县纪委书记(～2017.02)
傅正军　　副书记、监察委副主任(2017.02～)
　　副书记(～2017.02)
陈水清　　副书记、监察委副主任(2017.02～)
　　副书记(～2017.02)
毛延新　　监察委委员(2017.02～)
金晓峰　　监察委委员(2017.02～)
陈　琦　　监察委委员(2017.02～)

【龙游县人民法院】

方永新　　党组书记、院长，兼县委政法委委员
徐根华　　党组副书记、政治处主任
方土林　　党组成员、副院长
龚永松　　党组成员，县纪委、县监委派驻
　　县人民法院纪检监察组组长
郑小平　　党组成员、副院长
姜甘良　　党组成员、副院长、审委会委员
吴荣军　　党组成员、执行局局长
李浙西　　审委会专职委员
钱宝根　　审委会专职委员
吴幼平　　小南海人民法庭庭长（～2017.04）
徐水耀　　溪口人民法庭庭长
何柏良　　巡回(交通)法庭庭长
王瑜群（女）湖镇人民法庭庭长

【龙游县人民检察院】

刘建华　　党组书记、检察长，兼县委政法委委员
孙　强　　党组成员、副检察长
张仁伟　　党组成员、政治处主任
陈永成　　党组成员，县纪委、县监委派驻
　　县人民检察院纪检监察组组长
李　军　　党组成员、副检察长
童立峰　　党组成员、副检察长（2017.04～）
　　党组成员、副检察长、
　　反贪污贿赂局局长（～2017.04）
姜建明　　党组成员、检委会专职委员
吴　炜　　检委会专职委员
潘燕翔　　龙游工业园区监察室主任（～2017.07）
吴　钊　　反渎职侵权局局长（～2017.04）

县委工作部门

【中共龙游县委办公室】

刘明鹤　　主任（～2017.04）
严士平　　主任（2017.04～）
严林平　　室务会议成员，县纪委、县监委派驻
　　第一纪检监察组组长（～2017.07）
刘洪刚　　县委保密委专职副主任，
　　兼县委保密办主任（～2017.12）
郑献丰　　副主任
祝　帅　　副主任
王　展　　副主任（～2017.12）
蒋建波　　副主任（2017.12～）
叶徐炜　　副主任（2017.12～）
　　县委政研室主任（～2017.12）
刘金宽　　副主任（～2017.07）
姜　锴　　副主任（兼，～2017.04）
黄国平　　室务会议成员
蓝正伟　　室务会议成员、县委报道组组长
　　（2017.04～）
　　县委报道组组长（～2017.04）
胡剑明　　室务会议成员（2017.12～）
陈毅超　　室务会议成员（2017.12～）
杨文哲　　机要局局长
劳志平　　副主任（2017.04～）
陈怀俊　　副主任（2017.07～）
吴克建　　县委督查室主任（兼）

【龙游县督查考绩委员会办公室】
郑　强　　主任
吴克建　　副主任
周巧敏（女）副主任（2017.04～）
【中共龙游县委台湾工作办公室（龙游县台湾事务办公室）】
郑献丰　　主任（2017.12～）
田王健　　副主任
【龙游县综合信息指挥中心】
（根据龙编〔2017〕23号关于建立县级综合信息指挥体制的通知，建立“龙游县综合信息指挥中心”，为县委县政府综合指挥机构，设在县委办公室）
严士平　　主 任（兼，2017.12～）
胡剑明　　专职副主任（2017.12～）
张碧晖　　副主任（兼，2017.12～）
施歆科（女）副主任（兼，2017.12～）
【龙游县综合信息指挥保障中心】
（根据龙编〔2017〕23号关于建立县级综合信息指挥体制的通知，设立“龙游县综合信息指挥保障中心”，为归口县委办公室管理的事业单位）
施歆科（女） 主任（兼，2017.12～）
【龙游县信访局】
刘金宽　　党组书记、局长（～2017.07）
陈怀俊　　党组书记、局长（2017.07～）
杨　琳（女）党组成员、副局长（～2017.04）
叶　茂　　党组成员、副局长
吴小龙　　党组成员、副局长
徐建龙　　党组成员、副局长（2017.04～）
施歆科（女）党组成员、副局长（2017.12～）
【龙游县农业和农村工作办公室】
姜　锴　　党组书记、主任（～2017.04）
劳志平　　党组书记、主任（2017.04～）
叶志英　　党组副书记（2017.04～2017.12）
　　党组副书记、副主任（～2017.04）
张柏成　　党组成员、副主任
陈小军　　党组成员、副主任
杨江红　　党组成员、副主任（2017.04～）
严小龙　　党组成员（2017.04～）
周小平　　县扶贫办主任（～2017.07）
施　羽　　县扶贫办主任（2017.07～）
黄　蕾（女）党组成员（2017.12～）
【龙游县档案局(馆)】
胡　萃（女）党组书记、局(馆)长（～2017.04）
雷建龙　　党组书记、局(馆)长（2017.04～）
丰志航　　党组成员，县纪委、县监委派驻第一纪检监察组副组长
胡仁建　　党组书记、副局(馆)长（2017.04～）
【龙游县史志办公室】
黄国平　　主任
【中共龙游县委组织部】
徐　宾　　县委常委、组织部部长
严士平　　副部长（～2017.04）
张永祥　　副部长
余　晓　　部务会议成员，县纪委、县监委派驻第三纪检监察组组长
童韧锋（女）副部长
饶晓明　　副部长（兼，～2017.04）
袁小红　　副部长（兼，～2017.04）
劳志平　　副部长（兼，～2017.04）
周立云　　副部长（兼，2017.04～）
夏浩波　　副部长（兼，2017.04～）
刘金宽　　副部长（兼，2017.07～）
施　涛　　部务会议成员（2017.04～）
刘　俊　　部务会议成员（2017.12～）
【中共龙游县委人才工作领导小组办公室】
刘　俊　　主任
【中共龙游县委两新工委】
张永祥　　书记
祝柳珊（女）副书记（2017.12～）
吴安春　　副书记（兼）
李学军　　副书记（兼，～2017.12）
周红强　　副书记（兼，～2017.07）
【龙游县机构编制委员会办公室】
饶晓明　　党组书记、主任（～2017.04）
刘金宽　　党组书记、主任（2017.07～）
许慧斌　　党组成员、副主任

徐正华　　　党组成员，县纪委、县监委派驻第三纪检监察组副组长
吴伟红　　　党组成员、副主任（2017.07～）

【中共龙游县委老干部局】

袁小红　　　局长（～2017.04）
周立云　　　局长（2017.04～）
王国军　　　副局长
李红英（女）副局长

【龙游县机关党工委】

严士平　　　书记（兼，～2017.04）
雷伟斌　　　副书记（～2017.07）
倪小平　　　副书记（2017.12～）
唐　蕾（女）委员、纪工委书记（～2017.12）
黄海军　　　委员、纪工委书记（2017.12～）

【中共龙游县委宣传部】

应　敏（女）县委常委、宣传部部长
徐素贞（女）副部长、兼县外宣网管办主任（～2017.04）
徐兆云　　　副部长、县文明办主任（～2017.04）
吴夏良　　　部务会议成员，县纪委、县监委派驻第四纪检监察组组长
徐智慧　　　副部长、兼县外宣办主任（2017.04～）
余　鹏　　　副部长（2017.04～）
　　　　　　县社会科学联合会主席（～2017.04）
李兴科　　　部务会议成员、县互联网信息办公室主任（2017.07～）
　　　　　　县互联网信息办公室主任（～2017.07）
徐佳楠　　　县文明办主任（2017.04～）
邱元良　　　县社会科学联合会主席（2017.12～）

【龙游县创建国家卫生县城工作领导小组办公室】

徐兆云　　　主任（～2017.04）
杨渐升　　　专职副主任

【中共龙游县委党校（龙游县社会主义学院、龙游县行政学校）】

徐　宾　　　县委党校校长（兼）
郑国华　　　县社会主义学院院长（兼，2017.12～）
王光华　　　县行政学校校长（兼，2017.12～）
余文祥　　　县委党校常务副校长（～2017.12）
朱秀良　　　县委党校常务副校长，兼县社会主义学院副院长、县行政学校副校长（2017.12～）
刘秋荣　　　县委党校副校长（～2017.07）
徐跃良　　　县委党校副校长，兼县社会主义学院副院长、县行政学校副校长（2017.12～）
　　　　　　县委党校副校长（～2017.12）
金敏军（女）县委党校副校长，兼县社会主义学院副院长、县行政学校副校长（2017.12～）
　　　　　　县委党校副校长（2017.07～2017.12）

【中共龙游县委新闻宣传中心】

楼林峰　　　党组书记、主任（～2017.04）
余柏成　　　党组成员、副主任
葛树印　　　党组成员，县纪委、县监委派驻第四纪检监察组组长（～2017.04）
欧阳锡龙　　党组成员、副主任（2017.04～）

【中共龙游县委统战部】

郑国华　　　县委常委、统战部部长
吴安春　　　副部长（兼）
雷建龙　　　副部长、县民宗局局长（～2017.04）
姜爱芳（女）副部长、县外事侨务办主任
蓝建春　　　部务会议成员，县纪委、县监委派驻第五纪检监察组组长
方土新　　　副部长、县民宗局局长（2017.04～）
雷忠根　　　县民宗局副局长（2017.04～）
　　　　　　县外事侨务办副主任（～2017.04）
葛树印　　　县外事侨务办副主任（2017.04～）

【中共龙游县委政法委】

张少华　　　书记
汪史唯　　　副书记（兼，～2017.09）
舒　声　　　副书记（兼，2017.09～）
章宇夫　　　副书记、县综治办主任（～2017.04）
洪永健　　　副书记、县维稳办主任

刘安明　　副书记、县国安办主任
黄陆俊　　副书记、县610办主任
袁旭辉　　副书记、县综治办主任（2017.07～）
俞　斌　　副书记（2017.12～）
詹其军　　县610办副主任（～2017.04）
胡益民　　县综治办副主任
马　健　　县维稳办副主任
季　君　　政治处主任
杨渐升　　县610办副主任（2017.07～）

【龙游县纪委、监察委机关】

毛延新　　常委、监察委委员、县委巡察办主任（2017.07～）
　　常委、监察委委员、县委巡察办主任、第一纪检监察室主任（2017.04～07）
　　常委、监察委委员、第一纪检监察室主任（2017.02～04）
　　常委、第一纪检监察室主任（～2017.02）
金晓峰　　常委、监察委委员（2017.02～）
　　常委、监察局副局长（～2017.02）
陈　琦　　常委、监察委委员（2017.02～）
　　常委、教育调研室主任（～2017.07）
杨　琳（女）常委（2017.04～）
王　斌　　第二纪检监察室主任（～2017.04）
朱雁鸿（女）党风政风监督室主任
曹文华　　干部室主任、县委巡察办副主任（2017.04～）
　　干部室主任（～2017.04）
陆　旖　　案件监督管理室主任
裴伟贞（女）信访室主任
祝红兵　　第三纪检监察室主任
周　坤　　办公室主任（2017.04～）
刘丽君（女）县委巡察办副主任（2017.04～）
吴　钊　　第二纪检监察室主任（2017.04～）
徐　健　　第一纪检监察室主任（2017.07～）
吴　浩　　第四纪检监察室主任（2017.12～）
项继忠　　案件审理室主任（2017.12～）

人民团体

【龙游县总工会】

周耀明　　主席（兼，～2017.07）
陆　民　　主席（兼，2017.07～）
吴军杰（女）党组书记、副主席
何志军　　党组成员、副主席（～2017.12）
杨响艳（女）党组成员、副主席（2017.12～）
　　党组成员，县纪委、县监委派驻第三纪检监察组副组长（～2017.12）
陈　岗　　党组成员、副主席（2017.12～）
方苏苏　　副主席（兼，2017.07～）
吴　剑　　副主席（兼，2017.07～）
吴建平　　副主席（兼，2017.07～）

【共青团龙游县委员会】

张问期（女）党组书记、书记（～2017.12）
吕　燕（女）党组书记、书记（2017.12～）
王　苑（女）党组成员、副书记

【龙游县妇女联合会】

余浏娟（女）党组书记、主席
洪霞琴（女）副主席（～2017.04）
吕　燕（女）党组成员、副主席（～2017.12）
汪霄旻（女）党组成员、副主席（2017.12～）
徐真俊（女）党组成员、副主席（2017.12～）

【龙游县文学艺术界联合会】

黄瑞清　　党组书记、主席（～2017.04）
周巧萍（女）主席（2017.04～）
吴　军　　党组书记（2017.04～）
张水祥　　党组成员、副主席（～2017.04）

【龙游县工商业联合会】

吴安春　　党组书记、主席
吴建标　　党组成员、副主席
蓝芝苇　　副主席

【龙游县残疾人联合会】

潘建强　　党组书记、理事长

方建林　　党组副书记、副理事长
杨渐升　　党组成员，县纪委、县监委派驻第九纪检组副组长（～2017.07）

【龙游县科学技术协会】

赖　云　　主席
吴恒凯　　党组书记（2017.07～）
徐志震　　党组副书记、副主席
缪富亭　　党组成员、副主席

【龙游县红十字会】

陆　民　　会长（兼，～2017. 03）
陆寿泉　　会长（兼，2017. 03～）
钟金柱　　专职副会长

民主党派·无党派人士

【中国国民党革命委员会龙游县支部委员会】

李华琴（女）主委
江悌谦　　副主委

【中国民主同盟龙游县总支部委员会】

吴幼平　　主委
吴宇芳（女）副主委
周卫锦　　副主委

【中国民主建国会龙游县总支部委员会】

蓝芝苇　　主委
吕菊岚（女）副主委
汪存伟　　副主委
雷小彬　　副主委

【中国民主促进会龙游县支部委员会】

周巧萍（女）主委
方　圆（女）副主委
蓝忠胜　　副主委
吴红峰　　副主委

【中国农工民主党龙游县总支部委员会】

钟爱红（女）主委
徐宏波　　副主委
洪霞琴（女）副主委
周建民　　副主委

【九三学社龙游县基层委员会】

赖　云　　主委(2017. 05～)
陈文化（女）副主委(2017. 05～)
何其俊　　副主委(2017. 05～)
叶菊贞（女）副主委(2017. 05～)

【龙游县无党派知识分子联谊会】

余小明　　会长

县人大工作部门

严建军　　县人大党组成员、办公室主任（～2017. 04）
徐新台　　县人大党组成员、办公室主任（2017. 04～）
　　研究室主任（正科级，～2017. 04）
蓝小纯　　专职常委（2017. 07～）
贾伶俐（女）研究室主任（2017. 04～）
　　专职常委（～2017. 04）
姜　锴　　法制内务司法委员会主任委员（2017. 02 ～）
胡启芳　　法制内务司法工作委员会主任（2017. 07～）
　　法工委主任（～2017. 07）
张秋贤　　法制内务司法委员会副主任委员（2017. 04～）
汪建国　　财政经济委员会主任委员（2017. 02～）
谢跃坤　　经济工作委员会主任
程永明　　财政金融工作委员会主任
方向阳　　农业与农村工作委员会主任
周石祥　　建设和资源环境保护工作委员会主任
叶利平　　教科文卫民侨工作委员会主任
廖成钢　　代表与选举任免工作委员会主任（～2017. 04）

马盈忠　　代表与选举任免工作委员会主任（2017.04～）
柳学政　　专职常委
蓝素芬（女）专职常委（2017.02～）
　　建设和资源环境保护工作委员会副主任（～2017.07）
高光成　　办公室副主任（2017.12～）
黄丽芬　　研究室副主任（2017.07～）
张兢文（女）财政金融工作委员会副主任（2017.12～）
　　代表与选举任免工作委员会副主任（～2017.12）
余政清　　农业与农村工作委员会副主任
刘恩聪（女）教科文卫民侨工作委员会副主任
胡建斌　　代表与选举任免工作委员会主任（2017.12～）
　　办公室副主任（～2017.12）

县政协工作部门

丰建清　　县政协党组成员、秘书长（～2017.02）
袁小红　　县政协党组成员、秘书长（2017.02～）
姜丽萍（女）常委（2017.05～8）
　　常委、办公室主任（～2017.05）
雷金标　　办公室主任（2017.05～）
王国清　　研究室主任
陈金新　　提案委员会主任
张　峰　　经济科技委员会主任
郭建军　　农业和农村委员会主任（～2017.05）
童植龙　　农业和农村委员会主任（2017.05～）
黄宝林　　人口资源环境委员会主任
周巧萍（女）教文卫体和文史资料委员会主任（～2017.05）
雷　珍（女）教文卫体和文史资料委员会主任（2017.08～）
肖炎生　　社会法制和民族宗教委员会主任
汪国华　　港澳台侨委员会主任
吴惠忠　　委员工作委员会主任（～2017.05）
叶　翠（女）办公室副主任
华　英（女）提案委员会副主任
陈九心　　经济科技委员会副主任
张水祥　　教文卫体和文史资料委员会副主任（2017.05～）
黄　聪　　委员工作委员会副主任（2017.05～）

县政府工作部门

【龙游县政府办公室】

余继民　　党组书记、主任、县政府党组成员、兼应急办主任（～2017.04）
汪立云　　党组书记、主任、县政府党组成员、兼应急办主任（2017.04～）
徐　洪　　党组成员，县纪委、县监委派驻第二纪检监察组组长（～2017.12）
严凛冰　　党组成员，县纪委、县监委派驻第二纪检监察组组长（2017.12～）
吴恒凯　　党组成员、副主任（～2017.07）
胡剑明　　党组成员、副主任（～2017.12）
钟宏亮　　党组成员、副主任
郑云金　　党组成员、副主任
袁旭辉　　党组成员、副主任（～2017.07）
缪建立　　党组成员、副主任
童　舟（女）党组成员、副主任（～2017.03）
张　斌　　党组成员、副主任（2017.07～）
叶小宏　　党组成员、副主任（2017.12～）
周巧敏（女）督查室主任（兼，2017.04～）
吴旭东　　研究室主任（2017.07～）

【龙游县政府法制办公室】

祝文波　　主　任

【龙游县政府咨询委员会办公室】

林　升　　主任

【龙游县金融工作办公室】

缪建立　　副主任（兼，2017.04～）

季　盈（女）副主任（2017.04～）

【龙游县行政服务中心】

朱秀梁　　党组书记、主任（～2017.01）

胡仁建　　党组成员、副主任（～2017.01）

江向东　　党组成员（～2017.01）

【龙游县行政服务中心管理办公室】

（根据龙编〔2016〕26号关于县行政服务中心更名的通知，将“龙游县行政服务中心”更名为“龙游县行政服务中心管理办公室”）

王光华　　党组书记（2017.09～）

朱秀梁　　党组副书记、主任（2017.09～12）

　　　　　党组书记、主任（2017.01～9）

徐　洪　　党组副书记、主任（2017.12～）

胡仁建　　党组成员、副主任（2017.01～4）

江向东　　党组成员、副主任（2017.12 ～）

　　　　　党组成员（2017.01～12 ）

【龙游县机关事务管理局】

叶宏波　　党组书记、局长

郑明通　　党组成员、副局长

叶小宏　　党组成员，县纪委、县监委派驻第二纪检监察组副组长（～2017.04）

王永新　　党组成员，县纪委、县监委派驻第二纪检监察组副组长（2017.07～）

王凉花（女）党组成员、副局长（2017.12～）

　　　　　党组成员（～2017.12）

【龙游县人力资源和社会保障局】

劳志平　　党组书记、局长（～2017.04）

夏浩波　　党组书记、局长（2017.04～）

邵月旭　　党组副书记、副局长

严凛冰　　党组成员、副局长（～2017.12）

叶杏友　　党组成员、副局长

方爱芸（女）党组成员，县纪委、县监委派驻九纪检监察组组长

夏根土　　党组成员、社保管理局局长（～2017.12）

程元超　　党组成员、社保管理局局长（2017.12～）

何正喜　　就业管理服务局局长

【龙游县公安局】

汪史唯　　县委常委、县公安局党委书记、局长、督察长，兼县委政法委副书记（～2017.09）

舒　声　　副县长、县公安局党委书记、局长、督察长，兼县委政法委副书记（2017.09～）

方土新　　党委副书记、政委（～2017.04）

周松祥　　党委副书记、政委（2017.04～）

　　　　　党委委员、副局长（～2017.04）

郑松林　　党委委员、副局长

刘哲明　　党委委员、副局长（2017.04～）

　　　　　党委委员，县纪委、县监委派驻纪检监察组组长（～2017.04）

叶家荣　　党委委员、副局长（2017.04～）

　　　　　党委委员、刑侦大队大队长（～2017.04）

王卫东　　党委委员，县纪委、县监委派驻纪检监察组组长（2017.04～）

　　　　　交警大队大队长（～2017.04）

余剑飞　　党委委员、政治处主任

傅晓泉　　党委委员

崔亚明　　党委委员、副局长（挂职，～2017.01）

段　飞　　党委委员、副局长（挂职，2017.01～）

王小忠　　龙洲派出所所长、龙洲街道党工委委员

丰　华　　龙洲派出所教导员

胡剑锋　　东华派出所教导员、东华街道党工委委员

吴国胜　　交警大队大队长（2017.07～）

吕元进　　交警大队教导员

余红宙　　治安大队大队长

王伟东　　治安大队教导员

江　平　　经侦大队大队长

徐　燕（女）经侦大队教导员
范国洪　　行动侦察大队大队长
徐　意　　刑侦大队大队长（2017.07～）
　　行动侦察大队教导员（～2017.07）
叶　宏　　刑侦大队教导员
姜建军　　国保大队大队长
吴文寅　　国保大队教导员
祝高华　　看守所所长
杨小金　　看守所教导员
徐志华　　县公安局指挥中心主任
饶明林　　县公安局指挥中心教导员

【龙游县司法局】

倪邵华　　党组书记、局长，兼县委政法委委员
徐延平　　党组成员、副局长
饶永红　　党组成员，县纪委、县监委派驻第六纪检监察组组长（～2017.04）
徐松正　　党组成员，县纪委、县监委派驻第六纪检监察组组长（2017.04～）
陈文化（女）副局长（～2017.04）
吴幼平　　副局长（2017.04～）

【龙游县农业局】

吴建明　　党委书记、局长
曾顺福　　党委副书记、副局长（～2017.04）
吴惠忠　　党委副书记、副局长（2017.04～）
詹雪琪　　党委委员、副局长（～2017.12）
朱炳良　　党委委员、副局长
徐志丹　　党委委员，县纪委、县监委派驻第十三纪检监察组副组长
徐光海　　党委委员、畜牧兽医局局长
傅锡炳　　党委委员
盛方清　　党委委员、副局长（2017.12～）

【龙游县林业局】

陈雪华　　党组书记、局长（～2017.04）
吴水清　　党组书记、局长（2017.04～）
祝立宏　　党组副书记、副局长
陈荣富　　党组成员、副局长
徐雪飞　　党组成员、森林公安局局长
倪永军　　党组成员，县纪委、县监委派驻第十三纪检监察组副组长（2017.04～）
陈建龙　　党组成员（2017.12～）

【龙游县水利局】

方金元　　党组书记、局长（～2017.04）
王　胜　　党组书记、局长（2017.04～）
王建华　　党组副书记、副局长（～2017.04）
胡炳银　　党组副书记、副局长（2017.04～）
周雪祥　　党组副书记（2017.12～）
贺　军（女）党组成员、副局长（～2017.04）
方永宏　　党组成员，县纪委、县监委派驻第十三纪检监察组组长
郑宇峰　　党组成员、副局长
汪颖俊　　党组成员（2017.04～）
石建荣　　县农村水利服务中心主任

【龙游县高坪桥水库工程建设管理处】

周雪祥　　党组书记、主任
吴　浩　　党组成员、副主任（兼）
华贵土　　党组成员、副主任（～2017.12）
周友成　　党组成员，县纪委、县监委派驻第十三纪检监察组副组长
黄　琼　　党组成员、副主任

【龙游县乌引工程管理处】

董建根　　党组书记、主任（～2017.11）
汪辛耕　　党组成员、副主任（～2017.04）
刘正浩　　党组成员，县纪委、县监委派驻第十六纪检监察组副组长（～2017.04）
王　璟　　党组成员、副主任（2017.04～）

【龙游县民政局】

邹国宁　　党组书记、局长
周立云　　党组副书记、县水库移民管理办公室主任（～2017.04）
吴光林　　党组副书记、副局长（2017.12～）
袁水平　　党组成员、县老龄委专职副主任（2017.12～）
　　党组成员，县纪委、县监委派驻第九纪检监察组副组长（～2017.12）

包春全　　党组成员、副局长
李学军　　党组成员、副局长（～2017.12）
吴长兵　　县水库移民管理办公室主任（2017.04～）

【龙游县发展和改革局】

（根据龙编〔2017〕16号关于县发展和改革局、县物价局整合的通知，县发展和改革局挂县物价局牌子，将原县物价局职责、编制、人员划入县发展和改革局）

李竹生　　党委书记、局长
雷金标　　党委副书记、副局长（～2017.04）
王　晟　　党委副书记、副局长（～2017.04）
周利民　　党委副书记、副局长（2017.04～）
叶华民　　党委副书记（2017.07～）
胡炳银　　党委委员、副局长（～2017.04）
陈　芬（女）党委委员，县纪委、县监委派驻第七纪检监察组组长（～2017.12）
杜前强　　党委委员
陈卫星　　党委委员、县重点办主任
孙正发　　党委委员
董永生　　党委委员、县服务业发展办公室主任（2017.04～）
　　　　　县服务业发展办公室主任（副科级，～2017.04）
洪霞琴（女）副局长（2017.04～）
范玉宏　　党委委员（～2017.04）
严建军　　党委委员（2017.04～）
张智望　　党委委员（～2017.04）

【龙游县物价局】

雷金标　　物价局局长，县发改局党委副书记、副局长（～2017.04）
杜前强　　副局长、县发改局党委委员

【龙游县统计局】

范玉宏　　党组书记、局长（～2017.04）
严建军　　党组书记、局长（2017.04～）
章德兴　　党组成员，县纪委、县监委派驻第七纪检监察组副组长
苏胜英（女）党组成员、县农村社会经济调查队副队长
陈建军　　党组成员、副局长
吴鹏飞　　党组成员（2017.07～）

【龙游县经济和信息化局】

胡樟太　　党委书记、局长
吴伟民　　党委副书记、副局长（2017.07～）
　　　　　党委委员、副局长（～2017.07）
赖旭勇　　党委委员、副局长
胡良庆　　党委委员，县纪委、县监委派驻第八纪检监察组副组长（～2017.04）
吴英俊（女）党委委员
徐汝清　　党委委员（～2017.04）
钱焱艳（女）副局长（2017.04～）
陈　芬（女）党委委员，县纪委、县监委派驻第七纪检监察组副组长（2017.12～）

【龙游县商务局】

徐汝清　　党组书记、局长（～2017.04）
柯小平　　党组成员、副局长（～2017.04）
钟小红（女）党组成员，县纪委派驻第八纪检监察组副组长（～2017.04）

【龙游县粮食局】

张智望　　党委书记、局长（～2017.04）
童晓阳　　党委委员、副局长（～2017.04）

【龙游县商务和粮食局】

（根据龙编〔2017〕15号关于县商务局、县粮食局整合的通知，县商务局更名为县商务和粮食局，仍与县经济和信息化局合署办公。同时划入县粮食局的职责、人员，不再保留县粮食局。）

贾仲银　　党组书记、局长，县经信局党委委员（2017.04～）
柯小平　　党组成员、副局长（2017.04～）
钟小红（女）党组成员，县纪委、县监委派驻第十六纪检监察组副组长（2017.12～）
　　　　　党组成员，县纪委、县监委派驻第八纪检监察组副组长（2017.04～12）
胡小华　　党组成员、副局长（2017.04～）

王丽芬（女）党组成员、副局长（2017.07～）

【龙游县安全生产监督管理局】

金元玫　党组书记、局长
王剑阳　党组成员、副局长
吕乾才　党组成员、副局长（～2017.04）
叶小宏　党组成员、副局长（2017.04～12）
钱小林　党组成员，县纪委、县监委派驻第十二纪检监察组副组长
项小苗　党组成员（2017.07～）

【龙游县招商局】

贾仲银　党组书记、局长，兼县经济协作办主任（～2017.04）
胡　萃（女）党组书记、局长，兼县经济协作办主任（2017.04～）
周利民　党组副书记、副局长（～2017.04）
汪　涵　党组成员，县纪委、县监委派驻第五纪检监察组副组长
劳开元　党组成员、副局长
汪耀南　党组成员、副局长（2017.04～）

【龙游县交通运输局】

吴生祥　党委书记、局长
傅胜华　党委委员、副局长
叶泳波　党委委员、副局长
吴学军　党委委员，县纪委、县监委派驻第十二纪检监察组组长
张军红　党委委员、道路运输管理所所长
徐晓飞（女）党委委员、总工程师
汪幸智（女）党委委员、副局长
席雄炎　县公路管理局局长
徐　烈　党委委员（2017.07～）

【龙游县住房和城乡建设局】

徐建华　党委书记、局长
黄志林　党委副书记，县纪委、县监委派驻第十一纪检监察组组长
郑绍坪　党委委员、副局长（～2017.04）
姜　真　党委委员、副局长
胡小土　党委委员、副局长
余雪峰　党委委员、副局长（挂职）
王　斌　党委委员、副局长（2017.04～）
胡秋炎　党委委员、总工程师（2017.07～）
　　党委委员（～2017.07）
徐　庆　党委委员（2017.04～）

【龙游县规划局】

童植龙　党组书记、局长、兼县人防办主任（～2017.04）
何　军　党组书记、局长、兼县人防办主任（2017.04～）
　　党组成员、总规划师（～2017.04）
王　胜　党组副书记、副局长（～2017.04）
应红峰　党组成员、人防办副主任（～2017.12）
管伟杰　党组成员、副局长
程先菊（女）党组成员、总规划师（2017.07～）
　　党组成员（～2017.07）
黄汉鼎　党组成员（2017.04～）
兰水英　党组成员、副局长（2017.07～）
李金城　党组成员、人防办副主任（2017.12～）

【龙游县人民防空办公室】

童植龙　主　任（兼，～2017.04）
何　军　主　任（兼，2017.04～）
应红峰　副主任（～2017.12）
李金城　副主任（2017.12～）

【龙游县城乡规划管理中心】

袁鲁峰　主　任（～2017.07）
吴　江　主　任（2017.07～）

【龙游县环境保护局】

马盈忠　党组书记、局长（～2017.04）
徐政建　党组书记、局长（2017.04～）
黄建彤　党组副书记、副局长（～2017.04）
游路宏　党组成员，县纪委、县监委派驻第十二纪检监察组副组长
郑卫星　党组成员、副局长（2017.07～）
　　党组成员、总工程师（～2017.07）
余益文　党组成员、副局长
胡远鸣　县环境监察大队大队长
朱明华　党组成员、总工程师（2017.07～）

【龙游县住房改革委员会办公室(龙游县住房基金管理中心、龙游县征迁事务管理办公室)】

（根据龙编〔2017〕3号关于县住房改革委员会办公室职责调整等事项的通知，县住房改革委员会办公室不再挂“衢州市住房公积金管理中心龙游县分中心”牌子，上划公积金管理等相关职能，内设机构作相应调整。衢州市住房公积金管理中心龙游县分中心调整为市住房公积金管理中心的派出机构。县住房改革委员会办公室增挂“龙游县征迁事务管理办公室”牌子，增加集体土地上房屋征收与补偿等相关职能。）

徐永恒　党组书记、主任（～2017.04）
吴正兵　党组书记、主任（2017.04～）
吴念平　党组成员、副主任（～2017.04）
王土祥　党组成员，县纪委、县监委派驻第十一纪检监察组副组长（～2017.04）
雷　军　党组成员、副主任（～2017.04）
周小平　党组成员、副主任（2017.07～）

【龙游县教育局】

邱子龙　党委书记、局长，兼县政府教育督导室副主任
王兆斌　县政府教育督导室专职副主任，县教育局党委副书记（～2017.04）
郑绍坪　县政府教育督导室专职副主任，县教育局党委副书记（2017.04～）
徐红斌　党委委员、副局长（～2017.04）
周　华　龙游中学校长，兼县教育局党委委员、副局长
吴焕斌　党委委员、副局长
吴蔚萍　党委委员、副局长
张文君（女）党委委员，县纪委、县监委派驻第十四纪检监察组组长
程伟斌　龙游中学党总支书记（～2017.07）
余孝忠　龙游中学党总支书记（2017.07～）
邱建军　县第二高级中学校长
姚金炎　县第二高级中学党总支书记（～2017.04）
陈延宏　县第二高级中学党总支书记（2017.07～）
毛　芳（女）县职业技术学校校长
陈建峰　县职业技术学校党支部书记
徐小华　浙江广播电视大学龙游分校校长（～2017.04）
缪正荣　浙江广播电视大学龙游分校校长（2017.07～）
　　浙江广播电视大学龙游分校党支部书记（～2017.07）
刘秋荣　浙江广播电视大学龙游分校党支部书记（2017.07～）

【龙游县文化广电新闻出版局】

方玉林　党委书记、局长
杨江红　党委委员，县纪委、县监委派驻第四纪检监察组副组长（～2017.04）
郑利霞（女）党委委员、副局长
汪存伟　副局长（2017.04～）
徐荣伟　党委委员（2017.07～）

【龙游县旅游委员会（龙游石窟旅游度假区管委会）】

陆　民　石窟管委会党工委书记（兼，～2017.03）
俞耀根　石窟管委会党工委书记（兼，2017.03 ～）
徐建丰　旅委党委书记、主任，石窟管委会党工委副书记、主任
徐华喜　旅委党委委员、副主任，石窟管委会党工委委员、副主任
徐晓东　旅委党委委员、副主任，石窟管委会党工委委员、副主任
黄海军　旅委党委委员、石窟管委会党工委委员，县纪委、县监委派驻第四纪检监察组副组长（～2017.12）
雷正辉　旅委党委委员、副主任，石窟管委会党工委委员、副主任

唐　蕾（女）旅委党委委员，县纪委、县监委派驻第四纪检监察组副组长（2017.12～）

【龙游县卫生和计划生育局】

丁　俊　党委书记、局长
张永华　党委委员、副局长
朱建军　党委委员、副局长
陆龙丽（女）党委委员、县计生协会副会长
余小明　副局长
毛庆华　党委委员，县纪委、县监委派驻第十五纪检监察组组长
周建民　县人民医院院长
徐林发　县中医院院长
陈　湛　县中医院党总支书记

【龙游县综合行政执法局】

童利松　党委书记、局长
徐智慧　党委副书记、政委（～2017.04）
黄建彤　党组副书记、政委（2017.04～）
周建林　党委副书记、政治处主任
严小见　党委委员，县纪委、县监委派驻第十一纪检监察组副组长
厉文健　党委委员、副局长
冉雄进　党委委员、副局长
郑金荣　党委委员、副局长（2017.04～）
叶卫军　党委委员
翁忠军　党委委员（2017.04～）
吴伟群　党委委员（2017.07～）

【龙游县市场监督管理局】

夏浩波　党委书记、局长，兼县食品安全委员会办公室主任（～2017.04）
章宇夫　党委书记、局长，兼县食品安全委员会办公室主任（2017.04～）
周红强　党委委员，县纪委、县监委派驻第十六纪检监察组组长
王文清　党委委员、副局长
吴　健　党委委员、副局长
邱利民　党委委员、副局长
廖雪祺　党委委员、县食品安全委员会办公室专职副主任
童筱俊　党委委员、副局长

【龙游县广播电视总台】

张秋贤　党委书记、台长（～2017.04）
徐素贞　党委书记、台长（2017.04～）
郑金荣　党委委员、副台长（～2017.04）
李文敏　党委委员、副台长
蒋黎阳　党委委员、副台长（2017.12～）
　　　　党委委员、总工程师（～2017.12）
钱　江　党委委员、总工程师（2017.12～）

【龙游县体育局】

徐嘉龙　党组书记、局长
黄更青　党组成员、副局长
陈建龙　党组成员，县纪委、县监委派驻十四纪检监察组副组长

【龙游县科技局】

吴　军　党组书记、局长（～2017.04）
王　晟　党组书记、局长（2017.04～）
钱列君　党组成员，县纪委、县监委派驻第十四纪检监察组副组长
方　圆（女）副局长
管陆云　党组成员、副局长
余良才　党组成员

【龙游县财政地税局】

徐志明　党委书记、财政局局长、地税局局长（～2017.04）
傅正军　党委书记、财政局局长、地税局局长（2017.04～）
洪士友　党委副书记（2017.12～）
田土生　党委委员、农开办主任（2017.04～）
蒋澄宇　党委委员、地税局副局长
琚柏华　党委委员、财政局副局长（2017.04～）
　　　　党委委员、财政局副局长、兼财政局预算局局长（～2017.04）
钱　宇（女）财政局总会计师
金志鸿　党委委员、财政局副局长

倪　斌　　党委委员、财政局副局长
王琼斌　　党委委员，县纪委、县监委派驻第十纪检监察组组长（2017.07～）
方　勇　　党委委员、总经济师（2017.09～）
黄一路　　县财政项目预算审核中心主任
周小宏　　地税局稽查局局长
汪小军　　财政局预算执行局局长
徐林祥　　财政局预算局局长（2017.04～）
徐禹庭　　财政监督局局长（2017.07～）
　　　　　地税局城关税务分局局长（～2017.07）
张美荣　　地税局城关税务分局局长（2017.07～）

【龙游县国有资产监督管理委员会】

洪士友　　党委书记、主任
叶盛华　　党委委员（2017.12～）
　　　　　党委委员、副主任（～2017.12）
吕菊岚（女）副主任（～2017.12）
张育铭　　党委委员，县纪委、县监委派驻第十纪检监察组副组长
黄　超　　党委委员、副主任（2017.12～）
蓝　政　　副主任（2017.12～）

【龙游县水务集团有限公司】

谢荣茂　　董事长、总经理
余永华　　副总经理
李　娟（女）副总经理

【龙游县交通集团有限公司】

陈卫平　　董事长、总经理（～2017.04）
徐汝清　　董事长、总经理（2017.04～）
张红晓　　副总经理
邓晓祯　　副总经理

【龙游县城市发展投资有限公司】

冯雪外　　执行董事、总经理
卞瑞浩　　副总经理

【龙游县文化旅游发展有限公司】

张　旗　　执行董事、总经理
余剑锋　　副总经理
雷庆岳　　副总经理

【龙游县商贸物流发展有限公司】

吕益鸿　　执行董事、总经理
雷小彬　　副总经理

【龙游县奔康投资有限公司】

付卫平　　执行董事、总经理
杨根炎　　副总经理

【龙游县农业综合开发办公室】

田土生　　党组书记、主任
陈雪峰　　党组成员、副主任

【龙游县审计局】

汪建国　　党组书记、局长（～2017.05）
范玉宏　　党组书记、局长（2017.05～）
徐松正　　党组成员、副局长（～2017.05）
王琼斌　　党组成员，县纪委、县监委派驻第十纪检监察组组长（～2017.07）
朱胜尧　　党组成员、副局长
徐红斌　　党组成员、副局长（2017.05～）
孙招根　　党组成员、总审计师（2017.05～）

【龙游县供销社】

王根荣　　党委书记、主任（～2017.04）
姜丽萍　　党委书记、主任（2017.04～）
周立生　　党委委员、副主任（～2017.04）
倪永军　　党委委员，县纪委、县监委派驻第十三纪检监察组副组长（～2017.04）
傅国汉　　党委委员、副主任
杨永雄　　党委委员（2017.07～）

【龙游县公共资源市场化配置监督管理办公室】

程骏飞　　党组书记、主任
廖　英（女）党组成员、副主任（～2017.04）
马应芳　　党组成员，县纪委、县监委派驻第二纪检监察组副组长（～2017.04）
郑玉香（女）党组成员（2017.04～）
袁鲁峰　　党组成员、副主任（2017.07～）
杨金生　　党组成员、副主任（2017.07～）

【龙游县公共资源交易中心】

郑玉香（女）主　任

【龙游工业园区】

（根据龙编办〔2017〕2号《关于浙江龙游工业园区管理委员会等机构更名的通知》，“浙江龙游工业园区管理委员”更名为“浙江龙游经济开发区管理委员会”，经济合作局（原内设机构）增挂的“浙江龙游工业园区龙北招商局”牌子调整为“龙游经济开发区招商局”。）

王光华　党工委书记（兼，～2017.04）
胡锡清　党工委副书记（兼，～2017.04）
胡伟光　党工委委员、副主任（～2017.04）
熊幼民　党工委委员（～2017.04）
汪存伟　副主任（～2017.04）
徐向东　党工委委员，县纪委、县监委派驻第八纪检监察组组长（～2017.04）
陈　敏　党工委委员、副主任，龙北招商局局长（～2017.04）
周红伟　党工委委员（～2017.04）

【龙游-镇海山海协作产业园】

（根据龙编办〔2017〕11号《关于调整龙游—镇海山海协作产业园管理委员会设置的通知》，将龙游—镇海山海协作产业园管理委员会由与浙江龙游经济开发区管理委员会合署办公调整为在浙江龙游经济开发区管理委员会挂牌，原核定的龙游—镇海山海协作产业园管理委员会专职副主任职数核销）

张晓峰　党工委书记（～2017.04）
王光华　党工委副书记（兼，～2017.04）
崔召春　党工委副书记、管委会主任（～2017.09）
贾仲银　党工委委员（～2017.04）
熊幼民　党工委委员、管委会专职副主任（～2017.04）

【龙游经济开发区】

王光华　党工委书记（兼，2017.04～）
姜建军　党工委副书记、主任（2017.04～）
胡锡清　党工委副书记（兼，2017.04～2017.07）
严林平　党工委副书记（兼，2017.07～）
吴建平　党工委副书记、副主任（2017.04～）
胡伟光　党工委委员、副主任（2017.04～12）
徐向东　党工委委员，县纪委、县监委派驻第八纪检监察组组长（2017.04～）
陈　敏　党工委委员、副主任，龙游经济开发区招商局局长（2017.04～）
周红伟　党工委委员（2017.04～）
熊幼民　党工委委员、副主任（2017.04～）
吕菊岚（女）副主任（2017.12～）
陈小兵　党工委委员、副主任（2017.12～

【龙游县铁路建设指挥部办公室】

叶华民　党组书记、主任
陈　岗　党组成员、副主任（～2017.12）
王永新　党组成员，县纪委、县监委派驻第七纪检监察组副组长（～2017.07）
金敏军（女）党组成员、副主任（～2017.07）
周建国　党组成员、副主任（2017.07～）
吴卫清　党组成员、副主任（2017.12～）

【龙游县“三改一拆”领导小组办公室】

翁忠军　副主任
黄汉鼎　副主任

【龙游县推进“五水共治 共建生态家园”工作领导小组办公室】

徐政建　副主任（～2017.07）
王功铭　副主任（～2017.04）
金敏军（女）副主任
葛树印　副主任
兰水英　副主任（2017.07～）

【龙游县“四边三化”工作领导小组办公室】

吴建平　副主任（～2017.04）
洪霞琴　副主任（2017.07～）

【龙游县土地整治连片开发工作领导小组办公室】

胡益峰　主任
严小龙　副主任

【龙游县电子商务工作领导小组办公室】

徐汝清　主任（～2017.04）
胡小华　专职副主任

军事机构

【龙游县人民武装部】

雷建明　　县委常委、人武部党委书记、政委（～2017.12）
姜锋华　　党委委员、部长（2017.06～）
唐永江　　党委委员、政委（2017.12～）
俞　斌　　党委委员、副部长兼军事科长（～2017.12）
方跃华　　党委委员、政工科科长（～2017.06）
侯启明　　党委委员、后勤科科长

【龙游县公安消防大队】

黄志强　　教导员（～2017.09）
方星　　教导员（2017.09～）
胡晓凡　　大队长

省、市属单位

【龙游县国家税务局】

龚岳成　　党组书记、局长
陈士军　　党组成员、副局长
应益忠　　党组成员、副局长
林雪伟　　党组成员、副局长
沈奕子　　党组成员、副局长
李仕华　　党组成员、纪检组长（2017.06～）

【龙游县烟草专卖局(公司)】

周叶青　　党组书记、局长、经理
钟丽峰（女）党组成员、纪检组长、副经理
琚永伟　　党组成员、副局长（2017.09～）
程永刚　　党组成员、副局长（～2017.09）

【龙游县国土资源局】

胡益峰　　党委书记、局长（～2017.03）
方金元　　党委书记、局长（2017.03～）
胡建良　　党委副书记、纪委书记
夏建军　　党委委员、副局长
马　骏　　党委委员、副局长
张　宁（女）党委委员、县不动产登记中心主任
徐江贤　　党委委员、土地储备中心主任
郑　赟　　党委委员、乡镇国土资源管理所所长（2017.12～）
　　乡镇国土资源管理所所长（～2017.12）
陈志军　　土地监察大队大队长
翁淑华　　总规划师（2017.12～）

【衢州市住房公积金管理中心龙游县分中心】

徐永恒　　主任（2017.02～04）
雷　军　　副主任（2017.02～04）

【衢州市住房公积金管理中心龙游分中心】

徐永恒　　主任（2017.04～）

【中国邮政龙游县分公司】

周松杰　　党委书记、总经理
刘国红　　党委委员、纪委书记、副总经理
洪　萌　　副总经理(2017.09～)

【中国电信龙游县分公司】

张敬军　　总经理（2017.08～）
徐增宏　　副总经理
江　震　　总经理助理（2017.08～）

【中国移动龙游县分公司】

楼　伟　　总经理
黄宏斌　　副总经理（～2017.08）
周振华　　总经理助理（2017.09～）

【中国联通龙游县分公司】

龚庆治　　总经理（～2017.12）
陈伟俊　　总经理（2017.12.14～）

【龙游县气象局】

汪红燕　　局长（2017.05～）
祝颂平　　党组书记（2017.05～）
　　党组书记、局长（～2017.05）
毛智军　　副局长
余春林　　副局长、党组成员、纪检员

【国网龙游县供电公司】
王剑宏 公司执行董事、党委书记（2017.06～）
方凌斌 公司总经理、党委副书记
李晓宇 党委委员、副总经理（2017.01～）
郑月宗 党委副书记、纪委书记、工会主席（2017.06～）
徐立明 党委委员、副总经理
张小龙 党委委员、副总经理、总工程师（2017.06～）

【国家统计局龙游调查队】
王文龙 党组书记、 队长
徐林林 党组成员、 副队长

【衢州检验检疫局龙游办】
吴晓勤 主任（2017.10～）
廖成钢 副主任（2017.04～）

【龙游县港航管理所】
王晓波 支部书记、所 长

【龙游县盐务管理局（公司）】
程志辉 局长（经理）
高 云（女）副局长（副经理）

【中国石化龙游支公司】
赵 昱 经理
蓝晓忠 副经理

【浙江省十里坪强制隔离戒毒所】
鲍胜桥 党委书记、政委
叶向东 党委副书记、纪委书记
吴善龙 党委委员、副政委、政治处主任
陈根禄 党委委员、副所长
占金芳 党委委员、副所长
吴连魁 党委委员、副所长

【浙江省十里坪监狱】
朱祖荣 党委书记、政委（～2017.08）
方守漂 党委书记、政委（2017.08）党委副书记、监狱长（～2017.08）
余志忠 党委副书记、监狱长
陈红良 党委委员、副监狱长
雷成宏 党委委员、副监狱长
苏良中 党委委员、副监狱长
倪金荣 党委委员、政治处主任
叶煜辉 党委委员、副监狱长

【浙江省十里丰监狱】
周敏华 党委书记、政委
曾祥华 党委副书记、监狱长
周根扬 党委委员、副监狱长、总经理
陈海明 党委委员、纪委书记、副政委
李兴无 党委委员、副监狱长
卢华杰 党委委员、副监狱长
姜国云 党委委员、政治处主任
姚清平 党委委员、副监狱长
姜良高 党委委员、副监狱长

【龙游县新华书店有限公司】
郑连根 党支部书记、总经理
叶雪琴（女）副总经理

【金华车务段龙游站】
王 凌 书记（2017.05～ ）
强 熙 站长（2017.01～ ）
吴正平 副站长

【金华车务段龙游东站】
王 飞 站长（～2017.04）
刘竞超 站长（2017.04～）副站长（～2017.04）
王含谦 运输组织员(2017.04～)

金融单位

【中国人民银行龙游县支行】
陈 生 党组书记、行长
廖有勤 党组成员、副行长、纪检组组长
吴 剑 党组成员、副行长、工会主席

【衢州银监分局龙游办事处】
孙 斌（女）主任

【中国工商银行龙游支行】
施炎飞 行长
余 斌 副行长

周进哲　　　副行长
苏　城　　　副行长(2017.09～)

【中国农业银行龙游县支行】

王建坤　　　党委书记、行长（2017.9～ ）
徐建兵　　　党委委员、副行长
柳　林　　　党委委员、纪委书记
姚义忠　　　党委委员、副行长

【中国建设银行龙游支行】

王晋阳　　　党总支书记、行长（2017.03～ ）
刘影影　　　党总支委员、副行长（2017.01～ ）

【中国银行龙游县支行】

朱峻峰　　　党支部书记、行长
丁月红（女）副行长（ ～2017.07）
杨　捷　　　副行长
李锦芳　　　副行长(2017.07～

【龙游县信用合作联社】

徐祖俊　　　党委书记、理事长（～2017.01）
吴国华　　　党委委员、主任（～2017.01）
曾金跃　　　党委委员、纪委书记、监事长（～2017.01）
黄国航　　　党委委员、副主任（～2017.01）
庄红林　　　党委委员、副主任（～2017.01）

【龙游农村商业银行】

徐水华　　　党委书记、董事长（2017.01～）
吴国华　　　党委委员、行长（2017.01～）
黄国航　　　党委委员、副行长（2017.01～）
庄红林　　　党委委员、副行长（2017.01～）
宋洪斌　　　党委委员、纪委书记、监事长（2017.01～）

【中国农业发展银行龙游县支行】

丁建红　　　副行长兼会计主管（2017.07～ ）

【邮储银行龙游县支行】

柴孝宏　　　行长
洪　卿　　　行长助理（2017.01～ ）

【龙游义商村镇银行】

金江东　　　董事长
郑蓓蕾　　　行长
吴维雄　　　副行长
马德新　　　监事长

【温州银行衢州龙游支行】

陈忠民　　　行长
吴秀君（女）副行长

【浙商银行衢州龙游支行】

廖　军　　　行长
王洪友　　　副行长

【金华银行衢州龙游支行】

毛纳新　　　行长（2017.01～06）
黄晓平　　　副行长（主持工作 2017.07～ ）
刘扬华　　　副行长

【泰隆银行衢州龙游支行】

应庆峰　　　行长

【台州银行衢州龙游支行】

李灵辉　　　行长
林军涵　　　行长助理

【民泰银行衢州龙游支行】

王　超　　　行长
王勇军　　　副行长（2017.12～ ）

【招商银行衢州龙游支行】

王仕伟　　　行长
魏　鑫　　　行长助理

【中国人民财产保险公司龙游支公司】

詹春林　　　党组书记、总经理
徐黎明　　　党组成员、副总经理
方晓东　　　总经理助理
梅晓蓓　　　总经理助理

【中国人寿保险公司龙游支公司】

尤激扬　　　党支部书记、经理(～2017.07)
姜俊毅　　　党支部书记、经理(2017.07～)
陈明新　　　副经理
林　敏　　　副经理

乡镇（街道）

【龙洲街道】

严明华　　党工委书记
吴正兵　　党工委副书记、主任（～2017.04）
王　展　　党工委副书记、主任（2017.07～）
王连标　　人大工委主任
李金城　　党工委副书记（～2017.12）
叶　锋　　党工委副书记（2017.12～）
　　　　　党工委委员（～2017.12）
刘红卫　　党工委委员、副主任
劳　方　　副主任、清廉社区党总支书记
王小忠　　龙洲派出所所长、龙洲街道党工委委员
傅建刚　　党工委委员
张　斌　　党工委委员（～2017.07）
叶建和　　党工委委员、纪工委书记
陈俊梁　　党工委委员（2017.07～）
翁　震　　党工委委员（2017.12～）
余元峰　　人大工委副主任（～2017.12）
张亨栄　　副主任
何宏斌　　副主任
汪霄旻（女）副主任（～2017.12）
祝庄明　　方门街社区党总支书记
张　丽（女）副主任（2017.12～）

【东华街道】

毛祥光　　党工委书记
何有德　　党工委副书记、主任
叶　剑　　人大工委主任
吴建军　　党工委副书记
吴光林　　党工委副书记（～2017.12）
蓝素华　　党工委副书记（2017.12～）
　　　　　党工委委员（～2017.12）
洪振基　　党工委委员、纪工委书记
叶雄飞　　人大工委副主任（～2017.12）
黄金水　　党工委委员、副主任
陈小兵　　党工委委员、副主任、龙游工业园区
　　　　　城南招商局局长（～2017.12）
袁　勇　　党工委委员
胡剑锋　　东华派出所教导员、东华街道党工委委员
刘海生　　人大工委副主任（2017.12～）
　　　　　党工委委员（～2017.12）
周　胜　　党工委委员（2017.12～）
毛宏敏　　副主任
沈建旗　　副主任
蔡艳辉　　副主任
王巧明　　东华街社区党总支书记

【湖镇镇】

刘明鹤　　党委书记
江建新　　党委副书记、镇长
倪小平　　人大主席（～2017.12）
陈　滨　　人大主席（2017.12～）
　　　　　党委副书记（～2017.12）
余利民　　党委副书记
蒋建波　　党委委员、纪委书记
杨献明　　党委委员
吴国胜　　党委委员、湖镇派出所所长
　　　　　（～2017.07）
袁荣新　　党委委员、副镇长
罗　露　　党委委员
陈　敏　　党委委员
胡水发　　人大副主席
洪伟忠　　党委委员、副镇长
林秀华　　副镇长
姜永军　　镇财政局局长（副科级）

【小南海镇】

林文建　　党委书记
王建虹　　党委副书记、镇长
兰水英（女）人大主席（～2017.07）
应红峰　　人大主席（2017.12～）
佘律星　　党委副书记
翁忠茂　　党委委员、纪委书记
王树银　　党委委员
周颖燕（女）党委委员

傅志平　　党委委员
俞志军　　党委委员
叶小娥（女）党委委员
刘　振　　党委委员、副镇长
傅鑫彬　　党委委员、小南海派出所所长
童志良　　副镇长
许仲华　　副镇长

【溪口镇】

姜建军　　党委书记（～2017.04）
张雄军　　党委书记（2017.12～）
　　　　　党委书记、镇长（2017.04～12）
　　　　　党委副书记、镇长（～2017.04）
刘洪刚　　党委副书记、镇长（2017.12～）
张宏平　　人大主席
叶建清　　党委副书记（～2017.12）
余志康　　党委副书记
郑敬杭　　人大副主席
叶志红　　党委委员
郑德胜　　党委委员、副镇长
方红明　　党委委员、溪口派出所所长
黄胜山　　党委委员、纪委书记
方利民　　党委委员
盛方清　　党委委员、副镇长（～2017.12）
刘　静（女）党委委员
夏建平　　副镇长
兰吴涛　　副镇长

【横山镇】

汪益平　　党委书记
张余伟　　党委副书记、镇长
张文才　　人大主席
金添艳（女）党委副书记
杨德贵　　党委委员、副镇长
程元超　　党委委员（～2017.12）
翁　震　　党委委员（～2017.12）
虞文胜　　党委委员
邵卫忠　　党委委员、横山派出所所长
陈建伟　　党委委员、纪委书记
洪淑芳（女）党委委员
姚建平　　党委委员（～2017.12）
方小建　　党委委员（2017.12～）
孙　俊　　党委委员（2017.12～）
商华军　　党委委员（2017.12～）
吴加群　　副镇长
黄界明　　副镇长
虞文胜　　副镇长

【塔石镇】

汪立云　　党委书记（～2017.07）
张海霞　　党委书记（2017.07～）
方晓斌　　党委副书记、镇长
张如斌　　人大主席
王丽芬（女）党委副书记（～2017.07）
徐永军　　党委副书记（2017.07～）
　　　　　党委委员（～2017.07）
平锡华　　党委委员、副镇长
张增强　　党委委员
严晓明　　党委委员、塔石派出所所长
黄爱忠　　党委委员、纪委书记
周其生　　党委委员、副镇长
王　丰　　党委委员
王　丽　　党委委员（2017.12～）
徐国富　　副镇长
赵　鹏　　副镇长

【詹家镇】

项勇明　　党委书记
陈建生　　党委副书记、镇长
陈　惠　　人大主席
张曙华　　党委副书记
陈美祥　　党委委员
温连文　　党委委员（～2017.12）
祝洪峰　　党委委员、纪委书记
何志刚　　党委委员、詹家派出所所长
傅以平　　党委委员、副镇长
黄水荣　　党委委员
陈元清　　党委委员
吴红梅（女）党委委员、副镇长（2017.12～）
钟群华　　副镇长

吴　江　　副镇长（～2017.07）
项伟华　　副镇长（2017.12～）

【罗家乡】

陈怀俊　　党委书记（～2017.07）
陈志芳（女）党委书记（2017.12～）
　　　　　　党委副书记、乡长（～2017.12）
叶建清　　党委副书记、乡长（2017.12～）
胡礼刚　　人大主席
胡炜鹏　　党委副书记（～2017.12）
江小东　　党委委员
杨　艳（女）党委委员
邵秋萍（女）党委委员
徐勇勤　　副乡长
琚建伟　　党委委员、纪委书记
汪雪斌　　副乡长

【庙下乡】

张海霞（女）党委书记（～2017.07）
吴秀军　　党委书记（2017.12～）
　　　　　党委副书记、乡长（～2017.12）
胡伟光　　党委副书记、乡长（2017.12～）
涂光清　　人大主席
钟罗谊　　党委副书记
支利华　　党委委员、副乡长（～2017.12）
李　鑫　　党委委员
项继忠　　党委委员、纪委书记（～2017.12）
黄国贞　　党委委员、纪委书记（2017.12～）
叶　俊　　党委委员
吕　平　　党委委员
吴茂松　　党委委员、副乡长（2017.12～）
邱建军　　副乡长
詹　竞　　副乡长

【沐尘畲族乡】

杨红宁　　党委书记、人大主席
蓝小纯（女）乡　长（～2017.07）
雷伟斌　　党委副书记、乡长（2017.07～）
黄颖朝　　人大主席
王惊宇　　党委副书记
郑建伟　　党委委员、副乡长
周　璇　　党委委员
吴军俊　　党委委员
熊志勇　　党委委员
张　丽（女）副乡长（～2017.12）
蓝建军　　副乡长
徐　佳　　副乡长（2017.12～）

【模环乡】

胡锡清　　党委书记（～2017.07）
严林平　　党委书记（2017.07～）
柴建明　　党委副书记、乡长
祝　凯　　人大主席
张小花（女）党委副书记
郑兴仲　　党委委员
傅晓明　　党委委员
杨鹏飞　　党委委员
范佳杰　　党委委员
方小建　　党委委员、纪委书记（～2017.12）
王　翔　　党委委员、纪委书记（2017.12～）
王志芳（女）党委委员
沈卫平　　党委委员
童越清　　副乡长

【石佛乡】

方伟军　　党委书记
方敏华　　党委副书记、乡长
王土华　　人大主席
钱菊红（女）党委副书记
陈金土　　党委委员、纪委书记
金　拯　　党委委员
邱丽娟　　党委委员
钱小忠　　党委委员
雷　珍（女）副乡长（～2017.07）
徐勇勤　　副乡长
许　成　　副乡长（2017.07～）

【社阳乡】

吴水清　　党委书记（～2017.04）
吴　浩　　党委书记（2017.12～）
　　　　　　党委书记、乡长（2017.04～12）
　　　　　　党委副书记、乡长（～2017.04）

沈　涵　　党委副书记、乡长（2017.12～）
　　　　　人大主席（～2017.12）
胡炜鹏　　人大主席（2017.12～）
李新云（女）党委副书记
毛洪飞　　党委委员、纪委书记
童利鹏　　党委委员
徐建龙　　党委委员、副乡长（～2017.04）
叶志强　　党委委员（～2017.12）
李建清　　党委委员
余建朝　　党委委员、副乡长（2017.07～）
邱富胜　　党委委员（2017.12～）
陈建生　　副乡长
盛小燕（女）副乡长

【大街乡】

雷建春　　党委书记
姜朝霞（女）乡长
邱洪亮　　人大主席
董群燕　　党委副书记
方　婧（女）党委委员
邹群先　　党委委员
汪国宏　　党委委员、纪委书记
朱珍琪　　党委委员
邹引先　　副乡长
吴胜春　　副乡长

（余晓　整理）

天池山胜景（吴永建 摄）

附 录

2017年度龙游县重要文件选目

中共龙游县委员会文件

县委〔2017〕19号　关于表彰2016年度建设“平安龙游”先进集体、先进个人的通报
县委〔2017〕20号　关于表彰2016年度信访工作先进集体和先进个人的通报
县委〔2017〕21号　关于召开县委常委会2016年度民主生活会方案的报告
县委〔2017〕22号　为民办实事项目人大代表票决制工作的通知
县委〔2017〕23号　关于龙游县监察委员会主任、副主任初步人选的请示
县委〔2017〕24号　关于龙游县十届政协委员人事安排的批复
县委〔2017〕25号　中共龙游县委履行全面从严治党主体责任情况的报告
县委〔2017〕26号　关于部分党组织更名的通知
县委〔2017〕27号　关于召开龙游县十三届人大一次会议的批复
县委〔2017〕28号　关于召开龙游县政协十届一次会议的批复
县委〔2017〕29号　中共龙游县委履行全面从严治党主体责任情况的报告
县委〔2017〕30号　关于表彰2016年度履行全面从严治党主体责任优秀单位的通报
县委〔2017〕31号　关于部分党组织更名的通知
县委〔2017〕32号　关于2016年度乡镇（街道）及县机关部门综合考核评价结果的通报
县委〔2017〕33号　关于表彰2016年度农业农村工作先进集体和个人的通报
县委〔2017〕34号　关于表彰2016年度龙游县“五水共治”工作先进集体、先进个人、优秀河段长的通报
县委〔2017〕35号　关于表彰2016年度龙游县“四边三化”工作先进集体、先进个人的通报
县委〔2017〕36号　关于表彰2016年度“三改一拆”工作先进集体和先进个人的通报
县委〔2017〕37号　表彰2016年度全县安全生产工作先进集体和先进个人的通报
县委〔2017〕38号　表彰2016年度工业经济杰出贡献企业家和优秀创新型企业家的通报
县委〔2017〕39号　关于“2016年度满意不满意单位”评选结果的通报
县委〔2017〕40号　表彰县交通运输局等八个单位的通报
县委〔2017〕41号　关于表彰2016年度支持重点项目建设工作先进村的通报

县委〔2017〕42号 关于表彰2016年度先进基层武装部、优秀专武干部和关心武装工作好领导的通报
县委〔2017〕44号 中共龙游县委关于建立龙游县十三届人大一次会议和龙游县政协十届一次会议临时党委的通知
县委〔2017〕45号 中共龙游县委关于调整县委常委分工的通知
县委〔2017〕46号 关于龙游县第十三届人民代表大会和政协第十届龙游县委员会第一次全体会议选举结果的报告
县委〔2017〕47号 中共龙游县委关于印发《中国共产党龙游县代表大会代表履职积分管理实施办法（试行）》的通知
县委〔2017〕48号 中共龙游县委关于报结巡视反馈意见整改落实情况的专题报告
县委〔2017〕49号 关于支持人民法院基本解决执行难工作的意见
县委〔2017〕50号 关于命名表彰2016年度平安乡镇（街道）的通报
县委〔2017〕51号 中共龙游县委关于调整部分党组织设置的通知
县委〔2017〕52号 关于调整县委党建工作领导小组等机构领导职务的通知
县委〔2017〕53号 关于开展“队伍建设年、规范管理年”活动的实施意见
县委〔2017〕54号 中共龙游县委关于党委履行党风廉政建设主体责任情况报告评议意见整改方案的报告
县委〔2017〕55号 关于推进“最多跑一次”改革向基层延伸构建县域治理现代化新体系的实施意见（试行）
县委〔2017〕56号 关于印发《2017年度龙游县乡镇（街道）分类争先综合考核评价办法》的通知
县委〔2017〕57号 关于印发《2017年度龙游县机关部门分类争先综合考核评价办法》的通知
县委〔2017〕58号 中共龙游县委员会关于同意召开龙游县工会第十一次代表大会的批复
县委〔2017〕59号 中共龙游县委员会关于龙游县总工会第十届委员会兼职副主席候选人的批复
县委〔2017〕60号 中共龙游县委员会关于报结巡视反馈意见整改落实情况的专题报告
县委〔2017〕61号 龙游县关于2016年度落实全面从严治党主体责任存在问题整改方案的报告
县委〔2017〕63号 中共龙游县委员会关于党委履行党风廉政建设主体责任情况报告评议意见整改措施推进情况的报告
县委〔2017〕65号 关于印发刘根宏同志在县委十一届二次全体（扩大）会议上的报告的通知
县委〔2017〕66号 关于同意召开龙游县残疾人联合会第七次代表大会的批复
县委〔2017〕67号 关于同意召开龙游县文学艺术界联合会第七次代表大会的批复
县委〔2017〕68号 关于印发《关于扶持经济薄弱村发展村级集体经济五年行动计划的实施意见》的通知
县委〔2017〕69号 中共龙游县委关于认真学习宣传贯彻党的十九大精神的通知
县委〔2017〕70号 中共龙游县委关于同意给予支利华同志留党察看一年处分的批复
县委〔2017〕71号 关于给予郑强等69名公务员记三等功的决定
县委〔2017〕72号 龙游县关于2016年度落实全面从严治党主体责任存在问题整改落实情况的报告
县委〔2017〕73号 关于表彰创建国家卫生县城工作先进集体和先进个人的通报
县委〔2017〕74号 中共龙游县委关于印发《中国共产党龙游县第十一届委员会巡察工作规划（2017—2021年）》的通知
县委〔2017〕75号 关于表彰龙游县第九批拔尖人才的决定
县委〔2017〕76号 中共龙游县委关于省纪委专项督查反馈意见整改落实情况的专题报告

（县委办 赖建伟整理）

中共龙游县委办公室文件

县委办〔2017〕2号 关于组织开展2016年度“先进基层党组织”和“优秀村党组织书记”“优秀村委会主任”评选表彰活动的通知
县委办〔2017〕4号 关于表彰2016年度全县“七五”普法先进集体和先进个人的通报
县委办〔2017〕5号 关于表彰2016年度龙游县“大调解”工作先进集体和先进个人的通知
县委办〔2017〕6号 关于表彰全县“六五”普法先进集体和先进个人的通报
县委办〔2017〕7号 关于表彰2016年度“先进基层党组织”和“优秀村党组织书记”、“优秀村委会主任”的通报
县委办〔2017〕8号 关于表彰2016年度招商引资先进集体的通报
县委办〔2017〕9号 关于表彰2016年度全县信息工作先进集体和先进个人的通报
县委办〔2017〕10号 县委办公室履行全面从严治党主体责任情况报告
县委办〔2017〕11号 关于成立龙游县村级组织换届试点工作指导组的通知
县委办〔2017〕13号 关于印发《龙游县2017年普法依法治理工作要点》的通知
县委办〔2017〕14号 关于启用中共龙游县行政服务中心管理办公室党组印章的通知
县委办〔2017〕15号 关于印发《龙游县信访工作责任制实施细则》的通知
县委办〔2017〕16号 关于印发《龙游县构建“四位一体”网格治理模式工作方案》的通知
县委办〔2017〕17号 关于调整县级领导分片区联系乡镇（街道）和县机关部门（单位）挂钩联系乡镇（街道）的通知
县委办〔2017〕18号 关于做好2017年度不稳定因素和重点信访问题化解稳控工作的通知
县委办〔2017〕19号 关于认真做好村和社区组织换届工作的实施意见
县委办〔2017〕20号 关于成立龙游县村和社区组织换届工作领导小组及“一办六组”工作机构的通知
县委办〔2017〕21号 关于建立村和社区换届县领导包干联系乡镇（街道）驻联复杂村制度和组建派驻乡镇（街道）督导组的通知
县委办〔2017〕22号 关于印发《龙游县创建省级美丽乡村示范县实施方案》的通知
县委办〔2017〕23号 关于建立龙游县“四个平台”建设联席会议制度的通知
县委办〔2017〕24号 关于印发《关于推进重点项目“421”行动计划持续扩大有效投资的工作意见》的通知
县委办〔2017〕25号 县委办公室关于加强和改进政协专题协商和委员视察工作的意见
县委办〔2017〕26号 关于龙游县“河长制”办公室与龙游县推进“五水共治”共建生态家园工作领导小组办公室合署办公的通知
县委办〔2017〕27号 关于印发《龙游县消防安全两类责任追究暂行办法》的通知
县委办〔2017〕28号 关于进一步明确消防安全岗位职责的意见
县委办〔2017〕29号 关于加强村级组织信访维稳考核工作的指导意见
县委办〔2017〕30号 关于印发《龙游县乡镇“剿劣夺鼎”总攻行动方案》的通知
县委办〔2017〕33号 关于公布第二届龙游县人民政府咨询委员会组成人员的通知

县委办〔2017〕34号　关于印发《中共龙游县委理论学习中心组2017年学习计划》的通知
县委办〔2017〕35号　关于印发《龙游县县级领导联系重点工作安排》的通知
县委办〔2017〕36号　关于调整龙游县“龙游美食”推广领导小组及其职责的通知
县委办〔2017〕37号　关于印发《2017年党风廉政建设和反腐败工作组织领导与责任分工》的通知
县委办〔2017〕38号　关于县纪委派驻纪检组更名为县纪委、县监委派驻纪检监察组的通知
县委办〔2017〕39号　关于成立龙游县龙天红木小镇文化提升和业态建设服务小组的通知
县委办〔2017〕40号　关于印发《龙游县低收入农户认定及动态管理工作实施意见》的通知
县委办〔2017〕42号　关于整合资源、加强对2017年重点工作督查推进的意见
县委办〔2017〕43号　关于进一步落实党风廉政建设“两个责任”清单制度的通知
县委办〔2017〕44号　关于印发《龙游县工会改革实施方案》的通知
县委办〔2017〕45号　关于印发《龙游县创建全域旅游示范区实施方案》的通知
县委办〔2017〕46号　关于印发《三件大事三十大专项责任分工》的通知
县委办〔2017〕47号　印发《关于推进“两学一做”学习教育常态化制度化的实施方案》的通知
县委办〔2017〕48号　关于印发《龙游县2017年度“五水共治”共建生态家园工作考核办法》的通知
县委办〔2017〕49号　关于全面深化河长制的实施意见
县委办〔2017〕50号　关于县委办公室班子及县管干部工作分工的通知
县委办〔2017〕51号　关于印发《重点建设项目推进“四挂五竞赛”活动实施方案》的通知
县委办〔2017〕52号　关于认真学习贯彻省第十四次党代会精神的通知
县委办〔2017〕53号　关于印发《2017年龙游县招商引资暨浙商回归工作考核办法》的通知
县委办〔2017〕54号　关于印发《“四个平台”建设专项考核办法(试行)》的通知
县委办〔2017〕55号　关于印发《龙游县“村情通+网格治理”工作规范（试行）》的通知
县委办〔2017〕56号　关于印发《2017年县委县政府重点调研课题》的通知
县委办〔2017〕57号　印发《关于培育乡贤组织　创新乡贤文化的实施意见》的通知
县委办〔2017〕58号　关于印发《龙游县行政村干部管理办法（试行）》的通知
县委办〔2017〕59号　关于印发《龙游县机关事业单位编外用工管理办法（试行）》的通知
县委办〔2017〕60号　关于印发《2017年度农民增收及扶持经济薄弱村发展村级集体经济分工抓落实方案》的通知
县委办〔2017〕61号　关于印发《龙游县计划生育协会机关主要职责内设机构和人员编制规定》的通知
县委办〔2017〕62号　关于转发《市委办公室　市政府办公室关于加强党员和公职人员协助危旧房治理改造和土地房屋征收工作的通知》的通知
县委办〔2017〕63号　关于印发《龙游县反恐怖工作责任追究办法（试行）》的通知
县委办〔2017〕64号　关于调整县委人才工作领导小组组成成员的通知
县委办〔2017〕65号　关于印发《龙游县纪委县监委派驻机构规范管理实施意见》的通知
县委办〔2017〕67号　关于开展新一轮低收入农户“一户一策一干部”精准帮扶的实施意见
县委办〔2017〕68号　关于调整县创建国家卫生县城工作领导小组成员的通知
县委办〔2017〕69号　关于印发《龙游县2017年度“大干项目、干大项目”专项考核办法》的通知
县委办〔2017〕70号　关于印发《县委十一届二次全体（扩大）会议重点工作分工抓落实安排》的通知
县委办〔2017〕71号　关于印发《龙游县2017年度国家卫生县城巩固提升工作考评办法》的通知

县委办〔2017〕73号　关于印发《龙游县城区“路长制”“区长制”实施方案》的通知
县委办〔2017〕74号　关于印发《农村生活污水治理扫尾工作整改方案》的通知
县委办〔2017〕75号　关于印发《龙游县共青团改革实施方案》《龙游县妇联改革实施方案》《龙游县科协系统深化改革实施方案》的通知
县委办〔2017〕76号　关于印发《关于深化群团改革构建“大群团”工作格局的实施意见（试行）》的通知
县委办〔2017〕77号　关于印发《龙游县消除集体经济薄弱村“一村一策”实施方案》的通知
县委办〔2017〕78号　关于印发《2017年省级美丽乡村示范县创建工作考核办法》的通知
县委办〔2017〕79号　关于调整县委反腐败协调小组组成人员的通知
县委办〔2017〕81号　关于开展2017年度县机关部门（单位）“满意不满意单位”评选活动的通知
县委办〔2017〕82号　关于印发《关于推进龙游县绿色金融改革创新试验区建设的实施方案》的通知
县委办〔2017〕83号　关于调整龙游县普法教育和依法治县领导小组成员的通知
县委办〔2017〕84号　关于印发《龙游县农村法治建设实施计划（2017—2020年）》的通知
县委办〔2017〕85号　关于印发《关于创建省级“信用县”的实施意见》的通知
县委办〔2017〕86号　关于切实做好2018年度党报党刊发行工作的通知
县委办〔2017〕87号　关于开展社会团体清理规范工作的通知
县委办〔2017〕88号　关于印发《龙游县行业协会商会与行政机关脱钩实施方案》的通知
县委办〔2017〕89号　关于成立龙游县城市管理委员会的通知
县委办〔2017〕91号　关于做好2018年春节期间“送温暖、献爱心”活动的通知
县委办〔2017〕92号　关于加强和规范物业服务管理的实施意见

（县委办 赖建伟整理）

龙游县人大常委会文件

龙人大常〔2017〕7号　龙游县人大常委会关于实施县政府为民办实事项目人大代表票决制的决定
龙人大常〔2017〕14号　龙游县人大常委会关于进一步加强自身建设的决定
龙人大常〔2017〕15号　龙游县人民代表大会常务委员会组成人员守则
龙人大常〔2017〕16号　龙游县人民代表大会常务委员会议事规则
龙人大常〔2017〕17号　龙游县人民代表大会常务委员会主任会议议事规则
龙人大常〔2017〕18号　龙游县人民代表大会常务委员会任免国家机关工作人员办法
龙人大常〔2017〕20号　龙游县人大常委会2017年工作要点
龙人大常〔2017〕21号　龙游县人大常委会2017年监督工作计划
龙人大常〔2017〕23号　关于我县2016年度环境状况和环境保护目标完成情况的审议意见
龙人大常〔2017〕26号　关于龙游县人大常委会主任、副主任及办公室主任分工的通知
龙人大常〔2017〕28号　龙游县人民代表大会常务委员会关于切实推进人民法院执行工作的意见
龙人大常〔2017〕30号　关于我县新《行政诉讼法》贯彻实施情况的审议意见

龙人大常〔2017〕31号　关于我县企业安全生产管理情况的审议意见
龙人大常〔2017〕34号　龙游县人大常委会关于批准龙游县2016年财政决算的决议
龙人大常〔2017〕35号　龙游县人大常委会关于批准龙游县2017年地方政府债务限额及新增债务预算调整方案的决议
龙人大常〔2017〕36号　龙游县人民代表大会常务委员会关于县人大常委会部分工作机构设置调整的决定
龙人大常〔2017〕39号　关于龙游县2017年上半年国民经济和社会发展计划执行情况的审议意见
龙人大常〔2017〕40号　关于龙游县2016年财政决算和审计情况及2017年上半年财政预算执行情况的审议意见
龙人大常〔2017〕41号　关于我县剿灭劣V类水工作情况的审议意见
龙人大常〔2017〕42号　龙游县人民代表大会及其常务委员会选举任命的国家机关工作人员履职报告办法（试行）
龙人大常〔2017〕45号　龙游县人大常委会关于同意调整部分2017年为民办实事项目实施内容的决议
龙人大常〔2017〕48号　龙游县人民代表大会常务委员会关于政府重大投资项目监督暂行办法
龙人大常〔2017〕49号　关于批准龙游县2017年财政预算调整方案的决议
龙人大常〔2017〕56号　龙游县人民代表大会选举产生或表决通过及县人民代表大会常务委员会任命的国家工作人员宪法宣誓办法
龙人大常〔2017〕59号　关于县域医疗卫生资源配置规划情况和重点卫生项目实施情况的审议意见

（县人大　黄丽芬整理）

龙游县人大常委会办公室文件

龙人大常办〔2017〕6号　关于印发《龙游县人大常委会2017年度分月主要工作安排》的通知
龙人大常办〔2017〕11号　关于印发《关于组织全县各级人大代表开展“剿灭劣V类水、人大代表在行动”主题活动的实施方案》的通知
龙人大常办〔2017〕16号　关于农业综合开发土地治理情况的视察意见
龙人大常办〔2017〕18号　关于龙游县人大常委会工作机构对口联系有关部门的通知
龙人大常办〔2017〕24号　龙游县机关部门人大工作考核评价办法
龙人大常办〔2017〕25号　龙游县乡镇（街道）人大工作考核评价办法
龙人大常办〔2017〕27号　关于建立2017年民生实事项目跟踪监督机制的通知
龙人大常办〔2017〕29号　关于我县少数民族乡村经济发展情况的视察意见
龙人大常办〔2017〕44号　关于龙游县第十三届人民代表大会第一次会议重点建议办理落实情况督查的通报
龙人大常办〔2017〕50号　关于县人大代表赴代表联络站开展主题接待活动的实施意见
龙人大常办〔2017〕58号　关于我县重大基础设施项目建设管理情况的视察意见
龙人大常办〔2017〕60号　龙游县“一场一塘一代表”监督实施方案
龙人大常办〔2017〕63号　关于我县城市公园绿道建设管理情况的视察意见

（县人大　黄丽芬整理）

龙游县人民政府文件

龙政发〔2017〕3号　关于同意龙游县养老设施布局专项规划（2016—2030）的批复
龙政发〔2017〕5号　关于占家镇浦山村等3个美丽宜居示范村庄规划的批复
龙政发〔2017〕6号　关于表彰2016年度县政府质量奖获奖企业的通报
龙政发〔2017〕7号　关于表彰2016年度“进出口十强企业”的通报
龙政发〔2017〕8号　关于表彰2016年度“招商能手”“以商招商”先进个人的决定
龙政发〔2017〕9号　关于表彰2016年度工业上台阶奖和制造业亩产税收贡献奖企业的通报
龙政发〔2017〕10号　关于公布2016年度经济贡献五十强企业的通报
龙政发〔2017〕11号　关于给予县发改局等4个单位记集体三等功的决定
龙政发〔2017〕12号　关于表彰2016年度扩大有效投资先进个人的通报
龙政发〔2017〕13号　关于表彰2016年度企业服务先进个人的通报
龙政发〔2017〕14号　关于表彰2016年度征迁工作先进个人的通报
龙政发〔2017〕15号　关于同意龙游县2017年第一批垦造耕地项目予以立项的批复
龙政发〔2017〕16号　关于同意对农村土地综合整治和垦造耕地项目予以立项的批复
龙政发〔2017〕18号　关于印发龙游县深化医药卫生体制改革综合试点实施方案的通知
龙政发〔2017〕19号　关于同意龙游县农村饮用水水源保护范围划定的批复
龙政发〔2017〕20号　关于认真做好2017年度龙游县民兵组织整顿工作的通知
龙政发〔2017〕21号　关于2016年度子鸣社区棚户区改造开工任务的批复
龙政发〔2017〕22号　关于同意光伏小康工工程并网输电线自行建设的批复
龙政发〔2017〕23号　关于印发龙游县人民政府工作规则的通知
龙政发〔2017〕24号　关于印发龙游县卫生计生事业发展十三五规划的通知
龙政发〔2017〕25号　关于印发龙游县十三五医疗卫生服务体系规划的通知
龙政发〔2017〕26号　关于深化财政专项资金管理改革的意见
龙政发〔2017〕27号　关于进一步推进湖镇镇小城市培育试点工作的若干政策意见
龙政发〔2017〕28号　关于同意乡红光村等三个库区村延迟村委会换届的批复
龙政发〔2017〕29号　关于《龙游县石佛乡三门源村土地利用规划（2015—2025年）的批复》
龙政发〔2017〕30号　关于湖镇、塔石、模环等3个乡镇小城镇综合整治规划的批复
龙政发〔2017〕31号　关于同意龙游县2017年国有建设用地供应计划的批复
龙政发〔2017〕32号　关于沐尘、社阳、石佛、大街、横山等5个乡镇小城镇环境综合整治规划的批复
龙政发〔2017〕33号　关于同意批准2017年度龙游县安监局安全生产监督检查工作计划的批复
龙政发〔2017〕35号　关于进一步促进民营医疗机构健康发展的若干政策意见的通知
龙政发〔2017〕37号　关于溪口、小南海、占家罗家庙下志棠等6个小城镇环境综合整治规划的批复
龙政发〔2017〕40号　关于同意龙游县2017年标准农田建设项目予以立项的批复
龙政发〔2017〕41号　关于同意龙游县2017年第二批垦造耕地项目予以立项的批复

龙政发〔2017〕42号	关于同意龙游县2017-2018年高标准基本农田（耕地质量提升）项目予以立项的批复
龙政发〔2017〕46号	关于印发龙游县加快推进“最多跑一次”改革实施方案的通知
龙政发〔2017〕48号	关于印发《龙游县90周岁以上城乡高龄老人生活津贴发放办法》的通知
龙政发〔2017〕49号	关于印发《龙游县发放一次性住房公积金补贴实施办法》的通知
龙政发〔2017〕50号	关于印发《龙游县住房公积金补贴实施办法》的通知
龙政发〔2017〕51号	关于同意龙游县2017年第三批垦造耕地项目予以立项的批复
龙政发〔2017〕52号	关于同意龙游县2017年第四批垦造耕地项目予以立项的批复
龙政发〔2017〕53号	关于印发《龙游县城市规划区内村庄搬迁改造实施办法》（试行）的通知
龙政发〔2017〕54号	关于调整龙游县全面推进依法行政工作领导小组成员的通知
龙政发〔2017〕56号	关于同意衢州市沿江公路工程（龙游段）PPP项目实施方案的批复
龙政发〔2017〕57号	关于印发龙游县竹木加工行业专项整治资金补助办法的通知
龙政发〔2017〕59号	关于同意龙游县2017年第五批垦造耕地项目予以立项的批复
龙政发〔2017〕61号	关于同意龙游县电力设施布局规划（2016—2030年）的批复
龙政发〔2017〕62号	关于印发《龙游县城区国有土地上危险房屋拆除过渡实施办法》试行的通知
龙政发〔2017〕63号	关于同意龙游县2017年第六批垦造耕地项目予以立项的批复
龙政发〔2017〕64号	关于同意对石佛乡杜山坞村等10个建设用地复垦项目予以立项的批复
龙政发〔2017〕66号	关于印发龙游县地质灾害防治与地质环境保护“十三五”规划的通知
龙政发〔2017〕67号	关于印发龙游县征地片区综合价补偿办法的通知
龙政发〔2017〕68号	关于同意龙游县2017年第七批垦造耕地项目予以立项的批复
龙政发〔2017〕69号	关于同意龙游城东区块棚改项目政府购买服务模式实施方案的批复
龙政发〔2017〕70号	关于同意龙游县龙洲街道官潭村村庄规划设计的批复
龙政发〔2017〕72号	关于印发龙游县城区国有土地上危旧房改造实施办法（施行）的通知
龙政发〔2017〕73号	关于印发2017年度龙游县城区国有土地上危旧房屋治理改造实施方案的通知
龙政发〔2017〕75号	关于印发龙游县城区“一把扫帚”环卫一体化实施方案的通知
龙政发〔2017〕76号	关于2017年度特色红木小镇土地储备计划的批复
龙政发〔2017〕77号	关于废止《关于鼓励分布式光伏发电项目建设的意见》和《关于明确分布式光伏发电价格补贴政策的补充意见》的通知
龙政发〔2017〕78号	关于同意龙游县2017年第八批垦造耕地项目予以立项的批复
龙政发〔2017〕79号	关于同意龙游县高坪桥水库工程PPP项目实施方案的批复
龙政发〔2017〕83号	关于印发2016年征兵先进单位的通知
龙政发〔2017〕84号	关于印发龙游县（生态）工业“十三五”发展规划（2016—2020）的通知
龙政发〔2017〕85号	关于同意龙游县2017年第九批垦造耕地项目予以立项的批复
龙政发〔2017〕86号	关于龙游县生态环境保护“十三五”规划的批复
龙政发〔2017〕87号	关于龙游县“十三五”现代农业发展规划的批复
龙政发〔2017〕88号	关于龙游县溪口村历史文化村落保护利用规划的批复
龙政发〔2017〕90号	关于同意龙游县2017年第十批垦造耕地项目予以立项的批复
龙政发〔2017〕92号	关于《龙游县湖镇镇总体规划（2015－2030）》的批复
龙政发〔2017〕95号	关于龙游县水利发展“十三五”规划的批复

龙政发〔2017〕97号　关于确定“龙游发糕”地理证明商标注册登记申请人的批复
龙政发〔2017〕103号　关于同意龙游湖镇至童家公路PPP项目（一期）实施方案的批复
龙政发〔2017〕104号　关于同意湖镇镇下库村桐籽园建设用地复垦项目予以立项的批复
龙政发〔2017〕105号　关于同意对龙游县2017年第一批旱改水项目
龙政发〔2017〕109号　关于2018年度土地储备计划的批复
龙政发〔2017〕113号　关于龙游县盐业体制改革方案的通知
龙政发〔2017〕114号　关于同意湖镇镇等14个小城镇环境综合整治规划的批复
龙政发〔2017〕115号　关于明确水利工程标准化管理单位或管理责任主体的批复
龙政发〔2017〕116号　关于水利工程标准化管理和保护范围划界的批复
龙政发〔2017〕117号　关于同意龙游县综合交通运输“十三五”发展规划的批复
龙政发〔2017〕118号　关于同意龙游县凤凰型建设用地复垦项目予以立项的批复
龙政发〔2017〕120号　关于同意收回溪口山坑口物流地块国有土地使用权的批复
龙政发〔2017〕121号　关于公布《衢州市城市市容和环境卫生管理条例》适用区域的批复
龙政发〔2017〕122号　关于收储浙江德辉食品有限公司等二宗国有土地使用权的批复
龙政发〔2017〕123号　关于同意龙游县2016及2017年度灾毁耕地复垦项目予以立项的批复
龙政发〔2017〕124号　关于同意收回祥云家苑安居工程地块的批复
龙政发〔2017〕125号　关于同意龙游县2017年第十一批垦造耕地项目予以立项的批复
龙政发〔2017〕126号　关于完善龙游经济开发区财政体制的意见
龙政发〔2017〕128号　关于印发《龙游县人民防空工程管理办法》的通知
龙政发〔2017〕129号　关于同意新二路3号等闲置房产维修改造项目调整和实施的批复
龙政发〔2017〕130号　关于印发《龙游县国有土地上房屋征收与补偿办法》的通知
龙政发〔2017〕131号　关于同意认定龙游泰畅农林开发有限公司为县级农业龙头企业的批复
龙政发〔2017〕133号　关于同意龙游县2017年第十二批垦造耕地项目予以立项的批复
龙政发〔2017〕134号　关于调整龙游县城乡居民居民最低生活保障标准的批复
龙政发〔2017〕135号　关于进一步加强内部审计工作的意见
龙政发〔2017〕136号　关于公布“百家四优”企业名单的通知
龙政发〔2017〕138号　关于印发龙游县教育事业发展“十三五”规划的通知
龙政发〔2017〕139号　关于印发龙游县矿产资源规划（2016－2020年）的通知

（县政府办　叶凌豪整理）

龙游县人民政府办公室文件

龙政办发〔2017〕1号　关于印发龙游县水禽养殖污染专项整治实施方案补充意见的通知
龙政办发〔2017〕2号　关于表彰2016年度龙游县法制政府建设（依法行政）先进单位的通报
龙政办发〔2017〕3号　关于印发龙游县职业技术学校办学质量考核办法的通知
龙政办发〔2017〕5号　关于印发龙游县2017年重点建设项目推进“421”行动计划的通知

龙政办发〔2017〕6号	关于印发《龙游县四无企业（作坊）专项整治方案》的通知
龙政办发〔2017〕7号	关于印发《龙游县2016年度土地矿产卫片执法监督检查工作实施意见》的通知
龙政办发〔2017〕8号	关于开展拔钉清障百日攻坚行动的通知
龙政办发〔2017〕9号	关于印发龙游县2017年度无偿献血工作安排的通知
龙政办发〔2017〕10号	关于印发2017年县政府重点工作责任分解的通知
龙政办发〔2017〕11号	关于印发龙游县行政机关法律顾问工作规则的通知
龙政办发〔2017〕12号	关于加快推进“最多跑一次”改革全面梳理公布群众和企业到政府办事“零上门”和最多跑一次事项的通知
龙政办发〔2017〕13号	关于做好县级部门公共服务事项梳理公开工作的通知
龙政办发〔2017〕14号	关于印发《龙游县全域剿灭劣V类水体实施方案》的通知
龙政办发〔2017〕15号	关于加强行政执法证件管理工作的通知
龙政办发〔2017〕16号	关于印发龙游县三四轮车专项整治工作方案的通知
龙政办发〔2017〕17号	关于印发龙游县四边三化提升年行动实施方案的通知
龙政办发〔2017〕18号	关于印发《龙游县人民政府2016年度政府信息公开工作报告》的通知
龙政办发〔2017〕19号	关于下达2017年度龙游县高污染燃料锅（窑）炉淘汰改造工作计划的通知
龙政办发〔2017〕20号	关于印发龙游县2017年政府性投资项目计划的通知
龙政办发〔2017〕21号	关于表彰2016年度政府信息公开先进单位及个人的通报
龙政办发〔2017〕22号	关于印发龙游县2017年依法行政工作要点的通知
龙政办发〔2017〕23号	关于印发《龙游县危险化学品安全综合治理实施方案》的通知
龙政办发〔2017〕24号	关于印发龙游县地质灾害隐患综合治理三年行动计划（2017—2019年）的通知
龙政办发〔2017〕25号	关于转发龙游农商银行普惠提升工程五年行动计划（2016—2020年）的通知
龙政办发〔2017〕26号	关于印发国家土地督察上海局土地例行督察龙游县工作方案的通知
龙政办发〔2017〕27号	关于调整部分县级议事协调机构主要负责人的通知
龙政办发〔2017〕28号	关于进一步做好病死动物无害化处理工作的通知
龙政办发〔2017〕29号	关于印发龙游县2017年度废铅酸蓄电池、废矿物油相关行业专项整治行动工作方案的通知
龙政办发〔2017〕30号	关于印发2017年度经济建设综合部门执法及社会社会事务管理部门履行职能考核重点工作目标任务的通知
龙政办发〔2017〕32号	关于印发龙游县2017年土质灾害防治方案的通知
龙政办发〔2017〕33号	关于成立专业安全生产委员会的通知
龙政办发〔2017〕34号	关于切实做好2017年水稻二化螟防控工作的通知
龙政办发〔2017〕35号	关于下发2017年社会保险扩面生缴工作目标责任制任务的通知
龙政办发〔2017〕36号	关于成立龙游县沿江公路工程项目建设指挥部的通知
龙政办发〔2017〕37号	关于推进“互联网+政务服务”证照快递寄送服务的通知
龙政办发〔2017〕38号	关于调整龙游县人民政府法律事务咨询委员会成员的通知
龙政办发〔2017〕39号	关于公布龙游县县级治安保卫重点单位的通知
龙政办发〔2017〕40号	关于废止《关于进一步规范住宅小区供电配套设施建设与维护的实施意见》的通知
龙政办发〔2017〕41号	关于印发龙游县竹木加工行业整治提升专项行动实施意见的通知

龙政办发〔2017〕42号　关于印发龙游县做好2017年订单粮食工作的通知
龙政办发〔2017〕43号　关于印发龙游县订单粮食工作责任追究暂行办法的通知
龙政办发〔2017〕44号　关于转发《浙江省人民政府办公厅关于公布浙江省2017年度政府集中采购限额标准的通知》的通知
龙政办发〔2017〕45号　关于印发龙游县深化互联网+政务服务工作方案的通知
龙政办发〔2017〕46号　关于开展“智汇龙游”项目谋划活动的通知
龙政办发〔2017〕47号　转发衢州市人民政府办公室关于进一步加强乡镇（街道）综合文化站建设的实施意见的通知
龙政办发〔2017〕48号　转发县教育局关于龙游县2017学年中小学事业发展计划和招生工作意见的通知
龙政办发〔2017〕49号　关于印发2017年县政府重点工作责任分解(二)的通知
龙政办发〔2017〕50号　关于推进教师县管校聘工作的实施意见的通知
龙政办发〔2017〕51号　关于印发2017年县政府领导重点议案 建议 提案领办件的通知
龙政办发〔2017〕52号　关于印发2017年龙游县开展防范非法集资宣传月、涉嫌非法集资风险排查专项活动实施方案的通知
龙政办发〔2017〕53号　关于印发龙游县“六个一批”企业培育三年行动实施方案的通知
龙政办发〔2017〕54号　关于印发龙游县地质灾害避让搬迁补偿安置实施意见的通知
龙政办发〔2017〕55号　关于印发龙游县加强食品安全社会共治实施方案的通知
龙政办发〔2017〕56号　关于开展行政规范性文件清理工作的通知
龙政办发〔2017〕57号　关于印发龙游县国资公司人力资源改革实施方案的通知
龙政办发〔2017〕58号　关于印发龙游县县级政府信息资源目录（2017版）的通知
龙政办发〔2017〕59号　关于印发龙游县莲子保险保险试点方案（试行）的通知
龙政办发〔2017〕60号　关于进一步加快实施龙游县金屋顶光伏富民工程的若干意见
龙政办发〔2017〕61号　关于印发龙游县粘土轮窑淘汰关停补偿意见的通知
龙政办发〔2017〕62号　关于印发龙游县城东新区村庄搬迁改造实施方案的通知
龙政办发〔2017〕63号　关于印发2017年度政府经济建设综合部门执法及社会事务管理部门履行职能目标责任制度考核办法的通知
龙政办发〔2017〕64号　关于建立龙游县统计工作责任体系的实施意见的通知
龙政办发〔2017〕65号　关于建立龙游县统计工作联席会议制度的通知
龙政办发〔2017〕66号　关于印发推进龙游县级空间规划试点工作方案的通知
龙政办发〔2017〕67号　关于印发2017年龙游县食品安全工作要点的通知
龙政办发〔2017〕68号　关于印发《龙游县城区户外广告管理办法的通知》
龙政办发〔2017〕69号　关于印发龙游县河道疏浚管理办法（试行）的通知
龙政办发〔2017〕70号　关于深化开展行政执法主体资格确认公告工作的通知
龙政办发〔2017〕71号　关于印发2017年度营业性单位履行职能考核办法的通知
龙政办发〔2017〕72号　关于印发县政府常务会议学法制度的通知
龙政办发〔2017〕73号　关于印发龙游县2017年环境质量提升工作责任分工的通知
龙政办发〔2017〕76号　转发县卫生计生局等部门关于推进医疗卫生与养老服务相结合实施意见的通知
龙政办发〔2017〕77号　关于印发龙游县计划生育公益金管理办法的通知

龙政办发〔2017〕78号　关于印发龙游县珍贵树种“绿春富民花开百村”行动（2017-2019年）实施意见的通知
龙政办发〔2017〕79号　关于印发龙游县2017年度乡镇（街道）“四边三化”行动工作考核办法的通知
龙政办发〔2017〕80号　关于印发龙游县2017年度部门“四边三化”行动工作考核办法的通知
龙政办发〔2017〕81号　关于印发龙游县发展和改革局主要职责内设机构和人员编制规定的通知
龙政办发〔2017〕82号　关于印发龙游县商务和粮食局主要职责内设机构和人员编制规定的通知
龙政办发〔2017〕83号　关于印发龙游经济开发区管理委员会主要职责内设机构和人员编制规定的通知
龙政办发〔2017〕84号　关于印发龙游县金融工作办公室主要职责内设机构和人员编制规定的通知
龙政办发〔2017〕85号　关于印发龙游县2017年政务公开工作要点实施方案的通知
龙政办发〔2017〕86号　关于印发龙游县2017年度服务业发展工作考核办法的通知
龙政办发〔2017〕87号　关于印发全面实施“放心消费在龙游”行动方案的通知
龙政办发〔2017〕88号　关于印发2017年信息化发展水平提升行动计划的通知
龙政办发〔2017〕89号　关于印发龙游县绿色金融产品创新项目管理办法（试行）的通知
龙政办发〔2017〕90号　关于印发《龙游县推动企业利用多层次资本市场三年行动计划（2017－2019年）》的通知
龙政办发〔2017〕91号　关于做好住户调查样本轮换工作的通知
龙政办发〔2017〕93号　关于印发《2017年度龙游工业经济转型发展指标及工业提升十大专项工作考核办法》的通知
龙政办发〔2017〕94号　关于印发2017年度龙游县机关部门农村土地确权颁证登记和消除集体经济薄弱村工作考核办法的通知
龙政办发〔2017〕95号　关于印发《龙游县2017年度乡镇（街道）农业工作考核办法》的通知
龙政办发〔2017〕96号　关于公布2017年防雷重点单位的通知
龙政办发〔2017〕97号　关于印发《龙游县2017年度乡镇（街道）土地整治工作考核办法》《龙游县2017年度乡镇（街道）土地征迁工作考核办法》《龙游县2017年度地质灾害综合治理工作考核办法》的通知
龙政办发〔2017〕98号　关于印发《龙游县2017年“企业上云”工作方案》的通知
龙政办发〔2017〕99号　关于印发龙游县饮用水水源保护管理办法的通知
龙政办发〔2017〕100号　关于成立龙游县茶叶有机肥替代化肥试点示范县领导小组的通知
龙政办发〔2017〕101号　关于开展“百名局长坐窗口，助力‘最多跑一次’改革”活动的通知
龙政办发〔2017〕103号　关于印发2017龙游县柑桔产业转型工作实施方案的通知
龙政办发〔2017〕104号　关于印发《龙游县建制村客车“村村通”实施方案》的通知
龙政办发〔2017〕105号　关于印发《龙游县人防工程产权制度改革试点工作方案》的通知
龙政办发〔2017〕106号　关于印发龙游县传统制造业改造提升行动计划（2017－2020年）的通知
龙政办发〔2017〕107号　关于开展2018年度金融产品创新项目计划申报的通知
龙政办发〔2017〕108号　关于下发龙游县松材线虫病防治实施方案的通知
龙政办发〔2017〕109号　关于抓好2017年粮食产销工作的通知
龙政办发〔2017〕110号　关于明确县安监局为行政执法机构的批复
龙政办发〔2017〕111号　关于公布新认定和监测合格县级农业龙头企业名单的通知

龙政办发〔2017〕112号	关于印发《龙游县村级集体屋顶“光伏贷”强村工程实施方案》的通知
龙政办发〔2017〕113号	关于印发《龙游县城乡农贸市场改造升级三年行动计划（2017－2019）》的通知
龙政办发〔2017〕114号	关于印发龙游县2017年度“三改一拆”及危旧房治理专项工作考核办法的通知
龙政办发〔2017〕115号	关于2016年龙游县建筑业龙头企业 骨干企业的通报
龙政办发〔2017〕116号	关于印发龙游县政府投资项目竣工验收实施方案的通知
龙政办发〔2017〕117号	关于印发龙游县2017年全域旅游工作乡镇（街道）考核办法的通知
龙政办发〔2017〕118号	关于印发龙游县2017年全域旅游工作部门考核办法的通知
龙政办发〔2017〕119号	关于做好龙游县2018年度城乡居民基本医疗保险参保缴费工作的通知
龙政办发〔2017〕120号	关于印发龙游县电动自行车集中登记工作实施方案的通知
龙政办发〔2017〕121号	关于开展“企业上云”工作的若干意见
龙政办发〔2017〕122号	关于确认行政执法主体资格的通知
龙政办发〔2017〕123号	关于印发《龙游县城区犬类管理暂行规定》的通知
龙政办发〔2017〕124号	关于印发《龙游县土壤污染防治及环境保护工作方案》的通知
龙政办发〔2017〕125号	关于开展第二次污染源普查工作的通知
龙政办发〔2017〕126号	关于印发龙游县供给侧结构性改革降本减负行动计划的通知
龙政办发〔2017〕127号	关于进一步减轻工业企业负担促进工业企业健康发展的实施意见
龙政办发〔2017〕128号	关于印发《2017年龙游县绿道建设工作考核办法》的通知
龙政办发〔2017〕129号	关于进一步加强龙游县通信网络设施和5G网络一杆多用建设的通知
龙政办发〔2017〕130号	印发《龙游县关于促进“龙游发糕”产业健康发展的实施意见》的通知
龙政办发〔2017〕131号	关于印发《太平路人民路改造提升专项工作实施方案》的通知
龙政办发〔2017〕132号	关于龙游县村庄公共服务设施配建标准的实施意见（试行）
龙政办发〔2017〕133号	关于公布县政府及县政府办公室行政规范性文件清理结果的通知
龙政办发〔2017〕134号	关于印发龙游县应对极端天气停课安排和误工处理实施意见（试行）的通知
龙政办发〔2017〕135号	关于印发“五公开”纳入办文办会等政务公开工作制度的通知
龙政办发〔2017〕136号	关于开展各类事业单位统一登记管理制度试点工作的实施意见
龙政办发〔2017〕137号	关于印发2017年龙游县金融机构支持地方经济发展考核办法的通知
龙政办发〔2017〕138号	关于印发2017年人民银行龙游支行龙游银监办考核办法的通知
龙政办发〔2017〕139号	关于印发《全县今冬明春火灾防控工作实施方案》的通知
龙政办发〔2017〕140号	关于印发报送县政府审批的行政执法决定法制审核规程（试行）的通知
龙政办发〔2017〕141号	关于印发《报送县政府审批的行政执法决定事项目录》的通知
龙政办发〔2017〕142号	关于印发《龙游县国有土地上房屋征收补助和奖励标准（修订）》的通知
龙政办发〔2017〕143号	关于印发《龙游县关于征收国有土地上“三未房屋”认定办法》的通知
龙政办发〔2017〕144号	关于印发《龙游县国有土地上房屋征收与补偿中住房保障优先配租办法（试行）》的通知
龙政办发〔2017〕145号	关于印发《龙游县小城镇环境综合整治行动乡镇部门考核办法》的通知
龙政办发〔2017〕146号	关于成立龙游县社会保险监督委员会的通知
龙政办发〔2017〕147号	关于印发《龙游县禁止销售燃放烟花爆竹实施方案》的通知
龙政办发〔2017〕148号	关于印发《龙游县出租房屋“旅馆式”管理试点工作实施方案》的通知

龙政办发〔2017〕149号　转发县人力社保局等部门关于龙游县公立医院薪酬制度改革实施意见的通知
龙政办发〔2017〕150号　关于印发龙游县实施国家“学生饮用奶计划”的通知
龙政办发〔2017〕151号　关于印发《龙游县加强第一轮公共文化服务重点县后续管理工作方案》
龙政办发〔2017〕152号　关于印发龙游县社会信用体系建设规划（2017—2020）的通知
龙政办发〔2017〕153号　关于转发浙江省人民政府办公厅关于进一步加强“地沟油”治理工作的实施意见的通知
龙政办发〔2017〕154号　关于印发龙游县造纸产业（特种纸）改造提升试点实施方案的通知
龙政办发〔2017〕155号　关于转发《浙江省人民政府办公厅关于公布浙江省2018年度政府集中采购目录及标准的通知》的通知

（县府办　叶凌豪整理）

政协龙游县委员会文件

龙政协〔2017〕11号　关于公布政协第十届龙游县委员会各专门委员会组成人员的决定
龙政协〔2017〕12号　关于加强县政协常委会自身建设的意见
龙政协〔2017〕14号　政协龙游县委员会全体会议工作规则
龙政协〔2017〕20号　关于开展“找短板、献良策、助推城市品质提升”专项集体民主监督的实施方案
龙政协〔2017〕35号　政协龙游县委员会委员履职工作规则

（县政协　郭晓玲整理）

政协龙游县委员会办公室文件

龙政协办〔2017〕10号　关于开展“综合施策，狠抓落实，切实提升城市管理水平”专题调研的通知
龙政协办〔2017〕11号　关于加强县政协十届一次会议重点提案督办工作的通知
龙政协办〔2017〕20号　关于城市空气质量改善的专题协商意见
龙政协办〔2017〕37号　关于全县城市管理的专题协商意见

（县政协　郭晓玲整理）

2017年度龙游县国民经济若干统计资料

2017年度龙游县社会经济基本指标汇总表

指标名称	单 位	2017年	2016年
一、人口规模			
常住人口	万人	37.08	36.71
其中：城镇常住人口	万人	17.92	16.99
年末户籍人口	万人	40.50	40.68
其中：女	万人	20.05	20.12
年平均人口	万人	40.59	40.60
年出生人口	人	4125	4174
年死亡人口	人	4278	2573
年末总户数	万户	16.44	16.44
二、资源环境			
行政区域土地面积	平方千米	1143.33	1143.33
建成区面积	平方千米	15.31	14.87
现状建设用地面积	平方千米	15.31	14.87
其中：居住用地	平方千米	5.19	4.98
公共管理与公共服务设施用地	平方千米	0.80	0.62
商业服务业设施用地	平方千米	1.48	1.48
工业用地	平方千米	3.52	3.52
物流仓储用地	平方千米	0.36	0.36
道路交通设施用地	平方千米	1.95	1.90
公用设施用地	平方千米	0.78	0.78
绿地与广场用地	平方千米	1.23	1.23
本年征用土地面积	平方千米	2.10	0.78
其中：耕地面积	平方千米	1.63	0.47
绿化覆盖面积	公顷	659.38	653.81
其中：建成区面积	公顷	586.93	581.36
建成区绿化覆盖率	%	38.34	—

指标名称	单 位	2017 年	2016 年
绿地面积	公顷	510.37	504.80
其中：建成区面积	公顷	510.37	504.80
建成区绿地率	%	33.34	—
公园绿地面积	公顷	120.03	120.03
公园面积	公顷	77.00	77.00
水资源总量	万立方米	111948	150148
供水总量	万立方米	19975	—
用水总量	万立方米	19975	—
其中：工业用水量规模以上	万立方米	2529	—
其中：用新水量	万立方米	2528	—
重复用水量	万立方米	4652	—
万元 GDP 用水总量	立方米	88	—
废水排放总量	万吨	3868.95	—
化学需氧量排放量	吨	2985	—
氨氮排放量	吨	467	—
工业废水排放量	万吨	2200.82	2031.85
工业化学需氧量排放量	吨	663	—
工业氨氮排放量	吨	17	—
工业化学需氧量去除率	%	93.48	—
工业氨氮去除率	%	93.39	—
二氧化硫排放量	吨	3142	—
氮氧化物排放量（不含机动车）	吨	1615	—
工业废气排放量	万立方米	1712927	846073
工业二氧化硫排放量	吨	2916	3081
工业氮氧化物排放量	吨	1600	1733
工业二氧化硫去除率	%	52.88	—
工业氮氧化物去除率	%	40.78	—
工业烟（粉）尘排放量	吨	3013	3081
一般工业固体废物综合利用率	%	99.74	—
城镇污水处理率	%	95.57	92.08
污水处理厂集中处理率	%	86.83	75.36
生活垃圾无害化处理率	%	100.00	100.00
空气质量达到及好于二级的比例	%	87.20	293.0
可吸入颗粒物（PM10）年平均浓度	微克 / 立方米	70	—
可吸入细颗粒物（PM2.5）年平均浓度	微克 / 立方米	46	—
三、经济发展			
地区生产总值（当年价格）	万元	2197983	2111983

指标名称	单 位	2017 年	2016 年
其中：第一产业增加值	万元	140560	145676
第二产业增加值	万元	955174	1026070
其中：工业增加值	万元	781398	873418
第三产业增加值	万元	1102249	940237
人均地区生产总值（常住）	元	59572	57781
人均地区生产总值（户籍）	元	54154	52015
地区生产总值指数（上年 =100）	%	107.5	107.3
其中：第一产业增加值	%	102.1	101.8
第二产业增加值	%	106.1	104.4
其中：工业增加值	%	105.5	104.3
第三产业增加值	%	110.0	112.0
人均地区生产总值（常住）	%	106.5	106.5
人均地区生产总值（户籍）	%	107.5	107.0
地区生产总值（2015 年价格）	万元	2272451	2113955
地方一般公共预算收入	万元	148161	140351
其中：税收收入	万元	118555	110929
其中：企业所得税	万元	11665	9780
个人所得税	万元	4295	4567
地方一般公共预算支出	万元	497543	421333
其中：一般公共服务支出	万元	44789	34397
科学技术支出	万元	10107	9699
教育支出	万元	79891	77346
文化体育与传媒支出	万元	11209	7569
医疗卫生与计划生育支出	万元	46306	38033
节能环保支出	万元	14948	7278
城乡社区支出	万元	45268	44122
交通运输支出	万元	39322	19397
社会保障和就业支出	万元	71440	50940
住房保障支出	万元	2480	12763
年末金融机构人民币各项存款余额	万元	2887716	2676484
其中：住户存款余额	万元	1626289	1557448
年末金融机构人民币各项贷款余额	万元	2545468	2264604
固定资产投资（不含农户）	万元	1736459	1613468
房地产开发投资	万元	157362	108932
其中：住宅	万元	129931	92327
全年新增固定资产	万元	1103379	1071236

指标名称	单 位	2017 年	2016 年
商品房销售面积	万平方米	40.15	23.70
其中：住宅	万平方米	32.86	20.62
其中：别墅、高档公寓	万平方米	1.42	0.65
商品房销售额	万元	353353	182647
其中：住宅	万元	307066	160082
其中：别墅、高档公寓	万元	24924	3581
待售面积	万平方米	4.75	5.66
货物进口额（海关数）	万美元	16963	10977
货物出口额（海关数）	万美元	44016	37426
外商直接投资合同项目	个	4	0
当年实际使用外资额	万美元	1112	1779
工业企业数	个	158	193
其中：内资企业	个	149	186
其中：国有企业	个	2	2
私营企业	个	111	136
港、澳、台商投资企业	个	5	3
外商投资企业	个	4	4
工业总产值（当年价）	万元	2247896	3101907
其中：内资企业	万元	1937466	2792768
其中：国有企业	万元	116224	138689
私营企业	万元	1241331	1777236
港、澳、台商投资企业	万元	66207	41113
外商投资企业	万元	244224	268027
规模以上工业增加值	亿元	53.05	68.12
其中：高新技术产业增加值	亿元	18.57	14.93
装备制造业增加值	亿元	7.85	9.04
规模以上工业企业总资产贡献率	%	10.10	12.20
平均用工人数	万人	2.48	2.83
资产总计	万元	2561069	—
固定资产合计	万元	971014	1085887
流动资产合计	万元	1249633	1302451
主营业务收入	万元	2114599	2785077
主营业务成本	万元	1759262	2318862
主营业务税金及附加	万元	13806	12504
利润总额	万元	132723	201921
本年应交增值税	万元	71530	73798

指标名称	单 位	2017 年	2016 年
社会消费品零售总额	万元	1434781	1285067
限额以上批发零售业法人企业数	个	67	85
其中：零售业	个	32	37
限额以上批发零售业商品销售额	万元	613954	744655
限额以上住宿餐饮业法人企业数	个	10	—
限额以上住宿餐饮业营业额	万元	9970	—
入境游客	人次	532	—
其中：外国人	人次	435	—
港、澳、台同胞	人次	418	—
国际旅游（外汇）收入	万美元	14.26	—
国内游客	人次	15171244	12510000
国内旅游收入	万元	936606	768184
四、科技创新			
科技活动人员（规上）	人	1916	1516
R&D 人员（规上）	人	1472	990
R&D 内部经费支出（规上）	万元	29882	20759
专利受理数	件	978	614
专利授权数	件	406	312
其中：发明	件	40	24
五、人民生活			
全社会从业人员数	万人	24.20	23.83
第一产业	万人	8.41	8.41
第二产业	万人	7.93	8.06
第三产业	万人	7.86	7.36
年末城镇单位就业人员数	人	30335	32142
第一产业（农、林、牧、渔业）	人	0	0
第二产业	人	15452	16933
其中：采矿业	人	246	164
制造业	人	9083	10572
电力、热力、燃气及水生产和供应业	人	634	598
建筑业	人	5189	5599
第三产业	人	14883	15209
其中：批发和零售业	人	466	1145
交通运输、仓储及邮政业	人	480	472
住宿和餐饮业	人	0	0
信息传输、软件和信息技术服务业	人	84	80

指标名称	单 位	2017年	2016年
金融业	人	520	515
房地产业	人	86	72
租赁和商业服务业	人	677	756
科学研究和技术服务业	人	201	329
水利、环境和公共设施管理业	人	219	206
居民服务、修理和其他服务业	人	183	34
教育	人	3888	3643
卫生和社会工作	人	1832	1780
文化、体育和娱乐业	人	191	200
公共管理、社会保障和社会组织	人	6056	5977
国际组织	人	0	0
城镇私营和个体从业人员	人	85008	53057
城镇登记失业人数	人	2054	1867
城镇登记失业率	%	2.84	—
在岗职工平均人数	万人	2.60	2.77
在岗职工工资总额	万元	228758	209338
在岗职工平均工资	元	88014	75483
城镇居民人均可支配收入	元	40694	37334
其中：工资性收入	元	26971	24654
经营净收入	元	4136	3862
财产净收入	元	2057	1891
转移净收入	元	7530	6927
城镇居民人均消费支出	元	22554	21521
其中：食品烟酒	元	7733	7450
衣着	元	2518	2508
居住	元	1978	1889
生活用品及服务	元	1272	1161
交通和通信	元	3881	3721
教育文化娱乐	元	2429	2157
医疗保健	元	2156	2024
其他用品及服务	元	587	611
每百户城镇居民家庭拥有量			
家用汽车	辆	37	36
洗衣机	台	94	92
电冰箱（柜）	台	114	107
彩色电视机	台	184	177

指标名称	单 位	2017年	2016年
空调	台	171	—
移动电话	部	312	299
其中：接入互联网	部	224	186
计算机	台	100	107
其中：接入互联网	台	100	107
城镇居民人均住房建筑面积	平方米	41.20	41.10
农村居民人均可支配收入	元	20502	18621
农村居民人均生活消费支出	元	10886	10221
食品烟酒	元	4028	3851
衣着	元	806	791
居住	元	1782	1630
生活用品及服务	元	648	635
交通通信	元	1346	1266
教育文化娱乐	元	1039	966
其中：教育支出	元	977	750
医疗保健	元	260	824
其中：通过互联网购买的商品和服务	元	62	16
农村每百户居民家庭拥有			
家用汽车	辆	26	25
接入互联网的计算机	台	61	66
接入互联网的移动电话	部	131	114
农村居民人均住房建筑面积	平方米	70.40	62
六、公共服务			
成人高等学校数	所	1	1
中等职业教育学校数	所	2	2
普通中学学校数	所	15	15
普通小学学校数	所	37	36
幼儿园数	所	102	—
成人高等学校专任教师数	人	15	13
中等职业教育专任教师数	人	253	225
普通中学专任教师数	人	1462	1429
普通小学专任教师数	人	1630	1574
幼儿园专任教师数	人	586	—
成人本专科在校学生数	人	1894	1886
中等职业教育在校学生数	人	3974	3725
普通中学在校学生数	万人	1.65	1.63

指标名称	单 位	2017年	2016年
普通小学在校学生数	万人	1.92	2.00
幼儿园在园幼儿数	人	10269	—
剧场、影剧院数	个	2	2
公共图书馆数	个	1	—
公共图书馆图书藏量	万册	19.68	15.79
博物馆数	个	1	—
体育场馆数	个	8	6
医疗卫生机构数	个	378	
其中：医院数	个	24	—
医疗卫生机构床位数	张	1927	—
其中：医院床位数	张	1835	—
卫生技术人员数	人	2301	—
其中：执业（助理）医师数	人	944	914
注册护士数	人	900	828
城镇职工基本养老保险参保人数	人	106357	100095
城乡居民基本养老保险参保人数	人	175732	185292
城镇职工基本医疗保险参保人数	人	78903	78800
城镇居民基本医疗保险参保人数	人	276740	285582
失业保险参保人数	人	40353	38019
工伤保险参保人数	人	52062	55302
生育保险参保人数	人	42729	39618
提供住宿的各类社会服务机构数	个	16	—
其中：养老服务机构数	个	16	—
提供住宿的各类社会服务机构床位数	张	3055	—
其中：养老服务机构床位数	张	3035	—
不提供住宿的各类社会服务机构数	个	288	—
其中：社区服务机构数	个	287	—
城市居民最低生活保障人数	人	426	418
交通事故死亡人数	人	26	29
刑事案件立案数	起	385	433
刑事罪犯总数	人	437	523
其中：青少年人数（年龄14-25周岁）	人	47	64
七、基础设施			
年末实有城市道路面积	万平方米	132.31	130.11
境内公路总里程	千米	1528	1525
其中：高速公路里程	千米	80	80

指标名称	单 位	2017 年	2016 年
民用汽车拥有量	辆	56937	49055
其中：私人汽车拥有量	辆	53098	45427
年末实有公共汽（电）车营运车辆数	辆	55	71
公共汽（电）车客运总量	万人次	431	352
年末实有出租汽车运营车数	辆	78	78
公路客运量（全社会）（营业性）	万人	823	776
公路货运量（全社会）（营业性）	万吨	1686	1493
水运客运量（全社会）（营业性）	万人	3.59	1.45
水运货运量（全社会）（营业性）	万吨	4.90	4.40
年末邮政局（所）数	处	17	17
邮政业务收入(含快递)	万元	7120	2524
电信业务收入	万元	25210	24421
固定电话年末用户数	万户	5.85	6.23
移动电话年末用户数	万户	35.09	34.43
其中：3G 以上移动电话用户	万户	23.03	20.89
互联网宽带接入用户数	万户	14.05	8.96
能源消费总量	万吨标准煤	145.77	139.35
规模以上工业能源消费量	万吨标准煤	68.95	—
全社会用电量	万千瓦时	219052	209112
其中：工业用电	万千瓦时	154246	148821
城乡居民生活用电	万千瓦时	27206	25996
其中：城镇居民生活用电	万千瓦时	9940	
城市市政基础设施建设投资额	万元	21315	—
年末排水管道长度	千米	349.20	322.77
年末供水综合生产能力	万立方米 / 日	11.00	11.00
售水量	万吨	1514	1269
其中：居民家庭用水量	万吨	530.00	490.00
供气总量（人工煤气、天然气）	万立方米	2343.63	1121.00
其中：居民家庭用量	万立方米	150.50	85.00
液化石油气供气总量	吨	5289	5338
其中：居民家庭用量	吨	5285	5335

2017年度龙游县分镇乡（街道）资料

	村民委员会（个）	总户数（户）	总人口（人）	总人口中男性（人）	0～17岁（人）	18～34岁（人）	35～59岁（人）	60岁及以上（人）
合　计	262	164350	405002	204480	63642	78125	167737	95498
龙洲街道	20	30180	68723	34477	11427	13060	29721	14515
东华街道	22	12332	27026	13421	4111	5287	11113	6515
湖镇镇	39	21387	50931	25540	8143	9753	20867	12168
小南海镇	18	12744	31914	15992	5282	6120	12888	7624
詹家镇	21	10764	27084	13506	4314	5338	11114	6318
溪口镇	14	8943	22553	11551	3037	4152	9442	5922
横山镇	20	12250	31846	16208	4658	6353	12914	7921
塔石镇	26	16388	42245	21637	6563	8004	17407	10271
罗家乡	10	3897	9873	5158	1535	1920	4140	2278
庙下乡	13	4732	13021	6495	1891	2621	5480	3029
石佛乡	10	6866	17876	9248	2872	3451	7293	4260
社阳乡	8	4949	12292	6370	2067	2371	5018	2836
大街乡	8	2740	7505	3810	1182	1363	3200	1760
沐尘乡	10	4304	11818	5992	1655	2264	4996	2903
模环乡	23	11874	30295	15075	4905	6068	12144	7178

2017年度龙游县地区生产总值构成

单位：万元

指标名称	2017年	2016年	发展速度（%）
一、地区生产总值	2197983	2111983	107.5
第一产业	140560	145676	102.1
第二产业	955174	1026070	106.1
第三产业	1102249	940237	110.0
农林牧渔业	143294	147992	102.2
#农林牧渔服务业	2734	2316	106.9
工业	781398	873418	105.5
建筑业	173776	152652	109.9
批发和零售业	224155	196825	108.4
交通运输、仓储和邮政业	82069	65030	108.5
住宿和餐饮业	77036	68033	105.5
信息传输、软件和信息技术服务业	21510	18153	118.5

指标名称	2017年	2016年	发展速度（%）
金融业	115037	106198	107.0
房地产业	133768	91818	111.9
租赁和商务服务业	60301	48056	121.1
科学研究和技术服务业	10994	10315	108.7
水利、环境和公共设施管理业	8726	7614	114.0
居民服务、修理和其他服务业	85807	71343	120.0
教育	78212	69957	108.8
卫生和社会工作	47539	42107	110.4
文化、体育和娱乐业	10249	9405	111.8
公共管理、社会保障和社会组织	144112	133067	107.2
二、地区生产总值构成（%）			
第一产业	6.4	6.9	−0.1
第二产业	43.5	48.6	−3.4
其中：工业	35.6	41.4	−4.1
第三产业	50.1	44.5	3.5
三、人均地区生产总值（户籍人口）	54154	52015	107.5
人均地区生产总值（常住人口）	59572	57781	106.5

说明：绝对数按现价计算，发展速度按可比价计算

2017年度龙游县农林牧渔业总产值

指标名称	2017年	2016年	±%
一、农林牧渔业总产值（万元）	252919	264688	1.9
（一）农业产值	94594	92457	3.9
其中：粮食作物	40763	40558	−1.3
油料	5997	5820	−3.0
蔬菜	16918	16680	6.6
茶叶	4781	4088	—
水果	9368	10564	—
#柑 橘	5942	5508	—
（二）林业产值	19649	19420	4.6
其中：林产品	3050	2678	10.6
竹木采伐	13162	13304	4.7
（三）牧业产值	113593	129166	−0.4
其中：猪	91726	108655	—
家禽饲养	15010	13840	15.4

指标名称	2017年	2016年	±%
（四）渔业产值	21497	20606	5.0
（五）农林牧渔服务业	3586	3039	7.0
二、农林牧渔业生产			
（一）粮食总产量（吨）	162436	164361	-1.2
其中：稻谷（吨）	142565	147012	-3.0
油料产量（吨）	17584	17064	3.0
其中：油菜籽（吨）	16675	16140	3.3
水果产量（吨）	94374	82815	14.0
其中：柑橘（吨）	68685	60345	13.8
（二）生猪年末存栏（万头）	27.46	26.16	5.0
生猪年内出栏（万头）	80.08	81.82	-2.1
家禽年末存栏（万只）	444.01	341.30	30.1
家禽年内出栏（万只）	1254.89	1162.32	8.0
（三）水产品产量（吨）	20198	19900	1.5

说明：绝对数按现价计算，发展速度按可比价计算。

2017年度龙游县社会消费品零售总额

单位：万元

指标名称	2017年	2016年	±%
一、社会消费品零售总额	1434781	1285067	11.7
（1）限上零售额	85455	45640	87.2
（2）限下零售额	1349326	1239428	8.9
二、按行业分组：			
1. 批发业	182647	263024	-30.6
其中：限额以上	1761	617	185.3
2. 零售业	1048205	825973	26.9
其中：限额以上	77806	38741	100.8
3. 住宿业	15873	20162	-21.3
其中：限额以上	1413	2039	-30.7
4. 餐饮业	188057	175908	6.9
其中：限额以上	4475	4242	5.5

2017年度龙游县固定资产投资完成情况

单位：万元

指标名称	2017年	2016年	±%
固定资产投资合计	1736459	1533750	13.2
第一产业	13739	12682	8.3
第二产业	744341	702219	6.0
第三产业	978379	818849	19.5
投资项目完成投资	1579097	1424818	10.8
其中：基础设施投资	729512	686324	6.3
工业投资	744341	702219	6.0
房地产开发投资	157362	108932	44.5

2017年度衢州市各县（市、区）基本情况

指标名称	单位	市本级	柯城区	衢江区	江山市	常山县	开化县	龙游县
行政区域国土面积	平方千米	—	606.57	1747.53	2019.03	1097.32	2230.77	1143.33
镇	个	—	2	10	11	6	8	6
乡	个	—	7	8	5	5	6	7
街道	个	4	6	2	3	3	0	2
城市社区	个	6	40	5	13	8	11	10
行政村	个	51	171	271	292	180	255	262
年末总户数（户籍）	万户	—	17.80	15.81	20.11	11.52	11.72	16.44
年末总人口（户籍）	万人	—	43.72	41.28	61.65	34.50	36.16	40.50
其中：城镇人口（户籍）	万人	—	22.90	6.63	18.84	9.83	6.22	11.78
年末总人口（常住）	万人	—	48.06	35.16	47.96	25.09	25.14	37.08
人口密度（户籍）	人/平方千米	—	721	236	305	314	162	354
人口密度（常住）	人/平方千米	—	792	201	238	229	113	324
出生率（公安口径）	‰	—	13.60	12.17	14.17	13.80	10.19	14.75
死亡率（公安口径）	‰	—	17.24	9.47	6.21	6.52	10.56	7.29
人口自然增长率（公安口径）	‰	—	−3.64	2.70	7.96	7.29	−0.38	7.45
地区生产总值（当年价格）	亿元	239.03	185.05	162.62	301.64	129.93	123.85	233.40
其中：第一产业	亿元	0.11	8.70	21.50	21.96	8.38	12.68	14.06
第二产业	亿元	155.69	39.26	69.75	147.19	54.70	44.70	113.02
其中：工业	亿元	150.72	22.62	56.00	131.21	42.88	26.69	95.08
第三产业	亿元	83.22	137.08	71.37	132.49	66.86	66.46	106.32
人均GDP（按户籍人口计算）	元	—	96898	39403	49025	37738	34340	57505
人均GDP（按常住人口计算）	元	—	88562	46470	63215	52204	49601	63258

指标名称	单位	市本级	柯城区	衢江区	江山市	常山县	开化县	龙游县
人均GDP折合美元（户籍）	美元	—	14351	5836	7261	5589	5086	8517
人均GDP折合美元（常住）	美元	—	13117	6883	9363	7732	7346	9369
规模以上工业总产值	亿元	710.00	61.23	146.06	324.50	112.72	88.81	281.39
规模以上工业主营业务收入	亿元	676.23	57.15	144.98	246.37	98.46	74.84	229.60
利税总额	亿元	71.17	4.20	18.09	23.75	9.58	2.68	19.25
其中：利润总额	亿元	48.84	3.27	13.49	15.21	6.10	0.68	11.30
固定资产投资	亿元	174.26	113.26	141.49	207.01	140.50	97.60	173.65
其中：基础设施投资	亿元	73.84	45.52	48.34	82.38	57.21	53.93	72.95
工业投资	亿元	64.47	31.37	40.70	91.21	47.41	14.16	74.43
房地产投资	亿元	41.32	17.40	19.28	24.24	19.06	21.51	15.74
商品房销售面积	万平方米	75.66	27.62	39.38	49.21	29.05	26.39	40.15
社会消费品零售总额	亿元	—	194.36	67.30	126.45	67.90	78.41	143.48
其中：餐费收入	亿元	—	17.89	8.84	8.11	15.45	13.63	21.57
商品零售	亿元	—	176.47	58.46	118.34	52.45	64.78	121.91
进出口总额	亿元	138.50	23.17	65.22	55.08	17.54	25.23	41.80
其中：出口总额	亿元	73.82	22.55	42.04	54.00	17.52	21.41	30.30
实际利用外资	万美元	3660	714	690	705	515	0	1112
接待国内游客	万人次	—	1470.91	793.29	1504.64	791.78	1037.23	1517.12
住宿设施接待入境旅游者人数	人	—	1497	1719	6583	687	2460	532
国内旅游收入	亿元	—	90.95	45.45	95.36	50.32	66.98	93.66
住宿设施接待入境游客收入	万美元	—	100.22	12.18	264.52	25.01	135.40	14.26
财政总收入	亿元	65.34	14.16	20.52	25.21	13.97	13.22	22.07
其中：一般公共预算收入	亿元	38.28	9.53	13.68	16.67	9.88	8.44	14.82
财政支出	亿元	63.74	26.63	33.14	45.21	37.76	44.24	49.75
金融机构本外币存款余额	亿元	1003.57	—	—	443.73	192.33	205.38	290.03
其中：住户存款	亿元	412.11	—	—	265.98	107.92	107.84	163.03
金融机构本外币贷款余额	亿元	1035.85	—	—	325.36	149.89	160.68	254.72
保费收入	亿元	33.49	—	—	11.21	3.82	3.44	6.44
支付各类保险赔付额	亿元	9.97	—	—	3.57	1.33	1.29	2.16
公路总里程	千米	—	698.35	1690.27	1842.38	1050.38	1593.49	1528.16
公路客运量	万人	2101	—	—	1050	535	701	823
公路货运量	万吨	4390	—	—	3200	1191	796	1686
电信业务收入	亿元	7.82	—	—	2.94	1.65	1.65	2.52
固定电话用户	万户	17.68	—	—	6.14	3.27	2.78	5.85
移动电话用户（办卡数）	万户	168.12	—	—	64.09	34.31	33.91	48.37
国际互联网用户（不含手机）	万户	38.36	—	—	14.96	8.15	8.32	14.05
高新技术企业	家	135	50	57	80	69	38	59
专利申请受理量	项	—	3552	880	1804	680	347	978

指标名称	单位	市本级	柯城区	衢江区	江山市	常山县	开化县	龙游县
专利申请授权量	项	—	1704	468	986	326	256	406
浙江名牌数	个	18	3	12	30	6	9	18
学校数	个	14	131	139	150	144	119	157
专任教师	万人	0.21	0.35	0.34	0.56	0.27	0.27	0.39
在校学生数	万人	3.17	5.18	5.02	8.17	4.13	4.09	5.00
广播覆盖率	%	—	100.00	98.64	99.58	99.88	97.19	98.89
电视覆盖率	%	—	100.00	98.64	99.58	99.88	97.19	98.89
文物保护单位	个	25	27	45	120	57	98	157
公共图书馆图书藏书量	千册、件	675	723	173	273	295	312	197
卫生机构数	个	—	382	298	276	285	173	378
卫生机构床位数	张	—	5603	1031	2703	1174	1530	1927
卫生技术人员数	人	—	7195	1370	2959	1809	1784	2289
其中：医生数	人	—	2539	643	1214	760	688	940
城镇居民人均可支配收入	元	—	42542	33733	41545	33539	31798	40694
城镇居民人均消费支出	元	—	23699	18092	20302	19051	18150	22554
农村居民人均可支配收入	元	—	21260	18153	21932	18317	15736	20502
农村居民人均消费支出	元	—	13011	11163	14324	8530	9683	10886
参加基本养老保险人数	万人	15.90	21.42	27.33	40.35	23.23	23.99	28.21
参加基本医疗保险人数	万人	19.81	31.12	35.01	55.61	29.63	31.25	35.56
参加工伤保险职工人数	万人	10.80	4.27	4.09	7.00	3.43	2.86	5.21
参加生育保险人数	万人	9.15	4.03	3.33	5.94	3.00	2.68	4.27
参加失业保险人数	万人	9.00	3.39	2.44	5.20	2.56	2.16	4.04
参加被征地人员基本生活保障人数	万人	0.27	0.63	0.11	0.18	0.36	0.15	0.61
城镇“三无”对象集中供养率	%	100.00	100.00	100.00	100.00	100.00	100.00	100.00
城镇低保资金支出	万元	—	898	71	382	446	296	232
农村五保人员集中供养率	%	—	97.18	98.14	100.00	98.07	96.07	100.00
农村低保资金支出	万元	—	3278	4185	5789	4376	4369	4424
建成区面积	平方千米	73.07	—	—	17.50	17.70	12.91	14.87
城区（县城）人口	万人	36.18	—	—	15.40	9.32	11.46	11.30
建成区绿化覆盖率	%	40.13	—	—	44.36	37.70	43.19	38.38
人均绿地公园面积	平方米	14.51	—	—	12.39	15.88	10.77	10.62
污水处理率	%	95.99	—	—	95.60	92.86	91.03	94.38
生活垃圾处理率	%	100.00	—	—	100.00	100.00	100.00	100.00
获评中国传统村落	个	—	1	4	13	0	4	5
获评省级美丽宜居示范村	个	—	15	13	17	13	20	18
其中：国家级美丽宜居示范村	个	—	1	0	1	0	1	0
农村卫生厕所普及率	%	—	93.85	94.69	95.31	96.61	97.04	93.55

说明：1. 部分数据为快报数；2. 某些指标市本级数据包括柯城区、衢江区；3. 柯城区人均 GDP 包含市本级。

龙游县第三次农业普查主要数据公报

龙游县人民政府第三次农业普查领导小组办公室
龙游县统计局

（2018年 4月 17 日）

为摸清全县“三农”基本情况，查清“三农”新发展新变化，根据国务院统一部署，龙游县开展了第三次农业普查。这次普查的标准时点为2016年12月31日，时期资料为2016年度。普查对象包括农业经营户、居住在农村有确权（承包）土地或拥有农业生产资料的户、农业经营单位、村民委员会、乡镇人民政府。普查主要内容是农业生产能力及其产出、农村基础设施及其基本社会服务和农民生活条件等。

农业普查采用全面调查的方法。全县共组织动员普查员、普查指导员、遥感测量作业人员和各级普查机构的工作人1100余人，由普查员对所有普查对象进行逐个查点和填报。组织对粮食等主要农作物播种面积进行卫星遥感测量，开展125个样方的实地调查，掌握全县主要农作物种植空间分布，取得全县主要农作物种植面积数据。

按照国家、省、市农普办部署，龙游县组织了数据质量抽查，对普查数据进行质量评估。综合抽查结果显示：农业普查登记户的漏报率、普查指标差异率符合普查方案要求，普查数据质量达到设计标准。

根据《全国农业普查条例》的有关规定，龙游县人民政府第三次农业普查领导小组办公室和龙游县统计局发布普查公报，向社会公布普查的主要结果。

龙游县第三次农业普查共登记农户10.3万户、农业经营单位1564个，共调查乡级单位13个（其中乡7个、镇6个）、涉农街道2个、2006年以后新建的农村居民定居点52个。至2016年年末，普查的具体情况如下：

一、农业经营主体

全县共有1564个农业经营单位、83260户农业经营户，其中规模农业经营户1879户。至2016年年末，有在工商部门注册的农民合作社总数1204个，其中，农业普查登记的以农业生产经营或服务为主的农民合作社946个。

二、农业机械和设施

（一）农业机械。全县共有拖拉机1984台、耕整机159台、旋耕机211台、播种机134台、水稻插秧机235台、联合收获机296台、机动脱粒机2283台，有排灌动力机械5960套。

（二）农田水利设施。全县调查村中有能够正常使用的机电井559眼、排灌站231个，有能够使用的灌溉用水塘和水库2681个。全县有喷灌、滴灌、渗灌设施种植面积17419.3亩（1161.29公顷）；灌溉用水主要水源中，使用地下水的户和农业生产单位占3.0%，使用地表水的户和农业生产单位占97.0%。

（三）设施农业。全县温室占地面积1052.8亩

（70.13公顷），大棚占地面积3255.8亩（217.05公顷），渔业养殖用房面积71.2亩（4.75公顷）。

三、土地利用

全县耕地面积[1]489561亩（326374公顷），实际经营的林地面积（不含未纳入生态公益林补偿面积的生态林防护林）555899.8亩（37059.99公顷）。（注[1]：耕地面积使用国土资源部门数据）

四、农村基础设施

（一）交通。在乡镇地域范围内，有火车站的乡镇占7.7%，有码头的占15.4%，有高速公路出入口的占30.8%；100%的村通公路；89.2%的村内主要道路有路灯。村委会到最远自然村、居民定居点距离以5公里以内为主。

（二）能源、通讯。全县100%的村通电,4%的村通天然气，100%的村通电话,100%的村安装了有线电视， 99.2%的村通宽带互联网，31.5%的村有电子商务配送站点（不包括代收代寄快递的小卖部、便利店和无人值守的各类配送柜）。

（三）环境卫生。100%的乡镇实施集中或部分集中供水，100%的乡镇生活垃圾集中或部分集中处理。99.6%的村实施生活垃圾集中或部分集中处理，96.0%的村实施生活污水集中或部分集中处理，99.2%的村完成或部分完成改厕。

五、农村基本公共服务

（一）文化教育。全县100%的乡镇有幼儿园、托儿所，100%的乡镇有小学，100%的乡镇有图书馆、文化站，15.4%的乡镇有剧场、影剧院，7.7%的乡镇有体育场馆，84.6%的乡镇有公园及休闲健身广场，39.8%的村有幼儿园、托儿所，100%的村有体育健身场所，68.9%的村有农民业余文化组织。

（二）医疗和社会福利机构。全县100%的乡镇有医疗卫生机构，61.5%的乡镇有社会福利敬老院。70.9%的村有卫生室等医疗机构。

（三）市场建设。全县61.5%的乡镇有商品交易市场，53.8%的乡镇有以粮油、蔬菜、水果为主的专业市场。64.1%的村有50平方米以上的综合商店或超市，13.9%的村开展旅游接待服务，33.5%的村有营业执照的餐馆。

六、农民生活条件

（一）住房。全县99.9%的农户拥有自己的住房。其中，拥有1处住房的92795户，占89.8%；拥有2处住房的9897户，占9.6%；拥有3处及以上住房的579户，占0.5%。全部农户中拥有商品房的9994户，占9.7%。农户住房主要为砖混结构。住房为砖混结构的61046户，占59%；砖（石）木结构的20589户，占19.9%；钢筋混凝土结构的17535户，占17.0%；竹草土坯结构3500户，占3.4%；其他结构的706户，占0.7%。

（二）饮用水。有74132户的饮用水为经过净化处理的自来水，占71.7%；19690户的饮用水为受保护的井水和泉水，占19%；7418户的饮用水为不受保护的井水和泉水，占7.2%；1707户的饮用水为江河湖泊水，占1.7%；372户饮用其他水源，占0.35%。

（三）卫生设施。全县使用水冲式卫生厕所的93355户，占90.3%；使用水冲式非卫生厕所的1743户,占1.7%；使用卫生旱厕的2685户,占2.6%；使用普通旱厕的5593户,占5.4%。

（四）拥有耐用消费品情况。全县平均每百户拥有小汽车32.4辆，摩托车、电瓶车117.9辆，淋浴热水器83.3台，空调97.6台，电冰箱100.3台，彩色电视机155.8台，电脑51.9台，手机240.9部。

（五）主要生活能源。农民生活用的能源中，主要使用煤气、天然气、液化石油气的98591户，占95.4%；主要使用电的68959户，占66.7%；主要使用柴草的21864户，占21.1%；主要使用沼气的291户，占0.3%；主要使用煤的165户，占0.2%；主要使用太阳能的157户，占0.2%；使用其他能源的120户，占0.1%。

七、农业生产经营人员情况

（一）农业生产经营人员的数量和结构。全县有农业生产经营人员70458人，其中女性28869人。

在农业生产经营人员中，年龄35岁及以下3381人，年龄在36岁至54岁之间30759人，年龄55岁及以上36318人。

（二）规模农业经营户农业生产经营人员的数量和结构。全县有规模农业经营户农业生产经营人员（包括本户生产经营人员及雇佣人员）7640人，其中女性3652人，年龄35岁及以下600人，年龄在36岁至54岁之间4360人，年龄55岁及以上2680人。

（三）农业经营单位农业生产经营人员的数量和结构。全县有农业经营单位农业生产经营人员5019人，其中女性2116人，年龄35岁及以下384人，年龄在36岁至54岁之间2723人，年龄55岁及以上1912人。

【附表】

一、农业机械和设施

指标	计量单位	数量
（一）农业机械		
拖拉机	台	1984
耕整机	台	159
旋耕机	台	211
播种机	台	134
水稻插秧机	台	235
排灌动力机械	套	5960
联合收获机	台	296
机动脱粒机	台	2283
饲草料加工机械	套	341
挤奶机	套	1
剪毛机	台	3
增氧机	台	796
果树修剪机	台	312
内陆渔用机动船	艘	89
海洋渔用机动船	艘	0
（二）农田水利设施		
能正常使用的机电井数量	眼	559
排灌站数量	个	231
能灌溉用的水塘和水库	个	2681
有喷灌、滴灌、渗灌设施的种植面积	亩	17419.3
灌溉用水主要水源（%）		
地下水	%	3
地表水	%	97
（三）设施农业		
温室占地面积	亩	1052.8
大棚占地面积	亩	3255.8
渔业养殖用房面积	亩	71.2

注：农业机械指实际在用；果树修剪机也包括茶园桑园用修剪机；大棚不包括中小棚。

二、农村基础设施建设

计量单位：%

指标	比例
（一）乡镇、村交通设施	
有火车站的乡镇	7.7
有码头的乡镇	15.4
有高速公路出入口的乡镇	30.8
通公路的村	100
按通村主要道路路面类型分的村	
水泥路面	97.2
柏油路面	2.4
沙石路面	0.4
按村内主要道路路面类型分的村	
水泥路面	98.4
沙石路面	1.6
村内主要道路有路灯的村	89.2
村委会到最远自然村或居民定居点距离	
5千米以内	96.8
6-10千米	2.4
11-20千米	0.4
20千米以上	0.4
（二）乡镇、村能源、通讯设施	
通电的村	100
通天然气的村	4.0
通电话的村	100
安装了有线电视的村	100
通宽带互联网的村	99.2
有电子商务配送站点的村	31.5
（三）乡镇、村卫生处理设施	
实施集中或部分集中供水的乡镇	100
有生活垃圾集中或部分集中处理的乡镇	100
实施生活垃圾集中或部分集中处理的村	99.6
实施生活污水集中或部分集中处理的村	96.0
完成或部分完成改厕的村	99.2

注：电子商务配送站不包括代收代寄快递的小卖部、便利店和无人值守的各类配送柜；

三、农村基本公共服务

指标	比例（%）
（一）乡镇、村文化教育设施	
有幼儿园、托儿所的乡镇	100
有小学的乡镇	100
有图书馆、文化站的乡镇	100
有剧场、影剧院的乡镇	15.4
有体育场馆的乡镇	7.7
有公园及休闲健身广场的乡镇	84.6
有幼儿园、托儿所的村	39.8
有体育健身场所的村	100
有农民业余文化组织的村	68.9
（二）乡镇、村医疗和社会福利机构	
有医疗卫生机构的乡镇	100
有社会福利敬老院乡镇	61.5
有卫生室等医疗机构的村	70.9
（三）乡镇、村市场	
有商品交易市场的乡镇	61.5
有以粮油、蔬菜、水果为主的专业市场的乡镇	53.8
有50平方米以上综合商店或超市的村	64.1
开展旅游接待服务的村	13.9
有营业执照餐馆的村	33.5

注：农村基本公共服务数据为辖区在地统计，不代表基服务范围。

四、农民生活条件

指标	户数（户）	构成比例（%）
（一）住房数量与结构构成		
按拥有住房数量划分构成		
拥有1处住房	92795	89.8
拥有2处住房	9897	9.6
拥有3处及以上住房	579	0.5
没有住房	105	0.1
拥有商品房	9994	9.7
按现居住房结构划分构成		
钢筋混凝土	17535	17.0
砖混	61046	59.0
砖（石）木	20589	19.9
竹草土坯	3500	3.4
其他	706	0.7

指标	户数（户）	构成比例（%）
（二）饮用水情况来源		
经过净化处理的自来水	74132	71.7
受保护的井水和泉水	19690	19
不受保护的井水和泉水	7418	7.2
江河湖泊水	1707	1.7
其他水源	372	0.35
（三）家庭卫生设施类型		
水冲式卫生厕所	93355	90.3
水冲式非卫生厕所	1743	1.7
卫生旱厕	2685	2.6
普通旱厕	5593	5.4
（四）主要生活能源构成		
柴草	21864	21.1
煤	165	0.2
煤气、天然气、液化石油气	98591	95.4
沼气	291	0.3
电	68959	66.7
太阳能	157	0.2
其他	120	0.1

注：主要生活能源指标每户可选两项，分项之和大于100%。

五、主要耐用消费品拥有量

指标	单位	数量
小汽车	辆/百户	32.4
摩托车、电瓶车	辆/百户	117.9
淋浴热水器	台/百户	83.3
空调	台/百户	97.6
电冰箱	台/百户	100.3
彩色电视机	台/百户	97.6
按电视节目接收方式分的户比重		
#有线电视接收	%	99.6
卫星接收	%	0.4
电脑	台/百户	51.9
手机	部/百户	240.9
上网手机比重	%	47.5

注：1. 按电视节目接收方式分的户比重是指使用不同电视节目接收方式的户占拥有彩色电视机户数的比重。

2. 上网手机比重是指上过互联网手机数量占登记户拥有手机总数的比重。

六、农业生产经营人员数量和结构

单位：人、%

指 标	全 县	其中：规模农业经营户	其中：农业经营单位
农业生产经营人员总数（人）	70458	7640	5019
农业生产经营人员性别构成（%）			
男性	59.0	52.2	57.8
女性	41.0	47.8	42.2
农业生产经营人员年龄构成（%）			
年龄35岁及以下	4.8	7.9	7.7
年龄36～54岁	43.7	57.0	54.3
年龄55岁及以上	51.5	35.1	38.0
农业生产经营人员受教育程度构成（%）			
未上过学	8.0	7.1	4.8
小学	44.7	35.2	38.9
初中	39.1	45.7	43.0
高中或中专	7.2	10.7	10.3
大专及以上	1.0	1.3	3.0
农业生产经营人员主要从事农业行业构成（%）			
种植业	81.0	52.5	50.3
林业	9.2	6.3	17.2
畜牧业	6.8	35.4	12.0
渔业	1.8	4.2	8.0
农林牧渔服务业（%）	1.2	1.6	12.5

索 引

表索引

表1 龙游县建置沿革情况表 53
表2 2017年度龙游县对外宣传成果“华岗奖”评选结果 81
表3 2017年度龙游县人大代表议案建议承办先进单位 97
表4 2017年度龙游县人大代表优秀议案、建议 97
表5 2017年度龙游县人大先进代表小组和履职先进个人 97
表6 龙游县政协十届一次会议提案办理先进单位及提案办理情况 128
表7 龙游县政协十届一次会议优秀提案 129
表8 2017年度龙游县十届政协优秀委员 129
表9 2017年度龙游县文艺家协会基本情况 152
表10 2017年度龙游县文艺家获奖及作品创作情况汇总 152
表11 2017年度龙游县各类文艺比赛获奖（入展）情况 154
表12 2013—2017年度龙游县人民检察院主要检察业务统计 167
表13 2013-2017年度龙游县人民法院案件收结统计 170
表14 2017年度龙游县人民调解工作基本情况表 173
表15 2013—2017年度龙游县道路交通事故发生统计表 175
表16 2017年度十里坪监狱获得的省局级以上集体荣誉 177
表17 浙江省十里坪强制隔离戒毒所获得的省局级以上集体荣誉 180
表18 2017年度正高级专业技术职称获得者名录 192
表19 2017年度龙游县百岁老人基本信息 198
表20 2017年度龙游经济开发区签约项目一览表 229
表21 2017年度龙游县公路交通基础设施完成情况 236
表22 龙游火车站办客列车运行图（自2017年4月16日零时起实行） 240
表23 2013—2017年龙游县供售电量比较 246
表24 2013—2017年龙游县小水电上网电量比较 246
表25 2013—2017年龙游县邮政分公司业务量比较 248
表26 2013—2017年中国电信龙游分公司业务量比较 249
表27 2013—2017年中国移动龙游分公司业务量比较 251
表28 2013—2017年中国石化龙游支公司业务量比较 254
表29 2017年度龙游县外贸自营进出口分类统计数据 257
表30 2017年度龙游县分企业自营进口统计数据 257
表31 2017年度龙游县分企业自营出口统计数据 258

表32　2013—2017年龙游县财政收入与支出比较　274
表33　2013—2017年龙游县税收情况比较　278
表34　2017年度龙游县国、地税净入库税收100强企业　278
表35　2013—2017年人保财险龙游支公司基本业务比较　303
表36　2013—2017年人寿保险龙游县支公司基本业务比较　304
表37　2017年度龙游县境内各保险公司基本情况　305
表38　2017年龙游县主要消费品及服务价格　309
表39　2017年度龙游县重点建筑企业基本情况　343
表40　2017年度龙游县主要楼盘基本情况　344
表41　2017年度龙游县主要房地产企业基本情况　345
表42　2013—2017年龙游县住房公积金基本情况　353
表43　2017学年龙游县全日制学校基本情况　365
表44　2017学年龙游县普通高中招生情况　369
表45　2017学年龙游县初级中学招生情况　370
表46　2013—2017学年龙游县高考情况比较　370
表47　2017学年龙游县职业类学校招生情况　373
表48　2017年度电大龙游分校招生情况　374
表49　2017年衢州市科技进步奖获奖项目（龙游县部分）　381
表50　2017年度龙游县承办市级及市级以上大型活动和体育赛事一览表　402

图索引

图1　龙游县疆里图（原载清康熙癸丑《龙游县志》卷首）　55
图2　龙游县水系图　57
图3　5月24日，龙游县召开“两学一做”学习教育常态化、制度化工作座谈会　60
图4　3月，浙江省百万家庭屋顶光伏现场会在龙游举行　62
图5　8月30日，中共浙江省委常委、省纪委书记、省监委主任刘建超（中）到龙游调研　71
图6　9月1日，县纪委监察委召开全县纪检监察干部大会　72
图7　龙游县基层党建“双整”精品示范带、示范区　74
图8　3月25日，龙游县首个驻外人才工作站在深圳成立　75
图9　8月31日，龙游县召开“最多跑一次”改革专题报告会　76
图10　开展党的十九大精神宣讲进礼堂活动　78
图11　全县各单位成立“护航十九大，平安巡逻志愿服务队”　79
图12　举办2017年龙游县农村文化礼堂精品节目展演活动　80
图13　8月2日，县委新闻中心记者蓝丹玉（左一）在城东征迁一线采访　82
图14　县委新闻宣传中心在湖镇镇雪狼拓展基地开展团队拓展活动　84
图15　9月15日，民革龙游支部被命名为衢州市“‘民主党派之家’建设示范点”和“社会主义学院现场教学基地”　85
图16　10月25日，葡萄牙赛尔帕市市长多梅·佩雷斯（右四）一行到龙游考察访问　86
图17　县老干部局组织开展庆祝全国第五个“老年节”活动　87
图18　4月7日，龙游县召开县直机关党的工作会议暨全县机关党员“争当剿劣弄潮儿“活动动员会　88
图19　4月17日，召开《龙游县志》终审会议　89
图20　县史志办组织干部职工参加乡韵庭院建设　90
图21　7月21日，龙游县举办全县招商引资培训班　91
图22　县人大代表视察大南门历史文化街区保护项目　95
图23　10月24日，桥头江大桥基础完工　99

图24　10月12日，浙江省乡镇（街道）综合文化站效能建设现场会在龙游召开　102
图25　8月30日，龙游县召开“十九大维稳安保重点任务交办暨积案化解百日大会战”推进会　109
图26　县委副书记张少华接待来访群众　110
图27　县机关事务管理局组织全体干部职工参与“全民清洁日”活动　112
图28　召开全县“最多跑一次”事项电子化归档工作部署会　113
图29　7月28日，龙游县召开宗教场所安全生产会议　115
图30　12月5日，龙游县外侨办开展县涉外突发事件应急处置桌面推演　117
图31　11月19日，台湾新同盟会参访团参观龙游县沐尘畲族乡社里村　118
图32　6月8日，衢州市行政服务中心管理办公室党组书记徐中华到龙游调研“一窗受理”改革和“四个平台”建设　119
图33　衢州市公共资源交易中心领导到龙游分中心调研　122
图34　衢州市政协主席吴国升（右一）冒雨督察龙游县“剿火劣V类水”推进工作　124
图35　县政协委员视察重点工业项目建设情况　125
图36　县政协主席洪一舟（左二）带队开展“决战治污水、大战防洪水排涝水”专项集体民主监督　126
图37　9月21日，全国政协常委、民革中央副主席刘凡（左二）考察龙游“民革党员之家”　131
图38　10月14日至15日，民盟浙江省人民医院总支9名专家赴龙游，在龙游名医服务站开展多学科的义诊，惠及群众280余名　133
图39　10月21日，民建龙游县基层委员会组织全体会员到长生桥村重走“红军路”　134
图40　龙游民进之家　135
图41　农工党龙游县总支开展“关爱留守儿童”大型赠书活动　137
图42　10月23日，九三学社龙游基层委员会主委赖云（左三）一行调研浙江贝尔通讯技术有限公司　139
图43　12月23日，龙游县总商会嘉兴市南湖区分会成立　141
图44　7月20日，县总工会召开十届九次全委（扩大）会议　143
图45　3月9日，团县委组织青年志愿者开展“建设美丽家园，共筑生态文明”义务植树活动　146
图46　1月9日，龙游县首届“龙游美食”大赛决赛在龙游美食城举行　147
图47　4月21日，龙游县召开“贺田模式”2.0版暨推广张王村村情通APP现场会　148
图48　11月30日，县文联党组书记吴军（右三）为机关党员和下辖协会主席上党课　150
图49　书法家协会与科力印业联合举办春泥计划篆刻培训活动　151
图50　龙游县召开创建省级科普示范县检查验收汇报会　155
图51　5月4日，龙游县举办“2017年度浙江省行政执法证考试”综合法律知识培训　159
图52　全国劳模、调解能手张求水（左二）调处纠纷　161
图53　十九大安保期间，专业巡查力量动中备勤　162
图54　龙游县建成衢州市首家跨部门刑事涉案财物管理中心　164
图55　龙游县检察院与县教育局签订《预防校园欺凌，建设和谐学校》责任书　166
图56　6月15日，举行衢市保险行业人民调解委员会龙游工作室揭牌仪式　168
图57　12月4日，龙游县人民法院举行第二批员额法官宪法宣誓仪式　169
图58　开展“普法宣传进工地”活动　170
图59　12月1日，县司法局组织开展十九大报告基本知识考试　172
图60　联合开展三（四）轮车整治行动　174
图61　开展“交通安全进企业”宣传活动　175

图62 11月14日，十里坪监狱举行“修心出成果，感恩报社会”大型服刑人员就业推介和法律援助活动 176

图63 十里坪强制戒毒所被浙江省委、省政府评为“全省党的十九大稳维安保工作先进集体” 178

图64 11月17日，中共十九大代表、浙江戒毒公益大使、衢州市柯城区人民医院副院长万少华到十里坪戒毒所宣讲十九大精神 178

图65 6月26日，十里坪强制戒毒所八大队政治教导员马庆喜（前排左五）获评浙江省第三届“最美禁毒人” 179

图66 6月1日，龙游县人武部召开全县基层武装工作规范化建设任务部署会 182

图67 9月16日，龙游县举办“平安龙游”暨人防教育进社区文艺晚会 184

图68 龙游县消防大队官兵指导县肿瘤医院医护人员使用消防器材 185

图69 1月10日，龙游消防大队开展“110”宣传日活动，指导群众使用灭火器 186

图70 6月15日，举办伊利乳业专场招聘会 189

图71 9月22日，龙游县举办“社保杯”第三届创业创新大赛 190

图72 9月30日，龙游县领导与烈士遗属座谈 194

图73 重阳节期间，龙游县委书记刘根宏（右一）慰问百岁老人 198

图74 在第五届龙游县老年人体艺展示活动中，县老年大学学员表演民族舞蹈《红高粱·九儿》 200

图75 县关工委领导走访寒门学子 203

图76 12月22日，龙游县残疾人联合会第七次代表大会召开 204

图77 举办全县生态指导员应急救护知识培训 206

图78 10月14日，省市农业专家冒雨考察浙21水稻优良品种 209

图79 召开枫林高标准农田建设项目开工动员会 211

图80 9月29日，龙游县召开“一村万树”工作推进会 213

图81 11月18日，召开《龙游县竹产业提升发展总体规划（2016—2020）》（修编）评审会 215

图82 12月6日，龙游县召开第一批生猪养殖核定证发放仪式暨生猪整规工作推进会 218

图83 6月6日，开展全国“放鱼日”同步增殖放流活动。图为衢江流域（龙游段）夏季增殖放流现场 219

图84 开展纪念第二十六届“世界水日”和第三十一届“中国水周”宣传活动 220

图85 12月14日，省水利厅标准化建设验收专家组对龙游县乌引工程标准化建设进行考核 222

图86 7月27日，高坪桥水库工程“百日攻坚”行动部署会召开 223

图87 6月9日，龙游县召开全县工业发展大会 224

图88 5月18日，举行浙江龙游李子园食品有限公司项目开工庆典 225

图89 9月25日，龙游县召开9月份招商项目研判分析会 230

图90 7月21日，龙游县举办全县招商引资培训班 232

图91 建设中的“通景公路”——溪毛线 234

图92 衢宁铁路（龙游段）沐尘乡马戍口村施工现场 237

图93 龙游火车站领导与铁路派出所民警讨论春运安保工作 238

图94 龙游东站组织职工开展应急演练 241

图95 6月24日，入梅后第三轮强降雨来袭，水上应急救援小分队赶在洪峰来临前成功救援洪水围困人员。图为龙游石窟对面江心洲救援现场 242

图96 营业厅人员做好用电服务工作 244

图97 龙游供电公司组织党员志愿者访问孤寡老人 245

图98 组织公司全体党员参加纪念建党96周年活动 247

图99 组织公司员工走村入户，开展现场服务 249

图100 12月，中国移动龙游分公司渠道组获浙江省“巾帼文明岗”荣誉 250

图101 11月18日，组织公司员工参观开化根博园 252
图102 组织公司员工参加消防比赛 254
图103 7月11日，龙游县召开“外贸企业服务月”活动动员大会 255
图104 举办2017年省级助理电子商务师培训 262
图105 高端民宿项目——“官潭公社”龙山客栈 263
图106 “龙游县美食大赛”期间专家评委现场调研龙游传统小吃 265
图107 举办龙游县农合联2017年笋竹产业培训 266
图108 11月21日，龙游烟草分公司市场管理员服务零售客户 267
图109 龙游盐务管理局加强对盐业市场管理 268
图110 县财政局局长傅正军（左一）在行政服务中心财政窗口接待办事群众 271
图111 地税办税服务厅工作人员为失地农民补缴养老保险金集中开票 275
图112 组织国税干部开展“万名党员进万企”活动 276
图113 龙游县召开2018年省级“信用县”创建工作布置会 283
图114 举办龙游县外汇政策通报暨外汇业务培训班 284
图115 8月9日，龙游银监办组织辖内法人银行机构员工参加合规考试 285
图116 工行龙游支行组织党员到庙下长生桥开展党日活动，重走红军路 286
图117 3月15日，农行龙游支行青年志愿者在龙游新东方广场开展“3·15”金融知识宣传 287
图118 中国银行向溪口镇捐赠扶贫资金 288
图119 建行龙游支行推出无感支付新产品——智慧停车场 289
图120 龙游农商银行“幸福使者”赴溪口镇开展植树活动 290
图121 农发行龙游支行组织开展消防演练 292
图122 邮储银行龙游支行、县农办举行金融支持“三农”发展签约仪式 293
图123 龙游义商银行开展“送温暖”活动 295
图124 温州银行龙游支行到雅村小学开展献爱心活动 296
图125 金华银行龙游支行组织员工到龙游中学开展“送金融知识进万家”活动 297
图126 浙商银行龙游支行举办2017年特色业务推介会 298
图127 泰隆银行龙游支行客户经理到方坦村为生猪养殖户现场办理业务 299
图128 民泰银行龙游支行在庙下乡举办送温暖公益行动 300
图129 台州银行龙游支行开展“金融知识进万家”活动 301
图130 招商银行龙游支行财富管理团队 302
图131 12月30日，县委书记刘根宏（右一）、县长张晓峰（左一）率龙游县主要领导慰问人保财险龙游支公司员工 302
图132 中国人寿龙游公司获2017年度龙游县扶贫攻坚先进集体荣誉 303
图133 9月28日，县发改局召开龙游县战略项目策划“英雄帖”应帖成果咨询评审会 306
图134 3月15日，浙江省百万家庭屋顶光伏工程建设推进现场会在龙游县召开 307
图135 1月17日，龙游县市监局开展节前食品安全检查 314
图136 开展农业普查业务培训 316
图137 10月16日，省、市、县领导马梅芝（左二）、王俊（右二）、朱杰（右一）、刘根宏（左一）为衢州市出入境检验检疫局龙游现场办公室揭牌 317
图138 8月31日，浙江省审计厅领导庄莉萍到龙调研“清廉审计”工作 318
图139 9月12日，县安监局牵头召开“护航十九大，平安夺金鼎”工作部署会 319
图140 11月17日，龙游县安监局举办第十期一般企业安全生产负责人、管理人员培训班 320
图141 县国资委指导水务集团开展中层干部竞聘 322
图142 灵江幼儿园 324

图143 4月20日，公司开展“主题党日”活动，重温入党誓词 325
图144 改造后的原人民路大转盘夜景 325
图145 县交投公司项目部人员在高坪桥水库库区公路改（复）建工程施工现场进行测量放样 326
图146 6月9日，华安驾考中心举行开工仪式 328
图147 三门源景区 330
图148 龙游城市供水管网GIS地理信息系统 332
图149 开展杭衢高铁站位线位现场踏勘 336
图150 11月10日，浙江省农村工作指导员工作会议在龙游召开 338
图151 实施太平路“白改黑”工程 341
图152 衢州市安全质量现场观摩会在龙游召开 343
图153 9月1日，县综合行政执法局开出龙游县首张非机动车人行道违停罚单 346
图154 全县机关部门组织开展“全民卫生清洁日”活动 347
图155 龙游县召开城东征迁“拔钉清障”工作推进会 349
图156 四家银行进驻公积金龙游分中心办事大厅 351
图157 7月2日，县环保局党员志愿者服务队在荣昌广场开展环保政策咨询 354
图158 2月10日，龙游县召开“剿灭劣V类水体”大会战部署会暨全县河长工作会议 358
图159 6月23日，龙游县颁发衢州市首批不动产（林权）证书 361
图160 开展雨雪冰冻预案演练 362
图161 3月23日，县气象局开展“世界气象日”科普宣传活动 363
图162 启明小学陶艺社团开展创作活动 366
图163 龙游凯马国际学校部分师生到印度尼西亚开展公益支教活动 367
图164 举办“龙游中学杯”全县中小学生手工制作比赛 368
图165 3月21日，龙游县求实职业中专、吉利控股集团校企合作共同体成立 371
图166 电大龙游分校组织农民大学生参加社会实践活动 372
图167 5月20日，龙游县组织开展科技活动周活动 380
图168 10月12日，浙江省乡镇（街道）综合文化站效能建设现场会在龙游县召开 383
图169 组织开展文化公益免费培训 384
图170 龙游县新华书店举办“水墨书香”青少年书法大赛 385
图171 县文广新局成功举办龙游县首届经典诵读大赛 387
图172 举办龙游县首届蓝莓采摘旅游文化节 388
图173 9月28日，浙江省物价局督查组到龙游开展“三医”联动推进综合医改试点督查 391
图174 县疾病预防控制中心举行卫生安全演练 393
图175 龙游县人民医院被授予全国首家糖尿病标准化诊疗示范中心 396
图176 升级改造后的县中医院体检中心 398
图177 11月4日，中国垂钓电视直播精英赛（FTT龙游站）在龙和国际垂钓中心举行 401
图178 3月10日，龙游县共产党员先锋红卡工程启动仪式在龙洲街道半爿月村举行 406
图179 9月21日，全县“四个平台”建设互看互学现场会在龙洲街道召开 407
图180 东华街道党工委举办城东新区党员骨干“两学一做”专题培训班 407
图181 东华街道党工委组织开展村社组织换届选举工作 410
图182 2月6日，湖镇镇召开企业家座谈会 411
图183 3月9日，湖镇镇举行青年助力“剿灭劣V类水”启动仪式 412
图184 7月24日，省农办主任章文彪（左三）到溪口镇调研美丽乡村建设工作 414
图185 7月27日，全省乡镇（街道）综合文化站效能建设现场会在詹家镇召开 417
图186 小南海镇开展“剿灭劣V类水”集中行动 419
图187 1月28日，塔石镇乡贤会成立 424

图188 11月23日，衢州市小城镇整治“道乱占”现场会在横山镇志棠村召开 426
图189 11月18日，社阳乡召开中共十九大精神宣讲大会 428
图190 11月4日，县验收组对罗家乡乡韵庭院建设进行验收 430
图191 综合整治后的大街乡政府驻地 433
图192 沐尘乡小城镇环境综合整治一角 436
图193 7月14日，庙下乡严村村“华岗纪念馆”举行开馆仪式 438
图194 3月10日，龙游县“打赢蓝天保卫战，开启碧水新征程”大型活动在三门源景区举行 440
图195 9月26日，衢州市绿色产业集聚区龙游湖镇至童家公路一期工程及龙游港区桥头江作业区工程开工仪式在模环乡举行 443
图196 10月11日，全省乡镇（街道）综合文化站效能建设现场会期间，省文化厅党组书记、厅长金兴盛（右二）考察模环乡文化站 444

中心词索引

一画

11路青年论坛 147
一窗受理 2 15 76 100 119 190 336 351 363 393 429
一月一路一督查 99 174 313 333 348
一城两江四区 2 61 281 323
一个中心 91
一村一品 196 421 428 430 440 442
一岗双责 23 108 247 249 294 350 356 375 413 432 434
一路一桥一港一枢纽 2 3 61 101 123 281 443
一把手 178 230 247 248 328
一区两块 16 76 98 227 408

二画

十大年度人物 79
八项规定 15 23 28 31 66 70 72 100 116 125 232 246 277 318 398 434

三画

大拆大整、大改大建 38 61 67 78 340 412
大数据 41 70 80 98 162 182 289 316 339 369 460
工业园区 8 13 33 76 98 110 165 182 185 190 192 227 231 275 355 356 359 394 407
个转企 313
千人计划 14 61 75 85 99 127 443
三个五年三步走 42 60 68 82 98 106 134 349 360 361
三进三服务 146
“三改一拆” 27 32 39 47 63 73 86 87 100 101 105 112 115 116 143 150 338 405 414 420 431 437 444
“三公”经费 15 100 108 271 434
三民工程 74 442
“三会一课”制度 73 157 248 249
三个代表 7 16 60
三门源民俗文化小镇 61 98 164 388
山海协作 25 34 37 101 230 231
小微企业 4 17 21 224 225 282 285 287 289 290 291 297 298 299 300 301 304 313 380 381
乡韵庭院 38 45 90 92 130 134 136 137 140 148 150 298 333 335 409 415 423 426 428 429 430 431 433 435 438 453 465

四画

反腐倡廉　120　249　439
公民科学素质　140
公共资源交易平台　121
互看互学　76　144　236　378　407
六个严禁　293
“六五”普法　9　511
开启模式　91　218
双休日党校　78
五大百亿　1　3　5　13　16　19　29　47　60　189　191　224　227　281
“五水共治”　8　9　14　21　25　27　33　36　39　40　47　48　62　63　83　87　92　101　112　116　117　123　124　125　130　131　136　137　142　143　146　157　182　203　208　212　220　222　287　294　332　337　338　342　354　357　359　411　414　416　417　419　426　431　432　433　440　443
农村文化礼堂　14　22　34　80　89　113　203　383　398　444　454
文旅融合　29　118　423　449
以商招商　5　20　99　230　231　270　275　421
“中黄三号”　428
中心镇　17　308　411　435
中国梦　26　30　80　126　144　146　183　205　387
中浙高铁　1　33　34　42　45　47　99　225　231　307　380

五画

平安龙游　16　19　22　25　38　62　67　108　115　144　158　160　161　389
平安“三率”　103
四挂五竞赛　99　104
北辰小学　14　369　376
礼让斑马线　79　174　253　290
龙洲街道文联　149
龙游经济开发区　39　61　74　76　94　106　182　226　227　228　234　275　308　363　380　408　440
龙游铁军　6　33　62　63　64　68　78　82　90　91　100
龙游网军　79
龙天红木小镇　39　74　125　144　230　362　388
民革龙游支部　85　130　131
民生工程　34　131　244　422　423
民商事案件　168
农村实用人才　75　155　339
农民饮用水工程　8　34　95　96
农民专家　155
区域明珠型城市　1　2　3　4　6　38　42　44　48　60　63　65　66　67　68　77　78　82　83　84　88　90　106　121　123　124　140　143　145　156　181　264　306　312　323　333　334　340　361　399　410　425
生态公益林　216　414　429　430
生态指导员　39　75　90　387
生态循环　13　18　19　44　208　209　218　282
四换三名　16
四边三化　8　21　36　38　39　44　45　47　62　83　100　101　103　105　112　137　150　195　213　215　234　294　333　337　386　405　414　417　420　423　426　428　430　437　444
四风　15　28　66　72　122　277

六画

华邦古楼　5　33　44　47　60　99　106　225　228　230　231　270
存贷比　286　350
创建国家卫生县城　312　347　490　510　512
防灾减灾日　183　193　363
关键少数　71　72　160

共建生态家园 8 9 27 39 294 354 501 511 512
红木小镇 2 3 5 13 17 18 20 33 34 39 42 45 48 61 74 98 101 117 118 125 144 156 230 263 264 308 322 323 336 362 382 384 386 388 392 412 443 457 512
机构编制 75 77 219
农村“双治” 100 359 433
异地“双会” 126 127
行政复议 108 159 160 389 393
网络舆情 22 162 178
扫黄打非 79 383

七画

村社组织换届 2 37 62 73 410 413 432
村情通 2 5 41 44 47 61 65 69 74 76 79 82 83 102 109 142 148 160 161 195 267 291 338 358 359 406 408 418 420 423 429 431 434 438 443 460 461
护航十九大 6 38 41 46 67 68 71 73 130 136 144 149 160 162 165 170 220 248 253 254 298 314 319 321 338 350 356 394 405 424
两学一做” 2 6 10 15 28 40 60 62 64 70 73 84 88 92 113 122 125 145 157 161 170 172 173 177 187 205 222 232 248 249 252 276 293 294 297 325 350 357 361 363 387 398 412 427 432 439
“两化”引领 8 15 16 34 306
“两新”组织 75
来料加工经纪人 114 148 339
县管校聘 22 61 102 375
县职教中心 142 373
社会养老保险 427
社会主义学院 85 130
找短板 68 123 124 126 363

八画

拔钉清障 23 34 38 47 48 107 162 341 346 386 405 407 419 423
参政议政 11 24 25 27
抽样调查 203 316
法治龙游 6 19 41 62 69 102 158 160 170
规模企业 13
国资公司 14 18 21 25 40 48 71 103 104 272 321 323 326 342
骨头案 109
河长制 21 42 46 100 221 354 358 411 414 419 422 428 433 437
经济责任审计 318 375
居家养老服务 196 197 460
垃圾源头分类 431
事业单位法人 77
线乱拉五统一 100
质量强县 389

九画

保障性住房 14 48 102
重温入党誓词 172 187 325
重走红军路 134 135 286 293 294 298 325
城中村 15 16 25 36 62 100 101 185 264 333 334 335 336
城市东进 8 26 38 45 71 76 79 82 85 88 93 111 112 116 123 160 171 195 203 206 232 270 276 294 318 330 331 383 386
城东征迁 44 48 73 82 86 87 93 113 130 131 139 190 333 338 349 350
城市综合体 411
春泥计划 41 151 461
“贺田模式”复制 140 148 409 414 423 440

科学发展观 7 16 60 137 200
美丽乡村建设 16 18 21 33 35 37 38 42 70 90 91 92 138 203 212 213 337 338 405 409 410 412 414 426 431 433 438 439 457 465
亲情网格 251
卫生县城 2 14 20 39 61 100 312 313 333 347 459
信访积案 171 418 436
养老服务体系建设 196
转移就业 339 428
战略合作 4 34 42 99 139 141 225 267 308 331 381

十画

党风廉政建设 6 23 25 30 68 70 88 92 108 120 121 122 125 126 145 157 161 232 246 249 252 272 293 297 317 319 350 356 361 413 432 434 439
党员志愿者 83 87 313 346 409
高标准农田建设 211 212
高铁轴承产业园 1 14 19 33 34 225 307
高端家具 60 224 227
高坪桥速度 37 63 428
荷花山遗址 17 48
家庭农场 2 13 19 99 117 118 205 209 210 220 290 340 389 405 416 419 421 426 428 435 436 437 440 442 443
莱克多巴胺 219
烈士陵园 91 132
特殊教育 366
校企合作 21 62 141 191 263 371 372
院士专家工作站 61 64 75 85 99 126 139 154 155 156 226 227
浙商回归 42 63 230 231 408
浙朵云 80
资金池 282 323

十一画

彩色树种良种基地 214
第一书记 27 75
黄泥房 433
基层党建 2 39 44 47 48 62 64 65 66 73 88 112 122 150 235 236 251 298 331 398 406 412 421 427 439
培智学校 365
维达纸业 1 14 19 34 35 164 320

十二画

富硒产业 26 210 422
傅氏故居 89
敬老文明号 198
普惠金融 247 262 281 282 289 290 291 294 296 297 302
强制隔离戒毒 178 179
淘汰落后产能 98 101 158 271 275 315 413 440 443
最多跑一次 2 4 23 34 35 36 38 42 43 44 48 61 65 67 69 71 74 75 76 78 82 83 85 87 92 93 94 100 101 103 104 105 113 116 117 119 120 123 124 130 136 137 144 162 165 173 174 177 183 186 189 190 195 197 205 208 210 217 227 243 244 248 267 271 275 276 281 284 291 301 306 308 312 313 318 319 333 336 339 342 349 351 352 354 356 361 363 383 386 393 401 406 408 418 423 429 431 434 438 442 443 456 461 462
最美龙游人 34 79 83 337 454 483
掌上衢州 69 79

十二画以上

剿灭劣V类水 21 34 36 38 39 40 43 73 82 83 87 88 92 94 96 101 109 116 124 134 136 143 160 169 177 201 211 212 338 354 358 386 412 419 422 423 426 428 437 444 458
粮食生产功能区 13 19 99 208 209 210
数字龙游 337
新能源新材料 60 224
新三板 13 19 61 98 136 225 271 274
新型工业化 12 25 130 138 224 226 410 463
新型城镇化 25 29 130 138 463
新型农村合作医疗 412
微党课 398
微电影 80 149 156 294 441
微龙游 37 62 78 82 83 184 202 454 457
微心愿 146 251 385
微信公众平台 121 202 359 375
撸起袖子加油干 34 83 232
智慧龙游 248 337
整乡推进 2 74 249 424 439
整县提升 14 99 101 104 110 160 162 237 243 253 327 415 435 437
衢宁铁路 14 99 101 104 110 160 162 237 243 253 327 415 435 437
僵尸企业 19 61 98 169 170 225 226 283 291 383 410